房地产与建设工程

法律实务应用全书

马文龙◎主编

REAL ESTATE AND CONSTRUCTION ENGINEERING

LAW PRACTICE APPLICATION

法律出版社
LAW PRESS · CHINA

主　　编：马文龙

副 主 编：张占疆　马兴骅　袁宏莉　郑若冰
于　跃　宋皓宇

编委会成员（以姓氏笔画为序）
庄　野　张忠琦　陈伯谦　赵　程
赵　鑫　胡守鑫　姚艳艳　高　洋
栾华峰　曹　丁　董慧超　樊丝竹

前　言

一、解读《土地管理法》《城市房地产管理》关于土地及房地产制度的重大改革成果

自然资源部部长陆昊2018年12月23日在第十三届全国人民代表大会常务委员会第七次会议上所作的关于《〈中华人民共和国土地管理法〉、〈中华人民共和国城市房地产管理法〉修正案(草案)》的说明指出:

党中央、国务院高度重视农村土地制度改革。习近平总书记指出,土地制度是国家的基础性制度,农村土地制度改革是个大事,涉及的主体、包含的利益关系十分复杂,必须审慎稳妥推进。

为与《土地管理法》修改做好衔接,扫清集体经营性建设用地入市的法律障碍,对《城市房地产管理法》第9条关于城市规划区内的集体土地必须先征收为国有后才能出让的规定一并作出修改,城市房地产管理法修正案(草案)规定:"城市规划区内的集体所有的土地,经依法征收转为国有土地后,该幅国有土地的使用权方可有偿出让,但法律另有规定的除外。"

2019年8月26日第十三届全国人民代表大会常务委员会第十二次会议通过全国人民代表大会常务委员会关于修改《中华人民共和国土地管理法》、《中华人民共和国城市房地产管理法》的决定,该决定指出:

修改土地管理法、城市房地产管理法,依法保障农村土地征收、集体经营性建设用地入市、宅基地管理制度等改革在全国范围内实行,对促进乡村振兴和城乡融合发展具有重大意义。国务院及其有关部门和各省、自治区、直辖市应当坚持土地公有制性质不改变、耕地红线不突破、农民利益不受损,加强组织领导,做好法律宣传,制定、完善配套法规、规章,确保法律制度正确、有效实施。

二、房地产行业与建筑业在国民经济中具有举足轻重的地位

国务院总理李克强2019年3月5日在第十三届全国人民代表大会第二次会议上所作的《政府工作报告》指出:深入推进新型城镇化。坚持以中心城市引领城市群发展。抓好农业转移人口落户,推动城镇基本公共服务覆盖常住人口。更好解决群众住房问题,落实城市主体责任,改革完善住房市场体系和保障体系,促进房地产市场平稳健康发展。

(一)房地产业增加值及建筑业增加值在国内生产总值中占比较高

2009～2018 年以来,房地产增加值在国内生产总值中占比在 5.4%～6.6%,并且呈逐年上升趋势,建筑业增加值在国内生产总值占比在 6.5%～7.0%,高于房地产。房地产、建筑业增加值相加,在国内生产总值中居于重要地位。

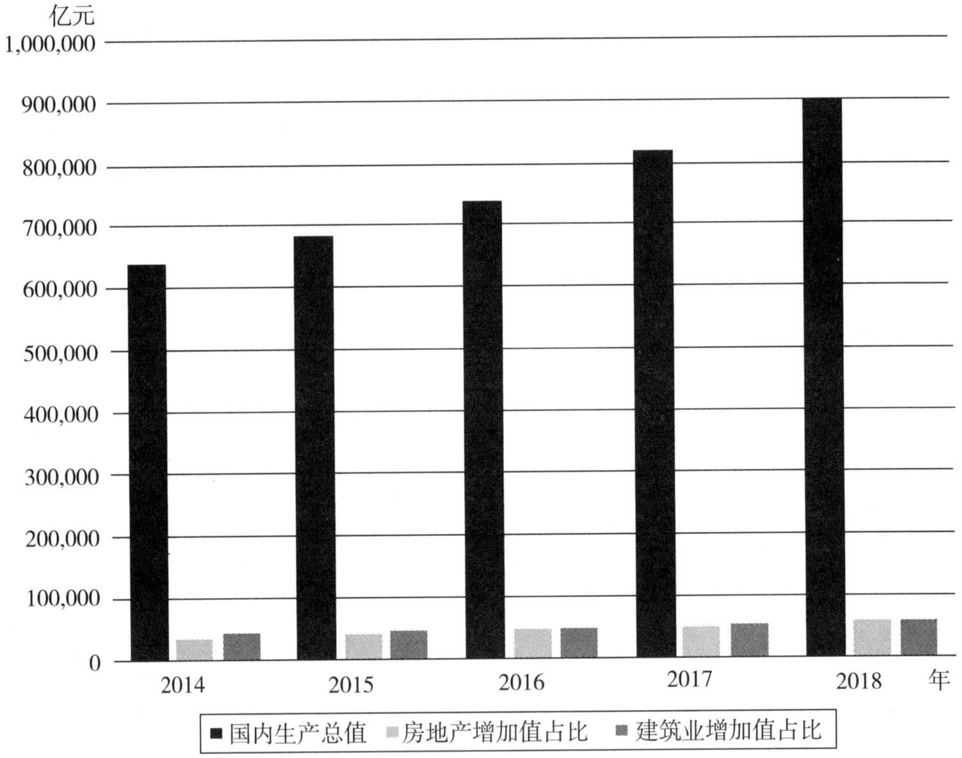

图 1 国内生产总值及相关行业增加值构成

(二)房地产业在全社会固定资产投资中具有重要支撑作用

2013～2018 年全社会固定资产投资分别为:446,294.09 亿元、512,020.65 亿元、561,999.83 亿元、606,465.66 亿元、641,238.39 亿元、645,675.00 亿元。

2013～2017 年房地产投资分别为:118,809.40 亿元、131,348.16 亿元、134,284.30 亿元、142,359.44 亿元、146,225.47 亿元。

房地产投资占全社会固定资产投资的比例基本维持在 25% 左右。对于国民经济稳定增长具有重要支撑作用。

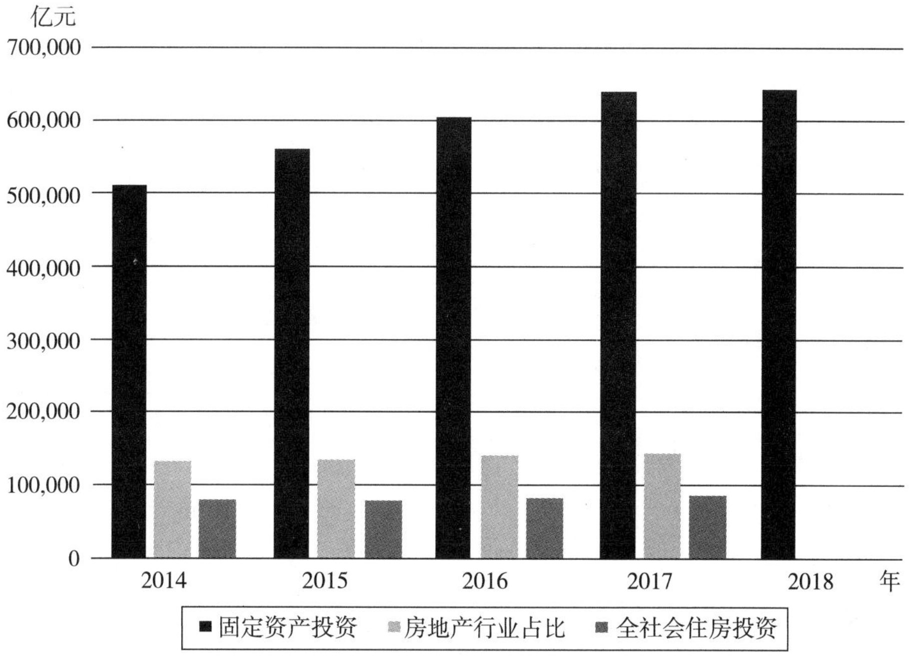

图 2 固定资产投资与房地产投资

注:2018 年度房地产行业占比及全社会住房投资数据暂未公开。

(三)房地产业规模巨大

2018 年年末全国市场主体 11,020 万户,其中企业 3474.2 万户,个体工商户 7328.6 万户,农民专业合作社 217.3 万户。

房地产企业数占企业数的不到 3‰,就业人数占全部人数 3‰左右,但房地产投资占全社会固定资产投资的比例占比达到 25% 左右,2018 年商品房销售额达到近 15 万亿,显而易见,房地产行业是投资密集型行业,资本集中度高,对于国民经济持续稳定增加具有基础支撑作用。

表 1

	2014 年	2015 年	2016 年	2017 年	2018 年
房地产开发企业个数(个)	94,197	93,426	94,948	95,897	
房地产业从业人数(个)	2,760,070	2,738,454	2,752,298	2,830,960	
土地成交价格(亿元)	10,019.88	7621.61	9129.31	13,643.39	
房地产开发企业本年完成投资额(亿元)	95,035.61	95,978.85	102,580.61	109,798.53	
商品房销售总额(亿元)	76,292.41	87,280.84	117,627.05	133,701.31	149,973.00

(四)建筑业规模巨大,就业人数多,举足轻重

2017 年年末全国就业人员 77,640 万人,其中城镇就业人员 42,462 万人。城镇全年新增

就业1351万人,比上年增加37万人。全国农民工总量28,652万人,比上年增长1.7%。其中,外出农民工17,185万人,增长1.5%;本地农民工11,467万人,增长2.0%。

建筑企业占全部企业数的2.5‰左右,就业人数占7%左右,且建筑行业绝大部分是农民工,建筑行业利润率3.5%左右,可见建筑行业是总产值高、附加值低、劳动密集型行业,尤其吸引了几千万名农民工,利润总额在2017年更是达到了7491.78亿元(见表2),对国民经济发展有重要意义。

表2

	2014年	2015年	2016年	2017年	2018年
建筑业企业数(个)	81,141	80,911	83,017	88,074	
建筑业从业人数(万人)	4536.97	5093.67	5184.50	5529.63	
建筑业总产值(亿元)	176,713.42	180,757.47	193,566.78	213,943.56	235,086.00
建筑业利税总额(亿元)	11,954.25	12,124.64	12,963.50	13,859.09	
建筑业利润总额(亿元)	6407.13	6451.23	6986.05	7491.78	
建筑业房屋施工面积(万平方米)	1,249,826.35	1,239,717.64	1,264,216.27	1,318,374.06	1,409,000.00

三、维护法律正确实施,促进严格执法、公正司法、全民守法

(一)全面总结

房地产行业与建筑业不仅在国民经济中占据重要地位,在法律实务中地位也十分显赫。本书从横向、纵向角度对房屋、土地、建设工程、PPP等方面的法律实务进行了系统梳理和全面总结,同时还对农村土地、军产房、公有住房、党政机关办公用房这些有特别规定的房地产进行阐述。

1. 横向

本书从民事、行政、刑事三个方面进行系统的梳理总结。

民事方面包括:合同的效力、无效的后果、履行、合同解除、合同解除的后果、民事法律行为的效力等。

行政方面包括:行政审批程序、房地产税收、房地产涉及的行政处罚、建筑业涉及的行政处罚等。

刑事方面包括:从防范风险的角度,总结了与房地产、建筑领域相关的犯罪,包括犯罪构成、立案标准、量刑等。

2. 纵向

本书对房地产一级市场(出让)、二级市场(转让、合作开发、建设工程)、三级市场(销售)以及介于一级二级市场之间的建设工程进行了全面总结。

3. 有特别规定的房地产

农业、农村、农民问题也是本书关注的重点问题,包括对农村土地承包经营权的确认、土地承包经营权纠纷、继承、农村宅基地、农村房屋买卖、农村集体土地征收、补偿、农村建设用

地使用权出让、流转等问题进行了总结。

同时对军产房的产生背景、立法情况、合同效力、履行等法律问题进行阐述。对公有住房的承租、使用、动迁等进行总结。对党政机关办公用房的取得、管理、使用等进行总结。

(二)权威指导

1.权威司法观点

本书立足于解决经济生活中的法律实务问题,系统总结了最高人民法院的司法裁判观点,尤其是对于一些热点、难点问题,在阐述不同观点的同时,对最高人民法院最终采纳的司法观点予以提出,目的是解决问题、统一裁判尺度、统一法律适用,保证司法权威、保证执法的严肃性。

2.权威案例指导

本书在案例选取方面采取最高人民法院公布的指导案例、公报案例、最高人民法院案例、《民事审判指导与参考》案例、《人民法院案例选》案例以及其他案例。

本书极其重视最高人民法院公布的指导案例,因为根据最高人民法院《关于案例指导工作规定》《〈关于案例指导工作的规定〉实施细则》的相关规定,人民法院正在审理的案件,在基本案情和法律适用方面,与最高人民法院发布的指导性案例相类似的,应当参照相关指导性案例的裁判要点作出裁判。

本书在首选最高人民法院公布的指导案例同时,选取近十余年最高人民法院办公厅主办的《中华人民共和国最高人民法院公报》上刊登的关于房地产、建设工程方面的案例,这些案例虽然在法院审理类似案件时不具有强制性,但对法院对相关问题的判断理解以及对类似案件的走向把握仍有很大的借鉴作用。

我们选取的最高人民法院案例、《民事审判指导与参考》案例,同样也具有相当强的指导性、参考性。

(三)实用性强

本书对于从事法律工作的人员来说,可以作为法科学生的入门书、行政部门的参考书、司法部门的辅助书、律师的借鉴书,对于非法律专业的人员来说,可以作为房地产、建筑施工企业的工具书、广大人民群众的贴心书。

本书既有理论的争鸣、精深的说理、严谨的判决、权威的观点,更有深入浅出的分析、言简意赅的结论、通俗易懂的语言、生动有趣的例子,让大家看了能懂,懂了会用,用了有效,真正是对大家有用的书。

(四)可操作性强

本书写作团队在总结二十余年房地产及建设合同实践工作的基础上,为了达到解决实践中的法律实务问题的目的,在大部分章的第三节设置了“实务操作指南”,对法律实务的具体操作提出了方法、指出了路径,不仅对法律从业者有启发及价值参考,对房地产、建筑企业以及广大人民群众,更有借鉴和有指导意义,力求真正解决问题、防范风险、化解矛盾、减少纷争。

四、维护当事人合法权益，维护社会公平正义

“努力让人民群众在每一个司法案件中感受到公平正义”，这是社会主义法治国家的建设目标。本书通过缜密的论述、权威的观点、典型的案例、实用的操作，为当事人维护合法权益提供了有力的法律武器，使当事人了解合法权益的事实依据、法律准绳、合理边界，也让裁决者提高法律水平，公正司法，维护社会的公平正义。

马文龙

2020 年 1 月

凡　　例

1. 法律、法规、规章和规范性文件名称中的“中华人民共和国”，在全文中省略，如《中华人民共和国宪法》简称《宪法》。

2. 全文引用法律条文，一个条文内的款、项之间不分段、不分行。

3. 在法律、法规、规章和规范性文件前，必要时标明其制定机关和制定或修改年份。

4. 本书对出现较多的司法解释和司法文件，使用缩略语。具体见下表。

全　称	简　称
《最高人民法院关于适用〈中华人民共和国民事诉讼法〉的解释》（法释〔2015〕5 号）	《民事诉讼法司法解释》
《最高人民法院关于适用〈中华人民共和国合同法〉若干问题的解释（一）》（法释〔1999〕19 号）	《合同法司法解释（一）》
《最高人民法院关于适用〈中华人民共和国合同法〉若干问题的解释（二）》（法释〔2009〕5 号）	《合同法司法解释（二）》
《最高人民法院关于适用〈中华人民共和国物权法〉若干问题的解释（一）》（法释〔2016〕5 号）	《物权法司法解释（一）》
《最高人民法院关于适用〈中华人民共和国担保法〉若干问题的解释》（法释〔2000〕44 号）	《担保法司法解释》
《最高人民法院关于审理建设工程施工合同纠纷案件适用法律问题的解释》（法释〔2004〕14 号）	《建设工程施工合同司法解释（一）》
《最高人民法院关于审理建设工程施工合同纠纷案件适用法律问题的解释（二）》（法释〔2018〕20 号）	《建设工程施工合同司法解释（二）》
《最高人民法院关于审理涉及国有土地使用权合同纠纷案件适用法律问题的解释》（法释〔2005〕5 号）	《国有土地使用权合同司法解释》
《最高人民法院关于审理民间借贷案件适用法律若干问题的规定》（法释〔2015〕18 号）	《民间借贷司法解释》
《最高人民法院关于审理建筑物区分所有权纠纷案件具体应用法律若干问题的解释》（法释〔2009〕7 号）	《建筑物区分所有权司法解释》

续表

全　称	简　称
《最高人民法院关于审理物业服务纠纷案件具体应用法律若干问题的解释》(法释〔2009〕8号)	《物业服务司法解释》
《最高人民法院关于审理商品房买卖合同纠纷案件适用法律若干问题的解释》(法释〔2003〕7号)	《商品房买卖合同司法解释》
《最高人民法院关于审理涉及农村土地承包纠纷案件适用法律问题的解释》(法释〔2005〕6号)	《农村土地承包司法解释》
《最高人民法院关于审理城镇房屋租赁合同纠纷案件具体应用法律若干问题的解释》(法释〔2009〕11号)	《城镇房屋租赁合同司法解释》
《最高人民法院关于适用〈中华人民共和国婚姻法〉若干问题的解释(一)》(法释〔2001〕30号)	《婚姻法司法解释(一)》
《最高人民法院关于适用〈中华人民共和国婚姻法〉若干问题的解释(二)》(法释〔2003〕19号)	《婚姻法司法解释(二)》
《最高人民法院关于适用〈中华人民共和国婚姻法〉若干问题的解释(三)》(法释〔2011〕18号)	《婚姻法司法解释(三)》

目　录

第一编　国有土地使用权出让合同纠纷

第二编 国有土地使用权转让合同纠纷

第三编　合作开发房地产合同纠纷

第五编 农村房产

第六编 房屋买卖合同

第七编 物权纠纷

第九编 军队房地产纠纷

第十编 与土地、房地产相关的其他合同纠纷

第十一编 建设工程合同纠纷

第十三编　建筑法相关行政处罚

第十四编　房地产法相关行政处罚

第十五编　房地产及建筑行业涉及的一些刑事犯罪

第十六编 公有住房法律实务

第十七编 党政机关办公用房实务问答

第十八编 PPP 法律实务

第一编　国有土地使用权出让合同纠纷

国有使用权出让是一级市场，土地使用权转让是二级市场，房地产交易是三级市场，三者密不可分。

土地法律制度是一个国家最基本的法律制度之一。我国土地使用权出让制度起步较晚，借鉴了我国香港特别行政区的“批租”制度。在试点的基础上，结合我国国情，通过对《宪法》和《土地管理法》的修改，明确提出了“国家依法实行国有土地有偿使用制度”。1990年5月19日实施的《城镇国有土地使用权出让和转让暂行条例》对土地使用权出让制度作出具体规定，1995年1月1日实施的《城市房地产管理法》进一步完善，2007年10月1日实施的《物权法》以基本法的形式对建设用地使用权予以规定，至此，建设用地使用权的法律体系已经形成。

本编重点讲解的是土地一级市场即国有土地使用权出让纠纷中的热点和难点问题，包括：国有土地使用权出让合同的性质、协议出让土地价格的确定、对未办理批准手续的合同的处理、受让方违约的滞纳金处理、对擅自改变土地用途合同的处理、国有土地使用权的提前收回。

第一章　国有土地使用权出让合同的性质

【一级案由】合同、无因管理、不当得利纠纷
【二级案由】合同纠纷
【三级案由】建设用地使用权合同纠纷
【四级案由】建设用地使用权出让合同纠纷

第一节　法律要点详解

一、立法背景及国有土地使用权出让情况

（一）立法背景

土地作为一种自然资源，是人类最基本、最重要的生存条件之一，是一个国家和社会最大的财富。中国历史上这种表现更为突出，可以毫不夸张地讲，土地的兼并和流转决定着王朝的兴衰和更替，土地问题不仅是法律问题，更是经济问题、政治问题和社会问题。

我国夏、商、周实行"井田制"，春秋时期实行"初税亩"，汉代实行"屯田制"，唐代实行"租庸调"，宋朝实行过募役法、方田均税法，而且开历史之先河地采取了"田制不立""不抑兼并"的土地政策，顺应了土地私有制的发展要求。明朝针对土地兼并的严重问题，在商品经济发展的基础上，采用了"一条鞭"，清朝则采用"摊丁入亩"。此外太平天国实行过《天朝田亩制度》，规定土地归农民私有。在清末民国初年，北洋军阀统治时期，军阀、官僚和地主疯狂地掠夺农村土地，加快了农村土地产权的集中速度。孙中山提出了民生主义，提出平均地权，但未能实施，仍然沿袭清制。

新中国成立后，1950 年颁布了《土地改革法》，废除了地主阶级封建剥削的土地所有制，实行农民土地所有制和国家土地所有制。1955 年 11 月 9 日全国人大常委会第二十四次会议通过的《农业生产合作社示范章程》，实现了从农民私有制向集体所有制的过渡。1956 年 6 月 30 日第一届全国人民代表大会第三次会议通过了《高级农业生产合作社示范章程》，对农村土地农民所有制转变为生产队集体所有制作出明确规定。

新中国成立后，明确规定城市市区的土地属于国家所有。20 世纪 90 年代以前，城市市区土地的使用主要以划拨为主，为无偿使用，土地的有偿使用制度即土地出让是借鉴我国香港特别行政区的"批租"制度，结合我国国情而创设的一种土地供应制度。国务院于 1987 年 4

月提出并率先在天津、上海、广州、深圳4个城市开展国有土地使用权有偿、有期限转让的试点，通过对《宪法》和《土地管理法》的修改，明确提出了“国家依法实行国有土地有偿使用制度”。1990年5月19日实施的《城镇国有土地使用权出让和转让暂行条例》作出了具体规定，1995年1月1日实施的《城市房地产管理法》对土地出让法律制度进一步完善，2007年10月1日实施的《物权法》以基本法的形式对建设用地使用权予以规定，至此，建设用地使用权的法律体系已经形成。

2019年8月26日第十三届全国人民代表大会常务委员会第十二次会议《关于修改〈中华人民共和国土地管理法〉、〈中华人民共和国城市房地产管理法〉的决定》，规定了集体经营建设用地入市，是土地管理制度的重大变革。

（二）国有土地使用权出让的情况

近年来土地出让金成为一些地方政府的主要收入来源之一，2000年以前土地出让金数额不大，进入2000年后开始增加，2008年以前在1万亿元左右，2009年开始迅速攀升，2009年突破1.5万亿元，2010年突破2.5万亿元，2011年突破3万亿元，2014年突破4万亿，之后徘徊在4万亿元左右。

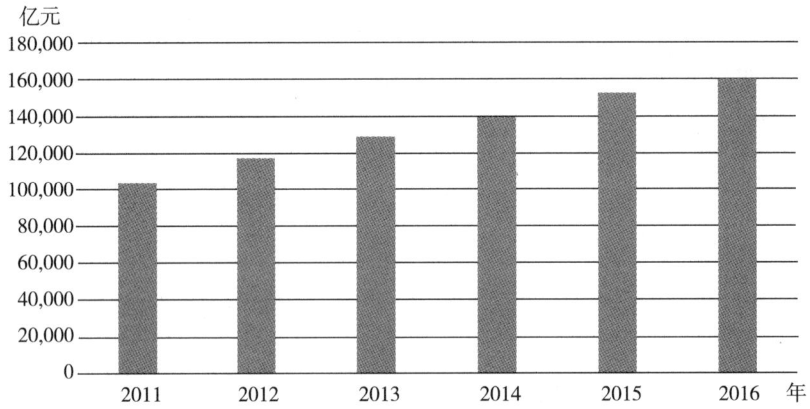

图1-1-1　2011~2016年全国一般公共预算收入

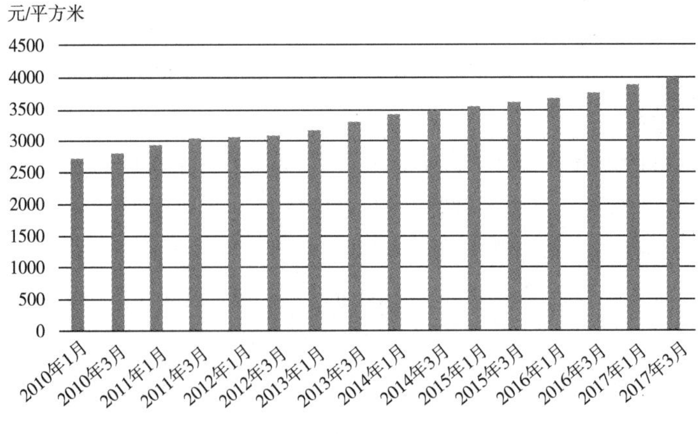

图1-1-2　2010~2017年全国地价总体水平

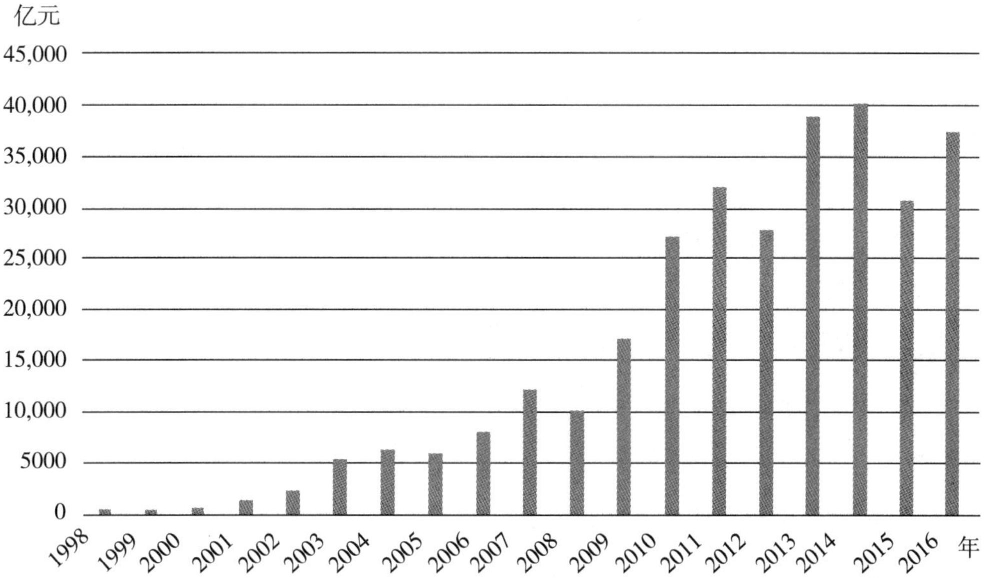

图1-1-3　1998~2016年全国土地出让金收入统计

二、国有土地使用权出让的概念

《国有土地使用权合同司法解释》第1条规定："……土地使用权出让合同，是指市、县人民政府土地管理部门作为出让方将国有土地使用权在一定年限内让与受让方，受让方支付土地使用权出让金的协议。"

国有土地使用权的出让是以土地所有权与使用权的分离为基础，以创设土地使用权这一用益物权为目的，通过合同这一形式来实现的民事法律行为。

虽然我国《合同法》分则没有规定土地使用出让合同为有名合同，但在土地交易市场上大量存在土地使用权出让的行为，且土地使用权出让作为土地交易的一级市场，是房地产开发经营的前提条件，没有土地使用权出让的一级市场，房地产开发经营无从谈起。

三、取得出让的国有土地使用权是房地产开发的先决条件

《城市房地管理法》第2条第3款规定："……房地产开发，是在依据本法取得国有土地使用权的土地上进行基础设施建设、房屋建设的行为。"第3条规定："国家依法实行国有土地有偿、有期限使用制度。但是，国家在本法规定的范围内划拨国有土地使用权的除外。"

由此决定了取得国有土地使用权是进行房地产开发建设的先决条件。

2020年1月1日施行的《城市房地产管理法》第9条规定："城市规划区的集体所有的土地，经依法征收转入国有土地后，该幅国有土地使用权方可有偿转让，但法律另有规定的除外。"该处的"但法律另有规定的除外"，是指《土地管理法》第63条关于集体所有经营性建设用地入市的规定。

四、建设用地使用权的出让主体

（一）国有土地使用权的出让主体

依据我国《城市房地产管理法》和《土地管理法》的规定，土地使用权出让以所有权与使用权相分离为原则。国有土地的所有权人是国家，由市、县人民政府按照法律授权和有批准权的人民政府批准授权，负责国有土地使用权的出让，经过批准后，由市、县人民政府的土地管理部门具体实施。

（二）集体所有经营性建设用地的出让主体

本书将在第五编第六章《农村集体经营性建设用地入市》详细论述，本章节主要讲解国有土地使用权出让。

五、开发区管理委员会作为出让方签订的合同的效力认定

《国有土地使用权合同司法解释》第 2 条规定："开发区管理委员会作为出让方与受让方订立的土地使用权出让合同，应当认定无效。本解释实施前，开发区管理委员会作为出让方与受让方订立的土地使用权出让合同，起诉前经市、县人民政府土地管理部门追认的，可以认定合同有效。"

（一）理解该法条应当分阶段、分情况分别处理

1. 2005 年 8 月 1 日《国有土地使用权合同司法解释》实施后，开发区管委会作为出让方与受让方订立的合同，应当认定无效。

根据《城市房地产管理法》第 7 条、第 11 条、第 14 条规定，土地使用权出让是国家将国有土地使用权出让给土地使用者的行为，该行为由市、县人民政府的土地管理部门实施并应当订立书面合同。法律明确规定，国有土地使用权出让人的主体是特定的、法定的，除了市、县人民政府的土地管理部门代表国家以土地所有者的身份订立合同外，其他任何机关、单位、部门均无权以出让人的资格订立国有土地使用权出让合同。

2. 2005 年 8 月 1 日《国有土地使用权合同司法解释》实施前，开发区管理委员会作为出让人与受让人订立的国有土地使用权出让合同，在起诉前，经市、县人民政府土地管理部门追认的，可以认定合同有效。

在《国有土地使用权合同司法解释》制定的过程中，最高人民法院采纳了全国人大法工委、国务院法制办的意见，结合无权处分的观点，以宽严相济为原则，尊重历史，结合客观实际，为避免出现大量的无效合同，影响交易秩序，对于开发区管理委员会订立的出让合同，没有采取全部认定无效的处理方式。即以 2005 年 8 月 1 日为分界点，在此之后订立的合同，适用《国有土地使用权合同司法解释》第 2 条第 1 款的规定，一律认定无效，在此之前订立的合同，适用第 2 款的规定，只要经过有批准权的市、县人民政府土地管理部门追认，认定合同有效，从而促进交易，维护交易稳定，保证房地产市场健康有序发展。

(二)同类问题

1. 省级人民政府土地管理部门订立的国有土地使用权出让合同是否有效?

答:司法实践中由省级人民政府土管理部门订立国有土地使用权出让合同的情况比较罕见。依据《城市房地产管理法》《城镇国有土地使用权出让和转让暂行条例》的规定,订立合同的主体只能是市、县人民政府的土地管理部门,并未赋予省级人民政府土地管理部门这个权限,因此应当认定合同无效。

2. 市辖区人民政府的土地管理部门订立的国有土地使用权出让合同是否有效?

答:这种情况在房地产市场中相当常见,最高人民法院倾向性认为合同无效。① 理由是,《城市房地产管理法》《城镇国有土地使用权出让和转让暂行条例》未明确赋予市辖区人民政府土地管理部门代表国家行使出让的权利。因此,市辖区人民政府土地管理部门不享有订立国有土地使用权出让合同的合法主体资格,其订立的合同应当依法认定无效。

3. 县人民政府在开发区设立的土地管理部门订立的国有土地使用权出让合同是否有效?

答:在司法实践和现实经济生活中,经常遇到国有土地使用权出让合同不是由开发区管理委员会订立的,而是由市、县人民政府在开发区设立的土地管理部门订立。如果该土地管理部门是市、县人民政府的土地管理部门的派出机构,应当认为该派出机构有权代表市、县人民政府订立国有土地使用权出让合同,不能适用《国有土地使用权合同司法解释》第 2 条的规定认定合同无效。

六、国有土地使用权出让合同的内容

《城市房地产管理法》第 15 条、《物权法》第 138 条均规定,土地使用权出让均应当签订书面的出让合同,土地使用权出让合同由市、县人民政府土地管理部门与土地使用者签订。

《土地管理法》《城镇国有土地使用权出让和转让暂行条例》《城市房地产管理法》对国有土地使用权出让合同的内容,均未作出规定,但《物权法》对此有明确规定。笔者认为,《物权法》之所以列明出让合同的具体内容,主要的目的有以下几个:首先与现行的法律框架一致;其次是有利于明确双方的权利义务关系,有利于纠纷的解决;最后回应理论界关于国有土地使用权出让合同性质认定的争论,明确了合同性质为民事合同。

《物权法》第 138 条规定:"采取招标、拍卖、协议等出让方式设立建设用地使用权的,当事人应当采取书面形式订立建设用地使用权出让合同。建设用地使用权出让合同一般包括下列条款:(一)当事人的名称和住所;(二)土地界址、面积等;(三)建筑物、构筑物及其附属设施占用的空间;(四)土地用途;(五)使用期限;(六)出让金等费用及其支付方式;(七)解决争议的方法。"

出让合同部分条款无效的,不影响其他条款的效力。合同中有关条款约定不清或没有约定的,可由双方补充约定,不能达成补充约定的,应当根据合同其他条款或土地利用特点等作出推定。

---

① 韩延斌等:《房地产纠纷裁判思路与规范指引》,人民法院出版社 2014 年版,第 14 页。

七、国有土地使用权出让合同是民事合同，不是行政合同

理论界、实务界对于国有土地使用权出让行为的性质存在不同的认识。主要有两种观点：一种观点认为，国有土地使用权出让是行政行为；另一种观点认为，国有土地使用权出让是民事行为。

最高人民法院倾向性意见为：国有土地使用权出让为民事行为。主要理由有三点：

一是土地使用权的出让是由政府职能机关实施，表面上看，有政府行政管理的痕迹，但如前述，土地使用权出让主体是国家，政府土地管理部门只是代表国家依法从事土地出让行为。

二是国有土地使用权出让的目的是创设物权的民事行为，其是由土地所有权派生出来的用益物权，并且已经由《物权法》予以明确。

三是从土地市场的分类看，土地使用权出让是土地一级市场，土地使用权转让是二级市场，二者密不可分，土地使用权转让行为属于民事行为，而如果将土地使用权出让定性为行政行为，则会造成一级市场与二级断裂，这是不妥当的。

对于此问题最高人民法院的意见为：土地使用权出让合同的属性问题在立法机关已有定论，《物权法》已有明确规定，因此最高人民明确土地使用权出让合同为民事合同。

第二节　权威案例指导

典型案例 1

梁某运与霍邱县人民政府国土资源局建设用地使用权出让合同纠纷案

【案件来源】《人民法院案例选》2016 年第 3 辑，2016 年 4 月 8 日最高人民法院发布的《关于依法平等保护非公有制经济，促进非公有制经济健康发展民事商事典型案例》

【审理法院】安徽省六安市中级人民法院

【案件案号】（2015）六民一初字第 00020 号

【裁判日期】2015 年 6 月 10 日

【裁判要点】政府机关与非公有制企业签订国有土地使用权出让合同，企业按照合同约定交纳出让金，但政府机关违约的，企业请求依约定要求解除合同、返还土地出让金、双倍返还定金的，人民法院应予支持。

【主文摘要】（略）

典型案例2

重庆融豪投资(集团)有限公司与泸州市江阳区人民政府等合同纠纷案

【案件来源】《人民法院案例选》2016年第3辑,2016年4月8日最高人民法院发布的《关于依法平等保护非公有制经济,促进非公有制经济健康发展民事商事典型案例》

【审理法院】重庆市高级人民法院一审

【案件案号】(2014)渝高法民初字第00070号

【裁判日期】2015年11月16日

【裁判要点】本案中,区政府所提及的两份文件并非法律、行政法规,且未对本案所涉协议明令禁止,区政府以政策变化为由要求解除相关协议的理由不能成立,其发出的终止履行协议的函不产生解除合同的效力。判决:确认解除协议的函无效,区政府继续履行与融豪投资公司签订的相关协议。

【典型意义】①本案是规范政府机关擅自解除民商事合同行为的典型案例。实践中,个别地方政府与非公有制企业签订民商事合同后,以各种借口否认合同效力,达到不履行合同的目的,影响了正常的市场交易秩序,侵害了非公有制企业的合法权益,应予规范。本案中,区政府通过公开招商程序与融豪投资公司订立投资协议,但在融豪投资公司进行了大量投入后,却以投资协议违反有关文件为由要求终止协议的履行,有违诚信。法院审理该案时,平等对待融豪投资公司与区政府,准确适用《合同法》关于合同解除的相关规定,依法支持融豪投资公司要求继续履行协议的请求,有效地维护了非公有制企业的合法权益。

典型案例3

海南香江德福大酒楼、海南香江实业有限公司清算组与海口市国土资源局建设用地使用权出让合同纠纷上诉案

【审理法院】最高人民法院

【案件案号】(2015)民一终字第83号

【裁判日期】2015年4月18日

【裁判要点】根据《房地产管理法》第40条第1款规定,行政审批系有批准权的人民政府履行对划拨土地的使用进行监管的土地行政管理职能。在通过审批后,土地管理部门成为国有土地使用权出让合同的一方当事人,与受让人签订国有土地使用权出让

---

① 参见最高人民法院中国应用法学研究所:《人民法院案例选》,人民法院出版社2016年版,第74页。

合同,此时,原划拨土地使用权已经转化为出让性质的土地使用权,并且在土地管理部门与受让人之间形成国有土地使用权出让合同关系。根据《城镇国有土地使用权出让和转让暂行条例》第11条的规定,国有土地使用权出让合同系国家作为土地所有者与土地使用者签订的设定用益物权(土地使用权)的合同。在该合同中,政府土地管理部门与土地使用者是平等民事主体,双方之间的权利义务对等,平等地享有合同的解除权,守约方享有民事权利性质的违约赔偿请求权。

第三节　实务操作指南

一、国有土地使用权出让合同应当遵循民事合同的基本原则

《物权法》明确规定建设用地使用权属于用益物权,国有土地使用权出让合同属于民事合同。在该合同中,土地管理部门只是代表土地所有者对土地设立用益物权,而不是行使土地管理职能和行政权力,如果土地管理部门以管理者的身份出现,那么受让方将丧失平等的权利,违背物权对世性,背离了物权的基本原则。

《合同法》第2条规定:"本法所称的合同是平等的自然人、法人、其他组织之间设立、变更、终止民事权利义务关系的协议。婚姻、收养、监护等有关身份关系的协议,适用其他法律的规定。"

民事合同的基本原则包括:当事人平等原则、合同自由原则、合同公平(正义)原则、诚实信用原则、公序良俗原则及禁止权利滥用原则、合同严守原则。

(一)当事人平等原则

国有土地使用权出让市场由国家垄断,这使受让人处于相对弱势地位。当事人双方应当遵循平等原则,不能赋予市、县人民政府过大的行政权力,否则将使受让方的权利处于不稳定的、随时受到侵害的状态。坚持平等原则,对出让方和受让方都有现实和深远的意义。

(二)合同自由原则

《合同法》第4条规定:"当事人依法享有自愿订立合同的权利,任何单位和个人不得非法干预。"

合同自由原则是合同的灵魂和精髓,反映了商品经济的规律,合同自由原则包括:缔约自由、相对人自由、内容自由、方式自由,此外在合同订立后,双方当事人可以自由地协商变更、解除或终止合同。我们的社会主义市场经济脱胎于高度集权的计划经济,合同自由原则更显得弥足珍贵,也违背了经济规律。

应当看到,经过近40年的改革开放,同时为了顺应世界潮流,国家对合同自由原则也应当予以适当限制。

(三)合同公平(正义)原则

公平原则主要是指合同的内容要公平,要使给付与对待给付具有对等性。

在合同法中,公平原则通过以下一些方法实现:一是兼顾双方利益,设置“显失公平”原则;二是依公平原则规定风险的合理分配;三是对合同其他权利和义务的合理配置,其中包括合同中撤销权的配置和对免责条款的规制;四是对格式合同的规制。

在国有土地使用权出让合同中,公平原则更具有现实意义。由于我国长期实行计划经济,由政府主导经济行为,因此在出让合同中,受让方的权利保护更有现实的迫切需要,政府部门要考虑到如何转变观念,真正贯彻国有土地使用权出让合同是民事合同这一原则。同时,国有土地使用权出让合同双方是平等的主体,不是管理者与被管理者的关系。如何在规制双方权利义务时体现公平原则、合理分配风险与避免显失公平,也是政府应当考虑的。免责条款如何认定、高额滞纳金如何认定、单方免责条款如何处理,这些问题也需要真正地贯彻落实,切实保护受让方的合法权益。

(四)诚实信用原则

对于诚实信用原则,学者见解并不一致。一种理解是从字面意思上理解,即不欺诈,讲信用;另一种理解认为,诚实信用不应机械理解,应当弹性理解,没有准确的定义,应由法官根据个案进行分析判断。我国《合同法》采取了第二种观点。

《合同法》中诚实信用原则的确定依据包括:

一是树立市场经济活动的道德标准,将之上升为法律。商品经济的运作一开始就与诚实信用原则紧密相联,一方面被作为商业贸易惯例来认可和遵循,但另一方面由于商业的逐利性,商人唯利是图、尔虞我诈、恃强凌弱、背信弃义的现象也如影随行,单靠道德约束已经不能适应现实经济生活的需要,只有将现实生活中的道德规范上升为法律,使其具有强制力,才能将道德规则与法律规则合为一体,从而实现道德调节与法律调节的双重功能。

二是立法观念上,将理性与经验一定程度上予以结合。我国深受大陆法系影响,大陆法系实行成文法,即事无巨细都需要规定在法律中。英美法系国家认为法律是被发现的,而不是被创立的,其法律渊源主要是判例,同时法官有一套不遵循前例的区别技术。大陆法系理性至上,英美法系重视经验,更务实。

从发展和趋势来看,两大法系应互相借鉴。大陆法系面临的主要问题是:立法是有边界的,而现实生活是不会停滞不前的,立法者无法完全适应社会生活的发展速度,成文法的保守性、滞后性与现代经济生活日新月异之间矛盾突出,为此应当赋予法官一定程度的自由裁量权,同时又使法官的自由裁量权具有正当性、合法性。

具体到个案中,诚实信用原则只是一种泛泛的精神,需要法官发挥主动性,真正贯彻法律的精神,而不是立法者的仆役,更不是执法者的“帮凶”。在国有土地使用权出让合同纠纷中,由于法律规范不完善,出让方地位强势,法官运用诚实信用原则,公平保护双方利益,更有现实意义。

（五）公序良俗原则

公序良俗包括公共秩序和善良风俗。公共秩序是指一种强制性规范，是当事人意志自由的对立物，其本质在于维护国家根本利益，包括政治公共秩序和经济公共秩序。① 善良风俗是民法中弹性较强的一般条款，一般包括违反道德行为、赌博行为、限制人身自由行为、违反家庭伦理道德行为、违反职业道德行为等。

公序良俗与违反法律、行政法规强制性规定并不是并列关系。公序良俗是补充的作用，为填补法律漏洞和法官行使自由裁量权预留必要的空间。这也是《民法总则》对于《合同法》、《民法通则》的有益补充。

（六）合同严守原则

合同法的约束力是指合同对当事人在法律上的约束力，其主要内容是当事人必须受合同的约束，非依法律或双方约定，不得擅自变更或解除合同。②

合同的法律约束力，不是来自合同，而是来自合同法的规定，体现的是国家意志。其主要内容包括：

1. 对合同当事人的约束力。当事人负有依合同约定，适当、完全履行合同的义务；当事人不得擅自变更或解除合同；当事人享有合同规定或确定的权利；履行法律规定的附随义务；当事人不履行或不适当履行合同义务，应当承担违约责任。

2. 合同对第三人的法律约束力。一般情况下，合同只约束合同当事人，这是合同相对性的体现，但现代国家对这一原则进行了修正，我国也顺应世界法律潮流，对合同相对性进行了一定程度的突破。主要体现在：(1)《合同法》第 64 条、第 65 条规定了向第三人履行、第三人代为履行；(2)《合同法》第 73 条、第 74 条规定的，第三人允许债权人提起代位权、撤销权之诉。我们在《追债攻略》一书中已经详述，③在此不再阐述，读者可以参阅。

3. 合同法律约束力发生的时间

一般情况下，合同自成立时生效，合同的约束力存在于合同订立与履行的整体过程，但需要注意的是：一是法律、行政法规规定应当办理批准、登记等手续生效的，自批准或登记时生效；二是附条件或附期限的，自条件成就或期限完成时生效。

在国有土地使用权出让合同中，合同严守原则，更显得弥足珍贵，不仅要求受让方依法严格履行合同义务，更需要依法享受合同权利。对于出让方，更应当转变观念，虽然处于垄断地位，但仍是平等的市场主体，此时出让方不是严格执法的执法主体，人民法官更应当贯彻公正司法的理论，真正让人民群众在每一个司法案件中感受到公平正义。

---

① 参见沈德咏：《〈中华人民共和国民法总则〉理解与适用》，人民法院出版社 2017 年版，第 1018 页。

② 参见李国光：《合同法释解与适用》，新华出版社 1999 年版，第 45 页。

③ 参见马文龙主编：《追债攻略》，法律出版社 2018 年版。

二、加强典型案例指导，提高人民法院业务水平，统一裁判尺度，牢固树立国有土地使用权出让合同是民事合同的司法理念

在本章典型案例3“海南香江德福大酒楼、海南香江实业有限公司清算组与海口市国土资源局建设用地使用权出让合同纠纷上诉案”中，一审法院认为：香江酒楼、香江公司清算组虽以土地出让合同纠纷为由提起本案诉讼，但其诉讼请求是判令作为行政机关的海口市国土局履行交付土地及土地使用证的法定义务，以及若海口市国土局不能履行上述法定义务，则赔偿其经济损失。可见，香江酒楼、香江公司清算组的诉讼请求一是要求海口市国土局履行法定义务，二是在海口市国土局不能履行法定义务的情况下，给予其行政赔偿。依据《行政诉讼法》第11条第1款第5项及第67条第1款的规定，公民、法人和其他组织申请行政机关履行法定职责，行政机关拒绝履行或不予答复的，公民、法人可以依法提起行政诉讼。公民、法人或者其他组织的合法权益受到行政机关或者行政机关工作人员作出的具体行政行为侵犯造成损害的，有权请求赔偿。由此，本案不属民事诉讼受案范围。驳回了原告的诉讼请求。

最高人民法院二审认为：本案国有土地使用权出让合同目前仍应认定为民事合同。

首先，国有土地使用权出让合同系当事人双方协商订立，遵循平等、自愿、有偿原则。《城镇国有土地使用权出让和转让暂行条例》第11条规定：“土地使用权出让合同应当按照平等、自愿、有偿的原则，由市、县人民政府土地管理部门（以下简称出让方）与土地使用者签订。”这表明土地管理部门代表国家与土地使用者签订出让合同时二者的法律地位是平等的。国有土地使用权出让合同系国家作为土地所有者与土地使用者签订的设定用益物权（土地使用权）的合同，政府土地管理部门作为土地所有者的代表，与作为合同相对方的土地使用者系平等民事主体。

其次，国有土地使用权出让合同双方当事人权利义务对等。土地管理部门的主要权利是收取土地出让金，主要义务是在一定期限内向对方提供土地使用权；土地使用者的主要权利是在一定期限内获得相应土地使用权，主要义务是支付出让金和按照法律法规规定及合同约定的用途开发利用土地。《城市房地产管理法》第15条规定：“土地使用者必须按照出让合同约定，支付土地使用权出让金；未按照出让合同约定支付土地使用权出让金的，土地管理部门有权解除合同，并可以请求违约赔偿。”第16条规定：“土地使用者按照出让合同约定支付土地使用权出让金的，市、县人民政府土地管理部门必须按照出让合同约定，提供出让的土地；未按照出让合同约定提供出让的土地的，土地使用者有权解除合同，由土地管理部门返还土地使用权出让金，土地使用者并可以请求违约赔偿。”上述规定赋予了双方当事人平等的合同解除权，守约方享有的违约赔偿请求权应属于民事权利性质。

二审法院注意到，目前在理论界和司法实践中确有观点认为国有土地使用权出让合同系行政合同。其主要理由是：国有土地使用权出让合同的出让方为政府调控管理土地资源和执行土地政策的土地管理部门，即行使行政职权的行政机关；合同目的是土地管理部门通过签订出让土地合同这一管理方式，合理保护及开发利用有限的土地资源，进而实现社会公共利益；合同内容中将土地管理部门的法定职责细化为不得协商的合同条款，且与合同相对方的权利义务并不对等；合同履行方的土地管理部门享有优益权：可以为实现公共利益和行政管

理目的，在履约中单方变更、解除合同，甚至可以依法单方作出行政强制、行政处罚行为。这些观点也具有一定的合理性，考虑到相关合同中融入了行政职权、对合同纠纷的审理需要对行政行为的合法性展开审查等因素，通过行政诉讼对行政行为的合法性与合同争议一并审查，亦便于争议的一揽子解决。

但是，现行的《国有土地使用权合同司法解释》将国有土地使用权合同定性为民事合同，《民事案件案由规定》亦将“建设用地使用权出让合同纠纷”列为“合同纠纷”的下级案由予以明确，审判实践中基本依据上述司法解释之规定均将此类案件作为民事诉讼案件进行审理。在现行法律没有修改的情况下，本案纠纷不宜作为行政争议纳入行政诉讼的范围。二审法院认为，修改后的《行政诉讼法》第 12 条第 11 项有将此类纠纷纳入行政诉讼范围的趋向，但该《行政诉讼法》直到 2015 年 5 月 1 日才实施，不能作为本案的审理依据。至于此法实施后发生的法律行为所产生的争议是否按行政争议处理，再依据新修改的行政诉讼法及其司法解释作出判断，此处不予赘述。

综上所述，本案虽因香江酒楼、香江公司与新华通讯社海南分社的划拨土地使用权转让合同引发，但在海口市政府审批同意案涉划拨土地使用权转让后，已经转化为香江酒楼、香江公司与海口市国土局之间的国有土地使用权出让合同纠纷，国有土地使用权出让合同纠纷属于民事诉讼受案范围，原审法院应当受理并进行实体审理。香江公司清算组因主体不适格，原审裁定驳回其起诉并无不当。香江酒楼系本案适格主体，原审裁定以本案不属于民事纠纷为由同时驳回香江公司清算组及香江酒楼的起诉欠妥。如果香江公司清算组在二审法院指令原审法院审理后能提交加盖香江公司公章的变更原告申请书，将香江公司变更为原告，原审法院应依法审查后确定其原告资格。

综上所述，原审裁定适用法律部分错误，二审法院依法予以纠正：一、撤销海南省高级人民法院(2014)琼民一初字第 11 号民事裁定；二、指令海南省高级人民法院审理。

笔者认为，2007 年 10 月 1 日施行的《物权法》中用益物权一章已经明确规定了建设用地使用权，以基本法的形式确定了国有土地使用权出让合同是民事合同，二审法院论理充分，具有相当强的指导性，真正贯彻了法律精神，有利于公正司法。

第四节　法律法规整合

一、《土地管理法》

第 54 条　建设单位使用国有土地，应当以出让等有偿使用方式取得；但是，下列建设用地，经县级以上人民政府依法批准，可以以划拨方式取得：

（一）国家机关用地和军事用地；

（二）城市基础设施用地和公益事业用地；

（三）国家重点扶持的能源、交通、水利等基础设施用地；

（四）法律、行政法规规定的其他用地。

第 55 条　以出让等有偿使用方式取得国有土地使用权的建设单位，按照国务院规定的标准和办法，缴纳土地使用权出让金等土地有偿使用费和其他费用后，方可使用土地。

自本法施行之日起，新增建设用地的土地有偿使用费，百分之三十上缴中央财政，百分之七十留给有关地方人民政府，具体使用管理办法由国务院财政部门会同有关部门制定，并报国务院批准。

二、《物权法》

第135条　建设用地使用权人依法对国家所有的土地享有占有、使用和收益的权利，有权利用该土地建造建筑物、构筑物及其附属设施。

第136条　建设用地使用权可以在土地的地表、地上或者地下分别设立。新设立的建设用地使用权，不得损害已设立的用益物权。

第137条　设立建设用地使用权，可以采取出让或者划拨等方式。

工业、商业、旅游、娱乐和商品住宅等经营性用地以及同一土地有两个以上意向用地者的，应当采取招标、拍卖等公开竞价的方式出让。

严格限制以划拨方式设立建设用地使用权。采取划拨方式的，应当遵守法律、行政法规关于土地用途的规定。

第138条　采取招标、拍卖、协议等出让方式设立建设用地使用权的，当事人应当采取书面形式订立建设用地使用权出让合同。

建设用地使用权出让合同一般包括下列条款：

（一）当事人的名称和住所；

（二）土地界址、面积等；

（三）建筑物、构筑物及其附属设施占用的空间；

（四）土地用途；

（五）使用期限；

（六）出让金等费用及其支付方式；

（七）解决争议的方法。

三、《城市房地产管理法》

第8条　土地使用权出让，是指国家将国有土地使用权（以下简称土地使用权）在一定年限内出让给土地使用者，由土地使用者向国家支付土地使用权出让金的行为。

第13条　土地使用权出让，可以采取拍卖、招标或者双方协议的方式。

商业、旅游、娱乐和豪华住宅用地，有条件的，必须采取拍卖、招标方式；没有条件，不能采取拍卖、招标方式的，可以采取双方协议的方式。

采取双方协议方式出让土地使用权的出让金不得低于按国家规定所确定的最低价。

四、《城镇国有土地使用权出让和转让暂行条例》

第8条　土地使用权出让是指国家以土地所有者的身份将土地使用权在一定年限内让与土地使用者，并由土地使用者向国家支付土地使用权出让金的行为。

土地使用权出让应当签订出让合同。

五、《国有土地使用权合同司法解释》

第 1 条 本解释所称的土地使用权出让合同，是指市、县人民政府土地管理部门作为出让方将国有土地使用权在一定年限内让与受让方，受让方支付土地使用权出让金的协议。

第 2 条 开发区管理委员会作为出让方与受让方订立的土地使用权出让合同，应当认定无效。

本解释实施前，开发区管理委员会作为出让方与受让方订立的土地使用权出让合同，起诉前经市、县人民政府土地管理部门追认的，可以认定合同有效。

第二章　国有土地使用权出让金纠纷

【一级案由】合同、无因管理、不当得利纠纷

【二级案由】合同纠纷

【三级案由】建设用地使用权合同纠纷

【四级案由】建设用地使用权出让合同纠纷

第一节　法律要点详解

一、立法背景

土地是人类最基本、最重要的生存条件，具有不动性、耐久性、有限性、不可替代性，是生产要素中价值最高的资产。我国人多地少，人地矛盾突出，可利用土地面积少，加之实行多年的以粮为纲，土地破坏、水土流失、环境污染，导致人地矛盾更加突出。

改革开放以前，我国实行计划经济，以公有制为主，绝大部分国有土地均以划拨的方式供应，导致土地使用效率低下，集约化程度低，浪费严重，未能体现出土地作为国家和社会最大资源与财富的特性。

改革开放初期，我国土地政策也很僵化，规定过死，一切强调计划，没有按照市场规律办事。1988 年《宪法》修正案作了调整，删除禁止土地转让的规定，《土地管理法》据此进行调整，规定了土地有偿使用与无偿使用并行的制度。

进入 20 世纪 90 年代后，我国实行社会主义市场经济，私营经济迅猛发展，建设用地的供应方式发生了巨大变化。由以无偿为主，向以有偿与划拨相辅相成转变。随着改革的进一步深入，划拨土地使用权的范围会严格限定在法律规定的范围，尤其是国有企业无偿取得土地的方式会出现根本的变化，市场主体会处于完全平等的竞争条件下。

二、建设用地使用权的取得方式

（一）划拨方式

1. 法律规定

（1）《划拨土地使用权管理暂行办法》（1992 年 3 月 8 日国家土地管理局令〔1992〕第 1 号发布　自发布之日起施行）。

(2)《划拨用地目录》(2001 年 10 月 22 日国土资源部令第 9 号发布自发布之日起施行)。

2. 划拨用地的范围

《土地管理法》第 54 条规定:“建设单位使用国有土地,应当以出让等有偿方式取得。但是,下列建设用地,经县级以上人民政府依法批准,可以以划拨方式取得:(一)国家机关用地和军事用地;(二)城市基础设施用地和公益事业用地;(三)国家重点扶持的能源、交通、水利等基础设施用地;(四)法律、行政法规规定的其他用地。”

3. 划拨用地的方式

土地使用权划拨包括两种方式:一是指县级以上人民政府批准,在土地使用者缴纳相应的补偿、安置费用后,由政府土地管理部门将相应的土地交付其使用;二是由县级以上人民政府批准,将土地无偿交付土地使用者使用。现实生活中,第一种情况占大多数,第二种情况较少。划拨取得的土地使用权的转让、出租、抵押受到一定的限制,应当经过审批,并缴纳土地出让金或用收益缴纳土地出让金。

4. 划拨用地目录

2001 年 10 月 22 日,国土资源部发布施行了《划拨用地目录》,其中规定:符合本目录的建设用地项目,由建设单位提出申请,经有批准权的人民政府批准,方可以划拨形式提供土地使用权;对于国家重点扶持的能源、交通、水利等基础设施用地项目,可以以划拨方式提供土地使用权。对于以营利为目的的,非国家重点扶持的能源、交通、水利等基础设施用地项目,应当以有偿方式提供土地使用权;以划拨方式取得土地使用权,因企业改制、土地使用权转让或者改变土地用途不符合本目录的,应当实行有偿使用;本目录施行后,法律、行政法规和国务院的有关政策另有规定的,按有关规定执行。

5. 划拨土地使用权的转让、出租、抵押

划拨土地使用权除《城镇国有土地使用权出让和转让暂行条例》第 45 条规定的情况外,不得转让、出租、抵押。

《城镇国有土地使用权出让和转让暂行条例》第 45 条规定:“符合下列条件的,经市、县人民政府土地管理部门和房地产管理部门批准,其划拨土地使用权和地上建筑物、其他附着物所有权可以转让、出租、抵押:(一)土地使用者为公司、企业、其他经济组织和个人;(二)领有国有土地证;(三)具有地上建筑物、其他附着物合法的产权证明;(四)依照本条例第二章的规定签订土地使用权出让合同,向当地市、县人民政府补交土地使用权出让金或者以转让、出租、抵押所获收益抵交土地使用权出让金。转让、出租、抵押前款划拨土地使用权的,分别依照本条例第三章、第四章和第五章规定办理。”

对于未经批准,擅自转让、出租、抵押划拨土地使用权的单位和个人,市、县人民政府土地管理部门应当没收违法收入,并根据情节处以罚款。

6. 划拨用地的收回

使用者停止使用土地或者市、县人民政府根据城市发展需要或者公共利益需要收回划拨土地使用权的,可以无偿收回。对地上建筑物、构筑物、其他附着物、营业损失等,要给予合理补偿。

（二）国有土地使用权的出让方式

我们在第一章已经详细论述。

（三）国有土地使用权租赁

国有土地使用权租赁是指国家将国有土地出租给使用者使用，由使用者与县级以上人民政府订立一定年限的土地租赁合同，并支付租金的行为。[①] 国有土地使用权租赁是土地使用权有偿使用的一种形式，是出让方式的一种补充，国有土地使用权租赁可以采取招标、拍卖或者双方协议的方式。

（四）国有土地使用权出资或入股

这种形式在混合所有制企业中很普遍，一般是指国有企业或国有投资平台，经国有资产管理部门、市、县人民政府批准同意，将持有的国有土地使用权作价，以投资入股的形式投入到新设立的企业，享有股东权利的一种形式。我们认为，这种使用方式，会随着改革的深入，逐渐缩小规模，直至退出市场。

三、国有土地使用权的出让年限

《城镇国有土地使用权出让和转让暂行条例》第12条规定："土地使用权出让最高年限按下列用途确定：（一）居住用地七十年；（二）工业用地五十年；（三）教育、科技、文化、卫生、体育用地五十年；（四）商业、旅游、娱乐用地四十年；（五）综合或其他用地五十年。"

理解国有土地使用出让年限应当把握以下几点：

1. 国有土地使用权年限最高为以上规定的年限，不能多于以上年限，但可以少于以上年限，主要目的是防止出让年限过长，影响土地管理部门的有效管理，市场价格过大波动，导致双方利益严重失衡。

2. 国有土地使用权的出让年限为70年或50年或40年不等于地上建筑物、构筑物、附属设施的所有权年限。目前房地产市场普遍宣传70年产权房，这是典型的混淆了土地使用权与房屋所有权，依据《物权法》的规定，房屋建筑物、构筑物、其他设施的所有权是永久的，只要不存在法律、行政法规规定的物权消灭的情形或未被征收征用的，所有人就永久享有物的所有权。

3. 改变国有土地使用权用途的，应当经过有关人民政府土地管理部门同意，并报原批准的人民政府批准，其中在城市规划区内改变土地用途的，在报批前，应当经城市规划行政主管部门同意。

四、国有土地使用权出让的方式

国有土地使用权的出让方式包括协议、招标、拍卖、挂牌4种方式。

---

① 《土地管理法新解读》，中国法制出版社2017年版，第67页。

（一）协议方式

1. 历史背景

协议出让国有土地使用权是特定历史阶段的特定产物，自实行以来，一直是毁誉参半，争议不断，20 世纪 90 年代，协议出让是土地使用权出让的主要形式，很多城市，协议出让土地的比例高达 90% 以上。

2. 法律规范

目前关于协议出让国有土地使用权的法律规范包括：

（1）《协议出让国有土地使用权规定》（2003 年 6 月 11 日国土资源部令 21 号发布，自 2003 年 8 月 1 日施行）。

（2）《协议出让国有土地使用权规范（试行）》（2006 年 5 月 31 日国土资发〔2006〕114 号）。

3. 协议出让国有土地使用权的概念

《协议出让国有土地使用权规定》第 2 条第 2 款规定："本规定所称协议出让国有土地使用权，是指国家以协议方式将国有土地使用权在一定年限内出让给土地使用者，由土地使用者向国家支付土地出让金的行为。"

4. 协议出让国有土地使用权的优点

协议出让国有土地使用权的优点是：有利于促进城市基础设施建设；有利于吸引大量投资；有利于土地的有效利用。这种方式在一定历史时期促进了国民经济的发展。

5. 协议出让国有土地使用权存在的问题

一是缺少足够的公开性、透明性，有时造成投资者的权益得不到应有的保护。因为协议出让土地，土地价格的确认缺少透明性，价格过高或过低的责任无法分清。有些情况下，地方为了招商引资，作出很多许诺，其中最重要的一项就是降低价格或零地价，当投资者投入巨大的人力、物力、财力后，政府以违反规定为由，推翻原来的合同，要求提高价格或解除合同。另外有些地区，地价上涨过快，政府出于各种原因，违反诚实信用原则，对原来签订的合同不认账。

二是个别人利用特殊关系和资源"圈地""囤地""炒地""倒地"，牟取巨额利益，损害国家、集体、第三人合法权益。

三是存在"市长地价""书记地价"，造成国家土地权益流失，损害国家利益。协议出让土地容易操作，地价也容易确定，但很多地方无基准地价，随意性大，导致协议地价与实际价值或基准地价相去甚远，使国有资产严重流失。

四是操作不规范或"暗箱操作"，容易滋生腐败。土地方面的腐败是重灾区，因为协议出让缺少公开性、透明性、竞争性，现实生活中，一些地方政府主要领导以招商引资、促进当地经济发展为由，低价甚至零地价出让国有土地，权钱交易，滋生腐败，已经不能适应市场经济发展的需要。

（二）招标、拍卖、挂牌

1. 历史背景

我国土地使用权出让历史较短，起步于 20 世纪 90 年代，90 年代大部分采取协议出让的方式,较少采取招标、拍卖、挂牌的方式。2000 年后随着我国加入 WTO 后,与国际接轨,市场经济地位的进一步确定,使招标拍卖、挂牌成为土地出让的最主要的方式,也是广泛采用的形式。这种方式符合市场经济的规律,符合价值规律,能实现国有土地使用权的价值最大化,有利于保护国家的利益。

2002 年 5 月 9 日国土资源部发布了《招标拍卖挂牌出让国有土地使用权规定》(国土资字〔2002〕21 号),其中明确规定土地出让必须采取招标拍卖挂牌交易,禁止协议交易。2004 年 3 月 18 日国土资源部、监察部发布了《关于继续开展经营性土地使用权招标拍卖挂牌出让情况执法监察工作的通知》(国土资发〔2004〕71 号)。

招标、拍卖、挂牌出让土地的优点不言而喻,但也不是一点缺点没有。其缺点就是市场主体盲目拿地,恶意竞争,不得已无限制地抬高地价。地方政府乐见其成,卖地价背离了真实的市场价值这直接导致房价迅猛上涨。这也是近些年房价上涨的重要推动因素之一。

依据《招标拍卖挂牌出让国有建设用地使用权规定》的规定,招标、拍卖或者挂牌出让国有建设用地使用权,应当遵循公开、公平、公正和诚信的原则。工业、商业、旅游、娱乐和商品住宅等经营性用地以及同一宗地有两个以上意向用地者的,应当以招标、拍卖或者挂牌方式出让。前款规定的工业用地包括仓储用地,但不包括采矿用地。国有建设用地使用权招标、拍卖或者挂牌出让活动,应当有计划地进行。市、县人民政府国土资源行政主管部门根据经济社会发展计划、产业政策、土地利用总体规划、土地利用年度计划、城市规划和土地市场状况,编制国有建设用地使用权出让年度计划,报经同级人民政府批准后,及时向社会公开发布。市、县人民政府国土资源行政主管部门应当按照出让年度计划,会同城市规划等有关部门共同拟订拟招标拍卖挂牌出让地块的出让方案,报经市、县人民政府批准后,由市、县人民政府国土资源行政主管部门组织实施。前款规定的出让方案应当包括出让地块的空间范围、用途、年限、出让方式、时间和其他条件等。出让人应当至少在投标、拍卖或者挂牌开始日前 20 日,在土地有形市场或者指定的场所、媒介发布招标、拍卖或者挂牌公告,公布招标拍卖挂牌出让宗地的基本情况和招标拍卖挂牌的时间、地点。

招标、拍卖、挂牌公告应当包括下列内容:(1)出让人的名称和地址;(2)出让宗地的面积、界址、空间范围、现状、使用年期、用途、规划指标要求;(3)投标人、竞买人的资格要求以及申请取得投标、竞买资格的办法;(4)索取招标拍卖挂牌出让文件的时间、地点和方式;(5)招标拍卖挂牌时间、地点、投标挂牌期限、投标和竞价方式等;(6)确定中标人、竞得人的标准和方法;(7)投标、竞买保证金;(8)其他需要公告的事项。

2. 法律规范

《招标拍卖挂牌出让国有建设用地使用权规定》(2002 年 5 月 9 日国土资源部令第 11 号发布,2007 年 9 月 28 日国土资源部令第 39 号修订发布)。

3. 招标

招标出让国有建设用地使用权,是指市、县人民政府国土资源行政主管部门(以下简称出让人)发布招标公告,邀请特定或者不特定的自然人、法人和其他组织参加国有建设用地使用权投标,根据投标结果确定国有建设用地使用权人的行为。

4. 拍卖

拍卖出让国有建设用地使用权,是指出让人发布拍卖公告,由竞买人在指定时间、地点进行公开竞价,根据出价结果确定国有建设用地使用权人的行为。

5. 挂牌

挂牌出让国有建设用地使用权,是指出让人发布挂牌公告,按公告规定的期限将拟出让宗地的交易条件在指定的土地交易场所挂牌公布,接受竞买人的报价申请并更新挂牌价格,根据挂牌期限截止时的出价结果或者现场竞价结果确定国有建设用地使用权人的行为。

五、以协议方式出让建设用地使用权时,出让金低于国家规定的最低价,合同效力的认定问题

(一)实务界的不同意见

1. 整个合同无效

该观点认为,我国《城市房地产管理法》第 13 条第 3 款规定,“采取双方协议方式出让土地使用权的出让金不得低于国家规定所确定的最低价”。如果出让方与受让方协议的出让价格低于国家规定所确定的最低价的,是违反《合同法》第 52 条、《民法通则》第 58 条规定,属于恶意串通,损害国家和社会公共利益的行为,应当作出否定评价,整体合同均无效,以有效遏制这种损害国有资产的严重违法行为。

2. 部分有效、部分无效

该观点认为,我国地域广阔,国情复杂,如何认定出让金低于国家规定确定的最低价难度很大,不能一概而论,如果“一刀切”,不利于稳定交易秩序,更不利于保护受让方的合法权益,况且申请确定合同无效的是合同双方当事人或利益受到损害的第三人,如果权利人都不主张合同无效,由谁来主张合同无效? 因此,认为应当采用部分有效、部分无效的认定,即认定出让金条款无效,其他条款有效。

3. 不采取协议出让的方式

该观点认为,依据《招标拍卖挂牌出让国有建设用地使用权规定》规定,工业、商业、旅游、娱乐和商品住宅等经营性用地以及同一宗地有两个以上意向用地者的,应当以招标、拍卖或者挂牌方式出让。目前来看,协议出让国有建设用地使用权是个案,随着时间的推移,会逐步减少,最终会退出历史舞台,因此没有必要采取这种方式。

(二)最高人民法院的意见

最高人民法院在制定《国有土地使用权合同司法解释》的过程中,最终采取了第二种观点,体现在该司法解释第 3 条,“经市、县人民政府批准同意以协议方式出让的土地使用权,土地使用权出让金低于订立合同时当地政府按照国家规定确定的最低价的,应当认定土地使用权出让合同约定的价格条款无效。当事人请求按照订立合同时的市场评估价格交纳土地使用权出让金的,应予支持;受让方不同意按照市场评估价格补足,请求解除合同的,应予支持。因此造成的损失,由当事人按照过错承担责任”。

理解该条,把握以下几个要点:

(1)该条款只适用于协议出让国有土地使用权的情形,不适用于招拍挂等形式;

(2)衡量是否低于国家规定确定的最低价的时间节点为合同签订时,不能以发生争议时

或其他时间为判断标准;

(3)当出现协议价低于国家规定确定的最低价的,不是整个合同无效,而是该条款无效;

(4)各方当事人均有权要求按照合同签订时的评估价交纳土地使用权出让金。

六、出让土地用途发生变更情形下出让金的调整

一般情况下,国有土地使用权的用途受到严格管制,不允许随意变更,但在特定情形下,经由出让方及相关部门批准后,可以予以变更。土地使用权出让金与用途紧密相连,用途发生变更后,土地出让金必须调整。《城市房地产管理法》第18条规定:"土地使用者需要改变土地使用权出让合同约定的土地用途的,必须取得出让方和市、县人民政府城市规划行政主管部门的同意,签订土地使用权出让合同变更协议或者重新签订土地使用权出让合同,相应调整土地使用权出让金。"《城镇国有土地使用权出让和转让暂行条例》第18条规定,"土地使用者需要改变土地使用权出让合同规定的土地用途的,应当征得出让方同意并经土地管理部门和城市规划部门批准,依照本章的有关规定重新签订土地使用权出让合同,调整土地使用权出让金,并办理登记"。

关于如何调整土地出让金的时间节点的问题,有两种观点:

第一种观点认为,应当按照变更后的土地用途,依最初签订合同时所应付的出让金的多少为标准进行调整。

第二种观点认为,应当按照双方发生争议诉讼至法院时,对应的出让金标准进行调整。

最高人民法院在制定《国有土地使用权合同司法解释》的过程中,最终采取了第二种观点,体现在该司法解释第5条:"受让方经出让方和市、县人民政府城市规划行政主管部门同意,改变土地使用权出让合同约定的土地用途,当事人请求按照起诉时同种用途的土地出让金标准调整土地出让金的,应予支持。"各地人民政府一般对不同地块、不同用途的土地的基准地价和标定地价都有明确规定,实务中,一般以此为标准进行调整,采取补交土地出让金的形式。

需要注意的是,能否要求退还土地出让金,从司法实务来看,调整当然包括补交和退还。

受让方提出变更土地用途,经过原批准机关及规划部门同意,可以对土地出让金进行调整,如果是出让方提出变更土地用途,则不能适用《国有土地使用权合同司法解释》第5条的规定,此时出让方基于规划变更或社会公共利益的需要,提出变更用途,是从土地管理者的角度出发,此时为行政行为,不是民事行为,无须承担违约责任,也无须承担民事上的赔偿责任,按照相关规定,对受让方予以适当补偿即可。

七、受让方改变土地容积率的,土地出让金要进行调整

土地容积率是指总建筑面积与总宗地面积之间的比率,分为规划容积率和实际容积率。容积率的高低与居住环境密集程度和居住环境质量有密切关系。一般来讲,对于开发商来说,容积率反映了地价成本在房屋中所占比例,容积率越大经济效益越高。

因此,改变土地容积率成为开发商提高房地产开发收益的重要手段。对于受让方改变土地容积率,而出让方是否有权调整土地出让金标准问题,在实践中有两种观点:

第一种观点认为,土地容积率一般约定在房地产开发经营合同中,其改变需要报经规划

行政主管部门审批，土地受让方和出让方无法合意变更约定的土地出让金，即使是土地容积率提高，建设工地使用权的价值也不受影响。因此，土地容积率改变，不应该调整土地出让金标准。

第二种观点认为，土地容积率上升，导致土地价值更多计入建筑物价值中，因此应当对土地出让金进行调整。

最高人民法院支持第二种观点。目前，我国对建设用地容积率没有明确法律规定，因此可能导致容积率失序，从而使得各方利益失衡。法院为了平衡各方利益，就一方当事人因土地容积率改变，要求调整土地出让金的，法院一般予以支持。法院审理此类案件的依据是国务院颁布的行政法规《关于加强国有土地资产管理的通知》，其中规定土地使用者"需要改变原批准的土地用途、容积率等，必须依法报经市、县人民政府批准。……对出让土地，凡改变土地用途、容积率的，应按规定补交不同用途和容积率的土地差价"。

八、国有土地管理部门追收土地出让金的案件性质认定

（一）实务界的不同意见

1. 该类案件不应由法院管辖。该种观点认为，国有土地出让具有行政审批的特点，出让行为是否有效以土地权属登记为准。同时，国有土地管理部门属于行政机关，因此该类案件不由法院管辖。

2. 该类案件属于行政诉讼案件。该种观点认为，基于国有土地出让需要行政审批，具有行政许可的特点，因此应当认定该类案件属于行政诉讼案件。

3. 该类案件属于民事诉讼案件。该种观点认为，国有土地管理部门追收土地出让金，应当基于土地出让合同追收，该类案件属于民事诉讼案件。

（二）最高人民法院的观点

最高人民法院认可第三种观点。建设用地使用权出让合同系民事合同，同时民事案由中，建设用地使用权出让合同纠纷是建设用地使用权合同纠纷下的三级案由。在建设用地使用权出让中，国有土地管理部门作为土地出让人是与土地受让人地位平等的民事主体。国有土地管理部门要求追收土地出让金，可基于土地出让合同，提起民事诉讼。

第二节　权威案例指导

典型案例1

【**案例主题**】国有土地使用权出让约定的违约金为日1‰，该约定符合国务院办公厅《关于规范国有土地使用权出让收支管理的通知》精神

泸州市国土资源局与泸州天地井然房地产开发有限公司建设用地使用权出让合同纠纷申请再审案

【案件来源】最高人民法院

【审理法院】最高人民法院

【案件案号】(2014)民申字第1825号

【裁判日期】2014年11月19日

【裁判要点】1.法院确定了建设用地使用权出让合同违约金约定的公平性后，合同一方当事人对违约金数额的高低有异议，应当承担举证责任。2.在建设用地使用权合同中没有约定逾期付款的违约金数额或者违约金的计算方法时，才能依照中国人民银行规定的贷款利率计算。如果合同中约定了逾期付款的违约金计算方法，则按照建设用地使用权出让合同的约定计算违约金。

典型案例2

【案例主题】未按约交纳土地出让金时不能将违约金调整降低至同期同类贷款利率

贵阳市国土资源局与贵州太升房地产开发有限公司建设用地使用权出让合同二审纠纷案

【案件来源】《民事审判指导与参考》第68辑

【审理法院】最高人民法院

【案件案号】(2016)最高法民终633号

【裁判日期】2016年12月28日

【裁判要点】1.关于国务院办公厅《关于规范国有土地使用权出让收支管理的通知》中的规定。本院认为，该规定系从行政管理角度规范国有土地出让收入的缴纳，属于行政规章，在调整平等民事主体之间的法律关系中不宜直接作为计算违约金的依据。2.在贵阳市国土局未举证证明其还存在其他损失的情况下，一审判决以年24%的利率计算涉案违约金过高，显属不当，应予纠正。3.综合涉案合同的履行情况、太升公司的过错程度、预期利益等以及贵阳市国土局的损失情况，根据公平原则和诚实信用原则，应以中国人民银行公布的同期同类贷款利率的二倍计算涉案违约金。

【主文摘要】

一审贵州省高级人民法院认为，本案争议焦点为：出让合同约定的每日按迟延支付款项的1‰向贵阳市国土局缴纳滞纳金的标准是否过高，是否需要调整。第一，关于违约金是否调整。太升公司未按照出让合同的约定，2014年12月3日前一次性支付国有建设用地使用权出让价款，构成违约，应承担相应的违约责任。出让合同约定的每日按迟延支付款项的1‰向贵阳市国土局缴纳滞纳金，其实质即为违约金。太升公司认为出让合同约定的违约金标准过高，请求予以调整，并提出逾期支付国有建设用地使用权出让价款给贵阳市国土局造成的实际损失为融资贷款的损失。贵阳市国土局并未提出在融资贷款利息损失外还有其他损失的依据。根据出让合同约定的每日迟延支付款项1‰的标准计算，每年约为36%，相当于中国人民银行同期同类贷款利率的6倍之多。因此一审法院认为，出让合同约定的违约金标准过高。依据《合同法》第一百一十四条第二款“约定的违约金低于造成的损失的，当事人可以请求人民法院或者仲裁机构予以增加；约定的违约金过分高于造成的损失的，当事人可以请求人民法院或者仲裁机构予以适当减少”之规定，一审法院对出让合同约定的每日迟延支付款项的1‰的标准予以调整。第二，关于违约金调整标准。一审法院认为，1. 太升公司逾期支付出让价款，构成违约。同时，并无证据证明贵阳市国土局在履行出让合同中存在违约。2. 截至出让合同约定的付款期限即2014年12月3日，太升公司已支付43,550,000元，仅占总出让价款221,150,000元的20%；截至本案贵阳市国土局起诉之日即2015年11月20日，太升公司已支付121,159,936.2元，占总出让价款221,150,000元的55%。综合双方当事人履行合同的情况，考虑违约金所具有的补偿性和惩罚性的双重功能，一审法院将违约金标准调整为每年按迟延付款金额的24%计算。

最高人民法院二审认为，本案的争议焦点是：太升公司承担的违约金应当如何计算。双方当事人对于太升公司未按约支付土地使用权出让金这一事实均不持异议。太升公司应当承担未按时支付土地使用权出让金的违约责任。对于违约金的计算标准，贵阳市国土局主张应当依照合同约定计算违约金，认为双方关于违约金的约定标准符合国务院办公厅《关于规范国有土地使用权出让收支管理的通知》中的规定。本院认为，该规定系从行政管理角度规范国有土地出让收入的缴纳，属于行政规章，在调整平等民事主体之间的法律关系中不宜直接作为计算违约金的依据。双方当事人对于违约金的承担虽然参照上述规定作了约定，但是土地使用权××作为民事平等主体，有权请求人民法院对于过分高于实际损失的违约金予以适当减少，人民法院可以进行调整。贵阳市国土局主张涉案违约金不能调整，缺乏依据，本院不予支持。对于调整标准，太升公司主张应当依据人民银行贷款率计算涉案违约金。本案中，贵阳市国土局并无任何违约行为，而太升公司直至现在仍未交清涉案土地的土地使用权出让金。从违约金的目的看，既有补偿性，亦有惩罚性。如果以中国人民银行同期同类贷款利率计算涉案违约金，等同于太升公司低成本占用贵阳市国土局的土地出让金。太升公司亦主张迟延支付土地出让金的理由是“因为全国整体经济环境的恶化及信贷的收缩”。在信贷政策收缩的情况下，太升公司很难以中国人民银行同期贷款利率融到资，以同期同类贷款利率计算违约金不能体现违约金的惩罚性。因此，太升公司主张以银行贷款利率计算违约金亦缺乏依据，本院亦不予支持。违约金一方面具有惩罚性，另一方面具有补偿性。违约金的计算不能过分高于违约方给非违约方造成的损失。贵阳市国土局的损失为太升公司所拖欠其土地使用权出让金的利息损失。在贵阳市国土局未举证证明其还存在其他损失的情况下，一审判决以年24%的利率计算涉案违约金过高，显属不当，应予纠正。本院认为，综合涉案合同的履行情况、太升公司的过错程度、预期利益等以及贵阳市国土局的损失情况，根据公平原则和诚实信用原则，应以中国人民银行公布的同期同类贷款利率的二倍计算涉案违约金。综上，本院依照《民事诉讼法》第170条第1款第3项规定，判决如下：一、撤销贵州省高级人民法院(2016)黔民初109号民事判决；二、贵州太升房地产开发有限公司于本判决生效之日起15日内向贵阳市国土资源局支付国有建设用地使用权出让价款89,990,063.8元；三、贵州太升房地产开发有限公司于本判决生效之日起15日内向贵阳市国土资源局按中国人民银行同期同类贷款利率的二倍支付违约金。一审案件受理费按照一审判决执行；二审案件受理费488,230元，由贵阳市国土资源局负担375,030元，贵州太升房地产开发有限公司负担113,200元。本判决为终审判决。

典型案例3

【案例主题】逾期支付土地出让金按日加收违约金额1‰的约定符合《国务院办公厅关于规范国有土地使用权出让收支管理的通知》的规定

富阳市国土资源局与杭州恒远房地产开发有限公司建设用地使用权出让合同纠纷二审纠纷案

【审理法院】浙江省高级人民法院

【案件案号】(2011)浙民终字第24号

【裁判日期】2011年8月26日

【裁判要点】1.富阳市国土局以书面形式向市政府提出免去恒远公司缴纳滞纳金义务的请示，属于行政机关内部的工作环节，不能产生改变双方合同约定的法律效果。2.富阳市国土局向恒远公司颁发建设用地批准书，是对恒远公司相关法律权利的确认，根据该行为并不能推断出富阳市国土局向恒远公司做出了何时交付土地的承诺。退一步而言，即便富阳市国土局存在提前交付土地的意向，也是属于其履行合同过程中的自由并非义务。恒远公司将其作为富阳市国土局的义务，并据此认为富阳市国土局迟延交付土地的主张不能成立。3.案涉土地使用权出让合同中关于延期支付土地出让金的滞纳金标准约定,与《国务院办公厅关于规范国有土地使用权出让收支管理的通知》第七条"土地出让合同、征地协议等应约定对土地使用者不按时足额缴纳土地出让收入的,按日加收违约金额1‰的违约金"规定一致。

【主文摘要】

上诉人(原审被告)杭州恒远房地产开发有限公司。

被上诉人(原审原告)富阳市国土资源局。

本案争议主要涉及以下几个问题:(一)富阳市国土局或者富阳市人民政府有无向恒远公司作出过免缴滞纳金、延长土地出让金支付期限的意思表示。原审判决系根据富阳市国土局自认对出让金支付期限在合同约定基础上每期顺延6个月。恒远公司上诉提出富阳市国土局已经同意免缴滞纳金。二审法院认为,尽管富阳市国土局曾于2009年12月1日,以书面形式向市政府提出免去恒远公司缴纳滞纳金义务的请示,但上述请示内容属行政机关内部的工作环节,不仅从结果看富阳市人民政府最终并未明确批准,而且在此过程中富阳市国土局或者富阳市人民政府也未对外尤其是向恒远公司作过宣示。因此该内部请示显然不能产生改变双方合同约定之法律效果,恒远公司提出的该上诉理由不能成立。此外,恒远公司主张富阳市国土局在2009年4月按照恒远公司在1#地块上的付款比例为其分割发证,以其行为表示放弃追究恒远公司的违约责任。对此,本院认为,虽然富阳市国土局分割发证行为突破了合同有关发证条件的约定,但并不能据此推断其放弃追究恒远公司的违约责任。综上,恒远公司提出富阳市国土局或者富阳市人民政府曾同意免收恒远公司滞纳金的主张,缺乏事实和法律依据,本院不予支持。

(二)富阳市国土局在土地交付问题上是否存在违约情形。对于土地交付时间,双方在《富阳市国有土地使用权出让合同》中约定,"出让方同意在受让方付清全部土地使用权出让金、契税后十日内将现状条件的土地交付受让方",据此,富阳市国土局交付土地的前提是恒远公司已全额支付所有的土地出让金及契税。就此而论,富阳市国土局就土地交付没有违反合同约定。恒远公司提出富阳市国土局2007年8月10日颁发建设用地批准书,表示其同意在出让金付清前向恒远公司交付土地。对此,本院认为,富阳市国土局向恒远公司颁发建设用地批准书,是对恒远公司相关法律权利的确认,但根据该行为并不能推断出富阳市国土局向恒远公司作出了何时交付土地的承诺。退一步而言,即便富阳市国土局存在提前交付土地的意向,但这也属于其履行合同过程中的自由而非义务。恒远公司将其作为富阳市国土局的义务,并据此认为富阳市国土局迟延交付土地的主张不能成立。至于恒远公司提出因富阳市国土局的原因导致其无法对2#地块及时开发、进而影响整个工程进度的问题,经二审庭审确认,1#、2#地块系分别签订国有土地使用权出让合同的不同地块,而本案系1#地块延期支付土地出让金的争议,因此2#地块问题不属于本案审查范围,双方如有争议,可依法另行解决。

(三)利息及滞纳金的赔偿问题。原审法院根据合同约定以及富阳市国土局同意恒远公司支付土地出让金的缴款期限延长6个月,在该期限内按银行同期贷款利率计算利息的意见，最后判决恒远公司应支付延期支付土地出让金的利息3,641,095元、滞纳金63,006,976元，合计66,648,071元。恒远公司上诉提出合同约定的日千分之一滞纳金标准过高，原审法院未采纳恒远公司提出的要求调整的主张存在不当。本院经审核认为，案涉土地使用权出让合同中有关延期支付土地出让金的滞纳金标准约定，与《国务院办公厅关于规范国有土地使用权出让收支管理的通知》（国办发〔2006〕100号）第七条“土地出让合同、征地协议等应约定对土地使用者不按时足额缴纳土地出让收入的，按日加收违约金额1‰的违约金”之规定一致。据此，并结合滞纳金具有惩罚性的性质，本院对恒远公司提出要求调整滞纳金标准的主张不予支持。至于恒远公司提出的富阳市国土局怠于行使权利导致违约金损失扩大的问题，本院认为，根据双方合同约定，按时支付土地出让金是恒远公司的主要合同义务，不论富阳市国土局是否作过督促，恒远公司均应按约及时履行相关义务。况且，富阳市国土局曾于2007年9月12日向其发出催缴单予以催缴。因此，恒远公司该上诉理由亦不成立，本院不予采纳。

综上，恒远公司的上诉理由和请求均不能成立，本院不予支持。原审判决适用法律正确，实体处理得当，应予以维持。依照《中华人民共和国民事诉讼法》第一百五十三条第一款第（一）项之规定，判决驳回上诉，维持原判。二审案件受理费292,936元，由杭州恒远房地产开发有限公司承担。

本判决为终审判决。

第三节 实务操作指南

一、逾期支付土地出让金的违约责任承担

1.国有土地使用权出让合同系民事合同

客观地讲，国有土地使用权出让合同与一般的民事合同相比，其形成过程、磋商机制、议价能力、合同条款确认等方面，具有很大的不同。

首先，从其形成过程来看，政府主管部门主导性更强，出让地块的规划、市政基础设施配套、容积率、开工时间、投资规模等，均由政府相关部门会商确认，受让人并无参与的权利与可能。

其次，从磋商机制来看，也是以政府有关部门主导为主。无论协议出让土地，还是招标、拍卖、挂牌形式，均是在政府有关部门主导下进行，受让人按规则参与即可，对于既有规则，遵守即可，而无调整规则的权利。

再次，从议价能力来看，除极个别情况外，也不存在讨价还价的余地。即使是协议出让土地，受让方议价能力也很有限。招拍挂的过程中，正常规则下，只能按最高价得地，但个别情况下，如出现“串通围标”的情况则另当别论。

最后，国有土地使用权出让合同基本都是制式文本，协商确定条款内容的可能性也不大。为了规范管理，一般情况下，国有土地使用权出让合同均使用国土资源部的制式合同，通用条

款内容很完善，专用条款填写即可，受让方提出自己意见并予以修改的可能性很小。

2. 关于逾期支付国有土地使用权出让金的滞纳金的理解与适用

滞纳金①是指义务人不履行义务，该义务又不能由他人代为履行的，由执行机关按照义务人拖延的期限，按日课以义务人不间断的金钱给付义务，促使义务人早日履行义务。②

《国务院办公厅关于规范国有土地使用权出让收支管理的通知》（国办发〔2006〕100 号）第 7 条规定："……土地出让合同、征地协议等应约定对土地使用者不按时足额缴纳土地出让收入的，按日加收违约金额 1‰的违约金。"

对于滞纳金的性质问题，有观点认为："国有土地使用权出让合同中约定的滞纳金，其性质为违约金，而且是约定违约金。"③

我国 20 世纪八九十年代制定法律时，受计划体制的影响，规定了法定违约金，旧的《经济合同法》规定了具有行政罚款性质的法定违约金。我们目前实行社会主义市场经济，尤其是平等主体的合同各方，依靠自身优势地位，对对方课以超额法定违约金，已经越来越无法适应客观需要，正在失去其合理性。我国在 1981 年《经济合同法》后制定的《涉外经济合同法》《合同法》《民法通则》《民法总则》已经不见了法定违约金的踪影。

笔者认为，关于滞纳金为约定违约金的性质认定，仍有深入分析的必要。能否认为依据《国务院办公厅关于规范国有土地使用权出让收支管理的通知》只要是合同里面约定的条款，均为约定违约金，所有土地使用权出让合同约定的滞纳金均为日 1‰，标准统一，这一问题值得商榷。

3. 日 1‰的违约金是否过高

无论是国有土地使用权出让合同有何特殊性，只要是民事合同，就要遵循平等、自愿、等价有偿等原则。从本质上讲，国有土地使用权出让合同是买卖合同，未按照合同约定支付土地出让金，就是未履行金钱债务。

我们可以考虑参照两部司法解释的规定，衡量违约金是否过高：

（1）2012 年 7 月 1 日施行的《最高人民法院关于审理买卖合同纠纷案件适用法律问题的解释》第 24 条第 4 款规定："买卖合同没有约定逾期付款违约金或者该违约金的计算方法，出卖人以买受人违约为由主张逾期付款损失的，人民法院可以中国人民银行同期同类人民币贷款基本利率为基础，参照逾期罚息利率标准计算。"

（2）2015 年 9 月 1 日施行的《民间借贷司法解释》第 30 条规定："出借人与借款人既约定了逾期利率，又约定了违约金或者其他费用，出借人可以选择主张逾期利息、违约金或者其他费用，也可以一并主张，但总计超过年利率 24% 的部分，人民法院不予支持。"

《民间借贷司法解释》第 26 条规定，借贷双方约定的利率按照以下标准处理：①借贷双方约定的利率未超过年利率 24%，出借人请求借款人按照约定的利率支付利息的，人民法院应予支持。②借贷双方约定的利率超过年利率 36%，超过部分的利息约定无效。借款人要求出

---

① "滞纳金"一词存在于《税收征收管理法》《海关法》《公路法》《水法》等社会经济法律中，而《合同法》并没有滞纳金的概念。

② 韩延斌：《房地产纠纷裁判思路与规范指引》，人民法院出版社 2014 年版，第 48 页。

③ 韩延斌：《房地产纠纷裁判思路与规范指引》，人民法院出版社 2014 年版，第 48 页。

借人返还已支付的超过年利率36%部分的利息的，人民法院应予支持。

参照以上两部司法解释，金钱债务的违约金无论如何，也不应超过年利率24%，超过24%就属于高利贷。

二、司法实践中支持按日加收违约金额1‰的违约金

本章中的典型案例1“泸州市国土资源局与泸州天地井然房地产开发有限公司建设用地使用权出让合同纠纷申请再审案”中，最高人民法院再审认为：“《国有建设用地使用权出让合同》约定逾期支付土地出让金，从逾期之日起按日1‰支付违约金，该约定符合国务院办公厅《关于规范国有土地使用权出让收支管理的通知》中关于土地使用者不按时足额缴纳土地出让金时应承担的违约金计算方式之精神，对于双方当事人而言是公平的。天地井然公司以中国人民银行贷款利率为标准计算实际损失，并以此认定合同约定的日1‰支付违约金的计算方式高于实际损失的理由没有合同依据，不能成立。”

“逾期付款造成实际损失的计算以中国人民银行贷款利率为标准的前提条件是合同中没有约定逾期付款的违约金数额或者违约金的计算办法。而本案中《国有建设用地使用权出让合同》明确约定，受让人不能按时支付国有建设用地使用权出让价款的，自滞纳之日起，每日按迟延支付款项的1‰向出让人缴纳违约金。这是双方当事人在签订合同时预设的因一方违约给对方遭受损失的损害赔偿额，故不符合以中国人民银行贷款利率为标准计算的条件。天地井然公司提出的逾期付款实际损失的计算以中国人民银行贷款利率为标准计算，并以此作为认定违约金过高的理由不能成立。”

本章的典型案例3“富阳市国土资源局与杭州恒远房地产开发有限公司建设用地使用权出让合同纠纷二审”中，浙江省高级人民法院二审认为：“最后判决恒远公司应支付延期支付土地出让金的利息3,641,095元、滞纳金63,006,976元，合计66,648,071元。恒远公司上诉提出合同约定的日千分之一滞纳金标准过高，原审法院未采纳恒远公司提出的要求调整的主张存在不当。本院经审核认为，案涉土地使用权出让合同中有关延期支付土地出让金的滞纳金标准约定，与《国务院办公厅关于规范国有土地使用权出让收支管理的通知》（国办发〔2006〕100号）第七条‘土地出让合同、征地协议等应约定对土地使用者不按时足额缴纳土地出让收入的，按日加收违约金额1‰的违约金’之规定一致。据此，并结合滞纳金具有惩罚性的性质，本院对恒远公司提出要求调整滞纳金标准的主张不予支持。”

三、司法实践不支持按日加收违约金额1‰的违约金的情形

本章第二节权威案例指导典型案例2“贵阳市国土资源局与贵州太升房地产开发有限公司建设用地使用权出让合同二审纠纷案”与典型案例1同样都是最高人民法院裁决，对于违约金的态度不同，对于国务院办公厅《关于规范国有土地使用权出让收支管理的通知》第7条“土地出让合同、征地协议等应约定对土地使用者不按时足额缴纳土地出让收入的，按日加收违约金额1‰的违约金”的态度也不同，值得深入研究。

该案中，最高人民法院的观点为：（1）《国务院办公厅关于规范国有土地使用权出让收支管理的通知》中的规定。本院认为，该规定系从行政管理角度规范国有土地出让收入的缴纳，属于行政规章，在调整平等民事主体之间的法律关系中不宜直接作为计算违约金的依据。

(2)在贵阳市国土局未举证证明其还存在其他损失的情况下,一审判决以年24%利率计算涉案违约金过高,显属不当,应予纠正。(3)综合涉案合同的履行情况、太升公司的过错程度、预期利益等以及贵阳市国土局的损失情况,根据公平原则和诚实信用原则,应以中国人民银行公布的同期同类贷款利率的二倍计算涉案违约金。

四、合同自由,契约严守,责任自担

关于逾期支付国有土地使用权出让金的纠纷,受让方无论自己多委屈,都要愿赌服输,后果自担。无论自己认为滞纳金过高还是过低,司法实践中法院都会按照国务院的通知精神,滞纳金都不会调整,利息还得照算,因此受让人自律很重要,不要有侥幸心理。如典型案例3中,法院判决土地出让金166,177,395元,判决支付延期支付土地出让金的利息3,641,095元、滞纳金63,006,976元,合计66,648,071元。受让人如果安排不好现金流,出现资金断流,代价会很惨重。

第四节 法律法规整合

一、《合同法》

第114条 当事人可以约定一方违约时应当根据违约情况向对方支付一定数额的违约金,也可以约定因违约产生的损失赔偿额的计算方法。

约定的违约金低于造成的损失的,当事人可以请求人民法院或者仲裁机构予以增加;约定的违约金过分高于造成的损失的,当事人可以请求人民法院或者仲裁机构予以适当减少。

当事人就迟延履行约定违约金的,违约方支付违约金后,还应当履行债务。

二、《国务院办公厅关于规范国有土地使用权出让收支管理的通知》(国办发〔2006〕100号)

第7条 土地出让合同、征地协议等应约定对土地使用者不按时足额缴纳土地出让收入的,按日加收违约金额1‰的违约金。

第三章　国有土地使用权出让合同的效力

【一级案由】合同、无因管理、不当得利纠纷
【二级案由】合同纠纷
【三级案由】建设用地使用权合同纠纷
【四级案由】建设用地使用权出让合同纠纷

第一节　法律要点详解

合同效力体现了国家的意志。起草、审查合同或审理合同纠纷，最重要的是判断合同的效力，即使双方当事人均认为合同有效，人民法院或仲裁机构也要依据法律、行政法规对合同效力作出判断，不以当事人的约定或意志为转移。合同有效、效力待定、未生效、无效、合同可撤销的法律后果完全不同，对当事人的利益影响巨大。

目前对于合同效力的认定，理论界存在不同观点，《合同法》《民法通则》《民法总则》均有规定，立法层面需要各法律的统一，司法层面与立法层面如何衔接，如何统一认识，各级法院如何统一裁判尺度，维护司法权威，这些问题都需要在法律实务中积累经验，进一步完善。

一、合同效力

合同成立后，合同效力分为生效、无效、需要办理批准或登记手续才生效、效力待定、可撤销等几种情况。

（一）合同

一般情况下，合同依法成立后，自成立时起生效，对双方当事人均有约束力，各方均应严格遵守。

（二）应当办理批准、登记等手续方能生效的合同

《合同法》第44条、《合同法司法解释（一）》《合同法司法解释（二）》对此均有规定。《合同法司法解释（一）》第9条规定："依照合同法第四十四条第二款的规定，法律、行政法规规定合同应当办理批准手续，或者办理批准、登记等手续才生效，在一审法庭辩论终结前当事人仍未办理批准手续的，或者仍未办理批准、登记等手续的，人民法院应当认定该合同未生效；

法律、行政法规规定合同应当办理登记手续,但未规定登记后生效的,当事人未办理登记手续不影响合同的效力,合同标的物所有权及其他物权不能转移。合同法第七十七条第二款、第八十七条、第九十六条第二款所列合同变更、转让、解除等情形,依照前款规定处理。"《合同法司法解释(二)》第8条规定:"依照法律、行政法规的规定经批准或者登记才能生效的合同成立后,有义务办理申请批准或者申请登记等手续的一方当事人未按照法律规定或者合同约定办理申请批准或者未申请登记的,属于合同法第四十二条第(三)项规定的'其他违背诚实信用原则的行为',人民法院可以根据案件的具体情况和相对人的请求,判决相对人自己办理有关手续;对方当事人对由此产生的费用和给相对人造成的实际损失,应当承担损害赔偿责任。"

(三)效力待定的合同

效力待定的合同是指合同成立以后,因存在不足以认定合同有效的瑕疵,致使合同不能产生法律效力,在一段合理的时间内合同效力暂不确定,由有追认权的当事人进行补正或有撤销权的当事人进行撤销,再视具体情况确定合同是否有效。处于此阶段中的合同,为效力待定的合同。合同效力待定,意味着合同效力既不是有效,也不是无效,而是处于不确定状态。

《合同法》将效力待定合同规定为三类:一是限制民事行为能力人订立的合同;二是无权代理人以本人名义订立的合同;三是无处分权人处分他人财产而订立的合同。

(四)合同无效

合同无效与合同有效相对应,即指合同欠缺生效要件,而当然不发生法律效力。

(五)可撤销的合同

可撤销合同,又称可撤销、可变更合同,是指当事人在订立合同时,因意思表示不真实,法律允许撤销权人通过行使撤销权而使已经生效的合同归于无效。①

可撤销的合同主要包括:因重大误解订立的合同,显失公平订立的合同,因欺诈、胁迫订立的合同,乘人之危订立的合同。

二、合同无效的具体类型

(一)欺诈行为且损害国家利益的合同无效

欺诈是指故意告知对方虚假情况或隐瞒真实情况,使对方陷于错误认知并作出违背真实意思的表示而订立的合同。②

理解此类型的合同无效问题,应当注意《合同法》第52条第1项与《民法总则》第148条的关系。《合同法》第52条第1项规定:一方以欺诈、胁迫的手段订立合同,损害国家利益的

---

① 参见王利明、杨立新、王轶、程啸:《民法学》,法律出版社2017年版,第599页。

② 参见李国光:《合同法释解与适用》,新华出版社1999年版,第219页。

合同无效。《民法总则》第 148 条规定:“一方以欺诈手段,使对方在违背真实意思的情况下实施的民事法律行为,受欺诈方有权请求人民法院或者仲裁机构予以撤销。”

这两个法条并行有效,不存在《民法总则》取代《合同法》第 52 条第 1 项的问题。

(二)胁迫行为且损害国家利益的合同无效

以给公民及其亲友的生命健康、荣誉、名誉、财产等造成损害或者以给法人的荣誉、名誉、财产等造成损害为要挟,迫使对方作出违背真实的意思表示的,可以认定为胁迫行为。① 胁迫行为应当为违法行为,受胁迫因为恐惧而作出违背真实的意思表示,是合同撤销的情形之一。

理解这一类型尤其应当注意,《合同法》第 52 条第 1 项与《民法总则》第 150 条的关系。

《合同法》第 52 条第 1 项规定:一方以欺诈、胁迫的手段订立合同,损害国家利益的合同无效。《民法总则》第 150 条规定:“一方或者第三人以胁迫手段,使对方在违背真实意思的情况下实施的民事法律行为,受胁迫方有权请求人民法院或者仲裁机构予以撤销。”

《民法总则》未明确与本条的关系,但明确了与《合同法》第 54 条第 2 款的关系,即胁迫行为只能是可撤销行为,不可变更。关于胁迫同时损害国家利益是否仍为无效合同,《民法总则》未予以明确,我们认为,这两个法条规制的是不同情形,二者并行,不存在新法取代旧法的问题。

(三)恶意串通

1. 概念

恶意串通是指当事人、代理人在订立合同过程中串通合谋实施的与其内心意思不一致的意思表示。②

2. 法律衔接

《民法通则》第 58 条、《合同法》第 52 条第 2 项、《民法总则》第 154 条均有规定,《民法通则》第 58 条与《合同法》第 52 条第 2 项的规定完全一致,即“恶意串通,损害国家、集体或者第三人利益”的合同无效。《民法总则》第 154 条规定:“行为人与相对人恶意串通,损害他人合法权益的民事法律行为无效。”

《民法总则》第 154 条的规定与《民法通则》第 58 条、《合同法》第 52 条第 2 项的规定基本相同,只是将“损害国家、集体或者第三人利益”改为“损害他人合法权益”,含义是相同的。

学者一般将《民法通则》《合同法》中的“恶意串通损害国家、集体或者第三人合法利益”的行为解释为虚假通谋行为,《民法总则》关于虚假通谋行为分为内部与外部,区分第三人是否为善意。第三人恶意,则无效,第三人善意则可以主张通谋虚假行为有效或无效,恶意串通是绝对无效。

3.《民法总则》的通谋虚假的合同效力认定

通谋虚假行为,也称虚伪的意思表示、假装行为,是指表意人与相对人都知道表示的意思

---

① 参见李国光:《合同法释解与适用》,新华出版社 1999 年版,第 221 页。

② 参见李国光:《合同法释解与适用》,新华出版社 1999 年版,第 222 页。

非自己真意，而双方串通为与真意不一致的意思表示。[①] 包括两个行为：一是伪装行为，二是隐藏行为。伪装行为是指行为人与相对人通谋表示虚假意思的行为；隐藏行为是指伪装行为所掩盖的，代表行为人和相对人真实意思的行为。

恶意串通为主观因素，是指双方当事人具有共同目的，希望通过订立合同损害国家、集体或者第三人利益。[②]

通谋虚假行为的法律效力认定，首先，伪装行为无效；其次，隐藏行为的效力依据《民法总则》"民事法律行为的效力"一节的相关规定，以及其他与法律行为效力有关之规定；最后，行为人不能以伪装行为的无效对抗第三人，也不能以隐藏行为的效力对抗第三人。

关于《合同法》第52条第3项"以合法形式掩盖非法目的"的合同无效中关于无效的规定指向不明，在新法有明确规定的情况下，应当适用《民法总则》。

关于《合同法》第52条第2项"恶意串通，损害国家、集体或者第三人利益"的合同无效，如果以通谋形式作出，作出如下分析：一是伪装行为无效；二是隐藏行为依照有关法律规定处理。

（四）违反法律、行政法规强制性规定和公序良俗的合同无效

《民法总则》第153条和《合同法》第52条第5项均有规定。《民法总则》第153条规定："违反法律、行政法规的强制性规定的民事法律行为无效，但是该强制性规定不导致该民事法律行为无效的除外。违背公序良俗的民事法律行为无效。"《合同法》第52条第5项规定："违反法律、行政法规的强制性规定"的合同无效。

1. 违反法律、行政法规强制性规定的合同无效

合同法实施以后，人民法院确认合同无效，应当以全国人大及其常委会制定的法律和国务院制定的行政法规为依据，不得以地方性法规、行政规章为依据。

关于如何理解《民法总则》第153条"但是该强制性规定不导致该民事法律行为无效的除外"，目前理论界和实务界没有统一认识。

《民法总则》没有吸纳效力性强制性规范和管理性强制性规范的概念，未能突破《民法通则》和《合同法》的规定，尚需在司法实践中继续探索。

2. 违背公序良俗的合同无效

公序良俗包括公共秩序和善良风俗。公共秩序是指一种强制性规范，是当事人意志自由的对立物，其本质在于维护国家根本利益，包括政治公共秩序和经济公共秩序。[③] 善良风俗是民法中弹性较强的一般条款，一般包括违反道德行为、赌博行为、限制人身自由行为、违反家庭伦理道德行为、违反职业道德行为等。

公序良俗与违反法律、行政法规强制性规定无效并不是并列关系。公序良俗的作用是补充，为填补法律漏洞和法官的自由裁量权预留必要的空间。这也是《民法总则》相比较《合同法》和《民法通则》的有益补充。

---

① 参见沈德咏：《〈中华人民共和国民法总则〉理解与适用》，人民法院出版社2017年版，第1021页。

② 参见沈德咏：《〈中华人民共和国民法总则〉理解与适用》，人民法院出版社2017年版，第1022页。

③ 参见沈德咏：《〈中华人民共和国民法总则〉理解与适用》，人民法院出版社2017年版，第1018页。

三、土地使用权出让合同未经审批的情形下，合同效力如何认定

1999 年《合同法》制定以前，在法律中有大量的关于合同无效的规定，导致大量的合同被认定无效，虽然有一定的合理性，但影响了交易秩序的稳定，造成一定的损失，不利于经济稳定健康有序发展。目前为止，在合同效力认定方面，从立法层面到司法层面，均朝着不轻易认定合同无效维护交易的稳定性的方向发展。

最高人民法院在制定《国有土地使用权合同司法解释》的过程中，采纳了有效说。该司法解释第 4 条规定："土地使用权出让合同的出让方因未办理土地使用权出让批准手续而不能交付土地，受让方请求解除合同的，应予支持。"

理解该条，应当把握以下几点：

1. 国有土地使用权出让合同的出让方因未办理土地使用权出让批准手续而导致无法交付土地的，该合同属于有效合同，即使是当事人双方均主张合同无效，人民法院也不能因此认定合同无效。关于合同的效力问题属于国家的价值判断，不依当事人的意志为转移。

2. 因国有土地使用权合同未办理审批手续，导致无法交付土地的，受让方有权解除合同，出让方无权要求解除合同。如果受让方同意继续履行合同，合同可以继续履行，关于能否办理相关后续手续，属于合同的履行问题，司法不予以干涉。如果已经进入诉讼程序，且存在违法行为，只能解除合同，而不能判决继续履行。

3. 合同解除的后果承担。《合同法》第 97 条规定："合同解除后，尚未履行的，终止履行；已经履行的，根据履行情况和合同性质，当事人可以要求恢复原状、采取其他补救措施，并有权要求赔偿损失。"因出让方的原因导致合同无法履行，出让方构成违约，应当根据过错承担赔偿责任。

四、达不到净地条件，土地无法交付，受让人有权要求解除合同

无论城市国有土地上的房屋征用，还是集体所有的土地的征收，动迁都是一个热点、难点问题，一直没有有效解决。究其原因，一是城市化的过程中，涉及重大利益调整，既有城市之间，也有城乡之间，矛盾错综复杂；二是法律法规不完善，不细化；三是有些被动迁的对象要价过高，导致征用方无法也无力承受；四是动迁过程中不依法依规的现象仍然存在；五是舆论界对法律不精通，有些时候一味地同情被动迁户，认为他们是弱者，对于"天价动迁"却视而不见，追求"语不惊人死不休"。

国务院相关部门多次明确发文要求，土地挂牌出让必须完成安置补偿、做到净地出让，且土地是否属于无权利瑕疵的净地，涉及受让人合同目的能否顺利实现，是土地使用权出让合同关系中的重要内容，如实进行告知和披露是出让人的一项主要合同义务。

根据《国有土地上房屋征收与补偿条例》以及国土资源部国土资发〔2008〕16 号《关于贯彻落实〈国务院关于促进节约集约用地的通知〉的通知》等有关规定，实施房屋征收应当先补偿、后搬迁，严禁未经拆迁安置补偿、收回国有土地使用权而直接供应土地。

司法实务中，很多时候是在国有土地使用权出让的过程中，在招拍挂文件里明确写明"受让人对土地现状知悉，并接受现状交地"，对此应当如何理解？该条款是否有效？笔者认为，该条款并不能免除出让方的法定义务，"净地"是法定义务，是出让方必须承担的法律义务，不

能因为双方的约定而免除，这既是保护土地交易市场稳定和健康发展的需要，也是为了保护受让方的合法权益，因为在国有土地使用权出让的市场中，政府还是居于领导地位和垄断地位，随意设置过高门槛，损害受让人利益的情况还时有发生，因此有必要设置严格的出让条件，达不到法律要求的基本条件，就应当认定出让方违约。

五、招标、拍卖、挂牌出售建设用地使用权，签订成交确认书行为的性质及效力

以招标、拍卖、挂牌方式取得国有土地使用权的，拍卖方、竞得方、出让人签订中标通知书或成交确认书，对中标或竞得的事实予以书面确认。竞得方和出让人应当签订《国有土地使用权出让合同》对双方的权利义务予以进一步确认。司法实务对于签订成交确认书这一行为属于民事行为还是行政行为存在不同的认识，对成交确认书与《国有土地使用权出让合同》是何种关系也存在不同认识。

（一）成交确认书的法律性质和效力

司法实务中存在两种观点。

1. 行政行为说

土地管理部门作为行政管理部门，负责国有土地使用权出让的具体组织实施，在招标、拍卖、挂牌的过程中，与受让方不是平等的民事主体，是管理者与被管理者的关系，其主要依据是：一是最高人民法院 2009 年 12 月 23 日《关于土地管理部门出让国有土地使用权之前的拍卖行为以及与之相关的拍卖公告等行为性质的答复》（〔2009〕行他字第 55 号）：“原则同意你院第二种意见，即土地管理部门出让国有土地使用权之前的拍卖行为以及与之相关的拍卖公告等行为属于行政行为，当事人不服提起行政诉讼的，人民法院应当依法受理。”二是最高人民法院行政审判庭 2010 年 12 月 21 日《关于拍卖出让国有建设用地使用权的土地行政主管部门与竞得人签署成交确认书行为的性质问题请示的答复》（〔2010〕行他字第 191 号）：“土地行政主管部门通过拍卖出让国有建设用地使用权，与竞得人签署成交确认书的行为，属于具体行政行为。当事人不服提起行政诉讼的，人民法院应当依法受理。”

2. 民事行为说

（1）《国有土地使用权合同司法解释》采用了民事行为说。该部司法解释主要涉及三个方面的问题：国有土地使用权出让合同纠纷，转让纠纷，合作、合资开发房地产纠纷，该部司法解释明确界定了上述三类纠纷均属于民事纠纷，统一了裁判尺度，对多年来对于国有土地使用权出让合同纠纷的合同属性的争论作出了明确回应，顺应时代发展的需要，有利于促进房地产市场的健康有序发展，有利于社会主义市场经济的健康有序发展。

（2）从《物权法》的规定来衡量，属于民事法律行为。《物权法》专章规定了用益物权，用益物权中包括建设用地使用权，建设用地使用权人享有依法对建设用地占有、使用、收益的权利，有权利用该土地建造建筑物、构筑物及其附属设施。该用益物权具有排他性和支配性，是一种民事权利。《物权法》第 138 条及《合同法》第 10 条，可导出关于建设用地使用权出让合同的纠纷解决方式中适用调解、和解、仲裁或诉讼，显然是民事纠纷的解决方式。如果是行政行为，只能通过行政复议或行政诉讼来解决。

（3）从国土资源部的《招标拍卖挂牌出让国有建设用地使用权规定》来分析，签订成交确

认书属于民事行为。

《招标拍卖挂牌出让国有建设用地使用权规定》第20条规定："以招标、拍卖或者挂牌方式确定中标人、竞得人后，中标人、竞得人支付的投标、竞买保证金，转作受让地块的定金。出让人应当向中标人发出中标通知书或者与竞得人签订成交确认书。中标通知书或者成交确认书应当包括出让人和中标人或者竞得人的名称，出让标的，成交时间、地点、价款以及签订国有建设用地使用权出让合同的时间、地点等内容。中标通知书或者成交确认书对出让人和中标人或者竞得人具有法律效力。出让人改变竞得结果，或者中标人、竞得人放弃中标宗地、竞得宗地的，应当依法承担责任。"第21条规定："中标人、竞得人应当按照中标通知书或者成交确认书约定的时间，与出让人签订国有建设用地使用权出让合同。中标人、竞得人支付的投标、竞买保证金抵作土地出让价款；其他投标人、竞买人支付的投标、竞买保证金，出让人必须在招标拍卖挂牌活动结束后5个工作日内予以退还，不计利息。"

从以上规定可以看出，签订成交确认书的主要目的是签订国有土地使用权出让合同，其主要内容是确定成交事项，与双方订立国有土地使用权出让合同密切相关，在已经能确认国有土地使用权出让合同系民事合同的前提下，成交确认书也应当认定为民事行为。

（二）成交确认书与《国有土地使用权出让合同》的关系

目前来看，法律并没有予以明确，实务界有以下观点。

1. 预约合同说

有学者认为："国土资源行政主管部门作为出让人，与竞得人签署的国有土地使用权竞得成交确认书，是为最终签订国有土地使用出让合同而签订的确认合同，其主要内容是锁定成交事项，保证订立国有土地使用权出让合同。"①

从以上观点分析，应当认为采用的是预约合同说，即为了签订正式的国有土地使用权出让合同作准备。2012年7月1日施行的《最高人民法院关于审理买卖合同纠纷案件适用法律问题的解释》第2条规定："当事人签订认购书、订购书、预订书、意向书、备忘录等预约合同，约定在将来一定期限内订立买卖合同，一方不履行订立买卖合同的义务，对方请求其承担预约合同违约责任或者要求解除预约合同并主张损害赔偿的，人民法院应予支持。"但在实务中，成交确认书与认购书、订购书、预订书、意向书、备忘录等预约合同，在内容、法律后果、法律效力方面，还是有很大的差异。

2. 成交确认书的签订，意味着国有土地使用权出让合同的成立

本章典型案例1"浙江国都控股有限公司与海口市国土资源局其他合同纠纷二审"中，出让方、受让方、拍卖公司三方签订了《成交确认书》后，受让方以出让土地并非"净地"为由，提出解除《成交确认书》，并要求赔偿利息损失和赔偿损失100万元。一审法院对《成交确认书》的性质未予以明确，但也强调要严守《成交确认书》约定的义务，最高人民法院二审认为："在该《成交确认书》中，关于地块的位置、面积、价款总额、支付方式、违约责任等问题有了进一步的明确约定。由此可见，双方当事人关于出让案涉地块土地使用权问题的主要合同条款已经协商并达成一致，彼此之间土地使用权出让合同关系已经形成。签订正式的《出让合

---

① 韩延斌：《房地产纠纷裁判思路与规范指引》，人民法院出版社2014年版，第59页。

同》,既是国家对国有土地使用权出让问题作出的规定,也是双方进一步履行《成交确认书》中合同义务的行为。海口市国土局与国都公司之间既已形成合同关系,就应当根据法律及合同约定,诚实守信地履行各自的合同义务,促使合同目的顺利实现。”

(三)违反成交确认书,应当承担的责任

从司法实务的角度来看,无论采用何种观点,对于违反成交确认书所确认义务的一方来讲,都要依据诚实信用原则承担民事责任,无论是缔约过失责任,还是违约责任,区分其实质意义不大,并且司法裁判中,均采取合同严守原则,均应当依照成交确认书的约定,承担相应的责任。

第二节 权威案例指导

典型案例1

浙江国都控股有限公司与海口市国土资源局其他合同纠纷二审案

【案件来源】最高人民法院

【审理法院】最高人民法院

【案件案号】(2014)民一终字第00045号

【裁判日期】2014年6月20日

【裁判要点】在土地使用权出让合同关系中,作为受让方的合同目的,是以支付出让金为对价取得土地使用权,通过对土地进行开发、支付和经营等活动,实现一定的经济利益。在土地出让时应当具备净地交付条件,实质上要求土地必须已与被拆迁人达成拆迁安置补偿协议,在法律层面无权属纠纷和其他障碍,这是提供土地使用权一方当事人的基本合同义务。海口市国土局隐瞒重要事实,违反了应尽的合同义务,已经构成违约。

典型案例2

当涂县国土资源局与安徽中明置业发展有限公司建设用地使用权出让合同纠纷申请再审案

【案件来源】最高人民法院

【审理法院】最高人民法院

【案件案号】(2015)民申字第133号

【裁判日期】2015年3月26日

【裁判要点】1. 建设用地使用权出让合同双方当事人行使抗辩权,应当满足诚实信用的原则。拒绝履行的义务与对方的不履行或者不完全履行的义务之间应当大体相当,具有某种牵连性或者对价性,保持利益的平衡。2. 当事人对自己提出的诉讼请求所依据的事实或者反驳对方诉讼请求所依据的事实有责任提供证据加以证明,没有证据或者证据不足以证明当事人事实主张的,由负有举证责任的当事人承担不利后果。当涂县国土局负有依约向中明置业公司完整交付净地义务,应对交付土地这一事实承担举证责任,而当涂县国土局提供的证据尚不能证明其已依约向中明置业公司交付土地,该项主张因证据不足不予支持。

典型案例3

凤凰县国土资源局与湖南德夯电力有限责任公司建设用地使用权出让合同纠纷二审案

【案件来源】最高人民法院

【审理法院】最高人民法院

【案件案号】(2014)民一终字第277号

【裁判日期】2015年2月25日

【裁判要点】1. 在电力公司不具备相关用地规划手续的情况下,双方约定由国土局征收尚属于集体所有的土地并以协议方式低价出让土地使用权,属于恶意串通损害国家利益的行为,建设用地使用权出让合同虽然是双方的真实意思表示,但根据《合同法》第52条第2项的规定,应认定无效。2. 无效的建设用地使用权出让合同自始没有法律约束力,是国家公权力对当事人意欲发生私法效果的根本否定,不应予以履行。因此,当事人通过履行合同可以获得的利益为非法利益,不受法律保护。但一方因该无效合同取得的款项和占用期间的利息,根据《合同法》第58条的规定该方应当予以返还。

典型案例 4

时间集团公司诉浙江省玉环县国土局土地使用出让合同纠纷案二审

【案件来源】《人民法院公报》2005 年第 5 期

【审理法院】最高人民法院

【案件案号】(2003)民一终字第 82 号

【裁判日期】2004 年 6 月 15 日

【裁判要点】1. 根据《合同法》第 15 条第 1 款的规定,国有土地使用权出让公告属于要约邀请,竞买人在竞买申请中提出报价,并按照要约邀请支付保证金的行为,属于要约,双方当事人尚未形成土地使用权出让合同关系。国有土地使用权出让方因出让公告违反法律的禁止性规定,撤销公告后,造成竞买人在缔约阶段发生信赖利益损失的,应对竞买人的实际损失承担缔约过失责任。2. 因为双方合同未成立,当事人坚持要求对方当事人承担继续履行及违约责任的,人民法院不予以支持。3.《担保法》及担保法司法解释中规定了定金和保证金的界定标准,即当事人主张保证金为定金的前提是双方有明确约定。

第三节 实务操作指南

一、受让方在参与国有土地使用权竞买前,审查是否经过有批准权的人民政府批准

(一)审查政府拟出让的土地是国有土地还是集体土地

根据《土地管理法》(2004 年版)、《城市房地产管理法》的规定,只有国家所有的城镇土地才能出让,集体所有的土地不得出让用于建设,城市规划区内的集体所有的土地,经依法征收转为国有土地后,该幅国有土地使用权方可有偿转让。虽然法律法规有明确规定,国务院、国土资源部也多次下发通知,严禁将农业用地用于非农建设,但实际情况是屡禁不止。个别地方仍存在先出让,后征用的情况,或者不征用、违法占用的情况,损害了法律的权威,浪费了大量耕地。对于受让方来讲,也存在相当大的法律隐患,将未经征用的土地进行转让,是法律禁止的行为,所签订土地使用权出让合同无效。对受让方在土地上的大量投入,存在如何返还,如何补偿问题。如果受让方本身有过错,也要承担一定的责任,可能会因此受到巨大损失,包括但不限于巨额资金的长期占用、错失开发时机、地价上涨、可得利益无法主张等,结果是得不偿失。

2019 年 8 月 26 日全国人大常委会修改了《土地管理法》、《城市房地产管理法》,删除了原《土地管理法》第 43 条,破解了集体所有经营性建设用地入市的法律障碍,删除了从事非农

建设必须使用国有土地或者征为国有的原集体土地的规定。

(二)审查拟出让的国有建设用地是否经过有批准权的人民政府政府批准

对于这个问题,我们在本书第一编第一章“建设用地使用权出让合同的性质”中已经详细阐述,法律行政法规部门规章,对审批主体权限程序均有明确规定,但现实经济生活中,存在相当数量的未经审批出让的情形或未经明确审批出让的情形,给人民法院认定合同性质带来很大难度,也给受让方带来相当大的不确定性。

本章的典型案例4“时间集团公司诉浙江省玉环县国土局土地使用出让合同纠纷案二审”,时间公司诉称:“2002年11月7日,国土局在《玉环报》上刊登出《挂牌出让公告》,载明经玉环县人民政府批准,国土局挂牌出让开发编号为2002-005号,面积25.9434公顷,用途为混合住宅用地,土地使用年限为70年的国有土地使用权。根据公告的要约,时间公司于2002年11月20日向国土局提交了注册资金为10,089万元的营业执照副本,并交纳了挂牌押金2000万元。2002年11月21日,时间公司在国土局规定的挂牌地点玉环县地产交易窗口依法参加挂牌竞投活动,并于当日14时30分挂出了5000万元报价的竞买单。2002年11月22日,国土局以该开发宗地未经浙江省国土资源厅批准为由,通知时间公司对该开发宗地停止挂牌出让,拒绝与时间公司订立国有土地使用权出让合同。时间公司认为,根据国家法律规定,‘商业、旅游、娱乐和商品住宅等各类经营性用地,必须以招标、拍卖或挂牌方式出让’,而国土局作为唯一代表国家出让国有土地的部门,在未经有权部门批准发布挂牌公告后又取消挂牌,按照常理,是不可能的事情,国土局对此恶意毁约行为应承担全部的法律责任。”

最高人民法院二审认为:“本案正在进行中的国有土地使用权挂牌交易,不仅于挂牌之时未获审批且至本院二审庭审结束时止该宗国有土地使用权出让仍未获浙江省人民政府批准,从而造成时间公司期待缔结国有土地使用权出让合同的目的不能实现,国土局对此存在过错,应承担相应的缔约过失责任。”

二、关于净地的问题,不仅要现场勘察,还要从法律角度进行尽职调查,并有权要求出让方予以披露

关于征地动迁问题本书将在第三编、第四编专编阐述。征地动迁一直是一个复杂的问题,短时间内难以有效解决,尤其自20世纪90年代以来,随着城市化脚步的加快,工业化步伐提速,旧城区改造的进行,征用迁拆规模迅速扩大,2001年实施的《城市房屋拆迁管理条例》中规定的县级以上人民政府负责房屋拆迁工作的部门对本行政区域内的房屋拆迁工作实施监督管理。但是在现实中,建设单位是拆迁人,同时建设单位与地方政府存在一定的利益联系,导致出现大量的暴力拆迁、血腥拆迁,极大地影响了政府的公信力和形象。2011年1月21日《国有土地上房屋征收与补偿条例》施行,同日《城市房屋拆迁管理条例》废止。其中最大的一点变化为,拆迁人由建设单位变为市、县人民政府确定的房屋征收部门组织实施本行政区域内的房屋征收与补偿工作。2011年以来,最高人民法院也发布了一系列关于征收的司法文件,对征收拆迁工作予以规范。

随着法制的健全,在被动迁人提出高于正常标准补偿的情况下,有烦琐的法律程序需要履行,也严重影响了征用动迁的效率,尤其是被征用人狮子大开口的情形下,政府也无能为

力。这也导致政府在出让合同中无法交付“净地”的重要原因。

本章的典型案例1“浙江国都控股有限公司与海口市国土资源局其他合同纠纷二审”、典型案例2“当涂县国土资源局与安徽中明置业发展有限公司建设用地使用权出让合同纠纷申请再审”，均属于此种类型。在这两个案例中，最高人民法院态度明确，“净地”出让是法定义务，不允许地方政府通过竞买须知、勘察确认等形式免除法定义务，这是公正司法的根本体现，真正在每一个司法案件中体现公平正义，也促使地方政府严格执法。

但很多案件进入不到最高人民法院的司法管辖范畴，地方各级人民法院认识就很不一致，本章的典型案例1中，一审海南省高级人民法院认为：“海口市国土局在《竞买须知》中明确说明了本案争议地按现状条件出让，竞买申请人应现场踏勘交易地块，竞买申请人参加竞买的，视为对出让地块现状条件无异议。竞买人逾期签订《出让合同》的，保证金不予退还。国都公司向海口市国土局提交的《竞买申请书》明确写明对该地块挂牌出让文件及出让地块现状无异议。……而是以出让地块上遗留有三座庙未完成拆迁安置及该地块还不具备‘净地’条件等为由，要求海口市国土局退还竞买保证金2亿元。在海口市国土局将三座庙异地移建后通知国都公司签订《出让合同》的情况下国都公司仍拒绝，并向海口市国土局发出解除《成交确认书》的通知。国都公司的行为显然不仅有违双方的约定，而且有违诚实信用原则。”

我们在此提醒广大房地产开发企业或其他受让国土地使用的受让主体，切不可抱有侥幸心理，对于是否属于“净地”，除了同出让部门、拍卖机构通过书面确认外，还要进行现场勘察。更重要的是要委托专业机构进行尽职调查，深入了解能否动迁，何时能动迁，这关系到受让方重大利益。在目前的法律框架内，政府在征用动迁补偿的问题上，也难有作为，遇到“钉子户”也是束手无策。

第四节　法律法规整合

一、《国有土地上房屋征收与补偿条例》

第4条　市、县级人民政府负责本行政区域的房屋征收与补偿工作。

市、县级人民政府确定的房屋征收部门（以下称房屋征收部门）组织实施本行政区域的房屋征收与补偿工作。

市、县级人民政府有关部门应当依照本条例的规定和本级人民政府规定的职责分工，互相配合，保障房屋征收与补偿工作的顺利进行。

第5条　房屋征收部门可以委托房屋征收实施单位，承担房屋征收与补偿的具体工作。房屋征收实施单位不得以营利为目的。

房屋征收部门对房屋征收实施单位在委托范围内实施的房屋征收与补偿行为负责监督，并对其行为后果承担法律责任。

第27条　实施房屋征收应当先补偿、后搬迁。

作出房屋征收决定的市、县级人民政府对被征收人给予补偿后，被征收人应当在补偿协议约定或者补偿决定确定的搬迁期限内完成搬迁。

任何单位和个人不得采取暴力、威胁或者违反规定中断供水、供热、供气、供电和道路通行等非法方式迫使被征收人搬迁。禁止建设单位参与搬迁活动。

二、《国有土地使用权合同司法解释》

第4条　土地使用权出让合同的出让方因未办理土地使用权出让批准手续而不能交付土地，受让方请求解除合同的，应予支持。

第四章　国有土地使用权出让合同的解除与土地提前收回

【一级案由】合同、无因管理、不当得利纠纷
【二级案由】合同纠纷
【三级案由】建设用地使用权合同纠纷
【四级案由】建设用地使用权出让合同纠纷

第一节　法律要点详解

随着土地出让金的节节飙升，土地的稀缺性表现得更加明显，全国土地平均价格也节节攀升，地方政府解除合同或提前收入土地的冲动越来越明显，导致的纠纷也逐渐增多。

一、合同解除的一般规定

（一）合同解除的概念

合同解除，是指基于法律规定的解除事由、合同约定的解除事由、当事人协商一致解除，而使合同权利义务终止，合同效力归于消灭。因合同解除的结果为合同效力消灭，故无效的合同并不存在解除的问题。

（二）合同解除的种类

合同解除分为约定解除、法定解除，约定解除包括协议解除和约定解除权。合同关系充分尊重当事人之间的意思自治，若当事人之间能够协商一致，自然能够解除合同。但当一方当事人想解除合同，另一方想继续履行合同，无法协商时，欲解除合同一方要么享有法定解除权要么享有约定解除权，否则合同不能解除。

1. 约定解除

《合同法》第93条规定，当事人双方经过协商，达成一致的意思表示可以导致合同的解

除;当事人也可以在合同中约定一方行使解除权的条件,待条件成就时单方解除合同。[①]

(1)协议解除

协议解除是指合同成立后,双方当事人协商一致解除合同的,另行订立协议约定解除合同的相关事项。当事人解除合同的协议,是独立于原合同之外的一份新合同,用以约定解除事宜,且可将解除合同后的债权债务处理问题一并约定,以彻底解决当事人之间基于原合同产生的法律关系。

协商一致解除的方式十分简单,只要双方达成解除合同的合意,合同即可解除,无须以享有解除权为前提,也无须履行通知等义务。

(2)约定解除权

约定解除权是指,当事人在合同中约定解除合同的条件,当条件成就时,享有解除权的一方当事人可以解除合同。当事人可以就解除权的行使情形、行使主体、行使方式直接在原合同中约定,也可以在原合同外另行约定。前文协议解除虽也是在原合同外另行约定,但二者有所区别,协议解除是基于双方解除合意的事后约定,发生于欲解除合同时,而约定解除权是一种对未来可能出现情形的事先约定,发生于解除合同情形之前。

2. 法定解除

法定解除,是指合同成立后,法律规定的解除合同情形发生时,当事人行使法定解除权,使合同效力消灭。《合同法》第94条规定了法定解除权的情形,该条内容适用于所有合同,我们称其为一般法定解除权;除此之外,《合同法》分则以及其他特别法就各类型的有名合同的解除作了专门规定,但仅能分别适用于特定类型的合同,我们称其为特殊法定解除权。

《合同法》第94条明文规定,发生以下情形的,当事人可以解除合同,此即法定解除权。

(1)因不可抗力致使不能实现合同目的

不可抗力是指如洪水、海啸、火灾、地震等自然灾害或罢工、动乱等情形。当发生不可抗力并且不可抗力达到影响当事人之间合同目的的实现的程度,双方当事人享有法定解除权。

(2)在履行期限届满之前,当事人一方明确表示或者以自己的行为表明不履行主要债务

该款内容为预期违约,即当事人一方在履行期限尚未到达时,明示或默示将不履行合同主要债务。预期违约的,守约方享有法定解除权。预期违约,债务人不履行主要债务的意思表示一定要在债务履行期限届满前作出,如果履行期已届满,即已经发生逾期未履行的情况,再作出不履行的意思表示,也无法律意义。

(3)当事人一方迟延履行主要债务,经催告后在合理期限内仍未履行

依该点行使解除权,必须注意:第一,债务人迟延履行,且迟延履行的为主要债务,即用以决定合同类型的义务,如买卖合同的交付义务,而非次要债务,如提供产品的相关证书;第二,债权人需履行催告义务,即通知对方履行合同主要债务;第三,催告需给予履行债务的合理期限,逾期仍未履行的,债权人方享有法定解除权。

另需注意,该条需首先成立迟延履行,若当事人双方已约定了履行期,则以约定期限为准,逾期未履行即为迟延履行。但若当事人双方未对履行期进行约定,则需先行确定履行期,

---

① 参见李国光主编、最高人民法院经济审判庭编著:《合同法释解与适用·上册》,新华出版社1999年版,第365页。

由债权人催告债务人给予合理期限要求履行,此处的催告系为明确履行期,经此催告后,逾期不履行的才满足迟延履行这一条件。而后,再行第二次催告并给予合理期限,此次催告系为行使解除权。综上,若合同未约定履行期的,债权人欲行使解除权,至少要经过两次催告。

(4)当事人一方迟延履行债务或者有其他违约行为致使不能实现合同目的

当事人一方迟延履行债务的行为,或其他违约行为达到了导致合同目的无法实现的程度,即构成根本违约的,守约方享有合同解除权。如果仅为一般违约,对合同目的的实现无影响,守约方则不享有法定解除权。

举例说明:甲购买的时令水果,交付承运人乙,要求其在次日运达指定目的地。而乙逾期一周才送到,水果已经腐坏变质,甲、乙间运输合同的目的已无法实现,甲有权单方解除合同。

(5)法律规定的其他情形

依法律规定其他情形而享有解除权的,需以法律明文规定为限,有关内容我们会在特殊法定解除权中详细展开。

二、国有土地权出让合同的解除

现实经济生活中,在合同法领域解除合同的情况较多,但在国有土地使用权出让合同领域较少,尤其是近些年,普遍采用招标、拍卖、挂牌的形式。在参加竞买前需要交纳保证金,竞买成功后,签订《成交确认书》,然后再签订《国有土地使用权出让合同》,按照合同约定履行各自的义务。一般情况下,在竞买须知中均明确,竞买成功后,因为竞得人(受让人)原因,导致不能签订国有土地使用权出让合同的,保证金不予退还。如果签订《国有土地使用权出让合同》后,受让人解除合同的,一般情况下还要按照合同约定支付违约金,土地出让合同标的额都非常大,因此保证金、违约金数额动辄几百万元、几千万元、几亿元,双方很难协商解决。

如前所述,约定解除权非常普遍,且大量存在,一般情况下双方对是否解除争议很大,约定解除权以提出解除的一方享有解除权为前提条件,另一方对解除有异议的,应当在约定的期限内或法定的期限内提出异议。

在国有土地使用权出让合同中,很多法定解除的情形与约定解除的情形重合,在事实认定和法律适用上也存在重合,但从合同解除后的法律后果来看,两者是相同的,《合同法》第97条规定:“合同解除后,尚未履行的,终止履行;已经履行的,根据履行情况和合同性质,当事人可以要求恢复原状、采取其他补救措施,并有权要求赔偿损失。”

(一)受让方改变出让土地用途,出让方有权解除合同

1. 我国对国有土地的用途实行严格管制

在我国国有土地的用途受到严格的管制。《土地管理法》第56条规定:“建设单位使用国有土地的,应当按照土地使用权出让等有偿使用合同的约定或者土地使用权划拨批准文件的规定使用土地;确需改变该幅土地建设用途的,应当经有关人民政府土地行政主管部门同意,报原批准用地的人民政府批准。其中,在城市规划区内改变土地用途的,在报批前,应当先经有关城市规划行政主管部门同意。”《城市房地产管理法》第26条规定:“以出让方式取得土地使用权进行房地产开发的,必须按照土地使用权出让合同约定的用途、动工开发期限开发土地。……”

2. 受让方经过批准改变土地用途的处理

我们在本书第一编第二章“国有土地使用权出让金纠纷”中已经详细阐述。在此不再重复。

3. 受让方未经批准，擅自改变土地用途的，出让方有权解除合同

我国是一个人多地少的国家，资源有限，尤其是土地资源是不可再生资源。我国编制有土地利用长期规划，对土地用途进行严格管制。这不仅体现在法律法规部门规章中，还体现在各级政府部门的政策通知规范性文件中，只有严格执行土地用途管制制度，才能保证节约用地、合理用地。在制定《国有土地使用权合同司法解释》的过程中，最高人民法院听取各方意见，采取严格执行土地用途管制的法律规定及政策，对于擅自改变土地用途的，出让方有权依法解除合同。该司法解释第 6 条规定：“受让方擅自改变土地使用权出让合同约定的土地用途，出让方请求解除合同的，应予支持。”

4. 合同解除的法律后果

受让方擅自改变土地用途，出让方解除合同的，受让方除了依据双方出让合同的约定承担相应责任外，根据《合同法》第 97 条，如果给出让方造成损失，受让方还要承担赔偿责任；另外根据相应的法律行政法规，如果受让方构成刑事责任的，应当依法追究，构成行政责任的，由相关的部门依法予以处罚。

（二）受让方未按照法定或合同约定的期限支付土地出让金的，出让方有权解除合同

1. 我国对土地出让金实行严格管制

《土地管理法》第 55 条规定：“以出让等有偿使用方式取得国有土地使用权的建设单位，按照国务院规定的标准和办法，缴纳土地使用权出让金等土地有偿使用费和其他费用后，方可使用土地。自本法施行之日起，新增建设用地的土地有偿使用费，百分之三十上缴中央财政，百分之七十留给有关地方人民政府。”《城镇国有土地使用权出让和转让暂行条例》第 14 条规定：“土地使用者应当在签订土地使用权出让合同后六十日内，支付全部土地使用权出让金。逾期未全部支付的，出让方有权解除合同，并可请求违约赔偿。”

2. 按照合同约定期限或法定期限交纳土地出让金是受让方最主要的合同义务

国有土地使用权出让合同是双务合同，交纳土地出让金是受让方最主要的合同义务，如果不交纳或不按照合同约定期限交纳或不按照法定期限交纳土地出让金，均是违约行为，受让方均应当承担违约责任。受让方一方面需支付滞纳金，如果出让合同有约定解除条件，约定的解除条件成就的，出让方有权根据依约定解除权通知受让方解除合同，自通知到达受让方后合同解除，受让方有异议的，可以在约定期限内或法定期限内向人民法院或仲裁机构申请裁决。

3. 法定解除

即使国有土地使用权出让合同没有约定交纳土地出让金的期限，也并不意味着没有约定期限，《城镇国有土地使用权出让和转让暂行条例》第 14 条规定，自国有土地使用权出让合同签订之日 60 日付清，未付清的，出让方有权解除合同。或者依据《合同法》第 94 条的规定，出让方对受让方交纳土地出让金额的期限进行合理催告，合理期限经过的，出让方有权解除合

同;或者在履行期限届满之前,当事人一方明确表示或者以自己的行为表明不履行主要债务,明确表示不交纳土地出让金的,出让方有权解除合同。

(三)受让方改变土地容积率,出让方能否解除合同

我们在第一编第二章"国有土地使用权出让金纠纷"一章已经提到:"我国对建设用地容积率没有明确法律规定,因此可能导致容积率失序,从而使得各方利益失衡。法院为了平衡各方利益,就一方当事人因土地容积率改变,要求调整土地出让金的,法院一般予以支持。"

受让方要求调整土地出让金的,一般情况下,人民法院予以支持,但出让方能否据此要求解除合同,我们倾向认为出让方无权要求解除合同:

1. 据此解除合同,没有法律依据。法规、行政法规没有明确约定,受让方主张房地产开发改变容积率的,出让方有权解除合同

2. 容积率主要涉及规划问题,主管部门为城乡规划部门

《城乡规划法》第2条规定:"制定和实施城乡规划,在规划区内进行建设活动,必须遵守本法。本法所称城乡规划,包括城镇体系规划、城市规划、镇规划、乡规划和村庄规划。城市规划、镇规划分为总体规划和详细规划。详细规划分为控制性详细规划和修建性详细规划。……"第37条规定:"在城市、镇规划区内以划拨方式提供国有土地使用权的建设项目,经有关部门批准、核准、备案后,建设单位应当向城市、县人民政府城乡规划主管部门提出建设用地规划许可申请,由城市、县人民政府城乡规划主管部门依据控制性详细规划核定建设用地的位置、面积、允许建设的范围,核发建设用地规划许可证。建设单位在取得建设用地规划许可证后,方可向县级以上地方人民政府土地主管部门申请用地,经县级以上人民政府审批后,由土地主管部门划拨土地。"第38条规定:"在城市、镇规划区内以出让方式提供国有土地使用权的,在国有土地使用权出让前,城市、县人民政府城乡规划主管部门应当依据控制性详细规划,提出出让地块的位置、使用性质、开发强度等规划条件,作为国有土地使用权出让合同的组成部分。未确定规划条件的地块,不得出让国有土地使用权。以出让方式取得国有土地使用权的建设项目,建设单位在取得建设项目的批准、核准、备案文件和签订国有土地使用权出让合同后,向城市、县人民政府城乡规划主管部门领取建设用地规划许可证。城市、县人民政府城乡规划主管部门不得在建设用地规划许可证中,擅自改变作为国有土地使用权出让合同组成部分的规划条件。"

3. 涉及容积率的违法行为,责任主体是城乡规划部门

《城乡规划法》第39条规定:"规划条件未纳入国有土地使用权出让合同的,该国有土地使用权出让合同无效;对未取得建设用地规划许可证的建设单位批准用地的,由县级以上人民政府撤销有关批准文件;占用土地的,应当及时退回;给当事人造成损失的,应当依法给予赔偿。"第61条规定:"县级以上人民政府有关部门有下列行为之一的,由本级人民政府或者上级人民政府有关部门责令改正,通报批评;对直接负责的主管人员和其他直接责任人员依法给予处分:(一)对未依法取得选址意见书的建设项目核发建设项目批准文件的;(二)未依法在国有土地使用权出让合同中确定规划条件或者改变国有土地使用权出让合同中依法确定的规划条件的;(三)对未依法取得建设用地规划许可证的建设单位划拨国有土地使用权的。"第64条规定:"未取得建设工程规划许可证或者未按照建设工程规划许可证的规定进行

建设的，由县级以上地方人民政府城乡规划主管部门责令停止建设；尚可采取改正措施消除对规划实施的影响的，限期改正，处建设工程造价百分之五以上百分之十以下的罚款；无法采取改正措施消除影响的，限期拆除，不能拆除的，没收实物或者违法收入，可以并处建设工程造价百分之十以下的罚款。”

4. 从节约社会资源角度考虑，不应确认国有土地使用权出让方有权解除合同

在现实中，开发企业提高容积率的情形大量存在，如果均确认出让方有权解除合同，将造成巨大的社会资源的浪费，因为开发企业投入大量的人力物力于建筑中，如果合同解除，将造成严重的社会后果，尤其涉及房地产开发企业，涉及千家万户，从维护社会稳定的角度出发，应当赋予出让方提高土地出让金的权利，而不能赋予其解除国有土地使用权出让合同的权利。对容积率违反行为的查处，由城乡规划主管部门依法进行，依法处罚。

三、国有土地的收回

国有土地使用权的收回，分为期限届满的收回、期限未届满前的收回。期限届满的续期和收回目前尚未发生，虽然存在争议，但现实意义不大。其中，期限未届满前的收回争议很大，发生的纠纷也较多，涉及各方的巨大利益，需要深入研究，慎重处理。期限届满前收回划拨用地，不是本章讨论的重点，本章重点讨论出让用地提前收回的问题。

（一）土地使用者未按照出让合同约定的期限和条件实际开发利用土地而被收回建设用地使用权的

1. 法律规定

《城市房地产管理法》第26条规定：“以出让方式取得土地使用权进行房地产开发的，必须按照土地使用权出让合同约定的土地用途、动工开发期限开发土地。超过出让合同约定的动工开发日期满一年未动工开发的，可以征收相当于土地使用权出让金百分之二十以下的土地闲置费；满二年未动工开发的，可以无偿收回土地使用权；但是，因不可抗力或者政府、政府有关部门的行为或者动工开发必需的前期工作造成动工开发迟延的除外。”

2. 理论界、实务界的争论

现实经济生活中，很多国有土地使用权受让人购买土地的目的，并不是为了开发利用，而是炒作，哄抬地价，从中牟取暴利，严重扰乱了社会主义市场经济秩序。为了促进经济健康平稳发展，我国对土地利用严格管制，目的就是防止出现不可控的房地产泡沫，最终对实体经济造成严重冲击。关于无偿收回建设用地使用权的性质，我国《物权法》《城市房地产管理法》均未明确。理论界、实务界争论很大，主要有三种观点：

第一种观点：民事行为说。该观点认为，国有土地使用权出让合同系民事合同，是平等民事主体之间的民事法律行为，基于合同约定和法律规定，受让方存在违反合同约定和法律规定的违约行为，且构成根本违约，出让方有权解除合同，无偿收回土地使用权。

第二种观点：行政行为说。该观点认为，从法律规定来看，国家无偿收回国有土地使用权，已经不是平等民事主体之间的法律关系，而是土地管理与被管理者之间的关系，也无对价可言，其法律性质属于国家公权力对受让人违法行为的一种行政处罚措施。

第三种观点：结合说。认为不能一概而论，如果出让方依据双方合同条款，以受让方未按

照合同约定的期限、条件开发的，构成根本违约，则为“行政权利民事化”，为民事行为，出让方行使解除合同的权利。

3. 国家无偿收回国有土地使用权的，土地出让金应当予以返还

依据《城市房地产管理法》《城镇国有土地使用权出让和转让暂行条例》的规定，国家无偿收回国有土地使用权的，并非强制性规定，而是管理性、示范性、倡导性规定，其适用对象只是从事房地产开发经营的房地产企业，不能随意扩大适用范围，主要目的是打击囤地抬价行为，如果土地用途不是用于房地产开发销售的，则不得适用。而且上述法律行政法规也没有明确规定，任何情况下只要未按照合同约定或法律规定闲置两年就可以无偿收回。

建设用地使用权收回，国家无须赔偿因收回建设用地使用权而给受让方造成的损失，但对于土地出让金，应当予以返还，国家没有占有的法律依据。因为收回国有土地使用权的目的就是土地资源的合理开发利用，无偿收回土地已经达到了此目的，土地出让金是受让人的合法财产，不是违反所得，国家无权采取没收的措施。但是全额返还，还是扣除实际占用期间的费用后，按比例返还，没有明确依据。

4. 国家无偿收回建设用地使用权的，对地上建筑物、附着物的处理

《城市房地产管理法》对此未明确规定，笔者认为，从物权法定的角度来看，如果该建筑物、附着物系经过合法审批的建筑物、构筑物或临时建筑的，应当予以适当补偿，如果系违法建筑的，则不应当予以补偿。从法条的适用来看，该法条主要适用于土地使用权者满两年未开工的情况，所以正因为未开工，合法建筑物、构筑物的可能性也不大，即使有，也是量很小。

（二）国家因公共利益的需要收回建设用地使用权

1. 法律规定

《土地管理法》第 58 条规定：“有下列情形之一的，由有关人民政府土地行政主管部门报经原批准用地的人民政府或者有批准权的人民政府批准，可以收回国有土地使用权：（一）为实施城市规划进行旧城区改建及公共利益需要，需使用土地的；（二）土地出让等有偿使用合同约定的使用期限届满，土地使用者未申请续期或者申请续期未获批准的；（三）因单位撤销、迁移等原因，停止使用原划拨的国有土地的；（四）公路、铁路、机场、矿场等经核准报废的。依照前款第（一）项的规定收回国有土地使用权的，对土地使用权人应当给予适当补偿。”《物权法》第 148 条规定：“建设用地使用权期间届满前，因公共利益需要提前收回该土地的，应当依照本法第四十二条的规定对该土地上的房屋及其他不动产给予补偿，并退还相应的出让金。”《城市房地产管理法》第 20 条规定：“国家对土地使用者依法取得的土地使用权，在出让合同约定的使用年限届满前不收回；在特殊情况下，根据社会公共利益的需要，可以依照法律程序提前收回，并根据土地使用者使用土地的实际年限和开发土地的实际情况给予相应的补偿。”

2. 国家提前收回国有土地使用权的补偿

国家为了公共利益需要，有权提前收回国有土地使用权，但就如何补偿的问题，法律规定不一致，且有一定的矛盾，对土地使用者的利益影响巨大。

（1）对国有土地使用权采取适当补偿的标准

《土地管理法》《城市房地产管理法》从土地使用权出让的角度出发，《土地管理法》规定“对土地使用权人应当给予适当补偿”，《城市房地产管理法》规定“根据土地使用者使用土地

的实际年限和开发土地的实际情况给予相应的补偿”。

(2)对于国有土地上的房屋及其他不动产采取公平补偿的标准——按照征收决定作出时经过评估的市场价格补偿

《物权法》从物的角度规定，一是退还土地出让金，二是对土地上的房屋及其他不动产依据《物权法》第42条的规定予以补偿。《物权法》第42条规定：“为了公共利益的需要，依照法律规定的权限和程序可以征收集体所有的土地和单位、个人的房屋及其他不动产。征收集体所有的土地，应当依法足额支付土地补偿费、安置补助费、地上附着物和青苗的补偿费等费用，安排被征地农民的社会保障费用，保障被征地农民的生活，维护被征地农民的合法权益。征收单位、个人的房屋及其他不动产，应当依法给予拆迁补偿，维护被征收人的合法权益；征收个人住宅的，还应当保障被征收人的居住条件。”2007年10月1日《物权法》施行时，城市房屋拆迁适用的《城市房屋拆迁管理条例》(2001年修改)，至2011年1月21日，《城市房屋拆迁条例》废止，被《国有土地上房屋征收与补偿条例》代替。《物权法》是《国有土地上房屋征收补偿条例》的上位法，《物权法》第42条第3款所规定的“征收单位、个人的房屋及其他不动产，应当依法给予拆迁补偿，维护被征收人的合法权益”，在具体补偿时，就需要适用《国有土地上房屋征收补偿条例》。

《国有土地上房屋征收补偿条例》第1条规定了立法目的：“为了规范国有土地上房屋征收与补偿活动，维护公共利益，保障被征收房屋所有权人的合法权益，制定本条例。”第2条规定了补偿原则：“为了公共利益的需要，征收国有土地上单位、个人的房屋，应当对被征收房屋所有权人(以下称被征收人)给予公平补偿。”第17条规定了补偿标准和范围：“作出房屋征收决定的市、县级人民政府对被征收人给予的补偿包括：(一)被征收房屋价值的补偿；(二)因征收房屋造成的搬迁、临时安置的补偿；(三)因征收房屋造成的停产停业损失的补偿。市、县级人民政府应当制定补助和奖励办法，对被征收人给予补助和奖励。”第19条明确规定补偿的时间节点、补偿的市场价格标准、评估机构、评估程序：“对被征收房屋价值的补偿，不得低于房屋征收决定公告之日被征收房屋类似房地产的市场价格。被征收房屋的价值，由具有相应资质的房地产价格评估机构按照房屋征收评估办法评估确定。对评估确定的被征收房屋价值有异议的，可以向房地产价格评估机构申请复核评估。对复核结果有异议的，可以向房地产价格评估专家委员会申请鉴定。……”

3. 法律适用问题

《土地管理法》《城市房地产管理法》规定的是对国有土地使用权采取“适当补偿”原则，《物权法》及其下位法《国有土地上房屋征收补偿条例》规定对国有土地上的房屋及其他不动产采取公平补偿原则，目前法律采取的是双轨制，即土地采取“适当补偿”原则，土地上房屋采取“公平补偿”原则。我们倾向认为应当适用《物权法》的规定。

(1)遵守《宪法》的规定

《宪法》第10条第3款规定：“国家为了公共利益的需要，可以依照法律规定对土地实行征收或者征用并给予补偿”第13条规定：“公民的合法的私有财产不受侵犯。国家依照法律规定保护公民的私有财产权和继承权。国家为了公共利益的需要，可以依照法律规定对公民的私有财产实行征收或者征用并给予补偿。”《宪法》没有规定在征收或者征用土地或公民的私有财产时的补偿是“适当补偿”，宪法明确规定：“保护公民的合法的私有财产不受侵犯”，那么涉及补偿时，只能依《物权法》及《国有土地上房屋征收补偿条例》给予公平补偿。

(2)《土地管理法》关于补偿的问题，自身规定存在矛盾和不严密之处，在适用时存在障碍

《土地管理法》第58条规定为了公共利益需要收回国有土地使用权，对于土地使用者给予“适当补偿”，《土地管理法》第2条第4款规定：“国家为了公共利益的需要，可以依法对土地实行征收或者征用并给予补偿”，没有规定为“适当补偿”，这两处法条存在不一致之处。从条文体系来看，第2条在《土地管理法》的“总则”一章，第2条规定的是“基本土地制度”，起到统领作用，第58条规定在“建设用地”一章，属于分则，从逻辑上讲，应当适用总则的规定。

(3)《城市房地产管理法》位阶较低，不能优先于《物权法》适用，且《物权法》属于新法

《城市房地产管理法》是1994年7月5日第八届全国人民代表大会常务委员会第八次会议通过，自1995年1月1日起施行。《全国人民代表大会常务委员会关于修改〈中华人民共和国城市房地产管理法〉的决定》由中华人民共和国第十届全国人民代表大会常务委员会第二十九次会议于2007年8月30日通过并施行。

《物权法》于2007年3月16日由中华人民共和国第十届全国人民代表大会第五次会议通过，自2007年10月1日起施行。

《物权法》是全国人民代表大会通过的，是维护国家基本经济制度，维护社会主义市场经济秩序，关系人民群众切身利益的民事基本大法。《城市房地产管理法》属于部门法，不属于民事基本大法。

(4)《城市房地产管理法》的立法也存在不周严的问题

全国人民代表大会常务委员会2007年8月30日《关于修改〈中华人民共和国城市房地产管理法〉的决定》对《城市房地产管理法》作如下修改：

在第一章“总则”中增加一条，作为第6条：“为了公共利益的需要，国家可以征收国有土地上单位和个人的房屋，并依法给予拆迁补偿，维护被征收人的合法权益；征收个人住宅的，还应当保障被征收人的居住条件。具体办法由国务院规定。”该法第20条仍规定为“国家对土地使用者依法取得的土地使用权，在出让合同约定的使用年限届满前不收回；在特殊情况下，根据社会公共利益的需要，可以依照法律程序提前收回，并根据土地使用者使用土地的实际年限和开发土地的实际情况给予相应的补偿”。

增加第6条的目的我们分析是为了与《物权法》相协调，但却与《城市房地产管理法》第20条相分离，即土地与房屋及其他不动产相分离，采取不同的标准。

(三)划拨的国有土地使用权的收回

划拨土地使用权是指土地使用者通过各种方式依法无偿取得的土地使用权。划拨土地使用权是国有土地使用权取得一种方式。

《城镇国有土地使用权出让和转让暂行条例》第47条规定：“无偿取得划拨土地使用权的土地使用者，因迁移、解散、撤销、破产或者其他原因而停止使用土地的，市、县人民政府应当无偿收回其划拨土地使用权，并可依照本条例的规定予以出让。对划拨土地使用权，市、县人民政府根据城市建设发展需要和城市规划的要求，可以无偿收回，并可依照本条的规定予以出让。无偿收回划拨土地使用权时，对其地上建筑物、其他附着物，市、县人民政府应当根据实际情况给

予适当补偿。"《土地管理法》第58条第4项也明确规定了划拨国有土地使用权的收回。

(四)土地使用权使用期限届满后的处理

对于土地使用权出让合同约定的使用年限届满,如何处理,能否续期,续期后如何交费,媒体炒得沸沸扬扬,并无任何现实意义,此类问题的大面积出现,至少要到2030年以后。另外从法理的角度来分析,续期的问题法律已经明确规定,而续期后的交费,更是题中应有之义,没有什么可以炒作的,用地交费,是天经地义的事。

《物权法》第149条规定:"住宅建设用地使用权期间届满的,自动续期。非住宅建设用地使用权期间届满后的续期,依照法律规定办理。该土地上的房屋及其他不动产的归属,有约定的,按照约定;没有约定或者约定不明确的,依照法律、行政法规的规定办理。"《城市房地产管理法》第22条规定:"土地使用权出让合同约定的使用年限届满,土地使用者需要继续使用土地的,应当至迟于届满前一年申请续期,除根据社会公共利益需要收回该幅土地的,应当予以批准。经批准准予续期的,应当重新签订土地使用权出让合同,依照规定支付土地使用权出让金。土地使用权出让合同约定的使用年限届满,土地使用者未申请续期或者虽申请续期但依照前款规定未获批准的,土地使用权由国家无偿收回。"

第二节　权威案例指导

典型案例1

重庆农村商业银行股份有限公司江津支行与重庆市巴南城市建设发展有限公司、重庆市巴南区城乡建设委员会、重庆塑皇建设(集团)有限公司与重庆塑皇建设(集团)有限公司一般抵押合同纠纷再审案

【案件来源】最高人民法院

【审理法院】最高人民法院

【案件案号】(2013)民申字第1120号

【裁判日期】2014年7月28日

【裁判要点】1.建设用地使用权期间届满前,因公共利益需要提前收回该土地的,应当依照《物权法》第42条的规定对该土地上的房屋及其他不动产给予补偿,并退还相应的出让金。2.建设用地使用权提前收回后,土地使用权出让人和土地使用权受让人之间的法律关系转化为解约补偿的法律关系,原建设用地使用权人有权请求出让人退还相应的土地出让金。

典型案例2

定安城东建筑装修工程公司与海南省定安县人民政府、第三人中国农业银行定安支行收回国有土地使用权及撤销土地证案

【案件来源】《最高人民法院公报》2015 年 2 月

【审理法院】最高人民法院

【案件案号】(2012)行提字第 26 号

【裁判日期】2014 年 3 月 10 日

【裁判要点】行政机关根据《土地管理法》第 58 条第 1 款第 1 项、第 2 项规定,依法收回土地使用权的,对土地使用权人应当按照作出收回土地使用权决定时的市场评估价进行补偿。

典型案例3

【案例主题】行政行为未引用具体法律条款的,属于适用法律错误

宣某成等诉浙江省衢州市国土资源局收回国有土地使用权案

【案件来源】最高人民法院指导案例第 41 号

【审理法院】浙江省衢州市柯城区人民法院

【案件案号】(2003)柯行初字第 8 号

【裁判日期】2003 年 8 月 29 日

【裁判要点】行政机关作出具体行政行为时未引用具体法律条款,且在诉讼中不能证明该具体行政行为符合法律的具体规定,应当视为该具体行政行为没有法律依据,适用法律错误。

典型案例4

【案例主题】行政机关的内部批复一般不可诉，但具体行政管理部门将该批复直接实施的，则具有可诉性

魏某高、陈某志诉来安县人民政府收回土地使用权批复案

【案件来源】最高人民法院指导案例第22号

【审理法院】安徽省高级人民法院

【案件案号】作出(2012)皖行终字第14号行政裁定

【裁判日期】2012年9月10日

【裁判要点】地方人民政府对其所属行政管理部门的请示作出的批复，一般属于内部行政行为，不可对此提起诉讼。但行政管理部门直接将该批复付诸实施并对行政相对人的权利义务产生了实际影响，行政相对人对该批复不服提起诉讼的，人民法院应当依法受理。

第三节 实务操作指南

一、关于国有土地使用权出让合同解除的问题

《合同法》对于协议解除、约定解除、法定解除的规定比较明确，法律适用比较明确，裁决结果可预测性强，虽然存在分歧，但相对来说争议不大，我们不再赘述。

二、提前收回国有土地使用权如何处理

（一）行政行为要符合合法性和合理性的原则

行政行为的合法性原则是指行政主体应当依法行政。主要包含两个基本内容：行政职权来源合法；行政行为受法律约束。

（1）行政行为来源合法，是指任何行政主体都是合法拥有行政职权的主体，任何行政行为都是行政职权运行的一种形态。

（2）行政行为受法律约束，是指行政行为的内容、形式与程序必须符合法律要求。行政行为一经作出，不仅对行政相对人，而且对行政主体本身也具有约束力。

行政行为的合理性原则是指行政主体应当合理行政。主要包括三个方面的基本内容，即比例原则、平等原则、正当原则。

（1）比例原则是介于国家权力与公民自由之间的一种目的与手段的考量，也是行政合理性原则的一个下位原则，其主要内容有：最小损害原则，即行政主体作出行政行为有多种决定

可以选择时,应当选择牺牲行政相对人利益最小且最接近实施行政法目的的行为;罪罚相当原则,即如果相对人违反行政管理应当被处罚时,行政主体所决定的处罚应当与被处罚人的违法行为相当。

(2)平等原则是法的普适性原则。在行政法上,其主要包括以下几层含义:行政主体在适用行政法规范时,应当平等地对待公民、法人和其他组织,不得对特定行政相对人进行歧视;针对同样的法律适用条件和同样的案情,应当作出同样的决定;在无法律标准的条件下,针对同样案情,以前的处理标准应当约束以后的处理决定。

(3)正当原则是指行为主体作出行政行为时,应当符合一般的道德标准与生活价值观。

(二)行政行为不可任性

最高人民法院认定行政行为的随意性,最终会损害政府的公信力。

1. 1995 年 12 月 27 日,城东公司以总价款 80.472 万元取得 6706 平方米的建设用地使用权,但其填报申请土地登记时未写明土地用途,县土地局在审核过程中亦未在《地籍调查登记表》《土地登记审批表》等文书上载明土地用途。1996 年 1 月 22 日,县政府根据城东公司的申请和县土地局的审核,在城东公司缴纳土地登记费后,给该公司颁发了定安国用(96)字第 6 号《国有土地使用证》(以下简称第 6 号国土证)。

2. 2004 年 1 月 4 日,县政府以城东公司土地闲置为由,在《海南日报》上发布公告,拟无偿收回城东公司第 6 号国土证项下的土地使用权,但县政府并未实施无偿收地行为。

3. 2007 年 11 月 5 日,县政府为落实塔岭规划新区城市规划用地的需要,作出定府(2007)112 号《关于有偿收回国有土地使用权的通知》(以下简称 112 号通知),决定按原登记成本价 80.6072 万元有偿收回城东公司第 6 号国土证项下的土地使用权,并于 11 月 8 日送达城东公司。

4. 同年 12 月 14 日,县政府以城东公司申请土地登记发证未填写土地用途、县土地局在审核过程中亦未在《地籍调查登记表》《土地登记审批表》等有关文书上载明土地用途导致错误登记发证为由,告知城东公司拟撤销第 6 号国士证。

5. 最高人民法院的认定:

(1)县政府在作出被诉 112 号通知之前,未听取当事人的陈述和申辩意见,事后通知城东公司和定安支行举行听证,违反“先听取意见后作决定”的基本程序原则。依法判决确认该行政行为违法。

(2)所谓“适当补偿”应当是公平合理的补偿,即按照被收回土地的性质、用途、区位等,以作出收地决定之日的市场评估价予以补偿。县政府按土地原成本价予以补偿于法无据。

(3)当初未填写土地用途,并非城东公司的原因所致,本可以通过补正方式解决,县政府却以此为由撤销城东公司合法持有的《国有土地使用证》,属于滥用行政职权,依法应予撤销。

在本案中,地方政府的不合法很明显,读者可以看一下判决,了解一下一审、二审法院的裁决依据,最高人民法院依据予以纠正。

三、以公共利益需要为目的，提前收回国有土地使用权的补偿标准，最高人民法院也存在分歧

1. 司法实践中最高人民法院的裁决也采取了土地与房屋相区别的双轨制

本章中典型案例 1“重庆农村商业银行股份有限公司江津支行与重庆市巴南城市建设发展有限公司、重庆市巴南区城乡建设委员会、重庆塑皇建设(集团)有限公司与重庆塑皇建设(集团)有限公司一般抵押合同纠纷再审案”，最高人民法院采取的是双轨制补偿标准，且采取的是“适当补偿”原则。

最高人民院再审认为:“(一)关于二审判决适用法律是否确有错误的问题。1. 2004 年修正的《中华人民共和国土地管理法》第五十八条、2007 年 8 月 30 日修正的《中华人民共和国城市房地产管理法》第二十条、1990 年发布的《中华人民共和国城镇国有土地使用权出让和转让暂行条例》第四十二条等法律、行政法规均规定，为公共利益需要，国家可以提前收回土地使用权，但对于补偿标准仅规定了‘适当补偿’‘相应的补偿’，并未要求按市场评估价进行补偿。”

2. 最高人民法院的裁决也采用不同标准

我们再回顾一下本章典型案例 2“定安城东建筑装修工程公司与海南省定安县人民政府、第三人中国农业银行定安支行收回国有土地使用权及撤销土地证案”中，最高人民法院认为:“……(二)关于 112 号通知中行政补偿内容的合法性问题。根据《中华人民共和国土地管理法》第五十八条第二款规定，因公共利益需要使用土地收回国有土地使用权的，对土地使用权人应当给予适当补偿。县政府根据省政府批准的总体规划要求为建设县政府办公楼需要使用涉案土地，收回城东公司的土地使用权，应当依法给予‘适当补偿’。所谓‘适当补偿’应当是公平合理的补偿，即按照被收回土地的性质、用途、区位等，以作出收地决定之日的市场评估价予以补偿。县政府按土地原成本价予以补偿于法无据。城东公司以收地决定违法，涉案土地使用权至今仍属于其享有为由，主张应以最终判决时的市场评估价予以补偿，其理由不能成立。本案收地决定属于违反程序，判决确认收地决定违法并未否定其法律效力。根据《中华人民共和国物权法》第二十八条的规定，涉案土地使用权自收地决定生效之日已经发生物权转移的效力。考虑到涉案土地登记资料中‘土地用途’栏系空白，结合当地土地交易市场情况，对涉案土地以使用年限最长、市场价值最高的‘住宅用地’用途进行评估，有利于维护行政相对人的合法权益。鉴于县政府收回土地使用权行为违法，补偿价格明显不公，且收地决定作出后涉案土地升值较大，而当事人因不能以转让土地使用权方式及时偿还银行贷款，存在贷款利息损失，县政府在支付补偿款的同时，还应当支付自决定收回土地使用权之日起至实际支付全部补偿款之日的同期银行贷款利息。”

3. 法律该如何理解和适用

笔者为读者提供的典型案例 1、典型案例 2，都是最高人民法院的判决，但法律理解与适用差别很大，究竟哪个更具有指导意义，笔者无力妄下结论，还请广大读者和法律工作者深入研究。

第四节　法律法规整合

一、《合同法》

第 93 条　当事人协商一致,可以解除合同。

当事人可以约定一方解除合同的条件。解除合同的条件成就时,解除权人可以解除合同。

第 94 条　有下列情形之一的,当事人可以解除合同:

(一)因不可抗力致使不能实现合同目的;

(二)在履行期限届满之前,当事人一方明确表示或者以自己的行为表明不履行主要债务;

(三)当事人一方迟延履行主要债务,经催告后在合理期限内仍未履行;

(四)当事人一方迟延履行债务或者有其他违约行为致使不能实现合同目的;

(五)法律规定的其他情形。

第 97 条　合同解除后,尚未履行的,终止履行;已经履行的,根据履行情况和合同性质,当事人可以要求恢复原状、采取其他补救措施,并有权要求赔偿损失。

二、《土地管理法》

第 2 条第 4 款　国家为了公共利益的需要,可以依法对土地实行征收或者征用并给予补偿。

第 56 条　建设单位使用国有土地的,应当按照土地使用权出让等有偿使用合同的约定或者土地使用权划拨批准文件的规定使用土地;确需改变该幅土地建设用途的,应当经有关人民政府土地行政主管部门同意,报原批准用地的人民政府批准。其中,在城市规划区内改变土地用途的,在报批前,应当先经有关城市规划行政主管部门同意。

三、《城市房地产管理法》

第 20 条　国家对土地使用者依法取得的土地使用权,在出让合同约定的使用年限届满前不收回;在特殊情况下,根据社会公共利益的需要,可以依照法律程序提前收回,并根据土地使用者使用土地的实际年限和开发土地的实际情况给予相应的补偿。

第 22 条　土地使用权出让合同约定的使用年限届满,土地使用者需要继续使用土地的,应当至迟于届满前一年申请续期,除根据社会公共利益需要收回该幅土地的,应当予以批准。经批准准予续期的,应当重新签订土地使用权出让合同,依照规定支付土地使用权出让金。

土地使用权出让合同约定的使用年限届满,土地使用者未申请续期或者虽申请续期但依照前款规定未获批准的,土地使用权由国家无偿收回。

第 25 条　房地产开发必须严格执行城市规划,按照经济效益、社会效益、环境效益相统一的原则,实行全面规划、合理布局、综合开发、配套建设。

第26条　以出让方式取得土地使用权进行房地产开发的,必须按照土地使用权出让合同约定的土地用途、动工开发期限开发土地。超过出让合同约定的动工开发日期满一年未动工开发的,可以征收相当于土地使用权出让金百分之二十以下的土地闲置费;满二年未动工开发的,可以无偿收回土地使用权;但是,因不可抗力或者政府、政府有关部门的行为或者动工开发必需的前期工作造成动工开发迟延的除外。

四、《城乡规划法》

第2条　制定和实施城乡规划,在规划区内进行建设活动,必须遵守本法。

本法所称城乡规划,包括城镇体系规划、城市规划、镇规划、乡规划和村庄规划。城市规划、镇规划分为总体规划和详细规划。详细规划分为控制性详细规划和修建性详细规划。

本法所称规划区,是指城市、镇和村庄的建成区以及因城乡建设和发展需要,必须实行规划控制的区域。规划区的具体范围由有关人民政府在组织编制的城市总体规划、镇总体规划、乡规划和村庄规划中,根据城乡经济社会发展水平和统筹城乡发展的需要划定。

第37条　在城市、镇规划区内以划拨方式提供国有土地使用权的建设项目,经有关部门批准、核准、备案后,建设单位应当向城市、县人民政府城乡规划主管部门提出建设用地规划许可申请,由城市、县人民政府城乡规划主管部门依据控制性详细规划核定建设用地的位置、面积、允许建设的范围,核发建设用地规划许可证。

建设单位在取得建设用地规划许可证后,方可向县级以上地方人民政府土地主管部门申请用地,经县级以上人民政府审批后,由土地主管部门划拨土地。

第38条　在城市、镇规划区内以出让方式提供国有土地使用权的,在国有土地使用权出让前,城市、县人民政府城乡规划主管部门应当依据控制性详细规划,提出出让地块的位置、使用性质、开发强度等规划条件,作为国有土地使用权出让合同的组成部分。未确定规划条件的地块,不得出让国有土地使用权。

以出让方式取得国有土地使用权的建设项目,在签订国有土地使用权出让合同后,建设单位应当持建设项目的批准、核准、备案文件和国有土地使用权出让合同,向城市、县人民政府城乡规划主管部门领取建设用地规划许可证。

城市、县人民政府城乡规划主管部门不得在建设用地规划许可证中,擅自改变作为国有土地使用权出让合同组成部分的规划条件。

第39条　规划条件未纳入国有土地使用权出让合同的,该国有土地使用权出让合同无效;对未取得建设用地规划许可证的建设单位批准用地的,由县级以上人民政府撤销有关批准文件;占用土地的,应当及时退回;给当事人造成损失的,应当依法给予赔偿。

第61条　县级以上人民政府有关部门有下列行为之一的,由本级人民政府或者上级人民政府有关部门责令改正,通报批评;对直接负责的主管人员和其他直接责任人员依法给予处分:

(一)对未依法取得选址意见书的建设项目核发建设项目批准文件的;

(二)未依法在国有土地使用权出让合同中确定规划条件或者改变国有土地使用权出让合同中依法确定的规划条件的;

(三)对未依法取得建设用地规划许可证的建设单位划拨国有土地使用权的。

第64条 未取得建设工程规划许可证或者未按照建设工程规划许可证的规定进行建设的,由县级以上地方人民政府城乡规划主管部门责令停止建设;尚可采取改正措施消除对规划实施的影响的,限期改正,处建设工程造价百分之五以上百分之十以下的罚款;无法采取改正措施消除影响的,限期拆除,不能拆除的,没收实物或者违法收入,可以并处建设工程造价百分之十以下的罚款。

第二编　国有土地使用权转让合同纠纷

国有土地使用权出让是一级市场，国有土地使用权转让是二级市场，房地产开发经营及销售是三级市场。

最高人民法院《国有土地使用权合同司法解释》第7条规定的土地使用权转让合同的范围较小，《城镇国有土地使用权出让和转让暂行条例》第19条与《物权法》第143条规定的范围基本一致，范围较大，既包括有偿转让，也包括互换、赠与、出资、抵押，本编涉及的内容为广义的国有土地使用权转让合同纠纷。

本编主要包括：国有土地使用权转让合同的效力、一地数转、国有土地划拨用地转让合同纠纷三方面内容。

第一章　国有土地使用权转让合同的效力

【一级案由】合同、无因管理、不当得利纠纷

【二级案由】合同纠纷

【三级案由】建设用地使用权合同纠纷

【四级案由】建设用地使用权转让合同纠纷

第一节　法律要点详解

一、国有土地使用权转让合同的立法沿革

1990年5月19日施行的《城镇国有土地使用权出让和转让暂行条例》第19条规定："土地使用权转让是指土地使用者将土地使用权再转移的行为,包括出售、交换和赠与。未按土地使用权出让合同规定的期限和条件投资开发、利用土地的,土地使用权不得转让。"

最高人民法院《国有土地使用权合同司法解释》第7条规定："本解释所称的土地使用权转让合同,是指土地使用权人作为转让方将出让土地使用权转让于受让方,受让方支付价款的协议。"2005年最高人民法院制定的司法解释排除了城镇划拨国有土地使用权转让和农村集体所有土地使用权转让的问题,同时只包括有偿转让的情形,未包括无偿转让的情形,如赠与等。

《物权法》第143条规定："建设用地使用权人有权将建设用地使用权转让、互换、出资、赠与或者抵押,但法律另有规定的除外。"该条规定的范围较最高人民法院《国有土地使用权合同司法解释》规定的范围要宽泛。

本书所讲的国有土地使用权转让是指广义的转让。

二、司法实践中国有土地使用权转让的主要形式

(一)有偿转让国有土地使用权的一般形式

1. 通过出让方式取得国有土地使用权的单位或个人与他人签订国有土地使用权转让合同,转让国有土地使用权。这是实践中最常见的转让国有土地使用权的形式。

2. 通过转让取得国有土地使用权的单位或个人,再次将国有土地使用权转让。这种形式在实践中也大量发生。

3. 取得划拨国有土地使用权的人，经有权批准机关批准，签订国有土地使用权转让合同，有偿转让国有土地使用权。

4. 非国有土地使用权人，未经权利人许可，签订合同转让他人通过出让或划拨方式取得的国有土地使用权的。

5. 互换。双方均享有国有土地使用权，通过互换的方式转让国有土地使用权，这种形式在实践不常见。

（二）有偿转让国有土地使用权的特殊形式

1. 通过股权转让的形式转让国有土地使用权

直接转让国有土地使用权，需要缴纳税费，拥有国有土地使用权的公司通过将全部或部分股权转让给受让方的方式，转让国有土地使用权，可以避免缴纳大量的税费。这种形式在司法实践中大量存在，具有一定的法律风险，后文我们将对此进行专题阐述。

2. 通过合作开发房地产的形式，转让国有土地使用权

享有土地使用权的一方以土地使用权作为投资，与他人合资建房，采取的形式，一种是以本人或他人名义开发，另一种是成立项目公司，由项目公司开发。本书将在第三编“合作开发房地产合同纠纷”中阐述。

3. 以国有土地使用权作为出资入股公司

这种形式与以土地作为出资与他人开发房地产有一定联系，但也有一定区别，包括以划拨或出让的国有土地使用权出资等情形，《公司法司法解释（三）》对司法实践中出现的问题进行了规定。

（三）国有土地使用权的无偿转让

国有土地使用权无偿转让最典型的方式是赠与或继承。

赠与是指赠与人将自己的财产无偿给予受赠人，受赠人表示接受赠与的合同。《合同法》第186条规定：“赠与人在赠与财产的权利转移之前可以撤销赠与。具有救灾、扶贫等社会公益、道德义务性质的赠与合同或者经过公证的赠与合同，不适用前款规定。”

国有土地使用权人死亡后，其拥有的国有土地使用权可以依法继承，包括遗嘱继承、法定继承、遗赠等。

三、国有土地使用权转让未办理变更登记的，不影响国有土地使用权转让合同的效力

（一）国有土地使用权转让的相关规定

《物权法》第145条规定：“建设用地使用权转让、互换、出资或者赠与的，应当向登记机构申请变更登记。”第14条规定：“不动产物权的设立、变更、转让和消灭，依照法律规定应当登记的，自记载于不动产登记簿时发生效力。”《土地管理法》第12条规定：“依法改变土地权属和用途的，应当办理土地变更登记手续。”《城市房地产管理法》第60条规定：“国家实行土地使用权和房屋所有权登记发证制度。”第61条第3款、第4款规定：“房地产转让或者变更时，

应当向县级以上地方人民政府房产管理部门申请房产变更登记，并凭变更后的房屋所有权证书向同级人民政府土地管理部门申请土地使用权变更登记，经同级人民政府土地管理部门核实，由同级人民政府更换或者更改土地使用权证书。法律另有规定的，依照有关法律的规定办理。”《城镇国有土地使用权出让和转让暂行条例》第25条规定：“土地使用权和地上建筑物、其他附着物所有权转让，应当按照规定办理过户登记。土地使用权和地上建筑物、其他附着物所有权分割转让的，应当经市、县人民政府土地管理部门和房产管理部门批准，并依照规定办理过户登记。”

(二)理论界的不同观点

1. 未办理物权登记的，国有土地使用权转让合同无效。该观点认为《城市房地产管理法》第37条、第38条的规定属于禁止性规定，根据《合同法》第52条第5项的规定，违反法律、行政法规的强制性规定的合同无效。

2. 区分不动产物权变动的原因与结果相区分的原则，结果行为不影响原因行为的效力。主要理由如下。

(1)《物权法》明确规定

《物权法》第15条规定：“当事人之间订立有关设立、变更、转让和消灭不动产物权的合同，除法律另有规定或者合同另有约定外，自合同成立时生效；未办理物权登记的，不影响合同效力。”这是我国以基本法明文规定的形式，明确界定了不动产物权变动的原因与结果相区分，也澄清了理论界与司法实践中，长期以来的一些模糊认识。

(2)区分原因行为与结果行为是由债权与物权的性质决定的，将二者予以区分，符合合同效力原理

我国法律关于物权变动采取债权形式主义模式，即意思主义与登记或交付之结合，即物权因为法律行为发生变动时，当事人之间除有债权合同外，尚需要履行登记或交付的法定义务。债权属于相对权、对人权、请求权，债权的变动不需要予以公示，即可产生法律上的效果。物权属于绝对权、对世权、支配权，物权只有公示后，才能发生对世的效果，让世人知道，以此保障交易安全。

房屋买卖属于典型的不动产交易行为，其原因行为是买卖双方签订《房屋买卖合同》，其结果行为是办理权属变更登记。原因行为为债权行为，只要双方签订了《房屋买卖合同》，并且不具有《合同法》《民法总则》规定的合同无效的情形，合同自成立之日起生效，不因是否办理权属变更登记，而导致合同有效或无效，未办理权属变更登记，只是不发生物权变动效力，不动产变更登记属于结果行为，属于物权行为，变更登记后，具有对世效力。

除了即时清结的合同，合同从签订到履行有一个过程，办理权属登记属于合同履行问题，不能用履行行为，反过来决定合同的效力，那样使合同的效力完全掌握在一方手中，如果房价上涨，卖方就不配合过户，不过户，合同就无效；相反，如果房价下跌就过户，合同就有效，这在民法理论上说不通，在实践中是有害的，将严重影响交易秩序。

(3)区分原因与结果行为是诚实信用原则的要求

诚实信用原则是民法的基本原则，也称为“帝王条款”，由《民法通则》《合同法》《民法总则》均予以明确规定，是民事活动的基石。诚实信用原则是指民事主体在从事民事活动时，应

当诚实守信,以善意的方式履行其义务,不得滥用权利及规避法律或者合同义务,同时要维持当事人之间及当事人与社会利益的平衡。

如果不将不动产物权变动的原因与结果相区分,认为当事人之间订立有关设立、变更、转让和消灭不动产物权的合同,只要没有办理物权登记,就无效,就会鼓励违约方恶意违约、毁约,反而损害了守约方的利益,纵容违约行为,导致不诚信行为泛滥。

(4)司法实践中已经为判例确认

虽然直到2007年《物权法》颁布实行才以法律的形式明确规定了物权变动的原因与结果相区分的原则,但在此之前,已为最高人民法院生效判决确认了上述原则。包括最高人民法院(2004)民一终字第46号上诉人柳州市全威电器有限责任公司、柳州超凡房地产开发有限责任公司与南宁桂馨源房地产有限公司土地使用权转让合同纠纷案、最高人民法院终审的(2006)民一终字第26号上诉人河南鑫苑置业有限公司与河南花园置业有限公司土地使用权转让合同纠纷案,均采用了不动产物权变动的原因与结果行为相区分的原则。

3. 注意《物权法》第15条规定的"除了法律另有规定或合同另有约定的"的含义

在司法实践中,尤其要注意《物权法》第15条的例外规定,即如果哪一部法律明确规定物权的设立、变更、转让和消灭不动产物权的合同,必须经过登记,合同才生效的,应当依据该特殊法,而不能适用《物权法》的规定。再者,尊重合同当事人的意思自治,如果当事人在合同中明确约定不动产变更、转让、设立、消灭的合同,只有经过登记才生效,司法应当给予充分的尊重。

四、不符合《城市房地产管理法》第39条规定的转让条件的土地使用权转让合同的效力如何认定

(一)法律规定

《城市房地产管理法》第39条规定:"以出让方式取得土地使用权的,转让房地产时,应当符合下列条件:(一)按照出让合同约定已经支付全部土地使用权出让金,并取得土地使用权证书;(二)按照出让合同约定进行投资开发,属于房屋建设工程的,完成开发投资总额的百分之二十五以上,属于成片开发土地的,形成工业用地或者其他建设用地条件。转让房地产时房屋已经建成的,还应当持有房屋所有权证书。"

(二)权威司法观点

1. 不影响合同效力①

"《城市房地产管理法》第三十八条②规定的转让条件,应当理解为房地产变动的结果条件,而不是原因条件。不符合该条件的,房地产转让不得进行登记,但转让合同的效力不受影响,转让合同仍然有效。""也就是说,如果属于房屋建设工程的,没有完成开发投资总额的百分之二十五以上,属于成片开发土地的,没有形成工业用地或其他建设用地条件,如果当事人

---

① 最高人民法院物权研究小组:《〈中华人民共和国物权法〉条文理解与适用》,人民法院出版社2007年版,第90页。

② 此处《城市房地产管理法》第38条指的是2007年8月30日前未修改的,修改后为第39条,即本条。

签订了转让合同,同时双方要求房地产登记部门进行转让登记的,房地产登记部门可以以不符合《城市房地产管理法》规定的转让条件为由不予登记,但转让房地产的合同仍然是有效的。”

2. 区别对待说①

对于不符合《城市房地产管理法》第 39 条规定转让条件的土地使用权转让合同如何认定处理,既不能采用一概认定无效说,也不能采用认定有效说,而应当采用区别对待的原则。

(1)对于未交付全部土地使用权出让金并取得土地使用证书的转让合同,按照无处分权的原则进行处理

该观点认为,根据《合同法》的有关规定,以无处分权的原则对未取得土地使用权而转让订立的合同的效力予以认定较为合理,认定为效力待定的合同,更符合《合同法》的立法精神。

2005 年 8 月 1 日起施行的最高人民法院《国有土地使用权合同司法解释》采纳了这一观点。该司法解释第 9 条规定:“转让方未取得出让土地使用权证书与受让方订立合同转让土地使用权,起诉前转让方已经取得出让土地使用权证书或者有批准权的人民政府同意转让的,应当认定合同有效。”该司法解释规定,此类合同为效力待定合同,该类转让行为即转让是在取得国有土地使用权证书或有批准权人民政府批准前,属于效力待定的合同,该效力待定的时间不是无期限的,为了快速解决纠纷,将该时间界定为起诉前。如果起诉前取得了国有土地使用权证或有批准权的人民政府同意转让的,合同有效,如果起诉前仍未取得国有土地使用权证书或经有批准权的人民政府批准同意转让的,合同无效。

(2)对于不符合《城市房地产管理法》第 39 条规定的第二个转让条件的,转让合同应认定为有效

第二个转让条件为:“按照出让合同约定进行投资开发,属于房屋建设工程的,完成开发投资总额的百分之二十五以上,属于成片开发土地的,形成工业用地或者其他建设用地条件。”

该观点的主要理由如下:

①转让已经符合了《城市房地产管理法》第 39 条第 1 项规定的条件,即交纳了全部土地使用出让金并取得国有土地使用证或批准文件等,说明转让方为权利主体,有权依法处分该土地使用权。

②最高人民法院《国有土地使用权合同司法解释》起草过程中,关于无权处分行为的效力问题一直存在争议。

③在以往的司法解释中,采取有效说,应当予以参照与延续。如《最高人民法院关于审理房地产管理法施行前房地产开发经营案件若干问题的解答》(部分失效)第 8 条,以出让方式取得土地使用权的土地使用者虽已取得土地使用证,但未按土地使用权出让合同约定的期限和条件对土地进行投资开发利用,与他人签订土地使用权转让合同的,一般应当认定合同无效;如土地使用者已投入一定资金,但尚未达到出让合同约定的期限和条件,与他人签订土地

---

① 参见韩延斌:《房地产纠纷裁判思路与规范指引》,人民法院出版社 2014 年版,第 85 页。

使用权转让合同,没有其他违法行为的,经有关主管部门认可,同意其转让的,可认定合同有效,责令当事人向有关主管部门补办土地使用权转让登记手续。

虽然该解答已经部分失效,但对于《城市房地产管理法》实施后的房地产开发经营案件,仍然可以参照适用执行。

④我国法律采取债权形式的原则。《城市房地产管理法》第 39 条规定的条件是国有土地使用权转让合同履行过户手续时,经土地管理部门或房屋管理部门审查的内容,不符合条件的,将不予以办理过户登记手续,将不能发生物权效力。我国《民法通则》第 72 条,《物权法》第 9 条、第 23 条规定我国物权采取债权形式主义模式,因此,即使不发生物权变动,也不影响引起物权变动的债权合同的效力,即将物权变动的原因行为与结果行为区分开来。

⑤最高人民法院作出明确表态。2016 年 11 月 21 日印发的《第八次全国法院民事商事审判工作会议(民事部分)纪要》第 13 条明确规定:"城市房地产管理法第三十九条第一款第二项规定并非效力性强制性规定,当事人仅以转让国有土地使用权未达到该项规定条件为由,请求确认转让合同无效的,不予支持。"

实际上,该条规定主要是针对当时普遍存在的"炒地皮"现象作出的限制性规定,目前这种投机行为已经基本得到遏制,出现的新情况是房价不断上涨,出让方以此为由,违背诚实信用原则,要求确认合同无效。该条规定并不符合关于效力性强制性规定的要件,该条只是针对出让方投资强度的要求,与转让土地使用权没有根本性冲突,也不会损害国家利益,主要的目的是促进房地产业健康发展,认定合同有效与立法精神并不冲突。

⑥在司法实践中认定有效的案例很多

《最高人民法院公报》2005 年第 7 期登载的最高人民法院审理的(2004)民一终字第 46 号柳州市全威电器有限责任公司、柳州超凡房地产开发有限责任公司与南宁桂馨源房地产有限公司土地使用权转让合同纠纷上诉案。

最高人民法院审理的(2006)民一终字第 26 号河南花园置业有限公司与河南鑫苑置业有限公司土地使用权转让合同纠纷上诉案。

五、违反《城市房地产管理法》第 38 条规定,签订的国有土地使用权转让合同是否有效

(一)法律规定

《城市房地产管理法》第 38 条规定:"下列房地产,不得转让:(一)以出让方式取得土地使用权的,不符合本法第三十九规定的条件的;(二)司法机关和行政机关依法裁定、决定查封或者以其他形式限制房地产权利的;(三)依法收回土地使用权的;(四)共有房屋,未经其他共有人书面同意的;(五)权属有争议的;(六)未依法登记领取权属证书;(七)法律、行政法规规定禁止转让的其他情形。"

(二)理论界及实务界的三种观点

1. 违法无效说

该观点认为,《城市房地产管理法》第 38 条、第 39 条属于法律的强制性规定,根据《合同

法》第52条第5项规定,违反法律、行政法规强制性规范的合同无效,如果转让房地产违反《城市房地产管理法》第38条的规定,不符合第39条的条件,不仅国有土地使用权不能实现转让过户发生物权变动的效果,而且转让国有土地使用权的债权合同也归于无效。

2. 法律体系无效说

该观点认为《城市房地产管理法》第38条、第39条规定在该法第四章“房地产交易”中的第二节“房地产转让”,而未放在第五章“房地产权属登记管理”一章节,因此是关于房地产转让条件的规定,不是关于房地产变更登记的规定,同时也是为了遏制20世纪90年代屡禁不止的“炒地皮”之风。因此违反第38条、第39条规定的转让合同无效。

3. 有效说

该观点认为我国法律采债权形式主义,即动产物权变动采取交付主义原则,不动产采取登记主义原则,物权变动的原因行为与结果行为应当加以区分,即只要变动物权的合同符合法律规定,没有无效的情形,只要成立即生效,或者按照合同法的规定判断其效力,至于能否最终实现物权变动的结果,属于合同履行的行为,不影响原因行为债权合同的效力。

(三)司法实务的考量

1. 对理论界观点的回应

对于观点一无效,我们认为没有区分强制规范中效力性强制性规范与管理性强制性规范,一概否认其效力,不符合《合同法》促进交易的目的,不符合社会经济的现实,也不符合《城市房地产管理法》的立法目的,不利于交易稳定和社会经济发展。笔者认为,《城市房地产管理法》第38条、第39条绝大部分的限制属于管理性强制性规范,且法律没有直接规定只要违反合同即无效,因此不能一概认定违反了第38条不符合第39条的国有土地使用权转让合同或房地产转让合同即为无效。

对于观点二得出的无效观点,我们亦不赞同。笔者认为,对于法律不得机械或片面理解,应放到中国整体法律体系中理解和适用,《城市房地产管理法》属于特殊法,应当适用《合同法》《物权法》《民法通则》《民法总则》这些基本法中关于合同效力的规定,而不应只关注《城市房地产管理法》的架构体系。

对于观点三有效说,我们认为,积极意义很大,但也不尽然,如果全部认定有效,有些时候会与国家的房地产政策相抵触,不利于国家对房地产市场的调控。举个例子,国家对于经济适用房的交易进行限制,在一定期限内不允许交易,更谈不上过户了,但是经济适用房的私下交易很普遍,违反了《城市房地产管理法》第38条第2项的规定,如果司法确认买卖合同有效,则无异于助长违反国家经济适用房政策的违法行为。关于单位集资房的交易也是同样道理。如果机械地适用债权形式主义,认为只要是物权变动的原因行为,均认定有效,既不利于国家对房地产市场的调控,也不利于房地产市场的健康发展。

2. 区别对待更符合现实的司法需求

①对于第38条第1项,我们赞同区别对待说。[①]

②对于司法机关依法裁定、决定查封的房地产转让合同的效力慎重对待。对于查封的动

① 参见韩延斌:《房地产纠纷裁判思路与规范指引》,人民法院出版社2014年版,第85页。

产，在执行方面的规定是不允许转让，但查封的财产只是权利受到限制，并不能得出不得转让的结论，只是无法办理过户，这是履行问题，如果不能履行，卖方将承担违约责任。但是如果已经进入评估、拍卖环节，对于该类转让合同的效力，我们倾向认为，如果买方在明知的情况下，甘冒风险，自担不利后果，有效与无效均对买卖双方影响不大。如果卖方欺诈买方，则构成合同可撤销，买方可依法行使撤销权。同时需要考虑，对于查封的房屋，如果买方支付了全部或大部分购房款，实际占有房屋，没有过错，应当保护买受人的利益，不得拍卖该房屋。

③对于国家行政机关或司法机关以其他形式限制房地产权利的，对于合同效力的认定，应偏重于维护社会公共利益，应贯彻国家政策。对于经济适用房交易、单位集资房交易、小产房交易等，要依法认定无效，保证国家政策的贯彻实施。

④权属有争议的、共有房地产未经其他共有人同意的，适用善意取得制度，依法保护交易安全。

《物权法》第106条规定："无处分权人将不动产或者动产转让给受让人的，所有权人有权追回；除法律另有规定外，符合下列情形的，受让人取得该不动产或动产的所有权：（一）受让人受让该不动产或动产时是善意的；（二）以合理的价格转让；（三）转让的不动产或者动产按照法律规定应当登记的已经登记，不需要登记的已经交付给受让人。受让人依照前款规定取得不动产或动产的所有权的，原所有权人有权向无处分权人请求赔偿损失。当事人善意取得其他物权的，参照前两款规定。"

例如，公司出资人以不享有处分权的房地产向公司出资转让的，公司作为受让人善意取得该财产的所有权，必须符合下列条件：一是公司受让该财产时是善意的，不知道也不应当知道出资人对该财产没有处分权；二是该出资转让价格合理；三是该财产依照法律规定应当登记的，已经登记在受让人名下。

对于其他共有人或者所有权人的损失，权利人有权向擅自处分人追偿，要求赔偿损失。

⑤未依法领取权属证书的房地产转让合同一般情况下应依法认定有效。理由与未取得土地使用权证书即转让国有土地使用权不同，这种情况下，只要出卖人能办理房地产权属证书，办理过户手续即可，如果不能办理房地产权属证书，则属于履行问题，买受人可以不能实现合同目的为由解除合同，或依据合同约定解除合同。

⑥依法收回国有土地使用权的。我国实行"房随地走，地随房走"的原则，如果国有土地使用权因各种原因被收回，则转让房地产的合同目的无法实现，无法实现物权变动的法律结果，买受人有权解除合同，如果买受人愿意或者自冒风险，司法自没有干预的必要。在现实的司法实践中，土地管理部门与房地产部门分属不同的部门，广泛存在房与地分别登记的情况，导致房、地分离，随着我国不动产登记制度的变革，房地一体登记成为必然，这种情况将会越来越少。

第二节　权威案例指导

典型案例 1

【案件主题】转让土地的投资开发款未达到投资总额 25% 以上的，属转让标的瑕疵，不影响转让合同效力

柳州市全威电器有限责任公司、柳州超凡房地产开发有限责任公司与南宁桂馨源房地产有限公司土地使用权转让合同纠纷上诉案

【案件来源】《最高人民法院公报》2005 年第 7 期

【审理法院】最高人民法院

【案件案号】(2004)民一终字第 46 号

【裁判日期】2004 年 8 月 31 日

【裁判要点】签订国有土地使用权转让合同时，转让人虽未取得国有土地使用权证，但在诉讼前已经取得该证的，应当认定合同有效。当事人取得国有土地使用权证后未足额缴纳土地出让金，或者对转让土地的投资开发额未达到投资总额 25% 以上的，属转让标的瑕疵，不影响转让合同效力。

典型案例 2

【案件主题】起诉前转让方已经取得出让土地使用权证书或者有批准权的人民政府同意转让的，应当认定合同有效

山西嘉和泰房地产开发有限公司与太原重型机械(集团)有限公司土地使用权转让合同纠纷案

【案件来源】《最高人民法院公报》2008 年第 3 期

【审理法院】最高人民法院

【案件案号】(2007)民一终字第 62 号

【裁判日期】2007 年 12 月 21 日

【裁判要点】1. 根据《国有土地使用权合同司法解释》第9条的规定,转让方未取得出让土地使用权证书与受让方订立合同转让土地使用权,起诉前转让方已经取得出让土地使用权证书或者有批准权的人民政府同意转让的,应当认定合同有效。2. 虽然我国税收管理方面的法律、法规对于各种税收的征收均明确规定了纳税义务人,但是并未禁止纳税义务人与合同相对人约定由合同相对人或者第三人缴纳税款,即对于实际由谁缴纳税款并未作出强制性或禁止性规定。因此,当事人在合同中约定由纳税义务人以外的人承担转让土地使用权税费的,并不违反相关法律、法规的强制性规定,应认定为合法有效。3. 根据《合同法》第114条的规定,对于当事人在合同中约定的违约金数额,只有在当事人请求调整,且合同约定的违约金数额确实低于或者过分高于违约行为给当事人造成的损失时,人民法院才能进行调整。

典型案例3

【案件主题】提供土地使用权的当事人不承担经营风险,只收取固定利益的,应当认定为土地使用权转让合同

陈某、皮某勇诉重庆碧波房地产开发有限公司、夏某均、重庆奥康置业有限公司合同纠纷案

【案件来源】《最高人民法院公报》2010年第10期

【审理法院】最高人民法院

【案件案号】(2009)民申字第1760号

【裁判日期】2010年5月31日

【裁判要点】1. 根据最高人民法院《国有土地使用权合同司法解释》第24条的规定,合作开发房地产合同约定提供土地使用权的当事人不承担经营风险,只收取固定利益的,应当认定为土地使用权转让合同。当事人自行约定的合同名称不影响对合同性质的认定。2.《合同法》第52条规定:"有下列情形之一的,合同无效:……(二)恶意串通,损害国家、集体或者第三人利益……"根据前述规定,法人与他人恶意串通签订合同,表面上损害法人自身利益,实质上损害第三人利益的,第三人有权提起确认合同无效之诉。3. 对于前述条款中"恶意串通"行为的认定,应当分析合同双方当事人是否具有主观恶意,并全面分析订立合同时的具体情况、合同约定内容以及合同的履行情况,在此基础上加以综合判定。

典型案例 4

【案件主题】区分物权变动的原因行为与结果行为

重庆索特盐化股份有限公司与重庆新万基房地产开发有限公司土地使用权转让合同纠纷案

【案件来源】《最高人民法院公报》2009 年第 4 期

【审理法院】最高人民法院

【案件案号】(2008)民一终字第 122 号

【裁判日期】2008 年 12 月 23 日

【裁判要点】1. 根据《物权法》第 191 条、《担保法》第 49 条的规定,抵押期间抵押人转让抵押物,应当通知抵押权人并经抵押人权同意,否则转让行为无效。但《物权法》第 191 条以及最高人民法院《担保法司法解释》第 67 条还同时规定,未经通知或者未经抵押权人同意转让抵押物的,如受让方代为清偿债务消灭抵押权的,转让有效。即受让方通过行使涤除权涤除转让标的物上的抵押权负担的,转让行为有效。上述法律、司法解释的规定,旨在实现抵押权人、抵押人和受让人之间的利益平衡,即充分保障抵押权不受侵害,又不过分妨碍财产的自由流转。2. 根据《物权法》第 15 条的规定,当事人之间订立有关设立、变更、转让、消灭不动产物权的合同,除法律另有规定或者合同另有约定外,自合同成立时生效;未办理物权登记的,不影响合同的效力。该规定确定了不动产物权变动的原因与结果的区分原则。物权转让行为不能成就,并不必然导致物权转让合同无效。

典型案例 5

【案件主题】国有土地使用权被注销不影响转让合同的效力

四川省聚丰房地产开发有限责任公司与达州广播电视大学合资、合作开发房地产合同纠纷案

【案件来源】《最高人民法院公报》2014 年第 10 期

【审理法院】最高人民法院

【案件案号】(2013)民一终字第 18 号

【裁判日期】2013 年 5 月 28 日

【裁判要点】根据《物权法》的规定，不动产物权应当依不动产登记簿的内容确定，不动产权属证书只是权利人享有该不动产物权的证明。行政机关注销国有土地使用证但并未注销土地登记的，国有土地的使用权人仍然是土地登记档案中记载的权利人。国有土地使用权转让法律关系中的转让人以国有土地使用证被注销、其不再享有土地使用权为由主张解除合同的，人民法院不应支持。

第三节　实务操作指南

一、对合同效力的判断是重中之重

在司法实践中，一般市场主体对合同效力问题重视不够，主要原因有如下几个：

一是在经济交往中，大家合作之初都具备一定的合作基础，都是想把生意做起来，中国的传统文化，更重视商业伦理，对契约重视不够。

二是与欧美发达国家不同，在我国的经济活动中，法律专业人员参与少，法律意识不强，更相信商业道德，不仅小额合同法律专业人员参与不足，就是几千万元、上亿元的商业合同，法律专业人员的参与度也不够。党政机关及市场经济主体、公民在经济活动中，法律专业人员参与也很少。

三是法律专业人员业务能力素质也有待进一步提高。截至 2017 年年底，全国共有执业律师 36.5 万多人。律师总数在 10 人以下的律师事务所 1.7 万多家，占 61.8%；律师总数在 10 人（含）至 30 人的律师事务所 8900 多家，占 31.5%；律师总数在 30 人（含）至 50 人的律师事务所 1100 多家，占 4.1%；律师总数在 50 人（含）至 100 人的律师事务所 500 多家，占 1.8%；律师总数在 100 人（含）以上的律师事务所 200 多家，占 0.8%。从以上数据可知，我国律师事务所规模小，专业划分不细，专业化程度不高，尤其是除一线城市外，律师事务所与律师都是全能型的，很难应对社会专业化的分工。

四是司法裁判尺度不统一，影响了司法权威。《民法通则》《合同法》关于合同无效的规则，相对原则，细化程度不够，在司法实践中不易操作，导致裁决尺度不一。最高人民法院制定的《合同法司法解释（一）》和《合同法司法解释（二）》中关于合同效力的问题也作了一些细化规定，但在司法理论与司法实务中，也未形成共识，包括效力性强制性规范与管理性强制性规范的认定，在制定《民法总则》的过程中，未能以基本法的形式予以确认。

二、深入贯彻《物权法》确立的物权变动原因与结果相区分的原则

（一）立法过程

物权法是规范财产关系的民事基本法，调整因物的归属和利用而产生的民事法律关系，包括明确国家、集体、私人和其他权利人的物权以及对物权的保护。我国的《民法通则》《土

地管理法》《城市房地产管理法》《农村土地承包法》《担保法》等法律对物权作出了不少规定，这些规定对经济社会发展发挥了重要作用。①

新中国成立后直至改革开放，我国制定并实施的法律不多，主要依靠政策、规范性文件对经济生活进行管理，改革开放后制定了大量的法律、行政法规等，随着改革的深化，有必要依据宪法，在总结经验的基础上制定物权法，进一步明确物的归属，以定纷止争，发挥物的效用，保护权利人的物权，规范市场经济秩序，维护广大人民群众的切身利益。

《物权法》的起草工作始于 1993 年，2002 年 12 月第九届全国人大常委会对民法草案的物权法编进行了初次审议，2005 年 7 月将物权法草案向社会公布，2007 年 3 月通过了《物权法》，自 2007 年 10 月 1 日施行，共计 5 编、19 章、247 条。

自《物权法》施行以来，最高人民法院制定了三部相关司法解释：

《建筑物区分所有权司法解释》于 2009 年 3 月 23 日通过，自 2009 年 10 月 1 日起施行。

《物业服务司法解释》于 2009 年 4 月 20 日通过，自 2009 年 10 月 1 日起施行。

《物权法司法解释(一)》于 2015 年 12 月 10 日通过，自 2016 年 3 月 1 日起施行。

我国的物权法散见于各个部门法中，只到 2007 年才制定了《物权法》，一些重要的法律原则才得以以民事基本大法的形式予以确认，学习贯彻执行是一个渐进的过程，任重道远，既要改变以往的法律思维、惯性思维，更要树立新的法律理念。同时物权法通过后，由于许多规定原则性仍然较强，很多内容还需要最高人民法院作出相应的司法解释。

(二)物权法的不动产物权变动的原因与结果相区分原则的具体应用

我国《物权法》第 15 条确立了不动产物权变动的原因与结果相区分的法律原则，在司法实践中主要把握以下几点。

1. 关于不动产物权变动的基础关系即原因行为依据合同法予以判断，不能以不动产物权是否办理物权登记为判断标准。即不动产设立、变更、转让、赠与的合同，只要合同法规定为有效合同，或者效力待定合同，或者法律规定需要经过批准或登记才生效的合效，除此之外，合同成立即生效，不能因未办理物权变更登记，而确认合同无效。

2. 不动产物权的变动以登记为必要条件，不能认为只要基础关系即原因行为成立并生效，就必然发生不动产物权变动的法律后果。不动产设立、变更、赠与、转让等变动的基础行为属于合同之债，具有相对性，物权是绝对权，具有对世性，必须进行不动产的公示登记，如果未进行登记，债权人只享有请求交付和登记的权利，而未取得对物的排他的支配权。

3. 如果法律另有规定或当事人在合同中另有约定，只有进行物权登记的，不动产物权变动的基础关系即原因行为才生效，则依法律规定或合同约定。

4. 不以当事人意思表示为原因行为的物权变动，例如依事实行为或法律行为引起的物权变动，不适用物权变动的原因与结果相区分的原则。主要体现在《物权法》第 28 条、第 29 条、第 30 条、第 31 条。主要包括第 28 条规定的关于因生效法律文书和征收决定引起物权变动、第 29 条关于继承和受遗赠取得物权、第 30 条因事实行为发生物权变动、第 31 条是关于未经

---

① 参见王兆国：《2007 年 3 月 8 日在第三届全国人民代表大会第五次会议上"关于〈中华人民共和国物权法(草案)〉的说明"》。

登记取得的不动产物权进行处分的限制性规定。

三、依法划清行政管理行为与民事法律行为的界限

(一)立法的历史沿革

关于我国古代的法律体系问题,学术界一直存在争论,但毋庸置疑的是,刑事法和行政法在中国古代法律体系中处于举足轻重的地位,而民事法律相对来说比较落后。

首先,在中国古代,刑事法律在法律体系中占据重要地位。从奴隶制社会夏朝的"禹刑",西周的"九刑""吕刑"开始,就具有刑法的性质与特征。我们所熟知的《法经》《九章律》《魏律》《晋律》《北齐律》《开皇律》《唐律疏议》《宋刑统》《大明律》《大清律例》等分别是中国古代各个朝代的主要法典,其内容也是刑事性的。由此可知,刑事立法是中国古代重要的立法活动,几乎每一个朝代,都需要进行刑事立法,甚至将其法典化,同时刑事制裁也成为主要的制裁手段。

其次,以官制为核心的行政法系统庞大而完整。由于"行政权力支配社会",对国家及社会生活的各个领域、各个方面实行全面广泛的干预和管理,行政法在法律体系中具有国家"大经大法"(根本法)的特殊而重要的地位,因此中国古代的行政法的发达程度之高,为世界其他国家所无可比拟,甚至实现了法典化。自《周官》《汉官旧仪》至唐代出现第一部以官制为核心的行政法典——《唐六典》开始,中国古代行政法系统不断完善。直至清代,行政法律渊源更加规范,内容更加丰富。清承明制,以《会典》的形式规定国家机关的编制、职责、相互关系及所掌之政令等。统治者对《会典》极为重视,曾经先后5次予以修订,最终《光绪会典》成为清朝最完备的一部法典,也成为中国古代行政立法的集大成者。

最后,民事法律发展相对落后。由于我国古代长期实行小农经济,重农抑商,商品经济发展滞缓,礼、家族习惯、乡规民约在实际生活中对民事婚姻、继承等起着重要的调整作用,使民事法律没有良好的发展环境。在国家层面,民事法律规范多存在于令、敕、条例等其他形式的法律中,或是以单行法规的形式颁行,并没有像刑法和行政法一样完成法典化,直至清末西学东渐,《大清民律草案》才最终问世。

(二)依法划清行政管理的边界

1. 行政管理部门对房地产领域是全面、全流程的管理

房地产是一个社会最重要的财富之一,是国家重点监督管理的经济领域,也是国家宏观调控的重点,尤其是20世纪90年代以来,国家实行国有土地使用权出让制度,房地产市场实现了历史性跨越式发展,国家对房地产监管也是全面的、全流程的,包括国有土地上的房屋的征收、集体土地的征用、补偿、国有土地使用权出让、开发、立项、规划、房地产企业的资质审查、房地产项目的立项、规划、施工许可、验收、预售、销售、交付、产权办理、物业管理、房地产租赁、抵押、登记、经济适用房、集资房、农村宅基地、房地产税收,事无巨细,无所不包。

中国共产党十八届三中全会通过的《中共中央关于全面深化改革若干重大问题的决定》,对房地产领域产生了重要影响,如果建立城乡统一的房地产监管和交易制度、建立集体建设用地使用权在符合国家规定的前提下,与国有土地使用权同等入市、同权同价,取消部分行政

审批项目的权限等,均需要房地产管理部门、司法机关、法律工作者在实践的探索中,总结经验,予以回应。

2. 划清房地产行政管理中行政行为与民事行为的合理界限

国家为了保证房地产市场领域的健康有序发展,进而保证国民经济健康有序发展,在一级出让市场、二级转让市场、三级销售市场均实行严格的管控。一级市场包括集体所有土地的征用,国有土地上的房屋征收、动迁、收储、补偿、土地出让金的交纳,国有土地使用的审批与发证;二级市场包括国有土地使用权的开发进度、程度、国有土地使用权转让等环节。

首先,行政管理权不可越过行政管理的界限,过多地介入民事领域。我们在本书第一编中对于土地出让的性质问题,作了详细论述,目前在司法实务界基本取得共识,国有土地使用权出让合同属于民事合同,举重以明轻,国有土地使用权转让合同,属于民事合同,更应成为共识,尤其是对于与房地产相关的行政管理部门来说,更应如此,不能越过一级市场的管理权限边界,管理二级市场转让的行为,包括但不限于未按照法律、行政法规、规章的规定,交纳土地出让金、未按照出让合同的约定进行开发等。

其次,司法裁决应对行政管理行为与民事法律行为作出明确的界定。民事主体的行政违法行为不应成为民事法律行为有效或无效的唯一衡量标准,行政管理方面的违法行为由行政机关依法处理,不规范的行为由行政机关依法纠正,除非损害社会公共利益,或者违反了法律行政法规的效力性强制性规范,严重扰乱了房地产市场的经济秩序,否则不应对民事法律行为予以否定性评价。我们在本章中,选择的最高人民法院的5个典型案例,均体现了物权法确立的不动产物权变动原因与结果相区分的法律原则,对于各地法院具有相当强的指导作用,以便统一裁判尺度,树立司法权威,深入贯彻新发展理念,服务保障经济社会持续健康发展。

第四节　法律法规整合

一、《物权法》

第15条　当事人之间订立有关设立、变更、转让和消灭不动产物权的合同,除法律另有规定或者合同另有约定外,自合同成立时生效;未办理物权登记的,不影响合同效力。

第28条　因人民法院、仲裁委员会的法律文书或者人民政府的征收决定等,导致物权设立、变更、转让或者消灭的,自法律文书或者人民政府的征收决定等生效时发生效力。

第29条　因继承或者受遗赠取得物权的,自继承或者受遗赠开始时发生效力。

第30条　因合法建造、拆除房屋等事实行为设立或者消灭物权的,自事实行为成就时发生效力。

第31条　依照本法第二十八条至第三十条规定享有不动产物权的,处分该物权时,依照法律规定需要办理登记的,未经登记,不发生物权效力

二、《城市房地产管理法》

第38条　下列房地产,不得转让:

(一)以出让方式取得土地使用权的,不符合本法第三十九条规定的条件的;

(二)司法机关和行政机关依法裁定、决定查封或者以其他形式限制房地产权利的;

(三)依法收回土地使用权的;

(四)共有房地产,未经其他共有人书面同意的;

(五)权属有争议的;

(六)未依法登记领取权属证书的;

(七)法律、行政法规规定禁止转让的其他情形。

第39条 以出让方式取得土地使用权的,转让房地产时,应当符合下列条件:

(一)按照出让合同约定已经支付全部土地使用权出让金,并取得土地使用权证书;

(二)按照出让合同约定进行投资开发,属于房屋建设工程的,完成开发投资总额的百分之二十五以上,属于成片开发土地的,形成工业用地或者其他建设用地条件。

转让房地产时房屋已经建成的,还应当持有房屋所有权证书。

三、《国有土地使用权合同司法解释》

第7条 本解释所称的土地使用权转让合同,是指土地使用权人作为转让方将出让土地使用权转让于受让方,受让方支付价款的协议。

第8条 土地使用权人作为转让方与受让方订立土地使用权转让合同后,当事人一方以双方之间未办理土地使用权变更登记手续为由,请求确认合同无效的,不予支持。

第9条 转让方未取得出让土地使用权证书与受让方订立合同转让土地使用权,起诉前转让方已经取得出让土地使用权证书或者有批准权的人民政府同意转让的,应当认定合同有效。

四、《第八次全国法院民事商事审判工作会议(民事部分)纪要》

第13条 城市房地产管理法第三十九条第一款第二项规定并非效力性强制性规定,当事人仅以转让国有土地使用权未达到该项规定条件为由,请求确认转让合同无效的,不予支持。

第二章　一 地 数 转

【一级案由】合同、无因管理、不当得利纠纷

【二级案由】合同纠纷

【三级案由】建设用地使用权合同纠纷

【四级案由】建设用地使用权转让合同纠纷

第一节　法律要点详解

一地数转为一物数卖的一种形式，也是二重买卖，是指出卖人就同一宗土地订立数个转让合同，分别转让给数个受让方的行为。一地数转的情况在实践中时常发生。正如台湾地区学者王泽鉴先生所说，一物数卖，自古有之，在物价波动之际，最为常见，而此实多出于出卖人罔顾信用，图谋私利。①

对于一地数转的行为，法律最需要做的，就是明确数个转让合同的效力、土地使用权的最终归属、转让人的责任承担等方面的问题。本章将对上述问题作出解析。

一、一地数转买卖合同的效力及物权变动的效力问题

根据《合同法》第133条的规定，标的物的所有权自标的物交付时起转移，但法律另有规定或当事人另有约定的除外。另根据《城市房地产管理法》第60条、第61条及《城市房地产开发经营管理条例》等法律法规的规定，房屋所有权转移、变更应当办理登记。依此规定，动产买卖标的物所有权的转移以交付为准，不动产买卖标的物房屋的所有权转移以登记为准。

从理论上来讲，我国物权法变动模式采取的是债权形式主义的物权变动模式。此种模式的特点是：

一方面，区分债权变动与物权变动的法律事实基础，认为当事人之间生效的债权合同仅能引起债权变动的法律后果，即生效的债权合同结合交付或者登记手续的办理，方能发生物权变动的法律效果。

另一方面，它不认可在债权合同之外，独立存在有引起物权变动的物权合同。认为交付或者登记手续的办理只是事实行为。因此，在此模式下，在出卖人与买受人订立买卖合同后，

① 参见王泽鉴：《民法学说与判例研究》（第4册），中国政法大学出版社1998年版，第162页。

如果未向买受人交付标的物或者办理变更登记手续,标的物所有权就不能转移。此时,作为标的物所有权人的出卖人,就同一标的物与其他人订立的买卖合同均为有效合同。在出卖人将标的物交付于买受人或者办理登记手续后,买受人取得标的物所有权,成为所有权人,如出卖人就该标的物与他人签订买卖合同的就是出卖他人之物的无权处分行为。①

一地数转与一物数卖合同效力的内涵相同,即使转让人与买受人签订了土地使用权转让合同,在没有办理土地使用权变更登记手续的情况下,土地使用权人仍为转让人。

《合同法司法解释(二)》第15条规定:“出卖人就同一标的物订立多重买卖合同,合同均不属于合同法第五十二条规定的无效情形,买受人因不能按照合同约定取得标的物的所有权,请求追究出卖人的违约责任的,人民法院应予支持。”

二、土地使用权的归属情况及合同履行顺序

在存在数个有效土地转让合同下,最高人民法院《国有土地使用权合同司法解释》规定土地使用权的归属需分情况处理,即先登记 > 先合法占有投资开发 > 先付款 > 合同成立在先,具体处理方式如下。

1. 当土地受让方之一已经办理土地使用权变更登记手续,该受让方订立的土地使用权转让合同继续履行,土地使用权由该受让方取得。

这一原则的确立,是基于我国不动产物权的登记制度。我国《物权法》第145条规定:“建设用地使用权转让、互换、出资或者赠与的,应当向登记机构申请变更登记。”

《土地管理法》第12条规定:“土地的所有权和使用权登记,依照有关不动产登记的法律、行政法规执行。”

《城市房地产管理法》第60条、第61条规定,国家实行土地使用权和房屋所有权登记发证制度,房地产转让或者变更时,应当向县级以上地方人民政府房产管理部门申请房产变更登记,并凭变更后的房屋所有权证书向同级人民政府土地管理部门申请土地使用权变更登记,经同级人民政府土地管理部门核实,由同级人民政府更换或者更改土地使用权证书。

根据以上规定,土地所有权变更登记是最具公信力和法律效力的权属变更方式,在存在多个有效的所有权转让合同时,登记是具最优先效力的。

2. 在受让方均未办理土地使用权变更登记手续的情况下,受让方之一已经对土地进行合法的占有投资开发,转让方应当履行向该受让方办理土地使用权变更等合同义务,土地使用权由该受让方取得。

(1)合法占有

这一原则的确立是基于物权法上的占有制度。占有是主体对于物基于占有的意思进行的事实状态。② 其要件包括两点:第一,占有人对物形成一种实际上的控制;第二,主观上具有占有的意思。占有具有一种权利的推定力,即现实的占有人在无其他相反证据证明的情况下,可以推定其为权利人,因此,占有本身具有一种公信力。《国有土地使用权合同司法解释》

---

① 参见最高人民法院民事审判第一庭编著:《最高人民法院国有土地使用权合同纠纷司法解释的理解与适用》,人民法院出版社2015年版,第121页。

② 参见王利明:《物权法研究》,中国人民大学出版社2002年版,第635页。

参考了上述原理：如果数个土地受让方都未办理登记手续时，已经对土地进行合法占有投资开发的受让方实施了对土地的占有，如果这种占有是善意的、合法的，则其享有的土地使用权就是受法律保护的。

(2)投资开发

此处最早使用的措辞仅是“对土地实施占有”，但何为“对土地实施占有”意见不一，故增加了“投资开发”一词。如果受让方已经对土地本身进行投入，毫无疑问属于土地投资开发。但对土地进行施工前的准备工作，如工程设计、施工招标等工作或者只是对土地圈地划牢的占有，也应当认为是投资开发。对土地占有投资开发一方履行过户义务，可以保障土地交易安全，减少社会资源的浪费，减少诉累。①

3. 土地使用权的受让方均未办理使用权变更登记手续，又未合法占有投资开发，已经支付土地受让金的要求履行合同的，应得到支持，土地使用权由该受让方取得。

该条原则是根据民法理论中的公平原则确立的。支付转让款说明合同已经实际履行。如果在数个转让合同中，有两个以上受让方已经先行支付土地转让款，根据履行优先的原则处理。

需要注意的是，这里的土地转让款支付可以是全部支付，也可以是按照合同约定，部分支付。如果数个转让合同中，有两个以上的受让方已经先行支付土地转让款，根据先予履行优先的原则，先支付土地转让款的受让方合同继续履行，并由该受让方取得转让土地使用权。②

4. 在数个土地转让合同均未履行的情况下，依法成立在先的合同受让方订立的合同先予以履行。

这是根据诚实信用的原则确立的准则。诚实信用原则要求合同双方严格遵循道德规范，若土地使用权转让方在订立转让合同后，因为市场行情的变化，追求更大的利益，又与另一方订立了转让合同，则违反了诚实信用原则，先行订立的合同应该得到法律的保护，土地使用权由该受让方取得。

三、土地转让方的责任承担

根据《国有土地使用权合同司法解释》的规定，无法取得土地使用权的受让方可以请求解除合同，并要求出让人赔偿损失。法院对于其请求，应当按照《合同法》的有关规定处理。

1. 解除合同

根据《合同法》第94条的规定，合同解除的法定事由有5种：(1)因不可抗力致使不能实现合同目的；(2)在履行期限届满之前，当事人一方明确表示或者以自己的行为表明不履行主要债务；(3)当事人一方迟延履行主要债务，经催告后在合理期限内仍未履行；(4)当事人一方迟延履行债务或者有其他违约行为致使不能实现合同目的；(5)法律规定的其他情形。

在一地数转的情况下，无法取得土地使用权的受让方如符合第(4)项所述情形，则转让方

---

① 参见最高人民法院民事审判第一庭编著：《最高人民法院国有土地使用权合同纠纷司法解释的理解与适用》，人民法院出版社2015年版，第126页。

② 参见最高人民法院民事审判第一庭编著：《最高人民法院国有土地使用权合同纠纷司法解释的理解与适用》，人民法院出版社2015年版，第127页。

的一地数转行为构成根本违约,致使受让方的土地转让合同目的不能实现,因此受让方有权解除合同。

合同解除后,当事人之间的权利义务关系消灭。《合同法》第 97 条规定:"合同解除后,尚未履行的,终止履行;已经履行的,根据履行情况和合同性质,当事人可以要求恢复原状、采取其他补救措施,并有权要求赔偿损失。"由于土地转让合同为非继续性合同,应当具有溯及力,因此在一地数转的司法实践中,恢复原状(返还已付转让款及利息)成为土地转让合同解除后的常见和主要的责任形式。

2. 赔偿损失

赔偿损失,是指违约方以支付金钱的方式弥补受害方所减少的财产或者所丧失的利益,包括所受损失和可得利益。具体包括恢复原状发生的损害,因订立、履行合同或返还财产等实际支出的费用。

但需注意,合同赔偿不包括可得利益损失。根据《合同法》第 113 条的规定,可得利益是在合同完全履行的情况下才产生的,只是当事人一方不履行合同义务和履行不符合约定,相对方请求违约方履行时应当承担的赔偿责任。可得利益的取得是以合同双方继续履行为前提的。在合同解除的情况下,表明守约当事人不愿意履行合同,放弃了可得利益,因此,合同赔偿范围不包括可得利益在内。

第二节 权威案例指导

典型案例 1

【案件主题】"一地数转"合同效力的认定标准

长沙金霞开发建设有限公司与长沙市交通运输局建设用地使用权纠纷二审上诉纠纷案

【案件来源】最高人民法院

【审理法院】最高人民法院

【案件案号】(2015)民一终字第 163 号

【裁判日期】2015 年 12 月 18 日

【裁判要点】土地使用权人作为转让方就同一出让土地使用权订立数个转让合同,在转让合同有效的情况下,均未办理土地使用权变更登记手续。先行合法占有投资开发土地的受让方优先取得土地,并可向法院请求转让方履行土地使用权变更登记等合同义务。

典型案例 2

东莞市利成电子实业有限公司、河源市源城区宝源房地产发展有限公司与东莞市晶隆实业发展有限公司、东莞市大岭山镇房地产开发公司、东莞市大岭山镇颜屋村村民委员会及麦某新、蔡某红项目转让合同纠纷再审民事判决书

【案件来源】最高人民法院

【审理法院】最高人民法院

【案件案号】最高人民法院(2012)民提字第 122 号

【裁判日期】2013 年 10 月 31 日

【裁判要点】一地数转,受让方已经支付了涉案土地使用权的部分转让价款并进行开发建设,涉案标的物不动产已发生了重大变化。根据《物权法》占有制度的立法目的,在占有人有权占有的情况下,为保持和维护现有物的事实秩序和法律秩序,事实上已造成后签订的土地使用权转让合同的履行不能。没有取得土地使用权的受让方依法可以请求解除合同、赔偿损失。

典型案例 3

河北冀丰房地产开发有限公司与石家庄市金之源化工有限公司建设用地使用权纠纷申请再审民事裁定书

【案件来源】最高人民法院

【审理法院】最高人民法院

【案件案号】最高人民法院(2016)最高法民申 1325 号

【裁判日期】2016 年 8 月 2 日

【裁判要点】一地数卖,受让方均未办理过户手续,也未合法占有投资开发土地,先支付土地转让款的受让方优先受让土地。仅在土地上存放物资不能证明实际占有土地。

第三节 实务操作指南

一、签订合同前，确保权属清晰

土地购买者在签订土地转让合同前，应尽审慎的注意义务，可前往不动产登记机构（或网站）查询土地的权属主体、查封、抵押等情况，以确保土地权属清晰，不存在妨碍土地转让的事实。

二、签订合同时，确定违约责任

土地转让合同中可约定转让方协助办理过户登记手续的时限及相应的违约责任，以督促转让方积极配合办理相关手续。若发生一地数转的情况，未能取得土地使用权的受让方仍可以根据《合同法》相关规定请求转让方承担违约责任并赔偿损失，最大限度地减少自身的损失，防患于未然。

此处需要注意，《商品房买卖合同司法解释》第 8 条对于“一房数卖”行为规定了出卖方的惩罚性损害赔偿责任，即无法取得房屋的买受人除了可以请求解除合同、返还已付购房款及利息、赔偿损失外，还可以请求出卖人承担不超过已付购房款一倍的赔偿责任。这是司法解释明确的惩罚性损害赔偿责任，即便合同中没有约定违约责任，当事人的利益也能得到保护。

但是目前对于“一地数转”没有法定的惩罚性赔偿规定，所以受让方若想更全面地保护自身利益，提高转让方一地数转的违约成本，可以在合同中约定惩罚性违约金。惩罚性违约金的特点有两个：一是可以与其他任何违约责任并用；二是需明确约定为惩罚性违约金，否则会被认定为补偿性违约金。另外，惩罚性违约金并非没有限度，《合同法司法解释（二）》第 29 条规定：“当事人主张约定的违约金过高请求予以适当减少的，人民法院应当以实际损失为基础，兼顾合同的履行情况、当事人的过错程度以及预期利益等综合因素，根据公平原则和诚实信用原则予以衡量，并作出裁决。当事人约定的违约金超过造成损失的百分之三十的，一般可以认定为合同法第一百一十四条第二款规定的‘过分高于造成的损失’。”

三、签订合同后，办理转让手续

土地购买者在签订土地转让合同后，要及时办理过户手续。如遇客观原因暂时不能办理变更登记手续，土地购买者也要先行请求转让方交付土地，并实际占有投资开发该土地，以便出现一地数转的情形时能优先取得土地。

但应当注意，受让方必须在“占有”的基础上还进行了“投资开发”，如果仅仅是作为仓库来储存货物，则不能构成《国有土地使用权合同司法解释》第 10 条第 2 项所述情形。

第四节　法律法规整合

一、《国有土地使用权合同司法解释》

第10条　土地使用权人作为转让方就同一出让土地使用权订立数个转让合同，在转让合同有效的情况下，受让方均要求履行合同的，按照以下情形分别处理：

（一）已经办理土地使用权变更登记手续的受让方，请求转让方履行交付土地等合同义务的，应予支持；

（二）均未办理土地使用权变更登记手续，已先行合法占有投资开发土地的受让方请求转让方履行土地使用权变更登记等合同义务的，应予支持；

（三）均未办理土地使用权变更登记手续，又未合法占有投资开发土地，先行支付土地转让款的受让方请求转让方履行交付土地和办理土地使用权变更登记等合同义务的，应予支持；

（四）合同均未履行，依法成立在先的合同受让方请求履行合同的，应予支持。

未能取得土地使用权的受让方请求解除合同、赔偿损失的，按照《中华人民共和国合同法》的有关规定处理。

二、《物权法》

第9条　不动产物权的设立、变更、转让和消灭，经依法登记，发生效力；未经登记，不发生效力，但法律另有规定的除外。

依法属于国家所有的自然资源，所有权可以不登记。

三、《城市房地产管理法》

第60条　国家实行土地使用权和房屋所有权登记发证制度。

第61条第3款　房地产转让或者变更时，应当向县级以上地方人民政府房产管理部门申请房产变更登记，并凭变更后的房屋所有权证书向同级人民政府土地管理部门申请土地使用权变更登记，经同级人民政府土地管理部门核实，由同级人民政府更换或者更改土地使用权证书。

第4款　法律另有规定的，依照有关法律的规定办理。

四、《合同法》

第97条　合同解除后，尚未履行的，终止履行；已经履行的，根据履行情况和合同性质，当事人可以要求恢复原状、采取其他补救措施，并有权要求赔偿损失。

第三章　划拨国有土地使用权转让纠纷

【一级案由】合同、无因管理、不当得利纠纷
【二级案由】合同纠纷
【三级案由】建设用地使用权合同纠纷
【四级案由】建设用地使用权转让合同纠纷

第一节　法律要点详解

一、法律背景

改革开放以前，我国实行的是计划经济，全民所有制、集体所有制占绝大多数，1993 年召开的中共中央十届三中全会将市场经济写入会议公报，提出从长期实行的计划经济体制，向社会主义市场经济体制过渡，把社会主义市场经济体制同社会主义基本制度结合在一起，是一项前无古人的开创性事业，是我国社会主义发展史上一次具有深远意义的战略性转移。

十四届三中全会提出了建立现代企业制度，这是发展社会化大生产和市场经济的必然要求，是我国国有企业改革的方向。

1993 年 12 月 29 日第八届全国人民代表大会常务委员会第五次会议通过了《公司法》，自此开始，市场经济背景下的现代企业制度的表现形式——公司，如雨后春笋一般，在中华大地上蓬勃发展，近年来，已经走出国门，在国际经济舞台大放异彩。

二、我国城市国有土地使用制度的沿革

1949 年 10 月 1 日中华人民共和国成立，1954 年我国完成了社会主义改造，通过对官僚资本的没收以及对私营民族资本的社会主义改造，建立了社会主义制度。至 1956 年，在"在国民收入中，全民所有制经济的比重由 19.1% 上升为 32.2%，集体所有制经济由 1.5% 上升到 53.4%，公私合营经济由 0.7% 上升至 7.3%，私营经济由 6.9% 下降到 0.1% 以下，个体经济由 71.8% 下降到 7.1%，前三种公有制已达到了 92.9%"。①

从社会主义改造完成至 1980 年开始国有土地使用制度改革，这一阶段，用地单位按照国家计划统一编制的建设项目，由国家以行政调拨的方式获得，无须支付任何地价、地租或土地

① 董辅礽主编：《中华人民共和国经济史》（上卷），经济科学出版社 1999 年版，第 199 页。

使用费用，可以无偿、无期限的使用，而且行政划拨是取得土地使用权的唯一方式与途径。具有取得的法定性、取得的无偿性、使用的无期限性、权利的受限制性等特点。

1980 年“全国城市工作会议”召开，我国对传统国有土地使用制度进行了改革，按照从无偿使用到有偿使用、行政划拨向市场出让的思路进行转变。并于 1982 年在深圳特区进行试点，向不同等级的城市土地使用者收取标准不同的土地使用费，其实质是城市地租。1983 年，抚顺市也制定了《抚顺市征收土地费暂行办法》，两者走出了我国城市土地使用改革的第一步。随后，广州、上海等城市也先后推行收取土地使用费的做法，到 1988 年年初全国已有 1500 多个城市开始征收城市土地使用费。此时，收取土地使用费的目的已由单纯开辟固定的城市建设资金渠道，实现城市国有土地所有权的经济价值，逐渐转变到理顺国家和土地使用者在城市土地上的权属关系。

1987 年下半年深圳特区又在全国率先进行土地使用权有偿转让的试点。1988 年《宪法》修正案第 2 条规定：“任何组织或者个人不得侵占、买卖或者以其他形式非法转让土地。土地的使用权可以依照法律的规定转让。”增加了“土地的使用权可以依照法律的规定转让”。这就为我国的土地使用权制度的改革确立了宪法依据。

1988 年 9 月国务院颁行了《城镇土地使用税暂行条例》，对在城市、县城建制镇、工矿区范围内使用土地的单位和个人征收土地使用税，1989 年财政部在国有企业推行第二部利改税，并开始设计统一开征“土地使用税”。

三、关于划拨土地进入市场交易的立法

《土地管理法》于 1986 年 6 月 25 日通过，1987 年 1 月 1 日实施。此后，该法又经过了三次修改。

1988 年 12 月 29 日，第七届全国人大常委会第五次会议根据宪法修正案对《土地管理法》做了相应的修改，规定：“国有土地和集体所有土地使用权可以依法转让；国家依法实行国有土地有偿使用制度。”这些规定为国有土地进入市场奠定了法律基础。为适应市场经济体制下严格保护耕地的需要，1998 年 8 月 29 日第九届全国人民代表大会常务委员会第四次会议对《土地管理法》进行了全面修订，明确规定：“国家依法实行国有土地有偿使用制度。建设单位使用国有土地，应当以有偿使用方式取得。”修订后的该法于 1999 年 1 月 1 日正式施行。

《土地管理法》第 54 条规定：“建设单位使用国有土地，应当以出让等有偿使用方式取得；但是，下列建设用地，经县级以上人民政府依法批准，可以以划拨方式取得：（一）国家机关用地和军事用地；（二）城市基础设施用地和公益事业用地；（三）国家重点扶持的能源、交通、水利等基础设施用地；（四）法律、行政法规规定的其他用地。”

1990 年国务院颁布了具有历史意义的《城镇国有土地使用权出让和转让暂行条例》，规定划拨土地作为商品可以进入市场流通。其中第 43 条规定：“划拨土地使用权是指土地使用者通过各种方式依法无偿取得的土地使用权。前款土地使用者应当依照《中华人民共和国城镇土地使用税暂行条例》的规定缴纳土地使用税。”第 44 条规定：“划拨土地使用权，除本条例第四十五条规定的情况外，不得转让、出租、抵押。”第 45 条规定：“符合下列条件的，经市、县人民政府土地管理部门和房产管理部门批准，其划拨土地使用权和地上建筑物、其他附着物所有权可以转让、出租、抵押：（一）土地使用者为公司、企业、其他经济组织和个人；（二）领有

国有土地使用证;(三)具有地上建筑物、其他附着物合法的产权证明;(四)依照本条例第二章的规定签订土地使用权出让合同,向当地市、县人民政府补交土地使用权出让金或者以转让、出租、抵押所获收益抵交土地使用权出让金。转让、出租、抵押前款划拨土地使用权的,分别依照本条例第三章、第四章和第五章的规定办理。"

《城市房地产管理法》第40条规定:"以划拨方式取得土地使用权的,转让房地产时,应当按照国务院规定,报有批准权的人民政府审批。有批准权的人民政府准予转让的,应当由受让方办理土地使用权出让手续,并依照国家有关规定缴纳土地使用权出让金。以划拨方式取得土地使用权的,转让房地产报批时,有批准权的人民政府按照国务院规定决定可以不办理土地使用权出让手续的,转让方应当按照国务院规定将转让房地产所获收益中的土地收益上缴国家或者作其他处理。"

四、转让划拨土地使用权合同的效力

(一)未经有批准权的人民政府批准的,转让划拨土地使用权的合同无效

对于此问题,学术界曾有争论,在2005年制定《国有土地使用权合同司法解释》的过程中,有一种意见认为,《城市房地产管理法》规定划拨土地使用权转让"应当"报有批准权的人民政府审批,而不是"必须",因此不属于效力性强制性规范,对于未经有批准权的人民政府批准的,不应当认定合同无效。最高人民法院在制定司法解释的过程中,未采用该观点,而是采用的无效的观点。对于《城市房地产管理法》中的"应当"是否属于国家法律的强制性规定,学术界尚有争论,实务界也有不同认识。但作为国务院行政法规的《城镇国有土地使用权出让和转让暂行条例》第44条、第45条却明确规定,未经市、县人民政府批准的划拨土地使用权用不得转让。此规定属于国家法律强制性规定,违反此规定,应当认定合同无效。①

(二)效力补正的期限和条件

《城镇国有土地使用权出让和转让暂行条例》第45条规定,划拨土地使用权人先办理出让手续,再转让划拨用地,实质上此时转让已经不是划拨,而是出让用地使用权,根本不存在违反强制性规定无效的问题。在实践中,此种情况很少,不具有普遍性。主要原因有:一是我国土地使用权有偿使用与无偿使用制度仍将长期并存,有利于保证公共需要;二是大量的存量划拨用地,如果不能有效盘活,对社会资源是极大的浪费;三是划拨用地使用权人普遍缺乏资金,财政资金投入不足,"先交出让金再入市场"没有现实的可操作性;四是如果一概认定无效,对于目前广泛存在"土地隐形市场"不能起到有效的遏制作用,划拨用地使用权人也会纷纷将土地投入经营,更不利于稳定经济秩序。

合同的效力补正分为无效合同的效力补正和效力待定合同的效力补正。无效合同的效力补正是指当事人对无效合同的违法性予以消除,使其合法,划拨国有土地使用权转让合同的效力补正属于对无效合同的效力补正。

---

① 参见最高人民法院民事审判一庭:《最高人民法院国有土地使用权合同纠纷司法解释的理解与适用》,人民法院出版社2015年版,第138页。

最高人民法院《国有土地使用权合同司法解释》第11条规定："土地使用权人未经有批准权的人民政府批准，与受让方订立合同转让划拨土地使用权的，应当认定合同无效。但起诉前经有批准权的人民政府批准办理土地使用权出让手续的，应当认定合同有效。"

最高人民法院在制定司法解释的过程中关于效力的补正采取了严格的标准，没有采取《关于审理房地产管理法实施前房地产开发经营案件若干问题的解答》中提出的将合同效力补正确定在一审诉讼期间，也未采用最高人民法院《合同法司法解释（一）》第9条规定的将经批准生效的期限限定在一审法庭辩论终结前。最高人民法院认为，无论将效力的补正限定在一审整体诉讼期间，还是一审法庭辩论终结前，都将使法律关系处于不确定状态中，有损司法权威，同时还会存在个别法官故意拖延时间，给当事人创造时间，是很不严肃的事情，因此参照最高人民法院《商品房买卖合同司法解释》的规定，将当事人取得政府批准和办理出让手续的时间，限定在起诉前，这一规定更严格，可使诉讼时法律关系稳定，增加了诉讼的可预测性。

（三）划拨土地使用权出让方未交纳土地出让金的，不影响转让合同的效力

《城镇国有土地使用权出让和转让暂行条例》第45条规定，划拨土地使用权转让的条件包括：一是经有批准权的人民政府的土地管理部门和房地产管理部门批准；二是领有国有土地使用证；三是交纳土地出让金。

《国有土地使用权合同司法解释》第11条只规定了前两个条件，没有规定交纳土地出让金的问题，这是最高人民法院采取物权变动的原因与结果行为相区分的原则，交纳土地出让金属于出让合同的履行问题，划拨土地使用权人未交纳土地出让金的，由政府主管部门追究其违约责任，不影响转让合同的效力。

（四）有权批准划拨土地使用权转让的部门

根据《城镇国有土地使用权出让和转让暂行条例》第45条、《划拨土地使用权管理暂行办法》第5条的规定，有批准的人民政府是市、县人民政府的土地管理部门，设有区的市，其批准仍然是市级主管部门，区的主管部门没有审批权限。

五、划拨用地使用权转让合同的受让人直接办理出让手续，土地使用权人与受让人签订的合同按照补偿合同处理

（一）现实背景

大量存量划拨用地进入市场交易是不争的事实，也有利于资源的利用。根据《城镇国有土地使用权出让和转让暂行条例》第45条的规定，划拨用地使用权人需要办理出让手续，交纳土地出让金，再与受让方签订转让合同，手续繁杂，而且要缴纳大量的税费，导致实务中很少有划拨用地使用权转让的行为发生。基于实务需要，《城市房地产管理法》直接规定由受让方办理土地使用权出让手续。该法第40条规定："以划拨方式取得土地使用权的，转让房地产时，应当按照国务院规定，报有批准权的人民政府审批。有批准权的人民政府准予转让的，应当由受让方办理土地使用权出让手续，并依照国家有关规定缴纳土地使用权出让金。"

(二)划拨国有土地使用权转让合同转变为补偿合同

划拨国有土地使用权的受让方直接办理出让手续后,原有划拨土地使用权法律关系消灭,产生新的出让国有土地使用权关系,原来转让人与受让的关系,变成了政府、转让人、受让人的三方关系。

关于转让合同的性质如何认定问题,最高人民法院《国有土地使用权合同司法解释》第12条将该类合同界定为补偿合同,符合客观实际,主要有以下理由。

1.《城市房地产管理法》第40条已经确认了上述法律行为的有效性。

2.对于原划拨土地使用权的补偿主体由政府变为了受让人。虽然划拨用地的使用权是无偿取得土地,但取得划拨用地的时候,也需要依法向地方政府缴纳一定的安置、补偿费用,才能使用土地,并且一般情况下,土地使用者还会有一定的投入,政府收回划拨用土地使用权时,应当给予一定的补偿,划拨土地使用权人与受让人签订合同,约定的转让款,可以视为政府对划拨用地使用权人的补偿,只是主体由政府变为了受让方,受让方也正是基于与划拨用地使用权人签订土地转让合同,才能取得土地使用权,对于原划拨土地使用权人让出土地受到的不当利益,由受让人补偿符合法律规定和事实公平。

3.由转让合同转化为补偿合同,符合当事人的意思表示。原划拨土地使用权人转让划拨用地是为了获得利益,受让人受让划拨用地也是为了获得利益,由于划拨用地使用权未经批准不得转让,否则合同无效,在经过有批准权的人民政府批准直接由受让方办理出让手续的,可以避免大量无效合同的出现,促使当事人有效地利用土地资源,实现各方当事人的合同目的。

4.符合无效合同效力补正的法理。

(三)要综合考虑并确定合同效力

需要强调的是,虽然《国有土地使用权合同司法解释》将转让合同界定为补偿合同,但并不意味着所有的合同都有效,对于补偿哪些内容,司法解释未予以规定,具体适用时需要考虑当事人是否对土地进行开发、有无炒卖土地、补偿的内容是否合法等因素综合判断,根据《合同法》及相关法律,对合同效力作出具体认定。

(四)转让的划拨用地使用权与房屋及其他附着物的关系

我国没有关于土地与房屋是主从物关系还是独立关系的规定,在我国土地属于国家或集体所有,房屋可以由公民拥有所有权,由此可见二者又是相分离的。为了避免房地不一致给房屋所有权人带来的缺陷,我国规定了严格的房地一体的原则。《城镇国有土地使用权出让和转让暂行条例》第24条规定:"地上建筑物、其他附着物的所有人或者共有人,享有该建筑物、附着物使用范围内的土地使用权。土地使用者转让地上建筑物、其他附着物所有权时,其使用范围内的土地使用权随之转让,但地上建筑物、其他附着物作为动产转让的除外。"

由于我国建筑物和土地使用不可分,我国确立了土地使用权与房屋及其他附着物一体转让的原则,即"房随地走""地随房走"。《城镇国有土地使用权出让和转让暂行条例》第23条规定:"土地使用权转让时,其地上建筑物、其他附着物所有权随之转让。"《城市房地产管理法》第 32 条规定："房地产转让、抵押时，房屋的所有权和该房屋占用范围内的土地使用权同时转让、抵押。"上述两项规定的不同之处在于，转让房产按照房屋转让的法律规定处理，转让土地按照土地的相关规定处理。

基于以上认识，补偿合同的补偿内容包括两个方面：一是对于原划拨土地使用权人失去划拨用地的不利益的补偿；二是房屋及其他附着物的补偿。即不能片面地理解为只是对房屋及其他附着物的补偿，而忽视对土地使用权的补偿。

六、有批准权的人民政府将划拨国有土地直接划拨给受让人的，国有土地使用权转让合同按照补偿合同处理

（一）法律依据

本点的处理思路是国有土地使用权转让和出让司法解释确定的处理思路，其法律依据是《城市房地产管理法》第 40 条第 2 款的规定："以划拨方式取得土地使用权的，转让房地产报批时，有批准权的人民政府按照国务院的规定决定可以不办理土地使用权出让手续的，转让方应当按照国务院的规定将转让房地产所获收益中的土地收益上缴国家或作其他处理。"

《城市房地产转让管理规定》第 12 条规定："以划拨方式取得土地使用权的，转让房地产时，属于下列情形之一的，经有批准权的人民政府批准，可以不办理土地使用权出让手续，但应当将转让房地产所获收益中的土地收益上缴国家或者作其他处理。土地收益的缴纳和处理的办法按照国务院规定办理。（一）经城市规划行政主管部门批准，转让的土地用于建设《中华人民共和国城市房地产管理法》第二十三条规定的项目的；（二）私有住宅转让后仍用于居住的；（三）按照国务院住房制度改革有关规定出售公有住宅的；（四）同一宗土地上部分房屋转让而土地使用权不可分割转让的；（五）转让的房地产暂时难以确定土地使用权出让用途、年限和其他条件的；（六）根据城市规划土地使用权不宜出让的；（七）县级以上人民政府规定暂时无法或不需要采取土地使用权出让方式的其他情形。依照前款规定缴纳土地收益或作其他处理的，应当在房地产转让合同中注明。"

（二）国有土地使用权转让合同转化为补偿合同

在司法实务中，国家对于划拨土地使用权的转让有严格的限制，必须经有批准权的人民政府主管部门审批同意，否则合同无效。但操作层面，一概无效也不利于经济秩序的稳定，不利于土地资源的有效利用，也不能遏制大量存在的划拨国有土地的交易行为。因此采取务实的政策，即允许对合同效力予以补正，在起诉前经有批准权的人民政府审批同意的，合同有效，并且有两种处理路径：一是直接由转让方即原国有划拨用地使用权人办理出让手续；二是由人民政府主管部门直接与受让方签订国有土地使用权出让合同，划拨国有土地使用权转让合同转化为补偿合同。

现实生活中，由转让方办理国有土地使用权出让手续的情况很少发生，而由受让人办理出让手续的情况却大量存在，其免去了烦琐手续，更有利于发挥土地的效用。

按照相同的路径和思路，如果受让人符合划拨用地的资格，有批准权的人民政府直接将划拨用地给受让人使用的，受让人从中获益，原国有土地使用权人与受让人的两方关系变为

包括政府在内的三方关系。同理,原国有划拨土地使用权人获得划拨用地也支付了包括安置、动迁费用在内的一定费用,同时在土地上也会有一定投入,包括但不限于房屋及其他附着物等,土地有升值。政府无偿收回后,也应当给予一定的补偿,只是在此情况下,补偿主体由政府变为新的国有划拨土地使用人。正因为原国有划拨用地使用权人的转让行为,才获得土地,其补偿原国有划拨用地使用权人合理合法。

(三)补偿价格的合理性如何判断

对于这个问题需要综合考虑,不仅要考虑原国有划拨用地使用权人的国有土地被收回的不当利益,还要考虑对土地的投入、开发、改造等因素,更要考虑职工安置、异地安置等因素,不能仅从对房屋及其他附着物的补偿角度来看。

(四)此类合同是否全部有效

笔者认为,法院对于此类合同,不能一概认为有效,还要根据《合同法》《民法总则》中关于合同效力的规定进行判断,综合考虑合同签订的目的、社会效益,是否损害国家、集体、第三人利益,是否违反国家法律、行政法规的强制性规定,是否根本地违反国家政策,是否有以合法形式掩盖非法目的的情形,能动司法,达到社会效果与法律效果相统一,保证社会主义市场经济健康有序发展。

(五)关于土地收益是否上交的问题

首先,需要明确的是,此类问题不是人民法院主管案件的范围,应由政府主管部门决定;其次,依据《城市房地产管理法》第 40 条第 2 款的规定,转让方应当按照国务院规定将转让房地产所获收益上缴国家,我国实行房地一体,即“房随地走”“地随房走”的原则,因此转让房屋与土地的收益往往混合在一起,同时,转让土地的收益也应当上缴国家,但应当扣除原划拨土地使用权人前期支出的成本;最后,依据法律规定,转让房地产所获收益,有批准权的人民政府也可以“作其他处理”,这是行政权的范畴,司法权不应介入,政府会考虑原划拨用地使用人的前期投入、异地安置、职工安置、设备搬迁、停产损失等因素,决定转让房地产所获收益具体如何处理。

七、关于国有企业改革中划拨土地使用权的处理

我国国有企业使用土地都是划拨地,随着改革的进一步深入,混合所有制大量出现,对于国有企业与民营企业、外资企业合资的过程中,如何处置大量存在的划拨用地,政策和法律层面均作出了规定。

《股份制试点企业土地资产管理暂行规定》在 1992 年 7 月 9 日由原国家土地管理局、国家体改委颁布。第 3 条规定:“通过出让方式取得国有土地使用权的土地资产与股东单位其他资产一并入股。土地使用权由改组或新设后的股份制企业持有。(一)土地资产入股期限为土地使用权出让年期减去原股东单位以出让方式获取土地使用权后已使用的年期;(二)在土地使用权出让期限内,持有土地使用权的股份制企业须承担土地使用权出让合同和土地登记文件所载明的权利和义务;(三)在土地使用权出让期内,持有土地使用权的股份制企业应

依法缴纳土地税费；(四)土地使用权出让期届满，股份制企业须到土地管理部门依法办理土地使用权注销登记手续，土地使用权由国家依法收回；股份制企业如需续期使用土地，应重新向原土地管理部门申请办理出让手续，支付土地使用权出让金，并办理土地登记手续。”其中第4条规定：“以划拨方式取得国有土地使用权的股份制企业，在补办土地使用权出让手续、补交出让金、进行土地登记后，土地使用权由股份制企业所持有。其他要求按本《规定》第三条办理。”

《国有企业改革中划拨土地使用权管理暂行规定》于1998年2月11日原国家土地管理局局长办公会议审议通过，自1998年3月1日起施行。其中第3条规定：“国有企业使用的划拨土地使用权，应当依法逐步实行有偿使用制度。对国有企业改革中涉及的划拨土地使用权，根据企业改革的不同形式和具体情况，可分别采取国有土地使用权出让、国有土地租赁、国家以土地使用权作价出资(入股)和保留划拨用地方式予以处置。本规定所称国有土地租赁，是指土地使用者与县级以上人民政府土地管理部门签订一定年期的土地租赁合同，并支付租金的行为。土地租赁合同经出租方同意后可以转让，改变原合同规定的使用条件，应当重新签订土地租赁合同。签订土地租赁合同和转让土地租赁合同应当办理土地登记和变更登记手续。租赁土地上的房屋等建筑物、构筑物可以依法抵押，抵押权实现时，土地租赁合同同时转让。本规定所称国家以土地使用权作价出资(入股)，是指国家以一定年期的国有土地使用权作价，作为出资投入改组后的新设企业，该土地使用权由新设企业持有，可以依照土地管理法律、法规关于出让土地使用权的规定转让、出租、抵押。土地使用权作价出资(入股)形成的国家股股权，按照国有资产投资主体由有批准权的人民政府土地管理部门委托有资格的国有股权持股单位统一持有。”

《国土资源部关于加强土地资产管理促进国有企业改革和发展的若干意见》(国土资发〔1999〕433号)第2条规定：“国有企业改革时，经土地行政主管部门批准，可根据行业、企业类型和改革的需要，采用不同的土地资产处置方式和管理政策。(一)在涉及国家安全的领域和对国家长期发展具有战略意义的高新技术开发领域，国有企业可继续以划拨方式使用土地。(二)对于自然垄断的行业、提供重要公共产品和服务的行业，以及支柱产业和高新技术产业中的重要骨干企业，根据企业改革和发展的需要，主要采用授权经营和国家作价出资(入股)方式配置土地，国家以作价转为国家资本金或股本金的方式，向集团公司或企业注入土地资产。(三)对于一般竞争性行业，应坚持以出让、租赁等方式配置土地。非国有资本购买、兼并、参股原国有企业时，可将企业原划拨土地评估作价后同其他国有资产一并转为国有股，逐步通过股权转让变现；也可分割出与企业净负债额相当的土地转为出让土地，参与企业整体拍卖和兼并，剩余土地，购买方或兼并方有优先受让权和承租权。(四)对承担国家计划内重点技术改造项目的国有企业，原划拨土地可继续以划拨方式使用，也可以作价出资(入股)方式向企业注入土地资产。对其他采用成熟技术进行产品更新和技术改造的国有企业，可将原使用的划拨土地按出让方式处置，土地收益可作为应付账款暂留企业，全额用于技术改造，并参照技改贷款方式进行管理。……”

八、关于政策性的优惠住房占用的划拨土地使用权的处置问题

政策性优惠购房是指原分配的公有住房分配、经济适用房及单位集资房适用经济适用房

的相关规定。最近几年国家又推出廉租房,但廉租房不允许转让,不存在划拨用地使用权处置的问题。我国住房的改革方向是逐步取消分配制度,向市场化、商品化发展。

《国务院关于深化城镇住房制度改革的决定》(国发〔1994〕43号)第21条规定:"明确产权。职工以市场价购买的住房,产权归个人所有,可以依法进入市场,按规定交纳有关税费后,收入归个人所有。职工以成本价购买的住房,产权归个人所有,一般住用5年后可以依法进入市场,在补交土地使用权出让金或所含土地收益和按规定交纳有关税费后,收入归个人所有。职工以标准价购买的住房,拥有部分产权,即占有权、使用权、有限的收益权和处分权,可以继承。产权比例按售房当年标准价占成本价的比重确定。职工以标准价购买的住房,一般住用5年后方可依法进入市场,在同等条件下,原售房单位有优先购买、租用权,原售房单位已撤销的,当地人民政府房产管理部门有优先购买、租用权。售、租房收入在补交土地使用权出让金或所含土地收益和按规定交纳有关税费后,单位和个人按各自的产权比例进行分配。"

《关于已购公有住房和经济适用房上市出售中有关土地问题的通知》中,也没有关于划拨用地如何处置的规定。

根据现实需要,国家应对此作出系统规定。

第二节　权威案例指导

典型案例1

【案件主题】有批准权的人民政府没有为受让人办理划拨土地使用权手续的,不能将转让合同认定为补偿合同。

河北骁阳房地产开发有限公司与石家庄华通物流有限责任公司土地使用权转让合同纠纷再审申请案

【案件来源】最高人民法院案例

【审理法院】最高人民法院

【案件案号】(2013)民申字第1108号

【裁判日期】2013年9月29日

【裁判要点】1.转让国有划拨用地使用权应当经有批准权的人民政府批准,未经批准的,转让合同无效;2.国有划拨土地使用权转让合同签订后,有批准权的人民政府没有为受让人办理划拨土地使用权手续的,该转让合同不能适用最高人民法院《国有土地使用权合同司法解释》第13条认定合同有效,不能将转让合同认定为补偿合同。

典型案例 2

【案件主题】如何认定转让划拨国有土地使用权

广西光明化工有限责任公司管理人建设用地使用权纠纷再审案

【案件来源】最高人民法院案例

【审理法院】最高人民法院

【案件案号】(2016)最高法民再 442 号

【裁判日期】2016 年 12 月 27 日

【裁判要点】涉案土地交易的拍卖、签约、履约等事实已形成完整的证据链,足以证明涉案交易标的为划拨性质的土地使用权。若对方在没有充分证据证明双方达成了转让方负有缴纳土地出让金将涉案土地使用权变更为国有出让土地使用权性质再过户到受让方名下的合意的前提下,仅以《协议书》上载有的"土地出让金"字样等为据,主张转让方负有缴纳土地出让金、将涉案土地使用权变更为国有出让土地使用权性质再过户到受让方名下的合同义务,法院不予支持。

第三节 实务操作指南

一、划拨用地入市交易有利于盘活存量土地,有利于土地资源的合理有效利用,有利于城市改造和发展

自新中国成立后直至改革开放前,我国实行计划经济,所有的用地均为划拨用地,这对经济平稳发展起到了积极的促进作用,但同时也造成了大量土地的闲置,造成了极大的浪费。改革开放后,尤其是中国共产党十四届三中全会以来,我国全面建立社会主义市场经济,市场经济要求各主体之间平等竞争。21 世纪以来,随着城市化的步伐加快,旧城改造的力度也实现了跨越式发展,势必要求大量的国有企业事业单位迁出旧城,实现城市的升级换代。许多国家企业事业单位也建了大量的公有住房,但大多已经年代久远,破旧不堪,市政配套设施陈旧,不能满足广大人民群众基本的生活要求。

近二十多年来,房地产业获得空前的发展,带动了城市的升级改造。房地产业的发展需要大量的土地,而城市存量土地大量累积在国有企业事业单位,盘活存量土地,是城市升级改造的必然要求,既有利于国有企业的技术升级、异地安置、提高效益,也有利于改善广大职工的生活条件,国有划拨土地入市是市场经济发展的必然要求。

随着房地产的发展,房地产企业不断发展壮大,房地产企业承担用地成本是经济发展规律的要求,政府收回国有划拨用地的使用权,需要大量的资金对原划拨用地使用人进行异地安置、职工安置、停产停业补偿,房地产企业因与原划拨用地使用人签订转让合同,而获得土地,由其对原划拨用地使用人予以补偿,合理合法。

2018 年 3 月 5 日国务院总理李克强在第十三届全国人民代表大会第一次会议上所做的《政府工作报告》对于政府 2018 年的工作建议中提出:“更好解决群众住房问题。启动新的三年棚改攻坚计划,今年开工 580 万套。加大公租房保障力度,对低收入住房困难家庭要应保尽保,将符合条件的新就业无房职工、外来务工人员纳入保障范围。坚持房子是用来住的、不是用来炒的定位,落实地方主体责任,继续实行差别化调控,建立健全长效机制,促进房地产市场平稳健康发展。支持居民自住购房需求,培育住房租赁市场,发展共有产权住房。加快建立多主体供给、多渠道保障、租购并举的住房制度,让广大人民群众早日实现安居宜居。”

二、发挥审判职能,深入贯彻新发展理念,服务保障经济社会持续健康发展

1995 年 12 月 27 日最高人民法院公布了《关于审理房地产管理法施行前房地产开发经营案件若干问题的解答》,对因房地产市场的土地使用权出让、转让、合作开发、商品房买卖纠纷等引起的纠纷的处理作出规定。1995 年 1 月 1 日《城市房地产管理法》施行,针对该施行后的新情况、新问题,最高人民法院于 2001 年开始着手制定相应的司法解释,最早起草了《关于审理房地产开发经营案件若干问题的解释》,包括土地使用权转让、投资合作开发、商品房销售、商品抵押(按揭)贷款、房屋租赁 5 方面内容。后来考虑到商品房买卖问题比较突出,对于土地使用权转让、投资合作开发、房屋租赁没有规定,只集中解决商品房销售问题,2003 年 4 月 28 日公布了《商品房买卖合同司法解释》,包括现房销售和预售问题。

2005 年 6 月 18 日最高人民法院公布了《国有土地使用权合同司法解释》,并于同年 8 月 1 日开始实行。这是为了配合国务院部署开展的土地市场治理整顿工作,保障人民法院及时正确审理涉及土地使用权合同纠纷案件,根据《合同法》《土地管理法》《城市房地产管理法》等法律的规定,结合民事审判实践制定出台的一部重要的司法解释。主要内容包括国有土地使用权出让、转让、投资开发涉及的热点、难点和突出问题,包括开发区管委会签订合同的效力、以协议出让土地低于法定最低价、擅自改变土地用途、无证转让土地、一地数转、未经批准转让划拨土地、不具备开发资质开发房地产纠纷等问题。

2004 年 9 月 29 日最高人民法院公布《关于审理建设工程施工合同纠纷案件适用法律问题的解释(一)》(法释〔2004〕14 号),自 2005 年 1 月 1 日起施行。

这样,《国有土地使用权合同司法解释》《建设工程施工合同司法解释(一)》《建设工程施工合同司法解释(二)》《商品房买卖合同司法解释》这几部司法解释,构成了完整的体系,包括一级、二级、三级市场及建筑施工合同领域。

2007 年 10 月 1 日《物权法》施行,《城镇房屋租赁合同司法解释》于 2009 年 9 月 1 日起施行,《建筑物区分所有权司法解释》自 2009 年 10 月 1 日起施行,《物业服务司法解释》自 2009 年 10 月 1 日起施行,《最高人民法院关于审理房屋登记案件若干问题的规定》自 2010 年 11 月 18 日起施行,《物权法司法解释(一)》自 2016 年 3 月 1 日起施行。

至此,关于物权法法律体系的配套司法解释基本完成,为统一适用法律提供了有利的法律武器。

2013 ~ 2017 年各级人民法院审结房地产纠纷案件 132.1 万件,促进了房地产市场的规范有序发展。

人民法院发挥审判职能,服务于供给侧改革,在审理划拨土地使用权转让合同纠纷的具

体案件中，坚持宽严相济的司法理念和原则，既严格执法，又采取了变通措施，避免了大量的无效合同，稳定了交易秩序。对于起诉前未经有批准权人民政府批准转让的，认定合同无效，按照合同无效的原则处理。对于起诉前经有批准权的人民政府批准同意的，或者有批准权的人民政府主管部门直接与受让方签订出让合同的，将土地直接出让给受让方的，或者直接划拨给有资格的受让方使用的，转让合同依法认定有效，转让合同转化为补偿合同。

第四节　法律法规整合

一、《城市房地产管理法》

第 23 条　土地使用权划拨，是指县级以上人民政府依法批准，在土地使用者缴纳补偿、安置等费用后将该幅土地交付其使用，或者将土地使用权无偿交付给土地使用者使用的行为。

依照本法规定以划拨方式取得土地使用权的，除法律、行政法规另有规定外，没有使用期限的限制。

第 24 条　下列建设用地的土地使用权，确属必需的，可以由县级以上人民政府依法批准划拨：

（一）国家机关用地和军事用地；

（二）城市基础设施用地和公益事业用地；

（三）国家重点扶持的能源、交通、水利等项目用地；

（四）法律、行政法规规定的其他用地。

第 32 条　房地产转让、抵押时，房屋的所有权和该房屋占用范围内的土地使用权同时转让、抵押。

第 40 条　以划拨方式取得土地使用权的，转让房地产时，应当按照国务院规定，报有批准权的人民政府审批。有批准权的人民政府准予转让的，应当由受让方办理土地使用权出让手续，并依照国家有关规定缴纳土地使用权出让金。

以划拨方式取得土地使用权的，转让房地产报批时，有批准权的人民政府按照国务院规定决定可以不办理土地使用权出让手续的，转让方应当按照国务院规定将转让房地产所获收益中的土地收益上缴国家或者作其他处理。

二、《城镇国有土地使用权出让和转让暂行条例》

第 23 条　土地使用权转让时，其地上建筑物、其他附着物所有权随之转让。

第 24 条　地上建筑物、其他附着物的所有人或者共有人，享有该建筑物、附着物使用范围内的土地使用权。土地使用者转让地上建筑物、其他附着物所有权时，其使用范围内的土地使用权随之转让，但地上建筑物、其他附着物作为动产转让的除外。

第 43 条　划拨土地使用权是指土地使用者通过各种方式依法无偿取得的土地使用权。前款土地使用者应当依照《中华人民共和国城镇土地使用税暂行条例》的规定缴纳土地使用税。

第44条 划拨土地使用权,除本条例第四十五条规定的情况外,不得转让、出租、抵押。

第45条 符合下列条件的,经市、县人民政府土地管理部门和房产管理部门批准,其划拨土地使用权和地上建筑物、其他附着物所有权可以转让、出租、抵押:

(一)土地使用者为公司、企业、其他经济组织和个人;

(二)领有国有土地使用证;

(三)具有地上建筑物、其他附着物合法的产权证明;

(四)依照本条例第二章的规定签订土地使用权出让合同,向当地市、县人民政府补交土地使用权出让金或者以转让、出租、抵押所获收益抵交土地使用权出让金。

转让、出租、抵押前款划拨土地使用权的,分别依照本条例第三章、第四章和第五章的规定办理。

第46条 对未经批准擅自转让、出租、抵押划拨土地使用权的单位和个人,市、县人民政府土地管理部门应当没收其非法收入,并根据情节处以罚款。

第47条 无偿取得划拨土地使用权的土地使用者,因迁移、解散、撤销、破产或者其他原因而停止使用土地的,市、县人民政府应当无偿收回其划拨土地使用权,并可依照本条例的规定予以出让。

对划拨土地使用权,市、县人民政府根据城市建设发展需要和城市规划的要求,可以无偿收回,并可依照本条例的规定予以出让。

无偿收回划拨土地使用权时,对其地上建筑物、其他附着物,市、县人民政府应当根据实际情况给予适当补偿。

三、《国有土地使用权合同司法解释》

第11条 土地使用权人未经有批准权的人民政府批准,与受让方订立合同转让划拨土地使用权的,应当认定合同无效。但起诉前经有批准权的人民政府批准办理土地使用权出让手续的,应当认定合同有效。

第12条 土地使用权人与受让方订立合同转让划拨土地使用权,起诉前经有批准权的人民政府同意转让,并由受让方办理土地使用权出让手续的,土地使用权人与受让方订立的合同可以按照补偿性质的合同处理。

第13条 土地使用权人与受让方订立合同转让划拨土地使用权,起诉前经有批准权的人民政府决定不办理土地使用权出让手续,并将该划拨土地使用权直接划拨给受让方使用的,土地使用权人与受让方订立的合同可以按照补偿性质的合同处理。

第三编　合作开发房地产合同纠纷

房地产业是国家重点监控的行业之一，其不仅对经济发展至关重要，而且关系到国计民生，关系到广大人民群众的生命财产安全，其包括土地、资金、资质三个要素。一般的市场主体不具备三要素，因此土地与资本资质相结合的合作开发房地产的形式将成为一些市场主体的必然选择。

现实经济生活中，合作开发房地产一般采取一方出地，另一方出资金、资质、技术的合作形式。双方签订的房地产合作开发合同为无名合同，双方成立项目公司，项目公司又将细分为合同型的项目公司和公司型的项目公司。

合作开发房地产纠纷具有社会影响大、标的额大、纠纷多发、法律性质解释不一等特点，处理难度相当大。

第一章　合作开发房地产合同的效力

【一级案由】合同、无因管理、不当得利纠纷
【二级案由】合同纠纷
【三级案由】房地产开发经营合同纠纷
【四级案由】合资、合作开发房地产合同纠纷

第一节　法律要点详解

一、立法背景

我国房地产市场化始于20世纪90年代初，当时没有专门的房地产法，只有《土地管理法》《城镇国有土地使用权出让和转让暂行条例》，这是从土地的角度进行规范，对其他方面的管理主要依靠政策及规范性文件。

房地产业高额的利润吸引了众多投资者加入，土地是稀缺资源，往往出现有些投资主体有资金，没有土地，土地的使用者有土地却没有资金的情况。双方的共同需要，促使资本与土地相结合。一方面，房地产开发周期长，资金量大，不仅包括前期拆迁、征收、土地整理费用、土地出让金，还包括勘察、设计、施工、验收、交付等环节的费用，其中既包括建筑安装成本，也包括城市配套设施费用，还有大量的税费，导致因为开发建设资金不足而发生纠纷。另一方面，房地产的高额利润也导致一些合作者背信弃义，不守承诺，恶意毁约，导致有些项目成为烂尾楼，几万平方米、十几万甚至几十万平方米面积的烂尾楼项目并不少见，有些还牵涉众多购房群众，成为棘手的社会问题。

在具体法律规定较少的情况下，为了处理房地产合作纠纷，当时人民法院只能适用1987年1月1日起施行的《民法通则》中关于联营纠纷的规定来处理房地产纠纷。按照《民法通则》中关于联营的界定，联营包括4个要素，即共同出资、共同经营、共享利润、共担风险，但这种界定不符合合作开发房地产的特殊性，不利于有效地解决现实的司法问题。

1995年1月1日施行的《城市房地产管理法》，对房地产开发企业资质、设立条件、合作、合资开发房地产、国有土地使用取得、房地产转让、抵押、房屋租赁、房地产登记等相关问题作出规定。为了解决《城市房地产管理法》施行前的房地产开发经营纠纷，在《城市房地产管理法》施行前或施行后诉讼到人民法院的，人民法院应当依据当时的有关法律、政策规定，在查明事实、分清是非的基础上，从实际情况出发，实事求是、合情合理地处理。1995年12月27

日出台了《最高人民法院关于审理房地产管理法施行前房地产开发经营案件若干问题的解答》,明确了相关问题的处理原则。

《城市房地产管理法》施行10年后,为了解决房地产开发经营中存在的新情况、新问题,配合国务院部署开展的土地市场治理整顿工作,保障人民法院及时正确审理涉及土地使用权合同纠纷案件,2005年6月18日最高人民法院根据《合同法》《土地管理法》《房地产管理法》等法律的规定,结合民事审判实践,公布了《国有土地使用权合同司法解释》,并于同年8月1日开始实行。该部司法解释用了单独一章14个条款,对合作开发房地产合同纠纷的法律适用进行规定,明确了裁判规则,解决了困扰司法裁判的难点,有利于统一裁判尺度,化解矛盾纠纷。

二、合作开发房地产合同的概念和法律特征

由于现行立法没有对合作行为作出明确界定,导致理论界、实务界对合作的认识不统一,传统民法理论将合作等同于联营。

《民法通则》对联营规定了4个要素,即共同投资、共同经营、共享利润、共担风险。这种认识延续到了1990年11月12日最高人民法院出台的《关于审理联营合同纠纷案件若干问题的解答》,其中第4条规定了保底条款,体现了4要素的观点,将"不参与联营体""不承担亏损""不参与经营"都排斥到联营的范围之外。具体内容为:"(一)联营合同中的保底条款,通常是指联营一方虽向联营体投资,并参与共同经营,分享联营的盈利,但不承担联营的亏损责任,在联营体亏损时,仍要收回其出资和收取固定利润的条款。保底条款违背了联营活动中应当遵循的共负盈亏、共担风险的原则,损害了其他联营方和联营体的债权人的合法权益,因此,应当确认无效。联营企业发生亏损的,联营一方依保底条款收取的固定利润,应当如数退出,用于补偿联营的亏损,如无亏损,或补偿后仍有剩余的,剩余部分可作为联营的盈余,由双方重新商定合理分配或按联营各方的投资比例重新分配。(二)企业法人、事业法人作为联营一方向联营体投资,但不参加共同经营,也不承担联营的风险责任,不论盈亏均按期收回本息,或者按期收取固定利润的,是明为联营,实为借贷,违反了有关金融法规,应当确认合同无效。除本金可以返还外,对出资方已经取得或者约定取得的利息应予收缴,对另一方则应处以相当于银行利息的罚款。"

《城市房地产管理法》第28条规定:"依法取得的土地使用权,可以依照本法和有关法律、行政法规的规定,作价入股,合资、合作开发经营房地产。"该条对于合作开发房地产规定得比较原则,属于狭义的合作开发房地产。在司法实务中,不限于一方出地,另一方出资这一种形式,还包括双方出资,也不限于开发后进入市场,还包括建成后自用,合建的主体的合作方式不限于政府机关、企事业单位之间,还包括企事业单位与自然人之间以及自然人之间。

最高人民法院《国有土地使用权合同司法解释》第14条规定:"本解释所称的合作开发房地产合同,是指当事人订立的以提供出让土地使用权、资金等作为共同投资,共享利润、共担风险合作开发房地产为基本内容的协议。"需要明确指出,该部司法解释将《民法通则》及《关于审理联营合同纠纷案件若干问题的解答》中联营的"四要素",改为了"三要素",不再把"共同经营"作为合作开发房地产的构成要素。这主要是因为社会分工越来越细化,房地产开发是一门独立科学,也是专业化很高的行业,在实务中,出地的一方绝大多数没有专业的房地产

开发经验,不参与管理是社会分工细化的必然,由具有房地产开发资质的一方负责开发管理,符合当事人意思自治的原则,不违反法律行政法规的强制性规定,司法没有必要介入,并作出否定性评价。

合作开发房地产具有三个特征:一是在合作开发的过程中,至少有合作的一方具备房地产开发的经营资质;二是用于合作开发房地产的土地主要是由出让方式取得的,法律主要调整进入市场的合作开发的房地产,以划拨的国有土地使用权进行合作开发房地产的必须经过审批,并予以严格限制;三是合作内容具有特殊性,合作开发合同有时表现为承揽合同与互易合同混同,有时表现为合伙合同,是无名合同,《合同法》分则没有具体规定,主要依据《合同法》总则、《城市房地产管理法》、《国有土地使用权合同司法解释》进行调整。

三、合作开发房地产合同无效的具体情形

(一)合作各方均不具备房地产开发资质的,合作开发合同无效

1. 房地产行业实行严格的资格准入制度

房地产经营资格,是指房地产开发企业依法取得房地产开发企业营业执照,从而获得一种能够从事房地产开发的身份和条件。[①] 房地产经营资格可以证明房地产公司的实力、资信、技术,是国家对房地产市场进行管理的重要手段。

房地产业利润高、风险大,其利润率远远高于社会平均利润率,具有相当大的吸引力。房地产行业关涉千家万户,关系到公共安全,虽然国家实行严格管理,包括土地、规划、房地产管理部门、质监、人防、消防、自来水、环保等多个部门,但因为面广规模大,房地产质量问题引起的投诉居高不下,同时还存在虚假广告、逾期交房、逾期办证、超建导致无法办证、未交土地出让金或未全部交纳土地出让金导致房屋无法交付、无法办证等问题。

为了从源头上防范一些"皮包公司""欺骗幽灵"混入房地产市场,我国对房地产市场实行严格的准入制度。《城市房地产管理法》第 30 条规定:"房地产开发企业是以营利为目的,从事房地产开发和经营的企业。设立房地产开发企业,应当具备下列条件:(一)有自己的名称和组织机构;(二)有固定的经营场所;(三)有符合国务院规定的注册资本;(四)有足够的专业技术人员;(五)法律、行政法规规定的其他条件。设立房地产开发企业,应当向工商行政管理部门申请设立登记。工商行政管理部门对符合本法规定条件的,应当予以登记,发给营业执照;对不符合本法规定条件的,不予登记。设立有限责任公司、股份有限公司,从事房地产开发经营的,还应当执行公司法的有关规定。房地产开发企业在领取营业执照后的一个月内,应当到登记机关所在地的县级以上地方人民政府规定的部门备案。"第 31 条规定:"房地产开发企业的注册资本与投资总额的比例应当符合国家有关规定。房地产开发企业分期开发房地产的,分期投资额应当与项目规模相适应,并按照土地使用权出让合同的约定,按期投入资金,用于项目建设。"

---

① 参见最高人民法院民事审判第一庭:《最高人民法院国有土地使用权合同纠纷司法解释的理解与适用》,人民法院出版社 2015 年版,第 165 页。

2. 合作开发房地产的各方均不具备房地产开发资质的，合作合同无效

国家为了加强房地产市场管理监控，对于房地产企业资质管理的规定属于效力性强制性规范，如果合作开发房地产的各方均不具备房地产开发资质的，应当依据《合同法》《民法通则》《民法总则》的规定，认定为违反法律、行政法规的强制性规定，该合同无效。

（二）未经批准的划拨国有土地使用权作为出资与他方订立的合作开发合同无效

在本书第二编第三章“划拨国有土地使用权转让纠纷”中，我们对划拨土地的历史延革、划拨土地进入交易市场的立法、划拨土地使用权转让合同的效力及效力补正，进行了详细阐述，在此不再赘述。

《城市房地产管理法》第 40 条规定：“以划拨方式取得土地使用权的，转让房地产时，应当按照国务院规定，报有批准权的人民政府审批。有批准权的人民政府准予转让的，应当由受让方办理土地使用权出让手续，并依照国家有关规定缴纳土地使用权出让金。以划拨方式取得土地使用权的，转让房地产报批时，有批准权的人民政府按照国务院规定决定可以不办理土地使用权出让手续的，转让方应当按照国务院规定将转让房地产所获收益中的土地收益上缴国家或者作其他处理。”

《城市房地产管理法》第 40 条关于划拨土地取得土地使用权，转让房地产时需要经有批准权的人民政府同意的规定，属于效力性强制性规定，违反该规定应当认定为违反了《合同法》第 52 条第 5 项规定，即违反法律、行政法规禁止性规定的合同无效，只要未经批准，就应当认定无效。《国有土地使用权合同司法解释》第 16 条规定：“土地使用权人未经有批准权的人民政府批准，以划拨土地使用权作为投资与他人订立合同合作开发房地产的，应当认定合同无效。……”

（三）合资、合资开发房地产合同无效的法律后果

无效的合同，自始无效，不能产生当事人预期的法律后果，基于法律规定产生新的债权债务关系，原合同当事人承担由此引起的返还财产、赔偿损失等民事责任。《合同法》第 58 条规定：“合同无效或者被撤销后，因该合同取得的财产，应当予以返还；不能返还或者没有必要返还的，应当折价补偿。有过错的一方应当赔偿对方因此所受到的损失，双方都有过错的，应当各自承担相应的责任。”

根据法律规定，合同无效或被撤销的法律后果如下。

1. 返还财产

合同被确认无效后，当事人因该合同取得的财产应当返还给对方，包括单方返还和双方返还。返还财产旨在使财产关系恢复到合同订立前的状态，返还财产适用无过错责任原则、恢复原状原则，即使无过错的一方占有对方的财产也应当予以返还。返还“因该合同取得的财产”是指接受履行的一方应向受损的一方返还其取得的全部财产和费用，而不仅指现在占有的财产和利益，从而将当事人之间的财产关系恢复到合同订立前的状态。

不能返还财产的，应当折价赔偿。不能返还包括法律上的不能返还和事实上的不能返还。

法律上的不能返还主要是指财产已经转移给善意第三人，第三人依法取得了该财产的所

有权。善意取得制度是一项重要的法律制度，是以日耳曼法为契机演绎发展而成的，近代以来，大陆法系各国继受了日耳曼法的善意取得制度。我国《物权法》第106条对此予以明确规定："无处分权人将不动产或者动产转让给受让人的，所有权人有权追回；除法律另有规定外，符合下列情形的，受让人取得该不动产或者动产的所有权：（一）受让人受让该不动产或者动产时是善意的；（二）以合理的价格转让；（三）转让的不动产或者动产依照法律规定应当登记的已经登记，不需要登记的已经交付给受让人。受让人依照前款规定取得不动产或者动产的所有权的，原所有权人有权向无处分权人请求赔偿损失。当事人善意取得其他物权的，参照前两款规定。"

事实上的不能返还主要是指标的物灭失且无替代品，或者毁坏严重无法修复，或者属于无形财产，或者是给付劳务等。

2. 赔偿损失

合同无效后，有过错的一方应当赔偿对方因该合同无效所受到的损失，其构成要件包括：（1）有损害事实发生；（2）赔偿义务人有过错；（3）过错与损害事实之间有因果关系。

合同无效的赔偿与违约赔偿、侵权赔偿不同，违约赔偿是合同有效情况下的赔偿，而合同无效的赔偿属于缔约过失责任，一般赔偿信赖利益损失。信赖利益损失，是指无过错的一方因信赖合同能有效，在订立和履行合同过程中支付的合理费用。信赖利益损失主要包括三个方面：（1）缔约费用。如为缔结合同发生的差旅、考察、人员工资等费用。（2）履行费用。如为了履行合同支付的前期设计费用、管理费用、房屋租金等费用。（3）合理的间接损失。比如，相信合同有效成立，而丧失了与第三人的商业机会，造成一定的损失。

合同有效成立情形下的赔偿损失是可得利益损失，即合同履行完成的利益和利润。一般情况下，可得利益损失大于信赖利益损失，当事人的信赖利益损失不能大于合同有效且实际履行情形下所获得的全部利益。

如果合同无效，双方对此均有过错，则适用过错相抵原则，根据双方的过错程度来确定相应的赔偿责任，主要考虑双方的过错性质、过错程度、双方过错与损失后果之间的因果关系。

《最高人民法院关于审理房地产管理法施行前房地产开发经营案件若干问题的解答》虽然已经废止，但其中关于合作开发房地产合同无效的处理原则仍有一定的借鉴意义。第46条规定："合作建房合同被确认无效后，在建或已建成的房屋，其所有权可确认归以土地使用权作为投资的一方所有，对方的投资可根据资金的转化形态，分别处理：（1）资金尚未投入实际建设的，可由以土地使用权作为投资的一方将对方投入的资金予以返还，并支付同期同类银行贷款的利息；（2）资金已转化为在建中的建筑物，并有一定增值的，可在返还投资款的同时，参照当地房地产业的利润情况，由以土地使用权作为投资的一方给予对方相应比例的经济赔偿；（3）房屋已建成的，可将约定出资方应分得的房产份额按现行市价估值或出资方实际出资占房屋造价的比例，认定出资方的经济损失，由以土地使用权作为投资的一方给予赔偿。"

四、无效合作开发房地产合同的效力补正

无效的合同的效力补正，是指合同欠缺有效要件，法律允许当事人对无效的情形予以纠正，从而使无效合同成为有效合同。

《国有土地使用权合同司法解释》第15条第2款规定:“当事人双方均不具备房地产开发经营资质的,应当认定合同无效。但起诉前当事人一方已经取得房地产开发经营资质或者已依法合作成立具有房地产开发经营资质的房地产开发企业的,应当认定合同有效。”第16条规定:“土地使用权人未经有批准权的人民政府批准,以划拨土地使用权作为投资与他人订立合同合作开发房地产的,应当认定合同无效。但起诉前已经办理批准手续的,应当认定合同有效。”

这是关于合作开发房地产合同无效情形下效力补正的明确规定,主要基于以下理由:一是基于社会公众利益的考量,合作开发房地产合同不仅涉及合同当事人各方利益,更涉及社会公共利益,涉及广大人民群众的切身利益,在房价高位运行的态势下,一套房屋对于普通群众的重要性不言而喻,无效合同的出现,不仅不利于化解矛盾,反而可能激化矛盾,引发群体事件,造成严重的社会问题;二是在平衡合同自由与社会公共利益的问题上,立法与司法对当事人的意思自治应当作出适当必要的限制,更不得纵容当事人利用意思自治与合同自由,损害社会公共利益,损害广大群众的根本利益;三是将效力补正时间确定为起诉前,是参照《最高人民法院关于审理商品房买卖合同纠纷案件适用法律若干问题的解释》的规定,将当事人取得政府批准和办理出让手续的时间,限定在起诉前,这一规定更严格,形成诉讼时法律关系稳定,增加诉讼的可预测性。

第二节　权威案例指导

典型案例1

【案件主题】合作开发房地产合同无效情况的法律后果

北京威肯房地产开发有限公司与中国共产党海淀区委员会党校合资、合作开发房地产合同纠纷上诉案

【案件来源】《民事审判指导与参考》2011年第2辑,总第46辑

【审理法院】最高人民法院

【案件案号】(2010)民一终字第47号

【裁判要点】1. 合资、合作开发房地产合同被认定无效,出地一方应当返还其从出资一方取得的财产。2. 当出资一方的出资已经转化为在建工程时,出地一方取得的财产为出资方出资转化为在建工程部分相应的财产利益,应当折价补偿出资一方。3. 人民法院应当综合评判出资一方的出资数额、在建工程的建设程度及当地房地产业的利润等情况,确定出地一方的折价补偿数额。

典型案例 2

【案件主题】合作开发房地产合同被认定无效后，损失计算不适用合同中约定的履行利益

北京协和医学院与四川明日企业（集团）有限公司、协和明日医药交流中心合作建房合同纠纷上诉案

【案件来源】《民事审判指导与参考》2011 年第 2 辑，总第 46 辑

【审理法院】北京市高级人民法院

【案件案号】（2003）高民初字第 1301 号

【裁判要点】合作开发房地产合同被认定无效后，不能根据合同约定分得的房产价值进行投资补偿。在当事人无法举证证明因合同无效造成其他具体损失的情形下，宜按投资款的银行同期贷款利率计算其投资损失。

典型案例 3

【案件主题】房地产合作开发各方的合作协议的效力要优先于项目公司股权比例规定

海南海联工贸有限公司与海南天河旅业投资有限公司、三亚天阔置业有限公司等合作开发房地产合同纠纷案

【案件来源】《最高人民法院公报》2016 年第 1 期

【审理法院】最高人民法院

【案件案号】（2015）民提字第 64 号

【裁判日期】2015 年 10 月 11 日

【裁判要点】合作开发房地产关系中，当事人约定一方出地，另一方出资并以成立房地产项目公司的方式进行合作开发，项目公司只是合作关系各方履行房地产合作开发协议的载体和平台，合作各方当事人在项目公司中是否享有股权不影响其在合作开发合同中所应享有的权益；合作各方当事人在合作项目中的权利义务应当按照合作开发房地产协议约定的内容予以确定。

第三节 实务操作指南

一、合作开发房地产合同纠纷的根本原因在于缺失商业伦理和商业道德，漠视商业规则，缺少契约精神

孟子曰："天时不如地利，地利不如人和。"孙子曰："上下同欲者胜。"

清后期，山西票号在国内80多个城市设立分号，形成了汇通天下的格局。晋商的经营承包形式，包括朋合营利、伙计制、股俸制，贯穿在商业经营中的是晋商的"进取精神，敬业精神，群体精神"，进而形成了山西商人的"儒贾相通观，义利相通观，谋略竞争观，修身正己观，科技应用观"。

明清山西商人遵奉"义利相通观"，讲求"仁中取利真君子，义中求财大丈夫"，其最核心的思想就是"诚信"与"不欺"。山西商人的"诚信"与"不欺"不仅体现在对待伙计等内部关系上，更体现在善待"相与"（合作伙伴）上。晋商把发生业务往来的有信誉的商号之间的联系称为"相与"，"相与"关系一旦建立，就要同舟共济，不轻易断绝往来。一方出现变故，另一方要伸手相助，不可落井下石、趁火打劫。

合作开发房地产纠纷的发生，很多都是一方或双方或多方，利令智昏，见利忘利，丧失商业伦理，缺失商业道德，漠视规则，背弃契约，肆意妄为造成的。

二、合则两利，分则两害，杀敌一千，自损八百

"煮豆持作羹，漉菽以为汁。萁在釜下燃，豆在釜中泣。本自同根生，相煎何太急。"这一诗句道出了多少曾经的合作伙伴争斗的心酸与无奈。

城堡都是从内部攻破的，掌握内情的就是最亲近的合作伙伴，合作伙伴如果不能克制地化解纠纷，轻则导致合作无法进行，严重时互相攻讦，还可能涉及严重的行政处罚和严厉的刑事犯罪。

合作伙伴之间如果不能很好地解决纷争，不要说在激烈的市场竞争中发展，连生存都会是很大的问题。不参与经营管理的一方，虽然不能全面掌握开发房地产的情况，但至少会掌握一些蛛丝马迹。合作伙伴间存在违约、侵权等问题，不仅会导致产生民事责任那么简单，而且有可能牵涉税收、工商、海关等方面的行政处罚，更有可能涉及税收征管、职务侵占、行贿、妨害公司管理秩序等方面的犯罪。

很多人以为，自己做得天衣无缝，但不要忘了，天网恢恢，疏而不漏。在监管体系下，问题发现只是早晚，不存在侥幸逃脱的情形。银行流水、凭证、单据、纳税记录、财务报表、合同、票据都会留下痕迹，尤其是股东了解一些公司底细的情况，股东之间一旦闹翻，互相攻击，互相都想置对手于死地时，杀伤力特别大，可以讲杀敌一千，自损八百，两败俱伤。

三、大路朝天，各走一边，好聚好散

俗语讲"兄弟齐心，其利断金"，大家齐心协力可以把企业做大做强。《论语 · 子路》子

曰:“君子和而不同,小人同而不和。”大家要么求大同,存小异,谋求发展,要么大路朝天,各走一边。

如果合作伙伴不能协商解决纷争,也不能通过法律途径迅速有效解决纷争,则合作伙伴之间将陷入互相攻击之中,永无宁日。

四、以心相交,方能成其久远

所有的纷争,不是来源于事,而是在于人心,或来自于贪婪,或来自于愤恨,或来自于执着不变通,或来自于嫉妒,或来自于智力昏聩不明事理,内心浮躁,行为就纷纷扰扰。

古人云:“以利相交,利尽则散;以势相交,势败则倾;以权相交,权失则弃;以情相交,情断则伤;唯以心相交,方能成其久远。”

第四节 法律法规整合

一、《合同法》

第52条 有下列情形之一的,合同无效:

(一)一方以欺诈、胁迫的手段订立合同,损害国家利益;

(二)恶意串通,损害国家、集体或者第三人利益;

(三)以合法形式掩盖非法目的;

(四)损害社会公共利益;

(五)违反法律、行政法规的强制性规定。

第58条 合同无效或者被撤销后,因该合同取得的财产,应当予以返还;不能返还或者没有必要返还的,应当折价补偿。有过错的一方应当赔偿对方因此所受到的损失,双方都有过错的,应当各自承担相应的责任。

二、《国有土地使用权合同司法解释》

第14条 本解释所称的合作开发房地产合同,是指当事人订立的以提供出让土地使用权、资金等作为共同投资,共享利润、共担风险合作开发房地产为基本内容的协议。

第15条 合作开发房地产合同的当事人一方具备房地产开发经营资质的,应当认定合同有效。

当事人双方均不具备房地产开发经营资质的,应当认定合同无效。但起诉前当事人一方已经取得房地产开发经营资质或者已依法合作成立具有房地产开发经营资质的房地产开发企业的,应当认定合同有效。

第16条 土地使用权人未经有批准权的人民政府批准,以划拨土地使用权作为投资与他人订立合同合作开发房地产的,应当认定合同无效。但起诉前已经办理批准手续的,应当认定合同有效。

第二章　合作开发房地产合同履行中的问题

【一级案由】合同、无因管理、不当得利纠纷

【二级案由】合同纠纷

【三级案由】房地产开发经营合同纠纷

【四级案由】合资、合作开发房地产合同纠纷

第一节　法律要点详解

一、房地产开发合同履行过程中存在的主要问题

(一)房地产开发具有流程长、资金量大、涉及面广、涉及相关部门多等特点，房地产业产值占国民经济比重高

1. 开发建设维护时间长

房地产开发的内容包括：土地征收或征用、拆迁补偿、土地收储、土地出让、建设用地规划许可、建设工程规划许可、勘察、设计、详细规划、施工许可、建设施工、验收、综合验收、房屋预售许可、预售、按揭贷款、房屋交付、物业管理、房屋装修、房屋质量保修期等，涉及几百个程序，时间跨度有几十年。

2. 资金量大，金融风险大

不言而喻，房地产业是一个需要巨额资金的行业，房地产业的资金包括：开发企业的自有资金，大量的金融机构的贷款，广大购房者的购房资金，开发企业借贷的资金(其中包括大量的高利贷)，合作开发房地产的当事人投入的资金，建筑施工企业垫付的资金(其中包括农民工工资)。

3. 涉及面广

房地产行业涉及千家万户，关系到公共安全，房屋是家庭最重要、投入最大的生活资料，是广大人民群众最基本的生活保障。保证工程质量，保证人民群众生命财产安全是头等大事，防范房地产业的泡沫，防止“烂尾楼”，防止严重影响群众生活的群众性事件，保证房地产业健康有序发展是政府的重要工作。

4. 涉及部门多

一个房地产项目至少涉及几十个主管部门，涉及几百个审批事项，涉及发改委、土地、房

屋管理部门、规划、建设、环保、人防、消防、市政、税务、工商、交通、综合执法、公安、质监、产品质量监督、人力资源和社会保障、地名办、勘察、设计、监理、自来水、供暖、供热、供电、邮政、排水、电信等几十个部门或公用事业单位,协调难度大。

5. 房地产业产值占国民经济比重高(见表3-2-1)

表3-2-1

	2017年	2016年	2015年	2014年
商品房销售额(亿元)	133,701	117,627.05	87,280.84	76,292.41
GDP(亿元)	827,122	743,585.5	689,052.1	643,974.0
GDP占比(%)	16.16	15.82	12.67	11.85
商品房销售面积(万平方米)	169,408	157,348.53	128,494.97	120,648.54
商品房品平均销售价格(元/平方米)	7892	7476	6793	6324
房地产开发企业购置土地面积(万平方米)	25,508	22,025.25	22,810.79	33,383.03
房地产开发投资额(亿元)	109,799	102,580.61	95,978.85	95,035.61
商品房销售前10名房地产企业销售总额(亿元)	31,927.24	22,127		
销售面积(万平方米)	25,336.56	19,187		

(二)房地产合作开发存在的主要问题

正因为房地产行业具有开发建设维护时间长,需要巨额资金,涉及面广大、涉及部门多等特点,合作开发房地产的过程中,出现的风险也多发、高发、不可控。

1. 开发资金供应不足

在合作开发房地产的过程中,资金供应问题始终是头等大事,不仅土地出让需要交纳土地出让金,而且房地产建设也需要巨量资金,近几年,房地产开发企业从金融机构融资越来越困难,自身资金不足,不得不借大量的高利贷。

2008~2012年各级人民法院审结金融纠纷案件280.8万件,维护了金融安全和金融秩序;审结民间借贷案件292.4万件,规范和引导民间融资健康发展;妥善审理中小型企业因资金链断裂引发的各类案件,依法保障企业正常运转和职工权益生计。

2013年审结民间借贷纠纷85.5万件,同比增长17.27%;2014年审结102.4万件,同比增长19.89%;2015年新收民间借贷纠纷案件1,536,681件,审结142万件,同比增长38.67%,标的额8207.5亿元,占2015年全国GDP总量(67.67万亿元)的1.21%。2015年全国法院审结非法集资、金融诈骗等犯罪案件5.8万件,判处罪犯7.2万人,分别占全年审结刑事案件的5.2%和判处罪犯的5.8%。①

① 杜万华主编:《最高人民法院民间借贷司法解释理解与适用》,人民法院出版社2015年版,第41页。

在合作开发房地产合同中双方很难对房地产投入的资金作出准确的约定，动迁延期、材料上涨、工期延长、政策调整等，都会导致开发成本大幅增加，一般情况下，合作各方对于增加投资，很难达成一致，原因一是各方均无力增加投资，二是各方对增加投资的比例、时间、投资分配达不成一致意见，导致此类纠纷多发、高发。

2. 房屋实际建筑面积与规划审批面积不符

房地产开发过程中，实际面积超出规划面积的情况比较普遍。一种情况是，在实际建设过程中，因实际施工需要，导致与图纸不符，实际面积有所增加或减少；另一种情况是，开发建设单位为了增加销售，故意违反法律规定，违反规划，增加建筑面积。

对第一种情况，在房地产开发中难免发生，增加的面积不会太多，相对容易处理，但对于开发企业故意违反规划增加建筑面积的情况，因为违法性质严重，在违法行为未处理前，或者长期得不到处理，导致合作各方产生矛盾，发生纠纷。

在开发过程中，实际建筑面积少于规划面积的情况不多见，主要是因为动迁原因，导致出让的土地未能全部交付，且长期无法动迁，开发商不得不改变建设工程规划许可，少建部分房屋。另外还有可能因为开发建设资金严重不足，导致无法完成全部工程。

3. 无法分配房地产建设项目的情形

近几年来，房地产业的高利润吸引了大量投资者，在高利润的驱使下，房地产企业不规范经营的情况愈发普遍，违规违法现象时有发生，尤其是合作开发房地产地过程中，这将直接导致项目利益无法分配。

4. 违反规划开发房地产项目，被有关部门认定为违章建筑的

当事人违反规划开发建设房屋，被政府有关主管部门认定为违章建筑，此种情况在实务中比较突出，对当事人的利益影响巨大。还有一种情况是，在农村集体土地上合作开发房产项目，这种行为违反了《土地管理法》和有关国家政策，不属于本章所称的合作开发房地产的范畴，属于严重的违法行为，各方签订的合作合同违反国家法律的禁止性规定，应依法认定为无效合同，相关问题将在本书第五编第八章“小产权房买卖纠纷”中阐述。

二、解决合作开发房地产问题的措施

一般情况下，合同成立后即有效，对各方均有约束力，合同各方均应当全面履行合同义务，不履行合同义务或者履行合同义务不符合约定的，应当承担继续履行、采取补救措施或者赔偿损失等违约责任。

合作开发房地产纠纷与一般纠纷相比，有其特殊性，不仅体现在标的额大，还会影响社会公共利益，影响面广，解决难度大，社会关注度高，如果解决不当，容易引起群体性纠纷，引发连锁反应。

1995 年 1 月 1 日《城市房地产管理法》实施后，尽管随之出台了不少的行政法规和政策性规定，房地产开发经营行为也较以往有了很大改观，但随着我国市场经济结构调整的加快和土地制度改革的深化，我国现行的不动产立法已不能完全适应房地产市场的快速发展，加上房地产市场机制不健全，房地产开发经营主体借机违法开发经营，导致房地产纠纷案件不断增加，新问题、新情况层出不穷，人民法院在审理此类纠纷时经常会遇到适用法律的难题。为此，最高人民法院从 2002 年开始着手起草关于如何处理《城市房地产管理法》实施后的房地

产纠纷的司法解释。期间，起草小组奔赴全国各地进行调研，收集情况，召开座谈会，广泛征求各级法院、全国人大法工委、国土资源部、建设部、北京市房地产管理局，以及专家学者、律师、房地产开发企业、北京市消费者协会等各方面意见，并通过人民法院报和中国法院网公开向社会征求意见，收集问题。《国有土地使用权合同司法解释》2005年8月1日起施行，对于合作开发房地产合同纠纷的处理，明确了法律适用标准的同时，也更加贴合实际，对发生的问题给出更为合理的法律标准。

（一）投资额增加的解决办法

1. 房地产开发成本的组成

（1）土地出让金

我们在本书第一编第二章“国有土地使用权出让金纠纷”中已经详细论述，在此不再赘述。

（2）开发建设房屋的成本

建设资金是房地产开发的主要成本之一，受下列因素的影响：一是建设材料供应状况、价格水平，国家调控政策，钢材、水泥等主要材料的价格；二是施工队伍的技术水平、劳动人员的工资等；三是房地产建设周期；四是配套工程的成本、完成时间等。

（3）各种税费及配套工程的成本

房地产开发除了需要缴纳土地出让金外，还需要支付建设资金，同时配套工程包括但不限于市政公共配套资金：水、电、暖、气、电信、排水、交通、邮政等，除此之外，还要缴纳税费。关于税费的问题，我们将在本书第十二编“房地产行业税务指引”中阐述。

2. 造成投资增加的原因

在房地产开发建设的过程中，投资增加是正常现象，由此引发的纠纷也很常见，主要由于分以下3个原因：

一是因一方或双方或多当事人的过错，导致投资额超过合同约定的情形，包括但不限于：负责开发建设的一方擅自改变规划超建，使建设安装成本增加；未按照合同约定的时间和数额支付开发建设资金，欠付工程款导致延期，进而导致逾期交房、逾期办证，需要向购房者支付大额违约金。

二是不能归责任于任何一方当事人的责任。如国家宏观政策调整，消防标准提高，设立新的建设标准，设立新的验收标准，调整重要市政建设导致的规范变更，受国内外市场影响，原材料价格出现大幅调整，规划调整或者公共利益需要增加数额。

三是当事人的过错无法确定。这种情况也很普遍，双方或者多方当事人均有过错，过错混合在一起，与最终导致投资数额增加之间的因果关系无法分清。

3. 法律规定

《国有土地使用权合同司法解释》第17条规定了处理办法：

（1）当事人协商；（2）当事人协商不成的，按照当事人的过错确定；（3）因不可归责于当事人的事由或者当事人的过错无法确定的，按照约定的投资比例确定；（4）没有约定投资比例的，按照约定的利润分配比例确定。

(二)实际面积超出规划建筑面积的解决办法

1. 超出规划面积的房屋,在未经有批准权的人民政府审批前,一方告不得请求分配

对于超出规划设计建筑面积的部分房屋,在未经政府管理部门审批前,属于违章建筑,当事人起诉要求分配的,人民法院不予以受理,已经受理的,裁定驳回起诉。

《城乡规划法》第64条规定:"未取得建设工程规划许可证或者未按照建设工程规划许可证的规定进行建设的,由县级以上地方人民政府城乡规划主管部门责令停止建设;尚可采取改正措施消除对规划实施的影响的,限期改正,处建设工程造价百分之五以上百分之十以下的罚款;无法采取改正措施消除影响的,限期拆除,不能拆除的,没收实物或者违法收入,可以并处建设工程造价百分之十以下的罚款。"

2. 房屋建筑面积超出规划建筑面积,经有批准权的人民政府批准的,按下列原则分配

(1)协商解决。

尊重当事人的意思自治,便于有效、快速的解决分歧。各方当事人协商一致,相当于重新达成了一个协议,对各方当事人均有约束,各方当事人应全面履行合同义务。

(2)当事人对于超出部分的房屋分配比例协商不成的,按照约定的利润分配比例确定。

存在4种观点:

第一种观点是按照"谁投资,谁受益"的原则处理。如果是一方投资,则由一方享有,如果是双方或多方投资,则由多方或双方享有。

第二种观点是按照合同约定的分配比例分配这部分建筑面积。主要理由是第一种观点,有失偏颇,增加的房屋的成本中包括了全部房屋的土地出让成本、市政配套成本、共用设施和设备成本等,虽然可能是一方投资,但不能因为只承担建筑安装成本,就享有全部增加房屋,这对于合作他方不公平。

第三种观点认为按照合同的投资比例分配规划外的建筑面积。该观点认为既然双方或各方对规划内的建筑面积达成一致,则推定为对增加的建筑面积也达成了一致,这样符合意思自治原则。

第四种观点认为应当按照利润分配比例分配增加建筑面积。主要理由是要综合考虑房屋的成本,不能仅考虑建筑安装成本,还要综合考虑土地成本、税费、公用配套费、共用设施、设备等,这样分配更公平。

最高人民法院制定的《涉及国有土地使用权合同司法解释》中采用了第四种观点,该司法解释第20条规定:"房屋实际建筑面积超出规划建筑面积,经有批准权的人民政府主管部门批准后,当事人对超出部分的房屋分配比例协商不成的,按照约定的利润分配比例确定。……"

3. 超出规划建筑面积而增加的投资数额的处理原则

(1)当事人协商解决。

(2)协商不成的,按照约定的投资比例确定。这种处理方法兼顾了房屋成本构成的各种要素,既然对于超出规划的建筑面积按照约定利润分配比例分配的面积,那么对于增加的投资,也应当由各方承担,这符合权利义务相一致的原则。

(3)没有约定投资比例的,按照约定的利润分配比例确定。

(三)房屋建筑面积少于合作合同约定的解决办法

1. 房屋建筑面积少于合同约定面积的原因

在实务中,大部分情况是实际建筑面积多于规划建筑面积,即超建情况相当突出和普遍,实际建筑面积少于规划建筑面积的情况很少见,正因为少见,积累的审判经验少,更有必要明确规定,统一裁判尺度。

实际面积少于规划面积的原因主要有:一是不可抗力。如施工中遇到难以解决的技术难题,如地质问题,导致无法按照原工程规划许可施工。二是遇到动迁问题。这种问题在实务中很常见,虽然法律规定,出让土地应当是净地出让,但如果无法按期完成动迁,动迁主管部门也没有有效的解决办法,久拖不决,动迁成本水涨船高,被拆迁人胃口越来越大,最终政府无力动迁,开发企业只能减少建设面积。三是情势变更导致合同变更。这种情况很少见,主要是自20世纪90年代以来,房价总体趋势是上涨,虽然中间略有波动,但上升趋势明显,因此不存在因房价大幅下跌,导致没有必要建设的情况。四是一方或多方当事人过错的。这种情况是导致实际建筑面积少于规划面积的主要原因,其中又以投资不到位居多。五是不可归责任于任何一方当事人的原因。如政策调整、规划调整、市政建设等原因。

2. 实际建筑面积少于规划面积的解决办法

(1)协商解决。

(2)协商不成的,按照当事人的过错确定。一方当事人的过错造成的,由有过错的当事人承担,各方都有过错的,按照各自的责任比例承担。

举例说明:甲、乙合作开发住宅楼,甲以土地使用权作价10,000万元投资,乙方以货币10,000万元出资,总建筑面积20,000平方米,双方约定各分得10,000平方米。乙方只出资了5000万元,其余的一直没有出资,导致实际建筑面积只有15,000平方米,比合同约定面积减少了5000平方米。本案中,甲方没有任何过错,乙方应当承担全部减少面积的损失,即只能分得5000平方米。

(3)造成实际面积少于合同约定面积,不可归责任于任何一方当事人,按照约定的利润分配比例确定实际面积的分配。

这种情况在司法实务中很常见,最主要的是以下两种情况:一是工程施工过程中遇到无法克服的技术难题;二是遇到“钉子户”无法完成动迁。此种情况下,应当适用公平原则,具体标准就是按照当事人约定的利润分配比例确定房屋实际面积的分配比例,这样不会造成对哪一方不公平。

(4)当事人的过错无法分清,按照约定的利润分配比例确定实际面积的分配。

当事人均有过错,但无法按照主次或同等区别各自过错对于造成实际面积减少所占的比例,如果采取平均分摊的做法,表面公平,但也可能造成实质不公平。比如甲、乙双方投资比例为20%、80%,建设过程中,减少建设面积3000平方米,如果平均分摊,各承担1500平方米,对甲方不公平,甲方占投资的20%,却要承担80%的损失。

最高人民法院制定的《国有土地使用权合同司法解释》采取按照合同约定的利润分配比例的方法分配实际建筑面积。

三、合作开发的房地产项目认定为违法建筑，被政府主管部门责令拆除，对于所造成的损失如何处理

在高额利润的诱惑下，房地产领域也成为不规范经营的高发区，其中以违反规划超建最为突出，超出建筑工程规划许可的部分属于违章建筑，对于违章建筑的处理，有两种方式：一是违反规划不严重的，且对公共利益影响不大，可以采取补救措施，当事人承担行政处罚后，使违章建筑合法化。二是严重违反规划，与社会公共利益相冲突，无法补救的，只能拆除。如有些城市，为了保护古城风貌，对于控制区域的建筑标高有严格控制，如果开发企业开发的建筑超过该控制标高，该建筑就只能拆除。

虽然此类纠纷在司法实践中不常见，但理论界、司法实务界对此认识不一，为了统一裁判尺度，最高人民法院在《国有土地使用权纠纷合同司法解释》中予以明确规定。

（1）协商解决。通过协商解决，相当于当事人之间又达成了一个新的协议，各方当事人均应当严格遵守。

（2）当事人协商不成的，按照过错确定责任。由一方过错造成的，该方承担全部损失，过错是由各方混合错造成的，按照责任大小承担损失。

（3）当事人的过错无法确定，按照投资比例承担责任。

（4）当事人的过错无法确定，且当事人没有约定投资比例的，按照利润分配比例确定责任。

四、不得请求分配房地产项目利益的情形

（一）依法应当经过政府主管部门的批准，未经批准的房地产项目，当事人请求分配项目利益的，人民法院不予受理，已经受理的，裁定驳回起诉

一般情况下，开工建设的房地产项目均应经过政府主管部门审批，均为合法项目，但也存在个别项目，未经审批开工建设，包括前些年如火如荼的“小产权房”项目，对于应当经政府主管部门审批的房地产项目，未经审批前，是违章建筑，有可能被责令拆除，如果人民法院对此进行裁决，没有任何意义，而且有损人民法院权威。

（二）房地产项目未取得建设工程规划许可，合作各方当事人请求分配项目利益的，不予受理，已经受理的，裁定驳回起诉

建设工程规划许可与建设用地规划许可不同，建设用地规划许可解决的是建设用地合法性的问题，是建设工程规划许可取得的前提。根据《城乡规划法》第 31 条的规定，建设单位或者个人在取得建设用地规划许可后，方可向县级以上人民政府土地管理部门申请用地。

建设单位和个人在取得建设工程规划许可后，才能申请施工许可证，才能施工建设。未取得建设工程规划许可的或者未通过建设工程规划许可，说明其建筑是违法建筑，人民法院不得受理当事人请求分配房地产项目的利益，已经受理的，裁定驳回起诉，人民法院不得对违法事项作出裁决。

《城乡规划法》第 40 条规定：“在城市、镇规划区内进行建筑物、构筑物、道路、管线和其他工程建设的，建设单位或者个人应当向城市、县人民政府城乡规划主管部门或者省、自治区、直辖市人民政府确定的镇人民政府申请办理建设工程规划许可证。申请办理建设工程规划许可证，应

当提交使用土地的有关证明文件、建设工程设计方案等材料。需要建设单位编制修建性详细规划的建设项目，还应当提交修建性详细规划。对符合控制性详细规划和规划条件的，由城市、县人民政府城乡规划主管部门或者省、自治区、直辖市人民政府确定的镇人民政府核发建设工程规划许可证。城市、县人民政府城乡规划主管部门或者省、自治区、直辖市人民政府确定的镇人民政府应当依法将经审定的修建性详细规划、建设工程设计方案的总平面图予以公布。”

因此对于当事人擅自改变建设工程规划的，在未经政府主管部门依法处理前，人民法院不得受理当事人请求分配房地产项目的诉讼，已经受理的，裁定驳回起诉。如果在诉讼过程中，当事人故意隐瞒擅自改变建设工程规划许可的事实，对于擅自改变建设工程规划许可造成的损失，由当事人按照过错承担损失。

五、房屋竣工验收与请求分配合作开发房地产利益的关系

（一）房屋竣工（综合）验收

1. 房屋验收的具体内容

（1）必须符合规定的建筑工程质量标准。我国对建筑工程有严格的质量管理，并且有一系列国家强制性标准，房屋建筑工程必须严格执行，包括土建、安装、人防、消防、电气等，以保证人民群众的生命和财产安全。

（2）完成了建设工程设计和合同约定的各项内容。

（3）有完整的工程技术经济资料和经签署的工程保修书。

（4）有施工单位签署的工程质量保修书。

（5）有材料、设备、构配件的质量合格证明资料和试验、检验报告。

（6）有勘察、设计、施工、监理单位等分别签署的质量合格文件。

《建筑法》第61条规定：“交付竣工验收的工程，必须符合规定的建设工程质量标准，有完整的工程技术经济资料和经签署的工程保修书，并具备国家规定的其他竣工条件。建筑工程竣工验收合格后，方可交付使用；未经验收或者验收不合格的，不得交付使用。”该条“其他竣工条件”指的是2000年1月30日国务院发布的《建设工程质量管理条例》第16条的规定。

2. 竣工验收的程序

（1）施工单位竣工预验。包括基层施工单位自验、项目经理组织验收、公司级验收。

（2）施工单位提交验收申请报告。施工单位向监理单位提交验收申请报告，监理单位收到后，应当根据合同要求、国家标准进行审核。

（3）监理工程师组织验收班子根据申请报告现场出验。

（4）由监理工程师牵头，组织建设单位、施工、设计单位进行正式验收。

3. 关于竣工综合验收

竣工综合验收的法律依据是1993年12月1日施行的《城市住宅小区竣工综合验收管理办法》。建设规模在2万平方米以上的新建住宅小区及组团要进行竣工综合验收。

（二）在房屋竣工（综合）验收前，当事人请求分配房屋的，人民法院应当受理

目前存在两种观点：

(1)不得受理,已经受理的,应当裁定驳回起诉。主要理由是:《建筑法》第61条规定:"……建筑工程经验收合格后,方可交付使用;未经验收或者验收不合格的,不得交付使用。"既然竣工验收合格前不得交付使用,那么人民法院对分配房屋作出裁决便没有实质意义,原告也不能使用,不能交付,支持原告请求的意义不大。如果人民法院裁决分配了房屋,还可能使未经验收合格的房屋流入市场,影响公共安全,因此对于此类房屋的分配,应当作出适当限制。

(2)应当受理,并依法作出裁决分配房屋。主要理由是:一是当事人只要符合民事诉讼法规定的起诉条件,人民法院就应当受理。二是只要项目经过人民政府主管部门批准,取得建设用地规划许可、建设工程规划许可、施工许可证,是否经过竣工(综合)验收,能否交付,与人民法院审理的分配房屋案件无关,不能因不能交付,就不受理,不裁决。三是人民法院受理并作出裁决,既有利于解决纷争,也有利于社会公共利益的维护。很多情况下,正因为合作各方发生纠纷,导致出现半截子工程,或烂尾楼,当事人无法通过协商解决,更谈不上配合进行验收,如果人民法院不受理,不裁决,当事人无法通过司法得到救济,只能通过自力救济,这样不仅会激化矛盾,同时还会涉及众多购房者的切身利益,影响社会稳定。当前学术界倾向采用此种观点。

六、当事人未足额缴纳出资的,按照当事人的实际投资比例分配利润

理论界与司法实务界存在三种观点:

第一种观点认为应当按照合同约定的利润分配比例分配利润。其理由为,当事通过合同对利润分配比例作出约定,依据意思自治原则,合同有约定就应当依照约定,如果既让违约方承担违约责任,又不按照利润分配比例分配利润,其承担的责任过重,不符合权利义务相一致的原则。

第二种观点认为应当按照当事人的实际投资比例分配。其理由为,出资义务是合作开发房地产合同最基本最重要的义务,没有投资就没有利润,一方或各方违反基本义务,其行为本身构成根本违约,之所以能产生利润,是足额出资方经过努力产生的,如果仍按照合同约定的利润分配比例分配,对守约方不公平。

第三种观点认为应当结合个案情况具体分析,采取综合标准。该观点认为第一种观点和第二种观点均有失偏颇,应当结合合同履行情况、投资情况、违约情形、过错程度等因素综合判断。

最高人民法院制定的《国有土地使用权合同司法解释》采取了第二种观点。

笔者认为,从统一裁决尺度的角度考虑,法律适用要有一个明确的标准,限制法官的自由裁量权,只能"一刀切"的规定一个标准。如果一方违约,应对守约方的保护充分有力,如果双方违约,也应按照同一标准裁决,公平合理,一视同仁。

第三种观点也有可取之处,主要在于合作开发房地产合同履行复杂,违约情况多发,且一般情况下,各方均有违约,结合个案情况裁决可能更切合实际。但最大的问题是,如果没有统一标准,可能会出现对守约方保护不足,对违约方制裁不足的问题,不利于法制统一和法官公正裁决,因此综合标准成了没有标准,反而有损司法权威,不能对社会起到良好的引导作用。

七、合作一方或各方不得将房屋预售款充作投资款

(一)合作开发房地产合同纠纷出现的原因

典型的合作开发房地产合同是一方出地,另一方出资,双方成立项目公司或利用其他房地产公司资质。一般情况下,出地的一方不参与管理,由出资一方控制整个开发过程。房地产开发周期长,资金量巨大,房屋预售是房地产融通资金的重要手段,因此控制开发项目管理的出资一方,便有机会利用管理之便,将房屋预售款充抵出资款,投入项目开发中。但有些合作项目发生争议后,产生了出资方将预售款占为已有,将出资款抽回的极个别现象。

在实务中,发生了一些纠纷上诉或向最高人民法院申请再审,最高人民法院审理该类型案件,并总结了审理经验,因为此类案件标的额大,影响大,是司法实务中的重大课题。

(二)理论界及司法实务界的不同观点

第一种观点是否定说。该观点的主要理由:一是维护合同的严肃性。合同当事人依据合同约定和法律规定产生的权利受法律保护;当事人依据有效成立的合同约定和法律规定产生的合同义务,具有强制性,必须履行。二是只有足额投资,才能保证利润分配的实现。三是确保权利义务对等,符合公平原则。四是将房屋预售款充抵投资款违反了公司法的规定,存在严重的逻辑错误。一般情况下,合作开发房地产所成立的项目公司,是独立法人,其财产具有责任性,预售款在性质属于项目公司法人的责任财产,而不是投资一方的财产,因此将预售款充抵投资款,违反公司法法人财产独立的规定,是股东滥用法人独立地位的行为,构成对项目公司的侵权。在会计制度上,预售款属于项目借款,一旦房屋无法交付,项目公司负有返还购房者的义务。

第二种观点是肯定说。该观点认为已经投入开发建设项目中的预售款,应作为合作双方的共同投资。对该部分投资比例的确定,合同有约定的按照约定,没有约定的,参照合同约定的投资比例确定。

最高人民法院制定的《国有土地使用权纠纷合同司法解释》采取了第一种观点。

(三)司法实务中应当注意的问题

1. 合作开发房地产合同对投资数额没有约定时如何处理

如果双方或各方对合作开发房地产合同中没有对投资数额作出约定,就不存在是否足额投入的问题,即使预售款投入到开发项目中,也不存在抵顶的问题。但不允许一方将该资金挪作他用。

2. 如果开发资金充足,是否有足额缴纳的必要

应当明确,双方只有在发生争议时,才会提出此问题,即开发资金充足,项目开发成功,有利润可供分配的,双方对利润分配发生争议,结合《国有土地使用权合同司法解释》第22条关于当事人未足额出资的,按照实际投资分配利润的规定,本条关于预售款不得充抵投资款的规定,就很好理解。这不是从经济角度考虑问题,而是从利润分配的角度作出明确规定,这样才能从根本上解决利润分配的纠纷。

第二节　权威案例指导

典型案例 1

【案件主题】合资、合作开发房地产合同中解除权的判断标准

兰州滩尖子永昶商贸有限责任公司等与爱之泰房地产开发有限公司合作开发房地产合同纠纷案

【案件来源】《最高人民法院公报》2015 年第 5 期

【审理法院】最高人民法院

【案件案号】(2012)民一终字第 126 号

【裁判日期】2012 年 12 月 29 日

【裁判要点】1. 在双务合同中,双方均存在违约的情况下,应根据合同义务分配情况、合同履行程度以及各方违约程度的大小等综合因素,判断合同当事人是否享有解除权。2. 综合全案情况看,爱之泰公司承担了联建项中的主要工作,并已经履行了大部分合同义务,案涉项目主体工程已经完工,在各方均存在违约的情况下,认定永昶商贸公司和农垦机电公司享有法定解除权,无事实和法律依据,并导致合同双方利益的显著失衡。3. 根据《合同法》第 112 条的规定,当事人一方不履行合同义务或者履行合同义务不符合约定的,在履行义务或采取补救措施后,对方还有其他损失的,应当赔偿损失。因此,合同继续履行并不影响各方要求对方承担违约责任的权利。

典型案例 2

南昌新洪房地产综合开发有限公司与江西省南昌百货总公司、湖南赛福尔房地产开发公司合资、合作开发房地产合同纠纷再审案

【案件来源】《最高人民法院公报》2013 年第 1 期

【审理法院】最高人民法院

【案件案号】(2011)民申字第 777 号

【裁判日期】2011 年 12 月 20 日

【裁判要点】1. 在审理合作开发房地产纠纷时，判断争议房屋产权的归属应当依据合作协议的约定以及房地产管理部门的登记情况全面分析。在没有证据证明双方变更了合作协议约定的情况下，一方当事人仅以对方偿还部分债务或向对方出借款项、对争议房产享有优先受偿权，以及“五证”登记在其名下等事实为由，主张确认全部房产归其所有的，人民法院不予支持。2. 合作双方在签订合作合同之后，合作项目在双方共同努力之下得到优化变更，建筑面积在土地面积不变的情况下因容积率变化得以增加。由于土地价值与容积率呈正相关，提供土地一方的出资部分因为容积率增加而增值，其应当分获的房产面积应当相应增加，该方当事人可以按照合同约定的分配比例请求分新增面积部分。当事人对于应当分得的但是未实际获得的不足部分，如果让另一方实际交付已经不现实，可以根据市场行情认定部分房产的价值，由另一方以支付现金的方式补足部分面积差。

典型案例 3

吉林省东润房地产开发有限公司与吉林佳垒房地产集团有限公司、第三人大商股份有限公司合资、合作开发房地产合同纠纷案

【案件来源】《最高人民法院公报》2013 年第 4 期

【审理法院】最高人民法院

【案件案号】(2010)民一终字第 109 号

【裁判日期】2011 年 10 月 31 日

【裁判要点】双方当事人在签订合同后、履行合同过程中，因情况变化，又签订了多份补充协议修改原合同约定的，只要补充协议是当事人的真实意思表示，协议内容符合法律规定，均应当认定有效。当事人对多份补充协议的履行内容存在争议的，应当根据协议之间的内在联系，以及协议中约定的权利义务分配的完整性，并结合补充协议签订和成立的时间顺序，根据民法的公平和诚实信用原则，确定协议的最终履行内容。

典型案例4

【案件主题】非因双方当事人原因导致合作开发房地产合同解除的,出资方享有相应的土地增值收益

上诉人方某通与上诉人福州宏发房地产有限公司合作开发房地产合同纠纷二审案

【案件来源】《民事审判指导与参考》2015年第2辑

【审理法院】最高人民法院

【案件案号】(2013)民一终字第20号

【裁判日期】2013年12月20日

【裁判要点】合资合作开发建设房地产项目中,双方已按照约定将各自的土地和资金投入合作项目中,即成为共享利益、共担风险的利益共同体。非因双方当事人原因导致合同解除的,出资方有权共享合作期间合作项目形成的相应权益包括土地增值部分。出资方未全部出资到位的,如无特别约定,应根据权利义务一致原则,以各方实际出资比例确定各自应享有的项目权益。

第三节 实务操作指南

一、在合同有效的前提下,才存在合作开发房地产的分配问题

在合同成立并有效的前提下,才存在合同履行过程中的分配问题,依法成立并生效的合同对各方当事人均有约束力,即合同严守原则,各方均应全面履行合同义务,如果未履行或未适当履行合同义务,应当承担违约责任。

如果合同无效,则不存在合同履行过程中的分配问题,也不存在承担违约责任的问题,只存在恢复原状,恢复到合同履行前的状态,不能恢复原状的,折价赔偿。因合同无效造成损失的,根据过错承担相应的责任。

二、坚持合同严守原则,坚持契约精神,各方当事人按照约定履行合同义务

《合同法》第8条规定:"依法成立的合同,对当事人具有约束力。当事人应当按照约定履行自己的义务,不得擅自变更或者解除合同。依法成立的合同,受法律保护。"

合同的法律约束力,是合同法赋予的。合同之所以有约束力,是因为当事人的意志与国家意志相一致,可见法律的约束力来源有二:一是当事人受自己意志的约束;二是国家意志,即约束当事人意志的意志。

合同的法律约束力的主要内容包括对合同当事人的约束力和对第三人的法律约束力。

1. 对合同当事人的约束力

包括5个方面内容:(1)当事人负有依合同约定,适当、完全履行合同的义务。(2)当事人不得擅自变更或解除合同。(3)当事人享有法律规定和合同确定的权利。(4)当事人应当根据合同的性质、目的和交易习惯履行法律规定的附随义务。(5)当事人不履行义务或者履行义务不符合合同约定的,应当承担违约责任。违约责任的确定,是对合同法律约束力的法律保障,违约责任一经人民法院或仲裁机构裁决,就具有强制执行性,即合同约束力具有强制性。

2. 合同对第三人的约束力

在一般情况下,合同因为是当事人之间的债权债务关系,不会涉及第三人的利益,这就是合同的相对性原则。但是现代国家对这一原则进行了调整,适当地突破了合同的相对性原则。合同对第三人法律约束力主要体现在:(1)《合同法》第64条、第65条规定的向第三人履行和第三人代为履行(第三人清偿)。(2)第三人负有允许债权人行使代位权和撤销权的义务。

三、正确适用法律,准确认定合同解除条件,慎重解除合同

(一)精准把握立法精神

合同解除包括:协商解除、约定解除、法定解除。其中协商解除基于双方合意,不难解决,而约定解除权却很复杂,解除条件是否成就、如何行使、行使期限、解除后果都需要深入分析,详加考察。而法定解除则是难中之难,《合同法》第94条规定的5种法定解除权的情形,具有相当大的自由裁量的空间,不同的法官会有不同的认识,不同层级的法院会有不同的认识,即所谓的智者见智,仁者见仁。法定解除包括:不可抗力、预期违约、迟延履行、合同目的无法实现、其他情形。《合同法》第94条规定了法定解除权的情形,该条内容适用于所有合同,我们称其为一般法定解除权;除此之外,《合同法》分则以及其他特别法就各类型的有名合同的解除作了专门规定,但仅能分别适用于特定类型的合同,我们称其为特殊法定解除权。

(二)司法实务中的不同认识

无论是标的额巨大的合同,还是标的额相对较小的合同,合同解除都会对当事人的利益产生巨大的影响,尤其是合作开发房地产合同,动辄几千万元,甚至上亿元,合同解除对各方主体都会产生非常大的影响,对自然人或企业来讲,可以说是生死攸关。

法定解除的5个情形,都需要法官根据个案情况进行衡量。不可抗力的认定,目前理论界和实务界并无统一的成熟的认定标准,导致个案判决出现很大差异;另外,即使存在不可抗力,是否影响合同全部不能履行,也需要全面考量。预期违约是英美法的概念,我国1999年《合同法》将其引入中国,该制度还需要在实践中总结,何为到期不能履行主要债务,人民法院经过近20年实践,还需要进一步总结出统一、权威、便于操作和把握的标准。

本章第二节权威案例指导典型案例1“兰州滩尖子永昶商贸有限责任公司等与爱之泰房地产开发有限公司合作开发房地产合同纠纷案”中,一审法院与二审法院的认识完全不同,对当事人的利益影响巨大。

第四节 法律法规整合

《国有土地使用权合同司法解释》

第 18 条 房屋实际建筑面积少于合作开发房地产合同的约定，对房屋实际建筑面积的分配比例，当事人协商不成的，按照当事人的过错确定；因不可归责于当事人的事由或者当事人过错无法确定的，按照约定的利润分配比例确定。

第 19 条 在下列情形下，合作开发房地产合同的当事人请求分配房地产项目利益的，不予受理；已经受理的，驳回起诉：

（一）依法需经批准的房地产建设项目未经有批准权的人民政府主管部门批准；

（二）房地产建设项目未取得建设工程规划许可证；

（三）擅自变更建设工程规划。

因当事人隐瞒建设工程规划变更的事实所造成的损失，由当事人按照过错承担。

第 20 条 房屋实际建筑面积超出规划建筑面积，经有批准权的人民政府主管部门批准后，当事人对超出部分的房屋分配比例协商不成的，按照约定的利润分配比例确定。对增加的投资数额的承担比例，当事人协商不成的，按照约定的投资比例确定；没有约定投资比例的，按照约定的利润分配比例确定。

第 21 条 当事人违反规划开发建设的房屋，被有批准权的人民政府主管部门认定为违法建筑责令拆除，当事人对损失承担协商不成的，按照当事人过错确定责任；过错无法确定的，按照约定的投资比例确定责任；没有约定投资比例的，按照约定的利润分配比例确定责任。

第 22 条 合作开发房地产合同约定仅以投资数额确定利润分配比例，当事人未足额交纳出资的，按照当事人的实际投资比例分配利润。

第 23 条 合作开发房地产合同的当事人要求将房屋预售款充抵投资参与利润分配的，不予支持。

第三章　合作开发房地产合同的转性

【一级案由】合同、无因管理、不当得利纠纷

【二级案由】合同纠纷

【三级案由】房地产开发经营合同纠纷

【四级案由】项目转让合同纠纷

第一节　法律要点详解

一、合作开发房地产合同转性的立法背景

（一）合作开发房地产合同的必备要件

我们在本编第一章“合作开发房地产合同的效力”中已经对合作开发房地产合同的法律特征进行了阐述，我国目前立法将合作开发房地产合同定性为联营合同，同时又与联营合同有所差别，《民法通则》取四要素说，即共同出资、共同经营、共享利润、共担风险。最高人民法院2005年颁布的《国有土地使用权合同司法解释》采取的是三要素说，即共同出资、共享利润、共担风险。没有将“共同经营”作为合作开发房地产合同的要素，这符合房地产开发的实际情况。

（二）“保底条款”的法律沿革

1. 关于联营纠纷的法律适用，首先适用1987年1月1日施行并于2009年8月27日修正的《民法通则》。该法第51～53条对联营作出了规定，但只限于企业之间或企业与事业单位之间，未包括自然人，将联营分为法人型联营、合伙型联营、协作型联营，但规定的相对原则，可操作性不强。

2.《最高人民法院关于审理联营合同纠纷案件若干问题的解答》（以下简称《解答》）对联营合同纠纷作出具体规定。主要包括9个方面问题：（1）关于联营合同纠纷案件的受理问题；（2）关于联营合同纠纷案件的管辖问题；（3）关于联营合同的主体资格认定问题；（4）关于联营合同中的保底条款问题；（5）关于在联营期间退出联营的处理问题；（6）关于联营合同的违约金、赔偿金的计算问题；（7）关于联营合同解除后的财产处理问题；（8）关于无效联营收益的处理问题；（9）关于联营各方对联营债务的承担问题。

（1）联营主体的扩大。联营合同的主体应当是实行独立核算，能够独立承担民事责任的企业法人和事业法人。个体工商户、农村承包经营户、个人合伙，以及不具备法人资格的私营企业和其他经济组织与企业法人或者事业法人联营的，也可以成为联营合同的主体。

（2）保底条款的规定应当认定无效。①联营合同中的保底条款，通常是指联营一方虽向联营体投资，并参与共同经营，分享联营的盈利，但不承担联营的亏损责任，在联营体亏损时，仍要收回其出资和收取固定利润的条款。保底条款违背了联营活动中应当遵循的共负盈亏、共担风险的原则，损害了其他联营方和联营体的债权人的合法权益，因此，应当确认无效。联营企业发生亏损的，联营一方依保底条款收取的固定利润，应当如数退出，用于补偿联营的亏损，如无亏损，或补偿后仍有剩余的，剩余部分可作为联营的盈余，由双方重新商定合理分配或按联营各方的投资比例重新分配。②企业法人、事业法人作为联营一方向联营体投资，但不参加共同经营，也不承担联营的风险责任，不论盈亏均按期收回本息，或者按期收取固定利润的，是名为联营，实为借贷。违反了有关金融法规，应当确认合同无效。除本金可以返还外，对出资方已经取得或者约定取得的利息应予收缴，对另一方则应处以相当于银行利息的罚款。③金融信托投资机构作为联营一方依法向联营体投资的，可以按照合同约定分享固定利润，但亦应承担联营的亏损责任。

3. 关于无效联营收益的处理问题。联营合同被确认无效后，联营体在联营合同履行期间的收益，应先用于清偿联营的债务及补偿无过错方因合同无效所遭受的经济损失。当事人恶意串通，损害国家利益、集体或第三人的合法利益，或者因合同内容违反国家利益或社会公共利益而导致联营合同无效的，根据《民法通则》第 61 条第 2 款和第 134 条第 3 款规定，对联营体在联营合同履行期间的收益，应当作为非法所得予以收缴，收归国家、集体所有或者返还第三人，对联营各方还可并处罚款；构成犯罪的，移送公安、检察机关查处。

（三）对“保底条款”无效的再认识

《民法通则》及《解答》对司法实践产生了深远的影响，理论界及实务对于“保底条款”的规定进行了深入的思考，尤其是随着 1999 年 10 月 1 日《合同法》的施行，对“保底条款”的讨论更深入、更广泛，随着立法取得巨大进展，法学理论研究也提升到更高层次，结合审判实践，对合作协议中的“保底条款”进行再认识很有必要。

《合同法》第 1 条规定了立法目的：“为了保护合同当事人的合法权益，维护社会经济秩序，促进社会主义现代化建设，制定本法。”合同法确定了鼓励交易的原则，鼓励合法、自由、自主自愿的交易。《合同法》鼓励交易原则主要表现在：一是严格限制无效合同的范围。合同法规定的合同无效主要体现在违反法律行政法规的强制性规范、损害社会公共利益、以合法形式掩盖非法目的等几类合同；对于一方欺诈、胁迫或乘人之危，使对方违背真实意思订立的合同，允许当事人变更。二是可撤销的合同中，倡导变更而不是撤销使合同无效。《合同法》第 54 条规定，当事人请求变更合同的，人民法院或仲裁机构不得撤销。三是严格限制解除合同的条件和适用。《合同法》第 6 章规定“合同的权利义务终止”，其中关于合同解除有 5 个条文，严格限制了解除合同的条件。对于合同解除的形式、通知、法律后果作出明确规定，目的是促进交易。四是对无名合同采取宽容态度。《合同法》第 124 条规定，对于无名合同，应当适用合同法总则及参照最相类似的合同处理。合同法只规定了典型的广泛应用的 15 类有名合同，而社会经济生活的复杂，无名合同可能不下几百种之多，不是立法能穷尽的，从立法技术角度，不可能对所有的合同的一一列明，合同法明确了鼓励交易的原则，无名合同只要符合合同法的基本原则、订立规则及生效要件，就应当确定为合法有效的合同，不得认定无效，从而保护当事人的合法权益，促进社会经济发展。

（四）合作开发房地产合同中的 4 种“保底条款”不应认定为无效，应当对合同作转性认定

最高人民法院在制定《国有土地使用权合同司法解释》的过程中，对于“保底条款”的认识也存在 5 种观点：第一种观点是延续以往的观点，即依据《民法通则》《解答》的规定，一律认定无效。第二种观点是一律有效说。认为合作合同中的“保底条款”是当事人真实意思表示，与国家利益、社会公共利益无关，是当事人的私权利，不应当认定无效，应当认定有效。第三种观点认为，双方或各方如果设立项目公司，各方的投资转化为股东或发起人的出资，应当认定为公司的责任财产，即具备了“共担风险”的特征，应当受《公司法》调整。第四种观点认为应当根据合作的房屋是否建成确定合同的效力。如果合作的房屋能够建成，合同各方约定分配“合作成果”，则在客观上就是共担风险，合同应认定有效；如果房屋未建成，这一类合同不应作转性处理。第五种观点认为应作转性处理，即转化为土地使用权转让合同、房屋买卖合同、房屋租赁合同、借款合同。

最高人民法院制定的《国有土地使用权合同司法解释》最终采纳了第五种观点。应当指出的是，转性的合同并非全部有效，应当依据法律对该转性后的合同的规定，来认定合同的效力。

二、名为合作开发房地产合同实为土地使用权转让合同

（一）司法解释的规定

《国有土地使用权合同司法解释》第 24 条规定：“合作开发房地产合同约定提供土地使用权的当事人不承担经营风险，只收取固定利益的，应当认定为土地使用权转让合同。”

（二）适用中应注意的具体问题

1.“固定利益”的理解。此处的“固定利益”不能作狭义的理解，应当作广义的理解，即包括金钱在内的全部利益。

2.“不承担经营风险”应当从合同内容作出实质认定，不要拘泥于约定的字面表达，只要合同内容实质上是不承担经营风险，享有固定利益，就应当认定为不承担合作风险。

3. 关于转化后的土地使用权转让合同的受让人的认定问题

转化后的土地使用权转让合同的转让人很好认定，就是拥有土地使用权的当事人，但对于受让人的认定，需要区分以下两种情况。

（1）双方没有设立项目公司（房地产开发企业），项目开发建设由一方负责

典型的合作开发房地产合同是一方出地，另一方出资。合作协议签订后，将土地使用权变更至出资一方名下，出资方即为受让人。司法实务中还有一种情况是土地使用权未变更至出资方名下，而是仍然保留在原土地使用权人名下，并且房屋已经销售给购房人，这种情况下从双方

权利义务的内容来看,应当认为土地使用权已经转移至出资方,并且由出资方转移至购房人。

(2)双方或各方设立项目公司(房地产开发企业)的,应当区分内部效力与外部效力

从对外效力来讲,合作开发房地产开发合同约定将土地使用权转移至项目公司名下,即受《公司法》调整,该土地使用权成为项目公司的责任财产,独立于合作双方或各方,作为公司的责任财产对债权人承担有限责任。

但就合作双方或各方内部来讲,不能认为土地使用权已经转移至项目公司,主要理由:一是土地转让合同系合作开发房地产合同辗转而来;二是双方或各方虽然设立了项目公司,但真实意思仍然是转让土地使用权。

三、名为合作开发房地产合同实为房屋买卖合同

(一)司法解释的规定

《国有土地使用权合同司法解释》第25条规定:"合作开发房产合同约定提供资金的当事人不承担经营风险,只分配固定数量房屋的,应当认定为房屋买卖合同。"

(二)适用中应注意的具体问题

1."固定数量的房屋"的法律界定

买卖合同是出卖人将所有权转移至买受人,买受人支付价款的合同。买卖合同是典型的双务、有偿、诺成、非要式合同,出卖人的主要义务是转移所有权至买受人,买受人的主要义务是支付价款。需要指出的是,动产所有权自交付之时转移,不动产所有权需要办理物权登记才能发生物权效力,物权法区分了物权变动的原因与结果,未办理物权登记的,不影响债权合同的效力。

司法解释中的房屋买卖合同系从合作开发房地产合同转化而来,应当符合买卖合同的法律特征,即原土地使用权人应当向资金提供方转移房屋所有权。

2.房屋买卖合同的效力

(1)转性合同中的房屋不能等同于商品房

最高人民法院《商品房买卖合同司法解释》第1条规定:"本解释所称的商品房买卖合同,是指房地产开发企业(以下统称为出卖人)将尚未建成或者已经竣工的房屋向社会销售并转移房屋所有权于买受人,买受人支付价款的合同。"

商品房买卖具有销售主体特定性、买受人为不特定的社会公众的特征,其交易行为公开化、社会化。

合作开发房地产合同转化为房屋买卖合同,与一般的商品房买卖合同有很大的不同,除了具有一般买卖合同的基本特征外,不具有买受人为不特定性的社会公众的特征,买受人为土地使用权转让人,且不具有社会化、公开化的特征,只发生在特定主体之间。

(2)未取得预售许可证的转性的房屋买卖合同是否有效

①取得商品房预售许可的条件

《城市房地产管理法》第45条规定:"商品房预售,应当符合下列条件:(一)已交付全部土地使用权出让金,取得土地使用权证书;(二)持有建设工程规划许可证;(三)按提供预售

的商品房计算，投入开发建设的资金达到工程建设总投资的百分之二十五以上，并已经确定施工进度和竣工交付日期；（四）向县级以上人民政府房产管理部门办理预售登记，取得商品房预售许可证明。商品房预售人应当按照国家有关规定将预售合同报县级以上人民政府房产管理部门和土地管理部门登记备案。商品房预售所得款项，必须用于有关的工程建设。”

②未取得预售许可证的商品房买卖合同无效

商品房销售牵涉千家万户，不仅是简单的买卖问题，更是国计民生的大问题，是百姓的根本生计问题。建立商品房预售许可证制度是国家对房地产市场管理的重要手段，是商品房预售合同的必备条件，这是因为预售合同订立时，买卖的房屋尚在建设当中，为了维护交易秩序，为了保护广大购房人的利益，防止国家在国有土地上利益受到损害，维护社会稳定，所以国家对商品房预售行为有特殊的要求和规定。

最高人民法院《商品房买卖合同司法解释》第 2 条规定：“出卖人未取得商品房预售许可证明，与买受人订立的商品房预售合同，应当认定无效，但是在起诉前取得商品房预售许可证明的，可以认定有效。”

③合作开发房地产合同转性为房屋买卖合同后不能依据商品房预售的规定认定无效

合作开发房地产合同转性为房屋买卖合同后，具有主体特定性、目的特定性、不公开性、无社会化的特点，一般只存在于合作各方主体之间，属于私权范畴，应当尊重当事人的意思自治，司法不必过多干预。从实务角度看，转性的房屋买卖合同中的房屋，大多数均未建设或建设完成，根本不可能取得商品房预售许可证，如果等同于预售商品房，那么绝大多数此类合同均应认定为无效合同。鉴于此类合同不具有利益的广泛性和重大性，与社会利益无关，所以从立法的目的看，没有必要将此类房屋买卖行为纳入预售许可证制度范畴内进行管理，因此，不能因未取得预售许可而认定该类房屋买卖合同无效。需要指出的是，除了预售许可证制度外，这类合同也并非一律有效，对于此类合同效力的认定，仍需要依据《合同法》《城市房地产管理法》《土地管理法》等法律及行政法规的规定，对合同效力作出认定。

四、名为合作开发房地产合同实为借款合同

（一）司法解释的规定

《国有土地使用权合同司法解释》第 26 条规定：“合作开发房地产合同约定提供资金的当事人不承担经营风险，只收取固定数额货币的，应当认定为借款合同。”

合作开发房地产合同应当具备“共同投资、共享利润、共担风险”的法律特征，如果提供投资的一方不承担经营风险，只收取固定数额的货币，收取的货币数额高于投资额的，且该收取行为不取决于合作开发的房地产项目的赢利与亏损，这与合作开发房地产合同的“共担风险”的法律特征不相符，因此当事人之间的真实意思已经不是合作开发房地产，而是融资行为，应认定为民间借贷。

（二）适用中应注意的具体问题

1. 关于借款合同的效力问题

（1）法律、行政法规、部门规章、司法解释关于企业间融资行为的禁止性规定，主要规定在

《商业银行法》第 81 条第 1 款、《银行业监督管理法》第 19 条、《现金管理暂行条例》第 21 条、《储蓄管理条例》第 8 条、《非法金融机构和非法金融业务活动取缔办法》第 5 条、《贷款通则》第 61 条、《中国人民银行关于对企业借贷问题的答复》、《解答》、1996 年《最高人民法院关于企业相互借贷的合同出借方尚未取得约定利息人民法院应当如何裁决问题的解答》、1996 年《最高人民法院关于对企业借贷合同借款方逾期不归还借款应如何处理的批复》、1997 年《最高人民法院关于审理存单纠纷案件的若干规定》，以上法律、行政法规、部门规章、司法解释，均对企业间借贷作出了强制性规定，不允许企业间借贷。

（2）《解答》的适用问题

《解答》第四部分第 2 项规定：企业间融资行为认定无效。《解答》施行时间为 1990 年 11 月 12 日，出于维护金融监管秩序的需要，在当时的社会环境下，禁止企业间的融资行为借贷行为。《解答》中关于借贷内容的条款，因与上位法《公司法》《合同法》的规定相冲突，且与 2015 年 9 月 1 日施行的最高人民法院《民间借贷司法解释》的规定相冲突，此类条款不应再继续适用。

（3）《最高人民法院关于人民法院审理借贷案件的若干意见》的适用问题

《最高人民法院关于人民法院审理借贷案件的若干意见》第 1 条规定："公民之间的借贷纠纷，公民与法人之间的借贷纠纷以及公民与其他组织之间的借贷纠纷，应作为借贷案件受理。"该规定将民间借贷限定于公民之间或公民与法人之间或公民与其他组织之间，将企业之间借贷排除在外。《最高人民法院关于人民法院审理借贷案件的若干意见》已经被《民间借贷司法解释》废止，故其所规定的民间借贷的主体范围已不再适用。

（4）《最高人民法院关于对企业借贷合同借款方逾期不归还借款应如何处理的批复》的适用问题

因与《民间借贷司法解释》的立法精神、宗旨和原则不相符合，已不再适用。

（5）对于民间借贷合同效力的问题应适用《合同法》、《物权法》、《担保法》、《民间借贷司法解释》（2015 年 9 月 1 日施行）

《民间借贷司法解释》规定了民间借贷的主体范围："本规定所称的民间借贷，是指自然人、法人、其他组织之间及其相互之间进行资金融通的行为。经金融监管部门批准设立的从事贷款业务的金融机构及其分支机构，因发放贷款等相关金融业务引发的纠纷，不适用本规定。"

《民间借贷司法解释》规定了企业间借贷的效力："法人之间、其他组织之间以及它们相互之间为生产、经营需要订立的民间借贷合同，除存在合同法第五十二条、本规定第十四条规定的情形外，当事人主张民间借贷合同有效的，人民法院应予支持。"

《民间借贷司法解释》规定了民间借贷合同无效的情形："（一）套取金融机构信贷资金又高利转贷给借款人，且借款人事先知道或者应当知道的；（二）以向其他企业借贷或者向本单位职工集资取得的资金又转贷给借款人牟利，且借款人事先知道或者应当知道的；（三）出借人事先知道或者应当知道借款人借款用于违法犯罪活动仍然提供借款的；（四）违背社会公序良俗的；（五）其他违反法律、行政法规效力性强制性规定的。"

2. 关于借款合同的利息问题

应当适用《民间借贷司法解释》关于利息的规定，主要包括以下几点：

(1)借贷双方约定的利率按照以下标准处理:①借贷双方约定的利率未超过年利率24%,出借人有权要求借款人支付利息;②借贷双方约定的利率超过年利率24%但未超过年利率36%,借款人已经支付的,出借人无须返还,但不能要求借款人按约定支付剩余未支付的利息;③借贷双方约定的利率超过年利率36%,超过的部分无效。

(2)自然人之借贷对利息约定不明,出借人主张支付利息的,人民法院不予支持。

(3)除自然人之间借贷的外,借贷双方对借贷利息约定不明,出借人主张利息的,人民法院应当结合民间借贷合同的内容,并根据当地或者当事人的交易方式、交易习惯、市场利率等因素确定利息。

(4)出借人可以借期内利率向借款人主张逾期还款利息,但不得超过年利率24%。

(5)借贷双方未约定借期内的利率,也未约定逾期利率,出借人可以年利率6%向借款人主张逾期还款利息。

五、名为合作开发房地产合同实为房屋租赁合同

(一)司法解释的规定

《国有土地使用权合同司法解释》第27条规定:"合作开发房地产约定提供资金的当事人不承担经营风险,只以租赁或者其他形式使用房屋的,应当认定为租赁合同。"

同前三个转性合同的规定一样,提供资金的一方无论合作房地产项目的效益如何、是否盈利,均取得一定数量的房屋的租赁或其他形式的使用权,与合作开发房地产要求的"共担风险"的特征不相符,但是具备租赁合同的基本特征,应当将合作开发房地产合同认定为租赁合同,按照《合同法》第十三章"租赁合同"的规定处理。

(二)适用中应注意的具体问题

1. 转化的租赁合同的特殊性问题

合作开发房地产合同转化为租赁合同,并非预约,也不是附生效条件的合同,而是一种具有特殊履行特征(非即时性)的合同,在本质上仍属于一般意义上的租赁合同。与一般租赁合同要求的租赁物特征略有不同,此类租赁合同的标的物为在建工程,通常理解为不具有特定性。需要指出的是,不能机械地理解此类合同关于特定性的规定,一般情况下合作开发合同均会明确提供用于租赁或使用的房屋的面积、套数、位置等,还会在图纸中确认,在建设过程中如果发生变更,也会进行相应的确认,因此应当认为此类租赁合同的标的物也是确定的。

2. 关于租赁期限的问题

(1)实务中的困惑:《合同法》第214条规定:"租赁期限不得超过二十年。超过二十年的,超过部分无效。租赁期间届满,当事人可以续订租赁合同,但约定的租赁期限自续订之日起不得超过二十年。"

此类合同关于租赁期间的问题,是非常复杂的问题,实务中的具体作法与法律规定相矛盾。一般情况下,合作开发房地产中提供资金方要求租赁房屋或以其他形式使用房屋,均是指要求在房屋合理使用期限内使用,而房屋的合理使用期限会远远超过20年。

(2)第一种情况:如果当事人在合同中约定在房屋的合理使用期限内均有权租赁或使用,

能否依据《合同法》的规定认定超过20年部分无效。

最高人民法院采用了合同无效的观点，①“如果合同中明确写明了租赁或者使用房屋的期限，则可以根据《合同法》第214条以及第236条之规定，对超过20年的部分认定无效”。

笔者认为，此种规定对于承租人的保护不利，此处的承租人与一般意义上的承租不同，一般情况下，房地产合作合同的投资方已经支付了房屋合理使用期限内的全部租金，远远超过20年的使用费用，按照《合同法》第236条的规定，租赁期间届满，承租人继续使用租赁物，出租人没有提出异议的，原租赁合同继续有效，但租赁期限为不定期。对于不定期租赁合同，当事人可以随时解除合同，但出租人解除合同应当在合理期限之前通知承租人。这对承租人相当不利，也不符合公平原则，房屋合理使用期限在几十年以上，而租金水平会随着时间的推移逐年增长，不赋予合作开发房地产出资方的强制性缔约权利，出租方在20年后，不续订合同，将导致出资方权益严重受损。

(3)第二种情况：如果当事人在合同中约定租赁期限为20年，到期后承租人继续租赁20年，以此类推，且不需要支付租金。这种情况下，司法应当充分尊重当事人的意思自治，这是当事人对私权的处置，法律未禁止支付房屋合理使用年限的租金。

3. 租金问题

合作开发房地产合同转化为房屋租赁合同后，其租金与一般的租赁合同具有很大的不同，一般的租赁合同是季度付或半年付或一年付，很少有几年付的，更没有一次性付清房屋合理使用期限内的全部租金的。

法律对于一次性预付租金没有禁止性要求，应当承认其法律效力。但问题是租赁最长期限20年到期后，出租方拒绝出租，承租人已经支付的富余的租金是否应当退还？如何退还？

最高人民法院的观点认为：②应当以房地产评估部门对同等地段同种用途房屋租金的评估标准确定每期(一般按月)租金量，乘以承租人实际承租期限确定是否存在富余租金。如果尚有富余，出租人在返还余富租金时应当支付该款项的利息。尽管依此确定的每笔租金或许漏记日后物价上涨因素，但应当看到，此类合同的转性认定，可能在事实上造成当事人之间的权利义务的不平衡，所以应当在相关纠纷的处理中注意保护承租人的权利。

4. 转性的房屋租赁合同的对外效力问题

合作开发房地产合同转性为房屋租赁合同，与一般的租赁合同不同，其主要是由合作双方或各方达成，如果房屋在交付合作开发房地产提供资金的一方当事人之前，已经出售给第三人，则适用善意取得制度，对第三人的利益予以保护。对于提供资金一方的损失，则依据双方的合同约定或合同法的规定予以处理。

同样，合作开发房地产合同的资金提供方也不得主张优先购买权。如果在承租期间，所有权发生变更，则资金提供方可依据“买卖不破租赁”的原则要求继续承租，因为虽然没有明确的租赁合同，但资金提供方使用房屋的事实，为外界所知，房屋买受人应尽到审慎义务，不

---

① 参见最高人民法院民事审判一庭编著：《最高人民法院国有土地使用权合同纠纷司法解释的理解与适用》，人民法院出版社2015年版，第253页。

② 参见最高人民法院民事审判一庭编著：《最高人民法院国有土地使用权合同纠纷司法解释的理解与适用》，人民法院出版社2015年版，第255页。

能将隐藏行为(内部承租行为)的对外效力否至零,否则,有失公允,会纵容合作开发合同一方当事人的恶意违约行为。

第二节　权威案例指导

典型案例

【案件主题】合资合作开发房地产合同转化为土地使用权转让合同的认定标准

陈某、皮某勇诉重庆碧波房地产开发有限公司、夏某均、重庆奥康置业有限公司合同纠纷案

【案件来源】《最高人民法院公报》2010年第10期

【审理法院】最高人民法院

【案件案号】(2009)民申字第1760号

【裁判日期】2010年5月31日

【裁判要点】1. 根据最高人民法院《国有土地使用权合同司法解释》第24条的规定,合作开发房地产合同约定提供土地使用权的当事人不承担经营风险,只收取固定利益的,应当认定为土地使用权转让合同。当事人自行约定的合同名称不影响对合同性质的认定。2.《合同法》第52条规定:"有下列情形之一的,合同无效:……(二)恶意串通,损害国家、集体或者第三人利益……"根据前述规定,法人与他人恶意串通签订合同,表面上损害法人自身利益,实质上损害第三人利益的,第三人有权提起确认合同无效之诉。3. 对于前述条款中"恶意串通"行为的认定,应当分析合同双方当事人是否具有主观恶意,并全面分析订立合同时的具体情况、合同约定内容以及合同的履行情况,在此基础上加以综合判定。

第三节　实务操作指南

一、积累审判经验,解决司法实务中的难点问题

房地产行业自20世纪90年代兴起以来,在近30年间获得了空前的大发展,在国民经济中的比重很高,投资额也在高位运行,成为国民经济的重要支柱。

以2017年为例:全国商品房销售额达到了133,701亿元,占全年GDP总量827,122亿元的16.16%,商品房销售面积169,408万平方米,平均销售价格7892元/平方米,房地产开发投资总额109,799亿元。

应当指出，上述数据尚未包括存量二手房交易，也未包括廉租房、单位集资房、经济适用房的建设，也未包括军产房的销售。

开发房地产需要巨额资金，且使用周期长，加之融资难融资贵，合作开发房产成为业界具有普遍意义的经营形式，也导致纠纷多发。最高人民法院在制定《国有土地使用合同司法解释》的过程中，广泛征求社会各界的意见，听取有关职能部门的建议，在积累审判经验的基础上，利用4个条文解决了合作开发房地产合同的转性问题，将名为合作开发房地产合同，实为土地使用权转让合同、房屋买卖合同、借款合同、租赁合同予以界定。

2005年制定的《国有土地使用权合同司法解释》施行以来，统一了裁判尺度，树立司法权威，统一了法律适用，保障了房地产的发展秩序。但同时应当指出，十余年来，房地产业获得了空前的发展，社会经济生活发生了巨大变化，合作开发房地产的形式也发生了很大变化，出现了新情况、新问题，需要进一步总经审判经验，以指导案例、公报案例的形式指导各级人民法院的审判工作。

二、贯彻立法精神，正确适用法律，公平解决纠纷

最高人民法院2005年制定的《国有土地使用权合同司法解释》的依据是《民法通则》《合同法》《土地管理法》《城市房地产管理法》等法律规定，结合审判实践，目的是解决国有土地使用权纠纷的法律适用问题，规范房地产市场交易行为，促进房地产市场的健康发展。

司法解释规定的4种转化形式也是实务中的典型情形，司法解释不可能规定出各种形式结合的情形，也不可能穷尽所有的情况，在审判实践中，要运用《民法通则》《合同法》《土地管理法》《城市房地产管理法》等法律的原则、规定，同时要考虑国家的土地、房地产的政策，能动司法，具体解决司法实践中的复杂问题。

房地产作为不动产，属于民事财产权的范畴，应由物权法进行调整。现行的《土地管理法》和《城市房地产管理法》作为行政性法律，主要是从行政管理的角度对房地产的开发经营行为加以规定。但2005年制定《国有土地使用权合同司法解释》时，物权法尚未制定，因此，人民法院在处理法律关系复杂的房地产纠纷案件时缺乏具体明确的法律依据，适用法律不统一。

2007年10月1日《物权法》施行后，要以物权法的原则作为统领，同时也要考虑到《物权法》的规定过于原则，可操作性不强，尤其体现在合作开发部分。

三、坚持契约精神，全民守法才是解决问题的根本之道

“契约”来源于拉丁文，在拉丁文中的原意是交易的意思，其最初含义是指契约自由。“契约精神”是指存在于商品经济社会，由此派生出的契约关系与内在原则，其核心是自由、平等、信守。

契约精神包括4个方面的内容，即契约自由、契约平等、契约信守、契约救济。其中契约自由是核心和基础。

契约自由是指选择缔约者的自由、决定缔约内容与方式的自由。

契约平等是指缔约主体之间的地位是平等的，双方平等地享有权利，互为对待给付，没有

超出契约的特权。

契约信守是契约精神的基础，是将契约上升为契约精神的伦理基础，诚实守信作为民法的“帝王条款”和“君临全领域之基本原则”，契约上升为契约精神之前，人们订立契约源于彼此的不信任，上升为契约精神后，人们订立契约源于相互之间的信任，当契约精神成为社会主流价值时，契约的价值得以体现，人们订约时不欺诈、不隐瞒、不乘人之危、不胁迫、不显失公平，全面履行合同义务、尽到善良管理人管理、照顾等附随义务，这样就从习惯上升为全民的准则。

契约救济既包括私法领域的救济，也包括公法领域的救济，私法领域主包括追究违约方的责任，挽回损失。

党的十九大报告指出，全面依法治国是国家治理的一场深刻革命，必须坚持厉行法治，推进科学立法、严格执法、公正司法、全民守法。推进科学立法、民主立法、依法立法、以良法促进发展、保证善治。建设法治政府，推进依法行政，严格规范公正文明执法。深化司法体制综合配套改革，全面落实司法责任制，努力让人民群众在每一个司法案件中感受到公平正义。加大全民普法力度，建设社会主义法治文化，树立宪法至上、法律面前人人平等的法治理念。

第四节　法律法规整合

《国有土地使用权合同司法解释》

第24条　合作开发房地产合同约定提供土地使用权的当事人不承担经营风险，只收取固定利益的，应当认定为土地使用权转让合同。

第25条　合作开发房地产合同约定提供资金的当事人不承担经营风险，只分配固定数量房屋的，应当认定为房屋买卖合同。

第26条　合作开发房地产合同约定提供资金的当事人不承担经营风险，只收取固定数额货币的，应当认定为借款合同。

第27条　合作开发房地产合同约定提供资金的当事人不承担经营风险，只以租赁或者其他形式使用房屋的，应当认定为房屋租赁合同。

第四章　委托代建合同纠纷

【一级案由】合同、无因管理、不当得利纠纷
【二级案由】合同纠纷
【三级案由】房地产开发经营合同纠纷
【四级案由】委托代建合同纠纷

第一节　法律要点详解

一、代建制概述

早在20世纪90年代,代建制这种源于工程总包和项目管理的运营模式已经在中国兴起。[①] 在房地产合作开发市场上,以委托代建的方式进行的合作开发房地产占有很大的比例。这类建设项目往往涉及的是政府项目并且是强制委托代建。《济南市人民政府关于印发济南市政府投资项目代建制管理办法的通知》中规定:机关、人民团体业务用房及培训教育用房项目;教育、科技、文化、卫生、体育、民政、劳动保障等社会事业项目;刑事拘留所、行政拘留所、戒毒所、监狱、消防设施、法院审判用房、检察院技术侦查用房等政法设施项目;生态建设、环境保护等项目;城市基础设施、市政公用工程等项目以及其他非经营性政府投资项目等市政府投资项目适用代建制。

(一)代建制的概念

所谓代建制,是指依法通过招标等方式,选择专业化项目建设管理单位负责投资项目的建设实施和组织管理工作,竣工验收后移交给项目使用单位的制度。

在代建制中又可以分为分阶段代建与全过程代建。其中分阶段代建又分为前期工程代建与建设实施代建两种。前期工程代建是指由中标的代建单位根据批准的项目建议书或政府投资计划、中长期规划,开展建设项目可行性研究、勘察和初步设计等实施和管理工作;建设实施代建是指由中标的代建单位根据批准的初步设计,开展工程项目施工图编制、施工、监理、采购、竣工验收等实施和管理工作。全过程代建是指由中标的代建单位负责项目前期和建设实施全过程工作的实施和管理。

---

① 参见赵文义:《委托代建制运营特征及其法律关系分析》,载《长安大学学报》(社会科学版)2005年第3期。

（二）委托代建合同的性质

委托代建合同虽然是双方为了合作开发房地产而订立的合同，但是其性质并不属于建设工程合同，其性质是委托合同。

委托代建合同法律关系与建设工程施工合同法律关系是两个独立的法律关系，二者不能混为一谈。

二、委托代建合同主体及主要职责

（一）委托代建的合同主体

在委托代建合同法律关系主体中，委托人是业主（在涉及政府代建中可以是市政府有关部门），而代建人或者受托人是相当于后续建设工程合同中的发包人的角色。此外，在合同关系中还涉及项目使用人，即实际使用项目的单位。①

（二）委托代建合同主体的主要职责

在涉及政府项目的委托代建制中，组织实施机构应当履行下列职责：（1）在批准项目建议书、可行性研究报告或下达投资计划时确定实行代建的市政府投资项目；（2）确定代建单位；（3）组织签订代建合同，并根据需要签订补充合同；（4）监督代建单位的代建活动；（5）代建项目通过竣工验收后，及时解除代建单位的银行履约保函约束；（6）建立代建工程档案；（7）协调代建中的有关事项等。

首先，代建单位在前期工作代建阶段应当完成下列任务：（1）依据批准的项目建议书或政府投资计划、中长期规划，组织编制项目可行性研究报告；（2）依法组织工程勘察、设计等招标活动；（3）协助使用单位办理用地、拆迁等审批手续；（4）接受使用单位委托，办理立项、规划、环保、消防、林业、地震、人防、园林及市政公用设施接用等报批手续；（5）按合同约定，向使用单位移交项目前期工作的有关手续和资料等。

其次，代建单位在建设实施代建阶段应当完成下列任务：（1）按照批准的项目初步设计组织施工图限额设计；（2）组织施工、监理以及主要材料和设备采购等招标活动，并组织项目施工；（3）负责申报年度投资计划、办理建设实施代建阶段的有关手续；（4）负责工程合同的洽谈与签订工作，对工程建设实行全过程管理；（5）按月向组织实施机构报送工程进度、资金使用情况和项目进度用款报告；（6）组织工程质量竣工验收；（7）负责编制工程竣工决算报告，报市财政部门审批；（8）协助项目竣工验收；（9）负责将项目竣工及有关资料整理汇编移交，并按批准的资产价值向使用单位办理资产交付手续。

最后，实行代建制的市政府投资项目，其使用单位的主要职责是：（1）根据项目需求和功能定位，提出建设规模和建设内容，编制项目建议书；（2）根据批准的项目建议书或政府投资计划、中长期规划确定的建设规模和项目投资等内容，及时提出项目使用功能配置、建设标准等意见；（3）负责办理用地、拆迁审批手续及相关工作；（4）按照代建合同约定，向代建单位提

---

① 参见刘德权主编：《最高人民法院司法观点集成·民事卷》，人民法院出版社2009年版，第622～623页。

供项目相关资料，委托代建单位办理立项、规划、初设概算、施工、环保、消防、林业、地震、人防、园林及市政公用设施接用等报批手续；(5)参与项目设计评审及施工、监理、设备材料采购等招标的监督工作；(6)负责筹措市政府差额拨款投资项目中的自筹资金，建立项目专门账户，按合同约定付款；(7)对代建项目的工程质量、施工进度和资金使用提出监督建议；(8)参与代建单位组织的工程质量竣工验收和市发改部门组织的项目竣工验收，接收已通过工程质量竣工验收的代建项目。

第二节 权威案例指导

典型案例

安徽铸信建筑工程有限公司与定远县住房和城乡建设局、定远县人民政府委托合同纠纷二审民事判决书

【案件来源】最高人民法院案例

【审理法院】最高人民法院

【案件案号】(2014)民一终字第60号

【裁判日期】2014年9月12日

【裁判要点】1. 代建法律关系不同于建设工程施工合同关系。2. 虽然建设工程施工合同无效，但依照诚实信用原则，任何人不应当从无效合同中获得比有效合同更多的利益。

第三节 实务操作指南

在委托代建合同纠纷中，因为其本质是委托合同，且并未有专门的法律法规或者司法解释对其进行规制，所以争议的解决应当以合同约定为主，没有约定的适用《合同法》的规定。在这类争议中，主要涉及以下方面的问题。

1. 关于代建费用问题。业主与代建人之间实质上是委托人与受托人的关系，因此当代建人完成业主的要求时，业主应当按照合同的约定支付代建人的代建费用。代建费用一般以工程总造价款为基准提取一定的比例。

2. 关于担保费用问题。在委托代建合同纠纷中，尤其是涉及政府的委托代建项目时，一般委托人会要求代建人提供担保，以保障项目能够保质保量的完工。在担保的提供方式上，目前实践中采用较多的是提供保函的方式，而费用承担却存在问题。

由于没有法律对此予以规定，故此部分属于当事人之间的意思自治的内容，所以应当按

照约定承担。如果没有约定的,因为是代建人提供的担保,所以费用也应当由代建人承担。

3. 关于合同相对性的问题。如前文所述,在委托代建法律关系当中,往往还涉及以代建人为主体的建设工程法律关系。如果存在纠纷,应当坚持合同相对性的原则。例如,在委托代建合同纠纷当中,委托人应当以代建人为被告,而不宜追加承包方等为共同被告。同样,在建设工程施工合同纠纷中,承包方也应当以发包方(代建人)为被告,不宜追加委托人为共同被告。

4. 管辖问题。虽然委托代建合同属于合同纠纷,但由于涉及不动产,所以应当按照专属管辖确定管辖法院,即以不动产所在地人民法院为管辖法院。

第四节　法律法规整合

《合同法》

第 396 条　委托合同是委托人和受托人约定,由受托人处理委托人事务的合同。

第 397 条　委托人可以特别委托受托人处理一项或者数项事务,也可以概括委托受托人处理一切事务。

第 398 条　委托人应当预付处理委托事务的费用。受托人为处理委托事务垫付的必要费用,委托人应当偿还该费用及其利息。

第 399 条　受托人应当按照委托人的指示处理委托事务。需要变更委托人指示的,应当经委托人同意;因情况紧急,难以和委托人取得联系的,受托人应当妥善处理委托事务,但事后应当将该情况及时报告委托人。

第 400 条　受托人应当亲自处理委托事务。经委托人同意,受托人可以转委托。转委托经同意的,委托人可以就委托事务直接指示转委托的第三人,受托人仅就第三人的选任及其对第三人的指示承担责任。转委托未经同意的,受托人应当对转委托的第三人的行为承担责任,但在紧急情况下受托人为维护委托人的利益需要转委托的除外。

第 401 条　受托人应当按照委托人的要求,报告委托事务的处理情况。委托合同终止时,受托人应当报告委托事务的结果。

第五章　项目转让合同纠纷

【一级案由】合同、无因管理、不当得利纠纷

【二级案由】合同纠纷

【三级案由】房地产开发经营合同纠纷

【四级案由】项目转让合同纠纷

第一节　法律要点详解

一、项目转让合同纠纷概述

在房地产开发建设中,往往会出现建设方资金不足等原因以致难以进行继续开发的局面。为了解决这个困境,建设方往往通过转让在建工程项目来缓解自身资金紧张并保障工程的顺利进行。所谓项目转让合同是指当事人之间就达成的房地产开发企业将其房地产开发项目转让给他人的合同,而项目转让合同纠纷就是合同主体针对该合同所产生的争议。①

二、房地产项目转让合同中的若干问题

(一)法律所禁止转让的房地产

根据《房地产管理法》第 38 条的规定,下列房地产不得转让:(1)以出让方式取得土地使用权的,不符合《房地产管理法》第 39 条规定的条件的;(2)司法机关和行政机关依法裁定、决定查封或者以其他形式限制房地产权利的;(3)依法收回土地使用权的;(4)共有房地产,未经其他共有人书面同意的;(5)权属有争议的;(6)未依法登记领取权属证书的;(7)法律、行政法规规定禁止转让的其他情形。

禁止转让的上述房地产项目,不仅包括在建项目,也包括建成项目。

(二)转让房地产开发项目应当具备的条件

基于"房地一致原则"与不动产的不可分割性,房地产项目转让时需要房地一同转让。因此,需要考虑以下内容:

① 参见景汉朝主编:《民事案件案由新释新解与适用指南》,中国法制出版社 2018 年版,第 252 页。

1. 在转让房地产开发项目时，务必考虑土地使用权的法律性质。以出让方式取得土地使用权的，转让房地产时，应当符合下列条件：(1)按照出让合同约定已经支付全部土地使用权出让金，并取得土地使用权证书；(2)按照出让合同约定进行投资开发，属于房屋建设工程的，完成开发投资总额的25%以上，属于成片开发土地的，形成工业用地或者其他建设用地条件。转让房地产时房屋已经建成的，还应当持有房屋所有权证书。

以划拨方式取得土地使用权的，转让房地产时，应当按照国务院的规定，报有批准权的人民政府审批。有批准权的人民政府准予转让的，应当由受让方办理土地使用权出让手续，并依照国家有关规定缴纳土地使用权出让金。以划拨方式取得土地使用权的，转让房地产报批时，有批准权的人民政府按照国务院规定决定可以不办理土地使用权出让手续的，转让方应当按照国务院规定将转让房地产所获收益中的土地收益上缴国家或者作其他处理。

出让与划拨是土地一级市场获得土地使用权的取得方式。划拨地是无偿取得，一般用于国家机关、公共事业、国家重点扶持的能源等建设用地。出让地需要与政府土地管理部门签订土地出让合同，在缴纳土地出让金后获得。

转让属于土地二级市场土地使用权的获得方式。因此当房地产开发项目转让时，需要结合土地使用权获得方式等进行转让。

2. 房地产转让，应当签订书面转让合同，合同中应当载明土地使用权取得的方式。同时，土地使用权出让合同载明的权利、义务也一并随之转移。另外，以出让方式取得土地使用权的，转让房地产后，其土地使用权的使用年限为原土地使用权出让合同约定的使用年限减去原土地使用者已经使用年限后的剩余年限。

3. 关于转让后改变土地用途的处理办法。以出让方式取得土地使用权的，转让房地产后，受让人改变原土地使用权出让合同中约定的土地用途的，必须取得原出让方和市、县人民政府城市规划行政主管部门的同意，签订土地使用权出让合同变更协议或者重新签订土地使用权出让合同，相应调整土地使用权出让金。

4. 土地使用权转让的限制。如果土地使用权受让人未按土地使用权出让合同规定的期限和条件投资开发、利用土地的，那么土地使用权不得转让。

(三)其他问题

1. 关于登记备案问题。转让房地产开发项目，转让人和受让人应当自土地使用权变更登记手续办理完毕之日起30日内，持房地产开发项目转让合同到房地产开发主管部门备案。

2. 关于拆迁安置补偿问题。房地产开发企业转让房地产开发项目时，尚未完成拆迁补偿安置的，原拆迁补偿安置合同中有关的权利、义务随之转移给受让人。项目转让人应当书面通知被拆迁人。

第二节 权威案例指导

典型案例

中国医科大学与鞍山胜宝投资股份有限公司项目转让合同纠纷上诉案

【案件来源】最高人民法院案例

【审理法院】最高人民法院

【案件案号】(2012)民二终字第26号

【裁判日期】2012年6月5日

【裁判要点】《调整协议》签订至今已经过了十余年时间,奴卡项目的转让作为一个整体,除所涉土地使用权和房产未办理审批过户手续外,项目其他部分均已履行完毕并投入生产,在目前所涉地块已经拆迁的情况下,认定《调整协议》无效难以将协议中权利义务恢复至未签订时的状态,亦不利于对正常交易秩序和土地使用权流转市场的维护。故本院对医科大学关于双方签订的《调整协议》属于无效合同的主张不予支持。

第三节 实务操作指南

关于违法转让房地产项目的处罚

在房地产项目转让中,往往涉及有大量的不规范行为。这些行为有可能涉及行政处罚甚至是刑事处罚。本节笔者将介绍当前我国对于违法转让房地产项目的主要行政处罚与刑事处罚。

(一)行政处罚

1. 违反《房地产管理法》第39条第1款的规定①转让土地使用权的,由县级以上人民政府土地管理部门没收违法所得,可以并处罚款。

---

① 《房地产管理法》第39条规定:"以出让方式取得土地使用权的,转让房地产时,应当符合下列条件:(一)按照出让合同约定已经支付全部土地使用权出让金,并取得土地使用权证书;(二)按照出让合同约定进行投资开发,属于房屋建设工程的,完成开发投资总额的百分之二十五以上,属于成片开发土地的,形成工业用地或者其他建设用地条件。转让房地产时房屋已经建成的,还应当持有房屋所有权证书。"

2. 违反《房地产管理法》第40条第1款的规定[①]转让房地产的，由县级以上人民政府土地管理部门责令缴纳土地使用权出让金，没收违法所得，可以并处罚款。

3. 根据《城市房地产开发经营管理条例》第38条的规定，违反该条例规定，擅自转让房地产开发项目的，由县级以上人民政府负责土地管理工作的部门责令停止违法行为，没收违法所得，可以并处违法所得5倍以下的罚款。

(二)刑事处罚

在房地产项目转让时，有可能涉及《刑法》第228条非法转让、倒卖土地使用权罪，具体分析如下。

该罪是指自然人或单位，以牟利为目的，违反土地管理法，非法转让、倒卖土地使用权，情节严重的行为。[②] 我国《刑法》第228条规定：以牟利为目的，违反土地管理法规，非法转让、倒卖土地使用权，情节严重的，处3年以下有期徒刑或者拘役，并处或者单处非法转让、倒卖土地使用权价额5%以上20%以下罚金；情节特别严重的，处3年以上7年以下有期徒刑，并处非法转让、倒卖土地使用权价额5%以上20%以下罚金。

此外《关于审理破坏土地资源刑事案件具体应用法律若干问题的解释》第1条规定："以牟利为目的，违反土地管理法规，非法转让、倒卖土地使用权，具有下列情形之一的，属于非法转让、倒卖土地使用权'情节严重'，依照刑法第二百二十八条的规定，以非法转让、倒卖土地使用权罪定罪处罚：(一)非法转让、倒卖基本农田五亩以上的；(二)非法转让、倒卖基本农田以外的耕地十亩以上的；(三)非法转让、倒卖其他土地二十亩以上的；(四)非法获利五十万元以上的；(五)非法转让、倒卖土地接近上述数量标准并具有其他恶劣情节的，如曾因非法转让、倒卖土地使用权受过行政处罚或者造成严重后果等。"

第2条规定："实施第一条规定的行为，具有下列情形之一的，属于非法转让、倒卖土地使用权'情节特别严重'：(一)非法转让、倒卖基本农田十亩以上的；(二)非法转让、倒卖基本农田以外的耕地二十亩以上的；(三)非法转让、倒卖其他土地四十亩以上的；(四)非法获利一百万元以上的；(五)非法转让、倒卖土地接近上述数量标准并具有其他恶劣情节，如造成严重后果等。"

对于本罪的构成需要注意以下内容：

(1)《刑法》第228条中"违反土地管理法规"是指违反《土地管理法》《森林法》《草原法》等法律以及有关行政法规中关于土地管理的规定。[③]

(2)关于本罪成立问题。行为人只要事实上实施了转让、倒卖土地使用权的行为即可，并

---

① 《房地产管理法》第40条规定："以划拨方式取得土地使用权的，转让房地产时，应当按照国务院规定，报有批准权的人民政府审批。有批准权的人民政府准予转让的，应当由受让方办理土地使用权出让手续，并依照国家有关规定缴纳土地使用权出让金。以划拨方式取得土地使用权的，转让房地产报批时，有批准权的人民政府按照国务院规定决定可以不办理土地使用权出让手续的，转让方应当按照国务院规定将转让房地产所获收益中的土地收益上缴国家或者作其他处理。"

② 参见张明楷：《刑法学》，法制出版社2017年版，第843页。

③ 详见全国人大常委会《关于〈中华人民共和国刑法〉第二百二十八条、第三百四十二条、第四百一十条的解释》。

不以完成土地使用权变更登记为标准。

(3)关于公司享有土地使用权,以股权转让代替土地使用权转让是否构成本罪的问题。在实践中,存在大量类似案件。理论界认为在此种情况下,不能认定为本罪。① 但是在司法实践中,却有少部分法院将此行为认定为刑事犯罪。② 应当注意的是,虽然股权转让行为受《公司法》调整不受《土地管理法》调整,但是将这类股权转让行为认定为非法转让、倒卖土地罪是因为行为人存在违反土地管理法或相关土地管理行政法规的行为,例如,没有按照土地出让合同约定的内容进行投资开发,或者擅自改变土地性质,或者假借股权转让实质上是掩盖倒卖土地使用权而获利的违法行为等,如此才被认定为刑事犯罪。如果股权转让当事人不存在上述行为,那么笔者倾向认为不构成刑事犯罪。

第四节 法律法规整合

一、《城市房地产管理法》

第38条 下列房地产,不得转让:

(一)以出让方式取得土地使用权的,不符合本法第三十九条规定的条件的;

(二)司法机关和行政机关依法裁定、决定查封或者以其他形式限制房地产权利的;

(三)依法收回土地使用权的;

(四)共有房地产,未经其他共有人书面同意的;

(五)权属有争议的;

(六)未依法登记领取权属证书的;

(七)法律、行政法规规定禁止转让的其他情形。

第39条 以出让方式取得土地使用权的,转让房地产时,应当符合下列条件:

(一)按照出让合同约定已经支付全部土地使用权出让金,并取得土地使用权证书;

(二)按照出让合同约定进行投资开发,属于房屋建设工程的,完成开发投资总额的百分之二十五以上,属于成片开发土地的,形成工业用地或者其他建设用地条件。

转让房地产时房屋已经建成的,还应当持有房屋所有权证书。

二、《城镇国有土地使用权出让和转让暂行条例》

全文(略)

---

① 参见张明楷:《刑法学》,法制出版社2017年版,第844页。

② 参见(2017)金武刑初字第204号刑事判决书、(2014)相刑初字第00002号刑事判决书、(2015)金磐刑初字第138号刑事判决书等。

第四编　征　收

国有土地上房屋征收与补偿是近期社会热议的重点话题，房屋的征收与补偿直接关系到百姓民生和社会安定。

国有土地上房屋征收与补偿先后经历《城市房屋拆迁条例》和《国有土地上房屋征收与补偿条例》的调整，在为被征收人提供了救济途径的同时，也明确了国家强制力的执行范围，使其更人性化、贴合化。

本编重点从国有土地上房屋征收与补偿方面切入，围绕征收决定的合法性审查、补偿性决定的合法性审查、关联行为审查以及房屋征收非诉执行四大方面展开论述，为房屋征收救济实践提供充分的法律依据和案例支撑。

第一章　国有土地上房屋征收补偿的诉讼程序

第一节　法律要点详解

一、法律背景

（一）法律沿革

1991 年 3 月 22 日国务院发布了《城市房屋拆迁管理条例》，于 1991 年 6 月 1 日正式实施。2001 年 6 月 6 日国务院第 40 次常务会议对《拆迁条例》进行修改，于 2001 年 11 月 1 日起实施。

2004 年 3 月 14 日《宪法》第四次修正案第 22 条规定："……国家为了公共利益的需要，可以依照法律规定对公民的私有财产实行征收或者征用并给予补偿。"

2007 年 10 月 1 日实施的《物权法》第 42 条第 1 款规定："为了公共利益的需要，依照法律规定的权限和程序可以征收集体所有的土地和单位、个人的房屋及其他不动产。"

2007 年 8 月 30 日全国人大常委会修改了《城市房地产管理法》增加第 6 条："为了公共利益的需要，国家可以征收国有土地上单位和个人的房屋，并依法给予拆迁补偿，维护被征收人的合法权益；征收个人住宅的，还应当保障被征收人的居住条件。具体办法由国务院规定。"

2011 年 1 月 21 日，国务院制定的《国有土地上房屋征收与补偿条例》正式公布实施，《城市房屋拆迁管理条例》因而废止。

对于国有土地上房屋征收的法律规定，最为核心的就是《城市房屋拆迁管理条例》和《国有土地上房屋征收与补偿条例》。《国有土地上房屋征收与补偿条例》的公布实施，修改了《城市房屋拆迁管理条例》与其他法律规定不符的内容，使之更为适合房屋征收制度应有的模式。

（二）与《城市房屋拆迁管理条例》相比，《国有土地上房屋征收与补偿条例》的主要变化

第一，变"拆迁"为"征收"。拆迁体现的是结果，是最终房屋拆除环节的动作。但征收体现的是前提，强调的是先行完成依法征收程序，突出对单位、个人私有财产的保护。宪法只规定了征收，并没有允许未经征收的直接拆迁，这一修改也使房屋征收工作与宪法规定相符。

第二，规定了"为了公共利益的需要"。《城市房屋拆迁管理条例》并没有限制拆迁目的，无论商业性还是公益性，未作区分。《国有土地上房屋征收与补偿条例》明确征收房屋应当是为了公共利益需要，并列举了公共利益的情形，也是对宪法、物权法中规定的公共利益作出了

界定。

第三,主体变化。《城市房屋拆迁管理条例》背景下,政府只是负责实施监督管理,拆迁人即取得房屋拆迁许可证的单位,才是补偿主体。拆迁人可以自行拆迁,也可以委托第三方拆迁,拆迁人往往出于自身利益考虑,导致被拆迁人的权益无法得到保护,容易激化矛盾。《国有土地上房屋征收与补偿条例》将房屋征收与补偿工作的主体改为市、县级人民政府,规定市、县级人民政府可以确定房屋征收部门负责具体的组织实施工作。从而将征收、补偿的核心、重点工作都归于行政主体,对于房屋征收部门委托给房屋征收实施单位进行的工作,一是禁止其以营利为目的,二是其在委托范围内的征收补偿行为由房屋征收部门进行监督并承担法律责任。以往以营利为目的的建设单位、拆迁公司失去了征收与补偿当事人的地位,被征收人和利害关系人可以向行政主体主张权益,并通过诉讼途径解决问题,缓解了受利益驱动的商人与私有财产权受侵害的百姓间的矛盾冲突。

第四,取消行政强制拆迁。《城市房屋拆迁管理条例》中的强制拆迁可以由行政机关进行,也可以申请人民法院强制执行。《国有土地上房屋征收与补偿条例》仅规定司法强制搬迁,并且规定"先补偿后搬迁"的原则,必须在作出房屋征收决定的市、县级人民政府对被征收人给予补偿后,被征收人才需要按照补偿协议约定或者补偿决定确定的搬迁期限进行搬迁,且只有当被征收人在法定期限内不申请行政复议或者不提起行政诉讼,又不按期搬迁时,才能由作出房屋征收决定的市、县级人民政府依法申请人民法院强制执行。这与《城市房屋拆迁管理条例》中规定被拆迁人未在裁决规定的搬迁期限内搬迁即可申请人民法院强制拆迁有显著区别,修改后的《征收条例》为被征收人提供了救济途径、救济时间,由此国家强制力不会太过强硬、简单。

二、国有土地上房屋征收补偿纠纷的救济途径

在房屋所有权人被告知其房屋被征收时,难免会产生种种疑问,凭什么征收我的房屋?我能否拒绝征收?房屋被征收后我能得到哪些补偿?如果对补偿方式、补偿金额不满意怎么办?应允的补偿款没有到位谁来管?国有土地上房屋征收补偿过程中的各种纠纷正是从这些疑问中一点点演变而来,不同类型的矛盾纠纷,在法律范畴内有不同的解决方式。

可以说,在《国有土地上房屋征收与补偿条例》背景下,陷入僵局时解决纠纷的重点被放在了法院,房屋征收过程中所遇到的问题尽可能通过法律诉讼途径解决。

在强调法律诉讼途径维护被征收人合法利益的同时,《国有土地上房屋征收与补偿条例》取消了以往所规定的"行政裁决"的救济方式,对被征收人不服征收决定的法律救济设置为提起行政复议或行政诉讼。①

《国有土地上房屋征收与补偿条例》第 4 条明确规定了市、县级人民政府,市、县级人民政府确定的房屋征收部门,市、县级人民政府的有关部门在房屋征收与补偿工作中的相关职责,这一规定打破了《拆迁条例》形成的拆迁人、被拆迁人和行政机关三方的格局,行政机关不再是相对超脱的管理者,而是房屋征收补偿中的一方当事人。②

---

① 参见宋宗宇:《房屋征收与拆迁纠纷应对一点通》,中国法制出版社 2011 年版,第 193 页。

② 参见江必新:《国有土地上房屋征收与补偿条例理解与适用》,中国法制出版社 2012 年版,第 43 页。

（一）征收决定、补偿决定的救济

房屋征收决定是市、县级人民政府因公共利益需要，根据法定程序，依据方案论证、征求意见、风险评估等结果综合考虑后作出的将某一区域内的公民、法人或者其他组织国有土地上的房屋所有权及其所附土地使用权收归国家所有的征收决定。①

在房屋征收决定作出后，应当由房屋征收部门与被征收人订立补偿协议，就补偿方式、补偿金额和支付期限、用于产权调换房屋的地点和面积、搬迁费、临时安置费或者周转用房、停产停业损失、搬迁期限、过渡方式和过渡期限等事项作出约定。如果双方就订立补偿协议无法达成一致，征收工作并不能因此停滞不前，在坚持“先补偿后搬迁”原则的同时，房屋征收部门应报请作出征收决定的市、县级人民政府按照征收补偿方案作出补偿决定，对本应由补偿协议约定的内容作出规定。

综上，房屋征收决定、补偿决定均由市、县级人民政府作出，且对特定主体具有强制执行力，当被征收人认为征收决定或补偿决定侵犯其合法权益，对该决定不服时，既可以提出行政复议申请，也可以提起行政诉讼。

（二）补偿协议的性质及救济

房屋征收补偿协议是行政机关与被征收人就补偿相关事宜中的权利义务作出的约定。在《拆迁条例》的背景下，房屋征收补偿协议是拆迁人与被拆迁人之间签订的，双方当事人均为平等的民事主体，符合民法平等、自愿原则，充分体现双方的意思自治，该协议当然属于民事合同。最高人民法院1996年7月24日作出的法复〔1996〕12号《关于受理房屋拆迁、补偿、安置案件问题的批复》中也明确规定，拆迁人与被拆迁人之间就房屋补偿、安置问题发生的纠纷应当作为民事案件受理。但这一性质认定系基于“拆迁”背景，行政机关尚未作为一方当事人直接进入房屋征收补偿关系中。2011年《国有土地上房屋征收与补偿条例》公布实施后，补偿协议的一方主体变为了行政机关，虽然上述最高法院的批复尚未失效，但在房屋征收的整体法律规定变化后，对于补偿协议的性质应当依据新背景重新探讨。

首先，《国有土地上房屋征收与补偿条例》第25条第2款肯定了补偿协议订立后，一方当事人不履行约定义务的，另一方当事人可以提起诉讼。而遗憾的是，该条款并未规定是民事诉讼还是行政诉讼。在新法背景下，补偿协议的性质无论在学界还是司法实践中均有争议。主张属于行政合同的，从合同目的——为公共利益需要；征收补偿程序——政府单方作出征收决定，如无法达成房屋征收补偿协议，政府也有权力单方作出征收补偿决定，即政府具有一定的强制力；协议内容——法律对协议范围、补偿标准等作出限制，并非双方当事人完全意思自治之产物，以上论证完全符合行政合同的基本特征。主张属于民事合同的，则认为补偿协议体现的是房屋征收部门与被征收人之间的财产交换关系，属于平等主体之间的民事关系；补偿协议内容是双方主体充分协商产生的合意；补偿协议符合民法等价有偿的原则。②

---

① 参见蔡小雪、郭修江：《房屋征收案件审理指引》，人民法院出版社2015年版，第3页。

② 参见江必新：《国有土地上房屋征收与补偿条例理解与适用》，中国法制出版社2012年版，第242页。

笔者倾向认为补偿协议属于行政合同。第一,补偿协议符合行政合同的基本特点。行政合同是指行政机关为达到维护公共利益,实现行政管理目标之目的,与相对人之间经过协商一致达成的协议。行政合同的特征如下:一是行政合同当事人必有一方是行政主体,享有行政权力;二是行政合同的目的是实施行政管理,维护公共利益,而非自身利益;三是行政主体对行政合同的履行享有行政优益权,具体体现于对合同履行的监督权、指挥权、特定情形下的单方变更权和解除权。对比补偿协议,其签订目的是维护公共利益,而非行政机关自身利益;补偿标准、停产停业损失补偿等协议内容均需符合《国有土地上房屋征收与补偿条例》的规定,并非绝对意思自治、当事人可任意约定;若为民事关系,双方不能达成协议则无权要求对方履行相应义务,而房屋征收补偿中若无法达成补偿协议,行政机关还可自行作出行政决定,无须被征收人认可。第二,就补偿协议的履行产生争议的,无论行政机关还是被征收人都有救济途径。《行政诉讼法》第 2 章受案范围中,第 12 条第 2 款第 11 项"认为行政机关不依法履行、未按照约定履行或者违法变更、解除政府特许经营协议、土地房屋征收补偿协议等协议的",为行政诉讼受案范围,被征收人可以就行政机关不履行、不按约定履行补偿协议的行为提起行政诉讼。而行政机关虽不能作为行政诉讼的原告,但当被征收人不履行补偿协议约定的搬迁义务,也不申请行政复议、不提起行政诉讼时,作出房屋征收决定的市、县级人民政府可以直接申请人民法院强制执行。第三,将补偿协议纠纷作为行政诉讼案件处理更有利于避免裁判不一致。如前所述,法律明确征收决定、补偿决定的争议通过行政诉讼解决,而征收决定、补偿协议、补偿决定均属于同一房屋征收补偿下的不同环节,特别是补偿协议与补偿决定,二者解决的是同一问题,只是形式不同,若分别适用民事诉讼和行政诉讼,难免因适用法律、诉讼规则不同产生差异,势必影响司法裁判的权威性。

(三)征收补偿方案及征收公告的救济

在房屋征收的背景下,征收行为始终坚持"先补偿后搬迁"的原则,所以首先由市、县级人民政府确定的房屋征收部门拟定征收补偿方案,并报送市、县级人民政府,由市、县级人民政府组织论证并予以公布、征求意见,并经社会稳定风险评估及征收补偿费用足额到位等法定条件后,由市、县级人民政府作出房屋征收决定并进行公告。《国有土地上房屋征收与补偿条例》中明确了征收决定、补偿决定、补偿协议的可诉性问题,但对于征收补偿方案、征收公告的救济问题未作规定。综合前文对补偿协议性质的认定,原因类同,因征收补偿方案、征收公告引发的纠纷,首先应划定为行政纠纷范畴,其次再作可诉性探讨。笔者已经概括介绍房屋征收环节的大概程序,其中征收补偿方案、征收公告均由行政机关单方制定并公布,且与补偿协议不同,并不是与被征收人逐一签订,而是适用于全体被征收人,那么是否能理解为这是一种针对不特定主体作出的、在同一征收活动中反复适用的抽象行政行为,从而认定不可诉呢?笔者认为答案是否定的,2014 年《行政诉讼法》修订后,将"具体行政行为"修改为"行政行为",2017 年修正案仍延续这一规定。可见,从法律规定的角度,已经不再将行政诉讼严格局限在具体行政行为范围内。但二者的可诉性还需根据其他因素进行详细探讨。首先,就征收补偿方案而言,其对征收补偿事项作出了处分,会对当事人的权利义务造成影响,应当认可其可诉性,但笔者认为不应单独对其提起诉讼,应当在针对征收决定、补偿决定的诉讼中一并审查。根据笔者前文概述的房屋征收环节的程序,征收补偿方案是征收决定的一个组成部分,在审理征收决定时,不应将征收补偿方案排除在外,应当对其合法性一并作出审查。仅就补偿决定起诉,未涉及征收补偿方案的,人民法院也应对征收补偿方案的合法性进行审查。若认可对征收补偿方案可以提起独立诉讼,对征收决定、补偿决定都不予审查,显然有违征收决定作为整个征收行为依据的一环的客观事实,也割裂了房屋征收与补偿各环节间的整体关联性。其次,就征收公告而言,法律明确规定征收公告应包含的内容有征收决定、征收补偿方案、行政复议及行政诉讼的权利,其中征收决定、征收补偿方案是已经法定程序及规定制定完成的内容,行政复议及行政诉讼权利也是法定的,征收公告本身只是提供一个载体来告知以上已经形成的内容,所以公告本身并不会对被征收人及其他利害关系人的权利义务产生影响,不应认可公告本身的可诉性。但必须注意的是,排除公告的可诉性是以公告本身并未处分当事人权利义务为前提的。若公告仅包含前文所述内容,则公告本身未涉及当事人的权利义务,然而征收公告内容的条文中使用了"等",即公告中还可以载明其他内容,若其他内容对被征收人及其他利害关系人的权利义务作出了处分,为保护权利人的权利,则应认可公告的可诉性。另外,若发生人民政府并未作出征收决定、征收补偿方案,而直接通过公告确定被征收人及其他利害关系人的权利义务的情形时,因不存在征收决定、征收补偿方案,不认可公告的可诉性将严重侵害权利人的相关权利,则此情况应允许就征收公告提起行政诉讼。①

三、房屋征收补偿行政诉讼当事人

行政诉讼,是指公民、法人或其他组织认为行政机关和行政机关工作人员的行政行为侵犯其合法权益,而向人民法院提起的诉讼。由于行政诉讼中作为行政主体的行政机关或法律、法规、规章授权的组织只能作为被告且不能提出反诉,人们常用"民告官"来指代行政诉讼。

(一)原告主体资格

《行政诉讼法》第25条第1款规定:"行政行为的相对人以及其他与行政行为有利害关系的公民、法人或者其他组织,有权提起诉讼。"第2条第1款规定:"公民、法人或者其他组织认为行政机关和行政机关工作人员的行政行为侵犯其合法权益,有权依照本法向人民法院提起诉讼。"所以在审查行政诉讼原告主体资格时应注意,一是原告应为被诉行政行为的相对人或与被诉行政行为有利害关系的主体,可以理解为只要合法权益受到行政行为的实质影响,即可作为行政诉讼的原告。二是原告认为被诉行政行为侵犯其自身的合法权益,若主张侵犯了其他主体合法权益的,则不能成为行政诉讼适格的原告。

在房屋征收与补偿中,被征收人是行政行为直接指向的行政相对人,征收决定、补偿决定等均影响着其权利义务,其合法权益受到侵害的,可以提起行政诉讼。被征收人是房屋所有权人,并不是房屋承租人,原则上承租人只能就与出租人之间的租赁关系获取相应违约金或赔偿等,与行政主体之间并不发生征收上的权利义务关系,不能就房屋征收补偿行为提起行政诉讼。但当承租人合法权益受到实质侵害时,也应当认可其原告身份,如当承租人在租赁房屋中进行经营活动,征收行为导致的停产停业损失是由承租人承担的。

① 参见蔡小雪、郭修江:《房屋征收案件审理指引》,人民法院出版社2015年版,第29页。

(二)被告主体资格

《行政诉讼法》对行政诉讼的被告做了明确规定:

1. 一般情况下,作出行政行为的行政机关为被告。

2. 经复议的案件,复议机关决定维持原行政行为的,作出原行政行为的行政机关和复议机关是共同被告;复议机关改变原行政行为的,复议机关是被告。

3. 复议机关在法定期限内未作出复议决定,公民、法人或者其他组织起诉原行政行为的,作出原行政行为的行政机关是被告;起诉复议机关不作为的,复议机关是被告。

4. 两个以上行政机关作出同一行政行为的,共同作出行政行为的行政机关是共同被告。

5. 行政机关委托的组织所作的行政行为,委托的行政机关是被告。

6. 行政机关被撤销或者职权变更的,继续行使其职权的行政机关是被告。没有继续行使其职权的行政机关的,以其所属的人民政府为被告;实行垂直领导的,以垂直领导的上一级行政机关为被告。

在房屋征收与补偿中,《最高人民法院关于适用中华人民共和国行政诉讼法的解释》中对个别情况被告的确定做了明确规定:市、县级人民政府确定的房屋征收部门组织实施房屋征收与补偿工作过程中作出行政行为,被征收人不服提起诉讼的,以房屋征收部门为被告。征收实施单位受房屋征收部门委托,在委托范围内从事的行为,被征收人不服提起诉讼的,应当以房屋征收部门为被告。

除此之外,被告的确定同样遵循《行政诉讼法》的规定,需判断作出被诉行政行为的主体,并判断是否为能为其行为承担法律责任的行政机关。

(三)第三人

行政诉讼第三人,是指与提起行政诉讼的行政行为有利害关系,或者与案件处理结果有利害关系,为了维护自身的合法权益,而申请或由人民法院通知参加行政诉讼的当事人。不同于原告,行政机关可以作为行政诉讼的第三人,例如,有关行政机关已颁发房屋权属证明,市、县级人民政府作出的补偿决定认为是违法建筑不予补偿或低于合法建筑补偿标准的,应当通知先前颁发权属证明的行政机关作为第三人参加诉讼。①

(四)诉讼代表人

当事人一方或者双方为二人以上,因同一行政行为发生的行政案件,或者因同类行政行为发生的行政案件、人民法院认为可以合并审理并经当事人同意的,为共同诉讼。当事人一方人数众多的共同诉讼,可以由当事人推选代表人进行诉讼。代表人的诉讼行为对其所代表的当事人发生效力,但代表人变更、放弃诉讼请求或者承认对方当事人的诉讼请求,应当经被代表的当事人同意。

---

① 参见蔡小雪、郭修江:《房屋征收案件审理指引》,人民法院出版社 2015 年版,第 45 页。

（五）诉讼代理人

诉讼代理人是以当事人的名义，在代理权限内代理当事人进行诉讼活动的人。律师、基层法律服务工作者、当事人的近亲属或者工作人员、当事人所在社区、单位以及有关社会团体推荐的公民均可以经当事人、法定代理人的委托成为诉讼代理人。

四、房屋征收补偿行政诉讼管辖

行政诉讼是“民告官”的诉讼，为避免地方保护，保证人民法院公正审判，管辖制度十分重要。

（一）级别管辖

《行政诉讼法》第15条明确规定，对县级以上地方人民政府所作的行政行为提起诉讼的案件应当由中级人民法院管辖。作出征收决定、补偿决定的行政主体是市、县级人民政府，故对此两个决定提出行政诉讼的，至少应当由中级人民法院管辖。另外，房屋征收部门负责组织实施本行政区域的房屋征收与补偿工作，对其作出的行政行为提起诉讼的，则一般由基层人民法院管辖。

（二）地域管辖

行政诉讼的地域管辖一般确定为最初作出行政行为的行政机关所在地人民法院，若该行政行为在先经过复议的，也可由复议机关所在地人民法院管辖。但不动产案件管辖是专属管辖，因不动产提起的行政诉讼，需要由不动产所在地人民法院管辖，其他法院无管辖权，当事人没有选择管辖的余地，人民法院之间也不得协议管辖。所谓“因不动产提起的行政诉讼”是指因行政行为导致不动产物权变动而提起的诉讼，若不动产已经登记的，以不动产登记簿记载的所在地为不动产所在地，未登记的，以不动产实际所在地为不动产所在地。涉及不动产的案件由不动产所在地法院进行管辖是各国的通例，主要是为便于法院就近调查、勘验、测量、取证，以及就地执行判决。国有土地上房屋的征收决定、补偿决定、房屋征收补偿协议等凡是直接或间接影响被征收人及利害关系人的房屋所有权、国有土地使用权，均系因不动产引起的行政诉讼，适用专属管辖。

第二节 权威案例指导

典型案例1

【案件主题】具体行政行为没有引用法律具体条款属于适用法律错误

宣某成等诉浙江省衢州市国土资源局收回国有土地使用权案

【案件来源】最高人民法院指导案例41号

【审理法院】浙江省衢州市柯城区人民法院

【案件案号】(2003)柯行初字第8号

【裁判日期】2003年8月29日

【裁判要点】行政机关作出具体行政行为时未引用具体法律条款,且在诉讼中不能证明该具体行政行为符合法律的具体规定,应当视为该具体行政行为没有法律依据,适用法律错误。

【主文摘要】

原告:宣某成等18人。

被告:衢州市国土资源局。

浙江省衢州市柯城区人民法院一审判决撤销被告衢州市国土资源局2002年12月31日作出的衢市国土(2002)37号《收回国有土地使用权通知》。宣判后,双方当事人均未上诉,判决已发生法律效力。

原告宣某成等18人系浙江省衢州市柯城区卫宁巷1号(原14号)衢州府山中学教工宿舍楼的住户。2002年12月9日,衢州市发展计划委员会根据第三人建设银行衢州分行(以下简称衢州分行)的报告,经审查同意衢州分行在原有的营业综合大楼东南侧扩建营业用房建设项目。同日,衢州市规划局制定建设项目选址意见,衢州分行为扩大营业用房等,拟自行收购、拆除占地面积为205平方米的府山中学教工宿舍楼,改建为露天停车场,具体按规划详图实施。25日,被告衢州市国土资源局(以下简称衢州市国土局)请示收回衢州府山中学教工宿舍楼住户的国有土地使用权187.6平方米,报衢州市人民政府审批同意。31日,衢州市国土局作出衢市国土(2002)37号《收回国有土地使用权通知》(以下简称《通知》),并告知宣某成等18人其正在使用的国有土地使用权将收回及诉权等内容。该《通知》说明了行政决定所依据的法律名称,但没有对所依据的具体法律条款予以说明。原告不服,提起行政诉讼。

【法院认为】被告衢州市国土局作出《通知》时,虽然说明了该通知所依据的法律名称,但并未引用具体法律条款。在庭审过程中,被告辩称系依据《土地管理法》第58条第1款作出被诉具体行政行为。《土地管理法》第58条第1款规定:"有下列情况之一的,由有关人民政府土地行政主管部门报经原批准用地的人民政府或者有批准权的人民政府批准,可以收回国有土地使用权:(一)为公共利益需要使用土地的;(二)为实施城市规划进行旧城区改建,需要调整使用土地的……"衢州市国土局作为土地行政主管部门,有权依照《土地管理法》对辖区内国有土地的使用权进行管理和调整,但其行使职权时必须具有明确的法律依据。被告在作出《通知》时,仅说明是依据《土地管理法》及浙江省的有关规定作出的,但并未引用具体的法律条款,故其作出的具体行政行为没有明确的法律依据，属于适用法律错误。

本案中，衢州市国土局提供的衢州市发展计划委员会（2002）35号《关于同意扩建营业用房项目建设计划的批复》《建设项目选址意见书审批表》《建设银行衢州分行扩建营业用房建设用地规划红线图》等有关证据，难以证明其作出的《通知》符合《土地管理法》第58条第1款规定的“为公共利益需要使用土地”或“实施城市规划进行旧城区改造需要调整使用土地”的情形，主要证据不足，故被告主张其作出的《通知》符合《土地管理法》规定的理由不能成立。根据《行政诉讼法》及其相关司法解释的规定，在行政诉讼中，被告对其作出的具体行政行为承担举证责任，被告不提供作出具体行政行为时的证据和依据的，应当认定该具体行政行为没有证据和依据。

综上，被告作出的收回国有土地使用权具体行政行为主要证据不足，适用法律错误，应予撤销。

典型案例2

【**案件主题**】行政管理直接将内部批复实施的，行政相对人有权提起行政诉讼

魏某高、陈某志诉来安县人民政府收回土地使用权批复案

【**案件来源**】最高人民法院指导案例22号

【**审理法院**】安徽省高级人民法院

【**案件案号**】（2012）皖行终字第14号

【**裁判日期**】2012年9月10日

【**裁判要点**】地方人民政府对其所属行政管理部门的请示作出的批复，一般属于内部行政行为，不可对此提起诉讼。但行政管理部门直接将该批复付诸实施并对行政相对人的权利义务产生了实际影响，行政相对人对该批复不服提起诉讼的，人民法院应当依法受理。

典型案例3

【**案件主题**】政府的违法行为导致赔偿的，应当坚持全面赔偿的原则

许某云诉金华市婺城区人民政府房屋行政强制及行政赔偿案

【案件来源】《最高人民法院公报》2018 年第 6 期

【审理法院】最高人民法院

【案件案号】(2017)最高法行再 101 号

【裁判日期】2018 年 1 月 25 日

【裁判要点】1. 国有土地上房屋征收过程中,只有市、县级人民政府及其确定的房屋征收部门依法具有组织实施强制拆除被征收人合法房屋的行政职权。市、县级人民政府及房屋征收部门等不能举证证明被征收人合法房屋系其他主体拆除的,可以认定其为强制拆除的责任主体。市、县级人民政府及房屋征收部门等委托建设单位等民事主体实施强制拆除的,市、县级人民政府及房屋征收部门等对强制拆除后果承担法律责任。建设单位等民事主体以自己名义违法强拆,侵害物权的,除应承担民事责任外,违反行政管理规定的应依法承担行政责任,构成犯罪的应依法追究刑事责任。

2. 市、县级人民政府在既未作出补偿决定又未通过补偿协议解决补偿问题的情况下,违法强制拆除被征收人房屋的,应当赔偿被征收人房屋价值损失、屋内物品损失、安置补偿等损失。人民法院在确定赔偿数额时,应当坚持全面赔偿原则,合理确定房屋等的评估时点,并综合协调适用《国家赔偿法》规定的赔偿方式、赔偿项目、赔偿标准与《国有土地上房屋征收与补偿条例》规定的补偿方式、补偿项目、补偿标准,确保被征收人得到的赔偿不低于其依照征收补偿方案可以得到的征收补偿。

第三节　实务操作指南

一、保证房屋征收的公益性目的

所有权人对其所有的不动产或动产,享有占有、使用、收益、处分的权利。国有土地上的房屋的所有权人当然对其房屋享有以上权益,且基于所有权的对世效力,一般情况下除所有权人外的任何主体不得侵犯其权益或影响正常行使。但法律也规定了基于公共利益需要,国家可以对国有土地上的私人房屋作出征收决定,此时所有权的对世效力需要作出牺牲。国有土地上房屋征收是法律赋予的国家强制力对私人房屋所有权的依法剥夺。在所有权作出牺牲的前提下,国有土地上的房屋征收必须严格控制,不能随意征收、随意审批。所以,《征收条例》确定了国有土地上房屋征收的公益性目的。在《拆迁条例》背景下,并未区分拆迁目的的公益性和商业性,对所有权的侵害无法控制在合理、必要的范围内。《国有土地上房屋征收与补偿条例》征求意见稿中,也保留了非因公共利益需要的拆迁行为,但正式公布实施的《国有土地上房屋征收与补偿条例》中未保留此内容。

除了为公共利益需要征收房屋之外，还存在符合城市规划但非公共利益需要，而要求房屋所有权人拆迁的行为，如商业拆迁。商业拆迁不适用《征收条例》，这意味着无法按照《征收条例》规定的程序要求商业拆迁的同时，也意味着商业拆迁并不具有与公益征收同等的强制效力。亦即，公益房屋征收是行政机关主导的、具有公权力强制效力的行为，在符合法律规定的前提条件下，被征收人没有不同意征收或拒绝征收的权利，拒不搬迁的，可以对其强制搬迁。而商业拆迁不具有强制力，必须遵循意思自治，即在政府批准开发计划之后，开发商需与房屋所有权人在平等自愿、等价有偿的基础上达成协议，若房屋所有权人不同意拆迁，则开发商无权强制拆迁，政府也不会直接介入到拆迁工作中，仅是起到监督、管理的作用。

二、房屋征收中的行政诉讼应用

《征收条例》明文确定了可以对征收决定、补偿决定提起行政诉讼，确定了补偿协议的可诉性，但未明确是民事诉讼还是行政诉讼。房屋征收，还涉及房屋补偿方案、征收公告、征收补偿各环节的具体行为等，由于《征收条例》并未作出规定，则是否可以提起行政诉讼，需要结合其各自特点，按照行政诉讼相关法律进行判断。

《行政诉讼法》一直坚持采取列举方式确定受案范围，2014 年在修订中，将原法的 8 项受案范围增至 12 项，扩大了明确无争议的行政诉讼受案范围。列举式虽然明确、具体，但弊端也很明显，即无法涵盖全部行政诉讼案件。对于未被列举的，还需要根据法律判断是否属于行政诉讼的受案范围。

1989 年《行政诉讼法》区分了具体行政行为和抽象行政行为，仅将行政机关及其工作人员的具体行政行为作为行政诉讼的受案范围。但具体行政行为、抽象行政行为是学理概念而非法律概念，对于具体行政行为的判定标准模糊，容易导致因被判定为“不属于具体行政行为”而形成“立案难”的局面。2014 年《行政诉讼法》修正案中删除了“具体”二字，即行政诉讼的受案范围不再区分具体行政行为和抽象行政行为，2017 年修正案仍延续 2014 年规定的“行政行为”，这一改变从形式上扩充了受案范围。新法将“具体行政行为”修改为“行政行为”，也是出于新法将部分抽象行政行为纳入审查范围的原因，不再将抽象行政行为严格排除在行政诉讼之外，但只是规章以下的规范性文件，且法院只进行附带性审查，不对规范性文件作出判决。①

第四节 法律法规整合

一、《国有土地上房屋征收与补偿条例》

二、《行政诉讼法》

第 12 条 人民法院受理公民、法人或者其他组织提起的下列诉讼：

---

① 北大法宝：《中华人民共和国行政诉讼法（2014 修正）释义》，载 http://www.pkulaw.cn/CLink_form.aspx?Gid=239820&Tiao=2&km=siy&subkm=0&db=siy，最后访问日期：2018 年 7 月 19 日。

(一)对行政拘留、暂扣或者吊销许可证和执照、责令停产停业、没收违法所得、没收非法财物、罚款、警告等行政处罚不服的;

(二)对限制人身自由或者对财产的查封、扣押、冻结等行政强制措施和行政强制执行不服的;

(三)申请行政许可,行政机关拒绝或者在法定期限内不予答复,或者对行政机关作出的有关行政许可的其他决定不服的;

(四)对行政机关作出的关于确认土地、矿藏、水流、森林、山岭、草原、荒地、滩涂、海域等自然资源的所有权或者使用权的决定不服的;

(五)对征收、征用决定及其补偿决定不服的;

(六)申请行政机关履行保护人身权、财产权等合法权益的法定职责,行政机关拒绝履行或者不予答复的;

(七)认为行政机关侵犯其经营自主权或者农村土地承包经营权、农村土地经营权的;

(八)认为行政机关滥用行政权力排除或者限制竞争的;

(九)认为行政机关违法集资、摊派费用或者违法要求履行其他义务的;

(十)认为行政机关没有依法支付抚恤金、最低生活保障待遇或者社会保险待遇的;

(十一)认为行政机关不依法履行、未按照约定履行或者违法变更、解除政府特许经营协议、土地房屋征收补偿协议等协议的;

(十二)认为行政机关侵犯其他人身权、财产权等合法权益的。

除前款规定外,人民法院受理法律、法规规定可以提起诉讼的其他行政案件。

三、《最高人民法院关于适用〈中华人民共和国行政诉讼法〉的解释》

第25条 市、县级人民政府确定的房屋征收部门组织实施房屋征收与补偿工作过程中作出行政行为,被征收人不服提起诉讼的,以房屋征收部门为被告。

征收实施单位受房屋征收部门委托,在委托范围内从事的行为,被征收人不服提起诉讼的,应当以房屋征收部门为被告。

第二章　征收决定的合法性审查

第一节　法律要点详解

一、概述

自20世纪90年代以来，我国进入加速城镇化发展的阶段。在推进城镇化进程中，由于市政重新建设与规划的需要，我国城市面临大量的旧城改造、危房重建、棚户区改造等。同时，由于《城市房屋拆迁管理条例》未能区分征收与拆迁、公益性质与商业性质、补偿未能及时落实等原因，一时间“强拆”引发了大量的社会矛盾，造成某些地区社会关系极其紧张，同时《城市房屋拆迁管理条例》中内容的不合理性也饱受诟病。

为了推进城镇化发展的进程、缓和社会矛盾并落实《宪法》以及《物权法》的规定、破除《拆迁条例》带来的种种问题，2011年国务院正式公布《国有土地上房屋征收与补偿条例》。《国有土地上房屋征收与补偿条例》的出台完善了征收补偿的问题、明确了征收的范围、规范了征收的程序。①

二、征收决定合法性审查的若干问题

（一）概念

“无救济则无权利”是一条著名的法律谚语，其意思是法律规定的权利需要有相应的救济予以保障。而在《城市房屋拆迁管理条例》中并没有规定关于征收的相关问题，所以被拆迁人对于房屋征收决定的合法性也就无法进行审查，被拆迁人的利益也就无法得到维护。在《城市房屋拆迁管理条例》中政府扮演的是仲裁者的角色，但其是实际上的主导者与决策人，拆迁人是指取得房屋拆迁许可证的单位或者个人，被拆迁人是待拆建筑的所有人、管理人或使用人。由此可以看出，政府在本法律关系中具有重要地位却不承担责任，并且还扮演裁判者的角色，违背了“任何人不能做自己案件的法官”这一基本法理。② 为了解决上述问题，《国有土地上房屋征收与补偿条例》对此问题作出了规定。

《国有土地上房屋征收与补偿条例》第14条规定：“被征收人对市、县级人民政府作出的房屋征收决定不服的，可以依法申请行政复议，也可以依法提起行政诉讼。”据此，同时依据《行政诉讼法》第12条、《行政复议法》第6条的规定，行政相对人（被征收人）可以提起行政

---

① 参见薛刚凌主编：《国有土地上房屋征收与补偿条例理解与适用》，中国法制出版社2011年版，第51页。

② 参见薛刚凌主编：《国有土地上房屋征收与补偿条例理解与适用》，中国法制出版社2011年版，第83页。

诉讼或行政复议。行政复议是指复议机关对于作出行政行为的合法性与合理性一同进行审查,而行政诉讼则是法院对于行政主体作出的行政行为的合法性进行审查。

因此,征收决定的合法性审查主要是指,在行政诉讼或行政复议当中,相对人提起的行政诉讼或行政复议要求法院或复议机关对于行政主体作出的征收决定是否合法进行审查。

(二)合法性审查内容

《国有土地上房屋征收与补偿条例》第8~13条规定了如何做出征收决定的内容,主要包含了实质标准与程序标准两个方面,而对于征收决定的合法性审查也主要是针对上述内容,具体论述如下。

1. 关于主体适格问题。在此问题上,主要审查作出房屋征收决定的主体是否合法的问题。《国有土地上房屋征收与补偿条例》第4条规定:"市、县级人民政府负责本行政区域的房屋征收与补偿工作。市、县级人民政府确定的房屋征收部门(以下称房屋征收部门)组织实施本行政区域的房屋征收与补偿工作。市、县级人民政府有关部门应当依照本条例的规定和本级人民政府规定的职责分工,互相配合,保障房屋征收与补偿工作的顺利进行。"同时,该条例第8条亦规定确需要征收房屋的,由市、县级人民政府作出房屋征收决定。

通过对上述两个法条的分析,笔者认为在主体适格的问题上需要考虑以下问题:第一,只有市、县级人民政府才享有作出房屋征收决定的权力;第二,市级人民政府指的是设区的市、直辖市所辖区以及自治州人民政府,而县级人民政府指的是不设区的市、市辖区、县、自治县、旗、自治旗等人民政府;第三,市、县级的上级(例如国务院、省级人民政府)或下级政府(例如乡镇级人民政府)均不得作出房屋征收决定。①

2. 关于公共利益的问题。我国《宪法》第10条以及《物权法》第42条均规定,对于征收务必符合公共利益的需要。而对于公共利益的界定不论是在学术界还是在实务界都属于一个较为模糊、争议较大的概念。

为此,《国有土地上房屋征收与补偿条例》中第8条采用列举式的方法规定了以下属于符合"公共利益的需要"的情况:(1)国防和外交的需要;(2)由政府组织实施的能源、交通、水利等基础设施建设的需要;(3)由政府组织实施的科技、教育、文化、卫生、体育、环境和资源保护、防灾减灾、文物保护、社会福利、市政公用等公共事业的需要;(4)由政府组织实施的保障性安居工程建设的需要;(5)由政府依照《城乡规划法》有关规定组织实施的对危房集中、基础设施落后等地段进行旧城区改建的需要;(6)法律、行政法规规定的其他公共利益的需要。

3. 关于规划的要求。对于符合《征收与补偿条例》第8条的公共利益的需要,同时还应当符合规划的要求。对此,该条例第9条规定,对于确需征收房屋的各类建设项目应当符合国民经济和社会发展规划、土地利用总体规划、城乡规划和专项规划。对于保障性安居工程建设、旧城区改建,还应当纳入市、县级国民经济和社会发展年度计划。同时,制定国民经济和社会发展规划、土地利用总体规划、城乡规划和专项规划,应当广泛征求社会公众意见,经过科学论证。

4. 关于征收程序的问题。由于征收牵涉利益相对重大,所以需要一系列严密的程序以便

① 参见江必新主编:《国有土地上房屋征收与补偿条例理解与适用》,中国法制出版社2012年版,第164页。

保障征收决定的正确性,在审查征收决定的合法性时应当对征收决定程序同时进行审查。主要包括以下方面:

(1)拟定征收补偿方案与征求公众意见。房屋征收部门拟定征收补偿方案,报市、县级人民政府。市、县级人民政府应当组织有关部门对征收补偿方案进行论证并予以公布,征求公众意见。征求意见期限不得少于30日。

(2)听证会的召开。市、县级人民政府应当将征求意见情况和根据公众意见修改的情况及时公布。因旧城区改建需要征收房屋,多数被征收人认为征收补偿方案不符合本条例规定的,市、县级人民政府应当组织由被征收人和公众代表参加的听证会,并根据听证会情况修改方案。

(3)社会稳定风险评估程序。市、县级人民政府作出房屋征收决定前,应当按照有关规定进行社会稳定风险评估;房屋征收决定涉及被征收人数量较多的,应当经政府常务会议讨论决定。作出房屋征收决定前,征收补偿费用应当足额到位、专户存储、专款专用。

(4)征收决定的公告。市、县级人民政府作出房屋征收决定后应当及时公告。公告应当载明征收补偿方案和行政复议、行政诉讼权利等事项。市、县级人民政府及房屋征收部门应当做好房屋征收与补偿的宣传、解释工作。房屋被依法征收的,国有土地使用权同时收回。

第二节 权威案例指导

典型案例1

吉林省永吉县龙达物资经销处诉吉林省永吉县人民政府征收补偿案

【案件来源】人民法院征收拆迁典型案例(第2批)

【审理法院】吉林省高级人民法院

【案件案号】未检索到

【裁判日期】未检索到

【裁判结果】吉林市中级人民法院一审认为,被诉房屋征收补偿决定依据的评估报告从形式要件看,分别存在没有评估师签字,未附带设备、资产明细或者说明,未标注或者释明被征收人申请复核评估的权利等不符合法定要求的形式问题;从实体内容看,在对被征收的附属物评估和资产、设备评估上均存在评估漏项的问题。上述评估报告明显缺乏客观性、公正性,不能作为被诉房屋征收补偿决定的合法依据。遂判决撤销被诉房屋征收补偿决定,责令永吉县政府60日内重新作出行政行为。永吉县政府不服提起上诉,吉林省高级人民法院二审以与一审相同的理由判决驳回上诉、维持原判。

【基本案情】2015年4月8日,吉林省永吉县人民政府(以下简称永吉县政府)作出房屋征收决定,决定对相关的棚户区实施改造,同日发布永政告字(2015)1号《房屋征收公告》并张贴于拆迁范围内的公告栏。永吉县龙达物资经销处(以下简称经销处)所在地段处于征收范围。2015年4月27日至29日,永吉县房屋征收经办中心作出选定评估机构的实施方案,并于4月30日召开选定大会,确定改造项目的评估机构。2015年9月15日,永吉县政府依据评估结果作出永政房征补(2015)3号房屋征收补偿决定。经销处认为,该征收补偿决定存在认定事实不清、程序违法,评估机构的选定程序和适用依据不合法,评估价格明显低于市场价格等诸多问题,故以永吉县政府为被告诉至法院,请求判决撤销上述房屋征收补偿决定。

【典型意义】在征收拆迁案件当中,评估报告作为确定征收补偿价值的核心证据,人民法院能否依法对其进行有效审查,已经在很大程度上决定着案件能否得到实质解决,被拆迁人的合法权益能否得到充分保障。本案中,人民法院对评估报告的审查是严格的、到位的,因而效果也是好的。在认定涉案评估报告存在遗漏评估设备、没有评估师的签字盖章、未附带资产设备的明细说明、未告知申请复核的评估权利等一系列问题之后,对这些问题的性质作出评估,得出了两个结论。一是评估报告不具备合法的证据形式,不能如实地反映被征收人的财产情况。二是据此认定评估报告缺乏客观公正性、不具备合法效力。在上述论理基础上撤销了被诉房屋征收补偿决定并判令行政机关限期重作。本案对评估报告所进行的适度审查,可以作为此类案件的一种标杆。

典型案例2

焦某某诉河南省新乡市卫滨区人民政府行政征收管理案

【案件来源】人民法院征收拆迁典型案例(第2批)

【审理法院】河南省高级人民法院

【案件案号】未检索到

【裁判日期】未检索到

【裁判结果】新乡市中级人民法院一审认为,卫滨区政府作出的《调整征收范围决定》不涉及焦某某所有的房屋,对其财产权益不产生实际影响,焦某某与被诉行政行为之间没有利害关系,遂裁定驳回了焦某某的起诉。焦某某提起上诉,河南省高级人民法院二审驳回上诉、维持原裁定。

【基本案情】2014年6月27日,河南省新乡市卫滨区人民政府(以下简称卫滨区政府)作出卫政(2014)41号《关于调整京广铁路与中同街交汇处西北区域征收范围的决定》(以下简称《调整征收范围决定》),将房屋征收范围调整为京广铁路以西、卫河以南、中同大街以北(不包括中同大街166号住宅房)、立新巷以东。焦某某系中同大街166号住宅房的所有权人。焦某某认为卫滨区政府作出《调整征收范围决定》不应将其所有的房屋排除在外,且《调整征收范围决定》作出后未及时公告,对原房屋征收范围不产生调整的效力，请求人民法院判决撤销《调整征收范围决定》。

【典型意义】在行政诉讼中，公民权利意识特别是诉讼意识的提高是社会和法治进步的体现。但是公民、法人或者其他组织提起行政诉讼应当具有诉的利益及诉的必要性，即与被诉行政行为之间存在“利害关系”。人民法院要依法审查被诉行政行为是否对当事人权利义务造成影响，是否会导致当事人权利义务发生增减得失，既不能对当事人合法权利的影响视而不见，损害当事人的合法诉权；也不得虚化、弱化利害关系的起诉条件，受理不符合行政诉讼法规定的受案范围条件的案件，造成当事人不必要的诉累。本案中，被告卫滨区政府决定不再征收焦某某所有的房屋，作出了《调整征收范围决定》。由于《调整征收范围决定》对焦某某的财产权益不产生实际影响，其提起本案之诉不具有值得保护的实际权益。人民法院依法审查后，裁定驳回起诉，有利于引导当事人合理表达诉求，保护和规范当事人依法行使诉权。

典型案例3

【案件主题】拆迁行为发生在《城市房屋拆迁管理条例》废止前，应当适用《城市房屋拆迁条例》的规定

于某楚诉贵阳市住房和城乡建设局强制拆迁再审行政判决书

【案件来源】《最高人民法院公报》2013年第10期

【审理法院】最高人民法院

【案件案号】(2012)行提字第17号

【裁判日期】2012年7月2日

【裁判要点】根据《城市房屋拆迁管理条例》的规定，强制拆迁前县级以上人民政府应当先行作出责令限期拆迁的决定；在责令限期拆迁决定所指定的期限内被拆迁人逾期仍不拆迁的，方可责成有关部门强制拆迁。且责令限期拆迁和责成有关部门强制拆迁的决定，应当经法定程序并以书面形式作出，相关决定还应依法送达被拆迁人。

第三节　实务操作指南

一、关于开发区管委会能否作出征收决定的问题

在我国，开发区主要包括经济技术开发区、高新技术开发区、保税区、旅游度假区、出口加工区、边境合作区等。从级别上又可以分为由国务院批准设立的国家级开发区、省级人民政

府批准设立并报国务院备案的省级开发区以及省级以下人民政府设立的开发区。① 开发区管委会属于省级人民政府或地市级人民政府的准派出机关。

根据《国务院关于批准国家高新技术产业开发区和有关政策规定的通知》第3条规定②以及《国家高新技术产业开发区管理暂行办法》第8条的规定,③笔者倾向认为由国务院批准设立的国家级开发区管委会具备作出征收决定的主体资格。同时,对于其他级别的开发区管委会是否具备作出征收决定的权力应当审查是否有该地方人大及其常委会对于该开发区管委会的明确授权。

因此,法院在审理开发区管委会是否适格的问题时,应当要求地方开发区管委会提供其有权作出征收决定的规范性文件,并对该规范性文件进行审查。

二、关于征收前置行政行为的审查

根据《城乡规划法》以及《土地管理法》的规定,政府在作出征收决定之前应当取得下列前置行政行为的规范性法律文件:

(1)建设项目立项批复;

(2)建设用地规划许可证;

(3)国有土地使用权批准文件;

(4)其他审批行为,如建设工程规划许可、建设项目环评审批、文物保护行政审批等。

政府在作出征收决定之前必须按照上述顺序取得所有文件,如果缺少上述某项文件或者顺序出现错误,则说明政府作出征收决定的前置程序存在违法,也意味着征收决定存在适用法律、法规的错误。④

因此,在诉讼或复议当中,人民法院或复议机关应当要求作出决定的机关提供上述4个文件,并且对提交文件的合法性进行审查。

三、关于公共利益的审查标准

对于是否符合公共利益的判断标准,应当结合征收前置行政行为所需的文件内容以及国民经济和社会发展规划、土地利用总体规划、城乡规划和专项规划三个文件,从公共性、合理性、民主性三方面进行审查,具体论述如下。

1. 公共性。《国有土地上房屋征收与补偿条例》明确将征收决定的范围需要限定在"公益征收"范围内,因此首先需要对是否符合公共性进行判断。公共性一般由两个方面构成,一是对于受益主体需要具备普遍性或者不特定性;二是政府组织实施的建设项目。⑤ 需要注意

---

① 参见蔡小雪、郭修江:《房屋征收案件审理指引》,人民法院出版社2015年版。

② 该条规定:"国务院授权国家科委负责审定各国家高新技术产业开发区的区域范围、面积,并进行归口管理和具体指导。"

③ 该条规定:"国家高新技术产业开发区应当根据各地具体情况,按照精简、统一、高效的原则建立适合于社会主义市场经济和高新技术产业发展的管理体制和运行机制。开发区管理委员会作为开发区日常管理机构,可以行使省、自治区、直辖市、计划单列市人民政府所授予的省市级规划、土地、工商、税务、财政、劳动人事、项目审批、外事审批等经济管理权限和行政管理权限,对开发区实行统一管理。"

④ 参见蔡小雪、郭修江:《房屋征收案件审理指引》,人民法院出版社2015年版,第99页。

⑤ 参见蔡小雪、郭修江:《房屋征收案件审理指引》,人民法院出版社2015年版,第103页。

的是，公共性的内涵并非一成不变，它是随着社会的不断发展而进行变化的，其判断的主要依据就是是否具备国民经济和社会发展规划、土地利用总体规划、城乡规划和专项规划。

2. 合理性。合理性原则是行政法中的一项重要原则，又称为行政适当性原则。合理性原则不仅要求行政行为合法，而且需要合理、适当，违反合法性原则将导致行政行为不合法，但是违反合理性则导致行政行为不当。[①] 在合理性原则上，具体由三项原则构成，即比例原则、平等原则与正当原则。

但在判断征收决定公益性的合理性方面，主要是审查征收决定是否符合比例原则。具体有以下几方面：第一，除非具有因实现公共利益而征收房产的必要，否则不得因公共利益而征收非国有财产；第二，如果行政主体可以选择除征收以外的方式实现公共利益，那么就不能选择征收这种方式；第三，因征收而导致公民、法人或其他组织的损失应当不高于所需实现的公共利益。

3. 民主性。公众参与原则同样是行政法中的一项重要原则，尤其在征收过程中牵扯面广泛，所以要求立法机关与行政机关广泛听取民众意见，尊重民意。

因此，法院在审查过程中，应当查验是否召开听证会或者专家论证会，是否采纳了相关意见，如果未采纳是否具有未采纳意见的情况与理由。需要注意的是，虽然在《征收与补偿条例》中规定了公众参与原则，但是此类原则属于倡导性原则，所以违反此原则也并不一定导致征收决定不合法。假若法院在审查国民经济和社会发展规划、土地利用总体规划、城乡规划和专项规划时未发现进行了民主听证程序，且公众反映意见较大的，应当报请同级或上级人大常委会，请他们先对规划作出效力判断，再最终进行认定。[②]

经法院审查后，如果认为征收决定不具有公共利益的话，理论上应当按照《行政诉讼法》第 70 条的规定撤销该行政征收决定。但在实践中，往往在审理征收案件时，在建项目已经开始建设甚至有的工程即将完工。在这种情况下，如果撤销该征收决定，势必将带来更大的损失。在这种情况下，按照《行政诉讼法》第 74 条、第 76 条的规定，人民法院应当确认该征收决定违法，并可责令被告采取补救措施，给原告造成损失的应当予以赔偿。

第四节　法律法规整合

一、《国有土地上房屋征收与补偿条例》

二、《行政诉讼法》

第 70 条　行政行为有下列情形之一的，人民法院判决撤销或者部分撤销，并可以判决被告重新作出行政行为：

（一）主要证据不足的；

（二）适用法律、法规错误的；

---

① 参见胡建淼：《行政法学》，法律出版社 2017 年版，第 51 页。

② 参见蔡小雪、郭修江：《房屋征收案件审理指引》，人民法院出版社 2015 年版，第 108～109 页。

（三）违反法定程序的；

（四）超越职权的；

（五）滥用职权的；

（六）明显不当的。

第74条 行政行为有下列情形之一的，人民法院判决确认违法，但不撤销行政行为：

（一）行政行为依法应当撤销，但撤销会给国家利益、社会公共利益造成重大损害的；

（二）行政行为程序轻微违法，但对原告权利不产生实际影响的。

行政行为有下列情形之一，不需要撤销或者判决履行的，人民法院判决确认违法：

（一）行政行为违法，但不具有可撤销内容的；

（二）被告改变原违法行政行为，原告仍要求确认原行政行为违法的；

（三）被告不履行或者拖延履行法定职责，判决履行没有意义的。

第76条 人民法院判决确认违法或者无效的，可以同时判决责令被告采取补救措施；给原告造成损失的，依法判决被告承担赔偿责任。

第三章　补偿决定的合法性审查

第一节　法律要点详解

一、对征收房屋补偿事实的审查

（一）房屋征收的补偿对象

《国有土地上房屋征收与补偿条例》第2条规定："为了公共利益的需要，征收国有土地上单位、个人的房屋，应当对被征收房屋所有权人（以下称被征收人）给予公平补偿。"由该规定可知，房屋征收的补偿对象是被征收房屋的所有权人，但是实践中与被征收房屋有利害关系的人，如公房、廉租房或承租房的承租人，其享有承租房的居住或者使用经营的权利因征收而受到损害，因此，与被征收房屋有利害关系的人亦属于房屋征收补偿对象的范围。

（二）对被征收房屋的位置、面积、结构的认定

《国有土地上房屋征收与补偿条例》第14条规定："被征收房屋价值评估应当考虑被征收房屋的区位、用途、建筑结构、新旧程度、建筑面积以及占地面积、土地使用权等影响被征收房屋价值的因素。"根据该规定可知，被征收房屋的位置、面积、结构直接影响着被征收房屋的价值评估，因此，对该事实的审查至关重要。

关于被征收房屋的面积。房屋权属证书与房屋登记簿是记载房屋面积的重要依据。当出现因历史遗留问题导致房屋权属证书毁损，或者因行政机关过错导致面积计算错误，在上述特殊情况下，房屋权属证书不能作为唯一判断房屋面积的依据，通常情况下，会以这几种判断标准为主，而不以房屋权属证书记载的面积为准，具体包括：（1）以实际测量的面积为准；（2）以足以推翻的证据证明的面积为准；（3）以法院生效判决确定的面积为准；（4）对于未登记的房屋，以批准文件记载的建筑面积为准；（5）落实政策的房屋，以人民政府落实政策决定所确定的面积为准；（6）以协商一致的面积为准。①

关于被征收房屋的位置、建筑结构问题。对于被征收房屋的位置审查，主要注意的问题有：一是否在征收范围之内；二是周边区域的房屋、环境直接影响被征收房屋的评估价值。对于被征收人房屋的建筑结构的审查，主要审查的内容有：审查房屋建筑结构的属性（砖木结构、砖混结构、钢筋混凝土结构、钢结构）；审查建筑年代，即查询房屋建成的时间，建筑年代久

---

① 参见蔡晓雪、郭修江：《房屋征收案件审理指引》，人民法院出版社2015年版，第157～158页。

远导致折旧率极高，房屋价值亦相应的减低。

（三）对被征收房屋的性质、用途认定

被征收房屋的性质、用途不同，直接影响着补偿标准的不同。按照征收房屋的性质、用途分为住宅房屋与非住宅房屋，非住宅房屋亦包括营业性用房（商场类、商铺类、商务类建筑）与非营业性用房（工业建筑、办公型建筑、公共型建筑）。一般情况下，被征收房屋的性质、用途以房屋权属证书为准，若出现与实际用途、性质不符的，应以实际的或者行政审批文件的房屋性质、用途相结合予以认定。

二、对房屋征收补偿程序的审查

房屋征收补偿程序是市、县级人民政府在房屋征收实施中，作出补偿决定所应当遵循的方式、步骤、顺序和时间等内容的总和。[①] 征收程序是规范政府征收行为，维护被征收人合法权益，促使政府做好群众工作的重要保障。《国有土地上房屋征收与补偿条例》提高了对征收补偿方案的公众参与程度，并规定征收补偿方案应征求公众意见，组织听证会并修改方案，且政府作出房屋征收决定前，应当进行社会稳定风险评估。房屋征收补偿程序主要包括协商程序、评估程序、补偿决定程序以及送达和公告程序等，现将以上程序具体予以阐述。

（一）协商程序

因人民政府征收房屋的行为对被征收人的利益具有重要影响，尤其是会对被征收人的合法财产造成直接的损害，而政府作为征收方应当通过行政补偿的方式弥补被征收人的损失，因双方是为了公共利益的需要而形成的补偿与被补偿的关系，并非存在对立、不等的抗辩关系，因此，政府在征收补偿的过程中应当积极站在被征收人的角度思考其困难，耐心听取意见，以实际行动解决其困难，在这样特殊的法律关系的投射下，“协商程序”成为房屋征收补偿的必经、必备程序，若能够通过该程序达成征收补偿协议，实属最为人性化、最为高效率的解决途径。

协商程序的适用过程中应当遵循以下原则。首先，自愿原则，该原则系开启协商程序的首要原则，协商程序中不允许有任何的强迫、压制、指示等因素介入。其次，查明事实、分清是非原则，该原则系协商程序的本质原则。即要求房屋征收部门与被征收人应当是在事实清楚、是非分明的基础上进行协商，不可颠倒黑白、混淆视听，甚至无原则、无底线地为了达成补偿协议而协商。再次，合法原则，该原则系协商程序的底线原则。即房屋征收部门进行协商无论在程序上还是内容上均应当严格遵守法律、法规的规定，不得因程序违法或内容违法而损害国家利益、社会公共利益和他人的合法权益。最后，公平原则。该原则系协商程序的兜底原则，其代表着征收补偿的性质与趋势，即对被征收人因房屋被征收而遭受的损失给予充分补偿，让被征收人获得对等的补偿，不因政府的征收行为而遭受不平等的待遇。

遵守上述4个原则时，具体实践中应当把握的细节包括：（1）自愿原则中是否进行协商的决定权在于被征收人，以被征收人的意愿为主，若被征收人拒绝协商或无法接受征收补偿协

---

① 参见蔡晓雪、郭修江：《房屋征收案件审理指引》，人民法院出版社2015年版，第135页。

议内容的,均不得采取强迫态度以及强制措施;(2)实践中经常出现的情况是房屋面积、房屋性质因缺乏证据而无法认定的情况,若房屋征收部门与被征收人能够协商确定,且双方协商确定的房屋面积以及性质并不违背法律规定,更不损害公共利益、其他第三人利益,那么,该种情况便符合查明事实、分清是非原则,应当予以认定;(3)房屋征收部门提高补偿、补助、奖励标准,其目的是解决被征收人的困难、尽快达成协议,该行为不属于违背合法原则;(4)在协商程序启动时,房屋征收部门应当发挥主动性、积极性,及时、尽早地向被征收人了解情况,向其告知房屋征收补偿相关的法律法规、政策规则、补偿方式、补偿标准等事项,最为重要的是将被征收人应当享受的权利,承担的义务予以明确告知,在信息公平、平等知悉的情况下,协商签署征收补偿协议。

(二)评估程序

评估程序的启动关系着被征收房屋的价值如何确定,与被征收人直接的利益关系息息相关,《国有土地上房屋征收评估办法》对评估程序中关于评估机构的选定、评估人员的资质、评估方法与标准等均有明确的规定。《城市房地产管理法》第 59 条规定:"国家实行房地产价格评估人员资格认证制度。"第 34 条规定:"国家实行房地产价格评估制度。房地产价格评估,应当遵循公正、公平、公开的原则,按照国家规定的技术标准和评估程序,以基准地价、标定地价和各类房屋的重置价格为基础,参照当地的市场价格进行评估。"以上规定的本质性原则为:评估程序应依法秉承客观、公正、独立的重要原则,具体的评估程序包括以下几方面的内容。

1. 房产评估机构的确定与公示

房产评估机构的选择是评估程序的首发程序,系保证房屋评估的公平和公正的源头。在确定房产评估机构名录且在房屋征收范围内进行公布公告的情况下,依照以下原则进行房产评估机构的确定。

首先,评估机构的选定应当坚持协商性原则。《国有土地上房屋征收与补偿条例》第 20 条规定:"房地产价格评估机构由被征收人协商选定;协商不成的,通过多数决定、随机选定等方式确定,具体办法由省、自治区、直辖市制定。房地产价格评估机构应当独立、客观、公正地开展房屋征收评估工作,任何单位和个人不得干预。"《国有土地上房屋征收评估办法》第 4 条第 1 款规定:"房地产价格评估机构由被征收人在规定时间内协商选定;在规定时间内协商不成的,由房屋征收部门通过组织被征收人按照少数服从多数的原则投票决定,或者采取摇号、抽签等随机方式确定。具体办法由省、自治区、直辖市制定。"上述规定保证了房产评估机构选择的公正性,也极大地维护了被征收人的合法权益,能够从根本上避免因评估机构的错误导致的错估、漏估、少估等的不公现象发生。

其次,评估机构选定不得违反法定时间顺序。根据《国有土地上房屋征收与补偿条例》的规定,应当在征收决定作出后确定评估机构进行被征收房屋的价值评估,若违反时间顺序,系属评估程序违法。

最后,房屋征收部门应当将确定的评估机构名单在房屋征收范围内和市估价师协会网站予以公告。[1]

2. 签订评估合同

《国有土地上房屋征收评估办法》第6条规定："房地产价格评估机构选定或者确定后，一般由房屋征收部门作为委托人，向房地产价格评估机构出具房屋征收评估委托书，并与其签订房屋征收评估委托合同。房屋征收评估委托书应当载明委托人的名称、委托的房地产价格评估机构的名称、评估目的、评估对象范围、评估要求以及委托日期等内容。房屋征收评估委托合同应当载明下列事项：(一)委托人和房地产价格评估机构的基本情况；(二)负责本评估项目的注册房地产估价师；(三)评估目的、评估对象、评估时点等评估基本事项；(四)委托人应提供的评估所需资料；(五)评估过程中双方的权利和义务；(六)评估费用及收取方式；(七)评估报告交付时间、方式；(八)违约责任；(九)解决争议的方法；(十)其他需要载明的事项。"

3. 提交评估报告以及评估异议复核

《国有土地上房屋征收评估办法》第12条规定："房地产价格评估机构应当安排注册房地产估价师对被征收房屋进行实地查勘，调查被征收房屋状况，拍摄反映被征收房屋内外部状况的照片等影像资料，做好实地查勘记录，并妥善保管。被征收人应当协助注册房地产估价师对被征收房屋进行实地查勘，提供或者协助搜集被征收房屋价值评估所必需的情况和资料。房屋征收部门、被征收人和注册房地产估价师应当在实地查勘记录上签字或者盖章确认。被征收人拒绝在实地查勘记录上签字或者盖章的，应当由房屋征收部门、注册房地产估价师和无利害关系的第三人见证，有关情况应当在评估报告中说明。"在依法履行上述程序后，依法向被征收部门提交评估报告，对该评估报告的初步结果规定相应的公示期以及异议期。

如果对评估结果有异议的，根据《国有土地上房屋征收评估办法》第20条的规定："被征收人或者房屋征收部门对评估结果有异议的，应当自收到评估报告之日起10日内，向房地产价格评估机构申请复核评估"，房产评估机构自收到书面复核评估申请之日起10日内对评估结果进行复核，若被征收人依然对复核结果有异议的，《国有土地上房屋征收评估办法》第22条规定："被征收人或者房屋征收部门对原房地产价格评估机构的复核结果有异议的，应当自收到复核结果之日起10日内，向被征收房屋所在地评估专家委员会申请鉴定。被征收人对补偿仍有异议的，按照《国有土地上房屋征收与补偿条例》第二十六条规定处理。"

(三)补偿决定程序

1. 报请程序

报请程序，是指房屋征收部门在特定的情况下报请市、县级人民政府作出补偿决定的程序。特定的情况包括两种：一是未能在确定的签约期限内，就补偿方案达成补偿协议；二是被征收房屋所有权人不明确的。在上述两种情况下，房屋征收部门向市、县级人民政府提交所需的书面材料(评估鉴定结果、补偿方案、要求补偿决定的报告等)，同时将作出补偿决定的内容向被征收人予以告知。

---

[1] 参见蔡晓雪、郭修江：《房屋征收案件审理指引》，人民法院出版社2015年版，第137页。

2. 审核、决定程序

市、县级政府的法制部门对报请材料进行审核,审核的程序包括听取被征收人的陈述、核实证据、查清征收补偿事实、组织双方质证、制作笔录等。若双方能够达成调解形成房屋征收补偿协议的,审核终止;若无法达成调解协议,市、县级人民政府于房屋征收部门报请之日起30日之内(有正当理由的,可延长30日)做出补偿决定,并将补偿决定予以公告张贴。①

(四)送达

送达程序系指应当将征收房屋评估报告送达被征收人,是征收过程中必须履行的行政程序。违反该程序的行政征收直接导致报告本身丧失了程序合法性基础,具体的送达的方式包括直接送达、邮寄送达、委托送达、留置送达、转交送达以及公告送达。

三、对房屋补偿标准的审查

房屋补偿标准直接代表着被征收人能够取得多少补偿,是房屋征收补偿中最受关注的问题。《国有土地上房屋征收与补偿条例》第25条规定:“房屋征收部门与被征收人依照本条例的规定,就补偿方式、补偿金额和支付期限、用于产权调换房屋的地点和面积、搬迁费、临时安置费或者周转用房、停产停业损失、搬迁期限、过渡方式和过渡期限等事项,订立补偿协议。补偿协议订立后,一方当事人不履行补偿协议约定的义务的,另一方当事人可以依法提起诉讼。”一般在司法实践中,房屋征收补偿纠纷的矛盾集中点是征收补偿的标准是否公平公正的问题,因此,就该问题分析如下。

(一)对被征收房屋的补偿方式

《国有土地上房屋征收与补偿条例》第21条规定:“被征收人可以选择货币补偿,也可以选择房屋产权调换。被征收人选择房屋产权调换的,市、县级人民政府应当提供用于产权调换的房屋,并与被征收人计算、结清被征收房屋价值与用于产权调换房屋价值的差价。……”因此根据该规定,被征收人可以选择货币补偿,也可以选择房屋产权调换,这也是对被征收人权利的保障。因此,在签订补偿协议时,由被征收人确定适用哪一种方式,征收部门不能强制约定或者自行决定补偿方式,应充分尊重被征收人的真实意思表示。

货币补偿可以直接通过市场评估价进行,对于房屋产权调换的补偿方式,《国有土地上房屋征收与补偿条例》第18条规定:“征收个人住宅,被征收人符合住房保障条件的,作出房屋征收决定的市、县级人民政府应当优先给予住房保障。具体办法由省、自治区、直辖市制定。”目前我国住房保障体系包括:公共租赁住房、廉租房、经济适用房、限价房等。在征收补偿协议签订时,市、县级人民政府应当做好产权调换补偿方式的准备,即及时寻找且落实安置房屋的房源。产权调换涉及的问题较为复杂,具体包括:(1)挑选房屋的顺序,可以采取搬迁顺序和抽签方式确定选房顺序。(2)差价。结算差价时应当综合考虑市场价格、优惠价格、社会保障等多重因素,最终通过“多退少补”的方式予以最终结算。(3)转移登记手续。

---

① 参见蔡晓雪、郭修江:《房屋征收案件审理指引》,人民法院出版社2015年版,第145页。

（二）对被征收房屋价值补偿的标准

房屋的价值以市场评估计算为依据，即依照市场价进行补偿系最为公平合理的方式。被征收房屋价值的补偿包括被征收房屋自身的价值以及该房屋所占土地使用权的价值两部分。对被征收房屋价值补偿的标准值得注意的问题有：（1）依照《国有土地上房屋征收与补偿条例》的规定，对于被征收房屋补偿具有明确的补偿时间和标准。在征收补偿协议中约定的补偿时间是房屋征收决定公告之日，补偿标准不得低于被征收房屋类似房地产的市场价格。（2）产权调换房屋价值的评估时点应当与被征收房屋价值评估时点一致。（3）被征收房屋评估价值并不受租赁、抵押等因素影响，即不在评估价值中将抵押担保的数额等项目予以扣除。（4）临时建筑若未超过审批标准应当得到相应补偿。

（三）关于搬迁、临时安置的补偿标准

搬迁费，是指被征收人因房屋被征收而需搬迁所产生的费用，具体包括搬家费，家具、设备拆卸、搬迁、安装、调试费，误工费，交通费等。因此，与搬迁具有直接因果关系的一切费用均属于搬迁费补偿范围。临时安置，是指房屋被征收，被征收人需要临时安置或者补偿，政府既可以提供临时安置房屋，也可以提供租金让其租赁房屋。租赁房屋的由政府承担租金，具体标准以不降低生活居住条件为原则。这种临时安置所产生的费用称为临时安置费。

（四）对停产停业损失补偿的标准

房屋征收部门依法给予被征收人停产停业损失补偿时应当积极审查被征收房屋是否符合条件，具体包括：（1）被征收房屋具有非住宅房屋权属证明或者经有关部门认定为用于非住宅的合法建筑；（2）有合法有效的营业执照，且营业执照上标明的营业地点为被征收房屋；（3）已办理税务登记且有纳税凭证。[①] 符合上述三个条件的被征收人依法享有停产停业损失补偿。

停产停业损失补偿，是指因停产、停业引起的经济损失，具体利润损失以及因拆迁而必须发生的费用。具体涉及的费用包括：设备、仪器、生产成品、半成品或商品的搬迁运输费用，搬迁过程中发生损坏的费用及重新安装调试的费用，停产、停业期间职工工资、福利费、各种保险等费用，企业因拆迁倒闭、解散后职工的安置费用，为特定经营环境而设的牌匾及其他装饰物的报废损坏的费用，生产、经营证照的重新办理或变更的费用，因解除房屋租赁关系而发生的房租损失及违约赔偿金或安置房屋承租人的费用等。

---

① 参见蔡晓雪、郭修江：《房屋征收案件审理指引》，人民法院出版社2015年版，第185页。

第二节 权威案例指导

典型案例

【案例主题】有征收必有补偿，无补偿则无征收

山西省安业集团有限公司与山西省太原市人民政府行政征收纠纷

【案件来源】《最高人民法院公报》2017 年第 1 期

【审理法院】最高人民法院

【裁判日期】2016 年 7 月 28 日

【案件案号】(2016)最高法行再 80 号

【裁判要点】1. 房地产价格评估机构综合选择市场法、收益法、成本法、假设开发法等评估方法对被征收不动产价值进行评估，合理确定评估结果，并在此基础上进行补偿；2. 对国有土地上房屋所有权人补偿内容已经包含了国有土地使用权补偿的，对同时收回的国有土地的土地使用权人不再单独给予补偿；3. 对被征收不动产价值评估的时点，一般应当为征收决定公告之日或者征收决定送达被征收人之日。因征收人原因造成征收补偿问题不合理迟延的，且被征收不动产价格明显上涨的，被征收人有权主张以作出征收补偿决定或者签订征收补偿协议时的市场价格作为补偿基准。

第三节 实务操作指南

一、征收无证房屋的实践处理

《国有土地上房屋征收与补偿条例》第 24 条规定："市、县级人民政府及其有关部门应当依法加强对建设活动的监督管理，对违反城乡规划进行建设的，依法予以处理。市、县级人民政府作出房屋征收决定前，应当组织有关部门依法对征收范围内未经登记的建筑进行调查、认定和处理。对认定为合法建筑和未超过批准期限的临时建筑的，应当给予补偿；对认定为违法建筑和超过批准期限的临时建筑的，不予补偿。"根据该规定可知，在征收范围确定之前已经存在的未经登记确权的建筑物，属于历史遗留问题，如手续不全未经登记的，但是经认定为合法建筑和未超过批准期限的临时建筑，应当给予补偿。对于根本上系属于违法建筑的，则不予补偿。在旧城区改造中，此类问题尤为突出。为妥善解决此类问题，需要积极解决房屋初始登记存在历史遗留问题的特殊情况，即申请人应当及时提交房屋所有权初始登记申请，房屋登记部门应审查该类房屋的初始登记问题，并做相应询问登记、材料备案。

《国有土地上房屋征收与补偿条例》第16条规定："房屋征收范围确定后，不得在房屋征收范围内实施新建、扩建、改建房屋和改变房屋用途等不当增加补偿费用的行为；违反规定实施的，不予补偿。"对于房屋征收范围确定后的无证房屋不予补偿。

二、关于被征收人所缴纳税款问题

根据财政部、国家税务总局（财税〔2005〕45号）《关于城镇房屋拆迁有关税收政策的通知》的规定，对被拆迁人按照国家有关城镇房屋拆迁管理办法规定的标准取得的拆迁补偿款，免征个人所得税。虽然"拆迁"一词已经不再适用，更多使用的是"征收"一词，但是对于被征收人所获得的补偿款，因其性质与拆迁补偿款相同，因此对于个人所得税的征缴问题，仍然参照《关于城镇房屋拆迁有关税收政策的通知》的规定，即免征个人所得税，这同时也符合在房屋征收与补偿中规定的公平原则。

三、被征收房屋存在抵押时，如何进行房屋的产权调换

《物权法》第174条规定："担保期间，担保财产毁损、灭失或者被征收等，担保物权人可以就获得的保险金、赔偿金或者补偿金等优先受偿。被担保债权的履行期未届满的，也可以提存该保险金、赔偿金或者补偿金等。"被征收房屋存在抵押的，被征收人选择产权调换的，应当在安置房屋办理转移登记的同时一并办理抵押登记。安置房屋属于期房的情况下可以办理抵押权预告登记，因此，在抵押房屋被征收后，被征收人选择产权调换的，不得忽视抵押权的存在而直接进行安置房屋转移登记或者直接给予补偿金，应当及时进行抵押登记备案。

第四节　法律法规整合

一、《国有土地上房屋征收与补偿条例》

全文（略）

二、《国有土地上房屋征收评估办法》

第4条第1款　房地产价格评估机构由被征收人在规定时间内协商选定；在规定时间内协商不成的，由房屋征收部门通过组织被征收人按照少数服从多数的原则投票决定，或者采取摇号、抽签等随机方式确定。具体办法由省、自治区、直辖市制定。

第6条　房地产价格评估机构选定或者确定后，一般由房屋征收部门作为委托人，向房地产价格评估机构出具房屋征收评估委托书，并与其签订房屋征收评估委托合同。房屋征收评估委托书应当载明委托人的名称、委托的房地产价格评估机构的名称、评估目的、评估对象范围、评估要求以及委托日期等内容。房屋征收评估委托合同应当载明下列事项：（一）委托人和房地产价格评估机构的基本情况；（二）负责本评估项目的注册房地产估价师；（三）评估目的、评估对象、评估时点等评估基本事项；（四）委托人应提供的评估所需资料；（五）评估过程中双方的权利和义务；（六）评估费用及收取方式；（七）评估报告交付时间、方式；（八）违约

责任;(九)解决争议的方法;(十)其他需要载明的事项。

第12条　房地产价格评估机构应当安排注册房地产估价师对被征收房屋进行实地查勘,调查被征收房屋状况,拍摄反映被征收房屋内外部状况的照片等影像资料,做好实地查勘记录,并妥善保管。被征收人应当协助注册房地产估价师对被征收房屋进行实地查勘,提供或者协助搜集被征收房屋价值评估所必需的情况和资料。房屋征收部门、被征收人和注册房地产估价师应当在实地查勘记录上签字或者盖章确认。被征收人拒绝在实地查勘记录上签字或者盖章的,应当由房屋征收部门、注册房地产估价师和无利害关系的第三人见证,有关情况应当在评估报告中说明。

第20条　被征收人或者房屋征收部门对评估结果有异议的,应当自收到评估报告之日起10日内,向房地产价格评估机构申请复核评估。……

第四章　关联行为的审查

第一节　法律要点详解

一、审查征收前置行为

政府作出行政征收行为前，有一系列前置条件，如建设项目立项、建设用地规划许可、国有土地批准文件、建设工程规划许可、县级以上人民政府有关部门的其他审查批准文件等。这些前置条件是否获得通过，直接关系到行政征收行为的合法性，并对相对人的权利义务产生影响。

如果缺少前置行政行为中的任何一个或者顺序颠倒，说明征收决定必经步骤未完成或者顺序有问题，均属程序违法；如果前置行政行为不合法，意味着征收决定存在适用法律、法规错误的问题。因此，在处理征收决定或补偿决定案件时，应当注意从以下方面对前置行政行为进行审查。对于相关诉讼，人民法院也应当依法受理并裁判。

1. 建设项目审批、核准、备案

根据我国目前有关建设项目审批的相关规定，凡使用政府财政资金的建设项目均要通过建设项目立项审批程序；被列入《政府核准的投资项目目录》的实行核准制度；其他的除了国家法律法规和国务院专门规定禁止投资的项目外，实行备案管理。

2. 建设用地规划许可行为

房屋征收的目的在于公共利益建设项目的实施，而建设项目的立项要有建设用地规划许可，未经规划许可，建设项目立项将不能通过。同时，建设用地规划许可也是取得建设用地许可的必要前提，只有取得建设用地规划许可后，才有可能取得建设用地许可。

3. 国有土地使用权批准文件

国有土地上房屋征收建设项目直接涉及规划区内建设用地的使用，应当事先取得建设用地批准文件。而国有土地使用权批准文件具体表现为何物，实践中一直存在争议。一般来说，国有土地使用权批准文件分为两种：一种是建设单位通过人民政府划拨方式取得土地使用权的，提交的国有土地使用权批准文件；另一种是建设单位有偿使用取得土地使用权的，提交国有土地使用权出让合同、转让合同。

4. 建设工程规划许可行为

建设工程规划许可，是指规划行政主管部门依法核发的，确认有关建设工程符合城市规划要求的法律凭证，没有此证的建设单位，其工程建筑是违章建筑，不能领取房地产权属证件。

5. 其他有关审查批准文件

其他审批行为主要有建设项目环评审批、文物保护行政审批等行政行为。

二、审查违法建筑

《国有土地上房屋与征收补偿条例》第 24 条第 2 款规定:“市、县级人民政府作出房屋征收决定前,应当组织有关部门依法对征收范围内未经登记的建筑进行调查、认定和处理。对认定为合法建筑和未超过批准期限的临时建筑的,应当给予补偿;对认定为违法建筑和超过批准期限的临时建筑的,不予补偿。”据此,在征收决定前,对建筑是否违法进行审查就属于前置程序。被征收人对行政机关将其建筑物认定为违法建筑并无偿拆除的行政行为,依法享有诉讼的权利。法院审查违法建筑认定及无偿拆除行为,要对其合法性进行认定。

对违法建筑的认定应当把握以下要点:

(1)必须是违反《土地管理法》《城乡规划法》等建设、规划相关法律法规的行为。我国法律关于违法建筑的规定有很多,例如,《水法》第 65 条第 1 款规定:“在河道管理范围内建设妨碍行洪的建筑物、构筑物,或者从事影响河势稳定、危害河岸堤防安全和其他妨碍河道行洪的活动的,由县级以上人民政府水行政主管部门或者流域管理机构依据职权,责令停止违法行为,限期拆除违法建筑物、构筑物,恢复原状;逾期不拆除、不恢复原状的,强行拆除,所需费用由违法单位或者个人负担,并处一万元以上十万元以下的罚款。”《公路法》第 81 条规定:“违反本法第五十六条规定,在公路建筑控制区内修建建筑物、地面构筑物或者擅自埋设管线、电缆等设施的,由交通主管部门责令限期拆除,并可以处五万元以下的罚款。逾期不拆除的,由交通主管部门拆除,有关费用由建筑者、构筑者承担。”此外,《铁路法》第 46 条、《民用航空法》第 58 条等法律条款,都从不同角度对建筑物、构筑物作出了限制性规定。

(2)表现为:未取得建设工程规划许可证、临时建设工程规划许可证进行建设,或未按上述许可进行建设的违法行为等。《城乡规划法》第 64 条规定:“未取得建设工程规划许可证或者未按照建设工程规划许可证的规定进行建设的,由县级以上地方人民政府城乡规划主管部门责令停止建设;尚可采取改正措施消除对规划实施的影响的,限期改正,处建设工程造价百分之五以上百分之十以下的罚款;无法采取改正措施消除影响的,限期拆除,不能拆除的,没收实物或者违法收入,可以并处建设工程造价百分之十以下的罚款。”第 66 条规定:“建设单位或者个人有下列行为之一的,由所在地城市、县人民政府城乡规划主管部门责令限期拆除,可以并处临时建设工程造价一倍以下的罚款:(一)未经批准进行临时建设的;(二)未按照批准内容进行临时建设的;(三)临时建筑物、构筑物超过批准期限不拆除的。”

(3)违法建筑不一定要求已经竣工完成。违法建筑当然要以建筑物的存在为前提。只要违法行为人已经投入了资金、设备等进行了实际建设,因违法建设行为所形成的建筑物,均可认定为违法建筑,而非必须要求已经竣工完成。

第二节 权威案例指导

典型案例

冯某某、黑龙江省木兰县人民政府城乡建设行政管理：房屋拆迁管理(拆迁)再审审查与审判监督行政裁定书

【案件来源】最高人民法院

【审理法院】最高人民法院

【案件案号】(2018)最高法行申57号

【裁判日期】2018年4月11日

【裁判要点】1. 对认定为违法建筑和超过批准期限的临时建筑的，不予补偿。2. 对于已经登记的房屋，其性质、用途和建筑面积，一般以房屋权属证书和房屋登记簿的记载为准。3. 对评估确定的被征收房屋价值有异议的，可以向房地产价格评估机构申请复核评估，对复核结果有异议的，可以向房地产价格评估专家委员会申请鉴定。4. 对《房屋征收补偿决定书》不服提起的诉讼，应当对该房屋征收补偿决定的合法性进行审查。

【主文摘要】

再审申请人(一审原告、二审上诉人)冯某某。

被申请人(一审被告、二审被上诉人)黑龙江省木兰县人民政府。

冯某某申请再审称：一审、二审判决认定事实不清，适用法律错误。1. 冯某某的车库建设年代较早，属于历史遗留问题。根据法律规定，在征收决定作出之前未被认定为违法建筑的，应当给予补偿。2. 冯某某将所建的车库院落租赁给案外人周某盈、杨某等用于生产经营使用，应当给予停产停业损失补偿。3. 评估机构的选取方式违法，同时评估机构出具的评估报告确定的补偿远远低于被征收房屋的实际价值。4. 木兰县政府在征收补偿过程中的补偿标准不一致。请求撤销一审、二审判决，支持一审诉讼请求。

本院认为：一、《国有土地上房屋征收与补偿条例》第24条第2款规定，对认定为违法建筑和超过批准期限的临时建筑的，不予补偿。案涉车库未依法办理建设工程规划许可、产权证照等手续，冯某某在本院组织的询问时对此亦予以认可，且木兰县住房和城乡建设局已认定案涉车库属于违法建筑并限期自行拆除，故木兰县政府决定对该车库不予补偿，并不违反法律、法规规定。二、《国有土地上房屋征收评估办法》第9条第3款规定，对于已经登记的房屋，其性质、用途和建筑面积，一般以房屋权属证书和房屋登记簿的记载为准。案涉房屋产权证上登记的用途为住宅，根据上述规定，应当按照住

宅标准予以补偿。冯某某主张其将房屋出租给案外人,但并非自身用于对外经营,故其要求按经营性用房补偿并给付停产停业损失的理由不成立。三、《国有土地上房屋征收与补偿条例》第19条第2款规定,对评估确定的被征收房屋价值有异议的,可以向房地产价格评估机构申请复核评估,对复核结果有异议的,可以向房地产价格评估专家委员会申请鉴定。本案中,木兰县政府在被征收人无法协商选定评估机构的情况下,组织被征收人通过投票方式选定评估机构,符合《国有土地上房屋征收评估办法》第4条的规定。冯某某认为评估机构选择程序不合法,对被征收房屋价值评估结果有异议,应当对评估报告申请复核评估和鉴定,在诉讼中提出该项主张,不符合法律规定。四、本案系冯某某对木兰县政府木政征补决字〔2015〕9号《房屋征收补偿决定书》不服提起的诉讼,应当对该房屋征收补偿决定的合法性进行审查,冯某某主张木兰县政府在征收补偿过程中对案外人补偿数额过高,标准不一致的问题,不是本案的审查范围,其亦未提供充分证据证实其主张。在本院审查期间,本案已进入强制执行程序,木兰县政府与冯某某签订房屋货币补偿安置协议,并实际领取补偿费40.0327万元,远高于该房屋征收补偿决定所确定的补偿数额,冯某某的实体权益获得充分保护。冯某某的再审申请,本院不予支持。

综上,冯某某的再审申请不符合《中华人民共和国行政诉讼法》第91条规定的情形。依照《最高人民法院关于适用的解释》第126条第2款的规定,裁定如下:

驳回冯某某的再审申请。

第三节 实务操作指南

一、前置行为的审查角度

由于行政征收的前置行为种类较多,考虑到篇幅有限,故在下文我们仅以建设用地规划许可行为为例进行阐述。

1. 对行政主体的审查

我国负责建设用地规划许可的行政主体是各级政府所属的规划行政主管部门。在我国只有各级规划行政主管部门才是统一行使规划管理职权的合法单位。其他行政机关和组织均无权核发建设用地规划许可,否则构成越权。

2. 对行为内容的审查

在受理建设用地规划许可的申请后,城乡规划行政主管部门将依法对建设用地项目的申请及有关事项、条件、内容和建设工程总平面进行规划审核,提出规划审核结论。对建设用地位置、面积、允许建设的范围和有关控制指标符合城乡规划相关文件要求的建设用地项目,依法核发建设用地规划许可证;对不符合法定要求的建设用地项目,说明理由,给予书面答复。

3. 对程序的审查

根据《城乡规划法》第37条、第38条的规定,建设用地规划管理的程序需经过申请、审核、发证三个阶段。当然,建设用地规划许可行为属于行政许可,除了应当遵守《城乡规划法》规定的相关程序规则外,还应当遵守《行政许可法》规定的一般程序规则。

4. 对法律适用的审查

规划行政主管部门除了要依据《城乡规划法》等法律、法规、规章进行审核外,在具体审核中,还要根据涉案土地的控制性详细规划等具体规划,审查建设项目是否符合规划条件。

二、房屋征收中违法建筑的甄别程序

1. 甄别违法建筑必须在政府作出房屋征收决定之前

甄别和处理违法建筑是政府作出征收决定的前置条件,征收决定作出前,未对征收范围内的房屋是否属于违法建筑作出甄别处理,则政府的征收决定将构成违反法定程序。

2. 甄别的范围包括征收范围内未经登记的建筑物

不动产产权清晰的标志为是否经过房屋登记部门依法登记。因此,凡是未经登记的建筑物,属于产权合法性不明确的情形,应当列入甄别的范围。

3. 甄别程序包括调查、认定和处理等法定程序

除了《国有土地上房屋征收与补偿条例》第 24 条规定的调查处理程序之外,法院还会按照土地、规划等方面有关违法建筑的处理程序依法进行。

4. 甄别行为的结果可诉

当事人对政府作出的建筑物属于违法建筑的处理决定不服的,可以依法申请行政复议,或直接向法院提起行政诉讼。

第四节　法律法规整合

一、《国有土地上房屋征收与补偿条例》

第 24 条第 2 款　市、县级人民政府作出房屋征收决定前,应当组织有关部门依法对征收范围内未经登记的建筑进行调查、认定和处理。对认定为合法建筑和未超过批准期限的临时建筑的,应当给予补偿;对认定为违法建筑和超过批准期限的临时建筑的,不予补偿。

二、《城乡规划法》

第 37 条　在城市、镇规划区内以划拨方式提供国有土地使用权的建设项目,经有关部门批准、核准、备案后,建设单位应当向城市、县人民政府城乡规划主管部门提出建设用地规划许可申请,由城市、县人民政府城乡规划主管部门依据控制性详细规划核定建设用地的位置、面积、允许建设的范围,核发建设用地规划许可证。

建设单位在取得建设用地规划许可证后,方可向县级以上地方人民政府土地主管部门申请用地,经县级以上人民政府审批后,由土地主管部门划拨土地。

第 38 条　在城市、镇规划区内以出让方式提供国有土地使用权的,在国有土地使用权出让前,城市、县人民政府城乡规划主管部门应当依据控制性详细规划,提出出让地块的位置、

使用性质、开发强度等规划条件，作为国有土地使用权出让合同的组成部分。未确定规划条件的地块，不得出让国有土地使用权。

以出让方式取得国有土地使用权的建设项目，建设单位在取得建设项目的批准、核准、备案文件和国有土地使用权出让合同后，向城市、县人民政府城乡规划主管部门领取建设用地规划许可证。

城市、县人民政府城乡规划主管部门不得在建设用地规划许可证中，擅自改变作为国有土地使用权出让合同组成部分的规划条件。

第五章　房屋征收非诉执行

第一节　法律要点详解

一、立法背景

《国有土地上房屋征收与补偿条例》第28条规定了房屋征收的非诉执行制度。本条最大的特点就是将原《城市拆迁管理条例》中“由房屋所在地的市、县人民政府责成有关部门强制拆迁，或者由房屋拆迁管理部门依法申请人民法院强制拆迁”的“双轨制”改成了“由作出房屋征收决定的市、县级人民政府依法申请人民法院强制执行”的“单轨制”。

对于这一变化，国务院法制办、住房和城乡建设部负责人就《国有土地上房屋征收与补偿条例》有关问题答记者问中指出：“按照原条例的规定，政府既可以责成有关部门强制拆迁，也可以申请法院强制拆迁。近几年来，强制拆迁过程中出现了一些恶性事件，虽然是极少数，但必须高度重视，切实采取有效措施，杜绝此类事件发生。全国人大常委会办公厅2009年8月28日向社会公开征求意见的《行政强制法（草案）（三次审议稿）》第13条规定，行政强制执行由法律设定。《国有土地上房屋征收与补偿条例》是行政法规，不宜再设定行政强制执行。因此，《国有土地上房屋征收与补偿条例》取消了原条例中行政机关自行强制拆迁的规定，规定由政府申请法院强制执行。这样也有利于加强对政府征收补偿活动的制约，促使政府加强和改进群众工作。”

二、房屋征收非诉执行的概念

房屋征收的非诉执行制度是指被征收人在获得征收补偿安置后，既不提起行政复议或行政诉讼，又不按照征收决定限定的时间自行搬离被征收房屋，在法定期限届满后，行政机关依法向人民法院申请强制执行的制度。具体规定在《国有土地上房屋征收与补偿条例》第28条规定中，该条规定：“被征收人在法定期限内不申请行政复议或者不提起行政诉讼，在补偿决定规定的期限内又不搬迁的，由作出房屋征收决定的市、县级人民政府依法申请人民法院强制执行。……”

《行政诉讼法》第97条规定：“公民、法人或者其他组织对行政行为在法定期间不提起诉讼又不履行的，行政机关可以申请人民法院强制执行，或者依法强制执行。”房屋征收的非诉执行就是在此基础上延伸出的针对房屋征收补偿决定的强制执行制度。

第二节 权威案例指导

典型案例1

【案例主题】提起行政诉讼应当与被诉行政行为有法律上的利害关系

何某、重庆市沙坪坝区人民政府再审审查与审判监督行政裁定书

【审理法院】最高人民法院

【案件案号】(2017)最高法行申2873号

【裁判日期】2017年5月25日

【裁判要点】本案中,沙坪坝区政府针对涉案房屋作出征收补偿决定书,并向重庆市沙坪坝区人民法院申请强制搬迁,该院亦依法作出非诉执行裁定、执行通知书,并发布公告,强制搬迁涉案房屋完毕后交付重庆市沙坪坝区房屋征收中心。故该房屋的爆炸拆除与何某已无法律上的利害关系,申请人对此提起诉讼不具备原告诉讼主体资格。

【主文摘要】

何某向重庆市第一中级人民法院提起诉讼,请求依法确认沙坪坝区政府对其站东路200号怡馨大厦12-8室房屋实施爆炸拆除的行为违法。重庆市第一中级人民法院一审作出(2015)渝一中法行初字第00349号行政裁定认为,何某与涉案房屋已无法律上的利害关系,不具备原告诉讼主体资格,故裁定驳回何某的起诉。何某提起上诉,重庆市高级人民法院二审作出(2016)渝行终370号行政裁定,以同一理由裁定驳回何某的上诉,维持原裁定。

何某不服,向本院申请再审。

最高人民法院经审查认为,依据《行政诉讼法》第25条、第49条的规定,公民、法人或者其他组织提起行政诉讼应当与被诉行政行为存在利害关系。本案中,沙坪坝区政府针对涉案房屋作出征收补偿决定书,并向重庆市沙坪坝区人民法院申请强制搬迁,该院亦依法作出非诉执行裁定、执行通知书,并发布公告,强制搬迁涉案房屋完毕后交付重庆市沙坪坝区房屋征收中心。故该房屋的爆炸拆除与何某已无法律上的利害关系,何某对此提起诉讼不具备原告诉讼主体资格。原审法院依据《行政诉讼法》第25条第1款、第49条第1项,《最高人民法院关于执行〈中华人民共和国行政诉讼法〉若干问题的解释》第3条第1款第1项、第2款之规定,裁定驳回何某的起诉,并无不当。何某关于原审裁定事实认定不清,法律适用错误的申请再审理由不能成立,本院不予支持。

综上,何某的再审申请不符合《行政诉讼法》第91条规定的情形。依照《行政诉讼法》第101条、《民事诉讼法》第204条第1款之规定,裁定如下:驳回何某的再审申请。

典型案例2

【案例主题】违法建设不予以补偿,行政机关有权依法拆除

杨某兴与宁夏回族自治区固原市原州区人民政府、宁夏回族自治区固原市国土资源局等非诉执行审查裁定书

【审理法院】最高人民法院

【案件案号】(2016)最高法行申405号

【裁判日期】2016年9月30日

【裁判要点】1.根据违法建筑的认定与处理原则,违法建筑不予以补偿,对此类抢建、强建的违法行为,行政机关组织实施强制拆除活动,从行政强制的目的和职权角度看,具有《行政强制法》和《城乡规划法》的相关依据。2.行政机关在行政执法过程中存在一定瑕疵,本案经过一审和二审程序,判决已经发生法律效力,判决结果亦遵循了司法审查的必要限度,仅就上述程序问题并无启动再审程序的必要。3.行政机关在今后的工作中应当引以为戒,高度重视并不断改进完善行政程序,切实保障人民群众依法享有的各项程序性权利和实体权益。

第三节　实务操作指南

一、申请法院强制执行的前提

从《国有土地上房屋征收与补偿条例》的规定可以看出,市、县级人民政府申请法院强制执行必须具备三个条件:(1)被征收人在法定期限内不申请行政复议或提起行政诉讼;(2)作出房屋征收决定的市、县级人民政府已经对被征收人给予补偿;(3)被征收人在补偿决定规定的期限内不搬迁。

这里需要注意三个问题:(1)被征收人提起行政复议和行政诉讼的期限是否届满。相关内容在本书第四编第一章中有详细讲解,此处不再赘述。(2)应当先补偿,后搬迁。根据《国有土地上房屋征收与补偿条例》第27条的规定"实施房屋征收应当先补偿、后搬迁",房屋征收部门只有在依据征收补偿决定对被征收人进行实际补偿之后,被征收人才有依据征收补偿决定确定的期限搬离的义务。(3)"补偿决定规定的期限"的确定。这里"补偿决定规定的期限"是指搬迁期限,搬迁期限的设置需要具有一定的合理性,要给被征收人一个合理的时间进行搬迁和过渡,并且在搬迁时间的设置上还要考虑与补偿工作的衔接问题。对行政机关来说,只要被征收人超过了规定的搬迁期限不搬迁,市、县级人民政府就可申请人民法院强制执行征收补偿决定;对人民法院来说,法官在对补偿决定合法性的判断上即拥有一定的裁量权。

其中设定的搬迁期限是否合乎法律等相关规定可以成为法院审查的一个事项。①

【延伸思考】涉及违反《城乡规划法》的违法建筑物、构筑物、设施等是否应当按照房屋征收非诉执行程序申请法院强制执行?

对于这个问题《城乡规划法》第68条规定,城乡规划主管部门作出责令停止建设或者限期拆除的决定后,当事人不停止建设或者逾期不拆除的,建设工程所在地县级以上地方人民政府可以责成有关部门采取查封施工现场、强制拆除等措施。最高人民法院在《关于违法的建筑物、构筑物、设施等强制拆除问题的批复》(法释〔2013〕5号)中也明确规定,对涉及违反《城乡规划法》的违法建筑物、构筑物、设施等的强制拆除,法律已经授予行政机关强制执行权,人民法院不受理行政机关提出的非诉行政执行申请。

二、提出申请的主体

依法申请人民法院强制执行国有土地上房屋征收补偿决定的主体是作出房屋征收决定的市、县级人民政府。这里要求申请强制执行的主体与作出补偿决定的主体相同。

"市、县级人民政府"是指"市级"和"县级"人民政府,在此处应该作广义的理解。结合我国《宪法》中关于行政区域的划分,此处的"市、县级人民政府"应当包括除直辖市以外的设区的市、直辖市所辖区、市辖区(直辖市辖区除外)、不设区的市、县、自治县人民政府,还应当包括市、县人民政府以外的自治州人民政府,作为省、自治区政府派出机关的行署、地区人民政府,以及自治旗人民政府等。实践中,除市、县级人民政府外,一些重大项目需要由自治州政府、行署、地区政府和自治旗政府统筹协调,他们应有权负责本辖区的房屋征收与补偿工作。②

三、被申请主体

在房屋征收的非诉执行案件中,被执行人应是拒不履行搬迁义务的被征收人。但这里的被征收人应该如何界定呢?《国有土地上房屋征收与补偿条例》第2条规定,被征收人是指被征收房屋的所有权人。但是在有些情况下,房屋所有权人和实际占有使用房屋的人可能并不一致。其中最典型的问题就是公房的承租人是否可以作为房屋征收关系的主体。在国务院1991年颁布的《城市房屋拆迁管理条例》(已废止)中规定:"本条例所称被拆迁人是指被拆除房屋及其附属物的所有人(包括代管人、国家授权的国有房屋及其附属物的管理人)和被拆除房屋及其附属物的使用人。"其中的房屋使用人就包括公房的承租人。但在2001年《城市房屋拆迁管理条例》(已废止)及目前正在实施的《国有土地上房屋征收与补偿条例》中均未将公房承租人作为房屋征收关系的主体。公房承租人不属于房屋征收关系的主体,但并不影响其可以成为公房征收补偿关系的主体并享有相应的诉权。③ 但目前对于该问题,无论是《国有土地上房屋征收与补偿条例》(以下简称"《征收补偿条例》")还是其后最高人民法院颁布的《关于办理申请人民法院强制执行国有土地上房屋征收补偿决定案件若干问题的规定》(以下简称"《强制执行房屋征收补偿规定》")均未对该问题予以规定。公房租赁作为征收补

① 江必新:《国有土地上房屋征收与补偿条例理解与适用》,中国法制出版社2012年版,第270页。

② 参见江必新:《国有土地上房屋征收与补偿条例理解与适用》,中国法制出版社2012年版,第48页。

③ 参见江必新:《国有土地上房屋征收与补偿条例理解与适用》,中国法制出版社2012年版,第171页。

偿工作中现实存在的问题,亟须相关法律法规予以进一步明确。

四、申请执行的标的

在房屋征收的非诉执行中,申请执行的标的是房屋征收补偿决定。

【延伸思考】房屋征收补偿协议是否可以作为房屋征收非诉执行的标的?

对于这个问题,笔者倾向认为不行。第一,无论是在《征收补偿条例》中,还是在其后最高院发布的《强制执行房屋征收补偿规定》中对于房屋征收非诉执行案件的标的均规定为房屋征收补偿决定,并没有包括房屋征收补偿协议;第二,两者作出的主体不同,房屋征收补偿决定是由市、县级人民政府作出,而房屋征收补偿协议是由房屋征收部门作出。所以房屋征收补偿协议的强制执行并不能适用《征收补偿条例》及《强制执行房屋征收补偿规定》。

产生这种情况的原因主要是由于在《征收补偿条例》及《强制执行房屋征收补偿规定》起草时未对因房屋征收补偿协议所引发的纠纷究竟属于民事诉讼还是行政诉讼予以明确。在2017 年最新修订的《行政诉讼法》中,第 12 条第 11 项规定,"认为行政机关不依法履行、未按照约定履行或者违法变更、解除政府特许经营协议、土地房屋征收补偿协议等协议的"属于行政诉讼受案范围。在这种情况下,虽然对于房屋征收补偿协议的强制执行无法适用《征收补偿条例》和《强制执行房屋征收补偿规定》,但是根据《行政诉讼法》第 97 条的规定,被征收人对于房屋征收补偿协议在法定期间不提起诉讼又不履行的,房屋征收部门可以向法院申请强制执行。

五、管辖法院

申请人民法院强制执行征收补偿决定案件,由房屋所在地基层人民法院管辖,高级人民法院可以根据本地实际情况决定管辖法院。

六、所需材料

根据《国有土地上房屋征收与补偿条例》和《强制执行房屋征收补偿规定》的规定,申请法院强制执行房屋征收决定应当提供如下材料:

(1)强制执行申请书,并附具补偿金额和专户存储账号、产权调换房屋和周转用房的地点和面积等材料;

(2)征收补偿决定及相关证据和所依据的规范性文件;

(3)征收补偿决定送达凭证、催告情况及房屋被征收人、直接利害关系人的意见;

(4)社会稳定风险评估材料;

(5)申请强制执行的房屋状况;

(6)被执行人的姓名或者名称、住址及与强制执行相关的财产状况等具体情况;

(7)法律、行政法规规定应当提交的其他材料。

强制执行申请书应当由申请机关负责人签名,加盖申请机关印章,并注明日期。

七、申请期限

强制执行的申请应当自被执行人的法定起诉期限届满之日起三个月内提出;逾期申请

的，除有正当理由外，人民法院不予受理。

【延伸思考】因超期申请被人民法院裁定不予受理的，如何处理？

行政机关无正当理由超期申请强制执行，人民法院裁定不予受理的，行政机关可以重新作出房屋征收补偿决定，当事人在法定期限届满后对于该决定没有申请行政复议也没有提起行政诉讼，又不在补偿决定规定的期限内搬迁的，行政机关可以就新的决定申请人民法院强制执行。

八、不准予执行的情形

征收补偿决定存在下列情形之一的，人民法院应当裁定不准予执行：

(1)明显缺乏事实根据；

(2)明显缺乏法律、法规依据；

(3)明显不符合公平补偿原则，严重损害被执行人合法权益，或者使被执行人基本生活、生产经营条件没有保障；

(4)明显违反行政目的，严重损害公共利益；

(5)严重违反法定程序或者正当程序；

(6)超越职权；

(7)法律、法规、规章等规定的其他不宜强制执行的情形。

九、救济途径

申请机关对不准予执行的裁定有异议的，可以自收到裁定之日起 15 日内向上一级人民法院申请复议，上一级人民法院应当自收到复议申请之日起 30 日内作出裁定。

十、执行实施主体

国有土地上房屋征收非诉执行案件，经过人民法院审查并作出准予强制执行的裁定后，哪个机关拥有强制执行实施权？

《强制执行房屋征收补偿规定》第 9 条规定：人民法院裁定准予执行的，一般由作出征收补偿决定的市、县级人民政府组织实施，也可以由人民法院执行。

也就是说，在人民法院作出准予执行的裁定后，原则上应该由作出房屋征收补偿决定的人民政府组织实施。该条设置的目的主要是考虑人民法院的实际执行能力，由人民政府组织实施，更有利于统筹各个部门，整合各方人力、物力，更好地完成强制执行工作。在人民法院认为自身执行能力足够或者认为由法院组织实施更有利于裁定的执行的情况下，也可以由人民法院执行。

第四节 法律法规整合

一、《国有土地上房屋征收与补偿条例》

第 28 条 被征收人在法定期限内不申请行政复议或者不提起行政诉讼，在补偿决定规定的期限内又不搬迁的，由作出房屋征收决定的市、县级人民政府依法申请人民法院强制执行。

强制执行申请书应当附具补偿金额和专户存储账号、产权调换房屋和周转用房的地点和面积等材料。

二、《最高人民法院关于办理申请人民法院强制执行国有土地上房屋征收补偿决定案件若干问题的规定》

全文（略）

第五编　农村房产

土地是一国之根本，是百姓安居乐业之所在。

1947 年的土地改革，对土地税收制度、土地产权制度、土地使用制度等方面进行了改革，彻底摧毁了我国存在两千年之久的封建土地制度，解放了农村生产力。

2002 年的土地承包制度确切保障了农民的知情权、参与权、监督权和决策权，调动农民的积极性，增加经济收益。使农业生产得到大发展、解放部分劳动力并使农村真正开始富裕起来。

随着《土地管理法》以及《农村土地承包法》的颁布与落实，越来越多农村房产相关问题开始浮出水面。本编重点总结农村房产问题中的矛盾点，结合相关案例，给出一个最佳的救济途径。

第一章　土地承包经营权确认纠纷

【一级案由】物权纠纷
【二级案由】用益物权纠纷
【三级案由】土地承包经营权纠纷
【四级案由】土地承包经营权确认纠纷

第一节　法律要点详解

一、土地承包经营权确权的定义

《物权法》第127条规定:“土地承包经营权自土地承包经营权合同生效时设立。县级以上地方人民政府应当向土地承包经营权人发放土地承包经营权证、林权证、草原使用权证,并登记造册,确认土地承包经营权。”

根据上述规定,土地承包经营权确权是指由县级以上地方人民政府将家庭农户承包土地的具体信息,包括土地地块、面积、空间位置、变动情况等登记记载在登记簿上,县级以上地方人民政府根据登记簿向农户颁发土地承包经营权证书,以此确定该农户对土地所享有的各项权益。

二、解决土地承包经营权确认纠纷的法律依据

在现实的土地承包经营权确认纠纷中,最为复杂的便是同一土地承包经营权上存在多个权利人,各权利人均要求对土地承包经营权予以确认,在该种情况下,应当根据《农村土地承包司法解释》第20条的规定处理,“发包方就同一土地签订两个以上承包合同,承包方均主张取得土地承包经营权的,按照下列情形,分别处理:(一)已经依法登记的承包方,取得土地承包经营权;(二)均未依法登记的,生效在先合同的承包方取得土地承包经营权;(三)依前两项规定无法确定的,已经根据承包合同合法占有使用承包地的人取得土地承包经营权,但争议发生后一方强行先占承包地的行为和事实,不得作为确定土地承包经营权的依据”,即依照该顺序依法解决土地承包经营权确认纠纷。

从《农村土地承包司法解释》第20条的规定可知,依法登记取得土地承包经营权证等证书是土地承包经营权确权的重要与关键依据,《农村土地承包司法解释》第21条规定:“承包方未依法登记取得土地承包经营权证等证书,即以转让,出租,入股,抵押等方式流转土地承包经营权,发包方请求确认该流转无效的,应予以支持。但非因承包方原因未登记取得土地

承包经营权证书的除外。承包方流转土地承包权,除法律或者本解释有特殊规定外,按照有关家庭承包土地承包经营权流转的规定处理。”由此可知,无论在土地承包经营权确认纠纷中,还是土地承包经营权流转纠纷中,进行土地承包经营权确权登记,即取得土地承包经营权证系实质性依据与条件。

三、农村土地承包经营权确权登记应当遵循的原则

首先,农村土地承包经营权确权登记应当遵守“三不变”“两不”原则。

“三不变”原则指的是原土地承包关系不变、承包合同起止年限不变、土地用途不变,其中对于承包合同的起止年限,根据《农村土地承包经营权证管理办法》第5条规定,农村土地承包经营权证书中的权利有效期限须与土地承包合同中约定的承包期保持一致。对于农户未经依法批准,擅自改变土地用途的,例如在承包土地上建房变成宅基地的,均不予确权登记。

“两不”原则是指权属不清的不登记、未开展农村承包的不登记。其中权属不清具体包括:村集体经济租住与其他村集体经济组织之间土地所有权存在争议、农户之间经营权存在争议。土地所有权存在争议的情况下,由当事人协商解决,协商不成由人民政府处理,当事人对人民政府处理决定不服的,可以自接到处理通知之日起30日内,向人民法院起诉。农户间经营权存在争议的情况下,应由村民委员会先行调解解决,调解不成的,可通过诉讼程序依法解决,待纠纷解决后再进行登记。

其次,需注意农村土地承包经营权登记中表格的填写,包括农户本人填写的信息申请表、同一地块承包农户登记表、集体预留机动地和四荒资源情况记录表等。登记表中的登记地块的面积均按实测面积填写,而机动地与四荒资源情况表中实际使用情况填写招标、拍卖、公开协商等方式,且表格中应当由实际使用者填写并在承包者处签字。

最后,承包期内依法收回农村土地经营证的情形。主要包括:(1)承包地被全部征收、征用、占用,导致承包户农村土地承包经营权丧失的;(2)承包期内,承包方全家迁入设区的市,转为非农户口的;(3)承包期内承包方提出书面申请,自愿放弃全部或部分承包地的;(4)其他依法应收回土地承包经营权的。

第二节 权威案例指导

典型案例

陈某棕诉亭洋村一组、亭洋村村委会征地补偿款分配纠纷二审案

【案件来源】《最高人民法院公报》2005年第10期(总第108期)

【审理法院】厦门市中级人民法院

【裁判日期】2003年12月11日

【裁判要点】

1.《土地管理法》(2004年版)第14条第1款规定:“农民集体所有的土地由本集体经济组织的成员承包经营,从事种植业、林业、畜牧业、渔业生产。土地承包经营期限为三十年。发包方和承包方应当订立承包合同,约定双方的权利和义务。承包经营土地的农民有保护和按照承包合同约定的用途合理利用土地的义务。农民的土地承包经营权受法律保护。”第2款规定:“在土地承包经营期限内,对个别承包经营者之间承包的土地进行适当调整的,必须经村民会议三分之二以上成员或者三分之二以上村民代表的同意,并报乡(镇)人民政府和县级人民政府农业行政主管部门批准。”因此,本案《土地承包经营权证》证明,陈某棕一家在亭洋村一组承包了土地,承包期至2028年12月31日。2.《农村土地承包法》第26条第1款规定:“承包期内,发包方不得收回承包地。”第2款规定:“承包期内,承包方全家迁入小城镇落户的,应当按照承包方的意愿,保留其土地承包经营权或者允许其依法进行土地承包经营权流转。”可见,只有在承包方全家迁入设区的市并转为非农户的情况下,发包方才能收回承包地;相反,承包人如果仅是迁入城镇或者仅是将户口转为非农户,承包地则不能被收回。因此,承包土地的农民到小城镇落户后,其土地承包经营权可以保留或者依法流转;该土地如果被征用,承包土地的农民有权获得征地补偿款。

第三节　实务操作指南

一、土地承包经营权确权登记的基础文件

进行土地承包经营权确权登记时,必备的基础性文件包括:土地承包合同、土地台账、经营权证书、农村税费改革登记表、地方制定的有关配套政策、法规政策没有明令禁止的村规民约。

二、集体经济组织成员因未实际取得土地承包经营权提起民事诉讼的,人民法院应当告知其向有关行政主管部门申请解决

《农村土地承包法》第5条规定:“农村集体经济组织成员有权依法承包由本集体经济组织发包的农村土地。任何组织和个人不得剥夺和非法限制农村集体经济组织成员承包土地的权利。”现实生活中确实存在多种原因导致集体经济组织成员并未取得土地承包经营权,在该种情况下,大部分农村集体经济组织成员可能会选择通过民事诉讼途径进行维权,要求法院依法确认其享有土地承包经营权。但是,如前所述,如果农村集体经济组织成员以未取得土地承包经营权为由诉至法院,因其中涉及农村公共事务管理的行政问题,法院不宜将该纠纷按照民事案件予以受理,应当告知其向有关行政主管部门申请解决。

第四节 法律法规整合

一、《农村土地承包法》

第21条 耕地的承包期为三十年。草地的承包期为三十年至五十年。林地的承包期为三十年至七十年。

前款规定的耕地承包期届满后再延长三十年,草地、林地承包期届满后依照前款规定相应延长。

第24条 国家对耕地、林地和草地等实行统一登记,登记机构应当向承包方颁发土地承包经营权证或者林权证等证书,并登记造册,确认土地承包经营权。

土地承包经营权证或者林权证等证书应当将具有土地承包经营权的全部家庭成员列入。

登记机构除按规定收取证书工本费外,不得收取其他费用。

二、《农村土地承包司法解释》

第20条 发包方就同一土地签订两个以上承包合同,承包方均主张取得土地承包经营权的,按照下列情形,分别处理:

(一)已经依法登记的承包方,取得土地承包经营权;

(二)均未依法登记的,生效在先合同的承包方取得土地承包经营权;

(三)依前两项规定无法确定的,已经根据承包合同合法占有使用承包地的人取得土地承包经营权,但争议发生后一方强行先占承包地的行为和事实,不得作为确定土地承包经营权的依据。

第21条 承包方未依法登记取得土地承包经营权证等证书,即以转让、出租、入股、抵押等方式流转土地承包经营权,发包方请求确认该流转无效的,应予支持。但非因承包方原因未登记取得土地承包经营权证等证书的除外。

承包方流转土地承包经营权,除法律或者本解释有特殊规定外,按照有关家庭承包土地承包经营权流转的规定处理。

第二章　土地承包经营权继承纠纷

【一级案由】物权纠纷
【二级案由】用益物权纠纷
【三级案由】土地承包经营权纠纷
【四级案由】土地承包经营权继承纠纷

第一节　法律要点详解

一、法院受理土地承包经营权继承纠纷的依据

《农村土地承包司法解释》第 1 条规定:“下列涉及农村土地承包纠纷,人民法院应当受理:(一)承包合同纠纷;(二)承包经营权侵权纠纷;(三)承包经营权流转纠纷;(四)承包地征收补偿费用分配纠纷;(五)承包经营权继承纠纷。集体经济组织成员因未实际取得土地承包经营权提起民事诉讼的,人民法院应当告知其向有关行政主管部门申请解决。集体经济组织成员就用于分配的土地补偿费数额提起民事诉讼的,人民法院不予受理。”该规定通过列举的方式明确了土地承包经营权继承纠纷应当由法院依法受理的依据。

二、土地承包经营权继承纠纷的特殊性

根据《民法通则》第 27 条和《农村土地承包法》第 16 条明确规定了家庭承包以户为单位而不是以个人为单位,这样的特点就决定了土地承包经营权的继承与一般的继承有所区别。尤其是以家庭承包方式取得承包经营权的继承不具有绝对性,其特殊性是指承包农户中的一人或几人死亡,并未改变以户为单位进行承包的本质,户作为承包经营的单位,其承包地仍由其他家庭成员继续承包,不会产生继承的情况。有学者认为由于承包是以家庭为单位,农户家庭内部某一个人或者某几个人死亡时不发生继承的问题,而承包内部的成员均死亡时,土地承包经权终止。[①] 这是家庭承包取得土地经营权的特殊性,《农村土地承包法》第 32 条规定:“承包人应得的承包收益,依照继承法的规定继承。林地承包的承包人死亡,其继承人可以在承包期内继续承包。”可见,林地承包属于家庭承包的例外。

对于通过招标拍卖公开协商的方式取得的承包经营权的继承,《农村土地承包法》第 54

① 参见胡康生主编:《中华人民共和国农村土地承包法释义》,法律出版社 2002 年版,第 86 ~ 87 页。

条规定："依照本章规定通过招标、拍卖、公开协商等方式取得土地经营权的，该承包人死亡，其应得的承包收益，依照继承法的规定继承；在承包期内，其继承人可以继续承包。"由此可知，只有林地承包经营权以及通过招标、拍卖、公开协商等方式取得的承包经营权可以允许继承人继承，即继承人享有继续承包的经营权。

三、家庭承包方式的土地经营权继承纠纷的处理原则与例外

当家庭成员之一死亡的，并不发生土地承包经营权继承问题，该承包地由家庭其他成员继续承包，而当经营家庭成员全部死亡的，即该土地的承包关系的承包方消亡，承包经营权消灭，由发包方收回承包地。家庭承包方式中有一个例外的继承原则，即承包地为林地的并不适用上述原则。《农村土地承包司法解释》第25条第1款规定："林地家庭承包中，承包方的继承人请求在承包期内继续承包的，应予支持。"该规定明确规定了林地的家庭承包当中，在家庭成员死亡后，承包方的继承人（可以是本集体经济组织成员，也可以是本集体经济组织以外的人），在承包期内可以继续承包，直至承包期满。①

四、其他方式承包的土地经营权继承纠纷的处理原则

《农村土地承包法》第54条规定："依照本章规定通过招标、拍卖、公开协商等方式取得土地经营权的，该承包人死亡，其应得的承包收益，依照继承法的规定继承；在承包期内，其继承人可以继续承包。"《农村土地承包司法解释》第25条第2款规定："其他方式承包中，承包方的继承人或者权利义务承受者请求在承包期内继续承包的，应予支持。"由该规定可知，其他方式承包的用地主要针对的是"四荒"，对"四荒"可采用招标、拍卖、公开协商等方式承包，承包人无论是自然人还是单位，无论是本集体经济组织成员还是组织以外的人，在承包期内承包人死亡时应得收益即为遗产，继承人均可依据《继承法》予以继承，承包方为单位的，权利义务承受者取得的承包土地经营权即可以继续承包直至承包期届满。

第二节 权威案例指导

典型案例

李某祥与李某梅继承权纠纷

【案件来源】《最高人民法院公报》2009年第12期（总第158期）

【审理法院】江苏省南京市江宁区人民法院

① 参见最高人民法庭民事审判第一庭：《最高人民法院农村承包纠纷案件司法解释理解与适用》，人民法院出版社2015年版，第255页。

【案件案号】(2015)六民一初字第00020号

【裁判日期】2009年5月13日

【裁判要点】1.根据《农村土地承包法》第15条的规定,农村土地家庭承包的,承包方是本集体经济组织的农户,其本质特征是以本集体经济组织内部的农户家庭为单位实行农村土地承包经营。家庭承包方式的农村土地承包经营权属于农户家庭,而不属于某一个家庭成员。2.根据《继承法》第3条的规定,遗产是公民死亡时遗留的个人合法财产。农村土地承包经营权不属于个人财产,不发生继承问题。

【主文摘要】

原告:李某祥。

被告:李某梅。

原告李某祥因与被告李某梅发生继承权纠纷,向江苏省南京市江宁区人民法院提起诉讼。

原告李某祥诉称:原告与被告李某梅系姐弟关系。1998年2月13日,原告父亲李某云将其承包的农田3.08亩转包给同村村民芮某宁经营,因李某云不识字,转包合同由李某梅代签。后李某云于2004年去世,去世前将上述3.08亩农地的承包证交给原告,并言明该3.08亩土地由本人和李某梅共同继承,每人一半。但李某梅一直将该3.08亩土地全部据为己有。原告曾多次与李某梅协商,李某梅均不同意返还。请求判令原告对该3.08亩土地中的1.54亩土地享有继承权,判令被告向原告交付该部分土地。

南京市江宁区人民法院一审查明:被告李某梅与原告李某祥系姐弟关系。农村土地实行第一轮家庭承包经营时,原告、被告及其父李某云、母周某香共同生活。当时,李某云家庭取得了6.68亩土地的承包经营权。此后李某梅、李某祥相继结婚并各自组建家庭。至1995年农村土地实行第二轮家庭承包经营时,当地农村集体经济组织对李某云家庭原有6.68亩土地的承包经营权进行了重新划分,李某祥家庭取得了1.8亩土地的承包经营权,李某梅家庭取得了3.34亩土地的承包经营权,李某云家庭取得了1.54亩土地的承包经营权,三个家庭均取得了相应的承包经营权证书。1998年2月,李某云将其承包的1.54亩土地流转给本村村民芮某宁经营,流转协议由李某梅代签。2004年11月3日和2005年4月4日,李某云、周某香夫妇相继去世。此后,李某云家庭原承包的1.54亩土地的流转收益被李某梅占有。

本案的争议焦点是:家庭承包方式的农村土地承包经营权是否可以继承。

南京市江宁区人民法院一审认为:根据《农村土地承包法》第3条第2款的规定,农村土地承包采取农村集体经济组织内部的家庭承包方式,不宜采取家庭承包方式的荒山、荒沟、荒丘、荒滩等农村土地,可以采取招标、拍卖、公开协商等方式承包。因此,我国的农村土地承包经营权分为家庭承包和以其他方式承包两种类型。以家庭承包方式实行农村土地承包经营,主要目的在于为农村集体经济组织的每一位成员提供基本的生活保障。根据《农村土地承包法》第15条的规定,家庭承包方式的农村土地承包经营权，其承包方是本集体经济组织的农户，其本质特征是以本集体经济组织内部的农户家庭为单位实行农村土地承包经营。因此，这种形式的农村土地承包经营权只能属于农户家庭，而不可能属于某一个家庭成员。根据《继承法》第3条的规定，遗产是公民死亡时遗留的个人合法财产。农村土地承包经营权不属于个人财产，故不发生继承问题。家庭承包中的林地承包和针对“四荒”地的以其他方式的承包，由于土地性质特殊，投资周期长，见效慢，收益期间长，为维护承包合同的长期稳定性，保护承包方的利益，维护社会稳定，根据《农村土地承包法》第32条第2款、第54条的规定，林地承包的承包人死亡，其继承人可以在承包期内继续承包。以其他方式承包的承包人死亡，在承包期内，其继承人也可以继续承包。但是，继承人继续承包并不等同于继承法所规定的继承。而对于除林地外的家庭承包，法律未授予继承人可以继续承包的权利。当承包农地的农户家庭中的一人或几人死亡，承包经营仍然是以户为单位，承包地仍由该农户的其他家庭成员继续承包经营；当承包经营农户家庭的成员全部死亡，由于承包经营权的取得是以集体成员权为基础，该土地承包经营权归于消灭，农地应收归农村集体经济组织另行分配，不能由该农户家庭成员的继承人继续承包经营。否则，对集体经济组织其他成员的权益造成损害，对农地的社会保障功能产生消极影响。

本案中，讼争土地的承包经营权属于李某云家庭，系家庭承包方式的承包，且讼争土地并非林地，因此，李某云夫妇死亡后，讼争土地应收归当地农村集体经济组织另行分配，不能由李某云夫妇的继承人继续承包，更不能将讼争农地的承包权作为李某云夫妇的遗产处理。

李某云、周某香夫妇虽系原告李某祥和被告李某梅的父母，但李某祥、李某梅均已在婚后组成了各自的家庭。农村土地实行第二轮家庭承包经营时，李某云家庭、李某祥家庭、李某梅家庭均各自取得了土地承包经营权及相应的土地承包经营权证书，至此，李某祥、李某梅已不属于李某云土地承包户的成员，而是各自独立的三个土地承包户。李某云夫妇均已去世，该承包户已无继续承包人，李某云夫妇去世后遗留的1.54亩土地的承包经营权应由该土地的发包人予以收回。根据《民事诉讼法》第56条的规定，对当事人双方的诉讼标的，第三人虽然没有独立请求权，但案件处理结果同其有法律上的利害关系，可以申请参加诉讼，或者由人民法院通知其参加诉讼。在本案的审理过程中，法院通知发包方参加诉讼，并向发包方释明相关的权利义务，但发包方明确表示不参加诉讼，根据不告不理的原则，在本案中，法院对于讼争土地的承包经营权的权属问题不做处理。李某祥、李某梅虽系李某云夫妇的子女，但各自的家庭均已取得了相应的土地承包经营权，故李某祥、李某梅均不具备其父母去世后遗留土地承包经营权继续承包的法定条件。故对李某祥要求李某梅返还讼争土地的诉讼请求予以驳回。

第三节 实务操作指南

基于前文所述土地承包经营权继承纠纷处理的原则,结合农村土地承包经营权继承的特点,当实际继承人为2人以上时,继承的方式方法如下。

一、共同继承

该种继承的方式的适用前提是继承人所继承的农村承包权不宜分割且继承人愿意共同继承。因承包权不易分割,各继承人生活在同一经济组织(同一村、同一社等)或各继承人居住地距继承的承包地较近的情况下,便于继承人共同承包经营或者轮流承包。无论是共同承包经营还是轮流承包,继承人之间的对于承包收益以及承包费用的承担均是公平公正的,有利于实现承包经营权效益的最大化。

二、继承人分别继承

该种继承方式的适用前提是继承人所继承的承包权分割后不会使农地零碎化,分割后并不影响其经济效益的发挥。分别继承适用于荒地、林地、果园承包权的继承,而较大面积的耕地也可视情况而具体适用。

三、部分继承人继承

此种继承方式是指将承包权确定归某一个继承人继承,由继承承包权的继承人给予其他继承人适当的经济补偿。在这种继承方式下,应当注意补偿数额如何确定的问题,应当考虑所继承的承包权的承包期限的长短、承包收益、实际继承人的经济状况等因素,在对众多因素考虑周全的情况下,以便补偿数额公平、合理。对于补偿的方式,可根据实际继承人的经济状况和承包项目的收益周期等因素,采取一次性补偿或分期补偿的方式。

四、转包他人,继承人分割转包费

采用该种继承方式一般是继承人自身主观的承包意愿不足以及客观承包能力不足,继承人同意将承包地转包他人,以分得转包费的方式继承。该继承方式最需要注意的问题是转包他人时应当严格依照法律规定的程序转包,并依法办理转包手续。

第四节 法律法规整合

一、《农村土地承包法》

第16条 家庭承包的承包方是本集体经济组织的农户。农户内家庭成员依法平等享有承包土地的各项权益。

第 32 条 承包人应得的承包收益，依照继承法的规定继承，林地承包的承包人死亡，其继承人可以在承包期内继续承包。

第 54 条 依照本章规定通过招标、拍卖、公开协商等方式取得土地经营权的，该承包人死亡，其应得的承包收益，依照继承法的规定继承；在承包期内，其继承人可以继续承包。

二、《农村土地承包司法解释》

第 25 条 林地家庭承包中，承包方的继承人请求在承包期内继续承包的，应予支持。

其他方式承包中，承包方的继承人或者权利义务承受者请求在承包期内继续承包的，应予支持。

第三章　农村土地承包合同纠纷

【一级案由】合同、无因管理、不当得利纠纷

【二级案由】合同纠纷

【三级案由】农村土地承包合同纠纷

第一节　法律要点详解

一、农村土地承包合同系民事合同

首先，农村土地承包合同指的是发包方与承包方之间达成的关于农村土地承包权利义务关系的协议，对于农村土地承包合同纠纷能否作为民事案件受理，主要涉及对土地承包合同性质的认识问题。① 农村土地承包合同纠纷大多数都存在于农户与村民委员会之间，因村民委员会的性质特殊，其不仅是集体经济组织的实际经营者，行使生产经营管理职能，而且村民委员会还属于基层行政职权的社会管理组织，从而导致农村土地承包合同是否属于民事案件受理的范围引发争议与讨论。

第一，《农村土地承包法》第23条规定："承包合同自成立之日起生效。承包方自承包合同生效时取得土地承包经营权。"《农村土地承包法》所规定的发包方和承包方的权利和义务大多属于民法规范的范围，尤其是该法第23条所规定的合同成立和生效的条件完全符合合同成立和生效的一般原理。第二，《农村土地承包法》第22条规定："……承包合同一般包括以下条款：（一）发包方、承包方的名称、发包方负责人和承包方代表的姓名、住所；（二）承包土地的名称、坐落、面积、质量等级；（三）承包期限和起止日期；（四）承包土地的用途；（五）发包方和承包方的权利和义务；（六）违约责任。"通过该法条可知，农村土地承包合同条款均是严格按照合同法一般规范予以规制的。可见，农村土地承包合同的民事合同纠纷属性。

其次，《农村土地承包法》第59条规定："当事人一方不履行合同义务或者履行义务不符合约定的，应当依法承担违约责任。"该条明确规定了农村土地承包合同的当事人需按照《合同法》的规定承担违约责任，再一次说明，土地承包合同属于民事合同，土地承包合同纠纷引发的当事人责任问题属于违约责任，应当由合同法调整，因此，土地承包合同纠纷应当作为民

① 参见最高人民法庭民事审判第一庭：《最高人民法院农村承包纠纷案件司法解释理解与适用》，人民法院出版社2015年版，第32页。

事案件在法院予以受理。

二、农村土地承包合同纠纷的诉讼主体

《农村土地承包司法解释》第3条规定:“承包合同纠纷,以发包方和承包方为当事人。前款所称承包方是指以家庭承包方式承包本集体经济组织农村土地的农户,以及以其他方式承包农村土地的单位或者个人。”第4条规定:“农户成员为多人的,由其代表人进行诉讼。农户代表人按照下列情形确定:(一)土地承包经营权证等证书上记载的人;(二)未依法登记取得土地承包经营权证等证书的,为在承包合同上签字的人;(三)前两项规定的人死亡、丧失民事行为能力或者因其他原因无法进行诉讼的,为农户成员推选的人。”由此可知,农村土地承包合同纠纷的当事人包括发包方与承包方,承包方应当为土地承包经营权证等证书上记载或在承包合同上签字的农户,以此明确规定了农村土地承包合同纠纷的诉讼主体。

《农村土地承包法》第27条规定:“承包期内,发包方不得收回承包地。国家保护进城农户的土地承包经营权。不得以退出土地承包经营权作为农户进城落户的条件。承包期内,承包农户进城落户的,引导支持其按照自愿有偿原则依法在本集体经济组织内转让土地承包经营权或者将承包地交回发包方,也可以鼓励其流转土地经营权。承包期内,承包方交回承包地或者发包方依法收回承包地时,承包方对其在承包地上投入而提高土地生产能力的,有权获得相应的补偿。”由此可见,进城农户的土地承包经营权,法律依然予以保护。

三、农村土地承包合同期限的法定界限

根据《农村土地承包法》第21条的规定:“耕地的承包期为三十年。草地的承包期为三十年至五十年。林地的承包期为三十年至七十年。前款规定的耕地承包期届满后再延长三十年,草地、林地承包期届满后依照前款规定相应延长。”《农村土地承包司法解释》第7条规定:“承包合同约定或者土地承包经营权证等证书记载的承包期限短于农村土地承包法规定的期限,承包方请求延长的,应予支持。”因此,在实践审判活动中,对于承包期限少于30年的,承包方请求判决延长至30年的,法院应当予以支持。

第二节 权威案例指导

典型案例1

何某云、王某东、王某胜因与王某荣、一审第三人
吉林省白城市洮北区东风乡三跃村村民委员会
农村土地承包合同纠纷一案

【案件来源】最高人民法院

【审理法院】最高人民法院

【裁判日期】2013年11月29日

【裁判要点】1.《农村土地承包经营权证》是依法确认承包方享有土地承包经营权的法律凭证,若对《农村土地承包经营权证》记载有异议,可另行提起行政诉讼解决。2.根据《农村土地承包司法解释》第1条第2款“集体经济组织成员因未实际取得承包经营权提起民事诉讼的,人民法院应当告知其向有关行政主管部门申请解决”的规定,王某荣在第二轮土地承包时因未实际取得土地承包经营权,应找有关行政主管部门解决,此案不属于人民法院受案范围。3.《农村土地承包法》第26条规定,“承包期内发包方不得收回承包地,承包期内承包方全家迁入小城镇落户的,应当按照承包方的意愿,保留其土地承包经营权或者允许其依法进行土地承包经营权流转。承包期内,承包方全家迁入设区的市,转为非农业户口的,应当将承包的耕地和草地交回发包方,承包方不交回的,发包方可以收回承包的耕地和草地。承包期内,承包方交回承包地或者发包方依法收回承包地时,承包方对其在承包地上投入而提高土地生产能力的,有权获得相应的补偿。”因此,迁入设区的市、转为非农业户口,是丧失农村土地承包经营权的条件。

典型案例2

广东省东莞市樟木头镇石新社区居民委员会与黄某波、广东省东莞市观音山森林公园开发有限公司承包经营合同纠纷一案

【案件来源】《民事审判指导与参考》第59辑

【审理法院】最高人民法院

【裁判要点】《土地管理法》第15条规定:“……农民集体所有的土地,可以由本集体经济组织以外的单位或者个人承包经营,从事种植业、林业、畜牧业、渔业生产。发包方和承包方应当订立承包合同,约定双方的权利和义务。土地承包经营的期限由承包合同约定。承包经营土地的单位和个人,有保护和按照承包合同约定的用途合理利用土地的义务。农民集体所有的土地由本集体经济组织以外的单位或者个人承包经营的,必须经村民会议三分之二以上成员或者三分之二以上村民代表的同意,并报乡(镇)人民政府批准。”该条为程序性规定,通常称为“民主议定程序”。未经或违反民主议定程序而签订的承包合同,一般应认定无效,但不能对所有案件简单机械地适用,应结合具体案情,考虑案件处理的效果和当事人利益的均衡而作出具体判断。

第三节　实务操作指南

当事人通过民事诉讼程序解决分配土地补偿费数额纠纷的，人民法院不应当受理

承包地征收补偿费用的分配纠纷与土地补偿费纠纷系属不同的范畴，前者是基于土地承包合同中承包方与集体经济组织之间关于补偿费之间的纠纷，属于民事案件，法院应当受理，而后者土地补偿费数额的分配直接关系到村民的直接利益，根据《村民委员会组织法》的相关规定，应当由村民委员会讨论决议，属于村民自治的范围，不属于法院管辖的范围，因此，人民法院对于分配土地补偿费纠纷不应当受理。

第四节　法律法规整合

一、《农村土地承包法》

第5条　农村集体经济组织成员有权依法承包由本集体经济组织发包的农村土地。任何组织和个人不得剥夺和非法限制农村集体经济组织成员承包土地的权利。

第22条　发包方应当与承包方签订书面承包合同。承包合同一般包括以下条款：（一）发包方、承包方的名称，发包方负责人和承包方代表的姓名、住所；（二）承包土地的名称、坐落、面积、质量等级；（三）承包期限和起止日期；（四）承包土地的用途；（五）发包方和承包方的权利和义务；（六）违约责任。

第23条　承包合同自成立之日起生效。承包方自承包合同生效时取得土地承包经营权。

第27条　承包期内，发包方不得收回承包地。国家保护进城农户的土地承包经营权。不得以退出土地承包经营权作为农户进城落户的条件。承包期内，承包农户进城落户的，引导支持其按照自愿有偿原则依法在本集体经济组织内转让土地承包经营权或者将承包地交回发包方，也可以鼓励其流转土地经营权。承包期内，承包方交回承包地或者发包方依法收回承包地时，承包方对其在承包地上投入而提高土地生产能力的，有权获得相应的补偿。

二、《农村土地承包司法解释》

第1条　下列涉及农村土地承包民事纠纷，人民法院应当依法受理：

（一）承包合同纠纷；

（二）承包经营权侵权纠纷；

（三）承包经营权流转纠纷；

（四）承包地征收补偿费用分配纠纷；

（五）承包经营权继承纠纷。

集体经济组织成员因未实际取得土地承包经营权提起民事诉讼的，人民法院应当告知其向有关行政主管部门申请解决。

集体经济组织成员就用于分配的土地补偿费数额提起民事诉讼的，人民法院不予受理。

第3条　承包合同纠纷，以发包方和承包方为当事人。

前款所称承包方是指以家庭承包方式承包本集体经济组织农村土地的农户，以及以其他方式承包农村土地的单位或者个人。

第4条　农户成员为多人的，由其代表人进行诉讼。

农户代表人按照下列情形确定：

（一）土地承包经营权证等证书上记载的人；

（二）未依法登记取得土地承包经营权证等证书的，为在承包合同上签字的人；

（三）前两项规定的人死亡、丧失民事行为能力或者因其他原因无法进行诉讼的，为农户成员推选的人。

第四章　宅基地使用权纠纷

【一级案由】物权纠纷

【二级案由】用益物权纠纷

【三级案由】宅基地使用权纠纷

第一节　法律要点详解

一、概述

自然资源部部长陆昊2018年12月23日在第十三届全国人民代表大会常务委员会第七次会议上所作的关于《〈中华人民共和国土地管理法〉、〈中华人民共和国城市房地产管理法〉修正案(草案)》的说明指出:将依法经过试点、各方面认识比较一致的土地征收、集体经营性建设用地入市、宅基地管理方面的制度创新经验及时上升为法律制度。

《土地管理法》第三次修订,关于农村宅基地制度,主要作出如下规定:

一是健全宅基地权益保障方式。根据乡村振兴的现实需求和各地宅基地现状,规定对人均土地少、不能保障一户一宅的地区,允许县级人民政府在尊重农村村民意愿的基础上采取措施,保障农村村民实现户有所居的权利。(第19条第2款)

二是完善宅基地管理制度。下放宅基地审批权,明确农村村民申请宅基地的,由乡(镇)人民政府审核批准,但涉及占用农用地的,应当依法办理农用地转用审批手续;落实深化党和国家机构改革精神,明确国务院农业农村主管部门负责全国农村宅基地改革和管理有关工作,赋予农业农村主管部门在宅基地监督管理和行政执法等方面相应职责。(第19条第4款和第7款、第23条、第26条)

三是探索宅基地自愿有偿退出机制。原则规定允许进城落户的农村村民依法自愿有偿退出宅基地。(第19条第6款)

此外,关于宅基地所有权、资格权、使用权"三权分置"问题,2018年中央1号文件提出"探索宅基地所有权、资格权、使用权'三权分置'",一些地方进行了试点探索。考虑到宅基地所有权、资格权、使用权属于重要的民事权益,目前试点面还不够宽,试点时间比较短,尚未形成可复制、可推广的制度经验,各有关方面对"三权分置"的具体界定、相关权利的实现方式等还未形成共识,当前直接确定为法律制度的条件还不成熟,建议待进一步试点探索、总结经验后,通过立法予以规范。

二、宅基地使用权的内容

宅基地使用权是我国农村土地制度中的一项重要权能，它是指："农村农民依法在集体所有的土地上建造住宅及其附属设施，并保有其所有权的用益物权。"①

（一）权利主体

在宅基地使用权所涉及的法律关系当中，主体为该集体经济组织成员的农户，这就意味着宅基地使用权具有强烈的身份属性，这也将城镇居民与非本集体经济组织成员排除在该权利之外。

在此需要讨论的一个问题是：该权利主体是农户还是农民个人？在实务操作上，宅基地使用权登记往往仅登记户主姓名，那么是否就应当认为宅基地使用权仅属于该户主一人？《土地管理法》第 62 条第 1 款规定："农村村民一户只能拥有一处宅基地，其宅基地的面积不得超过省、自治区、直辖市规定的标准。"即"一户一宅"原则，因此宅基地使用权并非仅归属于权利登记凭证的户主个人，而应归属于该农户的所有成员。

（二）权利属性与功能

根据我国《宪法》、《土地管理法》以及《物权法》等法律的规定，我国土地所有权属于国家和集体，而宅基地使用权则是派生于集体土地所有权的一项用益物权。但是，宅基地使用权与传统意义上的用益物权具有一定的差别，表现在以下方面。

1. 取得的无偿性

所谓取得的无偿性，是指农户可以免费从集体经济组织中取得宅基地使用权，任何政府部门或集体经济组织都不得收取宅基地有偿使用费或超占费等。

《村庄和集镇规划建设管理条例》第 18 条规定："农村村民在村庄、集镇规划区内建住宅的，应当先向村集体经济组织或者村民委员会提出建房申请，经村民会议讨论通过后，按照下列审批程序办理：（一）需要使用耕地的，经乡级人民政府审核、县级人民政府建设行政主管部门审查同意并出具选址意见书后，方可依照《土地管理法》向县级人民政府土地管理部门申请用地，经县级人民政府批准后，由县级人民政府土地管理部门划拨土地；（二）使用原有宅基地、村内空闲地和其他土地的，由乡级人民政府根据村庄、集镇规划和土地利用规划批准。……"

在实践中，村民因建造住宅而需要使用宅基地的，应当向本集体经济组织提出申请，同时，该集体经济组织需要将此张榜公布。在公布期满无异议的，报乡（镇）人民政府审核后，再报县（市）进行审批。经依法审批的宅基地，集体经济组织同样应当及时将结果张榜公布。②

取得宅基地使用权后，权利人可以依照《不动产登记暂行条例》的规定进行宅基地使用权登记。

2. 福利保障性

当前，由于我国社会保障体系并不健全，农民基本的生活与生存都需要依靠土地。因此

---

① 崔建远：《物权法》，中国人民大学出版社 2015 年版，第 325 页。

② 参见李晓斌主编：《房地产业务律师基础实务》，中国人民大学出版社 2014 年版，第 126 ~ 137 页。

农村土地在一定程度上承担了保障农民基本生存的特殊任务,而宅基地使用权就明确体现了这一基本特性。

3. 流转的限制性

对流转的限制,主要体现在两个方面:一是对主体的限制;二是对流转方式的限制。

在对主体的限制方面,转让仅限于本集体经济组织成员,而对于向城镇居民转让以及城镇居民在农村购房居住等问题,则通过一系列的法律法规以及政策明令禁止,根据当前的法律规定,如果权利人将房屋出卖或者出租或者赠与的,再次申请宅基地的,不予批准。

在对流转方式的限制方面,宅基地使用权不能单独转让,只能随着其上房屋的转让而一并转让。同时,《物权法》《担保法》等法律法规明确规定宅基地使用权不得进行抵押,也不得对宅基地单独买卖、赠与或以入股等方式进行处分。由此可见,宅基地使用权在流转上存在相当大的限制,这与宅基地使用权的保障性存在必然关系。

需要注意的是,随着近年来城镇化进程的不断发展,大量农村人口向城市流动,农村不仅出现大量耕地撂荒的问题,也使得大量宅基地与房屋闲置,在一定程度上导致了资源的浪费。近年来,针对农村土地制度的改革不断深化,在土地承包经营权上已经实现了"三权分置"。[①] 针对宅基地使用权改革问题,时任农业部部长韩长赋表示要探索所有权、资格权、使用权三权分置,将闲置的农房利用起来,探索提供创业场所、发展乡村旅游农家乐等产业。[②] 同时,中央已经在全国部分试点地区开展了宅基地改革,允许在试点地区进行宅基地使用权流转,这当中涉及的具体法律问题,笔者将在下文详述。

(三)面积与规划

当前,我国对于宅基地的面积并未有一个统一的标准,而是授权省级政府予以规定。但在实践中,往往会出现村民超占宅基地的情况,这也是引发宅基地使用权纠纷的主要原因。

在规划方面,根据《土地管理法》的规定,农村村民建住宅,应当符合乡(镇)土地利用总体规划、村庄规划,不得占用永久基本农田,并尽量使用原有的宅基地和村内空闲地。编制乡(镇)土地利用总体规划、村庄规划应当统筹并合理安排宅基地用地,改善农村村民居住环境和条件。农村村民住宅用地,经乡(镇)人民政府审核批准,由县级人民政府批准;其中,涉及占用农用地的,依照《土地管理法》第 44 条的规定办理审批手续。

(四)其他事项

1. 宅基地使用权的利用

农户可以在依法占有、合法取得的宅基地上建造房屋与各种生活附属设施、种植植物,如果有多余的房屋还可用于合法经营。当宅基地所有权人收回宅基地使用权,以及其上房屋被依法征收时,权利人可以依法获得补偿。

---

① 所谓"三权分置",即将土地所有权、承包权以及经营权三个权能分置。参见胡守鑫:《农村土地承包经营权流转的法律问题研究》,澳门大学 2016 年硕士学位论文。

② 农业部:《2018 年农业宅基地改革谈三点》,载土流网,https://www.tuliu.com/read-75128.html,最后访问日期:2018 年 9 月 11 日。

2. 宅基地使用权的时间

与其他用益物权不同,宅基地使用权并不存在期限的规定。即只要宅基地使用权人活着,其就依法享有宅基地使用权。但权利人不得擅自改变宅基地的用途。

三、宅基地使用权纠纷的解决方式

《土地管理法》第16条规定:"土地所有权和使用权争议,由当事人协商解决;协商不成的,由人民政府处理。单位之间的争议,由县级以上人民政府处理;个人之间、个人与单位之间的争议,由乡级人民政府或者县级以上人民政府处理。当事人对有关人民政府的处理决定不服的,可以自接到处理决定通知之日起三十日内,向人民法院起诉。在土地所有权和使用权争议解决前,任何一方不得改变土地利用现状。"

从该法条可知,宅基地使用权纠纷应当先由乡级人民政府或县级政府进行处理,对处理结果不满意的,才可以依法提起诉讼。

第二节 权威案例指导

典型案例1

吴某连、杨某霖诉谢某珍、吴某铭、吴某宁宅基地使用权案

【案件来源】中国审判案例要览

【审理法院】广西壮族自治区防城港市中级人民法院

【案件案号】(2011)防市民一终字第193号

【裁判要点】1. 在我国,宅基地使用权是农村集体经济组织成员享有的权利,有着特定的身份条件限制,非集体经济组织成员无权取得。农村集体经济组织成员对宅基地只有使用权而无所有权和处分权,任何人都不能非法买卖或者非法转让宅基地。具有农村户口才能取得宅基地,城镇人口则不可以。2. 我国《合同法》规定:"违反法律、行政法规强制性规定的合同无效",农村集体组织成员违反规定将宅基地转让给城镇户口人员的行为无效。对于无效合同,因该合同取得的财产,应当予以返还;不能返还或者没有必要返还的,应该折价补偿。有过错的一方应当赔偿对方因此所受到的损失,双方都有过错的,应当各自承担相应的责任。3. 当事人双方在签订宅基地转让协议时均知该协议为无效协议,仍进行宅基地买卖,故双方当事人均有过错,应该各自承担相应的责任。

典型案例2

杨某志农村宅基地房屋产权归属纠纷上诉案

【案件来源】《人民司法·案例》2010年第22期

【审理法院】江苏省南通市中级人民法院

【案件案号】(2009)通中民一终字第0087号

【裁判要点】1.农民与非本集体经济组织成员在宅基地上共建住宅时,往往约定房屋产权分配份额。但由于政策禁止非本集体经济组织成员取得宅基地使用权及地上房屋,共建人中只有本集体经济组织成员一方能取得宅基地使用权证和房屋产权证,另一方对房屋的权利则处于不确定状态。2.我国的法律、行政法规并未禁止非本集体经济组织成员取得宅基地上的房屋,因此,此类共建合同应认定合法有效,其应能取得共建房屋分得份额的所有权。

第三节　实务操作指南

一、宅基地使用权的继承问题

笔者在前文已提到,宅基地使用权的权利主体应当为农户,即该农户的所有人均为宅基地使用权的主体。因此,当该农户中某成员死亡的情况下,宅基地使用权不发生继承。当该农户成员全部死亡时,该宅基地应当被依法收回。

但需要注意的是,宅基地继承往往是与其上房屋一起发生继承,仅宅基地单独继承的情况在实践中较为罕见。农村住宅发生继承的,应当依照《继承法》的规定进行继承。

二、农村住宅与宅基地买卖问题

宅基地使用权纠纷中往往涉及农村住宅买卖合同效力的判断问题。通常涉及宅基地使用权流转纠纷的主要有以下几类案件:①

1.纯粹的土地买卖。所谓纯粹的土地买卖,是指宅基地使用权人将宅基地出卖给非集体经济组织成员,但后因拆迁或其他利益,卖方反悔,诉至法院确认合同无效。

2.住宅与宅基地一并买卖。这种情况较为常见,即买卖双方订立合同将宅基地及其上房屋出卖给非集体经济组织成员,后卖方反悔诉至法院,要求确认合同无效并返还房屋。

3.出卖宅基地后,买方在宅基地上建设房屋。这种情况是指非集体经济组织成员在取得本集体经济组织的宅基地后建造了房屋。

《物权法》《土地管理法》虽然严格限制了宅基地使用权的流转,但是当前基于农村土地

① 参见杜万华主编:《民事审判指导与参考》(总第61辑),人民法院出版社2015年版,第276页。

改革的需要,中央对宅基地使用权流转也持逐渐开放态度。2019 年 8 月 26 日,第十三届全国人民代表大会常务委员会第十二次会议《关于修改〈中华人民共和国土地管理法〉、〈中华人民共和国城市房地产管理法〉的决定》,对农村土地征收、集体经营性建设用地入市、完善宅基地管理制度作出了规定。这为农村土地改革提供了法律基础。

2015 年最高人民法院发布的《第八次全国法院民事商事审判工作会议(民事部分)纪要》第 19 条规定:“在国家确定的宅基地制度改革试点地区,可以按照国家政策及相关指导意见处理宅基地使用权因抵押担保、转让而产生的纠纷。

在非试点地区,农民将其宅基地上的房屋出售给本集体经济组织以外的个人,该房屋买卖合同认定为无效。合同无效后,买受人请求返还购房款及其利息,以及请求赔偿翻建或者改建成本的,应当综合考虑当事人过错等因素予以确定。”

根据上述规定,试点地区的宅基地使用权纠纷应当根据试点地区的政策以及相关指导意见处理,而对于非试点地区,农村住房买卖合同的买受方为集体经济组织以外的人的合同效力还应当坚持认定无效。对于合同无效后的处理,应当结合当事人的过错予以考虑。

第四节　法律法规整合

一、《土地管理法》

第 62 条　农村村民一户只能拥有一处宅基地,其宅基地的面积不得超过省、自治区、直辖市规定的标准。

人均土地少、不能保障一户拥有一处宅基地的地区,县级人民政府在充分尊重农村村民意愿的基础上,可以采取措施,按照省、自治区、直辖市规定的标准保障农村村民实现户有所居。

农村村民建住宅,应当符合乡(镇)土地利用总体规划、村庄规划,不得占用永久基本农田,并尽量使用原有的宅基地和村内空闲地。编制乡(镇)土地利用总体规划、村庄规划应当统筹并合理安排宅基地用地,改善农村村民居住环境和条件。

农村村民住宅用地,由乡(镇)人民政府审核批准;其中,涉及占用农用地的,依照本法第四十四条的规定办理审批手续。

农村村民出卖、出租、赠与住宅后,再申请宅基地的,不予批准。

国家允许进城落户的农村村民依法自愿有偿退出宅基地,鼓励农村集体经济组织及其成员盘活利用闲置宅基地和闲置住宅。

国务院农业农村主管部门负责全国农村宅基地改革和管理有关工作。

二、《物权法》

第 152 条　宅基地使用权人依法对集体所有的土地享有占有和使用的权利,有权依法利用该土地建造住宅及其附属设施。

第 153 条　宅基地使用权的取得、行使和转让,适用土地管理法等法律和国家有关规定。

第 154 条 宅基地因自然灾害等原因灭失的,宅基地使用权消灭。对失去宅基地的村民,应当重新分配宅基地。

第 155 条 已经登记的宅基地使用权转让或者消灭的,应当及时办理变更登记或者注销登记。

三、《村庄和集镇规划建设管理条例》

第 18 条 农村村民在村庄、集镇规划区内建住宅的,应当先向村集体经济组织或者村民委员会提出建房申请,经村民会议讨论通过后,按照下列审批程序办理:

(一)需要使用耕地的,经乡级人民政府审核、县级人民政府建设行政主管部门审查同意并出具选址意见书后,方可依照《土地管理法》向县级人民政府土地管理部门申请用地,经县级人民政府批准后,由县级人民政府土地管理部门划拨土地;

(二)使用原有宅基地、村内空闲地和其他土地的,由乡级人民政府根据村庄、集镇规划和土地利用规划批准。

城镇非农业户口居民在村庄、集镇规划区内需要使用集体所有的土地建住宅的,应当经其所在单位或者居民委员会同意后,依照前款第(一)项规定的审批程序办理。(该款已被修正)

回原籍村庄、集镇落户的职工、退伍军人和离休、退休干部以及回乡定居的华侨、港澳台同胞,在村庄、集镇规划区需要使用集体所有的土地建住宅的,依照本条第一款第(一)项规定的审批程序办理。

第五章　农村集体土地征地及其补偿

第一节　法律要点详解

一、法律背景

1950 年，中央人民政府通过并公布执行的《城市郊区土地改革条例》（已失效）第 14 条规定："国家为市政建设及其他需要征用私人所有的农业土地时，须给予适当代价，或以相当之国有土地调换之。对耕种该项土地的农民亦应给予适当的安置，并对其在该项土地上的生产投资（如凿井、植树等）及其他损失，予以公平合理的补偿。"这是土地征收立法的最初体现。

1953 年，政务院通过《国家建设征用土地办法》（已失效），这是第一部较为完整的征地法律。1956 年，我国的农民土地所有制改为农村集体所有制，为适应这一变化，1958 年全国人民代表大会常务委员会第九十次会议批准对《国家建设征用土地办法》（已失效）的修正，确定了我国土地征收的标的物为农民集体所有土地，并首次提出按年产值作为征收补偿标准。

1982 年，国务院相继公布《村镇建房用地管理条例》《国家建设征用土地条例》（均已失效），就村镇建房用地和国家建设征用土地的征用及补偿事宜作出规定。随后，因《土地管理法》的实行，以上两个条例被废止。

1986 年，第六届全国人民代表大会常务委员会第十六次会议通过《土地管理法》。后根据 1988 年 12 月 29 日第七届全国人民代表大会常务委员会第五次会议《关于修改〈中华人民共和国土地管理法〉的决定》进行第一次修正；1998 年 8 月 29 日第九届全国人民代表大会常务委员会第四次会议修订；根据 2004 年 8 月 28 日第十届全国人民代表大会常务委员会第十一次会议《关于修改〈中华人民共和国土地管理法〉的决定》第二次修正；根据 2019 年 8 月 26 日第十三届全国人民代表大会常务委员会第十二次会议《关于修改〈中华人民共和国土地管理法〉、〈中华人民共和国城市房地产管理法〉的决定》第三次修正。现行《土地管理法》即 2019 年修正版。辅之 1998 年颁布，并经 2011 年、2014 年两次修订的《土地管理法实施条例》，我国农村集体土地征收及补偿的整体性规定基本完善。

2001 年 10 月 22 日，国土资源部发布，并于 2010 年 11 月 30 日修正的《征收土地公告办法》，对征收土地公告和征地补偿、安置方案公告作出了详细规定。

2001 年 11 月 16 日，国土资源部发布《关于切实做好征地补偿安置工作的通知》（已失效），对切实做好征地补偿安置工作，落实征地公告制度作出了规定。

2004 年 1 月 9 日，国土资源部发布《国土资源听证规定》，规范国土资源管理活动，促进依法行政，提高国土资源管理的科学性和民主性，保护公民、法人和其他组织的合法权益。

2004年3月14日,第十届全国人民代表大会第二次会议通过《宪法》第四次修正案,第一次在宪法中明确提出了私有财产权和补偿的概念。第10条第3款:“国家为了公共利益的需要,可以依照法律规定对土地实行征收或者征用并给予补偿。”第13条规定:“公民的合法的私有财产不受侵犯。国家依照法律规定保护公民的私有财产权和继承权。国家为了公共利益的需要,可以依照法律规定对公民的私有财产实行征收或者征用并给予补偿。”

2004年10月21日,国务院发布《国务院关于深化改革严格土地管理的决定》,对征地补偿安置、耕地保护等土地管理制度作出严格规定。

2004年11月3日,国土资源部发布《关于完善征地补偿安置制度的指导意见》,对征地补偿标准、被征地农民安置途径、征地工作程序、征地实施监管4大方面分别作出规定。

2005年1月24日,农业部发布《关于加强农村集体经济组织征地补偿费监督管理指导工作的意见》,对征地补偿工作中仍存在的补偿低、费用不到位、安置不落实、补偿费账务处理不规范、使用不公开甚至存在贪污、挪用、挥霍等严重损害被征地农民的权益和农村集体经济组织利益的问题,提出了如建立健全征地补偿费专户管理制度、规范征地补偿费会计核算内容和程序、建立健全土地补偿费使用的民主监督机制等意见。

二、农村集体土地征地

(一)土地用途管制制度

国家实行土地用途管制制度,以保障土地利用严格遵循土地规划,维持土地合理利用,促进区域经济、社会和环境的协调发展。我国编制土地利用总体规划,规定土地用途,将土地分为农用地、建设用地和未利用地。

农用地是指直接用于农业生产的土地,包括耕地、林地、草地、农田水利用地、养殖水面等;建设用地是指建造建筑物、构筑物的土地,包括城乡住宅和公共设施用地、工矿用地、交通水利设施用地、旅游用地、军事设施用地等;未利用地是指农用地和建设用地以外的土地。

(二)土地所有权

我国土地分为国家所有和集体所有,其中城市市区的土地属于国家所有;农村和城市郊区的土地,除由法律规定属于国家所有的以外,属于农民集体所有;宅基地和自留地、自留山,属于农民集体所有。国家和农民集体均可以依法占有、使用、处分其所有的土地以及享受该土地产生的收益。

(三)土地征收

1. 土地征收的概念

土地征收,一般是指国家为了公共利益目的,依法强制转移相对人的土地所有权,并给予合理补偿的一种具体行政行为①。所以土地征收可以着眼于三大部分的规定,一为征收目的的公益性,二为转移土地所有权,三为补偿。

---

① 张自国、陈叶兰、童钧:《农村土地法律实务》,湖南人民出版社2016年版,第107页。

关于征收目的。《土地管理法》(2004 年版)等相关规定对征收目的仅笼统地表述“为了公共利益的需要,可以依法对土地实行征收或者征用并给予补偿”,2019 年修正的《土地管理法》新增第 45 条列举了具体情形,笔者将在下文“(四)土地征收范围”中详述。

关于转移土地所有权。土地征收是国家强制取得其他民事主体土地所有权的行为,而我国土地所有权或归国家或归集体,所以,我国土地征收的对象仅为集体土地,土地征收即将集体所有的土地转变为国家所有。所有权转移是土地征收的核心,而这一过程需要国务院或省级人民政府的审批,笔者将在下文“(六)土地征收的审批权限”中详述。由于按照土地用途划分,土地分为农用地、建设用地和未利用地,所以征收集体土地,可能会涉及征收集体所有的农用地。而我国又实行土地用途管制制度,要求严格按照土地利用总体规划确定的用途使用土地,严格限制农用地转为建设用地。所以当被征收土地为农用地时,除上述土地征收的审批外,还需先行办理农用地转用审批,笔者将在下文“(五)农用地转用的审批权限”中详述。关于补偿。详见下文“(九)土地征收补偿”。

2. 土地征收的特点

(1)强制性。土地征收并非平等主体间基于双方意思自治的行为,而是国家依据法律规定所实施的具有强制力的法律行为。在我国,国家是土地征收的唯一主体,在征收合法的前提下,国家是具有强制力的一方,无须征得被征收人的同意,不存在双方平等协商征收与否的过程,仅基于国家单方意思表示,而农村集体经济组织则需要无条件配合国家征收行为。

(2)公益性。因土地征收具有强制性,为了保护集体土地所有权,避免任意征收,侵害农民集体利益,我国《宪法》明确规定,国家为了公共利益的需要,方可采取土地征收的手段,以确保取之于民的土地用之于民。2019 年修正的《土地管理法》第 45 条明确了为了公共利益的需要,可以征收农民集体所有的土地的情形,包括因政府组织实施基础设施建设、公共事业、成片开发建设等六种情形。

(3)权属转移。土地征收的最终目的是为实现土地所有权的转移,我国禁止土地买卖,只能通过征收的形式转移土地所有权。虽然土地征收的起因,是建设单位需要利用农村集体土地开展建设项目,但经土地征收的所有权转移并不能将集体土地的所有权转移给建设单位,而是将集体所有变为国家所有。

(4)补偿性。无补偿无征收,是现代民主法治国家在土地征收中必须遵循的原则。包括我国在内,诸多国家的宪法均规定国家为了公共利益的需要,征收公民私有财产的应当给予补偿。在强化土地征收程序规定的同时,我国也在不断补充完善土地征收补偿、安置中的款项落实、补偿标准、资金监管、安置就业等各项制度,以切实保障农村集体土地征收后,农村集体经济组织的正常发展,农民的稳定生活。

(四)土地征收范围

我国《宪法》和《土地管理法》均规定了征收农民集体所有的土地需要符合“为了公共利益的需要”,即符合目的公益性的要求。2019 年修正的《土地管理法》缩小了土地征收的范围,新增第 45 条用以明确列举为了公共利益的需要,确需征收农民集体所有的土地的情形,具体如下:

1. 军事和外交需要用地的。

2. 由政府组织实施的能源、交通、水利、通信、邮政等基础设施建设需要用地的。

3. 由政府组织实施的科技、教育、文化、卫生、体育、生态环境和资源保护、防灾减灾、文物保护、社区综合服务、社会福利、市政公用、优抚安置、英烈保护等公共事业需要用地的。

4. 由政府组织实施的扶贫搬迁、保障性安居工程建设需要用地的。

5. 在土地利用总体规划确定的城镇建设用地范围内，经省级以上人民政府批准由县级以上地方人民政府组织实施的成片开发建设需要用地的。

6. 法律规定为公共利益需要可以征收农民集体所有的土地的其他情形。

以上 6 项建设活动，应当符合国民经济和社会发展规划、土地利用总体规划、城乡规划和专项规划；第 4 项、第 5 项规定的建设活动，还应当纳入国民经济和社会发展年度计划；第 5 项规定的成片开发并应当符合国务院自然资源主管部门规定的标准。

（五）农用地转用的审批权限

《土地管理法》第 44 条第 1 款规定："建设占用土地，涉及农用地转为建设用地的，应当办理农用地转用审批手续。"所以在征收土地过程中，如遇征收农用地的情况，除办理土地征收审批外，还需办理农用地转用审批。农用地转用审批权限如下：

1. 永久基本农田转为建设用地的，由国务院批准。

2. 在土地利用总体规划确定的城市和村庄、集镇建设用地规模范围内，为实施该规划而将永久基本农田以外的农用地转为建设用地的，按土地利用年度计划分批次按照国务院规定由原批准土地利用总体规划的机关或者其授权的机关批准。在已批准的农用地转用范围内，具体建设项目用地可以由市、县人民政府批准。

3. 在土地利用总体规划确定的城市和村庄、集镇建设用地规模范围外，将永久基本农田以外的农用地转为建设用地的，由国务院或者国务院授权的省、自治区、直辖市人民政府批准。

（六）土地征收的审批权限

征收永久基本农田、永久基本农田以外的耕地超过 35 公顷的、其他土地超过 70 公顷的，需由国务院批准；征收以上土地之外的土地的，由省、自治区、直辖市人民政府批准。

笔者前文已述，征收农用地的需要依照本节前文"（五）农用地转用的审批权限"部分的内容先行办理农用地转用审批。所以，涉及农用地的，一般应先行办理农用地转用审批，再办理土地征收审批，但如果是由国务院批准农用地转用的，征地审批手续应当同时办理，不再另行办理征地审批。如果是由省、自治区、直辖市人民政府在征地批准权限内批准农用地转用的，征地审批手续亦同时办理，不再另行办理征地审批，超过征地批准权限的，应当按照本点前段内容由国务院另行办理征地审批。

（七）土地征收申请事前工作

《土地管理法》第 47 条明确规定了申请征收土地前必须完成的前期工作内容，并将征收补偿、安置等协议的签订也提到申请征收土地工作之前。

县级以上地方人民政府拟申请征收土地的，应当在完成以下相关前期工作后，方可申请征收土地：

1. 开展拟征收土地现状调查和社会稳定风险评估。

2. 公告并听取意见。将征收范围、土地现状、征收目的、补偿标准、安置方式和社会保障等在拟征收土地所在的乡（镇）和村、村民小组范围内公告至少三十日，听取被征地的农村集体经济组织及其成员、村民委员会和其他利害关系人的意见。

3. 听证。多数被征地的农村集体经济组织成员认为征地补偿安置方案不符合法律、法规规定的，县级以上地方人民政府应当组织召开听证会，并根据法律、法规的规定和听证会情况修改方案。

4. 补偿登记。拟征收土地的所有权人、使用权人应当在公告规定期限内，持不动产权属证明材料办理补偿登记。

5. 签订补偿协议、安置协议。县级以上地方人民政府应当组织有关部门测算并落实有关费用，保证足额到位，与拟征收土地的所有权人、使用权人就补偿、安置等签订协议；个别确实难以达成协议的，应当在申请征收土地时如实说明。

（八）征收土地公告及组织实施

国家征收土地的，经法定程序批准征收后，被征收土地所在地的市、县人民政府应当在收到征收土地方案批准文件之日起10个工作日内进行征收土地公告，该市、县人民政府土地行政主管部门负责具体实施。

征收土地公告应当包括下列内容：

1. 征地批准机关、批准文号、批准时间和批准用途。

2. 被征收土地的所有权人、位置、地类和面积。

3. 征地补偿标准和农业人员安置途径。

4. 办理征地补偿登记的期限、地点。

（九）土地征收补偿

国家为了公共利益的需要征收农民集体土地，应当给予公平、合理的补偿，保障被征地农民原有生活水平不降低、长远生计有保障。

1. 补偿项目

征收土地应当依法及时足额支付土地补偿费、安置补助费以及农村村民住宅、其他地上附着物和青苗等的补偿费用，并安排被征地农民的社会保障费用。土地补偿费，是因国家征收土地对土地所有者和土地使用者对土地的投入和收益造成损失的补偿。安置补助费，是国家建设征收农民集体土地后，为了安置以土地为主要生产资料并取得生活来源的农业人口的生活所给予的补助费用。地上附着物的补偿费，包括地上的各种建筑物、构筑物，如房屋、水井、道路、管线、水渠的拆迁和恢复费用及被征收土地上林木的补偿或砍伐费等。青苗补偿费，是指农作物正处于生长阶段而未能收获的，因征收土地需要及时让出土地，致使农作物不能收获而使农民造成损失的，应当给予土地承包者或土地使用者以经济补偿。

2. 补偿标准

征收农用地的土地补偿费、安置补助费标准由省、自治区、直辖市通过制定公布区片综合地价确定。制定区片综合地价应当综合考虑土地原用途、土地资源条件、土地产值、土地区位、土地供求关系、人口以及经济社会发展水平等因素,并至少每 3 年调整或者重新公布一次。

征收农用地以外的其他土地、地上附着物和青苗等的补偿标准,由省、自治区、直辖市制定。对其中的农村村民住宅,应当按照先补偿后搬迁、居住条件有改善的原则,尊重农村村民意愿,采取重新安排宅基地建房、提供安置房或者货币补偿等方式给予公平、合理的补偿,并对因征收造成的搬迁、临时安置等费用予以补偿,保障农村村民居住的权利和合法的住房财产权益。

县级以上地方人民政府应当将被征地农民纳入相应的养老等社会保障体系。被征地农民的社会保障费用主要用于符合条件的被征地农民的养老保险等社会保险缴费补贴。被征地农民社会保障费用的筹集、管理和使用办法,由省、自治区、直辖市制定。

第二节　权威案例指导

典型案例 1

上海蝶球阀门技术开发部再审审查与审判监督案

【案件来源】最高人民法院案例

【审理法院】最高人民法院

【案件案号】(2018)最高法行申 1995 号

【裁判日期】2018 年 6 月 28 日

【裁判要点】农村集体土地征收补偿形式虽然多样,参与主体虽然多元,但如果补偿安置问题无法通过协商或签订协议方式解决,且无法定主体作出补偿决定,又无生效裁判对补偿安置问题进行过裁判,则合法房屋的被征收人可以依法请求市、县人民政府或其指定的土地管理部门依法履行补偿安置职责,要求依法作出包含补偿安置内容的补偿安置等决定。

【主文摘要】

再审申请人(一审原告、二审上诉人):上海蝶球阀门技术开发部。

被申请人(一审被告、二审被上诉人):上海市闵行区人民政府。

再审申请人上海蝶球阀门技术开发部(以下简称上海蝶球开发部)诉上海市闵行区人民政府(以下简称闵行区政府)履行征收补偿法定职责一案,上海市第一中级人民法院于 2017 年 3 月 16 日作出(2017)沪 01 行初 61 号行政裁定,对上海蝶球开发部的起诉不予立案。上海蝶球开发部不服提起上诉后,上海市高级人民法院于2017年7月7日作出(2017)沪行终177号行政裁定,驳回上诉,维持一审裁定。上海蝶球开发部仍不服,在法定期限内向本院申请再审。

最高人民法院再审裁定如下:一、本案由本院提审;二、提审期间,中止原裁定的执行。

上海蝶球开发部申请再审请求:撤销一审、二审法院裁定,指令一审法院受理本案。其申请再审的主要事实与理由为:依法征收、合法拆除案涉房屋是闵行区政府依法应当履行的法定职责,闵行区政府在征收案涉集体土地时,没有对地面上房屋实施征收补偿,侵害了再审申请人作为相应集体土地使用权人和房屋所有权人的财产权益。再审申请人也曾多次、分别起诉闵行区政府等行政机关违法征收拆迁行为,但目前尚无生效裁判予以支持。再审申请人符合请求闵行区政府履行征收补偿法定职责的条件,一审、二审法院依法应当受理本案并作出实体处理。

法院认为:

一、关于农村集体土地征收补偿义务主体的确定问题

依照上述法律规范规定,现行集体土地征收制度的本质是国家基于公共利益需要实施征收,并由国家依法给予公平合理补偿的制度;市、县人民政府及土地管理部门是代表国家负责具体征收与补偿的法定主体。《土地管理法》《土地管理法实施条例》《征收土地公告办法》等,虽未明确规定市、县人民政府在取得国务院或者省级人民政府征地批复后,应当依法以自己名义作出征收决定,并在无法就补偿安置达成协议时,另行以自己名义依法作出补偿决定;但前述法律规范规定的不明确,并不能成为市、县人民政府规避履行集体土地征收补偿安置义务的理由。职权之所在,即义务之所在,也即责任之所在。市、县人民政府代表国家组织实施征收被征收人合法房屋,也有确保被征收人通过签订协议或者以补偿决定等方式取得公平合理补偿的义务。

考虑到征收与补偿程序的多阶段性、组织实施形式的多样性以及地方人民政府与其组成部门分工合作的统一性,并考虑集体土地征收行政效能等因素,市、县人民政府可以规范性文件或者征地公告方案等方式,要求土地管理部门具体组织实施本行政区域的土地房屋征收补偿工作,甚至委托乡镇人民政府、区(县)征地事务机构等主体参与征收与补偿的协商、与被征收人签订补偿安置协议。但不能认为此类主体因此即成为补偿安置的法定义务主体,也不能认为其实际取得了独立实施补偿安置的行政主体资格,更不能认为市、县人民政府即因此免除了法定的补偿安置义务;而是应遵循职权法定原则和《最高人民法院关于适用〈中华人民共和国行政诉讼法〉的解释》第20条第3款规定精神,将此类主体视为接受市、县人民政府等委托从事具体的补偿安置事宜。即使在集体土地征收实践中,与被征收人签订补偿安置协议的主体多元,既包括市、县人民政府、土地管理部门,也包括乡镇人民政府、区(县)征地事务机构甚至项目指挥部等临时性征收实施单位,基于合同相对性和支持协商对话原则,应当支持市、县人民政府对其他主体签订的补偿协议效力的认可;但仍需坚持在未能与被征收人签订补偿安置

协议的情况下，市、县人民政府或其指定的土地管理部门应以书面形式作出补偿安置决定等，履行补偿安置义务。总之，农村集体土地征收补偿形式虽然多样，参与主体虽然多元，但如果补偿安置问题无法通过协商或签订协议方式解决，且无法定主体作出补偿决定，又无生效裁判对补偿安置问题进行过裁判，则合法房屋的被征收人可以依法请求市、县人民政府或其指定的土地管理部门依法履行补偿安置职责，要求依法作出包含补偿安置内容的补偿安置等决定。依法发布《征收土地方案公告》的市、县人民政府，不能以未实施强制拆除行为为由，而否定其应依法进行补偿安置的义务；即使认为被征收人补偿安置诉求"要价过高"，依法无法满足，亦应在合理期限内及时作出书面的补偿决定，并依法告知救济途径；而不能怠于履行补偿安置职责，或者以反复协商代替书面决定，甚至以拖待变造成安置问题长期无法通过法治化渠道解决，造成既损害被征收人补偿安置权益，又提高补偿安置成本。人民法院亦不能以市、县人民政府或其指定的土地管理部门并非补偿安置义务主体甚至并非征收主体为由而裁定不予立案。

二、关于未取得房屋所有权证但长期实际使用房屋的权利人的权利保护问题

综合上述法律、地方性法规及规范性文件等规定可知，涉案不动产转让协议以及之后签订的相关协议并不违法，转让协议合法有效。上海蝶球开发部未按约定取得建设用地使用权证和房屋所有权证，系塘湾村委会未及时履行协议约定所致。双方在系列协议中均约定由塘湾村委会负责办理房地产权过户手续，塘湾村委会在约定中认可上海蝶球开发部拥有对涉案房屋和土地的全部权利，如遇拆迁，塘湾村委会负责上海蝶球开发部享受全部的政策性拆迁费。因此，由于案涉房地产长期以来一直由上海蝶球开发部实际占有、使用并经许可自建了部分房屋，相关转让协议等也已经明确约定其拥有全部权利，因而上海蝶球开发部是适格的被征收人和补偿安置对象。

三、关于上海蝶球开发部是通过民事诉讼还是行政诉讼主张补偿安置权益问题

在双方既不能通过协商或签订协议方式解决，且无法定主体作出补偿决定，又无生效裁判对补偿安置问题进行过裁判的前提下，通过请求市、县人民政府及其指定的土地管理部门履行补偿安置职责的方式，由闵行区政府及其指定的土地管理部门承担土地征收补偿的法定义务，既有利于明确农村集体土地征收中有且仅有政府才是补偿义务主体，还有利于强化市、县人民政府及其指定的土地管理部门对乡镇人民政府、区（县）征地事务机构配合和具体实施补偿安置工作的监督职责。

典型案例2

郝某只等15人诉屯留县人民政府不履行征地方案公告和征地补偿、安置方案公告法定职责案

【案件来源】最高人民法院公布保障民生第二批典型案例

【审理法院】山西省高级人民法院

【裁判要点】没有依法履行公告职责和办理补偿、安置手续,仅仅支付土地租赁费,不能等同于征收土地的补偿、安置费。

【主文摘要】

上诉人(原审原告):郝某只等15人

被上诉人(原审被告):屯留县人民政府

第三人:高某喜等6人

郝某只等15人诉屯留县人民政府不履行征地方案公告和征地补偿、安置方案公告法定职责一案,长治市中级人民法院于2009年12月9日作出的(2009)长行初字第007号行政判决,驳回原告郝某只等15人的诉讼请求。郝某只等15人不服提起上诉,山西省高级人民法院作出二审判决:一、撤销长治市中级人民法院于2009年12月9日作出(2009)长行初字第007号行政判决;二、屯留县人民政府依法履行征地方案和征地补偿、安置方案公告职责。

原告郝某只等15人和第三人高某喜等6人均系屯留县李高乡王公庄村(以下简称王公庄村)村民,1991年郝某明、高某喜等人与王公庄村签订了土地承包合同,承包了村里的果园地,承包期限为1993年至1999年。承包期满后,合同变为一年一签,直至2003年。2003年10月,郝某只、高某喜等人承包的果园地被长治市德凯亚飞汽车连锁销售有限公司(以下简称德凯公司)占用。2004年11月24日,屯留县人民政府向山西省人民政府和长治市人民政府报送了《关于长治市德凯亚飞汽车连锁销售有限公司清真肉业深加工改扩建项目建设用地的请示》,申请征用王公庄村土地6.7293公顷,其中耕地0.57公顷、园地6.1593公顷。郝某只、高某喜等人承包的果园地在该请示拟征用的范围内。2005年12月14日,屯留县人民政府与王公庄村签订了《土地补偿协议》,约定屯留县人民政府使用王公庄村土地100亩,补偿费分年度支付,每年支付50,000元(每亩500元)。2006年8月4日,山西省人民政府以晋政地字〔2006〕285号文批复同意屯留县人民政府征用上述土地,并由屯留县人民政府负责所转用面积的耕地补充、批后实施及公告等工作。从2004年开始,屯留县人民政府每年通过王公庄村支付郝某只、高某喜等人租地费每亩500元,直至2008年。2009年,因郝某明、高某喜等人提起本案诉讼,王公庄村未将租地费给付各承包户。

2007年6月,屯留县国土资源局将征用的6.7293公顷土地出让给德凯公司,用于清真肉业深加工改扩建项目。同年8月27日,屯留县国土资源局对该块土地初始登记

的审核情况进行公告。郝某只、高某喜等人称，直至此时方得知所承包土地已被征用并出让给德凯公司，而屯留县政府自始没有告知其征用土地的事实，更没有依法履行征地方案和征地补偿、安置方案公告的法定职责，而是一直以租地费的形式给予其补偿。故提起诉讼，要求屯留县人民政府依法履行公告职责，并依法一次性支付征地补偿款。

山西省高级人民法院二审认为，根据《中华人民共和国土地管理法》及《中华人民共和国土地管理法实施条例》的有关规定，国家征收土地，应当依照法定程序履行征地方案和征地补偿、安置方案公告职责。国土资源部《征用土地公告办法》对公告事项作了详细规定，第4条规定："被征用土地所在地的市、县人民政府应当在收到征用土地方案批准文件之日起10个工作日内进行征用土地公告，该市、县人民政府土地行政主管部门负责具体实施。"第7条规定："有关市、县人民政府土地行政主管部门会同有关部门根据批准的征用土地方案，在征用土地公告之日起45日内以被征用土地的所有权人为单位拟订征地补偿、安置方案并予以公告。"第14条第1款规定："未依法进行征用土地公告的，被征地农村集体经济组织、农村村民或者其他权利人有权依法要求公告，有权拒绝办理征地补偿登记手续。未依法进行征地补偿、安置方案公告的，被征地农村集体经济组织、农村村民或者其他权利人有权依法要求公告，有权拒绝办理征地补偿、安置手续。"本案中，山西省人民政府于2006年8月4日批准讼争土地转为建设用地并办理征收手续，并确定屯留县人民政府负责批后实施及公告工作。屯留县人民政府在接到山西省人民政府的征地批文后，组织实施了征地工作及出让工作，但没有依法履行公告职责和办理补偿、安置手续。屯留县人民政府从2004年起支付给上诉人郝某只等人的土地租赁费，不能等同于征收土地的补偿、安置费。上诉人郝某只等15人作为被征地农村村民有权要求屯留县人民政府履行征地方案和征地补偿、安置方案公告职责，并依法支付征地补偿、安置费。

典型案例3

沙某保等诉马鞍山市花山区人民政府房屋强制拆除

【案件来源】最高人民法院指导案例（指导案例91号）

【审理法院】安徽省高级人民法院

【案件案号】（2015）皖行赔终字第00011号

【裁判要点】在房屋强制拆除引发的行政赔偿案件中，原告提供了初步证据，但因行政机关的原因导致原告无法对房屋内物品损失举证，行政机关亦因未依法进行财产登记、公证等措施无法对房屋内物品损失举证的，人民法院对原告未超出市场价值的符合生活常理的房屋内物品的赔偿请求，应当予以支持。

第三节　实务操作指南

一、耕地保护

我国有近 14 亿人口，耕地是人们生存的基本保障，保障耕地用途、保证耕地数量不减少对一个人口大国而言是十分重要的。

我国高度重视耕地保护，特别是永久基本农田保护，严格控制耕地转为非耕地。

（一）占用耕地补偿制度

根据实际建设需要，确有需利用耕地的情况，经征地审批、农用地转批等法定程序后，耕地被合法占用，土地用途被改变。我国实行占用耕地补偿制度，就是经国家有关部门的批准占用耕地进行非农建设的单位，应当按照“占多少，垦多少”的原则，负责开垦与所占用耕地的数量和质量相当的耕地；没有条件开垦或者开垦的耕地不符合要求，则按照省、自治区、直辖市的规定缴纳耕地开垦费，专款用于开垦新的耕地。省、自治区、直辖市人民政府应当制订开垦耕地计划，监督占用耕地的单位按照计划开垦耕地或者按照计划组织开垦耕地，并进行验收。实行占用耕地补偿制度，以在满足必要的非农建设的同时，保证耕地数量不减少、质量不降低。

（二）永久基本农田保护制度

永久基本农田，是指按照一定时期人口和社会经济发展对农产品的需求，依据土地利用总体规划确定的不得占用的耕地。永久基本农田保护区，是指为对永久基本农田实行特殊保护而依据土地利用总体规划和依照法定程序确定的特定保护区域。永久基本农田划定以乡（镇）为单位进行，由县级人民政府自然资源主管部门会同同级农业农村主管部门组织实施。永久基本农田应当落实到地块，纳入国家永久基本农田数据库严格管理。乡（镇）人民政府应当将永久基本农田的位置、范围向社会公告，并设立保护标志。

1. 永久基本农田范围

下列耕地应当根据土地利用总体规划划为永久基本农田，实行严格保护：

（1）经国务院农业农村主管部门或者县级以上地方人民政府批准确定的粮、棉、油、糖等重要农产品生产基地内的耕地。

（2）有良好的水利与水土保持设施的耕地，正在实施改造计划以及可以改造的中、低产田和已建成的高标准农田。

（3）蔬菜生产基地。

（4）农业科研、教学试验田。

（5）国务院规定应当划为永久基本农田的其他耕地。

各省、自治区、直辖市划定的永久基本农田一般应当占本行政区域内耕地的 80% 以上，具体比例由国务院根据各省、自治区、直辖市耕地实际情况规定。

2. 征收永久基本农田

永久基本农田经依法划定后，任何单位和个人不得擅自占用或者改变其用途，但并非任何情况下都不能占用永久基本农田。如果国家能源、交通、水利、军事设施等重点建设项目选址确实难以避让永久基本农田，可以依法征收，农用地转用或者土地征收必须经国务院批准。对于通过擅自调整县级土地利用总体规划、乡（镇）土地利用总体规划等方式规避永久基本农田农用地转用或者土地征收的审批的行为，法律予以禁止。

（三）禁止闲置、荒芜耕地

禁止任何单位和个人闲置、荒芜耕地。已经办理审批手续的非农业建设占用耕地，一年内不用而又可以耕种并收获的，应当由原耕种该幅耕地的集体或者个人恢复耕种，也可以由用地单位组织耕种；一年以上未动工建设的，应当按照省、自治区、直辖市的规定缴纳闲置费；连续二年未使用的，经原批准机关批准，由县级以上人民政府无偿收回用地单位的土地使用权；该幅土地原为农民集体所有的，应当交由原农村集体经济组织恢复耕种。

（四）农用地转用和土地征收批准文件的有效期

我国实行耕地保护制度，严格控制耕地转为非耕地，对于土地闲置现象也是严令禁止。所以，国土资源部出台相关规定，农用地转用和土地征收批准文件的有效期为两年。农用地转用或土地征收经依法批准后，市、县两年内未用地或未实施征地补偿安置方案的，有关批准文件自动失效；两年内未提供给具体用地单位的，按未供应土地面积扣减该市、县下一年度的农用地转用计划指标。

二、已划入城市区域的原农村集体土地上房屋的征收补偿

农民兴建住宅，应在经审核批准的宅基地上兴建。农民申请宅基地，应当经乡（镇）人民政府审核，由县级人民政府批准；若涉及占用农用地的，也要依法办理农用地转用审批手续。农村村民一户只能拥有一处宅基地，其宅基地的面积不得超过省、自治区、直辖市规定的标准。

宅基地属于农民集体所有，农民居住的房屋正是农民集体所有的土地上的地上附着物，当征收农村集体土地涉及被征收土地上的房屋时，自然要给予相应的地上附着物补偿费。

正常程序下，农村房屋作为地上附着物按照《土地管理法》规定的补偿标准进行补偿即可。但在实践中，存在农村集体土地征收和补偿不并行的个别情况，即农村集体土地已经合法程序征收完毕，但相应的农村集体土地上的房屋补偿费尚未落实，该房屋也一直由原村民居住。随着城市化的进展，原农村房屋的补偿费仍未支付的情况下，可能该房屋所在区域已经纳入了城市规划区。对于城市房屋征收，应当适用《征收与补偿条例》；对于农村房屋征收，则适用《土地管理法》等相关规定。那么，如上所述，对于农村集体土地征收时，涉及农村房屋但未予以相应补偿安置，该房屋后被纳入城市规划区的，应采取“城市标准”还是“农村标准”对该房屋作出补偿？《最高人民法院关于审理涉及农村集体土地行政案件若干问题的规定》第 12 条明确指出，征收农村集体土地时未就被征收土地上的房屋及其他不动产进行安置补偿，补偿安置时房屋所在地已纳入城市规划区，土地权利人请求参照执行国有土地上房屋征

收补偿标准的，人民法院一般应予支持，但应当扣除已经取得的土地补偿费。

三、失地农民的社会保障

失地农民的社会保障，是指政府将农村集体所有土地征为国有后，为妥善解决被征地农民养老、就业和医疗等问题所建立的社会保障制度。①失地农民的社会保障与就业培训工作相辅相成，要以新被征地农民为重点人群，以劳动年龄段内的被征地农民为就业培训重点对象，以大龄和老龄人群为社会保障重点对象。

我国《物权法》明确规定，征收集体所有的土地，应当安排被征地农民的社会保障费用，保障被征地农民的生活，维护被征地农民的合法权益。征收城市规划区内的农民集体土地，应当将因征地而导致无地的农民，纳入城镇就业体系，并建立社会保障制度。

为使《物权法》这一原则性规定得以落实，切实解决失地农民的社会保障问题，2004 年国务院发布的《关于深化改革严格土地管理的决定》，同年国土资源部发布的《关于完善征地补偿安置制度的指导意见》，以及 2006 年国务院办公厅转发劳动保障部的《关于做好被征地农民就业培训和社会保障工作指导意见》均对失地农民社会保障制度作出了细化规定。

失地农民社会保障工作的对象，主要是因政府统一征收农村集体土地而导致失去全部或大部分土地，且在征地时享有农村集体土地承包权的在册农业人口。具体对象的确定，要严格按规定程序核准并予以公告后，报县（市）人民政府有关部门备案。具体办法由各省、自治区、直辖市人民政府制定。

对有稳定收益的项目，农民可以经依法批准的建设用地土地使用权入股。在城市规划区内，当地人民政府应当将因征地而导致无地的农民，纳入城镇就业体系，并建立社会保障制度；在城市规划区外，征收农民集体所有的土地时，当地人民政府要在本行政区域内为被征地农民留有必要的耕作土地或安排相应的工作岗位；对不具备基本生产生活条件的无地农民，应当异地移民安置。劳动和社会保障部门要会同有关部门尽快提出建立被征地农民的就业培训和社会保障制度的指导性意见。

第四节　法律法规整合

《土地管理法》

第 30 条　国家保护耕地，严格控制耕地转为非耕地。

国家实行占用耕地补偿制度。非农业建设经批准占用耕地的，按照“占多少，垦多少”的原则，由占用耕地的单位负责开垦与所占用耕地的数量和质量相当的耕地；没有条件开垦或者开垦的耕地不符合要求的，应当按照省、自治区、直辖市的规定缴纳耕地开垦费，专款用于开垦新的耕地。

省、自治区、直辖市人民政府应当制定开垦耕地计划，监督占用耕地的单位按照计划开垦

---

① 李如霞、刘芳：《征地补偿疑难问题专家解析》，中国法制出版社 2012 年版，第 117 页。

耕地或者按照计划组织开垦耕地,并进行验收。

第46条 征收下列土地的,由国务院批准:

(一)永久基本农田;

(二)永久基本农田以外的耕地超过三十五公顷的;

(三)其他土地超过七十公顷的。

征收前款规定以外的土地的,由省、自治区、直辖市人民政府批准。

征收农用地的,应当依照本法第四十四条的规定先行办理农用地转用审批。其中,经国务院批准农用地转用的,同时办理征地审批手续,不再另行办理征地审批;经省、自治区、直辖市人民政府在征地批准权限内批准农用地转用的,同时办理征地审批手续,不再另行办理征地审批,超过征地批准权限的,应当依照本条第一款的规定另行办理征地审批。

第48条 征收土地应当给予公平、合理的补偿,保障被征地农民原有生活水平不降低、长远生计有保障。

征收土地应当依法及时足额支付土地补偿费、安置补助费以及农村村民住宅、其他地上附着物和青苗等的补偿费用,并安排被征地农民的社会保障费用。

征收农用地的土地补偿费、安置补助费标准由省、自治区、直辖市通过制定公布区片综合地价确定。制定区片综合地价应当综合考虑土地原用途、土地资源条件、土地产值、土地区位、土地供求关系、人口以及经济社会发展水平等因素,并至少每三年调整或者重新公布一次。

征收农用地以外的其他土地、地上附着物和青苗等的补偿标准,由省、自治区、直辖市制定。对其中的农村村民住宅,应当按照先补偿后搬迁、居住条件有改善的原则,尊重农村村民意愿,采取重新安排宅基地建房、提供安置房或者货币补偿等方式给予公平、合理的补偿,并对因征收造成的搬迁、临时安置等费用予以补偿,保障农村村民居住的权利和合法的住房财产权益。

县级以上地方人民政府应当将被征地农民纳入相应的养老等社会保障体系。被征地农民的社会保障费用主要用于符合条件的被征地农民的养老保险等社会保险缴费补贴。被征地农民社会保障费用的筹集、管理和使用办法,由省、自治区、直辖市制定。

第六章　农村集体经营性建设用地入市

【一级案由】物权纠纷土地补偿费

【二级案由】用益物权纠纷

第一节　法律要点详解

一、立法背景及沿革

（一）立法背景

我国国土面积位列世界前列，但因为人口数量世界第一，且地势、地形、地貌复杂等原因，土地资源显得尤为紧张。所以，珍惜、合理利用土地和切实保护耕地是我国的基本国策。

我国实行全世界最严格的土地管理制度。按照主体的划分，我国土地可以分为国有土地与集体所有土地；按照土地用途的划分，我国土地可以划分为农用地、建设用地与未利用地。农村建设用地使用权应当归属集体所有土地中的建设用地使用权，它是指使用人与集体经济组织协商取得的存在于集体所有土地上的建设用地使用权①。

（二）2004年《土地管理法》非农建设不得使用农民集体所有的土地

2004年《土地管理法》第63条的规定："农民集体所有的土地的使用权不得出让、转让或者出租用于非农业建设；但是，符合土地利用总体规划并依法取得建设用地的企业，因破产、兼并等情形致使土地使用权依法发生转移的除外。"

因此，集体组织可以在农村集体所有土地上建造办公用房，乡镇企业可以在集体土地上建筑建筑物或者构筑物，农户可在宅基地上建造住宅。但在农村集体土地上，原则上禁止建设工业、商业、旅游、娱乐和商品住宅等经营性项目。只有在符合土地利用总体规划并依法取得建设用地的企业，因为破产或兼并等情形致使土地使用权依法发生转移的情况下，受让人方可依法取得农村集体建设用地使用权。

但在实践中，有的地区允许以集体所有的土地兴办国有、集体、私营的企业。有的地区专门出台相应文件规范此类行为，例如，广东省早在2005年出台了《广东省集体建设用地使用

---

① 崔建远：《物权法》，中国人民大学出版社2015年版，第294页。

权流转管理办法》。

(三)《物权法》关于集体建设用地使用权的规定

《物权法》第12章规定了建设用地使用权,但对集体建设用地使用权只进行了原则性规定,《物权法》第151条规定:“集体所有的土地作为建设用地的,应当依照土地管理法等法律规定办理。”

这是因为我国土地制度改革正在深化,尤其是涉及农村集体土地问题的,还应当考虑《土地管理法》当中的规定,所以仅涉及农村集体建设用地的,应当按照《土地管理法》等法律规定办理,这也为未来改革发展提供了法律空间。

(四)国家土地改革方向

2013年党的十八届三中全会通过的《关于全面深化改革若干重大问题的决定》明确指出,建立城乡统一的建设用地市场。在符合规划和用途管制的前提下,允许农村集体经营性建设用地出让、租赁、入股,与国有土地同等入市、同权同价。建立兼顾国家、集体、个人的土地增值收益分配机制,合理提高个人收益。完善土地租赁、转让、抵押二级市场。

二、2019年《土地管理法》修订,农村经营性建设用地入市

自然资源部部长陆昊2018年12月23日在第十三届全国人民代表大会常务委员会第七次会议上所作的关于《〈中华人民共和国土地管理法〉、〈中华人民共和国城市房地产管理法〉修正案(草案)》的说明指出:

党中央、国务院高度重视农村土地制度改革。习近平总书记指出,土地制度是国家的基础性制度,农村土地制度改革是个大事,涉及的主体、包含的利益关系十分复杂,必须审慎稳妥推进。

在全面总结农村土地制度改革三项试点经验的基础上,落实党的十九大精神和中央有关政策文件,将依法经过试点、各方面认识比较一致的土地征收、集体经营性建设用地入市、宅基地管理方面的制度创新经验及时上升为法律制度。

为破解集体经营性建设用地入市的法律障碍,删去了从事非农业建设必须使用国有土地或者征为国有的原集体土地的规定,明确因政府组织实施基础设施建设、公共事业、成片开发建设等六种情形需要用地的,可以征收集体土地。其中成片开发可以征收土地的范围限定在土地利用总体规划确定的城镇建设用地范围内,此外不能再实施“成片开发”征地,为集体经营性建设用地入市预留空间。

2019年8月26日第十三届全国人民代表大会常务委员会第十二次会议通过了全国人民代表大会常务委员会关于修改《中华人民共和国土地管理法》《中华人民共和国城市房地产管理法》的决定,本决定自2020年1月1日起施行,《中华人民共和国土地管理法》《中华人民共和国城市房地产管理法》根据本决定作相应修改,重新公布。

三、集体经营性建设用地入市的具体规定

(一)入市的条件(一级市场、出让、出租)

对土地利用总体规划、城乡规划确定为工业、商业等经营性用途,并经依法登记的集体建设用地,允许土地所有权人通过出让、出租等方式交由单位或者个人使用,并应当签订书面合同,明确用地供应、动工期限、使用期限、规划用途和双方其他权利义务;相关建设用地使用权的收回依照双方签订的书面合同办理。

(二)入市程序

在流转程序方面,一是对于初次流转应当经村民会议 2/3 以上成员或者 2/3 以上村民代表的同意;二是需要签订流转合同并办理登记。①

(三)入市之后的管理措施

为维护土地管理秩序,明确要求集体建设用地使用权人严格按照土地利用总体规划确定的用途使用土地;集体建设用地使用权的最高年限、登记等,参照同类用途的国有建设用地执行。具体办法由国务院制定。

(四)农村集体建设用地再流转的形式(二级市场)

与建设用地使用权一样,农村集体建设用地流转的主要方式有转让、转租、互换、赠与或者抵押。涉及商业、旅游、娱乐等经营性项目用地的,应当通过招标、拍卖、挂牌等公开交易形式取得使用权。②

四、农村集体建设用地使用权流转纠纷

(一)关于集体民主议定程序对农村集体土地使用权流转合同效力的影响

《土地管理法》第 63 条第 2 款规定:“前款规定的集体经营性建设用地出让、出租等,应当经本集体经济组织成员的村民会议三分之二以上成员或者三分之二以上村民代表的同意。”同时,《村委会组织法》《农村土地承包法》均对处置集体财产、承包方案等问题进行了程序性规定。

从上述法律规定可以看出,包括农村集体建设用地使用权入市在内的涉及村民利益的重大决定前,需要经过上述法律规定的程序性事项,即需要本集体经济组织成员的村民会议三分之二以上的成员或者三分之二以上的村民代表的同意。这也是农村集体建设用地使用权流转的必经程序。

由此在实务中产生了如下问题:农村集体建设用地使用权流转事项未经民主议定程序的效力将如何。

---

① 韩延斌:《房地产纠纷裁判思路与规范指引》,人民法院出版社 2014 年版,第 163 页。

② 韩延斌:《房地产纠纷裁判思路与规范指引》,人民法院出版社 2014 年版,第 163 页。

对此问题存在两种观点：一种观点认为未经民主议定程序的，属于违反法律强制性规定，流转合同应当认定无效；另一种观点认为未经民主议定程序的，仅是违反集体经济组织内部程序规则，但并不影响对外效力，所以流转合同应当认定有效。①

最高人民法院法官认为对此问题应当进行区分，即虽未经过民主议定程序，但是经过公开拍卖、招标而订立流转合同的，以及订立流转合同后，受让人或者承租人已经对流转土地做了大量投入的，应当认定合法有效。②

（二）关于乡镇企业、公益事业和公共设施建设用地使用权能否流转的问题

2004 年《土地管理法》第 43 条规定："任何单位和个人进行建设，需要使用土地的，必须依法申请使用国有土地；但是，兴办乡镇企业和村民建设住宅经依法批准使用本集体经济组织农民集体所有的土地的，或者乡（镇）村公共设施和公益事业建设经依法批准使用农民集体所有的土地的除外。前款所称依法申请使用的国有土地包括国家所有的土地和国家征收的原属于农民集体所有的土地。"

按照 2004 年《土地管理法》的规定，农村集体建设用地除村民可以用于建造房屋的宅基地外，仅限于乡镇企业、乡（镇）村公益事业和公共设施建设用地。

20 世纪 80 年代至 90 年代，我国乡镇企业蓬勃发展，创办乡镇企业的土地通常没有依相关规定使用国有土地，有的甚至侵占了农用地。然而在乡镇企业歇业后，就涉及农村集体建设用地使用权流转的问题。同时，进入 21 世纪以来，政府管控国有建设用地的供应，这就导致了对农村集体建设用地需求的增长，同时也导致了违法使用农村集体建设用地情况不断发生。

在 2019 年《土地管理法》修订前，针对乡镇企业、公益事业和公共设施建设用地使用权能否流转的问题，最高人民法院法官认为此类农村集体建设用地使用权应当允许流转，这样符合社会发展的需要，有利于提高土地利用的效率，有利于土地有效配置，符合党的十八大文件精神等政策要求。③

2019 年《土地管理法》删除了此条，集体经营性建设用地可以入市，打破了只有国有建设用地使用权才能出让这一限制，顺应了改革的潮流，开启了我国土地改革的新时代。

（三）关于农村集体建设用地租赁合同期限问题

在实践中，租赁农村集体建设用地的较为常见。但在此类租赁合同中，租期长短对合同效力的影响是在实践中比较有争议的话题。一种观点认为，超过 20 年的租赁合同，虽然名为租赁但实质上符合出让、转让的性质，应当认定为出让或转让合同；另一种观点认为，根据《合同法》的规定，超过 20 年的租赁合同并不改变租赁合同的性质，只是对于超过 20 年的部分内容应当认定无效。最高人民法院法官亦倾向于第二种观点。④

---

① 韩延斌：《房地产纠纷裁判思路与规范指引》，人民法院出版社 2014 年版，第 156 – 157 页

② 韩延斌：《房地产纠纷裁判思路与规范指引》，人民法院出版社 2014 年版，第 157 – 158 页。

③ 韩延斌：《房地产纠纷裁判思路与规范指引》，人民法院出版社 2014 年版，第 161 – 163 页。

④ 韩延斌：《房地产纠纷裁判思路与规范指引》，人民法院出版社 2014 年版，第 166 页。

第二节 权威案例指导

典型案例1

【案件名称】吕某德与吕某基等租赁合同纠纷再审案

【审理法院】广东省高级人民法院

【案件案号】(2011)粤高法审监民提字第71号

【裁判日期】2011年10月9日

【裁判要点】本案讼争土地虽然在2004年办理了农用地转为建设用地手续并办理了土地使用权证,但土地使用权证上登记的所有权人和使用权人均为上联村民小组。上联经济社将涉案土地出租给梁栢钊等人用于兴办企业,未经县级以上地方人民政府批准,也不属于上述规定中土地使用权可以依法发生转移的除外情形,由此签订的《租赁合同》违反了《土地管理法》的强制性规定。

典型案例2

【案件名称】曹杰英与佛山市南海区大沥镇水头村镇东股份合作经济社土地租赁合同纠纷审判监督民事判决书

【审理法院】广东省高级人民法院

【案件案号】(2014)粤高法民二提字第4号

【裁判日期】2014年11月13日

【裁判要点】根据粤高法发〔2001〕42号《关于审理农村集体土地出让、转让、出租用于非农业建设纠纷案件若干问题的指导意见》第13条"当事人在签订出让、转让、出租农村集体土地合同时,所涉集体土地虽然没有经依法批准为建设用地,但在起诉前已被依法批准为建设用地的,不影响合同的效力"、广东省人民政府令第100号《广东省集体建设用地使用权流转管理办法》第十三条第二款"集体建设用地使用权出让、出租的最高年限,不得超过同类用途国有土地使用权出让的最高年限"、《中华人民共和国城镇国有土地使用权出让和转让暂行条例》第十二条"土地使用权出让最高年限按下列用途确定:……(二)工业用地五十年"之规定,参照同类用途国有土地使用权出让的最高年限,曹杰英租赁案涉土地最长不得超过五十年。经济社的诉讼请求部分有理,应予部分支持。

第三节 实务操作指南

一、集体经营性建设用地入市的法律适用

全国人民代表大会常务委员会关于修改《中华人民共和国土地管理法》《中华人民共和国城市房地产管理法》的决定指出，修改土地管理法、城市房地产管理法，依法保障农村土地征收、集体经营性建设用地入市、宅基地管理制度等改革在全国范围内实行，对促进乡村振兴和城乡融合发展具有重大意义。国务院及其有关部门和各省、自治区、直辖市应当坚持土地公有制性质不改变、耕地红线不突破、农民利益不受损，加强组织领导，做好法律宣传，制定、完善配套法规、规章，确保法律制度正确、有效实施。

2019 年《土地管理法》确定了集体经营性建设用地入市，必将引起中国房地产市场的重大变化，新修订的《土地管理法》关于集体经营性建设用地入市的具体规定授权国务院制定细则，参照同用途的国有建设用地的规定，也就是适用《国有土地使用权出让和转让暂行条例》《城市房地产法》《城乡规划法》等相关法律的规定。

二、关于涉及农村集体土地的民事合同中对外销售利润分配条款的效力认定

最高人民法院《第八次全国法院民事商事审判工作会议(民事部分)纪要》第 20 条规定："在涉及农村宅基地或农村集体经营性建设用地的民事纠纷案件中，当事人主张利润分配等合同权利的，应提供政府部门关于土地利用规划、建设用地计划及优先满足集体建设用地等要求的审批文件或者证明。未提供上述手续或者虽提供了上述手续，但在一审法庭辩论终结前土地性质仍未变更为国有土地的，所涉及的相关合同应按无效处理。"

当前，我国农村土地正在进行深化改革，人民法院审理涉及农村土地使用权纠纷首先应当区分试点地区与非试点地区。在试点地区，应当以相关政策为审判依据，暂停适用《物权法》《土地管理法》等法律法规中的部分内容；在非试点地区，应当严格适用《物权法》《土地管理法》等法律法规，对于违反法律规定的流转行为，应当认定无效。

同时根据《第八次全国法院民事商事审判工作会议(民事部分)纪要》第 20 条规定，在涉及农村宅基地或者集体经营性建设用地与商业资本合作开发民事纠纷当中，如果当事人主张利润分配等合同性权利，应当按照《土地管理法》《城乡规划法》《村庄和集镇规划建设管理条例》等法律法规的内容提供相应的审批文件，并且还应当提供涉案土地已经被征收成国有土地的证明文件，否则此类合同应当按照合同无效进行处理。

第四节 法律法规整合

一、《土地管理法》

第 59 条 乡镇企业、乡(镇)村公共设施、公益事业、农村村民住宅等乡(镇)村建设，应

当按照村庄和集镇规划，合理布局，综合开发，配套建设；建设用地，应当符合乡（镇）土地利用总体规划和土地利用年度计划，并依照本法第44条、第60条、第61条、第62条的规定办理审批手续。

第60条　农村集体经济组织使用乡（镇）土地利用总体规划确定的建设用地兴办企业或者与其他单位、个人以土地使用权入股、联营等形式共同举办企业的，应当持有关批准文件，向县级以上地方人民政府自然资源主管部门提出申请，按照省、自治区、直辖市规定的批准权限，由县级以上地方人民政府批准；其中，涉及占用农用地的，依照本法第44条的规定办理审批手续。

按照前款规定兴办企业的建设用地，必须严格控制。省、自治区、直辖市可以按照乡镇企业的不同行业和经营规模，分别规定用地标准。

第61条　乡（镇）村公共设施、公益事业建设，需要使用土地的，经乡（镇）人民政府审核，向县级以上地方人民政府自然资源主管部门提出申请，按照省、自治区、直辖市规定的批准权限，由县级以上地方人民政府批准；其中，涉及占用农用地的，依照本法第44条的规定办理审批手续。

第63条　土地利用总体规划、城乡规划确定为工业、商业等经营性用途，并经依法登记的集体经营性建设用地，土地所有权人可以通过出让、出租等方式交由单位或者个人使用，并应当签订书面合同，载明土地界址、面积、动工期限、使用期限、土地用途、规划条件和双方其他权利义务。

前款规定的集体经营性建设用地出让、出租等，应当经本集体经济组织成员的村民会议三分之二以上成员或者三分之二以上村民代表的同意。

通过出让等方式取得的集体经营性建设用地使用权可以转让、互换、出资、赠与或者抵押，但法律、行政法规另有规定或者土地所有权人、土地使用权人签订的书面合同另有约定的除外。

集体经营性建设用地的出租，集体建设用地使用权的出让及其最高年限、转让、互换、出资、赠与、抵押等，参照同类用途的国有建设用地执行。具体办法由国务院制定。

二、《物权法》

第151条　集体所有的土地作为建设用地的，应当依照土地管理法等法律规定办理。

第七章　农村房屋买卖合同纠纷

【一级案由】合同、无因管理、不当得利纠纷
【二级案由】合同纠纷
【三级案由】房屋买卖合同纠纷
【四级案由】农村房屋买卖合同纠纷

第一节　法律要点详解

农村房屋买卖合同是指农民将农村自有居住性房屋转让给他人,他人支付价款的行为。农村房屋买卖合同,涉及农村宅基地的问题,对合同效力需严格按照法律规定认定。①

一、农村房屋的界定

从广义来说,农村房屋是在集体所有的土地上建造的房屋,包括“宅基地房屋”与“小产权房”两类。宅基地房屋是指村民在审批的宅基地上自建的用于居住的房屋。“小产权房”是指在农村集体土地上建设的房屋,未经过征地程序并办理相关证件,未缴纳土地出让金等费用,其产权证不是由国家房管部门颁发,而是由乡政府或村颁发。

二、农村房屋买卖合同效力的理论探析

1. 分类

根据购买主体的不同,宅基地房屋买卖可分为三种类型:第一类是本集体经济组织的成员购买的宅基地房屋;第二类是其他集体经济组织的成员购买的宅基地房屋;第三类是城镇居民购买的宅基地房屋。

2. 核心

买受人为非本集体经济组织成员的宅基地房屋买卖合同的效力。

在此问题上,理论界尚存争议。但是主流观点为“无效说”,理由如下:

(1)宅基地使用权是集体经济组织成员享有的权利,与特定的身份关系相联系,不允许转让。目前农村私房买卖中买房人名义上是买房,实际上是买地,在房地一体的格局下,处分房

① 参见《最高人民法院民事案件案由规定理解与适用》,人民法院出版社 2011 年版,第 148～149 页。

屋的同时也处分了宅基地，损害了集体经济组织的权益，是法律法规明确禁止的。

(2)目前农村房屋买卖无法办理产权证书变更登记，故买卖虽完成但买受人无法获得所有权人的保护。

(3)宅基地使用权的流转必然带来宅基地需求的加大，造成住宅用地向耕地延伸，显然不符合《土地管理法》等相关法律关于保护耕地的立法意图。

3.认定合同无效的依据

司法实践中的主流观点认为，《物权法》《土地管理法》等法律以及行政法规对于非本集体经济组织成员能否通过购买农村房屋取得宅基地使用权均没有明确规定，这导致了在认定宅基地房屋买卖合同效力时法律适用的困惑。对此，应当综合法律、行政法规的规定，并考虑国家政策的精神综合加以考虑。①

(1)《土地管理法》第62条乃是对农村村民通过"申请—审批"程序初始取得宅基地使用权的规定，其中既未禁止农村村民出卖住房，也未禁止非集体经济组织成员购买农村房屋，故不宜将其作为认定合同无效的法律依据。

(2)根据现行法律的规定，宅基地归农民集体所有，而丧失了宅基地使用权的村民将失去再次申请的机会，从而农民导致流离失所。同时，如果允许非本集体经济组织成员通过购买宅基地房屋的方式取得宅基地使用权，不仅构成对集体在该宅基地上行使所有权的障碍，而且将造成住宅用地扩大、耕地减少的情形，从而违背我国保护耕地的基本国策。因此，有关法律、行政法规对宅基地使用权流转的规定，以及国家对非集体经济组织成员购买宅基地房屋的政策，均系基于保护农民利益，保持农村稳定，保障经济社会可持续发展范畴，这些应属于社会公共利益范畴。

因此，非本集体经济组织成员购买宅基地房屋的合同，损害法律、行政法规以及国家政策所维护的社会公共利益，属于《合同法》第52条第4项规定的情形，应认定无效。

三、农村房屋买卖合同效力的司法观点

1.司法政策

农村房屋买卖问题是社会主义新农村建设中的重大问题，这个问题比较复杂，总体意见是要密切关注国家相关政策规定，在非试点地区，对于农民将其宅基地上的房屋出售给非本集体经济组织成员的，应该依法认定合同无效。但是可以对合同无效后的损失范围和过错比例进行研究。比如，出卖人因房屋涨价、拆迁补偿等原因主张合同无效，要求返还房屋或拆迁补偿款的，可以考虑根据案件实际情况，扩大信赖利益范围，合理确定过错大小，避免出现利益严重失衡的情况。

2.司法意见

《第八次全国法院民事商事审判工作会议(民事部分)纪要》第19条规定："在国家确定的宅基地制度改革试点地区，可以按照国家政策及相关指导意见处理宅基地使用权因抵押担保、转让而产生的纠纷。在非试点地区，农民将其宅基地上的房屋出售给本集体经济组织以

① 参见杜万华主编:《〈第八次全国法院民事商事审判工作会议(民事部分)纪要〉理解与适用》，人民法院出版社2017年版，第341~343页。

外的个人,该房屋买卖合同认定为无效。合同无效后,买受人请求返还购房款及其利息,以及请求赔偿翻建或者改建成本的,应当综合考虑当事人过错等因素予以确定。”

第二节 权威案例指导

典型案例 1

杜某泉诉吴某庆等农村房屋买卖合同纠纷案

【案例来源】《人民法院案例选》2013 年第 4 辑

【审理法院】湖北省秭归县人民法院

【案件案号】(2012)鄂秭归民初字第 00780 号

【裁判日期】2012 年 10 月 22 日

【裁判要点】《合同法》第 132 条规定:“出卖的标的物,应当属于出卖人所有或者出卖人有权处分。法律、行政法规禁止或者限制转让的标的物,依照其规定。”村民将在村集体所有的土地上建设的房屋出售给他人的,必然涉及宅基地转让。依据《物权法》及《土地管理法》的相关规定,宅基地使用权是农村集体经济组织成员享有的权利,与享有者特定的身份相联系,非本集体经济组织成员无权取得或变相取得。因此,村民将在村集体所有的土地上建设的房屋出售给不属本村的村民,由于该房屋买卖合同违反了我国《土地管理法》的强制性规定,故而应认定为无效。

【主文摘要】

法院经审理查明:2012 年 2 月 15 日,原告、被告双方签订《房屋买卖协议》,合同约定的主要内容为:二被告自愿将坐落于秭归县茅坪镇杨贵店村一组自建房屋的第三层毛坯套房出售给被告,原告对被告所要出售的该套房屋作了充分了解,愿意购买;房屋总价款为 184,800 元,签订协议时付 8 万元,2012 年 7 月 30 日以前支付 5 万元,原告装修时付 4 万元,余款待被告的土地使用证办下来后付清;该协议签字生效,原告房款交清,被告房屋交付后,原告即永久拥有该套房屋的所有权。如遇国家或有关单位征用,该套房屋的有关补偿由原告享用,被告不得提出任何争议。房屋买卖成交后按政策如果不能办理产权过户手续,原告不得追究被告责任。任何一方违约,赔付由此给守约方带来的全部损失。签订协议的当日,原告给被告付款 8 万元,被告吴某庆给原告出具了收条一份,嗣后,原告未按约定的时间支付房款,亦不接受房屋,并以该房屋属小产权房、双方签订的协议违背了国家法律的相关规定为由,而要求被告返还交付的购房款。2012 年 8 月,原告向本院提起诉讼,请求法院确认原、被告签订的《房屋买卖协议》无效;判令被告向原告返还购房款 8 万元,并承担从 2012 年 2 月 15 日起至还清之日止按银行同期贷款利率的利息;由被告承担本案的诉讼费。

同时查明:原告杜某泉是屈原镇天龙村村民;被告出售给原告的房屋是在原有宅基地基础上翻修扩建,建房占有的土地属茅坪镇杨贵店村集体所有制土地。

湖北省秭归县人民法院于2012年10月22日作出民事判决:一、杜某泉与吴某庆、吴某强签订的《房屋买卖协议》无效;二、吴某庆、吴某强返还杜某泉购房款8万元,定于本判决生效后20日内付清;三、驳回杜某泉的其他诉讼请求。宣判后,双方均未上诉,判决已发生法律效力。

法院生效判决认为:所有人对自己的不动产或动产,依法享有占有、使用、收益和处分的权利,但其对自己财产的处分不得违反法律、行政法规的强制性规定。原、被告签订《房屋出售协议》虽属自愿,在协议中约定土地不转让,但根据"地随房走"的原则,农村房屋买卖必然涉及宅基地转让。我国《合同法》第132条规定:"出卖的标的物,应当属于出卖人所有或者出卖人有权处分。法律、行政法规禁止或者限制转让的标的物,依照其规定。"被告人自建的房屋,虽属其所有,但所建房屋的土地是属村集体所有,村集体所有的土地由本村村民集体所有。我国《物权法》第153条规定:"宅基地使用权的取得、行使和转让,适用土地管理法等法律和国家有关规定。"根据我国《土地管理法》的相关规定,宅基地使用权是农村集体经济组织成员享有的权利,与享有者特定的身份相联系,非本集体经济组织成员无权取得或变相取得。原、被告所签订的房屋买卖协议的买卖标的物不仅是房屋,还包含相应的宅基地使用权,该买卖合同非同正常的可以在市场上流通交易的商品房屋买卖合同,原告不是茅坪镇杨贵店村村民,不具备该区域内的购房权利。被告将在村集体所有的土地上建设的房屋出售给不属本村村民的原告,双方签订的《房屋买卖协议》违反了我国《土地管理法》的强制性规定,该合同应认定为无效。我国《合同法》第58条规定:"合同无效或被撤销后,因该合同取得的财产,应当予以返还。……"故被告基于合同而收取的原告购房款8万元应予返还。导致协议无效,原、被告双方均有过错,故对双方提出的损失问题由各自承担。被告的抗辩理由与法不符,本院不予支持。

典型案例2

牟某文诉郑善国农村房屋买卖合同纠纷案

【案例来源】《人民法院案例选》2014年第1辑

【审理法院】浙江省宁波市中级人民法院

【案件案号】(2013)浙甬民二终字第594号

【裁判日期】2013年10月15日

【裁判要点】根据《合同法》第58条的规定,合同无效或者被撤销后,因该合同取得的财产,应当予以返还;不能返还或者没有必要返还的,应当折价补偿。有过错的一方应当赔偿对方因此所受到的损失,双方都有过错的,应当各自承担相应的责任。因此,农村房屋买卖合同被认定无效后,双方当事人可根据上述规定维护自己的合法权益。此外,该损失应包括因该合同产生的信赖利益损失。所谓信赖利益损失,指一方实施某种行为(如订约建议)后,另一方对此产生信赖(如相信对方可能与自己立约),并为此发生了费用,后因前者违反诚实信用原则导致合同未成立或者无效,该费用未得到补偿而受到的损失。因此,农村房屋买卖合同被认定无效后,应结合房屋目前的居住情况、当地房价的实际水平等综合因素,区分买卖双方的过错责任,来认定买方由此产生的信赖利益损失。

第三节　实务操作指南

一、执行程序中对集体土地的处理

(一)法律依据

《最高人民法院、国土资源部、建设部关于依法规范人民法院执行和国土资源房地产管理部门协助执行若干问题的通知》第24条规定:"人民法院执行集体土地使用权时,经与国土资源管理部门取得一致意见后,可以裁定予以处理,但应当告知权利受让人到国土资源管理部门办理土地征用和国有土地使用权出让手续,缴纳土地使用权出让金及有关税费。对处理农村房屋涉及集体土地的,人民法院应当与国土资源管理部门协商一致后再行处理。"

(二)司法实践的观点

在我国现阶段,国家垄断了土地一级市场,集体土地所有权和使用权原则上是禁止交易的,但这种土地流转制度违背了所有权主体的平等原则,越来越不能适应市场经济深入发展的需要。实际上,集体土地权属也存在事实上的交易,因为集体土地虽然禁止交易,但其上的建筑物却可以自由流转,那么在转让建筑物时也就不可避免地存在土地权属的交易。《担保法》第34条第5项、第36条第3款也规定,农村"四荒"土地的使用权和乡镇企业厂房等建筑物所占用范围内的土地使用权可以设定抵押,那么该抵押权人在行使抵押权时,必然牵涉集体土地使用权的处分问题。考虑到集体土地使用权的处理没有明确的法律依据,而多是政策性规定,且多是各地的试行规定,所以,《最高人民法院、国土资源部、建设部关于依法规范人民法院执行和国土资源房地产管理部门协助执行若干问题的通知》第24条对这一问题作了灵活性的处理,规定法院在处理集体土地使用权和农村房屋涉及集体土地使用权时应与当地国土资源管理部门进行协商,取得一致意见后即可执行。[①]

---

① 参见沈德咏主编、最高人民法院研究室编著:《民事诉讼司法解释理解与适用》,法律出版社2009年版,第587页。

二、执行程序中对农村宅基地房屋的处理

(一)司法实践的观点

目前,司法实践中对于农村房屋和农村宅基地使用权的执行路径尚未达成一致,大多数法院回避此类问题或在现有法律框架内采取模糊的执行策略。从具体司法实践的情况来看,目前大多数法院采取以下两种执行方式:第一,要求被执行人自行变卖案涉农村宅基地房屋;第二,指定农村房屋买受人的范围或设立债权转移执行农村宅基地房屋。

前述执行方式的形成原因和注意事项如下:

(1)被执行人是案涉农村宅基地房屋的实际所有权人。但案涉农村宅基地不具备性质改变的条件,案涉房屋不具备强制执行条件。

(2)对买受人范围作出一定的限制。国办发〔1999〕39 号通知规定:"农民的住宅不得向城市居民出售,也不得批准城市居民占用农民集体土地建住宅,有关部门不得为违法建造和购买的住宅发放土地使用证和房产证。"国办发〔2004〕28 号也规定:"加强农村宅基地管理,禁止城镇居民在农村购买宅基地。"根据《土地管理法》第 62 条的规定,农村房屋受一户一宅的限制。因此,无论是被执行人自行变卖还是法院指定买受人范围,均不得超出本集体经济组织成员的范围。

(3)应告知买受人房屋的产权状况。特别对于被执行人自行变卖案涉农村宅基地房屋的,依据最高人民法院关于转发住房和城乡建设部《关于无证房产依据协助执行文书办理产权登记有关问题的函》的通知,执行程序中处置未办理初始登记的房屋时,不具备初始登记条件的,原则上进行"现状处置",即处置前披露房屋不具备初始登记条件的现状,买受人或承受人按照房屋的权利现状取得房屋,后续的产权登记事项由买受人或承受人自行负责。

(二)总结

从我们国家的农村房屋制度来看,农村房屋的买卖和处置问题始终让位于集体土地所有制。为保证集体经济所有制的稳定,即使有"房随地走、地随房走"的制度,农村房屋的所有权人仍然不能超出本集体经济组织的范围。

在这种情况下,债权人不应当抱有侥幸心理,在执行阶段应当在积极配合法院执行法官工作的基础上积极开拓思路,争取自身利益的维护。例如,虽然房屋所有权无法变更,但是房屋的收益权可以执行。

三、农村房屋买卖合同无效后的处理

(一)法律依据

《合同法》第 58 条规定:"合同无效或者被撤销后,因该合同取得的财产,应当予以返还;不能返还或者没有必要返还的,应当折价补偿。有过错的一方应当赔偿对方因此所受到的损失,双方都有过错的,应当各自承担相应的责任。"

(二)司法实践的观点

在裁判农村房屋买卖合同纠纷案件时,确认合同无效后,就应当遵循等价有偿和诚实信

用原则，公平地处理无效转让行为，合理地认定当事人的民事责任，均衡保护各方民事主体的利益诉求，避免因简单返还而造成利益失衡。

1. 财产返还和折价赔偿

房屋存在且无改变：买受人返还房屋并将占有期间的使用收益折价返还；出卖人返还购房款及期间的利息。

房屋存在但有改变：

①装修或改建（未改变性质）：构成附合，按照附合规则处理。

②翻建或扩建（改变性质）：若形成合法建筑，则出卖人可以主张返还宅基地使用权及宅基地上的房屋，但需要向买受人进行合法补偿；若形成违法建筑，则买受人构成对出卖人的宅基地使用权的侵害，根据双方过错程度确定损害赔偿责任。

2. 赔偿损失

根据《合同法》第58条的规定，买卖双方应各自向对方承担缔约过失责任。缔约过失责任的赔偿范围大多为信赖利益的损失，包括直接损失和间接损失。就出卖人而言，其直接损失主要是买受人居住使用期间的占有使用费用，可以参照同类房屋出租的租赁费用予以确定。但是，间接损失很低或者很难证明。就买受人而言，其直接损失主要包括缔约费用、准备履行所支出的费用。其间接损失主要是丧失与其他人另订合同的机会因房屋价格上涨而带来的另行购房的损失。此类间接损失也很难得到证明。

在具体认定上，当前法院的主流观点是：①在合同无效的处理上，应全面考虑出卖人因土地增值或拆迁、补偿所获得的利益，以及买受人因房屋现值和原买卖价格的差异造成损失两方面的因素，平衡买卖双方的利益，避免认定合同无效给当事人造成的利益失衡；②鉴于买受人自身对合同的无效也存在过错，故其要求出卖人赔偿间接损失时，应当适用与有过失规则，以便减轻出卖人的赔偿责任。

鉴于农村房屋买卖合同纠纷大多发生于土地增值或土地及房屋征用与拆迁将获得补偿安置，因而考虑到出卖人的特殊利益驱动，法院应当根据实际情况确定损失赔偿标准。对于因农村房屋征用与拆迁中发生的纠纷，目前司法实践的意见较为一致：对于货币补偿形态，出卖人在取得安置补偿款后，将其中的大部分直接赔偿给买受人；在实物安置形态下，可以按安置房市场价格由双方合理分配，并确定安置房归一方所有，取得安置房的一方按前述的损害赔偿模式原则由法院确定分配比例向另一方支付差价。

第四节　法律法规整合

一、《物权法》

第153条　宅基地使用权的取得、行使和转让，适用土地管理法等法律和国家有关规定。

二、《土地管理法》

第9条　城市市区的土地属于国家所有。

农村和城市郊区的土地，除由法律规定属于国家所有的以外，属于农民集体所有；宅基地和自留地、自留山，属于农民集体所有。

第 62 条　农村村民一户只能拥有一处宅基地，其宅基地的面积不得超过省、自治区、直辖市规定的标准。

人均土地少、不能保障一户拥有一处宅基地的地区，县级人民政府在充分尊重农村村民意愿的基础上，可以采取措施，按照省、自治区、直辖市规定的标准保障农村村民实现户有所居。

农村村民建住宅，应当符合乡（镇）土地利用总体规划、村庄规划，不得占用永久基本农田，并尽量使用原有的宅基地和村内空闲地。编制乡（镇）土地利用总体规划、村庄规划应当统筹并合理安排宅基地用地，改善农村村民居住环境和条件。

农村村民住宅用地，由乡（镇）人民政府审核批准；其中，涉及占用农用地的，依照本法第四十四条的规定办理审批手续。

农村村民出卖、出租、赠与住宅后，再申请宅基地的，不予批准。

国家允许进城落户的农村村民依法自愿有偿退出宅基地，鼓励农村集体经济组织及其成员盘活利用闲置宅基地和闲置住宅。

国务院农业农村主管部门负责全国农村宅基地改革和管理有关工作。

三、《合同法》

第 52 条　有下列情形之一的，合同无效：

（一）一方以欺诈、胁迫的手段订立合同，损害国家利益；

（二）恶意串通，损害国家、集体或者第三人利益；

（三）以合法形式掩盖非法目的；

（四）损害社会公共利益；

（五）违反法律、行政法规的强制性规定。

第 58 条　合同无效或者被撤销后，因该合同取得的财产，应当予以返还；不能返还或者没有必要返还的，应当折价补偿。有过错的一方应当赔偿对方因此所受到的损失，双方都有过错的，应当各自承担相应的责任。

四、《第八次全国法院民事商事审判工作会议（民事部分）纪要》

第 19 条　在国家确定的宅基地制度改革试点地区，可以按照国家政策及相关指导意见处理宅基地使用权因抵押担保、转让而产生的纠纷。在非试点地区，农民将其宅基地上的房屋出售给本集体经济组织以外的个人，该房屋买卖合同认定为无效。合同无效后，买受人请求返还购房款及其利息，以及请求赔偿翻建或者改建成本的，应当综合考虑当事人过错等因素予以确定。

第八章　小产权房买卖纠纷

【一级案由】合同、无因管理、不当得利纠纷
【二级案由】合同纠纷
【三级案由】买卖合同纠纷
【四级案由】房屋买卖合同纠纷

本章主要针对2019年8月26日《土地管理法》修订之前已经存在的存量小产权房，以及当时的法律，提出处理办法。至于《土地管理法》修订后，农村集体经营性建设用地入市后，小产权房如何处理，尚需国家有关部门出台政策。

小产权房的出现是有其深层次原因的，一方面，近30年来，我国的房地产市场出现了猛进的上涨趋势，而我国现有的城乡二元制土地制度，导致农民无法主动将其所有的土地参与到市场资源的配置中，从而获得可观的资本收益。因此，只能通过国家征收，将其集体土地转化为国有土地从而被动地进入市场。而农村集体土地征收补偿价值和市场价值之间形成的巨大利益空间被地方政府和城市房地产开发商"依法"瓜分了。因此，农民集体只能寻找法律的灰色地带，通过小产权房这种形式表达其参与市场经济的诉求。另一方面，面对楼市的上涨，尽管各地楼市新政不断出台，国家宏观政策努力抑制房价飞涨，但对于普通老百姓来说买房的经济负担依然十分沉重。使许多城市中低收入购房者纷纷把目光转向了城郊地带的小产权房。

两方面因素结合使得小产权房得到了迅猛的发展，根据一些非官房的统计数据，目前中国的小产权房建设面积有可能已经达到了60多亿平方米的规模，相当于中国房地产业近10年来的开发总量。国家的态度很明确，小产权房不受法律保护，而现状则是小产权房又拥有着巨大的存量和市场需求。因此，本书将专章为读者分析小产权房面临的相关法律和社会问题。

第一节　法律要点详解

一、小产权房的特点和性质

本书所称的小产权房是指在农村集体土地上建设的、面向城镇居民销售的、由乡镇政府

颁发而不是国家颁发产权证书的房产。一直以来,小产权房都徘徊在楼市的“灰色地带”。小产权房并非法律概念,是人们在社会实践中形成的一种约定俗成的称谓。小产权房之所以价格低廉,主要是因为其建设在集体土地上,不需要向国家缴纳土地出让金及各项税费,其开发成本比真正的商品房低很多。一般来说,小产权房价格不到城市商品房的一半。因此,即使小产权房没有真正的产权证,仍令广大购房者趋之若鹜。

但是,从目前情况看,购买小产权房还是存在相当风险的。

首先,小产权房用地行为不合法。根据《土地管理法》(2004 年版)的相关规定,只有兴办乡镇企业、宅基地、公益用地三种情况可以使用集体土地,除此之外,农民集体所有的土地的使用权不得出让、转让或者出租用于非农建设。很显然,由于集体土地使用权的特定用途,小产权房在当前的法律体制之下难以有其合法生存的空间。而用地行为的不合法导致小产权房无法取得相应的证照,最终无法到房管部门办理房屋产权登记,从而无法获得产权证明。按照我国《物权法》的规定,不动产物权的设立、变更、转让和消灭,未经登记,不发生效力。小产权房并非严格法律意义上的产权,因此无法取得房屋产权证,会影响到购房者的转让、处分、收益等权能。

其次,政策不支持。2007 年 6 月,建设部发布《关于购买新建商品房的风险提示》,提醒广大市民不要购买建在集体土地上的房屋,并表示小产权房不受法律保护。2007 年 12 月,时任国务院总理温家宝主持召开的国务院常务会议又强调,城镇居民不得到农村购买宅基地、农民住宅或小产权房,单位和个人不得非法租用、占用农民集体土地搞房地产开发。2010 年,面对国内关于用“农地入市”,或放开“小产权房”等方式来控制日益高涨的房价的论调,住建部相关人士明确表态:小产权房并不是合法的,今后的政策也不可能将其合法化。2013 年 11 月 22 日,国土资源部、住房城乡建设部下发紧急通知,要求严格执行土地利用总体规划和城乡建设规划,严格实行土地用途管制制度,严守耕地红线,坚决遏制在建、在售的“小产权房”行为。2014 年 3 月 10 日,国土资源部部长姜大明接受记者提问时,对于小产权房问题,姜大明表示将采取“拆除一批,教育一片,处理一批,震慑一片,问责一批,警示一片”的治理方式,把小产权房的违法势头控制住。2018 年 5 月,在全国国土资源工作会议上,国土资源部部长指出:今年国土部要重点“打好六场硬仗”,其中就包括重点清理小产权房和高尔夫球场。可以看出,政府对于小产权房是持坚定的否定态度的,首先,小产权房占用农村集体土地,很可能会对耕地保有量和我国的粮食安全产生影响。其次,小产权房流入房地产市场,将会扰乱房地产的秩序。最后,小产权房不符合政府的城乡规划和城乡土地用地管理政策,其无序的发展将会造成土地资源的极大浪费。

综上所述,小产权房目前在我国既没有存在的合法性基础,政府对于小产权房又持否定态度,购买者虽然减轻了购房负担,但由于房屋无法得到法律的承认,日后必然存在更多的风险。

二、小产权房的流转问题

如上节所述,正因为小产权房无法办理产权登记,最终不能取得房屋所有权证书,对于许多倾其所有的购房者来说,其所购买的房屋并不具有一般商品房所具有的全部的物权权能,使物的价值功能不能有效发挥,而且小产权房在流通转让过程中存在的很多限制,可能会对购房者以后的生活使用产生不利的影响。

1. 小产权房买卖合同的性质

因为小产权房只具备了普通商品房的使用性质，但不具备普通商品房的法律性质，其并不是商品房。所以，法律法规对商品房的相关规定和制度对小产权房是无效的，人民法院也就不能适用商品房买卖的法律规定及司法解释处理涉及小产权房的案件，购房人的权益很难得到维护。

在司法实践中，对于小产权房买卖合同引起的纠纷，法院通常会以小产权房买卖合同违反《土地管理法》(2004 年版)关于“农民集体所有的土地的使用权不得出让、转让或者出租用于非农业建设”的法律强制性规定而认定无效。

而小产权房买卖合同被法院确认为无效合同后，即使开发商违约，购房人也只能通过要求开发商退还购房款并按银行同期贷款利率支付利息等方式来维护权益，权利无法得到充分保障。而且根据已有的案例来看，如果购房人明知所购房屋是小产权房而仍然购买的，那么己方也存在过错，人民法院一般就不会支持其要求赔偿损失的请求。

2. 继承、赠与问题

很多人认为，购买小产权房只是为了自住，既然不想出卖，所以有没有产权无所谓。但是，人既然有生老病死，其名下的财产必然会涉及继承的问题。那么，小产权房该如何继承呢？实践中，对于小产权房的继承可以按法定继承处理，但由于小产权房的性质，无法办理过户手续，因此需要继承人通过协商一致的方式分割房产。如果协商不成，则可以通过起诉的方式分割遗产。

需要注意的是，因为小产权房购买人不具有真正的产权，因此，小产权房的所谓继承实际上是占有的转移，继承人继承的仅仅是占有，而其他的物权权能仍受到限制，这种占有还不能转化为法律所承认的房屋所有权，同理，受赠人接受的也是小产权房的占有。

3. 小产权房能否抵押

我国《物权法》规定：“以不动产设立抵押，应当办理抵押登记。抵押权自登记时设立。”也就是说，如果以不动产抵押而没有办理登记的话，抵押权根本就不会产生。而小产权房因为无法办理产权登记，从而无法办理抵押登记，因此，如果抵押人以小产权房进行抵押，自然就不会产生房屋抵押的法律后果。在司法实践中，对于当事人因为小产权房抵押出现的纠纷，法院一般都会认为抵押权未设立，对于双方的抵押合同可以按照合同违约处理。所以说，小产权房无法设定抵押，权利人无法取得抵押权。

但是，国内也有个别法院的案例存在不同看法，这种看法认为“对于虽然房屋抵押协议约定的房屋为小产权房，不能办理抵押登记，但并不违反法律、行政法规强制性规定，根据《合同法》第 52 条、《担保法》第 41 条、第 42 条的规定，此时的抵押应为有效协议，仅协议效力不能对抗第三人。”也就是说，虽然小产权房不能办理抵押登记，但是在抵押权人需要实现抵押权的时候仍可以处置该房屋，只是此种“抵押”不具有优先性。当然，这种观点是极少数。

三、在法院执行过程中，被执行人名下的小产权房能否被处置

此种情况下，执行法院可以根据《最高人民法院关于转发住房与城乡建设部〈关于无证房产依据协助执行文书办理产权登记有关问题的函〉的通知》(法〔2012〕151 号)中的要求，对于小产权房这种无法进行初始登记的房屋在执行的时候可以进行“现状处置”。处置时应在拍

卖公告中披露房屋不具备登记条件的现状及土地性质，买受人或承受人按照房屋现状取得房屋，后续的产权登记事项及将来可能面临的拆除、拆迁及补偿不能等风险由买受人或承受人自行负责。变价不成的，债权人可以接受该房屋抵债。变价或抵债裁定中应载明上述内容和风险。因此，虽然小产权房并无产权证明，无法办理产权登记，但在履行一定的程序并告知接受人可能面临的风险的情况下，仍然可以被执行。

四、其他风险问题

1. 拆除风险。因小产权房本质上属于违法建筑，因此不受相关法律法规的保护。所以就存在被拆除或没收，并得不到有效补偿的风险。购房者的利益可以说直接打了水漂。

2. 诈骗风险。因小产权房无法进行初始登记，所以购买者无法查到房子的实时权益状态，现实中容易出现一房多卖的现象或者存在其他权利瑕疵。

3. 质量风险。小产权房不被法律认可，也不用在房管部门备案，不在政府机构监管范围内，其质量没有统一的标准，所以小产权房的建设可能没有经过房屋质量部门的验收等程序，一旦出现房屋质量、物业管理等问题，其救济途径就非常有限。买受人的利益将很难得到维护，可能会陷入投诉无门的境地。

4. 政策风险。在当前的经济形势下，随着城市化进度的加快，农村土地，尤其是处于城乡接合部的土地被征收、征用的可能性进一步加大，如果小产权房遇到征地拆迁，那么其购买者很可能无法获得《物权法》规定的征收集体土地后应给予农民的补偿费用，面临着房财两空的尴尬境地。

五、小产权房的将来

每一个小产权房都有一个"转正梦"，十几年来，虽然政府打压小产权房的政策不断，但是在实际操作层面，并没有采取强有力的处罚手段，政策力度不够伴随着一路走高的房价使得小产权房的规模越来越大。每一个小产权房的购买者在付出较少房价的同时，可能也存在着侥幸的心理，即某一天国家会承认小产权房的合法身份。2018 年 7 月，深圳出台政策，小产权房补缴 50% 地价就可"转正"！很多小产权房的拥有者在网上欢呼一片，都在说小产权房的春天要来了！但随后，官方正式宣称住宅类违建并不包括在内！因此，从目前国家和各地的政策上来看，并无将小产权房合法化的倾向，而且对于小产权的整治力度越来越大。这个"转正梦"，怕是遥遥无期。

但是，从另一个角度看，小产权房目前的存在确实也有其巨大的群众基础，巨大的存量使得国家想在短期内消灭小产权房既不现实也不可能。而且，如果国家要开征房产税的话，小产权房的性质又使得其缺乏征税的基础，必然导致国家税源的流失。因此，笔者猜想，小产权房未来的发展方向也可能是在国家的引导下逐步实现合法化、规范化、市场化，这个过程恐怕也是比较复杂的，而且拥有者也必须补办相关手续，并将所欠的土地出让费用和其他费用补足。当然，这仅仅是猜想而已。

2019 年 8 月 16 日《土地管理法》第三次修订，集体经营性建设用地入市，即商业、工业类建设用地入市，是土地制度重大变革，但住宅类用地能否包括在内，笔者尚不清楚。但从 2019 年《土地管理法》第 63 条"等"的规定来看，似乎留下"住宅"用地入市的空间，可能给小产权房处理预留了空间。

第二节 权威案例指导

典型案例 1

徐某 1、徐某 2 房屋买卖合同纠纷案

【审理法院】最高人民法院

【案件案号】(2017)最高法民申 2813 号

【裁判日期】2017 年 8 月 31 日

【裁判要点】《房屋转让协议》违反了农民集体所有的土地的使用权不得出让、转让或者出租用于非农业建设的强制性规定,应认定无效。

【主文摘要】

再审申请人(一审被告、反诉原告,二审上诉人):徐某 1。

再审申请人(一审被告、二审上诉人):徐某 2。

再审申请人(一审被告、二审上诉人):徐某 3。

被申请人(一审原告、反诉被告,二审被上诉人):北京八达岭山庄物业管理有限责任公司。

再审申请人徐某 1、徐某 2、徐某 3 因与被申请人北京八达岭山庄物业管理有限责任公司(以下简称八达岭山庄物业公司)房屋买卖合同纠纷一案,不服北京市高级人民法院(2016)京民终 525 号民事判决,向本院申请再审。本院依法组成合议庭进行了审查,现已审查终结。

徐某 1、徐某 2、徐某 3 向本院申请再审称:(一)原判决认定的基本事实错误。涉案房屋属于合作建房,原审法院错误地认定为集体组织自建房屋。原审法院认定涉案房屋没有经过合法手续就建设的事实存在错误。(二)原判决适用法律确有错误。涉案房产属于合作建房,双方签订的《房屋转让协议》并不违反法律、行政法规的强制性规定,合法有效。原审法院适用《土地管理法》第 63 条是错误的。原审法院将属于房屋买卖性质的合同错误认定为小产权房性质是错误的。八达岭山庄物业公司的行为是要通过法院确认合同无效来获取更大的经济利益,人民法院应当驳回其无理要求,维护再审申请人的合法权益。综上,根据《民事诉讼法》第 200 条第 2 项、第 6 项的规定,请求对本案进行再审。

本院经审查认为,案涉房屋的转让必然涉及房屋占用的土地使用权的转让。根据原审查明的事实,案涉房屋占用的土地系北京市海淀区温泉镇太舟坞村经济合作社所有的集体建设用地,徐某 1、徐某 2、徐某 3 均非北京市海淀区温泉镇太舟坞村集体经济组织成员。《土地管理法》第 63 条规定:"农民集体所有的土地的使用权不得出让、转让

或者出租用于非农业建设;但是,符合土地利用总体规划并依法取得建设用地的企业,因破产、兼并等情形致使土地使用权依法发生转移的除外。”徐某1、徐某2、徐某3并未提供证据证明本案存在着上述规定中除外的情形。一审、二审判决认为案涉《房屋转让协议》违反了农民集体所有的土地的使用权不得出让、转让或者出租用于非农业建设的强制性规定,应认定无效,对于徐某1、徐某2、徐某3要求八达岭山庄物业公司履行《房屋转让协议》向其交付涉案房产的请求不予支持,依据充分,适用法律正确。当事人双方对于合同无效后的法律后果如有争议可另行解决。

综上,徐某1、徐某2、徐某3的再审申请不符合《民事诉讼法》第200条规定的情形。本院依照《民事诉讼法》第204条第1款、《最高人民法院关于适用〈中华人民共和国民事诉讼法〉的解释》第395条第2款的规定,裁定如下:驳回徐某1、徐某2、徐某3的再审申请。

典型案例2

沙某保等诉马鞍山市花山区人民政府房屋强制拆除行政赔偿案

【案件来源】《民事审判指导与参考》(第64辑)

【审理法院】最高人民法院

【案件案号】(2015)皖行赔终字第00011号

【裁判日期】2015年11月24日

【裁判要点】涉及农村集体所有土地的委托代建合同中的对外销售利润分配条款具有合资、合作开发房地产的性质,当事人主张利润分配等合同权利的,应提供政府部门关于土地利用规划、建设用地计划等审批文件或者证明。当事人虽提供了上述文件或证明,但在一审法庭辩论结束之前土地性质仍未变更为国有土地的,该利润分配条款按无效处理。

第三节 实务操作指南

现实中,很多小产权房建设在城郊,因此,很多购房者也无从分辨,而销售人员为了销售业绩,也会以产权证日后再办理等理由来使购房者产生错误认识。因此,如何鉴别小产权房是很重要的。

实践中,对于小产权房,可以从以下几个方面来鉴别:

1. 看是否有五证。商品房销售时必须五证齐全,五证分别是国有土地出让许可证、国有土地规划许可证、建筑施工许可证、建筑规划许可证、预售许可证。而小产权房任何一个都不具备,如果一个楼盘以上五证均不具备的话,则很有可能是小产权房。

2. 看是否可以办理银行按揭贷款。因为小产权房不能办理房产抵押,因此购买小产权房只能一次性付款、不能获得银行按揭。

3. 看有无房产证。很多小产权房屋是没有房产证的。不管是小产权房,还是没办理下房本的房子,建议不要交易。

4. 看是否为房屋所有权或者不动产权证。合法且受法律保护的房屋交易,所交易的房屋必须拥有房屋所有权证或者不动产权证。而小产权房的“房产证”,一般是由县政府或乡政府颁发,并非由当地不动产登记中心颁发。

第四节　法律法规整合

一、《土地管理法》

第 63 条第 1 款　土地利用总体规划、城乡规划确定为工业、商业等经营性用途,并经依法登记的集体经营性建设用地,土地所有权人可以通过出让、出租等方式交由单位或者个人使用,并应当签订书面合同,载明土地界址、面积、动工期限、使用期限、土地用途、规划条件和双方其他权利义务。

二、《物权法》

第 9 条第 1 款　不动产物权的设立、变更、转让和消灭,经依法登记,发生效力;未经登记,不发生效力,但法律另有规定的除外。

第 187 条　以本法第一百八十条第一款第一项至第三项规定的财产或者第五项规定的正在建造的建筑物抵押的,应当办理抵押登记。抵押权自登记时设立。

三、《最高人民法院关于转发住房和城乡建设部〈关于无证房产依据协助执行文书办理产权登记有关问题的函〉的通知》(法〔2012〕151 号)

全文(略)

第六编　房屋买卖合同

合同又称为契约《民法通则》第85条规定“合同是当事人之间设立、变更、终止民事关系的协议”。强调合同本质是一种协议。故而房屋买卖合同则是关于房屋买入或卖出，当事人之间达成的协议。

本编重点介绍了房屋买卖合同的效力纠纷、商品房销售广告合同纠纷、逾期办证纠纷、惩罚性赔偿纠纷以及以物抵债产生的纠纷等，囊括了房屋买卖间可能发生的各种问题，并依据法律理论，为这些问题做更为细致的剖析和理解相关案例，给出一个最佳的救济途径。

第一章　商品房买卖合同的效力纠纷

【一级案由】合同、无因管理、不当得利纠纷
【二级案由】合同纠纷
【三级案由】房屋买卖合同纠纷
【四级案由】商品房销售或预售合同纠纷

第一节　法律要点详解

一、房屋的基本知识

（一）商品房、二手房的概念

1. 商品房是特指经政府有关部门批准，由房地产开发经营公司开发的，建成后用于市场出售出租的房屋，包括住宅、商业用房以及其他建筑物，而自建、参建、委托建造，又是自用的住宅或其他建筑物不属于商品房范围。商品房是能办产权证和国有土地使用权证，可以自定价格出售的产权房。

2. 二手房是已经在房地产交易中心备过案、完成初始登记和总登记的、再次上市进行交易的房产。它是相对开发商手里的商品房而言，是房地产产权交易二级市场的俗称。

（二）私房、公有住房、房改房、公共租赁住房、廉租房、经济适用房、单位集资房、限价房的概念

1. 私房

私房是指个人所有或数人共有的房屋，分完全产权房和有限产权房。完全产权房是房屋所有人依法拥有完全的占有权、使用权、处分权和收益权，包括个人购买商品房、个人自建房屋等。

2. 公有住房

公有住房（使用权房）是指某行政区域内所有权归国家或集体所有的房屋，其中国有公房包括国家投资建设由房产管理部门直接经营管理的房屋（直管房）和机关、团体、国有企业事业单位投资建设自行管理的房屋（自管公房）。集体所有的房屋是集体企业投资建设自行管理的房屋。

3. 房改房

房改房,是指根据《国务院关于深化城镇住房制度改革的决定》(1994 年 7 月 18 日)第 21 条规定,职工以市场价、标准价或成本价购买的公房。以市场价购买的公房产权归个人,可以依法进入市场交易,其交易所得收益在交纳相关税费后,收入归个人。以标准价或成本购买的公房,进入市场交易及收入受到一定的限制。

4. 公共租赁住房

公共租赁房又简称为么租房,是解决既买不起商品房,但是又不符合廉租房和经济适用房申请条件的城市夹心层群体住房困难的一种保障性住房。其特点是只租不售,承租人没有产权。而租金低于市场价格,主要面向新就业职工出租,包括一些新的大学毕业生,还有一些从外地迁移到城市工作的群体。

公共租赁住房是一个过渡性的解决方法。待到一定时间,承租人有支付能力了,他们就离开公共租赁住房,到市场购买或承租住房。

5. 廉租房

廉租房是指政府以租金补贴或实物配租的方式,向符合城镇居民最低生活保障标准且住房困难的家庭提供社会保障性质的住房。廉租房的分配形式以租金补贴为主,实物配租和租金减免为辅。

6. 经济适用房

经济适用住房,是指政府提供优惠政策,限定建设标准、供应对象和销售价格,具有保障性质的政策性住房。经济性,是指住宅价格相对于市场价格比较适中,能够适应中低收入家庭的承受能力;适用性,是指在住房设计及其建筑标准上强调住房的使用效果,而非建筑标准。经济适用房是国家为解决中低收入家庭住房问题而修建的普通住房,这类住宅因减免了工程报建中的部分费用,其成本略低于普通商品房,故又称为经济适用房。

经济适用房属于政策性住房,购房人拥有有限产权。经济适用房自购买合同备案之日起,不满 5 年不得直接上市交易。购房人因各种原因确需转让经济适用房的,由住房储备机构按照届时同类经济适用房价格进行回购。

7. 单位集资房

根据《经济适用住房管理办法》的规定,距离城区较远的独立工矿企业和住房困难户较多的企业,在符合土地利用总体规划、城市规划、住房建设规划的前提下,经市、县人民政府批准,可以利用单位自用土地进行集资合作建房。参加单位集资合作建房的对象,必须限定在本单位符合市、县人民政府规定的低收入住房困难家庭。单位集资合作建房是经济适用住房的组成部分,其建设标准、优惠政策、供应对象、产权关系等均按照经济适用住房的有关规定严格执行。单位集资合作建房应当纳入当地经济适用住房建设计划和用地计划管理。

8. 限价房

限价房就是国家给的硬性指示,就是死的价格,开发商没有权力更改。简单理解,就是限房价、限地价的"两限"商品房。

限价房作为政府在一定时期内调控房地产市场、调节住房供需矛盾的有效手段,由政府成立的全资国有公司负责建设。销售价格实行政府定价,定价原则按照比周边同类商品住房低 20% ~25% 确定。销售价格在预售时向社会公布,公布价格应为该限价房楼盘的最高价。

购买限价房应自购房合同备案5年后方可上市交易。

二、房屋类型介绍及术语

(一)根据建筑形式划分的房屋类型

1.板楼:户型是南北或东西通透,户型一般比较狭长,每层住户较少,一般就只有2户,总层数一般较少。

2.塔楼:一般是指高层建筑,户型不能南北或东西通透,户型一般比较方正,塔楼每层的住户多为6户以上。

3.板塔结合:顾名思义,即"板中有塔,塔中有板"。

(二)根据楼层高度划分的房屋类型

1.低层:低层楼房是指高度低于或等于10米的建筑物,一般是1~3层建筑物,如平房、别墅等。

2.多层:多层房屋指高于10米、低于或等于24米的建筑物。多层房屋一般为4~8层。

3.小高层:一般把8层至12层、13层的建筑称为"小高层"。

4.高层:14层及以上的建筑。

(三)购房术语

1.期房:开发商从取得商品房预售许可证开始到竣工为止,在这一期间的商品房称为期房;购房者在这一阶段购买商品房时应签预售合同。

2.现房:是指项目竣工,并且交付使用;购房者在这一阶段购买商品房时应该签订出售合同。

3.准现房的概念表述并不准确,在法律上无法界定,多为售楼人员促销时使用的模糊用语。

4.绿化率:小区用地范围内各类绿地的总和与小区用地的比率。

5.容积率:总建筑面积÷总用地面积,多层建筑物的建筑面积按各层建筑面积的总和计算。

6.建筑密度:各类建筑基地总面积÷总用地面积,可用首层面积代替基层面积来估算建筑面积。

7.建筑面积:套内建筑面积+公摊面积。

8.套内建筑面积:套内使用面积+套内墙体面积+阳台建筑面积。

9.套内使用面积:有个形象的说法叫"地毯面积",就是把您家里所有面积全铺上地毯。能铺多少面积的地毯,就是多少的套内使用面积。

10.使用率:套内使用面积÷建筑面积。

11.开间:住宅的宽度。

12.进深:住宅的实际长度。为了保证住宅具有良好的自然采光和通风条件,进深不宜过长。

13.层高:下层底板面或楼板面到上层楼层面之间的距离,也就是一层房屋的高度。在1987年发布的《住宅建筑模数协调标准》中,明确规定了砖混结构住宅建筑层高。采用的参数为2.6米、2.7米、2.8米。

14.净高:下层地板面或楼板上表面到上层楼板下表面之间的距离。简单来说,就是住宅地面到天花板的高度。

三、《最高人民法院关于审理商品房买卖合同纠纷案件适用法律若干问题的解释》(以下简称《商品买卖合同司法解释》)的制定背景

我国商品房市场自20世纪90年代开始兴起,如雨后春笋般蓬勃发展,在最高人民法院1995年12月27日出台的《关于审理房地产管理法施行前房地产开发经营案件若干问题的解答》,就人民法院审理《城市房地产管理法》施行以前的房地产纠纷案件如何适用法律的问题作出了解释,涉及房地产开发经营的主体资格,国有土地使用权的出让、转让、抵押,合作建房,商品房预售,商品房买卖合同无效的处理等方面的内容。

随着房地产业的迅猛发展和住房制度改革的深化,同时由于我国的不动产立法还不完善,市场机制也不健全,商品房交易行为很不规范,特别是一些房地产开发企业严重违反诚实信用原则,有的制作虚假广告,设立定金圈套,甚至一房多售,利用商品房买卖合同欺诈买受人,有的商品房面积严重缩水,有的商品房则存在严重质量问题,这行为都严重损害了买受人的合法权益。在消费者协会的统计资料中,商品房买卖纠纷被列为当前十大投诉热点之一,已经成为社会关注的焦点。由于商品房买卖合同纠纷逐年增加,而相关法律规定比较原则,人民法院在处理此类纠纷中也遇到了许多具体适用法律的问题。为了及时指导各级人民法院公正处理商品房买卖合同纠纷,依法保护商品房买卖合同当事人的合法权益,规范房地产市场的交易行为,最高人民法院《商品房买卖合同司法解释》于2003年6月1日施行。

《商品房买卖合同司法解释》共28条,主要对商品房预售合同的效力,商品房销售广告、拆迁补偿安置、房屋面积缩水、商品房的交付使用及风险承担、商品房质量、商品房包销、商品房担保贷款(按揭)等方面如何具体适用法律作出明确的规定。其中,对出卖人严重违反诚实信用原则、损害买受人利益的恶意违约、欺诈等行为,明确规定可以适用惩罚性赔偿原则。

四、鼓励交易,不轻易认定合同无效

1. 未取得商品房预售许可证明的,合同无效。《商品房买卖合同司法解释》第2条规定:“出卖人未取得商品房预售许可证明,与买受人订立的商品房预售合同,应当认定无效,但是在起诉前取得商品房预售许可证明的,可以认定有效。”人民法院对出卖人预售资格的审查,主要是看其是否取得商品房预售许可证明,对其他预售条件的审查主要是行政管理部门的权限。对商品房买卖合同的登记备案问题,我们认为属于行政管理部门的一种合同管理措施,不是确认合同效力的必要条件,这样避免了司法审判权与行政管理权之间的冲突。

另外,考虑到我国房地产市场目前的实际情况,《商品房买卖合同司法解释》第2条还明确规定当事人在向人民法院起诉前取得商品房预售许可证明的,可视为其具备预售资格。这样,人民法院在适用法律过程中既能维护法律的严肃性,又能维护合同的严肃性,确保当事人合同权利的实现。

2. 故意隐瞒没有取得商品房预售许可证明的事实或者提供虚假商品房预售许可证明。

3. 故意隐瞒所售房屋已经抵押的事实。

4. 故意隐瞒所售房屋已经出卖给第三人或者为拆迁补偿安置房屋的事实。

5. 买受人以出卖人与第三人恶意串通,另行订立商品房买卖合同并将房屋交付使用,导

致其无法取得房屋为由,请求确认出卖人与第三人订立的商品房买卖合同无效的,应予支持。

五、合同无效的法律后果

1. 商品房买卖合同因出卖人责任被认定无效后,善意买受人应该返还给出卖人房屋使用费

商品房买卖合同因出卖人的原因被确认无效后,买受人取得了合同约定的房屋并利用该房屋从事经营活动,对占用期间的房屋使用费应当按什么标准向房屋出卖人返还,实践中处理不统一,最高人民法院对此作出了批复。

最高人民法院民一庭的意见为:善意买受人应该返还给出卖人房屋使用费的标准,最高人民法院于2003年11月30日以(2003)民一他字第13号对辽宁省高级人民法院一个请示的答复中已经有明确的意见。该函全文如下:

"辽宁省高级人民法院:

你院《关于蔡德成与大连经济技术开发区龙海房地产开发公司、原审第三人大连翻译专修学院商品房买卖合同纠纷一案的请示》收悉,经研究认为:商品房买卖合同因出卖人责任被确认无效后,应按无效合同的处理原则进行处理。关于善意买受人应该返还给出卖人的房屋使用费标准,因为买受人在签订合同时是善意的,所以应该以买受人在合同中的意思表示为标准。也就是说,应该以买受人与出卖人约定的合同总价款除以房屋的设计使用年限,再乘以买受人实际使用该房屋的年限得出的价款作为买受人所获得的利益返回给出卖人。"

2. 合同无效的赔偿责任

《城市商品房预售管理办法》第6条规定:"商品房预售实行许可制度,开发企业进行商品房预售,应当向房地产管理部门申请预售许可,取得《商品房预售许可证》,未取得《商品房预售许可证》的,不得进行商品房预售。"根据最高人民法院《商品房买卖合同司法解释》第9条的规定,开发商如果故意隐瞒未取得商品房预售许可证明或提供虚假的商品房预售许可证明的,导致合同无效或被撤销的,购房人可以要求开发商返还已付购房款及利息、赔偿损失,并可以请求开发商承担不超过已付购房款一倍的赔偿责任。

第二节　权威案例指导

典型案例

【案例主题】无真实意思表示的商品房买卖合同应当认定无效

徐州大舜房地产开发有限公司诉王某强商品房预售合同纠纷

【案件来源】《人民法院公报》2013年第12期

【审理法院】徐州市泉山区人民法院

【案件案号】(2012)泉民初字第1276号

【裁判日期】2012年12月25日

【裁判摘要】房地产开发企业为了套取银行贷款,使用企业职工或熟识人员的身份证件与开发企业本身签订商品房买卖合同,既非合同双方当事人的真实意思表示,也没有进行实际履行,应当认定无效。

第三节 实务操作指南

一、什么是商品房现售、商品房预售(卖楼花)? 商品房预售应具备什么样的条件?

1. 商品房现售,是开发商将竣工验收合格的商品房出售给买受人,并由买受人支付房价款的行为。

2. 商品房预售也称楼花买卖,是指开发商与购房者约定,将正在建设中的商品房预先出售给买受人,并由买受人支付定金或者房价款而在未来一定日期拥有现房的房产交易行为。它与成品商品房(现房)的买卖已成为我国商品房市场中两种主要的房屋销售形式。

3. 商品房预售应具备的条件

①已交付全部土地出让金,并取得《国有土地使用证》;②持有《建设用地规划许可证》、《建设工程规划许可证》和《建设项目工程施工许可证》;③已办理预售登记,取得《商品房预售许可证》;④按提供的预售商品房计算,投入开发建设的资金达到工程建设总投资的25%以上,并已确定施工进度和竣工交付日期。

二、购买商品房应如何核查开发商是否有合法手续,应查验哪五证?

1. 土地使用权证。用以开发商品房的土地应以出让方式取得,划拨土地和集体土地均不得进行房地产开发。国有土地使用权出让最高年限为:居住用地为70年;工业用地为50年;教育、科技、文化、卫生、体育用地为50年;商业、旅游、娱乐用地为40年;综合或者其他用地为50年。查验土地使用权有无查封、抵押的情况,如有抵押情形,根据《物权法》第182条的规定,土地使用权抵押,土地上房产应一并抵押,出现此种情形,可能导致购房合同无效。

2. 建设用地规划许可证。建设用地规划许可证是建设单位在向土地管理部门申请征用、划拨土地前,经城市规划行政主管部门确认建设项目位置和范围符合城市规划的法定凭证,是建设单位用地的法律凭证。没有此证的用地单位属非法用地,房地产商的售房行为也属非法,不能领取房地产权属证件。

3. 建设工程规划许可证。是城市规划行政主管部门依法核发、确认有关建设工程符合城市规划要求的法律凭证。开发商如果没有取得该证件,按照《城市规划法》的规定,其开发项目就是违法的,将来无法取得房产证。对此城市规划部门有权责令开发商停止建设,还可以责令限期拆除或者将违法建筑没收。

4. 建设工程施工许可证。是建筑施工单位符合各种施工条件,允许开工的批准文件。该证件是办理房屋产权证的必备要件，没有该证，购房者根本无法取得产权证。

5. 商品房预售许可证或者销售许可证。该证件是开发商对外销售商品房的合法证明文件，没有取得该证件，开发商不得对外销售商品房。(1)注意该证件载明的开发商与商品房买卖合同的出卖人是否为同一个单位；(2)注意该证件是否包含所要购买的楼盘；(3)查验该证件是否存在转借、冒用他人许可证的情形。

【举例如下】某市国土资源和房屋局通告

根据国家建设部《城市商品房预售管理办法》的有关规定，经核准，某某实业发展有限公司，在某某区某街27号"某某新城"项目新建房屋已办理大房预许字第200900※号《商品房预售许可证》。(见表6-1-1)

表6-1-1

楼号	层数	建筑面积(m^2)			套数		
		公建	公寓	小计	公建	公寓	小计
C	5~32	642	17,525.9	18,167.9	1	284	285
D	1~4	14,674.7	0	14,674.7	39	0	39
合　计		15,316.7	17,525.9	32,842.6	40	284	324

注：C座5、6、7、14层分别有查封、抵押和合同备案登记，上述楼层在未注销前暂不允许销售。

特此通告

通过预售许可证和国有土地使用权证，我们可以查明以下事项：

(1)该宗土地是否为出让方式，因为只有出让的国有土地才能用于房地产开发并销售。出让年限，土地的性质为城镇住宅或商业用地，公建属于商业用地，有些公寓类项目也属于商业用地，其出让年限最高是40年，有些土地下面的公建是40年，上面的住宅是70年。是不是"烂尾楼"，土地使用年限有无"缩水"的情况等，不能想当然认为住宅用地就是70年。

(2)预售许可证，预售许可证是该房屋可以合法销售的证明，一般情况下只有办理了国有土地使用权证并交纳了土地出让金后，且建设达到一定的规模才能办理(占总投资的25%)，且具备建设工程规划许可证、施工许可证。

①通过该证可以看出房屋的建筑面积、房屋性质、层数、是否有超建等情况。如上表可以看出，C栋楼的层数为32层，如果出现33层以上的情况下，一般情况下应判断为超建。

②可以看出存在查封、抵押和合同登记备案等情况。

③如果改规划，开发商应提供建设用地规划许可证、建设工程规划许可证，且预售许可也要进行相应的变更，需要重新办理《商品房预售许可证》。

三、购房者一定要办理备案

在2007年10月1日《物权法》实施前，我国民事立法在预告登记制度方面存在空白。《城市商品房预售管理办法》第10条第1款规定："商品房预售，开发企业应当与承购人签订商品房预售合同。开发企业应当自签约之日起30日内，向房地产管理部门和市、县人民政府土地管理部门办理商品房预售合同登记备案手续。"该部门规章关于合同登记备案的规定，系行政管理范畴，并不是预告登记制度。

2007年10月1日施行的《物权法》设立了这一重要制度，在审判实践中，对于经过依法预告登记又出现的不动产交易中的“一房两卖”现象，人民法院查明事实，依法认定出卖方的第二次处分行为无效，能有效地维护第一手买房人的合法权益。《物权法》实施前不能这样判决，只能判决开发商对第一手购房者承担违约责任，在房价大涨时，开发商时时恶意违约，而购房者的合法权益无法保护，法律也束手无策。

购房者在能够进行物权登记之日起3个月内必须进行物权登记，否则预告登记失效。但如果是由于开发商的原因造成不能在3个月内登记，则不适用3个月的规定。

商品房进行备案，可以有效地防止一房数卖或者开发商的其他欺诈行为。

第四节　法律法规整合

《商品房买卖合同司法解释》

第2条　出卖人未取得商品房预售许可证明，与买受人订立的商品房预售合同，应当认定无效，但是在起诉前取得商品房预售许可证明的，可以认定有效。

第6条　当事人以商品房预售合同未按照法律、行政法规规定办理登记备案手续为由，请求确认合同无效的，不予支持。

当事人约定以办理登记备案手续为商品房预售合同生效条件的，从其约定，但当事人一方已经履行主要义务，对方接受的除外。

第9条　出卖人订立商品房买卖合同时，具有下列情形之一，导致合同无效或者被撤销、解除的，买受人可以请求返还已付购房款及利息、赔偿损失，并可以请求出卖人承担不超过已付购房款一倍的赔偿责任：

（一）故意隐瞒没有取得商品房预售许可证明的事实或者提供虚假商品房预售许可证明；

（二）故意隐瞒所售房屋已经抵押的事实；

（三）故意隐瞒所售房屋已经出卖给第三人或者为拆迁补偿安置房屋的事实。

第10条　买受人以出卖人与第三人恶意串通，另行订立商品房买卖合同并将房屋交付使用，导致其无法取得房屋为由，请求确认出卖人与第三人订立的商品房买卖合同无效的，应予支持。

第二章　商品房预约合同纠纷

【一级案由】合同、无因管理、不当得利纠纷
【二级案由】合同纠纷
【三级案由】房屋买卖合同纠纷
【四级案由】商品房预约合同纠纷

一、商品房预约合同的纠纷背景

近几年来，对违反房屋认购书应如何承担法律责任，纠纷不多，矛盾不突出，主要是因为房地产销售管理越来越规范，同时房价波动不大。

而在20世纪初的10余年，房地产市场处在迅猛发展阶段，管理不太规范，开发商收取“认购书”“意向金”的情况比比皆是，此类案件涉及人数众多，案件数量多，标的额大，牵涉巨额经济利益，涉及重大的利益平衡。

全国各地法院裁判不同，不同法院对类似认购书纠纷案件作出完全不同的判决，有的判决开发商依据诚实信用原则，按原价格与购房者签订合同，对于认购书缺少的条款，依据相关法律法规予以补充；有的判决开发商承担缔约过失责任，除适用定金罚则外，另需承担一定赔偿损失的责任。

不同法院对类似认购书纠纷案件作出迥异的判决，显然违背“相类似者，应为相同的处理”的法理，无疑会损及法律的权威性。

理论界和实务界观点均不统一，最高人民法院民事审判一庭编著的《关于审理商品房买卖合同纠纷案件适用法律若干问题的解释的理解与适用》（以下简称《理解与适用》）一书中关于违反认购书应如何承担法律责任的态度不明朗，未作出清晰、明确、有说服力的表态，下级法院所作出截然相反的判决都能从该书中找到判决理由。

二、上海高级人民法院与浙江高级人民法院采用不同的裁判观点的典型案例

典型案例1

【案例主题】在违背预约合同（认购书）的约定不履行签订本约义务的情况下，应承担缔约过失责任

张某诉上海佘山国际高尔夫俱乐部有限公司别墅认购合同纠纷案

【审理法院】上海市高级人民法院

【案件案号】(2005)沪高民一(民)终字第122号

【裁判摘要】根据现有法律规定,在违背预约合同(认购书)的约定不履行签订本约义务的情况下,应承担缔约过失责任。承担缔约过失责任的方式为损害赔偿,并不包括强制缔结本约的责任。

【主文摘要】

2003年8月22日,张某与上海佘山国际高尔夫俱乐部有限公司(以下简称佘山公司)签订别墅认购协议,约定:张某认购佘山公司的A5高尔夫别墅,价格为地上部分8000元/平方米,地下部分为3000元/平方米,土地部分为1656元/平方米;在签约当日张某应向佘山公司支付人民币100万元认购费;佘山公司需在取得预售许可证后5个工作日内书面通知张某;张某认购权的有效期限为从认购协议签订日起至佘山公司取得预售许可证后的第15天,如超出有效期限张某仍未就所挑选的物业签订商品房预售合同,则视为放弃认购权,佘山公司不计息退还认购费;如张某在规定期限内与佘山公司签订商品房预售合同,则张某签约时标的物业所处位置和户型及外立面风格将与张某签订认购协议时的选择一致,认购款可抵购房款的一部分。在签约当日,张某向佘山公司支付了认购费100万元,并选择了别墅户型。

2004年9月7日,佘山公司通知张某,其已经取得讼争别墅的预售许可证,要求张某按总价1200余万元(比双方原约定价格高400余万元)的价格签订预售合同。张某不同意该通知中的售价,要求按原约定价格签约,未果,遂向上海市第一中级人民法院(以下简称上海一中院)提起诉讼,请求判令:1. 佘山公司按双方认购协议约定价格与张某签订A5别墅的买卖合同;2. 若因佘山公司原因导致张某无法与佘山公司签订买卖合同的,则判令佘山公司赔偿A5别墅现市场价(约2000万元)与双方原约定售价(约800万元)的差价。

上海一中院认为:张某与佘山公司签订的认购协议为预约合同。预约合同所指向的是签订本约之行为,其对当事人的拘束力是创设了当事人为将来订立本约而协商的义务。在本约的签订过程中,双方当事人应遵循诚实信用之原则,将预约所确定的原则贯彻到本约合同之条款中去。认购协议签订后,张某按约支付了认购款,但佘山公司在2004年9月7日发函通知张某签订正式的商品房买卖合同时,所提出的价格大大超出了双方预约时约定的价格条件,违背了合同法所规定的诚实信用原则和公平原则。根据我国现行法律、法规及司法解释的相关规定,没有赋予预约以强制订立本约的效力,亦未规定根据预约强制实际履行本约的义务,故张某要求强制佘山公司缔约并将房屋销售给张某的诉讼请求不予支持,但佘山公司对其不遵循诚实信用原则履行签订本约义务之行为应承担相应的法律责任。张某主张的差价损失实为预售合同项下的履行利益，鉴于预约合同与预售合同之性质不同，张某所支付的认购费亦非购房款，故其关于差价损失的诉讼请求缺乏合同与法律依据，难以支持。但是，由于佘山公司不遵循诚实信用原则履行签订本约之义务，导致张某缔约机会的丧失，佘山公司应对此承担责任并作出相应赔偿。遂依据《合同法》第42条等，参照佘山公司通知签约价与双方原认购价的差价400余万元，判令佘山公司除返还认购款外，另酌情赔偿张某约200万元。

一审判决后，张某不服，向上海市高级人民法院（以下简称上海高院）提出上诉（在本案二审期间，佘山公司以约2000万元的价格将讼争别墅出售给他人）。

上海高院认为：预约合同属前缔约时期缔结的合同，双方在此期间的磋商协议目的在于本约合同的订立和履行，因此该期间产生的义务和责任有别于本约合同成立生效后产生的违约责任。根据现有法律规定，在违背预约合同的约定不履行签订本约义务的情况下，应承担缔约过失责任。承担缔约过失责任的方式为损害赔偿，其中包括直接利益的减少和失去与第三人订立合同机会的损失，并不包括强制缔结本约的责任。驳回张某上诉，维持原判。

典型案例2

陈某红诉浙江福田房地产开发有限公司房屋认购合同纠纷案

【审理法院】浙江省高级人民法院

【案件案号】（2003）浙民一终字第271号

【裁判摘要】如果认购书具备了商品房买卖合同的主要条款，则开发商应履行缔约义务（按认购书主要条款包括原价继续履行）。

【主文摘要】

陈某红与浙江福田房地产开发有限公司（以下简称福田公司）于2000年11月11日签订《福田花园预订单》一份，约定由陈某红向福田公司订购福田花园营业房：340平方米，单价3140元/平方米，预交订金4万元，交房日期为2003年5月，陈某红应在接福田公司通知后10天内办理合约手续及交付款项，其他买卖条款以商品房预（销）售合同为准。若陈某红逾期未办理合约手续、支付款项则以违约论，订金不予退还，视为放弃购买。陈某红于当日交纳了该预订单中所约定的预订金。2001年11月30日福田公司取得了包括本案讼争房屋在内的商品房预售证。福田公司于2003年3月20日向陈某红发出通知一份，以房屋拆迁难度大、开发成本增大为由，提出若要继续购买所预购的营业房则以现价6000元/平方米的9折优惠销售，若不愿意购买的则双倍返还订金。2003年3月27日，陈某红委托律师向福田公司发出公函一份，对福田公司提出的解决营业房问题的两种方案明确表示反对，并要求按照双方在《福田花园预订单》中约定的房屋面积及单价办理购房手续。因双方协商未果，陈某红于2003年7月23日向杭州市中级人民法院(以下简称杭州中院)提起诉讼,请求判令福田公司全面履行与陈某红签订的营业房预订合同。

杭州中院认为:陈某红与福田公司签订的《福田花园预订单》仅系双方当事人为日后签订商品房预(销)售合同的预约。现因福田公司已就陈某红所订购房屋的面积及单价进行单方变更,陈某红对此不予认可,双方已就讼争房屋的买卖合同内容无法达成一致意见,而该合同的成立应以双方当事人的真实意思表示一致为前提,即双方签订该预订单意欲签订商品房预(销)售合同的目的已无法实现,双方签订的上述预约已无法继续履行,遂判决驳回陈某红的诉讼请求。

一审判决后,陈某红不服,向浙江省高级人民法院(以下简称浙江高院)提出上诉。

浙江高院认为:双方签订的《福田花园预订单》对陈某红向福田公司订购福田花园营业房的面积和单价均作了明确约定,并注明交房日期,已经具备商品房买卖合同的主要条款。此外,双方在预订条款中还明确约定:陈某红应在接福田公司通知后10天内,前来按(约)订立商品房预(销)售合同,如逾期未办理合约手续及支付款项,以违约论处,预付订金不予退还,并以自动放弃论;购房订金可以冲房价款;其他买卖条款以商品房预(销)售合同为准。根据上述条款内容,签署商品房预(销)售合同,仅为双方需办理的合约手续,主要条款应以预订单中的约定为准,其他条款只需根据商品房预(销)售合同格式文本和交易习惯即可确定。双方当事人的上述约定未违反法律、行政法规的强制性规定,应认定为有效。福田公司要求提高单价,陈某红不予同意,合同并未变更,双方仍应按照预订单的约定履行。本案亦不存在法律上或事实上不能履行的情形,只要福田公司按约履行,双方的合同目的就能实现。故依照《合同法》第107条撤销原审判决,改判福田公司与陈某红签订的《福田花园预订单》继续履行。

三、最高人民法院公布的公报案例

典型案例3

【案例主题】预约合同与本约合同的判断标准

成都讯捷通讯连锁有限公司与四川蜀都实业有限责任公司、四川友利投资控股股份有限公司房屋买卖合同纠纷案

【案件来源】《最高人民法院公报案》2015年第1期

【审理法院】最高人民法院

【案件案号】(2013)民提字第90号

【裁判日期】2013年11月14日

【裁判摘要】1. 判断当事人之间订立的合同系本约还是预约的根本标准应当是当事人的意思表示，也就是说，当事人是否有意在将来订立一个新的合同，以最终明确在双方之间形成某种法律关系的具体内容。对于当事人之间存在预约还是本约关系，不能仅孤立地以当事人之间签订的协议之约定为依据，而是应当综合审查相关协议的内容以及当事人嗣后为达成交易进行的磋商和有关的履行行为等事实，从中探寻当事人真实意思，并据此对当事人之间法律关系的性质作出准确界定。2. 根据《物权法》第 15 条规定之精神，处分行为有别于负担行为，解除合同并非对物进行处分的方式，合同的解除与否不涉及物之所有权的变动，而只与当事人是否继续承担合同所约定的义务有关。

典型案例 4

【案例主题】违反预约合同的责任承担

仲某清诉上海市金轩大邸房地产项目开发有限公司合同纠纷案

【案件来源】《最高人民法院公报》2008 年第 4 期

【审理法院】上海市第二中级人民法院

【案件案号】(2007) 沪二中民二(民)终字第 1125 号

【裁判日期】2007 年 10 月 19 日

【裁判摘要】预约合同，一般指双方当事人为将来订立确定性本合同而达成的合意。预约合同生效后，双方当事人均应当按照约定履行自己的义务。一方当事人未尽义务导致本合同的谈判、磋商不能进行，构成违约的，应当承担相应的违约责任。

【主文摘要】(略)

典型案例 5

【案例主题】商品房预约与本约的判断标准

张某与徐州市同力分创展房地产有限公司商品房预售合同纠纷案

【案件来源】《最高人民法院公报》2012 年第 11 期

【审理法院】徐州市泉山区人民法院

【裁判日期】2011 年 4 月 2 日

【裁判摘要】1. 预约合同是一种约定将来订立一定合同的合同。当事人一方违反预约合同约定，不与对方签订本约合同或无法按照预约的内容与对方签订本约合同的，应当向对方承担违约责任。2. 判断商品房买卖中的认购、订购、预订等协议究竟是预约合同还是本约合同，最主要的是看此类协议是否具备《商品房销售管理办法》第 16 条规定的商品房买卖合同的主要内容，即只要具备了双方当事人的姓名或名称，商品房的基本情况（包括房号、建筑面积）、总价或单价、付款时间、方式、交付条件及日期，同时出卖人已经按照约定收受购房款的，就可以认定此类协议已经具备了商品房买卖合同本约的条件；反之，则应认定为预约合同。如果双方当事人在协议中明确约定在具备商品房预售条件时还需重新签订商品房买卖合同的，该协议应认定为预约合同。

四、支持上海高级人民法院、浙江高级人民法院不同判决的权威学术观点

1. 支持浙江高院的观点

《房地产司法解释实例释解》①中指出，认购书向商品房预售合同“转化”的条件：一是具备商品房销售合同的主要内容，“只要商品房认购书具备合同双方当事人、房号和价格内容，并可以据此确定商品房的面积事项和房屋总价款，那么其就已经具备正式商品房买卖合同的主要内容”。二是出卖人按照约定收受购房款。至于购房人要支付的购房款是多少，该书作者认为，根据《合同法》第 36 条的规定，一方应当履行主要义务，所以购房人要支付大部分购房款，“大部分”在量上的标准至少要大于总购房款的 1/2。

2. 支持上海高院的观点

《房地产司法解释实例释解》②指出：“在实践中关于商品房买卖合同的主要内容的争议问题之一，就是如果认购书缺少上述《商品房销售管理办法》第 16 条规定的几项，认购书是否可以直接认定为商品房预售合同。我们认为商品房买卖合同的标的物具有特殊性，因为房屋是消费者最主要的生活资料，买受人最直接的目的是对房屋所有权完全有效的行使，房屋要满足人们基本生活的需要，买受人要对房屋行使完全所有权必须具备许多附加的条件，如供水、供电、装饰、产权登记等等。《商品房销售管理办法》第 16 条前十项内容都是产权人行使所有权的必备条件，也是房屋作为基本生活资料应符合现代社会要求的基本内容，否则，买受人将无法圆满地对商品房实现占有、使用、收益和处分的权能。因此，原则上，对于认购书应当包含的商品房买卖合同的主要内容，除《商品房销售管理办法》第 16 条的后三项外，其他各项不能缺少。”

---

① 人民法院出版社 2006 年版，第 35 ~ 38 页。

② 人民法院出版社 2006 年版，第 68 页。

3. 关于违反认购书(预约)是否应当承担继续履行的违约责任

对此问题,《理解与适用》①也没有作出明确表态,更未见法理分析,而只是引用了吴颂明著《预约合同研究》、谭蓉著《浅析商品房销售中的认购书》以及刘俊臣文的观点。对违反预约是否应当承担继续履行的违约责任,吴颂明文、谭蓉文、刘俊臣文的观点并不一致:吴颂明文认为,如果预约当事人违反"带未决条款的预约",则"可能承担强制实际履行之责任";而刘俊臣文、谭蓉文则显然反对违反预约应承担继续履行的违约责任。学术界并未给出统一的答案。

五、支持上海高级人民法院、浙江高级人民法院完全不同判决的最高人民法院观点

1. 认购书,是指商品房买卖合同双方当事人在签署预售契约或买卖契约前所签订的文书,是对双方交易房屋有关事宜的初步确认,包括认购、订购、预订等协议。认购书的内容一般包括:双方当事人的基本情况;房屋的基本情况(包括位置、面积、单价等);签署正式契约的时限约定等。

2.《理解与适用》一书认为,预约阶段由于存在"事实和法律上的障碍",因此不能签定本约合同,而预约的履行过程就是克服"事实和法律上的障碍"的过程。该书指出"具体分析《商品房销售管理办法》第16条规定,我们不难发现其中一些内容在预约合同中由于存在事实和法律上的障碍而不能作出约定",该书认为"交付使用条件及日期""面积差异的处理方式""商品房的价款及付款时间""供水、供热、供电、燃气、通讯、道路、绿化等配套设施的交付承诺和有关权益""办理产权登记有关事宜等内容",均属在预约阶段难以完成的事项;换言之,只有预约合同具备了上述内容才能成为本约。此种观点与《房地产司法解释实例释解》(第35~38页)相互冲突,与《房地产司法解释实例释解》第68页的观点一致。

3. 预约转化为本约的问题。最高人民法院《商品房买卖合同司法解释》第5条规定:"商品房的认购、订购、预订等协议具备《商品房销售管理办法》第十六条规定的商品房买卖合同的主要内容,并且出卖人已经按照约定收受购房款的,该协议应当认定为商品房买卖合同。"《理解与适用》指出,"我们认为就一般情况而言只要具备《商品房预售管理办法》第16条规定的商品房买卖合同的主要内容即可认定为本约,不必附加合同履行条件""本条规定(解释第五条)出卖人按约定收取购房款作为商品房买卖合同成立的要件之一,我们认为主要是考虑商品买卖的实际情况制订的……"最后《理解与适用》指出,"法学界对于预约合同的研究仍处于初级阶段,尚未形成大家公认的主导思想,对完善上述理论观点及至上升到法律尚需时日,本解释作出的规定是符合现行法律、法理和商品房交易实务的"。

六、国外及国内关于预约的主要学术观点

美国学者一般将预约合同分为"将进行谈判的预约"和"带未决条款的预约"两种。"将进行谈判的预约"有可能规定交易的实质性条款,但当事人的未来交易行为不受预约的直接

---

① 参见最高人民法院民事审判一庭编著:《最高人民法院关于审理城镇房屋租赁合同纠纷案件司法解释的理解与适用》,人民法院出版社2016年版。

约束,双方当事人只承担继续谈判、直接达成最后本约的义务。受预约约束的双方当事人负有诚信谈判或磋商的义务,但如果双方当事人诚信履行其继续谈判义务但及未能达能“本约”时,则不承担任何责任。即将进行谈判的预约对双方当事人施加的是“必须磋商”而非“必须缔约”的义务。该观点与上海高院的观点一致。

“带未决条款的预约”中对交易的大部分条款进行了规定,双方当事人同意受其约束,同时双方负有就未决条款继续谈判的义务,对于此种类型预约,双方当事人不仅负有诚信谈判的义务,当他们不能达成“关于未决条款的协议”时,法院可以对此未决条款进行补充,使其具有强制实现交易的作用。此类型的预约,学者又分为两种观点。一种观点是姜丛华、朱宁的观点,他们在《预约研究》(中国司法网)一文中认为即使该预约与本约如此接近,以至于常常与本约混淆,但它与本约的区别在于它明示地约定还有“未决条款”,只不过对“未决条款”双方有义务继续予以补充,否则将由法院补充。另一种观点①认为,“带有未决条款的预约”由于已经包括了对双方当事人有约束力的实质性条款,因而并非一个真正的预约。当事人就未决条款进一步磋商,乃是对一个已经生效的合同进行解释和补充,而非促成一个新合同。此种观点与浙江省高院的观点一致,也与最高人民法院《商品房买卖合同司法解释》第 5 条的基本出发点一致。但各地法院对此的理解与适用却五花八门。

七、认购书的法律性质如何认定更符合诚实信用和公平原则

什么是商品房买卖的实际情况呢?一部法律或司法解释是解决技术性问题还是解决社会问题,法律能为社会的进步起到什么样的作用?这些都是法律人应当思考的本质性问题。孟德斯鸠说:“在民法慈母般的眼神中,每个人就是整个国家。”

埃利希说“法发展的重心不在立法,不在法学,也不在司法判决,而在社会本身。”

自 2000 年以来,我国房地产市场出现了井喷现象,尤其是 2003 年以来,全国各地房价暴涨,甚至出现失控现象,完全是卖方市场,购房人没有任何话语权,只能听之任之,认购如雨后春笋般,开发商完全掌握了主动权,购房人的利益受到一定损害,加之法制进程是一个渐进过程,当广大购房人不能从法院得到其认为的“公平合理”的结果时,往往会出现群体上访事件,甚至出暴力事件,将简单的民事法律问题演变成严重的社会问题。

这种现象出现在房价一直暴涨的情况下,主动权在开发商,如果房价大跌呢,会有购房人去履行预约合同,按原价去签定本约合同吗?购房人都能遵守诚实信用及公平原则吗?答案也是显而易见的。

在房价大涨的背景下,最高人民法院出台的司法解释,是否考虑到房价大跌的情况,在草案中也未见说明,有分析认为正因为最高人民法院认识到按经济规律存在房价大跌的情况,所以对违反认购书如何承担法律责任采取模糊态度。

《民法通则》《合同法》都包括了诚实信用原则、公平原则,我们认为这些原则对于解决现实问题比某些技术性法条更有说服力,更能促进社会的进步。关于预约向本约转化的问题,我们认为浙江高院的观点更具说服力,更符合法律精神,有利于促进经济及社会秩序的稳定。1999 年开始实施的《合同法》的主要立法目的是促进行履约,鼓励交易,促进社会进步,以是

① 吴颂明:《预约合同研究》,载梁慧星主编:《民商法论丛》(第 17 卷),法律出版社 2000 年版,第 542 页。

否具有《商品房销售管理办法》第16条规定的共计十三项中具备多少项界定认购书是否可以转化商品房预售合同,并不科学。《合同法》规定了补缺性方法和合同履行的推定条款,如果当事人及法院能够合理运用,便可以解决预约转化问题。

最高人民法院《商品房买卖合同司法解释》第5条关于出卖人已经按照约定收受购房款的,我们认为依诚实信用原则,如果购房人支付的购房款只占到购房全款的一成、二成,当出现房价大幅上涨时,如支付5万元诚信金,总房款30万元,现在上涨为60万元,就不能认定为购房人已经按约定支付购房款,商品房增值利益由购房人独享也同样显失公平。当购房人支付了大部分款项或全部款项后,应认定为出卖人已经按约定收受了购房人的购房款,购房人应享有增值利益。

我国合同法没有规定情势变更原则,这不能说不是一个遗憾,但这并不妨碍人民法院在审判实践中对情势变更原则的运用,尤其是在房地产市场出现波动时,价格大涨或大跌的情况下,人民法院更应该合理运用情势变更原则,允许当事人变更合同,避免显失公平。

八、法律链接

(一)《商品房销售管理办法》

第16条　商品房销售时,房地产开发企业和买受人应当订立书面商品房买卖合同。

商品房买卖合同应当明确以下主要内容:

(一)当事人名称或者姓名和住所;

(二)商品房基本状况;

(三)商品房的销售方式;

(四)商品房价款的确定方式及总价款、付款方式、付款时间;

(五)交付使用条件及日期;

(六)装饰、设备标准承诺;

(七)供水、供电、供热、燃气、通讯、道路、绿化等配套基础设施和公共设施的交付承诺和有关权益、责任;

(八)公共配套建筑的产权归属;

(九)面积差异的处理方式;

(十)办理产权登记有关事宜;

(十一)解决争议的方法;

(十二)违约责任;

(十三)双方约定的其他事项。

(二)最高人民法院《商品房买卖合同司法解释》

第5条　商品房的认购、订购、预订等协议具备《商品房销售管理办法》第十六条规定的商品房买卖合同的主要内容,并且出卖人已经按照约定收受购房款的,该协议应当认定为商品房买卖合同。

第三章　商品房销售广告合同纠纷

【一级案由】合同、无因管理、不当得利纠纷

【二级案由】合同纠纷

【三级案由】房屋买卖合同纠纷

【四级案由】商品房预售合同纠纷/商品房销售合同纠纷

第一节　法律要点详解

一、概述

商品房销售广告是房地产开发企业为销售或者预售其开发建设的房地产项目而向不特定的潜在购买者所发布的关于商品房相关信息和资料的图片或文字说明。虽然国家工商总局第 80 号令下发的《房地产广告发布规定》中明确规定了不得发布广告的情形，并规定房地产广告必须真实、合法、科学、准确，不得欺骗、误导消费者，但实践中，往往在竣工之前购房者无法通过观察判断来甄别开发商发布的广告中是否含有一些虚假、夸大或不实的宣传内容，导致购房者轻信广告内容进而决定购买商品房，但当开发商实际交付房产时，如果房屋实际情况和广告宣传内容差别巨大，导致购房者的心理期望落差极大，是造成审判实践中大量存在因商品房销售广告引发的合同纠纷的根本。

在商品房销售广告中售房者大致存在以下几种说明或允诺的情形：向购房人提供购房优惠政策或附送礼品；对商品房的使用功能、美观度、周边环境等的描述；对“售后还本”“售后包租”等的承诺；对可以办理本地户口的承诺等。诸如此类的夸大或虚假的广告宣传，对于购房者诱惑极大，其中不乏对社会经验不足、对广告的不实宣传没有清晰认识的购房者在购房初衷落空后将售房者诉至法院的情形。笔者就以上问题从理论到实践再到涉案纠纷问题作如下阐述。

二、要约与要约邀请

商品房买卖合同的成立要符合《合同法》第 13 条的规定，即要采取要约、承诺的方式，且二者缺一不可。要约有 4 个构成要件，分别为：特定的人的意思表示、向要约人希望与之订立合同的受要约人作出的行为、具有订立合同的目的并表明一经承诺即受拘束的意旨、内容具体而确定。要约邀请是希望他人向自己发出要约的意思表示。《合同法》第 15 条规定，商业

广告的意思表示属于要约邀请，而要约邀请不能成为承诺的对象，但此规定相对比较保守和抽象，只能得出一般的商业广告内容不能认定为合同内容的结论。

三、司法实践中《商品房买卖合同司法解释》对广告性质认定的影响

在司法实践中，《商品房买卖合同司法解释》发布实施以前，法院一般不会认定广告内容为合同内容，即商品房广告仅是一种要约邀请。对广告宣传的不实或夸大行为也只能认定为违背诚实信用原则，极端情况也只是会判令售房者承担一定的缔约过失责任，向购房者给予一定的补偿。

《商品房买卖合同司法解释》第3条规定："商品房的销售广告和宣传资料为要约诉请，但是出卖人就商品房开发规划范围内的房屋及相关设施所作说明和允诺具体确定，并对商品房买卖合同的订立及房屋价格的确定有重大影响的，应当视为要约。该说明和允诺即使未载入商品房买卖合同亦应当视为合同内容，当事人违反的，应当承担违约责任。"对此，笔者有如下理解：

1. 如果广告中的内容并不具体明确，就不能认定为要约的意思表示，只能理解为要约邀请，那么广告对商品房买卖双方不具有合同性质的约束力。

2. 如果合同中含有对广告内容的认可性描述或以合同附件的形式对广告内容予以确认，那么广告则直接构成了合同条款内容，对双方均具有合同性质的约束力。

3. 购房者如果就广告内容提出了订立合同的要约，该要约与合同其他条款一同构成了完整的交易条件，那么应该将广告内容视为合同的组成部分，具有合同性质的约束力。

四、关于购房者的诉请问题

当购房者与房地产商就商品房销售广告发生合同纠纷时，一般会提出解除合同、赔偿房款利息损失和升值价差损失或者要求房地产商承担违约责任、根据违约条款支付违约金等诉讼请求。但想获得支持，还须证明广告内容的说明和允诺具体确定，且对合同的订立、价格的确定有重大影响这两个认定广告内容定性为要约的标准。

第二节　权威案例指导

典型案例

任某斐与陕西科迅置业有限公司房屋买卖合同纠纷案

【案件来源】陕西省高级人民法院

【审理法院】陕西省高级人民法院

【案件案号】(2015)陕民二申字第00179号

【裁判日期】2015 年 7 月 23 日

【裁判摘要】在本案中,虽然有关地热温泉作为房屋的相关配套设施的内容未载入商品房买卖合同,但是,被申请人就该房屋的地热温泉设施的说明和允诺具体确定,而且申请人之所以选择以高于其他开发商现房的价格购买该期房,就是基于该房屋配置地热温泉的合同目的,因此,即使地热温泉设施未载入合同,但是根据被申请人宣传的广告单具体内容和已交付丽水花庭住宅开发建设项目建成的地热温泉配套给水官网及供给计量等基础配套设施的事实存在亦足以能够确定其属于合同内容不可分割的一部分,被申请人违反合同约定不全面履行建设配套地热水井义务,应当承担违约责任。

第三节 实务操作指南

一、购房者的两种诉讼请求

因商品房销售广告合同引起的纠纷中,购房者一般会有两种诉讼请求,即解除购房合同并赔账损失或要求开发商承担违约责任并赔偿损失。

购房者若欲解除合同,主要的法律依据是《合同法》第 94 条,该条规定:"有下列情形之一的,当事人可以解除合同:(一)因不可抗力致使不能实现合同目的;(二)在履行期限届满之前,当事人一方明确表示或者以自己的行为表明不履行主要债务;(三)当事人一方迟延履行主要债务,经催告后在合理期限内仍未履行;(四)当事人一方迟延履行债务或者有其他违约行为致使不能实现合同目的;(五)法律规定的其他情形。"《合同法》第 94 条主要针对解决广告中涉及的宣传内容由于不可抗力而无法兑现,或者开发商明确表示不会继续履行或以久拖不决的态度对待广告宣传内容的情形,但根据《商品房买卖合同司法解释》第 3 条规定的"商品房的销售广告和宣传资料为要约邀请,但是出卖人就商品房开发规划范围内的房屋及相关设施所作的说明和允诺具体确定,并对商品房买卖合同的订立及房屋价格的确定有重大影响的,应当视为要约。"达不到这三个条件的要求,对于广告宣传的内容就无法认定为要约,更无法判定合同目的不能实现,进而也达不到法定的解除标准。

购房者若要求开发商承担违约责任则需要在购房合同中明确约定了违约条款及确定的违约金数额,开发商依约承担违约责任即可。但同样也涉及上文所述的"三个条件"问题,如果不能将广告宣传内容认定为要约,那么购房者签订购房合同的内容就不能包括广告宣传内容,进而依据广告宣传内容主张解除合同或承担违约责任也没有了依据。

二、"三个条件"的可操作性

对于第一个条件即广告和宣传资料说明和允诺的对象是商品房开发规划范围内的房屋及相关设施,这一标准比较容易认定,依据"红线图"来确定其范围即可。但"明确具体"的衡量标准就显得有些模糊和概括了,实践中可操作性不强,需要法官根据个人的经验来进行判断。至于"对房屋的价格确定有重大影响"的程度,往往需要通过比较广告宣传内容的有无究竟会产生多大的价格差距来具体判断,虽然可能得不到精确的价差数值,但也还算具有一定的裁量依据可寻;可“对买卖合同的订立有重大影响”就完全取决于法官的自由裁量,因为法官无法核实购房者签订购房合同时的内心真实想法,究竟广告宣传内容是否达到了影响签订合同与否的程度不得而知。

综上,关于商品房销售广告合同纠纷的产生、处理的司法实践,目前还没有统一的标准,属于规划范围之内的广告,只能依据学理进行要约和要约邀请的判断,明确具体的标准通常具有相对性,根据法官的自由裁量,不同的法院可能会有不同的裁判结果。

第四节 法律法规整合

一、《合同法》

第14条 要约是希望和他人订立合同的意思表示,该意思表示应当符合下列规定:

(一)内容具体确定;

(二)表明经受要约人承诺,要约人即受该意思表示约束。

第15条 要约邀请是希望他人向自己发出要约的意思表示。寄送的价目表、拍卖公告、招标公告、招股说明书、商业广告等为要约邀请。

商业广告的内容符合要约规定的,视为要约。

二、《商品房买卖合同司法解释》

第3条 商品房的销售广告和宣传资料为要约邀请,但是出卖人就商品房开发规划范围内的房屋及相关设施所作的说明和允诺具体确定,并对商品房买卖合同的订立以及房屋价格的确定有重大影响的,应当视为要约。该说明和允诺即使未载入商品房买卖合同,亦应当视为合同内容,当事人违反的,应当承担违约责任。

三、《城市房地产开发经营管理条例》

第25条 房地产开发企业不得进行虚假广告宣传,商品房预售广告中应当载明商品房预售许可证明的文号。

四、《商品房销售管理办法》

第14条 房地产开发企业、房地产中介服务机构发布商品房销售宣传广告,应当执行《中华人民共和国广告法》、《房地产广告发布暂行规定》等有关规定,广告内容必须真实、合法、科学、准确。

第15条 房地产开发企业、房地产中介服务机构发布的商品房销售广告和宣传资料所明示的事项,当事人应当在商品房买卖合同中约定。

五、《房地产广告发布规定》

全文(略)

第四章　房屋交付纠纷

【一级案由】合同、无因管理、不当得利纠纷

【二级案由】合同纠纷

【三级案由】房屋买卖合同纠纷

第一节　法律要点详解

随着房地产市场的发展，房屋已经成为老百姓个人消费的必需品，但房屋买卖需要考虑合同签署、价款支付、房屋交付等相关内容。房屋交付是房屋买卖过程中一个非常重要的环节，具有重大意义，主要涉及交付时间、交付条件、质量问题、风险负担、违约责任等多方面内容，尤其商品房交付，是目前社会生活和司法实践中一个重要的法律问题。

一、商品房买卖合同

2000 年 9 月 13 日，国家工商行政管理局和建设部印发了《商品房买卖合同示范文本》（GF－2000－0171）（以下简称“2000 版商品房买卖合同”）。

2014 年 4 月 9 日，国家工商行政管理局和住房和城乡建设部制定了《商品房买卖合同（预售）示范文本》（GF－2014－0171）、《商品房买卖合同（现售）示范文本》（GF－2014－0172）（以下简称“2014 版商品房买卖合同”）。

两个版本的《商品房买卖合同》在房屋交付条件、违约责任、交付通知、质量保修责任、补充协议约定等方面有较大区别，两个版本相比，进一步加大了房地产开发企业对商品房的责任，并使《商品房买卖合同》更趋于公平合理。

二、商品房的交付时间

商品房的交付时间是指房地产开发企业（又称“开发商”）与买受人在商品房买卖合同中约定的开发商将符合交付使用条件的房屋向买受人交付，买受人查验并接受房屋的期限。一般情况下，商品房买卖合同中明确约定了商品房的交付时间，双方依合同约定履行即可。

三、商品房的交付条件

首先，根据《商品房买卖合同》的约定，房屋交付应当具备合同约定的交付条件，但是《商

品房买卖合同》中约定的交付条件有多种，需要双方进行选择。通常情况下，开发商直接选择了房屋交付条件，买受人无权选择。

其次，商品房交付还应具备法定条件。包括但不限于：建设工程经验收合格；消防验收合格；供水、供电等配套设施具体交付使用条件；具备《住宅质量保证书》和《住宅使用说明书》。

四、商品房交付的风险承担

对房屋的转移占有，视为房屋的交付使用，但当事人另有约定的除外。

房屋毁损、灭失的风险，在交付使用前由出卖人承担，交付使用后由买受人承担；买受人接到出卖人的书面交房通知后，无正当理由拒绝接收的，房屋毁损、灭失的风险自书面交房通知确定的交付使用之日起由买受人承担，但法律另有规定或者当事人另有约定的除外。

五、买受人不能以房屋存在质量问题为由拒收房屋，但主体结构质量不合格的除外

从合同目的的角度来看，房屋买卖的核心目的是居住或使用功能，但房屋存在质量问题仅是房屋存在瑕疵或缺陷，并不影响房屋的使用功能。法律明确规定了房屋的质量保修责任，因此房屋存在质量问题，买受人可以要求开发商承担保修责任，并不损害买受人的权利，故不得以此为由拒收房屋。

但主体结构质量不合格，则可能影响到房屋居住和使用功能。《商品房买卖合同司法解释》第 12 条规定："因房屋主体结构质量不合格不能交付使用，或房屋交付使用后，房屋主体结构质量经核验确属不合格，买受人请求解除合同和赔偿损失的，应予支持。"因对"严重影响生活正常居住"并没有明确的规定，因此这一情况的认定属于法官自由心证的范畴。

第二节　权威案例指导

典型案例

黎某昌、程某诉广州市粤锐恒星房地产有限公司商品房预售合同纠纷案

【案件来源】《人民法院案例选》2015 年第 2 辑

【审理法院】广东省广州市中级人民法院

【案件案号】(2014)穗中法民五终字第 2513 号

【裁判日期】2014 年 9 月 11 日

【裁判要点】具备永久用电条件，是行业监管部门为规范商品房交易行为而对开发商提出的必然要求，也是商品房买受人的基本居住要求，亦是其与开发商订立《商品房买卖合同》时对合同履行结果的当然合理期待内容。达到"使用条件"的永久性供电是

开发商在签订合同时必须“承诺”，且在交楼时必须满足的必备条件，这一基本要求不因后续《补充协议》对交楼标准的降低而削减或免除。开发商未按合同约定期限将具备永久用电条件的房屋交付购房人使用，构成违约，应按照合同约定标准向购房人计付延迟交楼违约金。

第三节 实务操作指南

司法实务中，针对房屋交付产生的争议主要集中在商品房是否达到交付标准、开发商承担违约责任的方式、商品房的质量保修责任。

一、对商品房交付条件的理解

《商品房买卖合同》明确约定了交付条件，但两个《商品房买卖合同》版本有较大区别，我们将分别解析。

（一）2000 版商品房买卖合同第 8 条的约定

1.“该商品房经验收合格”：虽然《建设工程质量管理条例》第 16 条规定“建设工程经验收合格的，方可交付使用”，但司法实践中对“验收合格”的理解争议依然很大。一种理解是取得建设工程竣工验收备案证明，另一种理解为建设单位组织的四方或五方验收合格。而实践中开发商很少选择该条作为商品房交付标准。

2.“该商品房经综合验收合格”：根据《国务院关于取消第二批行政审批项目和改变一批行政审批项目管理方式的决定》（国发〔2003〕5 号）第 76 项的规定，取消了“房屋建筑工程和市政基础设施工程竣工验收核准”，改为“告知性备案”。根据《国务院关于第三批取消和调整行政审批项目的决定》（国发〔2004〕16 号）第 83 项的规定，取消了“住宅小区等群体房地产开发项目竣工综合验收”，因此《房地产开发建设项目竣工综合验收合格证》已经取消，故综合验收已经不存在了。

3.“该商品房经分期综合验收合格”：综合验收取消后，分期综合验收同样取消。

4.“该商品房取得商品住宅交付使用批准文件”：交付使用批准文件一般都是通过地方政府或主管部门颁布相关规定的方式予以明确，例如辽宁省沈阳市 2016 年 3 月 1 日起施行的《沈阳市商品住房交付使用管理办法》规定，商品住房交付前，应当具有《沈阳市商品住房交付使用条件确认书》。

（二）2014 版商品房买卖合同第 9 条的约定

1.“该商品房已取得建设工程竣工验收备案证明文件”：相对于 2000 版商品房买卖合同，该条明确了验收合格的具体标准。根据《房屋建筑和市政基础设施工程竣工验收备案管理办法》的规定，竣工验收备案证明文件是指《工程竣工验收备案表》。

2."该商品房已取得房屋测绘报告"：房屋测绘报告在实践中有两种，一种是建设工程尚未建设完成，测绘部门根据规划、设计等文件作出的测绘报告，实践中又称为"预测"，该报告主要用于预售许可证的办理；另一种是建设工程竣工时由测绘部门根据建设工程实际建设情况，进行实地测量作出的测绘报告，实践中又称为"实测"，该报告用于纠正预售许可证的错误，也为将来办理房屋不动产权证提供依据。

（三）司法实践中常见的交付标准是"建设单位组织的四方或五方验收合格"

司法实践中，四方一般是指建设单位、施工单位、监理单位、设计单位，第五方则是勘察单位。部分开发商使用2000版商品房买卖合同，在第8条中直接约定"该商品房经建设单位组织四方或五方验收合格"，我们倾向认为该约定内容违反法律规定，不应获得法院支持，但部分地区人民法院也支持上述约定。

二、迟延交付商品房的违约责任

（一）开发商应当按照合同约定，将符合交付使用条件的商品房按期交付给买受人。如因开发商原因未能按期交付的，开发商应当承担违约责任

1.买受人有权依据商品房买卖合同的约定向开发商主张逾期交付房屋违约金。

如果商品房买卖合同没有约定违约金数额或者损失赔偿额的计算方法，违约金数额或者损失赔偿额可以参照以下标准确定：逾期交付使用房屋的，按照逾期交付使用房屋期间有关主管部门公布或者有资格的房地产评估机构评定的同地段同类房屋的租金标准确定。

2.开发商迟延交付房屋，经催告后在三个月的合理期限内仍未履行，当事人一方请求解除合同的，应予支持，但当事人另有约定的除外。

法律没有规定或者当事人没有约定，经对方当事人催告后，解除权行使的合理期限为三个月。对方当事人没有催告的，解除权应当在解除权发生之日起一年内行使；逾期不行使的，解除权消灭。

因不可抗力或者当事人在合同中约定的其他原因，需延期交付的，开发商应当及时告知买受人。

（二）如因买受人、政府原因或不可抗力等原因造成开发商未能按期交付房屋的，开发商无须承担违约责任

三、商品房的质量保修责任

1.开发商应当对所售商品房承担质量保修责任。当事人应当在合同中就保修范围、保修期限、保修责任等内容做出约定。保修期从交付之日起计算。

2.商品房的保修期以《住宅质量保证书》记载的内容为准。

商品住宅的保修期限不得低于建设工程承包单位向建设单位出具的质量保修书中约定的保修期的存续期，但存续期不得低于国家规定的最低保修期限。

《建设工程质量管理条例》第40条明确规定了房屋建筑工程的最低保修期限。

3.因房屋质量问题严重影响正常居住使用，买受人请求解除合同和赔偿损失的，应予支

持。因不可抗力或者使用不当造成的损坏,开发商不承担责任。

4. 交付使用的房屋存在质量问题,在保修期内,开发商应当承担修复责任;开发商拒绝修复或者在合理期限内拖延修复的,买受人可以自行或者委托他人修复。修复费用及修复期间造成的其他损失由开发商承担。

5. 因房屋主体结构质量不合格不能交付使用,或者房屋交付使用后,房屋主体结构质量经核验确属不合格,买受人请求解除合同和赔偿损失的,应予支持。

商品房交付使用后,买受人认为主体结构质量不合格的,可以依照有关规定委托工程质量检测机构重新核验。经核验,确属主体结构质量不合格的,买受人有权退房;给买受人造成损失的,开发商应当依法承担赔偿责任。

第四节　法律法规整合

一、《商品房买卖合同司法解释》

全文(略)

二、《商品房销售管理办法》

全文(略)

三、《建筑法》

第61条第2款　建筑工程竣工经验收合格后,方可交付使用;未经验收或者验收不合格的,不得交付使用。

四、《建设工程质量管理条例》

第16条　建设单位收到建设工程竣工报告后,应当组织设计、施工、工程监理等有关单位进行竣工验收。

建设工程竣工验收应当具备下列条件:

(一)完成建设工程设计和合同约定的各项内容;

(二)有完整的技术档案和施工管理资料;

(三)有工程使用的主要建筑材料、建筑构配件和设备的进场试验报告;

(四)有勘察、设计、施工、工程监理等单位分别签署的质量合格文件;

(五)有施工单位签署的工程保修书。

建设工程经验收合格的,方可交付使用。

第40条　在正常使用下,建设工程的最低保修期限为:

(一)基础设施工程、房屋建筑的地基基础工程和主体结构工程,为设计文件规定的该工程的合理使用年限;

(二)屋面防水工程、有防水要求的卫生间、房间和外墙面的防渗漏,为5年;

(三)供热与供冷系统,为2个采暖期、供冷期;

(四)电气管线、给排水管道、设备安装和装修工程,为2年。

其他项目的保修期限由发包方与承包方约定。

建设工程的保修期,自竣工验收合格之日起计算。

五、《城市房地产管理法》

第27条　房地产开发项目竣工,经验收合格后,方可交付使用。

六、《城市房地产开发经营管理条例》

第17条　房地产开发项目竣工,依照《建设工程质量管理条例》的规定验收合格后,方可交付使用。

七、《消防法》

第13条　按照国家工程建设消防技术标准需要进行消防设计的建设工程竣工,依照下列规定进行消防验收、备案:

(一)本法第十一条规定的建设工程,建设单位应当向公安机关消防机构申请消防验收;

(二)其他建设工程,建设单位在验收后应当报公安机关消防机构备案,公安机关消防机构应当进行抽查。

依法应当进行消防验收的建设工程,未经消防验收或者消防验收不合格的,禁止投入使用;其他建设工程经依法抽查不合格的,应当停止使用。

第五章 逾期办证纠纷

【一级案由】合同、无因管理、不当得利纠纷

【二级案由】合同纠纷

【三级案由】房屋买卖合同纠纷

第一节 法律要点详解

一、不动产权证书

我国的不动产物权变动采取的是交付加登记制度,关于商品房买卖的交付,前面的章节已有详细的阐述,本章重点研究登记办理房屋产权环节。商品房买卖,根据不动产物权变动公示原则,标的物所有权转移行为的完成,就必须依法办理房屋所有权登记手续,取得房屋所有权证书,这一点在我国的诸多法律法规中都有明确规定。

《物权法》第 9 条规定:不动产物权的设立、变更、转让和消灭,经依法登记,发生效力;未经登记,不发生效力,但法律另有规定的除外。《物权法》第 17 条规定:不动产权属证书是权利人享有该不动产物权的证明。《城市房地产管理法》第 60 条规定:国家实行土地使用权和房屋所有权登记发证制度。我国的房屋产权证书经历了从房产证到不动产权证的发展。根据 2015 年 3 月 1 日起施行的《不动产登记暂行条例》第 4 条的规定:国家实行不动产统一登记制度。因此,不动产权证书是确认房屋所有权的最重要的客观依据。

二、不动产权证书的办理主体

《商品房销售管理办法》第 34 条规定,房地产开发企业应当在商品房交付使用之日起 60 日内,将需要由其提供的办理房屋权属登记的资料报送房屋所在地房地产行政主管部门。

《城市房地产开发经营管理条例》第 32 条规定,预售商品房的购买人应当自商品房交付使用之日起 90 日内,办理土地使用权变更和房屋所有权登记手续;现售商品房的购买人应当自销售合同签订之日起 90 日内,办理土地使用权变更和房屋所有权登记手续。房地产开发企业应当协助商品房购买人办理土地使用权变更和房屋所有权登记手续,并提供必要的证明文件。

从以上规定可以看出,办理不动产权证书,不是单纯商品房买卖一方的义务,而是需要商品房买卖双方的协作。一般情况下,商品房买卖合同中会有关于办理房屋权属证书的约定,

应尊重双方的意思自治，有约定的从其约定；没有约定的，根据办理房屋权属证书流程，确定开发商和买受人的不同义务及应承担的相应责任。

三、不动产权证书的办理期限

《商品房买卖合同司法解释》第18条第1款规定："由于出卖人的原因，买受人在下列期限届满未能取得房屋权属证书的，除当事人有特殊约定外，出卖人应当承担违约责任：(一)商品房买卖合同约定的办理房屋所有权登记的期限；(二)商品房买卖合同的标的物为尚未建成房屋的，自房屋交付使用之日起90日；(三)商品房买卖合同的标的物为已竣工房屋的，自合同订立之日起90日。"

《商品房销售管理办法》第34条规定，房地产开发企业的责任将办理房屋权属登记的材料报送房屋所在地房地产行政主管部门的时间，应当在商品房交付使用之日起60日内。

一般情况下，开发商提供的《商品房买卖合同》约定的办理房屋所有权登记的期限较长，有可能是1年、2年、3年或更长。

第二节 权威案例指导

典型案例

周某治、俞某芳与余姚众安房地产开发有限公司商品房销售合同纠纷案

【案件来源】《最高人民法院公报》2016年第11期(总第241期)

【审理法院】浙江省宁波市中级人民法院

【案件案号】(2014)浙甬民二终字第470号

【裁判日期】2014年8月13日

【裁判要点】1. 商品房买卖中，开发商的交房义务不仅局限于交钥匙，还需出示相应的证明文件，并签署房屋交接单等。2. 合同中分别约定了逾期交房与逾期办证的违约责任，但同时又约定开发商承担了逾期交房的责任之后，逾期办证的违约责任就不予承担的，应认定该约定属于免除开发商按时办证义务的无效格式条款，开发商仍应按照合同约定承担逾期交房、逾期办证的多项违约之责。

第三节 实务操作指南

司法实务中，逾期办证纠纷主要集中在逾期办证的原因、开发商承担违约责任的情形、违约责任的承担方式以及诉讼时效问题上，而逾期办证的原因是逾期办证纠纷中的重中之重。

一、逾期办理房屋产权证书的原因

在办理房屋产权证书过程中的不同环节，开发商、买受人及其他单位和个人承担的义务是不同的，因此，对逾期办证的原因也需要具体情况具体分析，不可一概而论。

1. 开发商的原因

开发商的原因是导致逾期办证的最主要原因，日常的司法实务也多集中于此。如开发商的土地使用手续不合法、未支付土地使用权出让金、违规开发建设、没有通过竣工验收、所售房屋设定的抵押尚未注销、在合同约定或法定的期限内，不能提交办理房屋所有权初始登记应具备的文件材料，或者在买受人申请办理房屋所有权登记时，不能提供相关证明材料等。

2. 买受人的原因

正常情况下，开发商在法定期限内向相关行政部门提交了相关证明文件和资料，完成房屋初始登记并履行告知买受人的义务后，开发商的办理义务也就履行完毕了。此后如果是因为买受人不及时办理导致的逾期办证，就不能再追究开发商责任了。司法实务中遇到的买受人的原因一般有：买受人迟延支付购房款、买受人出差或出国无时间办理、买受人不能交纳相关税费造成的迟延。

3. 第三人及其他

在商品房逾期办证违约金诉讼中，开发商一般都会主张非自身原因导致逾期办理不动产权证，非自身原因主要包括：不可抗力原因、政府政策调整原因、政府职能部门或相关部门拖延审核原因、建设单位未提供相关资料等。但上述非自身原因中有些是开发商拖延或消极造成的，并非第三方原因，开发商完全可以避免部分原因产生影响，因此，在诉讼中，法院会对非自身原因与开发商有无关联关系进行审查，最终判断是否为开发商的责任。

二、开发商承担违约责任的情形

开发商承担违约责任的前提条件是开发商超过《商品房买卖合同》约定或法律规定的产权证书办理期限未能办理产权证书，且逾期办理产权证书是开发商原因。

(1)《商品房买卖合同》关于产权登记的约定是开发商和购房者的特殊约定，应当共同遵守，因此，《商品房买卖合同》中关于产权登记的约定优先适用，广大购房者在签订《商品房买卖合同》时应关注该部分内容。

(2)根据《商品房买卖合同司法解释》第18条的规定："由于出卖人的原因，买受人在下列期限届满未能取得房屋权属证书的，除当事人有特殊约定外，出卖人应当承担违约责任：(一)商品房买卖合同约定的办理房屋所有权登记的期限；(二)商品房买卖合同的标的物为尚未建成房屋的，自房屋交付使用之日起90日；(三)商品房买卖合同的标的物为已竣工房屋的，自合同订立之日起90日……"

三、迟延办证的违约责任

（一）如因开发商原因未能按期办理房屋所有权登记的，开发商应当按照合同约定承担违约责任

1. 商品房买卖合同没有约定违约金或者损失数额难以确定的，可以按照已付购房款总额，参照中国人民银行规定的金融机构计收逾期贷款利息的标准计算。

2. 商品房买卖合同约定或者《城市房地产开发经营管理条例》第 32 条规定的办理房屋所有权登记的期限届满后超过一年，由于出卖人的原因，导致买受人无法办理房屋所有权登记，买受人请求解除合同和赔偿损失的，应予支持。

（二）如非因开发商原因造成逾期办理房屋所有权登记的，开发商无须承担违约责任

四、逾期办证违约金是否存在诉讼时效

《民法总则》第 188 条规定：向人民法院请求保护民事权利的诉讼时效期间为三年。诉讼时效期间自权利人知道或者应当知道权利受到损害以及义务人之日起计算。法律另有规定的，依照其规定。

目前司法实务中对逾期办证违约金是否存在诉讼时效问题存在争议：一种观点认为应当适用诉讼时效期间，理由为：一般情况下，《商品房买卖合同》中均明确约定了商品房办理产权证的起算时间，即自商品房办理产权证的起算时间起，买受人就应当知道权利受到损害，即开始计算诉讼时效期间；另一种观点认为不适用诉讼时效期间，理由为：由于开发商持续不能办理产权证，违约行为一直持续至能够办理产权证之日，故不存在诉讼时效期间，但是自能够办理产权证之日起，违约行为不存在了，则计算诉讼时效期间。

2015 年 12 月 23 日至 24 日，最高人民法院在北京召开第八次全国法院民事商事审判工作会议，并形成《第八次全国法院民事商事审判工作会议（民事部分）纪要》，该纪要第 18 条规定：买受人请求出卖人支付逾期办证的违约金，从合同约定或者法定期限届满之次日起计算诉讼时效期间。由此可以看出，最高人民法院的观点是支持逾期办证违约金适用诉讼时效期间。

第四节　法律法规整合

一、《物权法》

全文（略）

二、《不动产登记暂行条例》

第 4 条　国家实行不动产统一登记制度。

不动产登记遵循严格管理、稳定连续、方便群众的原则。

不动产权利人已经依法享有的不动产权利，不因登记机构和登记程序的改变而受到影响。

三、《城市房地产管理法》

第 60 条 国家实行土地使用权和房屋所有权登记发证制度。

四、《城市房地产开发经营管理条例》

第 32 条 预售商品房的购买人应当自商品房交付使用之日起 90 日内，办理土地使用权变更和房屋所有权登记手续；现售商品房的购买人应当自销售合同签订之日起 90 日内，办理土地使用权变更和房屋所有权登记手续。房地产开发企业应当协助商品房购买人办理土地使用权变更和房屋所有权登记手续，并提供必要的证明文件。

五、《商品房买卖合同司法解释》

第 18 条 由于出卖人的原因，买受人在下列期限届满未能取得房屋权属证书的，除当事人有特殊约定外，出卖人应当承担违约责任：

（一）商品房买卖合同约定的办理房屋所有权登记的期限；

（二）商品房买卖合同的标的物为尚未建成房屋的，自房屋交付使用之日起 90 日；

（三）商品房买卖合同的标的物为已竣工房屋的，自合同订立之日起 90 日。

合同没有约定违约金或者损失数额难以确定的，可以按照已付购房款总额，参照中国人民银行规定的金融机构计收逾期贷款利息的标准计算。

第 19 条 商品房买卖合同约定或者《城市房地产开发经营管理条例》第三十二条规定的办理房屋所有权登记的期限届满后超过一年，由于出卖人的原因，导致买受人无法办理房屋所有权登记，买受人请求解除合同和赔偿损失的，应予支持。

六、《第八次全国法院民事商事审判工作会议（民事部分）纪要》

18. 买受人请求出卖人支付逾期办证的违约金，从合同约定或者法定期限届满之次日起计算诉讼时效期间。

合同没有约定违约责任或者损失数额难以确定的，可参照《最高人民法院关于审理民间借贷案件适用法律若干问题的规定》第二十九条第二款规定处理。

第六章　惩罚性赔偿纠纷

【一级案由】合同、无因管理、不当得利纠纷

【二级案由】合同纠纷

【三级案由】房屋买卖合同纠纷

【四级案由】商品房销售合同纠纷

第一节　法律要点详解

一、概述

2003 年,最高人民法院发布《商品房买卖合同司法解释》,其中第 8 条、第 9 条以及第 14 条对商品房买卖过程中惩罚性赔偿做了相关规定。

损害赔偿是指由于违约方不履行或不完全履行合同义务而给对方造成损失,根据法律或者合同的约定应当承担损害赔偿的责任。① 损害赔偿可以分为补偿性损害赔偿与惩罚性损害赔偿。通常在我国损害赔偿法律制度中,以补偿性损害赔偿为原则,以惩罚性赔偿为例外。常见的惩罚性赔偿可见于《消费者权益保护法》、《合同法》、《食品安全法》以及《商品房司法解释》等法律规范中。

在《商品房买卖合同司法解释》中惩罚性赔偿适用的主体方面如下。《商品房买卖合同司法解释》第 1 条规定:"本解释所称的商品房买卖合同,是指房地产开发企业(以下统称为出卖人)将尚未建成或者已竣工的房屋向社会销售并转移房屋所有权于买受人,买受人支付价款的合同。"也就是说,该司法解释调整的主体范围是房地产开发企业与买受人之间的商品房买卖法律关系。这也就意味着,如果要在商品房买卖合同中适用惩罚性赔偿,一方主体必须是房地产开发企业,否则不适用惩罚性赔偿的规定。例如,在二手房交易过程中,双方都是当事人的就不适用惩罚性赔偿的规定。

在客体方面,该惩罚性赔偿仅适用于商品房,对于集资房、房改房、回迁房、小产权房、农村住房等均不适用惩罚性赔偿的规定。

在惩罚性赔偿的幅度上。《商品房买卖合同司法解释》规定的是可以要求出卖人承担不超过已付购房款一倍的赔偿责任。应当注意的是,惩罚性赔偿的基准是已付房款,并非全部

① 参见王利明、杨立新、王轶、程啸:《民法学》,法律出版社 2017 年版,第 658 页。

房款。同时,赔偿数额也并非当然一倍化,而是不超过一倍,具体数额的确定应当综合考虑买受人所受损失情况与出卖人具体过错、承受能力等因素。①

根据《商品房买卖合同司法解释》的规定,买受人可以同时对已付房款、利息、损失等一并主张。

二、关于惩罚性赔偿的详细规定

《商品房买卖合同司法解释》第 8 条规定了先买者惩罚性赔偿请求权的内容,第 9 条规定了后买者惩罚性赔偿请求权的内容。

(一)先买者行使惩罚性赔偿请求权的具体要件

《商品房买卖合同司法解释》第 8 条规定:"具有下列情形之一的,导致商品房买卖合同目的不能实现的,无法取得房屋的买受人可以请求解除合同、返还已付购房款及利息、赔偿损失,并可以请求出卖人承担不超过已付购房款一倍的赔偿责任:(一)商品房买卖合同订立后,出卖人未告知买受人又将该房屋抵押给第三人;(二)商品房买卖合同订立后,出卖人又将该房屋出卖给第三人。"

1. 具体情形

第一种情况是双方在订立商品房买卖后,出卖人没有将标的房屋抵押给第三人的事情告知买受人。这种情况就是"先卖后抵"。

第二种情况是双方在订立商品房买卖后,出卖人又将标的房屋出卖给了第三人。这也就是我们通常所说的"一房二卖"情况。

2. 须达商品房买卖合同目的不能实现的条件

当买受人与他人订立的合同出现上述情况之一时,并不能当然地行使惩罚性赔偿请求权。商品房买卖合同的目的就是房地产开发商出卖房屋收取房款,买受人支付对价并取得房屋所有权。如果不能满足上述目的,即属于合同目的不能实现的情形。如果买受人要行使惩罚性赔偿请求权,商品房买卖合同必须要达到合同目的不能实现的条件。

(1)"先卖后抵"的情况。在建筑市场中,房地产开发企业往往会在合同订立后,所有权未发生转移前,为了筹措资金等问题将房屋抵押给银行等金融机构或者其他债权人。《物权法》第 179 条规定:"为担保债务的履行,债务人或者第三人不转移财产的占有,将该财产抵押给债权人的,债务人不履行到期债务或者发生当事人约定的实现抵押权的情形,债权人有权就该财产优先受偿。前款规定的债务人或者第三人为抵押人,债权人为抵押权人,提供担保的财产为抵押财产。"需要注意的是,抵押并不转移占有,也并不一定会导致抵押物发生所有权变动。因此,仅仅是在标的房屋上设立抵押权,并不一定导致合同目的不能实现。

在买受人购买的房屋上设立抵押权的,存在当债务人届期不能履行债务时,抵押权人行使抵押权而导致抵押房屋被拍卖、变卖的情形。所以,当买受人在房屋设立抵押权后取得房屋所有权的,其房屋所有权也处于不稳定状态。此时,如果抵押房屋在买受人取得房屋所有权之前,房地产开发商清偿债务而使得该房屋上的抵押权消灭,那么买受人依然可以取得该

---

① 万国营主编:《房屋买卖合同纠纷》,法律出版社 2015 年版,第 117 页。

房屋所有权且处于稳定状态。但如果房地产开发商未能按时清偿债务,而抵押权人行使抵押权,那么就必然导致买受人无法取得房屋所有权,其商品房买卖合同的目的自然也无法实现。此时,买受人可以向出卖人主张惩罚性赔偿。

(2)“一房二卖”的情况。在如今的房地产市场中,大部分情况是期房销售。房地产开发商在满足预售条件的情况下,即可对外预售房屋。根据《城市商品房预售管理办法》第 2 条的规定,商品房预售是指房地产开发企业将正在建设中的房屋预先出售给承购人,由承购人支付定金或房价款的行为。

在商品房预售条件上,《城市房地产管理法》第 45 条规定:“商品房预售,应当符合下列条件:(一)已交付全部土地使用权出让金,取得土地使用权证书;(二)持有建设工程规划许可证;(三)按提供预售的商品房计算,投入开发建设的资金达到工程建设总投资的百分之二十五以上,并已经确定施工进度和竣工交付日期;(四)向县级以上人民政府房产管理部门办理预售登记,取得商品房预售许可证明。商品房预售人应当按照国家有关规定将预售合同报县级以上人民政府房产管理部门和土地管理部门登记备案。商品房预售所得款项,必须用于有关的工程建设。”《城市商品房预售管理办法》第 6 条规定:“商品房预售实行许可制度。开发企业进行商品房预售,应当向房地产管理部门申请预售许可,取得《商品房预售许可证》。未取得《商品房预售许可证》的,不得进行商品房预售。”

在法律法规前提背景下,有的开发商为了筹措资金等原因,将房屋出卖后再次进行销售。“一房二卖”行为与“先卖后抵”行为均属于严重违约的恶意行为。

在“一房二卖”的情形下,需要对两份商品房买卖合同的效力进行评价。通常认为,两份商品房买卖合同符合《民法总则》第 143 条①的情况时,其效力都应当认定是有效的,如果存在《民法总则》第 146 条、②《合同法》第 52 条、③《商品房买卖合同司法解释》第 10 条④的情况,则应当确认合同无效。

在两份商品房买卖合同都被认定有效的情况下,先买者只有在后买者办理了房屋产权登记取得了所有权后,其与开发商签订的合同在客观上无法履行,合同目的亦不能实现时,才能行使惩罚性赔偿请求权。

3. 合同应当予以解除

即使符合前述条件,受让人仍然不能行使惩罚性赔偿请求权。如果买受人想要行使惩罚性赔偿请求权,则应当解除合同。《合同法》中规定了法定解除权与约定解除权,同时第 97 条也规定了合同解除的后果,即合同解除后,尚未履行的,终止履行;已经履行的,根据履行情况和合同性质,当事人可以要求恢复原状、采取其他补救措施、并有权要求赔偿损失。

---

① 《民法总则》第 143 条规定:“具备下列条件的民事法律行为有效:(一)行为人具有相应的民事行为能力;(二)意思表示真实;(三)不违反法律、行政法规的强制性规定,不违背公序良俗。”

② 《民法总则》第 146 条规定:“行为人与相对人以虚假的意思表示实施的民事法律行为无效。以虚假的意思表示隐藏的民事法律行为的效力,依照有关法律规定处理。”

③ 《合同法》第 52 条规定:“有下列情形之一的,合同无效:(一)一方以欺诈、胁迫的手段订立合同,损害国家利益;(二)恶意串通,损害国家、集体或者第三人利益;(三)以合法形式掩盖非法目的;(四)损害社会公共利益;(五)违反法律、行政法规的强制性规定。”

④ 《商品房买卖合同司法解释》第 10 条规定:“买受人以出卖人与第三人恶意串通,另行订立商品房买卖合同并将房屋交付使用,导致其无法取得房屋为由,请求确认出卖人与第三人订立的商品房买卖合同无效的,应予支持。”

（二）后买者行使惩罚性赔偿请求权的具体要件

《商品房买卖合同司法解释》第9条规定："出卖人订立商品房买卖合同时，具有下列情形之一，导致合同无效或者被撤销、解除的，买受人可以请求返还已付购房款及利息、赔偿损失，并可以请求出卖人承担不超过已付购房款一倍的赔偿责任：（一）故意隐瞒没有取得商品房预售许可证明的事实或者提供虚假商品房预售许可证明；（二）故意隐瞒所售房屋已经抵押的事实；（三）故意隐瞒所售房屋已经出卖给第三人或者为拆迁补偿安置房屋的事实。"

1. 具体情形

第一种情况是出卖人即开发商故意隐瞒没有取得商品房预售许可证明的事实或者提供虚假商品房预售许可证明。通常在商品房预售时，房地产开发商需要"五证齐全"，即开发商需要取得国有土地使用证、建设用地规划许可证、建设工程规划许可证、建筑工程施工许可证、商品房预售许可证。如果开发商没有取得预售许可证却故意隐瞒甚至提供虚假预售许可证，那么则可能会导致商品房买卖合同无效，此时买受人享有惩罚性赔偿请求权。

第二种情况与"先卖后抵"不同，属于"先抵后卖"的情况，即房地产开发商将已经设立抵押权的商品房出售给受让人。这是严重违反法律规定的行为，也当然属于恶意欺诈行为。一方面，《物权法》第191条规定："抵押期间，抵押人经抵押权人同意转让抵押财产的，应当将转让所得的价款向抵押权人提前清偿债务或者提存。转让的价款超过债权数额的部分归抵押人所有，不足部分由债务人清偿。抵押期间，抵押人未经抵押权人同意，不得转让抵押财产，但受让人代为清偿债务消灭抵押权的除外。"根据该条规定，在没有取得抵押权人允许的前提下，抵押人不得擅自处分抵押物。另一方面，买受人在购买已经设立抵押权的商品房后，所有权虽不一定发生转移但也处于极其不稳定的状态，买受人也可以通过行使涤除权使得抵押权归于消灭，但这对买受人的承受能力要求过大，不利于买受人的基本生存权益保护。

第三种情况是开发商故意向后买人隐瞒标的房屋已经出卖给他人的事实，或者故意隐瞒标的房屋并非商品房而是拆迁补偿安置房的事实。此类行为属于恶意欺诈行为之一。该种情况虽然也属于"一房二卖"，但与《商品房买卖合同司法解释》第8条规定的侧重点不同。本条规定的"一房二卖"重点在于开发商在将房屋出售给先买者并办理了登记，又将房屋出卖给后买者，此时后买者自然不能取得房屋所有权。拆迁补偿安置协议具有优先效力，后买者的普通债权无法对抗，所以后买者也无法取得房屋所有权。①

2. 导致合同无效或者被撤销、解除

在满足上述情形时，后买者也不能要求惩罚性赔偿，后买者需要向人民法院提起确认商品房买卖合同无效之诉，或者撤销、解除商品房买卖合同后方可要求惩罚性赔偿。

如前所述，开发商在故意隐瞒没有取得预售许可或提供虚假房屋许可的前提下，商品房买卖合同无效。根据《合同法》第52条的规定，买受人可以向人民法院提起确认商品房买卖合同无效之诉，并请求开发商返还已付购房款及利息、赔偿损失以及要求惩罚性赔偿。

故意隐瞒"先抵后卖"、"一房二卖"以及拆迁补偿安置房屋的行为属于违反《合同法》第

① 参见最高人民法院民事审判一庭：《最高人民法院〈关于审理商品房买卖合同纠纷案件司法解释的理解与适用〉》，人民法院出版社2015年版，第125页。

54 条的情形，后买人可以向人民法院提起撤销商品房买卖合同之诉，并请求开发商返还已付购房款及利息、赔偿损失以及惩罚性赔偿；或者根据《合同法》第 94 条的规定，后买人可以向人民法院提起解除合同，并请求开发商返还已付购房款及利息、赔偿损失以及惩罚性赔偿。

第二节 权威案例指导

典型案例 1

【案件主题】"一房两卖"情形下罚性赔偿的具体运用

湖北金华实业有限公司与苏某水等商品房买卖合同纠纷案

【案例来源】《最高人民法院公报》2014 年第 1 期

【审理法院】最高人民法院

【案件案号】(2012) 民抗字第 24 号

【裁判日期】2013 年 7 月 1 日

【裁判要旨】1. 人民法院审理检察机关抗诉的再审案件一般应以原审审理范围为限。当事人的诉讼请求不同于支持其提出请求的理由和依据，如当事人提出请求的理由和依据不同于检察机关抗诉所提出的理由和依据，并不意味其申请抗诉的请求未获得检察机关抗诉支持；当事人的再审请求未超出原审审理范围的，人民法院再审中应予审理。2. 在房地产开发企业委托代理机构销售房屋的情况下，房地产开发企业因委托代理机构未告知其特定房屋已经售出而导致"一房二卖"，属于其选择和监督委托代理人的经营风险，不得转嫁于购房者，房地产开发企业以此为由主张最高人民法院按照《商品房买卖合同司法解释》第 8 条规定的惩罚性赔偿应予免除的请求，人民法院不予支持。

典型案例 2

宁夏象龙房地产开发有限公司与赵某、银川山尊投资咨询有限公司、宁夏庆华小额贷款有限公司房屋买卖合同纠纷二审民事判决书

【审理法院】最高人民法院

【案件案号】(2013)民一终字第62号

【裁判日期】2013年11月11日

【裁判要旨】根据一审庭审时象龙公司自认，案涉房屋在双方签订《商品房买卖合同》时，已经出售给第三人。故可以认定象龙公司在签订《商品房买卖合同》时存在明显的欺诈故意。虽然依据《商品房买卖合同》约定，赵某应支付购房款21,136,320元，但其仅支付了945万元，存在履行不当，但象龙公司从未向赵某催收过余款，在本案诉讼中亦未对赵某未足额支付合同约定购房款行为提出过抗辩。在象龙公司存在明显欺诈故意的情况下，因其违约行为而给赵某造成的损失，理应予以赔偿。根据《商品房买卖合同司法解释》第9条的规定，出卖人订立商品房买卖合同时，故意隐瞒所售房屋已经出卖给第三人的事实，导致合同被解除的，买受人可以请求返还已付购房款及利息、赔偿损失，并可以请求出卖人承担不超过已付购房款一倍的赔偿责任。

第三节 实务操作指南

一、委托代理销售中"一房二卖"问题

《城市房地产开发经营管理条例》第28条规定："房地产开发企业委托中介机构代理销售商品房的，应当向中介机构出具委托书。中介机构销售商品房时，应当向商品房购买人出示商品房的有关证明文件和商品房销售委托书。"在房地产销售市场中，大多数开发商都会选择专门的销售中介公司进行商品房销售。

开发商与中介公司之间的法律关系是代理法律关系。开发商是被代理人，中介公司是代理人。在合法有效的授权范围内，代理人所实施的民事法律行为的后果由被代理人承担。

因此，在典型案例1中，其民事法律皓羽公司与金华公司之间构成有权代理，最高人民法院认为行为后果应当由被代理人即金华公司承担。在该案中，买受人苏某水已经经皓羽公司与金华公司订立了商品房买卖合同，故皓羽公司的代理权以及商品房买卖合同均合法有效。

所以，当苏某水与金华公司之间已经存在合法有效的商品房买卖合同时，金华公司又将涉案两处商品房出售他人，此行为构成《商品房买卖合同司法解释》第8条的情形，买受人苏某水可以向金华公司主张惩罚性赔偿责任。

最高人民法院在本案论证说理部分指出，在认定开发商是否需要承担《商品房买卖合同司法解释》第8条的惩罚性赔偿责任，不需要具备恶意违约的故意。即只要开发商实施了《商品房买卖合同司法解释》第8条规定的"一房二卖"或者"先卖后抵"的行为，致使合同目的不能实现的，买受人就可以在合同解除的前提下主张惩罚性赔偿。

二、针对开发商违法行为的防范措施

在中国人的观念中，房子对于个人或者整个家庭来说都具有重大意义。有了房子就有了安定的基础，有了房子就有了家。在房地产市场仍然如火如荼的今天，有些开发商为了筹措

开发资金,不仅铤而走险,从事“一房二卖”或者“先卖后抵”或者伪造行政许可等违法行为。

在此情况下,笔者认为买房者可以通过以下手段防止自身合法权益受损:

1. 到地方不动产登记机关查询《商品房买卖合同》的备案登记情况。如今大多数商品房买卖合同都实行网签备案登记管理制度。买受人在与开发商订立商品房买卖合同后,即可在地方不动产登记机关网站上查询到商品房买卖合同的备案登记情况。

通常情况下,对于同一处商品房只能存在一个备案登记。因此,如果查询不到自己商品房买卖合同的备案登记情况,那么买受人就要高度怀疑自己购买的房屋是否存在“一房二卖”的情况,同时及时收集证据,维护自身合法权益。

2. 到地方不动产登记机关查询房屋抵押情况。《不动产登记暂行条例》第 7 条规定:“不动产登记由不动产所在地的县级人民政府不动产登记机构办理;直辖市、设区的市人民政府可以确定本级不动产登记机构统一办理所属各区的不动产登记。跨县级行政区域的不动产登记,由所跨县级行政区域的不动产登记机构分别办理。不能分别办理的,由所跨县级行政区域的不动产登记机构协商办理;协商不成的,由共同的上一级人民政府不动产登记主管部门指定办理。国务院确定的重点国有林区的森林、林木和林地,国务院批准项目用海、用岛,中央国家机关使用的国有土地等不动产登记,由国务院国土资源主管部门会同有关部门规定。”

同时,该条例第 27 条还规定:“权利人、利害关系人可以依法查询、复制不动产登记资料,不动产登记机构应当提供。有关国家机关可以依照法律、行政法规的规定查询、复制与调查处理事项有关的不动产登记资料。”因此,为了防止“一房数卖”或者存在设立抵押权情况,买受人可以到当地不动产登记机关查询购买房屋的登记情况。

三、开发商故意欺诈行为涉嫌的刑事犯罪分析

在商品房销售中,开发商的恶意违约行为或者故意欺诈行为不仅会使自己承担民事赔偿责任,情节严重构成刑事犯罪的,还应当依法追究刑事责任。

合同诈骗罪是指以非法占有为目的,在签订、履行合同过程中,使用欺骗手段,骗取对方当事人财物,数额较大的行为。[①]《刑法》第 224 条规定:“有下列情形之一,以非法占有为目的,在签订、履行合同过程中,骗取对方当事人财物,数额较大的,处三年以下有期徒刑或者拘役,并处或者单处罚金;数额巨大或者有其他严重情节的,处三年以上十年以下有期徒刑,并处罚金;数额特别巨大或者有其他特别严重情节的,处十年以上有期徒刑或者无期徒刑,并处罚金或者没收财产:(一)以虚构的单位或者冒用他人名义签订合同的;(二)以伪造、变造、作废的票据或者其他虚假的产权证明作担保的;(三)没有实际履行能力,以先履行小额合同或者部分履行合同的方法,诱骗对方当事人继续签订和履行合同的;(四)收受对方当事人给付的货物、货款、预付款或者担保财产后逃匿的;(五)以其他方法骗取对方当事人财物的。”

合同诈骗罪的构成要件为,在签订、履行合同过程中,使用欺骗手段,骗取对方当事人数额较大的财物,同时责任要素除故意外,还必须要在实施诈骗行为时具有以非法占有为目

---

① 参见张明楷:《刑法学》,法律出版社 2016 年版,第 833 页。

的。[1] 进一步来说，如果行为人在签订合同时，不存在以非法占有为目的，但在履行合同过程中产生了以非法占有为目的的，同样构成合同诈骗罪；如果行为人在签订合同时，具有以非法占有目的，但是在合同履行过程中没有以非法占有为目的，那么不构成合同诈骗罪。

在合同诈骗罪与民事欺诈行为的关系处理上，二者并非相互排斥的关系，而是相互包含的关系，只要民事欺诈行为具备合同诈骗罪的构成要件，就应当认为该行为是合同诈骗的犯罪行为。[2] 同时，民事合同的效力也并不影响合同诈骗罪的构成，即虽然合同有效但也并不一定不构成合同诈骗罪，合同无效或被撤销也并不一定构成合同诈骗罪。

具体到商品房买卖合同中，"一房二卖"的两份合同如果符合《合同法》的规定，就应当认为是合法有效的。但是对于已经出售给他人的房屋，开发商故意隐瞒事实，又将该房屋出售他人，符合合同诈骗罪的构成要件，开发商的行为应当构成合同诈骗罪。在实践中，亦有司法裁判支持本观点，例如山西省高级人民法院作出的（2017）晋刑终 12 号刑事裁定书、（2014）晋刑二终字第 221 号刑事裁定书等。

四、开发商违法销售商品房须承担的行政责任

开发商存在在未取得商品房预售许可证明或其他行为而进行违法销售商品房时，需要承担相应的行政责任。

《城市商品房预售管理办法》第 13 条规定："开发企业未取得《商品房预售许可证》预售商品房的，依照《城市房地产开发经营管理条例》第三十九条的规定处罚。"

第 15 条规定："开发企业隐瞒有关情况、提供虚假材料，或者采用欺骗、贿赂等不正当手段取得商品房预售许可的，由房地产管理部门责令停止预售，撤销商品房预售许可，并处 3 万元罚款。"

《城市房地产开发经营管理条例》第 39 条规定："违反本条例规定，擅自预售商品房的，由县级以上人民政府房地产开发主管部门责令停止违法行为，没收违法所得，可以并处已收取的预付款 1% 以下的罚款。"

第四节　法律法规整合

一、《商品房买卖合同司法解释》

第 8 条　具有下列情形之一的，导致商品房买卖合同目的不能实现的，无法取得房屋的买受人可以请求解除合同、返还已付购房款及利息、赔偿损失，并可以请求出卖人承担不超过已付购房款一倍的赔偿责任：

（一）商品房买卖合同订立后，出卖人未告知买受人又将该房屋抵押给第三人；

（二）商品房买卖合同订立后，出卖人又将该房屋出卖给第三人。

---

① 张明楷：《刑法学》，法律出版社 2016 年版，第 833 页。

② 张明楷：《刑法学》，法律出版社 2016 年版，第 834 页。

第9条　出卖人订立商品房买卖合同时，具有下列情形之一，导致合同无效或者被撤销、解除的，买受人可以请求返还已付购房款及利息、赔偿损失，并可以请求出卖人承担不超过已付购房款一倍的赔偿责任：

（一）故意隐瞒没有取得商品房预售许可证明的事实或者提供虚假商品房预售许可证明；

（二）故意隐瞒所售房屋已经抵押的事实；

（三）故意隐瞒所售房屋已经出卖给第三人或者为拆迁补偿安置房屋的事实。

第10条　买受人以出卖人与第三人恶意串通，另行订立商品房买卖合同并将房屋交付使用，导致其无法取得房屋为由，请求确认出卖人与第三人订立的商品房买卖合同无效的，应予支持。

二、《城市房地产管理法》

第45条　商品房预售，应当符合下列条件：

（一）已交付全部土地使用权出让金，取得土地使用权证书；

（二）持有建设工程规划许可证；

（三）按提供预售的商品房计算，投入开发建设的资金达到工程建设总投资的百分之二十五以上，并已经确定施工进度和竣工交付日期；

（四）向县级以上人民政府房产管理部门办理预售登记，取得商品房预售许可证明。

商品房预售人应当按照国家有关规定将预售合同报县级以上人民政府房产管理部门和土地管理部门登记备案。商品房预售所得款项，必须用于有关的工程建设。

三、《刑法》

第224条　有下列情形之一，以非法占有为目的，在签订、履行合同过程中，骗取对方当事人财物，数额较大的，处三年以下有期徒刑或者拘役，并处或者单处罚金；数额巨大或者有其他严重情节的，处三年以上十年以下有期徒刑，并处罚金；数额特别巨大或者有其他特别严重情节的，处十年以上有期徒刑或者无期徒刑，并处罚金或者没收财产：

（一）以虚构的单位或者冒用他人名义签订合同的；

（二）以伪造、变造、作废的票据或者其他虚假的产权证明作担保的；

（三）没有实际履行能力，以先履行小额合同或者部分履行合同的方法，诱骗对方当事人继续签订和履行合同的；

（四）收受对方当事人给付的货物、货款、预付款或者担保财产后逃匿的；

（五）以其他方法骗取对方当事人财物的。

四、《城市商品房预售管理办法》

第13条　开发企业未取得《商品房预售许可证》预售商品房的，依照《城市房地产开发经营管理条例》第三十九条的规定处罚。

第15条　开发企业隐瞒有关情况、提供虚假材料，或者采用欺骗、贿赂等不正当手段取得商品房预售许可的，由房地产管理部门责令停止预售，撤销商品房预售许可，并处3万元罚款。

五、《城市房地产开发经营管理条例》

第39条 违反本条例规定,擅自预售商品房的,由县级以上人民政府房地产开发主管部门责令停止违法行为,没收违法所得,可以并处已收取的预付款1%以下的罚款。

第七章　商品房买卖合同解除纠纷

【一级案由】合同、无因管理、不当得利纠纷
【二级案由】合同纠纷
【三级案由】房屋买卖合同纠纷
【四级案由】商品房预售合同纠纷、商品房销售合同纠纷

第一节　法律要点详解

伴随生活质量的不断提高，人们对住房条件的要求和标准也逐步提高，需求已不再是居者有其屋这么简单，从保证基本生活安全的需求逐渐上升到出行、就医、消费、娱乐、教育、环境等诸多要素综合的需求。因此，对于商品房买卖来说，对开发商提出了更高的要求，随之而来的纠纷也水涨船高，购房者要求解除买卖合同的案件数量逐年攀升。下面就狭义的商品房买卖合同解除纠纷中所涉法律问题进行逐一阐述。

一、解除权的定义

所谓合同解除权，是指合同在订立之后，但尚未或者尚未完全履行之前，当事人基于法定或约定的事由，通过单方的意思表示即可使合同自始不发生效力的权利。不难看出，合同的解除权可分为法定解除权和约定解除权。望文生义，约定解除权即是指当事人双方在合同内容中明确约定了合同解除的条件，当既定的条件满足时，法律赋予守约方以解除权。法定解除权规定在《合同法》第 94 条，规定了 5 种法定情形下当事人即享有解除权，其中第四项“当事人一方迟延履行债务或者有其他违约行为致使不能实现合同目的”中的合同目的，具体到商品房买卖合同中即表现为购房者是否真正享有了合同中约定及描述的诸项内容。解除合同从广义上讲是指合同成立后，未履行或未完全履行完毕之前，经双方当事人协议或一方行使解除权致使合同关系提前消灭，即免除了当事人的履约责任。从狭义上讲，仅指当事人一方行使约定或法定的解除权。

无论哪种解除权，其性质上都属于形成权，即“依照权利主体单方面意思表示就可以使已经成立的民事法律关系发生变化的权利”，因此，这种呼之即来挥之即去的权利，法律必须对其加以严格的限制，以防权利主体的肆意滥用。

二、房屋主体质量不合格导致的合同解除

《商品房买卖合同司法解释》第12条规定，“因房屋主体结构质量不合格不能交付使用，或者房屋交付使用后，房屋主体结构质量经核验确属不合格，买受人请求解除合同和赔偿损失的，应予支持。”

关于本条中所称的“房屋主体结构不合格”一节，我们认为应作广义的理解，作为一个完整的房屋建筑工程，它即包括房屋的地下隐蔽工程的地基部分，也应包括房屋地上工程所涉及的部分，也就是说，地下与地上部分是不可分割的一个整体，根据《建筑法》的规定，房屋建筑工程应当包括以下内容：房屋的地基基础工程、主体结构工程、屋面防水工程和其他工程，以及电气管线、上下水管线安装工程、供热、供冷系统工程等部分。《商品房买卖合同司法解释》对此未作详细列举，但在适用本条时一定要全面理解其含义。

《建筑法》第60条规定，建筑物在合理使用寿命内，必须确保地基基础工程和主体结构的质量。建筑物的地基，是指支撑由基础传递的上部结构荷载的土地或岩体。建筑物的基础，是指结构承受的各种作用传递到地基结构的组成部分。建筑物的地基基础在建筑物整体结构中起到重要作用。建筑物的主体结构，是指在建筑中由若干构件连接而成的能承受作用的平面或空间体系。主体结构要有足够的强度、刚度、稳定性，用以承载建筑上的各种荷载。建筑物的地基基础和主体结构工程的质量非常重要，也是政府质量监督部门监督的重点内容，为了保证建筑工程质量，国家制定了一系列的技术标准和管理标准，如《建筑工程质量检验评定统一标准》《建筑安装工程施工及验收规范》等。

关于“合理使用寿命”问题，目前国家还没有统一规定，具体各类工程的合理使用年限，要根据建筑物的使用功能、所处的自然环境等因素，由有关技术部门作出判断。根据《民用建筑设计通则》（GB 50352－2005）的规定，一般认为民用建筑的主体结构确定的建筑物耐久年限分为四级：一级耐久年限100年以上，适用于重要的建筑和高层建筑；二级耐久年限50～100年，适用于一般性建筑；三级耐久年限25～50年，适用于次要的建筑；四级耐久年限15年以下，适用于临时性建筑。民用建筑高度与层数的划分：（1）住宅建筑按层数划分为：1～3层为低层；4～6层为多层；7～9层为中高层；10层以上为高层。（2）公共建筑及综合性建筑总高度超过24米者为高层（不包括高度超过24米的单层主体建筑）。（3）建筑物高度超过100米时，不论住宅还是公共建筑均为超高层。

关于屋面防水工程和其他工程，以及电气管线、上下水管线安装工程、供热、供冷系统工程等部分，其主要涉及建筑物质量瑕疵问题，将在《商品房买卖合同解释》第13条中讲述。

三、房屋质量瑕疵导致的合同解除

《商品房买卖合同司法解释》第13条规定：“因房屋质量问题严重影响正常居住使用，买受人请求解除合同和赔偿损失的，应予支持。”

本条规定中所称的房屋质量问题应包括哪些范围呢？《建筑法》第62条规定：“建筑工程实行质量保修制度。建筑工程的保修范围应当包括地基基础工程、主体结构工程、屋面防水工程和其他土建工程，以及电气管线、上下水管线的安装工程，供热、供冷系统工程等项目；保修的期限应当按照保证建筑物合理寿命年限内正常使用，维护使用者合法权益的原则确定。

具体的保修范围和最低保修期限由国务院规定。”

1. 关于屋面防水工程。根据《房屋建筑工程质量保修办法》(自2000年6月26日起施行)第7条的规定,在正常使用条件下,屋面防水工程、有防水要求的卫生间、房间和外墙面的防渗漏,为5年。

2. 其他土建工程。一般包括地面、楼面工程、门窗工程等。如室内地坪空鼓、起沙,墙皮、面砖、油漆等饰面脱落,厕所、厨房地面泛水,阳台积水漏水等工程的质量问题,应属工程质量保修范围,由责任人负责维修。其他项目的保修期限由建设单位和施工单位约定。

3. 电气管线、上下水安装工程。根据《房屋建筑工程质量保修办法》第7条的规定,在正常使用情况下,供热与供冷系统,为2个采暖期、供冷期;电气管线、给排水管道、设备安装为2年。

《商品房销售管理办法》(建设部第38次部常务会议审议通过并发布,自2001年6月1日起施行)第33条规定,房地产开发企业应当对所售商品房承担质量保修责任。当事人应当在合同中就保修范围、保修期限、保修责任等内容做出约定。保修期从交付之日起计算。商品住宅的保修期限不得低于建设工程承包单位向建设单位出具的质量保修书约定保修期的存续期;存续期少于《规定》中确定的最低保修期限的,保修期不得低于《规定》中确定的最低保修期限。非住宅商品房的保修期限不得低于建设工程承包单位向建设单位出具的质量保修书约定保修期的存续期。在保修期限内发生的属于保修范围的质量问题,房地产开发企业应当履行保修义务,并对造成的损失承担赔偿责任。因不可抗力或者使用不当造成的损坏,房地产开发企业不承担责任。《规定》是指《商品住宅实行住宅质量保证书和住宅使用说明书制度的规定》(1998年5月12日,建房〔1998〕102号)。

四、面积误差导致的合同解除

(一)法律规定

《商品房买卖合同司法解释》第14条规定:“出卖人交付使用的房屋套内建筑面积或者建筑面积与商品房买卖合同约定面积不符,合同有约定的,按照约定处理;合同没有约定或者约定不明确的,按照以下原则处理:(一)面积误差比绝对值在3%以内(含3%),按照合同约定的价格据实结算,买受人请求解除合同的,不予支持;(二)面积误差比绝对值超出3%,买受人请求解除合同、返还已付购房款及利息的,应予支持。买受人同意继续履行合同,房屋实际面积大于合同约定面积的,面积误差比在3%以内(含3%)部分的房价款由买受人按照约定的价格补足,面积误差比超出3%部分的房价款由出卖人承担,所有权归买受人;房屋实际面积小于合同约定面积的,面积误差比在3%以内(含3%)部分的房价款及利息由出卖人返还买受人,面积误差比超过3%部分的房价款由出卖人双倍返还买受人。”

面积误差比=(产权登记面积-合同约定面积)×100%÷合同约定面积

(二)以产权登记面积计算面积误差比存在缺陷,实务中以测绘成果表作为计算面积的依据

1. 以产权登记面积计算面积误差比存在缺陷

《商品房销售管理办法》规定,本办法所称产权登记面积,是指房地产行政主管部门确认

登记的房屋面积。《房屋登记办法》(建设部第147次常务会议讨论通过并发布,自2008年7月1日起施行)第2条规定,本办法所称房屋登记,是指房屋登记机构依法将房屋权利和其他应当记载的事项在房屋登记簿上予以记载的行为。

现实生活中,开发商经常出现迟延办理权属证书或无法办理房屋权属证书的情况,主要包括以下原因:(1)土地使用权手续不合法,例如"小产权房"无法办理权属证书;(2)房地产开发企业未支付全部土地出让金;(3)房地产开发企业违章建房;(4)房地产开发企业无法提供规定的资料;(5)其他原因。

如果买受人入住所购的商品房一两年后才取得产权证,才发现面积缩水,再去找开发商,开发商可能已经将楼盘卖完,人去楼空,买受人解除合同要求返款、赔偿损失的难度将加大,因此规定以产权登记面积计算面积误差比不具有可操作性。

2. 实务中以测绘成果表作为计算面积的依据

《商品房销售管理办法》第34条规定,房地产开发企业应当在商品房交付使用前按项目委托具有房产测绘资格的单位实施测绘,测绘成果报房地产行政主管部门审核后用于房屋权属登记。《房产测绘管理办法》(建设部、国家测绘局局通过并发布,自2001年5月1日起施行)第18条规定,用于房屋权属登记等房产管理的房产测绘成果,房地产行政主管部门应当对施测单位的资格、测绘成果的适用性、界址点准确性、面积测算依据与方法等内容进行审核。审核后的房产测绘成果纳入房产档案统一管理。房产行政主管部门只对测绘成果进行形式审查,只要测绘单位操作规范,产权证登记的面积就以测绘成果表中记录的面积为准。

《房产测绘管理办法》第17条规定,当事人对房产测绘成果有异议的,可以委托国家认定的房产测绘成果鉴定机构鉴定。在诉讼或仲裁阶段,可以申请人民法院或仲裁机构委托鉴定。

从以上规定可以看出,测绘成果表是确定商品房产权登记面积的依据,以其作为确认面积误差比的依据具有合理性,买受人在交房时间点上就可以收到测绘成果表,就可以知道交付的房屋面积误差有多大,是否符合合同约定的退房条件,以便作出决定。如果退房的,开发商也可以将所退房屋卖出,避免损失扩大。

(三)现实法律实务中,该条款形同虚设

《商品房买卖合同司法解释》第14条规定,出卖人交付使用的房屋套内建筑面积或者建筑面积与商品房买卖合同约定面积不符,合同有约定的,按照约定处理。

没有约定的才适用上述规则,现实商品房销售中,几乎所有的开发商对面积误差均在合同有约定如下:(1)"合同约定的建筑面积与房屋面积实测报告书记载的建筑面积的差额,按合同第四条规定的单价据实结算,多退少补。"(2)套内建筑面积与公摊面积如何处理的问题。"套内建筑面积与公摊面积变化,合同继续履行,合同价款不做调整。"

以上约定,导致司法解释的规定形同虚设。

(四)商品房设计变更导致面积误差的,此类情况应区别不同情况处理

1. 当设计变更未改变房屋的户型、朝向、层高等,只是对房屋的面积单独进行增加或减少,应当适用《商品房买卖合同司法解释》第14条的规定。

2. 当设计变更已经影响到房屋的户型、朝向、层高等变化时，即使面积误差少于3%时，购房人因不能实现合同的目的，可以依据《合同法》第94条第5项的规定请求解除合同。

3. 开发商擅自变更设计已经构成根本违约时，购房人可以选择解除合同，也可以选择与开发商达成补充协议。

4. 开发商将小区绿地当作底层花园、屋面当作空中花园、露台等计入销售面积，因该约定无效，这类面积误差不能认定为实测面积与合同约定面积不符，只能按合同无效的规定追究开发商的责任。

五、逾期办理房屋权属证书导致的合同解除

1. 开发商逾期办理房屋权属证书，购房人有权要求开发商支付违约金，并继续履行办理权属证书的义务。根据《合同法》的规定，当事人迟延履行的，违约方支付违约金后，还应当履行债务。

2. 购房人有权要求解除合同，并有权要求对方支付违约金。

（1）约定解除。一般情况下，商品房买卖双方在合同中约定，超过一定的期限，开发商仍未能将办理权属证书应由开发商提供的资料提交的，买受人有权解除合同，并有权按合同约定要求开发商承担违约金。

（2）法定解除。《商品房买卖合同司法解释》第19条规定，商品房买卖合同约定或者《城市房地产开发经营管理条例》第33条规定的办理房屋所有权登记的期限届满后超过一年，由于出卖人的原因，导致买受人无法办理房屋所有权登记，买受人请求解除合同和赔偿损失的，应予支持。

第二节　权威案例指导

典型案例1

【案例主题】合同主目的包括客观目的和主观目的，解除合同的合同目的无法实现的判断标准

张某华、徐某英诉启东市取生置业有限公司房屋买卖合同纠纷上诉案

【案件来源】《最高人民法院公报》2017年第9期
【审理法院】南通市中级人民法院
【案件案号】（2015）通中民终字第03134号
【裁判日期】2016年3月7日
【裁判要点】合同目的包括客观目的和主观目的。客观目的即典型交易目的，客观

目的可通过社会大众的普通认知标准予以判断。主观目的为某些特定情况下当事人的动机和本意。一般而言,《合同法》第94条第1款第4项中的合同目的不包括主观目的,但当事人将特定的主观目的作为合同的条件或成交的基础,则该特定的主观目的客观化,属于《合同法》第94条的规制范围。

典型案例2

滕某新、漳州万达广场有限公司商品房预售合同纠纷上诉案

【案件来源】福建省高级人民法院
【审理法院】福建省高级人民法院
【案件案号】(2017)闽民终461号
【裁判日期】2017年8月31日
【裁判要旨】1.合同目的不能实现的认定标准。2.约定合同解除期限的认定标准。

第三节 实务操作指南

一、因质量问题引起的解除合同纠纷的处理原则

(一)一般的判断标准

如果开发商不交付标的房产或房屋出现质量问题时,买受人可以请求解除合同,但此质量问题应为地基基础工程或主体结构工程的质量,且难以修复。实践中房产质量的严重程度应达到"严重影响正常居住使用"的标准,具体而言,在审判实践中达到解除条件的质量问题可以归纳为:第一,房屋多处开裂或严重漏水,且难以或无法维修的;第二,由于基础结构设计的缺陷导致地基下沉,存在严重安全隐患的;第三,经质检、环保、消防等部门的检验,存在严重安全隐患或严重影响人体健康,且无法改善的;第四,与广告宣传中的内容严重不符,缺乏公共配套设施导致生活极其不便的,具体如本篇第二章所述。若标的房屋出现或存在上述严重问题,司法实践中一般会认定该买卖合同到达解除的条件。

(二)房屋质量问题应当通过专业的司法鉴定机构予以鉴定

房屋质量问题专业性特别强,绝大多数买受人根本没有能力识别,仅凭表面现象及经验判断,无法得出正确结论,即使有多年审判经验的法官也不能仅凭经验作出准确判断,除非开发商承认房屋存在严重质量问题,同意解除合同,否则大部分情况,都需要司法鉴定。此类案件的难点是举证责任的分配问题,如果开发商提供了房屋经过验收合格的证明,尤其是经过

质量监督部门验收合格的证明，则需要由买受人承担举证责任。质量鉴定不但专业，而且鉴定费用高昂，尤其是地基基础和主体结构，一般买受人很难承受，但不通过鉴定，无法对质量问题作出判断，这是此类案件的难点。

（三）实务中的处理方法

对交付的房屋出现的质量问题，最高人民法院给出倾向性处理意见：

1. 因房屋质量严重影响正常居住使用的，买受人可以请求解除合同和赔偿损失。但如何判断“因房屋质量严重影响正常居住使用的”，应以房屋质量鉴定机构的鉴定意见为依据，对于能够通过维修消除质量瑕疵的，一定要采取维修的办法，以利于社会稳定，公平合理地保护当事人的合法权益。

2. 房屋交付使用后，出现质量问题，在未严重影响正常居住使用的情况下，出卖人应承担修复责任。出卖人拒绝修复或者在合理期限内拖延修复的，买受人可以自行或者委托他人修复。修复费用及修复期间造成的其他损失由出卖人承担。

二、解除权行使期限

单单限制商品房买卖合同的解除条件还不够，法律还对解除权的行使期限作了一定的限制。《合同法》第 95 条规定：“法律规定或者当事人约定解除权行使期限，期限届满当事人不行使的，该权利消灭。法律没有规定或者当事人没有约定解除权行使期限，经对方催告后在合理期限内不行使的，该权利消灭。”由此可见，《合同法》对合理期限没有作明确的规定。司法实践中主流观点认为合同解除权的行使期间应该为除斥期间，即当解除权确定时其行使期限就已经确定。虽然《合同法》没有对除斥期间作明确规定，但《商品房买卖合同司法解释》第 15 条对权利人行使合同解除权的合理期限作了明确规定，即当法律没有规定或当事人没有约定的情况下，经催告后，解除权行使的期限为 3 个月，若没有催告，解除权应在发生时起 1 年内行使，逾期解除权消灭。

三、合同解除的损害赔偿

因行使合同解除权导致合同双方当事人法律关系发生变化，进而由获利一方承担损害赔偿责任，但其损害赔偿责任的根源还是信赖利益的损失。信赖利益的损失包括所受的损害和所失的利益，且损失赔偿的范围不得超过其履行利益。

从目前的司法实践来看，部分房屋买卖合同纠纷的原因在于交付的标的房产或多或少存在一定的质量问题，但多数房屋买卖合同纠纷的原因在于双方签订合同后，房价的上下浮动，出卖人或买受人对原来的价格不满，合同双方因价差问题协商不成诉至法院。此价差是合同约定价格和市场价格之间的差额，实践中当事人可能在合同中明确约定产生价差后的处理条款，或双方事后本着友好协商的态度对价差问题达成一致的解决方案，更多的时候需要借助具有评估资质的机构比照类似同质的房屋的价格评估结果确定信赖利益的损失数额。

法院为保护守约方的利益，一般会以守约方的请求为基础，结合合同的履约情况和评估机构的评估结果合理确定对应的损失数额。

四、先买者行使惩罚性赔偿的条件

已经在本编第六章《惩罚性赔偿纠纷》中详细论述,在此不再赘述。

五、后买者行使惩罚性赔偿的条件

已经在本编第六章《惩罚性赔偿纠纷》中详细论述,在此不再赘述。

六、赔偿责任的范围延伸

实践中还存在一种极特殊的情况,即因不动产登记机构的不当行为使有关权利人遭受了损失,虽然我国现行法律法规未明确规定由于登记机关的过失导致的赔偿责任,但不排除遭受损失方向相应的行政机关提出民事侵权或行政侵权的赔偿请求。《物权法》第21条第2款规定:“因登记错误,给他人造成损害的,登记机构应当承担赔偿责任。登记机构赔偿后,可以向造成登记错误的人追偿。”《不动产登记暂行条例》第29条规定:“不动产登记机构登记错误给他人造成损害,或者当事人提供虚假材料申请登记给他人造成损害的,依照《中华人民共和国物权法》的规定承担赔偿责任。”虽然以上法律法规没有明确登记机构赔偿责任的性质究竟属于民事赔偿还是行政赔偿,但结合《行政诉讼法》和《国家赔偿法》的相关规定,行政机关及其工作人员在行使行政职权时侵犯他人财产权的,受害人有取得行政赔偿的权利。因此,若存在登记机构行为的不当与相对人的损害后果之间具有因果关系时,权利人可以请求登记机构作为赔偿义务人对所造成的损失承担行政赔偿责任。

第四节 法律法规整合

一、《合同法》

全文(略)

二、《商品房买卖合同司法解释》

第8条 具有下列情形之一的,导致商品房买卖合同目的不能实现的,无法取得房屋的买受人可以请求解除合同、返还已付购房款及利息、赔偿损失,并可以请求出卖人承担不超过已付购房款一倍的赔偿责任:

(一)商品房买卖合同订立后,出卖人未告知买受人又将该房屋抵押给第三人;

(二)商品房买卖合同订立后,出卖人又将该房屋出卖给第三人。

第9条 出卖人订立商品房买卖合同时,具有下列情形之一,导致合同无效或者被撤销、解除的,买受人可以请求返还已付购房款及利息、赔偿损失,并可以请求出卖人承担不超过已付购房款一倍的赔偿责任:

(一)故意隐瞒没有取得商品房预售许可证明的事实或者提供虚假商品房预售许可证明;

(二)故意隐瞒所售房屋已经抵押的事实;

(三)故意隐瞒所售房屋已经出卖给第三人或者为拆迁补偿安置房屋的事实。

第12条　因房屋主体结构质量不合格不能交付使用,或者房屋交付使用后,房屋主体结构质量经核验确属不合格,买受人请求解除合同和赔偿损失的,应予支持。

第13条　因房屋质量问题严重影响正常居住使用,买受人请求解除合同和赔偿损失的,应予支持。

交付使用的房屋存在质量问题,在保修期内,出卖人应当承担修复责任;出卖人拒绝修复或者在合理期限内拖延修复的,买受人可以自行或者委托他人修复。修复费用及修复期间造成的其他损失由出卖人承担。

第14条　出卖人交付使用的房屋套内建筑面积或者建筑面积与商品房买卖合同约定面积不符,合同有约定的,按照约定处理;合同没有约定或者约定不明确的,按照以下原则处理:

(一)面积误差比绝对值在3%以内(含3%),按照合同约定的价格据实结算,买受人请求解除合同的,不予支持;

(二)面积误差比绝对值超出3%,买受人请求解除合同、返还已付购房款及利息的,应予支持。买受人同意继续履行合同,房屋实际面积大于合同约定面积的,面积误差比在3%以内(含3%)部分的房价款由买受人按照约定的价格补足,面积误差比超出3%部分的房价款由出卖人承担,所有权归买受人;房屋实际面积小于合同约定面积的,面积误差比在3%以内(含3%)部分的房价款及利息由出卖人返还买受人,面积误差比超过3%部分的房价款由出卖人双倍返还买受人。

第15条　根据《合同法》第九十四条的规定,出卖人迟延交付房屋或者买受人迟延支付购房款,经催告后在三个月的合理期限内仍未履行,当事人一方请求解除合同的,应予支持,但当事人另有约定的除外。

法律没有规定或者当事人没有约定,经对方当事人催告后,解除权行使的合理期限为三个月。对方当事人没有催告的,解除权应当在解除权发生之日起一年内行使;逾期不行使的,解除权消灭。

第19条　商品房买卖合同约定或者《城市房地产开发经营管理条例》第三十三条规定的办理房屋所有权登记的期限届满后超过一年,由于出卖人的原因,导致买受人无法办理房屋所有权登记,买受人请求解除合同和赔偿损失的,应予支持。

三、《城市房地产开发经营管理条例》

第33条　预售商品房的购买人应当自商品房交付使用之日起90日内,办理土地使用权变更和房屋所有权登记手续;现售商品房的购买人应当自销售合同签订之日起90日内,办理土地使用权变更和房屋所有权登记手续。房地产开发企业应当协助商品房购买人办理土地使用权变更和房屋所有权登记手续,并提供必要的证明文件。

第八章　以 物 抵 债

【一级案由】合同、无因管理、不当得利纠纷

【二级案由】合同纠纷

【三级案由】房屋买卖合同纠纷

【四级案由】商品房预售合同纠纷/商品房销售合同纠纷

第一节　法律要点详解

一、背景

现实经济生活中，“以物抵债”（包括“以房抵债”，以下同）现象非常普遍，据江苏省高级人民法院的不完全统计，2012～2014 年三年内，江苏省各级法院审理涉及以房抵债案件近 1500 件。[①]

以物抵债有以下几个主要特点：

一是法律关系错综复杂。以物抵债经常与民间借贷或其他债权债务关系交织在一起，有的是在债务履行期限届满前签订，有的是在债务履行期限届满后签订，还有的是在债务履行期间签订。

二是法律关系认定复杂。以物抵债与让与担保、流质禁止、流押禁止相关，纠缠一起，法律关系界定困难。

三是以物抵债与虚假诉讼如影相随，相伴相生。“以物抵债之所以引起我们的关注，是因为抵债的案件大都以法院出具调解书的方式结案，而在调解书的背后往往难逃恶意诉讼或者虚假诉讼的嫌疑，有的已被查实就是虚假诉讼或恶意诉讼。抵债的目的或者为转移责任财产、逃避债务承担；或者是为牟取不当利益、有违社会诚信；或者通过以物抵债、规避国家相关政策。”[②]

四是以物抵债尤其是以房抵债协议涉及巨额利益，牵涉错综复杂的社会关系，处理难度

---

① 参见江苏省高级人民法院民一庭：夏正芳、潘军锋：《以物抵债若干问题研究》，载《民事审判指导与参考》2014 年第 2 辑（总第 58 辑），第 53 页。

② 江苏省高级人民法院民一庭：夏正芳、潘军锋：《以物抵债若干问题研究》，载《民事审判指导与参考》2014 年第 2 辑（总第 58 辑），第 53 页。

大,情况复杂。

二、以物抵债的概念

我国现行法律法规及司法解释对以物抵债尚无明文的规定,但以物抵债是我国法律允许的一种债权实现、债务消灭的方式。

以物抵债是指债权人与债务人约定以债务人或经第三人同意的第三人所有的财产折价归债权人所有,用以清偿债务的行为。

所谓的代物清偿,是指债权人受领债务人提出的他种给付以代替原定给付,并使原债消灭的有偿要物契约。①

三、以物抵债的类型

司法实务中,以物抵债的情况非常复杂,根据不同的角度,有以下几种类型:

(1)根据抵债设立的不同时间分为:债务清偿期届满前的以物抵债、债务清偿期届满后的以物抵债。

(2)根据抵债物的不同形态分为:动产以物抵债和不动产以物抵债。

动产以物抵债又分为:以车抵债、以押汇抵债、以融资融汇抵债等。

不动产以物抵债又分为:以房抵债、以土地抵债等。

(3)根据物权变动情况分为:物权已发生变动的以物抵债、物权未发生变动的以物抵债。

(4)根据诉讼阶段分为:诉讼前的以物抵债、诉讼中的以物抵债、执行中的以物抵债。

(5)根据所抵之债分为:金钱之债、非金钱之债、特定物之债、种类物之债。

四、以物抵债的要件

目前有四要件说与三要件说。

(一)四要件说

由于没有明确的法律规定,根据法学理论,以物抵债的成立需要符合要物合同的基本构成要件,具体为:(1)须以债权的存在为前提;(2)须与原定给付不同的其他给付方式;(3)须以替代给付履行债务;(4)须有当事人之间的代物清偿合意。②

(二)三要件说

以物抵债一般来说有三个方面的要件:(1)基础的债的关系;(2)用特定物清偿他种债务的合意;(3)特定物清偿导致原债务的消灭。③

---

① 参见杜成华主编:《第八次全国法院民事商事审判工作会议(民事部分)纪要理解与适用》,人民法院出版社 2017 年版,第 323 页。

② 参见史尚宽:《债法总论》,中国政法大学出版社 2000 年版,第 816～818 页。

③ 夏正芳、潘军锋:《以物抵债若干问题研究》,载《民事审判指导与参考》2014 年第 2 辑(总第 58 辑),第 56 页。

五、以物抵债的实践性与诺成性的不同观点

目前有两种观点，第一种观点认为以物抵债协议为实践性合同，第二种观点认为以物抵债协议不必一定为实践性合同，在他种给付完成前，更符合新债清偿的特征，可以为诺成性合同。

（一）实践性合同

该观点主要根据代物清偿的原理，由于我国《合同法》没有作出明确规定，表明以物抵债合同是《合同法》中的非典型合同，参考台湾地区“民法”第 319 条的规定，确定为实践性合同。

债务未到清偿期，即使签订以物抵债协议，当事人一般也不会履行以物抵债协议。以物抵债的履行基本都是在债务清偿期届满之后，其本质为代物清偿。代物清偿属于实践性法律行为，若仅有代物清偿合意，而未实际履行物权转移的，原债务并不消灭，在实际履行物权转移后，原债务同时消灭。

（二）以物抵债协议不必须为实践性合同，在他种给付并完成前，更符合新债清偿的特征，可以为诺成性合同

《第八次全国法院民事商事审判工作会议（民事部分）纪要》第 17 条规定：“当事人在债务清偿期届满后达成以房抵债协议并已经办理了产权转移手续，一方要求确认以房抵债协议无效或者变更、撤销，经审查不属于合同法第五十二条、第五十四条规定情形的，对其主张不予支持。”

虽然在该会议纪要中对以房抵债协议的性质问题最高人民法院没有明确规定，第 17 条只是从正面回答了完成产权变更手续的以房抵债协议，当事人没有正当理由不能主张无效或可变更可撤销，但不能因此得出没有完成产权变更手续即不发生法律效力的判断。

“也有的观点认为，以房抵债协议并非必须为实践性合同，对于没有完成他种给付的，实际更符合新债清（原债与旧债并存）的特征。在现行法律没有明确规定的情况下，应当充分尊重当事人的意思自治，将之解释为诺成性合同并非没有空间。房屋所有权是否变动，仅涉及债是否已经获得清偿的问题，不应影响以物抵债协议的生效。我们持赞成观点。”①

“笔者认为，以物抵债协议是诺成还是要物，不应一概而论，司法裁判中对此问题加以认定应当遵循以下原则：首先不应将以物抵债等同于代物清偿。其次诺成与要物区分是沿用罗马法而来。从严格角度来看，诺成合同的范围在逐渐增加。最后以物抵债作为债的清偿方式之一，是当事人之间对于如何清偿债务作出的安排，故对以物抵债的协议的成立要件，应当以尊重当事人的意思自治为基本原则。”②

---

① 杜万华主编：《第八次全国法院民事商事审判工作会议（民事部分）纪要理解与适用》，人民法院出版社 2017 年版，第 324 页。

② 司伟：《债务清偿期届满后的以物抵债协议的性质与履行》，载《民事审判指导与参考》2017 年第 2 辑（总第 70 辑），第 134 页。

六、以物抵债中的旧债务和新债务的法律关系

当事人于债务清偿期届满后达成的以物抵债协议，当债的当事人有明确消灭旧债的含意时，则可以认为以物抵债协议构成立的债务的同时，消灭旧的债务。否则，则可以认为当事人于债务清偿期届满后达成的以物清偿协议为新债务，与旧债并存。

在新债清偿的情形下，旧债务于新债务履行之前不消灭，旧债务和新债务处于衔接并存的状态；在新债务合法有效并得以履行完毕后、因完成了债务清偿义务，旧债务才归于消灭。

第二节　权威案例指导

典型案例1

【案例主题】债务清偿期届满后的以物抵债协议的性质与履行

通州建总集团有限公司与内蒙古兴华房地产有限责任公司建设工程施工合同纠纷

【案件来源】《最高人民法院公报》2017年第9期(总第251期)

【审理法院】最高人民法院

【案件案号】(2016)最高法民终字第484号

【裁判日期】2016年12月27日

【裁判要点】

1. 对以物抵债协议的效力、履行等问题的认定，应以尊重当事人的意思自治为基本原则。一般而言，除当事人有明确约定外，当事人于债务清偿期届满后签订的以物抵债协议，并不以债权人现实地受领抵债物，或取得抵债物所有权、使用权等财产权利，为成立或生效要件。只要双方当事人的意思表示真实，合同内容不违反法律、行政法规的强制性规定，合同即为有效。

2. 当事人于债务清偿期届满后达成的以物抵债协议，可能构成债的更改，即成立新债务，同时消灭旧债务；亦可能属于新债清偿，即成立新债务，与旧债务并存。基于保护债权的理念，债的更改一般需有当事人明确消灭旧债的合意，否则，当事人于债务清偿期届满后达成的以物抵债协议，性质一般应为新债清偿。

3. 在新债清偿情形下，旧债务于新债务履行之前不消灭，旧债务和新债务处于衔接并存的状态；在新债务合法有效并得以履行完毕后、因完成了债务清偿义务，旧债务才归于消灭。

4. 在债权人与债务人达成以物抵债协议、新债务与旧债务并存时，确定债权是否得以实现，应以债务人是否按照约定全面履行自己的义务为依据，若新债务届期不履行，

致使以物抵债协议目的不能实现的，债权人有权请求债务人履行旧债务，且该请求权的行使，并不以以物抵债协议无效、被撤销或者被解除为前提。

典型案例2

【案例主题】以房抵债协议合法有效且实际履行

朱某芳与山西嘉和泰房地产开发有限公司商品房买卖合同纠纷案

【案例来源】《最高人民法院公报》2014 年第 12 期

【审理法院】最高人民法院

【案件案号】(2011)民提字第 344 号

【裁判日期】2012 年 12 月 8 日

【裁判要旨】1. 双方当事人基于同一笔款项先后签订《商品房买卖合同》和《借款协议》，并约定如借款到期，偿还借款，《商品房买卖合同》不再履行；若借款到期，不能偿还借款，则履行《商品房买卖合同》。在合同、协议均依法成立并已生效的情况下，应当认定当事人之间同时成立了商品房买卖和民间借贷两个民事法律关系。该行为并不违反法律、行政法规的强制性规定。2. 借款到期，借款人不能按期偿还借款。对方当事人要求并通过履行《商品房买卖合同》取得房屋所有权，不违反《担保法》第 40 条、《物权法》第 186 条有关“禁止流押”的规定。

第三节 实务操作指南

司法实践中，以物抵债是否完成，一般以债务是否已届清偿期、是否履行物权转移手续为主要考量因素，同时，也结合新债务和旧债务的关系、抵债协议内容进行综合判断。

一、当事人在债务未届清偿期之前达成以物抵债协议

以物抵债协议具有担保债权实现的目的，如债权人以债务人违反以物抵债的约定而要求继续履行以物抵债协议或对所抵之物主张所有权的，人民法院应驳回其诉讼请求。但经人民法院释明，当事人变更诉请要求继续履行原债权债务合同的，人民法院应当继续审理。①

但存在以下几种例外情况：

(1)以物抵债协议同时明确约定在债务清偿期届满时应进行清算，则该以物抵债协议在

① 《江苏省高级人民法院关于以物抵债若干法律适用问题的审理纪要》

当事人之间具有法律效力，但该约定不具有对抗其他债权人的效力。

（2）当事人约定债务人不履行到期债务时以抵债物来清偿债权，但未明确抵债物的所有权直接归债权人所有，该代物清偿协议在当事人之间具有法律效力，但不具有对抗其他债权人的效力。对抵债物应进行折价或拍卖、变卖，并从拍卖、变卖价款中清偿债务。①

（3）当事人在债务未届清偿期之前约定以房屋或土地等不动产进行抵债，并明确在债务清偿后可以回赎，债务人或第三人根据约定已办理了物权转移手续的，该行为符合让与担保的特征。因违反物权法定原则，不产生物权转移效力。债权人如根据抵债协议及物权转移凭证要求原物权人转移的，人民法院应不予支持。

（4）当事人明确约定债务人不履行到期债务时抵债物归债权人所有的代物清偿协议，该协议因违反了禁止流押、流质的强制性规定，应认定为无效协议。②

二、当事人在债务清偿期届满后达成以物抵债协议

（1）在尚未办理物权转移手续前，债务人反悔不履行抵债协议，债权人要求继续履行抵债协议或要求确认所抵之物的所有权归自己的，人民法院应驳回其诉讼请求。但经释明，当事人要求继续履行原债权债务合同的，人民法院应当继续审理。③

（2）达成以物抵债协议并办理了物权转移手续后，一方反悔，要求认定以物抵债协议无效的，人民法院不予支持。但如当事人一方认为抵债行为具有《合同法》第54条规定的可变更、可撤销情形的，可以依法请求人民法院或仲裁机构变更或撤销。

《第八次全国法院民事商事审判工作会议（民事部分）纪要》第17条对此予以明确："当事人在债务清偿期届满后达成以房抵债协议并已经办理了产权转移手续，一方要求确认以房抵债协议无效或者变更、撤销，经审查不属于合同法第五十二条、第五十四条规定情形的，对其主张不予支持。"

（3）债权人在债务清偿期届满后通过以物抵债协议取得了所抵之物的所有权，后要求债务人承担标的物瑕疵担保责任的，人民法院可参照《合同法》关于买卖合同的相关规定进行处理。

（4）以物抵债协议对当事人具有法律约束力，但应履行清算程序，对抵债物进行折价或者拍卖、变卖，当事人一方如认定协议存在可变更、可撤销情形的，可以依请求变更或撤销以物抵债协议。

三、诉讼中当事人自愿以物抵债的处理

以房抵债是虚假诉讼的重灾区，2013年以来，最高人民法院先后下发了《关于房地产调控政策下人民法院严格审查各类虚假诉讼的紧急通知》、《最高人民法院关于清查"以房抵债"等虚假诉讼的意见》和《最高人民法院关于防范和制裁虚假诉讼的指导意见》，严厉打击

---

① 参见杜万华：《商事审判指导》（总第39辑），人民法院出版社，第71页。

② 参见杜万华：《商事审判指导》（总第39辑），人民法院出版社，第71页。

③ 参见夏正芳、潘军锋、仲伟珩：《债务清偿期届满后当事人间达成以物抵债协议但未履行物权转移手续，该协议效力如何确定》，载《民事审判指导与参考·指导性案例》2014年第2辑（总第58辑），第121页。

房地产领域的虚假诉讼。"以房抵债"虚假诉讼主要有以下几种形式:一是以规避法定税收为目的,主要表现为将房屋价值作低用以抵偿虚构债务,按照抵债房产计税,达到逃税的目的。二是以规避国家商品房限购政策为目的,主要表现为当事人通过诉讼和申请执强制执行,将涉案房屋过户,以达到规避政策的目的。三是逃避债务、规避执行,主要表现为存在多个债权人的情况下,与个别债权人恶意串通,以仅有的房产清偿个别债权人的债务,损害其他债务人的利益。

江苏省高级人民法院为了打击虚假诉讼,对于以物抵债,要求人民法院制作调解书的,持完全否定的态度。①

在债权债务纠纷案件诉讼过程中,当事人自愿达成以物抵债协议,并要求法院制作调解书的,人民法院应建议当事人申请撤诉。当事人不申请撤诉而要求法院制作调解书的,人民法院应不予支持,对当事人之间的债权债务法律关系继续审理。

当事人双方持人民调解组织主持达成的以物抵债调解协议,向人民法院申请司法确认的,经审查,当事人尚未完成物权转移手续的,人民法院应裁定驳回申请。

四、执行程序中当事人达成以物抵债协议的处理

在执行程序中,当事人可以自愿达成以物抵债的和解协议,随后当事人可以请求人民法院中止执行或终结执行。若和解协议合法有效并已履行完毕的,人民法院应当作执行结案处理。若和解协议未履行完毕,当事人申请执行原生效法律文书的,人民法院应当恢复执行,但和解协议已履行的部分应当扣除。

如果抵债物是动产,应当履行物权交付手续;如果抵债物是不动产,应当办理物权转移手续。在尚未办理物权交付手续或转移手续前,该协议对双方不具有法律约束力,债务人反悔不履行以物抵债协议,债权人要求继续履行抵债协议或要求确认所抵之物的所有权归自己的,应不予支持。

五、第三人自愿参与以物抵债协议的处理

第三人参与以物抵债协议有两种方式:(1)同意处分自己的财产代替债务人履行债务,但不构成债务加入;(2)经债权人同意,代替债权人受领抵债物。不管第三人以何种方式参与以物抵债协议,都必须完成物权转移手续。

六、对当事人利用以物抵债进行虚假诉讼的防范和制裁

《第八次全国法院民事商事审判工作会议(民事部分)纪要》第16条规定:"当事人达成以房抵债协议,并要求制作调解书的,人民法院应当严格审查协议是否在平等自愿基础上达成;对存在重大误解或显失公平的,应当予以释明;对利用协议损害其他债权人利益或者规避公共管理政策的,不能制作调解书;对当事人行为构成虚假诉讼的,严格按照民事诉讼法第一百一十二条和《最高人民法院关于适用〈中华人民共和国民事诉讼法〉的解释》第一百九十条、第一百九十一条的规定处理;涉嫌犯罪的,移送刑事侦查机关处理。"

---

① 《江苏省高级人民法院关于以物抵债若干法律适用问题的审理纪要》。

江苏省高级人民法院对此持严厉打击的态度，并采取严格审查的措施。①

对当事人进行虚假诉讼，利用以物抵债损害其他债权人利益的，人民法院应从以下方面严格审查并加大制裁力度：（1）加强对债权债务关系真实性的审查力度，严防虚假诉讼。（2）对当事人在以物抵债协议中约定的管辖法院与所抵不动产的所在地非同一地的，应按《民事诉讼法》专属管辖的规定认定协议管辖的效力。（3）发现当事人通过以物抵债的方式恶意转移责任财产、损害其他债权人利益或者规避国家房产限购政策、转移限制转让的车牌号码等恶意诉讼或虚假诉讼行为的，应根据《民事诉讼法》第112条的规定驳回诉讼请求，同时可以根据情节轻重予以罚款、拘留；构成犯罪的，依法追究刑事责任。

七、虚假诉讼罪

（一）立法情况

《刑法修正案（九）》（2015年11月1日起施行）新增加的罪名，《刑法》第307条之一：

"以捏造的事实提起民事诉讼，妨害司法秩序或者严重侵害他人合法权益的，处三年以下有期徒刑、拘役或者管制，并处或者单处罚金；情节严重的，处三年以上七年以下有期徒刑，并处罚金。

单位犯前款罪的，对单位判处罚金，并对其直接负责的主管人员和其他直接责任人员，依照前款的规定处罚。

有第一款行为，非法占有他人财产或者逃避合法债务，又构成其他犯罪的，依照处罚较重的规定定罪从重处罚。

司法工作人员利用职权，与他人共同实施前三款行为的，从重处罚；同时构成其他犯罪的，依照处罚较重的规定定罪从重处罚。"

（二）相关规定

《最高人民法院关于〈中华人民共和国刑法修正案（九）〉时间效力问题的解释》（法释〔2015〕19号）第7条规定：

"对于2015年10月31日以前以捏造的事实提起民事诉讼，妨害司法秩序或者严重侵害他人合法权益，根据修正前刑法应当以伪造公司、企业、事业单位、人民团体印章罪或者妨害作证罪等追究刑事责任的，适用修正前刑法的有关规定。但是，根据修正后刑法第三百零七条之一的规定处刑较轻的，适用修正后刑法的有关规定。

实施第一款行为，非法占有他人财产或者逃避合法债务，根据修正前刑法应当以诈骗罪、职务侵占罪或者贪污罪等追究刑事责任的，适用修正前刑法的有关规定。"

（三）定罪量刑标准

《最高人民法院、最高人民检察院〈关于办理虚假诉讼刑事案件适用法律若干问题的解释〉》（法释〔2018〕17号，2018年10月1日起施行）。

---

① 《江苏省高级人民法院关于以物抵债若干法律适用问题的审理纪要》。

第四节 法律法规整合

一、《物权法》

第195条 债务人不履行到期债务或者发生当事人约定的实现抵押权的情形，抵押权人可以与抵押人协议以抵押财产折价或者以拍卖、变卖该抵押财产所得的价款优先受偿。协议损害其他债权人利益的，其他债权人可以在知道或者应当知道撤销事由之日起一年内请求人民法院撤销该协议。

抵押权人与抵押人未就抵押权实现方式达成协议的，抵押权人可以请求人民法院拍卖、变卖抵押财产。

抵押财产折价或者变卖的，应当参照市场价格。

第219条 债务人履行债务或者出质人提前清偿所担保的债权的，质权人应当返还质押财产。

债务人不履行到期债务或者发生当事人约定的实现质权的情形，质权人可以与出质人协议以质押财产折价，也可以就拍卖、变卖质押财产所得的价款优先受偿。

质押财产折价或者变卖的，应当参照市场价格。

二、《合同法》

第286条 发包人未按照约定支付价款的，承包人可以催告发包人在合理期限内支付价款。发包人逾期不支付的，除按照建设工程的性质不宜折价、拍卖的以外，承包人可以与发包人协议将该工程折价，也可以申请人民法院将该工程依法拍卖。建设工程的价款就该工程折价或者拍卖的价款优先受偿。

三、《民事诉讼法司法解释》

第491条 经申请执行人和被执行人同意，且不损害其他债权人合法权益和社会公共利益的，人民法院可以不经拍卖、变卖，直接将被执行人的财产作价交申请执行人抵偿债务。对剩余债务，被执行人应当继续清偿。

第492条 被执行人的财产无法拍卖或者变卖的，经申请执行人同意，且不损害其他债权人合法权益和社会公共利益的，人民法院可以将该项财产作价后交付申请执行人抵偿债务，或者交付申请执行人管理；申请执行人拒绝接收或者管理的，退回被执行人。

第493条 拍卖成交或者依法定程序裁定以物抵债的，标的物所有权自拍卖成交裁定或者抵债裁定送达买受人或者接受抵债物的债权人时转移。

四、《最高人民法院关于人民法院民事执行中拍卖、变卖财产的规定》

第19条 拍卖时无人竞买或者竞买人的最高应价低于保留价，到场的申请执行人或者其他执行债权人申请或者同意以该次拍卖所定的保留价接受拍卖财产的，应当将该财产交其抵债。

有两个以上执行债权人申请以拍卖财产抵债的，由法定受偿顺位在先的债权人优先承受；受偿顺位相同的，以抽签方式决定承受人。承受人应受清偿的债权额低于抵债财产的价额的，人民法院应当责令其在指定的期间内补交差额。

五、《第八次全国法院民事商事审判工作会议（民事部分）纪要》

当事人达成以房抵债协议，并要求制作调解书的，人民法院应当严格审查协议是否在平等自愿基础上达成；对存在重大误解或显失公平的，应当予以释明；对利用协议损害其他债权人利益或者规避公共管理政策的，不能制作调解书；对当事人行为构成虚假诉讼的，严格按照民事诉讼法第一百一十二条和《最高人民法院关于适用〈中华人民共和国民事诉讼法〉的解释》第一百九十条、第一百九十一条的规定处理；涉嫌犯罪的，移送刑事侦查机关处理。

当事人在债务清偿期届满后达成以房抵债协议并已经办理了产权转移手续，一方要求确认以房抵债协议无效或者变更、撤销，经审查不属于合同法第五十二条、第五十四条规定情形的，对其主张不予支持。

六、《最高人民法院关于人民法院执行工作若干问题的规定（试行）》

第86条 在执行中，双方当事人可以自愿达成和解协议，变更生效法律文书确定的履行义务主体、标的物及其数额、履行期限和履行方式。

和解协议一般应当采取书面形式。执行人员应将和解协议副本附卷。无书面协议的，执行人员应将和解协议的内容记入笔录，并由双方当事人签名或盖章。

第87条 当事人之间达成的和解协议合法有效并已履行完毕的，人民法院作执行结案处理。

七、《江苏省高级人民法院关于以物抵债若干法律适用问题的审理纪要》

全文（略）

八、《全国法院民商事审判工作会议纪要》（法〔2019〕254号）

44.【履行期届满后达成的以物抵债协议】当事人在债务履行期限届满后达成以物抵债协议，抵债物尚未交付债权人，债权人请求债务人交付的，人民法院要着重审查以物抵债协议是否存在恶意损害第三人合法权益等情形，避免虚假诉讼的发生。经审查，不存在以上情况，且无其他无效事由的，人民法院依法予以支持。

当事人在一审程序中因达成以物抵债协议申请撤回起诉的，人民法院可予准许。当事人在二审程序中申请撤回上诉的，人民法院应当告知其申请撤回起诉。当事人申请撤回起诉，经审查不损害国家利益、社会公共利益、他人合法权益的，人民法院可予准许。当事人不申请撤回起诉，请求人民法院出具调解书对以物抵债协议予以确认的，因债务人完全可以立即履行该协议，没有必要由人民法院出具调解书，故人民法院不应准许，同时应当继续对原债权债务关系进行审理。

45.【履行期届满前达成的以物抵债协议】当事人在债务履行期届满前达成以物抵债协议,抵债物尚未交付债权人,债权人请求债务人交付的,因此种情况不同于本纪要第71条规定的让与担保,人民法院应当向其释明,其应当根据原债权债务关系提起诉讼。经释明后当事人仍拒绝变更诉讼请求的,应当驳回其诉讼请求,但不影响其根据原债权债务关系另行提起诉讼。

第九章　商品房委托代理销售合同纠纷

【一级案由】合同、无因管理、不当得利纠纷
【二级案由】合同纠纷
【三级案由】房屋买卖合同纠纷
【四级案由】商品房销售委托代理销售合同纠纷

第一节　法律要点详解

一、商品房委托销售的优势、概念、特点

（一）商品房委托销售的优势

在商品房开发经营中，对资本的要求较一般的经营活动更高，开发商总是希望其开发的商品房能尽快售出，回笼所投入的资金，以减少资金上的压力，降低经营的风险。与开发商自行组织销售相比，委托代理销售的优势显而易见：

（1）成本控制更优。自主销售主体是房地产开发企业内部的营销部门和销售人员，企业如果要常设这样一个部门的话，意味着要付出较多的人力资源和管理成本，因此，对于房地产开发企业，尤其是这中小开发企业来说，委托中介机构代为销售则可以有效控制这方面的支出。

（2）专业性更强。对于房地产销售中介机构来说，其多年以来在商品房销售端精耕细作，积累了大量的经验和人力资源，因此，与开发商自行销售相比，其更容易让销售本身价值最大化。

因此，商品房委托代理销售是房地产开发商特别是中小开发商乐于采用的销售模式，本章将介绍商品房委托代理销售合同相关的法律问题。

（二）房地产委托销售合同的概念和特点

商品房委托代理销售合同，是指房地产开发企业将开发的商品房委托给中介机构代理销售，并向中介机构支付酬金的合同。

虽然“商品房委托代理销售合同”中有“委托”二字，但其与《合同法》规定的有名合同中的委托合同仍有不同。

首先，两者在最高人民法院的《民事案件案由规定》中属于并列关系。商品房委托代理销售合同纠纷是案由规定中第82个案由“房屋买卖合同纠纷”中的第4项，而委托合同纠纷则属于案由规定中第104个案由，两者不存在包含与被包含的关系；其次，在实践中，商品房委托代理销售合同的义务承担方式与委托合同也存在差异。比如，根据《合同法》第398条“委托人应当预付处理委托事务的费用。受托人为处理委托事务垫付的必要费用，委托人应当偿还该费用及其利息”的规定，委托合同中，委托事务费用均由委托人承担。而在一般的商品房代理销售合同中，委托事务的费用由房地产中介机构承担，房地产开发商只需要按照合同约定支付佣金即可。

可以看出，商品房委托代理销售合同虽然与《合同法》第21章规定的委托合同十分相似，但其并非是委托合同的一种，而是属于一种独立的无名合同。对于此类合同，在适用法律的时候，应根据《合同法》第124条“本法分则或者其他法律没有明文规定的合同，适用本法总则的规定，并可以参照本法分则或者其他法律最相类似的规定”之规定，适用《合同法》总则的规定，并可以参照合同法分则或者其他法律最相类似的规定。因此，虽然商品房委托代理销售合同并非委托合同，但在适用法律时仍可以参照与其最相类似《合同法》中关于委托合同的规定。

二、商品房委托代理销售合同的种类

实践中，商品房委托代理销售合同主要分为两类：

1. 一般的商品房委托代理销售合同。房地产开发企业将开发的商品房委托给中介机构代理销售，并根据中介机构的销售业绩向其支付佣金。

2. 商品房包销合同。[①] 在该合同中，房地产开发企业按照约定的包销基价将开发的商品房委托给中介机构代理销售，包销期满，对包销人未销售的房屋由包销人按照合同约定的包销价格购买。

一般的委托代理销售和包销的主要区别在于：(1)一般的委托代理销售中，中介机构不能自行决定，价款、单价以开发商为主决定；而包销情况下，中介机构与开发商约定了基价，超出基价的溢价部分归中介所有，低于基价销售部分的差价由中介补足，因此，商品房的价格可以由中介机构决定。(2)一般委托代理销售中的中介机构享有的权利是根据约定从销售额中取佣金，而包销合同中，中介机构的获利在于协议约定基价外的溢价部分。(3)一般的委托销售合同，中介机构在期限届满后应将房屋返还开发商。而包销情况下，期限届满后，中介机构则应按约定的基价购入剩余房屋。

---

① 对于包销合同是否属于商品房委托代理合同是有争议的。比如，最高人民法院编著的《房地产纠纷裁判思路与规范指引》中，并未明确写明其属于商品房委托代理的范畴，而将其定义为一种独立的无名合同。但是在《民事案件案由规定》中，并没有商品房包销协议这样一个案由，而且实践中对于包销合同纠纷，法院都将其归类在商品房委托代理销售合同纠纷这个案由下。本书为了便于读者比较，故将商品房包销合同作为商品房委托代理合同的一个类型进行介绍，实际上二者还是存在较大差异的。

三、商品房委托代理销售合同涉及的诉讼类型

1. 商品房委托代理销售合同纠纷

根据合同相对性原理，在商品房委托代理销售合同中，房地产开发商或中介方如果有一方违反合同约定，另一方可以提起商品房委托代理销售合同纠纷诉讼。

2. 商品房买卖合同纠纷

在商品房委托代理销售过程中，如果因商品房买卖合同发生纠纷，购房者起诉到法院，应如何确定房地产开发商和房地产中介在诉讼中的诉讼地位呢？

首先，因为商品房买卖合同缔约双方为房地产开发商和购房者，根据合同相对性原理，购房者可以只起诉房地产开发商。

其次，因为房地产中介作为具体为民事行为的人，与案件有直接的利害关系，因而也可以将其列为共同被告，这里指的是普通共同诉讼。

第二节 权威案例指导

典型案例 1

【案例主题】商品房委托代理销售合同与委托合同虽然相近但并不相同

文昌海石投资有限公司与海南臻美地产顾问有限公司
商品房委托代理销售合同纠纷案

【审理法院】最高人民法院

【案件案号】(2013)民申字第1609号

【裁判日期】2013年11月15日

【裁判要点】1. 商品房委托代理销售合同与委托合同虽然相近但并不相同；2. 由于《合同法》中并没有对委托代理销售商品房合同作出明文规定，故对此类合同，从《合同法》分则规定的典型合同类型来看，委托代理销售商品房合同可以参照的最相类似的规定即第二十一章规定的委托合同；3. 当协议中已将委托方解除合同行为确定为违约行为时，《合同法》第413条中所指损失赔偿与一般违约责任中的损失赔偿已无本质不同，故两者在赔偿范围上不应有所差异。

典型案例2

【案例主题】虽然案由没有包销合同的规定,但不影响人民法院依法认定包销法律关系

海南中宇行房地产投资顾问有限公司与三亚天长实业有限公司商品房委托代理销售合同纠纷案

【审理法院】最高人民法院

【案件案号】(2013)民申字第1413号

【裁判日期】2013年9月27日

【裁判要旨】1. 虽然案由没有包销合同的规定,但不影响人民法院依法认定包销法律关系。2. 本案《代理销售合同》不仅有委托合同的要素,而且还加入了包销合同的要素,故不适用委托合同的任意解除权。3. 违约方擅自解除合同应当赔偿守约方的直接损失和可得利益损失。

典型案例3

【案例主题】法定解除情形下的损失赔偿:直接损失不包括可得利益损失

青岛银海世邦房产顾问有限责任公司与青岛东方华洲置业有限公司商品房委托代理销售合同纠纷案

【审理法院】山东省高级人民法院

【案件案号】(2014)鲁民提字第5号

【裁判日期】2014年4月29日

【裁判要点】可得利益是指合同在适当履行以后可以实现和取得的财产利益。虽然当事人行使法定解除权亦应承担民事责任,但这种责任的性质、程度和后果不能等同于当事人故意违约应承担的违约责任,前者的责任范围仅限于给对方造成的直接损失,不包括对方的预期利益。

第三节　实务操作指南

一、商品房委托销售时，买受人应当注意的事项

(1)所购商品房是否五证齐全；

(2)受委托中介机构是否有销售委托书；

(3)受委托中介机构应当如实向买受人介绍所代理销售商品房的有关情况；

(4)应当以开发商的名义与买受人签订商品房买卖合同；

(5)购房发票一定要是开发商开具的。

二、商品房委托销售情况下，买受人商品房买卖合同纠纷如何诉讼

(1)买受人可以向房地产开发商所在地或房屋所在地人民法院起诉。《民事诉讼法》第23条规定："因合同纠纷提起的诉讼，由被告住所地或者合同履行地人民法院管辖。"因此，房屋买受人可以选择起诉法院。

(2)买受人可以单独起诉房屋开发商或将房屋开发商与中介机构列为共同被告。商品房买卖合同是房地产开发商与购房者所签，根据合同相对性原理，购房者可以直接起诉开发商。但是最高人民法院认为，在委托销售合同中，中介机构作为具体的民事行为人，具有利害关系，因此，购房者可以将二者列为共同被告。

(3)如果买受人未将中介机构列为被告，人民法院应当通知中介机构作为无独立请求权第三人参加诉讼。

三、房地产委托代理销售合同常见的争议难点

在司法实践中，当事人经常产生争议的问题主要有以下几种。

1. 一般的委托代理销售合同和包销合同的当事人是否具有随意解除权

前文说过，虽然商品房委托代理销售合同并非委托合同，但根据《合同法》第124条，其可以参照适用委托合同的相关规定。《合同法》第410条规定，委托人或者受托人可以随时解除委托合同。因此，可以认为商品房委托代理销售合同双方也拥有任意解除权。本章第二节典型案例中的"文昌海石投资有限公司与海南臻美地产顾问有限公司商品房委托代理销售合同纠纷案"便持此种观点。

但是例外的是，最高人民法院的判例认为，对于包销合同，由于其不仅有委托的要素，还加入了包销的要素，故不应适用委托合同的任意解除权。本章第二节典型案例2中的"海南中宇行房地产投资顾问有限公司与三亚天长实业有限公司商品房委托代理销售合同纠纷案"便持此种观点。

2. 当事人是否可以通过约定放弃任意解除权

司法实践中，《商品房委托代理销售合同》双方为避免因合同解除受到损失，有时会在合同中约定放弃任意解除权。争议的焦点在于此种约定是否有效。

司法实践中,根据法院的观点,双方对于案涉商品房委托代理销售合同任意解除权放弃的约定属于一种特约放弃。任意解除权可否由双方当事人通过特别约定加以限制或者排除,法律并未规定。从尊重当事人意思自治的角度出发,应当准许。在当事人已对任意解除权进行特约放弃的情形下,则双方均不得再主张任意解除权。

3. 当事人双方关于溢价款的约定是否有效

建设部《商品房销售管理办法》第 28 条规定:受托房地产中介服务机构在代理销售商品房时不得收取佣金以外的其他费用;国家发改委、住建部联合发布的《关于放开房地产咨询收费和下放房地产经纪收费管理的通知》中规定,省级主管部门可以决定在本省范围内对房地产经纪服务收费实行政府指导价或市场调节价。由此产生的问题是:为了激励受托方的工作,实践中双方往往在合同中约定高于政府指导价的溢价奖励,而日后的民事纠纷中,一方又往往以约定违反政府强制性规定为由请求法院判定超过政府指导价部分的条款无效。

司法实践中的观点认为,以上规定属于部门规章范畴,并非属于《合同法》第 52 条第 5 项中"法律、行政法规"的范畴,不能作为判定合同无效的依据。政府主管部门对于房地产委托代理收费价格的限定属于政府履行市场管理的行政职能,对于违反规定的当事人,可以给予行政处罚,却不能据此否定合同的效力。因此,双方当事人对溢价奖励的约定应当认定为有效。

4. 合同解除后,受托人是否可以向委托人主张可得利益

可得利益是指合同在适当履行以后可以实现和取得的财产利益。《合同法》第 410 条规定:"委托人或者受托人可以随时解除委托合同。因解除合同给对方造成损失的,除不可归责于该当事人的事由以外,应当赔偿损失。"司法实践中,对于行使法定解除权的一方给对方造成的直接损失,解约方应当给予赔偿,但如果对方要求可得利益的损失,是否属于应赔偿的范围呢?

根据法院的观点,当事人行使任意解除权后所承担的民事责任,从责任的性质、程度和后果上不能等同于当事人故意违约应承担的违约责任。因此,当事人行使任意解除权所应承担的责任范围应仅限于给对方造成的直接损失,而不包括对方的预期可得利益。

5. 中介机构没有取得房地产经营资格是否可以认定委托代理销售合同或包销合同无效

国家为了保障房地产市场的健康发展,主管部门对于商品房代理销售和中介机构做出了相应的规范,建设部颁布的《城市房地产中介服务管理规定》中明确要求,经营房地产中介的机构应具有相应的资质。实践中,因为中介机构不具备相应资质导致出现纠纷的案例也不在少数,那么,房地产开发商是否可以中介机构不具有经营资质为由主张双方的委托代理协议或包销协议无效呢?

笔者认为,从规范房地产市场秩序的角度,国家对于房地产中介机构的经营资格进行限定是有必要的,可以防止和遏制房地产中介行业的无序发展。但是如果从诉讼的角度,建设部颁布的《城市房地产中介服务管理规定》属于部门规章,不得作为判断合同效力的依据。目前在法律法规的层面对于委托代理销售和包销行为并没有相关禁止性规定,因此,只要商品房委托代理销售合同和包销合同是双方真实意思表示,合同内容不违反国家法律和社会公共利益,即使房地产中介机构缺乏相应资质,仍应认定合同有效。最高人民法院《房地产纠纷裁判思路与规范指引》和法院的相关判决也持此种观点。

6.商品房委托代理销售合同签订后,房地产开发商将房屋自行出售,应否赔偿中介机构的损失

一般来说,商品房委托代理协议和包销协议签订后,商品房的销售权即归中介机构所有,开发商既不能再授权他人进行销售,也不得自行销售。此时如果开发商擅自自行销售房屋,应属违约行为,应赔偿中介机构因此产生的损失,此种损失既包括实际损失,也可是包括可得利益。

7.开发商擅自销售商品房构成违约,中介机构在何种情况下可以解除合同

在开发商擅自销售商品房的情况下,如果双方在签订协议时已经放弃了任意解除权,同时无法就解除达成一致,那么,如果中介机构想要解除双方的委托代理销售合同或包销合同,就只能依据《合同法》第94条关于法定解除的规定。实践中的争议在于,如何认定《合同法》第94条第4项的"合同目的无法实现"。审判实践认为,开发商有擅自销售的行为,并不能直接认定其构成根本违约。只有开发商擅自销售的商品房达到一定数量,对中介机构履约造成实质性影响的,才构成根本违约,具体应从两个因素考虑:其一,违约部分的价款、金额与整个合同金额的比例;其二,违约部分与合同目的实现的关系。

第四节 法律法规整合

一、《合同法》

第124条 本法分则或者其他法律没有明文规定的合同,适用本法总则的规定,并可以参照本法分则或者其他法律最相类似的规定。

第396条 委托合同是委托人和受托人约定,由受托人处理委托人事务的合同。

第398条 委托人应当预付处理委托事务的费用。受托人为处理委托事务垫付的必要费用,委托人应当偿还该费用及其利息。

第410条 委托人或者受托人可以随时解除委托合同。因解除合同给对方造成损失的,除不可归责于该当事人的事由以外,应当赔偿损失。

二、《商品房买卖合同司法解释》

第20条 出卖人与包销人订立商品房包销合同,约定出卖人将其开发建设的房屋交由包销人以出卖人的名义销售的,包销期满未销售的房屋,由包销人按照合同约定的包销价格购买,但当事人另有约定的除外。

第21条 出卖人自行销售已经约定由包销人包销的房屋,包销人请求出卖人赔偿损失的,应予支持,但当事人另有约定的除外。

第22条 对于买受人因商品房买卖合同与出卖人发生的纠纷,人民法院应当通知包销人参加诉讼;出卖人、包销人和买受人对各自的权利义务有明确约定的,按照约定的内容确定各方的诉讼地位。

三、《商品房销售管理办法》

第25条 房地产开发企业委托中介服务机构销售商品房的,受托机构应当是依法设立并取得工商营业执照的房地产中介服务机构。

房地产开发企业应当与受托房地产中介服务机构订立书面委托合同,委托合同应当载明委托期限、委托权限以及委托人和被委托人的权利、义务。

第26条 受托房地产中介服务机构销售商品房时,应当向买受人出示商品房的有关证明文件和商品房销售委托书。

第27条 受托房地产中介服务机构销售商品房时,应当如实向买受人介绍所代理销售商品房的有关情况。

受托房地产中介服务机构不得代理销售不符合销售条件的商品房。

第28条 受托房地产中介服务机构在代理销售商品房时不得收取佣金以外的其他费用。

第29条 商品房销售人员应当经过专业培训,方可从事商品房销售业务。

第十章　商品房买卖合同的房屋质量纠纷

【一级案由】合同、无因管理、不当得利纠纷
【二级案由】合同纠纷
【三级案由】房屋买卖合同纠纷
【四级案由】商品房销售或预售合同纠纷

第一节　法律要点详解

在房价居高难下的当前，购买一套房子往往要一个家庭倾尽积蓄，甚至要透支未来若干年的收入，但这还不足以令购房者“难受”，真正的“难受”来自收房时可能面临的房屋质量问题。那么，当发现房屋有质量问题时，购房者该怎样要求赔偿呢？

一、房屋质量范围

地基基础工程、主体结构工程、屋面防水工程、其他土建工程、电气管线、上下水管线、安装工程、供热、供冷等以及近几年涌现出来的空气污染、噪声污染等。房屋质量问题常见的有：房屋渗漏水、墙面裂痕、天花板开裂、地面空鼓、墙皮脱落及危害居住者的生命安全及身体健康等。

二、房屋质量问题的分类

1. 一般的质量问题。如比较小范围的空鼓、门窗缺少配件密封不到位、开启不灵活等。

2. 质量瑕疵问题。就是一些比较大型的质量问题，房屋漏水、透寒等直接导致业主无法完成入住的，这种质量瑕疵比较多见。又可以分为不严重影响正常居住使用的和严重影响正常居住使用两种情况。

3. 主体结构问题。主体结构主要包括柱、梁、棚等，质量问题主要包括房屋裂缝、露筋、地基下沉、楼板厚度不符合标准等。就目前建筑市场整体情况而言，地基基础及主体结构出现质量问题的情况不太多见。

三、房屋质量问题的处理方式

1. 一般的质量问题

这类问题业主可以直接报物业维修或者由开发商进行处理，物业或者开发商会安排专门的施工人员进行维修。

2. 质量瑕疵问题

①如果属于不严重影响正常居住使用的质量瑕疵问题，如果业主尚未完成收房手续，业主此时可以拒绝收房，在开发商整改完所有的质量问题之后，再办理入住手续。另外，也可以根据合同的相关规定，要求开发商承担由于延迟交付而造成的违约责任；如果业主已经办理完入住手续，在入住之后发现质量问题，按照保修期的规定，由开发商联系建筑公司进行维修，并承担维修期间的损失，开发商拒绝维修的，业主可以自行委托他人维修，费用由开发商承担。

②如果属于严重影响正常居住使用的质量瑕疵问题，经权威部门鉴定后，业主有权要求退房，并要求开发商赔偿相应的损失。

《商品房买卖合同司法解释》第 13 条规定："因房屋质量问题严重影响正常居住使用，买受人请求解除合同和赔偿损失的，应予支持。交付使用的房屋存在质量问题，在保修期内，出卖人应当承担修复责任；出卖人拒绝修复或者在合理期限内拖延修复的，买受人可以自行或者委托他人修复。修复费用及修复期间造成的其他损失由出卖人承担。"

3. 主体结构问题

主体结构包括：混凝土结构、砌体结构、钢结构、钢管混凝土结构、型钢混凝土结构、铝合金结构、木结构。

对于主体结构问题，单凭肉眼观察，很难作出准确判断，此时业主有权要求开发商尽快查明原因，并要求出具国家专业鉴定部门的报告，证明房屋是否存在严重的安全结构性问题。如果不存在安全性结构问题，可以要求开发进行常规的维修整改即可，整改期间的损失由开发商承担；如果证实房屋确实存在严重的安全性结构问题，那么业主有权要求退房，并由开发商承担赔偿责任。

《商品房买卖合同司法解释》第 12 条规定："因房屋主体结构质量不合格不能交付使用，或者房屋交付使用后，房屋主体结构质量经核验确属不合格，买受人请求解除合同和赔偿损失的，应予支持。"

第二节　权威案例指导

典型案例

【案例主题】房屋存在质量问题实际损失的计算标准

李某柏诉南京金陵置业发展有限公司商品房预售合同纠纷案

【案件来源】《最高人民法院公报》2016 年第 12 期

【审理法院】南京市中级人民法院

【案件案号】(2016)苏 01 民终 6164 号

【裁判日期】2015 年 9 月 25 日

【裁判摘要】1. 对于政府机关及其他职能部门出具的证明材料,人民法院应当对其真实性、合法性以及与待证事实的关联性进行判断,如上述证据不能反映案件的客观真实情况,则不能作为人民法院认定案件事实的根据。2. 因出卖人所售房屋存在质量问题,致购房人无法对房屋正常使用、收益,双方当事人对由此造成的实际损失如何计算未作明确约定的,人民法院可以房屋同期租金作为标准计算购房人的实际损失。

第三节　实务操作指南

一、验收房屋应当注意的问题

(一)验收房屋的基本程序规定

购房者拿钥匙前后,除了对住宅设备、设施的正常运行及房屋各主要方面逐项进行验收外,还有权要求开发商出示并提供《商品房买卖合同》第 8 条规定的证明文件和《建筑工程竣工验收登记备案表》、房地产管理测绘部门实测房屋面积数据、《住宅质量保证书》、《住宅使用说明书》等证明文件,开发商未提供的购房者有权拒收房屋。

(二)房屋建筑工程质量保修的概念

根据《房屋建筑工程质量保修办法》的规定,房屋建筑工程质量保修是指对房屋建筑工程竣工验收后在保修期限内出现的质量缺陷予以维修的活动。

质量缺陷,是指房屋建筑工程的质量不符合工程建设的强制性标准以及合同的约定。

《住宅质量保证书》应包括以下内容,在正常使用下,房屋建筑工程的最低保修期限为:(1)地基基础和主体结构工程,为设计文件规定的该工程的合理使用年限;(2)屋面防水工程、有防水要求的卫生间、房间和外墙面的防渗漏,为 5 年;(3)供热与供冷系统,为 2 个采暖期、供冷期;(4)电气系统、给排水管道、设备安装为 2 年;(5)装修工程为 2 年。其他项目的保修期限由建设单位和施工单位约定。以上内容应写入《商品房质量保证书》中,其约定的保修期限不得短于以上最低期限。

《住宅质量保证书》是购房者要求开发商承担保修责任的有效凭证,交付使用的房屋如果存在质量问题,在保修期内,出卖人应承担修复责任;出卖人拒绝修复或在合理期限内拖延修复的,买受人可以自行或委托他人修复。修复费用及修复期间造成的其他损失由出卖人承担。

二、房屋质量属于专业问题,需要通过具有资质的专业鉴定机构进行鉴定

鉴定的范围分为10个方面:(1)地基与基础;(2)主体结构;(3)建筑装饰装修;(4)屋面;(5)建筑给水排水及供暖;(6)通风与空调;(7)建筑电气;(8)智能建筑;(9)建筑节能;(10)电梯。

主体结构包括:混凝土结构、砌体结构、钢结构、钢管混凝土结构、型钢混凝土结构、铝合金结构、木结构。

三、建筑工程质量缺陷与质量保修的问题

(一)保修期限内出现质量缺陷购房者向建设单位主张权利,由施工单位承担维修责任

房屋建筑工程的保修期限从工程竣工验收合格之日起计算。建设单位和施工单位应当在工程质量保修书中约定保修范围、保修期限和保修责任等,双方约定的保修范围、保修期限要符合国家有规定。

保修期内出现质量缺陷由施工承担责任,包括修理、重做等,在商品房屋买卖合同关系中,依据合同相对性,购房人只能向出卖方(开发商或建设单位)主张权利,而不能直接向施工单位主张权利。由建设单位或房屋所有人通知施工单位,发生结构性质量缺陷的还应当向当地建设行政主管部门报告。施工单位不按照质量保修书承担责任的,建设单位可另行委托其他单位保修,由原施工单位承担相应责任。

(二)建设单位与施工单位未约定保修范围和保修期限,建设单位应在建设工程合理使用期限内,对房屋质量承担责任

《房屋建筑工程质量保修办法》只是部门规章,位阶较低,同时其规定得也相对笼统,该办法第7条第2款规定:"其他项目的保修期限由建设单位与施工单位约定。"这种规定在实践中存在很大的不周延缺陷,第7条第1款的规定与工程建设标准强制性条文的规定并不一致,过于粗糙,可操作性不强。

举几个例子:该办法规定屋面防水工程保修期限为5年,按照技术规范,屋面工程除了防水外,还有保温工程,却未规定最低保修期限。该办法只规定电气管线的保修期限为2年,但电气部分除了电气管线外,还有供配电系统、变电所、智能化系统、防雷与接地,对此该办法均没有规定。该办法规定了供热、供冷系统为2年采暖期、供冷期,却与技术规范中的"采暖、通风与空调"不一致。

如果建设单位与施工单位未约定保修期限,该如何处理,该办法并未给出明确意见。

笔者认为,《房屋建筑工程质量保修办法》没有规定保修范围的,建设单位和施工单位也未约定的,在使用期限内出现质量缺陷,施工单位应当在整个合理使用期限内均承担责任。

同理,房屋出卖方(开发商或建设单位)在房屋合理使用期限内,对购房人的房屋质量承

担责任，施工单位是否承担责任，与购房人无关。

（三）房屋建筑工程未进行竣工验收或验收不合格，出现质量缺陷如何承担责任

房屋建筑工程经常出现建设单位与施工单位矛盾激化，无法验收的情况，双方可以共同委托鉴定机构进行鉴定，如果无法协商，一方提起诉讼后，由人民法院委托进行鉴定后确定责任方，由责任方承担。

建筑工程验收不合格的，根据具体情况确定责任承担方和形式，无法协商一致的，一方提起诉讼的，人民法院委托鉴定机构对工程质量进行鉴定后确定责任方，由责任方承担责任。

但对于购房人来讲，开发商或建设单位将未经验收或验收不合格的房屋交付使用，本身就是严重违法行为，不仅要承担民事责任，还要承担行政责任，严重的情况下，还可能承担刑事责任。

（四）施工方原因造成质量缺陷，但建筑工程已经竣工验收合格，并且建筑工程已过保修期，如何承担责任

《房屋建筑工程质量保修办法》是根据《建筑法》《建设工程质量管理条例》制定的，其规定了房屋建筑工程正常使用情况下的最低保修期限，《建设工程质量管理条例》也有相应的规定，如果过了保修期的建筑工程，是否施工单位一律不承担责任？

《建设工程质量管理条例》第 40 条也规定了最低保修期限，与《房屋建筑工程质量保修办法》的规定一致，《建设工程质量管理条例》第 41 条规定："建设工程在保修范围和保修期限内发生质量问题，施工单位应当履行保修义务，并对造成的损害承担赔偿责任。"

那么在保修范围和保修期限外的责任如何承担。

在本书第十一编第三章"建筑工程质量纠纷"中，选择的最高人民法院的公报案例，赞最高人民法院公报案例的观点为：不能机械地适用法律，尤其不能机械地适用部门规章，表面上公正司法，实质上损害社会基本的公平正义。

"江苏南通二建集团有限公司与吴江恒森房地产开发有限公司建设工程施工合同纠纷案"（最高人民法院公报案例 2014 年第 8 期）的裁决观点为：承包人交付的建设工程应符合合同约定的交付条件及相关工程验收标准。工程实际存在明显的质量问题，承包人以工程竣工验收合格证明等主张工程质量合格的，人民法院不予支持。其依据《建设工程质量管理条例》，进而认为其只应承担保修责任而不应重作的问题，同样不能成立。因为该条例是管理性规范，而本案屋面渗漏主要系南通二建施工过程中偷工减料而形成，其交付的屋面本身不符合合同约定，且已对恒森公司形成仅保修无法救济的损害，故本案裁判的基本依据为民法通则、合同法等基本法律而非该条例，根据法律位阶关系，该条例在本案中只作参考。本案中屋面渗漏质量问题的赔偿责任应按"谁造成，谁承担"的原则处理，这是符合法律的公平原则的。

同理，开发商或建设单位也不能以房屋建筑工程经过保修期，依据《房屋建筑工程质量保修办法》《建设工程质量管理条例》关于保修期的规定免责，同样要依据民法通则、合同法的相关规定，确定责任。

第四节　法律法规整合

《商品房买卖合同司法解释》

第12条　因房屋主体结构质量不合格不能交付使用,或者房屋交付使用后,房屋主体结构质量经核验确属不合格,买受人请求解除合同和赔偿损失的,应予支持。

第13条　因房屋质量问题严重影响正常居住使用,买受人请求解除合同和赔偿损失的,应予支持。

交付使用的房屋存在质量问题,在保修期内,出卖人应当承担修复责任;出卖人拒绝修复或者在合理期限内拖延修复的,买受人可以自行或者委托他人修复。修复费用及修复期间造成的其他损失由出卖人承担。

第十一章　二手房买卖合同纠纷

一、房屋买卖居间合同中“跳单”的认定

上海中原物业顾问有限公司诉陶某华居间合同纠纷案

【案件来源】最高人民法院指导案例1号

【审理法院】上海市第二中级人民法院

【案件案号】(2009)沪二中民二(民)终第1508号

【裁判日期】2009年9月4日

【裁判摘要】房屋买卖居间合同中关于禁止买方利用中介公司提供的房源信息却绕开该中介公司与卖方签订房屋买卖合同的约定合法有效。但是,当卖方将同一房屋通过多个中介公司挂牌出售时,买方通过其他公众可以获知的正当途径获得相同房源信息的,买方有权选择报价低、服务好的中介公司促成房屋买卖合同成立,其行为并没有利用先前与之签约中介公司的房源信息,故不构成违约。

【主文摘要】法院生效裁判认为:中原公司与陶某华签订的《房地产求购确认书》属于居间合同性质,其中第2.4条的约定,属于房屋买卖居间合同中常有的禁止“跳单”格式条款,其本意是为防止买方利用中介公司提供的房源信息却“跳”过中介公司购买房屋,从而使中介公司无法得到应得的佣金,该约定并不存在免除一方责任、加重对方责任、排除对方主要权利的情形,应认定有效。根据该条约定,衡量买方是否“跳单”违约的关键,是看买方是否利用了该中介公司提供的房源信息、机会等条件。如果买方并未利用该中介公司提供的信息、机会等条件,而是通过其他公众可以获知的正当途径获得同一房源信息,则买方有权选择报价低、服务好的中介公司促成房屋买卖合同成立,而不构成“跳单”违约。本案中,原产权人通过多家中介公司挂牌出售同一房屋,陶某华及其家人分别通过不同的中介公司了解到同一房源信息,并通过其他中介公司促成了房屋买卖合同成立。因此,陶某华并没有利用中原公司的信息、机会,故不构成违约,对中原公司的诉讼请求不予支持。

二、共同居住的家庭成员以自己的名义将其他家庭成员名下的房屋出卖给他人的合同效力认定

万某全、万某诉狄某等人房屋买卖合同纠纷案

【案件来源】《最高人民法院公报》2018年第2期

【审理法院】扬州市中级人民法院

【裁判日期】2014年3月20日

【裁判摘要】共同居住的家庭成员,以自己的名义将其他家庭成员名下的房屋出卖给他人,该行为对房屋所有人是否有效,须判断房屋所有人是否事前知晓且同意。为此,人民法院应当结合房屋产权证书、钥匙是否为房屋所有人持有,对价支付情况,买受人实际占有房屋持续时间以及相关证人证言等综合判定。

【主文摘要】

扬州市江都区人民法院一审认为:依法成立的合同受法律保护。被告丁某元和管某2000年就收到原告万某全、万某的10万元购房款,并且向原告交付了讼争房屋的钥匙和老产权证,原告占有该房屋后装修并使用至今,三被告一直未提出异议。关于三被告认为被告狄某对房屋出卖一事不知情的辩解,证人夏某庆、邹某香证实,狄某在房屋出卖后多次来江都时谈及房屋出卖事宜,对房屋出卖的事实和价格等完全知晓。狄某在讼争房屋出卖之前即与丁某元和管某共同生活至今,三被告的辩解完全违背客观事实,且与常理不符,法院依法不予采信。本案中,原告按约交付了价款,被告也交付了房屋,双方房屋买卖合同关系依法成立,房屋买卖协议有效。虽然双方签订的《房屋转让协议》存在一定瑕疵,但不影响房屋买卖的效力,故原告要求被告协助办理房屋权属变更手续的诉讼请求符合法律规定,法院予以支持。被告在讼争房屋过户条件成就后,拒绝履行过户义务,有悖诚信,显属无理,应负此次纠纷的全部责任。原告要求被告承担违约金和经济损失的诉讼请求,于法无据,法院不予支持。

被告不服一审判决,提起上诉,二审扬州中级人民法院判决:驳回上诉,维持原判。

三、房屋的实际状况与产权登记簿记载不一致,被行政机关限制过户,房屋买卖合同有效,并可在消除违法行为后,继续履行

丁某如与石某房屋买卖合同纠纷案

【案件来源】《最高人民法院公报》2012年第11期

【审理法院】上海市第一中级人民法院

【裁判日期】2010 年 11 月 24 日

【裁判摘要】房屋行政主管部门对未经审批而改建、重建的房屋，可因现实状况与不动产登记簿记载的权利状况不一致，将其认定为附有违法建筑并结构相连的房屋并限制交易。如何认定这类房屋买卖合同的效力，实践中存在分歧。善意买受人根据不动产登记的公示公信原则，确信登记的权利状态与现实状态相一致，此信赖利益应予保护；根据区分原则，房屋因附有违法建筑而无法过户属合同履行范畴，不应影响合同效力。因此，这类合同如不具备《合同法》第 52 条的无效情形，应当认定有效。出卖人负有将房屋恢复至原登记的权利状态并消除行政限制的义务。在买受人同意按现状交付并自愿承担恢复原状义务的情况下，出卖人应按诚实信用原则将房屋交付买受人，并于买受人将房屋恢复原状、消除行政限制后协助完成过户手续。

四、在房屋买卖居间服务中，中介公司(居间人)对于受托事项及居间服务应承担符合专业主体要求的注意义务

李某东与上海汉宇房地产顾问有限公司居间合同纠纷上诉案

【案件来源】《最高人民法院公报》2015 年第 2 期

【审理法院】上海市第二中级人民法院

【案件案号】(2013)沪二中民二(民)终字第 578 号

【裁判日期】2013 年 5 月 9 日

【裁判摘要】在房屋买卖居间活动中，房产中介公司作为居间人应根据委托人的真实意思开展居间活动，并尽到专业从业者的注意义务。在委托人本人未到场的情况下，房产中介公司在建立与委托人的居间合同关系时，应核查委托人代理人提供的委托书、公证文书等的真实性。房产中介公司未核查相关文书真伪，使房屋买卖相对方在交易中遭受损失的，应就该相对方的损失承担相应的补充赔偿责任。

五、居间合同中的格式条款不应背离公平、自愿的原则，不得对消费者的知情权、选择权进行限制

晋城市铭圣房地产经纪有限公司诉陈某龙居间合同纠纷案

【案件来源】《人民法院案例选》2015年第1辑

【审理法院】山西省晋城市中级人民法院

【案件案号】(2014)晋市法民终字第971号

【裁判日期】2015年1月9日

【裁判摘要】在房地产中介服务领域，中介服务合同中普遍存在一些格式条款，对委托人通过其他途径与交易对象达成协议进行限制，该现象已成为房地产中介行业的“行规”。上述格式条款不应背离公平、自愿这一订立合同的基本原则，不得对消费者的知情权、选择权作出不当限制，否则应为无效条款。

六、居间人未尽如实报告义务，在其促成的合同被认定为无效时，居间人不得要求买受方支付居间报酬

王某树与厦门高鹏房地产营销策划有限公司居间合同纠纷案

【案件来源】《人民法院案例选》2015年第4辑

【审理法院】福建省厦门市中级人民法院

【案件案号】(2014)厦民终字第2034号

【裁判日期】2014年9月12日

【裁判摘要】1.居间合同是居间人向委托人报告订立合同的机会或者提供订立合同的媒介服务，委托人支付报酬的合同。居间人应当就有关订立合同的事项向委托人如实报告。居间人故意隐瞒与订立合同有关的重要事实或者提供虚假情况，损害委托人利益的，不得要求支付报酬并应当承担损害赔偿责任。2.在居间合同纠纷中，居间人未尽如实报告义务，在其促成的合同被认定为无效时，居间人不得要求买受方支付居间报酬；因此造成买受方损失的，居间人应承担赔偿责任。

七、划拨土地上的私有房屋可以转让

杨某锦诉曹某慧房屋买卖合同纠纷案

【案件来源】《人民法院案例选》2014年第2辑

【审理法院】安徽省宣城市中级人民法院

【案件案号】(2011)宣中民四终字第00007号

【裁判日期】2011年8月16日

【裁判摘要】1.《城市房地产管理法》第40条规定,以划拨方式取得土地使用权的,转让房地产时,应当按照国务院规定,报有批准权的人民政府审批。有批准权的人民政府准予转让的,应当由受让方办理土地使用权出让手续,并依照国家有关规定缴纳土地使用权出让金。以划拨方式取得土地使用权的,转让房地产报批时,有批准权的人民政府按照国务院规定决定可以不办理土地使用权出让手续的,转让方应当按照国务院规定将转让房地产所获收益中的土地收益上缴国家或者作其他处理。《国有土地使用权合同纠纷司法解释》第11条规定,土地使用权未经有批准权的人民政府批准,与受让方订立合同转让划拨土地使用权的,应当认定合同无效。但起诉前经有批准权的人民政府批准办理土地使用权出让手续的,应当认定合同有效。2.以划拨方式取得土地使用权的,出卖该土地上私有房屋时,虽对土地使用权的转让未报有批准权的人民政府批准同意,但不影响该房屋买卖合同的效力,该房屋买卖合同仍然有效。

八、房屋买卖合同中恶意串通行为的认定

孔某文、刘某诉邹某芳等房屋买卖合同纠纷案

【案件来源】《人民法院案例选》2013年第4辑

【审理法院】云南省昆明市中级人民法院

【案件案号】(2012)昆民一终字第35号

【裁判日期】2012年7月3日

【裁判摘要】出卖人将房屋出售后又转卖他人,后买受人是否尽到必要的审查义务,是否支付了合理对价,以及其与出卖人是否存在特殊关系等,均是判断后买受人与出卖人是否构成恶意串通的依据。

九、未及时披露"凶宅"信息可以作为房屋买卖合同的撤销事由

洪某诉王某等房屋买卖合同纠纷案

【案件来源】《人民法院案例选》2013 年第 4 辑

【审理法院】浙江省杭州市中级人民法院

【案件案号】(2012)浙杭民终字第 360 号

【裁判日期】2012 年 7 月 17 日

【裁判摘要】出卖人对其明知且已实际对房屋转让价格产生足以动摇缔约意思或者缔约条件的"凶宅"信息负有信息披露义务。在订立合同时,单纯沉默不构成欺诈,但若负有信息披露义务,并因沉默未披露获得利益,则构成欺诈。

十、买受人不能仅以自己的主观心理感受认定房屋为"凶宅","凶宅"可以达到普通民众认知中的出现了"横死"等严重情况的程度来认定

祖某庆、赵某与张某龙房屋买卖合同纠纷案

【案件来源】裁判文书网

【审理法院】江苏省徐州市中级人民法院

【案件案号】(2015)徐民终字第 1627 号

【裁判日期】2015 年 7 月 17 日

【裁判摘要】买受人主张房屋发生过装修工人手指受伤的事实,但该种情况远未达到普通民众认知中的出现了"横死"等严重情况的"凶宅"程度,出卖人不具备欺诈或隐瞒房屋重大瑕疵的情节,买受人仅以自己的主观心理感受认定该房屋为"凶宅"并拒绝履行房屋买卖合同的,属于违约行为。

十一、做低房价的法律责任

做低房价一般都是买卖双方恶意串通的违法行为,双方均为故意,大部分以逃税为目的,一般情况下涉及三种责任。

(一)民事责任

双方恶意串通做低房价的行为,属于《合同法》第 52 条的规定,恶意串通损害国家利益的情形,应当认定该条款无效,但价格条款无效,不影响其他条款的效力,其他条款如果有效的,合同应当继续履行。因价格条款无效,导致重新协商签订合同、补缴税款、办理按揭贷款等,

导致履行期限不符合合同约定的，不能简单地认为属于违约行为，应当结合相关规定，重新确定新的合理履行期限。

（二）刑事责任

逃税罪，是指纳税人采取欺骗、隐瞒手段进行虚假纳税申报或者不申报，逃避缴纳税款数额较大的行为。逃避缴纳税款，涉嫌下列情形之一的，应予立案追诉：(1)纳税人采取欺骗、隐瞒手段进行虚假纳税申报或者不申报，逃避缴纳税款，数额在5万元以上并且占各税种应纳税总额10%以上，经税务机关依法下达追缴通知后，不补缴应纳税款、不缴纳滞纳金或者不接受行政处罚的；(2)纳税人5年内因逃避缴纳税款受过刑事处罚或者被税务机关给予二次以上行政处罚，又逃避缴纳税款，数额在5万元以上并且占各税种应纳税总额10%以上的；(3)扣缴义务人采取欺骗、隐瞒手段，不缴或者少缴已扣、已收税款，数额在5万元以上的。

我国《刑法》第201条第1款的规定："纳税人采取欺骗、隐瞒手段进行虚假纳税申报或者不申报，逃避缴纳税款数额较大并且占应纳税额百分之十以上的，处三年以下有期徒刑或者拘役，并处罚金；数额巨大并且占应纳税额百分之三十以上的，处三年以上七年以下有期徒刑，并处罚金。扣缴义务人采取前款所列手段，不缴或者少缴已扣、已收税款，数额较大的，依照前款的规定处罚。对多次实施前两款行为，未经处理的，按照累计数额计算。有第1款行为，经税务机关依法下达追缴通知后，补缴应纳税款，缴纳滞纳金，已受行政处罚的，不予追究刑事责任；但是，五年内因逃避缴纳税款受过刑事处罚或者被税务机关给予二次以上行政处罚的除外。"根据我国《刑法》第211条的规定，单位犯本罪的，对单位判处罚金，并对其直接负责的主管人员和其他直接责任人员按照上述规定进行处罚。

（三）行政处罚

《税收征收管理法》第63条规定，纳税人、扣缴义务人伪造、变造、隐匿、擅自销毁账簿、记账凭证，或者在账簿上多列支出或者不列、少列收入，或者经税务机关通知申报而拒不申报或者进行虚假的纳税申报，不缴或者少缴应纳税款。税务机关追缴其不缴或者少缴的税款、滞纳金，并处不缴或者少缴的税款50%以上5倍以下的罚款。

十二、逾期或不能迁出户口的法律后果

（一）一般情况下属于合同附随义务

房屋买卖合同属于双务合同，出卖方的主要义务是交付房屋和转移房屋所有权，买受人的主要义务是支付房屋价款，故迁移户口属于附随义务。

卖方不能迁出户口或者逾期迁出户口的，不能导致合同目的无法实现，买方不能据此解除合同，但有权要求支付违约金，卖方提出违约金过高的，人民法院根据各种因素综合考虑，决定是否予以调整。未约定违约金的，买方需要举证证明造成的损失数额、计算依据等，不能举证证明的，法院不予支持。

(二)特殊情况下属于合同主要义务

但在特殊的房屋买卖过程中,户口迁出与迁入问题属于合同的主要义务,迁入户口是买方的主要合同目的。如购买学区房的房屋买卖合同中,买受人的合同目的就是迁入户口,取得学区房的入学资格或者某地的居民资格,在此时,迁出入户口就是卖方合同的主要义务,卖方违约,不迁出户口或者逾期迁出户口的,导致买方合同目的无法实现的,买方有权要求解除合同,并按照合同约定支付违约金;如果合同未约定违约金的,买方有权要求赔偿损失,但计算损失是个难题。逾期迁出户口的,买方不解除合同的,有权要求支付违约金或赔偿损失。至于在此类案件中违约金过高或过低的问题,不能机械地适用,学区房的房价高于同地段的其他同类房屋,尤其有些学区的房价远远高于同地段的同类房屋,因此不应当轻易否定双方当事人的约定。

如果双方没有在合同中明确约定购买学区房,卖方无法迁出户口或逾期迁出户口时应当如何处理?笔者认为,应当运用诚实信用原则,结合交易习惯,综合买卖双方的陈述,以正常市场主体的视角来判断,学区房的价格远远高于同地段同类房屋价格,那么户口问题就是价格的重要组成因素,户口问题就是合同中的主要义务,应当依据公平原则,合法合理解决纠纷。

第十二章　经济适用房转让纠纷

【一级案由】合同、无因管理、不当得利纠纷

【二级案由】合同纠纷

【三级案由】买卖合同纠纷

【四级案由】经济适用房转让合同纠纷

第一节　法律要点详解

一、经济适用房的概念

《国务院关于解决城市低收入家庭住房困难的若干意见》中明确:“经济适用住房属于政策性住房,购房人拥有有限产权。”故经济适用住房是指,政府提供政策优惠,限定套型面积和销售价格,按照合理标准建设,面向城市低收入住房困难家庭供应,具有保障性质的政策性住房。

经济适用房作为列入国家计划,由政府组织房地产开发企业或者集资建房单位建造,以保本微利价出售的住房,是国家在房价较高,住房结构性矛盾突出的形势下,为解决城镇中低收入家庭住房困难作出的政策性安排。

二、经济适用房转让纠纷的起因

司法实践中,经济适用房转让过程中,买卖双方容易在以下三个方面产生纠纷:

一是经济适用房二手交易中买方低估政策性住房交易风险,低价购房而引发纠纷。在房价普遍较高的情况下,经济适用房在房价或其他辅助费用等方面低于一般商品房,双方订立经济适用房转让合同后,出让方以国家政策等因素主张合同无效。

二是经济适用房二手交易中出让方不了解经济适用房性质或政策限制而转让经济适用房,导致交易不能而引发纠纷。

三是经济适用房二手交易中,因未能依约办理过户手续而引发纠纷。此类纠纷中,经济适用房满足交易条件,但双方约定履行期限较短,未考虑经济适用房交易相关手续较复杂,办理时间较长而引发纠纷。

三、经济适用房的转让限制

鉴于经济适用房的特殊性质,国家及地方政府对经济适用房的上市交易在期限、程序上设定了限制和要求。

1. 购买不满5年

《经济适用住房管理办法》第30条第2款规定:“购买经济适用住房不满5年,不得直接上市交易,购房人因特殊原因确需转让经济适用住房的,由政府按照原价格并考虑折旧和物价水平等因素进行回购。”

2. 购买已满5年

《经济适用住房管理办法》第30条第3款、第4款规定:“购买经济适用住房满5年,购房人上市转让经济适用住房的,应按照届时同地段普通商品住房与经济适用住房差价的一定比例向政府交纳土地收益等相关价款,具体交纳比例由市、县人民政府确定,政府可优先回购;购房人也可以按照政府所定的标准向政府交纳土地收益等相关价款后,取得完全产权。上述规定应在经济适用住房购买合同中予以载明,并明确相关违约责任。”

3. “购买”的含义

对“购买经济适用住房满五年”中的“购买”一词至少有两种理解:一是指签订购房合同之日,二是取得房产证之日。我们认为,根据物权公示原则,不动产物权的设立、变更、转让和消灭,应当依照法律规定进行登记。房屋属于典型的不动产,房屋的转让应依法办理相关登记手续。因此,“购买经济适用住房满五年”中的“购买”一词理解为取得房产证之日起满5年较为符合我国物权法的物权公示原则,同时也符合我国经济适用住房的交易惯例。

四、未满年限转让的合同效力问题

《经济适用住房管理办法》第30条第3款虽然对未满5年经济适用房转让行为进行了规定,但未规定该行为的性质。所以司法实践中,对转让不满5年经济适用房的合同的效力存在争议。从司法判例上看,全国各级、各地法院判决不一。

一部分法院认为,《经济适用住房管理办法》颁布机关为七部委,性质属于部门规章,并不属于《合同法》第52条第5项中判定合同无效的“违反法律、行政法规”情形,无法作为法院判决的依据。且《经济适用房管理办法》属于管理性强制规定,而并非效力性强制规定,违反该管理办法的规定并不必然导致合同无效。

另一部分法院认为,经济适用房是国家划拨土地并提供一系列优惠政策,具有社会保障性质的住房,因此国家和省、市政府都制定了严格的管理规定,目的是保证经济适用房能够真正用于解决城市低收入家庭的住房困难和移建项目的拆迁安置,发挥社会保障功能,这也是维护国家利益、公共利益的必然之义。因此在购买、适用、出售经济适用房时,均应遵守经济适用房的管理规定。而未满5年转让的行为违反了管理规定,破坏了经济适用房的管理秩序,损害了国家利益和公共利益。根据《合同法》第52条第4项的规定,应认定合同无效。

我们倾向同意第二种意见。目前,我国有关经济适用住房的相关规定以《经济适用住房管理办法》为主,辅以国务院各部委出台的相关政策性文件中的政策性规定,如2010年《住房和城乡建设部关于加强经济适用住房管理有关问题的通知》,但大多效力层级较低。在司法实践中,如何对待这些行政规章和政策性文件,各地法院认识不一。有的法院直接将上述行政规章作为当事人双方违反法律法规的强制性规定的法律依据加以引用,我们认为这种法律援引不符合现行法律的规定,属适用法律不当。本章第二节中的最高人民法院案例侧面支持了这一观点。

第二节　权威案例指导

典型案例

本溪市兴宇房地产开发有限责任公司与孔某良房屋买卖合同纠纷再审案

【案件来源】最高人民法院

【审理法院】最高人民法院

【案件案号】(2015)民申字第3336号

【裁判日期】2015年12月25日

【裁判要旨】虽然政府通过部门规章对经济适用房的购买资格作出相关要求,但是对于经济适用房屋买卖合同的效力并无效力性强制性规定认定其无效。

【主文摘要】

兴宇公司申请再审认为:……(二)其中9份《房屋销售认购书》中的房屋销售价格严重低于市场价格。……(四)《房屋销售认购书》中的住宅房屋均属于经济适用房,兴宇公司与孔某良之间的经济适用房买卖违反了《经济适用住房管理办法》,应属无效。综上,兴宇公司依据《民事诉讼法》第200条第2项的规定,申请再审,请求驳回孔某良的诉讼请求。

孔某良提交书面意见认为:……(三)关于经济适用房的出售,并不违反法律和行政法规的效力性强制性规定。

本院认为:关于兴宇公司与孔某良之间的经济适用房买卖合同是否有效的问题。兴宇公司主张《房屋销售认购书》中的住宅属于经济适用房,孔某良购买涉案房屋违反相关法规的规定,合同应属无效。本院认为,经济适用房是政府提供政策优惠,限定套型面积和销售价格,按照合理标准建设,面向城市低收入住房困难家庭供应,具有保障性质的政策性住房。经济适用房的购买需要经过一定的审批手续,虽然政府通过部门规章对经济适用房的购买资格作出相关要求,但是对于经济适用房屋买卖合同的效力并无效力性强制性规定认定其无效,兴宇公司提出的合同无效的主张,也不符合《合同法》第52条规定的情形。且兴宇公司按照商品房买卖流程向购房人出售住宅房屋,在与孔某良签订《房屋销售认购书》时也未向孔某良履行告知义务,兴宇公司提供的其与其他购房人签订的房屋买卖合同亦未提交已经有关部门审批的手续,孔某良有理由相信涉案房屋可以自由买卖，且房屋已经实际交付孔某良，双方之间的房屋买卖合同应当认定有效。至于孔某良是否具有购买资格，能否通过审批，以及是否能够办理产权登记手续，并不影响合同本身的效力，二审法院判令兴宇公司在具备办理房产登记手续条件后协助办理过户登记，并无不当，故对兴宇公司的该项主张，本院不予支持。

第三节 实务操作指南

在司法实践中，对于出卖和购买经济适用房，买卖双方都要承担一定的风险，因此对于经济适用房的转让，双方都要慎之又慎。

一、转让方

对于政府为实施社会保障政策而赋予一定身份限制的购房资格，比如经济适用房、安居工程房、解困房、内部集资房等，为避免私下转让造成合同效力上的法律风险，转让方应对相关转让禁止或限制条件的政策有充分的了解，避免在转让程序受阻或合同被认定无效时，承担法律责任。

在了解政策以及合同能否得到实际履行的前提下，转让方应谨慎签订出卖协议，明确其“协助、配合买受人办理过户手续”的责任性质，并对“非因归咎于当事人一方的原因导致合同履行期限内未能履行”的无法过户责任作出明确约定，以防止事后因违约责任的认定发生纠纷。

二、受让方

受让方购买经济适用房首先要了解相关政策法规，明确购买条件、转让限制、手续办理程序等，做到心中有数才可以购买。

其次要注意核实产权是否清晰：卖方必须是房屋的产权人，通过查验产权证和产权人身份证予以核实并确认无误；要注意核实房屋状况：了解房屋建筑状况、房屋小区状况、房屋权利情况。

最后要注意明确违约责任。经济适用房的性质可能决定其过户手续办理上存在障碍，故对无法办理过户所造成的后果，买卖双方均应有所预期并做出明确的书面约定。作为受让方，应谨慎查明，防止前期投入费用过高事后又不能弥补而遭受损失。在实践中，小额的定金处罚或简单的“违约方应承担守约方损失”的约定缺少实际效果。当房价波动、资金不足、税费改革等情况出现时，一方拖延或拒绝履行合同的情形时有发生，明确违约责任会使双方发生纠纷时，责任承担更加明确，从而减少损失。

第四节　法律法规整合

《经济适用住房管理办法》

第 2 条　本办法所称经济适用住房，是指政府提供政策优惠，限定套型面积和销售价格，按照合理标准建设，面向城市低收入住房困难家庭供应，具有保障性质的政策性住房。

第 30 条　经济适用住房购房人拥有有限产权。

购买经济适用住房不满 5 年，不得直接上市交易，购房人因特殊原因确需转让经济适用住房的，由政府按照原价格并考虑折旧和物价水平等因素进行回购。

购买经济适用住房满 5 年，购房人上市转让经济适用住房的，应按照届时同地段普通商品住房与经济适用住房差价的一定比例向政府交纳土地收益等相关价款，具体交纳比例由市、县人民政府确定，政府可优先回购；购房人也可以按照政府所定的标准向政府交纳土地收益等相关价款后，取得完全产权。

上述规定应在经济适用住房购买合同中予以载明，并明确相关违约责任。

第 42 条　市、县人民政府及其有关部门应当加强对经济适用住房建设、交易中违纪违法行为的查处。

（一）擅自改变经济适用住房或集资合作建房用地性质的，由国土资源主管部门按有关规定处罚。

（二）擅自提高经济适用住房或集资合作建房销售价格等价格违法行为的，由价格主管部门依法进行处罚。

（三）未取得资格的家庭购买经济适用住房或参加集资合作建房的，其所购买或集资建设的住房由经济适用住房主管部门限期按原价格并考虑折旧等因素作价收购；不能收购的，由经济适用住房主管部门责成其补缴经济适用住房或单位集资合作建房与同地段同类普通商品住房价格差，并对相关责任单位和责任人依法予以处罚。

第七编　物权纠纷

物权为近现代民法的一项重要概念，其与债权共同构成近现代财产权体系的两大基石。我国《物权法》第 2 条规定，物权是指权利人依法对特定的物享有直接支配和排他的权利，包括所有权、用益物权和担保物权。物权虽然在现象上表现为权利人对特定物的排他的、直接的控制和支配，但其在法权关系上绝非人对物的权利，而是人对人的权利。

本编围绕物权在房地产领域的应用展开讲解。从建筑物所有权、抵押权纠纷等方面，切实讨论实践中存在的问题和难点，并为此提供理论和指导。

第一章　异议登记不当损害责任纠纷

【一级案由】物权纠纷
【二级案由】不动产登记纠纷
【三级案由】异议登记不当损害责任纠纷

第一节　法律要点详解

一、异议登记的概念及效力

所谓异议登记就是在不动产登记机关登记的不动产权利关系是错误的，即和真实的权利关系出现不一致但又无法立即更正时，通过将真正的权利人的异议予以即时登记，从而阻止和击破登记记载的公信力，以保证真正的权利人的利益。

凡是认为自己的权利未登记或者未充分登记，或者因登记了不存在的负担或者限制而受损害的人，都可以成为异议登记的利害关系人。

根据《物权法》第 19 条的规定，在办理异议登记之后 15 日内申请人应向法院起诉。异议登记因法定期限内未提起诉讼而失效，是为避免不动产物权不稳定状态长期延续所作的限制。但异议登记失效与权属争议的消失并不等同。① 异议登记本身并不解决权利归属问题，仅在登记簿上加以标记，异议人（申请人）应在规定的期限内起诉，由法院裁决物权的归属。如提出异议登记又不起诉确权，只会给权利人设置障碍，表明申请人并不想重新确权，就违背了《物权法》的立法目的。如在法定期间内起诉，异议登记将会继续存在。

作为一种临时性的救济措施，异议登记应只保护确实存在异议的物权，且仅能依申请注销异议登记，法律法规没有授权登记机构主动依职权注销。主要原因在于，实践中法院受理案件的周期难以确定，单纯规定 15 日内起诉或 15 日后自动失效，都过于片面，且如授予登记机构主动注销的职权，可能缩短甚至抹杀申请人的权利。

在产权存在争议的情况下，权利人无权处分其权利，例如《物权法》第 184 条第 4 项规定，所有权、使用权不明或者有争议的财产禁止抵押。为保证登记机构的工作效率和相关权利人的合法权益，避免不真实的权利人利用异议登记制度损害真实权利人的合法利益。在异议登

① 最高人民法院民事审判第一庭：《民事审判指导与参考》2016 年第 1 辑（总第 65 辑），人民法院出版社 2016 年版，第 8 页。

记期间，暂停办理处分登记。

二、异议登记不当的法律后果

异议登记不当损害赔偿纠纷是指异议登记的申请人提出的异议登记不正确，给原登记权利人造成损害，从而产生的纠纷。《物权法》第19条第2款规定了异议登记不当损害赔偿制度，用以警示异议登记申请人审慎为之，此规定有利于防止恶意的申请异议登记，也明确了因恶意或不成立的异议登记而遭受损失的权利人在索赔相应损失时的对象和法律依据。即如果申请人未在15日内起诉，或者虽起诉但被驳回，原登记权利人有权向异议登记申请人请求损害赔偿。

既然法律规定了异议登记这种临时性保护措施，暂时降低了不动产登记的公信力，以排斥第三人基于对不动产登记的信赖而受到物权保护，那么必然在恶意或者不当的异议登记情况发生时，赋予真正权利人维护自己合法权益的权利，即异议登记申请人滥用异议登记权，或者异议登记的登记机构自身的过错、或者与申请人共同的过错造成异议登记错误，致使不动产登记簿上所记载的权利人丧失交易机会等合法权益，过错方必然应当承担相应的损害赔偿责任。

第二节 权威案例指导

典型案例

曾某元与张某异议登记不当损害责任纠纷

【案件来源】广东省高级人民法院

【审理法院】广东省高级人民法院

【案件案号】(2015)粤高法民一提字第18号

【裁判日期】2015年9月10日

【裁判要旨】一般来讲，不动产登记簿记载的物权与实际的不动产物权是相一致的，但也存在登记簿记载的物权与真实权利不相符合的可能性，这种登记簿记载的物权与实际权利不相符合的登记错误可能损害不动产真实物权人的权利。

第三节 实务操作指南

在司法实践中，法院处理异议登记不当损害责任纠纷时一般会重点审查异议登记不当的确认以及造成的损害范围的确定。

一、受理条件

异议登记不当损害责任纠纷作为民事案由的受理条件应具备以下几点：

首先，事实上存在合法的异议登记。异议申请人申请了异议登记，并合法地记载于登记簿，这是异议登记不当损害责任纠纷发生的前提条件。

其次，存在登记不当。登记不当大致分为两种情况，一种是异议登记内容经证实确属不正确，另一种是申请人申请异议登记后，没有在15日内向人民法院起诉，导致异议登记失效。

再次，此异议登记给原权利人造成损害，原权利人对自身受到损害的事实、损害与异议登记不当之间的因果关系承担举证责任。这是异议登记不当损害责任纠纷构成的主要条件，即以权利人提出主张作为判断标准的前提下，是异议登记不当的行为导致有损害结果发生，法院才能够受理。

最后，原登记权利人向异议登记的申请人请求赔偿，即损害赔偿义务主体是异议登记申请人。

若导致异议登记错误的原因是登记机关的过错，则应以登记机关为被告提起行政诉讼。

二、管辖

异议登记不当损害责任纠纷，是因不当的异议登记行为所导致的民事权益受到损害，属于侵权行为。根据最高人民法院司法解释明确的只有因不动产的确权而引起的纠纷才属于不动产纠纷，以不动产所在地确定地域管辖法院。异议登记不当损害责任纠纷产生的前提并非是主张不动产的权属，而是因权属异议登记所造成的损害，因此，应当以侵权行为地或被告所在地确定地域管辖。

三、损害赔偿范围

异议登记不当导致的损害赔偿既然属于侵权损害赔偿，那么其赔偿的范围就应限定于由申请人的不当登记行为直接导致原登记权利人所遭受的经济损失范围。损害赔偿范围包括：因不当的异议登记导致交易机会的丧失或相应的违约责任，为此，原权利人付出额外的经济支出，如后续产生的房产交易中介费、不能如期履约的违约金、为消除不当异议登记而产生的交通费及误工费等。总而言之，所受损失必须是因异议登记申请人的异议登记不当行为而直接导致原权利人的利益损失，且有明确的数额及计算依据。

第四节　法律法规整合

一、《物权法》

第19条　权利人、利害关系人认为不动产登记簿记载的事项错误的，可以申请更正登记。不动产登记簿记载的权利人书面同意更正或者有证据证明登记确有错误的，登记机构应当予以更正。

不动产登记簿记载的权利人不同意更正的，利害关系人可以申请异议登记。登记机构予以异议登记的，申请人在异议登记之日起十五日内不起诉，异议登记失效。异议登记不当，造成权利人损害的，权利人可以向申请人请求损害赔偿。

第21条 当事人提供虚假材料申请登记，给他人造成损害的，应当承担赔偿责任。

因登记错误，给他人造成损害的，登记机构应当承担赔偿责任。登记机构赔偿后，可以向造成登记错误的人追偿。

二、《物权法司法解释（一）》

第3条 异议登记因物权法第十九条第二款规定的事由失效后，当事人提起民事诉讼，请求确认物权归属的，应当依法受理。异议登记失效不影响人民法院对案件的实体审理。

第16条 具有下列情形之一的，应当认定不动产受让人知道转让人无处分权：

（一）登记簿上存在有效的异议登记；

（二）预告登记有效期内，未经预告登记的权利人同意；

（三）登记簿上已经记载司法机关或者行政机关依法裁定、决定查封或者以其他形式限制不动产权利的有关事项；

（四）受让人知道登记簿上记载的权利主体错误；

（五）受让人知道他人已经依法享有不动产物权。

真实权利人有证据证明不动产受让人应当知道转让人无处分权的，应当认定受让人具有重大过失。

三、《最高人民法院关于审理房屋登记案件若干问题的规定》

第6条 人民法院受理房屋登记行政案件后，应当通知没有起诉的下列利害关系人作为第三人参加行政诉讼：

（一）房屋登记簿上载明的权利人；

（二）被诉异议登记、更正登记、预告登记的权利人；

（三）人民法院能够确认的其他利害关系人。

四、《不动产登记暂行条例》

第3条 不动产首次登记、变更登记、转移登记、注销登记、更正登记、异议登记、预告登记、查封登记等，适用本条例。

第14条 因买卖、设定抵押权等申请不动产登记的，应当由当事人双方共同申请。

属于下列情形之一的，可以由当事人单方申请：

（一）尚未登记的不动产首次申请登记的；

（二）继承、接受遗赠取得不动产权利的；

（三）人民法院、仲裁委员会生效的法律文书或者人民政府生效的决定等设立、变更、转让、消灭不动产权利的；

（四）权利人姓名、名称或者自然状况发生变化，申请变更登记的；

（五）不动产灭失或者权利人放弃不动产权利，申请注销登记的；

（六）申请更正登记或者异议登记的；

（七）法律、行政法规规定可以由当事人单方申请的其他情形。

五、《不动产登记暂行条例实施细则》

全文（略）

第二章　物权保护纠纷之一——物权确认纠纷

【一级案由】物权纠纷

【二级案由】物权保护纠纷

【三级案由】物权保护纠纷

【四级案由】1. 所有权确认纠纷 2. 用益物权确认纠纷 3. 担保物权确认纠纷

第一节　法律要点详解

一、物权确认纠纷的概述

（一）确认物权请求权

1. 确认物权请求权是物权保护的一种方法

确认物权请求权规定在《物权法》第33条："因物权的归属、内容发生争议的，利害关系人可以请求确认权利。"即，确认物权请求权是指利害关系人在物权归属和内容发生争议时，有权请求确认物权归属、明确权利内容。

确认物权请求权是物权保护的一种方法，是物权保护的前提。民法上所有的请求权均以实体权利的存在为前提，如债权请求权这类的蕴含于权利自身的，再如返还原物请求权这类的在实体权利遭到侵害后救济的手段。而确认物权请求权比较特殊，它是物权这一实体权利本身的内容或者归属发生争议后而产生的权利。但是，确认物权是行使物权保护的前提，只有在物权的内容和归属确定后，才能确定真正的物权人和权利内容，物权人才能进一步行使其他物权请求权及侵权请求权。

2. 确认物权请求权包括对物权归属的确认和对物权内容的确认两方面的内容

第一，确认物权请求权包括对物权归属的确认。一方面是对所有权的确认，另一方面是对他物权的确认。例如，在抵押权设定以后，在拍卖时发生了争议，债权人可以对该不动产上是否享有抵押权，谁享有抵押权提起确权诉讼。

第二，确认物权请求权包括对物权内容的确认。例如，登记机关将他人房屋面积登记错误，权利人向登记机关提起确认之诉遭到拒绝后，可以提起确权诉讼。

（二）物权确认纠纷

物权确认纠纷是利害关系人在行使物权请求权时产生的纠纷。物权确认纠纷是《最高人民法院民事案件案由规定》中物权保护纠纷项下的案由,是指就物权的成立、内容及物权的归属而产生的纠纷。物权包括三大权利,即所有权、用益物权及担保物权。因此,最高人民法院规定物权确认纠纷案由项下包括所有权确认纠纷、用益物权确认纠纷和担保物权确认纠纷。

(三)确权之诉

因物权确认纠纷向人民法院提起的诉讼叫作确权之诉。确权之诉是确认之诉的一种形态,在性质上属于民事诉讼,具体表现为确认物权归属之诉、确认物权内容之诉等。在实践中,是由真正权利人、对物主张权利的人以及与他们具有债权债务关系的这些利害关系人向人民法院提起的确权之诉。

二、物权权属推定规则

当事人提起确认之诉后,法院确定物权权属依据三个原则,即物权法定原则、物权公示原则和权利推定原则。前两个原则属于《物权法》的基本原则,在确认产权规则中,最重要的是权利推定规则。权利推定规则包括登记的推定规则和占有的推定规则,其遵循以下两个确认方式。

第一,登记记载的权利人,应当在法律上被推定为真正的权利人。

第二,动产的占有人在无相反证据证明的情况下,占有人就是动产的权利人。

但是在不动产确权纠纷中,经常会出现不动产登记和占有分离的情况,首先确定不动产登记人为权利人,只有在登记的推定力被推翻后,才使用占有的推定力。

三、不动产登记簿的记载与真实权利状态不符下房产权属的认定

不动产登记簿在不动产的归属和内容的认定上具有权利推定的法律效力。我国不动产登记变动以登记生效为原则,登记对抗为例外。即建设用地使用权、房屋所有权等不动产变动经登记才发生物权效力,土地承包经营权和地役权在签订土地承包经营合同和地役权合同时,土地承包经营权和地役权就同时发生物权效力,只是不能对抗善意第三人。

不动产的权利推定效力在内部关系和外部关系的表现力上有所区别。内部关系中,不动产登记簿记载的内容与真实权利状态不符的情况有很多,如夫妻共有不动产,只登记在一人名下;为了逃避债务或避税,将不动产登记在他人名下等。在这些情况下,一般以不动产登记簿上的记载确定权利人,但是真正的权利人可以提出物权确认之诉或者异议之诉来进行物权确认。外部关系中,不动产登记簿上记载的权利人具有公示效力,善意第三人可以根据不动产登记簿记载的权利人来进行交易,即使事后真实权利人拿出证据证明不动产登记簿记载的权利人非真实权利人,也认为善意第三人取得了不动产权利。

第二节 权威案件指导

典型案例 1

宜兴市新街街道海德名园业主委员会诉宜兴市恒兴置业有限公司、南京紫竹物业管理股份有限公司宜兴分公司物权确认纠纷、财产损害赔偿纠纷案

【案件来源】《最高人民法院公报》2018 年第 11 期

【审理法院】无锡市中级人民法院

【案件案号】(2017)苏 02 民终 5565 号

【裁判日期】2018 年 1 月 26 日

【裁判要点】1. 开发商与小区业主对开发商在小区内建造的房屋发生权属争议时，应由开发商承担举证责任。如开发商无充分证据证明该房屋系其所有，且其已将该房屋建设成本分摊到出售给业主的商品房中，则该房屋应当属于小区全体业主所有。2. 开发商在没有明确取得业主同意的情况下，自行占有使用该房屋，不能视为业主默示同意由开发商无偿使用，应认定开发商构成侵权。业主参照自该房屋应当移交时起的使用费向开发商主张赔偿责任的，人民法院应予支持。

典型案例 2

徐州西苑艺君花园(一期)业主委员会诉徐州中川房地产开发有限公司物业管理用房所有权确认纠纷案

【案件来源】《最高人民法院公报》2014 年第 6 期

【审理法院】徐州市泉山区人民法院

【案件案号】(2018)粤 01 民终 1663 号

【裁判日期】2013 年 12 月 16 日

【裁判要点】根据民事诉讼法的相关规定，公民、法人和其他组织可以作为民事诉讼的当事人。最高人民法院《民事诉讼法司法解释》第 40 条规定，《民事诉讼法》第 49 条规定的其他组织是指合法成立、有一定的组织机构和财产，但又不具备法人资格的组织。而依据《物权法》第 75 条第 1 款的规定，业主可以设立业主大会，选举业主委员会。

由此可知，业主委员会依法成立，具有一定目的、名称、组织机构与场所，管理相应财产，属于上述所规定的其他组织。因此，业主委员会依据业主大会决议，在授权范围内，以业主委员会名义从事法律行为，其具备诉讼主体资格。

典型案例3

大连羽田钢管有限公司与大连保税区弘丰钢铁工贸有限公司、株式会社羽田钢管制造所、大连高新技术产业园区龙王塘街道办事处物权确认纠纷案

【案件来源】《最高人民法院公报》2012年第6期

【审理法院】最高人民法院

【案件案号】(2011)民提字第29号

【裁判日期】2011年10月11日

【裁判要点】1. 根据《城镇国有土地使用权出让和转让暂行条例》的相关规定，土地使用权转让是指土地使用者将土地使用权再转让的行为，包括出售、交换和赠与。未按土地使用权出让合同规定的期限和条件投资开发、利用土地的，土地使用权不得转让。土地使用权转让时，其地上建筑物、其他附着物所有权随之转让。2. 中华人民共和国境内外的公司、企业、其他组织和个人，除法律另有规定者外，均可依照上述条例的规定取得土地使用权，进行土地开发、利用、经营。因此，外国企业原则上可以在中国境内通过转让合同获得国有土地使用权。

第三节 实务操作指南

一、房屋登记在夫妻一方名下或者第三人名下的权属认定

在实践中，房屋登记在夫妻一方名下或者第三人名下而产生物权确认纠纷的情况非常多。如夫妻双方共有的房屋登记在夫妻一方名下或者父母名下而产生确权纠纷。最高人民法院的意见是不能做“一刀切”的处理，应该根据实际情况区别处理。

(一)登记在一方名下房产的权属认定

首先应当认定登记记载的权利人为物权人。但是，我国夫妻财产制是婚后所得共同制，如果未登记一方主张房屋归其所有，那么其需要承担举证责任，证明该房屋系其个人出资所购或者符合《婚姻法司法解释(三)》第7条规定的其父母为其出资购买的情况。

(二)房产登记在子女名下的权属认定

父母以子女名义购买的房屋,即使出资人为父母,但为保护子女的利益,认为属于父母对子女的赠与,一般认定房产登记的子女为房屋所有权人。如果子女已经成年,则该房屋由其自行处分。如果是未成年子女,由与子女共同生活的一方代管财产,在子女成年之后交付给子女。

(三)房产登记在夫妻一方父母名下的权属认定

如果房产证上登记的一方父母及该夫妻承认房产属于夫妻双方共同出资的,即使登记在父母名下,也认为夫妻双方为房产权利人。如果父母向夫妻双方出具了借条,那么也认定房产证上登记的一方父母为权利人,而夫妻双方可以依据借条向父母主张债权。如果约定不明,那么认定房产证上登记的一方父母为权利人。就该行为的性质是属于赠与行为还是借款行为,在实践上存在争议。最高人民法院认为,根据《婚姻法司法解释(二)》的规定,既然父母可以资助子女,那么根据对等原则,可认定该款项是夫妻双方对老人的赠与。

(四)房产登记在其他家庭成员名下的权属认定

一般认定房产登记的其他家庭成员为房屋所有权人,但是只有该家庭成员认可该房屋为夫妻双方共同出资,才能认定该夫妻为房产的所有权人。

二、顶名购买协议的效力认定

实践中存在顶名办理购房或者按揭贷款,顶名人主张顶名协议无效,拒绝将所购房屋过户在委托方名下。法院一般根据顶名协议的内容,认定是否属于双方的真实意思表示,从而确定顶名协议的效力。如果顶名协议名为顶名实为委托代理,则综合案件具体情况确定房屋的实际所有权人。

在包某生、刘某兰诉李某琼、孙某宁房屋购买案中,包某生、刘某兰因政策无法购房,遂与李某琼、孙某宁签定顶名协议,协议约定由包某生、刘某兰顶李某琼与孙某宁的名义进行贷款、购房等行为。对此法院裁判时存在两种意见。一种意见认为该顶名协议无效。一方面顶名贷款的行为违反了国家金融法律、法规的规定,属于双方恶意串通,损害国家金融利益的行为;另一方面包某生、刘某兰提交的银行存款对账单的存取记录不能与房款实际交付时间完全吻合,不能认定为交付了房屋首付款。另一种意见认为该顶名协议有效。一方面虽然顶名贷款属于规避金融政策性规定的行为,但是包某生、刘某兰按时交纳贷款,无套取金融资金的意图,未损害国家、集体或者第三人的利益。只有违反国家效力性强制性规定才属于无效合同;另一方面根据顶名协议的内容可以认定包某生、刘某兰属于房屋的实际购买人。最后,法院按照第二种意见进行了裁判。

因此,在认定顶名协议的效力以及房屋所有权时,首先应当按照顶名协议约定的内容认定实际购买人,如果顶名协议无法确认实际购买人的,再根据其他证据综合认定房屋的实际购买人。

三、不动产权属认定与优势证据规则的运用

不动产权属证书具有初步认定物权归属的作用。在一方当事人提供较为充分的相反证据时，应当综合审查相关证据的证明力，判断各个证据的证明力大小，从而运用优势证据规则来确定不动产物权的归属，确认不动产物权人。

原告刘某与被告张某于1996年年初相识，1998年10月确定恋爱关系，2001年6月15日登记结婚并且共同生活，婚后未生育子女。2004年8月，双方产生矛盾分居生活，经济独立。2005年11月3日，原告起诉离婚，要求确定天津市红桥区土产日用品公司底商的所有权归属问题。原告提交的证据包括：房屋所有权证，载明房屋所有权人系刘某；财政收据，载明刘某于2001年4月26日交纳拍卖绥中土产款45万元；行政事业缴税完税证，载明刘某于2001年9月5日交纳房屋过户手续费及契税9880元；拍卖成交确认书，载明房屋拍卖成交时间为2001年1月22日，成交价款为45万元，买受人刘某。被告提交的证据包括：服务行业专用发票，载明张某于2001年3月29日交纳拍卖手续费1.5万元；天津市红桥区土产日用品公司副经理刘某的证言，证明拍卖当天是张某举牌成交的，下午交钱时张某未去，过了一周刘某妈妈来缴纳了45万元拍卖费用；中国建设银行储蓄取款凭条，载明2001年4月23日原告从被告账户取款两次共计11.7万元、2001年4月25日原告之母从被告账户取款8次共计38.5万元。

法院根据上述证据确定2001年3月22日，张某以竞拍主体的身份拍得底商，后因为出价过高与原告之母一起找到土产公司协商，最后以45万元的价格成交，但是不符合竞拍规则，买受人不能写张某的名字，经张某同意，房屋买受人写在刘某名下，2001年4月26日，以刘某名义缴纳的房屋拍卖款项系从张某账户取款11.7万元，刘某之母从张某账户里取款支付的购房款是张某本人婚前个人钱款，张某为实际购买人。最后认定该底商归被告张某所有。

本案中我们可以看到，虽然房产登记簿上登记为刘某，但是房屋所有权仍归张某所有。在房屋有关纠纷中，房产证书起到初步的证明作用，只是初步证据，具有初步证明力，不能作为最终确定不动产物权归属的证据。本案被告提供的出资购房证据具有高度的盖然性，法院可以对该事实予以确认，形成优势证据最终推翻房产证和登记簿对产权人的记载的结果，属于实际物权人。

四、物权确认纠纷的其他问题

1. 民事调解书将已售房产处分给第三人的，法院如何认定该房产的归属？

民事调解协议是一种特殊的双方民事法律行为，尽管是由法院制作的调解书，使得民事调解协议具有相对于合同更强的法律效力，并具有强制执行力，但是最高人民法院认为民事调解协议表明当事人之间发生的仍然是债权关系而非物权关系。人民法院制作民事调解书将已售房产处分给第三人，并不能产生不动产物权变动的效果。

2. 在行政案件中出现不动产物权确认纠纷，如何处理？

利害关系人可以在一审开庭前或者法庭调查时提出一并审理的申请，人民法院可以一并审理。但是如果人民法院认为对不动产物权确认纠纷的裁判是行政裁判的基础，可以中止行政案件的审理，等民事案件审理完毕后再继续审理。

第四节 法律法规整合

《物权法》

第 32 条 物权受到侵害的,权利人可以通过和解、调解、仲裁、诉讼等途径解决。

第 33 条 因物权的归属、内容发生争议的,利害关系人可以请求确认权利。

第三章　物权保护纠纷之二

【一级案由】物权纠纷

【二级案由】物权保护纠纷

【三级案由】1. 返还原物纠纷 2. 排除妨害纠纷 3. 消除危险纠纷 4. 修理、重作、更换纠纷 5. 恢复原状纠纷 6. 财产损害赔偿纠纷

第一节　法律要点详解

一、返还原物纠纷

返还原物是指物权的权利人在其原物被他人侵夺或者无权占有时，该权利人要求无权占有人返还原物，包括动产和不动产，返还原物仅指物的返还，不包括权利。

《物权法》第 34 条规定："无权占有不动产或者动产的，权利人可以请求返还原物。"

返还原物的前提是物必须存在，如果物灭失了，只能要求损害赔偿。本案由下的请求权主体是物权人，或者虽然不是物权人，但是根据法律规定可以行使返还原物请求权的人，如破产管理人、失踪人的财产代管人、遗嘱执行人等。返还原物纠纷中的被告是无权占有人，包括直接占有人和间接占有人。

二、排除妨害请求权

排除妨害请求权，又称排除妨碍请求权或妨害去除请求权，是指物权人在对物进行支配遭到占有侵夺之外的侵害时可要求妨害人排除妨害的权利。[①] 我国《物权法》第 35 条规定，妨害物权的，权利人可以请求排除妨害。

这里的"妨害"是指以非法的、不正当的行为，或者以无权施加的设施对权利人的物或物权造成侵害或妨碍，现实地阻碍了特定的物的权利人行使权利。[②] 主要情形有：(1) 对物的实体侵害，如非法占据他人的房屋；(2) 可量物的侵入，如向他人庭院内丢弃垃圾；(3) 非法使用他人之物，如在他人的房屋外墙上涂画广告；(4) 妨碍他人物权的行使，如将车停在他人的车

---

① 参见余延满、马俊驹：《民法原论》（第 4 版），法律出版社 2010 年版，第 294 页。

② 参见最高人民法院民事审判第一庭编：《〈中华人民共和国物权法〉条文理解与适用》，人民法院出版社 2007 年版，第 142 页。

位上;(5)否认他人对特定物的物权,即使经过确认之诉被认定为该否定没有依据,依然否定。

在对妨害的认定上要注意以下几点:第一,妨害应该以非法为前提,如果妨害本身有法律依据或者合同约定,权利人则负有容忍义务;第二,妨害应该是已经发生并持续进行的,如果仅是短暂行为或者已经结束或撤销的,则权利人不能请求排除妨害,只能就妨害导致的结果请求赔偿损失。

三、消除危险请求权

消除危险请求权,又称妨害防止请求权,是指物权人对于他人的行为或者设施可能造成自己占有物的不法损害之虞时得请求其防止妨害的权利。[①] 我国《物权法》第 35 条规定,可能妨害物权的,权利人可以请求消除危险。

这里的妨害是指尚未实际发生的但将来可能会发生的妨害,此种妨害又称危险。在对危险的认定上要注意以下几点:第一,这种危险应该是客观存在的,依据社会一般观念可以合理预见的,而不是主观臆测的;第二,危险应该是持续存在的,如果是转瞬即逝的危险,则没必要适用消除危险请求权;第三,这种危险应该具有特定的指向性并且会导致严重的后果。

四、修理、重作、更换纠纷

修理是指修补物的缺陷。重作是重新制作。更换是指用一个新物替代原来的物。

《物权法》第 36 条规定,"造成不动产或者动产毁损的,权利人可以请求修理、更换或者恢复原状"。

修理、重作、更换纠纷是指因他人造成权利人物权毁损的,权利请求他人修理、重作、更换而产生的纠纷。

适用案件时,要注意与恢复原状纠纷的关系,两者适用时有一定的重合,一般情况下,修理也能使物恢复到原来的状态,如果以修理恢复原状,则应直接适用修理、重作、更换案由,不适用恢复原状案由。

五、恢复原状纠纷

恢复原状是指加害人导致他人财产损害后,如有恢复的可能,应当恢复被告侵害财产的原有状态。

恢复原状法律依据也是《物权法》第 36 条,恢复原状的主要特征为:一是纠纷的请求人为所有权人或者他物权人;二是该纠纷适用于动产或者不动产被损毁的情形;三是该纠纷指向的义务人承担的责任为恢复原状。

适用恢复原状时要注意以下两点:一是恢复原状一般通过修理的方法,使遭受损毁的财产在价值和使用价值上与原来的状态大体相同,而不是完全相同,因为从理论上讲,物被损毁后,无论如何也不能恢复出同原来一模一样的物,在科学上不可能;二是恢复原状不仅要在实际上可操作,而且要符合经济原则,经济上要合理,否则不能采取这种方法。

---

① 参见余延满、马俊驹:《民法原论》(第 4 版),法律出版社 2010 年版,第 295 页。

六、财产损害赔偿纠纷

财产损害赔偿是指权利人的财产受到不法侵害时，要求侵权人赔偿损失，以弥补受害人的财产损失。

《物权法》第37条规定，“侵害物权，造成权利人损害的，权利人可以请求损害赔偿，也可以请求承担其他民事责任。”

财产损害赔偿的主要特征有：一是请求人为所有权人或者他物权人；二是损害表现为财产价值量的改变；三是财产损害的表现形式是价值量的贬损、减少和灭失。

需要注意的是，如果权利人的财产被侵害，也可以要求返还原物，如果在占有期间，物的状况恶化、消灭或者其他导致无法返还的情形，在这种情况下权利人有权要求财产损害赔偿。

七、物权保护纠纷需要注意的问题

（一）管辖问题

物权保护纠纷要区分动产与不动产。房屋和土地属于不动产，根据《民事诉讼法》第33条的规定，因不动产纠纷提起诉讼的，由不动产所在地人民法院管辖。《最高人民法院关于军事法院管辖民事案件若干问题的规定》（法释〔2012〕11号，2012年9月17日起施行）第2条规定：“下列民事案件，地方当事人向军事法院提起诉讼或者提出申请的，军事法院应当受理：……（二）当事人一方为军人或者军队单位，侵权行为发生在营区内的侵权责任纠纷案件；……”

（二）诉讼时效问题

《民法总则》第196条规定：“下列请求权不适用诉讼时效的规定：（一）请求停止侵害、排除妨碍、消除危险；（二）不动产物权和登记的动产物权的权利人请求返还财产；（三）请求支付抚养费、赡养费或者扶养费；（四）依法不适用诉讼时效的其他请求权。”

第二节 权威案例指导

典型案例1

【案例主题】侵犯全体共有权的，业主委员会有权提起诉讼请求排除妨害

长沙市麓山南路园丁新村业主委员会诉陈某华排除妨害纠纷案

【案件来源】《最高人民法院公报》2014年第11期（总第217期）

【审理法院】湖南省长沙市中级人民法院

【案件案号】长中民三终字第2698号

【裁判日期】2011年11月11日

【裁判摘要】物业服务用房所有权属于全体业主共同所有,物业公司出卖物业服务用房属于无权处分,即使该物业服务用房无法进行权属登记公示,小区业主购买该物业服务用房亦不构成善意取得;业主委员会为维护全体业主共同利益的时候可以作为诉讼主体向侵权业主提起诉讼,要求其排除妨害。

【主文摘要】

原告(被上诉人):长沙市麓山南路园丁新村业主委员会

被告(上诉人):陈某华

第三人:刘某述

第三人:广宇置业公司

原告园丁新村业主委员会诉称:原告于2008年11月27日成立并在长沙市岳麓区房产局物业监管科进行了备案登记。2003年7月13日,开发商广宇置业公司将包括被被告侵占的1栋12号杂屋和5栋3号车库等物管办公执勤用房全部交付给原告使用。2008年10月,被告自称系该杂屋和车库的权利人,不顾诸多业主的反对,强行撬开门锁进入,并换掉门锁,侵占物管用房至今,并以种种理由拒不退还所占物管用房。

长沙市中院二审认为,本案争议的焦点如下:

1. 关于园丁新村业主委员会是否具有诉讼主体资格问题。(略)

2. 关于广宇置业公司是否有权出售诉争房屋及陈某华购买诉争房屋是否构成善意取得的问题。广宇置业公司在2003年7月6日向园丁新村交付了物业管理用房清单,本案中诉争的房屋园丁新村1栋12号杂屋和5栋3号车库在交付清单的范围内,虽然接收当时业主委员会没有成立,但不能改变诉争房屋已经交付的事实。广宇置业公司交付物业管理用房的行为表明其承认诉争房屋属于全体业主所有。广宇置业公司已经将诉争房屋交付给园丁新村业主委员会,又在2008年10月9日将诉争房屋出卖给陈某华,该处分行为属于无权处分。在此情况下,陈某华是否能够取得诉争房屋的所有权要看陈某华的购房行为是否构成物权法上的善意取得。根据《物权法》第106条第1款之规定,无权处分的受让人要取得受让不动产或动产的所有权,必须首先符合受让人在受让该不动产或动产时是善意的。本案中,陈某华一直生活在园丁新村,对于物业管理用房的位置应当清楚,陈某华以刘某的名义与广宇置业公司签订买卖合同时,双方在买卖合同上签署的时间为2005年,陈某华对于所购房屋的性质应当进行了解。陈某华以刘某的名义购买诉争房屋的行为不符合受让人在受让不动产时是善意的规定,因此,不构成物权法上的善意取得。因此,上诉人陈某华的上诉理由不能成立,陈某华不能取得本案诉争房屋的所有权,其占用房屋的行为无法律上的依据。陈某华因购买房屋所造成的损失,可以向广宇置业公司另行主张权利。综上,原审判决认定事实清楚,适用法律正确,应予维持。据此判决驳回上诉,维持原判。

典型案例 2

【案例主题】装修私自刨铲地面，变动房屋承重结构，应当承担恢复原状的责任

王某与李某华、孙某璠财产损害赔偿纠纷二审

【案件来源】中国裁判文书网

【审理法院】沈阳市中级人民法院

【案件案号】(2015)沈中民一终字第1285号

【裁判日期】2015年7月20日

【裁判要旨】1. 住宅室内装饰装修活动，禁止未经原设计单位或者具有相应资质等级的设计单位提出设计方案，变动建筑主体和承重结构；承重结构，包括承重墙体、立杆、柱、框架柱、支墩、楼板、梁、屋架、悬索等。2. 业主违反法律规定，私自刨铲地面、变动房屋承重结构的，应当承担恢复原状的责任。

典型案例 3

【案例主题】权利人请求返还原物，应否给付占有人因维护不动产支出的必要费用

广东省石油企业集团公司诉谢士照等物权保护纠纷

【案件来源】《中国法院2014年度案例》(物权纠纷)

【审理法院】广东省汕尾市中级人民法院

【案件案号】(2012)汕尾中民一终字第90号

【裁判要旨】1. 权利人合法取得案涉房屋，有权要求返还房屋；2. 占有人与原房屋所有人的法律关系与本案不是同一法律关系，其可以另行向原房屋所有权人主张；3. 占有期间的维护费，未提供证据证明受权利人委托进行维护的，不予支持。

典型案例 4

【**案例主题**】在财产损害赔偿中，房屋的贬值损失能否支持

蔡某某、蔡某某为与被告朱某某、诸暨市耀光物业管理有限与朱某某财产损害赔偿纠纷一审民事判决书

【**案件来源**】中国裁判文书网

【**审理法院**】诸暨市人民法院

【**案件案号**】(2009)绍诸民初字第3340号

【**裁判日期**】2011年3月15日

【**裁判要旨**】1.原告与开发商签订合同后，即享有请求交付房屋的债权，后由开发商处受让了所有权，楼上业主装修造成房屋损坏的，具备诉讼主体资格；2.原告在损害发生后，出卖房屋的，与受让人约定保留损害赔偿请求权的，法律不予限制；3.经鉴定，装修行为与损害之间有因果关系的，侵权人应当承担恢复原状的民事责任；4.关于贬值损失，因权利人已经出售房屋，没有证据证明贬值损失的存在，不予支持。

第三节 实务操作指南

一、正确确定案由

根据《民事案件案由规定》，物权纠纷属于一级案由，物权保护纠纷属于二级案由，物权保护纠纷包括7个三级案由，即物权确认纠纷，返还原物纠纷，排除妨害纠纷，消除危险纠纷，修理、重作、更换纠纷，恢复原状纠纷，财产损害赔偿纠纷。三级案由之下，没有四级案由。

目前人民法院立案时，要求当事人自行确定案由，并且只能确定一个案由，因此在立案前要进行深入研究，准确确定案由，否则将会对案件审理和案件结果产生重大影响。

返还原物纠纷只能适用于物存在的情况，如果物不存在了，只能选择财产损害赔偿纠纷。注意区分返还原物纠纷与排除妨害纠纷的关系，返还原物丧失对物的占有，而排除妨害纠纷中并未丧失对物的占有。消除危险与损害赔偿也存在选择的问题，如果危险已形成，但未造成损害的，只能选择消除危险，不能选择财产损害赔偿；但如果危险形成后，又造成损害的，可以要求消除危险或者基于侵权行为要求损害赔偿。恢复原状与修理在很多情形下有重合，如果通过修理的方式能恢复原状的，则直接适用修理、重作、更换的案由，而不能适用恢复原状的案由。返还原物与财产损害赔偿的适用也要考虑物的状况，如果物的状况良好，适用返还原物；如果物的状况受到很大损害，导致无法返还的，则适用财产赔偿的案由。

二、充分注意鉴定的作用

在物权保护纠纷中,对于侵权行为与损害后果的因果关系,很多时候需要专业的鉴定机构进行鉴定,尤其是关于房屋损害赔偿纠纷,如装修造成房屋受损的案件中,要充分重视专业鉴定机构的意见。对于权利人来讲,首先要提出鉴定申请,其次是鉴定申请要专业,必要时由专业机构或者专业人员辅助提出,房屋类的鉴定相当复杂,一般自然人或者单位提出的申请不全面,不专业,可能导致举证不能的后果。

对于在审案件,人民法院委托鉴定后,如果侵权人不配合,导致鉴定无法进行的,笔者认为,应当作出对侵权人不利的裁决,当事人有义务配合而不予以配合,违反了诚实信用原则,应承担不利的后果,人民法院应当作出侵权行为与损害后果之间存在因果关系的裁决。

三、综合运用各种法律手段,维护自身合法权益

《物权法》第 38 条规定:"本章规定的物权保护方式,可以单独适用,也可以根据权利被侵害的情形合并适用。侵害物权,除承担民事责任外,违反行政管理规定的,依法承担行政责任;构成犯罪的,依法追究刑事责任。"

在物权保护纠纷中,权利人要充分运用各种法律手段,维护自身合法权益,包括严厉的刑事责任、严格的行政责任、严肃的民事责任。

侵权行为人除了需要承担民事责任外,还可能面临刑事责任,如故意毁坏他人财产,情节严重的,可能涉嫌故意毁坏财物罪。

侵权人还面临行政处罚的责任。《建设工程质量管理条例》第 69 条规定:"违反本条例规定,涉及建筑主体或者承重结构变动的装修工程,没有设计方案擅自施工的,责令改正,处 50 万元以上 100 万元以下的罚款;房屋建筑使用者在装修过程中擅自变动房屋建筑主体和承重结构的,责令改正,处 5 万元以上 10 万元以下的罚款。有前款所列行为,造成损失的,依法承担赔偿责任。"

四、排除妨害和消除危险纠纷中应注意的问题

(一)主张权利时,被妨害或遭受危险的特定的物需依然存在

被妨害或遭受危险的特定的物依然存在,是权利人主张排除妨害或消除危险的前提,如果特定的物已经毁损或灭失,就不存在排除妨害和消除危险的问题。如权利人因前楼挡光要求其排除妨害,但在其主张权利时其所有的房屋已经被拆迁,因房屋已经不存在,也就不存在排除妨害的问题了。

(二)排除妨害和消除危险请求权的主体

在物受到妨害或遭到危险时,一般是由物的所有人行使排除妨害或消除危险请求权。但当物被转移给第三人占有时发生妨害占有的行为的,此时占有人有权请求排除妨害或者消除危险。当物的现时占有人怠于行使请求权时,相关权利人可以根据实际权益受到的妨害或遭受的危险主张权利,这是因为占有人受物被妨害的状态影响最直接,而不是说权利人在行使

请求权时有先后顺序之分。如抵押权人在抵押物因受到妨害或遭受危险可能导致价值贬损的情况下,可以作为权利人主张排除妨害或消除危险,如果所有权人对抵押物造成妨害可能使抵押物价值降低的,抵押权人也可以请求所有权人排除妨害或消除危险。另外,在物为多人共有的情况下,任一共有人都有权请求相对人排除妨害或消除危险,如果部分共有人妨害物权时,其他共有人同样可以行使妨害排除请求权。

(三)举证责任

权利人请求排除妨害或者消除危险不需要证明相对人具有过错,只需要证明其享有物权的特定的物被他人妨害或遭受危险即可。但是对于这种妨害或危险的程度是否达到了使权利人难以忍受且阻碍了权利的正当行使的程度,权利人需要举证证明。

五、恢复原状纠纷中应注意的问题

(一)恢复原状并不要求与原物完全一致

恢复原状一般是通过修理的办法,使遭受损害的财产在价值和使用价值上与原来的状态大体相同,而不是完全相同。

(二)恢复原状与赔偿损失的关系

第一,恢复原状应以被损坏的物有修复的可能为条件,如无修复的可能则权利人只能主张损害赔偿;第二,如果权利人选择了恢复原状一般不能再要求赔偿损失,选择了赔偿损失,则不得再请求恢复原状;第三,如果通过修补仍存在瑕疵的,仍可另外要求赔偿损失。

(三)物是指有形物,不包括无形物

有形物是指占据一定的空间,依人的五官可以感觉到的物质,包括固体、液体、气体。无形物指精神财产,如专利、商标、著作等。这里所称的物指的是有形物,不包括无形物。

(四)举证责任

恢复原状纠纷适用的归责原则是无过错责任原则。所谓无过错责任原则,是指不管行为人主观是否有过错,只要其行为人的行为与损害结果之间具有因果关系,就应承担民事责任的归责原则。也就是说在恢复原状纠纷中,受害人不必举证证明行为人具有过错,只要证明行为人的行为与损害结果之间有因果关系,行为人就要承担责任。行为人不能以其无过错进行抗辩,但是在受害人存在过错和第三人过错的情况下,可以作为行为人减免责任的理由。

第四节　法律法规整合

《物权法》

第 32 条　物权受到侵害的,权利人可以通过和解、调解、仲裁、诉讼等途径解决。

第 33 条 因物权的归属、内容发生争议的，利害关系人可以请求确认权利。

第 34 条 无权占有不动产或者动产的，权利人可以请求返还原物。

第 35 条 妨害物权或者可能妨害物权的，权利人可以请求排除妨害或者消除危险。

第 36 条 造成不动产或者动产毁损的，权利人可以请求修理、重作、更换或者恢复原状。

第 37 条 侵害物权，造成权利人损害的，权利人可以请求损害赔偿，也可以请求承担其他民事责任。

第 38 条 本章规定的物权保护方式，可以单独适用，也可以根据权利被侵害的情形合并适用。

侵害物权，除承担民事责任外，违反行政管理规定的，依法承担行政责任；构成犯罪的，依法追究刑事责任。

第四章　建筑物区分所有权纠纷

【一级案由】物权纠纷

【二级案由】所有权纠纷

【三级案由】建筑物区分所有权纠纷

【四级案由】1. 业主专有权纠纷 2. 业主共有权纠纷 3. 车位纠纷 4. 车库纠纷

第一节　法律要点详解

一、立法背景

在我国改革开放以前，由于实行单一的、僵化的多层和高层住宅的公有制形式，不可能形成建筑物区分所有权制度。然而在改革开放以后，特别是实行住房制度改革以来，我国多层和高层住宅已由单一的国家和集体所有变为国家、集体、公民个人所有，出现了多个所有人区分拥有一栋多层和高层建筑物的情况。尽管在现实生活中已经出现了大量的区分所有建筑物，但我国并未出台一部专门的法律来调整建筑物区分所有权关系。为了解决日益复杂的建筑物区分所有权法律关系，我国《物权法》在总结我国的实践经验，并借鉴其他国家有关立法例的基础上，首次在法律层面对建筑物区分所有权制度基本原则和部分内容进行规制设计，初步建立起我国建筑物区分所有权制度。

二、建筑物区分所有权的概念

建筑物区分所有权是我国《物权法》第 6 章规定的不动产所有权的一种形态，在《物权法》中称为“业主的建筑物区分所有权”。所谓建筑物区分所有权，是指多个所有人共同拥有一栋高层建筑物时，各个所有人对其在构造上和使用上具有独立性的建筑物部分(专有部分)所享有的所有权、对供全体或部分所有人共同使用的建筑物部分(共有部分)所享有的共有权以及基于建筑物的管理、维护和修缮等共同事务而产生的成员权的总称。①

三、建筑物区分所有人的专有权

建筑物区分所有人(以下统称为业主)的专有权，是指业主对专属于自己的、由建筑材料

① 参见余延满、马俊驹：《民法原论》(第 4 版)，法律出版社 2010 年版，第 355 页。

组成的、在构造上和使用上具有独立性的封闭建筑空间所享有的所有权。

(一)专有部分

建筑区划内符合下列条件的房屋①以及车位、摊位等特定空间,应当认定为专有部分,其特点为:(1)具有构造上的独立性,能够明确区分;(2)具有利用上的独立性,可以排他使用;(3)能够登记成为特定业主所有权的客体。

规划上专属于特定房屋,且建设单位销售时已经根据规划列入该特定房屋买卖合同中的露台等,应当认定为专有部分的组成部分。

(二)业主作为专有权人的权利和义务

1. 业主对其建筑物专有部分享有占有、使用、收益和处分的权利。但业主在行使其专有权时需要受到一定限制:第一,必须在法律、法规和管理规约的限制范围内行使;第二,在行使处分权时,专有权和共有权不能分离处分。根据我国《物权法》第72条的规定,业主转让建筑物内的住宅、经营性用房,其对共有部分享有的共有和共同管理的权利一并转让。

2. 业主作为专有权人需要承担的义务主要有:

(1)按照专有部分的本来用途使用专有部分的义务,不得危及建筑物的安全,不得损害其他业主的合法权益;

(2)对专有部分的维修和必要改良,必须承担维护建筑物的安全和外观的义务;

(3)相互容忍的义务,对于业主基于对专有部分特定使用功能的合理需要,无偿利用屋顶以及与其专有部分相对应的外墙面等共有部分的,其他业主负有容忍义务。当业主违反上述义务时,需要承担停止侵害、消除危险、排除妨害、赔偿损失的法律后果。

四、建筑物区分所有人的共有权

建筑物区分所有人的共有权,是指业主依据法律、法规或管理规约的规定,对建筑物的共有部分所享有的占有、使用、收益的权利。

(一)共有部分

根据《物权法》及最高人民法院《建筑物区分所有权司法解释》的规定,共有部分包括:

(1)建筑区划内的道路,属于业主共有,但属于城镇公共道路的除外。

(2)建筑区划内的绿地,属于业主共有,但属于城镇公共绿地或者明示属于个人的除外。

(3)建筑区划内的其他公共场所、公用设施和物业服务用房,属于业主共有。

(4)占用业主共有的道路或者其他场地用于停放汽车的车位,属于业主共有。

(5)建筑物的基础、承重结构、外墙、屋顶等基本结构部分,通道、楼梯、大堂等公共通行部分,消防、公共照明等附属设施、设备,避难层、设备层或者设备间等结构部分。

(6)其他不属于业主专有部分,也不属于市政公用部分或者其他权利人所有的场所及设施等。

---

① 这里所称的"房屋",包括整栋建筑物。

(7)建筑区划内的土地,依法由业主共同享有建设用地使用权,但属于业主专有的整栋建筑物的规划占地或者城镇公共道路、绿地占地除外。

(二)业主作为共有权人的权利和义务

1. 业主作为共有权人的权利有:(1)使用共有部分的权利;(2)建筑物及其附属设施的维修资金,属于业主共有,经业主共同决定,可以用于电梯、水箱等共有部分的维修;(3)对共有部分产生的收益,共有权人有权收取收益。收益的分配,有约定的,按照约定;没有约定或者约定不明确的,按照业主专有部分占建筑物总面积的比例确定。

2. 业主作为共有权人的义务有:(1)按照共有部分本来的用途或管理规约规定的用途使用共有部分的义务;(2)分担共同费用的义务;(3)共有权人不得以放弃权利为由不履行义务。

五、建筑物区分所有人的成员权

建筑物区分所有人的成员权,是指全体所有人基于专有权和共有权组成的一个团体,每一个所有人作为该团体的一员所应拥有的权利和应承担的义务。

(一)业主作为管理团队成员所享有的权利

根据我国《物权法》和《物业管理条例》的规定,业主作为管理团队的成员享有以下权利:(1)按照物业服务合同的约定,接受物业服务企业提供的服务;(2)提议召开业主大会会议,并就物业管理的有关事项提出建议;(3)提出制定和修改管理规约、业主大会议事规则的建议;(4)参加业主大会会议,行使投票权;(5)选举业主委员会成员,并享有被选举权;(6)监督业主委员会的工作;(7)监督物业服务企业履行物业服务合同;(8)对物业共用部位、共用设施设备和相关场地使用情况享有知情权和监督权;(9)监督物业共用部位、共用设施设备专项维修资金的管理和使用。

(二)业主作为管理团队的成员所承担的义务

业主作为管理团队的成员所承担的义务主要有:(1)遵守法律、法规、管理规约、业主大会议事规则的义务;(2)执行业主大会的决定和业主大会授权业主委员会作出的决定的义务;(3)交纳专项维修资金的义务;(4)按时交纳物业服务费用的义务。

六、对区分所有的建筑物的管理方式

我国《物权法》第81条规定:"业主可以自行管理建筑物及其附属设施,也可以委托物业服务企业或者其他管理人管理。"从该规定我们可以看出,对区分所有的建筑物的管理方式分为两种,即业主自主管理和委托管理。

业主自主管理,是指业主自己执行管理业务或组成一个管理团队执行管理业务。只有一个业主的,或者业主人数较少的,可以由业主共同履行管理职责。业主人数较多时可以设立业主大会,选举业主委员会,由其负责履行管理职责。其中,业主大会属于管理团体,业主委员会属于其执行机关。

委托管理,是指业主将管理业务委托物业服务企业或其他管理人管理。

第二节　权威案例指导

典型案例 1

张某与郑某伟、中国联合网络通信有限公司武汉市分公司建筑物区分所有权纠纷案

【案件来源】《最高人民法院公报》2014 年第 11 期(总第 217 期)

【审理法院】武汉市中级人民法院

【裁判日期】2014 年 1 月 20 日

【裁判摘要】1. 在审理建筑物区分所有权案件时,即使业主对房屋的使用没有给其他区分所有权人造成噪音、污水、异味等影响,只要房屋的用途发生改变,由专供个人、家庭日常生活居住使用改变为用于商业、工业、旅游、办公等经营性活动,即可认定该行为影响了业主的安宁生活,属于将住宅改变为经营性用房,应依照《物权法》第 77 条关于业主改变住宅用途的规定处理。2. 房屋使用人将住宅改变为经营性用房的,应承担与业主相同的法定义务,除遵守法律、法规和管理规约外,还应当经有利害关系的业主同意。

典型案例 2

上海市虹口区久乐大厦小区业主大会诉上海环亚实业总公司业主共有权纠纷案

【案件来源】最高人民法院指导案例第 65 号

【审理法院】上海市第二中级人民法院

【案件案号】(2011)沪二中民二(民)终字第 1908 号

【裁判日期】2011 年 9 月 21 日

【裁判摘要】1. 专项维修资金是专门用于物业共用部位、共用设施设备保修期满后的维修和更新、改造的资金,属于全体业主共有。2. 缴纳专项维修资金是业主为维护建筑物的长期安全使用而应承担的一项法定义务。业主拒绝缴纳专项维修资金,并以诉讼时效提出抗辩的,人民法院不予支持。

典型案例3

广东省深圳市福田区南天一花园业主委员会与深圳市城市建设开发(集团)公司等房屋侵权纠纷再审案

【案件来源】《民事审判指导与参考》(总第58辑)

【审理法院】最高人民法院

【裁判摘要】建筑容积率是房屋建筑规划管理性规定,不能作为确认房屋所有权的依据。在房屋建设违反建筑容积率、规划使用用途等规划要求时,不能以此作为依据,得出其所有权应当属于全体业主共有的结论。

第三节 实务操作指南

一、"业主"的认定

我国《物权法》第6章的标题为"业主的建筑物区分所有权",之所以加上"业主的"三个字,是因为"业主""物业"的含义已经为人们所熟悉,便于理解。"业主"是我国《物权法》对于建筑物区分所有权人的称谓,关于业主的认定,根据最高人民法院《建筑物区分所有权司法解释》的规定:依法登记取得或者根据《物权法》第2章第3节①的规定取得建筑物专有部分所有权的人,应当认定为业主。基于与建设单位之间的商品房买卖民事法律行为,已经合法占有建筑物专有部分,但尚未依法办理所有权登记的人,可以认定为业主。

二、业主大会和业主委员会

(一)业主大会

1. 业主大会的职责

业主大会由物业管理区域内的全体业主组成,代表和维护物业管理区域内全体业主在物业管理活动中的合法权利,履行相应的义务。具体包括:(1)制定和修改业主大会议事规则;(2)制定和修改管理规约;(3)选举业主委员会或者更换业主委员会成员;(4)选聘和解聘物业服务企业;(5)筹集和使用专项维修资金;(6)改建、重建建筑物及其附属设施;(7)有关共有和共同管理权利的其他重大事项。

这里需要注意如何确定"有关共有和共同管理权利的其他重大事项"的范围。

对于这个问题最高人民法院《建筑物区分所有权司法解释》规定:改变共有部分的用途、

① 《物权法》第2章第3节:因人民法院、仲裁委员会的法律文书或者人民政府的征收决定、因继承或者受遗赠、因合法建造、拆除房屋等事实行为,导致物权设立、变更、转让或者消灭的,自法律文书或者人民政府的征收决定等生效时发生效力、自继承或者受遗赠开始时发生效力、自事实行为成就时发生效力。

利用共有部分从事经营性活动、处分共有部分,以及业主大会依法决定或者管理规约依法确定应由业主共同决定的事项,应当认定为《物权法》第76条第1款第7项规定的有关共有和共同管理权利的“其他重大事项”。

2. 业主大会的表决方式

业主大会会议可以采用集体讨论的形式,也可以采用书面征求意见的形式;但是,应当有物业管理区域内专有部分占建筑物总面积过半数的业主且占总人数过半数的业主参加。业主可以委托代理人参加业主大会会议。

3. 决议的通过比例

业主大会决定涉及业主财产权利方面的事项,包括筹集和使用专项维修资金或改建、重建建筑物及其附属设施的,应当经专有部分占建筑物总面积2/3以上的业主且占总人数2/3以上的业主同意;决定其他事项的,应当经专有部分占建筑物总面积过半数的业主且占总人数过半数的业主同意。

注意事项:

(1)专有部分面积和总面积的计算方法。专有部分面积,按照不动产登记簿记载的面积计算;尚未进行物权登记的,暂按测绘机构的实测面积计算;尚未进行实测的,暂按房屋买卖合同记载的面积计算。建筑物总面积,按照前项的统计总和计算。

(2)业主人数和总人数的计算方法。业主人数,按照专有部分的数量计算,一个专有部分按一人计算。但建设单位尚未出售和虽已出售但尚未交付的部分,以及同一买受人拥有一个以上专有部分的,按一人计算。总人数,按照前项的统计总和计算。

(3)业主大会是否可以约定不同的表决规则。对于这个问题,最高人民法院认为:业主对《物权法》第76条规定的事项约定了不同的表决规则,应承认其效力,但不得低于该条规定的比例要求。

(4)业主大会或者业主委员会作出的决定侵害业主的合法权益的,受侵害的业主可以请求人民法院予以撤销。业主应当在知道或者应当知道业主大会或者业主委员会作出决定之日起一年内行使撤销权。

(二)业主委员会

1. 业主委员会的职责

业主委员会是业主大会的执行机构,应当依法维护业主合法权益,执行业主大会决定的物业管理事项。

业主委员会应当履行下列职责:(1)召集业主大会会议,报告物业管理的实施情况;(2)代表业主与业主大会选聘的物业服务企业签订物业服务合同;(3)及时了解业主、物业使用人的意见和建议,监督和协助物业服务企业履行物业服务合同;(4)监督管理规约的实施;(5)业主大会赋予的其他职责。

注意事项:

(1)业主委员会委员应当由热心公益事业、责任心强、具有一定组织能力的业主担任。

(2)业主委员会应当自选举产生之日起30日内,向物业所在地的区、县人民政府房地产行政主管部门和街道办事处、乡镇人民政府备案。

2. 会议召开及表决方式

业主委员会应当按照业主大会议事规则的规定及业主大会的决定召开会议。经1/3以上业主委员会委员的提议，应当在7日内召开业主委员会会议。召开业主委员会会议，应当有过半数委员出席。业主委员会作出决定应当经全体委员人数的半数以上同意。业主委员会的决定应当自决定作出之日起3日内在物业管理区域内公告。

3. 费用承担

业主大会、业主委员会工作经费由全体业主承担。工作经费可以由业主分摊，也可以从物业共有部分经营所得收益中列支。工作经费的收支情况，应当定期在物业管理区域内公告，接受业主监督。

（三）业主大会、业主委员会对业主的哪些行为可以主张民事权利

业主大会和业主委员会，对任意弃置垃圾、排放污染物或者噪声、违反规定饲养动物、违章搭建、侵占通道、拒付物业费等损害他人合法权益的行为，有权依照法律、法规以及管理规约，要求行为人停止侵害、消除危险、排除妨害、赔偿损失。

这里需要注意对其他“损害他人合法权益的行为”的认定

业主或者其他行为人违反法律、法规、国家相关强制性标准、管理规约，或者违反业主大会、业主委员会依法作出的决定，实施下列行为的，可以认定为《物权法》第83条第2款所称的其他“损害他人合法权益的行为”：(1)损害房屋承重结构，损害或者违章使用电力、燃气、消防设施，在建筑物内放置危险、放射性物品等危及建筑物安全或者妨碍建筑物正常使用；(2)违反规定破坏、改变建筑物外墙面的形状、颜色等损害建筑物外观；(3)违反规定进行房屋装饰装修；(4)违章加建、改建，侵占、挖掘公共通道、道路、场地或者其他共有部分。

三、住宅改经营性用房相关法律问题

（一）一般规定

业主不得违反法律、法规以及管理规约，将住宅改变为经营性用房。业主将住宅改变为经营性用房的，除遵守法律、法规以及管理规约外，应当经有利害关系的业主同意。

（二）有利害关系的业主的认定

业主将住宅改变为经营性用房，本栋建筑物内的其他业主，应当认定为《物权法》第77条所称的“有利害关系的业主”。建筑区划内，本栋建筑物之外的业主，主张与自己有利害关系的，应证明其房屋价值、生活质量受到或者可能受到的不利影响。

（三）业主的救济途径

业主将住宅改变为经营性用房，未按照《物权法》第77条的规定经有利害关系的业主同意，有利害关系的业主可以请求排除妨害、消除危险、恢复原状或者赔偿损失。

将住宅改变为经营性用房的业主以多数有利害关系的业主同意其行为进行抗辩的，人民法院不予支持。

四、物业公司是否有权利用共有部分进行经营

根据最高人民法院《建筑物区分所有权司法解释》的规定，改变共有部分的用途、利用共有部分从事经营性活动、处分共有部分，应由全体业主决定。建设单位或其他行为人擅自占用、处分业主共有部分、改变其使用功能或者进行经营性活动，权利人有权请求排除妨害、恢复原状、确认处分行为无效或者赔偿损失。

所以未经业主大会同意物业公司无权利用共有部分进行经营活动，共有部分所有权归全体业主区分所有，物业公司扣除合理成本后，其收益归全体所有，业主有权了解共有部分的使用和收益情况。

第四节　法律法规整合

一、《物权法》

第 70 条　业主对建筑物内的住宅、经营性用房等专有部分享有所有权，对专有部分以外的共有部分享有共有和共同管理的权利。

第 71 条　业主对其建筑物专有部分享有占有、使用、收益和处分的权利。业主行使权利不得危及建筑物的安全，不得损害其他业主的合法权益。

第 72 条　业主对建筑物专有部分以外的共有部分，享有权利，承担义务；不得以放弃权利不履行义务。

业主转让建筑物内的住宅、经营性用房，其对共有部分享有的共有和共同管理的权利一并转让。

第 73 条　建筑区划内的道路，属于业主共有，但属于城镇公共道路的除外。建筑区划内的绿地，属于业主共有，但属于城镇公共绿地或者明示属于个人的除外。建筑区划内的其他公共场所、公用设施和物业服务用房，属于业主共有。

第 74 条　建筑区划内，规划用于停放汽车的车位、车库应当首先满足业主的需要。

建筑区划内，规划用于停放汽车的车位、车库的归属，由当事人通过出售、附赠或者出租等方式约定。

占用业主共有的道路或者其他场地用于停放汽车的车位，属于业主共有。

二、《建筑物区分所有权司法解释》

全文(略)

三、《物业管理条例》

全文(略)

第五章　业主知情权、撤销权纠纷

【一级案由】物权纠纷

【二级案由】所有权纠纷

【三级案由】1. 业主知情权纠纷 2. 业主撤销权纠纷

第一节　法律要点详解

一、业主委员会

本着公平、开放、民主的原则，现代住宅小区多会选举出业主委员会以便在关乎广大业主切身利益的事项中代表业主行使相应权利。所谓业主委员会，即业主自行担任、自行选举产生的群众自治组织，其权利范围由法律规定、业主大会授权或相关协议约定。住房和城乡建设部在 2010 年 1 月 1 日发布实施的《业主大会和业主委员会指导规则》第 2 条及第 3 条作出规定，“业主大会由物业管理区域内的全体业主组成，代表和维护物业管理区域内全体业主在物业管理活动中的合法权利，履行相应的义务”“业主委员会由业主大会依法选举产生，履行业主大会赋予的职责，执行业主大会决定的事项，接受业主的监督”。业主作为建筑物区分所有权人，其针对业委会的主要权利包括知情权、撤销权、参与权、监督权等。

二、知情权

业主知情权纠纷，是指业主请求业主大会或者业主委员会公开依法应当向业主公开的资料和情况而引发的纠纷。业主知情权纠纷属于物业管理纠纷，主要发生在业主与业主大会、业主委员会之间。《建筑物区分所有权司法解释》第 13 条规定，业主有权请求公布、查阅建筑物及其附属设施的维修资金的筹集、使用情况；管理规约、业主大会议事规则，以及业主大会或者业主委员会的决定及会议记录；物业服务合同、共有部分的使用和收益情况；建筑区划内规划用于停放汽车的车位、车库的处分情况；其他应当向业主公开的情况和资料。如果业委会没有及时准确的公布，往往会导致业主对此产生异议进而引起纠纷。

三、撤销权

业主撤销权纠纷，是指业主认为业主大会或者业主委员会作出的决定侵害其合法权益，依照法律规定向人民法院提起的撤销业主大会或者业主委员会决定的纠纷。根据《物权法》

第76条、《物业管理条例》第12条的规定，业主大会或业主委员会作出的关乎业主权益的决定要符合一定的程序性要求，业主有权在决定产生过程中出现程序违法的情况下起诉撤销该决定。有权提起业主撤销权诉讼的主体只能是小区的业主，被告为业主大会或者业主委员会，诉讼请求应当限于撤销业主大会或者业主委员会作出的物业管理方面的决定。

第二节　权威案例指导

典型案例1

上海市静安区云海苑业主委员会与杜某、陈某、王某平及一审被告上海置梁行物业管理有限公司业主知情权纠纷

【案件来源】上海市高级人民法院

【审理法院】上海市高级人民法院

【案件案号】(2016)沪民申522号

【裁判日期】2016年9月6日

【裁判摘要】1.业主提出请求公布、允许查阅相关账目及对应的原始凭证、涉案业主大会或者业主委员会决议决定以及会议记录、涉案招标文件及投票统计、涉案物业相关的费用等诉请，符合法律规定。2.即使业主的行为有不妥之处，也不能因此否定业主的法定知情权。

【主文摘要】

申请人：上海市静安区云海苑业主委员会

被申请人：杜某

被申请人：陈某

被申请人：王某平

一审被告：上海置梁行物业管理有限公司

云海苑业委会申请再审称：杜某、陈某、王某平多次在小区大堂的廊柱、电梯等地方张贴联名信，该联名信中至少有6人的签名系假冒伪造，杜某、陈某、王某平在原审期间承认其未将联名信提交给云海苑业委会和置梁行公司，故不能认定其已向云海苑业委会提出了查阅相关资料的申请。原审法院混淆了“表达意愿”与“提出申请”的区别，判决片面保护业主知情权，无异于纵容、鼓励当事人采取违法与不合理手段主张权利。杜某、陈某、王某平的目的是借机损害云海苑业委会的形象。云海苑业委会依据《民事诉讼法》第200条第2项、第6项的规定申请再审。

本院经审查认为，杜某、陈某、王某平系上海市静安区云海苑业主，其提出请求公布、允许查阅相关账目及对应的原始凭证、涉案业主大会或者业主委员会决议决定以及

会议记录、涉案招标文件及投票统计、涉案物业相关的费用等诉请，符合法律规定，原审法院判决支持杜某、陈某、王某平相应诉讼请求，并无不当。杜某、陈某、王某平在联名信中存在假冒伪造部分业主签名的行为，但杜某、陈某、王某平亦明确了要求查阅相关资料的意愿，且对于杜某、陈某、王某平表达方式的不妥之处，原审法院亦已告知其应在合法、合情、合理的范围内行使权利。鉴于云海苑业委会现没有充足证据证明杜某、陈某、王某平在本案中行使知情权时主观上不具有正当性，故云海苑业委会的再审申请理由，本院难以支持。

云海苑业委会的再审申请不符合《民事诉讼法》第200条第2项、第6项规定的情形。依照《中华人民共和国民事诉讼法》第204条第1款、《最高人民法院关于适用〈中华人民共和国民事诉讼法〉的解释》第395条第2款规定，裁定如下：驳回上海市静安区云海苑业主委员会的再审申请。

典型案例2

董某宁、天津市河东区尚东馨园业主委员会业主撤销权纠纷

【案件来源】天津市高级人民法院

【审理法院】天津市高级人民法院

【案件案号】(2018)津民申1240号

【裁判日期】2018年6月6日

【裁判摘要】业主大会的表决结果和程序符合法律规定，不能认定侵犯业主的合法权益。

第三节 实务操作指南

司法实践中，针对业主知情权和撤销权的诉讼案件法院大多会审查诉讼主体资格、争议内容是否属于业主知情权范围、案涉决议产生的程序及实体内容是否侵犯业主合法权益等。

一、诉权

如前所述，业主知情权、撤销权的维护和行使主体必须是小区业主，《建筑物区分所有权司法解释》第1条的规定："依法登记取得或者根据物权法第二章第三节规定取得建筑物专有部分所有权的人，应当认定为物权法第六章所称的业主。基于与建设单位之间的商品房买卖民事法律行为，已经合法占有建筑物专有部分，但尚未依法办理所有权登记的人，可以认定为物权法第六章所称的业主。”因此，享有知情权和撤销权的主体必须是经依法登记的所有权人或虽未登记但已经合法占有（已签订商品房买卖合同并交付）小区内房产的权利人。

业主知情权、撤销权纠纷属于物业管理纠纷，主要发生在业主与业主大会、业主委员会之间，以业主大会、业主委员会为被告，可以由建筑小区所在地人民法院管辖。

二、案由的适用

在适用业主知情权纠纷案由时应当注意以下两点：

第一，要注意业主知情权的内容范围，《物权法》第 79 条规定的“建筑物及其附属设施的维修资金的筹集、使用情况”只是其中的一种情形，此外还应包括《建筑物区分所有权司法解释》第 13 条中的三项具体的情形，以及第 5 项的兜底条款。在确定知情权的范围时，可以根据实践中的具体情况确定，但应当限于与业主共有相关的又涉及业主个人权利的情况，既不能限缩权利内容，也不能无限扩大解释。

第二，要考虑业主知情权纠纷与业主撤销权纠纷等其他案由的关系。业主可以单独就知情权提起诉讼，也可以在其他诉讼中涉及业主知情权。如在业主撤销权纠纷中，就可能涉及要求业主大会或者业主委员会公布其决议产生的有关程序和实体内容等事项。

三、其他

虽然法律法规及相关司法解释明确规定了业主知情权的内容，但并没有明确业委会公布或供查阅的细节。当业主行使知情权时，因其法律专业能力有限、维权的心情急迫等因素，可能会出现诉讼请求明显超出了业委会的工作范围及能力、不具备合理性和必要性，亦有违经济原则。例如，有的业主诉讼请求查阅客观上并不存在的资料，有的业主要求提供水质鉴定报告，还有的业主要求提供维修资金的会计账目，甚至要求将所有账目张贴于各个门牌号码前，上述请求明显超出法定知情权范围，难获支持。

因此，建议业主在起诉前充分了解法律及司法解释规定的知情权范围，合理确定诉讼请求，防止在维权时无限扩张信息查阅边界，无故加重提供方的义务。

第四节　法律法规整合

一、《物权法》

第 78 条　业主大会或者业主委员会的决定，对业主具有约束力。

业主大会或者业主委员会作出的决定侵害业主合法权益的，受侵害的业主可以请求人民法院予以撤销。

第 79 条　建筑物及其附属设施的维修资金，属于业主共有。经业主共同决定，可以用于电梯、水箱等共有部分的维修。维修资金的筹集、使用情况应当公布。

二、《建筑物区分所有权司法解释》

第13条 业主请求公布、查阅下列应当向业主公开的情况和资料的,人民法院应予支持:
(一)建筑物及其附属设施的维修资金的筹集、使用情况;
(二)管理规约、业主大会议事规则,以及业主大会或者业主委员会的决定及会议记录;
(三)物业服务合同、共有部分的使用和收益情况;
(四)建筑区划内规划用于停放汽车的车位、车库的处分情况;
(五)其他应当向业主公开的情况和资料。

三、《物业管理条例》

全文(略)

四、《业主大会和业主委员会指导规则》

第36条 业主委员会应当向业主公布下列情况和资料:
(一)管理规约、业主大会议事规则;
(二)业主大会和业主委员会的决定;
(三)物业服务合同;
(四)专项维修资金的筹集、使用情况;
(五)物业共有部分的使用和收益情况;
(六)占用业主共有的道路或者其他场地用于停放汽车车位的处分情况;
(七)业主大会和业主委员会工作经费的收支情况;
(八)其他应当向业主公开的情况和资料。

第59条 业主大会、业主委员会作出的决定违反法律法规的,物业所在地的区、县房地产行政主管部门和街道办事处、乡镇人民政府应当责令限期改正或者撤销其决定,并通告全体业主。

第六章　共有纠纷

【一级案由】物权纠纷

【二级案由】所有权纠纷

【三级案由】共有纠纷

【四级案由】1. 共有权确认纠纷;2. 共有物分割纠纷;3. 共有人优先购买权纠纷

第一节　法律要点详解

一、法律背景

2007 年 3 月 16 日,第十届全国人民代表大会通过了《物权法》并于 2007 年 10 月 1 日起施行。其中对“共有”单独设置了一个章节,位于第二编第八章。物权法上所述的物包括动产与不动产。本书单述不动产相关部分。

最常见的且最具代表性的共有关系当属婚姻关系,所以最容易发生共有纠纷的领域应是《婚姻法》所辖制的领域。该法第 17 条、第 19 条规定了夫妻共同财产及夫妻财产约定的相关内容,第 39 条规定了离婚时夫妻共同财产处理的相关内容。同时,最高人民法院《婚姻法司法解释(一)》《婚姻法司法解释(二)》《婚姻法司法解释(三)》对于这几个问题有详细规定,此处不予赘述。

另外,2008 年 2 月 15 日建设部令第 168 号发布,2008 年 7 月 1 日施行的《房屋登记办法》第 13 条规定:“共有房屋,应当由共有人共同申请登记。共有房屋所有权变更登记,可以由相关的共有人申请,但因共有性质或者共有人份额变更申请房屋登记的,应当由共有人共同申请。”

二、共有的概念

共有是指多个权利主体对一物共同享有所有权。共有的主体称为共有人,客体称为共有财产或共有物。共有人之间因财产共有形成的权利义务关系,称为共有关系。

共有的形式,可以分为按份共有与共同共有。

按份共有,又称“分别共有”,是与共同共有相对应的一项制度,是指数人按应有份额对共有物共同享有权利与分担义务的共有。在按份共有中,各共有人对共有物享有不同的份额。各共有人的份额,又称应有份,其具体数额一般是由共有人约定明确的。每个共有人对共有财产享有的权利和承担的义务,是依据其不同的份额决定的。共有人的份额决定了其权利义务的范围。共有人对共有物持有多大的份额,就对共有物享有多大的权利和承担多大的义务,份额不同,共有人对共有财产的权利义务也不同。

共同共有是指两个或两个以上的民事主体,根据某种共同关系而对某项财产不分份额地共同享有权利并承担义务。共同共有的特征是:第一,共同共有根据共同关系而产生,以共同关系的存在为前提,例如夫妻关系、家庭关系;第二,在共同共有关系存续期间内,共有财产不分份额,这是共同共有与按份共有的主要区别;第三,在共同共有中,各共有人平等地对共有物享受权利和承担义务。

三、共有人对共有物的管理与处分

对共有物的管理包括共有人对共有物的保存、使用方法和简易修缮,但对共有物的处分和重大修缮则不属于对共有物管理的内容。《物权法》第96条对此有相应的规定,但该条对按份共有与共同共有并未作出区分。《物权法》第97条规定了对共有物的重大修缮,对重大修缮所带来的费用,更是需要在共有人之间合理负担。

(一)按份共有人对共有物的管理

1. 按份共有人对共有物的保存

对共有物的保存是指以维持共有物的现状为目的,保持共有物的完好状态,通过相应的管理措施,避免共有物的毁损、灭失。在共有人有约定的情况下,从其约定。但在共有人没有约定的情况下,法律并未规定应如何承担责任。一般认为,对共有物的保存,共有人各自应尽自己妥善保存的义务。笔者认为,对于共有物的保存应以符合对共有物保存的利益最大化为原则,以此尽量保证共有物的完好状态。

2. 按份共有人对共有物的使用方法

按份共有人对共有物的使用与按份共有人决定对共有物的使用方法是两个性质不同的问题。按份共有人对共有物的使用及收益分配是《物权法》第94条调整的内容,即各共有人按照其份额对共有物享有所有权。例如,甲乙二人共同出资购买一处房屋,甲出资6万元,乙出资4万元。甲乙二人共同决定将该房屋出租获取收益。在租金的分配上,甲有权获得租金总额的60%,乙则获得租金总额的40%。而按份共有人商定对共有物的使用方法则属于对共有物管理的内容。因为对共有物的使用方法决定着共有物的状态及使用寿命。例如,全体共有人可以约定以下几种对共有物的使用方法:一是各共有人对共有物分部分或分时间使用;二是将共有物交个别共有人使用,由使用的共有人对不使用的共有人予以补偿;三是将共有物出租,租金在共有人中按各自的份额分配。

3. 按份共有人对共有物的简易修缮

对共有物的简易修缮与对共有物的重大修缮不同。对共有物的简易修缮是出于对共有物的保存目的,即保持共有物现有的状态,如给共有的房屋破损的玻璃换上好的玻璃等。而对共有物的重大修缮,目的往往是增加共有物的效用或价值,如将居住房屋改造成商业用房出租。对共有物的重大修缮,往往需费过巨,依照《物权法》第97条的规定,需要在按份共有人中间实行多数决。而对共有物的简易修缮,往往需费较少,按《物权法》第96条的规定,只需共有人按约定办理。没有约定或者约定不明确的,各共有人都有义务对共有物作简易修缮。

4. 按份共有人对按份共有物的重大修缮

对共有物的重大修缮或称改良行为,是在不改变共有物性质的前提下,提高共有物的效用或者增加共有物的价值,如甲乙丙兄弟三人决定将共有的房屋重建。由于对共有物的重大修缮较对共有物的保存而言需费较大,需要各共有人按照自己所占共有物份额的比例支付重大修缮费用,因此为维护所有共有人的利益,我国物权法对共有物作重大修缮的行为规定实行"绝对多数决"的原则,即经占共有物 2/3 以上份额的共有人同意,才能对共有物作重大修缮。

5. 按份共有人对按份共有物的处分

我国物权法在对按份共有物的处分问题上兼顾效益原则和公平原则,在对共有物的处分问题上,也实行"多数决"原则。即经占份额 2/3 以上的按份共有人同意,即可处分共有物。但如果按份共有人约定对共有物的处分应经全体共有人一致同意,则应当依照约定行事。

(二)共同共有人对共有物的管理

1. 共同共有人对共有物的保存

共同共有人在对共有物的保存上,有约定的按约定办理。没有约定或者约定不明确的,各共有人都有妥善保存共有物的权利和义务。所谓对共有物保存的约定,主要是对共有物保存方式的约定,使共有物处于良好状态,以便共有物对全体共有人发挥更大的功效。这部分内容可以参照上述按份共有人对共有物的保存。

2. 共同共有人对共有物的使用方法

共同共有人在对共有物的使用方法上,也要遵循有约定的从其约定,没有约定的,共有人在各自使用时,要尽合理的注意义务,以避免共有物的毁损。

3. 共同共有人对共有物的简易修缮

在对共有物简易修缮问题上,共同共有人要商量确定。商量不通的,各共有人都有权利和义务进行修缮。因为共有物的有些小毛病如不及时修理,可能会导致损失的进一步扩大,这对全体共有人都是不利的。

4. 共同共有人对共有物的重大修缮

无论是夫妻共同财产,还是家庭共同财产,对共有财产作重大修缮,特别是对价值较大的共有财产作重大修缮,往往事关各共有人的利益,一般需要从共有财产中支付费用,还可能基于修缮而使共有人在一段时间内不能使用,或者影响共有物所创造的价值。所以《物权法》第 97 条规定,对共有物作重大修缮的,须经全体共同共有人一致同意,但共有人另有约定的除外。

5. 共同共有人对共有物的处分

共同共有根据共同关系而产生,以共同关系的存在为前提。共同共有最重要的特征之一就是各共有人平等地对共有物享有权利和承担义务。因此,处分共有物必须经全体共同共有人同意,但共有人另有约定的除外。

(三)关于共有物管理费用的负担

对共有物的管理费用主要包括以下几项:

第一,对共有物的保存费用,即为保持共有物免于毁损、灭失,处于良好安全状态或使用状态而支付的费用。

第二,对共有物作简易修缮或者重大修缮所支出的费用,如装修共有的房屋所支付的费用。

对共有物的其他负担,包括因为共有物对共有人以外的人造成损害,而向受害人支付的赔偿金等。如共有的房屋倒塌造成他人损害,而向受害人赔偿的医疗费、误工损失费等。

在按份共有中,对共有物的管理费用以及其他负担,有约定的,按照约定;没有约定或者约定不明确的,按份共有人按照其份额负担。

在共同共有中,对共有物的管理费用以及其他负担,原则上由共同共有人共同负担。但是共同共有人另有约定的,依照其约定。

四、分割不动产共有物的形式

共有的不动产可以采取各共有人间协商确定的方式。协商的内容,由共有人自由决定,当然须得共有人全体同意。当无法达成协议时,共有人可提请法院进行裁判分割。

裁判分割应遵循《物权法》第100条关于实物分割、变价分割或者折价赔偿的原则规定。

1. 实物分割

在不影响共有物的使用价值和特定用途时,可以对共有物进行实物分割。例如甲乙二人共有房屋两间,即可采取实物分割的方式,每人分得一间房屋。

2. 变价分割

如果共有物无法进行实物分割,实物分割将减损物的使用价值或者改变物的特定用途时,应当将共有物进行拍卖或者变卖,对所得价款进行分割。还有一种情形,也适用变价分割的方式,即各共有人都不愿意接受共有物,这时也可采取将共有物出卖,分割价金的方式。

3. 折价分割

折价分割主要存在于以下情形,即对于不可分割的共有物或者分割将减损其价值的,如果共有人中的一人愿意取得共有物,可以由该共有人取得共有物,并由该共有人向其他共有人折价补偿。

五、共有财产的分割原则

分割共有财产的基本原则有三个,分别为:依据共有人约定分割的原则、依法分割的原则、损害赔偿的原则。

(一)依据共有人约定分割的原则

无论是按份共有,还是共同共有,共有人对共有财产的分割有约定的依其约定。共有人约定不得分割共有的不动产以维持共有关系的,应当按照约定,但共有人有重大理由需要分割的,可以请求分割。例如,没有经济收入的某个共有人的父亲病重,需要分割共有财产,获得给父亲看病的钱。在这种情形下，虽然共有人有不能分割共有财产的约定，但父亲患病的共有人属于《物权法》第99条规定的有重大理由需要分割共有财产的情形。

（二）依法分割的原则

共有人对共有财产是否可以分割，在什么情况下可以分割没有约定，或者约定不明确的，应当依据《物权法》第99条的规定予以分割，即按份共有人可以随时请求分割，共同共有人在共有的基础丧失或者有重大理由需要分割时可以请求分割。

1. 按份共有人可以随时请求分割

按份共有是各共有人按照确定的份额对共有财产享有权利承担义务的共有。按份共有人对其应有份额享有相当于分别所有的权利。因此，按份共有关系存续期间，按份共有人有权请求从共有财产中分割出属于自己的份额。这种请求不需要征得其他共有人的同意，只要共有人提出请求，就会产生分割的后果。

2. 共同共有人在共有的基础丧失或者有重大理由需要分割时可以请求分割

共同共有是共有人对全部共有财产不分份额地享有权利承担义务的共有。在共有关系存续期间，各共有人对共有财产没有确定的份额，无论在权利的享有上还是在义务的负担上都无份额比例之分。在共有人对共有财产的分割没有约定的情况下，通常共有人只有在共同共有关系消灭时才能协商确定各自的财产份额，对共有财产予以分割。因此，法律规定共同共有人在共有的基础丧失或者有重大理由需要分割时可以请求分割共有财产。共同共有人共有的基础丧失，如夫妻财产的共同共有，因婚姻关系的解除而失去了共有的基础，在这种情况下，夫或者妻一方可以请求分割共有的财产。有重大理由需要分割，如在婚姻关系存续期间，夫妻二人约定由原来的夫妻共同财产制，改变为夫妻分别财产制，在这种情况下，夫或者妻一方可以请求分割共有的财产。

（三）损害赔偿的原则

共有财产关系的客体为一项特定的统一的财产，如图书馆，其功能、作用、价值是确定的。因某些法定的特殊原因，共有人分割共有财产，会使共有财产的功能丧失或者削弱，降低它的价值，有可能给其他共有人造成损害，因此法律规定，因分割对其他共有人造成损害的，应当予以赔偿。

第二节　权威案例指导

典型案例1

胡某云诉汤某勤、王某峰所有权确认纠纷二审案

【案件来源】《最高人民法院公报》2011年第12期（总第182期）

【审理法院】金华市中级人民法院

【裁判日期】2011 年 1 月 13 日

【裁判要点】1. 房屋拆迁安置权益属房屋所有权的综合性权能,一般包括被拆房屋补偿款、搬迁费用、新建房屋补贴、新建房屋土地使用权等。应以被拆迁房屋的所有权权属决定拆迁安置权益的归属。共有人之间有权通过协议予以分割。2. 在他人享有使用权之土地上建造房屋而形成附和的,房屋所有权一般归属于土地使用权人。对实施房屋建造的非土地使用权人所进行的补偿不仅仅包括金钱给付,在特定身份关系下亦应包括居住使用权益。

典型案例 2

魏某、广西桂盛房地产有限责任公司共有纠纷案

【案件来源】中国裁判文书网

【审理法院】最高人民法院

【案件案号】(2016)最高法民终 712 号

【裁判日期】2017 年 1 月 20 日

【裁判要点】共有是指两个以上公民、法人或者其他组织对同一不动产或者动产共同享有所有权、用益物权或者担保物权。本案既包含共有权确认、又涵盖共有物分割,应当定性为共有纠纷。

第三节　实务操作指南

一、共同共有转为按份共有的是否视为分割

对于共同共有转按份共有的问题,其应视为份额分割的一种方式,共同共有基于分割份额的需求将原本共同共有的形式予以打破,进而划分为固定的份额,典型的如遗产的分割,在分割前,被继承人死亡后,遗产处于继承人共同共有的状态,而经分割便是将共同共有划分为具体的份额。反馈到不动产上此种共有关系的变化同样适用。

离婚情形下,共同共有的不动产往往分割为特定的份额,虽然最终常表现为归一人所有,但其首先被分割成了特定的份额,继而采用了份额折价的方式予以实现。故而此种共同共有转为按份共有的形式应属于分割的一种。

二、在按份共有人转让其份额的情形下，是否视为分割的一种形式

在按份共有模式下，各共有人本身便对不动产享有特定份额，其分割大多涉及部分按份共有人析出按份共有关系和按份共有人全部放弃共有关系而将不动产予以变卖分割。至于按份共有的实物分割，若不动产经实物分割后可以满足不动产单元的设置且与按份共有人的份额比例相匹配，或者可以通过折价的方式在补偿后予以实现实物分割同样是可行的。

对于按份共有人转让其份额的，将其划分为对内转让份额和对外转让份额。依据《物权法》的规定，按份共有人有权处分其份额。且在无约定情形下，其随时可以主张分割。那么对内转让及对外转让是否属于共有物的分割呢？

以对外转让为例，按份共有人将其份额转让给按份共有人之外的主体，无论其转让全部份额还是转让部分份额，皆导致了按份共有人的变化，且在转让时需考虑其他按份共有人的优先购买权问题而征询其他按份共有人的意见。这显然符合分割以约定原则为先，嗣后再行以法定原则分割的模式。

对内转让的，并不考虑其他按份共有人的优先权问题，按份共有人可与受让一方按份共有人共同申请份额的转让登记，那么其是否亦为一种分割呢？倘若将其认定为分割，则排除了约定优先的原则，且其更接近一种份额的合并，似乎与分割之形式并不匹配。

然而笔者认为分割的方式是多样的，共有关系下的分割已经不仅是物的实体或者占有份额的具象分割，更多的是一种共有关系的打破和变化，只要基于物权登记最伊始的共有关系产生了变化，有共有人脱离了共有关系，有新的共有人加入，便应视其为一种针对按份共有物的重新分割，此不仅是共有人占有份额的剥离和对共有人具体划分份额的变化，同时也是基于分割物而产生的共有关系的变化。

例如，对内转让份额的情形，其似乎与分割并不匹配，然而按份共有的特征系其占有的权利并不具体地划分为某一部分或者某一具体部位，而是具体到财产的全部，这种权利的份额是一种抽象的划分，在内部按份共有人转让份额给其他按份共有人时，此种抽象划分便被打破，以至于影响了最初按份共有人设立按份共有关系时的秩序，那么此时便需所有按份共有人再行明确有关新秩序的设立，并对此作出约定，以明确这种新的分割的划分。

纵然《物权法》基于对按份共有人对外关系的保护角度以优先购买权的形式创造了在按份共有人对外转让时全部共有人可以获知此种转让的条件，进而可以通过此种获知而揭示按份共有人事关处分、分割共有物的约定。而对于对内转让则并未明确此种重新约定，以导致在实践中内部按份共有人转让份额的，其他按份共有人无从知悉。

实则，无论对内转让还是对外转让，按份共有人脱离按份共有关系或者新的按份共有人加入，其对于份额的占有不能简单地视为一种变化或者合并，而更应从广义上将其视为一种新按份共有人之间的重新分割，基于这种重新分割，势必需要赋予新按份共有人之间具有重新约定的权利，这也是在实践中按份共有人在处分其份额时需引起注意的问题，是需要程序法对于《物权法》延伸和适用而予以把握的问题。具体到实务中，按份共有人转让份额应征询其他按份共有人的意见，询问其是否存有处分之限制约定，以此来保护按份共有人基于对最初登记约定份额关系的维持。

第四节　法律法规整合

一、《物权法》

全文(略)

二、《房屋登记办法》

第13条　共有房屋,应当由共有人共同申请登记。

共有房屋所有权变更登记,可以由相关的共有人申请,但因共有性质或者共有人份额变更申请房屋登记的,应当由共有人共同申请。

第七章　土地承包经营权抵押权纠纷

【一级案由】物权纠纷
【二级案由】担保物权纠纷
【三级案由】抵押权纠纷
【四级案由】土地承包经营权抵押纠纷

第一节　法律要点详解

一、立法背景

土地承包经营权首先规定于1986年的《民法通则》中，该法首次将土地承包经营权作为一项财产权利予以规定。1999年的《宪法》修正案规定："农村集体经济组织实行家庭承包经营为基础、统分结合的双层经营体制。农村中的生产、供销、信用、消费等各种形式的合作经济，是社会主义劳动群众集体所有制经济。参加农村集体经济组织的劳动者，有权在法律规定的范围内经营自留地、自留山、家庭副业和饲养自留畜。"该规定为土地承包经营权的专项规定奠定了基础。2002年的《农村土地承包法》、2007年的《物权法》相继对土地承包经营权做出明文规定，《农村土地承包法》第53条规定："通过招标、拍卖、公开协商等方式承包农村土地，经依法登记取得权属证书的，可以依法采取转让、出租、入股、抵押或者其他方式流转土地经营权。"该法条规定了通过招标、拍卖、公开协商等方式承包农村土地，经依法登记取得土地承包登记权证或者林权证等证书的可以用于抵押。《物权法》第133条规定："通过招标、拍卖、公开协商等方式承包荒地等农村土地，依照农村土地承包法等法律和国务院的有关规定，其土地承包经营权可以转让、入股、抵押或者以其他方式流转。"该法条首次明确了通过招标、拍卖、公开协商等方式承包荒地等农村土地，依照农村土地承包法等法律和国务院的有关规定，其土地承包经营权可以以抵押方式流转。通过上述法律规范可知，土地承包经营权抵押具有法律效力，且土地承包经营权的抵押方式是极为必要的，因此，土地承包经营权抵押以土地承包经营权流转的趋势发展，其发展方向日益明朗。

二、土地承包经营权抵押权的实现方式

土地承包经营权系土地使用权的一种方式，其是指承包方在其承包地上所享有的使用、

收益、流转、经营以及承包地被依法征用、占用后依法获得补偿的权利。[①] 在农村土地承包纠纷案件适用法律问题的解释起草的过程中，土地承包经营权能否抵押一直是备受关注、争论激烈的研究焦点。因土地的特殊属性，土地所有权法定禁止土地的交易流通，更加禁止抵押，因此，土地抵押权的客体并非是土地所有权，只能是土地使用权，即国有土地使用权和集体土地使用权。

司法实践中，抵押权已经越来越频繁地出现在各类纠纷中。抵押是债务人或者第三人以担保债务清偿为目的，在不转移财产占有的前提下，将自己的财产为债权人设定处分权，抵押权人卖得价金并优先受偿的权利。由此可知，抵押权促使债权人享有担保财产的变价处分权和卖得价金优先受偿权。土地承包经营权的抵押权亦包括变价处分权和优先受偿权。变价处分权，是指当债务人不履行债务致使被土地使用权担保的债权不获清偿时，土地抵押权人得依法定程序拍卖、变卖该土地使用权，以实现土地使用权的交换价值的权利。优先受偿权，是指在用土地使用权折价或变卖之价款清偿债务时，土地抵押权优先于普通债权，登记在先的土地抵押权优先受偿。[②] 由此可知，土地承包权的抵押权主要通过变价处分与优先受偿两种方式实现。

三、土地承包经营权抵押合同的效力

（一）以家庭承包方式取得土地承包经营权进行抵押的合同应当认定为无效

首先，土地承包权抵押系法律禁止性规定。土地作为农民最基本的生产资料，是农民赖以生存的物质基础，所以对于耕地、宅基地、自留地、自留山等集体所有的土地使用权是不得进行抵押的，《担保法》第 37 条规定："下列财产不得抵押：（一）土地所有权；（二）耕地、宅基地、自留地、自留山等集体所有的土地使用权，但本法第三十四条第（五）项、第三十六条第三款规定的除外；……"《农村土地承包司法解释》第 15 条规定："承包方以其土地承包经营权进行抵押或者抵偿债务的，应当认定无效。对因此造成的损失，当事人有过错的，应当承担相应的民事责任。"从上述法律规定可看出，耕地、宅基地、自留地、自留山等集体所有的土地使用权严禁抵押，当农民的土地经营权与债权发生冲突时，法律和相关政策优先保护农民的生存权，保护土地经营权。因此，《农村土地承包司法解释》第 15 条规定，承包方以其土地承包经营权进行抵押或抵偿债务的，应当认定无效。

其次，最高人民法院《担保法司法解释》第 52 条规定："当事人以农作物和与其尚未分离的土地使用权同时抵押的，土地使用权部分的抵押无效。"该规定表明，法律禁止以集体所有的土地使用权行使抵押权系为了防止改变土地使用用途，即积极遵守《农村土地承包法》第 18 条规定的维持土地的农业用途，不得用于非农建设的法律宗旨，但是如果无区分式地全部禁止，会导致农民根本无法用其集体所有的农作物抵押进行融资借贷，从而阻碍了农业生产的进一步发展。因此，农民以其集体所有土地上的林木、果实、农作物等作为动产抵押的，法

---

① 参见最高人民法院民事审判第一庭：《最高人民法院农村土地承包纠纷案件司法解释》，人民法院出版社 2015 年版，第 162 页。

② 参见最高人民法院民事审判第一庭：《最高人民法院农村土地承包纠纷案件司法解释》，人民法院出版社 2015 年版，第 162 页。

律认可该动产抵押的有效性,但是该种情况下农作物占用范围内的集体所有的土地使用权不得同时抵押,设定集体土地使用权抵押的部分应当认定无效。[①] 因此,无论是《担保法》还是《农村土地承包司法解释》均体现出以土地承包经营权设定抵押,均系违反了法定的禁止性规定。

(二)通过招标、拍卖、公开协商等方式承包荒地(荒山、荒沟、荒丘、荒地)的土地使用权经发包方同意可进行抵押,抵押合同有效

《物权法》第133条规定:"通过招标、拍卖、公开协商等方式承包荒地等农村土地,依照农村土地承包法等法律和国务院的有关规定,其土地承包经营权可以转让、入股、抵押或者以其他方式流转。"《担保法》第34条第5款规定:"下列财产可以抵押:……(五)抵押人依法承包并经发包方同意抵押的荒山、荒沟、荒丘、荒滩等荒地的土地使用权;……"这是国家对土地承包经营权流转的表态,从中可以明确看出符合上述法律条件的土地承包经营权可以用于抵押,即用于抵押的土地承包经营权是依照法律可以通过招标、拍卖、公开协商等方式承包的四荒土地。我国《农村土地承包法》第53条与《物权法》中关于土地承包经营权抵押的法律制度相呼应,因此,当事人以"四荒"土地承包经营权抵押的,债务履行期届满,债权未受清偿的,抵押权人可以与抵押人通过协议折价或者拍卖、变卖该土地承包经营权,从而实现抵押权。需注意的要点是,抵押权人与抵押人协商一致以折价方式实现抵押权的,抵押权人必须符合我国《农村土地承包法》规定的相关条件并办理相应的手续,且不得损害其他依法享有优先权的法律主体优先受偿权。

第二节 权威案例指导

典型案例

李纯某因与李赋某土地承包经营权抵押合同纠纷案

【案件来源】广东省高级人民法院

【审理法院】广东省高级人民法院

【案件案号】(2016)粤民中6822号

【裁判日期】2017年5月18日

【裁判要点】《协议》的内容违反《担保法》第37条第2项关于耕地、自留山等集体

① 参见李国光:《最高人民法院关于适用〈中华人民共和国担保法若干问题的解释〉理解与适用》,吉林人民出版社2000年版,第202页。

所有的土地使用权不得抵押的规定,《协议》应认定为无效。

【主文摘要】

申请人(一审被告、二审上诉人):李纯某

被申请人(一审原告、二审被上诉人):李赋某

李纯某申请再审称,涉案土地并不是农村集体土地,而是属于韶关市国有仁化林场的土地。李某生前未取得涉案土地的土地承包经营权,仅是临时使用涉案土地。对这一事实,李纯某提交的由韶关市国有仁化林场出具,有韶关市国有仁化林场、夏富村民委员会、上迳村小组盖章的《关于丹霞夏富上迳村小组结尾塘果园土地使用权说明》可以证实,该说明证明涉案土地是由仁化林场、仁化县丹霞街道、夏富村民委员会、上迳村小组合办林场的土地。本案定性为土地承包经营权抵押合同纠纷是错误的。李某的儿子李赋某对该土地不享有土地承包经营权,李赋某与李纯某签订的抵押合同,实际上只是对该块土地上的果树所有权及其收益进行抵押,并不是土地承包经营权抵押。抵押合同中的土地使用权抵押部分无效,果树抵押部分有效。李赋某未按合同约定的履行期限履行还款义务,一审、二审法院未对新的事实进行全面审查。一审、二审法院未追加韶关市国有仁化林场作为有独立请求权的第三人,遗漏了应当参加诉讼的当事人。据此,申请再审请求撤销二审判决,判决李赋某承担本案全部诉讼费。

本院经审查认为,李赋某在涉案土地上种植果树,经营果园,为了向李纯某借款,将该果园的经营管理权抵押给李纯某,双方签订了《协议》,鉴于此,二审法院将本案定性为土地承包经营权纠纷并无不当。由于《协议》的内容违反《担保法》第37条第2项关于耕地、自留山等集体所有的土地使用权不得抵押的规定,二审法院认定《协议》无效,并判决李纯某向李赋某返还涉案土地承包经营权并无不当。至于李赋某的父亲李某与韶关市国有仁化林场之间就涉案土地形成的关系,以及李赋某是长期使用抑或临时使用涉案土地,均与本案不属同一法律关系,均不影响李赋某与李纯某签订的《协议》自始无效所造成的法律后果,故李纯某以《关于丹霞夏富上迳村小组结尾塘果园土地使用权说明》申请再审依据不足。

依照《民事诉讼法》第204条第1款,《民事诉讼法司法解释》第395条第2款规定,裁定如下:驳回李纯某的再审申请。

第三节 实务操作指南

一、关于农村土地承包经营权的抵押权的保障

《物权法》中关于不动产的抵押明确规定了抵押人必须办理抵押登记,系抵押生效主义,但是,我国关于土地承包经营权设立的抵押均是采用设立意思主义,即以土地承包经营合同的生效为准,无须以登记为生效要件,该条法律理念对于保障农村土地承包经营权抵押权的实现是一个挑战。因此,实践中要确保农民土地承包经营权抵押权的实现的前提是必须确权

颁证，对土地承包经营权进行登记，如果农民对土地承包权进行登记，有了登记证书，便在法律上切实享有了禁止任何人非法剥夺的权利，更加不用担心发生变相占有土地的情形，这是对农村土地承包经营权的抵押权最为有效的保障。

二、乡（镇）、村企业的厂房等建筑物抵押的，其占用范围内的土地使用权同时抵押，抵押合同有效

《担保法》第36条第3款规定："乡（镇）、村企业的土地使用权不得单独抵押。以乡（镇）、村企业的厂房等建筑物抵押的，其占用范围内的土地使用权同时抵押。"该条规定便是《担保法》第37条规定不得抵押的例外情形之一，即在抵押的过程中秉承"地随房走"的理念，厂房等建筑物抵押的，其占用范围内的土地使用权同时予以抵押，则该抵押有效。

第四节　法律法规整合

一、《农村土地承包司法解释》

第15条　承包方以其土地承包经营权进行抵押或者抵偿债务的，应当认定无效。对因此造成的损失，当事人有过错的，应当承担相应的民事责任。

二、《担保法司法解释》

第52条　当事人以农作物和与其尚未分离的土地使用权同时抵押的，土地使用权部分的抵押无效。

三、《物权法》

第133条　通过招标、拍卖、公开协商等方式承包荒地等农村土地，依照农村土地承包法等法律和国务院的有关规定，其土地承包经营权可以转让、入股、抵押或者以其他方式流转。

四、《担保法》

第34条　下列财产可以抵押：

（一）抵押人所有的房屋和其他地上定着物；

（二）抵押人所有的机器、交通运输工具和其他财产；

（三）抵押人依法有权处分的国有的土地使用权、房屋和其他地上定着物；

（四）抵押人依法有权处分的国有的机器、交通运输工具和其他财产；

（五）抵押人依法承包并经发包方同意抵押的荒山、荒沟、荒丘、荒滩等荒地的土地使用权；

（六）依法可以抵押的其他财产。

抵押人可以将前款所列财产一并抵押。

第36条　第三款"乡（镇）、村企业的土地使用权不得单独抵押。以乡（镇）、村企业的厂房等建筑物抵押的，其占用范围内的土地使用权同时抵押。”

第37条 下列财产不得抵押：

（一）土地所有权；

（二）耕地、宅基地、自留地、自留山等集体所有的土地使用权，但本法第三十四条第（五）项、第三十六条第三款规定的除外；

（三）学校、幼儿园、医院等以公益为目的的事业单位、社会团体的教育设施、医疗卫生设施和其他社会公益设施；

（四）所有权、使用权不明或者有争议的财产；

（五）依法被查封、扣押、监管的财产；

（六）依法不得抵押的其他财产。

五、《农村土地承包法》

第53条 通过招标、拍卖、公开协商等方式承包农村土地，经依法登记取得权属证书的，可以依法采取出租、入股、抵押或者其他方式流转土地经营权。

第八章　在建建筑物抵押权纠纷

【一级案由】物权纠纷
【二级案由】担保物权纠纷
【三级案由】抵押权纠纷
【四级案由】在建建筑物抵押权纠纷

第一节　法律要点详解

一、在建建筑物抵押

在建建筑物，是指已经依法取得建设证书，开始进行建造但尚未完工的建筑物。在建建筑物抵押权是指以正在建设中的建筑物设立的抵押权。① 即抵押人为取得在建工程继续建造资金的贷款，以其合法方式取得的土地使用权连同在建工程的投入资产，以不转移占有的方式抵押给贷款银行作为偿还贷款履行担保的行为。在建建筑物的范围与建筑物的范围一致。

作为一种特殊形式的抵押，在建工程抵押的优点在于其可以加速资金流动、促进资金融通等，但同样存在法律关系复杂、不确定因素较多等隐性风险。例如，在建工程的完成期限不确定导致与确定的主债权履行期限发生冲突等。

我国《担保法》对在建工程抵押未作明确规定，根据民法物权原理，物权的成立与存在须以标的物的存在为前提，抵押权作为物权的法定内容之一，同样需要以现实存在的标的物作为抵押物，为主债权担保。在建工程完工以前虽然已具备一定的物理特征，但不能归类于完整物质形态范畴内的物，毕竟其还不完全具备使用价值，因此，在建工程的建筑物必须与土地使用权同时抵押，《城市房地产抵押管理办法》对此亦作出了明确规定。

二、估价

1. 房地产抵押估价：是指为确定房地产抵押贷款额度提供价值参考依据，对房地产抵押价值进行分析、估算和判定的活动。房地产抵押价值为抵押房地产在估价时点的市场价值，等于假定未设立法定优先受偿权利下的市场价值减去房地产估价师知悉的法定优先受偿款。

在建工程抵押物价值的确定有其法定的程序和方法，根据建设部、中国人民银行、中国银

① 《建筑物和其他土地附着物抵押权纠纷的案由适用》，单位作者：最高人民法院民事案件案由规定课题小组。

行业监督管理委员会联合公布的《关于规范与银行信贷业务相关的房地产抵押估价管理有关问题的通知》规定："商业银行在发放房地产抵押贷款前，应当确定房地产抵押价值。房地产抵押价值由抵押当事人协商议定，或者由房地产估价机构进行评估。房地产抵押价值由抵押当事人协商议定的，应当向房地产管理部门提供确定房地产抵押价值的书面协议；由房地产估价机构评估的，应当向房地产管理部门提供房地产抵押估价报告"。通知中还明确指出："房地产抵押价值评估应当按照《房地产抵押估价指导意见》的要求进行。"委托的房地产评估机构一般以确定的抵押物市场公允价值的60%以内的折率来确定在建工程抵押价值。

2. 法定优先受偿款：是指假定在估价时点实现抵押权时，法律规定优先于本次抵押贷款受偿的款额，包括发包人拖欠承包人的建筑工程价款，已抵押担保的债权数额，以及其他法定优先受偿款。

根据《合同法》、《最高人民法院关于建设工程价款优先受偿权问题的批复》及《建设工程施工合同司法解释(二)》的相关规定，建筑工程的承包人的工程价款优于抵押权和其他债权优先受偿。

第二节　权威案例指导

典型案例

湖北盘古市政工程有限公司与湖北升辉房地产有限责任公司在建建筑物抵押权纠纷

【案件来源】武汉市中级人民法院

【审理法院】武汉市中级人民法院

【案件案号】(2017)鄂01民初4318号

【裁判日期】2018年5月28日

【裁判要点】根据《物权法》第192条之规定，除法律另有规定或者当事人另有约定外，债权转让的，担保该债权的抵押权一并转让。

第三节　实务操作指南

一、关于抵押期限的问题

我国《担保法》和《担保法司法解释》均没有规定抵押期限，即在我国没有法定的抵押期限。但从有关国家和地区的立法例来看，对此是有明确规定的。例如，《日本民法典》第167

条规定:“债权因10年不行使而消灭,债权及所有权以外的财产权因20年不行使而消灭。”再如,我国台湾地区“民法典”第880条规定:“以抵押权担保之债权,其请求权已因时效而消灭,如抵押权人于消灭时效完成后5年间不实行其抵押权者,其抵押权消灭。”从法理角度分析,抵押权作为一种从权利,其应当附属于主权利。即主权利存在则从权利存在,主权利消灭则从权利亦消灭。对于抵押权的具体期限,在我国相关法律或司法解释未出台以前,当事人在订立抵押合同时未约定期限的,可由当事人在主债权期限届满后约定行使抵押权的期限,未约定的,只要主债权未超过诉讼时效,在主债权未获清偿前,抵押权人享有抵押权。

二、关于在建工程抵押权与税收优先权的问题

2015年4月修订的《税收征收管理办法》第45条第1款规定:“税务机关征税款,税收优先于无担保债权,法律另有规定的除外;纳税人欠缴的税款发生在纳税人以其财产设定抵押、质押或者纳税人财产被留置之前的,税收应当先于抵押权、质权、留置权执行。”该条明确规定了税收优先权,该优先权在顺序上优先于抵押权。但并非所有应收税款都具有优先受偿的效力,只有纳税人欠缴税款的行为时点先于设定担保的时点,即纳税人欠缴税款在先,以其财产设定担保在后,欠缴税款才应优先受偿。

如果抵押权人私自处置抵押物进行受偿,税务机关有权在抵押物价值范围内向抵押权人追偿应缴的税款。

三、关于土地使用权抵押转为在建工程抵押的问题

房地产开发企业在项目开发初期向银行申请贷款时,通常取得了有关部门颁发的建设用地规划许可证等其他证件,只是未进行实质性的开发,此时只能以土地使用权作为抵押物向银行申请贷款。在已经完成部分工程的建设后,根据银行的信贷业务的实践,会要求开发企业将土地使用权抵押转为在建工程抵押。在我国土地使用权抵押登记由土地管理部门管理,在建工程抵押登记则由房地产管理部门管理,在将土地使用权抵押转为在建工程抵押的过程中,必须重新签订抵押合同,并重新办理登记,原有的抵押合同和登记必须注销,否则就成了重复抵押。但在注销原登记和备案新登记的时间差内,如果操作不当,将可能导致抵押权丧失。原因在于,在此期间土地使用权如果被法院或其他司法部门查封,抵押物将无法办理新的登记,且注销后无法恢复原状。根据《担保法》第37条的规定,依法被查封的财产是不能抵押的。《城市房地产抵押管理办法》第34条也有类似规定。

为避免因办理土地使用权抵押转为在建工程抵押、在建工程抵押转为房地产抵押的过程中重新办理抵押登记时出现上述风险,抵押权人首先要到登记部门查明抵押物是否已被法院或其他司法部门查封,如已被查封,则只能请求抵押人归还贷款或依法起诉要求行使抵押权;如未被查封,在办理新的抵押手续过程中,要准备完整的登记资料,力争在最短的时间内完成抵押登记手续,同时做好保密措施,防止其他债权人知晓后申请查封抵押物,最后导致本有的抵押权落空。

第四节　法律法规整合

一、《担保法司法解释》

第47条　以依法获准尚未建造的或者正在建造中的房屋或者其他建筑物抵押的，当事人办理了抵押物登记，人民法院可以认定抵押有效。

二、《合同法》

第286条　发包人未按照约定支付价款的，承包人可以催告发包人在合理期限内支付价款。发包人逾期不支付的，除按照建设工程的性质不宜折价、拍卖的以外，承包人可以与发包人协议将该工程折价，也可以申请人民法院将该工程依法拍卖。建设工程的价款就该工程折价或者拍卖的价款优先受偿。

三、《最高人民法院关于建设工程价款优先受偿权问题的批复》

第1条　人民法院在审理房地产纠纷案件和办理执行案件中，应当依照《中华人民共和国合同法》第二百八十六条的规定，认定建筑工程的承包人的优先受偿权优于抵押权和其他债权。

四、《城市房地产抵押管理办法》

第11条　以在建工程已完工部分抵押的，其土地使用权随之抵押。

第28条　以在建工程抵押的，抵押合同还应当载明以下内容：

（一）《国有土地使用权证》、《建设用地规划许可证》和《建设工程规划许可证》编号；

（二）已交纳的土地使用权出让金或需交纳的相当于土地使用权出让金的款额；

（三）已投入在建工程的工程款；

（四）施工进度及工程竣工日期；

（五）已完成的工作量和工程量。

第34条　以依法取得的房屋所有权证书的房地产抵押的，登记机关应当在原《房屋所有权证》上作他项权利记载后，由抵押人收执。并向抵押人颁发《房屋他项权证》。

以预售商品房或者在建工程抵押的，登记机关应当在抵押合同上作记载。抵押的房地产在抵押期间竣工的，当事人应当在抵押人领取房地产权属证书后，重新办理房地产抵押登记。

五、《房地产抵押估价指导意见》

第17条　评估在建工程的抵押价值时，在建工程发包人与承包人应当出具在估价时点是否存在拖欠建筑工程价款的书面说明；存在拖欠建筑工程价款的，应当以书面形式提供拖欠的数额。

第九章　建设用地使用权抵押权纠纷

【一级案由】物权纠纷
【二级案由】担保物权纠纷
【三级案由】抵押权纠纷
【四级案由】建设用地使用权抵押权纠纷

第一节　法律要点详解

一、法律背景

《宪法》第10条第1款规定:"城市的土地属于国家所有。"在我国,国家是城市土地的所有者,其他任何组织或者个人对其所占用的城市的土地没有所有权,只有使用的权利。我国1982年《宪法》第10条第4款规定:"任何组织或者个人不得侵占、买卖、出租或者以其他形式非法转让土地。"随着改革开放发展,为了开发土地资源,合理利用土地,1988年的《宪法》修正案第2条删除了1982年《宪法》中关于不得出租土地的规定,并补充规定:"土地的使用权可以依照法律的规定转让。"

二、建设用地使用权的概念及取得方式

(一)建设用地使用权的概念

建设用地使用权是权利主体依法对国家所有的土地享有占有、使用和收益的权利,建设用地使用权人有权利用该土地建造建筑物、构筑物及其附属设施。

(二)建设用地使用权的取得方式

我国取得建设用地使用权的方式包括无偿划拨、出让、有偿转让、其他方式。

无偿划拨,即国家将国有土地依法确定给全民所有制单位、集体所有制单位或者个人使用。

出让,即国家将国有土地使用权在一定年限内出让给土地使用者,由土地使用者向国家支付土地使用权出让金。目前,出让国有土地使用权主要采取招标、拍卖、协议方式。

有偿转让,即土地使用者,将以出让方式获得的国有土地使用权,依法办理有关手续后,

转让给他人使用。

其他方式，包括置换、继承、抵债等形式。

三、建设用地使用权抵押权

（一）概念

《物权法》第180条将建设用地使用权纳入了抵押财产范围。

以建设用地使用权设立的抵押，是指债务人或第三人以其建设用地使用权向债权人提供担保，当债务人不履行债务或者发生当事人约定的情形时，债权人有权依法从该建设用地使用权折价、拍卖或者变卖所得的价款中优先受偿。

在我国，土地归国家或集体所有，土地所有权不得转让，也不得设立抵押。但建设用地使用权依法可以转让，且具有一定的经济价值，因此可以成为抵押的标的。以建设用地使用权抵押，抵押的标的是对土地的使用和收益的权利，此种权利已经与土地所有权发生分离，形成一种独立的用益物权。从性质上说，建设用地使用权抵押并不是实物抵押而是权利抵押。①

（二）划拨建设用地使用权抵押权

设立建设用地使用权，可以采取出让或者划拨等方式取得。以出让方式设立的，建设用地使用权可以抵押。如果是以划拨建设用地使用权抵押的，除依法办理抵押登记手续外，还应经具有审批权限的人民政府或土地行政管理部门批准。但审批与否并不影响抵押的效力，国土资源部2004年《关于国有划拨土地使用权抵押登记有关问题的通知》规定："人民法院尚未审结的涉及国有划拨土地使用权抵押经过有审批权限的土地行政管理部门依法办理抵押登记手续的案件，不以国有划拨土地使用权抵押未经批准而认定抵押无效。"

但抵押权人只有在以抵押标的物折价或拍卖、变卖所得价款缴纳相当于土地使用权出让金的款项后，对剩余部分方可享有优先受偿权。

（三）"房地一体"主义

房屋依附于土地而存在，所以房屋所有权依法转让的，建设用地使用权一并转让；建设用地使用权依法转让的，该土地上的建筑物也一并转让。即"房地一体"主义，也可以称为"地随房走"或者"房随地走"原则，这个原则既适用于转让也适用于抵押。在为房屋设立抵押时，应当将房屋占用范围内的建设用地使用权一并抵押；在为建设用地使用权设立抵押时，该土地上的房屋也应一并抵押。只有这样，才能保证实现抵押权时，房屋和建设用地使用权同时转让。

但实践中会经常出现单独抵押房屋或单独抵押建设用地使用权的情况，影响了抵押权的实现。对于未按规定一并办理抵押的，《物权法》第182条第2款规定，未抵押的财产视为一并抵押。即若只办理了房屋所有权抵押登记，实现房屋抵押权时，建设用地使用权也一并作为抵押财产；若只办理了建设用地使用权抵押登记，实现建设用地使用权抵押权时，房屋所有权也一并作为抵押财产。

---

① 参见梁慧星、陈华彬：《物权法》，法律出版社2016年第6版，第274～276页。

第二节 权威案例指导

典型案例1

中国信达资产管理公司西安办事处与陕西省粮油食品进出口公司西安中转冷库、陕西省粮油食品进出口公司借款担保合同纠纷案

【案件来源】《最高人民法院公报》2009年第12期

【审理法院】最高人民法院

【案件案号】(2007)民二终字第222号

【裁判日期】2008年12月30日

【裁判要点】1. 根据《城市房地产管理法》第31条的规定,房地产转让、抵押时,房屋的所有权和该房屋占用范围内的土地使用权同时转让、抵押。《城市房屋权属登记管理办法》也规定:"房屋权属登记应当遵循房屋的所有权和该房屋占用范围内的土地使用权权利主体一致的原则。"2. 据此,房产转让人负有将所售房屋占用范围内的土地使用权移转给受让人的义务,受让人享有要求将所购房屋占用范围内的土地使用权移转给自己的权利。3. 在土地使用权变更登记完成之前,转让人为登记的名义权利人,但受让人为实质权利人的,可以请求将土地使用权变更至自己名下。

典型案例2

中国长城资产管理公司济南办事处与山东省济南医药采购供应站、山东省医药集团有限公司、山东省医药公司借款担保合同纠纷案

【案件来源】《最高人民法院公报》2008年第1期

【审理法院】最高人民法院

【案件案号】(2006)民二终字第153号

【裁判日期】2007年12月14日

【裁判摘要】1. 根据《最高人民法院关于破产企业国有划拨土地使用权应否列入破产财产等问题的批复》第3条的规定,如果建筑物附着于以划拨方式取得的国有土地使

用权之上，将该建筑物与土地一并设定抵押的，对土地使用权的抵押须履行法定的审批手续，否则，应认定抵押无效。2. 当事人在签订抵押合同时，如果仅仅约定以自有房产设定抵押并办理房屋抵押登记，并未将该房产所附着的、以划拨方式取得的国有土地使用权一并抵押的，不适用上述规定。

第三节　实务操作指南

一、建设用地使用权抵押权实现时的地上新增建筑物

抵押权是不转移标的物占有的一种担保方式，所以在建设用地使用权抵押后，抵押人仍然有权依法对该土地进行开发，建造建筑物。所以在建设用地使用权抵押权设立后，会出现在该建设用地上又新增加房屋的情形，而该新增建筑物在抵押权设立时尚不存在，其未约定在抵押合同的抵押财产范围内，所以并不属于抵押财产。

新增建筑物虽不属于抵押财产范围，但基于“房地一体”原则，也为了实现建设用地使用权现实的使用价值和交换价值，即便是新增建筑物也应当在抵押权实现时，与建设用地使用权一并处分。但处分后，由于新增的建筑物不属于抵押财产，处分新增建筑物所得的价款，抵押权人没有优先受偿的权利，只能作为普通债权人行使权利。

二、抵押权实现之前，地上新增建筑物的转让

如前所述，建设用地使用权抵押权设立后，建设用地上可能出现新增建筑物，该新增建筑物不属于抵押财产，但在抵押权实现时，需要与建设用地使用权一并处分。那么，既然新增建筑物不属于抵押财产，抵押人可否在实现抵押权之前转让呢？

首先，我国房产交易适用“房地一体”原则，即“房”与“地”一并转让、一并抵押、权利主体为同一人，如果允许抵押人转让新增建筑物，那么新增建筑物和建设用地使用权的权利主体可能不同，则有违“房地一体”原则，对于《物权法》规定的在实现抵押权时两者一并处分也无法适用。其次，根据《物权法》“地随房走”的规定，转让房屋的，其占用范围内的建设用地使用权也应一并转让。而对于新增建筑物的情况，由于新增建筑物所占用的建设用地使用权已经设立了抵押权，抵押人应当得到抵押权人的同意才能转让该建设用地使用权。综上，抵押人单独转让新增建筑物的，将导致“房地分离”，也会给建设用地使用权上设立的抵押权的实现造成阻碍，损害抵押权人的利益，也会给新增建筑物的受让人的权益造成损害。

第四节　法律法规整合

《物权法》

第135条　建设用地使用权人依法对国家所有的土地享有占有、使用和收益的权利，有权利用该土地建造建筑物、构筑物及其附属设施。

第140条　建设用地使用权人应当合理利用土地，不得改变土地用途；需要改变土地用途的，应当依法经有关行政主管部门批准。

第143条　建设用地使用权人有权将建设用地使用权转让、互换、出资、赠与或者抵押，但法律另有规定的除外。

第144条　建设用地使用权转让、互换、出资、赠与或者抵押的，当事人应当采取书面形式订立相应的合同。使用期限由当事人约定，但不得超过建设用地使用权的剩余期限。

第165条　地役权不得单独抵押。土地承包经营权、建设用地使用权等抵押的，在实现抵押权时，地役权一并转让。

第180条　债务人或者第三人有权处分的下列财产可以抵押：

（一）建筑物和其他土地附着物；

（二）建设用地使用权；

（三）以招标、拍卖、公开协商等方式取得的荒地等土地承包经营权；

（四）生产设备、原材料、半成品、产品；

（五）正在建造的建筑物、船舶、航空器；

（六）交通运输工具；

（七）法律、行政法规未禁止抵押的其他财产。

抵押人可以将前款所列财产一并抵押。

第182条　以建筑物抵押的，该建筑物占用范围内的建设用地使用权一并抵押。以建设用地使用权抵押的，该土地上的建筑物一并抵押。

抵押人未依照前款规定一并抵押的，未抵押的财产视为一并抵押。

第183条　乡镇、村企业的建设用地使用权不得单独抵押。以乡镇、村企业的厂房等建筑物抵押的，其占用范围内的建设用地使用权一并抵押。

第200条　建设用地使用权抵押后，该土地上新增的建筑物不属于抵押财产。该建设用地使用权实现抵押权时，应当将该土地上新增的建筑物与建设用地使用权一并处分，但新增建筑物所得的价款，抵押权人无权优先受偿。

第201条　依照本法第一百八十条第一款第三项规定的土地承包经营权抵押的，或者依照本法第一百八十三条规定以乡镇、村企业的厂房等建筑物占用范围内的建设用地使用权一并抵押的，实现抵押权后，未经法定程序，不得改变土地所有权的性质和土地用途。

第十章　预告登记制度

第一节　法律要点详解

一、预告登记制度的立法背景

在2007年《物权法》颁布前，我国没有预告登记制度，该制度是《物权法》设立的一个新制度。

预告登记制度的功能是限制开发商等债务人处分其权利，即“预告登记后，未经预告登记的权利人同意，处分该不动产的，不发生物权效力”。以保障债权人实现其债权。尤其是在21世纪初，房地产市场价格飞涨，购房是广大人民群众的基本生存需求，往往倾全家之所有，但购房人与开发商签订合同后，只是享有债权，即只有请求权，不享有排他性的物权。而从我国采取债权形式主义的物权变动模式分析，当事人的债权合同仅引起债权变动的法律效果。生效的债权合同应通过交付或登记的方式，才能发生物权变动的法律效果。《最高人民法院关于审理买卖合同纠纷案件适用法律问题的解释》第3条第1款规定：“当事人一方以出卖人在缔约时对标的物没有所有权或者处分权为由主张合同无效的，人民法院不予支持。”因此，一物数卖情况下买卖合同并非因出卖人对标的物无所有权或处分权而归于无效。个别开发商在利益驱使下钻法律的空子“一房二卖”，背信弃义、恶意违约，购房者的债权请求权无法得到有效保护，而先取得标的物的占有或者先办理登记手续的买受人取得标的物的所有权，其他买受人只得向出卖人主张违约责任。例如，出卖人先与买受人甲订立不动产买卖合同，出卖人收受价金后，再将同一房屋卖给乙，并向乙办理移转登记。在此情形下，买受人甲除拥有债法上的请求权外，并无对抗第三人的权利，原则上仅能依债务不履行的规定向出卖人请求承担违约责任并主张损害赔偿。此种状况下，对买受人甲不利，为解决这一问题就产生了预告登记制度。

预告登记制度具有鲜明的时代特色，具有很强的积极意义，是跨越物权法和债权法的分界，又是连接不动产实体法与不动产登记的程序法的桥梁。

《物权法》对这一重要制度表述极其精炼，只有一个法条两款，但可操作性不强，2016年3月1日实施的《物权法司法解释（一）》通过两个法条解决了一些法律适用中的具体问题，但仍然无法全面解决司法实践中出现的复杂问题，法律适用仍不统一，导致同类型案件出现不同的判决。

二、预告登记制度

1. 预告登记的概念及法律规定

所谓预告登记，就是为保全关于不动产物权的请求权而将此权利进行的登记。他将债权请求权予以登记，使其具有对抗第三人的效力，使妨害其不动产物权登记请求权所为的处分无效，以保障将来本登记的实现，我国《物权法》第20条规定，预告登记后，未经预告登记的权利人同意，处分该不动产的，不发生物权效力。可见，我国采绝对无效主义，即在预告登记后，不动产权利人处分不动产物权的，一律无效。

2. 预告登记是相对于“本登记”或“终局登记”而言的登记制度

预告登记与本登记的区别之处在于，本登记是登记申请人为了取得或移转某项已经完成的不动产物权所进行的登记，具有确定、终局的效力，故本登记又称终局登记。预告登记则是为了将来发生的不动产物权或顺位而进行的一种登记。实际上，预告登记完成后，并不导致不动产物权发生任何变动，只是请求权人的请求物权变动的债权性质的请求权得到了类似于物权效力的保障。可见，预告登记与本登记的效力是完全不同的。当然，预告登记与本登记也有着密切的联系。权利人在预告登记后，为确保取得不动产物权，应当在预告登记后的一定期间内申请本登记。否则，预告登记将会失去效力。

3. 预告登记效力的消灭

《物权法》第20条第2款规定：“预告登记后，债权消灭或者自能够进行不动产登记之日起三个月内未申请登记的，预告登记失效。”可见引起不动产预告登记效力消灭的原因有两个：第一，债权消灭。也就是预告登记所保全的债权请求权消灭。预告登记附属于其保全的债权请求权，当债权请求权消灭时，预告登记即丧失法律效力。第二，自能够进行不动产登记之日起3个月内未申请登记的，预告登记失效。但除了这两种原因外，如果预告登记权利人明确作出放弃预告登记的意思表示，能否引起预告登记效力的消灭呢，笔者认为是可以的，因为预告登记是对债权提供的保障措施，它源于预告登记权利人的同意，在权利人自愿放弃权利时当然能够引起该权利的消灭。所以，我国应承认预告登记权利人自愿抛弃预告登记的意思表示也是预告登记效力消灭的原因。

三、预告登记的保全效力

预告登记制度创设的目的就在于保障买受人预期物权的实现，如果将这种请求权依预告登记的方式进行登记后，不动产的所有人违背预告登记所为的变更及处分不动产的行为就会无效，预告登记的目的得以实现。因此在预告登记制度中，较之其他效力，保全效力是最具价值的效力。

预告登记的保全效力，是指预告登记后债务人或者第三人违背预告登记的处分行为无效。其大致表现为：在预告登记设定之后，预告登记义务人实施的处分行为将使预告登记的目的不能实现时，该处分对于预告登记权利人没有法律效力。这实际上限制了预告登记义务人的处分权，从而为预告登记保全的债权请求权的实现奠定了基础。

我国预告登记的保全效力可从如下几点作出分析。

1.《物权法》第20条第1款及《物权法司法解释（一）》中所规定的“处分”，是指物权变动，不动产权利人与第三人签订的合同并不因此而无效。

关于我国物权法是否承认了物权行为，以及物权行为和债权行为的区分，理论上多有争议。但能够形成共识的是，物权法对债权合同和物权变动作出了明确的区分（《物权法》第15条）。在此基础上，《物权法》第20条及《物权法司法解释（一）》所规定的“处分行为”，主要是指依据当事人之间的协议，产生物权变动的行为。准确地讲，即导致不动产物权变动的登记行为。

2. 预告登记后，不动产权利人处分不动产且已完成登记的，第三人不动产权利的效力要具体分析。

虽然《房屋登记办法》已经于2019年9月6日废止，但相关规定仍有借鉴意义。原《房屋登记办法》《土地登记办法》对预告登记的效力采取了限制处分或绝对无效的路径，但是，实践中仍然会存在这样一种可能，即不动产权利人与第三人之间变动物权的协议得到履行并完成登记。在此情形下，各方当事人的权利应作具体分析。

（1）第三人所取得的不动产权利与预告登记权利人请求权所实现的物权冲突的，则“不发生物权变动”的含义是，第三人已经取得的“不动产权利”无效，预告登记权利人可以请求登记机构作出更正登记或注销登记（《房屋登记办法》第74条、第76条，《土地登记办法》第59条、第60条、第49～56条），或者请求人民法院作出确认该第三人权利无效的判决，并据此向登记机构申请变更登记或注销登记，《不动产登记暂行条例》（2015年3月1日施行）对此未作规定。

（2）第三人所取得的不动产权利如果与预告登记权利人请求权所实现的物权在内容上不相冲突的，则“不发生物权变动”的含义应作限缩解释，第三人的不动产权利不受影响。

抵押人与抵押权人就不动产签订抵押合同并完成预告登记后，抵押人与他人另行签订抵押合同并完成本登记时，后一抵押权设立的物权变动是否应归于无效？显然，基于抵押权的特征，同一不动产可以向两个以上债权人抵押（《物权法》第199条），相应地，在保证预告登记权利人的权利顺位的前提下，后一抵押权无须无效也不应无效。同理，在地役权人与供役地人签订地役权合同并完成预告登记后，供役地人与第三人另行签订了内容相容的地役权合同并办理本登记，因两地役权的内容并不冲突，因此，后一地役权仍然有效。

在预告登记保全的是以不动产抵押权设立为目的的请求权时，如以土地使用权或房屋所有权设定抵押权的协议预告登记后，之后发生的房屋所有权转让、土地使用权转让等物权变动，其效力的处理，可以有两种解决途径：第一种是，该物权变动将与预告登记权利人的请求权发生冲突，应归于无效，预告登记权利人有权予以排除。这种路径的优点是简洁明快。第二种则是，由于预告登记保全的是抵押权设立的请求权，预告登记已经发生公示效力，之后的土地使用权或房屋所有权受让人既然明知该不动产上负担着一个可能的抵押权，就不存在善意取得的可能性。在预告登记权利人不请求对不动产受让人的转让登记进行注销或者变更登记的情况下，预告登记权利人的请求权仍能得到保全。

具体就是，预告登记转化为本登记之后，预告登记权利人的抵押权即成立，基于抵押权的追及效力及登记的公示效力和预告登记的顺位效力，预告登记权利人的抵押权可以针对该不动产的受让人行使并使其债权获得优先受偿。这种处理方法，能够兼顾预告登记权利人的权利保全、不动产权利人的财产流通需求，以及受让人取得不动产权利的需求，受让人在预告登记权利人行使抵押权时,可以通过行使涤除权(《物权法》第191条第2款)的方式获得无抵押权负担的不动产权利。由此,预告登记的权利保全效力、抵押权的追及效力、登记的公示效力以及受让人的涤除权等各项制度,各有其分,相互协调,是一种妥当的解决方案。

第二节　权威案例指导

典型案例1

招商银行股份有限公司大连分行与大连一方地产有限公司保证合同纠纷案

【案件来源】《最高人民法院公报》2018年第5期

【审理法院】最高人民法院

【案件案号】(2017)最高法民申3474号

【裁判日期】2017年9月26日

【裁判摘要】阶段性担保在商品房预售合同中比较常见,通过办理买房人所购房屋预告抵押登记,可以有效减少金融机构和房地产企业的风险。因其阶段性特征,预告抵押登记和商品房预售登记的衔接非常重要。金融机构怠于办理预告抵押登记,等于无限延长房地产企业的保证期间,有违担保法的精神,亦有违诚实信用原则。

典型案例2

湖南省第三工程有限公司诉龙某文、湘西自治州天之丰房地产开发有限公司申请执行人执行异议之诉案

【案件来源】《人民法院案例选》2017年第12辑

【审理法院】湖南省高级人民法院

【案件案号】(2017)湘民终100号

【裁判日期】2017年3月31日

【裁判摘要】商品房预售合同登记备案不等同于物权预告登记,不具备物权预告登记的法律效力。买受人仅以商品房预售合同已经备案为由,主张排除人民法院对登记在房地产开发商名下的房屋的强制执行的,不予支持。

典型案例3

徽商银行股份有限公司安庆扬子江支行诉余某环、王某珍等金融借款合同纠纷案

【案件来源】《人民法院案例选》2018 年第 2 辑

【审理法院】安徽省安庆市迎江区人民法院

【案件案号】(2017)皖 0802 民初 692 号

【裁判日期】2017 年 5 月 19 日

【裁判摘要】预告登记并不导致不动产物权的设立或变动，只是在法律上对预告登记权利人将来实现请求物权变动的权利赋予一定的保障性。在预告登记转为本登记前，权利人所享有的是请求抵押人履行抵押登记义务的请求权，但不具有优先受偿权，也不得有条件地优先受偿。

第三节　实务操作指南

一、预告登记的办理种类

(1)购商品房(含经济适用房、限价商品住房)预告登记；

(2)预购商品房抵押权预告登记；

(3)房屋所有权转移预告登记；

(4)房屋抵押权预告登记。

二、预抵押登记是否具有优先受偿的效力

预抵押登记，是指购房者向开发商预购商品房时，以该预购房向银行申请抵押贷款，鉴于预购商品房尚未交付，尚不具备办理房地产权属证书的条件，为保障将来实现物权，排斥第三人对房产行使权利，购房者与银行到房产管理部门办理抵押预告登记，待抵押人领取房地产权属证书后，重新办理房地产抵押登记。司法实践中，银行能否依靠预抵押登记取得对抵押物的优先受偿权，一直存在争议。大多数的法院对预抵押登记是否具有优先受偿权还是持否认态度的，但也有少数法院对预抵押登记的优先受偿权效力予以认可，在此我们总结出双方各自所持的理由。

1. 否认的理由

房屋抵押权预告登记的权利人，在未办理房屋抵押权设立登记之前，其享有的是当抵押登记条件成就或约定期限届满对系争房屋办理抵押权登记的请求权，并可排他性地对抗他人针对系争房屋的处分，并非对系争房屋享有现实抵押权。

2. 支持的理由

(1)根据《物权法》第 20 条的规定，预告登记后，未经预告登记的权利人同意，处分该不

动产的,不发生物权效力。原债权人在房屋已经预告登记后,未取得预告登记权利人的同意在该房产上设立抵押权的行为不能发生物权效力。

(2)无法办理正式抵押登记系抵押人或第三人的原因所致,抵押权人不存在怠于办理正式抵押登记的情形,故预抵押登记的效力应予以确认。

在最高法院公报案例《中国光大银行股份有限公司上海青浦支行诉上海东鹤房地产有限公司、陈某绮保证合同纠纷案》中,光大银行的诉请之一是主张对案涉房屋即抵押物享有优先受偿权,但上海三中院认为,虽然光大银行已经取得了对抵押物的抵押权预告登记,但该登记并非抵押权登记本身,光大银行不能基于抵押权预告登记主张对抵押物享有抵押权,进而主张对抵押物享有优先受偿权。光大银行因此败诉。

综上我们提醒各位权利人,鉴于预告登记的权利人对于登记物并不享有物权,在登记物满足不动产物权登记的条件时,应及时办理物权的本登记,以便最终确定无疑地取得物权,防止发生不测。另外,为有效督促义务人及时促成进行不动产预告登记的条件,也可在合同中约定相应的违约责任。

第四节 法律法规整合

一、《物权法》

第 20 条 当事人签订买卖房屋或者其他不动产物权的协议,为保障将来实现物权,按照约定可以向登记机构申请预告登记。预告登记后,未经预告登记的权利人同意,处分该不动产的,不发生物权效力。

预告登记后,债权消灭或者自能够进行不动产登记之日起三个月内未申请登记的,预告登记失效。

二、《物权法司法解释(一)》

第 4 条 未经预告登记的权利人同意,转移不动产所有权,或者设定建设用地使用权、地役权、抵押权等其他物权的,应当依照物权法第二十条第一款的规定,认定其不发生物权效力。

第八编　与婚姻家庭、继承有关的房地产问题

“家和万事兴”，家庭是否安定和谐，直接关系社会的健康发展，婚姻与继承中的房产问题，一直都是家庭各个成员密切关注的问题，根据最高人民法院提供的案例，近些年来，全国各级人民法院审结婚姻家庭案件数量在持续增长，其中很大部分是有关于房产问题的纠纷，因为在婚姻的各个阶段（包括同居、结婚期间、离婚时）及继承阶段，关于房产分配的问题较为复杂，本编将会在这些方面加以梳理和总结。

第一章　婚姻关系中的房地产纠纷

【一级案由】婚姻家庭、继承纠纷

【二级案由】婚姻家庭纠纷

【三级案由】离婚后财产纠纷

第一节　法律要点详解

一、背景分析

我们常说,家庭是社会的细胞,家和万事兴。婚姻家庭是否稳定,关系社会的和谐健康发展。根据民政部门的统计,2003～2016 年,我国离婚人数从 69 万对增长至 348.6 万对,连续 14 年呈递增态势。同时人民法院审理的家事案件也持续上升,根据最高人民法院提供的数据,2013～2017 年,全国各级人民法院审结婚姻家庭类案件数量持续增加,5 年间,各地人民法院审结婚姻家庭案共计 854.6 万件。① 每年案结的案件数见图 8－1－1。

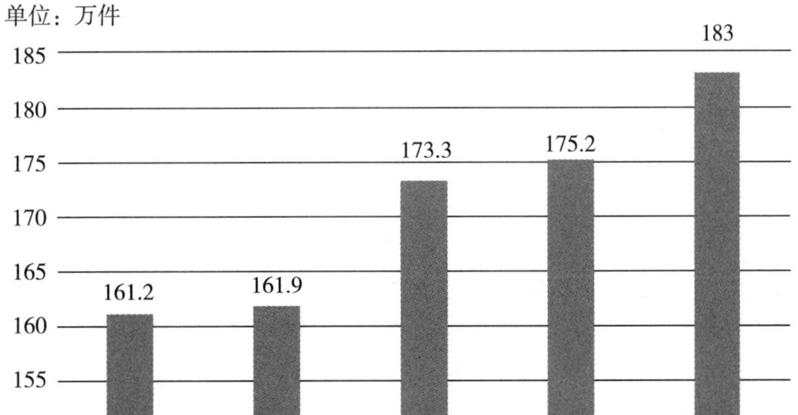

图 8－1－1　2013～2017 年各级法院审结婚姻家庭案件数量

① 《最高人民法院工作报告》,载 http://www.court.gov.cn/zixun－xiangqing－87832.html。

在立法方面，现行的2001年《婚姻法》对于离婚夫妻财产分割做出了原则性的规定，即何种财产属于夫妻共同财产，何种财产属于夫妻一方的个人财产。但并未规定具体应如何分割，且对于实践中争议较大的夫妻房产纠纷缺乏规定，不利于纠纷的解决。为了适应社会的快速发展和司法实践的需求，最高人民法院颁布了一系列司法解释明确该问题。

2003年12月25日，最高人民法院出台了《婚姻法司法解释（二）》，2011年，最高人民法院颁布了《婚姻法司法解释（三）》。这两部司法解释的出台是一场"及时雨"，对司法实践具有重要指导意义，使夫妻在处理房产问题时能够有章可循。

二、影响夫妻房产归属的因素

1. 双方对购买房屋的贡献大小

即房屋全部出资或出资的首付款、偿还贷款等，哪一方尽的义务更多。

2. 房屋主贷人

存在贷款的情况下，若将房屋判归非主贷人一方，会涉及存在损害银行利益的风险，但若银行同意则此因素可不予考虑。

3. 照顾子女和女方权益的原则

《婚姻法》第39条规定了分割财产时要照顾子女和女方权益的原则，所以若子女抚养权归属女方，将房屋判归女方就可以同时照顾到子女和女方权益。

4. 房屋现使用人

一般夫妻双方进行离婚诉讼时，早已分居，双方所购房屋可能是一方在居住使用，将房屋判归正在居住使用的一方可以避免后续判决执行产生纠纷，也有利于各方维持稳定的生活状态。

5. 双方名下是否有其他住房

除案件涉诉房屋以外，若一方名下有其他住房，而另一方没有，考虑到双方离婚后实际居住问题，可将房屋判决归属于名下无其他住房的一方，这样更有利于保障该方的生活。

三、夫妻房产分割问题的具体分析

（一）婚前买房

1. 单方出资的情况

（1）结婚前全部房款已付清，并取得房屋产权，房屋落在自己名下的，则房屋属于典型的个人财产。

（2）结婚前全部房款已付清，婚后才取得产权证，房屋落在自己名下的，是个人财产。

（3）结婚前一方已支付了房屋首付款，并向银行贷款，房屋落在自己名下，婚后用夫妻共同财产还贷的。根据《婚姻法司法解释（三）》第10条的规定，双方先协商，协商不成的，法院可以将该房屋认定为个人财产，不动产归产权登记一方，尚未归还的贷款为产权登记一方的个人债务。双方婚后共同还贷支付的款项及其相对应财产增值部分，离婚时应遵照《婚姻法》第39条第1款规定的原则，即双方协议，协议不成，法院根据财产的具体情况，遵照照顾子女和女方权益的原则判决，由产权登记一方对另一方进行补偿。（实践中的做法一般为双方

平分）

（4）一方出资，登记在双方名下的。对于这个问题，在司法解释中没有明确规定，可以参考一些地方性解释。《上海市高级人民法院关于审理婚姻家庭纠纷若干问题的意见》第 13 条规定，夫妻一方婚前出资购置房屋，权利登记在双方名下的，为夫妻双方共有财产。如未约定按份共有，可认定共同共有，但在离婚分割该房产时，出资一方可适当多分。《深圳市中级人民法院关于婚姻家庭纠纷案件的裁判指引》（2014 修订）第 26 条规定，夫妻一方婚前出资购买房产，登记在夫妻双方名下，如双方未对该房产作出特别约定，应认定该房产为夫妻共同所有，但在离婚分割该房产时，出资一方可适当多分。也就是说，虽然是一方的出资行为，但登记在双方名下这个行为表明了出资方的赠与意思，可以按照共同共有来理解。

（5）夫妻一方婚前购买的房屋，且付清全部房款，婚后变更登记在双方名下（加名）。婚前一方支付全部房款购买的房屋，为一方的婚前财产。变更房屋登记，在房产证上加署配偶的名字，可视为对另一方的赠与。如果双方未对房屋份额作出特别约定，则一般认定房产为共同共有，双方享有平等的所有权。

2. 双方出资的情况

（1）婚前双方共同出资购房，婚后共同还贷，房屋登记在双方名下。实践中有两种处理方式：

一是婚前双方共同支付的首付款与婚后共同还贷的钱款作为统一的整体来分割；

二是首付款按出资比例、共同还贷按双方共同财产来区别分割。

目前并无明确的法律规定，实践中两种做法也都存在，但较多支持前者，即全部认定为夫妻共同财产并进行统一分割。

（2）婚前双方共同出资购房，婚后共同还贷，房屋登记在一方名下的。出现这种登记形式一般是因为另一方没有购房资格或者贷款资格。法院一般会分三种情况进行处理：

第一，若另一方无法证明自己出了资，法律是无法保护其权益的。法庭重证据，即使另一方真出了钱，但无法证明其出资行为，且登记一方不承认，法院是无法判决一方给付另一方补偿款的。

第二，若另一方能够证明其出资以及具体数额，在离婚分割财产时，该房屋一般应认定为产权登记人的个人财产，剩余贷款为其个人债务，但对首付款和已还贷款中属于另一方出资和偿还的部分，应当予以返还。

第三，另一方能证明确系双方婚前基于共同所有的目的而共同出资的，则认定为夫妻共同财产。这种情况一般是双方在买房时有明确的书面约定，约定虽房屋登记在一方名下，但双方均认可该房屋属于二人共有，若没有这种明确的协议约定，就很难认定夫妻共同财产。

（3）婚前双方共同出资购房，付清全部房款，房屋登记在双方名下的。实践中通常有两种处理方式：

一是不考虑购房时的出资情况，均等分割，这种方式比较适合于婚姻存续时间较长以及双方出资差不多的情况。

二是按购房时双方的出资比例进行分割，所还贷款则区分婚前和婚后两部分，使用婚前财产还贷部分属于个人婚前财产，婚后还贷部分属于夫妻共同财产。这种方式适合于婚姻存续时间较短或出资差距较大的情况。

(4)婚前双方共同出资购房,付清全部房款,房屋登记在一方名下。如能证明出资情况,则双方对房屋按份共有;如不能证明出资情况,且一方否认另一方购房时有出资,则只能认定为一方的个人财产。

(二)婚后买房

1. 一人以婚前个人财产出资

(1)房屋落在自己名下,已经支付了全部房款,如并非投资经营行为,房屋算是个人财产的转化,算个人财产。

(2)房屋落在双方名下或对方名下,房屋算是共同财产,实际算是一方对另一方的赠与,夫妻双方共同共有房产。

2. 双方用共同财产买房

(1)房屋落在双方名下,是典型的夫妻共同财产。

(2)只是落在一方名下,仍是夫妻共同财产。

(三)父母出资购房

1. 婚前购房

(1)一方父母出资全款购房,登记在出资方子女名下。父母出资视为对子女的赠与,故房屋属于夫妻一方婚前个人财产。

(2)一方父母支付了房屋首付款,登记在自己子女名下,婚后由夫妻二人共同还贷的。父母出资视为对子女的赠与,离婚时一般会将房子判归登记方所有,由其继续支付剩余房贷。对于婚内共同还贷部分(包括本金和利息)及其产生的增值,则由得房子的一方对另一方作出补偿。

(3)一方父母为子女部分出资(或出首付款)买房,房屋登记在双方名下,婚后双方共同还贷的。属于夫妻共同财产,父母出资部分视为对双方的赠与。但如果双方约定了共有方式是共同共有或按份共有,并进一步约定了各自份额,则按约定享有产权。

(4)双方父母均出资,房屋落在夫妻双方名下,应当认定父母出资为对各自子女的赠与,那么子女用该赠与资金购买房屋的行为就视为个人的出资。这种情况等同于"夫妻婚前共同出资,房屋落在双方名下",处理方式见上文。

(5)双方父母均出资,房屋落在一方名下。房屋属于夫妻共同财产,不能简单理解为双方父母对一方的赠与,应当认定为对各自子女的赠与。如无其他相反约定,应认定为双方按份共有。

2. 婚后购房

(1)婚后一方父母全额出资,房屋落在自己儿女名下。根据《婚姻法司法解释三》第 7 条的规定,房屋属于个人财产。

(2)婚后一方父母全额出资,房子落在对方名下(或双方),视为对双方的赠与,房屋仍属于夫妻共同财产,除非有父母出资时的书面约定或声明,证明此出资是赠与自己子女一方的,否则,一般会认定为对双方的赠与,离婚时按夫妻共同财产进行分割。

(3)婚后一方父母部分出资(或出首付款),房屋落在出资方子女名下(或双方名下),双方共同还贷。房屋应认定为夫妻共同财产，父母出资部分视为对双方的赠与，但父母明确表示赠与一方的除外。离婚分割时出资父母的子女一方可以适当多分。

(4)婚后双方父母出资，房屋落在一人名下，这种情形较为常见，而且争议颇多，根据《婚姻法司法解释(三)》第7条的规定，该不动产可认定为双方按照各自父母的出资份额按份共有，但当事人另有约定的除外。

(5)婚后双方父母出资，房屋落在双方名下，房屋属于夫妻共同财产。

四、不予分割房产的情形

(一)离婚时尚未取得或未完全取得房产证

根据《婚姻法司法解释(二)》第21条，离婚时双方对尚未取得所有权或者尚未取得完全所有权的房屋有争议且协商不成的，法院不宜判决房屋所有权的归属，应当根据实际情况判决由当事人使用。当事人就争议房屋取得完全所有权后，可以另行向法院起诉。

夫妻一方婚前付了部分房款，婚后共同还贷，或一方用个人财产还贷，离婚时，尚未取得房产证的房屋。这种情况一般的处理方式是由一方先住着，有了房产证后另行起诉。

(二)房屋登记在第三方名下

实践中另一种比较典型的情况是，夫妻双方共同出资购买房屋后，基于各种因素考虑将房屋登记在子女、父母或其他第三人名下。在离婚财产分割时，如主张房屋为共有或一方所有，属于产权争议，主张者应承担相应的举证责任。无法提供证据证明的，需承担不利后果。

如果房产证上除了有夫妻双方外，还同时有第三人的名字，实践中，法院一般采取如下措施：(1)对该房屋的分割不予审理，由当事人另案起诉；(2)根据当事人的申请，将案件中止审理，告知当事人另行提起析产之诉，后根据析产的判决结果，对夫妻共有部分的房屋进行分割。

第二节　权威案例指导

典型案例1

唐某诉李某某、唐某乙法定继承纠纷案

【案件来源】《最高人民法院公报》2014年第12期

【审理法院】北京市第三中级人民法院

【裁判日期】2014年8月25日

【裁判要点】1. 夫妻之间达成的婚内财产分割协议是双方通过订立契约对采取何

种夫妻财产制所作的约定,是双方协商一致对家庭财产进行内部分配的结果。2. 在不涉及婚姻家庭以外第三人利益的情况下,应当尊重夫妻之间的真实意思表示,按照双方达成的婚内财产分割协议履行,优先保护事实物权人,不宜以产权登记作为确认不动产权属的唯一依据。

典型案例2

师某丽诉陈某离婚纠纷案

【案件来源】《人民法院案例选》2015 年第 4 辑(总第 94 辑)

【审理法院】最高人民法院

【案件案号】北京市第三中级人民法院

【裁判日期】2014 年 5 月 20 日

【裁判要点】夫妻双方通过签署《婚内协议书》将婚后共同财产约定为夫妻一方个人财产的,属于"夫妻共同财产约定",不属于一方将个人房产给予另一方的赠与行为。即使没有办理产权转移登记,亦不影响一方依据协议取得该房产的所有权。

典型案例3

张某英、万某辉离婚纠纷二审民事判决

【案件来源】最高人民法院

【审理法院】最高人民法院

【案件案号】(2017)最高法民终 42 号

【裁判日期】2017 年 10 月 17 日

【裁判要点】离婚协议对夫妻双方均具有法律约束力,无法发生讼争房产物权变动效力,但一方可基于离婚协议对案涉房产归属的约定,向不动产登记机关请求变更登记其为房产所有权人。

第三节　实务操作指南

一、夫妻共同出资购房，登记在一方名下的风险

1. 在双方婚前共同出资购房时，购房合同及产权证上只写了一方的名字，婚后夫妻因感情破裂离婚时，登记一方极易主张该房屋为婚前个人财产，另一方无权要求分割。如果登记一方不承认另一方在购房时的出资行为，另一方又没有充分的证据证明其出资行为，法院也无法认定房屋为夫妻共同财产，另一方的权益将无法得到保护。因此建议婚前共同出资购房的男女双方，在购房合同及产权证上注明双方的名字，以免日后发生争议。

2. 根据《婚姻法司法解释（三）》第11条的规定，一方未经另一方同意出售夫妻共同共有的房屋，第三人善意购买、支付合理对价并办理产权登记手续，另一方主张追回该房屋的，人民法院不予支持。权益遭受损害的一方只能在离婚时请求擅自处分的一方赔偿损失。

因此我们建议夫妻双方在购房时，应该将双方姓名同时签署在购房合同、发票等购房资料上，并尽量将房产证办理在双方名下，以避免日后发生夫妻一方擅自处分的情况。

二、保留出资凭证

无论是全款购房还是贷款购房，无论是父母出资还是子女出资，买房时都应将出资证明保存完好。所有支付钱款的行为都要通过银行转账，不要使用现金交易，并留存贷款还款记录。即使房屋产权登记上没有自己的名字，但是如果保留好银行转账凭证，在离婚时也可以按共有财产主张分割房产，尽量避免日后双方对房屋如何分割争执不休时，因无法提供出资证明导致自己的主张得不到法院支持的情况发生。

另外需要注意的是，子女在使用父母资金购房前，尽量签订书面的协议，约定这部分资金是属于借款还是赠与，以免日后产生纠纷。

三、房产分割时对贷款的处理

1. 一般来说，不论是协议离婚还是诉讼离婚，涉及房产分割无非就是一方拿房，承担剩余还贷责任，并给付另一方房产折价款。但此时对房产的处理就比较复杂。因为此类房产的过户通常会涉及变更贷款人的问题，而一般情况下，银行是不会同意变更贷款人的。所以，想要分割贷款尚未还清的房产，首先要征得银行的同意。如果银行不同意，夫妻双方可以签订协议书，待贷款还清后再办理产权过户手续。

2. 若想在贷款没还清时变更房屋所有权登记（去名），根据《物权法》191条的规定，抵押期间，抵押人未经抵押权人同意，不得转让抵押财产。因此，在有银行贷款的情况下，非经银行同意是无法办理变更手续的。一般来说，银行都会要求偿还全部贷款后，才会同意办理变更登记。

此时，有下列应对方式可以参考：

（1）因离婚而“去名”的，通过离婚协议书、民事判决书、民事调解书等办理“去名”。

(2)婚姻关系以外的其他“去名”可通过买卖或赠与的方式,具体如何选择可根据实际“变更成本”权衡。

第四节　法律法规整合

一、《婚姻法》

第17条　夫妻在婚姻关系存续期间所得的下列财产,归夫妻共同所有:

(一)工资、奖金;

(二)生产、经营的收益;

(三)知识产权的收益;

(四)继承或赠与所得的财产,但本法第十八条第三项规定的除外;

(五)其他应当归共同所有的财产。

夫妻对共同所有的财产,有平等的处理权。

第18条　有下列情形之一的,为夫妻一方的财产:

(一)一方的婚前财产;

(二)一方因身体受到伤害获得的医疗费、残疾人生活补助费等费用;

(三)遗嘱或赠与合同中确定只归夫或妻一方的财产;

(四)一方专用的生活用品;

(五)其他应当归一方的财产。

第19条第1款　夫妻可以约定婚姻关系存续期间所得的财产以及婚前财产归各自所有、共同所有或部分各自所有、部分共同所有。约定应当采用书面形式。没有约定或约定不明确的,适用本法第十七条、第十八条的规定。

第39条第1款　离婚时,夫妻的共同财产由双方协议处理;协议不成时,由人民法院根据财产的具体情况,照顾子女和女方权益的原则判决。

二、《婚姻法司法解释(一)》

第19条　婚姻法第十八条规定为夫妻一方所有的财产,不因婚姻关系的延续而转化为夫妻共同财产。但当事人另有约定的除外。

三、《婚姻法司法解释(二)》

第8条　离婚协议中关于财产分割的条款或者当事人因离婚就财产分割达成的协议,对男女双方具有法律约束力。

当事人因履行上述财产分割协议发生纠纷提起诉讼的,人民法院应当受理。

第19条　由一方婚前承租、婚后用共同财产购买的房屋,房屋权属证书登记在一方名下的,应当认定为夫妻共同财产。

第20条　双方对夫妻共同财产中的房屋价值及归属无法达成协议时,人民法院按以下情形分别处理：

（一）双方均主张房屋所有权并且同意竞价取得的，应当准许；

（二）一方主张房屋所有权的，由评估机构按市场价格对房屋作出评估，取得房屋所有权的一方应当给予另一方相应的补偿；

（三）双方均不主张房屋所有权的，根据当事人的申请拍卖房屋，就所得价款进行分割。

第21条　离婚时双方对尚未取得所有权或者尚未取得完全所有权的房屋有争议且协商不成的，人民法院不宜判决房屋所有权的归属，应当根据实际情况判决由当事人使用。

当事人就前款规定的房屋取得完全所有权后，有争议的，可以另行向人民法院提起诉讼。

第22条　当事人结婚前，父母为双方购置房屋出资的，该出资应当认定为对自己子女的个人赠与，但父母明确表示赠与双方的除外。

当事人结婚后，父母为双方购置房屋出资的，该出资应当认定为对夫妻双方的赠与，但父母明确表示赠与一方的除外。

四、《婚姻法司法解释（三）》

第4条　婚姻关系存续期间，夫妻一方请求分割共同财产的，人民法院不予支持，但有下列重大理由且不损害债权人利益的除外：

（一）一方有隐藏、转移、变卖、毁损、挥霍夫妻共同财产或者伪造夫妻共同债务等严重损害夫妻共同财产利益行为的；

（二）一方负有法定扶养义务的人患重大疾病需要医治，另一方不同意支付相关医疗费用的。

第5条　夫妻一方个人财产在婚后产生的收益，除孳息和自然增值外，应认定为夫妻共同财产。

第6条　婚前或者婚姻关系存续期间，当事人约定将一方所有的房产赠与另一方，赠与方在赠与房产变更登记之前撤销赠与，另一方请求判令继续履行的，人民法院可以按照合同法第一百八十六条的规定处理。

第7条　婚后由一方父母出资为子女购买的不动产，产权登记在出资人子女名下的，可按照婚姻法第十八条第（三）项的规定，视为只对自己子女一方的赠与，该不动产应认定为夫妻一方的个人财产。

第10条　夫妻一方婚前签订不动产买卖合同，以个人财产支付首付款并在银行贷款，婚后用夫妻共同财产还贷，不动产登记于首付款支付方名下的，离婚时该不动产由双方协议处理。

依前款规定不能达成协议的，人民法院可以判决该不动产归产权登记一方，尚未归还的贷款为产权登记一方的个人债务。双方婚后共同还贷支付的款项及其相对应财产增值部分，离婚时应根据婚姻法第三十九条第一款规定的原则，由产权登记一方对另一方进行补偿。

第11条　一方未经另一方同意出售夫妻共同共有的房屋，第三人善意购买、支付合理对价并办理产权登记手续，另一方主张追回该房屋的，人民法院不予支持。

夫妻一方擅自处分共同共有的房屋造成另一方损失，离婚时另一方请求赔偿损失的，人民法院应予支持。

第12条 婚姻关系存续期间，双方用夫妻共同财产出资购买以一方父母名义参加房改的房屋，产权登记在一方父母名下，离婚时另一方主张按照夫妻共同财产对该房屋进行分割的，人民法院不予支持。购买该房屋时的出资，可以作为债权处理。

第二章　同居关系纠纷中涉及的房地产

【一级案由】婚姻家庭、继承纠纷
【二级案由】婚姻家庭纠纷
【三级案由】同居关系纠纷
【四级案由】同居关系析产纠纷

第一节　法律要点详解

随着社会经济的发展，人们观念的更新，很多之前反对的事情现在渐于接受，"非婚同居"就是一个最典型的例子。新中国成立之初，对于这种行为是严厉制止的，但现在昂贵的结婚成本使很多年轻人难以承受，很多年轻人在大城市中单独租房的费用超过其经济承受能力，于是恋人决定合租共同居住，甚至还有的年轻人认为双方在结婚前一定要共同居住一定的时间，双方之间才能相互了解，"试婚"等词汇便是在事实基础上产生的。那在同居期间，双方共同购置了房屋，分手后，如何对该房屋进行处置，就成为很多年轻人面临的问题。

一、同居关系的概述

（一）同居关系的分类

我国婚姻法及司法解释规定了两种同居情形：

第一种为非婚同居。即《婚姻法司法解释（一）》第5条规定的"未按婚姻法第八条规定办理结婚登记而以夫妻名义共同生活"的情形。

第二种为婚内同居。即《婚姻法司法解释（一）》第2条规定的"有配偶者与他人同居"，是指有配偶者与婚外异性，不以夫妻名义，持续、稳定地共同居住。由于婚内同居关系违反了《婚姻法》第3条第2款的"禁止有配偶者与他人同居"的禁止性规定，因此不受法律保护。

（二）同居关系的构成要素

构成非婚同居关系，需要满足以下几个条件：

1. 同居关系双方系异性

目前我国《婚姻法》并不认同同性婚姻，同时，也禁止同性结婚。因此，同性同居关系，是被排除在同居关系之外的。

2. 同居双方必须具备完全民事行为能力

同居是一种民事行为,包括人身关系和财产关系,且这是与人身密切相关的一种民事行为。这也就要求同居双方具备完全民事行为能力。我国《民法总则》规定了具备完全民事行为能力的人包括已满18周岁的公民,和已满16周岁且以自己的劳动收入作为主要生活来源的公民。

因此,同居关系双方年龄需在16周岁以上,且满足具备完全民事行为能力的条件。

3. 同居双方没有进行婚姻登记手续

是否进行婚姻登记是确定"非婚"与否的重要条件,在认定双方是否进行婚姻登记手续时,不考虑双方意愿,即使同居双方有办理结婚登记的意愿,但长期未办理结婚登记手续,也认为是同居关系。

4. 同居双方形成了较为稳定长期的共同生活关系

同居双方必须共同生活了一段时间,并且这种关系被看作是稳定的。双方当事人可以选择是否公开这种关系,但无论公开与否,只要是形成了稳定长期的共同生活关系,就可以认为是同居关系。

二、同居关系房产纠纷的管辖

对于同居关系析产纠纷案件的管辖(标的物是房产),有些法院裁定认为属于不动产专属管辖,应由不动产所在地法院管辖,有些法院认为不属于专属管辖,适用普通管辖原则,应由被告住所地人民法院管辖;被告住所地与经常居住地不一致的,由经常居住地人民法院管辖。

我们倾向认为,争议标的为房产的同居关系析产纠纷案件应属于不动产专属管辖。《民事诉讼法》第33条规定:"下列案件,由本条规定的人民法院专属管辖:(一)因不动产纠纷提起的诉讼,由不动产所在地人民法院管辖;……"《民事诉讼法司法解释》第28条第1款规定:"民事诉讼法第三十三条第一项规定的不动产纠纷是指因不动产的权利确认、分割、相邻关系等引起的物权纠纷。"争议标的为房产的同居关系析产纠纷案件所要处理的即为房产的归属和分割(只有一套房屋的一般表现为折价款或变价款的分割),因此应当属于不动产专属管辖。

三、同居房产的归属问题

1. 对于同居期间所购房屋,在无特别约定的情况下,法院一般会认定为属于双方共有。

(1)不论登记在一方名下,还是双方名下,法院一般都会认为属于双方共有;

(2)如果产权证上还有案外人的名字,则一般认为部分份额为同居双方共有。

2. 进一步讲,应属按份共有。《物权法》第103条规定:"共有人对共有的不动产或者动产没有约定为按份共有或者共同共有,或者约定不明确的,除共有人具有家庭关系等外,视为按份共有。"根据该规定,同居期间取得的共有房产为按份共有。

3. 在无直接证据的情况下,法院对于某一方对房屋的出资一般不会认定为是对对方的赠与,或借款。

四、同居房产的分割

1. 分割的法律依据

《物权法》第 99 条规定，按份共有人可以随时请求分割。退一步讲，即便同居期间取得的共有房产为共同共有，同居双方解除同居关系也应当认定为《物权法》第 99 条规定的可以分割共同共有物的“重大理由”，可以分割共有房产。

2. 房产归属

标的为房产的同居关系析产纠纷，法院一般会判决房产归一方所有，取得房产的一方给予另一方一定金额的折价款。当然，也不排除采取其他分割方式的可能，如变卖或拍卖房产，双方按一定比例分割变价款或拍卖价款。

法院一般会根据同居双方的意愿对标的房产的出资多少、实际居住情况等诸多因素判断房产归哪一方所有。

3. 分割的比例：根据贡献酌情确定

对于同居双方共有房产的分割比例，法院一般会根据双方对标的房产的出资贡献、房屋的来源、出资比例、支付首付和贷款等因素酌情确定。

第二节　权威案例指导

典型案例 1

符某某与甘某 1（KAMHENG）同居关系纠纷案

【案件来源】中国裁判文书网

【审理法院】海南省高级人民法院

【案件案号】（2012）琼民三终字第 41 号

【裁判日期】2012 年 9 月 21 日

【裁判要点】解除非法同居关系时，同居生活期间双方共同所得的收入和购置的财产，按一般共有财产处理。判断双方之间是否有共同财产，关键是同居期间双方是否共同出资购买了争议财产。

典型案例 2

林某敏与赵某玲同居关系纠纷案

【案件来源】中国裁判文书网

【审理法院】广州市中级人民法院

【案件案号】(2018)粤01民终1663号

【裁判日期】2018年3月28日

【裁判要点】《民法总则》第6条规定,民事主体从事民事活动,应当遵循公平原则,合理确定各方的权利和义务。第10条规定,处理民事纠纷,应当依照法律;法律没有规定的,可以适用习惯,但是不得违背公序良俗。本案中分手协议书约定赵某玲支付5万元作为林某敏的生活费,而林某敏未能举证证实其存在经济困难,赵某玲没有给付林某敏经济帮助的法定义务。协议书第1条只是设立了赵某玲单方义务,违反了法律规定的公平原则。

第三节 实务操作指南

一、在同居关系析产纠纷中,双方一般会面临的两个争议焦点

举例说明:甲和乙于2012年相识并同居,于2014年双方购买一处房产,首付由乙支付,登记在甲名下。乙认为首付款由她出钱支付,银行贷款也是她每月给甲以现金或者转账形式进行偿还,房屋系自己出资购买,仅登记在甲名下,该房屋应该是自己的财产。甲主张双方不存在同居关系,仅仅是恋爱行为,而涉诉房屋是他个人出资购买,银行贷款也是从他的账户进行偿还,和乙无关,拒绝对该房屋进行分割。

由上述案例可见,在同居关系析产纠纷中,双方在没有婚姻关系同居生活期间购置的房产,二人是否存在同居关系,以及如何认定其财产权的归属一直是此类案件中双方当事人争议的焦点,同时也是法院判决时的难点所在。下面我们将详细解释应对之法。

二、证明存在同居关系

我国法律明确规定持续、稳定地共同居住并有共同的经济生活,也为当地群众所知晓和承认,可以认定为同居。所以若想证明同居关系,可以提交两人共同生活期间短信来往记录、电话录音、所在社区出具的证明,或者若干社区居民出庭作证,证实两人共同生活。

三、签订财产协议

未办理结婚登记而同居的,应当就所涉财产事宜签订相应协议,以避免不必要的争议。同婚姻关系不同,同居关系往往不具有稳定性,且无类似于夫妻共同财产的推定规则,故同居

关系结束时，极易产生关于同居析产纠纷。因此，为避免不必要的争议，同居双方可在适当时签订关于同居财产的协议，该协议不仅能够避免争议，也可以在未来双方结婚登记后，作为婚前财产协议。签订财产协议既有利于保护自己的合法权益不受侵害，也可以防止未来分手时因财产发生不必要的争议。

四、保留支付凭证、银行流水

主张讼争的房产为共有财产，需要提供证据证明房产系同居生活期间，用双方共同所得购置，需要证明房屋是否为同居双方的共同收入或者是双方共同生产、经营所获的收益进行的出资。另外，出资人应举证证明自己的出资额，保留银行交易记录等证据。

在上述案例中，法院可以结合乙提交的银行交易记录，证实乙曾多次向甲支付款项用于偿还涉案房屋的按揭贷款，甲虽辩称是个人出资，但却无法提供证据证实，因而该房屋可以认定是双方共同财产。

第四节　法律法规整合

一、《最高人民法院关于人民法院审理未办结婚登记而以夫妻名义同居生活案件的若干意见》

第10条　解除非法同居关系时，同居生活期间双方共同所得的收入和购置的财产，按一般共有财产处理。……

二、《物权法》

第99条　共有人约定不得分割共有的不动产或者动产，以维持共有关系的，应当按照约定，但共有人有重大理由需要分割的，可以请求分割；没有约定或者约定不明确的，按份共有人可以随时请求分割，共同共有人在共有的基础丧失或者有重大理由需要分割时可以请求分割。因分割对其他共有人造成损害的，应当给予赔偿。

第三章　继承纠纷中涉及的房地产

第一节　法律要点详解

一、房产继承的概念

《继承法》第 5 条规定:“继承开始后,按照法定继承办理;有遗嘱的,按照遗嘱继承或遗赠办理;有遗赠扶养协议的,按照协议办理。”

遗嘱继承是指以被继承人死亡后为时间节点,继承人按被继承人生前所立的遗嘱继承遗产的法律制度。

法定继承是指在没有遗嘱的情况下,继承人的范围、顺序、遗产份额及遗产分配原则等均按法律规定确认。

房屋继承在遗嘱继承以及法定继承中是较为常见的遗产继承,它是房屋所有权继受取得一种的方式,也是房地产所有权转移的一种方式,其所遵循的继承程序与顺序同其他遗产继承一样,区别仅是继承的遗产为特定房产,即指按照法定程序将被继承人遗留房产的所有权转移由继承人所有的法律行为。

二、房产继承的条件

(一)房地产继承必须在被继承人死亡后开始

这是房产继承的首要条件。《继承法》第 2 条规定:“继承从被继承人死亡时开始。”从该规定可知,继承人享有的房产继承权仅仅是一种期待权,只有在被继承人死亡时,继承关系才自始发生,房产继承权才会成为既得权。而在遗嘱继承中,房产继承权的实现除了需满足被继承人已死亡的时间节点外,还需满足被继承人生前立有合法遗嘱的前提条件,这两个条件缺一不可,否则,继承人不能依照遗嘱继承取得房屋所有权。实践中,为了避免继承人在日后因争夺房产发生纠纷,房产所有人在生前便将房产权转交给某一个继承人,这种行为虽然合法,但是因为该种行为的发生并不符合继承时间节点的规定,即继承还没发生,因此,其并不属于法律意义上的继承,属于生前的赠与行为。

(二)继承房产的人,必须是被继承人的合法继承人,即法定继承人或遗嘱继承人

这是房产继承的第二个条件。我国继承法确定的法定继承人有:配偶、子女、父母、兄弟姐妹、祖父母、外祖父母。但是如果被继承人立下遗嘱,将房产指定给法定继承人以外的人,

或是捐献给国家、集体，虽然这也属于被继承人处分遗产的方式，但是并不属于房产继承，而属于房产遗赠。

（三）该房产应当是被继承人生前个人所有的合法财产或者是依法可以继承的其他合法财产权益

首先，继承人所继承的房产应为个人所有的房产，主要排除的情形是共有房产，最为常见的是夫妻之间的共有房产，当夫妻一方死亡后，该房产的一半为遗产，换言之，像这样共有财产必须待分割后，其中属于被继承人个人所有的部分才能作遗产处理。因此，对于家庭共有财产、夫妻共有财产以及合伙财产不能在未被分割的情况下作为遗产来继承。

其次，需为合法房产，非法所得的房产不属于遗产范畴，不得予以继承。

（四）自继承事实发生之日起 90 日内申请转移登记

《城市房屋权属登记管理办法》第 17 条规定："因房屋买卖、交换、赠与、继承、划拨、转让、分割、合并、裁决等原因致使其权属发生转移的，当事人应当自事实发生之日起 90 日内申请转移登记。申请转移登记的权利人应当提交房屋权属证书以及相关的合同、协议、证明等文件。"

根据上述法律规定，继承人在继承程序完毕，取得对房屋遗产的合法继承权后，应到房地产管理机构申请办理房屋所有权转移登记手续，同时提交下列文件：(1)申请书；(2)继承人合法有效的身份证件；(3)原房屋权利证书；(4)被继承人死亡证明；(5)继承人证明文件及公证书。在提交上述文件后，继承人才可申办房产所有权转移登记手续，从而实现继承权。

三、房产继承的方式

（一）法定继承中的继承顺序与份额

房产的法定继承是依照法律的规定，由继承人按继承顺序、继承份额进行继承。

1. 继承顺序

《继承法》将继承人分成两个继承顺序：第一顺序是配偶、子女、父母；第二顺序是兄弟姐妹、祖父母、外祖父母。

继承开始后，先由第一顺序的继承人继承，没有第一顺序继承人继承的，或者虽有第一顺序继承人存在，但第一顺位继承人全部放弃或丧失继承权的，在这种情况下由第二顺序继承人继承。

2. 继承份额

《继承法》第 13 条规定："同一顺序继承人继承遗产的份额，一般应当均等。对生活有特殊困难的缺乏劳动能力的继承人，分配遗产时，应当予以照顾。对被继承人尽了主要扶养义务或者与被继承人共同生活的继承人，分配遗产时，可以多分。有扶养能力和有扶养条件的继承人，不尽扶养义务的，分配遗产时，应当不分或者少分。继承人协商同意的，也可以不均等。"

(1)在一般情况下，同一顺位的法定继承人应当继承同等份额的房产。

(2)出现继承份额不等的情形主要是有两种:对于有特殊困难的人、未成年人、缺乏劳动能力又无生活来源的继承人,应该予以照顾,适当多分配一些遗产;对于有抚养能力和抚养条件的继承人,不尽抚养义务的,在分配遗产时应当不分或少分。

(3)继承人经过协商一致,可以平均分配遗产,也可以不平均分配遗产。

因此,在法定继承中,继承人依法享有房产的法定份额,但份额比例可因具体情况而有所不同。

(二)遗嘱继承中的房产继承方式

遗嘱继承中的房产继承方,只要符合法定的条件,均应当按照被继承人的遗嘱分配房产。如果被继承人在遗嘱之外还有房产未处理的,未处理的房产按法定继承情况处理,已按遗嘱分得了房产的继承人仍有权利参与法定继承的遗产分配,除非遗嘱中明确表示该继承人不得再继承遗嘱房产以外的其他财产。

第二节 权威案例指导

典型案例

杨某英、卢某与卢某华等房屋继承纠纷案

【案件来源】江西省赣州市中级人民法院

【审理法院】江西省赣州市中级人民法院

【裁判要点】继承公证不是办理房产继承登记的法定要件,房地产管理部门依据申请人提供的证实房产因继承发生所有权转移的证据办理房产继承转移登记并无不当。

第三节 实务操作指南

一、司法实践中房产法定继承分割的方式

首先,对于能按份进行分割的房产,分割后又不影响房产的效用,当事人也要求进行分割的,则按各继承人应得份额进行分割。按份分割后,各继承人都可分得遗产,既可缓和当事人住房紧张的矛盾,又照顾了各继承人的合理要求,消除了当事人之间的矛盾。

其次,对于分割后不利于对房产的管理和使用的,其他继承人虽也要求分割,但为不影响房产的效用,可将房产折价,由管理房产的继承人按份补偿其他继承人。这种处理方法主要对不能按份分割的房产适用。

最后,对于分割后影响房产的效用,各继承人又另有住房,多数继承人也不要求分割的,

可依法判决按份共有。

二、房产继承人应当及时到房地产管理局办理申请转移登记手续

《房屋登记办法》第33条规定：申请房屋所有权转移登记，应当提交下列材料：登记申请书、申请人身份证明、房屋所有权证书或者房地产证书、证明房屋所有权发生转移的材料、其他必要材料。由上述规定可知，房屋因继承等原因致使房屋权属发生变更或转移的，当事人应及时申请转移登记，而转移登记要件是当事人所提供的房屋权属证书、相关的合同、协议、证明等文件，包括买卖合同、互换合同、赠与合同、受遗赠证明、继承证明、分割协议、合并协议、人民法院或者仲裁委员会生效的法律文书，或者其他证明房屋所有权发生转移的材料，其中规定的继承证明也是证明房屋所有权发生转移的证据，但是并未将继承公证明确规定为登记要件，即当事人无须提供继承公证书。

三、房地产管理局应对继承房产转移登记材料进行审慎审查

（一）房地产管理部门在继承房屋转移登记中不应适用《司法部、建设部关于房产登记管理中加强公证的联合通知》（以下简称《通知》）

《通知》规定继承房产转移登记应当持公证机关出具的继承权公证书。《通知》的出台是有一定的社会基础的，在司法实践中继承关系较为复杂，继承房产登记涉及众多的利益主体，通常会存在一个子女瞒着其他继承人偷偷办理房产过户的情形，该情形被其他继承人得知后，矛盾便会引向房产管理部门，而《通知》的规定在一定程度上减轻了房地产管理部门的审慎审查义务，尤其在《城市房地产管理法》《城市房屋权属登记管理办法》均未规定房地产管理部门对房产转移登记的材料进行实质审查还是形式审查的情况下，《通知》为房地产管理部门形式审查提供了法律依据。但是从法律法规规范性文件的效力层面，《通知》属于规章以下的规范性文件，其位阶及效力低于《城市房地产管理法》《房屋登记办法》，而《城市房地产管理法》《房屋登记办法》并未将继承公证作为继承房屋转移登记的法定要件，《通知》规定的内容与上位法存在冲突，因此，房地产管理部门不应将《通知》规定的内容作为房产转移登记的法定要件，而且《通知》将继承公证书作为继承房产转移登记的法定要件，减轻了房地产管理部门的审慎审查义务及其应承担的责任，增加了申请人的义务，与《房屋登记办法》立法宗旨相违背，因此，房地产管理部门在继承房屋转移登记中不应适用《通知》的规定。

（二）房地产管理局对继承证明审查的注意事项

房地产管理局应依照法律规定对房产转移的要件进行审查登记，但是《城市房地产管理法》《房屋登记办法》并未明确规定继承房屋转移登记需要提交公证机关出具的继承公证书。对于申请继承转移登记的，只要申请人按照法律法规规定提交了继承转移登记需要的材料，房地产管理局经审查，符合继承转移登记的条件，就应予以登记。即使是申请人未提交继承公证，只要房地产管理部门认为申请人提交的继承房产转移登记的申请材料符合法律规定，作出的继承房产转移登记应予以维持。

对于未提交继承公证的继承房产转移登记，房地产管理部门应要求申请人提交证明继承

的证据材料。只要申请人提交的证据材料能够证明房产因继承发生所有权转移,房地产管理部门就可以根据法律规定要件予以登记。房地产管理部门对继承证明的审查应注意几个方面:一是继承人身份关系证明,其中包括继承人与被继承人的关系证明。二是继承份额证明,是否有遗嘱,是否有继承权利人放弃房屋继承权等。三是尽量要求所有继承人同时到场办理转移登记,不能到场的应出具授权委托书。

第四节 法律法规整合

一、《房屋登记办法》

第33条第1款 申请房屋所有权转移登记,应当提交下列材料:

(一)登记申请书;

(二)申请人身份证明;

(三)房屋所有权证书或者房地产证书;

(四)证明房屋所有权发生转移的材料;

(五)其他必要材料。

二、《继承法》

第2条 继承从被继承人死亡时开始。

第5条 继承开始后,按照法定继承办理;有遗嘱的,按照遗嘱继承或遗赠办理;有遗赠扶养协议的,按照协议办理。

第13条 同一顺序继承人继承遗产的份额,一般应当均等。对生活有特殊困难的缺乏劳动能力的继承人,分配遗产时,应当予以照顾。对被继承人尽了主要扶养义务或者与被继承人共同生活的继承人,分配遗产时,可以多分。有扶养能力和有扶养条件的继承人,不尽扶养义务的,分配遗产时,应当不分或者少分。继承人协商同意的,也可以不均等。

第九编　军队房地产纠纷

房产不仅是人民赖以生存的重要根基，更是国家不容忽视的重要产业，随着近年来房地产市场的日益兴起，人们法律意识与维权意识的日渐增强，复杂多样的房产种类所涉及的法律知识与纠纷矛盾也渐渐受到重视并引发思考。其中，军队房地产纠纷更是房地产市场供求关系不平衡，房价持续走高所导致的最为突出的时代产物。因此，关于军队房地产纠纷所引发的法律思考与政策改革已是大势所趋。我国关于军队房改工作已于2014年7月在全部队起步，从打破福利性的住房制度到将重点转到出售军产住房上，成为军队房改工作的重要分水岭。军队房地产的立法，包括2000年6月26日修订的《中国人民解放军房地产管理条例》、2003年4月3日制订的《军事法规军事规章条例》、2004年12月30日发布的《建设部、国家工商行政管理总局、国家税务总局、解放军总后勤部关于进一步加强军队空余房地产租赁管理工作的通知》、2007年1月31日发布的《国土资源部、财政部、解放军总后勤部关于加强军队空余土地转让管理有关问题的通知》、2012年8月28日制订的《最高人民法院关于军事法院管辖民事案件若干问题的决定》等规定形成了较为完整的法律体系。

本编重点讲解的是军队房地产纠纷中的热点问题，主要包括：军队房地产的权属性质、军队土地使用权转让合同纠纷、军队房地产租赁合同纠纷、军队合作建房诉讼纠纷。

第一章　军队房地产的权属性质

第一节　法律要点详解

一、立法背景

回顾军队房地产的历史以及来源，可以深刻理解军队房地产的立法背景与立法环境。军队房地产不仅包括历史原因遗留的，还包括军队新增建设用地所产生的军队房地产。军队房地产来源各种各样，有解放初期接收、没收的敌伪房地产，有代管的无主房产，还有征用、新建及开垦、复垦形成的房地产，以及经调拨、接收、买卖、交换取得的房地产等。[①] 正是由于军产房来源途径多样且种类丰富，因此，最高人民法院通过立法以及具体问题的复函等形式确立了军队房地产法律领域的权威，包括：《最高人民法院关于军队退休干部腾退军产房纠纷法院是否受理的复函》（1991 年 1 月 30 日）；《最高人民法院关于房地产案件受理问题的通知》（1992 年 11 月 25 日）；《最高人民法院关于中国人民解放军北京军区房地产管理局请求法院受理军队家属住房请退案有关问题请示的复函》（2002 年 7 月 2 日）；《中国人民解放军房地产管理条例》（2000 年 6 月 26 日）；《最高人民法院关于军事法院管辖民事案件若干问题的决定》（2012 年 8 月 28 日）等。

财政部、建设部、国家土地管理局、中国人民解放军总后勤部、国土资源部、国家税务总局有针对性地发布了一系列关于军队房地产转让、租赁的有关规定。1993 年 7 月 7 日，财政部、国家土地管理局、中国人民解放军总后勤部《关于军队有偿转让空余军用土地有关问题的通知》，就军队有偿转让空余军用土地等相关的法律程序、内容与解决措施进行了明确规定；2004 年 12 月 30 日，建设部、国家工商行政管理总局、国家税务总局、解放军总后勤部《关于进一步加强军队空余房地产租赁管理工作的通知》；2007 年 1 月 31 日，国土资源部、财政部、解放军总后勤部《关于加强军队空余土地转让管理有关问题的通知》。

军队房地产管理部门、地方国土房管部门也先后开展了各项登记确认权属工作，1988 年 7 月 18 日，国务院、中央军委发布《关于妥善处理军队与地方部分房地产权属问题的通知》，通知主要针对军队房地产的登记确认权属问题予以明确，尤其是针对历史遗留问题，包括：解放时的军队和地方所接受的敌伪房地产权属的确认规则、"文革"前后所调拨的房地产权属的确认规则、属于借用且手续完备、权属问题并无争议的军队房地产的确权办法；产权与手续不清晰的军队房地产确认产权办法等。例如，"文革"期间，军地双方互相占用的房地产已经按

---

① 参见李群英：《谈军用房地产档案的特点及管理》，载《山东档案》2000 年第 6 期。

照国务院和中央军委有关文件规定办理了产权转移手续的,均应当确认权属;若存在未处理的,应当按照国务院和中央军委有关文件予以处理;虽然并未及时办理征地手续,但是已经在土地上建造营房的应当通过协商办理手续予以解决;权属与手续清晰的军队房地产与土地应当由地方人民政府发放房产证和土地使用证。

关于通过划拨方式取得的军队新增建设用地,国家土地管理局于1992年3月8日颁布了《划拨土地使用权管理暂行办法》,对划拨土地使用权的概念进行了明确界定,即土地使用者通过除了出让土地使用权以外的其他方式依法取得的土地使用权系划拨土地使用权,通过这一概念界定,无论系历史原因,还是新增建设取得军队的土地使用权,均属于除了出让土地使用权以外的其他各种方式取得,属于划拨土地使用权。《划拨土地使用权管理暂行办法》明确定性了军队土地使用权的性质归属,这对于分析军队房地产纠纷核心与焦点问题具有首要的指导意义,亦进一步完善了有关军队房地产的法律体系。

二、军队房地产的概念

军队房地产,从字面含义通常解释为"军用土地上建设的,为军队所有的房屋",媒体更愿意用通俗的"军产房"予以概括。这仅仅只是字面简单的解释,并没有将军队房地产的权利形态予以融入,更没有体现出军队房地产权利形态变化的动态过程。军队房地产权利形态变化的本质虽然是房地产市场上存在大量军队房地产出售转让、租赁的情形,且大多数的军产房均已进行了房屋的转让,但是基于军队房地产土地使用权的特殊性,其产权证是由军队颁发或者是地方颁发的,且是在军用土地上建设的,因此,该房屋仍然属于军队的房屋。因此,《中国人民解放军房地产管理条例》对于军队房地产的定义以及军用土地均给予了明确的规定。《中国人民解放军房地产管理条例》第2条规定:"本条例所称的房地产,是指依法由军队使用管理的土地及其地上地下用于营房保障的建筑物、构筑物、附属设施设备,以及其他附属物。"第23条规定:"本条例所称营房,是指军队拥有所有权并由军队单位使用、管理的房屋。军队单位实行营房限额住用制度。营房住用面积限额,依据单位人员、装备编制和营房建筑面积标准核定。"该条例系军事法规,是军队地产领域最高级别、最为权威的规范性文件,其在规范军队房地产外部交易与内部管理方面发挥着重要的规范与指导作用。

三、军队房地产的特殊属性

(一)管理模式特殊

首先,军队房地产管理不得混淆权属主体与用管主体的适用。《中国人民解放军房地产管理条例》第3条规定:"军队房地产的权属归中央军委,其土地使用权和建筑物、构筑物以及其他附着物的所有权,由总后勤部代表行使。军队房地产管理的业务工作由各级后勤(联勤)机关营房管理部门归口管理。军队房地产按其用途分别由有关单位和业务部门具体负责使用和管护。"从该规定不难看出,军队房地产实行权属主体与用管主体分离的管理模式。军队房地产的权属主体是中央军委,由总后勤部代表行使,用管主体是具体的使用和管护单位。①

① 参见傅显扬:《军队房地产诉讼实务与案例评析》,法律出版社2016年版,第3页。

对军队房地产享有使用和管理的权利主体为用管主体，而享有且行使处分的权利主体为权属主体，二者在权利享有与适用上有着本质的区别。因此，深刻理解军队房地产的管理模式系识别军队房地产与其他房地产本质区别的首要途径。掌握军队房地产管理模式的关键在于将军队房地产的权属主体与用管主体予以明确区分。

其次，军队房地产应当区别用途管理与规划管理的应用。《中国人民解放军房地产管理条例》第 13 条规定："军用土地实行用途管制制度。军队建设项目用地，应当执行人民政府编制的土地利用总体规划；特殊军事用地与土地利用总体规划不一致的，应当与人民政府有关部门协商办理。营区建设必须按照营区规划使用土地。国防工程、专用设施、科学试验和军事训练用地不得擅自改作他用。"

最后，军队房地产采用分级管理与审批许可的管理模式。《中国人民解放军房地产管理条例》全文多处规定了军队房地产分级管理与审批许可的硬性规定。主要分为三类：第一类为军队内部管理性审批，主要有第 7 条总后勤部在房地产管理方面履行的职责、第 16 条"营区规划管理"以及第 41 条营房拆除审批的主要规定；第二类为军队房地产内部调配的审批，该类审批主要规定在第 39 条的内容中；第三类为军队房地产外部流转（由内而外或由外而内）的审批，主要有第 12 条"未经批准，任何单位不得受让土地"、第 42 条"委托地方人民政府免租代管的空余房地产，由军区级单位审批，报总后勤部备案"、第 43 条"军队空余房地产经批准可以对地方租赁，租赁管理办法由总后勤部制定"、第 44 条"有偿转让军队房地产（含合建、换建、兑换，下同），由总后勤部审批"、第 46 条"计价移交的军队空余房地产，由总后勤部审批，其接收单位必须是县级以上地方人民政府"、第 47 条"未经中央军委批准，军队单位不得与境外组织或者个人合作利用其使用管理的军队房地产"、第 48 条"军用土地使用权和房屋所有权经批准向军外转移的，军队房地产使用管理单位必须到房地产所在地县级以上地方人民政府办理变更登记手续"等相关规定。可见，军队房地产不论是内部调配还是外部流转均有严格的审批与许可程序予以约束，这也是军队房地产在管理上独有的特殊属性。

（二）经营方式特殊

军队房地产的经营方式在《军队房地产经营管理规定》中进行了明确的规定。《军队房地产经营管理规定》第 4 条规定："军队房地产经营的主要方式：（一）各类房屋、仓库、设施、场地的出租（代储）；（二）房屋价让（出售）；（三）房地产的互换、换建、合建；（四）土地使用权的有偿转让；（五）利用房地产自办或合办经济实体等。"在以上 5 种经营性军产房中，主要是军队联建房的经营模式。经营模式的军队房地产一般适用于换建房，合建房形式，很少采用军队自建的方式。所谓换建，就是将成片的军队房地产与地方房地产进行置换，置换后取得地方的房地产用于保障军人的住房或者房地产经营；所谓合建，也就是部队在一定范围内提供土地使用权，房地产出地一方是军队单位，即军队出地，房地产公司出资，合作建房。[①] 关于合作建房中使用权归属问题是由房地产公司交纳出让金的比例所决定，因此，对于未交纳出让金的其余部分土地仍然归属于军队。房地产公司分得的比例作为商品房外售，而权属于部队的比例部分则用于军队内部分配。

---

① 参见何德锐：《中国军产房法律问题研究》，湖南师范大学 2014 年硕士学位论文。

四、军队房地产纠纷的诉讼管辖

军队房地产纠纷的诉讼管辖应当以军队房地产流转的类型不同而适用诉讼管辖的不同规则。正如前文所述，军队房地产包括内部流转与外部流转两种情形。

（一）关于军队房地产内部流转的问题

军队房地产的内部流转属于军队内部行政指令的范围，《最高人民法院关于房地产案件受理问题的通知》第3条规定："凡不符合民事诉讼法、行政诉讼法有关起诉条件的属于历史遗留的落实政策性质的房地产纠纷……因单位内部建房、分房等而引起的占房、腾房等房地产纠纷，均不属于人民法院主管工作的范围，当事人为此而提起的诉讼，人民法院应当依法不予受理或驳回起诉，可告知其找有关部门申请解决。"

举例说明：《最高人民法院关于军队离退休干部腾退军产房纠纷法院是否受理的复函》中明确：你院津高法〔1990〕第68号《关于中国人民解放军59122部队诉林学华等五人军产腾房案是否受理的请示报告》收悉。经研究认为，因军队离退休干部安置、腾迁、对换住房等而发生的纠纷，属于军队离退休干部转由地方安置管理工作中的遗留问题，由军队和地方政府通过行政手段解决为妥。故我们同意你院审判委员会的倾向性意见，即此类纠纷人民法院不宜受理。

上述最高人民法院的复函中表明，因军队离退休干部安置、腾迁、对换住房等而发生的纠纷，属于军队离退休干部转由地方安置管理工作中的遗留问题，即属于内部行政管理问题，应当由军队和地方政府通过行政手段解决，人民法院不应当受理。

（二）关于军队房地产外部流转的问题

《中国人民解放军房地产管理条例》和《军队空余房地产租赁管理规定》均对军队房地产允许转让、租赁、合建、换建等进行了明确规定，而军队房地产的转让、租赁、合建、换建的主体法律关系大多是军队与开发商、开发商与建筑企业、开发商与购房人之间的法律关系。显然，这些法律关系均不是军队内部上下级之间的行政和制约关系，而是经济市场中平等主体之间的民事法律关系，即属于平等民事主体之间的法律纠纷，依法应属于民法调整的范围。《最高人民法院关于房地产案件受理问题的通知》第1条规定："凡公民之间、法人之间、其他组织之间以及他们相互之间因房地产方面的权益发生争执而提起的民事诉讼，由讼争的房地产所在地人民法院的民事审判庭依法受理。"因此，对于军队房地产外部流转的诉讼应当由讼争的房地产所在地人民法院的民事审判庭依法受理。

举例说明：《最高人民法院关于中国人民解放军北京军区空军司令部诉吕全修等人腾退军产房是否受理的答复意见》：你院京高法〔2002〕12号《关于中国人民解放军北京军区空军司令部诉吕全修等人腾退军产房是否受理的请示》收悉。经研究，答复如下：同意你院审委会的第二种意见。本案中吕全修与中国人民解放军北京军区空军司令部（以下简称司令部）在签订腾房协议时，已经退休并转入地方，此时吕全修与司令部之间已经不存在行政隶属关系，是平等民事主体之间的合同关系。因此，司令部要求吕全修及其子女腾房符合《中华人民共和国民事诉讼法》第108条的规定，人民法院应予以受理。

五、离婚纠纷中所涉及军产房的分割问题的分析

(一)与军人共同居住使用的营房的处理

军队房地产的权属统归军委、总部。其产权由各级后勤部基建营房部门管理,按照不同的用途分别由有关业务部门具体负责使用和管护。营房广义上一般是指军事行政区内的房屋,包括办公楼房、训练楼房、士兵住房、食堂仓库车库等。广义含义是从保障军队单位的行政管理工作,完成特定的军事任务、保障部队作战、训练和思想政治教育等目的出发进行定义的;而狭义上的营房是指专供军队驻扎的士兵住房,如军训教官所住的宿舍楼。显而易见,无论是广义上还是狭义上的营房,其本质均是军队在一定意义上为军人无偿提供的生活与工作场所,带有一种福利性质。从法律的含义上讲,因具有明显的身份特性,营房更带有一种“借住”的性质,因此,对于营房,军人与其家属只有居住权,并无所有权,无权就此房屋进行出售、购买,置换等交易。若婚姻关系解除,基于军人配偶身份共同居住的当事人无权主张居住权,同时营房不具备福利分房的性质,也不具备一般公有住房所具有的价值属性,因此,军人配偶也无权主张折价补偿,只能在符合《婚姻法》第 42 条所规定的属于离婚时“生活困难的”情形下,要求对方给予经济帮助的权利,来维护自身合法权益。

总之,在军婚家庭中,对于非军人一方,在离婚财产分割时,如果该军产房仅分配给军人使用的话,则法院不会将该房作为夫妻共有房产加以分割,亦不会判决对非军人作价补偿。军人退伍,营房自然被军队收回。因此,与军人共同居住使用的营房在军人夫妻离婚时是不能作为夫妻共同财产进行分割的。

(二)对于已经支付了市场对价的军产房的处理

军队房地产支付市场对价包括两种情形,即支付全部对价与支付部分对价,不同的情形所适用的分割方式不同,现就两种情况分别予以分析。

首先,在支付了全部市场对价的情况下的军产房,其实质系类似于以经济适用房的模式进行销售的,特殊之处在于购买方获得房屋的产权的硬性前提是必须通过军队总后勤部的审批,否则无法取得房屋的产权。支付了全部市场对价的军产房在离婚纠纷中能否参与夫妻共同财产分配,要结合《婚姻法》所规定的关于婚前购买和婚后购买的两种情况具体决定。若是军人婚前就已经购买的房产,则属于军人一方婚前个人财产,如有贷款部分,婚后配偶参与了还贷,那么还贷部分和房产增值部分作为夫妻共同财产进行分配;若是婚后夫妻共同出资购买的军产房,且婚前或者婚后双方均没有关于家庭收入与开支的特殊约定,那么该军产房应当按照夫妻共同财产进行平均分配。结合法院的实务审判经验,因军产房具有军人的身份的特殊性,在作为夫妻共同财产进行分配的时候,法院审判的一般倾向是将军产房判决由军人一方所有,而对非军人配偶一方给予相应补偿。这既符合国家以划拨土地建设军产房保障军人福利的初衷,又符合《婚姻法》关于夫妻共同房产的分配规定。

其次,支付了部分对价的军产房是指购房者仅仅购买了军产房的部分产权,支付了部分的市场对价,而该部分之外的产权则仍然归属于军队,由总后勤部使用,支付部分对价的军产房在离婚纠纷中的分配仍然分为婚前支付房款和婚后支付两种情形。若是婚前军人一方购

买的，支付对价的那部分军产房的产权属于军人婚前财产，不作为夫妻共同财产予以分割，若婚后由夫妻共同出资购买的，对于支付对价的那部分房产价值可参与离婚双方财产分割，因该军产房部分的产权仍然归属于军队享有，且涉及军队内部的政策，因此，法院一般的审判原则是支付部分对价的军产房，虽然是婚后共同出资购买，但是该部分产权不得判给非军人一方所有，对于可参与价值分配的那部分只能给予非军人一方以相应的经济补偿。

（三）对于军队经济适用住房在离婚时的处理

对于夫妻离婚时如何分割军队经济适用住房，虽然法律并没有明确的具体规定，但是通过房屋管理机关了解军队经济适用房的具体使用以及管理情况，仍然能够得出一般的处理规律。如果军队经济适用房出售后转交地方管理，应经地方房屋管理部门颁发房屋所有权证，该房屋在夫妻离婚时可以参照地方经济适用住房的处理方法加以分割；如果军队经济适用房出售后仍然由军队房管部门独立管理，其对居住使用人进行严格限制，且限制军队经济适用房只能由军人家庭居住使用的，这种情况下，非军人一方在离婚纠纷中虽然无法主张军队经济适用房的所有权，但仍然可以参照地方经济适用房的价格标准获得折价补偿。

六、继承纠纷中所涉及军产房的分割问题的分析

根据《继承法》的规定，房产继承可以总结概括为：依照法定程序将被继承人遗留的房屋所有权及其土地使用权转移归继承人所有的法律行为，即是所有权及使用权继受取得方式的一种。而军产房作为一种特殊的房产类型，如前文所述，其在概念、范围以及内涵外延上均与普通产权房屋有所区别，因此，军产房继承纠纷中不仅仅依据《继承法》中关于房产继承的相关原则，更要有区别地结合《军队现有住房出售管理办法》中关于继承军产房的相关规定，只有这样，才能真正形成军产房继承纠纷特有的处理方法。

（一）结合历史传承与政策因素确认继承纠纷中军产房的权属性质

《军队现有住房出售管理办法》第34条规定："购房者去世后，由其合法继承人或受遗赠人继承相应的权利义务。无合法继承人或受遗赠人的，住房由售房单位按法律程序接管，其他任何单位或个人不得侵占。"由该规定可知，军产房是可以继承的，军产房继承的办理流程与一般房屋大体相同，仅是对被继承人对该军产房取得个人产权证或者已经履行了购买义务具有较为严格的限制，即能够继承军产房的前提是被继承人已经取得房屋的所有权，其实质内涵包括被继承人是购买房屋的合法主体，且已经实际出资取得房屋的所有权，只有在该种条件下，被继承人的军产房产权才可以得到确认，才有可能启动下一步的继承程序。但是这仅仅是通常情况下的权属确认，很多时候仍然要考虑军产房历史传承因素与政策因素，在两个因素基础上综合确认军产房的权属。

（二）军产房价值由继承人共同协商确定，协商不成的，法院不予实际分割

军产房均带有政策福利和历史传承等特殊因素，因此，在法律实践中如何确定军产房的价值成为军产房继承中关键的难点。在法院审判的司法实践中，基本的原则是本着公平公正的理念出发，由继承人共同协商确定军产房的价值，以此确定继承份额的实际分割原则，但是

若诉讼中争议双方无法就房屋的现值达成一致意见,虽然法院可采取以周边商品房的价格标准进行评估或者法院依法委托房地产评估公司对涉案军产房的价值进行评估,但是军产房作为估价对象,其正常的市场交易流通受到严格的限制,阻碍了评估机构的评估工作和评估标准的进程,导致评估机构无法做出评估结果,因此,上述两种措施在司法实践中均无法予以实施。在这种情形下,法院通常会以确认各继承人对遗产(军产房)享有相应份额的方式对当事人之间的继承纠纷进行处理,即法院仅仅针对军产房的继承事实以及继承人享有的继承权利作出判决,至于继承后共有权人对于共有房屋如何使用的问题,法院一般会指出因无法确定房屋现值,故不能对诉争房屋进行实际分割,或表示具体使用问题与继承纠纷并非同一法律关系,对此法院不予以处理,告知当事人可另行解决。总之,通过法院对军产房继承纠纷的判决可知,无论是继承纠纷中军产房的价值确认,还是继承人如何共有使用被继承人的军产房问题,法院并没有给予明确的判决方案,大体原则均是由继承人协商解决,法院不予以实际分割。

第二节 权威案例指导

典型案例

龙岩市春兴贸易有限公司、曾某荣等与龙岩市春兴贸易有限公司、曾繁某等租赁合同纠纷申请再审民事裁定书

【案件来源】最高人民法院

【审理法院】最高人民法院

【案件案号】(2016)最高法民申40号

【裁判日期】2016年3月23日

【裁判要点】1.军队房地产外部流转中的对外租赁系民事法律调整的范围,即属于民事法律关系,人民法院应当予以受理。2.《军用土地使用权转让合同》所涉土地使用权并非为军事用途、地上建筑物等表述,即系可以在市场自由交易的土地使用权而不是流转限制的军用土地使用权,合同效力真实合法有效。

【主文摘要】

再审申请人(一审被告、二审上诉人):龙岩市春兴贸易有限公司

再审申请人(一审被告):曾繁某

再审申请人(一审被告):廖某婧

被申请人(一审原告、二审被上诉人):中国人民解放军福建省龙岩军分区后勤部。

再审申请人龙岩市春兴贸易有限公司(以下简称春兴公司)、曾繁某、廖某婧因与被申请人中国人民解放军福建省龙岩军分区后勤部(以下简称龙岩军分区后勤部)租赁合

同纠纷一案,不服福建省高级人民法院(2014)闽民终字第703号民事判决,向本院申请再审。本院依法组成合议庭对本案进行了审查,现已审查终结。

春兴公司、曾繁荣、廖文婧申请再审称:一、原两审法院均未依申请和职权向军队调取《中国人民解放军房地产管理条例》《军队空余房地产租赁管理规定》《军队房地产租赁合同》范本等证据,认定事实不清。二、军分区后勤部的主体特殊,申请人无法获知军队出租房地产的特别规定。《军队房地产租赁协议书》违反了《合同法》、《土地管理法》、《土地管理法实施条例》、《城市房屋租赁管理办法》等法律法规的强制性规定。军分区后勤部隐瞒事实,欺骗申请人签订合同,属于欺诈行为。应依《合同法》第42条、第52条的规定,认定协议书无效。

本院认为:本案系租赁合同纠纷。龙岩军分区后勤部与春兴公司签订的《租赁协议书》,系双方当事人真实意思表示,应为有效合同。根据《合同法司法解释(二)》第14条,《合同法》第52条第5项规定的"强制性规定",是指效力性强制性规定。再审申请人主张合同无效,法律依据不足,本院不予支持。

《租赁协议书》载明,该协议书系合同双方根据《合同法》《中国人民解放军房地产管理条例》《军队空余房地产租赁管理规定》,经协商一致后签订的。因此,合同双方均应在签订合同之前已清楚相关规定和各自的权利义务。再审申请人认为其无法获知军队出租房地产的特别规定,《中国人民解放军房地产管理条例》《军队空余房地产租赁管理规定》《军队房地产租赁合同》范本等应由人民法院作为证据调取的理由不能成立。再审申请人认为军分区后勤部有欺诈行为,亦无证据证明。

第三节 实务操作指南

一、严格区分军队房地产可流通与禁止流通的类型标准

按照军产房是否可以进入市场上市流通,可以将军产房划分为禁止流通和可流通两种类型。虽然本文主要阐述的是可流通的军队房地产,但是对于禁止流通的军产房应当具有的一定的辨别意识,否则,产生了纠纷与矛盾不仅不能基于法律维护自身合法权益,甚至可能触犯法律,承担相应的法律责任。禁止流通的军队房地产,是指军队法律法规明确规定,无特殊情况,不允许转让的军产房。此类用房一般涉及军事秘密,具有特定的军事用途,是军队核心战斗力的直接保障,因此,法律予以严格禁止转让,且《刑法》还专门规定了擅自出卖、转让军队房地产罪。该罪是指违反军队房地产管理和使用规定,未经有权机关批准,擅自出卖、转让军队房地产,情节严重的行为。因此,在房产交易的实践中,应当严格区分军产房是否具有可流通性,以免带来法律惩戒的责任风险。

本节所主要阐述的是依照军队房地产管理法规所明确认可的可流通的军产房,包括对内流转与对外流转。对内流转系根据军队内部行政管理的相关规定进行的流转,发生的纠纷不属于平等的民事主体之间的纠纷,法院不予民事立案。对外流转包括销售、租赁、合建、换建

等方式。对外流转的房屋一般不涉及军事秘密，是为了合理配置房地产资源，提高房地产资源的利用效率，而允许军产房有限地进入房地产市场流通。该房产可以依照《中国人民解放军房地产管理条例》以及《军队房地产开发管理暂行规定》所规定的严格的审批与许可程序实现产权变更登记，完成军队房地产的外部流转。依照《中国人民解放军房地产管理条例》的规定，军队房地产转移、变更批准需持有总后勤部或各军区、军兵种、国防科工委等大单位的批件。依据《军队房地产开发管理暂行条例》第 15 条的规定，报总后勤部审批是军队房地产流转的必经程序。因为军产房是在国家划拨土地上建设的房屋，属于公房的范畴，要纳入一级市场的管理，若要将军队房地产纳入二级、三级市场流通则必须满足三个条件，总结概括为“两审一金”的原则条件，“两审”是指军队房地产出售、租赁等流转时，必须确认军产房产权的流转经过了地方政府的审批，并经过了军队房产管理机关的批准，即地方政府的审批和军队房产管理机关的批准，而“一金”则是指获取军产房的所有权，需要交纳土地出让金，并进行相应的登记，只有这样才能确保获得完整的房屋产权。该条件亦是根据《物权法》中不动产物权变动原则上采用登记要件主义之规定的延伸。若军队房地产的流转没有经过“两审一金”的程序过程，那么，军产房在物权上存在权利瑕疵，买受人对军产房在物权上的主张将无法得到法律的保护，存在极大的风险。

二、可以在备案登记机关查询军产房的权属性质

房地产的权属分为土地使用权和房屋所有权，军产房的土地使用权为国家划拨土地，其土地使用权和建筑物、构筑物以及其他附着物的所有权的权利人是中央军委，由总后勤部代表行使。具体管理事务由军队的各大单位行使。未进入市场流通的军产房，其房屋权属是明晰的。权利的行使统一归于总后勤部基建部。军产房权属在地方也是有登记备案的，也就是说，该房屋是否属于军产房完全可以进行查询。

三、离婚纠纷与继承纠纷所涉及军产房的权属确认问题，着重考虑军产房的历史传承与政策福利因素

军人身份的特殊性导致军人的离婚与继承纠纷中关于军产房的分割具有严格的限制与约束，正如前文所述，由于军队房地产土地来源和用途的特殊性，军队房地产的外部流转更加受到了极为严格的限制，要经过严格的审批与许可才能实现外部流转。这种流转上的限制，直接影响涉及军人的离婚与继承纠纷中有关军产房的处理。关于离婚与继承纠纷中有关军产房的处理，总的原则是只适宜处理房屋的使用权和居住权，并且军产房在经济价值上也不宜按照商品房进行评估作价，因此，人民法院在审理离婚与继承纠纷中应适当考虑军产房可带来的实际利益与实际用途，更要结合军队相关的政策以及我国《婚姻法》与《继承法》的相关原则来具体确定。

司法实践中，人民法院大多从历史传承情况、政策福利性质等方面综合认定军产房的权属性质，例如，北京市第三中级人民法院在（2015）中三民终字第 08217 号二审民事判决书中写道：“我国在军队系统施行的住房制度改革政策具有一定的特殊性，其中包含有对于曾经做出卓越贡献的离退休干部或其遗属的特殊照顾。对于在军队系统内房改过程中以干部遗属名义取得房屋的权属认定标准，与在军队系统外房改过程中在享受本人工龄和已死亡配偶生

前工龄优惠后所购公房的权属认定标准,不应等同,应结合所购房屋历史传承情况、军队的房改政策以及民法的公平原则予以综合审查判断。"可以说历史传承与政策因素同样是对军产房权属认定的重要考虑因素,不可在继承纠纷中将军产权的权属确认采取"一刀切"的审判模式。

第四节 法律法规整合

《中国人民解放军房地产管理条例》

第 2 条 本条例所称房地产,是指依法由军队使用管理的土地及其地上地下用于营房保障的建筑物、构筑物、附属设施设备,以及其他附着物。

第 3 条 军队房地产的权属归中央军委,其土地使用权和建筑物、构筑物以及其他附着物的所有权,由总后勤部代表行使。军队房地产管理的业务工作由各级后勤(联勤)机关营房管理部门归口管理。军队房地产按其用途分别由有关单位和业务部门具体负责使用和管护。

第 12 条 军队建设项目用地实行计划管理制度。军队建设项目申请划拨使用国有土地,必须依据用地单位编制、任务和部署定点文件,根据用地定额,编制用地计划,逐级上报总后勤部,纳入全军年度建设用地计划,按照有关规定办理划拨用地手续。未经批准,任何单位不得受让土地。

第 23 条 本条例所称营房,是指军队拥有所有权并由军队单位使用、管理的房屋。

军队单位实行营房限额住用制度。营房住用面积限额,依据单位人员、装备编制和营房建筑面积标准核定。

第 48 条 军用土地使用权和房屋所有权经批准向军外转移的,军队房地产使用管理单位必须到房地产所在地县级以上地方人民政府办理变更登记手续。

第二章 军队土地使用权转让合同的效力

【一级案由】合同、无因管理、不当得利纠纷

【二级案由】合同纠纷

【三级案由】建设用地使用权合同纠纷

【四级案由】建设用地使用权转让合同纠纷

第一节 法律要点详解

一、立法背景

随着军队人员进行精简整编等改革措施的推进,军队员额一定幅度上减少,军队出现了部分空余的军用土地,为缓解地方城镇土地的供需矛盾,合理利用和优化配置这些空余的军用土地,财政部、国家土地管理局、总后勤部联合下发《关于军队有偿转让空余军用土地有关问题的通知》,该通知首次明确允许开发利用军用空余土地,但开发利用的前提是不影响军队建设需要和保守国家军事机密,并且明确规定了转让空余军用土地应报经总后勤部批准的严格程序。该通知虽然确立了空余军用土地可以转让的法律规定,但是其仅是框架式的规定,对于何种空余军用土地可以转让、转让的期限、程序、范围等细节问题均没有进行详细规定,1995年5月16日,总参谋部、总政治部、总后勤部联合发布的《军用土地使用权转让管理暂行规定》对上述空余军用土地转让的细节予以明确规定。《军用土地使用权转让管理暂行规定》系首次系统地对军用土地使用权转让的范围、转让的程序做出了规定,为军用土地使用权转让的司法实践奠定了重要的法律基础。后随着房地产市场的日益兴起,军队各个单位、机关利用军用土地进行房地产开发、经营以及出租等各个用途的热情也日益高涨,《军用土地使用权转让管理暂行规定》所规定的空余军用土地可转让的范围已经无法满足现实交易需求,因此,2007年1月31日,国土资源部、财政部、解放军总后勤部联合下发《关于加强军队空余土地转让管理有关问题的通知》(国土资发〔2007〕29号),进一步限制了空余军用土地可转让的范围,中央军委于2000年6月颁布的《中国人民解放军房地产管理条例》第11条明确列举了军用土地的范围,通过《中国人民解放军房地产管理条例》与《关于加强军队空余土地转让管理有关问题的通知》(国土资发〔2007〕29号)的比较,使得军用土地可转让的范围更加明晰。至此,关于军队土地使用权转让的法律体系业已完善。

二、军队土地使用权转让的范围

《军用土地使用权转让管理暂行规定》第4条规定:"军用土地使用权转让,应在保证部队战备、使用和长远建设需要及确保军事秘密安全的前提下进行。军事禁区、保密要求高的单位和军事禁区附近、自己有能力开发的土地和权属有争议的土地严禁转让。非开放地区(含已对外开放县、市辖区内尚未批准开放的沿海岛屿)的军用土地不准对外商和港澳台商转让。"第6条规定:"军用土地使用权转让范围包括:(一)整宗空闲的土地;(二)可以划出单独管理的营区边角土地;(三)独立院落危旧房占用的土地;(四)被列为城市规划改造范围内的土地;(五)被列为开发区、经济特区的农场、马场和企业化工厂等用地;(六)其他可用于开发的土地。"

根据《关于加强军队空余土地转让管理有关问题的通知》(国土资发〔2007〕29号),进一步缩紧可转让的空余军用土地范围。依据该通知要求,严格控制军队空余土地的转让范围,军队土地是保障部队战备、训练、工作和生活的重要物质基础。军队空余土地应当首先满足军队单位的用地需求,凡是军队新上建设项目需要使用土地的,应当尽量从现有军队空余土地中调整解决。转让军队空余土地,要按照总后勤部的有关规定,除整宗空余土地、部队部署调整搬迁后空出土地、军队售房区土地、独立坐落干休所土地,以及地方城市规划修建市政基础设施和公益性设施占用土地外,其他军队空余土地原则上不得转让。同时,军队空余土地转为民用之前,军队单位应当严格审查转让是否涉及军事安全、保密等问题,凡涉及军事安全、保密的,一律不得转让。

综上所述,目前空余军用土地转让的范围,仅限于不涉及军事安全、保密的整宗空余土地、部队部署调整搬迁后空出土地、军队售房区土地、独立坐落干休所土地及地方城市规划修建市政基础设施和公益性设施占用土地。在此范围之外的其他军用土地,均禁止对外转让。因此,军队土地使用权的转让必须符合法定可转让的范围,否则,超出法定范围的军用土地转让行为因违反了法律的禁止性规定而不受法律保护,更因此会承担不利的法律后果。

三、军队土地使用权转让的审批与程序

(一)军用土地使用权转让的模式

依据《关于加强军队空余土地转让管理有关问题的通知》的相关规定,军队空余土地转让可采用以下三种模式:"(一)由当地政府收购储备,再由政府统一出让;(二)直接在当地的土地有形市场公开转让,由军队与土地所在地的市、县人民政府国土资源管理部门协商一致后共同实施;……(三)由军队单位按照总后勤部的有关规定组织公开转让,确定受让人,市、县国土资源管理部门按规定与受让人签订《国有土地使用权出让合同》。……具体采用哪种模式,由军队单位与土地所在地的市、县国土资源管理部门协商后,在申报军队空余土地转让计划时一并上报总后勤部审批。"针对三种不同的转让模式,其所对应的收益方式亦不尽相同。例如,由当地政府收购储备,再由政府统一出让的模式,当地政府只需向军队支付土地补偿费、安置补助费、地上附着物补偿费、拆迁补偿费等相关费用,而土地出让的绝大部分收益都将由当地政府享有。由此可以看出,军用土地使用权转让涉及巨大的经济利益,因此,在实践

中,军用土地使用权转让大部分是采用第三种模式,即由军队单位按照总后勤部的有关规定组织公开转让,很少采用由当地政府收购储备后再由政府统一出让的模式,采取这样的模式土地出让的收益均归军队所有。

(二)军用土地使用权转让的程序

严格军用土地使用权转让的程序是规范军用土地权转让交易市场的根基,随着社会不断地发展以及人民日益增长的房产居住需求,军用土地使用权转让的程序也日趋完善。

1995 年 5 月 16 日,总参谋部、总政治部、总后勤部联合颁布的《军用土地使用权转让管理暂行规定》首次系统地对军用土地使用权的转让的程序作出了详细的规定,其中第 12 条规定:“转让军用土地使用权,不论数量多少,一律报总后勤部审批。其中涉及军事设施安全保密,影响军事设施使用效能或妨碍军事活动正常进行的,报总参谋部、总后勤部审批;向外商、港澳台商转让军用土地,报中央军委审批。地上附着物为军事设施的,按军事设施保护法和总部有关规定办理。”第 13 条规定了转让军用土地使用权的具体办理程序;第 14 条规定了军用土地使用权转让时应当提交的资料;第 15 条规定转让单位与合作对象签订的合同所应包括的基本内容。《军用土地使用权转让管理暂行规定》奠定了军用土地使用权的转让程序完备的基础。

而关于经营性的军用土地的转让程序与方式在 2005 年 9 月 20 日,国土资源部办公厅下发的《关于军用土地转让有关问题的复函》(国土资厅函〔2005〕543 号)中首次予以明确,即经营性的军用土地使用权出让方式系以招标拍卖挂牌的方式进行出让。2007 年 1 月 31 日,国土资源部、财政部、解放军总后勤部联合下发《关于加强军队空余土地转让管理有关问题的通知》(国土资发〔2007〕29 号)中再次明确指出凡属于商业、旅游、娱乐、商品住宅和工业用途的,必须在统一的土地市场以拍卖的形式公开转让,竞价高者得,其中规定:“严格实行军队土地转让计划管理,转让军队空余土地,由军队土地使用单位提出申请,按程序报总后勤部批准后,纳入军队空余土地转让计划。军队空余土地在申请转让时,应当征求当地国土资源管理部门和城市规划管理部门的意见……军队空余土地转让计划经总后勤部批准后,抄送有关省(自治区、直辖市)国土资源管理部门和土地所在地的市、县人民政府。市、县人民政府在编制年度土地供应计划时,应优先安排纳入军队空余土地转让计划的土地。未纳入军队空余土地转让计划和当地土地年度供应计划的土地,不得转让。”

四、军队土地使用权转让合同的效力定性

最高人民法院《国有土地使用权合同司法解释》第 1 条规定:“本解释所称的土地使用权出让合同,是指市、县人民政府土地管理部门作为出让方将国有土地使用权在一定年限内让与受让方,受让方支付土地使用权出让金的协议。”而在军队土地使用权转让合同的实际签订与履行中,未办理土地使用权变更登记手续、未通过有批准权的人民政府审批能否影响军队土地使用权转让合同的效力问题,始终是争议的焦点与难点。对此,笔者将从以下两个方面分析军队土地使用权转让合同的效力定性问题。

(一)未办理土地使用权变更登记手续对军队土地使用权转让合同的效力的影响

军队土地使用权转让合同属于国有土地使用权合同纠纷的范畴,因此,对于军队土地使用权转让时应当持有土地使用权证书、办理土地变更登记手续等基本的程序要求规定可适用最高人民法院《国有土地使用权合同司法解释》的规定。《国有土地使用权合同司法解释》第8条规定:“土地使用权人作为转让方与受让方订立土地使用权转让合同后,当事人一方以双方之间未办理土地使用权变更登记手续为由,请求确认合同无效的,不予支持。”从该条文规定可知,未办理土地使用权变更登记手续不能成为一方当事人主张土地使用权转让合同无效的依据,因转让方未办理土地使用权变更登记手续的行为属于无权处分。《合同法》第51条规定:“无处分权的人处分他人财产,经权利人追认或者无处分权的人订立合同后取得处分权的,该合同有效。”该法条表明,无权处分的合同系效力待定的合同,不能仅仅依据无权处分一点主张合同无效,而《最高人民法院关于审理买卖合同纠纷案件适用法律问题的解释》将无权处分与合同效力之间的关系再一次细化,该解释第3条规定:“当事人一方以出卖人在缔约时对标的物没有所有权或者处分权为由主张合同无效的,人民法院不予支持。出卖人因未取得所有权或者处分权致使标的物所有权不能转移,买受人要求出卖人承担违约责任或者要求解除合同并主张损害赔偿的,人民法院应予支持。”因此,综合以上法律规定,不难看出,军用土地使用权转让合同中,一方当事人仅以未办理土地使用权变更登记手续而主张合同无效的,人民法院不予以支持。由于土地使用权的转让登记不属于政府的行政审批行为,未办理转让登记的,虽然土地使用权不发生移转,但并不影响转让合同的效力。除非另有约定。土地使用权转让合同经各方当事人签署之后生效,未能办理转让登记的,负有办理登记义务的一方应向另一方承担违约责任。土地使用权的转让需办理变更登记。我国现行立法对物权变动采取登记要件主义,即土地使用权转让合同的签订并不直接意味着土地使用权的移转,土地使用权的移转以登记为要件,转让合同中的受让人不是在转让合同签订以后,而是在土地使用权登记依法变更到受让人名下以后方取得土地使用权。所谓无因,是指不把约定价金支付的债权契约作为物权变动的原因,而是把物权的变动,或物权行为本身就视作一种契约,物权行为不因债权契约的成立而成立,或无效而无效。① 因此,未办理土地使用权变更登记手续并不影响军队土地使用权转让合同的效力。

(二)未经过审批手续是否影响军队土地使用权转让合同的效力

是否办理审批手续对军队土地使用权转让合同的效力的影响应当结合《合同法》第52条关于合同无效的情形的规定进行判断,《合同法》第52条规定:“有下列情形之一的,合同无效:……(五)违反法律、行政法规的强制性规定。”该法所指向的法律、行政法规的强制性规定系法律、行政法规的效力性强制性规定,并非管理性强制性规定。例如,《城镇国有土地使用权出让和转让暂行条例》第44条规定:“划拨土地使用权,除本条例第四十五条规定的情况外,不得转让、出租、抵押。”第45条规定:“符合下列条件的,经市、县人民政府土地管理部门和房产管理部门批准,其划拨土地使用权和地上建筑物、其他附着物所有权可以转让、出租、

① 参见朱征夫:《房地产项目公司的法律问题》,法律出版社2001年版,第52~58页。

抵押:(一)土地使用者为公司、企业、其他经济组织和个人;(二)领有国有土地使用证;(三)具有地上建筑物、其他附着物合法的产权证明;(四)依照本条例第二章的规定签订土地使用权出让合同,向当地市、县人民政府补交土地使用权出让金或者以转让、出租、抵押所获收益抵交土地使用权出让金。转让、出租、抵押前款划拨土地使用权的,分别依照本条例第三章、第四章和第五章的规定办理。”上述两条规定属于行政法规的效力性强制性规定,若违反该规定合同应当认定无效。《城市房地产管理法》第40条第1款规定:“以划拨方式取得土地使用权的,转让房地产时,应当按照国务院规定,报有批准权的人民政府审批。有批准权的人民政府准予转让的,应当由受让方办理土地使用权出让手续,并依照国家有关规定缴纳土地使用权出让金。”《国有土地使用权合同司法解释》第11条规定:“土地使用权人未经有批准权的人民政府批准,与受让方订立合同转让划拨土地使用权的,应当认定合同无效。但起诉前经有批准权的人民政府批准办理土地使用权出让手续的,应当认定合同有效。”由此可见,未经过审批手续对军队土地使用权转让合同的效力影响同未办理土地使用权变更登记手续的影响一样,均设定了时间的限制,即在起诉前未经有批准权的人民政府批准办理土地使用权出让手续的,应当认定合同无效,否则认定有效。

综上所述,人民法院在审理军队土地使用权转让合同纠纷案件时,判断未办理土地使用权变更手续或未经过有批准权的政府审批的对军队土地使用权转让合同效力的影响,要结合双方具体履行合同的情况予以判断,要谨慎审查土地使用权变更手续的办理情况以及经过有批准权的政府的审批情况。

第二节　权威案例指导

典型案例

北京秦龙投资有限公司、珠海市嘉德利投资有限公司与中经信(珠海)国际担保有限公司、中国人民解放军空军后勤部驻广州办事处建设用地使用权转让合同纠纷申请再审民事裁定书

【案件来源】最高人民法院

【审理法院】最高人民法院

【案件案号】(2015)民申字第196号

【裁判日期】2015年4月23日

【裁判要点】1. 建设用地使用权期间届满前,因公共利益需要提前收回该土地的,应当依照《物权法》第42条的规定对该土地上的房屋及其他不动产给予补偿,并退还相应的出让金。2. 建设用地使用权提前收回后,土地使用权出让人和土地使用权受让人之

间的法律关系转化为解约补偿的法律关系，原建设用地使用权人有权请求出让人退还相应的土地出让金。

第三节 实务操作指南

一、明确军队房地产流转过程中流转标的性质与效力

我国《物权法》对不动产物权变动原则上采用登记要件主义，因此，订立军产房转让书面合同是产生债权关系的基础，但是产生物权法律关系的基础在于进行产权登记，即只有产权登记的事实行为发生才能发生物权变动。尤其是军队房地产存在支付部分市场对价、合建的情形，转让过后的军产房，其中部分仍然是军队的权属，房屋所有权并未完全发生转移，因此，无论是纯粹的租赁合同行为，还是转让使用权或者转让所有权的行为，实践中，非军队一方当事人必须熟知、理解军用土地使用权、军产房屋所有权以及军产房屋使用权的含义，以及其与军队、开发商签署的合同所转让的标的究竟是什么，只有根据标的的不同才能确定在实践交易过程中应当注意哪些事项。

首先，军用土地使用权其性质上属于国家划拨的土地，这种划拨是由国家将土地无偿交付给军队使用的行为。除法律特别规定外，军用土地使用权是没有期限限制的，即军用土地使用权的使用期限是不确定的。这一点与土地使用权的出让不同，土地使用权的出让是有期限并且是有偿的。军队享有的划拨土地使用权，目的是为了实现军事职能，这种划拨土地使用权应当认为军队自己占有、使用，在性质上属于未分离出去的所有权的使用权权能。[①] 因此，军队土地使用权具有所有权的权能，具有相对独立性。《中国人民解放军房地产管理条例》第14条规定：经批准转让军用土地的军队单位，必须按照有关规定，申领军用土地转让许可证，并到当地县级以上地方人民政府办理土地转让手续。根据《城市房地产管理法》第40条："以划拨方式取得土地使用权的，转让房地产时……报有批准权的人民政府审批。有批准权的人民政府准予转让的，应当由受让方办理土地使用权出让手续，并依照国家有关规定缴纳土地使用权出让金。"上述规定均规定了必须取得土地转让许可批准并到地方人民政府办理土地使用权转让手续才可进行土地使用权有偿转让，且划拨土地办理土地转让手续，必须交纳土地出让金，因此，军用土地使用权有偿转让的过程中，非军队一方的当事人应当认真审查土地转让许可批准手续、土地使用权转让手续以及缴纳土地出让金的实际情况，只有这样，才能确保军用土地使用权转让行为的有效性。

其次，关于军产房屋所有权，在军队房地产经营中，军队采用的是"地不随房走"的基本原则，即房屋所有权与土地使用权相分离。军队房地产转让的是房屋所有权，而土地使用权仍然归属于军队。所以，个人在购买军队现有住房时，可以在补交土地出让金的情况下，在地方登记机关办理军产房转让登记。但是现实中，地方登记机关办理军产房转让登记有较大的阻

① 参见符启林：《房地产法》，法律出版社2002年版，第16页。

碍与困难,很难达到法律所规定的要求,因此,才会产生房地产市场中的“军产房现象”,为了杜绝与避免“军产房现象”,应当谨慎审查所涉房屋是否可以办理转让登记。

最后,关于军产房屋使用权,个人对军产房享有使用权的情形主要包括:一是对承租的军产房享有房屋使用权;二是对购买军队内部分配的经济适用房享有使用权;三是对独立投资建设的人防工程享有房屋使用权。军队的房屋产权证明是由军产管理单位颁发的军产证,而现实中仅仅取得了军队颁发的军产证,并不能取得法律意义上的房屋所有权。军产房屋使用权的转让行为应当与军产房屋的所有权严格予以区分。

二、军用土地使用权转让应注意的法律问题

(一)军用土地使用权转让须经总后勤部批准

根据《关于加强军队空余土地转让管理有关问题的通知》的规定,军队空余土地转让项目应当上报总后勤部审批,未经总后勤部批准并确认许可的,各级国土资源管理部门不得办理有关手续。因此,军用土地使用权在转让前,须取得总后勤部的批准,否则,军用土地使用权不能对外转让,各级国土资源管理部门不给予办理相关手续。

(二)军用土地使用权转让须经过严格审查,取得许可手续

《军用土地使用权转让管理暂行规定》第 22 条规定:“军用土地使用权转让实行许可证制度。解放军土地管理局根据军委、总部的批复文件,收取土地转让费后,核发《许可证》。不按要求缴纳土地转让费的,不发给《许可证》,没有《许可证》的转让项目禁止转让。”并且,在国土资源部办公厅于 2005 年 9 月 20 日下发给大连市国土资源和房屋局的《关于军用土地转让有关问题的复函》中,亦再次确认《军用土地补办出让手续许可证》是军用土地转让的前置批准文件,军用土地转让应当首先取得《军用土地补办出让手续许可证》。因此,军用土地使用权转让,必须经过严格审查,取得许可手续,即取得解放军土地管理局核发的《军用土地补办出让手续许可证》。

(三)军用土地使用权转让过程中涉及的拆迁安置问题

2003 年 8 月 8 日,《最高人民法院研究室关于人民法院是否受理涉及军队房地产腾退、拆迁安置纠纷案件的答复》中指出:“因涉及军队房地产腾退、拆迁安置而引起的纠纷,不属于人民法院主管工作的范围,当事人为此而提起诉讼的,人民法院应当依法不予受理或驳回起诉,并可告知其向有关部门申请解决。”根据该答复,在军用土地使用权转让过程中涉及的拆迁安置问题,并不属于人民法院的管辖范围,只能向有关部门申请解决,答复再次严格把控了军用土地使用权转让的诉讼管辖范围。

第四节　法律法规整合

一、《中国人民解放军房地产管理条例》

第 11 条　本条例所称军用土地，是指军队拥有使用权的下列国有土地：

（一）部队、机关、院校、科研院所、医院、疗养院、后方仓库、干休所等单位的营区用地；

（二）陆军设防、海防、空防、二炮阵地、通信、军队人防工程，以及保留的旧机场、旧港口、旧洞库等国防工程用地；

（三）试验场（基）地、训练场、靶场等科学试验和军事训练用地；

（四）军用铁路专用线、公路支线和输水、输油、输气、输电管线等专用设施用地；

（五）军队的农副业生产用地；

（六）军队工厂用地；

（七）依法由军队管理、使用的其他土地。

第 13 条　军用土地实行用途管制制度。

军队建设项目用地，应当执行人民政府编制的土地利用总体规划；特殊军事用地与土地利用总体规划不一致的，应当与人民政府有关部门协商办理。

营区建设必须按照营区规划使用土地。

国防工程、专用设施、科学试验和军事训练用地不得擅自改作他用。

第 14 条　军用土地转让实行许可证制度。

经批准转让军用土地的军队单位，必须按照有关规定，申领军用土地转让许可证，并到当地县级以上地方人民政府办理土地转让手续。

二、《军用土地使用权转让管理暂行规定》

第 15 条　军用土地使用权转让，应做到契约文书合法，手续完备，并经公证机关公证。转让单位与合作对象签订的合同（协议）包括以下基本内容（式样附后）：（一）转让土地（含地上建筑物、其他附着物）的位置、数量和年限；（二）土地转让费的交付方式、时间；（三）合作建房的面积、工程总投资、类型、结构、用途、装修标准、开竣工时间及房屋建成后的分成比例；（四）转让双方的权益、责任和违约赔偿；（五）明确上缴地方和军队税费的责任方；（六）明确合同（协议）经军队主管机关审批后生效。

第 22 条　空余营区，应当区别情况，实施分类管理，防止荒芜、毁坏和流失；不得擅自进行改建、扩建、新建。

空余营区，必须优先保证军队内部调整利用；也可以按照有关规定采取储备看管、拆房用地、有偿转让、免租代管、计价移交或者国家和军队政策、法律法规允许的其他方式进行处置。

第 42 条　委托地方人民政府免租代管的空余房地产，由军区级单位审批，报总后勤部备案。

第 43 条　军队空余房地产经批准可以对地方租赁，租赁管理办法由总后勤部制定。

第 44 条　有偿转让军队房地产（含合建、换建、兑换，下同），由总后勤部审批。

有偿转让的军队房地产必须经过具有法定资格的评估机构进行价格评估，转让价格不得低于当地人民政府确定的最低价。

国家建设项目和地方人民政府实施城市建设发展规划确需占用军队房地产的，按照有关规定，根据被占用房地产的价值获取补偿。

第47条　未经中央军委批准，军队单位不得与境外组织或者个人合作利用其使用管理的军队房地产。

三、《国有土地使用权合同司法解释》

第8条　土地使用权人作为转让方与受让方订立土地使用权转让合同后，当事人一方以双方之间未办理土地使用权变更登记手续为由，请求确认合同无效的，不予支持。

第9条　转让方未取得出让土地使用权证书与受让方订立合同转让土地使用权，起诉前转让方已经取得出让土地使用权证书或者有批准权的人民政府同意转让的，应当认定合同有效。

第11条　土地使用权人未经有批准权的人民政府批准，与受让方订立合同转让划拨土地使用权的，应当认定合同无效。但起诉前经有批准权的人民政府批准办理土地使用权出让手续的，应当认定合同有效。

四、《城镇国有土地使用权出让和转让暂行条例》

第44条　划拨土地使用权，除本条例第四十五条规定的情况外，不得转让、出租、抵押。

第45条　符合下列条件的，经市、县人民政府土地管理部门和房产管理部门批准，其划拨土地使用权和地上建筑物、其他附着物所有权可以转让、出租、抵押：

（一）土地使用者为公司、企业、其他经济组织和个人；

（二）领有国有土地使用证；

（三）具有地上建筑物、其他附着物合法的产权证明；

（四）依照本条例第二章的规定签订土地使用权出让合同，向当地市、县人民政府补交土地使用权出让金或者以转让、出租、抵押所获收益抵交土地使用权出让金。

转让、出租、抵押前款划拨土地使用权的，分别依照本条例第三章、第四章和第五章的规定办理。

第三章　军队房地产租赁合同纠纷

【一级案由】合同、无因管理、不当得利纠纷

【二级案由】合同纠纷

【三级案由】租赁合同纠纷

【四级案由】房屋租赁合同纠纷

第一节　法律要点详解

一、立法背景

军队房地产租赁是指军队利用其空余房地产开展的租赁活动，包括将土地使用权连同地上建筑物、其他附着物或房屋一同出租给承租人使用，并由后勤部门向承租人收取租金等财产性收益。

为提高军队空余房地产的利用效率、发挥军队空余房地产的资源效益，同时弥补国防经费的不足、支援地方经济建设等保障战备和服务等刚性需求，并理顺军地业务关系，使其能够健康有序发展，加强军队空余房地产的租赁管理就显得尤为重要。对此，2002 年 7 月 18 日，解放军总后勤部发布了《军队空余房地产租赁管理规定》；2004 年 7 月 21 日，财政部、国税总局联合下发了《关于暂免征收军队空余房产租赁收入营业税房产税的通知》，《通知》明确规定自 2004 年 8 月 1 日起，对军队空余房产的租赁收入免征营业税和房产税；2004 年 12 月 30 日，建设部、国家工商行政管理总局、国家税务总局、解放军总后勤部联合下发了《关于进一步加强军队空余房地产租赁管理工作的通知》（〔2004〕后营字第 1285 号），明确要求各地建设厅（建委、房地局）、工商行政管理局、地方税务局及全军有关后勤部门要严格实行租赁归口管理、租赁项目审批制度、租赁许可证制度、租赁合同审核制度、租赁年检制度，并规定了严格加强租赁工商、税务管理等方面的重要内容；解放军总政治部、总后勤部联合发布修订后的《军队空余房地产租赁管理规定》。至此，一整套遵循保护产权、控制规模、依法租赁、归口管理的原则，足以保证战备和部队住用以及满足安全保密要求的军队空余房地产租赁管理体系已经确立。

二、军队空余房地产租赁概述

(一)关于军队空余房地产租赁的标的范围和期限问题

军队空余房地产包括现有空余营房、场地及附属设施设备、军队招待所出租房屋用于办公或销售的场所，其中，军队中涉及国家秘密、军事机密的场所甚多，出于对国家安全和军事安全的考虑，如下范围内的军队空余房地产是禁止出租的：军事行政区内的；影响军事安全保密的；违章建筑；权属有争议的；不符合使用安全标准的；国家和军队禁止出租的其他空余房地产。租赁年限也同样有严格的限制，《军队空余房地产租赁管理规定》第11条第2款规定："(一)出租房屋建筑面积10,000平方米以上的，或者出租场地面积30,000平方米以上的，或者租期10年以上18年(最高租赁年限)以内的，报总后勤部审批；……"此项规定明确了军队空余房地产租赁的最高年限为18年。但《合同法》第214条规定租赁期限不得超过20年，此处的冲突在下文分析阐述。

(二)关于军队空余房地产租赁的审批和许可问题

军队空余房地产的租赁实行的是分级审批制度，并必须申请领取《军队房地产租赁许可证》。《军队空余房地产租赁管理规定》第11条从出租房屋的建筑面积和出租年限两方面进行了逐级划分的规定，第12条又详细列举了关于申报租赁项目所应提交的文件和材料。由此可见，军队空余房地产租赁工作实行严格的管理责任制，即谁出租谁负责，谁审批谁负责。

(三)关于军队空余房地产租赁的法律适用问题

根据我国目前关于军队空余房地产租赁问题的相关立法现状，即未对此类租赁合同履行作特殊规定，因此，关于法律适用问题主要涉及《合同法》《民法通则》《民法总则》《民事诉讼法》等相关法律法规及司法解释。值得注意的是，2009年9月1日起实施的《关于审理城镇房屋租赁合同纠纷案件具体应用法律若干问题的解释》第1条规定："本解释所称城镇房屋，是指城市、镇规划区内的房屋。乡、村庄规划区内的房屋租赁合同纠纷案件，可以参照本解释处理。但法律另有规定的，适用其规定。当事人依照国家福利政策租赁公有住房、廉租住房、经济适用住房产生的纠纷案件，不适用本解释。"

三、军队空余房地产租赁合同内容及效力的认定

(一)关于军队空余房地产租赁合同的内容问题

实践中，军队空余房地产对外出租时，都会使用中国人民解放军房地产管理局印制的《军队房地产租赁合同》范本，个别情况下会自行起草合同文本。范本内容中除一般租赁合同所具备的基本内容外，还重点突出了出租人和承租人的权利义务，其中出租人应保证出租的标的符合军队相关的租赁条件，并负责向相关部门办理审核手续及申请《军队房地产租赁许可证》。承租人则应对承租标的妥善看管维护，确保合法经营且不得擅自改变标的的租赁用途。

既然大多数情况下租赁合同双方会使用《军队房地产租赁合同》范本，那么范本是否属于格式合同在司法界已产生了很大分歧。根据《合同法》第39条第2款"格式条款是当事人为

了重复使用而预先拟定，并在订立合同时未与对方协商的条款”的规定，范本可以归类为格式合同或格式条款。但实践中，法院一般会就相关条款规定的权利义务作具体判断。即只要提供格式条款一方（一般为军队方）遵循公平原则确定双方的权利和义务，并采取合理的方式提请对方注意免除或限制其责任的条款，按照对方的要求对该条款予以明确说明，人民法院便会认定合同系成立且有效。

（二）关于军队空余房地产租赁合同效力的认定问题

《合同法》第52条明确规定了通用的合同无效的情形，此处不再详细阐述。军队空余房地产租赁合同的效力问题主要体现在如下几方面：

首先是租赁标的的取得方式问题，即军队土地的取得是以划拨的方式取得的，而1990年5月19日施行的《城镇国有土地使用权出让和转让暂行条例》规定，符合条件的划拨土地须经批准才可以转让、出租、抵押，但军队单位、国家机关的划拨用地除外。对此，最高人民法院在2010年之前的观点是否定以划拨方式取得土地后对外出租的合法性，而2010年之后，最高人民法院的观点出现了转折，原因在于根据2009年8月27日起施行的《城市房地产管理法》第56条的规定，以营利为目的出租划拨用地地上房屋的，应将租金中所含土地收益上缴国家。按照上位法优先于下位法和新法优先于旧法的原则，应该优先适用《城市房地产管理法》。因此，即便是划拨方式的国有土地使用权出租也应当认定出租合同有效。

其次是租赁期限问题，《合同法》规定超过20年租赁期限的合同，超过部分无效，而《军队空余房地产租赁管理规定》却规定了最长租赁期限为18年，对此，笔者认为《军队空余房地产租赁管理规定》属于军事规章，效力等级应与行政规章、国务院部委规章相同，且低于《合同法》作为法律的效力等级。因此，若出现关于租赁期限进而需要判断合同效力的问题，应以《合同法》的相关规定为准。当然，还存在法律法规的溯及力问题，《合同法》是1999年10月1日起实施的，根据“法不溯及既往原则”，要区分租赁合同签订的时间与《合同法》实施的时间先后，进而判断是否要以《合同法》的规定来判断该合同的效力问题。

第二节　权威案例指导

典型案例

武汉中商集团股份有限公司、湖北凯瑞矿业有限公司
房屋租赁合同纠纷再审审查与审判监督民事裁定书

【案件来源】最高人民法院

【审理法院】最高人民法院

【案件案号】（2017）最高法民申1442号

【裁判日期】2017年6月28日

【裁判要点】1. 关于凯瑞公司在履行房屋租赁合同过程中是否存在违约情形。根据双方签订的《合同》及《补充协议》的内容,只要《军队房地产租赁许可证》的许可日期在形式上是连续的,不影响双方权利义务的正常履行,就不应认定存在违约情形。2. 关于双方房屋租赁合同解除时间认定问题。合同单方提出解除房屋租赁合同既无法律依据,亦无合同依据,其单方发出解除合同的意思表示到达对方并不产生合同解除的效力。只有双方均做出了同意解除合同的意思表示并到达对方才能符合《合同法》第93条"当事人协商一致,可以解除合同"的规定。

【主文摘要】

再审申请人(一审原告、二审上诉人):武汉中商集团股份有限公司。

被申请人(一审被告、二审上诉人):湖北凯瑞矿业有限公司。

再审申请人武汉中商集团股份有限公司(以下简称中商公司)因与被申请人湖北凯瑞矿业有限公司(以下简称凯瑞公司)房屋租赁合同纠纷一案,不服湖北省高级人民法院(2016)鄂民终662号民事判决书,向本院申请再审,本院依法组成合议庭对本案进行了审查。现已审查终结。

双方诉请及答辩内容略。

本院认为,根据双方当事人的再审申请及答辩意见,本案争议焦点为:凯瑞公司是否存在违约情形;原审关于案涉房屋租赁合同解除时间的认定是否正确。

一、关于凯瑞公司在履行房屋租赁合同过程中是否存在违约情形。首先,从合同约定内容的文义来看,《补充协议》中的相关权利义务约定为"……13. 甲方承诺于本补充协议签订15日内向乙方提供《军队房地产租赁许可证》,若甲方在约定时间内未取得《军队房地产租赁许可证》,按每逾期一日,增加乙方免租期二日,逾期超过20天,乙方有权单方解除合同,甲方退还乙方所付定金及预付租金,并支付乙方已安装在该物业的设施设备及土建改造的费用,还应向乙方支付以房屋租赁合同中约定的第一年的租金为标准的违约金,若该违约金不足以弥补乙方损失,乙方有权向甲方追偿;14. 租赁期内,甲方必须保证《军队房地产租赁许可证》的有效期具有连续性,否则,甲方同意按照本协议上述条款的约定承担违约责任。"可以看出,上述第13条约定的是关于凯瑞公司首次取得《军队房地产租赁许可证》时的办证义务,第14条是合同履行过程中,凯瑞公司每年应履行的保证许可证有效期连续性的义务,且只是在违约责任承担问题上指向了第13条。如果凯瑞公司未出现第14条约定的违约情形,则无须根据第13条承担违约责任,而不能得出要求该证必须在上一年许可证到期日前或者到期后20天内办理完毕的结论。其次,双方对"2014年度涉案房屋的《军队房地产租赁许可证》于2014年12月3日已核发,有效期限为自2014年11月1日至2015年10月31日,与前一周期的租赁许可证保持连续性"的事实均无异议,该事实足以认定凯瑞公司已经履行第14条"保证《军队房地产租赁许可证》有效期具有连续性"的合同义务,不存在违约行为。最后,军队相关部门颁发《军队房地产租赁许可证》发生效力时间和许可证有效期不能等同。

《补充协议》约定的是凯瑞公司负有“保证《军队房地产租赁许可证》有效期具有连续性”的义务，而非保证军队有关部门在有效期内做出许可准予办证的义务。中商公司认为二审以凯瑞公司于2014年12月3日取得了《军队房地产租赁许可证》倒推其没有违约行为有失偏颇，不能成立。另外，生效判决将中商公司在之前的租赁年度未主张过凯瑞公司违约作为综合判断的因素，并无不当。中商公司认为凯瑞公司迟延办理取得《军队房地产租赁许可证》，影响其承租的房屋正常经营，但未能提出相应证据予以证实，其再审所提2015年、2016年相关政策文件，均在双方争议后一年发布，其称在2014年的经营受到以上政策影响明显不符合实际。至于合同解除后的资产处理问题，如中商公司认为凯瑞公司对其合法资产存在侵权行为，可以另行主张权利。

二、关于双方房屋租赁合同解除时间认定问题。经查，房屋租赁合同履行期间，中商公司于2014年11月21日单方提出解除《房屋租赁合同》《补充协议》，凯瑞公司多次向中商公司回函，均表示不同意解除合同。中商公司单方提出解除房屋租赁合同既无法律依据，亦无合同依据，其单方发出解除合同的意思表示到达凯瑞公司并不产生合同解除的效力。凯瑞公司在2014年12月23日回函中称“……愿意暂时搁置中商公司违约的补偿问题的争议，配合中商公司尽早退出场地，防止损失扩大……”究其本意，可以认定为凯瑞公司此时作出了同意解除合同的意思表示，故二审判决认定该日为双方解除合同之日，符合《合同法》第93条“当事人协商一致，可以解除合同”的规定，适用法律正确。

综上，中商公司的再审申请不符合《中华人民共和国民事诉讼法》第200条第2项、第6项规定的情形。依照《中华人民共和国民事诉讼法》第204条第1款，《最高人民法院关于适用的解释》第395条第2款规定，裁定如下：驳回武汉中商集团股份有限公司的再审申请。

第三节　实务操作指南

一、《军队房地产租赁许可证》是审理军队空余房地产租赁纠纷的关键证据

《军队空余房地产租赁管理规定》第17条第1款规定：“军队空余房地产租赁实行许可证制度。出租空余房地产，必须申领《军队房地产租赁许可证》。”因此，办理许可证是签订军队空余房地产租赁合同的前提，而且许可证由中国人民解放军房地产管理局核发，从申请到核发需要一定的时间周期，并需要提前缴纳相关费用，合同双方都要充分考虑此项程序的时间成本和金钱成本，尽量在合同的补充条款中明确关于许可证申领的细节问题，避免歧义条款的存在，以保证合同能够顺利履行。

二、军队空余房地产租赁合同解除问题

鉴于目前我国立法上没有针对军队空余房地产租赁合同解除问题作特别规定，因此适用

《合同法》中有关合同解除的相关规定。

(一)解除的依据

根据《合同法》第93条、第94条的规定,合同的解除有三种途径,分别为协商解、约定解和法定解。针对租赁合同还有特殊的规定,比如,出租人有权在承租人未按约定的方法或标的性质使用租赁物致使租赁物受到损失的;承租人非法转租的;承租人无故未支付或拖延支付租金,经过合理期限仍不支付等情况下解除合同的规定。又如,承租人有权在因不可归责于本人的事由致使标的部分或全部毁损、灭失致使合同目的无法实现的;标的危及承租人安全或健康的等情况下解除合同。

(二)解除的法律后果

根据《合同法》第97条、第98条的规定,合同解除之后,终止尚未履行的权利和义务,已经履行的内容根据合同性质可以要求恢复原状,不能恢复的,可以采取其他补救措施,并有权要求赔偿损失。合同中的清理和结算条款的效力不因合同解除而终止。

第四节　法律法规整合

一、《城市房地产管理法》

第23条　土地使用权划拨,是指县级以上人民政府依法批准,在土地使用者缴纳补偿、安置等费用后将该幅土地交付其使用,或者将土地使用权无偿交付给土地使用者使用的行为。

依照本法规定以划拨方式取得土地使用权的,除法律、行政法规另有规定外,没有使用期限的限制。

第24条　下列建设用地的土地使用权,确属必需的,可以由县级以上人民政府依法批准划拨:

(一)国家机关用地和军事用地;

(二)城市基础设施用地和公益事业用地;

(三)国家重点扶持的能源、交通、水利等项目用地;

(四)法律、行政法规规定的其他用地。

第56条　以营利为目的,房屋所有权人将以划拨方式取得使用权的国有土地上建成的房屋出租的,应当将租金中所含土地收益上缴国家。具体办法由国务院规定。

二、《城镇国有土地使用权出让和转让暂行条例》

第44条　划拨土地使用权,除本条例第四十五条规定的情况外,不得转让、出租、抵押。

第45条　符合下列条件的,经市、县人民政府土地管理部门和房产管理部门批准,其划拨土地使用权和地上建筑物,其他附着物所有权可以转让、出租、抵押:

（一）土地使用者为公司、企业、其他经济组织和个人；

（二）领有国有土地使用证；

（三）具有地上建筑物、其他附着物合法的产权证明；

（四）依照本条例第二章的规定签订土地使用权出让合同，向当地市、县人民政府补交土地使用权出让金或者以转让、出租、抵押所获收益抵交土地使用权出让金。

转让、出租、抵押前款划拨土地使用权的，分别依照本条例第三章、第四章和第五章的规定办理。

三、《中国人民解放军房地产管理条例》

第 43 条 军队空余房地产经批准可以对地方租赁，租赁管理办法由总后勤部制定。

第 45 条 租赁、有偿转让，以及以其他方式利用军队房地产所得收益，应当主要用于军队基建营房事业。

四、《军队空余房地产租赁管理规定》

第 7 条 下列空余房地产不得对外出租：

（一）军事行政区内的；

（二）影响军事安全保密的；

（三）属于违章建筑的；

（四）权属有争议的；

（五）不符合适用安全标准的；

（六）国家和军队禁止出租的其他空余房地产。

第 9 条 军级以下作战部队、预备役部队和科研试验部队，不得直接从事空余房地产租赁活动，确需出租的空余房地产，必须经总后勤部批准后，由军区级单位所属的房地产管理部门组织实施。

第 11 条 军队空余房地产租赁实行分级审批制度。

出租空余房地产必须严格履行审批手续，按照下列权限审批：

（一）出租房屋建筑面积 10,000 平方米以上的，或者出租场地面积 30,000 平方米以上的，或者租期 10 年以上 18 年（最高租赁年限）以内的，报总后勤部审批；

（二）出租房屋建筑面积 3000 平方米以上 10,000 平方米（含）以内的，或者出租场地面积 10,000 平方米以上 30,000 平方米（含）以内的，报总后勤部基建营房部审批；

（三）出租房屋建筑面积 1500 平方米以上 3000 平方米（含）以内的，或者出租场地面积 5000 平方米以上 10,000 平方米（含）以内的，或者租期 3 年以上 5 年（含）以内的，报军区级单位后勤（联勤）机关审批；

（四）出租房屋建筑面积 1500 平方米（含）以内的，或者出租场地面积 5000 平方米（含）以内的，或者租期 3 年（含）以内的，报军区级单位房地产管理局（处）审批。

第 12 条 申报军队空余房地产租赁项目，应当提交下列文件和材料：

（一）租赁项目请示；

（二）双方草签的租赁合同；

（三）出租空余房地产位置坐落平面图；

（四）《军队单位对外有偿服务许可证》和《军队单位对外有偿服务收费许可证》复印件；

（五）承租人资信证明；

（六）其他有关材料。

第17条 军队空余房地产租赁实行许可证制度。出租空余房地产，必须申领《军队房地产租赁许可证》。

《军队房地产租赁许可证》由中国人民解放军房地产管理局统一编号和印制。

第28条 军队单位严禁将空余房地产出租给非法组织以及无资信证明的单位和个人，禁止将军事行政区周边的空余房地产出租给外商及港澳台商。

出租的空余房地产应当严格控制租赁用途，不得用于影响部队工作、生活秩序和有损军队形象以及污染环境的项目；不得在出租场地上新建和添建永久性建筑物、构筑物，不得对出租房屋及设施进行影响使用安全的改造、装修和增扩设备，严禁生产、存放、销售假冒伪劣、易燃易爆物品；严禁利用军队空余房地产从事各类违法违纪活动。

第四章　军队合作建房纠纷

【一级案由】合同、无因管理、不当得利纠纷

【二级案由】合同纠纷

【三级案由】房地产开发经营合同纠纷

【四级案由】合资、合作开发房地产合同纠纷

第一节　法律要点详解

一、背景

我国军队从事房地产开发经营是特定历史条件下的产物。1978 年十一届三中全会提出了以经济建设为中心，在此背景下，全国出现了政法机关、军队、武警部队办经济实体的现象，军队储备房地产除了具有“服务战备、服务部队”的军事属性外，还具有经济性和社会性等商品属性，在以经济建设为中心，对内改革对外开放的大背景下，军队房地产应运而生。

军队房地产开发大体分为三个阶段。

（一）初步起步阶段

初步起步阶段主要是在 1990 年以前。关于军队房地产起步的确切时间，目前学术界没有结论，解放军总后勤部 1986 年颁布了《军队房地产经营管理暂行规定》，说明 1986 年军队房地产已经存在。该时期的时代大背景是全国范围内的房地产商品化刚刚起步，处于无明确法律规定阶段，而且规模小，房屋价格低，对社会经济发展影响有限。军队房地产在此阶段同样也是只有零星的规范规定，规模小，价值低，对各方面影响有限。

（二）有法可依，快速发展阶段

为了加强军队房地产管理，合理有效地使用军队房地产，保障军队建设需要，根据国家有关法律，《中国人民解放军房地产管理条例》于 1990 年 4 月 20 日颁布并施行；2000 年，中央军委主席江泽民签署命令，颁布新的《中国人民解放军房地产管理条例》。该条例分为九章，共 55 条，包括总则、职责、军用土地管理、营区管理、营房管理、设施设备管理、产权产籍管理、奖励与处罚、附则。

《中国人民解放军房地产管理条例》颁布后，解放军总参谋部、总后勤部、总政治部等部门

又制定颁布了一系列规范军队房地产的法规和规范性文件，主要包括：《军队与地方换建、合建房屋管理规定》《中国人民解放军土地使用管理规定》《军队房地产开发管理暂行规定》《关于利用军队房地产开发经营有关问题的通知》等。

军队房地产开发经营、转让、出租等，除了涉及部队外，很多情况下还涉及地方民事主体，为了规范相关工作，军队与地方管理部门制定了一系列规定与规范性文件，主要包括：1991 年 2 月 19 日，建设部、国家工商行政管理局、国家物价局、解放军总后勤部联合发布的《军队利用房地产开发经营活动的规定》，1992 年 10 月 31 日，建设部、国家工商行政管理局、解放军总后勤部联合发布的《关于军队开发房地产开发活动有关问题的通知》。

（三）停止经商、从严控制阶段

1998 年 7 月 25 日，中共中央办公厅、国务院办公厅印发《关于军队武警部队不再从事经商活动的通知》，此外，党和国家层面的相关政策规定还有：《中共中央办公厅、国务院办公厅、中央军委办公厅关于印发军队、武警部队和政法机关不再从事经商活动实施方案四个配套文件的通知》（中办发〔1998〕29 号），《中共中央办公厅、国务院办公厅、中央军委办公厅关于转发〈全国军队、武警部队和中央政法机关关于移交企业清理处理工作的意见和实施方案〉的通知》（中办发〔1999〕10 号）。

2000 年 6 月 26 日，中央军委全面修订后的《中国人民解放军房地产管理条例》（〔2000〕军字第 26 号），与 1990 年旧版的《条例》相比，新《条例》全文删除了“开发”“经营”的表述，军队房地产保留以下几种与地方流转方式：委托地方人民政府免租代管空余房地产、军队空余房地产经批准对地方租赁、有偿转让军队房地产（含合建、换建、兑换）、计价移交军队空余房产。

（四）全面停止有偿服务阶段

1.《关于军队和武警部队全面停止有偿服务活动的通知》

2016 年 2 月 16 日，中央军委下发《关于军队和武警部队全面停止有偿服务活动的通知》，对军队和武警部队全面停止有偿服务工作进行总体部署。

该通知指出：1998 年 7 月，党中央、中央军委从确保人民军队性质、宗旨和政治本色的高度，果断作出军队和武警部队一律不再从事经商活动的重大决策。军队停止经商活动后，为了合理利用军队富余资源、支援国家经济建设，军委确定允许 10 个行业在保证完成军内任务的前提下，结合业务工作，利用富余设备、场地和技术条件，为社会提供服务并适当收取一定费用，也就是对外有偿服务。此外，另有 5 个行业也自行开展了有偿服务。这 15 个行业主要涉及幼儿教育、新闻出版、文化体育、通信、人才培训、基建营房工程技术、储运设施、民兵装备修理、维修技术、司机训练、房地产租赁、农副业生产、招接待、医疗、科研。

该通知强调：在当时第三产业薄弱和紧缺型经济的历史条件下，军队利用富余资源开展有偿服务活动，支援了国家经济建设，服务和方便了人民群众的生产生活，同时也弥补了军费不足，积极作用还是很明显的。但是近些年来，随着外部市场经济环境的发展变化，加之内部制度不够健全完善，在不良风气影响下，部队开展有偿服务的摊子越铺越大，投入的精力和资源越来越多，变成了事实上的经营活动。这就偏离了军委当时的决策意图，给部队建设带来很大危害，引起了习主席和军委首长的高度关注。习主席在2015年的军委改革工作会议上发出了全面停止军队开展对外有偿服务的号令。军队开展有偿服务，已有20年的时间，涉及面广、情况复杂、积弊很深，现在要全面停止，既要态度坚决，也要积极稳妥。为确保停止有偿服务工作圆满完成，应遵循先易后难的原则，区分不同情况，分类施策。第一步，10个行业2017年6月底前完成全面停止任务。这10个行业，包括幼儿教育、新闻出版、文化体育、通信、人才培训、基建营房工程技术、储运设施、民兵装备修理、维修技术、司机训练。这些行业的特点是，规模范围较小，涉及债权债务不深，利益纠葛相对简单，部分项目可纳入军民融合发展体系，任务相对较轻。而第二步的5个行业，主要是房地产租赁、农副业生产、招接待、医疗、科研。这些行业，有相当一部分合同期限长、项目终止难，投资金额大、经济赔偿难，利益纠葛深、理清头绪难，涉及民生广、群众安抚难，问题积弊重、解决处理难。这些都是难啃的"硬骨头"，必须先通过试点，摸索经验，再拿出可行性政策，这5个行业停止有偿服务任务计划2018年6月底前完成。这样分两步实施，有利于在保证全面彻底停止的情况下，从容稳妥地推进。

2.《关于深入推进军队全面停止有偿服务工作的指导意见》

中共中央办公厅、国务院办公厅、中央军委办公厅2018年6月11日印发《关于深入推进军队全面停止有偿服务工作的指导意见》，为军地各级深入推进军队全面停止有偿服务工作提供了重要遵循。

指导意见指出，军队全面停止有偿服务，是党中央、中央军委和习近平总书记着眼实现党在新时代的强军目标、全面建成世界一流军队作出的重大战略决策，是深化国防和军队改革的重要内容。这项工作自2016年年初开展以来，经过各方共同努力，组织领导、政策制度、军地联动、司法保障体系逐步建立完善，项目清理停止成效明显，人员分流安置顺利，善后问题处理平稳，保持了部队和社会两个大局稳定。当前，军队全面停止有偿服务工作正处在决战决胜的关键时期，部队各级、地方各级党委和政府必须坚定信心决心，强化工作统筹，密切军地配合，聚力攻坚克难，确保如期完成军队全面停止有偿服务这一政治任务、国家任务、强军任务。

二、军队合作建房的主要类型

军队合作建房是指军队提供空余土地、地方民事主体提供资金或者劳务，共同合作建设房屋，并按照约定进行利益分配的行为。

（一）产权转移型合作建房

产权转移型的合作建房屋，是指军队与地方民事主体合作建房后，房屋所有权转移至地方民事主体或者双方共同设立的项目公司名下，由地方民事主体或项目公司享有所有者的占有、使用、收益、处分的权益。

产权转移型的合作建房屋，在1998年前比较常见，在合同表述上表现为"合作开发""合作经营"等。1998年部队全面停止经商后，产权转移型的合作建房已经不多见，2016年部队全面停止有偿服务后，将退出历史舞台，但遗留的合作建房屋问题，仍应按照当时的规定政策和现行政策，妥善予以处理。

（二）产权保留型合作建房

产权保留型合作建房，是指部队提供空余土地，地方民事主体出资，合作建成房屋后，房屋所有权归部队所有，地方民事主体取得一定面积、一定期限内的房屋的使用权，期限届满或遇有法定的征用的情形，无偿由部队收回。

1998年部队全面停止经商后，大多合作建房采取这种模式，合作建房屋合同无“合作开发”“合作经营”等内容。司法实践中一般是地方民事主体获得70年的居住权或永久居住权，由部队颁发“营房证”的形式，一般不能办理按揭贷款，继承、转让居住权一般不受限制。

三、军队合作建房合同的定性

（一）产权转移型合作建房屋的定性

《国有土地使用权合同司法解释》第14条规定：“本解释所称的合作开发房地产合同，是指当事人订立的以提供出让土地使用权、资金等作为共同投资，共享利润、共担风险合作开发房地产为基本内容的协议。”

产权转移型合作建房屋合同应当定性为合资、合作开发房地产合同纠纷，主要特征是：共同投资、共享利润、共担风险，对此理论和实务界意见比较一致。人民法院案由定为四级案由为合资、合作开发房地产合同纠纷，即一级案由为合同、无因管理、不当得利、二级案由为合同纠纷、三级案由为房地产开发经营合同纠纷。

（二）产权保留型合作建房合同的定性

司法实践中对于产权保留型的合作建房屋合同的定性不统一，主要有以下三种观点。

1. 定性为合资、合作开发房地产合同纠纷

理由同上，不再赘述。

2. 定性为租赁合同纠纷

人民法院审理案件时将此类纠纷定性为三级案由租赁合同纠纷，四级案由为房屋租赁合同纠纷或土地租赁合同纠纷。一般情况下，法院认为如果合同中不具备联营的“共同投资、共享利润、共担风险”的基本特征，地方民事主体支付租金的，则不应定性为合资、合作开发房地产合同纠纷，应当定性为租赁合同纠纷，再根据具体情况认定四级案由为房屋租赁合同纠纷或者土地租赁合同纠纷。

3. 定性为二级案由合同纠纷，不具体定性三级案由或四级案由

人民法院立案和审理案件时，只定性二级案由为合同纠纷，回避定性三级案由合资、合作合同纠纷或租赁合同纠纷或其他合同纠纷，而是笼统地定性为合同纠纷，根据《合同法》的有关规定对合同的效力作出裁断，在有效或无效的认定基础上，予以判决。

四、军队合作建房合同无效的情形

（一）合资、合作开发房地产合同无效的情形

1. 合作双方没有房地产开发经营资质则合同无效

《国有土地使用权合同司法解释》第15条规定："合作开发房地产合同的当事人一方具备房地产开发经营资质的，应当认定合同有效。"

（1）房地产行业实行严格的资格准入制度

为了从源头上防范一些"皮包公司""欺骗幽灵"混入房地产市场，房地产市场实行严格的准入制度。《城市房地产管理法》第30条规定："房地产开发企业是以营利为目的，从事房地产开发和经营的企业。设立房地产开发企业，应当具备下列条件：（一）有自己的名称和组织机构；（二）有固定的经营场所；（三）有符合国务院规定的注册资本；（四）有足够的专业技术人员；（五）法律、行政法规规定的其他条件。设立房地产开发企业，应当向工商行政管理部门申请设立登记。工商行政管理部门对符合本法规定条件的，应当予以登记，发给营业执照；对不符合本法规定条件的，不予登记。设立有限责任公司、股份有限公司，从事房地产开发经营的，还应当执行公司法的有关规定。房地产开发企业在领取营业执照后的一个月内，应当到登记机关所在地的县级以上地方人民政府规定的部门备案。"第31条规定："房地产开发企业的注册资本与投资总额的比例应当符合国家有关规定。房地产开发企业分期开发房地产的，分期投资额应当与项目规模相适应，并按照土地使用权出让合同的约定，按期投入资金，用于项目建设。"

房地产经营资格，是指房地产企业依法获得营业执照，从而获得一种能够从事房地产开发的身份和条件。[①] 房地产经营资格可以证明房地产公司的实力、资信、技术，是国家对房地产市场进行管理的重要手段。

（2）合作开发房地产的各方均不具备房地产开发资质的，合作合同无效

国家为了加强房地产市场管理监控，确定房地产企业资质管理的规定属于效力性强制性规范，如果有违法的情况，应当依据《合同法》《民法通则》《民法总则》的规定，认定为合同因违反法律、行政法规的强制性规定而无效。

2. 划拨国有土地使用权未经批准作为出资而订立的合作开发合同无效

在本书第二编第三章《划拨国有土地使用权出让合同》中，我们对划拨土地的历史延革、划拨土地进入交易市场的立法、划拨土地使用权转让合同的效力及效力补正，进行了详细阐述，在此不再赘述。

《城市房地产管理法》第40条规定："以划拨方式取得土地使用权的，转让房地产时，应当按照国务院规定，报有批准权的人民政府审批。有批准权的人民政府准予转让的，应当由受让方办理土地使用权出让手续，并依照国家有关规定缴纳土地使用权出让金。以划拨方式取得土地使用权的，转让房地产报批时，有批准权的人民政府按照国务院规定决定可以不办理

---

① 参见最高人民法院民事审判第一庭：《最高人民法院国有土地使用权合同纠纷司法解释的理解与适用》，法律出版社2015年版，第165页。

土地使用权出让手续的，转让方应当按照国务院规定将转让房地产所获收益中的土地收益上缴国家或者作其他处理。”

《城市房地产管理法》第 40 条关于划拨土地取得土地使用权，转让房地产时需要经有批准权的人民政府同意的规定，应当属于效力性禁止性规定，违反该规定应当认定为违反了《合同法》第 52 条第 5 项的违反法律、行政法规禁止性规定的合同无效，只要未经批准，就应当认定无效。《国有土地使用权合同司法解释》第 16 条规定：“土地使用权人未经有批准权的人民政府批准，以划拨土地使用权作为投资与他人订立合同合作开发房地产的，应当认定合同无效。……”

军队合作建房的划拨土地使用权的审批机关不是地方人民政府，军队房产实行权属主体与用管主体相分离的模式，其权属主体为中央军委，由解放军总后勤部代表行使，用管主体是具体的使用或管护单位，具体的用管单位只有使用权，没有处分权，因此军队合作建房的划拨国有土地的审批只能是解放军总后勤部，不包括其他任何部门。

（二）将合作建房合同定性为租赁合同情形的无效认定

此种情形下，主要依据《合同法》第 52 条及分则租赁合同部分关于租赁合同无效的规定予以认定，主要包括：

1. 租赁期限超过 20 年的部分无效

《合同法》第 214 条规定：“租赁期限不得超过二十年。超过二十年的，超过部分无效。租赁期间届满，当事人可以续订租赁合同，但约定的租赁期限自续订之日起不得超过二十年。”

2. 租赁合同的标的违法，导致合同无效。

3. 承租人订立的转租合同，超过剩余租赁期限的转租期间无效。

第二节　权威案例指导

典型案例 1

广州国利大厦建设开发有限公司与中国人民解放军某部队与合作开发房地产合同纠纷案二审

【审理法院】广东省广州市中级人民法院

【案件案号】（2014）穗中法民五终字第 389 号

【裁判日期】2014 年 4 月 10 日

【裁判要点】军队合作建房纠纷，双方或多方成立项目公司，并将合作建成的房屋产权转移项目公司名下的，应当认定为合资、合作开发房地产合同纠纷。

【主文摘要】

二审法院认为:首先,关于本案案由的问题。国利公司主张其与某部队形成的是土地使用权转让合同关系,故本案应定性为土地使用权转让合同关系。对此,本院认为,国利公司为三亚海景房地产开发有限公司、广州保利房地产开发公司、某部队三方向工商部门申请并经核准成立的为开发建设国利大厦而成立的项目公司,国利公司与某部队分别于1997年2月26日签订的《合作建房合同书》以及于1998年11月8日与某部队签订的《合同书》亦是双方为合作开发国利大厦项目而签订的,原审法院认定本案案由为合作开发房地产合同纠纷并无不当。国利公司对本案案由提出异议并以此为由主张原审法院未予接纳其反诉而程序不当的主张理据亦不充分,本院不予采信。原审法院认定上述合同合法有效论理清晰且无不妥,本院不予赘述。

典型案例2

涿州京东商贸有限公司、北京京东业商贸有限公司与中国人民解放军某部队合资、合作开发房地产合同纠纷再审纠纷案

【审理法院】北京市第二中级人民法院

【案件案号】(2014)二中民再终字第05580号

【裁判日期】2014年12月1日

【裁判摘要】某部队以其划拨的国有土地使用权作为投资、由涿州京东公司出资建房后,交由一方负责经营,双方进行利润分成,故签约当事人的民事法律关系性质应认定为合作建房。根据已查证的事实,双方合作建房,既未依法办理合建审批手续,亦未取得有批准权的人民政府针对涉案土地的使用权由划拨土地转换为出让土地的批准。至本案起诉前,涉案土地的出让手续仍未办理,也未取得可以办理出让手续的批准。因此,双方所签意向书和补充意向书违反法律和行政法规的规定,应属无效,签约双方对此均有过错。

典型案例3

上海龙旺马扬实业有限公司诉中国人民解放军某部队合资、合作开发房地产合同纠纷上诉案

【审理法院】上海市第一中级人民法院

【案件案号】(2014)沪一中民二(民)终字第90号

【裁判日期】2014年12月22日

【裁判主旨】一方出土地,另一方出资金,军地双方合作建房合同定性为房屋租赁合同纠纷;双方所谓"土地使用权"系指在涉案土地上投资建设等实际使用的交付,而非土地使用权的转让。况且,被上诉人就涉案土地享有的权利是国有建设用地使用权,若如上诉人所主张,上诉人还需缴纳土地出让金才可实现土地使用权的转让,这显然与双方的真实意思不符。

【主文摘要】二审法院认为,本案的争议焦点有以下三点:一、双方当事人签订的《合作建房租赁房屋合同》及《合作建房租赁房屋补充合同》的效力;二、涉案工程未能复工建设的原因及责任;三、被上诉人是否具有合同解除权并有效行使。

其一,关于《合作建房租赁房屋合同》及其补充合同的效力之争议。上诉人主张系争合同未经部队上级审批,且当事人双方均无房地产开发资质,故系争合同因违反军队房地产管理的强制性规定而无效。对此,经本院查明,被上诉人早于20世纪90年代就涉案工程项目已经取得了解放军总后勤部的同意批复并取得了相应的建设工程规划许可证,随后某某公司又取得了以其为建设单位的建设工程项目施工许可证及建设工程施工许可证,况且,上诉人工商档案资料上之经营范围列明可进行房地产开发经营。故本院认为双方当事人签订的《合作建房租赁房屋合同》及其补充合同是双方真实意思表示,但合同中约定租赁期限超过20年的,超过部分无效。除此之外,双方合同的主要部分并不违反相关法律法规的禁止性规定,应认定合法有效。

其二,关于涉案工程未能复工的原因及责任之争议。上诉人主张未能复工的原因在于被上诉人没有为上诉人办理复工批文手续所致,且被上诉人没有依约为上诉人办理军队房地产使用权手续,致使上诉人难以合法获得建设使用权益。本院认为,首先,被上诉人就涉案工程项目早已取得了部队上级的审批同意,并随后取得了建设工程规划及施工许可证,虽然在上述许可证上载明的建设单位系某某公司,但上诉人作为某某公司在涉案工程上权利义务的承继者,理应在相关权证的变更上更具主动权,负有着手开展复工的主要义务。其次,无论复工手续应由谁办理,复工手续完成的基础前提应为上诉人已经具备了复工的条件并与施工单位重新签订施工合同及规划设计合同,这一点在上诉人与某某公司、某某建设公司的三方协议中亦有明确约定,依据三方协议,上诉人应当在复工前与某某建设公司签订新的施工合同,并支付某某公司欠付的工程款。而从本案事实来看,上诉人并未能筹措资金以完成上述义务,也没有任何开展工程建设

的实际履行迹象，故涉案工程未能复工的直接原因即为上诉人缺乏资金且未能以实际行动推动涉案工程建设所致，由此引发的相关责任理应由上诉人承担。最后，从本案双方履约的实际情况来看，并未发生上诉人已完全具备复工条件，且催告被上诉人协助办理复工手续，而被上诉人不愿或无法办理，进而导致上诉人不能复工和继续履约的情形。而本案的关键在于上诉人因自身资金及内部原因，导致未能继续履约，不仅造成了自身的重大损失，更因其违约造成了被上诉人难以实现期待的合同目的。

至于双方当事人关于将涉案土地使用权归属至上诉人名下的约定，本院认为，原审对于双方主要义务的认定是准确的，即被上诉人负有"出土地"的义务，而上诉人则须"出资金"以完成涉案房地产的建设。具体而言，被上诉人应将其名下的房地产交付上诉人进行施工建设，建成之后的房屋统一租赁给上诉人进行使用，而上诉人则须落实工程项目的启动资金，并支付被上诉人租赁费。综合双方在合同中的若干约定条款，双方所谓"土地使用权"系指在涉案土地上投资建设等实际使用的交付，而非土地使用权的转让。况且，被上诉人就涉案土地享有的权利是国有建设用地使用权，若如上诉人所主张，上诉人还需缴纳土地出让金才可实现土地使用权的转让，显然与双方的真实意思不符，原审据此认定双方的上述约定实为土地使用之实际交付，而非土地使用权的转让，符合双方的真实意思，本院予以确认。故上诉人以被上诉人未能将土地使用权转让至其名下为由主张被上诉人存在违约，缺乏依据，本院不予采信。

典型案例 4

中国人民解放军某部队、大连东方金龙房地产开发有限公司与被上诉人大连新型房地产开发有限公司、原审第三人大连万嘉房地产开发有限公司、王某柱合资合作开发房地产合同纠纷上诉案

【审理法院】辽宁省高级人民法院

【案件案号】（2013）辽民一终字第 00262 号

【裁判日期】2014 年 3 月 21 日

【裁判要点】合同体现一方以土地使用权作为投资，另一方提供资金进行合作建房，并对建成后的房地产进行利益分配，故双方系房屋联建行为。案涉合同是土地使用权有偿转让的特殊形式，其本质是一种房地产开发经营活动，因此双方系合资、合作开发房地产关系。

第三节　实务操作指南

深入领会全面贯彻中共中央办公厅、国务院办公厅、中央军委办公厅 2018 年 6 月 11 日印发的《关于深入推进军队全面停止有偿服务工作的指导意见》

《关于深入推进军队全面停止有偿服务工作的指导意见》(以下简称“《指导意见》”)强调,要准确把握军队全面停止有偿服务重大战略决策意图,按照军队不经营、资产不流失、融合要严格、收支两条线的标准,坚持全面、积极稳妥、军民融合,按计划分步骤稳妥推进,到 2018 年年底前全面停止军队一切有偿服务活动,为永葆我军性质宗旨和本色、提高部队战斗力创造有利条件。坚决停止一切以营利为目的、偏离部队主责主业、单纯为社会提供服务的项目。开展有偿服务的项目,合同协议已到期的应予终止,不得续签,全部收回军队资产;合同协议未到期的,通过协商或司法程序能够终止的项目,应提前解除合同协议,确需补偿的,按照国家法律规定给予经济补偿。

《指导意见》明确,对复杂敏感项目,区分不同情况,主要采取委托管理、资产置换、保障社会化等方式进行处理,国家和地方政府在政策上给予支持。对已融入驻地城市发展规划,直接影响社会经济发展和民生稳定,合同协议期限较长、承租户投资大,有潜在军事利用价值,确实难以关停收回的项目,可以实行委托管理。对独立坐落或者能够与在用营区相对分离,军事利用价值不高,已经形成事实转让的项目,由中央军委审批确定后,可以采取置换等方式处理。对部队营区内引进社会力量服务官兵工作、生活的房地产租赁项目,纳入社会化保障范围,规范准入条件、运行方式、优惠措施、经费管理等,更好地服务部队、惠及官兵。

《指导意见》明确,军队全面停止有偿服务后,将国家赋予任务、军队有能力完成的,军队特有或优势明显、国家建设确有需要的,以及军队引进社会力量服务官兵的项目,纳入军民融合发展体系。对需纳入军民融合发展体系的行业项目,由军地有关部门研究提出有关标准条件、准入程序、审批权限、运行管理等政策办法,实行规范管理,严格落实收支两条线政策规定。对军队全面停止有偿服务后空余房地产、农副业生产用地、大型招待接待资产,全部由中央军委集中管理、统筹调控。

《指导意见》强调,军队全面停止有偿服务是军队、中央和国家机关、地方党委和政府的共同责任。各有关方面要高度重视,牢固树立“四个意识”,加强组织领导和工作统筹,党委领导同志要敢于担当、勇于负责,对复杂敏感项目要亲自上手、一抓到底。要严肃工作纪律,适时开展专项巡视和审计,查处违纪违法问题。要以严实作风推动工作高标准落实,确保如期圆满完成军队全面停止有偿服务任务。

第四节　法律法规整合

《中国人民解放军房地产管理条例》(2000 年 6 月 26 日实施)

全文(略)

第十编　与土地、房地产相关的其他合同纠纷

本编介绍了物业服务合同纠纷、土地租赁合同纠纷、房屋租赁合同纠纷、居间合同纠纷、房地产咨询合同纠纷、赠与合同纠纷都是与土地、房地产相关的其他合同纠纷。

第一章　物业服务合同纠纷

【一级案由】合同、无因管理、不当得利纠纷

【二级案由】合同纠纷

【三级案由】服务合同纠纷

【四级案由】物业服务合同纠纷

第一节　法律要点详解

一、最高人民法院民一庭负责人就物业服务合同纠纷司法解释答记者问

最高人民法院于2009年5月14日发布了《建筑物区分所有权司法解释》,2009年5月15日发布了《物业服务合同司法解释》,该两部司法解释于2009年10月1日实施。就两部司法解释中的热点问题,我们选编了最高人民法院民一庭负责人的解读。

(一)实践中物业服务合同的约定内容一般较为简单,产生纠纷时,当事人对如何确定物业服务企业的义务常发生争议,司法解释对此有何规定?

实践中,很多物业服务合同中约定的内容并不十分详细,对物业服务管理行为的约束很多是通过法律、法规规定或者相关行业规范来进行的规制。除此之外,物业服务企业公开作出的服务承诺及制定的服务细则,往往对业主作出选聘决定具有重要作用。为了更好地维护业主权益,司法解释依据合同默示条款理论,合理扩充了物业服务企业应承担义务的依据范围,即不限于物业服务合同中的明示条款,法律、法规规定、相关行业规范,以及物业服务企业公开作出的服务承诺及制定的服务细则也是确定物业服务企业应尽义务的依据。根据《物业管理条例》第2条的规定,物业服务企业应当承担的义务主要是对房屋及配套的设施设备和相关场地进行维修、养护、管理,维护相关区域内的环境卫生和秩序,就其义务量而言,司法解释对物业服务企业应尽义务所做的规定并不会额外增加物业服务企业的义务。

(二)很多业主认为,物业服务企业没有权利就业主相关妨害物业服务秩序的行为提起诉讼,这种观点是否正确,司法解释是如何规定的?

答:这种观点是不正确的。物业服务企业与业主之间的委托关系具有一定的特殊性,其中很重要的一个方面就是全体业主将维护物业服务区域秩序的管理权交给物业服务企业。

该权利行使的主要途径是对业主实施“人”的管理。业主实施妨害物业服务与管理的行为,既有可能是违反物业服务合同的违约行为,有时也可能是一种侵权行为。赋予物业服务企业以相应诉权,并未超出其对“人”管理权的行使边界,而且可以及时有效地制止不法行为。实际上在实践中,其他业主往往都是要求物业服务企业去制止妨害、侵害行为,而不愿自己亲力亲为。基于以上考虑,司法解释规定,业主违反物业服务合同或者法律、法规、管理规约,实施妨害物业服务与管理的行为,物业服务企业请求业主承担恢复原状、停止侵害、排除妨害等相应民事责任的,人民法院应予支持。

(三)欠费纠纷是物业服务纠纷的主要类型,如果业主提出不需要有关物业服务或者因出国等原因没有享受物业服务而拒绝缴费,应如何处理?

业主委员会根据《物业管理条例》的规定,与业主大会依法选聘的物业服务企业签订的物业服务合同,是业主自治权行使的结果,全体业主都应遵守。实践中,在物业服务企业已经按照约定以及规定全面履行了相应义务的情况下,有的业主以未享受物业服务企业已经提供的服务(如业主提出其因出国而未享受服务)或者无须接受相关物业服务(如低楼层业主提出其从未乘坐电梯等)提出抗辩。选聘物业服务企业是业主共同作出的决定,只要物业服务企业按照合同约定提供了相关服务,则物业费的交纳义务对全体业主而言都是均等的。否则,物业服务关系的稳定性和确定性将会被彻底打破。除非管理规约或者物业服务合同等有另外的规定或者约定,业主以前述理由所提的抗辩属于权利滥用,有损业主自治机制和物业服务秩序,所以不应得到支持。

(四)服务合同解除后,如物业服务企业提出其尚有拖欠的物业费,应如何主张权利?如物业服务企业拒绝退出,并以存在事实物业服务关系为由要求支付物业费,应否得到支持?

《物权法》第76条规定,业主大会有权决定解聘物业服务企业。按照业主大会的决定,业主委员会代表业主,应有请求解除物业服务合同的权利。业主委员会虽为物业服务合同的一方当事人,但其既不是欠费人又没有责任财产,所以如果确实存在业主拖欠物业费的情形,物业服务企业可以在合同解除后,向拖欠物业费的业主提起诉讼。对此,司法解释明确规定,如果物业服务企业在解除物业服务合同的诉讼中,提出要求业主委员会支付拖欠的物业费的请求,法院应当告知其向拖欠物业费的业主另行主张权利。

实践中,在物业服务合同权利义务终止后,因物业服务企业拒绝退出而引发的纠纷不在少数。司法解释明确规定,在物业服务合同权利义务终止后,物业服务企业应当退出物业服务区域、移交物业服务用房和相关设施,以及物业服务所必需的相关资料和由其代管的专项维修资金。如果物业服务企业拒绝退出,并以存在事实物业服务关系为由,请求业主支付物业服务合同权利义务终止后的物业费的,法院不予支持。物业服务合同权利义务终止的情形,主要包括合同终止、解除、期限届满且未续期等。

(五)如果物业服务纠纷是由于承租人、借用人等引起的,是否也适用司法解释的相关规定?最高人民法院对两部司法解释的施行有何特殊考虑?

实践中,物业服务纠纷常常会涉及房屋的承租人、借用人等物业使用人。该物业使用人虽然不是业主，但其居住生活在物业服务区域内，也应当受到物业服务合同、法律、法规以及管理规约的约束。从这个意义上来说，司法解释对物业服务纠纷的规定，应当同样适用于因非业主的物业使用人实施违反物业服务合同、法律、法规或者管理规约的行为所引起的物业服务纠纷案件的处理。对此，司法解释明确作出了规定。

二、物业管理法律常识问答

（一）《物业管理条例》的修订情况如何？

《物业管理条例》是根据《国务院关于修改〈物业管理条例〉的决定》修订的，是规范物业管理活动，维护业主和物业服务企业的合法权益，改善人民群众的生活和工作环境而制定的行政法规。国务院于 2007 年 8 月 26 日发布，自 2007 年 10 月 1 日开始施行。共 7 章 70 条。

根据《国务院关于修改部分行政法规的决定》，删去《物业管理条例》第 33 条、第 61 条，2016 年 3 月 1 日第一次修改并于 2016 年 3 月 1 日施行。

根据《国务院关于修改和废止部分行政法规的决定》取消《物业管理条例》中物业服务企业资质管理的相关规定，增加建立守信联合激励和失信联合惩戒机制的有关内容。2018 年 3 月 19 日第二次修改涉及第 24 条、第 32 条、第 59 条、第 60 条和第 61 条，并于 2018 年 4 月 4 日实施。

（二）哪些事项应由全体业主共同决定？

《物业管理条例》第 11 条规定，下列事项由业主共同决定：（1）制定和修改业主大会议事规则；（2）制定和修改管理规约；（3）选举业主委员会或者更换业主委员会成员；（4）选聘和解聘物业服务企业；（5）筹集和使用专项维修资金；（6）改建、重建建筑物及其附属设施；（7）有关共有和共同管理权利的其他重大事项。

（三）业主大会的注意事项

业主大会会议可以采用集体讨论的形式，也可以采用书面征求意见的形式；但是，应当有物业管理区域内专有部分占建筑物总面积过半数的业主且占总人数过半数的业主参加。业主可以委托代理人参加业主大会会议。

（四）决议的通过比例如何规定的？

业主大会决定《物业管理条例》中第 11 条第 5 项和第 6 项规定的事项，应当经专有部分占建筑物总面积 2/3 以上的业主且占总人数 2/3 以上的业主同意；决定《物业管理条例》中第 11 条规定的其他事项，应当经专有部分占建筑物总面积过半数的业主且占总人数过半数的业主同意。业主大会或者业主委员会的决定，对业主具有约束力。

业主大会或者业主委员会作出的决定侵害业主合法权益的，受侵害的业主可以请求人民法院予以撤销。

（五）业主委员会的职责是什么？

业主委员会是业主大会的执行机构，应当依法维护业主的合法权益，执行业主大会决定的物业管理事项。业主委员会应当履行下列职责:(1)召集业主大会会议,报告物业管理的实施情况;(2)代表全体业主与业主大会选聘的物业服务企业签订物业服务合同;(3)监督和协助物业服务企业履行物业服务合同,督促业主履行管理规约、交纳物业服务费用;(4)协调业主或者物业使用人与物业服务企业之间的矛盾纠纷;(5)业主大会赋予的其他职责。其中除知晓业主委员会职责之外,须注意两点:第一,业主委员会委员本人、配偶及其近亲属不得在为本物业管理区域提供服务的物业服务企业任职。第二,业主委员会应当自选举产生之日起30日内,向物业所在地的区、县人民政府房地产行政主管部门和街道办事处、乡镇人民政府备案。

(六)建设单位应向物业服务企业移交哪些资料?物业服务合同终止时上述材料移交给谁?

在办理物业承接验收手续时,建设单位应当向物业服务企业移交下列资料:(1)竣工总平面图,单体建筑、结构、设备竣工图,配套设施、地下管网工程竣工图等竣工验收资料;(2)设施设备的安装、使用和维护保养等技术资料;(3)物业质量保修文件和物业使用说明文件;(4)物业管理所必需的其他资料。

物业服务企业应当在前期物业服务合同终止时将上述资料移交给业主委员会。

(七)前期物业服务合同履行期限尚未届满,业主大会决议更换物业服务企业的,能否提前终止前期物业服务合同?

根据《物业管理条例》第26条的规定,前期物业服务合同可以约定期限;但是,期限未满、业主委员会与物业服务企业签订的物业服务合同生效的,前期物业服务合同终止。

(八)物业服务收费应注意什么?

物业服务收费应当遵循合理、公开以及费用与服务水平相适应的原则,区别不同物业的性质和特点,由业主和物业服务企业按照国务院价格主管部门会同国务院建设行政主管部门制定的物业服务收费办法,在物业服务合同中约定。

业主应当根据物业服务合同的约定交纳物业服务费用。业主与物业使用人约定由物业使用人交纳物业服务费用的,从其约定,业主负连带交纳责任。

已竣工但尚未出售或者尚未交给物业买受人的物业,物业服务费用由建设单位交纳。

县级以上人民政府价格主管部门会同同级房地产行政主管部门,应当加强对物业服务收费的监督。

物业服务企业可以根据业主的委托提供物业服务合同约定以外的服务项目,服务报酬由双方约定。

物业管理区域内,供水、供电、供气、供热、通信、有线电视等单位应当向最终用户收取有关费用。物业服务企业接受委托代收钱款费用的,不得向业主收取手续费等额外费用。

(九)住宅专项维修资金是如何规定的?

住宅物业、住宅小区内的非住宅物业或者与单幢住宅楼结构相连的非住宅物业的业主,应当按照国家有关规定交纳专项维修资金。

专项维修资金属于业主所有，专项用于物业保修期满后物业共用部位、共用设施设备的维修和更新、改造，不得挪作他用。

专项维修资金收取、使用、管理的办法由国务院建设行政主管部门会同国务院财政部门制定。

利用物业共用部位、共用设施设备进行经营的，应当在征得相关业主、业主大会、物业服务企业的同意后，按照规定办理有关手续。业主所得收益应当主要用于补充专项维修资金，也可以按照业主大会的决定使用。

（十）业主是否有权要求物业公司公开账目？

最高人民法院《建筑物区分所有权司法解释》第12条规定："业主请求公布、查阅下列应当向业主公开的情况和资料的，人民法院应予支持：（一）建筑物及其附属设施的维修资金的筹集、使用情况；（二）管理规约、业主大会议事规则，以及业主大会或者业主委员会的决定及会议记录；（三）物业服务合同、共有部分的使用和收益情况；（四）建筑区划内规划用于停放汽车的车位、车库的处分情况；（五）其他应当向业主公开的情况和资料。"

该司法解释实施后，业主有权要求物业公司、业主委员会公开物业服务合同、共有部分的使用和收益的情况，物业公司、业主委员会拒绝公开的，业主有权提起诉讼。

第二节　权威案例指导

典型案例1

陈某豪与南京武宁房地产开发有限公司、南京青和物业管理有限公司财产损害赔偿纠纷案评析

【案件来源】《最高人民法院公报》2013年第5期

【审理法院】南京市中级人民法院

【裁判日期】2012年6月19日

【裁判摘要】

1. 物业服务企业未履行小区共用部分的保养维护义务，应对因此造成的业主财产损害承担赔偿责任，但因第三人侵权导致小区共用部分对业主财产造成损害的除外。物业服务企业对小区共有部分负有保养、维护义务，对于可能对业主财产造成损害的小区共用部分的安全隐患，应当及时消除，否则致业主财产损害后，物业服务企业应承担违约责任，对业主的损失进行赔偿。即便该安全隐患是第三人造成的，也不能免除物业服务企业的违约责任，因第三人侵权致小区共用部分对业主财产造成损害的，物业服务

企业可以免责的情形是物业服务企业已履行了保养维护义务,而第三人侵权是不可预见、不可避免的,因此物业服务企业对因此导致的业主财产损害不负赔偿责任。

2. 价值较大的财物在受损后,虽经修复,但与原物相比,不仅在客观价值上可能降低,而且在人们心理上的价值也会降低,这就是价值贬损。按照违约责任理论,违约责任的首要承担方式是恢复原状,对财物的恢复原状既有物理性状的恢复,也有财物价值的恢复。原告车辆被压坏后虽经维修,但价值贬损是客观存在的,此种损失违约方应当予以赔偿。

3. 建设单位作为商品房的出卖方,其在房屋买卖合同项下的义务是交付标的物并转移所有权,在其已履行完该义务且房屋并无质量瑕疵时,因物业管理不善导致业主财产遭受的损失,房屋出卖方不承担违约责任。

典型案例 2

北京市昌平区回龙观金达园小区业主委员会诉北京华特物业管理发展有限公司物业服务合同纠纷案

【案件来源】《人民法院案例选》2015 年第 4 辑

【审理法院】北京市第一中级人民法院

【案件案号】(2013)一中民终字第 14415 号

【裁判日期】2013 年 12 月 19 日

【裁判摘要】业主委员会的地位及业主知情权:1. 在具备合法手续和授权的前提下,业主委员会具有原告资格。业主委员会代表全体业主为公共利益提起诉讼的,人民法院应当准许。2. 涉及业主公共利益的信息资料,业主委员会主张要求公开、查阅的,人民法院应当依法准许。

典型案例 3

杭州钱塘物业管理有限公司诉王某凤物业服务合同纠纷案

【案件来源】《人民法院案例选》2015 年第 4 辑

【审理法院】杭州市中级人民法院

【案件案号】(2015)浙杭民终字第 1704 号

【裁判日期】2015 年 6 月 19 日

【裁判摘要】物业服务合同效力和物业服务费减免的认定:1. 业主委员会与业主大会依法选聘的物业服务企业签订的物业服务合同,对业主具有约束力。2. 物业服务的对象系小区全体业主,个别业主对物业服务合同履行所持异议不能代表全体业主的意见,不足以作为个别业主不缴纳物业费的合理理由。

典型案例 4

嘉定区直建六街坊业主委员会诉上海嘉盛物业管理有限公司物业服务合同纠纷案

【案件来源】《人民法院案例选》2015 年第 1 辑

【审理法院】上海市第二中级人民法院

【案件案号】(2014)沪二中民二(民)终字第 222 号

【裁判日期】2014 年 3 月 20 日

【裁判摘要】原告业委会与被告物业管理公司在物业服务合同到期后未续签合同,但被告仍然提供物业服务且原告未提出异议。现原告请求以业主大会表决结果为依据解除物业服务合同,被告提出异议。原审法院在平衡业主利益的基础上,委托政府对小区业主真实意思进行意见征询,以征询结果等情况确定原告主张解除物业服务合同依法成立,并作出判决,本院支持。

典型案例 5

厦门市优创物业管理有限公司诉庄某平物业服务合同纠纷案

【案件来源】《人民法院案例选》2013 年第 1 辑

【审理法院】福建省厦门市中级人民法院

【案件案号】(2011)厦民终字第 656 号

【裁判日期】2011 年 5 月 13 日

【裁判摘要】物业服务合同纠纷中"正当理由"的认定:最高人民法院《物业服务司法解释》第 6 条规定,业主拒绝缴纳物业费需要基于正当理由。司法裁判中对正当理由的认定要从严把握,一般限于物业服务企业不履行物业服务合同,或者履行合同存在重大瑕疵。

典型案例 6

重太悦来物业管理有限公司诉何某物业服务合同纠纷案

【案件来源】《人民法院案例选》2015 年第 4 辑

【审理法院】重庆市渝北区人民法院

【案件案号】(2012)渝北法民初字第 15547 号

【裁判日期】2013 年 2 月 1 日

【裁判摘要】事实物业服务关系的认定:1. 因不可归责于物业服务企业的原因,在无合同依据的情况下,物业服务企业为业主提供了服务,业主接受了该服务,物业服务企业以存在事实物业服务关系为由,请求业主支付物业费的,应予支持。2. 物业服务费应参照政府规定的收费标准或者同类物业服务项目收费标准来确定。

第三节 实务操作指南

一、拖欠物业服务费案件的处理

拖欠物业服务费纠纷一般标的额不大,但涉诉数量多,涉及人员众多,矛盾突出,影响了社会和谐和社区和睦,虽然案情简单,但审理难度大,执行难度大。业主大多以物业服务质量差为由拒交物业费,还有相当一部分业主因为房屋质量问题得不到解决,迁怒于物业服务企业,有法不责众的心理。物业服务企业因为没有行政执法权,只能通过催缴的方式督促交费,在万不得已的情况下,物业服务企业向法院提起诉讼,但常常面临送达难、开庭难、执行难,虽然投入很大精力,但效果一般。同时也给人民法院增加了很大的工作量。

从目前来看,我国住宅物业的收费水平不高,加之人员成本增加,物业企业压力很大;另外物业服务标准难以量化,物业服务质量很难达到全体业主满意,同时小区环境还需要全体业主的自觉维护,目前有一部分业主自觉性差,也是造成物业服务质量不高的一个原因。

在拖欠物业服务费的纠纷中,业主以物业服务质量差而拖欠物业费进行抗辩的,很难得到法院的支持,极少情况下,人民法院会酌定降低物业服务费的收费标准,但对于物业服务企业提出的高额滞纳金(违约金),法院也不会支持。对业主提出的诉讼时效的抗辩,即超过诉讼时效的物业服务费,人民法院不会支持物业企业的诉求。笔者认为,广大业主要树立"小区是我家,环境靠大家"的意识,要认识到按时交纳物业费是业主的义务,小区物业服务有瑕疵,并不能成为拖欠物业费的理由。

物业服务企业要树立法律意识、市场意识、服务意识,遵循市场竞争规则,提高服务质量,摒弃管理者的思维,切实提高服务质量,让大多数业主满意。《物业服务司法解释》第 3 条规定:"物业服务企业不履行或者不完全履行物业服务合同约定的或者法律、行政法规规定以及相关行业规范确定的维修、养护、管理和维护义务,业主请求物业服务企业承担继续履行、采取补救措施或者赔偿损失等违约责任的,人民法院应予支持。物业服务企业公开作出的服务承诺及制定的服务细则,应当认定为物业服务合同的组成部分。"

对于拖欠物业费,物业业主要积极主张权利,不可一拖多年,导致诉讼时效经过,合法权益无法得到法律保护。

二、涉及物业公司的侵权纠纷的处理

1. 物业公司免除自身责任的条款无效

【举例】某小区的小广场中有很多健身器材,个别健身器材被损坏,物业公司贴出告示,"健身器材存在危险,发生损害后果自负",张先生住在该小区,他问物业公司的这种约定有效吗?

【解析】《物业服务司法解释》第 2 条规定:"符合下列情形之一,业主委员会或者业主请求确认合同或者合同相关条款无效的,人民法院应予支持:(一)物业服务企业将物业服务区域内的全部物业服务业务一并委托他人而签订的委托合同;(二)物业服务合同中免除物业服务企业责任、加重业主委员会或者业主责任、排除业主委员会或者业主主要权利的条款。前款所称物业服务合同包括前期物业服务合同。"

物业公司负有对小区内的健身器材进行日常管理维护的义务,从以上法律规定可以看出,物业公司的这种约定是免除自己的主要责任,应属无效。

2. 在小区内停车场内车辆丢失的责任承担

【举例】2001 年 7 月 4 日,张女士向小区停车场交付了 2001 年度停车费 1440 元,并领取了物业公司发放的停车证。此前,张女士还与物业公司签订了一份没有约定期限的《机动车管理协议书》。2002 年 8 月,张女士起诉至一审法院称,2002 年 4 月 7 日早晨6 时发现自己的本田轿车丢失,经向公安局报案,未能找回。保险公司理赔支付了 22 万余元赔偿金,但本人实际遭受经济损失 11 万余元。停车场、物业公司放任不查验,导致车辆丢失,其对自己车辆丢失遭受的经济损失具有过错,理应承担赔偿责任,故请求判令停车场、物业公司、实业公司赔偿自己的车辆失窃遭受的经济损失 11 万余元。

停车场辩称,起诉前张女士未曾告知丢车一事,停车场不承担赔偿责任。物业公司辩称,公司与张女士无车辆保管关系,双方也无协议,故不同意赔偿。实业公司辩称,公司与张女士既无车辆保管关系,也无保管协议,故不承担赔偿责任。

【判决】北京第二中级人民法院经审理认为,张女士向停车场交纳了停车费用,受领了物业公司核发的机动车停车证,又与物业公司达成机动车管理协议。因此停车场及物业公司在各自职权范围内均负有对在小区内停放机动车的管理义务。根据张女士向车辆投保的保险公司提出机动车辆盗抢保险理赔的申请情况,停车场、物业公司、实业公司关于张女士的车辆并非在小区丢失的辩解不能成立,停车场及物业公司对张女士车辆丢失所遭受的损失应承担一定数额的赔偿责任。张女士上诉要求停车场、物业公司、实业公司承担损失的大部分责任没有依据,法院不予支持。但停车场现已被工商管理部门注销,物业公司又是实业公司依法设立并领取营业执照的分支机构,因此由实业公司直接承担责任为宜。

三、房屋的质量问题与物业公司无关

不要将由于房屋质量问题引发的对开发商的不满迁怒于物业公司,拒绝缴纳物业费。实际上,物业公司和业主之间是物业合同关系,开发商和业主之间是商品房买卖合同关系,开发商和物业公司是两个独立的民事主体,互相之间没有为对方承担责任的依据。虽然很多物业公司是开发商开办的,但两者在法律上不是同一主体,桥归桥,路归路,不能混到一起。

但是,如果物业合同中约定了物业公司有对房屋进行维护和修缮的义务,而物业公司没有履行义务的,业主有权拒绝缴纳物业费。

保修期满或者保修范围以外的物业维修、保养由物业服务企业按照物业服务合同的约定承担义务。

四、物业管理涉及的行政处罚(见表10-1-1)

表10-1-1

序号	违法方式	表现形式	处罚	法律条文
1	选聘物业方式违法	违反《物业管理条例》规定,住宅物业的建设单位未通过招投标的方式选聘物业服务企业或者未经批准,擅自采用协议方式选聘物业服务企业的	由县级以上地方人民政府房地产行政主管部门责令限期改正,给予警告,可以并处10万元以下的罚款	《物业管理条例》第56条
2	擅自处分共有部分	违反《物业管理条例》规定,建设单位擅自处分属于业主的物业共用部位、共用设施设备的所有权或者使用权的	由县级以上地方人民政府房地产行政主管部门处5万元以上20万元以下的罚款	《物业管理条例》第57条
3	不移交材料	违反《物业管理条例》规定,不移交有关资料的	1. 由县级以上地方人民政府房地产行政主管部门责令限期改正 2. 逾期仍不移交有关资料的,对建设单位、物业服务企业予以通报,处1万元以上10万元以下的罚款	《物业管理条例》第58条
4	物业服务违法转包	违反《物业管理条例》规定,物业服务企业将一个物业管理区域内的全部物业管理一并委托给他人的	由县级以上地方人民政府房地产行政主管部门责令限期改正,处委托合同价款30%以上50%以下的罚款	《物业管理条例》第59条

续表

<table>
<tr><th>序号</th><th>违法方式</th><th>表现形式</th><th>处罚</th><th>法律条文</th></tr>
<tr><td>5</td><td>挪用专项维修资金</td><td>违反《物业管理条例》规定，挪用专项维修资金的</td><td>由县级以上地方人民政府房地产行政主管部门追回挪用的专项维修资金，给予警告，没收违法所得，可以并处挪用数额2倍以下的罚款</td><td>《物业管理条例》第60条</td></tr>
<tr><td>6</td><td>未配置物业管理用房</td><td>违反《物业管理条例》规定，建设单位在物业管理区域内不按照规定配置必要的物业管理用房的</td><td>县级以上地方人民政府房地产行政主管部门责令限期改正，给予警告，没收违法所得，并处10万元以上50万元以下的罚款</td><td>《物业管理条例》第61条</td></tr>
<tr><td>7</td><td>擅自改变物业管理用房用途</td><td>违反《物业管理条例》规定，未经业主大会同意，物业服务企业擅自改变物业管理用房的用途的</td><td>由县级以上地方人民政府房地产行政主管部门责令限期改正，给予警告，并处1万元以上10万元以下的罚款</td><td>《物业管理条例》第62条</td></tr>
<tr><td rowspan="3">8</td><td rowspan="3">擅自使用共用部分</td><td>擅自改变物业管理区域内按照规划建设的公共建筑和共用设施用途的</td><td rowspan="3">1. 由县级以上地方人民政府房地产行政主管部门责令限期改正，给予警告，并按照本条第二款的规定处以罚款
2. 个人有前款规定行为之一的，处1000元以上1万元以下的罚款；单位有前款规定行为之一的，处5万元以上20万元以下的罚款</td><td rowspan="3">《物业管理条例》第63条</td></tr>
<tr><td>擅自占用、挖掘物业管理区域内道路、场地，损害业主共同利益的</td></tr>
<tr><td>擅自利用物业共用部位、共用设施设备进行经营的</td></tr>
</table>

第四节　法律法规整合

一、《物业管理条例》

全文（略）

二、《建筑物区分所有权司法解释》

全文（略）

三、《物业服务司法解释》

全文（略）

第二章　土地租赁合同纠纷

【一级案由】合同、无因管理、不当得利纠纷

【二级案由】合同纠纷

【三级案由】租赁合同纠纷

【四级案由】土地租赁合同纠纷

第一节　法律要点详解

一、土地租赁合同的定义

根据《合同法》等法律的规定，土地租赁合同是出租人将土地交付承租人使用、收益，承租人支付租金的合同。在土地租赁关系中，出租人最主要的义务是按照合同约定将租赁土地交付承租人并在租赁期间保持土地符合约定的用途，承租人最主要的义务是按照约定交付租金并按照约定的方法或土地的性质使用租赁土地，并在租赁期满后归还土地。

二、土地租赁合同的类型

1. 国有土地的租赁，是指国家作为土地所有者将国有土地出租给承租人使用，由土地使用者与县级以上人民政府土地行政主管部门签订一定年限的土地租赁合同，承租人通过租赁的方式取得承租土地的使用权并支付租金的行为。国有土地租赁是国有土地有偿使用的一种重要形式，是国有土地出让方式的补充。

2. 国有土地使用权的租赁，是指国有土地使用者作为出租人将土地使用权随同地上建筑物、其他附着物租赁给承租人使用，由承租人向出租人交付租金的行为。土地使用权租赁的标的物具有复合性，即不仅包括土地使用权，还包括土地上的建筑物及其他附着物。当出租地上建筑物、其他附着物时，其范围内的土地使用权随之出租，同时，出租土地使用权时，其地上建筑物、其他附着物也随之出租。土地出租一般是同房屋租赁结合在一起的，单纯的场地出租行为在整个土地使用权出租市场中比较少见。

由于在土地使用权出租中，土地使用权及地上建筑物、其他附着物所有权不发生转移，承租人以支付租金为代价取得对土地及地上建筑物、其他附着物一定期限使用的权利，期限通常较短，投资相对较少，方便灵活，出租人则通过承租人支付的租金收回投资，因而土地使用权出租十分普遍，具体形式也有多种多样。如各种铺面出租和住房出租等，都包含土地使用

权的出租。

需要说明的是，在国有土地租赁和土地使用权租赁两种类型中，租赁的客体都是国有土地使用权，两者容易混淆，笔者认为二者主要存在以下区别：

第一，所处的土地市场不同。国有土地租赁属于土地一级市场；国有土地使用权租赁属于土地二级或者三级市场。

第二，法律关系主体不同。国有土地租赁的合同主体是土地所有者与土地使用者；而国有土地使用权出租是在土地使用者之间进行，出租人是通过划拨、出让（或转让）取得土地使用权的受让人，其本身也是国有土地的使用者。

3. 集体土地的租赁，是指农村的集体组织作为出租人，将集体建设土地出租给承租人使用，由承租人向出租人交付租金的行为。在最高人民法院2008年《民事案件案由规定》中，“土地租赁合同纠纷”案由归属在“房地产开发经营合同纠纷”项下，因此，可以看出，当时的土地租赁合同的概念是专指国有土地的租赁。而在2011年《民事案件案由规定》修订后，将“土地租赁合同纠纷”案由调整到“租赁合同纠纷”下，这一调整不仅是位置的变化，也意味着土地租赁合同这一概念的范围有所扩大，既包括国有土地使用权的租赁，也包括集体建设用地使用权的租赁。

需要注意的是，实践中，有农村集体组织成员以个人或家庭为出租方，将其承包的土地出租给他人使用而发生的纠纷，但此种情况并不属于“土地租赁合同纠纷”的范畴，在最高法院《民事案件案由规定》中，该情况属于“农村土地承包合同纠纷”项下的“土地承包经营权出租合同纠纷”。因此，本章所讲的“土地租赁合同纠纷”中的集体土地租赁仅指以集体经济组织为出租人的土地租赁。

三、土地租赁合同的期限

我国《合同法》第214条规定：租赁期限不得超过20年。超过20年的，超过部分无效。租赁期间届满，当事人可以续订合同，但约定的租赁期限自续订之日起不得超过20年。可见土地租赁合同的期限最长为20年，超出的部分无效。当然，租赁双方可以通过续约的方式延长租赁期限。

国土资源部发布的《规范国有土地租赁若干意见》第4条规定：具体租赁期限由租赁合同约定，但最长租赁期限不得超过法律规定的同类用途土地出让最高年期。《城镇国有土地使用权出让和转让暂行条例》第12条规定：“土地使用权出让最高年限按下列用途确定：（一）居住用地七十年；（二）工业用地五十年；（三）教育、科技、文化、卫生、体育用地五十年；（四）商业、旅游、娱乐用地四十年；（五）综合或者其他用地五十年。”

但是，《规范国有土地租赁若干意见》和《城镇国有土地使用权出让和转让暂行条例》分别属于部门规章和行政法规，因此，当它们的规定与《合同法》有冲突的时候，仍应以《合同法》的规定为准。

需要注意的是，在国有土地使用权租赁合同中，租赁的期限一方面要受到20年最高期限的制约，同时又不得超过出租方剩余的国有土地使用年限。

四、土地租赁合同纠纷的管辖权

租赁合同履行地的确定，按照《最高人民法院关于适用〈中华人民共和国民事诉讼法〉若干问题的意见》第19条的规定，以租赁物使用地为合同履行地，但合同中对履行有约定的除外。当然，如果租赁合同的标的物是不动产，则应当由不动产所在地人民法院专属管辖。因此，对于土地租赁合同纠纷，应由租赁土地所在地的人民法院管辖。

五、土地租赁合同纠纷适用的法律

处理租赁合同纠纷的法律依据主要是《合同法》第13章、《城市房地产管理法》第4节、《城镇国有土地使用权出让和转让暂行条例》第4章、《最高人民法院关于审理城镇房屋租赁合同纠纷案件具体应用法律若干问题的解释》的相关规定。

2019年8月26日《土地管理法》第三次修订，第63条增加了集体经营性建设用地入市的规定，集体土地一级市场包括出让、出租两种形式。

今后土地租赁合同纠纷需要考虑集体土地出租这种形式，需要通过相关立法进一步予以完善。

第二节　权威案例指导

典型案例

大连顺达房屋开发有限公司与瓦房店市泡崖乡人民政府土地租赁合同纠纷申诉、申请民事裁定书

【审理法院】最高人民法院

【案件案号】(2016)最高法民申字第1223号

【裁判日期】2016年6月30日

【裁决要点】1. 农民集体所有土地的使用权不得出让、转让或者出租用于非农建设。租赁集体所有的林地应同时符合《土地管理法》《森林法》的强制性规定。2. 理解、识别效力性强制性规定与管理性规定，不仅关系民商事合同的效力维护，还影响市场交易的安全与稳定。人民法院应当根据法律法规的意旨，权衡相互冲突的权益。3. 判断某项规定属于效力性强制性规定还是管理性规定的根本目的在于违反该规定的行为是否严重侵害国家、集体和社会公共利益，是否需要国家权力对当事人的意思自治行为予以干预。

【主文说明】再审申请人(一审被告、二审被上诉人)：瓦房店市泡崖乡人民政府被申请人(一审原告、二审上诉人)：大连顺达房屋开发有限公司本案适用2004年《土地管理法》的相关规定，2019年8月26日《土地管理法》第三次修订，删除了第43条关于非农建设不得使用集体土地的规定，增加了集体经营性建设用地入市的规定，对此类合同效力影响很大，如果此类案件发生在2020年1月1日《土地管理法》实施后，就不能认定合同无效。

第三节　实务操作指南

一、土地租赁合同签订过程中的注意事项

（1）主体资格，审查产权证上记载的权利人与出租人是否一致。

（2）租赁期限，注明租赁起止日期和租赁年限。

（3）土地信息，列明租赁土地的名称、位置、面积、质量等级。

二、实践中应注意的问题

1. 合同无效的问题

司法实践中，土地租赁合同被认定为无效主要有以下两种情况：

一是租赁划拨土地不符合法定的条件。根据《城镇国有土地使用权出让和转让暂行条例》第45条的规定，租赁划拨土地应经过市、县土地管理部门和房管部门的批准，并办理土地出让手续和补缴相应的土地出让金，因此，如果未经合法批准，自行出租或变相出租划拨土地使用权的合同，均应认定为无效，并根据双方的过错程度大小，判定双方各自承担相应的民事责任。

二是集体土地租赁未经合法程序。在现实中，普遍存在土地承租者直接与集体土地所属的村委会签署土地租用协议的操作方式，根据《村民委员会组织法》第24条的规定，以租赁方式处分村集体财产需经村民会议讨论决定方可办理。因此，如果土地租赁未经村民会议决定，而只是由村委会擅自决定的话，土地租赁合同也会因违反法律强制性规定而被认定为无效。所以，签订此类合同时需要谨慎对待并尽量避免相应法律风险。

2. 土地承租期间新增建筑物的归属问题。

承租人为了获取利益最大化，不可避免地要对土地进行投资，在土地上修建建筑物和其他附着物，那么租期届满时，该建筑物和附着物应归谁所有？笔者认为，应按照土地租赁合同的三种类型来具体分析：

一是国有土地租赁期满。按照《城镇国有土地使用权出让和转让暂行条例》第40条的规定，土地使用权期满，土地使用权及其地上建筑物、其他附着物所有权由国家无偿取得。因此可知，国有土地租赁期满，土地上的建筑物、附着物应归国家所有。

二是集体土地租赁期满。此处法律并无具体规定，笔者认为，农村集体作为与国家平行的我国二元制土地制度的主体，在此问题上可以参照《城镇国有土地使用权出让和转让暂行条例》第40条的规定，即集体土地租赁期满，土地使用权及其地上建筑物、其他附着物所有权

由农村集体组织无偿取得。

三是国有土地使用权租赁期限届满。一般来说，按照房屋所有权与土地使用权主体统一和房地一体的原则，在双方没有约定的情况下，在租赁到期后，该新增建筑物和附着物应归出租人所有，但出租人应给予承租人相应的折价补偿，因为出租人也是国有土地的使用人，承租人的添附行为使其土地使用权获得了增值，因此在法律没有明确规定的情况下，出租人在取得添附物的同时，应给予承租人相应补偿。但是，如果双方约定租赁期满后新增房屋和附着物归承租人所有，此时笔者认为应尊重当事人的意思自治，由承租人取得添附物的所有权，而由此产生的结果就是添附物的所有权和土地的使用权发生了分离，承租人对于添附物的所有权权能必然受到影响。

第四节　法律法规整合

一、《土地管理法》

第12条　农民集体所有的土地，由县级人民政府登记造册，核发证书，确认所有权。农民集体所有的土地依法用于非农业建设的，由县级人民政府登记造册，核发证书，确认建设用地使用权。

单位和个人依法使用的国有土地，由县级以上人民政府登记造册，核发证书，确认使用权；其中，中央国家机关使用的国有土地的具体登记发证机关，由国务院确定。

确认林地、草原的所有权或者使用权，确认水面、滩涂的养殖使用权，分别依照《中华人民共和国森林法》、《中华人民共和国草原法》和《中华人民共和国渔业法》的有关规定办理。

二、《土地管理法实施条例》

第29条　国有土地有偿使用的方式包括：

（一）国有土地使用权出让；

（二）国有土地租赁；

（三）国有土地使用权作价出资或者入股。

三、《城镇国有土地使用权出让和转让暂行条例》

全文（略）

第三章 房屋租赁合同纠纷

【一级案由】合同、无因管理、不当得利纠纷
【二级案由】合同纠纷
【三级案由】租赁合同纠纷
【四级案由】房屋租赁合同纠纷

第一节 法律要点详解

一、房屋承租人优先购买权的适用规则与例外情形

(一)房屋承租人优先购买权的行使条件

《合同法》第230条规定:“出租人出卖租赁房屋的,应当在出卖之前的合理期限内通知承租人,承租人享有以同等条件优先购买的权利。”根据该法规定,承租人的优先购买权是指基于租赁合同,承租人在出租人出卖租赁物时,在同等条件下可优于其他人购买的权利。即承租人享有法定的先买权,该权利自出租人与承租人签订租赁合同时产生。保障承租人的优先购买权是民事活动公平、平等原则的体现,也是最大限度地保障承租人稳定居住权的象征,因此,应当深刻理解承租人优先购买权的行使条件,包括“同等条件”如何认定以及优先购买权的适用前提等重点内容,都应当根据具体情况分析,从而正确行使房屋承租人的优先购买权。

构成承租人优先购买权应满足以下条件:

1. 房屋承租人与房屋出租人或房屋所有人之间存有真实合法有效的房屋租赁合同

房屋承租人的优先购买权是以真实有效的房屋租赁合同为前提与基础的,若出租人或所有权人未与承租人签订房屋租赁合同,则优先购买权无从谈起。房屋租赁合同在实质上应当体现承租人与出租人的真实意思表示,形式上应当满足租赁合同的内容,包括租赁物的名称、数量、用途、租赁期限、租金及其支付期限和方式、租赁物维修等条款。合同成立仅是表明双方当事人意思表达一致,达成合意的形式,且能够表达当事人已经就合同条款协商一致,表达信守承诺的签订过程。合同成立是合同生效的前提条件,合同是否生效关键是看已经成立的合同是否符合法定的生效要件。合同法对合同生效的要件规定不尽相同,有自依法成立便生效的规定,还有需办理登记、批准手续的自批准、登记生效的规定等。房屋承租人的优先购买权所要求的合同基础是出租人与承租人签订成立的合同已经生效,且产生对双方当事人具有

法定约束力的法律效果。

2. 出租人实施了出卖房屋的行为

虽然《合同法》第230条的规定中并没有直接规定“出租人或者所有权人需有与第三人订立买卖合同的行为”,也并未将此行为重申为承租人优先购买权行使要件的内容,但是从“优先”一词可知,必然已经出现与承租人竞争的比较对象,因此,出租人或者所有权人需与第三人订立买卖合同系承租人优先购买权的前提条件,唯于第三人与出租人达成买卖合同时,方产生承租人在同等条件下优先购买的问题。而优先购买权从法理逻辑分析,承租人优先购买权必须以义务人向第三人出卖为启动条件,即作为租赁合同的一方义务人,出租人或所有权人将房屋出卖他人,侵犯了承租人的居住权、使用权,若根本不存在出租人或所有权人将房屋出卖他人的情形,那么承租人所谓的优先购买权并不能实际实现,仅仅系期待。

3. 出租人需在出卖房屋前的合理期间内履行积极通知的义务

对于通知的内容与形式。虽然《合同法》第230条规定出租人负有通知的义务,并没有具体规定通知的形式与要求,因此,可以认定,只要出租人在通知中明确表达其有将房屋予以出售的意思表示,且告知承租人在一定期限内是否购买其房屋,即是否行使优先购买权。只要通知的意思表示简单明确,使得承租人能够知晓出租人或所有权人有将房屋另卖第三人的意思表示,且在出卖前将该事实通知了承租人,告知承租人是否行使优先购买权的真实意思即可。通知在性质上仅仅属于租赁合同中的附随义务,并非为主要义务,承租人不可仅仅因为出租人或所有权人未履行通知义务而提起诉讼,主张诉权,因此,通知不具有独立可诉请性。

关于通知的合理期限。通知不具有独立可诉的法理属性间接延伸了通知的合理期限性,若在第三人已经取得房屋所有权后,承租人才得知该事实,且才发现出租人未及时履行通知义务,此时承租人以自身权益被侵犯而提起诉讼已无任何实际意义,更没有诉请履行的必要与依据。因此,《合同法》第26条规定,出租人通知的合理期限是有一定立法意义的。根据我国相关法律规定,一般将通知的时间提前到3个月,即出租人在出卖房屋时,应当提前3个月通知承租人,但有学者认为该3个月不具有可操作性,应当结合法律的要约理论予以限制,即将承租人与买受人处于同等的地位,若承租人有证据证明出租人是在接受要约申请后或者出租人向第三人发出要约时,才向承租人履行通知义务,那么出租人便已然侵犯了承租人的优先购买权,《最高人民法院关于审理城镇房屋租赁合同纠纷案件司法解释的理解与适用》第21条规定:“出租人出卖租赁房屋未在合理期限内通知承租人或者存在其他侵害承租人优先购买权情形,承租人请求出租人承担赔偿责任的,人民法院应予支持。但请求确认出租人与第三人签订的房屋买卖合同无效的,人民法院不予支持。”

4. 承租人优先购买权行使的行使期限与条件限制

关于承租人优先购买权行使的行使期限。从承租人权利保护的角度,应当坚持出租人履行通知义务,所谓“优先”,主要是指时间上的优先,即承租人这种优先购买权必须在一定的期限内行使。[①]《最高人民法院关于审理城镇房屋租赁合同纠纷案件司法解释的理解与适用》第24条规定:“具有下列情形之一,承租人主张优先购买房屋的,人民法院不予支持:……(三)出租人履行通知义务后,承租人在十五日内未明确表示购买的……”由此可知,承租人

---

① 参见李群星:《对承租人优先购买权制度的评析与反思》,载《法律适用》2006年第6期。

优先购买权的行使期限为15日,15日自承租人接到通知时起算,因为承租人优先购买权系形成权,因此,承租人行使优先购买权的15日期限应当为除斥期间。

另外,承租人优先购买权的特殊期限为5日,《最高人民法院关于审理城镇房屋租赁合同纠纷案件司法解释的理解与适用》第23条规定:“出租人委托拍卖人拍卖租赁房屋,应当在拍卖5日前通知承租人。承租人未参加拍卖的,人民法院应当认定承租人放弃优先购买权。”拍卖的特殊性导致其与承租人的优先购买权存在一定冲突,《最高人民法院关于人民法院民事执行中拍卖、变卖财产的规定》第16条第1款规定:“拍卖过程中,有最高价时,优先购买权人可以表示以该最高价买受,如无更高应价,则拍归优先购买权人;如有更高应价,而优先购买权人不作表示的,则拍归该应价最高的竞买人。”

总之,规定承租人优先购买权行使的期间是对“权利失效”理论的引用,无论出租人是否履行通知义务,如果承租人在得知该事实的情况下迟迟不作出优先购买的意思表示,便是违背了诚实信用原则,因此,承租人不得再行使优先购买权。

(二)关于侵害承租人优先购买权的损害赔偿责任在法律实践中的适用

《最高人民法院关于审理城镇房屋租赁合同纠纷案件司法解释的理解与适用》第21条规定:“出租人出卖租赁房屋未在合理期限内通知承租人或者存在其他侵害承租人优先购买权情形,承租人请求出租人承担赔偿责任的,人民法院应予支持。但请求确认出租人与第三人签订的房屋买卖合同无效的,人民法院不予支持。”该规定中的“合理期限”应当适用本解释第24条第3项的规定,出租人在出卖房屋前15日通知承租人,即符合上述条款规定的承租人行使权利的期限,且视为出租人在合理期限内履行了通知的义务。但房屋承租人的优先购买权并非在任何法律关系中都可以适用,其只在租赁房屋作为买卖合同法律关系的标的物时发生,但是,如赠与、互易的情形便不可适用。因此,买卖合同法律关系是承租人基于优先购买权主张损害赔偿的前提。

另外,承租人基于优先购买权主张损害赔偿责任时是否会对出租人与第三人之间的房屋买卖合同造成影响,根据《最高人民法院关于审理城镇房屋租赁合同纠纷案件司法解释的理解与适用》第21条可知,承租人受到侵害时,无权要求确认出租人与第三人房屋买卖合同无效,出租人与第三人房屋买卖合同的效力只能依据合同法关于合同效力的规定判断。虽然,承租人无权以优先购买权受侵害为由要求确认出租人与第三人房屋买卖合同无效,但是,若承租人要求以同等条件与出租人成立买卖合同,且积极履行购买义务,那么,承租人的优先购买权应当予以保护,由此导致第三人无法继续履行合同的,第三人可以依据房屋买卖合同要求出租人承担违约责任。

现实中,有的出租人在承租人以优先购买权起诉后,便不再出售房屋,而是等待租期届满后再行出售,出租人这样的做法导致承租人的优先购买权成为“水中花、镜中月”,还有一种情况,承租人恶意行使优先购买权的请求权,破坏出租人与第三人买卖合同的稳定性。因此,无论是为了防止承租人的优先购买权成为“水中花、镜中月”,还是为了避免承租人滥用权利,承租人一方面有权要求公权力机关介入,请求法院判令其在同等条件下与出租人形成买卖合同关系;另一方面,在承租人行使优先购买权时要对其课以一定的担保义务,这也是诚实信用原则的体现,例如,承租人主张与出租人成立买卖合同的,应当交付一定数额的定金或提供担保，以证明自己确有购买房屋的诚意以及履行能力，从而使出租人的出售目的得以实现。

（三）房屋承租人优先购买权适用的例外情形

《最高人民法院关于审理城镇房屋租赁合同纠纷案件司法解释的理解与适用》第24条规定："具有下列情形之一，承租人主张优先购买房屋的，人民法院不予支持：（一）房屋共有人行使优先购买权的；（二）出租人将房屋出卖给近亲属，包括配偶、父母、子女、兄弟姐妹、祖父母、外祖父母、孙子女、外孙子女的；（三）出租人履行通知义务后，承租人在十五日内未明确表示购买的；（四）第三人善意购买租赁房屋并已经办理登记手续的。"根据该规定，以上4种情形系房屋承租人优先购买权适用的例外情形。第（一）项、第（二）项情形因适用身份特殊，且并不存在损害承租人优先购买的情形，因此，不存在适用承租人行使优先购买权的问题；第（三）项情形属于承租人自身已经放弃行使优先购买权的情形，更不存在承租人优先购买权适用的法律环境；第（四）项系出于保护善意第三人的利益而定，因此，上述4种情形系房屋承租人优先购买权适用的例外情形。

二、房屋租赁合同解除权的适用原则

房屋租赁合同的解除权既包括法定解除权，也包括约定解除权，因约定解除权更重视双方当事人的真实意思表示，所以主要以约定解除的事项与要求为基准，而法定解除权系解除权适用的法定情形，更能够体现房屋租赁合同的解除本质，因此，本部分仅就房屋租赁合同的法定解除情形与原则予以分析。从主体划分的角度，房屋租赁合同的解除权分为出租人的解除权以及承租人的解除权。

（一）出租人的解除权

出租人享有法定解除权的情形具体总结如下：（1）《最高人民法院关于审理城镇房屋租赁合同纠纷案件司法解释的理解与适用》第7条规定的承租人擅自变动房屋建筑主体和承重结构或者扩建，在出租人要求的合理期限内仍不予恢复原状，出租人可以请求解除合同并要求赔偿损失；（2）《合同法》第224条规定的承租人未经出租人同意转租的，出租人可以解除合同；（3）《合同法》第227条规定的承租人无正当理由未支付或者迟延支付租金的，出租人可以要求承租人在合理期限内支付，承租人逾期不支付的，出租人可以解除合同；（4）《合同法》第219条规定的承租人未按照约定的方法或者租赁物的性质使用租赁物，致使租赁物受到损失的；（5）《合同法》第232条规定的不定期租赁，当事人可以随时解除合同，但出租人解除合同应当在合理期限之前通知承租人。

根据上述情形，出租人可以行使法定解除权，实践中出租人行使解除权的方式一般分为两种：一是出租人通过书面或者口头形式通知承租人解除合同，通知自到达承租人时即产生合同解除的法律效果，该种通知形式与解除合同通知书通知到达即生效的解除效果相同，若承租人对解除合同事项存有异议，承租人可以诉至法院，请求法院依法确认合同解除无效；二是出租人直接以解除合同的诉求诉至法院。

（二）承租人的解除权

承租人法定解除权所适用的情形，总结其本质，是出现导致承租人承租目的无法实现的情形，具体包括：(1)租赁房屋被司法机关或者行政机关依法查封的；(2)租赁房屋权属有争议的；(3)租赁房屋具有违反法律、行政法规（主要包括不符合《建筑法》《消防法》等）关于房屋使用条件强制性规定情况的；(4)因不可归责于承租人的事由，致使租赁物部分或者全部毁损、灭失的，且致使不能实现合同目的的；(5)租赁物危及承租人的安全或者健康的，即使承租人订立合同时明知该租赁物质量不合格，承租人仍然可以随时解除合同；(6)不定期租赁，承租人有权随时解除合同；(7)出租人未按约定交付房屋，经承租人催告在合理期限内仍拒不交付房屋的。通过以上情形可知，导致承租人法定解除权程序启动的主要原因是承租人无法使用房屋，即承租人无法按照租赁房屋的约定用途使用或者无法按照租赁房屋的性质使用房屋，导致承租人承租房屋的目的无法实现，因此，无论上述哪一种情形出现，承租人均可以依法解除房屋租赁合同。

（三）房屋租赁合同解除后的承租人装饰装修物的处理

在房屋租赁合同中，承租人对租赁房屋的装饰装修根据是否经过出租人同意以及装饰装修的合理范围，按其性质可具体分为善意添附与恶意添附。善意添附，是指出租人已经明示同意或虽然出租人并未明示同意，但知道后未表示反对，且符合租赁合同约定用途的装饰装修；恶意添附，是指未经出租人同意或虽经出租人同意但超出合同约定用途的合理范围擅自进行的装饰装修。对于恶意添附，不论房屋租赁合同有效与否，对于装饰装修损失均无法使用折价补偿的解决办法，承租人应当自行承担损失；对于善意添附，在解除房租租赁合同后的处理，要区分是否形成附和的情况，且针对不同的过错情况，其具体处理的原则亦不相同。

1. 未形成附合的装饰装修物在房租租赁合同解除后的处理方式

《最高人民法院关于审理城镇房屋租赁合同纠纷案件司法解释的理解与适用》第10条规定："承租人经出租人同意装饰装修，租赁期间届满或者合同解除时，除当事人另有约定外，未形成附合的装饰装修物，可由承租人拆除。因拆除造成房屋毁损的，承租人应当恢复原状。"根据该条规定可知，除当事人另有约定外，对于对未形成附合的装饰装修物，承租人可以进行拆除，且承租人在拆除装饰装修物时应当尽到谨慎的注意义务，若拆除时对房屋造成毁损的，承租人应当承担恢复原状或赔偿损失的法律责任。

2. 已经形成附合的装饰装修物在房租租赁合同解除后的处理方式

《最高人民法院关于审理城镇房屋租赁合同纠纷案件司法解释的理解与适用》第11条规定："承租人经出租人同意装饰装修，合同解除时，双方对已形成附合的装饰装修物的处理没有约定的，人民法院按照下列情形分别处理：（一）因出租人违约导致合同解除，承租人请求出租人赔偿剩余租赁期内装饰装修残值损失的，应予支持；（二）因承租人违约导致合同解除，承租人请求出租人赔偿剩余租赁期内装饰装修残值损失的，不予支持。但出租人同意利用的，应在利用价值范围内予以适当补偿；（三）因双方违约导致合同解除，剩余租赁期内的装饰装修残值损失，由双方根据各自的过错承担相应的责任；（四）因不可归责于双方的事由导致合同解除的，剩余租赁期内的装饰装修残值损失，由双方按照公平原则分担。法律另有规定的，适用其规定。”所谓“剩余租赁期内装饰装修物残值”，是指在房屋租赁合同履行期限届满前解除合同，附合的装饰装修物在剩余的租赁期限内尚存在的价值。该规定分别从承租人违约、出租人违约、双方违约以及不可归责于双方原因导致的合同解除后，已经形成附合的装饰装修物的处理方法。

三、房屋租赁合同无效的情形

（一）违法建筑物租赁合同无效

《最高人民法院关于审理城镇房屋租赁合同纠纷案件司法解释的理解与适用》第 2 条规定：“出租人就未取得建设工程规划许可证或者未按照建设工程规划许可证的规定建设的房屋，与承租人订立的租赁合同无效。但在一审法庭辩论终结前取得建设工程规划许可证或者经主管部门批准建设的，人民法院应当认定有效。”根据该法条可知，未取得建设工程规划许可证或者未按照建设工程规划许可证的规定建设的房屋系违法建筑物，具体包括违反了城乡规划规定的建筑物、构筑物以及违反临时建筑管理规定的临时建筑。《最高人民法院关于审理城镇房屋租赁合同纠纷案件司法解释的理解与适用》第 3 条规定：“出租人就未经批准或者未按照批准内容建设的临时建筑，与承租人订立的租赁合同无效。但在一审法庭辩论终结前经主管部门批准建设的，人民法院应当认定有效。”根据该规定可知，并非所有的临时建筑均系违法建筑，经建设行政主管部门审核批准后，在核定的临时建设工程规划许可证记载的使用期限、范围、用途内，建造的供临时使用的建筑物系合法建筑物，基于此签订的租赁合同系合法有效的，只有未经批准或者未按照批准内容建设的临时建筑，且与承租人订立的租赁合同才是无效的。

对于认定违法建筑租赁合同的效力，法律亦给予了相应的“补救”期限，例如一审法庭辩论终结前取得建设工程规划许可证或者经主管部门批准建设的，租赁合同认定有效；租赁期限超过临时建筑的使用期限，超过部分无效。但在一审法庭辩论终结前经主管部门批准延长使用期限的，人民法院应当认定延长使用期限内的租赁期间有效。由此可见，一审法庭辩论终结前，若能取得法律明令的许可或期限，租赁合同的效力便有一定的补救性，可认定为有效。

（二）超过承租人剩余租赁期限的转租期间无效

《最高人民法院关于审理城镇房屋租赁合同纠纷案件司法解释的理解与适用》第 15 条规定：“承租人经出租人同意将租赁房屋转租给第三人时，转租期限超过承租人剩余租赁期限的，人民法院应当认定超过部分的约定无效。但出租人与承租人另有约定的除外。”首先，该条款中的“转租”包括实践存在的再转租、多房转租的行为，即不应当片面地理解该条款中的转租主体仅仅只是“二房东”，应当结合具体的转租行为，对转租的含义进行扩大性解释；其次，租赁期限是租赁合同中的核心约定要素，因此，为了保障出租、承租的真实意思表示，超过双方约定的承租人剩余租赁期限的，对于超过部分应当认定无效，其例外情形是超出剩余租赁期限的转租期间得到了出租人的认可，致使超出剩余期限的条款约定有效；最后，对于超过承租人剩余租赁期限的转租期间无效，应当具体结合出租人、承租人、转租人之间的例外约定，不能机械地认定只要超出剩余租赁期限的约定都是无效的。

（三）备案对房屋租赁合同效力的影响

《最高人民法院关于审理城镇房屋租赁合同纠纷案件司法解释的理解与适用》第 4 条规定："当事人以房屋租赁合同未按照法律、行政法规规定办理登记备案手续为由，请求确认合同无效的，人民法院不予支持。当事人约定以办理登记备案手续为房屋租赁合同生效条件的，从其约定。但当事人一方已经履行主要义务，对方接受的除外。"该条司法解明确阐释了行政部门的登记备案不是影响合同效力的因素，因为，实践中影响合同的效力的三个因素为主体适格、意思表示真实、不违反法律行政法规的强制性规定。而行政部门给予的登记备案只是一种行政管理行为，仅是为了加强管理，登记备案后对监管房屋租赁具有一定的积极意义，因此，是否登记备案是属于强制性的管理性规定，不属于《合同法》第 52 条规定的违反强制性效力性规定，因此，当事人仅仅以房屋租赁合同未按照法律、行政法规规定办理登记备案手续为由，请求确认合同无效的，人民法院不予以支持。若当事人约定以办理登记备案手续为房屋租赁合同生效条件的，则以约定为准，未办理登记备案手续的，合同不生效。但一方通过履行合同主要义务的方式，且该履行方式在对方接受的情况下，视为当事人以实际行为变更了以办理登记备案手续作为合同生效要件的合同约定，因此，虽然并未进行登记备案，但该合同依然合法有效。

第二节　权威案例指导

典型案例

新疆维吾尔自治区建筑木材加工总厂与中国民主同盟
新疆实业发展总公司房屋租赁纠纷申请再审民事裁定书

【案件来源】最高人民法院

【审理法院】最高人民法院

【案件案号】（2000）民终字第 115 号

【裁判日期】2015 年 4 月 23 日

【裁判摘要】1. 出租房屋所占用的土地性质为国有划拨用地，《城市房地产管理法》第 55 条规定，房屋所有人以营利为目的，将以划拨方式取得使用权的国有土地上建成的房屋出租的，应当将租金中所含土地收益上缴国家，但缴纳土地收益并不是合同成立并生效的前提条件。2. 合同中有关拖欠租金需交付滞纳金的约定，其法律性质为专项违约金，仅对拖欠租金产生法律效力。3. 任何一方违反合同约定的条款，必须按比例向对方支付违约金，若双方当事人均违约，违约金比例相同，相互抵销。

第三节　实务操作指南

一、实践中存在的“一房数租”应当如何处理

现实中,“一房数租”的现象是最易引发房屋租赁法律纠纷的导火索,因其发生频率的高发性,承租人在租赁房屋时应当谨记哪些注意事项,法院在审理“一房数租”纠纷时应当依据何种原则与理念依法裁决,这些均应当引起注意。《最高人民法院关于审理城镇房屋租赁合同纠纷具体应用法律若干问题的解释》第6条规定:“出租人就同一房屋订立数份租赁合同,在合同均有效的情况下,承租人均主张履行合同的,人民法院按照下列顺序确定履行合同的承租人:(一)已经合法占有租赁房屋的;(二)已经办理登记备案手续的;(三)合同成立在先的。不能取得租赁房屋的承租人请求解除合同、赔偿损失的,依照合同法的有关规定处理。”根据该法条可知,对于承租者优先的履行合同的顺序来说,占有优先于登记备案,登记备案优先于合同成立,因此,如果承租人已经合法占有租赁房屋,则该承租人应当优先承租该房屋,而其他承租人只能通过向出租人请求解除合同,要求出租人承担违约责任、赔偿损失的途径救济自身合法权益。如果多位承租人均未占有使用租赁房屋的,那么应当由已经办理登记备案手续的承租人优先履行租赁合同,即享有占有使用该房屋的承租权。如果多位承租人在签订租赁合同后均未占有租赁房屋且均未办理登记备案手续,则租赁合同成立在先的承租人优先履行租赁合同。该条法律规定为法院审理“一房多租”纠纷的审判提供了原则与裁决依据。另外,不难看出,该条规定对于未因此享有承租权的其他承租人依然给予了解除权和赔偿损失的请求权,在合同债权性质的层面依法维护了次要顺序的其他承租者的合法权益。

根据上述规定,在“一房数租”的情况下,虽然法院能够在法律的范围内公平地维护各个承租人的权利,但是,为取得承租权的承租人即便得到了赔偿,其所消耗的时间与经济成本已经远远超过了出租人给付的经济赔偿。因此,承租人在租赁房屋时,应尽积极的审慎义务,核实、核查出租人与房屋的全面情况,具体包括:出租人是否有合法的出租权;出租房屋的实际使用、占有情况;出租的房屋是否能够进行备案登记;出租房屋是否存在抵押、查封情况;出租人是否存在其他共有人或者承租者;严格审查租赁办理手续(合同、房产证、票据等材料)等。承租人应当对上述情况进行全面审查,该审查不仅仅是对书面材料的审查,必要时,要到房产交易中心部门查阅租赁房屋的实际所有权情况,只有这样,才能全面了解出租人的租赁房屋是否为合法的适租物,且租赁房屋是否存在影响、阻碍承租人承租权的情况。

二、“买卖不破租赁”的适用与例外情形

“买卖不破租赁”系对承租人权利保障最为明确的法律规定。罗马法中对于“买卖不破租赁”有这样的规定,即“承租人不能针对干涉其活动的第三者人行使诉权,而只能因出租人

违反其平安无忧的享用物而对其提出诉讼”,也就是说,当时的罗马法是承认租赁权优先效力的。[①]《合同法》第229条规定:“租赁物在租赁期间发生所有权变动的,不影响租赁合同的效力。”该规定诠释了所谓的“买卖不破租赁”,若无法定或约定的除外情形,该原则应当被予以适用。“买卖不破租赁”是指赋予承租人的承租权优于所有权的一种效力,即在租赁期间的买卖行为不能对抗承租人的租赁权,仍应当保障承租人租赁的权利,该规定对房屋出租人、买受人均具有约束力。

法律规定了对买卖不破租赁的例外情形。《最高人民法院关于审理城镇房屋租赁合同纠纷案件具体应用法律若干问题的解释》第20条规定:“租赁房屋在租赁期间发生所有权变动,承租人请求房屋受让人继续履行原租赁合同的,人民法院应予支持。但租赁房屋具有下列情形或者当事人另有约定的除外:(一)房屋在出租前已设立抵押权,因抵押权人实现抵押权发生所有权变动的;(二)房屋在出租前已被人民法院依法查封的。”首先,关于在出租前已设立抵押的,因抵押权设定在先具有优先效力,此后成立的租赁权不得损害抵押权,抵押权实现发生所有权的变动后,受让人不受租赁合同的约束,即先抵押后出租不适用“买卖不破租赁”原则。但若顺序发生变化,即先出租后抵押的房屋发生所有权变动的,仍应适用“买卖不破租赁”原则。其次,关于涉及法院依法查封的情况,若查封的顺序在先,租赁的顺序在后,那么承租人的承租权不得对抗法院强制拍卖程序,即该情形并不适用“买卖不破租赁”;同样,若租赁在先,查封在后,那么“买卖不破租赁”原则依然予以适用。

第四节　法律法规整合

《城镇房屋租赁合同司法解释》

全文(略)

---

① 参见[英]巴里·尼古拉斯:《罗马法概论》,黄风译,法律出版社2010年版,第192页。

第四章　居间合同纠纷

【一级案由】合同、无因管理、不当得利纠纷
【二级案由】合同纠纷
【三级案由】居间合同纠纷

第一节　法律要点详解

一、居间合同的定义及特征

居间合同，又称“中介服务合同”，是指居间人向委托人报告订立合同的机会或提供媒介服务，委托人向居间人给付约定报酬的合同。根据《合同法》第424条的规定，居间合同一般具备以下特征：(1)合同标的不是法律行为，而是介绍订约的劳务，且属于双务合同；(2)居间人在委托人与第三人订立的合同中既非当事人，亦非任何一方的代理人，其只起到居中斡旋、传达双方意思、牵线搭桥的作用，即是中间媒介人；(3)它是有偿合同，居间人只有在居间产生有效结果时，即买卖或租赁合同订立时，才可请求报酬给付。

二、居间人的权利和义务

(一)居间人的权利

1. 报酬请求权

报酬请求权是居间人的主要权利。居间人和委托人可以约定居间服务的报酬，在2014年6月13日《国家发展改革委、住房城乡建设部关于放开房地产咨询收费和下放房地产经纪收费管理的通知》发布实施以前，国家有相应的强制性规定，房屋买卖居间服务费应在成交价款的0.5%~2.5%，独家代理最高不超过3%。前述收费管理通知发布实施以后，“房地产中介服务机构接受委托，提供有关房地产政策法规、技术及相关信息等咨询的服务收费，实行市场调节价。下放房地产经纪服务收费定价权限，由省级人民政府价格、住房城乡建设行政主管部门管理，各地可根据当地市场发育实际情况，决定实行政府指导价管理或市场调节价”。

主张报酬请求权可以分成两种情况：一是仅向委托人提供报告订约机会，并不与委托人的相对人发生关系，居间人仅向委托人请求报酬给付义务；二是因为交易双方当事人都因居间人的媒介服务而获益，所以，除另有约定外，由双方当事人平均负担居间人的报酬。

2. 费用偿还请求权

居间人在提供居间服务活动的过程中所支出的必要费用通常包括在报酬内，此费用一般也由居间人负担，非经特别约定，居间人不得请求偿还费用。但当事人在居间合同中约定由委托人承担费用的，居间人对其已支付的费用有偿还请求权，或者由于委托人个人原因导致居间活动不成立或未达到支付居间报酬条件的，居间人也可以行使费用偿还请求权。

（二）居间人的义务

1. 报告订约机会或者提供订立合同媒介的义务

根据《合同法》第 425 条的规定，居间人应当如实向委托人报告订立合同的事项，不得隐瞒重要事项或提供虚假情况，否则居间人将丧失报酬请求权，而且要承担损害赔偿责任。

2. 负担居间费用的义务

居间人促成合同成立的，居间活动的费用，由居间人负担。居间合同另有约定的，从其约定。

3. 隐名和保密义务

如果当事人一方或双方明确告知居间人不得将其姓名或商号、名称告知对方，居间人就负有相应的隐名和保密义务。居间人如违反隐名和保密义务致使隐名当事人或委托人受损害的，应承担损害赔偿责任。

4. 介入义务

居间人的介入义务发生在隐名居间中，在一定情形下由居间人代替隐名当事人以履行辅助人的身份履行责任，并由居间人受领对方当事人所为的给付的义务。居间人只有在保护隐名当事人利益的前提下，才有介入义务，而不存在居间人基于特定情形主张介入的权利问题。

5. 注意及基本核实调查义务

居间人是专门从事经纪活动的专业机构，具备相应的专业知识和风险意识，应当对影响订约的基本事项承担注意及核实的义务。

6. 其他告知义务

根据《房地产经纪管理办法》第 21 条的规定，居间人在与委托人签订居间合同之前，还应书面告知委托人相关的利害关系、市场价格、收费标准和一般程序及风险等信息。

第二节　权威案例指导

典型案例

【案例主题】居间人未尽必要的注意义务使委托人因欺诈遭受损失的，根据其过错程度承担赔偿责任

李某东诉上海汉宇房地产顾问有限公司居间合同纠纷案

【审理法院】上海市第二中级人民法院

【案件来源】《最高人民法院公报》2015 年第 2 期

【裁判日期】2013 年 5 月 9 日

【裁判要点】作为房屋买卖居间人的中介公司未尽必要的注意义务而未能发现一方提供的相关材料存在重大瑕疵、缺陷，由此使另一方因欺诈遭受损失的，应根据其过错程度在相应的范围内承担赔偿责任。

【主文摘要】

原告:李某东

被告:上海汉宇房地产顾问有限公司

原告李某东因与被告上海汉宇房地产顾问有限公司(以下简称汉宇地产)居间合同纠纷案，向上海市嘉定区人民法院提起诉讼。李某东不服一审判决，向上海市第二中级人民法院提起上诉。

2012 年，李某东、周某与房产中介签订《房屋买卖居间协议》。在李某东支付周某 20 万元定金后，发现周某所持委托代理公证书系伪造。嗣后，法院以周某犯合同诈骗罪判处其有期徒刑。李某东以房产中介经办人不具备经纪人资格、伪造的公证书中载明的权利人之一蔡某出生日期与其身份证号码记载不一致为由，诉请房产中介赔偿其定金损失。

二审法院认为，公证书中载明的蔡某出生日期与其身份证号码记载不一致，该事项无须专业知识即可判断。在公证机构无法提供电话核实真伪的情况下，房产中介应赴公证机构进行现场核实，但其未采取前述措施。李某东在付款前已注意到公证书存在的问题并提出异议，其完全有机会主动核实公证书真伪后再行付款。由于李某东、房产中介均未尽到前述审慎义务，致使李某东本人成为周某合同诈骗的被害人。房产中介作为专门从事居间活动的单位，其开展经营业务理应尽职尽力维护好委托人利益。根据查明的事实，房产中介经办本案居间业务的工作人员不具备经纪人资格，未认真核查系争房屋已被出卖情况，未严格按合同约定履行定金保管义务，使案外人周某得以实施诈骗，继而造成李某东损失，判决房产中介在 10 万元范围内就案外人周某刑事退赔不足部分对李某东承担补充赔偿责任。

二审法院判决，变更上海市嘉定区人民法院(2012)嘉民三(民)初字第 809 号民事判决中的金额为汉宇地产于本判决生效之日起 10 日内在人民币 10 万元范围内就案外人周某刑事退赔不足部分对李某东承担补充赔偿责任。本判决系终审判决。

第三节　实务操作指南

一、阴阳合同的效力

在房屋买卖的实践中，往往存在出于避税和减少其他交易费用的考虑而签订两份买卖合同，即阴阳合同。阳合同主要指经房地产交易中心备案的为房屋交易契税缴纳提供依据的合同；阴合同一般是双方当事人真实的意思表示，也是双方实际履行的合同。只要可以确定合同内容是双方当事人真实的意思表示，即可认定合同是有效的，可以从以下方面来确定合同意思表示是否真实：(1)当事人对阴阳合同的认可和履行程度；(2)与该房产的市场价值进行对比，较为接近的可以认定是双方的真实意思表示；(3)若产生价差的主要原因是为了避税，则可以认定双方是明知违法的情况下订立的阳合同，间接表明阴合同才是双方的真实意思表示，且其行为应由相关部门进行处罚。根据《合同法》第 52 条之规定，损害国家利益的合同为无效合同，因此，一般以规避税收或其他交易费用为目的而签订的在房地产交易中心备案的阳合同应属无效。对于阴合同的效力，笔者认为，在没有《合同法》第 52 条规定的情形的情况下，应当认定为有效合同。

二、关于居间合同的报酬支付

居间合同作为双务有偿合同，居间人向委托人报告订立合同的机会或者提供订立合同的媒介服务，居间人居间成功，委托人支付报酬是法定的义务，也是房地产经纪市场得以健康发展的基础。但实践中不乏居间人将委托人诉至法院请求支付居间报酬的案件，归纳其争议焦点有以下几种：(1)居间人是否尽到如实告知义务；(2)委托人私下达成交易，“跳单”行为的认定，居间人能否请求支付居间报酬；(3)委托人故意阻止支付条件的成就，是否仍应支付居间报酬等。

首先，对于居间人是否尽到如实告知义务应从以下方面综合考虑及认定：居间人未告知委托人的事项是否与委托人存在利害关系，即该事项是否属于可以左右委托人签订买卖或租赁合同的关键事项；该事项的相关信息对于居间人来说获取的难易程度，若该信息确属居间人凭借其专业知识或风险意识可以获得的而未尽该告知义务，则应认定居间人未尽到如实告知义务；对于未告知该信息居间人是否存在与其专业地位不相符的过失，若存在类似过失，则可以认定居间人未尽到如实告知的义务。

其次，现实中还存在委托人在居间人进行初步带看标的房产后，跳过居间人而与买卖或租赁的相对方私下达成交易的情况。此行为事实上侵犯了居间人的合法权益，虽然居间人仅提供了初步带看服务，但委托人在居间人本可以完成全部居间服务的情况下，未解除居间合同就与买卖或租赁的相对方私下接触并达成合同，并非居间人的故意或过错不履行居间合同义务，因此，这种情形下，委托人仍应支付相应的居间报酬。

最后，委托人在居间人提供居间服务后与买卖或租赁的相对人达成合同，居间人的合同义务即履行完毕，便可以行使支付居间报酬请求权，至于约定的居间报酬在哪个环节、哪个时间节点支付,仅仅是居间合同双方当事人关于付款条件的约定,不应受委托人个人原因导致的合同目的无法实现因素的影响。根据《合同法》第 45 条的规定,当事人为自己的利益不正当地阻止条件成就的,视为条件已成就,因此,如果委托人存在故意阻止支付居间报酬的条件成就,则仍应当向居间人支付居间报酬。

三、关于居间合同的违约金

现实中居间人为防止委托人"跳单"的行为给其带来合法利益的损失,往往在居间合同中约定违约条款。例如,约定委托人不履行买卖或租赁合同的应向居间人支付违约金,关于此类违约条款,笔者倾向于认为应为无效。首先根据合同的相对性原则,买卖或租赁合同的双方不包括居间人,而且居间人在一般情况下也不应介入该合同,更谈不上相应的介入权利。《合同法》第 40 条之规定也印证了此类违约条款应属无效,即"提供格式条款一方免除其责任、加重对方责任、排除对方主要权利的,该条款无效"。本着诚信、公平的原则,居间人可以通过在合同中列明服务活动的必要费用的方式,或按照提供服务的不同阶段确定不同的收费标准的方式,以防止委托人不正当地推卸支付居间报酬的义务。

再如,约定委托人在一定期限内没有通过居间人而就所涉房屋达成买卖或租赁合同的,即通常所说的非独家委托,应向居间人支付相当于居间报酬的违约金。对于此种违约条款的效力不能一概而论,应根据合同目的,结合诚信原则来进行公平、合理的解释。如果委托人达成买卖或租赁合同的主要原因是利用居间人提供的信息而与相对方直接接触后所致,那么笔者认为应由委托人支付适当的违约金。但也要排除两种情形,即委托人应具有通过其他途径达成买卖或租赁合同的合理依据,且不存在恶意不支付居间报酬的行为。

第四节　法律法规整合

一、《合同法》

第 45 条　当事人对合同的效力可以约定附条件。附生效条件的合同,自条件成就时生效。附解除条件的合同,自条件成就时失效。

当事人为自己的利益不正当地阻止条件成就的,视为条件已成就;不正当地促成条件成就的,视为条件不成就。

第 424 条　居间合同是居间人向委托人报告订立合同的机会或者提供订立合同的媒介服务,委托人支付报酬的合同。

第 425 条　居间人应当就有关订立合同的事项向委托人如实报告。

居间人故意隐瞒与订立合同有关的重要事实或者提供虚假情况,损害委托人利益的,不得要求支付报酬并应当承担损害赔偿责任。

第 426 条　居间人促成合同成立后,委托人应当按照约定支付报酬。对居间人的报酬没有约定或者约定不明确,依照本法第六十一条的规定仍不能确定的,根据居间人的劳务合理确定。因居间人提供订立合同的媒介服务而促成合同成立的,由该合同的当事人平均负担居间人的报酬。

居间人促成合同成立的，居间活动的费用，由居间人负担。

第427条　居间人未促成合同成立的，不得要求支付报酬，但可以要求委托人支付从事居间活动支出的必要费用。

二、《房地产经纪管理办法》

第21条　房地产经纪机构签订房地产经纪服务合同前，应当向委托人说明房地产经纪服务合同和房屋买卖合同或者房屋租赁合同的相关内容，并书面告知下列事项：

（一）是否与委托房屋有利害关系；

（二）应当由委托人协助的事宜、提供的资料；

（三）委托房屋的市场参考价格；

（四）房屋交易的一般程序及可能存在的风险；

（五）房屋交易涉及的税费；

（六）经纪服务的内容及完成标准；

（七）经纪服务收费标准和支付时间；

（八）其他需要告知的事项。

房地产经纪机构根据交易当事人需要提供房地产经纪服务以外的其他服务的，应当事先经当事人书面同意并告知服务内容及收费标准。书面告知材料应当经委托人签名（盖章）确认。

第五章　房地产咨询合同纠纷

【一级案由】合同、无因管理、不当得利纠纷
【二级案由】合同纠纷
【三级案由】服务合同纠纷
【四级案由】房地产咨询合同纠纷

第一节　法律要点详解

一、房地产咨询服务的定义

随着房地产行业的发展和社会分工的进一步细化，房地产中介服务的范围日趋扩大，种类繁多，包括房地产咨询与房地产价格评估、房地产经纪等活动。房地产咨询服务主要指为合同当事人提供法律法规、政策、信息、技术等方面服务的经营活动。

二、房地产咨询合同的主要内容

房地产咨询合同主要涵盖对项目用地概念性规划、建筑方案设计、项目成本控制、项目形象和企业品牌建设等方面的服务以及合同履行过程中所必备的准备性工作和服务质量要求的把控。

所谓概念性规划服务，即总图设计的全程顾问咨询服务，其主要针对项目规划设计的定位、总体布局、功能分布及空间布置、各项经济指标及户型配比、配套设施规划的合理性及完整性、建筑风格、住宅及商业规划、园林规划、路网布局、目前及未来市场风险规避和后续项目发展等方面提出专业意见。

项目用地的建筑方案设计的咨询服务内容主要包括：对项目规划设计的各项经济指标的专业意见；对建筑方案的建筑形式、建筑单体外立面的造型、色彩组合、使用材质等提出专业意见；对建筑方案的户型配比及户型设计、商业规划、环境景观、安防消防布置等方面提出专业意见。

房地产咨询服务还应当根据本项目用地概念性规划的内容，从该项目区域发展和项目营销策略角度，结合品质要求，提出对项目成本控制的专业意见，以及通过该项目规划的后续发展及甲方企业发展对土地的规划需求，提供项目形象品牌建设发展策略和企业品牌发展策略的专业建议。

为保证房地产咨询合同的顺利履行，服务方还应参加甲方组织的各类针对性考察学习及关于项目的有关会议及讨论，提交甲方要求的各类报告及建议书。并应对顾问咨询工作持有专业服务态度，对各提案或方案进行可行性论证，结合相关的规划知识及政策法规、规划报批通过的经验或技巧和市场或同行业可借鉴的先进范例、经验或新信息，尽力为甲方项目稳定良性运作及时发挥专业参谋的支持作用，实现甲方社会效益、经济效益、品牌效益最大化。

三、房地产咨询合同的争议焦点

作为服务合同的一类，房地产咨询合同纠纷所涉及的争议焦点等同或类似于服务合同所涉及的服务质量、服务期限以及服务费用支付等方面的纠纷。但又有其独有的特性，如涉案标的额较大、涉及主客体特殊、服务质量标准难以确定、服务周期较长等。

实践中出现过如下几种区别于普通服务合同的特殊争议焦点：

1. 合同涵盖的服务范围。房地产咨询合同项下可能涉及策划类服务和销售代理类服务，若双方当事人在签订合同时约定的服务包括策划和销售代理两类，那么出于双方综合利益的考虑，关于合同价款数额及支付方式、支付期限等的约定就可能出现含混不清的情形。此时，结合两类服务的服务质量和预期达到的目标性质难以界定，难免会出现不同的纠纷。为避免此类纠纷的产生，建议双方当事人对合同的约定作相对量化的处理，且各个服务阶段也尽可能明确或独立签订对应的合同，进而避免“一锅粥”的情况发生。

2. 合同服务内容涉及商业秘密。房地产咨询合同的主要内容如果涉及概念性规划、建筑方案设计、项目成本控制、项目形象和企业品牌建设等关乎项目本身或房地产企业本身成败与发展的内容，那么就必然会涉及企业的相关商业秘密，关于商业秘密的保护，我国虽未制定成文的商业秘密保护法，但从整个法律体系范围内纵观针对商业秘密的保护制度，现阶段当事人若主张自己的商业秘密受到侵害，还是会有多种救济途径的。因此，基于房地产咨询合同而产生的涉及商业秘密保护的纠纷也时有发生。

3. 涉及规范性文件的相关规定。历史上我国部分地区存在一些关于建设工程的相关规范性文件，内容可能涉及相关主管单位的审批或相关价格指导标准，但合同存在相对性的问题，且在不违反法律法规强制性规定的前提下，当事人双方是本着平等、自愿、诚实、信用的原则签订合同的，因此，关于合同签订主体与责任承担主体间可能会有争议产生。

第二节　权威案例指导

典型案例

【案例主题】咨询合同标题、内容应约定明确，减少纠纷产生

苏州古森房地产营销策划有限公司、安徽金久置业投资有限公司房地产咨询合同纠纷案

【审理法院】最高人民法院

【裁判日期】2018 年 5 月 4 日

【裁判要点】合同约定内容理解应结合实际履行情况及当事人双方的真实意思表示，且当事人在合同中明确约定实体处分了自身的权利义务，应承担其相应法律后果。

第三节　实务操作指南

一、关于房地产咨询合同的服务范围及工作内容

结合房地产咨询服务本身的特点，在签订服务合同的时候应注意关于服务范围及工作内容的条款，或者根据相关内容以详细说明的形式加以约定。比如，关于服务范围的约定可以采用分阶段列明方式，详细约定关于决策、设计、发承包、实施、竣工等各阶段的服务范围以及每个阶段的工作内容，将合同义务具体明确，尽可能量化合同的工作内容，避免因合同约定含混不清而产生纠纷。

关于合同酬金部分也应明确具体，可以结合上述服务范围及工作内容将酬金逐项分别计算，并确定计算基数和加成比例，方便合同履行过程中及履行完毕后当事人双方针对酬金数额的核对及服务质量的评价。双方还可以对酬金的支付方式进行约定，笔者建议分阶段支付，这样可以在每阶段完成后对该阶段服务质量进行评价，达到合同约定标准的服务项目按阶段支付酬金，避免了将全部酬金支付义务拖延至服务结束后双方又因前期服务质量产生不必要的纠纷，同时也减轻了付款方一次性支付巨额款项的压力和服务方在合同履行期间的经营压力。

二、关于争议的解决

合同双方当事人即便在签署合同前经过详细的磋商也难免对条款的约定出现理解的偏差，再结合房地产咨询合同本身的特性，建议以仲裁的方式解决经友好协商后终不能达成一致的争议。原因在于，仲裁程序是不公开的争议解决方式，正是因为仲裁的裁决过程和裁决结果具有保密性，无论双方争议焦点着眼于何事项，抑或涉及商业秘密和知识产权，都不会给双方带来不利影响。

第四节　法律法规整合

一、《合同法》

第356条　技术咨询合同包括就特定技术项目提供可行性论证、技术预测、专题技术调查、分析评价报告等合同。

技术服务合同是指当事人一方以技术知识为另一方解决特定技术问题所订立的合同,不包括建设工程合同和承揽合同。

第357条　技术咨询合同的委托人应当按照约定阐明咨询的问题,提供技术背景材料及有关技术资料、数据;接受受托人的工作成果,支付报酬。

第358条　技术咨询合同的受托人应当按照约定的期限完成咨询报告或者解答问题;提出的咨询报告应当达到约定的要求。

第359条　技术咨询合同的委托人未按照约定提供必要的资料和数据,影响工作进度和质量,不接受或者逾期接受工作成果的,支付的报酬不得追回,未支付的报酬应当支付。

技术咨询合同的受托人未按期提出咨询报告或者提出的咨询报告不符合约定的,应当承担减收或者免收报酬等违约责任。

技术咨询合同的委托人按照受托人符合约定要求的咨询报告和意见作出决策所造成的损失,由委托人承担,但当事人另有约定的除外。

二、《住房和城乡建设部、工商总局印发建设工程造价咨询合同》(示范文本)

全文(略)

第六章　赠与合同纠纷

【一级案由】合同、无因管理、不当得利纠纷
【二级案由】合同纠纷
【三级案由】赠与合同纠纷

第一节　法律要点详解

一、案由梳理

赠与合同是《合同法》专章规定的合同类型，日常经济生活中也很多见，《民事案件案由规定》将之列为第三级案由。

公益事业捐赠合同和附义务赠与合同是赠与合同中较为特殊的两类，公益事业捐赠合同还有其他法律对之专门规范，《民事案件案由规定》将它们单列为第四级案由。

公益事业捐赠是指捐赠人为了公益事业，自愿无偿向依法成立的公益性社会团体和公益性非营利的事业单位赠与财产的行为。公益事业捐赠合同的当事人包括捐赠人、受赠人和受益人。捐赠人可以是自然人、法人或其他组织，受赠人是公益性社会团体和公益性非营利的事业单位，受益人是经捐赠人和受赠人协商同意享受捐赠财产的人。

附义务赠与合同，是指赠与人以受赠人向赠与人或第三人负担一定义务为条件的赠与合同。赠与附义务的，受赠人应当按照约定履行义务。受赠人不履行赠与合同约定义务的，赠与人可以撤销赠与。在确定案由时需要注意，遗赠和遗赠扶养协议也是特殊的赠与合同，遗赠是死因赠与，遗赠扶养协议是附义务的死因赠与，但因遗赠纠纷、遗赠扶养协议纠纷已作为独立的第三级案由规定在继承纠纷部分，就不能再确定为本案由。

二、基础属性

（一）概念

《合同法》第 185 条规定："赠与合同是赠与人将自己的财产无偿给予受赠人，受赠人表示接受赠与的合同。"

（二）特征

根据理论研究和司法实践经验，全国人大法工委认为赠与合同的特征主要有以下 5 个方

面，概括如下：

1. 赠与是双方法律行为。从合同性质来看，赠与合同是单务、无偿合同，但赠与的成立仍然需要相对人作出接受的意思表示，也即当事人双方达成合意。若一方有意赠与，另一方无意接受，则赠与合同不成立。

2. 赠与合同的核心内容在于转移财产的所有权。赠与合同有别于借用合同，其核心在于赠与合同的合同内容是将赠与人合法所有的财产的所有权无偿转移至受赠人。

3. 赠与合同是无偿合同。无偿合同是指仅由当事人一方为给付，另一方不必向对方偿付相应代价的合同。赠与合同有别于买卖合同，其核心在于赠与合同仅由赠与人无偿地将自己的财产给予受赠人，而受赠人取得赠与的财产，不需向赠与人偿付相应的对价。

4. 赠与合同是单务合同。单务合同是指仅由当事人一方负担债务，另一方不负担债务；或者即使负担债务，但不存在对价关系，例如附义务赠与。在附义务的赠与中，赠与人负有将其财产给付受赠人的义务，受赠人按照合同约定负担某种义务，但受赠人所负担的义务并非赠与人所负义务的对价，其间的义务并不是相互对应的。

5. 赠与合同是不要式合同。赠与合同是要式合同还是不要式合同，与赠与合同是否成立也有关联。要式合同是指法律要求必须采用一定的形式的合同；不要式合同是指法律没有要求必须具备特定的形式的合同。不要式合同不排斥合同采用书面、公证等形式，只是合同的形式不影响合同的成立。依照《合同法》的规定，赠与合同为不要式合同。赠与合同既可采用口头形式，又可采用书面形式或者在合同订立后办理公证证明。无论采用何种形式，也无论是否经过公证，都不影响赠与合同的成立。

（三）分类

根据赠与是否附条件、期限或其他负担，赠与可分为一般赠与和特殊赠与，一般赠与不附条件、期限或其他负担，而特殊赠与则包括附条件赠与、附义务赠与、附期限赠与、死因赠与，等等。

根据赠与是否可以撤销，可以将赠与分为可以任意撤销的赠与和不得任意撤销的赠与。

依据《合同法》第186条的规定，具有救灾、扶贫等社会公益、道德义务性质的赠与或者经过公证的赠与，不可以任意撤销，但赠与人的经济状况显著恶化，严重影响其生产经营或者家庭生活的，可以不再履行赠与义务。

第二节 权威案例指导

典型案例

程某某与冯某某财产权属纠纷再审案①

【案例来源】《民事审判指导与参考》总第54辑

【审理法院】湖北省高级人民法院

【案件案号】(2012)鄂监二抗再终字第00005号

【裁判日期】2013年4月9日

【裁判要点】1. 夫妻一方与他人婚外同居违反了婚姻法的禁止性规定，这种婚外同居关系属于违法关系。2. 在婚姻关系存续期间，夫妻双方对共同财产不分份额地共同享有所有权，夫或妻非因日常生活需要处分夫妻共同财产时，应当协商一致，任何一方无权单独处分夫妻共同财产；如果夫妻一方超出日常生活需要擅自将共同财产赠与他人，这种赠与行为应认定为无效；夫妻中的另一方以侵犯共有财产权为由请求返还的，人民法院应予支持。

【主文摘要】

李某某与程某某系夫妻关系。程某某与冯某某于2004年11月开始婚外同居，当月程某某给冯某某20万元现金购买轿车，冯某某用该款购买轿车一辆且登记在自己名下。2004年6月，程某某购买蓝湾俊园住房一套，向开发商支付530,500元购房款。2005年4月，程某某以合同更名的方式将该套房屋赠与冯某某，房屋产权登记在冯某某名下。2005年10月至2006年，冯某某以办公司需要注册资金为由向程某某索要资金，程某某共给付冯某某3,049,928元。2005年7月2日，冯某某与张某签订《借款协议》，张某承认实际收到290万元借款。

2006年7月，李某某诉至一审法院，请求判令：确认程某某赠与冯某某财产的行为无效，要求冯某某返还304.90万元、车牌号鄂A－F13××轿车一辆、蓝湾俊园住房一套，要求张某返还290万元。

一审法院经审理认为，冯某某与程某某年龄相差悬殊，明知其有配偶而以情人身份与之同居生活，并向程某某索取汽车、房产及将近305万元的钱款，其行为违反了社会公德，主观上并非出自善意。程某某未经李某某同意，将夫妻共有巨额财产赠与冯某某，

① 参见最高人民法院民事审判第一庭：《夫妻一方擅自将共同财产赠与他人的纠纷应如何处理》，载最高人民法院民事审判第一庭编：《民事审判指导与参考》(总第54辑)，人民法院出版社2013年版，第119～124页。

侵害了李某某的合法财产权益,其赠与行为无效。第三人张某明知冯某某是通过不正当手段获得上述财产,却与冯某某恶意串通,以所谓长期借款的形式将290万元转移到自己名下,其应将该款项返还给李某某。据此判决:一、冯某某向李某某返还轿车及房屋,过户费用由程某某承担;二、冯某某向李某某返还3,049,928元;三、张某对其中的290万元承担连带返还责任;四、驳回李某某其他诉讼请求。

冯某某、张某不服提起上诉。二审法院认为,程某某向冯某某的赠与行为应依《合同法》的规定单独判断,赠与行为是程某某的真实意思表示,且已办理过户登记,故应当认定为有效,冯某某向程某某索取资金3,049,928元应予返还。二审判决维持一审判决第二、三项,撤销第一项,即冯某某返还现金但不返还轿车和房屋。

某检察院抗诉认为:程某某将夫妻共同财产赠与冯某某的行为违反了公序良俗的法律原则,冯某某取得诉争房屋和车辆是基于其与程某某之间不正当的婚外同居关系,其取得财产主观上并非善意,且不是有偿取得,不符合善意取得的法定条件。终审判决认定程某某赠与冯某某房产与车辆的行为有效,系适用法律错误。

再审法院认为:程某某擅自处分夫妻共同财产的赠与行为无效,冯某某应返还当时购买车辆和房屋的对价730,500元以及其索取的资金3,049,928元,张某应对其收到的290万元承担连带返还责任。

第三节　实务操作指南

一、夫妻间房产赠与问题的处理

(一)核心问题

夫妻在婚前或婚姻关系存续期间约定将一方个人所有的房产赠与另一方,但没有办理房产过户手续,后双方感情破裂起诉离婚,赠与房产的一方反悔主张撤销赠与,另一方主张继续履行赠与合同,请求法院判令赠与房产一方办理过户手续。法院能否支持?

(二)释疑

未办理房屋变更登记,夫妻间的房产赠与可以撤销。

我国《婚姻法》规定了三种夫妻财产约定的模式,即分别所有、共同共有和部分共同共有,并不包括将一方所有的财产约定为另一方所有的情形。将一方所有的财产约定为另一方所有,也就是夫妻之间的赠与行为,虽然双方达成了有效的协议,但因未办理房屋变更登记手续,依照物权法的规定,房屋所有权尚未转移,而依照《合同法》关于赠与一节的规定,赠与房产的一方可以撤销赠与。《合同法》对赠与问题进行了比较详尽的规定,如:“赠与人在赠与财产的权利转移之前可以撤销赠与”;“赠与的财产依法需要办理登记等手续的,应当办理有关手续”;“具有救灾、扶贫等社会公益、道德义务性质的赠与合同或者经过公证的赠与合同,赠与人不交付赠与的财产的,受赠人可以要求交付”。婚姻家庭领域的协议常常涉及财产权属的条款,对于此类协议的订立、生效、撤销、变更等并不排斥合同法的适用。在实际生活中,赠与往往发生在具有亲密关系或者血缘关系的人之间,合同法对赠与问题的规定并没有指明夫妻关系除外。一方赠与另一方不动产,在没有办理过户手续之前,依照合同法的规定,是完全可以撤销的,这与婚姻法的规定并不矛盾。我国采取的是不动产法定登记制度,无论基于何种原因发生的权属变动均需经登记才产生效力。①

二、赠与的任意撤销权和法定撤销权的区别

(一)核心问题

审判实践中,赠与人以行使赠与合同撤销权为由撤销赠与,受赠人依据赠与合同向人民法院起诉,请求赠与人继续履行合同,及时办理赠与手续,交付赠与物。赠与人并未说明他(她)是行使任意撤销权还是法定撤销权,依据《合同法》的相关规定,这两种撤销权是有区别的,请问在办案中应如何把握?

(二)释疑

任意撤销权和法定撤销权的行使应以赠与合同有效为前提,两者既有共性又有区别。在审判实践中,无论赠与人是否提出行使哪一种撤销权,人民法院均应确定赠与人应当行使何种撤销权。两者的区别有以下三点:

一是两者的法律依据不同。

行使任意撤销权的依据是《合同法》第 186 条,而行使法定撤销权的依据则是《合同法》第 192 条第 1 款。如果赠与人就赠与房产行使任意撤销权,还应当适用《物权法》第 9 条的规定。

二是两者适用的条件不同。

行使任意撤销权的条件包括:(1)赠与合同尚未履行,赠与物的物权尚未发生转移。动产的物权转移以交付为要件,不动产和特殊动产(如机动车、船舶、飞机)的物权转移以登记为要件。因为赠与合同具有实践合同的特点,物权转移后,赠与人即丧失任意撤销权;(2)赠与合同不具有社会公益和道德义务的性质;(3)赠与合同尚未进行公证。具备上述条件的,赠与人方可行使任意撤销权。

法定撤销权是基于法定事由,由赠与人行使的撤销赠与的权利。行使该项权利的要件是,无论赠与合同是否已经履行,受赠人只要符合下列一种情形撤销权人即可行使撤销权:(1)严重侵害赠与人或者赠与人的近亲属;(2)对赠与人有抚养义务而不履行;(3)不履行赠与合同约定的义务。只要具备前述三项事由,不论赠与合同是否经过公证证明,赠与的财产是否已交付,也不论赠与是否属于社会公益和道德义务性质,享有撤销权的人均可以撤销赠与。从这两种撤销权的条件可以看出,依法成立的法定撤销权,可以包含任意撤销权,而任意

---

① 准确适用婚姻法维护婚姻当事人的合法权益——最高人民法院民一庭庭长杜万华就《最高人民法院关于适用〈中华人民共和国婚姻法〉若干问题的解释(三)》答记者问,载最高人民法院民事审判第一庭编著:《最高人民法院婚姻法司法解释(三)理解与适用》,人民法院出版社 2011 年版,第 13 ~ 14 页。

撤销权则不包含法定撤销权。

三是撤销权人撤销赠与的法律后果不同。

行使任意撤销权的后果是,生效的赠与合同从此失去效力(但已经履行部分有效),合同双方的权利义务解除,赠与物的所有权不变,受赠人的履行请求权也随之消灭。行使法定撤销权的后果是,不仅尚未履行的赠与合同不再履行,而且已经履行的赠与合同也失效,在赠与物的物权发生转移的情况下,赠与人可以以受赠人不当得利为由要求返还赠与的财产。①

第四节　法律法规整合

一、《合同法》

全文(略)

二、《婚姻法司法解释(三)》

第6条　婚前或者婚姻关系存续期间,当事人约定将一方所有的房产赠与另一方,赠与方在赠与房产变更登记之前撤销赠与,另一方请求判令继续履行的,人民法院可以按照合同法第一百八十六条的规定处理。

① 参见最高人民法院民事审判第一庭编:《民事审判指导与参考》(总第47辑),人民法院出版社2011年版,第244~245页。

第十一编　建设工程合同纠纷

建设工程可以分为土木工程、建筑工程、线路管道工程、设备安装工程和装修工程等几类，主要涵盖房屋、铁路、公路、港口和航道、矿山、水力水电、电力、通信线路、冶炼、化工石油、市政公用、机电安装等。

自2009年以来，建筑业增加值占国内生产总值的比例始终保持在6.5%以上，其作为国民经济支柱产业的地位稳固，同时建筑业在吸纳农村转移人口就业、推进新型城镇化建设和维护社会稳定等方面发挥着显著的作用。

庞大的规模，大量的就业人员，导致建筑业推动经济发展的同时也出现了一些问题，如建设工程质量问题、建筑市场不规范的问题、挂靠问题、投资不足问题，特别是投资不足问题引发了大量的拖欠工程款和拖欠农民工工资纠纷，使建筑工程合同纠纷成为人民法院审理的难点和热点问题。

第一章　建设施工合同无效的认定

【一级案由】合同、无因管理、不当得利纠纷

【二级案由】合同纠纷

【三级案由】建设工程合同纠纷

【四级案由】建设工程施工合同纠纷

第一节　法律要点详解

一、背景

初步核算,2018 年国内生产总值 900,309 亿元,按可比价格计算,比上年增长 6.6%,实现了 6.5% 左右的预期发展目标。分产业看,第一产业增加值 64,734 亿元,比上年增长 3.5%;第二产业增加值 366,001 亿元,增长 5.8%;第三产业增加值 469,575 亿元,增长 7.6%。其中,全国建筑业总产值 235,086 亿元,同比增长 9.9%。全国建筑业房屋建筑施工面积 140.9 亿平方米,同比增长 6.9%。

截至 2017 年年底,全国有施工活动的建筑业企业 88,059 个,同比增长 6.07%;从业人数 5536.90 万人,同比增长 6.80%;按建筑业总产值计算的劳动生产率为 347,462 元/人,同比增长 3.11%。

建筑业投资大,周期长,对投资主体影响巨大;建筑质量关乎公共安全,是百年大计;同时因建筑业投资巨大,拖欠工程款的问题非常突出,另外,建筑业从业人员数量巨大,绝大部分是农民工,拖欠工程款与拖欠农民工工资相叠加容易引发许多社会问题。因此,建筑业不仅是经济问题,更是关乎社会稳定和谐的重大社会问题。

二、建设工程方面的法律政策

(一)综合法律规定

1.《建筑法》

《建筑法》是我国建设工程法律制度的主要依据,适用于在我国境内从事建筑活动,以及对建筑行为进行监督的行为。建筑活动,是指各类房屋建筑及其附属设施的建造和与其配套的线路、管道、设备的安装活动。需要指出的是,建筑工程质量问题受《建筑法》调整,但是建

设工程使用的经过加工、制作用于销售的建筑材料、建筑构配件和设备的质量问题，受《产品质量法》的调整。

2.《合同法》

合同是平等主体的自然人、法人、其他组织之间设立、变更、终止民事权利义务关系的协议，由合同法总则和分则予以规制，在建设工程方面，合同分则设有专章，即承揽合同、建设工程合同。

3.《城乡规划法》

《城乡规划法》是我国城乡规划领域的重要法律，从城乡规划法基础理论的角度，对城乡规划法中带有基础性的问题进行了规定，是我国各级城乡规划行政主管部门依法行政的法律依据，也是城乡规划编制和各项建设必须遵守的行为准则。

4.《物权法》

《物权法》是调整财产归属和利用关系的法律，该法对财产的占有、使用、收益和处分进行规定，建筑物的取得、转让均受物权法调整。

5.《建设工程施工合同司法解释(一)》

根据最高人民法院的工作部署，自2002年3月起，最高人民法院民事审判第一庭开始着手《建设工程施工合同司法解释(一)》的起草工作，该司法解释于2005年1月1日施行对规范建筑市场行为，促进我国建筑行业的发展，确保建设工程质量，维护人民生命财产的安全，公平保护建设工程施工合同各方当事人的合法权益，都起到了积极作用。

6.《建设工程施工合同司法解释(二)》

《建设工程施工合同司法解释(二)》于2018年10月29日由最高人民法院通过，自2019年2月1日起施行。该司法解释主要对建设工程施工合同的效力、建设工程价款的结算、建设工程的鉴定、建设工程价款优先受偿权的行使和实际施工人权利的保护等方面的问题进行了规定。

(二)建设工程招标投标及发包承包相关规定

建设工程的发包与承包是订立建设工程合同的过程，对此《合同法》的总则与分则均有规定，有些工程必须进行招标，受《招标投标法》的调整，另外还有10多部部颁规章予以规范，主管部门还有一系列的规范性文件予以调整，主要目的是规范建筑市场的生产秩序。

(三)建设工程勘察设计相关规定

建设工程勘察，是指根据建设工程的要求，查明、分析、评价建设场地的地质地理环境特征和岩土工程条件，编制建设工程勘察文件的活动。建设工程设计，是指根据建设工程的要求，对建设工程所需的技术、经济、资源、环境等条件进行综合分析、论证，编制建设工程设计文件的活动。

国务院制定颁布的《建设工程勘察设计管理条例》，其目的是加强对建设工程勘察、设计活动的管理，保证建设工程勘察、设计质量，保护人民生命和财产安全。

在建设工程勘察设计方面还有一些部颁规章和规范性文件予以规制。

（四）建筑施工相关规定

建筑施工，是将设计图纸的内容变为实物的过程，主要由一些部颁规章和规范性文件组成，这方面的规定包括：《工程建设项目报建管理办法》《建设工程施工许可管理办法》等。

（五）建设工程监理相关规定

工程建设监理，是指监理单位受项目法人的委托，依据国家批准的工程项目建设文件、有关工程建设的法律、法规和工程建设监理合同及其他工程建设合同，对工程建设实施的监督管理。

建设工程监理方面的规定主要包括《工程建设监理规定》《建设工程监理范围和规模标准规定》以及电力、房屋建筑工程、水利工程、通信建设、铁路建设等方面的监理规定。

（六）资质管理相关规定

建筑业关乎公共安全，资质管理是保证建筑质量的重要管理措施，我国实行严格的资质管理制度，主要分为两个部分：

1. 企业资质管理

建筑企业必须符合一定的资质，只有具备核定的资质才能承担相应的建设项目，该部分内容包括《建筑业企业资质管理规定》《建筑业企业资质管理规定实施意见》《建筑业企业资质等级标准》以及总承包企业、工程设计、外商投资、工程造价咨询、工程建设项目代理机构、监理企业、勘察设计企业等级方面的资质管理，共计20余部部颁规章。

2. 专业人员资质管理

该部分包括注册建筑师、注册建造师、注册造价师、注册监理工程师等有关资质管理的规定，包括10余部部门规章和规范性文件。

（七）建设工程质量及安全管理相关规定

建设工程质量是建设工程的生命线，安全管理是建设施工的生命线，是整个工程建设的重中之重，是国家重点监控的领域，有40余部法律、行政法规、部门规章、规范性文件予以规制，分为3部分内容：

1. 建设工程质量管理

为了加强对建设工程质量的管理，保证建设工程质量，保护人民生命和财产安全，国务院根据《建筑法》，制定了《建设工程质量管理条例》。凡在中华人民共和国境内从事建设工程的新建、扩建、改建等有关活动及实施对建设工程质量监督管理的，必须遵守该条例。建设工程，是指土木工程、建筑工程、线路管道和设备安装工程及装修工程。建设单位、勘察单位、设计单位、施工单位、工程监理单位依法对建设工程质量负责。

对建设工程质量管理予以规制的还包括国务院的通知、部门规章、规范性文件。

2. 安全生产管理

该部分包括：《安全生产法》《建设工程安全生产管理条例》《国务院关于特大安全事故行政责任追究规定》《安全生产许可证条例》等法律、法规和政策。

3. 其他

其他方面包括与建设工程有关的节能、环保、防震等方面的法律、法规。

(八)造价与结算相关规定

建设工程价款结算,是指对建设工程的发承包合同价款进行约定和依据合同约定进行工程预付款、工程进度款、工程竣工价款结算的活动。

在造价与结算方面主要包括《建设工程价款结算暂行办法》《价格法》《建筑工程施工发包与承包计价管理办法》《最高人民法院关于建设工程价款优先受偿问题的批复》等方面的10余部法律、法规、规范性文件。

(九)建设项目公开及诚信体系建设相关规定

为了维护统一、规范、公开、有序的建筑市场秩序,必须加强建筑市场的公开及诚信体系建设,该部分包括《建筑市场诚信行为信息管理办法》、水利、铁路、港口、水运工程、经营性公路、民航、农村公路等方面的法律、部门规章、规范性文件等10余部。

(十)执法监督相关规定

在执法监督方面主要包括《建筑市场稽查暂行办法》《建设领域违法违规行为稽查工作管理办法》等有关建设领域稽查工作的法律文件,以及针对违法违规行为处理的相关法律和政策性文件。

三、建设施工合同无效认定的法律依据

1. 法律依据

《民法总则》第153条和《合同法》第52条第5项对建设施工合同无效的认定均有规定。《民法总则》第153条规定:"违反法律、行政法规的强制性规定的民事法律行为无效,但是该强制性规定不导致该民事法律行为无效的除外。违背公序良俗的民事法律行为无效。"《合同法》第52条第5项规定"违反法律、行政法规的强制性规定"的合同无效。

2. 违反法律、行政法规强制性规定无效

《合同法》实施以后,人民法院确认合同无效,应当以全国人大及其常委会制定的法律和国务院制定的行政法规为依据,不得以地方性法规、行政规章为依据。

关于如何理解《民法总则》第153条中"但是该强制性规定不导致该民事法律行为无效的除外",目前理论界实务界没有统一认识。《民法总则》没有吸纳效力性强制性规范和管理性强制性规范的概念,未能突破《民法通则》和《合同法》的规定,尚须在司法实践中继续探索。

3. 违背公序良俗无效

公序良俗包括公共秩序和善良风俗。公共秩序,是指一种强制性规范,是当事人意志自由的对立物,其本质在于维护国家根本利益,包括政治公共秩序和经济公共秩序。① 善良风俗是民法中弹性较强的一种条款其规制范围一般包括违反道德行为、赌博行为、限制人身自由

① 参见沈德咏:《〈中华人民共和国民法总则〉理解与适用》,人民法院出版社2017年版,第1018页。

行为、违反家庭伦理道德行为、违反职业道德行为等。

违反公序良俗与违反法律、行政法规强制性规定无效并不是并列关系。公序良俗的作用是补充，为填补法律漏洞和法官的自由裁量权预留必要的空间。这也是《民法总则》对《合同法》《民法通则》的有益补充。

四、建设施工合同无效的具体情形

（一）承包人未取得建筑施工企业资质

建设施工合同中的承包人主要是指建筑施工企业，建筑施工企业，是指从事建筑施工生产活动的独立生产、独立经营、独立核算的经济组织。[①] 建筑施工企业包括建筑工程总承包企业、建筑工程承包企业和建筑工程专项分包企业三类。

建设工程质量是建设工程的生命，关系广大人民群众的生命财产安全，建设施工企业的施工能力是质量保证的前提，我国对建筑施工企业实行严格的资质管理制度，只有取得资质的企业才能进行相应的建筑活动。

《建筑法》第 12 条规定："从事建筑活动的建筑施工企业、勘察单位、设计单位和工程监理单位，应当具备下列条件：（一）有符合国家规定的注册资本；（二）有与其从事的建筑活动相适应的具有法定执业资格的专业技术人员；（三）有从事相关建筑活动所应有的技术装备；（四）法律、行政法规规定的其他条件。"第 13 条规定："从事建筑活动的建筑施工企业、勘察单位、设计单位和工程监理单位，按照其拥有的注册资本、专业技术人员、技术装备和已完成的建筑工程业绩等资质条件，划分为不同的资质等级，经资质审查合格，取得相应等级的资质证书后，方可在其资质等级许可的范围内从事建筑活动。"第 14 条规定："从事建筑活动的专业技术人员，应当依法取得相应的执业资格证书，并在执业资格证书许可的范围内从事建筑活动。"

（二）承包人超越资质等级承揽建设工程的

《建设工程施工合同司法解释（一）》在制定的过程中，对承包人超越资质等级承揽建设工程的行为的效力曾有过不同意见。有的观点提出：如果将此种行为一律认定无效，与建筑市场的实际情况不符，很多建筑施工企业为了提高资质等级，提高业绩，在实际施工中，经常要承揽一些超越其资质等级的工程，以提高其通过资质审查的可能性，资质等级审批单位对建筑施工企业的这一行为表示认可，并在资质等级审批上鼓励这一行为。

最高人民法院在征求建设部意见时，建设部对此持坚决反对态度，建设部明确指出，在《建筑法》及建设部部颁规章中，从未规定在资质审批中，需要有建筑施工企业承包并完成超越自身资质等级的工程作为条件，《建筑法》关于施工企业资质的规定是强制性规定，是严格建筑施工企业进入市场的条件，是建筑工程质量的根本保证，建筑施工企业无论出于何种目的超越资质承揽工程，均属于违反法律的禁止性规定。

最高人民法院最终采纳了建设部的意见，对此类合同一律认定无效。

---

① 参见最高人民法院民事审判一庭编著：《最高人民法院建设施工合同司法解释的理解与适用》，人民法院出版社 2015 年版，第 24 页。

(三)没有资质的实际施工人借用有资质的建筑施工企业名义的

《建设工程施工合同司法解释(一)》共有4个条文涉及"实际施工人"的规定,即第1条(建设工程施工合同无效的情形)、第4条(非法转包、非法分包的处理原则)、第25条(总承包人、分包人、实际施工人为共同被告)、第26条(实际施工人的利益保护)。其中第1条明确规定了没有资质的实际施工人借用有资质的建筑施工企业明义的,建筑工程施工合同无效。

"实际施工人"并不是严格的法律概念,而是《建设工程施工合同司法解释》的特定概念,其是相对合法的建设施工合同中的施工人而言的,指的是无效的建设施工合同中的承包人,如转承包人、违法分包人、没有资质借用有资质的建筑施工企业的名义与他人签订建设施工合同的承包人。

《合同法》中的施工人是指总承包人、承包人、专业工程分包人、劳务作业分包人,是合法有效的建设施工合同的当事人。

(四)承包人违法转包、违法分包建设工程的

法律对于建设施工合同并不是完全禁止分包,对于合法的分包行为法律予以保护。

施工分包,是指施工总承包人将所承包的建设工程中的专业工程和劳动作业发包给其他建筑施工企业完成的活动。分为专业工程分包和劳务作业分包。专业工程分包是指施工总承包企业将其承包的工程中的专业工程发包给专业施工企业完成的活动;劳务作业分包,是指施工总承包人或者专业承包企业将其承包或者分包的工程的劳务作业发包给劳务作业企业完成的活动。《建筑业企业资质等级标准》规定,施工总承包企业设特级、一级、二级、三级,12个资质类别;专业承包序列企业设两至三个等级,60个资质类别;劳务分包企业设一个至两个等级,13个资质类别。

《建设工程质量管理条例》第78条第2款规定:"本条例所称违法分包,是指下列行为:(一)总承包单位将建设工程分包给不具备相应资质条件的单位的;(二)建设工程总承包合同中未有约定,又未经建设单位认可,承包单位将其承包的部分建设工程交由其他单位完成的;(三)施工总承包单位将建设工程主体结构的施工分包给其他单位的;(四)分包单位将其承包的建设工程再分包的。"

第78条第3款规定:"本条例所称转包,是指承包单位承包建设工程后,不履行合同约定的责任和义务,将其承包的全部建设工程转给他人或者将其承包的全部建设工程肢解以后以分包的名义分别转给其他单位承包的行为。"

(五)建设工程必须进行招标而未招标的

为了规范招标投标活动,保护国家利益、社会公共利益和招标投标当事人的合法权益,提高经济效益,保证项目质量,1999年8月30日第九届全国人民代表大会常务委员会通过了《招标投标法》。

为了贯彻实施《招标投标法》,各部门先后制定了《工程建设项目招标范围和规范标准规定》《评标委员会和评标方法暂行规定》《房屋建筑和市政基础设施工程施工招标投标管理办法》《国家重大建设项目招标投标监督暂行办法》《工程建设项目施工招标投标办法》等10余

个部门规章及规范性文件。

《招标投标法》第3条规定:“在中华人民共和国境内进行下列工程建设项目包括项目的勘察、设计、施工、监理以及与工程建设有关的重要设备、材料等的采购,必须进行招标:(一)大型基础设施、公用事业等关系社会公共利益、公众安全的项目;(二)全部或者部分使用国有资金投资或者国家融资的项目;(三)使用国际组织或者外国政府贷款、援助资金的项目。前款所列项目的具体范围和规模标准,由国务院发展计划部门会同国务院有关部门制订,报国务院批准。法律或者国务院对必须进行招标的其他项目的范围有规定的,依照其规定。”

国家发展计划委员会2000年4月4日经国务院批准,2000年5月1日颁布实施了《工程建设项目招标范围和规模标准规定》,确定了必须进行招标的工程建设项目的具体范围和规模标准,该规定已于2018年3月8日废止,被《必须招标的工程项目规定》所替代。

《建设工程施工合同司法解释(一)》第1条明确规定,应当招标而未招标的建设施工合同无效,这样规定符合《招标投标法》的立法目的和宗旨。

(六)建设工程必须进行招标但中标行为无效的

《招标投标法》第50条、第52条、第53条、第54条、第55条、第57条规定了中标无效的6种情形,分别包括:

(1)招标代理机构违反本法规定,泄露应当保密的与招标投标活动有关的情况和资料的,或者与招标人、投标人串通损害国家利益、社会公共利益或者他人合法权益的;

(2)依法必须进行招标的项目的招标人向他人透露已获取招标文件的潜在投标人的名称、数量或者可能影响公平竞争的有关招标投标的其他情况的,或者泄露标底的;

(3)投标人相互串通投标或者与招标人串通投标的,投标人以向招标人或者评标委员会成员行贿的手段谋取中标的;

(4)投标人以他人名义投标或者以其他方式弄虚作假,骗取中标的;

(5)依法必须进行招标的项目,招标人违反本法规定,与投标人就投标价格、投标方案等实质性内容进行谈判的,影响中标结果的;

(6)招标人在评标委员会依法推荐的中标候选人以外确定中标人的,依法必须进行招标的项目在所有投标被评标委员会否决后自行确定中标人的。

(七)背离中标合同实质内容的建设施工合同无效

《建设工程施工合同司法解释(二)》第1条规定:“招标人和中标人另行签订的建设工程施工合同约定的工程范围、建设工期、工程质量、工程价款等实质性内容,与中标合同不一致,一方当事人请求按照中标合同确定权利义务的,人民法院应予支持。招标人和中标人在中标合同之外就明显高于市场价格购买承建房产、无偿建设住房配套设施、让利、向建设单位捐赠财物等另行签订合同,变相降低工程价款,一方当事人以该合同背离中标合同实质性内容为由请求确认无效的,人民法院应予支持。”

最高人民法院《第八次全国法院民事商事审判工作会议(民事部分)纪要》(2016年11月30日)第31条规定:“招标人和中标人另行签订改变工期、工程价款、工程项目性质等影响中标结果实质性内容的协议,导致合同双方当事人就实质性内容享有的权利义务发生较大变化的,应认定为变更中标合同实质性内容。"《建设工程施工合同司法解释(二)》将民事纪要上升为司法解释,明确规定了背离中标合同实质性内容的判断标准,包括:工程范围、建设工期、工程价款、工程质量4个方面。需要注意的是,在司法实务中,不能机械地理解上述纪要和司法解释,在特定情形下,根据具体情况,除了上述4个方面外,凡是可能限制或者排除其他竞标人的条件的都可能构成《招标投标法》第46条第1款中的"合同实质性内容"。

(八)未取得建设工程规划审批手续签订的合同无效

《建设工程施工合同司法解释(二)》第2条规定:"当事人以发包人未取得建设工程规划许可证等规划审批手续为由,请求确认建设工程施工合同无效的,人民法院应予支持,但发包人在起诉前取得建设工程规划许可证等规划审批手续的除外。发包人能够办理审批手续而未办理,并以未办理审批手续为由请求确认建设工程施工合同无效的,人民法院不予支持。"

《城乡规划法》第40条第1款、第2款规定:"在城市、镇规划区内进行建筑物、构筑物、道路、管线和其他工程建设的,建设单位或者个人应当向城市、县人民政府城乡规划主管部门或者省、自治区、直辖市人民政府确定的镇人民政府申请办理建设工程规划许可证。申请办理建设工程规划许可证,应当提交使用土地的有关证明文件、建设工程设计方案等材料。需要建设单位编制修建性详细规划的建设项目,还应当提交修建性详细规划。对符合控制性详细规划和规划条件的,由城市、县人民政府城乡规划主管部门或者省、自治区、直辖市人民政府确定的镇人民政府核发建设工程规划许可证。"

上述规定属于效力性强制性规定,事关社会公共利益,对于未取得建设用地规划许可或者建设工程规划许可证等规划审批手续签订的合同,应当依照《合同法》第52条的规定依法认定无效。

本条将因未取得审批手续导致施工合同无效的时间节点确定为"起诉前",较为清晰明确。此外,最高人民法院通过该条第二款的规定旨在防止发包人恶意促成合同无效而损害承包人利益,通过该条规定树立一项裁判规则,即任何人不能从其不诚信的行为中获利。这将有利于推动施工合同的履行以及维护当事人的合法利益。

(九)因违反工程质量标准和压缩工期导致合同无效

《第八次全国法院民事商事审判工作会议(民事部分)纪要》第30条规定:"要依法维护通过招投标所签订的中标合同的法律效力。当事人违反工程建设强制性标准,任意压缩合理工期、降低工程质量标准的约定,应认定无效。对于约定无效后的工程价款结算,应依据建设工程施工合同司法解释的相关规定处理。"

五、建设施工合同无效的法律后果

(一)一般规定

1. 建设施工合同无效不适用返还的原则,只能折价补偿

《合同法》第58条规定:"合同无效或者被撤销后,因该合同取得的财产,应当予以返还;

不能返还或者没有必要返还的,应当折价补偿。有过错的一方应当赔偿对方因此所受到的损失,双方都有过错的,应当各自承担相应的责任。”

建设施工合同有其特殊性,建设的过程是将材料和劳务物化到建设工程的过程,因此不适用返还财产的原则,只能折价补偿。

2.《建设工程施工合同司法解释(二)》对合同无效损失赔偿作出规定

《建设工程施工合同司法解释(二)》对无效施工合同折价补偿的标准作出了规定,而对合同当事人因无效应承担的赔偿责任未予以明确。

《建设工程施工合同司法解释(二)》第 3 条规定:“建设工程施工合同无效,一方当事人请求对方赔偿损失的,应当就对方过错、损失大小、过错与损失之间的因果关系承担举证责任。损失大小无法确定,一方当事人请求参照合同约定的质量标准、建设工期、工程价款支付时间等内容确定损失大小的,人民法院可以结合双方过错程度、过错与损失之间的因果关系等因素作出裁判。”

3. 无效合同损失赔偿的举证原则

(1)举证责任主体

按照《民事诉讼法》《民事诉讼法司法解释》《最高人民法院关于民事诉讼证据的若干规定规定》规定的举证责任分配规则,“谁主张,谁举证”,当事人对于自己提出的主张有责任提供证据加以证明,不提供证据的或者举证不能的,应承担不利后果。

(2)举证责任的内容

①实际损失

合同无效的损失只限于实际损失,不包括可得利益损失,这主要是因为合同无效的处理以恢复原状为原则,因此赔偿损失的范围以实际损失为限,可得利益损失较难确定,只能借助法官的自由心证行使自由裁量权,如果一概纳入损失赔偿范围,容易导致利益失衡。

此外,实际损失不包括工程欠款的利息,发包人欠付工程款的利息在法律上属于法定孳息,与工程价款具有附随性,与合同效力无关,只要欠付工程款就应当支付利息,不属损失赔偿范围,不适用过错责任原则。

②双方当事人的过错

实践中,合同当事人的过错一般根据合同无效的原因确定,应当根据当事人的过错大小,合理划分过错责任,信赖利益损害赔偿适用过失相抵原则。

③损失与过错之间的因果关系

实践中,确定损失与无效合同之间的因果关系,既包括无效合同的订立,也包括履行过程中,对诚实信用原则的违反,与合同订立、履行无关的损失不能列入赔偿范围,应当根据当事人违背诚实信用原则的程度、责任大小,分担损失。

4. 损失大小可以参照合同约定的方式确定

《建设工程施工合同司法解释(一)》第 2 条规定:“建设工程施工合同无效,但建设工程经竣工验收合格,承包人请求参照合同约定支付工程价款的,应予支持。”但是在司法实务中,很多情况下,很难按照合同约定支付工程价款,如未按照合同约定完成工程、设计变更等,人民法院也可以委托具有司法鉴定资质的评估机构对工程量进行鉴定。

虽然建设工程施工合同无效,无过错方有权要求赔偿损失,但在很多情况下,实际损失很难举证,如果严格按照“谁主张,谁举证”的原则来处理,在举证不能的情况下,会导致无过错遭受损失,对当事人不公平,导致双方利益失衡。因此《建设工程施工合同司法解释(二)》第3条第2款规定:“损失大小无法确定,一方当事人请求参照合同约定的质量标准、建设工期、工程价款支付时间等内容确定损失大小的,人民法院可以结合双方过错程度、过错与损失之间的因果关系等因素作出裁判。”

5. 承包人因合同无效向发包人主张损失赔偿的范围

(1)实际支出损失

承包人的实际支出损失主要包括办理招标投标手续支出的费用、合同备案支出的费用、订立合同支出的费用、除工程款之外的因履行合同支出的费用等实际损失和费用。

(2)停工、窝工损失

《合同法》第283条规定:“发包人未按照约定的时间和要求提供原材料、设备、场地、资金、技术资料的,承包人可以顺延工程日期,并有权要求赔偿停工、窝工等损失。”《第八次全国法院民事商事审判工作会议(民事部分)纪要》第32条规定:“因发包人未按照约定提供原材料、设备、场地、资金、技术资料的,隐蔽工程在隐蔽之前,承包人已通知发包人检查,发包人未及时检查等原因致使工程中途停、缓建,发包人应当赔偿因此给承包人造成的停(窝)工损失,包括停(窝)工人员人工费、机械设备窝工费和因窝工造成设备租赁费用等停(窝)工损失。”

承包人应当采取措施,防止停工、窝工损失扩大。《合同法》第119条规定:“当事人一方违约后,对方应当采取适当措施防止损失的扩大;没有采取适当措施致使损失扩大的,不得就扩大的损失要求赔偿。当事人因防止损失扩大而支出的合理费用,由违约方承担。”

6. 发包人因合同无效向承包人主张赔偿损失的范围

(1)实际支出费用

发包人的实际支出费用主要包括办理招标投标手续支出的费用、合同备案支出的费用、订立合同支出的费用、除工程款之外的因履行合同支出的费用等实际损失和费用。

(2)工期索赔

很多情况下,发包方实际存在损失,但却难以证明,在此情形,参照合同关于逾期竣工违约责任条款来确定发包方的损失,并结合过错责任确定损失分担,更符合公平及诚实信用原则,而不是机械地坚持“谁主张,谁举证”的基本原则,也不是机械地坚持合同无效的传统理论,而是根据施工合同的特点作出合理安排。

(3)工程质量导致的损失

《合同法》第279条规定:“建设工程竣工后,发包人应当根据施工图纸及说明书、国家颁发的施工验收规范和质量检验标准及时进行验收。验收合格的,发包人应当按照约定支付价款,并接收该建设工程。建设工程竣工经验收合格后,方可交付使用;未经验收或者验收不合格的,不得交付使用。”第281条规定:“因施工人的原因致使建设工程质量不符合约定的,发包人有权要求施工人在合理期限内无偿修理或者返工、改建。经过修理或者返工、改建后,造成逾期交付的,施工人应当承担违约责任。”

《建筑法》《建设工程质量管理条例》也都作出了相应的规定,建设工程的质量是建设工程的生命,只有经验收合格的建设工程才有使用价值,才能适用补偿原则,如果建设工程不合格,就不能适用补偿规定,只能按照过错赔偿损失。

需要强调的是，这里的验收合格，不仅是指发包方的验收合格，而且是指在政府建设行政主管部门的主导下，经过勘察、设计、建设、施工、监理单位的综合验收合格，而不是单指建设单位或总承包单位的验收合格，建设行政主管部门的验收具有强烈的行政色彩，具有权威性。当事人确有证据证明案涉工程不符合国家建筑相关标准的，人民政府也可以根据具体案件情况，委托有司法鉴定资质的鉴定机构对工程质量予以鉴定。

笔者认为，建设工程涉及方方面面的内容，以房屋建筑工程为例，包括地基基础、混凝土结构工程、钢结构工程、砌体结构工程、木结构工程、屋面工程、防水工程、基础设施、装饰装修、建筑设备等多个方面，不能因一个方面不合格，而否定整个工程的质量，但如果是地基基础和主体结构部分不合格，导致整体建筑不能使用的，应当认定整体建筑质量不具备使用功能，并且根据鉴定机构的修复方案作出判决。

需要指出的是，此处的验收合格，包括有一定的质量缺陷，经过修复后验收合格的情形。修复后的建设工程验收合格的，由承包人承担修复费用。

《合同法》第 262 条规定："承揽人交付的工作成果不符合质量要求的，定作人可以要求承揽人承担修理、重作、减少报酬、赔偿损失等违约责任。"《建设工程质量管理条例》第 32 条规定："施工单位对施工中出现的质量问题的建设工程或者经过竣工验收不合格的建设工程，应当负责返修。"

从以上法律规定来看，建设工程出现质量问题，建设工程经验收不合格，但缺陷可以修复，使建设工程最终符合国家标准或者行业强制性标准，在这种情况下，发包人可以接受建设工程，施工单位负有修复的义务，如果施工单位拒绝修复或建设单位对施工单位失去信心不允许施工单位修复的，双方均同意由第三方修复的，由施工单位承担修复费用。

(4)其他人身财产损失

《合同法》第 282 条规定："因承包人的原因致使建设工程在合理使用期限内造成人身和财产损害的，承包人应当承担损害赔偿责任。"

(二)合同无效，建设工程经验收不合格的法律后果

1. 承包人无权请求支付工程款

建设工程施工合同无效，且建设工程经验收不合格，包括经过修复后进行验收仍然不合格，这就意味着该工程无使用价值，只能拆除重建，承包人没有权利要求支付工程款。对此《建设工程施工合同司法解释(一)》第 3 条明确规定："建设工程施工合同无效，且建设工程经竣工验收不合格的，按照以下情形分别处理：……(二)修复后的建设工程经竣工验收不合格，承包人请求支付工程价款的，不予支持。……"

2. 按照双方的过错承担民事赔偿责任

建设工程施工合同无效，并且建设工程不合格，此时造成了一定的损失，应当按照双方当事人的过错承担责任，实行过错责任原则，有过错的承担责任，没有过错的不承担责任，此处过错不是指导致合同无效的过错，而是指导致建设工程质量不合格的过错，主要是指在施工中的过错，如果建设工程合同是包工包料的，发包方不参与任何工程建设，则发包方无过错，由承包方承担全部责任；如果发包方提供材料、主要设备、指定分包单位，建设工程不合格，则由法官依据案件的实际情况及法律规定予以判决。

（三）违反转包、分包导致合同无效的法律后果

《民法通则》第 134 条第 3 款规定："人民法院审理民事案件，除适用上述规定外，还可以予以训诫、责令具结悔过、收缴进行非法活动的财物和非法所得，并可以依照法律规定处以罚款、拘留。"2017 年 10 月 1 日施行的《民法总则》第 179 条关于承担民事责任的形式中删除了《民法通则》关于收缴非法所得的规定。

关于收缴非法所得是否仍然适用，目前未见权威解释，在《民法通则》没有失效的前提下，笔者认为仍然应当适用。

《建设工程施工合同司法解释（一）》第 4 条规定："承包人非法转包、违法分包建设工程或者没有资质的实际施工人借用有资质的建筑施工企业名义与他人签订建设工程施工合同的行为无效。人民法院可以根据民法通则第一百三十四条规定，收缴当事人已经取得的非法所得。"

实践中应当注意的问题：①（1）严格把握承包人的转包、分包行为；（2）限制收缴的范围，采取收缴非法所得的对象为进行分包、转包的建设工程承包人、出借法定资质的建设工程施工企业及不具有资质的施工人，限制在《建设工程施工合同司法解释（一）》第 4 条规定的三种合同当中；（3）避免民事制裁措施和行政处罚措施的重复使用，如果当事人被行政机关依据《建筑法》等法律法规予以了行政处罚，人民法院不宜再重复采取收缴的民事制裁措施；（4）非法所得应当限定在已经实际取得的财产范围内，对于约定取得不宜采取收缴措施；（5）避免重复采取涉及财产的民事制裁措施，按照《民法通则》第 134 条规定，除了收缴非法所得外，还可以罚款，为了避免当事人负担过重，不应再采取罚款的制裁措施。

六、建设工程施工合同不认定为无效的情形

（一）超越资质等级签订建设工程施工合同，在施工中取得相应资质

1.《建设工程施工合同司法解释（一）》的规定

《建设工程施工合同司法解释（一）》第 1 条规定，超越资质等级签订的建设工程施工合同应当认定无效，建设部对此持完全支持态度，因此司法解释采纳了建设部的意见，对于此类合同认定无效，在本章前面已经详细论述。

但与此同时，《建设工程施工合同司法解释（一）》第 5 条规定："承包人超越资质等级许可的业务范围签订建设工程施工合同，在建设工程竣工前取得相应资质等级，当事人请求按照无效合同处理的，不予支持。"

2. 最高人民法院在制定司法解释的过程，采用了合同效力可以补正的观点

《合同法司法解释（一）》第 9 条规定，法律、行政法规规定合同应当办理批准手续或批准登记手续才生效的，一审法庭辩论终结前办理完毕的，合同生效。

《国有土地使用权合同司法解释》第 2 条（开发区管委会签订的出让合同的处理）、第 9 条

---

① 参见最高人民法院民事审判一庭编著：《最高人民法院建设施工合同司法解释的理解与适用》，人民法院出版社 2015 年版，第 46～47 页。

(未取得国有土地使用权证的转让合同的效力)、第 11 条(划拨国有土地使用转让合同的效力)、第 15 条(房地产开发经营资质取得对合同效力的影响)、第 16 条(划拨土地使用权未经批准合作开发的效力)等内容中有关于合同效力补正的规定。《商品房买卖合同司法解释》第 2 条(商品房预售许可合同的效力)也有关于合同效力补正的规定。

3. 效力补正的现实意义

(1)效力补正符合立法目的,满足现实需求

《合同法》的立法目的是维护社会经济秩序,促进现代化建设,保护当事人合法权益,促进交易,允许效力补正符合合同法的立法目的。

从现实情况来看,我国建筑业起步较晚,超越资质等级签订的建设工程施工合同有一定的数量,甚至在一定的地区普遍存在,而且,建设行政主管部门对建筑企业的资质等级实行动态管理,同时审报等级需要一定的时间,如果在竣工前已经取得相应的资质等级,不会影响工程质量,允许效力补正,不会影响到工程质量,不会与《建筑法》的立法宗旨相违背,对于促进建筑市场的稳定发展有重要意义。

(2)效力补正时间的界定

效力补正的时间界定为建设工程竣工前,依据法律规定按照下列情形确定竣工时间:

一是建设工程经竣工验收合格的,以竣工验收合格之日为竣工日期;

二是承包人已经提交竣工验收报告,发包人拖延验收的,以承包人提交验收报告之日为竣工日期;

三是建设工程未经竣工验收,发包人擅自使用的,以转移占有建设工程为竣工日期。

(二)劳务分包合同不得认定为转包或二次分包,进而认定建设工程施工合同无效

劳务分包,又称为劳务作业分包,是指施工总承包单位或者专业承包企业即劳务作业发包人将其承包工程的劳务作业发包给劳务承包企业即劳务作业承包完成的活动。

建筑施工企业资质分为施工总承包、专业承包、劳务分包三个序列。施工总承包企业可以全部自行施工,也可以将非主体工程和劳务作业分包给具有专业承包单位及劳务分包资质的企业,专业分包单位也可以将劳务作业分包给具有资质的劳务分包企业,且不必经过建设单位或总承包单位同意。

建设部《建筑业劳务分包企业资质标准》(2001 年 3 月 8 日发布并实施)中规定了以下 13 种类别属劳务作业范围:(1)木工作业;(2)砌筑作业;(3)抹灰作业;(4)石制作业;(5)油漆作业;(6)钢筋作业;(7)混凝土作业;(8)脚手架搭设;(9)模板作业;(10)焊接作业;(11)水暖电安装作业;(12)钣金工程作业;(13)架线工程作业。

《建设工程施工合同司法解释(一)》第 7 条规定:"具有劳务作业法定资质的承包人与总承包人、分包人签订的劳务分包合同,当事人以转包建设工程违反法律规定为由请求确认无效的,不予支持。"

(三)施工中的垫资条款不得认定无效

20 世纪八九十年代,人民法院认为建设工程施工合同中的垫资、带资条款或者当事人另

行签订的垫资合同的性质为企业法人间违规拆借资金，这种行为违反了原国家计划委员会、建设部和财政部1996年联合发布的《关于严格禁止在工程建设中带资承包的通知》的规定，但对于是否应当认定垫资条款无效，却有不同认识。

最高人民法院在21世纪初《建设工程施工合同司法解释(一)》的起草过程考虑了以下几个方面的因素：一是建筑市场垫资比较普遍，发包人要求承包人垫资，如果承包人不带资、垫资也难以承揽到工程，如果不承认垫资有效，不利于保护承包人的合法权益。二是我国已经加入WTO，建筑市场是开放的，建筑市场的主体可能是本国的企业，也可能是外国的企业，而国际建筑市场是允许垫资的，如果我们认定垫资一律无效，则违反国际惯例，与国际建筑市场的发展潮流相悖。三是根据《合同法》第52条的规定，只有违反法律、行政法规的强制性规定，才能认定合同无效。但是从法律规定的层次看，《关于严格禁止在工程建设中带资承包的通知》不属于法律、行政法规，至多为部颁规章，不能成为人民法院认定合同条款无效的法律依据。

基于以上考虑，《建设工程施工合同司法解释(一)》规定当事人对垫资及其利息有约定，请求按照合同约定返还垫资款和利息的，应当予以支持，从而确立了垫资合同有效的处理原则。根据《建设工程施工合同司法解释(一)》的规定，当事人对垫资利息计算标准的约定不能超过国家法定基准利率；如果超出，则对超出部分不予保护。

近年来，随着经济的发展，法学理论研究不断深入，司法实务也积累了大量经验，2015年9月1日《民间借贷司法解释》开始施行，企业之间的借贷基本上没有限制了。《民间借贷司法解释》第11条规定："法人之间、其他组织之间以及它们相互之间为生产、经营需要订立的民间借贷合同，除存在合同法第五十二条、本规定第十四条规定的情形外，当事人主张民间借贷合同有效的，人民法院应予支持。"《民间借贷司法解释》第14条规定："具有下列情形之一，人民法院应当认定民间借贷合同无效：(一)套取金融机构信贷资金又高利转贷给借款人，且借款人事先知道或者应当知道的；(二)以向其他企业借贷或者向本单位职工集资取得的资金又转贷给借款人牟利，且借款人事先知道或者应当知道的；(三)出借人事先知道或者应当知道借款人借款用于违法犯罪活动仍然提供借款的；(四)违背社会公序良俗的；(五)其他违反法律、行政法规效力性强制性规定的。"

第二节　权威案例指导

典型案例1

莫某华、深圳市东深工程有限公司与东莞市长富广场房地产开发有限公司建设工程合同纠纷再审案

【**案件来源**】《最高人民法院公报》2013年第11期

【**审理法院**】最高人民法院

【案件案号】(2011)民提字第235号

【裁判日期】2011年10月23日

【裁判摘要】鉴于建设工程的特殊性,虽然合同无效,但施工人的劳动和建筑材料已经物化在建筑工程中,依据最高人民法院《建设工程施工合同司法解释》第2条的规定,建设工程合同无效。但建设工程经竣工验收合格,承包人请求参照有效合同处理的,应当参照合同约定来计算涉案工程价款,承包人不应获得比合同有效时更多的利益。

典型案例2

齐河环盾钢结构有限公司与济南永君物资有限责任公司建设工程施工合同纠纷案

【案件来源】《最高人民法院公报》2012年第9期

【审理法院】最高人民法院

【案件案号】(2011)民提字第104号

【裁判日期】2011年11月17日

【裁判摘要】鉴定机构分别按照定额价和市场价作出鉴定结论的,在确定工程价款时,一般应以市场价确定工程价款。这是因为,以定额为基础确定工程造价大多未能反映企业的施工、技术和管理水平,定额标准往往跟不上市场价格的变化,而建设行政主管部门发布的市场价格信息,更贴近市场价格,更接近建筑工程的实际造价成本,且符合《合同法》的有关规定,对双方当事人更公平。

第三节 实务操作指南

一、对合同效力的判断体现了国家意志,人民法院也未总结出统一的关于合同是否有效的判断标准

《合同法》关于合同无效的情形规定得较多,主要包括:(1)欺诈行为且损害国家利益的合同无效;(2)胁迫行为且损害国家利益的合同无效;(3)恶意串通,损害国家,集体或者第三人利益的合同无效;(4)违反法律、行政法规强制性规定和公序良俗的合同无效。

无论是签订合同,还是合同纠纷,首先要确定的就是合同是否有效的问题。合同是否有效是一个价值判断的问题,体现的是国家意志,不依合同双方当事人及第三人的意志为转移,即使双方均认为合同有效,并且已经履行了合同,如果法院认为无效,依然会按照合同无效进行判决。

对合同是否有效作出判断,是非常难的专业问题,大家对法律认识角度不同,尤其是关于

违反法律、行政法规强制性规定所导致的合同无效就更加难以判断。人民法院将强制性法律规范又分为效力性强制性规范和管理性强制性规范，但哪些是效力性的，哪些是管理性，人民法院也没有摸索出成熟的判断标准，这次制定《民法总则》并未采取这个标准，导致法院裁断时，各地法院标准不一。

二、建设市场的资质管理严格，但市场巨大，导致工程施工合同无效的情形很普遍

（一）建筑行业产业规模大，企业数量多，建筑业企业发展很不均衡

20 世纪 90 年代以来，我国建筑业发展迅速，截至 2017 年年底，全国共有建筑企业 88,059 个，比上年增长 5042 个，国有及国有控股建筑企业 6800 个，建筑业劳动生产率为 347,462 元/人。建筑业实现利润 7661 亿元，比上年增加 674.95 亿元，增速为 9.66%，近十年来，建筑业产值利润一直在 3.5% 上下徘徊。2017 年建筑业从人数 5536.9 万人，占全社会就业人数的 7.13%。

（二）特、一级资质企业贡献明显，产业集中度进一步提升[①]

住房和城乡建设部汇总的 7667 个特、一级资质建筑业企业 2017 年主要指标数据如表 11-1-1 所示。从表 11-1-1 中可以看出，上报数据的特、一级资质企业虽然数量占比仅为 8.71%，但新签工程承包合同额、建筑业总产值、房屋建筑施工面积、房屋建筑竣工面积和利润总额 5 项指标占全部资质以上企业同类指标的比重均超过 55%，对行业发展的贡献非常明显。与上年相比，企业数量虽然略有减少，但各项指标占比均出现了较大的增幅，产业集中度进一步提升。

表 11-1-1　特、一级资质企业 2017 年主要指标数据

指标名称	全部资质以上企业			特、一级资质企业		
	2017 年	比上年增长	增速（%）	2017 年	占全部资质以上企业的比重（%）	占比比上年增加百分点
企业数量（个）	88,059	5042	6.07	7667	8.71	-0.58
新签工程承包合同额（亿元）	254,665.71	43,168.91	20.41	213,892.00	83.99	19.85
建筑业总产值（亿元）	213,953.96	20,387.18	10.53	152,186.49	71.13	12.40
房屋建筑施工面积（万平方米）	1,317,195.36	52,979.09	4.19	1,067,554.96	81.05	14.84
房屋建筑竣工面积（万平方米）	419,074.06	-3308.21	-0.78	288,526.73	68.85	11.22
利润总额（亿元）	7661	674.95	9.66	4500.96	58.75	9.10

① 中国建筑业协会:《2017 年建筑业发展统计分析》。

（三）挂靠、借用资质、超越资质签订合同普遍存在

建筑业企业中非国有或国有控股的占92.28%，这些企业成立时间短，数量大，规模小，技术力量薄弱。统计数据尚未包括数量更为庞大的劳务分包企业，其规模更小，技术力量更薄弱，管理不规范，国家监管难度更大。

建筑市场还存在大量的无任何资质的施工队伍，也就是俗称的包工头，无队伍，无资质，无资金，无管理，不仅劳务分包大部分由包工头承揽，而且还承揽专业工程，甚至承揽总承包工程。

我国对建筑业实行严格的资质管理，承揽工程必须具有相应的资质，产业集中度越来越高，具有资质的企业施工项目干不过来，大量无资质或资质低的企业却无项目可干，市场的需求催生了挂靠、借用资质现象的产生，有资质的企业不实际施工，只收取管理费，无资质的企业或包工头实际施工。

三、对隐藏在表面事实之后的真实情况举证困难

我国建筑市场起步较晚，无资质企业挂靠有资质的企业、资质低的企业借用资质高的企业资质、超越资质等级签订合同、中标无效的情形在现阶段还会大量存在，发包方无力改变现状，只能面对现实，对此类现象睁一只眼闭一只眼，有资质的企业只收取管理费，但怠于管理工程，工程经过层层转包、违法分包，实际施工方利润很低，偷工减料现象也相当普遍，工程质量很难保证。近年来，企业融资难，融资贵，进一步加剧拖欠工程款的现象，拖欠工程款现象又进一步加剧了拖欠农民工工资的数量和范围。环环相扣，工期延误，工程无法按时完成，导致建设方、承包方、实际施工人之间发生大量纠纷。

纠纷发生后，发包方想方设法证明合同无效，达到少付或不付工程款的目的，承包方竭力证明合同有效，以避免行政处罚，以使工程款支付最大化，实际施工人为了达到讨要工程款的目的，会依据《建设工程施工合同司法解释（一）》第26条规定，突破合同相对性，直接起诉发包人，甚至违法分包人与实际施工人恶意串通，通过向政府有关部门投诉或信访的形式，向企业施压，达到获取非法利益的目的。

以上林林总总，乱象丛生，扰乱了建筑市场的秩序，影响了建设市场的有序健康发展，也引发一定的社会矛盾，造成社会的不稳定因素，因此人民法院在审理建设施工合同纠纷案件时，要剥丝抽茧，发现隐藏在表面事实之后的案件事实，对于无效的建设工程施工合同予以认定，通过司法审判引导建筑企业规范经营，促进建筑市场健康有序良性发展。

第四节　法律法规整合

一、《建设工程施工合同司法解释》

全文（略）

二、《招标投标法》

第3条　在中华人民共和国境内进行下列工程建设项目包括项目的勘察、设计、施工、监

理以及与工程建设有关的重要设备、材料等的采购,必须进行招标:

(一)大型基础设施、公用事业等关系社会公共利益、公众安全的项目;

(二)全部或者部分使用国有资金投资或者国家融资的项目;

(三)使用国际组织或者外国政府贷款、援助资金的项目。

前款所列项目的具体范围和规模标准,由国务院发展计划部门会同国务院有关部门制订,报国务院批准。

法律或者国务院对必须进行招标的其他项目的范围有规定的,依照其规定。

第50条 招标代理机构违反本法规定,泄露应当保密的与招标投标活动有关的情况和资料的,或者与招标人、投标人串通损害国家利益、社会公共利益或者他人合法权益的,处五万元以上二十五万元以下的罚款;对单位直接负责的主管人员和其他直接责任人员处单位罚款数额百分之五以上百分之十以下的罚款;有违法所得的,并处没收违法所得;情节严重的,禁止其一年至二年内代理依法必须进行招标的项目并予以公告,直至由工商行政管理机关吊销营业执照;构成犯罪的,依法追究刑事责任。给他人造成损失的,依法承担赔偿责任。

前款所列行为影响中标结果的,中标无效。

第52条 依法必须进行招标的项目的招标人向他人透露已获取招标文件的潜在投标人的名称、数量或者可能影响公平竞争的有关招标投标的其他情况的,或者泄露标底的,给予警告,可以并处一万元以上十万元以下的罚款;对单位直接负责的主管人员和其他直接责任人员依法给予处分;构成犯罪的,依法追究刑事责任。

前款所列行为影响中标结果的,中标无效。

第53条 投标人相互串通投标或者与招标人串通投标的,投标人以向招标人或者评标委员会成员行贿的手段谋取中标的,中标无效,处中标项目金额千分之五以上千分之十以下的罚款,对单位直接负责的主管人员和其他直接责任人员处单位罚款数额百分之五以上百分之十以下的罚款;有违法所得的,并处没收违法所得;情节严重的,取消其一年至二年内参加依法必须进行招标的项目的投标资格并予以公告,直至由工商行政管理机关吊销营业执照;构成犯罪的,依法追究刑事责任。给他人造成损失的,依法承担赔偿责任。

第54条 投标人以他人名义投标或者以其他方式弄虚作假,骗取中标的,中标无效,给招标人造成损失的,依法承担赔偿责任;构成犯罪的,依法追究刑事责任。

依法必须进行招标的项目的投标人有前款所列行为尚未构成犯罪的,处中标项目金额千分之五以上千分之十以下的罚款,对单位直接负责的主管人员和其他直接责任人员处单位罚款数额百分之五以上百分之十以下的罚款;有违法所得的,并处没收违法所得;情节严重的,取消其一年至三年内参加依法必须进行招标的项目的投标资格并予以公告,直至由工商行政管理机关吊销营业执照。

第55条 依法必须进行招标的项目,招标人违反本法规定,与投标人就投标价格、投标方案等实质性内容进行谈判的,给予警告,对单位直接负责的主管人员和其他直接责任人员依法给予处分。

前款所列行为影响中标结果的,中标无效。

第57条 招标人在评标委员会依法推荐的中标候选人以外确定中标人的,依法必须进行招标的项目在所有投标被评标委员会否决后自行确定中标人的，中标无效，责令改正，可以处中标项目金额千分之五以上千分之十以下的罚款；对单位直接负责的主管人员和其他直接责任人员依法给予处分。

第二章　建设工程施工合同的解除问题

第一节　法律要点详解

一、建设工程施工合同解除的概述

合同解除包括约定解除和法定解除两种,《合同法》第 93 条、第 94 条分别规定了合同约定解除的适用条件与合同法定解除的适用情形。《建设工程施工合同司法解释(一)》第 8 条、第 9 条将《合同法》第 94 条的法定解除权具体细化适用于建设工程施工合同,两个法律规定确立了发包方与承包方的法定解除权。《建设工程施工合同司法解释(一)》明确规定了建设工程施工合同解除的适用条件,立法目的是保证合同订立、履行的稳定性,防止合同解除的随意性。虽然实践中,承包方与发包方的任何一方均不想面对合同解除的法律后果与损失结局,但是在符合法定合同解除条件的前提下,当事人一方提出解除合同的诉求,人民法院应当依法判令解除合同。

从审判实践上看,在建设工程施工合同中,在发包工程时,承包人为承揽工程面临激烈竞争的局面,而发包方处于选择的主导地位,其处于较为优势的地位,但是随着建设施工合同的签订与履行,承包人进场施工后,发包人的优势地位也随之减弱。因此,随着承包人与发包人地位的转换,建设施工合同解除问题已成为审判实践中的常态事实,为了保证合同履行的稳定性以及双方权利的公平性,应当对于双方的解除权予以明确规定,尤其在《合同法》对于法定解除的规定比较原则的情况下,应当积极结合建设工程施工合同的解除问题,进一步明确解除权行使的具体情形,从而达到限制随意解除合同的目的。

二、建设工程施工合同中发包方的解除权

《建设工程施工合同司法解释(一)》第 8 条规定:"承包人具有下列情形之一,发包人请求解除建设工程施工合同的,应予支持:(一)明确表示或者以行为表明不履行合同主要义务的;(二)合同约定的期限内没有完工,且在发包人催告的合理期限内仍未完工的;(三)已经完成的建设工程质量不合格,并拒绝修复的;(四)将承包的建设工程非法转包、违法分包的。"由此可知,在上述 4 种情形下,发包方享有法定的解除权,以下就发包方享有法定解除权的 4 种情形分别予以阐述。

(一)明确表示或者以行为表明不履行合同主要义务的

该适用情形基本上复制了《合同法》第 94 条第 2 项的规定,《合同法》第 94 条规定:"有下

列情形之一的，当事人可以解除合同：……（二）在履行期限届满之前，当事人一方明确表示或者以自己的行为表明不履行主要债务。……”承包人的主要义务是完成建设工程，若其明示或者以自己的行为表示不履行合同的主要义务，在该情形下，发包人自然享有解除权，由此可见，该条是赋予合同守约方解除权的情形。在司法实践中，承包人明确表示不履行合同的情况较为少见，而其以行为表示不再履行主要义务的情况较为常见，如擅自停工、停建。虽然法律明文规定了承包人出现擅自停工这种以行为表示不履行合同的情形，但是在司法实践中不能一概而论地认定合同均能够予以解除，要结合停工的原因及其他履行合同的情况具体分析是否能够解除合同。例如，若因为发包人没有依约支付工程进度款，承包人对不支付工程款部分的主要义务可以不予履行，即可以行使停工权利，在这种情况下，承包人不愿意解除合同的，应认定是发包人违约，不应当判令合同解除；如果停工是承包人擅自单方的原因造成的，发包人在没有违约的情况下主张解除合同，发包人的权利应当得到保护。

（二）合同约定的期限内没有完工，且在发包人催告的合理期限内仍未完工的

该规定是对《合同法》第94条第3款本质的复制与细化，《合同法》第94条规定：“有下列情形之一的，当事人可以解除合同：……（三）当事人一方迟延履行主要债务，经催告后在合理期限内仍未履行；……”该规定在适用时需注意，这里对于发包人有催告的义务要求，而关于催告的方式并没有特别要求，即书面或口头方式均可，且催告所确定的期限亦视不同合同而具体确定。因《合同法》规定合同解除必须通知对方，因此，经过发包人催告后的合理期限内，承包人仍不履行的，发包人应当发出解除通知，届时合同才予以解除，或发包人在催告通知时附有明确约定，若承包人在合理期限内不予履行，合同自动解除，该约定也系合法有效的，应当予以认可。

（三）已经完成的建设工程质量不合格，并拒绝修复的

承包人向发包人交付符合合同约定和法律规定的质量合格的建筑工程是其最为基本的义务。《建筑法》第58条规定：“建筑施工企业对工程的施工质量负责。建筑施工企业必须按照工程设计图纸和施工技术标准施工，不得偷工减料。工程设计的修改由原设计单位负责，建筑施工企业不得擅自修改工程设计。”第60条规定：“建筑物在合理使用寿命内，必须确保地基基础工程和主体结构的质量。建筑工程竣工时，屋顶、墙面不得留有渗漏、开裂等质量缺陷；对已发现的质量缺陷，建筑施工企业应当修复。”第61条规定：“交付竣工验收的建筑工程，必须符合规定的建筑工程质量标准，有完整的工程技术经济资料和经签署的工程保修书，并具备国家规定的其他竣工条件。建筑工程竣工经验收合格后，方可交付使用；未经验收或者验收不合格的，不得交付使用。”根据上述法律规定，足见建设工程质量的重要性，也足以证明承包人向发包人提供质量合格的工程竣工验收并投入使用系其最为根本的义务，因此，如果承包人对质量不合格的工程拒绝修复的，承包人的行为则构成根本违约，发包人应依法享有合同的解除权。

承包人拒绝修复指的是承包人应该修复、能够修复的，其明确表示或以行为表示不予修复。承包人通常的做法是在发包人发出通知的合理期限内仍未修复，对此应视为拒绝修复。

此外,承包人在修复后,建设工程仍存在质量问题,仍达不到合格的法定标准或约定标准的,因承包人的根本违约行为仍然未进行弥补,发包人的合同目的无法实现,发包人依然可主张解除合同。

(四)将承包的建设工程非法转包、违法分包的

我国《合同法》第272条第2款、第3款规定:“总承包人或者勘察、设计、施工承包人经发包人同意,可以将自己承包的部分交由第三人完成。第三人就其完成的工作成果与总承包人或者勘察、设计、施工承包人向发包人承担连带责任。承包人不得将其承包的全部建设工程转包给第三人或者将其承包的全部建设工程肢解以后以分包的名义分别转包给第三人。禁止承包人将工程分包给不具备相应资质条件的单位。禁止分包单位将其承包的工程再分包。建设工程主体结构的施工必须由承包人自行完成。”根据该条规定,建设工程分的主体结构不得发包给第三人,这是法律的禁止性规定,对于建设工程的非主体结构,在发包人同意的情况下是可以分包给第三人的。若承包人将非主体工程分包给第三人没有经过发包人的同意,那么发包人可以根据施工合同追究承包人的违约责任;若承包人将主体工程分包给第三人或者分包给不具相应资格的第三人,可能使工程质量不合格,不仅损害发包人的利益,而且损害社会公共利益,是法律予以禁止的。由于转包和违法分包为法律所禁止,因此,转包合同和违法分包合同均应当认定为无效,转包合同和违法分包合同认定为无效后,依然不影响发包人所享有的法定解除权,因为如果承包人将工程转包或者违法分包,可能使发包人对承包人的劳动质量的期望落空,致使合同的目的不能实现,因而法律赋予了发包人合同的法定解除权,在承包人非法转包、违法分包的情况下,发包人可主张解除施工合同,发包人可以根据具体情况选择是否必须解除合同。

三、建设工程施工合同中承包方的解除权

《建设工程施工合同司法解释(一)》第9条规定:“发包人具有下列情形之一,致使承包人无法施工,且在催告的合理期限内仍未履行相应义务,承包人请求解除建设工程施工合同的,应予支持:(一)未按约定支付工程价款的;(二)提供的主要建筑材料、建筑构配件和设备不符合强制性标准的;(三)不履行合同约定的协助义务的。”本条规定主要是从发包人迟延履行合同约定的主要债务,经催告后在合理期限内仍未履行,承包人享有合同解除权的角度进行了规定。承包人的法定解除权需在上述条件满足时方可行使。对于建设工程施工合同的解除问题,应进一步明确承包方解除权行使的具体情形,从而进一步明确承包人法定解除权的适用。

(一)未按约定支付工程价款的

发包人在建设工程施工合同中最为主要的义务是按照约定支付工程款,该义务直接关系承包人订立合同目的的实现。若发包人不依约履行支付工程款的主要义务,其违约行为将导致承包人无法施工的后果。承包人以发包人未按约定支付工程价款为由解除合同的,首先,发包人必须存在未按约定支付工程价款的违约事实,包括拒付或延付工程款等款项的违约事实。除发生不可抗力或发包人行使抗辩权之外,发包人未按合同约定支付购工程款的行为,

均属于未按约定支付工程价款的违约行为。其次,发包人未按约定支付工程款的违约行为导致承包人无法继续施工的后果。承包人的无法继续施工是指客观上的无法继续施工,不包括承包人按照《合同法》的规定行使合同履行抗辩权而停止施工的情况,且承包人无法施工与发包人未按约定支付工程款的违约行为之间存在直接的因果关系。但不能简单认为只要发包人未支付款项,哪怕是轻微违约行为,其与承包人无法继续施工之间就存在因果关系。最后,该条款需要承包人催告后发包人仍不履行支付工程款的义务,即在发包人支付工程款违约后,承包人要明确要求其在合理的期间之内支付工程款,这也是合同法关于催告后不履行义务而享有解除权的细化。

(二)提供的主要建筑材料、建筑构配件和设备不符合强制性标准的

《建设工程质量管理条例》第 29 条规定:"施工单位必须按照工程设计要求、施工技术标准和合同约定,对建筑材料、建筑构配件、设备和商品混凝土进行检验,检验应当有书面记录和专人签字;未经检验或者检验不合格的,不得使用。"第 64 条规定:"违反本条例规定,施工单位在施工中偷工减料的,使用不合格的建筑材料、建筑构配件和设备的,或者有不按照工程设计图纸或者施工技术标准施工的其他行为的,责令改正,处工程合同价款百分之二以上百分之四以下的罚款;造成建设工程质量不符合规定的质量标准的,负责返工、修理,并赔偿因此造成的损失;情节严重的,责令停业整顿,降低资质等级或者吊销资质证书。"第 65 条规定:"违反本条例规定,施工单位未对建筑材料、建筑构配件、设备和商品混凝土进行检验,或者未对涉及结构安全的试块、试件以及有关材料取样检测的,责令改正,处十万元以上二十万元以下的罚款;情节严重的,责令停业整顿,降低资质等级或者吊销资质证书;造成损失的,依法承担赔偿责任。"通过上述法律规定可知,发包人提供的建筑材料、建筑构配件和设备必须符合国家强制性的标准,建筑材料的质量直接关系到建成的建筑物的质量,其是保证建筑工程质量的核心因素,而承包人依据建筑工程设计要求、施工技术标准和合同的约定对建筑材料、建筑构配件、设备进行检验是保证其施工质量的重要手段,在建筑工程承包合同中对工程所用的建筑材料、建筑构配件、设备及商品混凝土的质量要求有明确约定的,承包人必须按照合同约定的技术要求进行检验,不符合合同约定要求的,不得使用。虽然双方当事人可以约定建筑材料的质量标准,但是双方约定的质量标准不得低于国家的强制性标准的,且发包人不得明示或者暗示施工单位使用不合格的建筑材料、建筑构配件和设备。如果发包人提供的建筑材料等不符合国家强制性标准,致使承包人无法继续施工,在催告后的合理期限内仍未履行义务,承包人享有法定解除权,可以主张依法解除合同。

实践中,对发包人采购建筑材料、建筑构配件和设备具有较为详尽的要求。首先,发包人与承包人应当约定由发包人提供供应材料设备的清单,清单包括发包人供应材料设备的品种、规格、型号、数量单价、质量等级、提供时间等,且发包人需向承包人提供产品合格证明,对产品的质量负责,该清单是发包人提供材料设备的主要书面依据。其次,在所供材料设备到货前 24 小时,发包人须以书面形式通知承包人,并由承包人派人与发包人共同清点材料设备,清点后由承包人妥善保管,发包人支付相应保管费用。当发包人供应的材料设备与清单不符合时,发包人应承担有关责任,例如,由发包人承担与清单不符的差价;材料设备的品种、规格、型号、质量与清单不符时,由发包人运出施工场地并重新采购;到货地点与清单不符,由

发包人负责运至清单指定地点;供应数量少于清单约定的数量时,由发包人补齐等。最后,发包人供应的材料设备在承包人使用前,由承包人负责检验或试验,若发现不合格的产品承包人应通知发包人予以退换,所有的检验或试验费用由发包人承担。由此可见,建筑材料、建筑构配件和设备是决定建筑工程质量的重要因素,因此,控制建筑工程质量就是控制建筑材料、建筑构配件和设备的质量,而承包人对建筑材料、建筑构配件、设备进行检验是保证其施工质量的重要手段。

承包人应当依据以下几个方面的要求对建筑材料、建筑构配件、设备及商品混凝土进行验收:(1)按照工程设计要求进行检验。按照工程设计文件规定的建筑材料、建筑构配件、设备和商品混凝土的规格、型号、性能等技术要求进行检验,对不符合技术要求的,承包人不得使用。(2)按照有关的施工技术标准进行检验。承包人必须按照有关施工技术标准的规定进行检验,不符合施工技术标准的不得使用。(3)按照建筑工程承包合同约定的技术要求进行检验。

(三)不履行合同约定的协助义务的

协助义务规定于《合同法》第 60 条,即当事人应当遵循诚实信用的原则,根据合同的性质、目的和交易习惯履行通知、协助、保密等义务,根据《合同法》第 259 条规定:“承揽工作需要定作人协助的,定作人有协助的义务。定作人不履行协助义务致使承揽工作不能完成的,承揽人可以催告定作人在合理期限内履行义务,并可以顺延履行期限;定作人逾期不履行的,承揽人可以解除合同。”根据《合同法》第 287 条规定:“本章没有规定的,适用承揽合同的有关规定。”因此,在建筑施工合同中,当发包人不履行协助义务并且在催告的合理期限内仍未履行相应义务的情况下,承包人可以适用《合同法》第 259 条规定的法定解除权依法解除合同。该协助义务为合同履行过程中的核心义务与主要义务,比如提供施工资料、设备,在施工现场提供通道等主要协助义务。发包人若不能履行上述协助义务,会直接妨碍承包人履行施工义务以便实现合同目的,因此,在该条件下规定承包人享有法定解除权,有利于合同履行的效率与稳定。

第二节 权威案例指导

典型案例 1

沈阳清华同方信息港有限公司与辽宁泰丰铝业装饰工程有限公司建设工程施工合同纠纷

【审理法院】最高人民法院

【案件案号】(2015)民提字第193号

【裁决日期】2016年4月15日

【裁判摘要】1. 承包方既未按合同约定的期限完工，同时施工工程又存在质量问题，构成根本违约，发包方享有法定解除权；2. 发包方欠付已完工程工程款且未能及时足额支付进度款的行为违反了合同约定，亦应当承担相应的违约责任；3. 考虑到涉案工程已经外委完工、各自在施工中和此后长期纠纷中的过错程度以及损失范围相差无几等综合因素，双方各自承担的违约责任可以相互抵销的结果更显客观之公允。

典型案例2

陕西建工集团第五建筑工程有限公司与
陕西铠达投资集团有限公司建设工程施工合同纠纷

【审理法院】最高人民法院

【裁判摘要】发包人经催告后仍拒绝支付工程欠款，承包人享有法定的解除权，且合同解除后，承包人的劳动与建筑材料已物化于涉案工程中，因此，承包人对于涉案工程中其施工的部分仍应享有优先受偿权。

第三节　实务操作指南

一、建设工程施工合同解除的法律后果

《建设工程施工合同司法解释(一)》第10条规定："建设工程施工合同解除后，已经完成的建设工程质量合格的，发包人应当按照约定支付相应的工程价款；已经完成的建设工程质量不合格的，参照本解释第三条规定处理。因一方违约导致合同解除的，违约方应当赔偿因此而给对方造成的损失。"《建设工程施工合同司法解释(一)》第3条规定："建设工程施工合同无效，且建设工程经竣工验收不合格的，按照以下情形分别处理：(一)修复后的建设工程经竣工验收合格，发包人请求承包人承担修复费用的，应予支持；(二)修复后的建设工程经竣工验收不合格，承包人请求支付工程价款的，不予支持。因建设工程不合格造成的损失，发包人有过错的，也应承担相应的民事责任。"由此可知，建设工程合同解除后，已完工程质量合格，发包人应当按照约定支付相应的工程价款。已完工程质量不合格的，参照《建设工程施工合同司法解释(一)》第3条规定的合同无效、工程质量不合格的规定处理，一般情况下，无论建设工程合同有效与否，只要建设工程质量不合格，承包人均应承担相应的民事责任，发包人有

过错的,发包人也应承担相应的民事责任。守约方有权要求违约方赔偿因违约造成的经济损失。该规定主要考虑到建设工程施工合同的特殊性,将《合同法》第 97 条合同解除后法律后果的规定与《合同法》第 262 条承揽合同比照,与违约方承担减少报酬的法定违约责任的规定相结合,从而明确建设工程施工合同解除的法律后果所适用的情形。

合同解除的根本原则是合同解除后,已经履行的部分按有效合同的处理原则及方式进行处理,不发生恢复原状的法律后果;未履行的部分不再履行。结合到具体的建设工程施工合同审判实践,建设工程施工合同解除后,已经完成的建设工程质量合格,发包人应当按照约定支付相应的工程价款。即如果工程质量合格,建设工程施工合同的解除并不存在恢复原状的问题,当事人一方主张恢复原状的诉求无法得到支持。但当发包人没有支付已履行部分工程价款时,不能认为支付工程价款是已经履行的部分,因此需要判令发包人支付工程价款。这样处理表面上看是在解除合同的同时又要求当事人在履行合同,但实质上是对合同解除后采取的一种补救措施。

二、建设工程竣工验收不合格的处理原则

在一般的司法审判实践中,建设工程是否具有利用价值是审判考察的着重点之一,建设工程经竣工验收不合格,主要是指建设工程质量不符合国家规定或者行业规定的标准,这里一般包括两种情况:一种是建设工程质量虽然不合格,但经过修复,可以使缺陷得到弥补,并通过工程竣工验收,这种情况下,发包方仍然可以接受建设工程,并在修复后继续利用建设工程。另一种情况是,建设工程的质量缺陷无法通过修复予以弥补,不能通过竣工验收,建设工程丧失利用价值。对于没有利用价值的建设工程,只能重新进行建设,因此,承包人没有请求支付工程款的权利。本条规定实际是参照了《合同法》关于承揽合同的相关规定。《合同法》第 262 条规定:"承揽人交付的工作成果不符合质量要求的,定作人可以要求承揽人承担修理、重作、减少报酬、赔偿损失等违约责任。"鉴于承揽合同的处理有上述规定,在建设工程施工合同中,如果合同解除或者无效后,建设工程质量不合格但仍有利用价值的,只要发包人请求减少工程价款或者承包人承担修复费用的,人民法院应当允许。若建设工程质量不合格,但是仍然有利用价值的,发包人可以请求减少工程价款或者由承包人承担修复费用;若建设工程质量不合格且没有利用价值,承包人请求支付工程价款的,人民法院不予支持。

《建设工程施工合同司法解释(一)》第 2 条规定:"建设工程施工合同无效,但建设工程经竣工验收合格,承包人请求参照合同约定支付工程价款的,应予支持。"即已经完成的建设工程质量不合格的,修复后的建设工程经竣工验收合格,发包人请求承包人承担修复费用的,应予支持;修复后的建设工程经竣工验收不合格,承包人请求支付工程款的,不予支持。该规定的法理,即处理建设工程施工合同纠纷的工程质量优先于合同效力,即无论合同是否有效、是否被解除,只要工程质量合格就应支付工程价款,而工程质量不合格的,无论合同解除还是合同无效,其适用的原则是相同的。

第四节　法律法规整合

一、《建设工程施工合同司法解释(一)》

第2条　建设工程施工合同无效,但建设工程经竣工验收合格,承包人请求参照合同约定支付工程价款的,应予支持。

第3条　建设工程施工合同无效,且建设工程经竣工验收不合格的,按照以下情形分别处理:

(一)修复后的建设工程经竣工验收合格,发包人请求承包人承担修复费用的,应予支持;

(二)修复后的建设工程经竣工验收不合格,承包人请求支付工程价款的,不予支持。

因建设工程不合格造成的损失,发包人有过错的,也应承担相应的民事责任。

第8条　承包人具有下列情形之一,发包人请求解除建设工程施工合同的,应予支持:

(一)明确表示或者以行为表明不履行合同主要义务的;

(二)合同约定的期限内没有完工,且在发包人催告的合理期限内仍未完工的;

(三)已经完成的建设工程质量不合格,并拒绝修复的;

(四)将承包的建设工程非法转包、违法分包的。

第9条　发包人具有下列情形之一,致使承包人无法施工,且在催告的合理期限内仍未履行相应义务,承包人请求解除建设工程施工合同的,应予支持:

(一)未按约定支付工程价款的;

(二)提供的主要建筑材料、建筑构配件和设备不符合强制性标准的;

(三)不履行合同约定的协助义务的。

第10条　建设工程施工合同解除后,已经完成的建设工程质量合格的,发包人应当按照约定支付相应的工程价款;已经完成的建设工程质量不合格的,参照本解释第三条规定处理。因一方违约导致合同解除的,违约方应当赔偿因此而给对方造成的损失。

二、《合同法》

第60条第2款　当事人应当遵循诚实信用的原则,根据合同的性质、目的和交易习惯履行通知、协助、保密等义务。

第93条　当事人协商一致,可以解除合同。

当事人可以约定一方解除合同的条件。解除合同的条件成就时,解除权人可以解除合同。

第94条　有下列情形之一的,当事人可以解除合同:

(一)因不可抗力致使不能实现合同目的;

(二)在履行期限届满之前,当事人一方明确表示或者以自己的行为表明不履行主要债务;

(三)当事人一方迟延履行主要债务,经催告后在合理期限内仍未履行;

（四）当事人一方迟延履行债务或者有其他违约行为致使不能实现合同目的；

（五）法律规定的其他情形。

第259条 承揽工作需要定作人协助的，定作人有协助的义务。定作人不履行协助义务致使承揽工作不能完成的，承揽人可以催告定作人在合理期限内履行义务，并可以顺延履行期限；定作人逾期不履行的，承揽人可以解除合同。

第272条 总承包人或者勘察、设计、施工承包人经发包人同意，可以将自己承包的部分交由第三人完成。第三人就其完成的工作成果与总承包人或者勘察、设计、施工承包人向发包人承担连带责任。承包人不得将其承包的全部建设工程转包给第三人或者将其承包的全部建设工程肢解以后以分包的名义分别转包给第三人。

禁止承包人将工程分包给不具备相应资质条件的单位。禁止分包单位将其承包的工程再分包。建设工程主体结构的施工必须由承包人自行完成。

第287条 本章没有规定的，适用承揽合同的有关规定。

第三章　建设工程施工质量纠纷

第一节　法律要点详解

建设工程质量，是在国家现行的有关法律、法规、技术标准、设计文件和合同中，对工程的安全、适用、经济、环保、美观等特性的综合要求。建设工程质量是建筑的生命，其中建筑的安全性尤为重要，也是社会业内专业人士关注的重点。建设工程本身的质量关乎国家的经济发展以及人民的生命财产安全，因此，只有保证建筑质量才能为我国人民生命财产安全提供保障。

建设工程质量问题包括三个方面，分别为：勘察、设计、施工，其中勘察质量纠纷相对较少，设计纠纷在本书中有专章阐述，本章节主要阐述在司法实务中大量存的建设工程施工质量纠纷。

一、建设工程质量方面的法律规定及强制性条文

我国历来对建设工程质量实行严格的管理制度，建筑的勘察、设计、施工的质量必须符合国家有关建设工程质量管理的法律规定，同时必须执行国家关于房屋建筑的强制性条文。

（一）建筑工程质量管理方面的法律、行政法规、部门规章、规范性文件、政策

主要包括《建筑法》《建设工程质量管理条例》《国务院办公厅关于加强基础设施工程质量管理的通知》《房屋建筑工程质量保修办法》《实施工程建设强制性标准监督规定》《建设工程质量责任主体和有关机构不良记录管理办法》《建设工程质量保证金管理暂行办法》《建设工程质量检测管理办法》《房屋建筑工程和市政基础设施工程竣工验收备案管理暂行办法》《住房和城乡建设部关于进一步加强住宅工程质量管理和责任的通知》《房屋建筑和市政基础设施工程质量监督管理规定》《住房和城乡建设部关于贯彻实施〈房屋建筑和市政基础设施工程质量监督管理规定〉的通知》《住房和城乡建设部〈关于加强保障性安居工程质量管理〉的通知》《房屋市政工程生产安全重大隐患排查治理挂牌督办暂行办法》。

（二）中华人民共和国工程建设标准强制性条文——房屋建筑部分（2013 年版）

1. 强制性条文的现状

《工程建设标准强制性条文》（房屋建筑部分）先后出版了 2002 年版、2009 年版和 2013 年版。

住房和城乡建设部对现行工程建设国家标准、行业标准中的强制性条文(房屋建筑部分)进行了清理,为了便于有关监督机构和广大工程技术人员贯彻实施强制性条文,住房和城乡建设部强制性条文委员会对清理后的条文进行了汇编,2013 年 8 月由中国建筑工业出版社出版发行。房屋建筑现行标准总数为 482,其中国标数量为 227,行标数量 255。现行强制性标准总数 325,其中国标数量 169,行政标准 156,强制性条文总数 3103。

2. 强制性条文的作用

强制性条文与强制性标准一样,具有标准的一般属性,同时具有强制性,我国《标准化法》《标准化法实施条例》规定强制性标准必须执行,《建筑法》规定建筑活动应当遵守有关标准规定,《建设工程质量管理条例》明确规定必须严格执行工程建设强制性标准,《实施工程建设强制性标准监督规定》进一步明确"工程建设强制性标准"即指"工程建设强制性条文"。法律、行政法规、部门规章,均赋予了强制性条文强制执行的效力。

强制性条文是贯彻《建设工程质量管理条例》的重大制度安排,建立了行政管理与强制性标准并重的保证建设工程质量的道路;对保证工程质量安全、规范建筑市场具有重要作用;对推进工程建设标准体制改革具有重要意义。

3. 强制性条文的主要内容

该强制性条文包括:建筑设计,建筑设备,建筑防火,建筑节能,勘察和地基基础,结构设计,抗震设计,鉴定、加固和维护,施工质量,施工安全,住宅建筑规范,共计 10 篇。

二、建筑工程施工质量的内容

根据《建筑工程施工质量验收统一标准》(GB 50300)和各专业质量验收规范,建筑工程施工质量主要包括 10 个方面。

(一)地基基础

地基基础包括:地基、基础、基坑支护、地下水控制、土方、边坡、地下防水。

(二)主体结构

主体结构包括:混凝土结构、砌体结构、钢结构、钢管混凝土结构、型钢混凝土结构、铝合金结构、木结构。

(三)建筑装饰装修

建筑装饰装修包括:建筑地面、抹灰、外墙防水、门窗、吊顶、轻质隔墙、饰面板、饰面砖、幕墙、涂饰、裱糊与软包、细部。

(四)屋面

屋面包括:基层与保护、保温与隔热、防水与密封、瓦面与板面、细部构造。

(五)建筑给水排水及供暖

建筑给水排水及供暖包括:室内给水系统、室内排水系统、室内热水系统、卫生器具、室内供暖系统、室外给水管网、室外排水管网、室外供热管网、建筑饮用水供应系统、建筑中水系统及雨水利用系统、游泳池及公共浴池水系统。

建筑给水排水及供暖还包括：水景喷泉系统、热源及辅助设备、监测与控制仪表。

（六）通风与空调

通风与空调包括：送风系统、排风系统、防排烟系统、除尘系统、舒适性空调系统、恒温恒湿空调系统、净化空调系统、地下人防通风系统、真空吸尘系统、冷凝水系统、空调（冷、热）水系统、冷却水系统、土壤源热泵换热系统、水源热泵换热系统、蓄能系统、压缩式制冷（热）设备系统、吸收式制冷设备系统、多联机（热泵）空调系统、太阳能供暖空调系统、设备自控系统。

（七）建筑电气

建筑电气包括：室外电气、变配电室、供电干线、电力动力、电力照明、备用和不间断电源、防雷和接地。

（八）智能建筑

智能建筑主要包括：智能化集成系统、信息接入系统、用户电话交换系统、信息网络系统、综合布线系统、移动通信室内信号覆盖系统、卫星通信系统、有线电视及卫星电视接收系统、公共广播系统、会议系统、信息导引及发布系统、时钟系统、信息化应用系统、建筑设备监控系统、水灾自动报警系统、安全技术防范系统、应急响应系统、机房、防雷与接地。

（九）建筑节能

建筑节能包括：围护系统节能、供暖空调设备及管网节能、电气动力节能、监控系统节能、可再生能源。

（十）电梯

电梯分为：电力驱动的曳引式或强制式电梯、液压电梯、自动扶梯、自动人行道。

另外建筑工程室外工程包括：室外设施、附属建筑及室外环境。

室外设施包括通道和边坡，其中通道包括路基、基层、面层、广场及停车场、人行道、人行地道、挡土墙、附属构筑物。边坡包括：土石方、挡土墙、支护。

附属建筑及室外环境包括：车棚、围墙、大门、挡土墙、建筑小品、亭台、水景、连廊、花坛、场坪绿化、景观桥。

三、造成建筑工程质量问题的主要原因

（一）因承包方的过错造成建设工程不符合合同约定及强制性条文

在司法实务中，大部分建筑工程质量问题都是由施工方原因造成的，主要包括以下情形。

1. 建设工程施工方不按照工程设计图纸、技术规范及强制性条文施工，是造成事故的根本原因。工程设计图纸和强制性条文是工程质量的保证，很多施工方在经济利益驱使下，偷

工减料、以次充好、以假充真，严重影响建筑质量和安全；还有些施工方擅自更改设计方案，也是造成工程质量的原因之一。

2. 建筑工程施工方未按照工程设计要求、强制性条文、技术规范及合同约定，对建筑材料、建筑构配件和设备进行检验，使用不合格的建筑材料、建筑构配件和设备，造成质量问题。

3. 违法转包、违法分包，也是造成工程质量的重要原因之一。高速发展的建筑业，高额的利润，吸引了大量投资，违法转包、违法分包行为大量存在，很多工程经过层层转包、违法分包很多实际施工人就是包工头，一方面技术、管理、资金不到位；另一方面因为层层转包，工程承包款已经低于正常水平，在利益的驱使下，只能通过偷工减料、以次充好、以劣充真的方式，减少成本，质量不合格也就不足为奇了。

（二）因发包方原因造成工程质量缺陷

一般情况下，建筑工程出现质量问题，由承包方承担责任，根据《建设工程施工合同司法解释（一）》第 12 条的规定，下列情形下，由发包方承担责任。

1. 提供的设计有缺陷

《合同法》第 272 条第 1 款规定："发包人可以与总承包人订立建设工程合同，也可以分别与勘察人、设计人、施工人订立勘察、设计、施工承包合同。发包人不得将应当由一个承包人完成的建设工程肢解成若干部分发包给几个承包人。"

要使建设工程质量符合合同约定、达到强制性条文及技术规范的要求，勘察、设计、施工三个环节缺一不可，设计是决定整个工程质量的基础，如果勘察设计出现问题，再好的施工也没有用。

如果发包方单独与设计单位签订合同，因为设计原因导致建筑工程出现质量问题，由发包方承担责任。

2. 提供或者指定购买的建筑材料、建筑配件、设备不符合国家强制性标准

《建设工程质量管理条例》第 14 条规定："按照合同约定，由建设单位采购建筑材料、建筑构配件和设备的，建设单位应当保证建筑材料、建筑构配件和设备符合设计文件和合同要求。建设单位不得明示或者暗示施工单位使用不合格的建筑材料、建筑构配件和设备。"第 22 条规定："设计单位在设计文件中选用的建筑材料、建筑构配件和设备，应当注明规格、型号、性能等技术指标，其质量要求必须符合国家规定的标准。除有特殊要求的建筑材料、专用设备、工艺生产线等外，设计单位不得指定生产厂、供应商。"第 29 条规定："施工单位必须按照工程设计要求、施工技术标准和合同约定，对建筑材料、建筑构配件、设备和商品混凝土进行检验，检验应当有书面记录和专人签字；未经检验或者检验不合格的，不得使用。"

设计单位不得指定生产厂、供应商，建设单位选用的材料、构配件、设备、商品混凝土不仅要符合合同约定，也要符合设计要求，同时如果有强制性条文要求，还要符合强制性条文的标准。如果建设单位违反合同约定，提供或者指定购买的建筑材料、建筑配件、设备不符合国家强制性标准，导致建筑工程存在质量缺陷的，应当承担责任。

3. 直接指定分包人分包专业工程

《合同法》第 272 条第 2 款规定："总承包人或者勘察、设计、施工承包人经发包人同意，可以将自己承包的部分工作交由第三人完成。第三人就其完成的工作成果与总承包人或者勘

察、设计、施工承包人向发包人承担连带责任。……”第 3 款规定:“禁止承包人将工程分包给不具备相应资质条件的单位。禁止分包单位将其承包的工程再分包。建设工程主体结构的施工必须由承包人自行完成。”《建筑法》第 29 条规定:“建筑工程总承包单位可以将承包工程中的部分工程发包给具有相应资质条件的分包单位;但是,除总承包合同中约定的分包外,必须经建设单位认可。施工总承包的,建筑工程主体结构的施工必须由总承包单位自行完成。建筑工程总承包单位按照总承包合同的约定对建设单位负责;分包单位按照分包合同的约定对总承包单位负责。总承包单位和分包单位就分包工程对建设单位承担连带责任。禁止总承包单位将工程分包给不具备相应资质条件的单位。禁止分包单位将其承包的工程再分包。”

我国《建筑法》《合同法》中关于分包的规定是为了约束总承包人,但在实际建筑施工合同招标和履行过程中,经常出现建设单位指定专业分包人的情况,专业分包人倚仗建设单位,不服从总包单位的监督和管理,往往造成建筑工程质量出现问题,此时不能由总承包单位承担责任,而应当由建设单位承担责任。《建筑施工合同司法解释》对此作出了专门规定。

4. 肢解发包建设工程

《合同法》第 272 条第 1 款规定:“……发包人不得将应当由一个承包人完成的建设工程肢解成若干部分发包给几个承包人。”《建设工程质量管理条例》第 7 条第 2 款规定:“建设单位不得将建设工程肢解发包。”

建设市场中,往往存在建设单位将本应由一个承包人完成的建设工程,肢解发包给几个承包人,使整个建设工程管理混乱,技术无法统筹,各自为战,互不协调,责任不清,严重影响工程质量,出现问题后,也难以找到责任人。同时,肢解分包往往与发包单位人员徇私舞弊拿回扣有关,助长了违法行为,因此法律明令禁止。因肢解发包造成工程质量问题的,由发包单位自行承担责任。

(三)因发包人、承包人、勘察人、设计人的混合过错造成责任缺陷

实务中,由于承包人原因造成建筑工程质量问题非常普遍,由发包人人原因造成工程质量问题也比较突出,发包人、承包人混合过错造成质量问题也广泛存在。由于设计原因造成工程质量问题,不太突出,如果是发包方委托设计的,由发包方承担责任,如果是总承包人委托设计的,由承包人承担责任,设计原因造成全部建筑质量问题,则由相应责任方承担全部责任,造成部分质量问题,承担部分责任。勘察原因造成建筑工程质量问题,责任承担方式和比例与设计原因造成质量问题的处理方式相同。

四、建筑工程问题的责任承担方式

(一)承包人承担责任的方式

《合同法》第 281 条规定:“因施工人的原因致使建设工程质量不符合约定的,发包人有权要求施工人在合理期限内无偿修理或者返工、改建。经过修理或者返工、改建后,造成逾期交付的,施工人应当承担违约责任。”《建设工程质量管理条例》第 32 条规定:“施工单位对施工中出现质量问题的建设工程或者竣工验收不合格的建设工程,应当负责返修。”《建设工程施

工合同司法解释(一)》第11条规定:“因承包人的过错造成建设工程质量不符合约定,承包人拒绝修理、返工或者改建,发包人请求减少支付工程价款的,应予支持。”

(二)发包人承担责任的方式

《合同法》第107条规定:“当事人一方不履行合同义务或者履行合同义务不符合约定的,应当承担继续履行、采取补救措施或者赔偿损失等违约责任。”

(三)建设工程未经竣工验收合同,发包人擅自使用的法律后果

《建设工程施工合同司法解释(一)》第13条规定:“建设工程未经竣工验收,发包人擅自使用人后,又以使用部分质量不符合约定为由主张权利的,不予支持;但是承包人应当在建设工程的合理使用寿命内对地基基础工程和主体结构质量承担民事责任。”

1. 竣工验收的概念

根据《建筑工程施工质量验收统一标准》(GB 50300)和各专业工程质量验收规范,竣工验收,是指建筑工程全部建成后为了检查工程质量而进行的一项工作程序,也是建设过程的最后一个环节,是全面考核基本建设工作,检查是否合乎设计要求和工程质量的重要环节,是房屋从建设生产转入使用的一个重要标志,交付使用房屋必须经过这一个环节。

2. 发包人只对擅自使用的部分承担工程质量风险责任

在制定司法解释的过程中,对包括人擅自使用未经验收的工程的,其应对使用的部分还是全部承担责任,存在不同的意见:第一种意见认为,发包人只要擅自使用,不论使用多少,均应对全部工程质量承担责任。其主要理由是建筑工程是一个整体,发包人只要使用一部分,施工单位就无法对整个工程进行有效管理,也无法分清责任,因此应对全部承担责任。第二种意见认为,只能对其使用部分承担责任。其主要理由是建设工程施工质量主要由承包人承担责任,不宜对发包人要求过于严厉,不能扩大解释,同时从目前的建设工程的实际情况来看,有时建筑工程是几幢几十幢甚至几百幢,如果仅使用部分就对全部工程承担责任后果既不合理,也不利于督促施工方切实提高工程质量。最终,司法解释采纳了第一种意见。

3. 承包人在建设工程的合理使用寿命内,对地基和基础、主体结构承担民事责任

建筑的地基,是指支承由基础传递的上部结构荷载的土体或岩石。建筑的基础是指结构所承受的各种作传递到地基上结构组成部分。

主体结构,是指在建筑中由若干构件连接而成的能承受作用的平面或空间体系。主体结构要具备足够的强度、刚度、稳定性,用以承重建筑上的各种荷载,建筑的主体结构由一种或多种材料构成,是建筑的重要组成部分。

建筑的地基和基础、主体结构是建筑的最重要的组成部分,如果出现问题,关系重大,因此无论发包人是否擅自使用,承包人及实际施工人均应当在建筑合理使用寿命内对地基和基础、主体结构承担民事责任。

(四)总承包人、分包人和实际施工人为共同被告,对建筑工程质量缺陷承担责任

《建设工程施工合同司法解释(一)》第25条规定:“因建设工程质量发生争议的,发包人可以以总承包人、分包人和实际施工人为共同被告提起诉讼。”

司法解释本条所指的“总承包人”是建设施工合同的总承包人，不包括建设工程的总承包人，即不包括勘察人、设计人。

本条中的“分包人”是指有效的建设施工合同中的合法分包人，包括专业分包和劳务分包。

本司法解释中共有 3 条涉及“实际施工人”，分别为第 4 条、第 25 条、第 26 条，实际施工人，是指无效的建设施工合同的承包人，如转承包人、违法分包合同的承包人、没有资质借用有资质的建筑施工企业的名义与他人签订建设施工合同的承包人。

本条司法解释的总承包人与分包人对发包人承担连带责任，与担保责任并无二致，是有明确法律依据的，是合同有效情况下的违约责任，属于法定责任。实际施工人承担连带责任的法律依据为侵权责任，是由侵权行为引起的连带赔偿责任。

（五）出借用资质的责任承担

《建设工程施工合同司法解释（二）》第 4 条规定：“缺乏资质的单位或者个人借用有资质的建筑施工企业名义签订建设工程施工合同，发包人请求出借方与借用方对建设工程质量不合格等因出借资质造成的损失承担连带赔偿责任的，人民法院应予支持。”

第二节　权威案例指导

典型案例 1

江苏南通二建集团有限公司与吴江恒森房地产开发有限公司建设工程施工合同纠纷案

【案件来源】《最高人民法院公报》2014 年第 8 期

【审理法院】江苏省高级人民法院

【裁判要点】1. 承包人交付的建设工程应符合合同约定的交付条件及相关工程验收标准。工程实际存在明显的质量问题，承包人以工程竣工验收合格证明等主张工程质量合格的，人民法院不予支持。2. 在双方当事人已失去合作信任的情况下，为解决双方矛盾，人民法院可以判决由发包人自行委托第三方参照修复设计方案对工程质量予以整改，所需费用由承包人承担。

典型案例2

江苏省第一建筑安装集团股份有限公司、唐山市昌隆房地产开发有限公司建设工程施工合同纠纷二审民事判决书

【审理法院】最高人民法院

【案件案号】(2017)最高法民终字第175号

【裁判日期】2017年12月21日

【裁判要点】承包人未按照图纸施工,造成建筑工程质量问题,由承包方承担责任,发包方预先扣除维修费用,待承包人对质量问题整改后,双方另行结算。

第三节 实务操作指南

一、发包人主张工程质量问题是抗辩还是反诉

(一)司法实践中的不同意见

在建设施工合同履行过程中,既有发包人拖欠工程款问题,更多的还是违法转包、发包、层层分包,损害发包人利益的情况,导致工程质量问题层出不穷,包括但不限于下列情况:房屋屋顶渗漏,墙面开裂,地面、屋面、门窗规格不符合要求,室内地坪空鼓、开裂、起沙,厕所、厨房、盥洗室地面泛水、积水;阳台积水漏水等质量问题,电气管线材料不合格、安装不合规,更有甚者地基与基础、主体结构出现质量问题,严重威胁着广大人民群众的生命健康。

司法实务中,施工方要求支付工程款,发包方或总承包方以工程质量不合格为由,要求维修、重修、支付违约金、赔偿损失等,主张少支付工程款的一方对另一方的支付工程款的请求,是以抗辩提出,还是以反诉提出,实践中观点不一:第一种意见认为,主张减少工程款的一方提出的是抗辩,无须另行提起反诉,质量缺陷抗辩与支付工程款均属于建设施工合同纠纷,案由相同,并且基于相同的事实,无须提起反诉;第二种意见认为,必须提起反诉,认为质量缺陷是新的请求,与支付工程款不同,不能简单地提起抗辩;第三种意见认为,如果双方合同有约定,工程存在质量缺陷,需要支付违约金或减少价款的,则可以作为抗辩理由,如果双方合同没有约定,则应当作为一个新的诉,需要提起反诉。

最高人民法院的观点也经历一个变化过程,最终在《建设工程施工合同司法解释(一)》中采用取了第一种意见,在《建设工程施工合同司法解释(二)》中采取了第二种意见。

(二)抗辩说

《建设工程施工合同司法解释(一)》第11条规定:"因承包人的过错造成建设工程质量

不符合约定，承包人拒绝修理、返工或者改建，发包人请求减少支付工程价款的，应予支持。”

在《建设工程施工合同司法解释（一）》中采用取第一种意见，其主要理由如下：①

一是没有增加新的诉，只是在一个法律关系中提出的抗辩，建设施工合同法律关系中，发包人的主要义务是支付工程款，承包人的主要义务是按合同约定和法律规定施工并交付合格的工程，原告（承包人）要求支付工程款，被告（发包人）拒绝支付，这种情况下仅导致少付或不付工程款，并不产生新的法律关系，未形成独立的诉；二是被告（发包人）的请求没有吞并或抵销原告（承包人）诉讼请求。

随着《建设工程施工合同司法解释（一）》的实行，统一了司法实践中的不同作法，统一按照抗辩理由予以审理，但如果发包人因建筑工程质量缺陷导致人身或财产损害，提起损害赔偿诉讼，则构成一个新的诉，应当提起反诉。

（三）反诉说

《建设工程施工合同司法解释（二）》第7条规定：“发包人在承包人提起的建设工程施工合同纠纷案件中，以建设工程质量不符合合同约定或者法律规定为由，就承包人支付违约金或者赔偿修理、返工、改建的合理费用等损失提出反诉的，人民法院可以合并审理。”

在《建设工程施工合同司法解释（二）》采取第二种意见，其主要理由如下：②

对于抗辩与反诉的判断标准应从两个方面入手：一是是否超过原告诉讼请求范围；二是是否具有独立给付请求的内容。如果被告的主张没有超过原告的诉讼请求范围，也没有请求给付内容，则应当认定为抗辩；否则，应认定为反诉。据此，在审判实践中，对于发包人仅提出“减少工程款”的主张，应按抗辩处理。对于发包人要求承包人支付违约金或者赔偿修理、返工、改建的合理费用等损失，属于独立的诉讼请求，发包人以此为由提起反诉的，人民法院应当合并审理。

二、房屋质量需通过具有资质的专业鉴定机构进行鉴定

（一）鉴定的范围

房屋质量鉴定范围分为十个方面：（1）地基与基础；（2）主体结构；（3）建筑装饰装修；（4）屋面；（5）建筑给水排水及供暖；（6）通风与空调；（7）建筑电气；（8）智能建筑；（9）建筑节能；（10）电梯。

其中主体结构包括：混凝土结构、砌体结构、钢结构、钢管混凝土结构、型钢混凝土结构、铝合金结构、木结构。

另外建筑工程室外工程包括：室外设施、附属建筑及室外环境。

---

① 参见最高人民法院民一庭编著：《最高人民法院建设施工合同司法解释的理解与适用》，人民法院出版社2015年版，第97～98页。

② 最高人民法院民一庭编著：《最高人民法院建设工程施工合同司法解释（二）理解与适用》，人民法院出版社2019年版，第150～151页。

(二)结构安全性鉴定

1. 结构安全性鉴定的一般规定

适用的标准包括:《民用建筑可靠性鉴定标准》(GB 50292 - 1999)、《古建筑木结构维护与加固技术规范》(GB 50165 - 92)。

2. 混凝土结构件

混凝土结构件的安全性鉴定,应按承载能力、构造以及不适应于继续承载的位移(或变形)和裂缝等四个检查项目,分别评定每一个受检构件的等级,并取其中最低一级作为该构件安全性等级。

3. 钢结构构件

当钢结构构件(含连接)的安全性按承载能力评定时,应分别评定每一验算项目的等级,然后取其中最低一级作为该构件承载能力的安全性等级。

4. 砌体结构构件

《民用建筑可靠性鉴定标准》(GB 50292 - 1999)

4.4.2 当砌体结构的安全性按承载能力评定时,应分别评定每一验算项目的等级,然后取其中最低一级作为该构件承载能力的安全性等级。

4.4.3 当砌体结构构件的安全性按构造评定时,应分别评定两个检查项目的等级,然后取其中较低一级作为该构件构造的安全性等级。

4.4.5 当砌体结构的承重构件出现下列受力裂缝时,应视为不适于继续承载的裂缝,并应根据其严重程度评为Cu级或Du级:

1 桁架、主梁支座下的墙、柱的端部或中部、出现沿块材断裂(贯通)的竖向裂缝。

2 空旷房屋承重外墙的变截面处,出现水平裂缝或斜向裂缝。

3 砌体过梁的跨中或支座出现裂缝;或虽未出现肉眼可见的裂缝,但发现其跨度范围内有集中荷载。

注:块材指砖或砌块。

4 筒拱、双曲筒拱、扁壳等的拱面、壳面,出现沿拱顶母线或对角线的裂缝。

5 拱、壳支座附近或支承的墙体上出现沿块材断裂的斜裂缝。

6 其他明显的受压、受弯或受剪裂缝。

4.4.6 当砌体结构、构件出现下列非受力裂缝时,应视为不适于继续承载的裂缝,并应根据其实际严重程度评为Cu级或Du级:

1 纵横墙连接处出现通长的竖向裂缝。

2 墙身裂缝严重,且最大裂缝宽度已大于5mm。

3 柱已出现宽度大于1.5mm的裂缝,或有断裂、错位迹象。

4 其他显著影响结构整体性的裂缝。

注:非受力裂缝系指由温度、收缩、变形或地基不均匀沉降等引起的裂缝。

5. 地基基础

《民用建筑可靠性鉴定标准》(GB 50292 - 1999)

6.2.10 当在深厚淤泥、淤泥质土、饱和性黏土、饱和粉细砂或其他软弱地层中开挖深基坑时，应对毗邻的已有建筑物（含道路、管线）采取防护措施，并设测点对基坑支护结构和已有建筑物进行监测。若遇到下列可能影响建筑物安全的情况之一时，应立即报警。若情况比较严重，应立即停止施工，并对基坑支护结构和已有建筑物采取应急措施：

1 基坑支护结构（或其后面土体）的最大水平位移已大于基坑开挖深度的1/200（1/300），或其水平位移速率已连续三日大于3mm/d（2mm/d）。

2 基坑支护结构的支撑（或锚杆）体系中有个别构件出现应力骤增、压屈、断裂、松弛或拔出的迹象。

3 建筑物的不均匀沉降（差异沉降）已大于现行建筑地基基础设计规范规定的允许沉降差，或建筑物的倾斜速率已连续三日大于0.0001H/d（H为建筑物承重结构高度）。

注：2 若毗邻的已有建筑物为人群密集场所或文物、历史、纪念性建筑，或地处交通要道，或有重要管线，或有地下设施需要严加保护时，宜按括号内的限值采用。

三、质量保证金与质量保修金问题

（一）无统一法律法规调整，司法实务较为混乱

在很长一段时期内，质量保证金与质量保修金是一个概念，内涵也基本一致。质量保证金最早出现在财政部2002年9月27日发布的《基本建设财务管理规定》中，其中规定了按照工程款的5%预留工程质量保证金。

2004年10月20日财政部和原建设部发布的《建设工程价款结算暂行办法》第7条规定，发包人和承包人应当在合同条款中对工程质量保证（保修）金的数额、预扣方式及时限进行约定；第14条规定："……发包人根据确认的竣工结算报告向承包人支付工程竣工结算价款，保留5%左右的质量保证（保修）金，待工程交付使用一年质保期到期后清算（合同另有约定的，从其约定），质保期内如有返修，发生费用在质量保证（保修）金内扣除。……"与财政部《基本建设财务管理规定》使用的"质量保证金"不同，将"质量保证金"与"质量保修金"并列，造成实践中的混乱。

2005年1月12日财政部、原建设部发布的《建设工程质量保证金管理暂行办法》（建质〔2005〕7号，已被修订）引入了质量缺陷期的概念，将质量保证（保修）期与质量缺陷期相对应，但又进一步造成两个概念之间的混乱。

2016年12月27日住房和城乡建设部、财政部发布了《建设工程质量保证金管理办法》（建质〔2016〕295号），删除了质量保修金的概念，将缺陷责任期直接与工程质量保证金相对应，明晰了两个概念的差别，统一了认识。同时将质量保证金预留比例占工程总价款的5%调整为3%。

住房和城乡建设部、财政部对《建设工程质量保证金管理办法》进行了修订，于2017年6月20日发布《建设工程质量保证金管理办法》（建质〔2017〕138号）。

2017年9月22日住房和城乡建设部、国家工商行政管理总局发布的《建设施工合同（示范文本）》（GF-2017-0201）在实践中也被广泛使用，该合同文本通用条款第15条规定了"缺陷责任与保修"内容。

在国务院2016年6月15日常务会议中部署清理规范建设工程领域保证金，规定只保留

农民工工资保证金、投标保证金、履约保证金、工程质量保证金4项，其余的全部取消。2016年6月23日国务院办公厅落实国务院常务会议的通知中也使用了“质量保证金”的概念。

2018年2月1日施行的《建设工程施工合同司法解释（二）》中采用“质量保证金”的概念，与国务院及《建设工程质量保证金管理办法》相统一。

（二）相关法律概念

1. 建设工程质量保证金

根据《建设工程质量保证金管理办法》第2条规定，建设工程质量保证金是指发包人与承包人在建设工程承包合同中约定，从应付的工程款中预留，用以保证承包人在缺陷责任期内对建设工程出现的缺陷进行维修的资金。

2. 建设工程质量缺陷

根据《建设工程质量保证金管理办法》第2条规定，建设工程质量缺陷是指建设工程质量不符合工程建设强制性标准、设计文件，以及承包合同的约定的情况。

3. 建设工程质量缺陷期

缺陷责任期一般为1年，最长不超过2年，由发、承包双方在合同中约定。

4. 房屋建筑工程质量保修

根据《房屋建筑工程质量保修办法》（建设部令第80号，2000年6月26日施行）的规定，房屋建筑工程质量保修是指承包人应对房屋建筑工程竣工验收后在保修期限内出现的质量缺陷予以维修。

（三）建设工程质量缺陷期与房屋建筑质量保修期的异同

1. 相同点

①制定的法律依据相同

《建设工程质量保证金管理办法》是根据《建筑法》、《建设工程质量管理条例》、国务院办公厅《关于清理规范工程建设领域保证金的通知》和《基本建设财务管理规则》制定的。

《房屋建筑工程质量保修办法》根据《建筑法》《建设工程质量管理条例》制定。

②一定时期内二者混同，内涵基本相同

2016年12月27日住房和城乡建设部、财政部发布的《建设工程质量保证金管理办法》中，删除了质量保修金的概念，将缺陷责任期直接与工程质量保证金相对应，明晰了两个概念的差别，统一了认识。

③起算时间相同

均自工程竣工验收之日计算。

2. 不同点

①范围不同

建设工程质量保证金适用于全部建设工程，房屋建筑质量保修金适用于房屋建筑。

②期限不同

《建设工程质量保证金管理办法》规定，建设工程质量缺陷责任期一般为1年，最长不超过2年。

《房屋建筑工程质量保修办法》第 7 条规定:“在正常使用情况下,房屋建筑工程的最低保修期限为:(一)地基基础工程和主体结构工程,为设计文件规定的该工程的合理使用年限;(二)屋面防水工程、有防水要求的卫生间、房间和外墙的防渗漏,为 5 年;(三)供热与供冷系统,为 2 个采暖期、供冷期;(四)电气管线、给排水管道、设备安装为 2 年;(五)装修工程为 2 年。其他项目的保修期限由建设单位与施工单位约定。”

③法律后果不同

建设工程质量缺陷期与质量保证金相对应,是扣留质量保证金的期限,缺陷期内承包人承担的是质量缺陷修复义务,质量缺陷期满的,发包人就应当退还质量保证金,与房屋建筑工程质量保修期限没有必然联系,不得以未届房屋建筑工程质量保修期为由拒绝返还。

房屋建筑工程质量保修期是承包人的法定义务,保修期内承包人承担的是保修义务,不得通过合同约定予以排除。

(四)建设工程质量保证金的退还

《建设工程施工合同司法解释(二)》第 8 条第 1 款规定:“有下列情形之一,承包人请求发包人返还工程质量保证金的,人民法院应予支持:(一)当事人约定的工程质量保证金返还期限届满。(二)当事人未约定工程质量保证金返还期限的,自建设工程通过竣工验收之日起满二年。(三)因发包人原因建设工程未按约定期限进行竣工验收的,自承包人提交工程竣工验收报告九十日后起当事人约定的工程质量保证金返还期限届满;当事人未约定工程质量保证金返还期限的,自承包人提交工程竣工验收报告九十日后起满二年。”

(五)保修期限内出现质量缺陷由施工单位承担责任

建设工程质量缺陷期与房屋建筑工程质量保修期有一定的重合,但并不完全相同,《建设工程施工合同司法解释(二)》第 8 条第 2 款规定:“发包人返还工程质量保证金后,不影响承包人根据合同约定或者法律规定履行工程保修义务。”

房屋建筑工程的保修期限从工程竣工验收合格之日起计算。建设单位和施工单位应当在工程质量保修书中约定保修范围、保修期限和保修责任等,双方约定的保修范围、保修期限要符合国家有关规定。

保修期内出现质量缺陷由施工单位承担责任,包括修理、重做等,由建设单位或房屋所有人通知施工单位,发生结构性质量缺陷还应当向当地建设行政主管部门报告。施工单位不按照质量保修书承担责任的,建设单位可另行委托其他单位保修,由原施工单位承担相应责任。

(六)建设单位与施工单位未约定保修范围和保修期限如何处理

《房屋建筑工程质量保修办法》只是部门规章,位阶较低,同时规定得也较笼统,其第 7 条第 2 款规定:“其他项目的保修期限由建设单位与施工单位约定。”这种规定很不周延,第 7 条第 1 款的规定与工程建设标准强制性条文的规定并不一致,过于粗糙,可操作性不强。

举几个例子:该办法规定屋面防水工程保修期限为 5 年,按照技术规范,屋面工程除了防水外,还有保温工程,该办法却未规定最低保修期限;该办法只规定电气管线的保修期限为 2 年,但电气部分除了电气管线外,还有供配电系统、变电所、智能化系统、防雷与接地,对此均没有规定；该办法规定了供热、供冷系统为2年采暖期、供冷期，却与技术规范中的“采暖、通风与空调”不一致。

如果建设单位与施工单位未约定保修期限，如何处理，该办法也未给出明确意见。

笔者认为，《房屋建筑工程质量保修办法》没有规定保修范围的，建设单位和施工单位也未约定的，在使用期限内出现质量缺陷，应当由施工单位对整个合理使用期限内的质量问题承担责任。

（七）房屋建筑工程未进行竣工验收或验收不合格，出现质量缺陷如何承担责任

房屋建筑工程经常出现建设单位与施工单位矛盾激化，无法验收的情况，双方可共同委托鉴定机构进行鉴定，如果无法协商，一方提起诉讼后，由人民法院委托进行鉴定，确定责任，由责任方承担责任。

建筑工程验收不合格的，根据具体情况确定责任承担方和形式，无法协商一致的，一方提起诉讼的，人民法院委托鉴定机构对工程质量进行鉴定，确定责任方，由责任方承担责任。

（八）施工方原因造成质量缺陷，但建筑工程已经竣工验收合格，并且建筑工程已过保修期，如何承担责任

《房屋建筑工程质量保修办法》是根据《建筑法》《建设工程质量管理条例》制定的，规定了房屋建筑工程正常使用情况下的最低保修期限，《建设工程质量管理条例》也有相应的规定，那么过了保修期的建筑工程，是否施工单位一概不承担责任？

《建设工程质量管理条例》第40条也规定了最低保修期限，与《房屋建筑工程质量保修办法》的规定一致，《建设工程质量管理条例》第41条规定：“建设工程在保修范围和保修期限内发生质量问题的，施工单位应当履行保修义务，并对造成的损害承担赔偿责任。”

那么保修范围和保修期限外的如何承担责任，是否就是过了保修期之后，施工单位就不承担任何责任呢，不管偷工减料、以次充好、以假充真、不按规范施工等，只要熬过保修期，就万事大吉，就解脱了。

本章引入的最高人民法院公报案例观点是：其依据《建设工程质量管理条例》，进而认为承包人只应承担保修责任而不应重作的问题，同样不能成立。因为该条例是管理性规范，而本案屋面渗漏主要系南通二建施工过程中偷工减料而形成，其交付的屋面本身不符合合同约定，且已对恒森公司形成仅保修无法救济的损害，故本案裁判的基本依据为民法通则、合同法等基本法律而非该条例，根据法律位阶关系，该条例在本案中只作参考。本案中屋面渗漏质量问题的赔偿责任应按谁造成、谁承担的原则处理，这是符合法律的公平原则的。

笔者赞同最高人民法院公报案例观点。不能机械地适用法律，尤其不能机械地适用部门规章，否则表面上公正司法，实质损害社会基本的公平正义。

四、建筑材料、构配件和设备不合格，涉及的刑事、行政及民事责任

（一）法律适用问题

《产品质量法》第2条规定：“在中华人民共和国境内从事产品生产、销售活动，必须遵守

本法。本法所称产品是指经过加工、制作，用于销售的产品。建设工程不适用本法规定；但是，建设工程使用的建筑材料、建筑构配件和设备，属于前款规定的产品范围的，适用本法规定。”

建筑材料、构配件和设备除了受《建筑法》《建设工程质量管理条例》调整外，还受《产品质量法》调整。

同时生产、销售建筑材料、构配件和设备属于伪劣产品的，还违反了《刑法》的规定，构成生产、销售伪劣商品罪或其他刑事犯罪，应当依法追究刑事责任。

（二）行政责任

1. 违反安全标准的责任

《产品质量法》第 49 条规定："生产、销售不符合保障人体健康和人身、财产安全的国家标准、行业标准的产品的，责令停止生产、销售，没收违法生产、销售的产品，并处违法生产、销售产品（包括已售出和未售出的产品，下同）货值金额等值以上三倍以下的罚款；有违法所得的，并处没收违法所得；情节严重的，吊销营业执照；……"

2. 生产、销售假冒伪劣产品的责任

《产品质量法》第 50 条规定："在产品中掺杂、掺假，以假充真，以次充好，或者以不合格产品冒充合格产品的，责令停止生产、销售，没收违法生产、销售的产品，并处违法生产、销售产品货值金额百分之五十以上三倍以下的罚款；有违法所得的，并处没收违法所得；情节严重的，吊销营业执照；……"

3. 生产、销售禁止性产品的责任

《产品质量法》第 51 条规定："生产国家明令淘汰的产品的，销售国家明令淘汰并停止销售的产品的，责令停止生产、销售，没收违法生产、销售的产品，并处违法生产、销售产品货值金额等值以下的罚款；有违法所得的，并处没收违法所得；情节严重的，吊销营业执照。"

4. 销售失效、变质产品的责任

《产品质量法》第 52 条规定："销售失效、变质的产品的，责令停止销售，没收违法销售的产品，并处违法销售产品货值金额二倍以下的罚款；有违法所得的，并处没收违法所得；情节严重的，吊销营业执照；……"

5. 伪造产地、厂名、厂址的责任

《产品质量法》第 53 条规定："伪造产品产地的，伪造或者冒用他人厂名、厂址的，伪造或者冒用认证标志等质量标志的，责令改正，没收违法生产、销售的产品，并处违法生产、销售产品货值金额等值以下的罚款；有违法所得的，并处没收违法所得；情节严重的，吊销营业执照。"

（三）刑事责任——生产、销售伪劣商品罪

《刑法》第 140 条规定："生产者、销售者在产品中掺杂、掺假，以假充真，以次充好或者以不合格产品冒充合格产品，销售金额五万元以上不满二十万元的，处二年以下有期徒刑或者拘役，并处或者单处销售金额百分之五十以上二倍以下罚金；销售金额二十万元以上不满五十万元的，处二年以上七年以下有期徒刑，并处销售金额百分之五十以上二倍以下罚金；销售

金额五十万元以上不满二百万元的，处七年以上有期徒刑，并处销售金额百分之五十以上二倍以下罚金；销售金额二百万元以上的，处十五年有期徒刑或者无期徒刑，并处销售金额百分之五十以上二倍以下罚金或者没收财产。”

《最高人民法院、最高人民检察院关于办理生产、销售伪劣商品刑事案件具体应用法律若干问题的解释》第1条第4项规定：《刑法》第140条规定的“不合格产品”，是指不符合《产品质量法》第26条第2款规定的质量要求。

《产品质量法》第26条第2款规定：“产品质量应当符合下列要求：（一）不存在危及人身、财产安全的不合理的危险，有保障人体健康和人身、财产安全的国家标准、行业标准的，应当符合该标准；（二）具备产品应当具备的使用性能，但是，对产品存在使用性能的瑕疵作出说明的除外；（三）符合在产品或者其包装上注明采用的产品标准，符合以产品说明、实物样品等方式表明的质量状况。”

第四节 法律法规整合

一、《建设工程施工合同司法解释（一）》

第11条 因承包人的过错造成建设工程质量不符合约定，承包人拒绝修理、返工或者改建，发包人请求减少支付工程价款的，应予支持。

第12条 发包人具有下列情形之一，造成建设工程质量缺陷，应当承担过错责任：

（一）提供的设计有缺陷；

（二）提供或者指定购买的建筑材料、建筑构配件、设备不符合强制性标准；

（三）直接指定分包人分包专业工程。

承包人有过错的，也应当承担相应的过错责任。

第13条 建设工程未经竣工验收，发包人擅自使用后，又以使用部分质量不符合约定为由主张权利的，不予支持；但是承包人应当在建设工程的合理使用寿命内对地基基础工程和主体结构质量承担民事责任。

第25条 因建设工程质量发生争议的，发包人可以以总承包人、分包人和实际施工人为共同被告提起诉讼。

二、《建设工程施工合同司法解释（二）》

第8条 有下列情形之一，承包人请求发包人返还工程质量保证金的，人民法院应予支持：

（一）当事人约定的工程质量保证金返还期限届满。

（二）当事人未约定工程质量保证金返还期限的，自建设工程通过竣工验收之日起满二年。

（三）因发包人原因建设工程未按约定期限进行竣工验收的，自承包人提交工程竣工验收报告九十日后起当事人约定的工程质量保证金返还期限届满；当事人未约定工程质量保证金返还期限的，自承包人提交工程竣工验收报告九十日后起满二年。

发包人返还工程质量保证金后,不影响承包人根据合同约定或者法律规定履行工程保修义务。

三、《建设工程质量保证金管理办法》

全文(略)

四、《房屋建筑工程质量保修办法》

全文(略)

第四章　建设工程施工合同的结算问题

第一节　法律要点详解

建设工程施工合同的结算纠纷，是建设工程施工合同纠纷案件中数量较多的一种纠纷类型。在实务中，发包人普遍存在拒绝或拖延结算的情形，往往采用的策略就是不进行工程款结算或者对结算报告和资料不断提出异议，有的发包人还会以工程质量不合格和工期延误提出索赔。另外发包人大多采用自己制作的建设工程施工合同格式文本，而这些施工合同往往限制承包人的权利，结算条款苛刻，有的项目还存在多份建设工程施工合同。因为权利义务不对等，导致针对工程款结算程序和结算依据产生大量争议和纠纷，本章将对一些常见的工程款结算纠纷问题进行阐述。

一、工程价款的约定方式

根据《建设工程价款结算暂行办法》以及实践经验，一般情况下将工程价款的结算方式分为合同固定价、可调价和成本加酬金三种方式。

1. 固定价

固定价，是指合同总价或者单价，在合同约定的风险范围内不可调整。

(1)固定总价：

固定总价的价格计算是以设计图纸、工程量及规范等为依据，就承包工程双方协商一个固定的总价，即承包方按投标时发包方接受的合同价格实施工程，并一笔包死，无特殊情况不作变更。采用这种合同，合同总价只有在设计和工程范围发生变更的情况下才能随之作相应的变更，除此之外，合同总价一般不能变动。因此，采用固定总价合同方式，承包方要承担合同履行过程中实物工程量、工程单价等变化而可能造成损失的风险。在合同履行过程中，发、承包双方均不能以工程量、设备和材料价格、工资等变动为由，提出对合同总价调值的要求。

(2)固定单价：

①估算工程量单价：这种合同是以工程量清单和工程单价表为基础和依据计算合同价格。估算工程量单价合同通常是由发包方提出工程量清单，列出分部分项工程量，承包方以此为基础填报相应单价，累计计算后得出合同价格。但最后的工程结算价应按照实际完成的工程量来计算，即按合同中的分部分项工程单价和实际工程量，计算得出工程结算和支付的工程总价格。采用这种合同时，要求实际完成的工程量与原估计的工程量不能有实质性的变化。因为承包方给出的单价是以相应的工程量为基础的，如果工程量大幅度增减可能会影响

工程成本。在实践中很难确定工程量究竟有多大范围的变更才算实质性变更，参照有些地方对固定单价合同的规定，如果实际工程量与报价表中的工程量相差超过 ±10% 时，允许承包方调整合同单价。

②纯单价：采用这种合同计价方式时，发包方只向承包方提供发包工程的有关分部分项工程以及工程范围，不对工程量作出任何规定，即在招标文件中仅提供工程各分部分项工程一览表、工程范围和必要说明，不必提供实物工程量。承包方在投标时只需对这类给定范围的分部分项工程作出报价即可，合同实施过程中按实际完成的工程量进行结算。这种合同计价方式主要适用于没有施工图纸，工程量不明，却急需开工的紧迫工程，如设计单位来不及提供正式的施工图纸，或虽有施工图纸但由于某些原因不能比较准确地计算工程量等情况。对于纯单价合同来说，发包方必须对工程范围的划分作出明确规定。

2. 可调价

可调价，是指合同总价或者单价，在合同实施期内根据合同约定的办法调整，即在合同的实施过程中可以按照约定，随资源价格等因素的变化而调整的价格。可分为以下两种：

（1）可调总价：可调总价合同的总价一般也是以设计图纸及规定、规范为基础，在报价和签约时，按招标文件的要求和当时的物价计算合同总价。但合同总价是一个相对固定的价格，在合同履行过程中，由于通货膨胀而使所用的工料成本增加，可对合同总价进行相应的调整。可调总价合同的合同总价不变，只是在合同条款中增加调价条款，如果出现通货膨胀这一不可预见的费用因素时，合同总价就可以按约定的调价条款作相应调整。

（2）可调单价：合同单价的可调，一般是在工程招标文件中规定。在合同中签订的单价，根据合同约定的条款，可作调值。有的工程在招标或签约时，因某些不确定因素而在合同中暂定某些分部分项工程的单价，在工程结算时，再根据实际情况和合同约定对合同单价进行调整，确定实际结算单价。

3. 成本加酬金

成本加酬金合同是将工程项目的实际投资划分成直接成本费和承包方完成工作后应得酬金两部分。工程实施过程中发生的直接成本费由发包方实报实销，再按合同约定的方式另外支付给承包方相应报酬。这种合同计价方式主要适用于工程内容及技术经济指标尚未全面确定，在投标报价的依据尚不充分的情况下，发包方因工期紧迫，必须发包的工程；或者发包方与承包方之间有着高度的信任，承包方在某些方面具有独特的技术、特长或经验。由于在签订合同时，发包方提供不出可供承包方准确报价所必需的资料，报价缺乏依据，因此，在合同中只能商定酬金的计算方法。成本加酬金合同广泛地适用于工作范围很难确定的工程和在设计完成之前就开始施工的工程。

二、有效合同工程价款结算的法律规定

（一）合同明确约定的

《合同法》第 8 条第 1 款规定："依法成立的合同，对当事人具有法律约束力。当事人应当按照约定履行自己的义务，不得擅自变更或者解除合同。"根据该条法律规定，当事人应当对自己的行为负责。因此，工程价款的结算，合同有约定的，应依照合同的约定履行自己的

义务。

（二）约定不明的

造成工程价款约定不明确这一现象的主要原因是对合同的造价管理不规范、不到位。按照《建筑法》的规定，建筑工程造价应当在合同中约定。可见，工程造价已经确定是签订和履行合同的前提。但是，在实践中仍有大量的合同未约定工程造价，其直接原因是工程设计尚未完成，无法依据施工图纸等确定工程预算。在合同中表现为：对工程造价决算，笼统约定为按省、市有关文件执行；根据承包方式的不同，笼统约定为施工图预算加签证、执行国家工程定额、工程概算包干、施工图预算加系数包干等；合同未作具体约定等。此外，还存在无书面合同，双方对工程造价决算的方法各执一词等现象。

尽管合同对工程造价及决算未作出明确具体的约定，但如果合同无违反法律、行政法规等禁止性规定情形的，应当认定为合同有效。在此基础上，依据《合同法》第61条、第62条规定的精神，由当事人双方协商补充工程造价及决算的约定。协商不成时，可采用以下方法处理：

（1）合同中约定了工程造价及决算的计价方法的，应当尊重当事人的意思，从其约定。

（2）对于约定工程造价决算执行省、市有关文件规定的，如约定了明确的年度工程定额文件的，则依据该文件规定；无明确约定的，依据当年工程定额文件确定。

（3）对于约定根据承包方式采用施工图预算加签证、工程概算包干、施工图预算加系数包干等的，如果施工图纸、工程概算等文件已经完成，并经双方签字，应作为工程造价决算的依据。

（4）如仍不能确定工程价款的，应依据当地建设行政主管部门制定的当年工程定额文件确定。对于合同未就工程价款作具体约定的，或者无书面合同、合同对工程价款的确定又认识不一的，亦应依据当年建设行政主管部门制定的当年工程定额文件确定。

（5）对于双方当事人就工程造价及决算的计价方法能够形成一致意见，或者按照前述方法能够确定计价方法的，法院应首先组织双方当事人进行工程价款的核算。对因涉及专业性较强的问题不能核算的，可以根据当事人的申请委托专业部门进行审计，并经庭审质证后审查确定工程价款。

（三）非必须招标的工程进行招标后的建设工程的结算依据

《建设工程施工合同司法解释（二）》第9条规定："发包人将依法不属于必须招标的建设工程进行招标后，与承包人另行订立的建设工程施工合同背离中标合同的实质性内容，当事人请求以中标合同作为结算建设工程价款依据的，人民法院应予支持，但发包人与承包人因客观情况发生了在招标投标时难以预见的变化而另行订立建设工程施工合同的除外。"

《建设工程施工合同司法解释（二）》第9条是对《建设工程施工合同司法解释（一）》第21条的延伸、细化，是成体系的。《建设工程施工合同司法解释（一）》第21条规定："当事人就同一建设工程另行订立的建设工程施工合同与经过备案的中标合同实质性内容不一致的，应当以备案的中标合同作为结算工程价款的根据。"

《建设工程施工合同司法解释（一）》中的相关规定对于实务出现的大量的"阴阳合同"起

到了遏制作用，规范了建筑市场，为杜绝假合同，树立诚信的市场秩序，起到了良好的示范作用。同时，实践中对该条款的适用也出现不同的认识，尤其是关于非必须招标的项目进行了招标，是否仍然以中标合同作为结算依据的问题认识不一。

《建设工程施工合同司法解释（二）》对此态度鲜明，即要严格执行《招标投标法》的规定，保证法律权威，规范招投标秩序，避免出现当事人通过另行签订"阴合同"逃避法律监管，同时与《建设工程施工合同司法解释（一）》的相关规定保持一致。

法律具体适用过程中，在将中标合同作为结算工程基本原则的前提下，要尊重当事人的意思自治，注意甄别"阴合同"与当事人变更合同意思表示，二者主要区别有以下几点：一是产生的目的不同。"阴合同"是为了逃避法律的监管，具有非法性；合同变更是合法的，是当事人内心真实的意思表示。二是产生基础不同。合同变更是在存在合法有效的合同的前提下，当事人协商一致予以变更或者补充；"阴合同"不一定产生在中标合同之后，也可能产生在中标合同之前，或者同时产生。三是合同内容不同。合同变更是对当事人之间的权利义务重新分配，"阴合同"不存在重新分配的问题，其实质就是当事人之间权利义务分配的依据。四是主观心理状态不同。合同变更一般不存恶意，但"阴合同"一般均是恶意串通。

《建设工程施工合同司法解释（二）》考虑到建设行业的周期长、投资大，受市场因素影响大，建筑材料价格波动大，司法实务要兼顾客观情况变化的特殊情形，因此《建设工程施工合同司法解释（二）》第 9 条规定了"但发包人与承包人因客观情况发生了在招标投标时难以预见的变化而另行订立建设工程施工合同的除外"。人民法院审理案件时，要灵活运用法律，保证公平正义。

（四）建设工程施工合同与招标投标文件不一致时工程价款的结算依据

《建设工程施工合同司法解释（二）》第 10 条规定："当事人签订的建设工程施工合同与招标文件、投标文件、中标通知书载明的工程范围、建设工期、工程质量、工程价款不一致，一方当事人请求将招标文件、投标文件、中标通知书作为结算工程价款的依据的，人民法院应予支持。"

招投标文件、中标通知书已经在招标人、投标人之间成立了合同，对双方均有约束力，《招标投标法》第 46 条第 1 款规定："招标人和中标人应当自中标通知书发出之日起三十日内，按照招标文件和中标人的投标文件订立书面合同。招标人和中标人不得再行订立背离合同实质性内容的其他协议。"经过备案的合同则为备案合同，从严格法律意义上讲，无论是中标合同，还是备案合同，都应当与招投标文件一致，特别是在实质性条款包括工期、工程范围、工程质量、工程价款方面不能背离招投标文件，如果发生实质性改变，均应以招投标文件为准，这是贯彻《招标投标法》的要求，是依法治国的必然要求，也是贯彻"科学立法、严格执法、公正司法、全民守法"的必然要求。

三、无效合同工程价款结算的法律规定

（一）《建设工程施工合同司法解释（一）》的规定

《建设工程施工合同司法解释（一）》第 2 条及第 3 条已经明确规定：

第一，合同无效，但竣工验收合格，承包人可以请求参照合同约定支付工程价款。

第二，虽然合同无效，且竣工验收不合格，但经修复后竣工验收合格的，发包人可以请求承包人承担修复费用。

第三，合同无效，且经修复后竣工验收不合格的，承包人请求支付工程价款的，法院不予支持。

但工程合同纠纷涉及问题繁杂，即使通过司法解释能够得到“应当支付工程价款”的结论，但工程价款如何确定、鉴定等都是该类案件中应当解决的问题，具体可以参照有效合同的相关规定。

（二）《建设工程施工合同司法解释（二）》的规定

《建设工程施工合同司法解释（二）》第 11 条规定：“当事人就同一建设工程订立的数份建设工程施工合同均无效，但建设工程质量合格，一方当事人请求参照实际履行的合同结算建设工程价款的，人民法院应予支持。实际履行的合同难以确定，当事人请求参照最后签订的合同结算建设工程价款的，人民法院应予支持。”

（三）两部司法解释的联系

1. 两部司法解释均是解决无效合同工程款处理问题的法律依据

在本编第一章我们已经详细列明了无效合同的种类，在此不赘述，《建设工程施工合同司法解释（一）》解决了一份合同无效的问题，但实务中，当事人基于某种考虑，签订的多份合同均为无效时，工程款如何处理，在《建设工程施工合同司法解释（二）》中予以了回应。

2. 两部司法解释的主体和内容有差异

《建设工程施工合同司法解释（一）》的表述为“承包人”，《建设工程施工合同司法解释（二）》表述为“当事人”，此处的当事人包括发包人、承包人、实际施工人、转包第三人、违法分包第三人，范围更广。

3. 两部司法解释处理工程款的前提略有不同

《建设工程施工合同司法解释（一）》表述为“竣工验收合格”，但在实务中，大量存在合同无效导致工程无法竣工，更不谈不上竣工验收的情况，如果机械地理解和适用“竣工验收合同”才能处理工程款的规定，将导致承包人取得工程款遥遥无期，会严重损害承包人的利益。《建设工程施工合同司法解释（二）》将上述规定作扩大性解释，语言表述为“建设工程质量合格”，包括了在建工程质量合格（包括未完工程或者烂尾工程）和已经完成的工程竣工验收合格两种情形，更符合实践中的具体情况，有利当事人利益的保护。

4. 两部司法解释处理结算问题的依据的合同不同

《建设工程施工合同司法解释（一）》的前提是只有一份无效合同，所以只能参照这一份合同，《建设工程施工合同司法解释（二）》是在存在多份无效合同的情况下，参考合同处理程款结算问题，首先参照实际履行的合同，在实际履行的合同无法确定的情况下，参照最后签订的合同。

5. 两部司法解释在工程款处理上略有差异

《建设工程施工合同司法解释（一）》规定为“参照合同约定支付工程款”，《建设工程施工合同司法解释(二)》规定为“当事人请求参照最后签订的合同结算建设工价款”,支付工程款是结算工程款的一个环节,是狭义意义上的支付工程款,而规范意义上的工程款结算包括:约定合同价款、预付工程款、支付进度款、工程竣工结算并支付等环节,使用“结算工程款”的表述比支付工程款更周延,更符合建设工程领域的实际情况,即先进行增减核算,再行支付工程款。

6. 建设工程质量不合格,两部司法解释的处理后果是一致的

建设工程质量不合格,发包人有权要求承包人予以修复,修复合格的,有权要求结算工程价款;拒绝修复的,发包人自行修复,并有权要求承包人支付修复费用,经过修复也不合格的,发包人有权不支付工程款,并有权要求赔偿损失,人民法院根据各方过错,确定损失赔偿的责任方。

四、施工合同解除后工程款的结算

根据《建设工程施工合同司法解释(一)》第 10 条的规定,合同双方当事人首先对已完成的工程量进行核定,确认已完工程的工程量。其次,对已完工程量质量合格部分支付工程价款。如当事人对已完工程量及质量是否合格等发生争议的,可以由当事人申请法院委托对已完工程量及质量、修复费等进行司法鉴定。

《建设工程施工合同司法解释(一)》第 22 条是对固定总价工程在工程施工完毕后的结算方式进行的规定,但合同由于当事人一方或者双方的原因,导致中途被解除,如何结算已完工程价款的问题,该司法解释没有相关具体规定。总体来说,固定总价合同未履行完毕,法院一般采用如下方式确定结算价款:固定总价乘以实际完成的工程量参照定额计算的价款占全部工程量参照定额计算的价款的百分比[结算价款 = 固定总价 ×(实际完成的工程量参照定额计算的价款/全部工程量参照定额计算的价款)]。还有观点认为可按以下方式确定结算价款:固定总价乘以实际完成的工程量占全部工程量的百分比[结算价款 = 固定总价 ×(实际完成的工程量/全部工程量)]。

五、工程变更后工程价款的确定

建设工程在施工过程中,往往会因工程设计及施工方案的变更,导致工程量发生较大变化,从而导致工程价款在工程变更前后有较大差额。

根据 2013 年版《建设工程施工合同(示范文本)》第 10 条的规定,除专用合同条款另有约定外,合同履行过程中发生以下几种情形的,均可认定为工程变更:(1)增加或减少合同中的任何工作,或追加额外的工作;(2)取消合同中任何工作,但转由他人实施的工作除外;(3)改变合同中任何工作的质量标准或其他特性;(4)改变工程的基线、标高、位置和尺寸;(5)改变工程的时间安排或实施顺序。

若当事人没有对工程变更约定计价方式或者约定的计价方式不明,法院在司法实践中一般采用如下规则来判定:(1)工程部分变更不可以推倒合同约定的固定价重新整体结算,可在确认固定价的基础上,参照合同约定对增减部分进行结算,再根据结算结果相应增减总价款;(2)针对工程变更部分的计价方式或者计价标准按《建设工程施工合同司法解释(一)》第 16 条规定处理。

六、工程计量约定不明时工程价款的确定

司法实践中,法院对于工程量计量纠纷的处理规则可归类为以下4个方面。

1.对固定总价合同所对应的工程范围不明确引起的工程量计量纠纷,首先应当按照《建设工程施工合同司法解释(一)》第22条规定的立法精神,原则上尊重双方当事人的意思自治,不再接受当事人的申请进行工程造价鉴定。然后由主张工程款的一方承担约定无效、可撤销、可变更等举证责任,否则承担举证不利后果,不支持进行鉴定。

2.处理工程计量纠纷的材料依据,一般以双方当事人在建设工程施工过程中形成的补充协议、会议纪要、工程联系单、工程变更单、签证、工程对账签证以及其他来往函件、记录等书面证据,作为工程量计算和认定工程价款的依据。

3.对承包人工程预算发生漏项或错误时,法院首先会考虑合同价格是图纸包干还是清单包干,如果是对施工图纸的包干报价,在承包人的工程出现漏项或错误时,应当由承包人自行承担;如果是对发包人工程量清单进行的包干报价,且双方约定承包人漏项或错误部分由承包人自行承担不得再行调整的,则与此相对应的部分应当由承包人负责;如果未明确约定,是承包人在报价时根据施工规范无法确定的,则相应的责任仍应由发包人承担。

4.已完工程量(尤其是合同提前解除终止)与隐蔽工程项目的工程计量。法院首先应依据双方当事人主张举证的客观事实,进行已完工程或隐蔽工程工程量的认定。在双方都无证据时,可依据举证责任的规则,结合已有证据材料酌情认定。

七、工程款利息的计算

工程款利息作为法定孳息,一般会跟着本金走,何时支付本金,何时就应支付利息。根据《建设工程施工合同司法解释(一)》第18条的规定,认定本金的方法一般有以下几种:(1)建设工程实际交付的,交付之日为应付工程款之日;(2)建设工程没有交付的,承包人提交竣工结算文件之日为交付工程款之日;(3)建设工程价款未结算,建设工程也未交付的,当事人起诉之日为应付工程款之日。

垫资,是指承包人在合同签订后,不要求发包方支付工程款或者支付部分工程款,而是利用自有资金先进场施工,待工程施工到一定阶段或全部完工之后,由发包方支付垫资工程款的一种施工活动。根据《建设工程施工合同司法解释(一)》第6条的规定,承包人请求按照约定返还垫资款及利息的,应予支持,但当事人对垫资利息没有约定的,承包人请求支付利息的,不予支持。

八、建设方以施工方逾期竣工为由拒付工程款

相当多的工程结算纠纷涉及工程竣工时间超过合同约定工期的问题。如因建设方未按施工方要求及时检查隐蔽工程,因施工方的施工力量不足使工程进展缓慢,因施工方施工质量的原因进行返修,因建设方不及时拨款、变更设计等原因使工程中途停工、缓建和增加工程量等。就一般情况而言,建设方仅以施工方逾期竣工为由拒付工程款,其主张不能得到支持。在此基础上,应区别情况对待。首先应查明事实,确定顺延工期的情形是否符合工程约定或

法律规定,对符合顺延工期条件的,应根据合同约定的工期计算出应顺延工期的期限,合同顺延工期。对不符合顺延工期的和超出合理顺延工期的,根据建设方的主张,由施工方承担相应的责任。

第二节 权威案例指导

典型案例 1

青海方升建筑安装工程有限责任公司与青海隆豪置业有限公司建设工程施工合同纠纷二审案

【案件来源】《最高人民法院公报》2015 年第 12 期

【审理法院】最高人民法院

【案件案号】(2014)民一终字第 69 号

【裁判日期】2014 年 12 月 5 日

【裁判要旨】对于约定了固定价款的建设工程施工合同,双方未能如约履行,致使合同解除的,在确定争议合同的工程价款时,既不能简单地依据政府部门发布的定额计算工程价款,也不宜直接以合同约定的总价与全部工程预算总价的比值作为下浮比例,再以该比例乘以已完工程预算价格的方式计算工程价款。而应当综合考虑案件实际履行情况,并特别注重双方当事人的过错和司法判决的价值取向等因素来确定。

典型案例 2

重庆建工集团股份有限公司与中铁十九局集团有限公司建设工程合同纠纷再审案

【案件来源】《最高人民法院公报》2014 年第 4 期

【审理法院】最高人民法院

【案件案号】(2012)民提字第 205 号

【裁判日期】2013 年 3 月 20 日

【裁判要旨】1. 根据审计法的规定,国家审计机关对工程建设单位进行审计是一种行政监督行为,审计人与被审计人之间因国家审计发生的法律关系与本案当事人之间的民事法律关系性质不同。因此,在民事合同中,当事人对接受行政审计作为确定民事法律关系依据的约定,应当具体明确,而不能通过解释推定的方式,认为合同签订时,当事人已经同意接受国家机关的审计行为对民事法律关系的介入。2. 在双方当事人已经通过结算协议确认了工程结算价款并已基本履行完毕的情况下,国家审计机关做出的审计报告,不影响双方结算协议的效力。

典型案例 3

威海市鲸园建筑有限公司与威海市福利企业服务公司、威海市盛发贸易有限公司拖欠建筑工程款纠纷案

【案件来源】《最高人民法院公报》2013 年第 8 期

【审理法院】最高人民法院

【案件案号】(2010)民提字第 210 号

【裁判日期】2011 年 6 月 9 日

【裁判要旨】依照《合同法》第 279 条、《建设工程质量管理条例》第 16 条的规定,建设工程竣工后,发包人应当按照相关施工验收规定对工程及时组织验收。该验收既是发包人的义务,亦是发包人的权利。承包人未经发包人同意对工程组织验收,单方向质量监督部门办理竣工验收手续的,侵害了发包人工程验收权利。在此情况下,质检部门对该工程出具的验收报告及工程优良证书因不符合法定验收程序。不能产生相应的法律效力。

典型案例 4

齐河环盾钢结构有限公司与济南永君物资有限责任公司建设工程施工合同纠纷案

【案件来源】《最高人民法院公报》2012 年第 9 期

【审理法院】最高人民法院

【案件案号】(2011)民提字第 104 号

【裁判日期】2011 年 11 月 17 日

【裁判要旨】鉴定机构分别按照定额价和市场价作出鉴定结论的,在确定工程价款

时，一般应以市场价确定工程价款。这是因为，以定额为基础确定工程造价大多未能反映企业的施工、技术和管理水平，定额标准往往跟不上市场价格的变化，而建设行政主管部门发布的市场价格信息，更贴近市场价格，更接近建筑工程的实际造价成本，且符合《合同法》的有关规定，对双方当事人更公平。

第三节 实务操作指南

一、建设工程款结算纠纷的常见问题

（一）合同制作与管理不规范，导致对条款理解不同从而引发纠纷

建设工程施工合同是专业性非常强的法律文件，如果制作者专业水平有限，其起草的合同缺乏严谨性，容易引发当事人对条款含义的歧义理解。

举例说明：某项目总承包方甲将项目桩基、主体钢结构以外的土建、安装工程施工任务分包给乙建筑公司承建。甲与乙签订的施工分包合同约定结算条款为："竣工日期为2005年12月20日，除尾项工程外，工程竣工验收合格后，乙应向甲提交结算文件进行结算。"后甲、乙就"工程竣工验收合格后"是指整个工程竣工验收合格还是承包范围内的工程竣工验收合格这一关键问题产生了不同的理解，由此引发纠纷。

实践中，承包方往往为了承揽业务，加上法律意识淡薄，对发包方在合同中设下的"竣工"概念陷阱未加防范，一旦中招，即便合同约定的工程量履行完毕，发包方也可能以整个工程没有"竣工"为理由，拒付工程款。

（二）风险防范意识淡薄，签证工作不规范，引发工程量之争

土建工程的工程量之争主要集中在合同生效后增加的工程量及对隐蔽工程的详细数据未做三方（发包方、承包方与监理公司）签字的记录，仅凭承包方施工日记进行结算，发包方很可能提出异议。

（三）工程资料管理不妥善，引发竣工时间之争

实践中，一些建设方急于使用涉案工程厂房，往往未经竣工验收就投入使用，而施工方自身风险防范意识淡薄，项目管理缺位，未妥善收集和保存竣工资料，即使提交给建设方竣工报告及相关资料，也忽视了签收工作。一旦发生纠纷，建设方往往以施工单位未提交竣工资料，不履行配合竣工验收工作的义务，导致竣工验收未完成，拖延支付工程款和扣留质保金。

二、建设工程款结算纠纷的应对措施

为防范和减少施工工程款结算纠纷，施工方要从制度上建立健全有效的法律风险监控机制，建立企业法律顾问制度，配置项目法律顾问或项目法务经理。法律工作人员、项目经理、

现场管理人员及相关人员各司其职、各负其责，分别做好合同评审工作及项目履约指导工作、项目管理工作、现场签证工作等。

（一）重视合同审查和评审工作，避免盲目签订合同

施工方由于承接业务心切，往往在建设方的施工图纸尚未全部设计出来时，盲目与建设方约定一个开、竣工日期便仓促开工。此类合同签订后往往为项目的后期结算埋下隐患。如前述总承包施工单位甲与分包施工单位乙之间的纷争，假设乙在签订分包施工合同初期，由有经验的法律工作人员对合同进行审查，明确约定是整个工程竣工验收合格还是分包工程竣工验收合格，则完全可以避免竣工时间之争。

（二）做好现场签证工作，并妥善收集和保存相关资料

正如前述，施工方盲目签订合同时施工图纸尚未出全，工程量无法确定，工程一边设计一边施工必然导致工程量修改，造成合同造价范围外的增加工程大量产生，而增加的工程费用建设方又未能及时予以书面追加确认，大量结算纠纷由此产生。出现这种情况必然影响工程按期完成，一旦发生纠纷，建设方反而以施工方延期竣工为由，迫使施工方在结算中接受苛刻条件，致使施工方遭受利益损失。对此可采取以下对策：

（1）施工过程中建设方如果大量增加工程量，双方一定要办理符合合同要求的工程变更确认单，工程变更确认单上应载明变更的原因及理由，变更后增加的工程量及费用计算应清晰明了、数据准确，各种附件资料完整，监理方及建设方的经办负责人签字齐全（务必由建设方加盖公章），以备日后发生纠纷时有据可查。

（2）工程变更确认手续在建设期间应迅速办理完毕，避免任意拖延。施工方在办理手续遇到各种阻力时往往采取息事宁人的忍耐态度，变更手续就会拖延下去。殊不知这种的迁就态度往往使今后的结算带来隐患，万一发生诉讼也将处于被动状态，导致法律上的不利后果。

（3）施工方应及时收集变更和索赔的相关证据资料。项目管理者应积极有效地进行合同风险过程控制，根据工程的实际情况，制定出相应的工作计划，避免在后续工程结算中因变更、索赔证据不足及手续不完善而陷入被动的不利局面。

（三）重视工程竣工验收与竣工结算工作

施工完成后，施工方应一方面及时向建设方递交竣工验收报告，催促建设方组织有关部门及时验收，对验收时由于多种原因而无法完成的部位，应做专项处理，以免影响验收日期；另一方面，施工方应组织得力人员集中精力、全面参与到竣工结算工作中去，积极主动地开展竣工结算工作，对建设期间遗留的问题应认真分析原因，找出问题症结，然后对症下药。同时，与建设方及监理的信息传递渠道应始终保持畅通。施工方应避免工程施工结束后，人员四处分散，不能有效集中的局面出现。

若建设方出于种种目的，有意拒收竣工资料和竣工结算资料，借以拖延工程结算及工程尾款的支付，施工方可以使用特快专递方式递寄送相关资料，并将快递底联及物流信息保管好，作为今后诉讼时的证据。

(四)在建设期间搞好与建设方、监理方的沟通协作关系

在工程项目建设期间,施工方应主动与建设方及监理方保持密切联系与沟通,认真履行合同义务,抓好施工质量与施工进度相关工作,给建设方与监理方留下良好形象。一旦因结算出现争执,施工方首先应积极与建设方和监理方沟通。应尊重建设方,认真收集整理资料,随时向建设方报告情况。及时把一些问题处理掉,避免为后期结算带来更大压力。在建设方做决策时,为其提供充分信息,让他了解问题产生的来龙去脉,利弊得失,并积极争取监理方的支持。并通过监理方的引导和沟通尽一切可能促成建设方与施工方达成和解,从而最大程度地化解纠纷,避免矛盾恶性激化。

三、诉讼前对建设工程价款结算达成协议的效力

《建设工程施工合同司法解释(二)》第12条规定:"当事人在诉讼前已经对建设工程价款结算达成协议,诉讼中一方当事人申请对工程造价进行鉴定的,人民法院不予准许。"

诚实信用原则是民法的"帝王条款",也是民事诉讼法的基本原则之一,居于领导地位。它要求民事主体在市场经济活动中,恪守承诺,诚实不欺,在不损害他人利益和社会利益的前提下追求自己的利益。本条即是诚实信用原则在建设工程领域的体现一。

无论建设施工合同是否有效,当事人在诉讼前达成的协议,对双方均有约束力,建设施工合同无效,并不当然导致建设工程价款达成的协议无效,即使结算协议无效,也要根据《建设工程施工合同司法解释(一)》第2条的规定,参照最符合当事人意思表示的建设工程价款结算协议进行结算。

在建设工程未竣工或者质量可能不合格的情况下,发包方与承包方达成了工程款结算协议,事后又以工程质量不合格为由反悔的,人民法院不予以支持。双方一旦达成协议,视为对自己权利的处分,视为发包方同意以现状接收工程,无权申请对工程造价进行鉴定。笔者认为,发包方有权提起工程质量的反诉,对工程质量问题进行鉴定。

建设工程价款结算协议被撤销的,当事人之间的真实意思表示无法确定,当事人关于工程价款结算的协议归于无效,当事人有权就工程价款这一专门问题申请鉴定。

四、诉讼前委托造价咨询的效力

《建设工程施工合同司法解释(二)》第13条规定:"当事人在诉讼前共同委托有关机构、人员对建设工程造价出具咨询意见,诉讼中一方当事人不认可该咨询意见申请鉴定的,人民法院应予准许,但双方当事人明确表示受该咨询意见约束的除外。"

造价咨询与司法鉴定的区别如下。

1. 委托人不同

司法鉴定的委托人是司法机关或者仲裁机构,司法鉴定分为依当事人申请或者司法机关依职权启动两种情况,无论何种情况,均体现了国家意志,与造价咨询不同,造价咨询体现的是民事委托关系,符合承揽合同的基本特征。

2. 发生的时间不同

司法鉴定发生在诉讼或者仲裁后,造价咨询发生在诉讼或者仲裁前,也有的发生在诉讼

或者仲裁过程中。

3. 属于不同类型的民事证据

鉴定意见属于《民事诉讼法》的 8 种证据类型之一，但咨询意见却不属于证据，其形成不在诉讼或仲裁程序之内，属于民事委托合同中受托人完成的工作成果，更多的具有书证的特征。因为咨询意见提供的基础材料由双方当事提供，未经人民法院监督，故难免会作出有利于自己一方意见，使咨询意见不能客观、全面地体现案件事实，当事人予以怀疑在所难免，为了查明案件事实，一方当事人申请司法鉴定的，人民法院应当予以准许。

4. 造价咨询机构区别于司法鉴定机构

2000 年 9 月 19 日原建设部发布了《关于工程造价咨询机构作与政府部门实行脱钩改制的通知》（建标〔2000〕208 号）之后，全国的造价咨询机构从体制内脱钩，改制为合伙制或者有限责任公司。《工程造价咨询企业管理办法》于 2006 年 2 月 22 日发布并自 2006 年 7 月 1 日起施行。该管理办法规定：工程造价咨询企业，是指接受委托，对建设项目投资、工程造价的确定与控制提供专业咨询服务的企业。工程造价咨询企业应当依法取得工程造价咨询企业资质，并在其资质等级许可的范围内从事工程造价咨询活动。

全国人民代表大会常务委员会《关于司法鉴定管理问题的决定》于 2005 年 10 月 1 日起施行，全国人大常委会专门就司法鉴定管理问题作出决定，这是推进司法鉴定体制改革的重要举措，对于完善我国司法鉴定法律制度，规范司法鉴定管理活动，解决当前司法鉴定管理工作中存在的问题，促进公正执法，具有十分重要的意义。

根据全国人民代表大会常务委员会《关于司法鉴定管理问题的决定》第 16 条的规定，《司法鉴定机构登记管理办法》已经国务院批准，于 2005 年 9 月 30 日公布实施，2000 年 8 月 14 日公布的《司法鉴定机构登记管理办法》（司法部令第 62 号）同时废止。该管理办法规定：司法鉴定机构，是指从事《全国人民代表大会常务委员会关于司法鉴定管理问题的决定》第 2 条规定的司法鉴定业务的法人或者其他组织。司法鉴定机构是司法鉴定人的执业机构，应当具备本办法规定的条件，经省级司法行政机关审核登记，取得《司法鉴定许可证》，在登记的司法鉴定业务范围内，开展司法鉴定活动。

五、建设工程合同纠纷中的鉴定问题

（一）一审未申请鉴定的处理

《建设工程施工合同司法解释（二）》第 14 条规定："当事人对工程造价、质量、修复费用等专门性问题有争议，人民法院认为需要鉴定的，应当向负有举证责任的当事人释明。当事人经释明未申请鉴定，虽申请鉴定但未支付鉴定费用或者拒不提供相关材料的，应当承担举证不能的法律后果。一审诉讼中负有举证责任的当事人未申请鉴定，虽申请鉴定但未支付鉴定费用或者拒不提供相关材料，二审诉讼中申请鉴定，人民法院认为确有必要的，应当依照民事诉讼法第一百七十条第一款第三项的规定处理。"

1. 人民法院需要向当事人释明进行司法鉴定的几种情况

（1）当事人对专门性问题有争议

司法鉴定的对象为诉讼中涉及的专门性问题，在建设施工合同纠纷案件中，主要包括工程造价、工程质量、工期、修复方案、修复费用等专门性问题。

(2)对于专门性问题人民法院认为应当鉴定,但当事人未提出申请

《建设工程施工合同司法解释(一)》第22条规定:"当事人约定按照固定价结算工程价款,一方当事人请求对建设工程造价进行鉴定的,不予支持。"第23条规定:"当事人对部分案件事实有争议的,仅对有争议的事实进行鉴定,但争议事实范围不能确定,或者双方当事人请求对全部事实鉴定的除外。"

对于专门性问题是否需要启动司法鉴定,人民法院一直持慎重态度,主要是因为鉴定周期长、费用高,易出现不规范问题,有可能会损害当事人利益,如果不进行鉴定就可以查明事实的,则不进行鉴定,部分鉴定能查明事实的,则进行部分鉴定。

(3)人民法院向负有举证责任的当事人释明

释明既是一种权利,也是一种义务,具体是指人民法院告知当事人申请鉴定的必要性、是否鉴定、不申请鉴定的不利后果等,由负有举证责任的当事人决定。

2. 人民法院进行释明后,当事人未完成举证应承担举证不能的法律后果

(1)当事人未完成举证的情形

《最高人民法院关于民事诉讼证据的若干规定》第25条规定:"当事人申请鉴定,应当在举证期限内提出。符合本规定第二十七条规定的情形,当事人申请重新鉴定的除外。对需要鉴定的事项负有举证责任的当事人,在人民法院指定的期限内无正当理由不提出鉴定申请或者不预交鉴定费用或者拒不提供相关材料,致使对案件争议的事实无法通过鉴定结论予以认定的,应当对该事实承担举证不能的法律后果。"《建设工程施工合同司法解释(二)》作出相同的规定,当事人未完成举证的情形为:经过人民法院释明后,当事人未申请鉴定,或者虽然申请但未支付鉴定费用或者拒不提供相关材料的。

(2)举证不能的法律后果

对于负有举证责任的当事人,因未申请鉴定导致无法查明待证事实,则认定其主张不能成立。例如,承包人要求发包人支付工程款,其提出100万元的数额,发包人只认可70万元,人民法院向承包人释明需要进行司法鉴定,但承包人不申请,则其要求100万元工程款的主张不能成立,认定发包人的70万元成立,即按照《关于民事诉讼证据的若干规定》规定的自认处理。

3. 一审中未完成举证,二审程序中申请鉴定,人民法院不能一概不予准许

(1)不可一概不予准许

为了查明案件事实,结合中国国情,2012年《民事诉讼法》改变了对于证据失权问题的态度,对于逾期提交的证据,改变一概不予采纳的态度。鉴于建设工程纠纷案情复杂、涉及利益巨大、涉及公共利益的特点,对于一审释明后未鉴定的,二审提出的,为了查明案件基本事实,法院不可一概否认。

(2)人民法院认为确有必要,应予以准许

所谓"确有必要",一是鉴定对于查明案件事实确有必要;二是鉴定对于案件处理确有必要;三是当事人不仅自愿申请,自愿交费,而且按照鉴定机构的要求提供了鉴定材料。

(3)人民法院准许后的处理方式

《民事诉讼法》第170条第1款规定:"第二审人民法院对上诉案件,经过审理,按照下列

情形,分别处理:……(三)原判决认定基本事实不清的,裁定撤销原判决,发回原审人民法院重审,或者查清事实后改判;……”

在司法实务中存在两种作法:一是二审直接委托鉴定,查明事实后依法裁判;二是发回一审法院重新审理。具体哪种作法,法院应根据个案具体情况,并听取当事人意见。由于二审直接鉴定并作出裁决,涉及当事人的审级利益,故只有在当事人放弃审级利益的情况下,二审才能直接裁决。

4. 再审程序中提出鉴定申请的不予准许

《民事诉讼法司法解释》第 399 条规定:“再审申请期间,再审申请人申请人民法院委托鉴定、勘验的,人民法院不予准许。”因此《建设工程施工合同司法解释(二)》的规定只适用二审程序中提出鉴定申请,对于再审中提出鉴定申请的,人民法院不予准许。

(二)委托鉴定内容的确定

《建设工程施工合同司法解释(二)》第 15 条规定:“人民法院准许当事人的鉴定申请后,应当根据当事人申请及查明案件事实的需要,确定委托鉴定的事项、范围、鉴定期限等,并组织双方当事人对争议的鉴定材料进行质证。”

建设工程鉴定技术要求高,专业性强,复杂,难度大,要求材料多,建设工程司法鉴定还有很多不规范的问题,技术与法律问题交织在一起,如果法官不能有效地监督鉴定问题,很可能会过度依赖鉴定结论,出现“以鉴代审”的现象,弱化了庭审职能,损害司法权威。因此人民法院对司法鉴定不可不理不问,要将司法鉴定纳入民事诉讼的全过程。

(三)对鉴定意见及鉴定材料的质证

《建设工程施工合同司法解释(二)》第 16 条规定:“人民法院应当组织当事人对鉴定意见进行质证。鉴定人将当事人有争议且未经质证的材料作为鉴定依据的,人民法院应当组织当事人就该部分材料进行质证。经质证认为不能作为鉴定依据的,根据该材料作出的鉴定意见不得作为认定案件事实的依据。”

鉴于司法实务存在一些不规范的现象,比较突出的包括:一些鉴定材料由一方提供,未经对方质证,还有一些是鉴定意见未经质证,根据《民事诉讼法》第 68 条的规定,证据应当在法庭上出示,并由当事人质证,鉴定意见作为民事诉讼 8 种类型的证据之一,也要在法庭出示并质证,才能作为判案的依据。《建设工程施工合同司法解释(二)》对此作出了明确规定。

第四节 法律法规整合

一、《合同法》

第 8 条 依法成立的合同,对当事人具有法律约束力。当事人应当按照约定履行自己的义务,不得擅自变更或者解除合同。

第 58 条 合同无效或者被撤销后,因该合同取得的财产,应当予以返还;不能返还或者没有必要返还的,应当折价补偿。有过错的一方应当赔偿对方因此所受到的损失,双方都有过错的,应当各自承担相应的责任。

二、《建设工程施工合同司法解释(一)》

第2条 建设工程施工合同无效,但建设工程经竣工验收合格,承包人请求参照合同约定支付工程价款的,应予支持。

第3条 建设工程施工合同无效,且建设工程经竣工验收不合格的,按照以下情形分别处理:

(一)修复后的建设工程经竣工验收合格,发包人请求承包人承担修复费用的,应予支持;

(二)修复后的建设工程经竣工验收不合格,承包人请求支付工程价款的,不予支持。

因建设工程不合格造成的损失,发包人有过错的,也应承担相应的民事责任。

三、《建设工程施工合同司法解释(二)》

全文(略)

第五章　实际施工人权利的特殊保护

【一级案由】合同、无因管理、不当得利纠纷

【二级案由】合同纠纷

【三级案由】建设工程合同纠纷

【四级案由】建设工程监理合同纠纷

第一节　法律要点详解

一、背景

建筑市场“两个不规范”和社会信用机制的缺失，导致建筑工人，主要是农民工权益保护问题突出。

第一个不规范体现为，为了规避法律、行政法规关于资质管理等规定，实践中转包工程、违法分包工程、借用资质承包工程的现象较为突出。这导致建设工程施工合同关系中出现多个施工主体、产生多份合同。在多层转包、多层分包，借用资质承包工程后再转包、违法分包，或者转包后再违法分包等情况下，法律关系更为复杂。很多情况下，实际干活的人拿不到工程价款，拿到工程价款的人并不是实际干活的人。如何保护各方当事人的合法权益是司法实践中亟待解决的问题。

第二个不规范体现为，实际施工人既无资质管理，也无主体资格管理；既可能是资质较低的施工企业，包括法人和非法人组织，也可能是个体经营户，甚至是未经工商登记、没有营业执照的施工队。这导致实际施工人内部管理不规范，建筑工人尤其是大量农民工与实际施工人之间没有签订劳动合同，甚至没有固定的劳动关系。在这种情况下，农民工权益保护问题日益严峻，农民工辛苦打工却拿不到工钱的问题一度十分突出。

社会信用机制的缺失进一步加剧了这一问题。在建筑市场上，资金、土地、劳动力等资源的稀缺程度决定了各要素所有人的议价能力和缔约地位。在我国建筑市场上，土地和资金整体上处于相对稀缺的地位。改革开放使大量农村剩余劳动力转移到城市。而建筑行业是吸纳农民工最多的行业之一，因此劳动力属于相对过剩的生产要素。相对于发包人，承包人处于相对弱势的地位；相对于转包人和分包人，实际施工人处于相对弱势地位；相对于实际施工人，广大农民工处于弱势地位。农民工的工资权益又依赖于实际施工人的诚实守信。为了打通农民工权益保护的通道，人民法院有必要在特定情况下、一定范围内，在兼顾其他当事人权

益的情况下，突破债的相对性原则，对弱势方当事人尤其是广大的农民工提供司法保护，以实现实质意义上的公平。

按照合同的相对性原理，实际施工人从转包人或违法分包人手中承包的建筑工程，与发包人没有合同关系，因此即使发包人欠付工程款，实际施工人也无法向发包人主张权利。而转包人和违法分包人已经从实际施工人处先行获得了转包利益（如转让管理费），因此对于发包人拖欠工程款的行为，追讨积极性不高。由此导致实际施工人维权难度很大，对于众多农民工来说维系生存的血汗钱可能永远都难以要回。

为了从法律上保障广大农民工的合法权益，最高人民法院突破了合同相对论原则，通过保障“包工头”们有权向转包方、发包方主张工程款，进而保障广大农民工及时获得劳动报酬。根据《建设工程施工合同司法解释（一）》相关规定，①“实际施工人”依法有权以自己名义直接向工程发包人主张工程款。2018 年《建设工程施工合同司法解释（二）》出台，对实际施工人的保护进一步完善。

二、实际施工人的概念和范围

实际施工人并非我国现行法律规定的一种民事主体。我国《合同法》《建筑法》《建设工程质量管理条例》等法律、行政法规中并没有关于“实际施工人”的规定。第一次出现实际施工人的表述的文件是《建设工程施工合同司法解释（一）》，其中第 1 条、第 4 条、第 25 条、第 26 条提出实际施工人的概念，第 1 条和第 4 条规定的实际施工人是因缺乏相应资质而借用有资质的建筑施工企业名义与发包人签订建设工程施工合同的单位或者个人。第 25 条规定的实际施工人是与总承包人、分包人相并列的概念，在第 26 条规定中，实际施工人又是与转包人和违法分包人相对应的概念，因此，该两条中的实际施工人应专指转包和违法分包的承包人。

从以上分析可以看出，“实际施工人”是指无效合同的承包人，包括违法分包合同和转包合同的承包人及无资质借用有资质的建筑施工企业的名义与他人签订建设工程施工合同的承包人。

三、实际施工人的特点

从前述规定来看，实际施工人具有下列特点：

第一，实际施工人是实际履行承包人义务的人，既可能是对整个建设工程进行施工的人，也可能是对部分建设工程进行施工的人。

第二，实际施工人与发包人没有直接的合同关系或者名义上的合同关系。实际施工人如果直接与发包人签订建设工程施工合同，则属于承包人、施工人，无需强调“实际”二字。

第三，实际施工人所签订的建设工程施工合同无效。根据《合同法》第 272 条和《建设工程施工合同司法解释（一）》第 4 条的规定，非法分包、违法转包以及借用资质签订的建设工程

---

① 《建设工程施工合同司法解释（一）》第 25 条规定：因建设工程质量发生争议的，发包人可以以总承包人、分包人和实际施工人为共同被告提起诉讼。第 26 条规定：实际施工人以转包人、违法分包人为被告起诉的，人民法院应当依法受理。实际施工人以发包人为被告主张权利的，人民法院可以追加转包人或者违法分包人为本案当事人。发包人只在欠付工程价款范围内对实际施工人承担责任。

施工合同无效。因此,转包合同、违法分包合同(包括再分包合同、承包人分包建设工程主体结构的合同和承包人将其承包的工程肢解后的分包合同),以及没有资质的实际施工人借用有资质的建筑企业名义与他人签订的建设工程施工合同都为无效合同。

第四,实际施工人与与其签订转包合同、违法分包合同的承包人或者出借资质的建筑施工企业之间不存在劳动人事关系或劳务关系。

四、实际施工人的外延

根据《建设工程施工合同司法解释(一)》和有关行政主管部门的规范性文件的规定,结合司法实践,可以归纳出三类实际施工人。一是转包合同的承包人。二是违法分包合同的承包人。三是缺乏相应资质而借用有资质的建筑施工企业名义与他人签订建设工程施工合同的单位或者个人。

关于转包,根据《合同法》《建设工程质量管理条例》《房屋建筑和市政基础设施工程施工分包管理办法》等相关规定,转包是指承包人在与发包人签订建设工程施工合同后,将其承包的全部建设工程转包给第三人或者将其承包的全部建设工程肢解以后以分包的名义分别转包给第三人的行为。建设工程施工合同的特殊性在于,建设工程质量与承包人的资质和缔约能力相关。承包人将其在建设工程施工合同项下的义务交由第三人承担,势必对建设工程质量、工期等造成影响,不仅损害发包人利益,还可能损害社会公共利益。因此,转包为法律所禁止。无论哪种形式的转包,均违反了《合同法》的禁止性规定,故转包合同一律无效。

关于分包,分包与转包不同,是承包人将自己承包的部分工作交由第三人完成。劳务分包和专业分包为法律所允许,属于合法分包。对于违法分包,根据《合同法》《建设工程质量管理条例》的规定,承包人将其承包的全部建设工程肢解以后以分包的名义分别转包给第三人,将工程分包给不具备相应资质条件的单位或者个人,分包单位将其承包的工程再分包,将工程主体结构部分分包,以及未经发包人同意将建设工程分包都属于违法分包。

关于借用资质签订建设工程施工合同,实际上是缺乏相应资质的单位或者个人借用有资质的建筑施工企业名义与发包人签订建设工程施工合同。除了借用有资质的建筑施工企业名义与发包人签订建设工程施工合同外,也存在借用其他施工单位资质证书的情况。借用资质与挂靠的法律性质相同。实践中一般视借用资质的行为为一种挂靠行为。借用资质承包建设工程为法律所禁止。因此,实际施工人借用资质签订的建设工程施工合同无效。

从三者的关系看,分包是承包人将其承包的建设工程的一部分交付第三人完成,承包人自身必须参与建设工程施工,尤其是建设工程主体结构的施工。转包是承包人将其承包的全部建设工程交由第三人完成。承包人可以将其承包的全部工程分解后分包给不同或相同的第三人,以包代管,不参加现场管理的行为。转包不同于实际施工人借用资质签订建设工程施工合同。在转包的情况下,承包人先以自己名义与发包人签订建设工程施工合同,之后再与第三人签订转包合同,将其承包的全部建设工程交由第三人完成。在签订建设工程施工合同时,发包人并不知道建设工程实际将由第三人完成。而在借用资质签订建设工程施工合同的情况下,实际施工人往往是真实的缔约人,建设工程施工合同实际上由实际施工人与发包人签订,只是因为实际施工人欠缺相应的资质,为规避法律规定才借用有资质的建筑施工企业的名义与发包人签订建设工程施工合同。因此,在签订建设工程施工合同时,发包人知道建设工程将由实际施工人而非出借资质的建筑施工企业完成。

五、实际施工人的民事主体类型

实践中,实际施工人既可以是资质较低的施工企业,也可以是既没有资质也没有企业建制的由包工头带领的农民工临时组成的施工队伍。同时属于包工头带领的施工队伍的情况也有不同,有的施工队伍由包工头负责,包工头一方面对外揽工,向转包人、违法分包人和发包人承担保质保量完成施工任务的义务;另一方面负责招工,向其招来的农民工承担支付工资的义务。这种情况下,实际施工人应为包工头。有的施工队伍包工头只负责招工和管理,包工头和施工队伍中的农民工都直接从施工企业领取工资。这种情况下,施工队伍就不是实际施工人,而是施工企业的内部施工单位,施工队伍的组成人员与施工企业之间构成劳务关系。

六、实际施工人向发包人主张权利的条件

在转包和违法分包的情况下,存在三方当事人,两个法律关系。一是承包人与发包人之间的建设工程施工合同关系;二是承包人作为转包人或者违法分包人与转包或者违法分包中的承包人之间的转包和违法分包关系。实际施工人向发包人主张权利需要具备三个要件。第一,实际施工人对转包人或者违法分包人享有债权。该债权可能是工程价款请求权,也可能是因转包合同或者违法分包合同无效引起的赔偿损失请求权。第二,发包人欠付转包人或者违法分包人建设工程价款。转包合同和违法分包合同无效,并不意味着发包人与承包人签订的建设工程施工合同无效。承包人或者实际施工人履行完毕建设工程施工合同项下的义务后,承包人有权请求发包人支付工程价款。即使发包人与承包人签订的建设工程施工合同无效,如果承包人与实际施工人完成的建设工程经竣工验收合格,承包人也有权依据《建设工程施工合同司法解释(一)》第 2 条的规定,请求发包人参照合同约定支付工程价款。但是,如果承包人与实际施工人完成的建设工程质量不合格导致承包人无权请求支付工程价款,或者发包人已经全部支付欠承包人的工程价款,实际施工人就不能向发包人主张权利。第三,实际施工人对转包人或者违法分包人享有的债权数额不超出发包人欠付转包人或者违法分包人建设工程价款。如果超出,对超出部分实际施工人不能向发包人主张。

七、多层转包或者分包中的实际施工人的权利保护

在多层转包或者违法分包情况下,实际施工人向发包人主张权利的,人民法院应当追加各转包人或者违法分包人为第三人,在查明发包人、各转包人或者违法分包人以及实际施工人之间欠付工程价款数额的基础上确定发包人应向实际施工人承担的责任。实际施工人向发包人主张权利的范围以各方当事人欠付工程价款的数额为限。发包人向实际施工人承担责任后,各方当事人之间的建设工程价款债权债务相应部分消灭。

八、转包人或者违法分包人的民事责任

在一次转包或者违法分包的情况下,实际施工人有权依据其与转包人或者违法分包人的转包或者分包关系,请求转包人或者违法分包人承担民事责任。在多次转包或者违法分包的情况下,实际施工人能否向与其没有合同关系的转包人或者违法分包人主张权利,则存在争

议。例如，发包人甲与承包人乙签订建设工程施工合同，将建设工程承包给乙。乙承包工程后并不自己施工，而是转包给丙，丙又将工程分包给丁和戊。现丁能否直接起诉乙，请求乙支付工程例款？对这一问题，应具体分析。丁作为实际施工人，完成了相应的建设工程，应当获得相应的工程价款。根据最高人民法院的观点，一般情况下，丁可以向其合同相对方丙和发包人甲主张权利，原则上不能向既不是发包人又与其无合同关系的转包人乙主张权利。但是，如果甲已经向乙支付了全部工程款，丁无权再向甲主张权利，如果不允许丁向乙主张权利，则其权利就可能落空，保护农民工合法权益的目的也可能落空。因此，在发包人甲已经向转包人乙支付全部工程价款的情况下，实际施工人丁有权向乙主张权利。

九、实际施工人有权对发包人提起代位权诉讼

《建设工程施工合同司法解释（二）》对于实际施工人的保护完善的一大特点就是将实际施工人对发包人的请求权引入到代位权诉讼的法律框架内，实际施工人可以通过代位行使转包人和违法分包人对发包人享有的其他金钱债权，从而更有效地维护自身的利益。代位权行使的条件应当符合法律的相关规定。

第二节　权威案例指导

典型案例

佟某某与沈阳双兴建设集团有限公司、沈阳双兴建设集团华鹏建筑工程有限公司等建设工程施工合同纠纷申请再审民事裁定书

【审理法院】最高人民法院

【案件字号】（2014）民申字第737号

【裁判日期】2014年11月20日

【裁判要点】《合同法》《建筑法》《建设工程质量管理条例》中表述承包人时通常使用承包人、建筑施工企业、施工人、承包建筑工程的单位等。"实际施工人"出现于《建设工程施工合同司法解释（一）》第1条、第4条、第25条、第26条。"实际施工人"旨在描述无效施工合同中实际承揽工程的低于法定资质的施工企业、非法人单位、农民工个人等，包括借用建筑企业的名义或者资质证书承接建设工程的承包人、非法转包中接受建设工程转包的承包人、违法分包中接受建设工程分包的分包人等情形。实际施工人出现的前提要件是建设施工合同存在非法转包、违法分包及借用有施工资质的企业名义承揽建设工程等无效情形。

第三节　实务操作指财

实践中，在适用《建设工程施工合同司法解释（一）》《建设工程施工合同司法解释（二）》相关规定时，需要注意以下几点。

一、实际施工人可以选择起诉的对象

实际施工人作为原告，有权决定选择谁作为被告。如果实际施工人一并起诉转包人、违法分包人和发包人，可以将转包人、违法分包人和发包人作为共同被告。如果实际施工人只起诉发包人，法院应当追加转包人或者违法分包人为第三人。

二、如需发包人承担责任，必须查明发包人欠付转包人或者违法分包人的建设工程价款

因为发包人在欠付建设工程价款范围内对实际施工人承担责任。发包人如果不欠转包人或者违法分包人建设工程价款，就不应向实际施工人承担责任。因此司法实践中，法院必须查明发包人欠付转包人或者违法分包人建设工程价款的数额后，才能判决由发包人承担责任。

三、转包人或者违法分包人被追加为第三人后提出请求发包人给付建设工程价款的诉讼请求的，人民法院可以合并审理

转包人或者违法分包人被追加为第三人后，可能向发包人提出给付建设工程价款的诉讼请求。实际施工人以发包人为被告主张权利，既依据其对转包人或者违法分包人享有的建设工程价款给付请求权，也依据转包人或者违法分包人对发包人享有的建设工程价款给付请求权，因此，实际施工人对发包人提起的诉讼与转包人或者违法分包人对发包人提起的诉讼具有牵连关系。《民事诉讼法》第 140 条规定："原告增加诉讼请求，被告提出反诉，第三人提出与本案有关的诉讼请求，可以合并审理。"依据该规定，人民法院对转包人或者违法分包人被追加为第三人后提出请求发包人给付建设工程价款的诉讼请求，可以合并审理。这不仅有助于减少当事人的诉累，提高诉讼效率，而且有利于查清案件事实，解决各方当事人之间的债权债务。

四、对实际施工人的工程价款债权的保护应以建设工程质量合格为前提

建设工程的特殊性在于，其最终的所有人或使用人往往不是建设工程施工合同的当事人，而是购房人或者其他不特定的第三人。因此，建设工程具有公共性，这也使得建设工程施工合同涉及公共利益和第三人利益保护问题。对公共利益和第三人利益的保护主要通过保护建设工程质量安全来实现。保护建设工程质量安全是人民法院建设工程司法解释和司法政策的首要价值选择。虽然保护农民工等弱势群体的利益始终是最高人民法院制定《建设工程施工合同司法解释（二）》所坚持的价值取向，但此等保护仍然要以建设工程质量合格为前

提。如果实际施工人完成的建设工程质量不合格且拒绝修复,或者经修复仍不合格的,无论是实际施工人对转包人或者违法分包人的建设工程价款请求权,还是转包人或者违法分包人对发包人的建设工程价款请求权,都将失去合法性和合理性基础。

五、《建设工程施工合同司法解释(二)》也适用于合法的劳务分包合同的承包人

赋予实际施工人直接向发包人主张权利,目的是保护农民工的合法权益。分包合同有效或无效,违法或合法均不是决定是否保护农民工权益的标准。此外,举重以明轻,既然在分包合同违法的情况下,对分包合同的承包人的权利都要特别保护,那么在分包合同合法的情况下,对分包合同的承包人的权利当然更应当予以同等保护。因此,《建设工程施工合同司法解释(二)》关于实际施工人的规定也适用于合法的劳务分包合同的承包人。

六、实际施工人对发包人提起代位权诉讼的管辖法院

《合同法司法解释(一)》第 14 条规定:“债权人依照合同法第七十三条提起代位权诉讼的,由被告住所地人民法院管辖。”因此,实际施工人对发包人提起的代位权诉讼,原则上应由发包人住所地人民法院管辖。但是,实际施工人对发包人提起的代位权诉讼通常涉及建设工程价款债权,涉及建设工程施工合同纠纷。《民事诉讼法解释》第 28 条第 2 款规定,建设工程施工合同纠纷按照不动产纠纷确定管辖。根据《民事诉讼法》第 33 条关于专属管辖的规定,不动产纠纷由不动产所在地人民法院管辖,即由建设工程所在地人民法院管辖。《民事诉讼法》和《民事诉讼法解释》关于专属管辖的规定应优先适用《合同法司法解释(一)》关于代位权诉讼由被告住所地管辖的规定。因此,实际施工人对发包人提起的代位权诉讼涉及建设工程价款债权的,应由建设工程所在地人民法院管辖,不涉及建设工程价款债权的,应由发包人住所地人民法院管辖。

七、代位权诉讼中,人民法院可以追加转包人或者违法分包人为第三人

《合同法司法解释(一)》第 16 条第 1 款规定:“债权人以次债务人为被告向人民法院提起代位权诉讼,未将债务人列为第三人的,人民法院可以追加债务人为第三人。”因此,实际施工人在对发包人提起的代位权诉讼中,未将转包人或者违法分包人列为第三人的,人民法院可以追加转包人或者违法分包人为第三人。转包人或者违法分包人被追加为第三人后,向发包人提起请求履行债务的诉讼请求的,人民法院可依据《民事诉讼法》第 140 条的规定一并审理。但是,《合同法司法解释(一)》第 22 条第 1 款规定:“债务人在代位权诉讼中,对超过债权人代位请求数额的债权部分起诉次债务人的,人民法院应当告知其向有管辖权的人民法院另行起诉。”而在代位权诉讼中,发包人对于转包人和违法分包人的抗辩,可以向实际施工人主张。转包人和违法分包人对于债权人的债权有异议,也可以在代位权诉讼中提出。

第四节　法律法规整合

一、《建筑法》

第28条　禁止承包单位将其承包的全部建筑工程转包给他人，禁止承包单位将其承包的全部建筑工程肢解以后以分包的名义分别转包给他人。

二、《建设工程质量管理条例》

第78条　本条例所称肢解发包，是指建设单位将应当由一个承包单位完成的建设工程分解成若干部分发包给不同的承包单位的行为。

本条例所称违法分包，是指下列行为：

（一）总承包单位将建设工程分包给不具备相应资质条件的单位的；

（二）建设工程总承包合同中未有约定，又未经建设单位认可，承包单位将其承包的部分建设工程交由其他单位完成的；

（三）施工总承包单位将建设工程主体结构的施工分包给其他单位的；

（四）分包单位将其承包的建设工程再分包的。

本条例所称转包，是指承包单位承包建设工程后，不履行合同约定的责任和义务，将其承包的全部建设工程转给他人或者将其承包的全部建设工程肢解以后以分包的名义分别转给其他单位承包的行为。

三、《建设工程施工合同司法解释（一）》

第1条　建设工程施工合同具有下列情形之一的，应当根据合同法第五十二条第（五）项的规定，认定无效：

（一）承包人未取得建筑施工企业资质或者超越资质等级的；

（二）没有资质的实际施工人借用有资质的建筑施工企业名义的；

（三）建设工程必须进行招标而未招标或者中标无效的。

第4条　承包人非法转包、违法分包建设工程或者没有资质的实际施工人借用有资质的建筑施工企业名义与他人签订建设工程施工合同的行为无效。人民法院可以根据民法通则第一百三十四条规定，收缴当事人已经取得的非法所得。

第25条　因建设工程质量发生争议的，发包人可以以总承包人、分包人和实际施工人为共同被告提起诉讼。

第26条　实际施工人以转包人、违法分包人为被告起诉的，人民法院应当依法受理。

实际施工人以发包人为被告主张权利的，人民法院可以追加转包人或者违法分包人为本案当事人。发包人只在欠付工程价款范围内对实际施工人承担责任。

四、《建设工程施工合同司法解释（二）》

第24条　实际施工人以发包人为被告主张权利的，人民法院应当追加转包人或者违法分包人为本案第三人,在查明发包人欠付转包人或者违法分包人建设工程款的数额后,判决发包人在欠付建设工程价款范围内对实际施工人承担责任。

第25条 实际施工人根据合同法第七十三条规定,以转包人或者违法分包人怠于向发包人行使到期债权,对其造成损害为由,提起代位权诉讼的,人民法院应予支持。

五、《房屋建筑和市政基础设施工程施工分包管理办法》

第13条 禁止将承包的工程进行转包。不履行合同约定,将其承包的全部工程发包给他人,或者将其承包的全部工程肢解后以分包的名义分别发包给他人的,属于转包行为。违反本办法第十二条规定,分包工程发包人将工程分包后,未在施工现场设立项目管理机构和派驻相应人员,并未对该工程的施工活动进行组织管理的,视同转包行为。

第六章　建设工程勘察合同纠纷

第一节　法律要点详解

一、建设工程勘察合同概述

所谓建设工程勘察合同，是指根据发包人的要求，对工程的地理状况进行调查，包括对工程进行测量、查明、分析，评价建设场地的地质地理环境特征和岩土工程条件，编制建设工程勘察文件等活动。

《合同法》第269条第2款规定："建设工程合同包括工程勘察、设计、施工合同。"因此，建设工程勘察合同是建设工程合同的一种。勘察主要是对地形、地貌和地质条件、周边环境进行选址、勘测，从而知晓某地是否适合进行施工工作。《建设工程质量管理条例》第5条第1款规定："从事建设工程活动，必须严格执行基本建设程序，坚持先勘察、后设计、再施工的原则。"因此，工程勘察是建设工程活动的环节之一，同时也是设计和施工的前提。只有通过勘察人的勘察结果，设计人才能因地制宜地设计。一般情况下，工程勘察、设计合同是同一种合同类型，根据《合同法》第272条之规定，两种合同可以分别订立。

二、建设工程勘察的发包与承包

建设工程勘察发包实行招标发包或者直接发包。一般情况下建设工程发包是根据《招投标法》的规定实行招标发包，但如果是采用特定专利或者专业技术、建筑艺术造型有特殊要求等建筑工程，经有关单位批准可以直接发包。

建筑工程勘察发包人只能发包给具有勘察资质等级的建设工程勘察单位。发包人可以发包给一个勘察单位也可以分包，分包人与承包人承担连带责任。但是承包人不能将承揽的建设工程勘察转包。

三、建设工程勘察合同的内容

《建设工程质量管理条例》中明确规定了建设工程勘察发包方与承包方应当签订建设工程勘察合同。《建设工程勘察设计合同管理办法》中也明确规定，建设工程勘察合同应当采用书面形式，合同需提交合同文本所在地的县级建设行政主管部门或其授权机构备案，也可以到工商行政管理部门办理合同鉴证。

就建设工程勘察合同的内容而言，需要具备以下条款：

(1)提供有关基础资料和文件(包括概预算)的期限。有关基础资料和文件包括经批准项目可行性研究报告或者项目建议书、城市规划许可文件、概预算、工程勘察资料等。因为发包人向设计人提供有关资料和文件的时间，直接影响了整个工程的进度，因此需要在合同中规定提供有关基础资料和文件的期限。

(2)发包人对勘察工作提出的质量标准。

(3)勘察费用。《勘察工程勘察设计合同管理办法》明确规定，勘察费用需依据国家和地方有关规定确定。目前，就勘察费用规定的法规是《工程勘察设计收费管理规定》，根据该规定建设总投资估算额在500万元以上的工程勘察费用实行政府指导价，按照《工程勘察收费标准》计算，在500万元以下的实行市场调节价，由发包人和勘察人协商确定。如果工程勘察中采用了新技术、新工艺、新设备、新材料，有利于提高建设工程经济效益、环境效益和社会效益，发包人和勘察人在上浮25%的幅度内协商确定收费额。同时，合同中还需约定支付方式、支付期限等。

(4)其他协作条件。这主要是指发包人应对勘察人开展工作提供便利，从而可以减少纠纷。

目前，建设部和国家工商行政管理局于2000年出台了建设工程勘察合同标准范本GF－2000－02－03及GF－2000－0204，作为实践中建设工程勘察合同标准文本。

第二节 权威案例指导

典型案例1

新疆伊犁钢铁有限责任公司诉山西地宝能源有限公司建设工程勘察合同纠纷案

【案件来源】中国裁判文书网

【审理法院】海南省高级人民法院

【案件案号】(2017)新民申1130号

【裁判日期】2018年3月20日

【裁判摘要】伊犁钢铁公司向山西地宝公司支付工程价款的47%远未达到合同约定的工程款给付比例。根据《合同法》第67条关于“当事人互负债务，有先后履行顺序，先履行一方未履行的，后履行一方有权拒绝其履行要求。先履行一方履行债务不符合约定的，后履行一方有权拒绝其相应的履行要求”的规定，山西地宝公司在伊犁钢铁公司未能依约先履行足额付款义务的情况下，有权拒绝其相应的履行要求，且不构成违约。因此，伊犁钢铁公司认为山西地宝公司未按时完成勘查工程并提供勘查报告构成根本违约的理由不能成立。

典型案例 2

林州城开房地产开发有限公司与河南省建筑设计研究院有限公司建筑工程勘察合同纠纷上诉案

【案件来源】中国裁判文书网

【审理法院】河南省安阳市中级人民法院

【案件案号】(2015)安中民三终字第 1486 号

【裁判日期】2015 年 9 月 22 日

【裁判摘要】一审原告河南省建筑设计研究院有限公司与一审被告林州城开房地产开发有限公司于 2013 年 7 月 12 日签订的《建设工程勘察合同》意思表示真实，不违反法律、行政法规的强制性规定，为有效合同，受法律保护。一审原告完成的《非凡居岩土工程勘察报告》已经经过第三方法定机构审查，且一审被告已经签收领取，一审原告已完成勘察成果。一审被告在收到一审原告报告后，在未告知一审原告情况下另行委托第三方进行勘察，是一审被告的单方自愿行为，不能作为拒绝偿付一审原告款项的理由。

第三节　实务操作指南

一、建设工程勘察合同的履行

（一）发包人的主要义务

1. 及时提供有关资料和文件的义务

发包人应当按照合同约定按时提供有关勘察所需要的基础资料，技术资料以及计划任务书、选址报告等。发包人有保证所提供的有关资料和文件的质量能够满足勘察的需要的义务。因发包人未及时提供资料或者提供的资料有误造成工期延误，应当承担相应的责任。若因发包人的失误造成勘察费用增加，所增加的费用由发包人承担。

2. 按时支付费用的义务

如果合同未约定支付的期限，发包人应当在勘察人完成勘查任务之后支付费用。如果因为发包人提供的资料不准确等原因造成勘察返工、停工，发包人应当按照勘察人实际消耗的工作量增付费用。

3. 接受工作成果的义务

勘察人依据合同约定最终提供的勘察报告，发包人对工作成果有接受的义务。如果发包人违约未接受工作成果，造成工期拖延，则由发包人承担因工期拖延造成的损失。

4. 协作的义务

发包人应为勘察人提供必需的便利条件,以便让勘察人了解建设工程项目的情况。

(二)勘察人的主要义务

1. 按期从事勘察工作的义务

勘察人在进行勘察活动时,应当严格按照合同约定的标准和要求进行工程测量等工作。勘察活动的依据是项目标准文件、城市规划、工程建设强制性标准、国家规定的建设工程勘察深度要求及相关专业规划要求,勘察人应当按时完成建设单位约定的勘察项目,提交建设工程勘察文件。

2. 按照约定的质量标准完成工作的义务

勘查活动依据的质量标准包括国家相关规定标准和合同约定的标准。

3. 及时提交工作成果的义务

勘察人及时提交工作成果,以便建设工程施工的开展。如果勘察人未按照合同约定及时提交工作成果,须承担相应的违约责任。

4. 附随义务

一方面,勘察人对发包人提供的资料和图纸有保密的义务;另一方面,在交付工作成果之后,勘察人应当根据需要对其报告进行说明或者参加工程竣工验收工作。勘察人在建设施工之前,也应当向施工单位和监理单位说明建设工程勘察的意图,解释建设工程勘查文件中的相关内容,及时解决施工中出现的勘查问题,对参与建设工程质量事故进行分析,对因为勘察原因造成的质量事故提供相应的解决方案。

(三)违约责任

根据《合同法》第280条的规定,勘察质量不符合要求或者勘察人未按照期限提交勘查文件而拖延工期,构成违约的,勘察人应当承担违约责任。如果这种违约行为造成发包人损失,勘察人应当承担下列三种违约责任:一是继续履行,即勘察人应当继续完善勘察工作;二是减收或者免收勘察费;三是如果违约行为造成发包人损失,应当承担赔偿责任。

二、建设工程勘察活动的行政管理

我国对建设工程勘察活动进行了较为严格的行政管理。目前主要对建设工程勘察活动进行行政管理的行政法规是《建设工程勘察设计管理条例》和《建设工程勘察质量管理办法》。

(一)对建设工程勘察活动行政管理的主体

国务院建设行政主管部门对全国的建设工程勘察、设计活动实施统一的监督管理。国务院铁路、交通、水利等有关部门对全国的有关专业建设工程勘察活动进行监督管理。县级以上地方政府建设行政主管部门对本行政区域内的建设工程勘察活动进行监督管理。县级以上地方政府交通、水利等部门在各自的职责范围内,负责对本行政区域内的有关专业建设工程勘察活动进行监督管理。工程勘察质量监督部门可以委托施工图设计文件审查机构对工程勘察文件进行审查。

(二)对违反行政管理的建设工程勘察活动的行政处罚

详见本书第十三编建筑业行政处罚规定。

第四节　法律法规整合

一、《合同法》

第269条第2款　建设工程合同包括工程勘察、设计、施工合同。

第272条　发包人可以与总承包人订立建设工程合同,也可以分别与勘察人、设计人、施工人订立勘察、设计、施工承包合同。发包人不得将应当由一个承包人完成的建设工程肢解成若干部分发包给几个承包人。

总承包人或者勘察、设计、施工承包人经发包人同意,可以将自己承包的部分工作交由第三人完成。第三人就其完成的工作成果与总承包人或者勘察、设计、施工承包人向发包人承担连带责任。承包人不得将其承包的全部建设工程转包给第三人或者将其承包的全部建设工程肢解以后以分包的名义分别转包给第三人。

禁止承包人将工程分包给不具备相应资质条件的单位。禁止分包单位将其承包的工程再分包。建设工程主体结构的施工必须由承包人自行完成。

二、《建设工程勘察设计管理条例》

全文(略)

三、《建设工程勘察质量管理办法》

全文(略)

第七章　建设工程设计合同纠纷

【一级案由】合同、无因管理、不当得利纠纷
【二级案由】合同纠纷
【三级案由】建设工程合同纠纷
【四级案由】建设工程设计合同纠纷

第一节　法律要点详解

一、建设工程设计的概念

在工程建设中，设计是在勘察的基础上整个工程建设的灵魂，对工程的整体质量和最终效益起着决定性作用。

具体言之，建设工程设计是根据建设工程的要求，对所需技术、经济、资源、环境等条件进行充分的分析、论证，并具体编制建设工程设计文件的活动。在建设工程设计过程中要运用工程技术理论和方法，参照相应的标准，对项目中的工艺、土建、环境等分项进行综合性设计，并提供作为工程建设依据的文件和图纸。

二、建设工程设计的要求及标准

（一）从业资质和执业资格

建设工程设计是一项专业性极强的工作，为保证工程设计质量，我国对从事建设工程设计活动的单位及人员实行资质及资格管理制度。根据《建设工程勘察设计管理条例》的相关规定，建设工程设计单位应当在其资质等级许可的范围内承揽业务，从事建设工程设计活动的专业技术人员未经注册不得以注册人员的名义从事建设工程设计活动，且只能受聘于一个设计单位。

（二）科学设计

建设工程的设计应当结合社会、经济的发展水平，并与之相适应，要体现国家有关方针、政策，切合实际，按照方案设计、初步设计、技术设计、施工图设计的程序原则，尽可能采用新技术、新工艺、新设备、新材料和科学的管理方法，建立各级、各类人员岗位责任制，以保证经

济效益、社会效益、环境效益最大化，为我国社会主义现代化建设服务。

（三）依法设计

从事建设工程设计的单位和个人应依法进行活动和作业，并应严格执行国家有关的强制性标准，对工程设计的质量负责。

（四）工程设计标准

根据《基本建设设计工作管理暂行办法》的相关规定，建设工程设计都必须制定相应的标准规定、各类工程建设的构配件、通用构筑物、建筑物、公用设施等，有条件的应编制设计标准。设计标准规范分为国家、部、省市自治区和设计单位四级，标准设计分为国家、部和省市自治区三级，各级设计标准规范和标准设计的审批、颁发应采取分级负责的办法。

国家设计标准规范和标准设计，是指在全国范围内需要统一的标准规范和标准设计，应由主编部门提出并报国家计划委员会审批、颁发。

部设计标准规范和标准设计，是指在全国各专业范围内需要统一的标准规范和标准设计，应由主编单位提出并报主管部审批、颁发。标准规范应报国家计划委员会备案。

省、市、自治区设计标准规范和标准设计，是指在本地区范围内需要统一的标准规范和标准设计，应由主编单位提出并报省、市、自治区主管基建的综合部门审批、颁发。标准规范应报国家计划委员会备案。

设计单位标准规范，是指在本单位范围内需要统一、在本单位内部使用的设计技术原则、设计技术规定，由设计单位批准执行，并报上一级主管部门备案。

第二节　权威案例指导

典型案例

成都熊猫万国商城有限公司、香港 DCA 戚务诚建筑师事务所建设工程设计合同纠纷案

【审理法院】最高人民法院

【案件来源】最高人民法院

【裁判日期】2017 年 10 月 17 日

【裁决要旨】1. 根据设计合同履行情况确定设计费的标准；2. 诉讼时效的认定标准。

第三节 实务操作指南

一、设计文件的审批与修改

1. 审批

我国建设工程设计文件的审批实行的是分级管理、分级审批的原则，具体内容如下。

（1）大中型建设项目的初步设计和总概算及技术设计，按隶属关系由国务院主管部门或省、直辖市、自治区审批。

（2）小型建设项目初步设计的审批权限由主管部门或省、直辖市、自治区自行规定。

（3）总体规划设计或总体设计的审批权限与初步设计的审批权限相同。

（4）各部直接代管的下放项目的初步设计，以国务院主管部门为主，会同有关省、市、自治区审查或批准。

（5）施工图设计除主管部门规定要审查者外，一般不再审批，设计单位要对施工图的质量负责，并向生产、施工单位进行技术交底，听取意见。

2. 修改

作为工程建设的主要依据，设计文件经批准后不得任意修改，若必须修改，须有关部门批准，具体内容如下：

（1）确需修改建设工程设计文件的，应当由原建设工程设计单位修改。经原建设工程设计单位书面同意，建设单位也可以委托其他具有相应资质的建设工程设计单位修改。修改单位对修改的设计文件承担相应责任。

（2）涉及主要内容修改的，如建设规模、产品方案、建设地点、主要协作关系等，须经原计划任务书审批机关批准。

（3）涉及初步设计主要内容修改的，如总平面布置、工艺流程、设备、建筑面积、建筑标准、定员、概算等，须经原设计审批机关批准。

（4）施工、监理单位发现设计文件不符合强制性标准或合同约定的要求的，应报告建设单位，且建设单位有权要求相关单位对有问题或瑕疵的部分进行补充和修改。

二、施工图审查中的常见问题

1. 审查制度设置的目的与执行定位间存在差异

为了以行政和技术手段将事后的质量管理变为事前的监督管理，也为了将设计文件中存在的问题在施工之前发现并及时纠正而设立的施工图审查制度，具有社会公共事务管理属性和强制性等特征，应由政府部门组织实施审查，因此，属于行政审批范畴。但目前国务院实行简政放权的管理理念，颁发了多批取消和调整行政审批项目的决定，建设部令又明确规定建设单位可以自主选择审查机构，施工图由审查机构进行审查并直接出具审查合格书，仅须在政府建设主管部门备案。因此，这种实行自律管理的政策出台后，有研究者认为施工图审查失去了行政效力，这样就会严重削弱施工图审查制度的权威性和制约力。[①]

2. 审查机构的制约监管作用

施工图审查机构是不以营利为目的的独立法人，其中不以营利为目的具有导向性原则，因为机构的发展需要合理的营利，但审查工作为了满足政府监管质量的需要由政府强制推行，因此机构不允许有过高的营利。[②] 实践中，部分省市认定的施工图审查机构不但有事业单位，还有企业、民办非企业等形式。如果审查机构设置不当，迫于建设单位的压力，为保证审查机构自身的发展需要，难免会使施工图审查不能有效地发挥政府强制监管作用。

三、建设工程设计的违法责任

1. 建设单位

建设单位将建设工程设计业务发包给不具有相应资质等级的单位的，责令改正，处 50 万元以上 100 万元以下罚款。

2. 设计单位

(1)非法承揽业务

建设工程设计单位超越其资质等级许可的范围或者以其他建设工程设计单位的名义承揽业务或允许其他单位或者个人以本单位名义承揽业务的，责令停止违法行为，处合同约定的设计费 1 倍以上 2 倍以下罚款，有违法所得的予以没收，可以责令停业整顿，降低资质等级，情节严重的，吊销资质证书。

(2)非法转包

建设工程设计单位将所承揽的建设工程设计转包的，责令改正，没收违法所得，处合同约定的设计费 25% 以上 50% 以下罚款，可以责令停业整顿，降低资质等级，情节严重的，吊销资质证书。

(3)不按规定进行设计

工程设计单位有下列行为之一的，责令改正，处 10 万元以上 30 万元以下罚款：

①勘察单位未按照工程建设强制性标准进行勘察的；

②设计单位未根据勘察成果文件进行工程设计的；

③设计单位指定建筑材料、建筑构配件的生产厂、供应商的；

④设计单位未按照工程建设强制性标准进行设计的。

有上述所列行为，造成工程质量事故的，责令停业整顿，降低资质等级，情节严重的，吊销资质证书，造成损失的，依法承担赔偿责任。

3. 设计执业人员

未经注册，擅自以注册建设工程设计人员的名义从事建设工程设计活动的，责令停止违法行为，没收违法所得，处违法所得 2 倍以上 5 倍以下罚款，给他人造成损失的，依法承担赔偿责任。

---

① 参见余宏亮：《国内外建设工程施工图审查制度的比较研究》，载《建筑经》2011 年第 9 期。

② 中华人民共和国建设部：《关于印发徐波、吴慧娟同志在全国建设工程质量监督工作研讨会上的讲话的通知》。

建设工程设计注册执业人员和其他专业技术人员未受聘于一个建设工程设计单位或者同时受聘于两个以上建设工程设计单位，从事建设工程设计活动的，责令停止违法行为，没收违法所得，处违法所得2倍以上5倍以下罚款，情节严重的，可以责令停止执行业务或者吊销资格证书，给他人造成损失的，依法承担赔偿责任。

4. 国家机关工作人员

国家机关工作人员在建设工程设计活动的监督管理工作中玩忽职守、滥用职权、徇私舞弊，构成犯罪的，依法追究刑事责任；尚不构成犯罪的，依法给予行政处分。

第四节　法律法规整合

一、《城乡规划法》

全文（略）

二、《建设工程勘察设计管理条例》

全文（略）

三、《房屋建筑和市政基础设施工程施工图设计文件审查管理办法》

全文（略）

四、《建筑工程设计招标投标管理办法》

第3条　建筑工程的设计，采用特定专利技术、专有技术，或者建筑艺术造型有特殊要求的，经有关部门批准，可以直接发包。

第5条　建筑工程设计招标依法可以公开招标或者邀请招标。

第12条　投标人应当具有与招标项目相适应的工程设计资质。

境外设计单位参加国内建筑工程设计投标的，应当经省、自治区、直辖市人民政府建设行政主管部门批准。

第27条　招标人将必须进行设计招标的项目不招标的，或将必须进行招标的项目化整为零或者以其他方式规避招标的，由县级以上地方人民政府建设行政主管部门责令限期改正，并可处以项目合同金额千分之五以上千分之十以下的罚款。

五、《建筑工程设计文件编制深度规定》

全文（略）

六、《建设工程设计合同示范文本（房屋建筑工程）》（GF－2015－0209）

全文（略）

第八章　建设工程承包人的优先权

第一节　法律要点详解

一、立法背景

在1999年《合同法》颁布前，我国的《民法通则》《担保法》均未规定优先权制度，在《民事诉讼法》关于破产企业还债中规定了企业破产时职工的工资和社会保险、破产企业所欠的税款优先于一般债权受偿，在《海商法》和《民用航空器法》中分别规定了船舶优先权和民用航空器优先权。1999年《合同法》对建设工程承包人的优先权作出了规定。从立法体例来看，我国没有把优先权作为一种独立的担保物权，只是肯定了某些特定债权的优先受偿顺序。

《合同法》第286条关于建设工程优先受偿权的规定相对原则，可操作性不强。2002年6月11日，最高人民法院通过了《关于建设工程价款优先受偿权问题的批复》（法释〔2002〕16号），答复了上海市高级人民法院《关于合同法第286条理解与适用问题的请示》。这对采用司法途径解决拖欠工程款问题提供了有力的司法支持。前述批复虽然解决了一些具体操作问题，但由于建设工程情况复杂，法律的具体规定，还不能完全解决司法实践中的全部具体问题，不可否认，该《关于建设工程价款优先受偿权问题的批复》的一些内容还加深了建设工程优先受偿权理解与适用的复杂程度。建设工程优先受偿权制度还有待进一步完善，以保证裁判的统一性，保证司法权威。

2005年1月1日施行的《建设工程施工合同司法解释（一）》并未涉及建设工程优先受偿权的问题，2012年最高人民法院启动《建设工程施工合同司法解释（二）》的立项工作，坚持尊重立法精神与问题导向相统一，在现有法律基础上，对建设施工合同纠纷案件的突出问题作出规定，其中建设工程优先受偿权是重点关注问题，2019年2月1日施行的《建设工程施工合同司法解释（二）》共计26条，其中有7个条文专门规定了建设工程优先受偿权问题，继续完善了这一制度，更有利于平衡涉及建设工程各方的合法权益。

二、建设工程优先权的概念、特点

（一）概念

优先权，又称为优先受偿权，是指由法律规定的特种债权人就债务人的全部财产或特定财产享有优先受偿的权利。

优先权最早起源于罗马法，在国外优先权分为两类：一般优先权和特别优先权。一般优先权，是指基于法律的规定，债权人对债务人的全部财产优先受偿的权利；特别优先权，是指债权人对债务人的特定财产优先受偿的权利，包括动产优先受偿权和不动产优先受偿权。建设工程优先受偿权属于特别优先权中的不动产优先权。

（二）特点

优先权作为一种担保物权，除具有一般担保物权的从属性、物上代位权、不可分性等一般担保物权的特征外，还具有以下特点：

（1）优先权是法定担保物权，不以当事人事先有约定为必要条件，其效力来源于法律的规定，当事人不允许创设优先权。

（2）优先权是无须公示的担保物权。优先权与《担保法》《物权法》规定的担保物权不同，不需要签订担保合同，也不需要办理登记、占有担保物。

（3）优先权优于抵押权和其他债权。

优先权的位次由法律直接规定，同一物上存在数个优先权时，优先权的清偿顺序由法律直接规定，当优先权与其他担保物权竞合时，其清偿顺序由法律规定。在我国当建设工程优先权与抵押权发生竞合时，建设工程优先权的效力优于抵押权。《关于建设工程价款优先受偿权问题的批复》第 1 条规定："人民法院在审理房地产纠纷案件和办理执行案件中，应当依照《中华人民共和国合同法》第二百八十六条的规定，认定建筑工程的承包人的优先受偿权优于抵押权和其他债权。"

（4）特定条件下优先权的行使受一定制约，即一定条件下，"消费者"购买商品房的债权受到特殊保护。

鉴于商品房对于消费者来讲，是最重要的生活资料，为了保护消费者的基本生存权，法律有必要予以特殊保护，以保持社会稳定，最高人民法院通过的三部司法解释中均有规定，对消费者的居住权保护越来越规范，或者说甄别越来越严格，在总结实践经验的基础上，保护那些真正需要保护消费者。

《最高人民法院关于建设工程价款优先受偿权问题的批复》第 2 条规定："消费者交付购买商品房的全部或者大部分款项后，承包人就该商品房享有的工程价款优先受偿权不得对抗买受人。"

《最高人民法院关于人民法院民事执行中查封、扣押、冻结财产的规定》（法释〔2004〕15 号）第 17 条规定："被执行人将其所有的需要办理过户登记的财产出卖给第三人，第三人已经支付部分或者全部价款并实际占有该财产，但尚未办理产权过户登记手续的，人民法院可以查封、扣押、冻结；第三人已经支付全部价款并实际占有，但未办理过户登记手续的，如果第三人对此没有过错，人民法院不得查封、扣押、冻结。"

《最高人民法院关于人民法院办理执行异议和复议案件若干问题的规定》（法释〔2015〕10 号）第 29 条规定："金钱债权执行中，买受人对登记在被执行的房地产开发企业名下的商品房提出异议，符合下列情形且其权利能够排除执行的，人民法院应予支持：（一）在人民法院查封之前已签订合法有效的书面买卖合同；（二）所购商品房系用于居住且买受人名下无其他用于居住的房屋;(三)已支付的价款超过合同约定总价款的百分之五十。"

但在司法实践中,要注意区分真正的生活需求的消费者、投资型的消费者,尤其要注意甄别名义是消费者,但实质不是消费者的所谓的"购房人",如有些职业放贷人,在与开发商签订民间借贷合同的同时或者之后签订商品房买卖合同,约定如果开发商不能按期还款,则需要履行商品房买卖合同,要严格审核双方是否具有真实的商品房买卖关系,避免通过司法途径将高利贷合法化,进而损害承包人的优先受偿权。

另外需要指出的是,不能依据《批复》第1条、第2条得出商品房买受人的权利一律优于建设工程价款优先权、抵押权的结论,在商品房买卖合同解除或者无效的情况下,商品房买卖价款返还权或者损害赔偿请求权,不具优先于建设工程价款优先权的效力,此时只是普通债权,与消费者的居住权无关。

三、建设工程价款优先受偿权的权利主体

(一)立法过程

《合同法》规定了建设工程优先受偿权,但过于原则,《批复》《建设工程施工合同司法解释(一)》也没明确优先受偿权的主体问题,2019年2月1日施行的《建设工程施工合同司法解释(二)》中第17条、第18条对此予以明确,包括建设施工合同的承包人及装饰装修工程承包人。

(二)建设施工合同中的承包人享有优先受偿权

1. 只有建设工程施工合同中的承包人才享有优先受偿权

《建设工程施工合同司法解释(二)》第17条规定:"与发包人订立建设工程施工合同的承包人,根据合同法第二百八十六条规定请求其承建工程的价款就工程折价或者拍卖的价款优先受偿的,人民法院应予支持。"

《合同法》第269条规定,"建设工程合同是承包人进行工程建设,发包人支付价款的合同。建设工程合同包括工程勘察、设计、施工合同"。

建设施工是将设计图纸的内容变为实物的过程,主要由一些部颁规章和规范性文件进行规制,包括:《工程建设项目报建管理办法》《建设工程施工许可管理办法》等。

因为只有建设工程施工合同才是将劳动力和建筑材料物化到工程中,而且工程款投入巨大,周期长,为了对承包人予以保护,国家才以法律的形式将建设工程优先受偿权规定为特别优先权中的不动产优先权。

2. 建设工程价款优先受偿权不适用于建设工程勘察、设计

①一般情况下建设工程勘察、设计合同价款不享有优先受偿权

《合同法》第272条规定:"发包人可以与总承包人订立建设工程合同,也可以分别与勘察人、设计人、施工人订立勘察、设计、施工承包合同。发包人不得将应当由一个承包人完成的建设工程肢解成若干部分发包给几个承包人。"

建设施工合同中的承包人享有建设工程优先权,而建设工程勘察合同、建设工程设计合同,不适用优先权的规定。

建设工程勘察，是指根据建设工程的要求，查明、分析、评价建设场地的地质地理环境特征和岩土工程条件，编制建设工程勘察文件的活动。

建设工程设计，是指根据建设工程的要求，对建设工程所需的技术、经济、资源、环境等条件进行综合分析、论证，编制建设工程设计文件的活动。

②在工程总承包的模式下，可以享有优先受偿权

在工程总承包的情况下，勘察、设计包括在整体建设工程合同中，总承包人与发包人签订合同，在各种总承包模式中，设计费甚至勘察费也包括在工程款中，同工程款一并结算、一起支付，因此在总承包模式中，总承包人可以就相关费用主张优先受偿权。

③建设工程价款优先受偿权不适用于建设工程监理合同

《合同法》第276条规定："建设工程实行监理的，发包人应当与监理人采用书面形式订立委托监理合同。发包人与监理人的权利和义务以及法律责任，应当依照本法委托合同以及其他有关法律、行政法规的规定。"监理合同属于委托合同，不属于建设施工合同，当然不适用于建设工程价优先受权偿的规定。

（三）实际施工人享有建设工程价款优先受偿权

在本编第五章《实际施工人》一章有详细论述，在此不再赘述。

（四）装饰装修工程承包人优先受偿权的行使

在本编《装饰装修合同纠纷》一章中详细论述，在此不再重复。

四、优先权行使的条件

（一）建设工程价款优先受偿权不以合同是否有效为必要条件

《建设工程施工合同司法解释（二）》在征求意见过程中，存在两种观点，少数意见认为，建设工程施工合同价款优先受偿权以合同有效为必要条件；多数意见认为，优先受偿权不以合同有效为前提条件，与合同效力无关。最终《建设工程施工合同司法解释（二）》采纳了多数人意见。

其主要理由有：一是施工领域合同无效的情况较为普通，如果优先受偿权以合同有效为前提条件，将导致大量承包人的优先受偿权落空；二是从建筑市场的实际情况来看，发包人处于强势地位，承包人处于弱势地位，如果以合同有效为优先受偿权的条件，不仅不利于平衡发包方、承包方利益，更会引发道德风险；三是建筑管理的根本目的就是保证工程质量，建筑管理方面的一系列法律法规就是为保证工程质量制定的，因此优先受偿权应当以工程质量合格为先决条件，而不应以合同是否有效为条件；四是《建设工程施工合同司法解释（一）》第2条、第3条关于无效合同工程质量合格的，按照合同约定支付工程，两部司法解释应当保持一致，只要工程质量合格，就应当支付工程款，只要欠付工程款，就应当享有优先受偿权；五是《合同法》第286条规定，优先受偿权的前提不必须是合同有效。

（二）已完成工程的价款优先偿权的行使条件为建设工程质量合格

1. 建设施工的工程只有竣工并且验收合格才能行使优先受偿权

有的观点认为：[①]承包人必须按照合同约定全部履行了自己的义务，即工程按期完工，质量合格，已经经过竣工验收。如果存在质量问题或未按期竣工，即承包人存在违约行为，发包方拒绝付款的，承包人不得行使优先权。

随着理论研究的深入和司法实践的进一步发展，有裁判观点认为：[②]建设工程施工合同具有一定的特殊性，施工人的劳动与建筑材料已经物化到建筑工程中，从建设工程优先受偿保护施工人的立法本意出发，合同解除后，承包人对于涉案工程仍享有优先受偿权。

2. 建设工程质量合格是享有优先受偿权的条件

《建设工程施工合同司法解释（二）》第 19 条规定："建设工程质量合格，承包人请求其承建工程的价款就工程折价或者拍卖的价款优先受偿的，人民法院应予支持。"

《建设工程施工合同司法解释（二）》明确规定优先受偿权的行使以工程质量合格为条件以及工程质量合格的标准。

关于已经竣工的工程的验收问题，在本编第三章《建设工程施工质量纠纷》一章中，我们已经详细论述，在此不再赘述。

在司法实务中，争议较大的问题是，工程已经竣工，但未能验收，如何确定工程质量合格。从目前来看，有两种解决途径：一是司法鉴定。一般情况下，双方发生争议，矛盾比较突出，很难通过正常程序确定质量是否合格，只能通过专业的司法鉴定机构进行鉴定。二是司法推定。《建设工程施工合同司法解释（一）》第 13 条规定："建设工程未经竣工验收，发包人擅自使用后，又以使用部分质量不符合约定为由主张权利的，不予支持；但是承包人应当在建设工程的合理使用寿命内对地基基础工程和主体结构质量承担民事责任。"

（三）未竣工工程承包人优先受偿权的行使条件

《建设工程施工合同司法解释（二）》第 20 条规定："未竣工的建设工程质量合格，承包人请求其承建工程的价款就其承建工程部分折价或者拍卖的价款优先受偿的，人民法院应予支持。"

建设工程质量是建设工程的生命，也是国家监控的重点，《建设工程施工合同司法解释（一）》第 2 条规定了在建设工程施工合同无效的情形下，只要工程验工收合格，就要参照合同约定支付工程款。第 10 条第 1 款规定了合同解除的情形下，只要工程质量合同格，发包人就应当按照约定支付工程款。同理，如果工程质量不合格，无论合同有效、无效、解除，承包人均无权要求支付工程款。

《建设工程施工合同司法解释（二）》与《建设工程施工合同司法解释（一）》规定的精神一致，在建设工程质量合格的前提下，既然合同效力不影响承包人要求支付工程价款的权利，

---

① 参见最高人民法院经济审判庭编著：《合同法释解与适用》，新华出版社 1999 年版，第 1303 页。

② 参见最高人民法院民事审判一庭编著：《民事审判指导与参考》，人民法院出版社总第 55 辑（2013 年 3 月），《陕西建工集团第五建筑工程有限公司与陕西铠达投资集团有限公司建设工程施工合同纠纷上诉案》。

那么基于建设工程价款优先权的性质，对于未竣工的工程，只要工程质量合格，承包人就享有相对应的工程价款优先受偿权。

五、优先受偿行使的程序

（1）发包人未按照合同约定支付价款，承包人一般应先行催告，并给予一定的合理期限，逾期仍未支付的，承包人可以行使优先受偿权。

（2）实现优先受偿权有两种方式：一是协议折价，即发包人与承包人以协商的方式将工程折价抵偿工程欠款；二是拍卖方式，即由人民法院通过司法程序，将工程评估拍卖，承包人就建设工程价款优先受偿。

（3）并不是所有工程的承包人均享有建设工程优先权，对于按照建设工程的性质不宜折价、拍卖的，则不适用建设工程优先权的规定。如保密工程、特殊工程等。

六、优先受偿权的债权范围

（一）法律规定

《合同法》第286条没有具体规定，司法实践中裁决不一，《关于建设工程价款优先受偿权问题的批复》第3条规定："建筑工程价款包括承包人为建设工程应当支付的工作人员报酬、材料款等实际支出的费用，不包括承包人因发包人违约所造成的损失。"

《关于建设工程价款优先受偿权问题的批复》符合《合同法》的价值取向，但不可否认，该《关于建设工程价款优先受偿权问题的批复》在实践中缺乏可操作性，没有考虑诉讼实际，建设工程价款中很难区分出工作人员报酬、材料款等实际支付的费用，与建设部门关于工程费用的组成也不协调，在司法实务中很少适用。

《建设工程施工合同司法解释（一）》没有涉及这个问题。《建设工程施工合同司法解释（二）》对此予以明确规定。《建设工程施工合同司法解释（二）》第21条规定："承包人建设工程价款优先受偿的范围依照国务院有关行政主管部门关于建设工程价款范围的规定确定。承包人就逾期支付建设工程价款的利息、违约金、损害赔偿金等主张优先受偿的，人民法院不予支持。"

为适应深化工程计价改革的需要，根据国家有关法律、法规及相关政策，在总结原建设部、财政部《关于印发〈建筑安装工程费用项目组成〉的通知》（建标〔2003〕206号）（以下简称《通知》）执行情况的基础上，住房和城乡建设部、财政部修订完成了《建筑安装工程费用项目组成》（建标〔2013〕44号）。

《建筑安装工程费用项目组成》附件1规定，建筑安装工程费（按照费用构成要素划分）：由人工费、材料（包含工程设备，下同）费、施工机具使用费、企业管理费、利润、规费和税金组成。其中人工费、材料费、施工机具使用费、企业管理费和利润包含在分部分项工程费、措施项目费、其他项目费中。

（1）人工费：是指按工资总额构成规定，支付给从事建筑安装工程施工的生产工人和附属生产单位工人的各项费用。（2）材料费：是指施工过程中耗费的原材料、辅助材料、构配件、零件、半成品或成品、工程设备的费用。（3）施工机具使用费：是指施工作业所发生的施工机械、仪器仪表使用费或其租赁费。(4)企业管理费:是指建筑安装企业组织施工生产和经营管理所需的费用。(5)利润:是指施工企业完成所承包工程获得的盈利。(6)规费:是指按国家法律、法规规定,由省级政府和省级有关权力部门规定必须缴纳或计取的费用。(7)税金:是指国家税法规定的应计入建筑安装工程造价内的营业税、城市维护建设税、教育费附加以及地方教育附加。需要说明的是,营业税改增值税后,营业税不予考虑,计算增值税。

《建筑安装工程费用项目组成》附件2规定,建筑安装工程费用项目组成(按造价形成划分)由分部分项工程费、措施项目费、其他项目费、规费、税金组成,分部分项工程费、措施项目费、其他项目费包含人工费、材料费、施工机具使用费、企业管理费和利润。(1)分部分项工程费:是指各专业工程的分部分项工程应予列支的各项费用。(2)措施项目费:是指为完成建设工程施工,发生于该工程施工前和施工过程中的技术、生活、安全、环境保护等方面的费用。(3)其他项目费。(4)规费:定义同附件1。(5)税金:定义同附件1。

(二)司法实务中应注意的问题

1. 建设施工合同的利润可就工程价款优先受偿

在《建设工程施工合同司法解释(二)》制定的过程中,针对建设施工合同的利润是否可就工程价款优先受偿有过很大争论,最终还是将利润包含在优先受偿权的范围内,主要理由有:一是在实务中,无论是建设工程造价鉴定,还是建设施工合同关于价款的约定,均包括了利润。二是从减少成本角度看,计算建设工程成本和利润是费时费力的事情,成本和利润很难区分,如果一定要区分就必然会增加当事人的诉讼成本和诉累,弊大于利。三是合同法设立优先权的目的就是保护建筑工人的合法权益,如果不保护利润,会导致建筑企业财产恶化,导致承包人无法发放工资,最终会损害建筑工人的利益。

2. 建设工程价款的利息不属于优先受偿权保护的范围

在《建设工程施工合同司法解释(二)》制定的过程中,针对建设工程价款的利息是否属于优先受偿权的范围有过争论,最终司法解释未将利息包含在优先受偿权的范围内,主要理由有:建设工程价款优先受偿权涉及各方利益,不仅涉及承包人利益,还涉及抵押权人、普通债权人利益,影响巨大,对承包人的利润已经纳入了优先受偿权保护范围,为了平衡各方利益关系,没有必要将利息再纳入优先受偿权范围。

3. 承包人的垫资款不属于优先受偿权的范围

在《建设工程施工合同司法解释(二)》制定的过程中,针对承包人的垫资款是否属于优先受偿权的范围存在多种观点,最终司法解释采纳了不列入优先受偿权范围的观点,主要理由是:一是原建设部、国家计委、财政部1996年发布的《关于严格禁止在工程建设中带资承包的通知》,明令禁止垫资,司法解释对此不宜提倡。二是《建设工程施工合同司法解释(二)》已经明确建设工程价款优先受偿权按照国务院主管部门关于建设工程价款范围的规定确定,而垫资款已经包括在全部工程价款内,不可单独提出。

4. 承包人向发包人要求的逾期付款利息、违约金、损害赔偿金不属于优先权的受偿范围

《关于建设工程价款优先受偿权问题的批复》对此问题有所涉及,但还不是很明确,而且权威也不够,《建设工程施工合同司法解释(二)》对此予以明确规定,解决了司法实践中的困惑,统一了裁判尺度。

5. 工程质量保证金属于优先受偿权的范围

实务中，工程保证金无须承包人另行支付，都是发包人从应付工程款中扣除，工程质量保证金属于建设工程价款的一部分，因此也应属于优先受偿权的范围。

6. 实现建设工程价款优先受偿权的费用不属于优先受偿权的范围

在司法中，对此有争议，在《建设工程施工合同司法解释（二）》中最终未将实现建设工程价款优先受偿权的费用列入优先受偿的范围，主要理由有：一是该费用不属于工程价款的范围。二是已经将承包人的利润列入优先受偿的范围，不宜将实现优先受偿权的费用再列入，如果过度保护承包人的利益，就有可能损害其他债权人的利益。

七、优先受偿权事前放弃的效力

（一）实务中产生的问题

优先受偿权优先于抵押权和普通债权，对发包方的债权人影响巨大，但建设施工领域中，银行处于最优势地位，发包方处于中等地位，施工人处于弱势地位，有些银行在向发包人发放贷款时，明确要求发包人与施工人签订建设施工合同时，必须以施工人放弃优先受偿权为条件，发包人进行招投标时，将放弃优先受偿权作为招投标的条款，不接受该条款的，投标的施工人无法中标。施工人为了中标，不得不接受该条款，或者以施工人出具“承诺书”的形式放弃优先受偿权，这种现象在房地产领域普遍存在。

（二）最高人民法院的态度

在《建设工程施工合同司法解释（二）》制定的过程，经过反复权衡，形成了两条比较清晰的思路：一是尊重当事人的意思自治，发包人与承包人有权就优先受偿权作出处分，司法应当予以充分尊重。二是维护《合同法》第 286 条的立法目的，保护建筑工人的劳动报酬的权益，发包人与承包人放弃或者限制优先受偿权不得损害建筑工人的合法权益。

《建设工程施工合同司法解释（二）》第 23 条规定：“发包人与承包人约定放弃或者限制建设工程价款优先受偿权，损害建筑工人利益，发包人根据该约定主张承包人不享有建设工程价款优先受偿权的，人民法院不予支持。”

（三）适用过程中应注意的问题

1. 承包人可以事前或者嗣后放弃或限制建设工程价款优先受偿权

在司法解释制定的过程中，有观点提出对于事前与嗣后放弃或限制优先受偿权应当分别对待，最终司法解释采取了同等对待的态度，主要理由为在商言商，无论是发包人还是承包人，都是商事主体，都是以追求利益为核心的市场主体，应以自己的行为承担责任，司法不可过多介入、越俎代庖，应当尊重契约自由，维护市场秩序，既要保障交易效率，又要保证交易安全。

2. 放弃或者限制优先受偿权的形式，不影响民事行为的效力

无论是银行、发包人、承包人三方协议，还是发包人、承包人双方协议，或者承包人单方承诺的形式，均不影响放弃或者限制优先权的效力。放弃，包括相对放弃和绝对放弃，均不影响

民事行为效力。

3. 放弃或限制优先受偿权不得损害建筑工人的利益

合同法通过设立优先受偿权制度来保护建筑工人的利益，如果放弃或者限制优先受偿权，会导致建筑施工企业责任财产减少，建筑企业的主要收入就是工程款，如果因为放弃工程价款优先受偿权，导致无法支付建筑工人工资报酬的，则该约定无效。

4. 在个案中，要充分发挥司法的能动性，防止对本条的滥用

适用本条的难点在于，如何判断损害建筑工人的利益，如果仅以拖欠个别工人工资即认定损害建筑工人利益，会导致此条被滥用，产生负面激励，会导致承包人在签订合同时接受任何条件，嗣后就不认账，或者恶意拖欠建筑工人工资，促成条件成就，促使放弃或者限制优先受偿权的条款无效。

适用本条时，要充分发挥能动司法，对承包人的整体财务情况进行审查，必须是放弃或者限制优先受偿直接导致财务情况恶化，进而导致无法发放工资，切不可让法律武器成为不诚信商事主体的"板斧"，成为砸向发包方的"板砖"。

第二节　权威案例指导

典型案例 1

中铁二十二局集团第四工程有限公司与安徽瑞讯交通开发有限公司、安徽高速公路控股集团有限公司建设工程施工合同纠纷案

【案件来源】《最高人民法院公报》2016 年第 4 期

【审理法院】最高人民法院

【案件案号】(2014)民一终字第 56 号

【裁判日期】2014 年 5 月 15 日

【裁判摘要】《最高人民法院关于建设工程价款优先受权问题的批复》第 3 条规定"建筑工程价款包括承包人为建设工程应当支付的工作人员报酬、材料款等实际支出的费用，不包括承包人因发包人违约所造成的损失"。承包人诉讼请求中所主张的因发包人违约造成的停窝工损失和材料价差损失，不属于建设工程价款优先受偿权的权利行使范围，承包人请求对上述两部分款项行使优先受偿权的，人民法院不予支持。

【主文摘要】(七)关于中铁公司主张对案涉工程项目享有优先受偿权的请求能否成立问题。根据《最高人民法院关于建设工程价款优先受偿权问题的批复》第 3 条规定，能够行使建设工程价款优先受偿权的权利范围不包括因发包人违约导致的损失。而从前述中铁公司在本案中被支持的诉请款项来看，包括因瑞讯公司违约给其造成的停窝工损失和材料价差损失两项，均不属于建设工程价款优先受偿权的权利行使范围，

故一审法院未予支持中铁公司主张对案涉工程项目享有优先受偿权的请求，并无不当。中铁公司主张对案涉工程项目享有优先受偿权的该项上诉请求，无事实及法律依据，应予驳回。

典型案例 2

宋某与北京盛和发房地产开发有限公司、广东粤财投资控股有限公司、北京城乡建设集团有限责任公司商品房预售合同纠纷案

【案件来源】《最高人民法院公报》2013 年第 3 期

【审理法院】最高人民法院

【案件案号】(2011)民提字第 331 号

【裁判日期】2011 年 12 月 16 日

【裁判摘要】1. 买受人与开发商均主张双方之间存在真实有效的商品房买卖关系，并依据《最高人民法院关于建设工程价款优先受偿权问题的批复》第 2 条“消费者交付购买商品房的全部或者大部分款项后，承包人就该商品房享有的工程价款优先受偿权不得对抗买受人”的规定，对抗承包人建设工程价款请求权，但在签订购房合同、支付购房款等重要事实上存在众多疑点，双方多次陈述不一、前后矛盾，据以认定双方之间存在真实的商品房买卖关系的依据明显不足。在此情况下，买受人请求开发商按照商品房买卖合同约定，办理房屋过户登记的，应予驳回。2. 商品房买受人主张优先权对抗承包人须证据充分，应充分举证证明双方之间存在真实的商品房买卖关系。

典型案例 3

湖南协和建设有限公司、株洲市汉华房地产开发有限公司建设工程施工合同纠纷案

【案件来源】《民事审判指导与参考》第 73 辑

【审理法院】最高人民法院

【案件案号】(2017)最高法民再 389 号

【裁判日期】2017 年 12 月 22 日

【裁判要点】建设工程优先受偿的对象是工程折价或者拍卖价款，而工程须折价或者拍卖的前提是发包人逾期不支付工程价款。当发包人支付工程价款已届履行期时，

承包人通过诉讼要求支付工程款才可能得到支持，并相应主张优先受偿权才有意义，故建设工程优先受偿权宜从发包人应付工程款期间届满之日起算。在认定该优先受偿权的行使期限时，应当尊重当事人之间关于支付工程价款期限的约定，优先受偿权行使期限的起算点，不应早于当事人之间约定的工程价款支付期限，以保证实现该优先权权能。

典型案例 4

华宇广泰建工集团松原建筑有限公司与东北农业生产资料有限公司及松原市博翔房地产开发有限公司案外人执行异议之诉申请再审案

【案件来源】《民事审判指导与参考》总第 72 辑

【审理法院】最高人民法院

【案件案号】(2017)最高法民申 2130 号

【裁判日期】2017 年 6 月 29 日

【裁判摘要】1. 建设工程价款优先受偿权是以建设工程折价、拍卖的交换价值担保债权的实现，本质上是债权实现的优先顺位权。人民法院对生效判决确认债权的强制执行并不必然妨害建设工程价款优先受偿权的实现，案外人不能以其对被执行的建设工程享有优先受偿权为由要求停止执行，而应当在执行程序中向执行法院提出优先受偿主张。若案外人提出的优先受偿主张未获支持，其可以根据《民事诉讼法司法解释》第 512 条的规定，对分配方案提出书面异议以及提出“执行分配方案异议之诉”。2. 案外人执行异议之诉的根本目的在于解决能否排除执行的问题，确权只是排除执行的附带功能，若案外人对执行标的物享有的实体权利不足以排除强制执行，人民法院在执行异议之诉中不能单独针对案外人的确权请求作出确权判项。3. 执行异议之诉的实质为“执行标的异议”之诉，应围绕“执行标的异议”进行审理。当事人、利害关系人在已经提起的执行异议之诉中又提出执行行为、执行程序违法的主张，不属于执行异议之诉的审理范围，其应依据《民事诉讼法》第 225 条的规定，提出执行行为异议、申请复议或者申请执行监督。

典型案例5

陕西建工集团第五建筑工程有限公司与陕西铠达投资集团有限公司建设工程施工合同纠纷上诉案

【案件来源】《民事审判指导与参考》,人民法院出版社总第55辑(2013.3)

【审理法院】最高人民法院

【裁判摘要】建设工程施工合同具有一定的特殊性,施工人的劳动与建筑材料已经物化到建筑工程中,从建设工程优先受偿保护施工人的立法本意出发,合同解除后,承包人对于涉案工程仍享有优先受偿权。

第三节 实务操作指南

一、优先权的行使期限

(一)合同法关于优先权的规定缺少可操作性

《合同法》第286条规定:"发包人未按照约定支付价款的,承包人可以催告发包人在合理期限内支付价款。发包人逾期不支付的,除按照建设工程的性质不宜折价、拍卖的以外,承包人可以与发包人协议将该工程折价,也可以申请人民法院将该工程依法拍卖。建设工程的价款就该工程折价或者拍卖的价款优先受偿。"

合同法提出建设工程价款优先权有其积极意义,尤其是在我国目前建筑市场不规范、拖欠工程款现象普遍存在的现实情况下,有利于保护建设工程承包方的利益,而建筑市场又吸纳了大量的农民工,也有利于保护农民工的基本权益,更有利于社会稳定。但不可否认的是,合同法的规定过于原则,没有具体规定优先权行使的条件、程序、期限、限制,缺少可操作性,这是司法实践中面临的一大障碍。

(二)《关于建设工程价款优先受偿权问题的批复》第4条优先受偿权行使期限在司法实务中的困惑

为了解决司法实践中对于《合同法》第286条的理解与适用,最高人民法院2002年7月29日公布了《关于建设工程价款优先受偿权问题的批复》,该《关于建设工程价款优先受偿权问题的批复》第4条规定:"建设工程承包人行使优先权的期限为六个月,自建设工程竣工之日或者建设工程合同约定的竣工之日起计算。"

《关于建设工程价款优先受偿权问题的批复》第4条在司法实务具体适用过程中,也需要进一步深入研究,如果竣工日期或者约定的竣工日期与付款日期相同,则工程竣工之日即为欠付工程款之日,适用《关于建设工程价款优先受偿权问题的批复》第4条自然没有问题,但在现实施工合同履行中,工程竣工后,拖延决算或者拒绝结算的情况比比皆是,或者施工完成一部分,因各方面原因,导致合同无法履行,工程根本无法按时进行竣工验收,也无法进行决算,此时如果仍然适用《关于建设工程价款优先受偿权问题的批复》第4条规定,则明显不利于保护承包人的合法利益,纵容了发包人的违法违约行为。

该《关于建设工程价款优先受偿权问题的批复》虽然较法条具体一些,但在实践中存在一些问题,虽然规定了优先权行使期限,但关于起算点的规定在司法实践中引起很大困惑,也没有提出关于合同解除后,工程无法在合同约定的时间内竣工,优先权如何行使、非因承包人原因导致合同未能在合同约定的期限内竣工如何行使优先权、竣工日期或者约定的竣工日期早于工程款支付期限优先权期限如何起算等问题如何解决。

(三)司法实务中的观点

关于优先权行使的期限,司法中出现两种观点:

一是绝对说。该观点认为《关于建设工程价款优先受偿权问题的批复》(以下简称"《批复》")规定建设工程承包人行使优先权的期限自建设工程竣工之日或者建设工程合同约定的竣工之日起6个月,该6个月为绝对期间,即为除斥期间,不得延长、中止、中断,只要自建设工程竣工之日或者建设工程合同约定的竣工之日起6个月承包人未行使优先受偿权,该期间经过,则承包人丧失优先权。

二是相对适用说。该观点认为①虽然《批复》规定优先权的行使期限为自建设工程竣工之日或者建设工程合同约定的竣工之日起6个月,但不能因此认为在具体案件中,不能采用其他的时间点作为优先权行使期限的起算点。对于该起算点,不能违背法律规定优先权的立法目的。在当事人之间对工程竣工时间或者工程款支付时间存在特别约定时,应当优先适用该约定,合理确定承包人行使优先权期限的起算点。

我们认为相对适用说更符合立法目的。从《合同法》第286条规定的逻辑顺序来看,建设工程优先受偿权的行使前提是应当支付工程款而未支付,如果给付时间不到,发包人可以拒绝给付,根本谈不上适用优先受偿权的问题;时间届满,发包人逾期支付的,经过承包人合理催告,发包人仍不支付的,以工程折价或拍卖该工程的价款优先受偿,即此时适用优先权才有意义。如果竣工日期或约定的竣工日期与付款日期一致,则可以适用《批复》第4条的规定,如果付款日期晚于竣工日期,则不能机械地适用《批复》第4条规定,而要从保护承包人工程价款优先权的立法目的出发,尊重当事关于工程款的约定,从应付工程款届满之日起算优先权的期限。

一些新的司法裁判观点值得借鉴,②即建设工程价款优先受偿权的行使期间的起算点为应当支付工程款时。该裁决观点认为:建设工程优先受偿的对象是工程折价或者拍卖价款,而工程需折价或者拍卖的前提是发包人逾期不支付工程价款。当发包人支付工程价款义务已届履行期时,承包人通过诉讼手段要求支付工程款才可能得到支持,并相应主张优先受偿

---

① 参见最高人民法院民事审判一庭编著:《民事审判指导与参考》,人民法院出版社总第73辑(2018.1),第157页。

② 参见最高人民法院民事审判一庭编著:《民事审判指导与参考》,人民法院出版社总第73辑(2018.1),湖南协和建设有限公司、株洲市汉华房地产开发有限公司建设工程施工合同纠纷案。

权才有意义,故建设工程优先受偿权行使期限宜从发包人应付工程款期间届满之日起算。在认定该优先受偿权的行使期限时,应当尊重当事人之间关于支付工程价款期限的约定,优先受偿权行使期限的起算点,不应早于当事人之间约定的工程价款支付期限,以保证实现该优先权权利。

最高人民法院民一庭的观点也认为,①当事人约定的工程款支付时间晚于工程竣工之日,承包人行使优先权的期限不应从工程竣工之日起算。

(四)合同解除情况下优先权行使期限的计算

1. 合同解除的情况下,承包人仍享有优先权

本章第二节典型案例5"陕西建工集团第五建筑工程有限公司与陕西铠达投资集团有限公司建设工程施工合同纠纷上诉案"中即采纳该观点。

有观点指出,②"从逻辑上讲,建设工程优先受偿权的产生应当是发包人应当给付工程款而未给付之时,是否由于承包人的原因导致合同未在约定的期限内竣工,还是由于发包人的原因导致合同解除,这是违约责任应当解决的问题,而与优先受偿权的行使期限无关"。

笔者同意上述观点,道理很简单,建设工程价款优先权解决的是在欠付工程款范围内就折价或拍卖该工程款优先受偿,只要欠付工程款,且届至付款期限未付,承包人即享有优先受偿权,至于承包人是否违约则在所不问。严格意义上讲,工程款是双方最终解决了全部争议后的净工程款,如果建设工程不合格,又不能修复,即使判决优先受偿权,也无履行的必要,因为不合格的工程无法使用,双方解决的是赔偿责任问题。

2. 合同解除情况下,优先权的起算时间

笔者认为,也不能认定优先权应当自合同解除之日起计算6个月,同理,从立法目的考虑,还应当认定自付款条件成就之日起计算6个月。

(五)优先权的行使期限属于除斥期间

笔者认为,工程价款优先受偿权的期限应当属于除斥期间,理由如下:建设工程价款优先受偿权属于法定的特殊不动产优先权,由法律直接规定,且无须公示。为了促使权利人及时行使权利,不能使该权利长期处于不稳定状态,因此不能适用中止、中断、延长的情形;诉讼时效适用于请求权,建设工程价款优先受偿权不需要借助他人的行为,由权利人向人民法院提出,含有支配权的因素,而非请求权的性质。

(六)《建设工程施工合同司法解释(二)》对优先权的行使期限予以明确

《建设工程施工合同司法解释(二)》在总结多年司法审判经验的基础上,吸收了理论研究成果,结合建设工程的实际情况,对《批复》进行完善,对《合同法》第286条予以明确,解决了司法裁决不统一的问题,避免了脱离建设施工合同实际情况,有利于保护承包人的优先受

---

① 参见最高人民法院民事审判一庭编著:《民事审判指导与参考》,人民法院出版社总第73辑(2018.1),第156~159页。

② 最高人民法院民事审判一庭编著:《民事审判指导与参考》,人民法院出版社总第73辑(2018.1),第215页。

偿权，也有利于平衡各方利益，促使承包人行使权利。

《建设工程施工合同司法解释（二）》第22条规定："承包人行使建设工程价款优先受偿权的期限为六个月，自发包人应当给付建设工程价款之日起算。"

二、行使优先权的策略

（一）在建设施工合同纠纷中要提出优先权的诉讼请求

在目前情况下，建设单位尤其是民营房地产开发企业，资金紧张，融资困难，融资成本高，借用高利贷的情况也不少见，建设工程领域普遍存在垫资、拖欠工程款的现象，造成了施工企业巨大的资金压力，施工企业又拖欠实际施工人、农民工的工程款。同时相当一部分建设工程还存在银行抵押权。一旦建设单位出现资金链断裂的情况，根本无力支付工程款，除建设工程在银行的抵押权外，可能还面临巨额的高利贷。施工企业的工程款支付难度大，很多情况下，即使打赢官司，也很难执行应得款项。建设工程优先受偿权是对承包人的特殊保护，承包人要充分利用法律，提出建设工程优先权的诉讼请求。

（二）承包人尤其要注意优先权的行使期限

我们前文已经论述过，《关于建设工程价款优先受偿权问题的批复》第4条引起司法实践中的困惑，虽然最高法院有判决也有观点认为优先权行使期限应当为支付工程款之时，但笔者建议承包人不要冒这种风险，司法实务界目前有两种裁判观点，如果严格按照《批复》第4条规定的工程竣工之日或约定的竣工之日起算，也符合《关于建设工程价款优先受偿权问题的批复》的规定，但中国实行的不是判例法，上级法院的裁判观点对下级法院只能是参考，而不是必须适用，建设工程涉及各方巨大利益，不得不慎重对待。

目前《建设工程施工合同司法解释（二）》第22条对上述问题已经予以明确，很多承包人对法律不熟悉，但法律工作者要向企业明确提示风险，及时维护合法权益，避免重大利益损失。

（三）善攻者攻于九天之上，向"假消费者"亮剑

在建设工程优先权纠纷中，承包人的真正对手不是发包人，也不是银行，而是向发包人放贷的职业放贷人，银行享有抵押权，一般情况下，银行贷款回款基本有保证，但职业放贷人没有任何抵押，一旦建设单位资金链断裂，其债权也是普通债权，面临巨大风险，职业放贷人很多时候也与开发商签订大量的《商品房买卖合同》，且其利用《关于建设工程价款优先受偿权问题的批复》第2条保护消费者的规定，大做文章，主要手法有：一是否定承包人的优先权，尤其从优先权行使期限方面下手，而且容易得手；二是利用《关于建设工程价款优先受偿权问题的批复》第2条，利用其掌握建设单位的优势，坐实支付购房款全部或大部分购房款的证据，以消费者的身份排除承包人的优先权。

本章第二节典型案例2"宋某与北京盛和发房地产开发有限公司、广东粤财投资控股有限公司、北京城乡建设集团有限责任公司商品房预售合同纠纷案"对广大承包人有很强的借鉴意义，揭开"假消费者"的面纱，正本清源，维护当事人合法权益。

(四)在建设工程施工合同纠纷中,要保全案涉建设工程

对于承包人来讲,保全案涉工程很重要,有利于在诉讼阶段不致案涉工程被评估拍卖,因为建设施工合同纠纷周期长,常常涉及各种相关鉴定,历经一审、二审、再审,一场诉讼下来,需要几年时间,此时建设工程可能早已进入了评估拍卖程序,而承包人尚未取得优先受偿权的生效判决,即使取得生效的优先受偿权的判决,如果案涉工程已经拍卖或者抵偿申请执行人,优先受偿权的生效判决也无法执行。

因此在诉讼前或诉讼中,对案涉工程予以保全,可以避免案涉工程在短时间内被评估拍卖。

本章第二节典型案例4“华宇广泰建工集团松原建筑有限公司与东北农业生产资料有限公司及松原市博翔房地产开发有限公司案外人执行异议之诉申请再审案”值得借鉴。

第四节　法律法规整合

一、《合同法》

第286条　发包人未按照约定支付价款的,承包人可以催告发包人在合理期限内支付价款。发包人逾期不支付的,除按照建设工程的性质不宜折价、拍卖的以外,承包人可以与发包人协议将该工程折价,也可以申请人民法院将该工程依法拍卖。建设工程的价款就该工程折价或者拍卖的价款优先受偿。

二、《最高人民法院关于建设工程价款优先受偿权问题的批复》

上海市高级人民法院:

你院沪高法〔2001〕14号《关于合同法第286条理解与适用问题的请示》收悉。经研究,答复如下:

1. 人民法院在审理房地产纠纷案件和办理执行案件中,应当依照《中华人民共和国合同法》第二百八十六条的规定,认定建筑工程的承包人的优先受偿权优于抵押权和其他债权。

2. 消费者交付购买商品房的全部或者大部分款项后,承包人就该商品房享有的工程价款优先受偿权不得对抗买受人。

3. 建筑工程价款包括承包人为建设工程应当支付的工作人员报酬、材料款等实际支出的费用,不包括承包人因发包人违约所造成的损失。

4. 建设工程承包人行使优先权的期限为六个月,自建设工程竣工之日或者建设工程合同约定的竣工之日起计算。

5. 本批复第一条至第三条自公布之日起施行,第四条自公布之日起六个月后施行。

此复。

三、《建设工程施工合同司法解释(二)》

第17条　与发包人订立建设工程施工合同的承包人,根据合同法第二百八十六条规定

请求其承建工程的价款就工程折价或者拍卖的价款优先受偿的,人民法院应予支持。

第18条　装饰装修工程的承包人,请求装饰装修工程价款就该装饰装修工程折价或者拍卖的价款优先受偿的,人民法院应予支持,但装饰装修工程的发包人不是该建筑物的所有权人的除外。

第19条　建设工程质量合格,承包人请求其承建工程的价款就工程折价或者拍卖的价款优先受偿的,人民法院应予支持。

第20条　未竣工的建设工程质量合格,承包人请求其承建工程的价款就其承建工程部分折价或者拍卖的价款优先受偿的,人民法院应予支持。

第21条　承包人建设工程价款优先受偿的范围依照国务院有关行政主管部门关于建设工程价款范围的规定确定。

承包人就逾期支付建设工程价款的利息、违约金、损害赔偿金等主张优先受偿的,人民法院不予支持。

第22条　承包人行使建设工程价款优先受偿权的期限为六个月,自发包人应当给付建设工程价款之日起算。

第23条　发包人与承包人约定放弃或者限制建设工程价款优先受偿权,损害建筑工人利益,发包人根据该约定主张承包人不享有建设工程价款优先受偿权的,人民法院不予支持。

第九章　建设工程分包合同纠纷

第一节　法律要点详解

一、建设工程分包合同的定义

《合同法》第272条规定:“发包人可以与总承包人订立建设工程合同,也可以分别与勘察人、设计人、施工人订立勘察、设计、施工承包合同。发包人不得将应当由一个承包人完成的建设工程肢解成若干部分发包给几个承包人。总承包人或者勘察、设计、施工承包人经发包人同意,可以将自己承包的部分工作交由第三人完成。第三人就其完成的工作成果与总承包人或者勘察、设计、施工承包人向发包人承担连带责任。……”根据该规定可知,建设工程分包,是指工程的承包方,包括勘察人、设计人、施工人经发包人同意后,依法将其承包的部分工程交给第三人完成的行为。《房屋建筑和市政基础设施工程施工分包管理办法》对建设施工分包进行了分类和系统的解释,其中第4条规定:“本办法所称施工分包,是指建筑业企业将其所承包的房屋建筑和市政基础设施工程中的专业工程或者劳务作业发包给其他建筑业企业完成的活动。”由此可见,建设工程的分包合同在符合法定条件的情况下是合法有效的,即法律允许建设工程的合法分包。

二、建设工程分包的注意事项

《建筑法》第29条规定:“建筑工程总承包单位可以将承包工程中的部分工程发包给具有相应资质条件的分包单位;但是,除总承包合同中约定的分包外,必须经建设单位认可。施工总承包的,建筑工程主体结构的施工必须由总承包单位自行完成。建筑工程总承包单位按照总承包合同的约定对建设单位负责;分包单位按照分包合同的约定对总承包单位负责。总承包单位和分包单位就分包工程对建设单位承担连带责任。禁止总承包单位将工程分包给不具备相应资质条件的单位。禁止分包单位将其承包的工程再分包。”该条以及《合同法》第272条均严格规定了建设工程合同合法分包的强制性条件,总结两项规定,建设工程分包应当注意的事项包括如下几个方面:

1. 工程分包必须经过发包人的同意,承包人将自己承包的部分工作交由第三人完成,第三人就其完成的工作成果与总承包人或者勘察、设计、施工承包人向发包人承担连带责任。这是建设工程合法分包的前置条件,该前置条件约束的是合法分包行为要取得发包方的同意,当然不包括发包人与承包人合谋违法分包工程的行为,若发包人对违法分包的情况是明知或故意追求的情况下,发包人与违法分包人在主观上构成恶意串通,可能因此导致涉案合同归于无效。

2. 建设工程主体结构的施工必须由承包人自行完成,且只能分包一次,即禁止分包单位将其承包的工程再分包。建设工程主体结构是决定建设工程的质量的核心因素,因此,法律禁止将建设工程主体结构的施工予以分包,建设工程主体结构必须由承包人自行完成,禁止承包单位将其承包的全部建筑工程转包给他人,禁止承包单位将其承包的全部工程肢解以后以分包的名义分别转包给他人。

3. 分包人须具备相应建设资质条件,即禁止承包人将工程分包给不具备相应资质条件的单位。关于具备相应资质对建设工程合同效力的规制作用,《合同法》、《建筑法》和《建设工程质量管理条例》中均予以规定,该部分内容将在下文详细阐述。

三、建设工程违法分包的表现形式

《合同法》第 272 条第 2 款、第 3 款分别对承包人将建设工程转包、分包给不具备相应资质的单位,再分包和将主体工程分包等行为做了禁止性规定。《建设工程施工合同司法解释(一)》第 1 条和第 4 条分别对没有资质的实际施工人借用有资质的建筑施工企业名义签订的施工合同、承包人非法转包和违法分包的情形作出了禁止性规定。《建筑法》第 29 条第 3 款将分包给不具备相应资质条件的单位和再分包列入禁止范围。从《合同法》、《建筑法》与《建设工程施工合同司法解释(一)》的规定可以看出,法律明确禁止的分包情形包括将工程分包给不具有相应资质单位的行为、将工程主体结构分包、再分包 3 种情形,但是上述法律规定并没有明确指出违法分包的概念以及种类,违法分包这个概念源自《建设工程质量管理条例》第 78 条,该条在总结上述法律规定的基础上,对违法分包的种类以及表现形式作出了详细的划分。

《建设工程质量管理条例》第 78 条规定:"……本条例所称违法分包,是指下列行为:(一)总承包单位将建设工程分包给不具备相应资质条件的单位的;(二)建设工程总承包合同中未有约定,又未经建设单位认可,承包单位将其承包的部分建设工程交由其他单位完成的;(三)施工总承包单位将建设工程主体结构的施工分包给其他单位的;(四)分包单位将其承包的建设工程再分包的。……"根据该规定可知,违法分包的 4 种具体情形,分别涵盖了《合同法》第 272 条规定的将工程分包给不具备相应资质的单位、将工程主体结构的分包、再分包以及《建筑法》第 29 条规定的承包人未经发包人同意将工程分包的 4 种情形。《房屋建筑和市政基础设施工程施工分包管理办法》第 14 条再次禁止将承包的工程进行违法分包。且再次明确违法分包的情形包括:(一)分包工程发包人将专业工程或者劳务作业分包给不具备相应资质条件的分包工程承包人的;(二)施工总承包合同中未有约定,又未经建设单位认可,分包工程发包人将承包工程中的部分专业工程分包给他人的。

除了《建设工程质量管理条例》第 78 条以及《房屋建筑和市政基础设施工程施工分包管理办法》第 14 条规定的违法分包情形之外,需要特殊强调的一个情形便是总承包企业将工程项目肢解后全部分包。《合同法》第 272 条第 2 款规定:"……承包人不得将其承包的全部建设工程转包给第三人或者将其承包的全部建设工程肢解以后以分包的名义分别转包给第三人。"总承包企业将建设工程肢解后全部分包的实质是转包,但其与各承建分包工程的主体之间是分包的关系。因此,基于该种交叉的法律关系,我国立法将此种行为定义为转包的表现形式,但同时也是违法分包的形式之一。

第二节　权威案例指导

典型案例

大连恒达机械厂与普兰店市宏祥房地产开发有限公司、大连成大建筑劳务有限公司等建设工程施工合同纠纷申请再审民事裁定书

【审理法院】最高人民法院

【案件案号】(2015)民申字第919号

【裁判日期】2015年5月12日

【裁判摘要】1.《建设工程施工合同司法解释(一)》第26第1款规定“实际施工人以转包人、违法分包人为被告起诉的,人民法院应当依法受理”,2.按合同约定提供的是专业技术安装工程并非是普通劳务作业,被拖欠的工程款并非劳务分包费用,属于违法分包工程,主体为违法分包人,并非为实际施工人。

第三节　实务操作指南

一、在违法分包案件中,发包人与承包人之间的合同效力认定

《建设工程施工合同司法解释(一)》第8条第1款第4项规定:“承包人具有下列情形之一,发包人请求解除建设工程施工合同的,应予支持:……(四)将承包的建设工程非法转包、违法分包的。”该法条规定的是承包人与发包人之间的合同关系,即承包人将承包的建设工程违法分包的,发包人有权请求解除建设工程施工合同。“解除合同”一词决定了发包方与承包方的合同的有效性。首先,发包方与承包方的合同不存在无效因素,认定合同无效不符合《合同法》的法理基础和原则。虽然《建设工程施工合同司法解释(一)》规定了违法分包行为无效,但承包人自身具备《建筑法》规定的施工资质,其与发包人之间签订合同也不存在其他无效因素,认定合同无效没有法律依据。其次,违法分包行为在时间逻辑上是发生在发包人与承包人的合同签订后,即属于建设工程施工合同的履行因素,该履行的不合法并非在合同签订时存在,而合同无效系自始无效,若以此理由认定发包方与承包方的合同无效显然存有逻辑矛盾,且于法律规定不相符。最后,如果发包人明知或者积极追求承包人非法转包、违法分包工程的,应视为发包人与承包人双方故意规避法律对施工资质要求的强制性规定,可以认定合同无效。因此,在违法分包案件中,发包人与承包人之间的合同不宜认定为无效合同,除非发包人明知或积极追求承包人违法分包工程的后果,则可能导致合同因恶意串通损害第三

人利益而导致无效。

二、承包人在将工程违法分包的情况下签订分包合同的效力

根据《建设工程施工合同司法解释(一)》第4条规定:"承包人非法转包、违法分包建设工程或者没有资质的实际施工人借用有资质的建筑施工企业名义与他人签订建设工程施工合同的行为无效。人民法院可以根据民法通则第一百三十四条规定,收缴当事人已经取得的非法所得。"该法条规定了承包人非法转包建设工程的行为无效,即其与违法分包人之间的合同效力系无效的,人民法院可以根据《民法通则》第134条规定,收缴当事人已经取得的非法所得,因此,承包人在将工程违法分包情况下所签订的分包合同是无效的。

第四节　法律法规整合

一、《合同法》

第272条　发包人可以与总承包人订立建设工程合同,也可以分别与勘察人、设计人、施工人订立勘察、设计、施工承包合同。发包人不得将应当由一个承包人完成的建设工程肢解成若干部分发包给几个承包人。

总承包人或者勘察、设计、施工承包人经发包人同意,可以将自己承包的部分工作交由第三人完成。第三人就其完成的工作成果与总承包人或者勘察、设计、施工承包人向发包人承担连带责任。承包人不得将其承包的全部建设工程转包给第三人或者将其承包的全部建设工程肢解以后以分包的名义分别转包给第三人。

禁止承包人将工程分包给不具备相应资质条件的单位。禁止分包单位将其承包的工程再分包。建设工程主体结构的施工必须由承包人自行完成。

二、《建设工程施工合同司法解释(一)》

第4条　承包人非法转包、违法分包建设工程或者没有资质的实际施工人借用有资质的建筑施工企业名义与他人签订建设工程施工合同的行为无效。人民法院可以根据民法通则第一百三十四条规定,收缴当事人已经取得的非法所得。

第7条　具有劳务作业法定资质的承包人与总承包人、分包人签订的劳务分包合同,当事人以转包建设工程违反法律规定为由请求确认无效的,不予支持。

第8条　承包人具有下列情形之一,发包人请求解除建设工程施工合同的,应予支持:

(一)明确表示或者以行为表明不履行合同主要义务的;

(二)合同约定的期限内没有完工,且在发包人催告的合理期限内仍未完工的;

(三)已经完成的建设工程质量不合格,并拒绝修复的;

(四)将承包的建设工程非法转包、违法分包的。

三、《房屋建筑和市政基础设施工程施工分包管理办法》

第4条 本办法所称施工分包，是指建筑业企业将其所承包的房屋建筑和市政基础设施工程中的专业工程或者劳务作业发包给其他建筑业企业完成的活动。

第8条 分包工程承包人必须具有相应的资质，并在其资质等级许可的范围内承揽业务。

严禁个人承揽分包工程业务。

第9条 专业工程分包除在施工总承包合同中有约定外，必须经建设单位认可。专业分包工程承包人必须自行完成所承包的工程。

劳务作业分包由劳务作业发包人与劳务作业承包人通过劳务合同约定。劳务作业承包人必须自行完成所承包的任务。

第14条 禁止将承包的工程进行违法分包。下列行为，属于违法分包：

（一）分包工程发包人将专业工程或者劳务作业分包给不具备相应资质条件的分包工程承包人的；

（二）施工总承包合同中未有约定，又未经建设单位认可，分包工程发包人将承包工程中的部分专业工程分包给他人的。

四、《建筑法》

第24条 提倡对建筑工程实行总承包，禁止将建筑工程肢解发包。

建筑工程的发包单位可以将建筑工程的勘察、设计、施工、设备采购一并发包给一个工程总承包单位，也可以将建筑工程勘察、设计、施工、设备采购的一项或者多项发包给一个工程总承包单位；但是，不得将应当由一个承包单位完成的建筑工程肢解成若干部分发包给几个承包单位。

第28条 禁止承包单位将其承包的全部建筑工程转包给他人，禁止承包单位将其承包的全部建筑工程肢解以后以分包的名义分别转包给他人。

第29条 建筑工程总承包单位可以将承包工程中的部分工程发包给具有相应资质条件的分包单位；但是，除总承包合同中约定的分包外，必须经建设单位认可。施工总承包的，建筑工程主体结构的施工必须由总承包单位自行完成。

建筑工程总承包单位按照总承包合同的约定对建设单位负责；分包单位按照分包合同的约定对总承包单位负责。总承包单位和分包单位就分包工程对建设单位承担连带责任。

禁止总承包单位将工程分包给不具备相应资质条件的单位。禁止分包单位将其承包的工程再分包。

第十章　建设工程监理合同纠纷

【一级案由】合同、无因管理、不当得利纠纷
【二级案由】合同纠纷
【三级案由】建设工程合同纠纷
【四级案由】建设工程监理合同纠纷

第一节　法律要点详解

我国的建设工程监理制度于1988年8月12日原建设部在北京召开建设监理试点工作会议(第一次全国建设监理工作会议)开始起步,5年后逐步推行。1997年《中华人民共和国建筑法》明确规定,“国家推行建筑工程监理制度。国务院可以规定实行强制监理的建筑工程的范围”。从那时起,我国建设工程监理制度进入全面推行和逐步成熟阶段。

一、建设工程监理合同的概念

建设工程监理合同,是指由具有法定资质条件的工程监理单位与发包人签订的明确建设工程监理中双方权利义务的协议。所谓工程监理,是指工程监理单位根据发包人的委托,依照法律、行政法规及其他有关的建设工程技术标准、设计文件和建设工程合同,在施工阶段对建设工程质量、进度、造价进行控制,对合同、信息进行管理,对工程建设相关方的关系进行协调,并履行建设工程安全生产管理法定职责的服务活动。

二、建设工程监理合同的性质

在《合同法》中,建设工程监理合同规定在第16章“建设工程合同”中。在最高人民法院《民事案由规定》中,建设工程监理合同也规定在“建设工程合同纠纷”这个三级案由下。因此,一般人会认为其理所应当属于建设工程合同。

但是,《合同法》第276条规定:建设工程实行监理的,发包人应当与监理人采用书面形式订立委托监理合同。发包人与监理人的权利和义务以及法律责任,应当依照本法委托合同以及其他有关法律、行政法规的规定。由此可知,建设工程监理合同本质上应该属于委托合同,在实践中,遇有监理合同纠纷,应当首先适用《合同法》中关于委托合同的规定处理。

三、建设工程监理合同的特征

（1）监理合同的当事人双方应当是具有民事权利能力和民事行为能力、取得法人资格的企事业单位、其他社会组织、个人，只有在法律允许的范围内才可以成为合同当事人。

（2）监理人必须是依法成立具有法人资格的监理单位，并取得相应等级的资质证书，且所承担的工程监理业务应与单位资质相符合。

（3）监理合同的订立必须经过公开招投标程序。

（4）委托监理合同的标的是服务，与工程建设实施阶段的其他合同不同，勘察设计合同、施工合同、装饰装修合同等合同的标的是有形的成果，而监理合同的标的是服务，即监理工程师凭借自己的知识、经验、技能为相关建设工程提供监督和管理。因此《合同法》将监理合同划入委托合同的范畴。

四、必须实行监理的建设工程范围

根据相关法律规定，并非所有的建设工程项目均需要实行工程监理，必须实行工程监理的建设工程包括以下几项：

（1）国家重点建设工程；

（2）大中型公用事业工程；

（3）成片开发建设的住宅小区工程；

（4）利用外国政府或者国际组织贷款、援助资金的工程；

（5）国家规定必须实行监理的其他工程。

除此之外的建设工程项目是否实行工程监理，由当事人自行约定。

五、实践中的相关问题

1. 监理单位超资质承担监理业务、允许他人挂靠经营，以及违法转让监理业务等行为所签订的合同效力问题

实践中，以上三种行为都涉及监理企业资质的问题。《建设工程质量管理条例》第 34 条对以上三种行为做了明确的禁止规定，因此，根据《合同法》第 52 条“违反法律法规强制性规定的合同无效”的规定，可以直接得出以上三种行为所签订的合同无效的结论。

但是，也有不同的观点认为：应该淡化资质对于合同效力的影响，回归建筑法“保证建筑工程质量和安全”的立法目的，只要工程竣工验收合格，应充分尊重当事人的意思自治，维护经济活动的稳定，对于以上合同无效的主张不予支持，相关法律法规的禁止性规定应作为管理性强制性规定看待。

笔者认为，判断某项规定属于效力性强制性规定还是管理性规定的根本在于违反该规定的行为是否严重侵害国家、集体和社会公共利益，是否需要国家权力对当事人意思自治行为予以干预。对此，我们要正确认识建设工程合同的特殊性，建设工程质量关系人民群众的基本生活，关系国家的基础设施和国民经济的正常运转，所有的工程建设都要坚持“百年大计、质量第一”。监理作为确保工程建设质量和安全、提高工程建设水平的重要环节，是否具有相应的资质是监理单位能否正确履行职能的前提。因此，从这个角度讲，《建设工程质量管理条

例》第34条的禁止性规定应为效力性强制性规定，违反以上规定所签订的合同应当无效。

2. 监理公司的分公司能否使用总公司的资质

根据《公司法》的相关规定，分公司作为总公司的分支机构，没有独立的法律地位，应在总公司的授权范围内开展业务，所产生的法律后果由总公司承担。笔者认为，分公司实质上作为总公司的派出机构，属于总公司的一个部门，在开展业务的时候可以使用总公司的相关资质。因此，作为监理公司的分支机构，可以使用总公司的监理资质开展业务，相关后果由总公司承担。但是，实践中也要注意区分名为分公司，实为挂靠经营的情况。

六、建设工程监理合同纠纷的管辖

因建设工程监理合同纠纷提起的诉讼，由合同履行地人民法院管辖，关于建设工程监理合同的履行地，根据《建设工程施工合同司法解释（一）》第24条的规定，建设工程施工合同以施工行为地为合同履行地。

第二节 权威案例指导

典型案例

苏州工业园区信诚建设工程咨询有限公司与浙江省省直建设工程监理有限公司建设工程监理合同纠纷案

【审理法院】杭州市西湖区人民法院

【案件案号】（2010）杭西民初字第1542号

【裁判日期】2010年12月19日

【裁决要点】根据《建设工程质量管理条例》的规定，工程监理单位应当依法取得相应等级的资质证书，并在其资质等级许可的范围内承担工程监理业务。禁止工程监理单位超越本单位资质等级许可的范围或者以其他工程监理单位的名义承担工程监理业务。禁止工程监理单位允许其他单位或者个人以本单位的名义承担工程监理业务。工程监理单位不得转让工程监理业务。本案中，原告不具备监理资质，其与被告签订的《项目合作协议书》违法上述规定，应属无效。但该工程经竣工验收合格，原告亦曾实际参与执行监理任务，故原告要求被告支付监理费的请求，具有合理性，具体数额可参照《项目合作协议书》的约定比例并结合原告实际履行情况予以确定。

第三节　实务操作指南

监理单位作为建筑行业的特殊主体，是建筑施工过程中的重要环节，国家从法律法规的层面对其进行了严格的规范，作为监理单位和监理从业人员本身，只有充分地了解和掌握相关法律的规定，才能有效地规避经营中可能面临的风险。

一、民事责任

监理单位可能承担的民事法律责任，在《建筑法》第35条和第69条中有明确规定。

1. 不按照委托监理合同的约定履行监理义务，对应当监督检查的项目不检查或者不按照规定检查，给建设单位造成损失的，应当承担相应的赔偿责任。

2. 与承包单位串通，为承包单位谋取非法利益，给建设单位造成损失的，应当与承包单位承担连带赔偿责任。

3. 与建设、施工单位串通、弄虚作假、降低工程质量，造成损失的，承担连带赔偿责任。

二、行政责任

在本书第14编已经详细论述，在此不再重复。

三、刑事责任

《刑法》第137条规定："……工程监理单位违反国家规定，降低工程质量标准，造成重大安全事故的，对直接责任人员，处五年以下有期徒刑或者拘役，并处罚金；后果特别严重的，处五年以上十年以下有期徒刑，并处罚金。"

第四节　法律法规整合

一、《合同法》

第276条　建设工程实施监理的，发包人应当与监理人采用书面形式订立委托监理合同。发包人与监理人的权利和义务以及法律责任，应当依照本法委托合同以及其他有关法律、行政法规的规定。

二、《建筑法》

全文（略）

三、《建设工程安全生产管理条例》

全文（略）

四、《建设工程质量管理条例》

全文(略)

五、《刑法》

第 137 条 建设单位、设计单位、施工单位、工程监理单位违反国家规定,降低工程质量标准,造成重大安全事故的,对直接责任人员,处五年以下有期徒刑或者拘役,并处罚金;后果特别严重的,处五年以上十年以下有期徒刑,并处罚金。

六、《建设工程监理范围和规模标准规定》

全文(略)

七、《国家重点建设项目管理办法》

全文(略)

第十一章　装饰装修合同纠纷

【一级案由】合同、无因管理、不当得利纠纷
【二级案由】合同纠纷
【三级案由】建设工程合同纠纷
【四级案由】装饰装修合同纠纷

第一节　法律要点详解

一、立法背景

《合同法》第269条规定："建设工程合同是承包人进行工程建设，发包人支付价款的合同。建设工程合同包括工程勘察、设计、施工合同。"

《最高人民法院关于装修装饰工程款是否享有合同法第二百八十六条规定的优先受偿权的函复》的内容为："装修装饰工程属于建设工程，可以适用《中华人民共和国合同法》第二百八十六条关于优先受偿权的规定，但装修装饰工程的发包人不是该建筑物的所有权人或者承包人与该建筑物的所有权人之间没有合同关系的除外。享有优先权的承包人只能在建筑物因装修装饰而增加价值的范围内优先受偿。"

《建设工程施工合同司法解释（二）》第18条规定："装饰装修工程的承包人，请求装饰装修工程价款就该装饰装修工程折价或者拍卖的价款优先受偿的，人民法院应予支持，但装饰装修工程的发包人不是该建筑物的所有权人的除外。"

前述函复是就福建省高级人民法院请示的个案答复，本次司法解释将上升为司法解释，更有利于统一裁判尺度，有利于树立司法权威，司法解释删除了"或者承包人与该建筑物的所有权人之间没有合同关系的除外"，更严密周详。

二、装饰装修工程属于建设工程，是施工的一种

（一）装饰装修合同的概念

装饰装修合同，是指建筑装饰装修企业与发包方订立的明确装饰装修中双方权利义务的协议。

《建筑装饰装修工程质量验收规范》的定义，建筑装饰装修，为保护建筑物的主体结构，完善建筑物的使用功能和美化建筑物，采用装饰装修材料或饰物对建筑物的内外表面及空间进

行的各种处理过程。

《建筑法》《建设工程质量管理条例》《招标投标法实施条例》均规定装饰装修属于建设施工的范围。

（二）装饰装修合同的定性

鉴于装饰装修合同应用背景的不同，装饰装修合同的定性在司法实践中仍存在较大争议。对此，笔者根据司法实践情况将装饰装修合同划分为两种类型：第一种是大型的、非家装的装饰装修合同；第二种是小型的、家装的装饰装修合同。

对于大型的、非家装的装饰装修合同，司法实践中虽有过争议，但认识大体一致，认为应当按照建设工程合同处理，参照适用建设工程施工合同纠纷的相关法律规定。

对于小型的、家装的装饰装修合同，司法实践中争议较大，争议集中在此类案件应认定为建筑工程合同、承揽合同还是其他合同。因各类合同对于当事人的权利和义务的规定相差较大，如在举证责任的分配、合同单方解除权等特殊规定上均存在较大差别，故对此问题的认定有较强的现实意义。

根据司法实践情况，我们了解到装修承包方是否具备相应资质与合同的定性紧密相关。若装修承包方具备装修资质，法院一般将涉及装饰装修合同的案件定性为装饰装修合同纠纷或者承揽合同纠纷；若装修承包方不具备装修资质，法院一般将涉及装饰装修合同的案件定性为承揽合同纠纷或劳务合同纠纷。

（三）家庭装饰装修的承包人不适用工程价款优先受偿权

装饰装修分为工装和家庭，工装的承包人适用工程价款优先受偿权，家庭装修不适用工程价款优先受偿权。

《建设工程施工合同司法解释（二）》采纳这一意见，理由主要有：一是家庭装饰装修适用《合同法》关于加工承揽的规定，《建筑法》明确排除了家庭装饰装修的适用，原建设部施行的《住宅室内装饰装修管理办法》的制定依据不包括《建筑法》，《住宅室内装饰装修管理办法》第 2 条第 2 款规定："本办法所称住宅室内装饰装修，是指住宅竣工验收合格后，业主或者住宅使用人（以下简称装修人）对住宅室内进行装饰装修的建筑活动。"对于家庭装饰装修并无资质要求。家庭装饰装修主要适用《合同法》加工承揽的规定。二是认为家庭装饰装修不适用工程价款优先受偿权符合司法解释和司法政策的规定。

三、装饰装修工程中发包人的确认

装饰装修工程的发包人，是指具有工程发包主体资格和支付工程价款能力的当事人，一般是投资建设该项工程的单位，也就是所谓"业主"；承包人是指被发包人接受的具有工程施工承包主体资格的当事人，也就是实施建设工程的勘察、设计、施工等业务的单位，包括对建设工程实施总承包的单位和承包分包工程的单位。①

---

① 最高人民法院民事案由规定课题组编著：《最高人民法院民事案件案由规定理解与适用》，人民法院出版社 2011 年版，第 168 页。

建筑物所有权人可以作为发包人，此外，虽然不是所有权人，但属于有权处分该建筑物的人，包括所有权属于国家，由国家机关、军队、事业单位和国有企业等使用的建筑物的使用权人，或者因为租赁、联营等方式实际占有和使用该建筑的占有人，也可以作为发包人。

对于所有权属于国家，因国家授权而使用房屋的国家机关、军队、事业单位和国有企业等使用权人，与所有权人无异。

因为租赁、联营等方式实际占有和使用该建筑的占有人，作为发包人的情形下，装饰装修承包人的优先受偿权应当受到一定合理限制，即该装饰装修工程未征得所有权人同意担保的前提下，承包人不享有优先受偿权。

四、装饰装修工程的优先受偿权

（一）装饰装修工程的优先受偿权仅限于因装饰装修而使该建筑物增加的价值范围内

因装饰装修而使建筑物增值部分，不等同于装饰装修工程的工程款，也不等同于整个工程的价值，一般情况下，装饰装修工程增加的价值，如果发包人与承包人有约定的从约定。但司法实践中，此种约定很少见。

（二）《建设工程施工合同司法解释（二）》与《最高人民法院关于审理城镇房屋租赁合同纠纷具体应用法律若干问题的解释》的关系

《最高人民法院关于审理城镇房屋租赁合同纠纷具体应用法律若干问题的解释》第9～13条涉及承租人装饰装修有关附合和未形成附合的装饰装修物分别适用不同的处理规则，虽然未规定优先受偿权，但其一些处理值得《建设工程施工合同司法解释（二）》借鉴。

第二节　权威案例指导

典型案例1

庆阳市瑞骏工贸有限公司与庆阳兴盛装饰有限公司装饰装修合同纠纷上诉案

【审理法院】甘肃省庆阳市中级人民法院

【案件案号】（2014）庆中民终字第495号

【裁判日期】2014年10月20日

【裁判要点】1. 竣工验收指建设工程项目竣工后开发建设单位会同设计、施工、设备供应单位及工程质量监督部门，对该项目是否符合规划设计要求以及建筑施工和设备安装质量进行全面检验，取得竣工合格资料、数据和凭证。2. 建设工程应经竣工验收后交给发包人使用，若未经竣工验收，发包人擅自使用的，一般视为其对建设工程质量的认可,发包人使用后,再以工程存在质量问题主张权利的一般不被支持。但是承包人应当在建设工程的合理使用寿命内对地基基础工程和主体结构质量承担民事责任。

典型案例2

江苏苏南建设集团有限公司上海分公司诉
上海金钵实业有限公司装饰装修合同纠纷案

【审理法院】上海市浦东新区人民法院

【案件案号】(2010)浦民一(民)初字第21162号

【裁判日期】2011年11月30日

【裁判要点】1.根据《合同法》第8条的规定,依法成立的合同,对当事人具有法律约束力。当事人应当按照约定履行自己的义务,不得擅自变更或者解除合同。因此,当事人双方在平等、自愿基础上签订的合同,不违反相关法律法规的规定,合同合法有效,双方应按照合同约定履行各自的义务。2.合同中约定了施工方逾期竣工应承担相应的违约金,但并未约定发包方逾期竣工的违约责任也按照上述约定来施行,因此,施工方根据上述约定要求发包方承担逾期竣工违约金缺乏合同依据,其主张不能得到支持。

第三节　实务操作指南

一、装饰装修合同纠纷现状

根据司法实践情况分析,装饰装修合同纠纷主要呈现以下4个特点:

(1)合同无效比例高。法律法规明确要求从事室内装饰的企业应当持有《室内装饰企业资质证书》,并依据等级承包不同类型的工程。但司法实践中将工程非法分包、转包给无资质单位和个人的情形相当普遍,导致很多的装饰装修合同因此被认定无效。

(2)实际履约状况认定难。装饰装修合同的主要争议在于施工质量及材料使用等方面是否符合合同约定。由于合同约定本身的模糊性,再加上施工过程中出现的增减项缺乏书面约定,施工数量、质量及材料品牌、等级等往往难以准确认定。

(3)评估鉴定程序启动较少。法院在确定工程数量、施工质量,以及损失认定过程中,通常需要委托专业机构进行评估鉴定。但由于部分评估鉴定可能会破坏已完工部分工程,影响业主居住使用,加之评估鉴定周期长、花费高,实务中委托评估鉴定特别是涉及家装的装饰装修合同纠纷并不常见。

(4)案件调撤率相对较高。由于此类纠纷案件较多存在标的相对不高、合同约定不清、增减项难以确定、评估鉴定"性价比"不高等情形,故法官进行有效释明后,当事人往往更愿意通过调解解决纠纷。

二、装饰装修合同纠纷的管辖法院

(一)司法实践分歧

在司法实践中,关于装饰装修合同纠纷的管辖法院存在一定争议。

第一种观点认为,装饰装修合同纠纷不属于不动产纠纷,不应适用不动产专属管辖。

第二种观点认为,装饰装修合同纠纷属于建设工程施工相关案件,根据法律规定应参照不动产专属管辖确定管辖权。

(二)司法观点辨析

关于装饰装修合同纠纷管辖法院的问题,其争议核心就在于装饰装修合同纠纷是否属于不动产纠纷,是否应根据《民事诉讼法》第 33 条第 1 项的规定由不动产所在地人民法院专属管辖。

《民事诉讼法司法解释》第 28 条规定:"民事诉讼法第三十三条第一项规定的不动产纠纷是指因不动产的权利确认、分割、相邻关系等引起的物权纠纷。农村土地承包经营合同纠纷、房屋租赁合同纠纷、建设工程施工合同纠纷、政策性房屋买卖合同纠纷,按照不动产纠纷确定管辖。不动产已登记的,以不动产登记簿记载的所在地为不动产所在地;不动产未登记的,以不动产实际所在地为不动产所在地。"

根据前述司法解释的规定可以看出,不动产纠纷包括两种类型:第一种类型,是因不动产的权利确认、分割、相邻关系等引起的物权纠纷。第二种类型,是农村土地承包经营合同纠纷、房屋租赁合同纠纷、建设工程施工合同纠纷、政策性房屋买卖合同纠纷,这类纠纷按照不动产纠纷确定管辖。也就是说,装饰装修合同纠纷未被明确列入不动产纠纷范围。从前述司法解释来看,装饰装修合同纠纷仅仅和建设工程施工合同纠纷有所联系。确定装饰装修合同纠纷是否按照不动产专属管辖,关键要看装饰装修合同是否属于建设工程施工合同纠纷范畴。

《民事案件案由规定》中明确了三级案由建设工程合同纠纷下面的四级案由,分别为:(1)建设工程勘察合同纠纷;(2)建设工程设计合同纠纷;(3)建设工程施工合同纠纷;(4)建设工程价款优先受偿权纠纷;(5)建设工程分包合同纠纷;(6)建设工程监理合同纠纷;(7)装饰装修合同纠纷;(8)铁路修建合同纠纷;(9)农村建房施工合同纠纷。

由此可知,装饰装修合同纠纷和建设工程施工合同纠纷并列为建设工程合同纠纷的子案由,两者并无包含关系。前述司法解释只规定了建设工程施工合同纠纷属于不动产纠纷,对装饰装修合同纠纷并未明确规定。

前面提到装饰装修合同分为两类:一类是大型的、非家装的装饰装修;另一类是小型的、家装的装饰装修。因此,笔者倾向认为,装饰装修合同纠纷应当区别对待。对于大型的、非家装的装饰装修合同纠纷,应当参照建设工程施工合同纠纷,按照不动产纠纷确定管辖法院;对于小型的、家装的装饰装修合同纠纷则按照合同纠纷予以管辖，即由被告住所地和合同履行地人民法院管辖。同时，根据《民事诉讼法》第 34 条的规定，合同或者其他财产权益纠纷的当事人可以书面协议选择被告住所地、合同履行地、合同签订地、原告住所地、标的物所在地等与争议有实际联系的地点的人民法院管辖，但不得违反法律对级别管辖和专属管辖的规定。

三、装饰装修合同效力的认定

(一)适用范围

装饰装修合同的认定，应当按照前述的分类方法进行划分，即大型的、非家装的装饰装修合同和小型的、家装的装饰装修合同。

(二)效力的认定

1. 对于大型的、非家装的装饰装修合同效力的认定，在司法实践中争议较小，即参照《建设工程施工合同司法解释(一)》《建设工程施工合同司法解释(二)》的相关规定认定，本编《建设施工合同无效的认定》一章已经详细论述，在此不再重复。

2. 对于小型的、家装的装饰装修合同效力的认定，司法实践中争议较大。

有观点认为，若装修承包方不具备装修资质，则装饰装修合同应认定为无效。其主要依据为《住宅室内装饰装修管理办法》第 22 条的规定："承接住宅室内装饰装修工程的装饰装修企业，必须经建设行政主管部门资质审查，取得相应的建筑业企业资质证书，并在其资质等级许可的范围内承揽工程。"

但也有观点认为，2002 年 11 月 1 日，国务院发布了《关于取消第一批行政审批项目的决定》，该决定已经取消了对室内装饰行业企业资质审查。根据 2003 年 6 月 1 日实施的《全国室内装饰企业资质管理办法》，室内装饰企业资质的认证机构为中国室内装饰协会和经该协会授权的行业组织。换言之，对于室内装饰企业的资质，已由行政审批转变为行业自治。故装修承包方未取得建筑业企业资质，并不构成家庭装饰装修合同无效的理由。

第四节 法律法规整合

一、《建设工程施工合同司法解释(一)》

全文(略)

二、《建设工程施工合同司法解释(二)》

全文(略)

三、《住宅室内装饰装修管理办法》

第 22 条 承接住宅室内装饰装修工程的装饰装修企业，必须经建设行政主管部门资质审查，取得相应的建筑业企业资质证书，并在其资质等级许可的范围内承揽工程。

第十二章　铁路修建合同纠纷

第一节　法律要点详解

一、法律背景

在铁路工程建设中，按照《合同法》的规定，工程建设单位（甲方或发包人、业主）应与承担工程施工的单位（乙方或承包人）签订承发包合同。签订承发包施工合同有利于保护甲乙双方的权益，明确双方的义务，避免甲乙双方在合同履行过程中产生不必要的争议，同时也有利于合同的履行。要确保所签合同的顺利履行，在签订合同前，对要准备签订的合同先进行评审，明确合同双方的权利和义务，对在工程实施阶段可能发生的争议、存在的潜在风险进行防范，避免在履行合同过程中发生争议时，因合同条款不完善而造成不必要的经济损失。所以对合同进行评审，其作用就是有针对性地加强对合同可能存在的风险进行防范和控制，从而维护甲乙双方的合法权益。

二、合同管理

工程建设是一项系统工程，施工合同的管理贯穿于整个工程建设的实施阶段，包括施工招投标、中标后的合同签订、施工准备（合同交底、合同价款分劈及确认）、工程实施（合同履行的跟踪、合同变更、补充合同、处理争议和纠纷、合同管理等）、验收（合同清算和结算、末次计价合同分劈及确认）、后评价等阶段。由此可以看出，签订的项目合同是组织施工的指导性文件，是控制项目成本、验工计价、工程结算、清理概算的依据，也是防范和控制风险的重要依据。同时，采用国家规范的合同文本是开展合同管理、保证合同顺利履行的前提。针对建设项目的规模和特点，在不违反国家法律法规及强制性规定的情况下，可以在所用规范合同文本的基础上，增加或补充甲乙双方约定的有关条款，进一步完善项目合同内容。

三、铁路修建合同纠纷管辖的确定

（一）铁路修建合同纠纷是否适用不动产纠纷专属管辖

《民事诉讼法》第 33 条规定，因不动产纠纷提起的诉讼，由不动产所在地人民法院管辖。《民事诉讼法司法解释》第 28 条规定，不动产纠纷是指因不动产的权利确认、分割、相邻关系等引起的物权纠纷，农村土地承包经营合同纠纷、房屋租赁合同纠纷、建设工程施工合同纠纷、政策性房屋买卖合同纠纷，按照不动产纠纷确定管辖。由此，可以将适用不动产纠纷专属管辖的案件类型分为以下两类：一是物权纠纷，但仅限于因不动产的权利确认、分割、相邻关系等引起的物权纠纷；二是合同纠纷，但仅限于因农村土地承包经营合同、房屋租赁合同、建设工程施工合同、政策性房屋买卖合同所产生的合同纠纷。

司法解释规定了建设工程施工合同纠纷适用不动产纠纷专属管辖，从立法本意探寻，建设工程施工合同的形成是基于不动产，一旦发生纠纷往往涉及建设工程造价评估、质量鉴定、执行拍卖等环节，这些环节在不动产所在地法院进行能够提高效率，并更方便双方当事人，也有利于法院在相同区域内裁判尺度的统一，既有法律效果上的意义又有社会效果上的意义。故适用不动产纠纷专属管辖的建设工程施工合同纠纷，不应限于《民事案件案由规定》的建设工程合同纠纷项下的建设工程施工合同纠纷，应当从广义上进行理解，包括涉及建筑或安装内容的与建设工程施工相关的全部合同纠纷。铁路修建合同，是为满足铁路运输需要，进行铺设铁轨、架设桥梁等行为所签订的合同，施工内容同样包括对工程进行营造，对与工程有关的线路、管道、设备等设施进行安装，亦会面临造价评估、质量鉴定等问题，该类合同纠纷又同属《民事案件案由规定》中建设工程合同纠纷项下的一类，因此，铁路修建合同纠纷应当适用不动产纠纷专属管辖，由不动产所在地法院管辖。

（二）铁路修建合同纠纷是否适用铁路运输法院专门管辖

《最高人民法院关于铁路运输法院案件管辖范围的若干规定》第3条规定，与铁路及其附属设施的建设施工有关的合同纠纷，由铁路运输法院管辖。即铁路修建合同纠纷属于铁路运输法院专门管辖案件。如前所述，铁路修建合同纠纷还应当适用不动产纠纷专属管辖，因此，铁路修建合同纠纷应按照不动产纠纷案件专属管辖规则，在铁路运输法院之间确定管辖法院，由铁路工程所在地的铁路运输法院管辖。

（三）铁路修建合同纠纷可否协议管辖

《民事诉讼法》第34条对合同或者其他财产权益纠纷当事人书面协议选择管辖作出了规定，铁路修建合同纠纷作为合同纠纷的一种，可以协议管辖，但不得违反级别管辖和专属管辖的规定。

综上，铁路修建合同纠纷的管辖受铁路运输法院专门管辖和不动产纠纷专属管辖规定的双重约束，应由铁路工程所在地的铁路运输法院管辖。

第二节　权威案例指导

典型案例 1

中铁二十局集团有限公司诉深圳市景利达建筑工程有限公司铁路修建合同纠纷案

【案件来源】中国裁判文书网

【审理法院】西安铁路运输法院

【案件案号】(2013)西铁民初字第00011号

【裁判日期】2013年6月13日

【裁判要旨】行为人没有代理权、超越代理权或者代理权终止后以被代理人名义订立合同,相对人有理由相信行为人有代理权的,该代理行为有效。

典型案例 2

中铁十九局集团有限公司,中铁九局集团有限公司铁路修建合同纠纷案

【案件来源】中国裁判文书网

【审理法院】吉林省高级人民法院

【案件案号】(2015)吉民管终字第20号

【裁判日期】2015年9月21日

【裁判要旨】与铁路及其附属设施的建设施工有关的合同纠纷,由铁路运输法院管辖。

第三节　实务操作指南

一、专用合同条款关于调价的约定

铁路工程专用合同条款第15.4.1条中约定:建设项目实行总价承包,合同签订后任何一方不得擅自调整合同价格,但有下列情形之一的可做调整:

(1)发包人对建设方案、建设标准、建设规模和建设工期的调整以及非承包人原因引起的

Ⅰ类变更设计;

(2)按国家和中国铁路总公司有关规定需要调整的费用;

(3)项目专用合同条款约定额度以上由发包人承担的非承包人原因Ⅱ类变更设计。

项目专用合同条款中一般约定:增减投资额为300万元及以上的非承包人原因Ⅱ类变更设计费用由发包人承担。根据中国铁路总公司有关文件的规定,对以上的调价条款可理解为:发包人只对建设方案、建设标准、建设规模和建设工期(以下简称4项重大建设内容)的调整、非承包人原因引起的Ⅰ类变更设计、征地拆迁、主要工程材料编制期价格变化幅度超过5%以及超过300万元的Ⅱ类变更设计引起的工程造价变化进行调整,除此之外因其他原因引起的费用均由承包人承担。

二、工程范围和工程量变化存在的风险与防范

签订了建设项目的总价承包合同后,除了4项重大建设内容和非承包人原因的Ⅰ类变更设计及300万元以上的Ⅱ类变更设计引起的工程量变化外,其他原因引起的工程量变化均由承包人承担。所以在签订承发包合同前,要对拟签订的合同进行评审,重点关注工程范围与招标概算的对应性和匹配性,核实工程范围是否与招标概算相符。当存在工程范围超出招标概算所包括的范围时,超出招标概算所包括范围的这部分工程量,就减少了承包人的工程利润,会引起甲乙双方的争议或纠纷。当存在工程范围少于招标概算所包括的范围时,基于此种原因如果管理不善,就会增加项目施工成本。在工程管理过程中如果甲方经审核发现,同样会引起甲乙双方的争议。如果得不到妥善解决,同样会减少承包人的工程利润。为此,在签订合同前,应对工程量清单与招标施工图工程量进行核对。

一般情况下,承包方不太关注甲方提供的清单工程量少于施工图工程量的情况,此类情况会导致工程量清单的单价高于实际单价,承包人反而认为有利于施工进度款的结算。但是在实际工程中,当甲方提供的清单工程量超出招标施工图工程量时,会存在验工计价的结算风险。因为中国铁路总公司发布的验工计价文件规定:结算的工程量应与施工图工程量相符,超出验工计价的工程数量不予结算。所以在合同总价不变的情况下,工程数量多,单价会偏低,通过验工计价进行结算时,实际工程量偏少,结算的工程款就相对偏低,这样就给承包方带来不必要的经济损失。

针对以上所述情况,当发现发包人提供的清单工程量与招标施工图工程量不匹配时,应及时与发包人进行沟通,进行详细核实或进行书面答疑,尽量避免与招标施工图工程量不一致的现象。如果发包人不进行修改,则可采取不平衡报价进行调整。中标签订合同后,在合同交底时,要向项目负责人和项目各管理部门及实施人员交代清楚工程施工范围。在工程实施过程中要避免超范围施工,如发生变更应通过签订补充合同来修改清单工程量。

三、Ⅱ类变更设计费用超出规定额度存在的风险与防范

签订的施工总承包合同中,对变更设计,一般都约定一定额度的增减投资额由总承包风险费解决的条款。但对站后四电工程来说,增减投资额设定为300万元就比较笼统,会导致四电工程承包人承担的风险过大。因为站后四电工程一般点多线长、单体工程量较少,同一工点或同一影响因素引起的不可分割的一次性变更费额度多在10万元以下,几乎不可能达

到300万元。也就是说在300万元这一额度限制下，四电工程承包人将要承担全部变更费用的风险。

在实际建设项目的施工过程中，结合现场实际发生工程变更的情况并不少见，且需由施工单位提出。如果以300万元以内的工程变更额度为限，由施工单位在风险费包干费中列支工程变更费，就会使施工单位出于对经济利益的考虑，不采用施工组织的优化方案施工，而是只按图施工，从而影响到工程质量。从某种意义上来说，这一限制额度起到了负面作用，也不利于工程建设的管理。还会给建成开通后的运营维护增加成本。

针对这种情况，要解决好遇到的实际问题，施工单位在拟承担建设项目四电工程施工的投招标之前，就应对此类问题与建设单位沟通，通过协商争取降低增减投资额300万元的设定。所以在合同评审过程中，应结合工程实际关注这一增减投资额度的设定，使其适应具体工程建设的需要，达到保证工程质量的目的。

四、甲供物资存在的风险与防范

（1）通用合同条款第5.2.3条中规定：发包人应在材料和工程设备到货7d前通知承包人，承包人应会同监理人员在约定的时间内，赴交货地点共同进行验收。除专用合同条款另有约定外，发包人提供的材料和工程设备验收后，由承包人负责接收、运输和保管。

这就明确了发包人将甲供物资运至交货地点交接后，已完成应承担的物资采购和交付等相关工作。物资的验收和接受、运输和保管由承包人负责。也就是说，交货和接货人的责任分界点在交货地点。故在合同评审时，应关注工程量清单中注明的交接货的分界点是否与实际交接货地点相符，采购清单是否齐全。一般情况下，甲供物资采用车板交货，即甲方负责将采购物资运至离工程地点较近的营运车站，交接后再由施工单位自行卸货验收，组织运送到工地仓库。

另外值得关注的是，甲供物资的投资是否包括在招标概算中，如果招标概算中没有包含这部分投资，则应通过与甲方的沟通，在承发包合同中明确，以便在验工计价和工程结算时单独清算。

（2）甲供物资的供货时间尤为重要，其关系施工能否顺利开展和建设工期。因此承包人需要通过与甲方的沟通，明确招标采购时间、到货时间，保证按期供货开展施工。

（3）承包人要核对采购物资的规格、型号和数量是否与设计相符，施工安装时是否能与相关设备配套，避免出现差错影响施工。

第四节　法律法规整合

《最高人民法院关于铁路运输法院案件管辖范围的若干规定》

第3条　下列涉及铁路运输、铁路安全、铁路财产的民事诉讼，由铁路运输法院管辖：

（一）铁路旅客和行李、包裹运输合同纠纷；

（二）铁路货物运输合同和铁路货物运输保险合同纠纷；

(三)国际铁路联运合同和铁路运输企业作为经营人的多式联运合同纠纷;

(四)代办托运、包装整理、仓储保管、接取送达等铁路运输延伸服务合同纠纷;

(五)铁路运输企业在装卸作业、线路维修等方面发生的委外劳务、承包等合同纠纷;

(六)与铁路及其附属设施的建设施工有关的合同纠纷;

(七)铁路设备、设施的采购、安装、加工承揽、维护、服务等合同纠纷;

(八)铁路行车事故及其他铁路运营事故造成的人身、财产损害赔偿纠纷;

(九)违反铁路安全保护法律、法规,造成铁路线路、机车车辆、安全保障设施及其他财产损害的侵权纠纷;

(十)因铁路建设及铁路运输引起的环境污染侵权纠纷;

(十一)对铁路运输企业财产权属发生争议的纠纷。

第4条 铁路运输基层法院就本规定第一条至第三条所列案件作出的判决、裁定,当事人提起上诉或铁路运输检察院提起抗诉的二审案件,由相应的铁路运输中级法院受理。

第5条 省、自治区、直辖市高级人民法院可以指定辖区内的铁路运输基层法院受理本规定第三条以外的其他第一审民事案件,并指定该铁路运输基层法院驻在地的中级人民法院或铁路运输中级法院受理对此提起上诉的案件。此类案件发生管辖权争议的,由该高级人民法院指定管辖。

省、自治区、直辖市高级人民法院可以指定辖区内的铁路运输中级法院受理对其驻在地基层人民法院一审民事判决、裁定提起上诉的案件。

省、自治区、直辖市高级人民法院对本院及下级人民法院的执行案件,认为需要指定执行的,可以指定辖区内的铁路运输法院执行。

第6条 各高级人民法院指定铁路运输法院受理案件的范围,报最高人民法院批准后实施。

第十三章　建设工程停（窝）工损失赔偿问题

第一节　法律要点详解

一、立法背景

1999 年《合同法》第 259 条、第 278 条、第 283 条规定了三种停（窝）工的情形及发包人的协助义务，但规定得过于原则，可操作性不强，无法解决司法实务中普遍存在停（窝）工损失赔偿问题，对承包人合法权益的保护力度不够，法律适用的难点主要集中在停（窝）工损失数额的计算、停（窝）工损失与过错方的因果关系、停（窝）工损失造成生产效率低速运转损失等方面的问题，另外在目前的环境下，还存停（窝）工方恶意扩大损失、诉讼中提供虚假证据等诸多复杂因素。

2016 年 11 月 30 日最高人民法院印发了《第八次全国法院民事商事审判会议（民事部分）纪要》的通知，针对上述突出问题，对于停（窝）工的具体情形予以明确，同时也规定了发包方不履行协作义务的责任问题。

《第八次全国法院民事商事审判会议（民事部分）纪要》第 32 条规定："因发包人未按照约定提供原材料、设备、场地、资金、技术资料的，隐蔽工程在隐蔽之前，承包人已通知发包人检查，发包人未及时检查等原因致使工程中途停、缓建，发包人应当赔偿因此给承包人造成的停（窝）工损失，包括停（窝）工人员人工费、机械设备窝工费和因窝工造成设备租赁费用等停（窝）工损失。"

二、造成停（窝）工的具体情形

（一）发包人未按照合同约定提供材料、设备的

在建设施工合同中，很多是发包人提供主材及设备，承包人提供辅材，如果因包括发包人原因未能按照合同约定提供材料、设备的，包括：一是未按照合同约定的质量提供；二是未按照合同约定的质量标准提供，因此造成承包人停（窝）工的，除了顺延工期外，停（窝）工方有权要求赔偿损失。

（二）发包人未按照合同约定支付工程款的

建设工程合同最显著的特点就是承包人进行工程建设，发包人支付工程款，支付工程款是发包人最基本也是最重要的合同义务，包括预付款、进度款，是保证工程质量和进度的基本

条件，发包人不按照合同约定支付预付款、进度款，承包人有权停止工作，并顺延工期，要求支付逾期利息损失，按照合同约定承担违约责任，并有权要求赔偿停(窝)工损失。

(三)发包人未按照合同约定提供施工现场、施工条件和基础资料的

1. 施工现场

施工现场，包括施工场地以及为了保证施工需要的其他场地。施工现场具体包括：承包人施工需要的各种批件、施工许可证、临时用地手续、确定建设工程及有关道路、线路、上下水道的定位标桩、水准点和坐标控制点等。

2. 施工条件

施工条件，是指施工特点和所处环境确定保证施工的条件，包括：用水、用电、通信线路、进出场地交通、施工场地周围的地下管线、邻近建筑物、构筑物、古树名木等。《建筑法》第39条规定："建筑施工企业应当在施工现场采取维护安全、防范危险、预防火灾等措施；有条件的，应当对施工现场实行封闭管理。施工现场对毗邻的建筑物、构筑物和特殊作业环境可能造成损害的，建筑施工企业应当采取安全防护措施。"

3. 基础资料

提供基础资料是发包人的义务，对此法律予以明确规定。《建筑法》第40条规定："建设单位应当向建筑施工企业提供与施工现场相关的地下管线资料，建筑施工企业应当采取措施加以保护。"《建设工程安全生产管理条例》第6条规定："建设单位应当向施工单位提供施工现场及毗邻区域内供水、排水、供电、供气、供热、通信、广播电视等地下管线资料，气象和水文观测资料，相邻建筑物和构筑物、地下工程的有关资料，并保证资料的真实、准确、完整。建设单位因建设工程需要，向有关部门或者单位查询前款规定的资料时，有关部门或者单位应当及时提供。"

因发包人原因未能按照合同约定时间提供施工现场、施工条件、基础资料，导致工期延误的，由发包人承担责任。

(四)发包人不履行或不适当履行隐蔽工程的检查义务

隐蔽工程，是指建筑物、构筑物、在施工期间将建筑材料或构配件埋于物体之中后被覆盖外表看不见的实物。如房屋基础，钢筋，水电构配件，设备基础等分部分项工程。

隐蔽工程质量对于建筑工程至关重要，往往涉及地基基础、主体结构、砌筑结构等方方面面，一旦出现质量问题，需要重新覆盖，或者进行返工，会造成巨大的损失。因此，法律对此作出了明确规定，《合同法》第278条规定："隐蔽工程在隐蔽以前，承包人应当通知发包人检查。发包人没有及时检查的，承包人可以顺延工程日期，并有权要求赔偿停工、窝工等损失。"《建设工程质量管理条例》第30条规定："施工单位必须建立、健全施工质量的检验制度，严格工序管理，作好隐蔽工程的质量检查和记录。隐蔽工程在隐蔽前，施工单位应当通知建设单位和建设工程质量监督机构。"

三、发包人不履行协作义务的责任

《合同法》在建设施工合同一章中没有规定包发人的协助义务，但《合同法》第287条规

定，建设工程合同一章没有规定的，适用承揽合同的有关规定。《合同法》在承揽合同一章中第259条规定："承揽工作需要定作人协助的，定作人有协助的义务。定作人不履行协助义务致使承揽工作不能完成的，承揽人可以催告定作人在合理期限内履行义务，并可以顺延履行期限；定作人逾期不履行的，承揽人可以解除合同。"《建筑法》第58条规定："建筑施工企业对工程的施工质量负责。建筑施工企业必须按照工程设计图纸和施工技术标准施工，不得偷工减料。工程设计的修改由原设计单位负责，建筑施工企业不得擅自修改工程设计。"

在实际建设施工合同履行过程中，发包人不履行协助义务的情况非常普遍，既有主观原因，也有客观原因，导致迟迟无法开工，造成承包方很大损失，为此《第八次全国法院民事商事审判会议（民事部分）纪要》第33条规定："发包人不履行告知变更后的施工方案、施工技术交底、完善施工条件等协作义务，致使承包人停（窝）工，以至难以完成工程项目建设的，承包人催告在合理期限内履行，发包人逾期仍不履行的，人民法院视违约情节，可以依据合同法第二百五十九条、第二百八十三条规定裁判顺延工期，并有权要求赔偿停（窝）工损失。"

第二节　权威案例指导

典型案例1

西安市临潼建筑工程公司与陕西恒升房地产开发有限公司建设工程施工合同纠纷案

【案件来源】《最高人民法院公报》2008年第8期

【审理法院】最高人民法院

【案件案号】（2007）民一终字第74号

【裁判日期】2007年12月7日

【裁判摘要】1. 在诉讼中，虽然鉴定单位的鉴定报告表明存在停（窝）工损失，但同时明确表明该工程停（窝）工期间，没有建设单位指定的工地代表签证，且由于承包方未按合同约定申报工程量及申请支付工程款，亦未提供监理公司确认的停（窝）工证据的，法律对该停（窝）工损失不予以认定。2. 当事人就同一建设工程另行订立的建设工程施工合同与经过备案的中标合同实质性内容不一致的，应当以备案的中标合同作为结算工程价款的根据。该条规定是指当事人就同一建设工程签订两份不同版本的合同，发生争议时应以备案的中标合同作为结算工程价款的依据，而不是指以存档合同文本为依据结算工程价款。

典型案例 2

河南省偃师市鑫龙建安工程有限公司与洛阳理工学院、河南省第六建筑工程公司索赔及工程欠款纠纷案

【案件来源】《最高人民法院公报》2013 年第 1 期

【审理法院】最高人民法院

【案件案号】(2011)民提字第 292 号

【裁判日期】2011 年 11 月 8 日

【裁判摘要】因发包人提供错误的地质报告致使建设工程停工，当事人对停工时间未作约定或未达成协议的，承包人不应盲目等待而放任停工状态的持续以及停工损失的扩大。对于计算由此导致的停工损失所依据的停工时间的确定，也不能简单地以停工状态的自然持续时间为准，而是应根据案件事实综合确定一定的合理期间作为停工时间。

典型案例 3

海擎重工机械有限公司与江苏中兴建设有限公司、中国建设银行股份有限公司泰兴支行建设工程施工合同纠纷案

【案件来源】《最高人民法院公报》2015 年第 6 期

【审理法院】最高人民法院

【案件案号】(2012)民提字第 20 号

【裁判日期】2012 年 6 月 25 日

【裁判摘要】1. 从事建设工程活动，必须严格执行基本建设程序，坚持先勘察、后设计、再施工原则，建设单位违反《建设工程质量管理条例》的规定，未提前交付地质勘查报告、施工图设计文件未经过建设主管部门审查批准的，应对于因双方签约前未曾预见的特殊地质条件导致工程质量问题承担主要责任。施工单位应秉持诚实信用原则，采取合理施工方案，避免损失扩大。2. 人民法院应当根据合同约定、法律及行政法规规定的工程建设程序，依据诚实信用原则，合理确定建设单位与施工单位对于建设工程质量问题的责任承担。

典型案例 4

宁波丽城房地产有限公司清算小组诉宁波市海曙区第一建筑工程公司建筑工程承包合同纠纷案

【审理法院】最高人民法院

【案件案号】(2000)民终字第40号

【裁判日期】2000年8月30日

【裁判摘要】建设单位签订建设工程施工合同后,未及时提供施工图纸,组织三方会审,致工期顺延是正确的,因此相应的工期应当予以顺延。

第三节 实务操作指南

一、承包人主张停(窝)工损失需实事求是

近二三十年以来,我国建筑市场发展迅速,但很不规范,建筑市场鱼龙混杂,参差不齐,目前仍然是甲方市场,最低价中标,很多工程项目层层转包,到实际施工人手中时利润所剩无几,实际施工人不得已只能通过偷工减料、以次充好、压缩工序来实现利润,另外,由于行政管理等原因造成的短期停工时有发生,由于甲方原因造成的停工窝工更是普遍存在,短则几天、多则几个月,甲方也很少书面通知承包人,监理也不会给承包人签证确认,一旦发生纠纷,承包人举证困难。

一方面,在实际施工中,施工人必然存在一些停(窝)工损失,很多发包人也不讲诚信,导致承包人举证困难,很多证据法院不予采信;另一方面,很多承包人为了获得非法利益,不惜铤而走险,弄虚作假,实则得不偿失。

承包人要增强法律意识和防范意识,遇到工程量变更、停工窝工的情况要及时要求监理人员签字,日常的租赁设备、机械的,也要留下合同、付款证据,支付人员工资等最好有银行转账记录。

二、发包人如何审查停(窝)工方面的证据

(一)人员工资类的证据

这是停(窝)工损失中最常见的证据,在有些案件中承包人提供10多名甚至更多的管理人员,提供几十名工人的工资证据,并且辅助有劳动合同,支付工资签字表,形成证据链。

发包人可以采取以下方法进行审查。

1. 审查劳动合同

重点审查劳动合同签订时间，签字笔迹，一般情况下，管理者的劳动合同用工时间不会相同，如果相同或者全部接近，则造假的可能性大。一般情况存在普通劳动者不签订劳动合同时，如果出现大量的劳动者与用人单位的合同，则造假的可能性大，重点审查劳动用工时间，签字笔迹是否相近。如果笔迹相近，考虑申请笔迹鉴定。

2. 从劳动者缴纳社会保险的角度着手

从实际情况来看，很少有承包人尤其是实际施工人会为普通劳动者缴纳社会保险，但法律规定必须为劳动者缴纳社会保险，发包人通过向劳动社会保障部门举报的方式，可以识别二者间是否具有真实用工关系。一旦举报，如果承包人弄虚作假，就可能把虚假证据撤回去了。

3. 检查施工现场的门禁系统

有些施工现场有门禁系统，可以检查门禁系统，查看进出人员的记录，核实停工期间人员的工作情况。

4. 查看出入证的办理情况

有些施工现场要求承包人办理出入证，如果未办理出入证，则存在虚假的可能性。

5. 从个人所得税的角度着手

承包人为了获得停（窝）工损失，往往虚构工资支付证明，表面上看似乎无懈可击，实则不堪一击。劳动者获得工资收入，超过一定的数额，在缴纳个人所得税，尤其是管理人员，对于1万多元甚至几万元的工资，承包人作为用工单位，在发放工资时应当为员工代扣代缴个人所得税，未代扣代缴的，按照《税收征收管理法》的规定，应当缴纳滞纳金，并处以罚款。发包人通过向税务机关举报，如果是虚假证据，不仅民事上不能采信，承包人还会面临大额的行政处罚，在这种情况下，承包人都会撤回虚假证据。

（二）租赁机械、设备类的证据

租赁机械、设备类的损失是停（窝）工损失中的大项，不仅数额大，而且因时过境迁，甄别难度大，因此造假的可能性也大。租赁机械、设备类的证据主要从以下几点识别：

1. 出租人的主体身份

一定要深入调查出租人的主体身份，调取工商资料，查看成立时间，经营范围，必要时进行实地走访，查看其规模，有无设备出租，有无实力。一般在造假的情况下，都是找熟悉的企业在租赁合同上盖章，根本不存在机械设备租赁的事实。

2. 分析合同的真实性

真实的租赁机械设备，付款方式会符合市场规律，不会在设备租赁使用完毕后再付款，虚假的租赁合同，可能在付款方式上不符合市场规律。如果合同中约定或庭审中承包人陈述已经付款，要核实付款的真实性。

3. 设备租赁需要开具增值税发票，并且要缴纳企业所得税

从税法角度来看，只要合同约定应当支付租赁费，出租方应当开具增值税发票，此时可以通过税务机关核实是否开具了发票。企业在取得租赁费收入后要入账，并且按规定核算是否缴纳企业所得税。即使承包人诉讼成功，也应当缴纳税款，如果造假，一般不想交税，对此税

收风险非常大。

4. 以涉嫌诈骗为由向公安机关举报

虚假的租赁经不起推敲，总会留下蛛丝马迹，包括机械设备如何运输至工地，通过何人承运，运费多少，进场时间，出场时间，公安机关一旦调查，造假必然会败露。

（三）车辆、房屋租赁

1. 车辆类证据

车辆类证据可从以下几个方面着手：一是要查车籍，判断其合理性，如果是外省市车辆，一般不具有合理性；二是分析租车的合理性；三是核实租赁合同；四是必要时以个人所得税为突破口，向税务机关举报；五是想办法核实车辆违法记录。

2. 房屋租赁类证据

房屋租赁类证据可从以下几个方面着手：一是调取房屋信息；二是实地查看与工地距离以及房屋结构；三是从个人所得税角度进行分析，必要时可以进行举报；四是如果是公建房屋，从房产税角度核实是否缴纳房产税。

第四节　法律法规整合

一、《合同法》

第 259 条　承揽工作需要定作人协助的，定作人有协助的义务。定作人不履行协助义务致使承揽工作不能完成的，承揽人可以催告定作人在合理期限内履行义务，并可以顺延履行期限；定作人逾期不履行的，承揽人可以解除合同。

第 278 条　隐蔽工程在隐蔽以前，承包人应当通知发包人检查。发包人没有及时检查的，承包人可以顺延工程日期，并有权要求赔偿停工、窝工等损失。

第 283 条　发包人未按照约定的时间和要求提供原材料、设备、场地、资金、技术资料的，承包人可以顺延工程日期，并有权要求赔偿停工、窝工等损失。

二、《第八次全国法院民事商事审判会议（民事部分）纪要》

32. 因发包人未按照约定提供原材料、设备、场地、资金、技术资料的，隐蔽工程在隐蔽之前，承包人已通知发包人检查，发包人未及时检查等原因致使工程中途停、缓建，发包人应当赔偿因此给承包人造成的停（窝）工损失，包括停（窝）工人员人工费、机械设备窝工费和因窝工造成设备租赁费用等停（窝）工损失。

33. 发包人不履行告知变更后的施工方案、施工技术交底、完善施工条件等协作义务，致使承包人停（窝）工，以至难以完成工程项目建设的，承包人催告在合理期限内履行，发包人逾期仍不履行的，人民法院视违约情节，可以依据合同法第二百五十九条、第二百八十三条规定裁判顺延工期，并有权要求赔偿停（窝）工损失。

第十四章　承包人不履行配合工程档案备案、开具支票等协作义务的责任

第一节　法律要点详解

一、承包人不履行配合档案备案的责任

(一)现实中的困境

在建筑市场普遍存在承包人垫付工程款,发包方拖欠工程款的现象,拖延决算,故意不决算,造成承包人巨大的资金压力。在不得已的情况下,承包人拒绝向发包人或建设单位移交工程档案,导致工程无法验收,无法验收备案,在有些要求严格的地方,未经验收备案的工程,不允许交付使用,即使允许交付使用,也无法办理产权证,如果是商品住宅,还会涉及广大购房人的利益,引发集体诉讼,造成社会不稳定因素,即使不涉及广大购房人,但无法办理产权,也无法抵押,无法融资,造成极大的浪费。

(二)建设工程档案的法律规定

《建设工程质量管理条例》第16条规定:"建设单位收到建设工程竣工报告后,应当组织设计、施工、工程监理等有关单位进行竣工验收。建设工程竣工验收应当具备下列条件:(一)完成建设工程设计和合同约定的各项内容;(二)有完整的技术档案和施工管理资料;(三)有工程使用的主要建筑材料、建筑构配件和设备的进场试验报告;(四)有勘察、设计、施工、工程监理等单位分别签署的质量合格文件;(五)有施工单位签署的工程保修书。建设工程经验收合格的,方可交付使用。"第17条规定:"建设单位应当严格按照国家有关档案管理的规定,及时收集、整理建设项目各环节的文件资料,建立、健全建设项目档案,并在建设工程竣工验收后,及时向建设行政主管部门或者其他有关部门移交建设项目档案。"第59条规定:"违反本条例规定,建设工程竣工验收后,建设单位未向建设行政主管部门或者其他有关部门移交建设项目档案的,责令改正,处1万元以上10万元以下的罚款。"

《城市建设档案管理规定》《档案法》《城乡规定法》《科学技术档案工作条例》中在这方面还有细化的规定,档案未经城市建设主管部门验收的,不得组织竣工验收,也无法办理竣工验收备案。

(三)《合同法》

《合同法》第259条规定:"承揽工作需要定作人协助的,定作人有协助的义务。定作人不

履行协助义务致使承揽工作不能完成的，承揽人可以催告定作人在合理期限内履行义务，并可以顺延履行期限；定作人逾期不履行的，承揽人可以解除合同。”定作人不履行协助义务除了顺延工期，承揽人解除合同外，没有其他的责任形式，拒交档案违法成本低，不利于遏制建设工领域的拒交档案的不良势头。

2016 年 11 月 30 日最高人民法院印发了《第八次全国法院民事商事审判会议（民事部分）纪要》（以下简称《八民会议纪要》）的通知，针对上述突出问题，作出明确规定，《八民会议纪要》第 34 条规定：“承包人不履行配合工程档案备案、开具发票等协作义务的，人民法院视违约情节，可以依据合同法第六十条、第一百零七条规定，判令承包人限期履行、赔偿损失等。”

二、不开具发票的责任

（一）请求承包人开具发票是民事行为还是行政行为

司法实践中存在两种观点：

一种认为属于行政行为。是否开具发票由主管税务机关处理，不属于人民法院民事诉讼的范畴，当事人起诉的，人民法院应当驳回起诉。其主要理由是开具发票是税务主管部门的职责，属于行政管理的范畴，针对税收违法行为税务部门依据《税收征收管理法》及其他税收法律或行政法规查处，人民法院不能代行行政机关的职能。

持此观点的部分判决：上海锦浩建筑安装工程有限公司与昆山纯高投资开发有限公司建设工程施工合同纠纷一案［一审江苏省高院（2011）苏民初字第 0003 号，二审最高法院（2015）民一终字第 86 号］、安徽省高级人民法院（2012）皖民四终字第 00132 号委托经营合同纠纷、罗某、伊犁师范学院奎屯校区、新疆铁龙建筑工程有限责任公司与伊犁师范学院建设工程施工合同纠纷案［新疆维吾尔自治区高级人民法院（2013）新民一终字第 183 号］等。

另一种认为属于民事行为。开具发票属于民事合同当事人的附随义务，也是国家税收法律法规规定的法定义务，且是否开具发票对当事人权益影响巨大，人民法院应当受理，并且依法作出裁决。

在司法实践中，最高人民法院及各级人民法院也曾经作出要求开具发票的判决，取得了良好的社会效果，例如江苏高院、北京高院在指导性文件均提出了明确意见。

最高人民法院审理的韩国日新织物株式会社与金昌石业（沈阳）有限公司、金某焕土地使用权转让纠纷再审案［（2013）民申字第 1664 号］中，最高人民法院认为：“二审判决并无不当，日新会社提出再审申请的理由不能成立。一、关于二审判决是否超出原告的诉讼请求范围。日新会社的诉讼请求是金昌公司支付转让尾款。但金昌公司对合同尾款的支付是附有条件的。判决日新会社向金昌公司交付合格的发票，符合日新公司和金昌公司在《土地转让协议》和《补充协议》中的约定，不能视为超出本案的审理范围。虽然金昌公司并未提起反诉，但向金昌公司交付合格发票是日新公司的合同义务，而且是在先履行的义务。在日新公司提供的发票不合格的情况下，按照《中华人民共和国合同法》第六十七条的规定，金昌公司作为后履行义务的一方，享有抗辩权，可以拒绝其履行要求。二、关于判决日新会社向金昌公司交付合格发票是否超越司法管辖的范围。交付发票是日新公司对金昌公司负有的合同义务，属于民事权利义务的范畴，人民法院有权在合同当事人未履行时判决其履行，二审判决没有超越管辖权范围。”

（二）承包人不开具发票应当承担的责任

根据《八民会议纪要》第34条规定，承包人不履行开具发票的协作义务的，人民法院判令承包人限期履行，并可以根据情节判令赔偿损失。

全面“营改增”之后，对于房地产开发企业或者建设单位来讲，及时开具增值税专用发票非常重要，当时进项税额可以抵扣，如果不能及时开具，就不能抵扣。关于不及时开具发票造成的损失，应当根据实际情况进行认定。

1. 承包人始终拒绝提供或者无法提供增值专用发票的

（1）对发包人增值税的影响

承包人始终拒绝提供或者无法提供增值专用发票的，会导致发包人无法抵扣销项税，发生实际税款损失，对此承包人应当予以赔偿。

举例说明：发包人向承包人支付工程款含增值税1100万元，但承包人一直未开具增值税专用发票，发票无法抵扣进项税额，导致发包人100万元税款损失。

（2）对发包人企业所得税的影响

房地产开发企业将支付的工程款计入开发产品，开发产品销售后，转为销售收入，如果承包人拒绝开具发票或无法开具发票，房地产企业无法将支付的工程款计入销售成本，对此需要缴纳25%的企业所得税。

举例说明：某房地产企业向承包人支付工程款1100万元（含增值税），所建商品房销售后，承包人一直未开具增值专用发票，致使该1000万元无法计入营业成本，对此房地产企业需要缴纳250万元的企业所得税。

2. 承包人迟延开具增值税专用发票的

（1）对发包人增值税的影响

《国家税务总局关于进一步明确营改增有关征管问题的公告》（国家税务总局公告2017年第11号）第10条的规定：“自2017年7月1日起，增值税一般纳税人取得的2017年7月1日及以后开具的增值税专用发票和机动车销售统一发票，应自开具之日起360日内认证或登录增值税发票选择确认平台进行确认，并在规定的纳税申报期内，向主管国税机关申报抵扣进项税额。增值税一般纳税人取得的2017年7月1日及以后开具的海关进口增值税专用缴款书，应自开具之日起360日内向主管国税机关报送《海关完税凭证抵扣清单》，申请稽核比对。……”

由此可见，增值税进项抵扣除需要认证或网上确认后方可实现，因此，实践中存在一种情况，即当事人之间在承包人开具发票后产生纠纷，承包人拒绝将发票提供给发包人，或虽然提供发票但超过了法定最长的抵扣期限，导致发包人不能抵扣进项的，可以要求承包人承担增值税税款损失。

（2）对发包人企业所得税的影响

发包人是内资企业的，至付款第二年5月31日止未开具增值专用发票的，发包人是外资企业的，至付款第二年4月30日止未开具增值税专用发票的，发包人无法将已经支付的工程计入营业成本，虽然可以预先计入成本，但汇算清缴企业所得税时，不得计入，需要按照25%

缴纳企业所得税,由此会造成发包人企业所得税损失。

第二节　权威案例指导

典型案例 1

中天建设集团有限公司与新疆温商房地产开发有限公司建设工程施工合同纠纷二审民事判决书

【审理法院】最高人民法院

【案件案号】(2014)民一终字第 4 号

【裁判日期】2015 年 5 月 13 日

【裁判摘要】收取工程款开具工程款发票是承包方税法上的义务,无论是否在合同中明确约定,要求承包方收到工程款后开具相应数额的工程款发票也都是发包方的合同权利。

典型案例 2

包头市建发煤炭储运有限责任公司与被申请人秦皇岛云程能源有限公司买卖合同纠纷案

【审理法院】最高人民法院

【案件案号】(2014)民申字第 1975 号

【裁判日期】2015 年 6 月 17 日

【裁判摘要】根据我国税收政策,增值税发票对销项税的抵扣是有一定时间限制的,双方的交易在 2011 年年底就已经结束,至今已超过三年多未开具增值税发票,不再具备抵扣条件;且买方称,该公司目前已经不再经营煤炭业务,即便现在卖方为其补开了增值税发票,也不具有抵扣的可能性。因而,买方的税金损失是现实存在的。

第三节　实务操作指南

一、如何应对承包人拒绝交付档案问题

(一)发包人要认识到档案的重要性

一般情况下,发包人及承包人都是在友好的前提下签订合同的,很少考虑到发生纠纷如何处理。尤其是发包人更多的是关注工程进度、工程款多少、如何支付工程款、工程质量,很少考虑到档案的重要性,考虑不到承包人拒绝交付档案或迟延交付档的,会导致工程无法竣工验收备案,进而导致无法办理产权证。尤其是房地产项目,如果无法办理产权,会引起人数众多的集体诉讼,会给开发商造成巨大的经济损失,会引起广泛的社会关注。在司法实务中,拒交档案的情况比比皆是,发包人不得不防。

(二)民事诉讼解决交付档案和赔偿问题,效果一般

就档案交付问题提起民事诉讼,在法律上没有争议,但诉讼周期长、效率低、成本高,等打完官司进入强制执行,可能几年已经过去了,而此时发包人已经陷入集体诉讼,并且法院也很难对工程档案进行强制执行,如果承包人把档案藏起来,法院也难以找到有效办法。

就拒绝交付档案提起民事赔偿诉讼,其难点在于针对损失如何举证,拒交档案或迟延交付档案与所造成的损失的因果关系如何证明。因为形成损失可能是多种因素叠加的结果,如何区分拒绝交付档案或迟延交付档案在其中的权重,存在相当大的变数和不确定性,主张赔偿损失难度很大。

(三)发包人要从源头预防承包人拒绝交付档案

发包人在合同签订阶段要充分认识到交付档案的重要性,严格规定交付档案的时间和条件,同时规定承包人不交付档案的违约责任,依据意思自治原则,司法要对当事人的约定给予充分的尊重,不可过度干预。

发包人的主要合同义务是支付工程款,承包人的主要义务是完成工程建设,交付档案是合同附随义务,除非双方有明确约定,否则不能以承包人未交付工程档案,而拒付工程款。

发包人可以与承包人约定,承包人未按照法律规定和合同约定交付工程档案的,发包人可以拒绝支付工程款,将附随义务上升为合同主要义务,对此司法不可干预,以鼓励诚信,维护市场秩序。同时发包人还可以约定一定数额的违约金,该违约金要足以制约承包人的违约行为,如果承包人提出违约金过高,则举证责任在承包人,如果承包人无法举证的,人民法院也不会依职权主动降低违约金。

二、如何应对承包人拒绝或迟延开具发票问题

（一）我国关于发票管理的法律规定

《增值税暂行条例》第21条第1款规定："纳税人发生应税销售行为，应当向索取增值税专用发票的购买方开具增值税专用发票，并在增值税专用发票上分别注明销售额和销项税额。"《发票管理办法》第19条规定："销售商品、提供服务以及从事其他经营活动的单位和个人，对外发生经营业务收取款项，收款方应当向付款方开具发票；特殊情况下，由付款方向收款方开具发票。"第35条规定："违反本办法的规定，有下列情形之一的，由税务机关责令改正，可以处1万元以下的罚款；有违法所得的予以没收：（一）应当开具而未开具发票，或者未按照规定的时限、顺序、栏目，全部联次一次性开具发票，或者未加盖发票专用章的；……"

（二）承包人收到工程款后未开具发票，所收款项未申报增值税的后果

《税收征收管理法》第25条第1款规定："纳税人必须依照法律、行政法规规定或者税务机关依照法律、行政法规的规定确定的申报期限、申报内容如实办理纳税申报，报送纳税申报表、财务会计报表以及税务机关根据实际需要要求纳税人报送的其他纳税资料。"第32条规定："纳税人未按照规定期限缴纳税款的，扣缴义务人未按照规定期限解缴税款的，税务机关除责令限期缴纳外，从滞纳税款之日起，按日加收滞纳税款万分之五的滞纳金。"第64条第2款规定："纳税人不进行纳税申报，不缴或者少缴应纳税款的，由税务机关追缴其不缴或者少缴的税款、滞纳金，并处不缴或者少缴的税款百分之五十以上五倍以下的罚款。"

《增值税暂行条例》第19条规定："增值税纳税义务发生时间：（一）发生应税销售行为，为收讫销售款项或者取得索取销售款项凭据的当天；先开具发票的，为开具发票的当天。（二）进口货物，为报关进口的当天。增值税扣缴义务发生时间为纳税人增值税纳税义务发生的当天。"第23条规定："增值税的纳税期限分别为1日、3日、5日、10日、15日、1个月或者1个季度。纳税人的具体纳税期限，由主管税务机关根据纳税人应纳税额的大小分别核定；不能按照固定期限纳税的，可以按次纳税。纳税人以1个月或者1个季度为1个纳税期的，自期满之日起15日内申报纳税；以1日、3日、5日、10日或者15日为1个纳税期的，自期满之日起5日内预缴税款，于次月1日起15日内申报纳税并结清上月应纳税款。扣缴义务人解缴税款的期限，依照前两款规定执行。"

根据以上法律规定，承包人收到工程款后未按照法律规定的期限进行纳税申报，应当从滞纳税款之日起，按日加收滞纳税款5‱的滞纳金，同时并处不缴或者少缴的税款50%以上5倍以下的罚款。

（三）承包人收到工程后未开具发票，所收款项未计入收入，也未缴纳企业所得税的法律后果

《企业所得税法》第53条规定："企业所得税按纳税年度计算。纳税年度自公历1月1日起至12月31日止。企业在一个纳税年度中间开业，或者终止经营活动，使该纳税年度的实际经营期不足十二个月的，应当以其实际经营期为一个纳税年度。企业依法清算时，应当以

清算期间作为一个纳税年度。”第 54 条规定：“企业所得税分月或者分季预缴。企业应当自月份或者季度终了之日起十五日内，向税务机关报送预缴企业所得税纳税申报表，预缴税款。企业应当自年度终了之日起五个月内，向税务机关报送年度企业所得税纳税申报表，并汇算清缴，结清应缴应退税款。企业在报送企业所得税纳税申报表时，应当按照规定附送财务会计报告和其他有关资料。”

承包人收到工程款后未按照法律规定的期限进行申报企业所得税的，应当从滞纳税款之日起，按日加收滞纳税款 5‱的滞纳金，同时并处不缴或者少缴的税款 50% 以上 5 倍以下的罚款。

（四）通过行政手段解决效率更高，成本更低

虽然从主流审判的观点来看，开具发票是法定的协作义务，可以通过民事诉讼来解决，但诉讼的特点是时间长、程序复杂，有一审、二审、再审，有很多案件还要进入执行程序。尤其是工程类案件周期更长，诉讼期间可能涉及工程量造价鉴定、工程质量鉴定、工程修复方案鉴定、工程修复造价鉴定等问题，打几年官司都属正常，判决完成后，一般情况双方矛盾激化，很少有主动履行的，进行执行程序，对方不配合开具发票，法院执行手段也比较有限，制裁手段不多，而此时已经过企业所得税的申报期限，在财务处理上无法计入成本，导致多缴纳企业得税，如果此时发包人不发生销项，增值税也无法抵扣，造成增值税损失，此时还得通过诉讼解决，时间长，成本高，效率低。

《发票管理办法》第 35 条规定：“违反本办法的规定，有下列情形之一的，由税务机关责令改正，可以处 1 万元以下的罚款；有违法所得的予以没收：（一）应当开具而未开具发票，或者未按照规定的时限、顺序、栏目，全部联次一次性开具发票，或者未加盖发票专用章的；……”同时作为承包人不开具发票的情况下，也不需缴纳增值税，如果款项不入账，也不需缴纳企业所得税，承包人同时存在三种违法行为，如果采取通过向税务机关举报的方式，由税务机关责令承包人开具发票，具有时间短、效率高、成本低的特点，相比民事诉讼手段要有力得多。

（五）开具发票与支付工程款并非对等义务

最高人民民事审判一庭意见：①依据双务合同的本质，合同抗辩的范围仅限于对价义务。一方不履行对价义务的，相对方才享有抗辩权。支付工程款与开具发票是两种不同性质的义务，前者是合同的主要义务，后者并非合同的主要义务，二者不具有对等关系，一方以另一方未及时开具发票作为拒绝支付工程款的抗辩理由不能成立。除非当事人明确约定：一方不及时开具发票；另一方有权拒绝支付工程款。这种情况就意味着双方将开具发票视为与支付工程款同等的义务。

---

① 参见中华人民共和国最高人民法院民事审判一庭编著：《民事审判指导与参考》总第 39 期（2009 年第 3 辑），人民法院出版社 2009 年版，第 150 ~ 151 页。

第四节　法律法规整合

一、《第八次全国法院民事商事审判会议(民事部分)纪要》

34. 承包人不履行配合工程档案备案、开具发票等协作义务的,人民法院视违约情节,可以依据合同法第六十条、第一百零七条规定,判令承包人限期履行、赔偿损失等。

二、《城市建设档案管理规定》

第6条　建设单位应当在工程竣工验收后三个月内,向城建档案馆报送一套符合规定的建设工程档案。凡建设工程档案不齐全的,应当限期补充。

停建、缓建工程的档案,暂由建设单位保管。

撤销单位的建设工程档案,应当向上级主管机关或者城建档案馆移交。

第7条　对改建、扩建和重要部位维修的工程,建设单位应当组织设计、施工单位据实修改、补充和完善原建设工程档案。凡结构和平面布置等改变的,应当重新编制建设工程档案,并在工程竣工后三个月内向城建档案馆报送。

第8条　列入城建档案馆档案接收范围的工程,建设单位在组织竣工验收前,应当提请城建档案管理机构对工程档案进行预验收。预验收合格后,由城建档案管理机构出具工程档案认可文件。

第9条　建设单位在取得工程档案认可文件后,方可组织工程竣工验收。建设行政主管部门在办理竣工验收备案时,应当查验工程档案认可文件。

第十二编　房地产行业税务指引

房地产企业纳税主要包括土地增值税、营业税、印花税和企业所得税。本编重点论述房地产行业税务缴纳的档次和每种税中的优惠政策，在充分了解禁止性行为的同时也可以依据本编内容进行合法避税。

第一章　房地产行业税务法律实务概况

一、我国税收法律概况

(一)税收立法机关

1. 全国人民代表大会和全国人民代表大会常务委员会

在现行税法中,如《企业所得税法》《个人所得税法》《税收征收管理法》以及全国人大常委会通过的《关于外商投资企业和外国企业适用增值税、消费税、营业税等税收暂行条例的决定》都属于税收法律,是其他机关制定税收行政法规、规章的法律依据,但是有关机关制定的税收法规、规章,都不得与《宪法》和税收法律相抵触。

2. 全国人大或全国人大常委会授权立法

授权立法,是指全国人民代表大会及其常务委员会根据需要授权国务院制定某些具有法律效力的暂行规定或条例。1984 年 9 月 1 日、1985 年全国人大及其常务委员会两次授权国务院制定税收条例,1994 年 1 月 1 日授权国务院制定了实施了增值税、营业税、消费税、土地增值税、企业所得税等 6 个暂行条例。税收暂行条例的公布实施,也为全国人大及其常委会的立法工作提供了有益的经验和条件,在时机成熟时全国人大及其常委会将暂行条例上升为法律。

十三届全国人大常委会立法规划包括:个人所得税法(修改,已经通过)、增值税法、消费税法、资源税法、房地产税法、关税法、城市维护建设税法、耕地占用税法、车辆购置税法、契税、印花税、税收征收管理法(修改)。

未来 5 年十三届全国人大的税收立法工作将极为繁重和关键,是全面落实税收法定原则的关键时期。未来 3 ~ 5 年税收法律的制定、修改和完善将成为我国财税体制改革的关键点和重心,其核心任务可以分为三个组成部分,包括:(1)房地产税法等新税种法的制定;(2)车辆购置税、耕地占用税、资源税等税收条例向法律的转化;(3)个人所得税法、税收征收管理法等一些现行税收法律的修改。

3. 国务院制定的税收行政法规

行政法规作为一种法律形式,在中国法律形式中处于低于宪法、法律,高于地方法规、部门规章、地方规章的地位,行政法规的立法目的,主要在于保证宪法和法律的实施,行政法规不得与宪法和法律相抵触,否则无效。

国务院制定的税收行政法规主要包括:《增值税暂行条例》、《消费税暂行条例》、《车辆购置税暂行条例》、《房产税暂行条例》、《城镇土地使用税暂行条例》、《耕地占用税暂行条例》、《土地增值税暂行条例》、《契税暂行条例》、《印花税暂行条例》、《资源税暂行条例》、《城市维护建设税条例》、《进出口关税条例》、《个人所得税实施条例》、《车船税法实施条例》、《企业所得税法实施条例》、《税收征收管理法实施细则》、《环境保护税法实施条例》、国务院关于废止《中华人民共和国营业税暂行条例》和修改《中华人民共和国增值税暂行条例》的决定等。

4. 地方人民代表大会及其常委会的税收地方性法规

我国在税收立法上坚持"统一税法"的原则，因此地方权力机关制定税收方面的地方法规有严格的限制，目前除海南省、民族自治区按照全国人大授权的规定，在遵循宪法、法律、行政法规的原则基础上，可以制定税收方面的地方法规外，其他省、市一般均无此权限。

5. 国务院税务主管部门制定的税收部门规章

我国有权制定税收部门规章的部门主要是财政部、国家税务总局、海关总署，其制定的规章主要是对有关税收法律、行政法规的具体解释、税收征收管理的具体规定、办法等，但不得与法律、行政法规相抵触。据不完全统计，不包括规范性文件在内，现行有效的关于税收的部门规章有40多件。例如，财政部颁发的《增值税暂行条例实施细则》、国家税务总局颁发的《税务代理试行办法》等都属于税收部门规章。

6. 地方政府制定的税收地方规章

按照"统一税法"的原则，地方政府制定税收方面的地方规章，必须有法律、法规的授权，并且不得与法律、行政法规相抵触，地方政府无权自定税收规章，否则没有法律效力。例如，国务院发布实施的城市维护建设税、房产税等地方性税种暂行条例都规定了省、自治区、直辖市人民政府可以根据条例制定实施细则。

(二)我国现行的税法体系

1. 按照税法的职能作不同，可以分为税收实体法和税收程序法

税收实体法主要是指确定税种立法，具体规定各税种的征收对象、征收范围、税目、税率、纳税地点等，例如《企业所得税法》《个人所得税法》等就属于税收实体法。

税收程序法是指税收管理方面的法律，主要包括税收征管法、纳税程序法、发票管理法、税务机关组织法、税务争议处理等。主要包括：一是由税务机关征收的税种的管理，《税收征收管理法》及各实体法中关于征管的规定；二是由海关负责征收的税种的征收管理，按照《海关法》和《进出口关税条例》等有关规定。

2. 按照税法相关税种征收对象的不同，分为5种类型的税法

(1)商品和劳务税税法

主要包括增值税、消费税和关税税法，这类税与商品、生产、流通、消费密切相关，对商品经济会产生直接影响。

(2)所得税税法

主要包括企业所得税、个人所得税税法。这类税主要是调整纳税人收入，发挥公平税负、调整分配关系的作用。

(3)财产、行为税税法

主要包括房产税、车船税、印花税、契税，这类税主要对财产和行为发生作用。

(4)资源和环境税

主要包括资源税、环境保护税、土地增值税、城镇土地使用税，这类税主要是对因开发和

利用自然资源差异而形成的级差收入发挥调节作用。

(5)特定目的税

包括城市维护建设税、车辆购置税、耕地占用税、船舶吨税、烟叶税，这类税是为了达到特定目的，对特定对象和特定行为征税。

上述18个税种，其中关税和船舶吨税由海关征收，其余的税由税务机关征收。

二、房地产开发企业的类型和开发流程

(一)房地产开发企业的类型

房地产开发企业是以营利为目的，从事房地产开发和经营的企业。房地产开发企业根据《房地产开发企业资质管理规定》，按照企业条件分为一、二、三、四级4个资质等级，未取房地产开发资质证书的企业，不得从事房地产开发经营业务。

从总体上讲，房地产企业分为两种类型：

1. 销售开发产品的房地产企业

房地产企业通过购买国有土地使用权，经过规划设计、组织施工、竣工验收、销售房屋等阶段，将房屋销售给买受人，并取得销售收入，收回开发资金，实现赢利。

2. 自持物业的房地产企业

房地产开发企业将开发的房屋留作自用，用于出租、办公、自营等，取得收益。目前越来越多的房地产企业选择自持物业形式，完成了从开发商向不动产商的转变。

(二)房地产开发的主要流程(见表12-1-1)

表12-1-1　房地产开发流程与各政府部门的职能

序号	阶段	主体	具体步骤(以下步骤按顺序进行)	形成结果
1	立项	开发商	获取土地(招标、拍卖、挂牌、协议)	《土地出让合同》 《国有土地使用证》
		规划局	审核用地是否符合城市规划	《建设用地规划许可证》
		发改委	审核项目总投资 审核项目投资计划	《固定资产投资许可证》
2	设计	设计单位	按照土地指标进行设计	规划设计 方案设计 施工图设计
		规划局	审核是否符合规划、规范和环境要求 是否符合消防要求	《建设工程规划许可证》

续表

序号	阶段	主体	具体步骤(以下步骤按顺序进行)	形成结果
3	施工	开发商	开工申请	地价款已经付清 施工企业已落实 资金已落实
		建设局	审核资金是否落实 审查施工企业资质	《建设工程施工许可证》
		施工单位 监理单位	进场、执行施工图,将蓝图变为现实施工阶段质量监督投资控制	
4	验收	规划、消防、环保、电梯、燃气等部门	隐蔽工程随时验收 主体工程最早验收 专项工程分部验收	主体工程竣工验收合格证 分项工程竣工验收合格证
		勘察、设计、施工、监理部门	竣工验收 最后进行	《建设工程竣工验收报告》
		建设局	监督、备案	《工程竣工验收备案证明书》
5	交付使用	国土资源和房地产管理局	符合预售条件	《预售许可证》 《销售许可证》
		开发商	交付使用	《买卖合同》 《房屋所有权证》 《住宅质量保证书》 《住宅使用说明书》

三、房地产开发企业涉及的主要税种

1. 房地产开发企业税务管理的主要特点

一是多元化业务需要精细化的财税管理;二是开发产品核算成本复杂;三是存货和预收账款核算具有特殊性;四是开发周期长,会计核算方法对损益的影响大;五是融资需求和财产风险大;六是涉及税种多,税务管理要求高,税务风险高。

2. 房地产开发企业主要涉及的税种(见表12-1-2)

表12-1-2

序号	涉税环节	税种	纳税对象	计税依据	纳税时间	税率(额)/征收率
1	前期准备阶段	契税	转移土地、房屋权属	不动产的价格	签订土地、房屋权属转移合同的当天或者纳税人取得具有土地、房屋权属转移合同性质凭证的当天	3%~5%
		印花税	土地使用权出让合同、转让合同	土地使用权出让合同、转让合同所载金额	合同签订时或者合同签订的次月(办理汇总缴纳情况)	0.5‰

续表

序号	涉税环节	税种	纳税对象	计税依据	纳税时间	税率(额)/征收率
2	建设施工阶段	城镇土地使用税	国有土地或者集体土地	实际占有的土地面积	实际占有土地的次月起	0.6~30元每平方米
3	预售阶段	增值税	预收款	销售预收款及与销售有关的款项(如定金、订金、VIP卡、看房费等)	取得预收款的次月	3%
4	销售阶段	增值税(一般计税)	房产	全部价款和价外费用,减去向政府部门支付的土地使用权价款和在取得土地使用权时向其他单位或个人支付的拆迁补偿费用的余额计算销售额	确认销售额的次月	10%
		增值税(简易计税)	房产	销售额	确认销售额的次月	5%
5	自持阶段	房产税	房产	自营:房产余值 出租:房产租金收入	房产投入使用的次月起	房产余值的1.2%,租金收入的12%
6	预缴、清算阶段	企业所得税	生产经营所得和其他所得	应纳税所得额	分月或分季预缴,年度汇算清缴	25%
7		土地增值税	转让房地产	转让房地产取得的增值额	未达到清算条件前预缴,符合清算条件的,进行土地增值税清算	30%~60%

(1)前期准备阶段:契税、印花税。

(2)建设施工阶段涉及:城镇土地使用税、增值税。

(3)预售(销售)阶段:增值税。

(4)自持阶段:房产税。

(5)预缴、清算阶段:企业所得税、土地增值税。

此外房地产开发过程中,还涉及城市维护建设税、教育附加和地方教育附加、个人所得税。

四、2018 年全国一般公共预算收入决算表

表 12 -1 -3

单位:亿元

项　目	预算数	决算数	决算数为预算数的%	决算数为上年决算数的%
一、税收收入	153,665.00	156,402.86	101.8	108.3
国内增值税	59,190.00	61,530.77	104.0	109.1
国内消费税	10,570.00	10,631.75	100.6	104.0
进口货物增值税	16,410.00	16,235.19	98.9	106.2
进口货物消费税	650.00	643.78	99.0	93.9
出口货物退增值税	-14,755.00	-15,897.10	107.7	114.7
出口货物退消费税	-15.00	-16.83	112.2	110.6
企业所得税	34,430.00	35,323.71	102.6	110.0
个人所得税	12,915.00	13,871.97	107.4	115.9
资源税	1486.00	1629.90	109.7	120.4
城市维护建设税	4581.00	4839.98	105.7	111.0
房产税	2840.00	2888.56	101.7	110.9
印花税	2355.00	2199.36	93.4	99.7
其中:证券交易印花税	1140.00	976.88	85.7	91.4
城镇土地使用税	2585.00	2387.60	92.4	101.1
土地增值税	5370.00	5641.38	105.1	114.9
车船税	845.00	831.19	98.4	107.4
船舶吨税	53.00	49.78	98.8	93.9
车辆购置税	3580.00	3452.53	96.4	105.2
关税	3140.00	2847.78	90.7	95.0
耕地占用税	1770.00	1318.85	74.5	79.8
契税	5250.00	5729.94	109.1	116.7
烟叶税	115.00	111.35	96.8	96.2
环境保护税	300.00	151.38	50.5	—
其他税收收入	—	0.04	—	—
二、非税收入	29,512.00	26,956.98	91.3	95.3
专项收入	7495.00	7523.38	100.4	106.9
行政事业性收费收入	4625.00	3925.45	84.9	82.6

续表

项　目	预算数	决算数	决算数为预算数的%	决算数为上年决算数的%
罚没收入	2360.00	2659.18	112.7	110.7
国有资本经营收入	4150.00	3574.20	86.1	85.2
国有资源(资产)有偿使用收入	8210.00	7075.98	86.2	94.7
其他收入	2672.00	2198.79	82.3	90.9
全国一般公共预算收入	183,177.00	183,359.84	100.1	106.2
全国财政使用结转结余及调入资金	2853.00	14,765.28	517.5	146.3
支出大于收入的差额	23,800.00	23,800.00	100.0	100.0

第二章　房地产行业的增值税

一、我国的营改增概述

我国于1979年引进增值税,国务院于1993年12月发布了《增值税暂行条例》,并于1994年1月1日起在全国范围内推行增值税,此时的增值税属于生产型增值税。为了进一步完善税制,国家决定实行增值税转型试点,并于2004年7月1日起在东北、中部等部分地区实行,试点工作达到了预期目的,国务院决定实行增值税转型改革,修订了《增值税暂行条例》,2009年1月1日起在全国范围内实行消费型增值税。为了促进第三产业的发展,自2012年1月1日起,在部分地区和行业开展深化增值税制度改革试点,其中自2016年5月1日起建筑业、房地产业、金融业、生活服务业纳入试点范围,由缴纳营业税改为缴纳增值税,至2016年5月1日,征收营业税的行业全部改为征收增值税。

二、营改增对房地产行业的影响及筹划对策

(一)积极的政策效果

房地产行业营改增解决了营业税的重复征税的问题,其政策效果有两个:

一是允许房地产企业将销售项目取得的全部价款及价外费用扣除土地成本的差额作为销售额,界定了房地产项目的增值额,降低了不动产项目销售环节的增值额。

举例说明:

销售不动产的税率为10%,但计算销售额允许扣除土地成本,这会使用销售额的实际税负率降低,当土地成本占到全部价款和价外费用之和的40%时,实际销售不动的税负率下降为6%,计算公式为$6\% = 10\% \times (1 - 40\%)$,与原营业税税率相比高1%,但此时尚未考虑进项税额。

如果进项税额≥(全部价款 + 价外费用 − 土地成本)×1%,则房地产企业的实际税负低于5%和营业税税率,房地产企业购入的所有货物、服务、无形资产、不动产均可抵扣,因此会出现显著的“减税效应”。

二是不动产进项税额分期抵扣办法(国家税务总局2016年第15号)的实施,有利于降低下游企业税负率,有利于促进房地产行业健康发展。

(二)不利影响

营改增后,融资成本不允许抵扣进项税额,导致房地产企业进项税额抵扣不足。营改增后,房地产业税负叠加,出现不合理的税负结构,即增值税、企业所得税的税基存在很大程度

的交叉和重合。

(三)筹划对策

1. 深入了解营改增政策制度

要使房地产企业更好地适应营改增政策,就必须要加强企业对营改增制度的认知。在具体实行当中,房地产企业首先应当向相关人员提供学习营改增制度的机会、平台,并要求人员前往学习,其次需要时刻关注营改增制度的变化,从而为企业在营改增政策下的变革提供良好基础。

2. 加强房地产企业的成本筹划

房地产企业项目规模庞大,需要通过一段较长的时间才能完成,在项目当中会产生各种各样的成本来源,其在营改增政策下,会产生许多负面的影响。要对此点进行改善,房地产企业应当重视项目开展中的建材采购、人工成本等其他成本项目的筹划,如此在税收层面上,就可以分摊处理房地产工程项目成本,从而节省房地产企业开发工程项目的成本开支。

三、增值税纳税人、征税范围、税率和征收率、不征收增值税的税目

(一)纳税人

凡在中华人民共和国境内销售货物或者提供加工、修理修配劳务,销售服务、无形资产或者不动产(以下统称应税销售行为),以及进口货物的单位和个人,为增值税纳税人。

年应税销售额超过500万元(含)的房地产业纳税人为一般纳税人,年应税额未超过500万元的纳税人为小规模纳税人。

(二)房地产企业征税范围

1. 房地产企业销售自己开发的房地产项目适用“销售不动产”税务目

包括:转让建筑物有限产权或永久使用权、转让在建的建筑物或者构筑物的所有权、转让建筑物或者构筑物一并转让占用范围内的土地使用权的。

2. 房地产企业出租不动产

房地产企业出租商铺、写字楼、公寓等,适用“经营租赁服务”税目中的“不动产经营租赁业务”税目和“不动产融资租赁服务”税目(不含“不动产售后回租融资租赁”)。

(三)税率和征收率

(1)房地产企业销售、出租不动产适用的税率为10%。

(2)小规模纳税人销售、出租不动产,以及一般纳税人选择简易计税方法的销售、出租不动产业务,征收率为5%。

(3)一般纳税人适用增值税率,其进项可以抵扣,小规模纳税人适用增值税征收率,其进项不允许抵扣。

(4)一般纳税人出租其2016年4月30日前取得的不动产,选择简易方法计税,征收率为5%。

(5)房地产开发企业的一般纳税人销售自行开发的老项目,选择简易计税方法的,征收率为5%。

(6)个人出租住房,按照5%的征收率减按1.5%计算纳税。

(7)个人将购买的住房对外销售的税收优惠。

个人将购买不足2年的住房对外销售的,按照5%的征收率全额缴纳增值税;个人将购买2年以上(含2年)的住房对外销售的,免征增值税。上述政策适用于北京市、上海市、广州市和深圳市之外的地区。

个人将购买不足2年的住房对外销售的,按照5%的征收率全额缴纳增值税;个人将购买2年以上(含2年)的非普通住房对外销售的,以销售收入减去购买住房价款后的差额按照5%的征收率缴纳增值税;个人将购买2年以上(含2年)的普通住房对外销售的,免征增值税。上述政策仅适用于北京市、上海市、广州市和深圳市。

办理免税的具体程序、购买房屋的时间、开具发票、非购买形式取得住房行为及其他相关税收管理规定,按照《国务院办公厅转发建设部等部门关于做好稳定住房价格工作意见的通知》(国办发〔2005〕26号)、《国家税务总局财政部建设部关于加强房地产税收管理的通知》(国税发〔2005〕89号)和《国家税务总局关于房地产税收政策执行中几个具体问题的通知》(国税发〔2005〕172号)的有关规定执行。

表12-2-1 房地产增值税征收率

<table>
<tr><th>业务</th><th colspan="2">类型</th><th colspan="4">不动产性质</th><th>预征率</th><th>税率/征收率</th></tr>
<tr><td rowspan="11">不动产转让</td><td rowspan="3">非房地产开发企业</td><td rowspan="2">一般纳税人</td><td colspan="4">2016年4月30日前</td><td rowspan="3">5%</td><td>10%(可选择5%征收率)</td></tr>
<tr><td colspan="4">2016年5月1日后</td><td>10%</td></tr>
<tr><td>小规模纳税人</td><td colspan="4">—</td><td>5%</td></tr>
<tr><td rowspan="3">房地产开发企业</td><td rowspan="2">一般纳税人</td><td colspan="4">房地产老项目</td><td rowspan="3">3%</td><td>10%(可选择5%征收率)</td></tr>
<tr><td colspan="4">房地产新项目</td><td>10%</td></tr>
<tr><td>小规模纳税人</td><td colspan="4">—</td><td>5%</td></tr>
<tr><td colspan="2" rowspan="5">个体工商户以及其他个人</td><td rowspan="4">购买的住房</td><td colspan="3">购买不足2年</td><td rowspan="2">5%(仅个体工商户)</td><td rowspan="2">5%</td></tr>
<tr><td rowspan="3">购买2年以上</td><td rowspan="2">北上广深</td><td>非普通住房</td></tr>
<tr><td>普通住房</td><td colspan="2" rowspan="2">免税</td></tr>
<tr><td colspan="2">其他地区</td></tr>
<tr><td colspan="4">取得的不动产</td><td>5%(仅个体工商户)</td><td>5%</td></tr>
</table>

续表

<table>
<tr><th>业务</th><th>类型</th><th>不动产性质</th><th>预征率</th><th>税率/征收率</th></tr>
<tr><td rowspan="5">不动产经营租赁</td><td>一般纳税人</td><td>2016 年 4 月 30 日前</td><td>3%/5%（简易计税方法下）</td><td>10%（可选择 5% 征收率）</td></tr>
<tr><td>小规模纳税人（单位）</td><td>2016 年 5 月 1 日后</td><td>3%</td><td>10%</td></tr>
<tr><td rowspan="3">个体工商户以及其他个人</td><td>—</td><td>5%</td><td rowspan="2">5%</td></tr>
<tr><td>非住房</td><td>5%（仅个体工商户）</td></tr>
<tr><td>住房</td><td>5% 减按 1.5%（仅个体工商户）</td><td>5% 的征收率减按 1.5%</td></tr>
</table>

四、一般计税法的应纳税额的计算

增值税的计税方法包括一般计税法和简易计税法。

增值税一般纳税人应税销售行为采用一般计税法，即采用国际上通行的购进扣税法，当期应纳增值税额的大小取决于当期销项税额和当期进项税额。

当期应纳所得税额 = 当期销项税额 - 当期进项税额

当期销项税额小于当期进项税额，不足抵扣时，其不足部分可以结转下期继续抵扣。

（一）销项税额

销项税额是纳税人发生应税销售行为，按照销售额与税率的乘积，该概念是相对于进项税额而言的，定义销项税额是为了区别于应纳税额。其计算公式如下：

销项税额 = 销售额 × 税率

或者　　销项税额 = 组成计税价格 × 税率

1. 销售额

（1）一般规定

销售额是指纳税人发生应税行为取得的全部价款及价外费用，财政部和国家税务总局另有规定的除外。但不包括收取的销项税额。

价外费用是指购买方收取的各种价外费用，具体包括：手续费、补贴、基金、集资费、返还利润、奖励费、违约金、延期滞纳金、赔偿金、包装费、包装物租金、储备费、优质费、运输装卸费、代收款项、代垫款项及其他各种性质的价外费用。

（2）视同销售行为销售额的核定

视同销售行为是增值税法规定的特殊销售行为。由于视同销售行为一般不以资金形式反映出来，因而会出现视同销售而无销售的情况。

另外，有时纳税人有销售货物或应税劳务有价格明显偏低并无正当理由的，按下列顺序确定销售额：

①按纳税人最近时期同类货物的平均销售价格确定；

②按其他纳税人最近时期同类货物的平均销售价格确定；

③按组成计税价格确定。组成计税价格的公式为：

组成计税价格 = 成本 ×（1 + 成本利润率）

属于应征消费税的货物，其组成计税价格中应加计消费税额。

公式中的成本是指：销售自产货物的为实际生产成本，销售外购货物的为实际采购成本。公式中的成本利润率由国家税务总局确定。

2. 房地产企业转让不动产销售额的确定

营改增后，房地产企业属于一般纳税人的，适用一般计税方法，按照取得的全部价款和价外费用，扣除当期销售房地产项目对应的土地款后的余额计算销售额。计算公式如下：

销售额 =（全部价款和价外费用 − 当期允许扣除的土地价款）÷（1 + 10%）

当期允许扣除的土地价款 =（当期销售房地产建筑面积 ÷ 房地产项目可供销售建筑面积）× 支付的土地价款

房地产项目可供销售的建筑面积，是指房地产项目可以出售的总建筑面积，不包括销售房地产项目未单独作价结算的配套公共设施的建筑面积。

支付的土地价款包括向政府或土地管理部门或其授权的部门直接支付的土地价款，在计算销售额时从全部价款和价外费用中扣除土地价款，应当取得省级以上（含省级）财政部门监（印）制的财政票据。

支付的土地价款还包括房地产企业向单位或个人支付的拆迁补偿费，也允许在计算销售额时予以扣除，纳税人在扣除拆迁补偿费时，应当提供拆迁协议、支付和取得拆迁补偿费用的相关凭证等。

（二）增值税进项税额抵扣

1. 进项税额的计算

纳税人购进货物、劳务、服务、无形资产、不动产支付或者负担的增值税额，为进项税额。

下列进项税额准予从销项税额中抵扣：

（1）从销售方取得的增值税专用发票上注明的增值税额。

（2）从海关取得的海关进口增值税专用缴款书上注明的增值税额。

（3）购进农产品，除取得增值税专用发票或者海关进口增值税专用缴款书外，按照农产品收购发票或者销售发票上注明的农产品买价和10%的扣除率计算的进项税额，国务院另有规定的除外。

进项税额计算公式：进项税额 = 买价 × 扣除率

（4）自境外单位或者个人购进劳务、服务、无形资产或者境内的不动产，从税务机关或者扣缴义务人取得的代扣代缴税款的完税凭证上注明的增值税额。

准予抵扣的项目和扣除率的调整，由国务院决定。

（5）取得不动产的进项税额允许分期进行抵扣。

根据《不动产进项税额分期抵扣暂行办法》（国家税务总局公告2016年第15号）规定：增

值税一般纳税人2016年5月1日后取得并在会计制度上按固定资产核算的不动产，以及2016年5月1日后发生的不动产在建工程，其进项税额应按照本办法有关规定自取得之日起分2年从销项税额中抵扣，第一年抵扣比例为60%，第二年抵扣比例为40%。取得的不动产，包括以直接购买、接受捐赠、接受投资入股以及抵债等各种形式取得的不动产，不包括房地产开发企业自行开发的房地产项目。纳税人新建、改建、扩建、修缮、装饰不动产，属于不动产在建工程。房地产开发企业自行开发的房地产项目，融资租入的不动产，以及在施工现场修建的临时建筑物、构筑物，其进项税额不适用上述分2年抵扣的规定。

纳税人2016年5月1日后购进货物和设计服务、建筑服务，用于新建不动产，或者用于改建、扩建、修缮、装饰不动产并增加不动产原值超过50%的，其进项税额依照本办法有关规定分2年从销项税额中抵扣。不动产原值，是指取得不动产时的购置原价或作价。上述分2年从销项税额中抵扣的购进货物，是指构成不动产实体的材料和设备，包括建筑装饰材料和给排水、采暖、卫生、通风、照明、通信、煤气、消防、中央空调、电梯、电气、智能化楼宇设备及配套设施。

(6)租入固定资产进项税额抵扣。

自2018年1月1日起，纳税人租入固定资产、不动产，既用于一般计税方法计税项目，又用于简易计税方法计税项目、免征增值税项目、集体福利或者个人消费的，其进项税额允许从销项税额中全额扣除。也就是说，只有专用于简易计税等不能进项抵扣的项目才不能抵扣进项税额。

2. 进项税额不得从销项税额中抵扣的情形

纳税人购进货物、劳务、服务、无形资产、不动产，取得的增值税扣税凭证不符合法律、行政法规或者国务院税务主管部门有关规定的，其进项税额不得从销项税额中抵扣。

3. 不得抵扣的项目

《增值税暂行条例》第10条规定："下列项目的进项税额不得从销项税额中抵扣：(一)用于简易计税方法计税项目、免征增值税项目、集体福利或者个人消费的购进货物、劳务、服务、无形资产和不动产；(二)非正常损失的购进货物，以及相关的劳务和交通运输服务；(三)非正常损失的在产品、产成品所耗用的购进货物(不包括固定资产)、劳务和交通运输服务；(四)国务院规定的其他项目。"

(三)增值税预缴税款

依据《房地产开发企业销售自行开发的房地产项目增值税征收管理暂行办法》规定：一般纳税人采取预收款方式销售自行开发的房地产项目，应在收到预收款时按照3%的预征率预缴增值税。

应预缴税款按照以下公式计算：

应预缴税款 = 预收款 ÷ (1 + 适用税率或征收率) × 3%

适用一般计税方法计税的，按照10%的适用税率计算。

五、简易计税法的应纳税额的计算

1. 一般纳税人选择简易计税法

一般纳税人销售自行开发的房地产老项目，可以选择适用简易计税方法按照5%的征收率计税。一经选择简易计税方法计税的,36 个月内不得变更为一般计税方法计税。

房地产老项目,是指(1)《建筑工程施工许可证》注明的合同开工日期在 2016 年 4 月 30 日前的房地产项目;(2)《建筑工程施工许可证》未注明合同开工日期或者未取得《建筑工程施工许可证》但建筑工程承包合同注明的开工日期在 2016 年 4 月 30 日前的建筑工程项目。

一般纳税人销售自行开发的房地产老项目适用简易计税方法计税的,以取得的全部价款和价外费用为销售额,不得扣除对应的土地价款。

2. 小规模纳税人

简易计税方法的应纳税额,是指按照销售和征收率计算的增值税额,不得抵扣进项税额。应纳税额的计算公式为:

应纳税额 = 销售额 × 征收率

简易计税方法的销售额不包括其应纳税额,纳税采用销售额和应纳税额合并定价的,按照下列方式计算销售额:

销售额 = 含税销售额 ÷ (1 + 征收率)

房地产开发企业中的小规模纳税人采取预收款方式销售自行开发的房地产项目,应在收到预收款时按照 3% 的预征率预缴增值税。

应预缴税款按照以下公式计算:

应预缴税款 = 预收款 ÷ (1 + 5%) × 3%

小规模纳税人应在取得预收款的次月纳税申报期或主管国税机关核定的纳税期限向主管国税机关预缴税款。

3. 计算举例

【例题】A 房地产开发公司位于上海,在河北保定设立分公司开发甲楼盘,该楼盘系 2015 年 9 月开工建设的项目。2016 年 6 月开始收取客户的诚意金,收到诚意金 2000 万元;2016 年 8 月房屋取得预售许可证,预售房屋,当月原有的诚意金 2000 万元转作业主购房的首付款,另外又收取了 12,000 万元的首付款。房屋 2017 年 12 月交付业主。对于该项业务 A 公司选择了简易计税方法,请回答下列问题。

问题(1):A 公司收到诚意金时是否发生了增值税纳税义务?是否需要预缴增值税?

【答案解析】

A 公司收到诚意金时,未发生增值税纳税义务,因为纳税人销售不动产,应该在收讫销售款项或取得索取销售款项凭据的当天发生纳税义务,而收讫销售款项是指纳税人销售不动产过程中或者完成后收到款项。

A 公司收到诚意金时,无须预缴增值税,因为一般纳税人采取预收款方式销售自行开发的房地产项目,应在收到预收款时按照 3% 的预征率预缴增值税。预收款是指房地产企业实际取得的售房款,诚意金不属于预收款范畴。

问题(2):A 公司收到业主的首付款时是否发生纳税义务?是否需要预缴增值税?

【答案解析】

A 公司收到业主的首付款时,未发生增值税纳税义务;

A 公司收到业主的首付款属于 A 公司收到的预收款,需要预缴增值税。

问题(3):请问 A 公司应该在什么时间预缴税款,为什么?预缴多少增值税税款?

【答案解析】

A 公司应该在 2016 年 9 月预缴税款,因为一般纳税人应在取得预收款的次月纳税申报期预缴税款;

应预缴税款 = 14,000 ÷ 1.05 × 3% = 400(万元)。

第三章　房地产行业的土地增值税

第一节　土地增值税概述

一、土地增值税概述

（一）土地增值税概念

土地增值税是对有偿转让国有土地使用权及地上建筑物和其他附着物产权并取得增值性收入的单位和个人所征收的一种税。

新中国成立以来，先后开征过契税、城市房地产税、房产税、城镇土地使用税等税种，但这些税种大多属于传统的土地税，有的还带有一定的行为税的特点，对于调节房地产市场力度有限。

1993 年 12 月 13 日发布了《土地增值税暂行条例》，决定自 1994 年 1 月 1 日起在全国开征土地增值税，这是我国（除台湾地区外）第一个专门对土地增值额或土地收益额征税的税种。财政部于 1995 年 1 月 27 日颁布了《土地增值税条例实施细则》。

2019 年 8 月 26 日《土地管理法》第三次修订，第 63 条增加了集体经营性建设用地入市的规定，集体土地一级市场（出让、出租）、二级市场（转让、互换、赠与、抵押），是否属于土地增值税调整范围，这是急需解决的问题，国务院应尽快予以明确。

（二）土地增值税的特点

土地增值税具有以下几个特点。

1. 征税面广

只要在我国范围内转让房地产并取得增值收入的单位和个人，除了法定免予征收的外，全部要缴纳土地增值税。

2. 以转让房地产取得的增值额为征税对象，采用扣除法和评估法计算增值额

土地增值税属于“土地转移增值税”类型，将土地、房屋合并征收，在计算方法上考虑我国国情，以纳税人转让房地产取得的收入，减除法定扣除项目金额后的余额作为计税依据。对旧房及建筑物的转让，以及纳税人转让房地产申报不实的、成交价偏低的，采用评估价法确定增值额，计征土地增值税。

3. 实行超额累进税率

土地增值税是以转让房地产的增值额与扣除项目金额的比率高低为依据，实行分级计税，增值率越高，税率越高，纳税越多。

(三)土地增值税的作用

1. 加强国家对房地产开发、交易行为的宏观调控

1949 年后相当长一段时期,我国均实行土地无偿划拨制度,没有土地交易制度,也不存在交易市场,因此不存在土地增值行为,实践证明这种制度不利于集约使用土地,造成了极大浪费。

1987 年在深圳市开始土地有偿使用,房地产行业迅速兴起,但也出现了房地产投资规模过大、国家土地资源浪费严重、国家土地收益流失的情况,冲击和危害了国民经济的健康、协调发展,也造成了社会分配不公。

我国借鉴世界上一些国家和地区的作法,开征土地增值税,用税收的手段调控房地产市场,抑制投机行为,促进土地资源合理利用,调节房地产收入分配比例,促进社会公平,促进经济平稳健康发展。

2. 增加财政收入,规范国家参与土地增值收益

大分税制财政体制下,土地增值税属于地方税种,在未征收土地增税前,有些地方已经通过土地增值费的形式,对土地增值收益进行分配,但办法不统一,收费标准也不规范,有高有低,因此有必要统一尺度,以法律、行政法规的形式予以确定,用强制性税收的形式,规范土地增值性收益的分配制度。

二、土地增值税的征税范围

土地增值税的征税范围是对转让国有土地使用权及地上建筑物和附着物的产权征收。

(一)征税范围的一般规定

1. 土地增值税只对转让国有土地使用权的行为征税,对转让非国有土地和出让土的行为均不征税

出让国有土地属于土地的一级市场,出让方是国家,是国家凭所有者身份在土地一级市场收取租金,政府出让土地的行为不属土地增值税的课税对象。

集体土地只有依法征用后才能用于建设,未经征用,不得转让集体土地使用权,违法转让集体土地使用权不是土地增值税的课税对象,应当由国家相关部门予以查处。

2. 土地增值税不仅对转让国有土地使用权征税,还对转让土地上的建筑物和其他附着物的产权征税

地上建筑,是指建于土地上的一切建筑物,包括地上地下的各种附属设施,如厂房、仓库、商店、医院、住宅、围墙、烟囱、电梯、中央空调、管道等。

附着物是指附着于土地上、不能移动,一经移动即遭到损坏的种植物、养殖物及其他物品。

土地增值税的课税对象包括上述建筑物及附着物所有权转让的增值额,不仅仅是土地使用权转让的收入。

3. 土地增值税对于继承、赠与等方式无偿转让财产不征税

(1)房地产继承

对于这种情况不征税,原因是继承发生后,虽然权属发生变更,但其法律依据是继承法,

并未发生增值额,因此不属增值税的课税对象。

(2)房地产赠与

不征收增值税的情况包括两种:

①房屋所有权人、土地使用权人将房屋产权、土地使用权赠与直系亲属或者承担赡养义务的人。

②房屋所有权人、土地使用权人通过中国境内的非营利性的社会团体、国家机关将房屋产权、土地使用权赠与教育、民政和其他社会福利、公益事业的行为。

除以上两种情况外,其他情况均征收土地增值税。

(二)征税范围的具体规定

1. 合作建房

对于一方出地,另一方出资金,合作建房,建成后分房自用的,暂免征收土地增值税,但对合作建房后,对外销售的,征收土地增值税。

2. 房地产抵押

房地产抵押期间不征税,抵押期满后,实现抵押权的,属于土地增值税的征税范围。

3. 交换房地产

交换房地产既发生了实物转移,也发生了所有权转移,属于增值税的征收范围,但对于个人之间互换自有居住用房地产的,经当地税务机关核实,可以免征土地增值税。

4. 国家收回国有土地使用权、征用地上建筑物及附着物的

国家征用的情形下,虽然原使用权人或所有权人取得了收入,原使用权、所有权消灭,但依据《土地增值税条例》的规定,可以免征土地增值税。

三、土地增值税的纳税人

转让国有土地使用权、地上的建筑物及其附着物(以下简称转让房地产)并取得收入的单位和个人,为土地增值税的纳税义务人。单位是指各类企业单位、事业单位、国家机关和社会团体及其他组织。个人包括个体经营者。

第二节　开发土地和新建房增值额的确定

土地增值是按照转让国有土地使用权和建筑物及附着物取得的增值额,按照四级超率累进税率计征的。土地增值额的大小,取决于收入与扣除项目的差额。

一、收入额的确认

纳税人转让房地产所取得的收入,包括货币收入、实物收入和其他收入。需要指出的是,营改增后,纳税人取得的收入,为不含增值税的收入。

1. 关于营改增后土地增值税应税收入确认问题

营改增后,纳税人转让房地产的土地增值税应税收入不含增值税。适用增值税一般计税

方法的纳税人,其转让房地产的土地增值税应税收入不含增值税销项税额;适用简易计税方法的纳税人,其转让房地产的土地增值税应税收入不含增值税应纳税额。

为方便纳税人,简化土地增值税预征税款计算,房地产开发企业采取预收款方式销售自行开发的房地产项目的,可按照以下方法计算土地增值税预征计征依据:

土地增值税预征的计征依据 = 预收款 - 应预缴增值税税款

2. 关于营改增后视同销售房地产的土地增值税应税收入确认问题

纳税人将开发产品用于职工福利、奖励、对外投资、分配给股东或投资人、抵偿债务、换取其他单位和个人的非货币性资产等,发生所有权转移时应视同销售房地产,其收入应按照《国家税务总局关于房地产开发企业土地增值税清算管理有关问题的通知》(国税发〔2006〕187号)第3条规定执行。纳税人安置回迁户,其拆迁安置用房应税收入和扣除项目的确认,应按照《国家税务总局关于土地增值税清算有关问题的通知》(国税函〔2010〕220号)第6条规定执行。

二、扣除项目及金额

扣除项目及金额分为三种情况:一是国有土地使用权人将未建有建筑物或其他附着物的土地进行转让增值额的计算;二是纳税人取得国有土地使用权后,建设商品房,将国有土地使用权及商品房一并转让的增值额的计算;三是纳税人出售上述两种情况之外的房地产增值额的计算。

以上三种情况,又可以细分以下6种情况。

(一)取得土地使用权所支付的金额

取得土地使用权所支付的金额,是指纳税人为取得土地使用权所支付的地价款和按国家统一规定交纳的有关费用。

"支付的土地价款"分为三种情况:一是以出让方式取得土地使用权的,为支付的土地出让金;二是划拨方式取得土地使用权的,为支付补偿金;三是转让方式取得的,为支付的价款。

"按国家统一规定交纳的有关费用",是指纳税人取得土地使用权过程中,办理有关过户手续时,按照国家统一规定交纳的手续费、契税等。

(二)开发土地和新建及配套设施的成本

开发土地和新建及配套设施的成本,以下简称房地产开发成本,是指纳税人房地产开发项目实际发生的成本,包括土地征用及拆迁补偿费、前期工程费、建筑安装工程费、基础设施费、公共配套设施费、开发间接费用。

土地征用及拆迁补偿费,包括土地征用费、耕地占用税、劳动力安置费及有关地上、地下附着物拆迁补偿的净支出、安置动迁用房支出等。

前期工程费,包括规划、设计、项目可行性研究和水文、地质、测绘、"三通一平"等支出。

建筑安装工程费,是指以发包方式支付给承包单位的建筑安装工程费,以自营方式发生的建筑安装工程费。

基础设施费,包括开发小区内道路、供水、供电、供气、排污、排洪、通讯、照明、环卫、绿化、等工程发生的支出。

公共配套设施费,包括不能有偿转让的开发小区内公共配套设施发生的支出。

开发间接费用,是指直接组织、管理开发项目发生的费用,包括工资、职工福利费、折旧费、修理费、办公费、水电费、劳动保护费、周转房摊销等。

(三)开发土地和新建房及配套设施的费用

开发土地和新建房及配套设施的费用,以下简称房地产开发费用,是指与房地产开发项目有关的销售费用、管理费用、财务费用。

对于财务费用中,数额较大的利息支付,具体规定如下:

1. 利息及其他房地产开发费用支出

财务费用中的利息支出,凡能够按转让房地产项目计算分摊并提供金融机构证明的,允许据实扣除,但最高不能超过按商业银行同类同期贷款利率计算的金额。其他房地产开发费用,按取得土地权支付的金额及房地产开发成本计算的金额之和的5%以内计算扣除。

公式为:利息+(取得土地权支付的金额+房地产开发成本)×5%以内(注:利息不能超过按商业银行同类同期贷款利率)

2. 不能计算分摊或不能提供金融机构证明的

凡不能按转让房地产项目计算分摊利息支出或不能提供金融机构证明的,房地产开发费用按取得土地权支付的金额及房地产开发成本计算的金额之和的10%以内计算扣除。上述计算扣除的具体比例,由各省、自治区、直辖市人民政府规定。

公式为:(取得土地权支付的金额+房地产开发成本)×10%以内

3. 其他规定

(1)利息的上浮幅度按国家有关规定执行,超过上浮幅度的部分不允许扣除。

(2)超过贷款期限的利息部分和加罚的利息不得扣除。

(四)与转让房地产有关的税金

与转让房地产有关的税金,是指在转让房地产时缴纳的营业税、城市维护建设税、印花税。因转让房地产缴纳的教育费附加,也可视同税金予以扣除。

(1)营改增后,计算土地增值税增值额的扣除项目中"与转让房地产有关的税金"不包括增值税。

(2)营改增后,房地产开发企业实际缴纳的城市维护建设税、教育费附加,凡能够按清算项目准确计算的,允许据实扣除。凡不能按清算项目准确计算的,则按该清算项目预缴增值税时实际缴纳的城市维护建设税、教育费附加扣除。

(3)其他转让房地产行为的城市维护建设税、教育费附加扣除比照上述规定执行。

(五)从事房地产开发的纳税人的加计扣除

财政部规定,对于从事房地产开发的纳税人可以按照取得土地使用权支付的价款和房地产开发成本之和,加计20%的扣除。

加计扣除主要是考虑到房地产行业将生地变成熟地,投资额大,周期长,对国民经济拉动作用明显,为了保证房地产企业的正常利润率,保证房地产企业正常的投资回报率,调动社会资本投资房地产的积极性,规定按照取得土地使用权支付的价款和房地产开发成本之和加计扣除 20% 。

第三节　转让旧房及建筑物的评估价及其他规定

旧房及建筑物的评估价格,是指在转让已使用的房屋及建筑物时,由政府批准设立的房地产评估机构评定的重置成本价乘以成新度折扣率后的价格。评估价格须经当地税务机关确认。

对于取得土地使用权时未支付土地价款或不能提供已经支付土地价款的凭据的,不允许扣除取得土地使用权时的金额。

纳税转让旧房时,为了计算纳税额需要进行评估的,评估费允许扣除。但因虚报、瞒报房地产成交价格等情形而按照房地产评估价征收土地增值税时,则不得扣除评估费。

一、关于旧房转让时的扣除问题

营改增后,纳税人转让旧房及建筑物,凡不能取得评估价格,但能提供购房发票的,《土地增值税暂行条例》第 6 条第 1 项、第 3 项规定的扣除项目的金额按照下列方法计算:

(1)提供的购房凭据为营改增前取得的营业税发票的,按照发票所载金额(不扣减营业税)并从购买年度起至转让年度止每年加计 5% 计算。

(2)提供的购房凭据为营改增后取得的增值税普通发票的,按照发票所载价税合计金额从购买年度起至转让年度止每年加计 5% 计算。

(3)提供的购房发票为营改增后取得的增值税专用发票的,按照发票所载不含增值税金额加上不允许抵扣的增值税进项税额之和,并从购买年度起至转让年度止每年加计 5% 计算。

二、旧房及建筑物需要评估的几种情况

旧房是与新房相对应的一个概念,新房是指建成后未使用的房屋,旧房是指建设后使用一段时间或达到一定磨损程度的房屋。

1. 需要评估的几种情况

(1)出售旧房应当进行评估,计算扣除项目;

(2)隐瞒、虚报房地产成交价格的;

(3)提供扣除项目金额不实的;

(4)转让房地产的成交价格低于房地产评估价格,又无正当理由的。

2. 具体处理方式

(1)房地产评估价格,是指由政府批准设立的房地产评估机构根据相同地段、同类房地产进行综合评定的价格。评估价格须经当地税务机关确认。

(2)隐瞒、虚报房地产成交价格,是指纳税人不报或有意低报转让土地使用权、地上建筑

物及其附着物价款的行为。

隐瞒、虚报房地产成交价格,应由评估机构参照同类房地产的市场交易价格进行评估。税务机关根据评估价格确定转让房地产的收入。

(3)提供扣除项目金额不实的,是指纳税人在纳税申报时不据实提供扣除项目金额的行为。

提供扣除项目金额不实的,应由评估机构按照房屋重置成本价乘以成新度折扣率计算的房屋成本价和取得土地使用权时的基准地价进行评估。税务机关根据评估价格确定扣除项目金额。

(4)转让房地产的成交价格低于房地产评估价格,又无正当理由的,是指纳税人申报的转让房地产的实际成交价低于房地产评估机构评定的交易价,纳税人又不能提供凭据或无正当理由的行为。

转让房地产的成交价格低于房地产评估价格,又无正当理由的,由税务机关参照房地产评估价格确定转让房地产的收入。

第四节　土地增值税税率、应纳税额计算、税收优惠

一、税率

土地增值税采用四级超额累进税率,实行这样的税负结构和负担水平,一方面,可以对正常的房地产开发经营,通过较低的税率体现优惠政策;另一方面,对取得过高收入,尤其是对炒房获取暴利的人,发挥一定的调节作用(见表12-3-1)。

表12-3-1　土地增值税四级超率累进税率

级数	增值额与抵扣项目金额的比率	税率(%)	速算扣除系数(%)
1	不超过50%的部分	30	0
2	超过50%~100%的部分	40	5
3	超过100%~200%的部分	50	15
4	超过200%的部分	60	35

二、应纳税额计算

(一)转让土地使用权和出售新建房及配套设施应纳税的计算

计算公式为:

应纳税额=增值额×适用税率-扣除项目金额×速算扣除系数

增值额=收入额-扣除项目金额

增值率=增值额÷扣除项目金额×100%

根据增值率不同,土地增值税计算公式如下:

1. 增值额未超过扣除项目金额 50%

土地增值税税额 = 增值额 ×30%

2. 增值额超过扣除项目金额 50% 未超过 100%

土地增值税税额 = 增值额 ×40% － 扣除项目金额 ×5%

3. 增值额超过扣除项目金额 100% 未超过 200%

土地增值税税额 = 增值额 ×50% － 扣除项目金额 ×15%

4. 增值额超过扣除项目金额 200%

土地增值税税额 = 增值额 ×60% － 扣除项目金额 ×35%

(二)土地增值税的计算举例

[例题]某房地产开发公司出售一幢写字楼,收入总额为 10,000 万元。开发该写字楼的有关支出为:支付地价款及各种费用为 1000 万元;房地产开发成本 3000 万元;财务费用中的利息支出为 500 万元(可按转让项目计算分摊并提供金融机构证明),但其中有 50 万元属加罚的利息;转让环节缴纳的有关税费共计为 555 万元,该单位所在地政府规定的其他房地产开发费用计算扣除比例为 5%。试计算该房地产开发公司应缴纳的土地增值税。

[答案解析](1)取得土地使用权支付的地价款及有关费用为 1000 万元

(2)房地产开发成本为 3000 万元

(3)房地产开发费用 = 500 － 50 + (1000 + 3000) ×5% = 650(万元)

(4)允许扣除的税费为 555 万元

(5)从事房地产开发的纳税人加计扣除 20%

允许扣除额 = (1000 + 3000) ×20% = 800(万元)

(6)允许扣除的项目金额合计 = 1000 + 3000 + 650 + 555 + 800 = 6005(万元)

(7)增值额 = 10,000 － 6005 = 3995(万元)

(8)增值率 = 3995 ÷6005 ×100% = 66.53%

(9)应缴纳的土地增值税 = 3395 ×40% － 6005 ×5% = 1057.75(万元)

三、出售旧房应纳税额的计算

出售旧房首先按照评估价格及有关规定,确定扣除项目金额,然后按增值税法的规定计算应纳增值税额。

(1)计算评估价格

计算公式:评估价格 = 重置成本价 × 成新度折扣率

(2)汇算扣除项目金额

(3)计算增值率

(4)依据增值率确定适用的税率

(5)依据适用的税率计算应纳税额

四、房地产企业增值税预征

（一）预征的情形

对于以下两种情况由税务机关按比例预征，预征之后进行清算。

预征包括两种情形：一是对于成片受让土地使用权后分批开发、转让房地产；二是纳税人采取预售方式出售商品房的。

预征率为：东部地区省份不低于2%；中部地区省份不低于1.5%；西部地区省份不低于1%。

（二）扣除项目的分摊

纳税人成片受让土地后，分批开发、转让房地产的，对于允许扣除的项目可以采取以下方法分摊：

按照转让土地使用权面积占总面积的比例分摊，若此方法明显不合理的，也可按照建筑面积或税务机关确定的其他方法分摊：

扣除项目金额＝扣除项目总金额×（转让土地使用权的面积/建筑面积÷受让土地使用权的总面积/总建筑面积）

五、土地增值税的税收优惠

（一）转让房屋，增值额未超过扣除项目金额之和的20%的，免征土地增值税

（1）纳税人建造普通标准住宅并出售，增值额未超过扣除项目金额20%的

普通标准住宅，是指按所在地一般民用住标准建造的居住用住宅。高级公寓、别墅、度假村等不属于普通标准住宅。普通标准住宅与其他住宅的具体划分界限由各省、自治区、直辖市人民政府规定。

对于纳税人既建造普通住宅，又建筑其他房地产的，应当分别核算增值额；不分别核算或无法分别核算的，其建造的普通住宅不适用免税的规定。

（2）转让旧房作保障性住房且增值额未超过扣除项目金额20%的免收土地增值税

（3）转让旧房作公共租赁住房且增值额未超过扣除项目金额20%的免收土地增值税

（二）因国家建设需要免征土地增值税

（1）因国家建设需要而被政府征收、收回的房地产，免税；

（2）因城市规划、国家建设需要而搬迁，纳税人自行转让房地产，免税。

（三）对个人销售住房免征土地增值税

（四）对企业改制、资产整合过程中涉及的土地增值税免征

具体包括以下几种情形：

（1）非公司制企业整体改制；

(2)企业合并;

(3)企业分立;

(4)改制重组中以国有土地、房屋进行投资

单位、个人在改制重组时以房地产进行投资,对其将房地产转移、变更到被投资的企业,暂不征收土地增值税。但转移任意一方为房地产企业的,不免征土地增值税。

第五节 房地产企业土地增值税清算

一、土地增值税清算的概述

(一)土地增值税清算的概念

土地增值税清算,是指纳税人在符合土地增值税清算条件后,依照税收法律、法规及土地增值税有关政策规定,计算房地产开发项目应缴纳的土地增值税税额,结清该房地产项目应缴纳土地增值税税款的行为。

土地增值税清算需要填写《土地增值税清算申报表》,向主管税务机关提供有关资料,办理土地增值税清算手续。

(二)土地增值税清算的受理

1. 土地增值税清算的单位

土地增值税以国家有关部门审批的房地产开发项目为单位进行清算,对于分期开发的项目,以分期项目为单位清算。

开发项目中同时包含普通住宅和非普通住宅的,应分别计算增值额。

2. 土地增值税清算的条件

(1)纳税人应进行土地增值税清算的情形

①房地产开发项目全部竣工、完成销售的;

②整体转让未竣工决算房地产开发项目的;

③直接转让土地使用权的。

(2)主管税务机关可以要求纳税人进行土地增值税清算的情形

①已竣工验收的房地产开发项目,已转让的房地产建筑面积占整个项目可售建筑面积的比例在85%以上,或该比例虽未超过85%,但剩余的可售建筑面积已经出租或自用的;

②取得销售(预售)许可证满三年仍未销售完毕的;

③纳税人申请注销税务登记但未办理土地增值税清算手续的;

④省级税务机关规定的其他情况。

二、土地增值税清算收入的确认

(一)销售收入

土地增值税清算时,已经全额开具发票的,按照发票所载金额计算收入。

未开具发票或未全额开具发票的,应当以交易双方签订的合同的售房金额及其他收益确认收入或以销售合同明细和预收款明细等确认收入。对于销售合同所载的面积与有关部门实测面积符合的,在清算前已经完成了多退少补的,应在计算土地增值税时,予以调整。

房地产开发企业在营改增后进行房地产开发项目土地增值税清算时,按以下方法确定相关金额:

(1)土地增值税应税收入 = 营改增前转让房地产取得的收入 + 营改增后转让房地产取得的不含增值税收入

(2)与转让房地产有关的税金 = 营改增前实际缴纳的营业税、城市维护建设税、教育费附加 + 营改增后允许扣除的城市维护建设税、教育费附加

(二)非直接销售和自用房地产的收入确定

1. 房地产开发企业将开发产品用于职工福利、奖励、对外投资、分配给股东或投资人、抵偿债务、换取其他单位和个人的非货币性资产等,发生所有权转移时应视同销售房地产,其收入按下列方法和顺序确认:

(1)按本企业在同一地区、同一年度销售的同类房地产的平均价格确定;

(2)由主管税务机关参照当地当年、同类房地产的市场价格或评估价值确定。

2. 房地产开发企业将开发的部分房地产转为企业自用或用于出租等商业用途时,如果产权未发生转移,不征收土地增值税,在税款清算时不列收入,不扣除相应的成本和费用。

三、土地增值税的扣除项目

(1)房地产开发企业办理土地增值税清算时计算与清算项目有关的扣除项目金额,应根据《土地增值税暂行条例》第6条及其实施细则第7条的规定执行。除另有规定外,扣除取得土地使用权所支付的金额、房地产开发成本、费用及与转让房地产有关税金,须提供合法有效凭证;不能提供合法有效凭证的,不予扣除。

(2)房地产开发企业办理土地增值税清算所附送的前期工程费、建筑安装工程费、基础设施费、开发间接费用的凭证或资料不符合清算要求或不实的,地方税务机关可参照当地建设工程造价管理部门公布的建安造价定额资料,结合房屋结构、用途、区位等因素,核定上述4项开发成本的单位面积金额标准,并据以计算扣除。具体核定方法由省税务机关确定。

(3)房地产开发企业开发建造的与清算项目配套的居委会和派出所用房、会所、停车场(库)、物业管理场所、变电站、热力站、水厂、文体场馆、学校、幼儿园、托儿所、医院、邮电通讯等公共设施,按以下原则处理:

①建成后产权属于全体业主所有的,其成本、费用可以扣除;

②建成后无偿移交给政府、公用事业单位用于非营利性社会公共事业的,其成本、费用可

以扣除；

③建成后有偿转让的，应计算收入，并准予扣除成本、费用。

(4)房地产开发企业销售已装修的房屋，其装修费用可以计入房地产开发成本。

房地产开发企业的预提费用，除另有规定外，不得扣除。

(5)属于多个房地产项目共同的成本费用，应按清算项目可售建筑面积占多个项目可售总建筑面积的比例或其他合理的方法，计算确定清算项目的扣除金额。

(6)关于营改增后建筑安装工程费支出的发票确认问题

营改增后，土地增值税纳税人接受建筑安装服务取得的增值税发票，应按照《国家税务总局关于全面推开营业税改征增值税试点有关税收征收管理事项的公告》(国家税务总局公告2016年第23号)的规定，在发票的备注栏注明建筑服务发生地县(市、区)名称及项目名称，否则不得计入土地增值税扣除项目金额。

四、土地增值税清算项目的审核鉴证

税务中介机构受托对清算项目审核鉴证时，应按税务机关规定的格式对审核鉴证情况出具鉴证报告。对符合要求的鉴证报告，税务机关可以采信。

税务机关要对从事土地增值税清算鉴证工作的税务中介机构在准入条件、工作程序、鉴证内容、法律责任等方面提出明确要求，并做好必要的指导和管理工作。

五、核定征收

在土地增值税清算过程，发现纳税人符合核定征收条件的，应按核定征收率不低于5%对房地产项目进行清算。

1. 在土地增值税清算过程中，符合下列条件的，可以实行核定征收：

(1)依照法律、行政法规的规定应当设置但未设置账簿的；

(2)擅自销毁账簿或者拒不提供纳税资料的；

(3)虽设置账簿，但账目混乱或者成本资料、收入凭证、费用凭证残缺不全，难以确定转让收入或扣除项目金额的；

(4)符合土地增值税清算条件，未按照规定的期限办理清算手续，经税务机关责令限期清算，逾期仍不清算的；

(5)申报的计税依据明显偏低，又无正当理由的。

2. 符合上述核定征收条件的，由主管税务机关发出核定征收的税务事项告知书后，税务人员对房地产项目开展土地增值税核定征收核查，经主管税务机关审核合议，通知纳税人申报缴纳应补缴税款或办理退税。

3. 对于分期开发的房地产项目，各期清算的方式应保持一致。

六、清算后再转让房地产的处理

在土地增值税清算时未转让的房地产，清算后销售或有偿转让的，纳税人应按规定进行土地增值税的纳税申报，扣除项目金额按清算时的单位建筑面积成本费用乘以销售或转让面积计算。

单位建筑面积成本的计算公式为:单位建筑面积成本费用 = 清算时的扣除项目总金额 ÷ 清算的总建筑面积

七、土地增值税清算后涉及的应补缴的土地增值税是否加收滞纳金的处理

纳税人按规定预缴土地增值税后,清算补缴的土地增值税,在主管税务机关规定的期限内补缴的,不加收滞纳金。

第四章　耕地占用税

一、耕地占用税概述

（一）立法背景

1987年4月1日，国务院发布《耕地占用税暂行条例》，对占用耕地建房或者从事非农业建设的单位和个人征收耕地占用税。2007年12月，国务院公布了新的暂行条例，废止了1987年4月1日实施的《耕地占用税暂行条例》，新的暂行条例自2008年1月1日起施行，提高了税额标准，统一了内外资企业税负水平，规范了征收管理。

《中华人民共和国耕地占用税法》于2018年12月29日在第十三届全国人民代表大会常务委员会第七次会议中正式通过，于2019年9月1日开始实施。

财政部部长刘昆在十三届全国人大常委会第五次会议上指出，耕地占用税对促进合理利用土地资源、加大耕地保护力度发挥着重要作用。暂行条例施行以来，耕地占用税运行比较平稳。2008年至2017年，全国累计征收耕地占用税14,177亿元，年均征收1418亿元，其中2017年征收1652亿元。从实际情况看，耕地占用税税制要素基本合理，运行比较平稳，可按照税制平移思路，保持现行税制框架和税负水平总体不变，将暂行条例上升为法律。

2018年12月29日全国人大常委会通过《中华人民共和国耕地占用税法》，并于2019年9月1日实施，《耕地占用税暂行条例》同时废止。

（二）概念及特点

1. 耕地占用税的概念

耕地占用税，是指占用耕地建房或者从事非农业建设的单位或者个人，就其实际占用的耕地面积征收的一种税，它属于对特定土地资源占用课税。

建房，包括建设建筑物和构筑物。

占用园地建房或者从事非农业建设的，视同占用耕地，征收耕地占用税。

实际占用的耕地面积，包括经批准占用的耕地面积和未经批准占用的耕地面积。

2. 耕地占用税的特点

耕地占用税的特点包括：一是兼具资源税与特定行为税的性质；二是采用地区差别税率；三是在占用耕地环节一次性课税。

二、纳税义务人和征税范围

（一）纳税义务人

占用耕地建房或者从事非农业建设的单位或者个人，为耕地占用税的纳税人。

前述所称单位，包括国有企业、集体企业、私营企业、股份制企业、外商投资企业、外国企业以及其他企业和事业单位、社会团体、国家机关、部队以及其他单位；前述所称个人，包括个体工商户以及其他个人。

经申请批准占用耕地的，纳税人为农用地转用审批文件中标明的建设用地人；农用地转用审批文件中未标明建设用地人的，纳税人为用地申请人。未经批准占用耕地的，纳税人为实际用地人。

（二）征税范围

1. 基本征税范围

耕地占用税的征税范围为国家所有和集体所有的耕地。

耕地一般指狭义的耕地，即用于种植农作物的土地。如种植粮食作物、经济作物的农田，以及种植蔬菜和果树的菜地、园地。耕地还包括其附属的土地，如田间道路等。

农田水利占用耕地的，不征收耕地占用税。

2. 比照耕地的征税范围

占用林地、牧草地、农田水利用地、养殖水面以及渔业水域滩涂等其他农用地建房或者从事非农业建设的，比照本条例的规定征收耕地占用税。占用林地、牧草地、农田水利用地、养殖水面以及渔业水域滩涂等其他农用地建房或者从事非农业建设的，适用税额可以适当低于当地占用耕地的适用税额，具体适用税额按照各省、自治区、直辖市人民政府的规定执行。

林地，包括有林地、灌木林地、疏林地、未成林地、迹地、苗圃等，不包括居民点内部的绿化林木用地，铁路、公路征地范围内的林木用地，以及河流、沟渠的护堤林用地。

牧草地，包括天然牧草地、人工牧草地。

农田水利用地，包括农田排灌沟渠及相应附属设施用地。

养殖水面，包括人工开挖或者天然形成的用于水产养殖的河流水面、湖泊水面、水库水面、坑塘水面及相应附属设施用地。

渔业水域滩涂，包括专门用于种植或者养殖水生动植物的海水潮浸地带和滩地。

直接为农业生产服务的生产设施，是指直接为农业生产服务而建设的建筑物和构筑物。具体包括：储存农用机具和种子、苗木、木材等农业产品的仓储设施；培育、生产种子、种苗的设施；畜禽养殖设施；木材集材道、运材道；农业科研、试验、示范基地；野生动植物保护、护林、森林病虫害防治、森林防火、木材检疫的设施；专为农业生产服务的灌溉排水、供水、供电、供热、供气、通讯基础设施；农业生产者从事农业生产必需的食宿和管理设施；其他直接为农业生产服务的生产设施。

三、税收优惠

(一)免征耕地占用税

1. 军事设施占用耕地

军事设施,具体范围包括:

(1)地上、地下的军事指挥、作战工程;

(2)军用机场、港口、码头;

(3)营区、训练场、试验场;

(4)军用洞库、仓库;

(5)军用通信、侦察、导航、观测台站和测量、导航、助航标志;

(6)军用公路、铁路专用线,军用通讯、输电线路,军用输油、输水管道;

(7)其他直接用于军事用途的设施。

2. 学校、幼儿园、养老院、医院占用耕地

(1)免税的学校,具体范围包括县级以上人民政府教育行政部门批准成立的大学、中学、小学、学历性职业教育学校以及特殊教育学校。学校内经营性场所和教职工住房占用耕地的,按照当地适用税额缴纳耕地占用税。

(2)免税的幼儿园,具体范围限于县级人民政府教育行政部门登记注册或者备案的幼儿园内专门用于幼儿保育、教育的场所。

(3)免税的养老院,具体范围限于经批准设立的养老院内专门为老年人提供生活照顾的场所。

(4)免税的医院,具体范围限于县级以上人民政府卫生行政部门批准设立的医院内专门用于提供医护服务的场所及其配套设施。医院内职工住房占用耕地的,按照当地适用税额缴纳耕地占用税。

(二)减征耕地占用税

1. 铁路线路、公路线路、飞机场跑道、停机坪、港口、航道占用耕地,减按每平方米2元的税额征收耕地占用税。

根据实际需要,国务院财政、税务主管部门商国务院有关部门并报国务院批准后,可以对前款规定的情形免征或者减征耕地占用税。

2. 农村居民占用耕地新建住宅,按照当地适用税额减半征收耕地占用税。

减税的农村居民占用耕地新建住宅,是指农村居民经批准在户口所在地按照规定标准占用耕地建设自用住宅。农村居民经批准搬迁,原宅基地恢复耕种,凡新建住宅占用耕地不超过原宅基地面积的,不征收耕地占用税;超过原宅基地面积的,对超过部分按照当地适用税额减半征收耕地占用税。

农村烈士家属、残疾军人、鳏寡孤独以及革命老根据地、少数民族聚居区和边远贫困山区生活困难的农村居民,在规定用地标准以内新建住宅缴纳耕地占用税确有困难的,经所在地乡(镇)人民政府审核,报经县级人民政府批准后,可以免征或者减征耕地占用税。

四、应纳税额的计算

（一）计税依据

耕地占用税以纳税人实际占用的耕地面积为计税依据，按照规定的适用税额一次性征收，以每平方米为计量单位。

（二）税率

（1）人均耕地不超过1亩的地区（以县级行政区域为单位，下同），每平方米为10元至50元。

（2）人均耕地超过1亩但不超过2亩的地区，每平方米为8元至40元。

（3）人均耕地超过2亩但不超过3亩的地区，每平方米为6元至30元。

（4）人均耕地超过3亩的地区，每平方米为5元至25元。

（5）国务院财政、税务主管部门根据人均耕地面积和经济发展情况确定各省、自治区、直辖市的平均税额。

（6）各地适用税额，由省、自治区、直辖市人民政府在《耕地占用税暂行条例》规定的税额幅度内，根据本地区情况核定。各省、自治区、直辖市人民政府核定的适用税额的平均水平，不得低于本条第2款规定的平均税额。

（7）经济特区、经济技术开发区和经济发达且人均耕地特别少的地区，适用税额可以适当提高，但是提高的部分最高不得超过各省、自治区、直辖市人民政府核定的当地适用税额的50%。

（8）占用基本农田的，适用税额应当在各省、自治区、直辖市人民政府核定的当地适用税额、经济特区、经济技术开发区和经济发达且人均耕地特别少的地区的当地适用税额的基础上提高50%。

（9）各地平均税额表见表12－4－1。

表12－4－1　各地平均税额

地区	每平方米平均税额（元）
上海	45
北京	40
天津	35
江苏、浙江、福建、广东	30
辽宁、湖北、湖南	25
河北、安徽、江西、山东、河南、重庆、四川	22.5
广西、海南、贵州、云南、陕西	20
山西、吉林、黑龙江	17.5
内蒙古、西藏、甘肃、青海、宁夏、新疆	12.5

五、征收管理

耕地占用税由地方税务机关负责征收。

土地管理部门在通知单位或者个人办理占用耕地手续时，应当同时通知耕地所在地同级地方税务机关。获准占用耕地的单位或者个人应当在收到土地管理部门的通知之日起30日内缴纳耕地占用税。土地管理部门凭耕地占用税完税凭证或者免税凭证和其他有关文件发放建设用地批准书。

纳税人临时占用耕地，应当依照规定缴纳耕地占用税。纳税人在批准临时占用耕地的期限内恢复所占用耕地原状的，全额退还已经缴纳的耕地占用税。

建设直接为农业生产服务的生产设施占用前款规定的农用地的，不征收耕地占用税。

经批准占用耕地的，耕地占用税纳税义务发生时间为纳税人收到土地管理部门办理占用农用地手续通知的当天。

未经批准占用耕地的，耕地占用税纳税义务发生时间为纳税人实际占用耕地的当天。

纳税人占用耕地或其他农用地，应当在耕地或其他农用地所在地申报纳税。

【例题】村民王某2017年起承包耕地面积3000平方米。2018年将其中400平方米用于新建住宅，其余耕地仍和上年一样使用，即600平方米用于种植药材，2000平方米用于种植水稻。当地耕地占用税税率为25元/平方米，计算张某应缴纳的耕地占用税。

【解析】农村居民占用耕地新建住宅，按照当地适用税额减半征收耕地占用税。张某应缴纳耕地占用税 $=400\times25\times50\%=5000$（元）。

第五章　房地产行业的契税

第一节　征税范围、纳税人、税率

一、契税的概述

在中华人民共和国境内转移土地、房屋权属，承受的单位和个人为契税的纳税人。

契税是一个古老的税种，起源于东晋时期的"古税"，至今已有1600年历史。新中国成立后第一个税收法就是《契税暂行条例》。1954年财政部对《契税暂行条例》进行了修改，1978年新宪法修改后，逐步落实房地产政策，城乡房地产市场建立，交易日趋活跃，为此，财政部于1981年和1990年分别发出《关于加强契税征收管理工作的通知》和《关于加强契税工作的通知》，对契税政策进行了一些补充和调整，契税工作全面恢复。

1997年本着公平税负，合理负担，规范税制，严格控制减税范围，增加财政收入，适当下放税收管理权限，调动地方管理税收的积极性的原则，国务院对原《契税暂行条例》进行了修订，于1997年10月1日实施新的《契税暂行条例》。财政部同时颁布实行《契税暂行条例实施细则》。

2004年《土地管理法》禁止非农建设使用集体土地，2019年8月26日《土地管理法》第三次修订，第63条增加了集体经营性建设用地入市的规定，集体土地一级市场（出让、出租）、二级市场（转让、互换、赠与、抵押），都要考虑缴纳契税的问题，急需修改《契税暂行条例》。

二、征税范围

契税的征税对象是发生土地使用权和房屋所有权权属转移的土地和房屋。具体情形包括国有土地使用权出让、国有土地使用权转让（包括出售、赠与和交换）、房屋买卖。

（一）国有土地使用权出让

国有土地使用权出让，是指土地使用者向国家交付土地使用权出让费用，国家将国有土地使用权在一定年限内让予土地使用者的行为。

（二）国有土地使用权转让

土地使用权转让，是指土地使用者以出售、赠与、交换或者其他方式将土地使用权转移给其他单位和个人的行为。

土地使用权出售，是指土地使用者以土地使用权作为交易条件，取得货币、实物、无形资产或者其他经济利益的行为。

土地使用权赠与,是指土地使用者将其土地使用权无偿转让给受赠者的行为。

土地使用权交换,是指土地使用者之间相互交换土地使用权的行为。

(三)房屋买卖

房屋买卖,是指房屋所有者将其房屋出售,由承受者交付货币、实物、无形资产或者其他经济利益的行为。

(四)房屋赠与

房屋赠与,是指房屋所有者将其房屋无偿转让给受赠者的行为。

(五)房屋、土地交换

房屋交换,是指房屋所有者之间相互交换房屋的行为。

1. 房屋使用权交换

房屋使用权交换,是指经房屋所有人同意,变更房屋租赁合同,办理变更手续,交换价值相等的房屋,不需要交纳契税。

2. 房屋所有权交换

房屋所有权交换,是指双方办理交换契约,办理权属变更手续,如果双方价值相等,免征契税;价值不相等的,按超出部分由支付差价的一方交纳契税。

3. 土地交换

土地使用权交换,交换价格不相等的,由多交付货币、实物、无形资产或者其他经济利益的一方缴纳税款。交换价格相等的,免征契税。

(六)视同转让的情形

土地、房屋权属以下列方式转移的,视同土地使用权转让、房屋买卖或者房屋赠与予以征税:

1. 以土地、房屋权属作价投资、入股;
2. 以土地、房屋权属抵债;
3. 以获奖方式承受土地、房屋权属;
4. 以预购方式或者预付集资建房款方式承受土地、房屋权属。

三、纳税人

在中华人民共和国境内转移土地、房屋权属,承受的单位和个人为契税的纳税人,应当依照《契税暂行条例》的规定缴纳契税。

单位是指企业单位、事业单位、国家机关、军事单位和社会团体以及其他组织。

个人是指个体经营者及其他个人。

四、税率

契税税率为3% ~5%。契税的适用税率,由省、自治区、直辖市人民政府在前款规定的幅度内按照本地区的实际情况确定,并报财政部和国家税务总局备案。

自2010年10月1日起,对个人购买90平方米及以下且家庭唯一普通住房,减按1%税率征收契税;面积90平方米以上的,减按2%的税率征收契税。

第二节　计税依据和应纳税额的计算

一、计税依据

契税的计税依据为不动产的价格,具体计税方式分为以下几种情形。

(一)国有土地使用权出让、土地使用权出售、房屋买卖,为成交价格

成交价格是指土地、房屋权属转移合同确定的价格。包括承受者应交付的货币、实物、无形资产或者其他经济利益。

以划拨方式取得土地使用权的,经批准转让房地产时,应由房地产转让者补缴契税。其计税依据为补缴的土地使用权出让费用或者土地收益。

买卖房屋的契税计税据为房屋买卖合同的总价款,买卖装修的房屋,装修费应当包括在内。

(二)土地使用权赠与、房屋赠与,由征收机关参照土地使用权出售、房屋买卖的市场价格核定

(三)土地使用权交换、房屋交换,为所交换的土地使用权、房屋的价格的差额

土地使用权交换、房屋交换,交换价格不相等的,由多交付货币、实物、无形资产或者其他经济利益的一方缴纳税款。交换价格相等的,免征契税。

土地使用权与房屋所有权之间相互交换,按照前款征税。

(四)出让国有土地使用权的计税依所为支付的全部土地价款

全部土地价款包括土地出让金、安置补助费、地上附着物和青苗补偿费、拆迁补偿费、市政配套费等承受者应支付的货币、实物、无形资产及其他经济利益。

(五)成交价格明显低于市场价格的税务处理

成交价格明显低于市场价格并且无正当理由的,或者所交换土地使用权、房屋的价格的差额明显不合理并且无正当理由的,由征收机关参照市场价格核定。

二、应纳税额计算

应纳税额计算公式为:应纳税额 = 计税依据 × 税率

应纳税额以人民币计算。转移土地、房屋权属以外汇结算的,按照纳税义务发生之日中国人民银行公布的人民币市场汇率中间价折合成人民币计算。

【例题】居民甲某有4套住房,其将一套价值110万元的别墅折价给乙某抵偿了100万元

的债务;用市场价值70万元的第二、三两套两室住房与丙某交换一套四室住房,另取得丙某赠送价值10万元的小轿车一辆;将第四套市场价值50万元的公寓房折成股份投入本人独资经营的企业。当地确定的契税税率为3%,分别说明甲、乙、丙纳税契税的情况。

解析:

甲不缴纳:甲抵债,乙获得房产,乙缴纳契税,甲不缴纳契税。

乙缴纳契税:100×3% =3(万元)

丙缴纳契税:甲与丙交换房子,丙以小轿车支付差价款,丙缴纳契税:10×3% =0.30(万元);对于以自有房产作股投入本人独资经营的企业,免纳契税。

第三节　契税减免税优惠

一、契税减免的基本规定

1. 国家机关、事业单位、社会团体、军事单位承受土地、房屋用于办公、教学、医疗、科研和军事设施的,免征契税。

用于办公的,是指办公室(楼)以及其他直接用于办公的土地、房屋。

用于教学的,是指教室(教学楼)以及其他直接用于教学的土地、房屋。

用于医疗的,是指门诊部以及其他直接用于医疗的土地、房屋。

用于科研的,是指科学试验的场所以及其他直接用于科研的土地、房屋。

用于军事设施的,是指(1)地上和地下的军事指挥作战工程;(2)军用的机场、港口、码头;(3)军用的库房、营区、训练场、试验场;(4)军用的通信、导航、观测台站;(5)其他直接用于军事设施的土地、房屋。

其他直接用于办公、教学、医疗、科研以及其他直接用于军事设施的土地、房屋的具体范围,由省、自治区、直辖市人民政府规定。

2. 城镇职工按规定第一次购买公有住房的,免征契税。

城镇职工按规定第一次购买公有住房的,是指经县以上人民政府批准,在国家规定标准面积以内购买的公有住房。城镇职工享受免征契税,仅限于第一次购买的公有住房。超过国家规定标准面积的部分,仍应按照规定缴纳契税。

3. 因不可抗力灭失住房而重新购买住房的,酌情准予减征或者免征契税。

不可抗力,是指自然灾害、战争等不能预见、不能避免并不能克服的客观情况。

4. 土地、房屋被县级以上人民政府征用、占用后,重新承受土地、房屋权属的,是否减征或者免征契税,由省、自治区、直辖市人民政府确定。

5. 纳税人承受荒山、荒沟、荒丘、荒滩土地使用权,用于农、林、牧、渔业生产的,免征契税。

6. 依照我国有关法律规定以及我国缔结或参加的双边和多边条约或协定的规定应当予以免税的外国驻华使馆、领事馆、联合国驻华机构及其外交代表、领事官员和其他外交人员承受土地、房屋权属的,经外交部确认,可以免征契税。

二、财政部规定的其他减征、免征契税的项目

表 12－5－1　契税减免政策依据及代码目录

序号	减免项目名称	政策名称	减免性质代码
1	已购公有住房补缴土地出让金和其他出让费用免征契税	《财政部、国家税务总局关于国有土地使用权出让等有关契税问题的通知》(财税〔2004〕134 号)	15011704
2	经营管理单位回购经适房继续用于经适房房源免征契税	《财政部、国家税务总局关于廉租住房经济适用住房和住房租赁有关税收政策的通知》(财税〔2008〕24 号)	15011705
3	军建离退休干部住房及附属用房移交地方政府管理的免征契税	《财政部、国家税务总局关于免征军建离退休干部住房移交地方政府管理所涉及契税的通知》(财税字〔2000〕176 号)	15011706
4	个人购买家庭唯一普通住房减半征收契税	《财政部、国家税务总局、住房和城乡建设部关于调整房地产交易环节契税个人所得税优惠政策的通知》(财税〔2010〕94 号)	15011709
5	城镇职工第一次购买公有住房	《中华人民共和国契税暂行条例》(中华人民共和国国务院令第 224 号)	15011710
6	经营管理单位回购改造安置住房仍为安置房免征契税	《财政部、国家税务总局关于棚户区改造有关税收政策的通知》(财税〔2013〕101 号)	15011712
7	夫妻之间变更房屋、土地权属或共有份额免征契税	《财政部、国家税务总局关于夫妻之间房屋土地权属变更有关契税政策的通知》(财税〔2014〕4 号)	15011713
8	土地使用权、房屋交换价格相等的免征，不相等的差额征收	《中华人民共和国契税暂行条例细则》(财法字〔1997〕52 号)	15011714
9	土地、房屋被县级以上政府征用、占用后重新承受土地、房屋权属减免契税	《中华人民共和国契税暂行条例细则》(财法字〔1997〕52 号)	15011716
10	因不可抗力灭失住房而重新购买住房减征或免征契税	《中华人民共和国契税暂行条例》(中华人民共和国国务院令第 224 号)	15011717
11	个人购买 90 平方米及以下家庭唯一普通住房减按 1% 征收	《财政部、国家税务总局、住房和城乡建设部关于调整房地产交易环节契税个人所得税优惠政策的通知》(财税〔2010〕94 号)	15011718
12	棚户区个人首次购买 90 平方米以下改造安置住房减按 1% 征收契税	《财政部、国家税务总局关于棚户区改造有关税收政策的通知》(财税〔2013〕101 号)	15011719

续表

序号	减免项目名称	政策名称	减免性质代码
13	棚户区购买符合普通住房标准的改造安置住房减半征收契税	《财政部、国家税务总局关于棚户区改造有关税收政策的通知》(财税〔2013〕101 号)	15011720
14	棚户区被征收房屋取得货币补偿用于购买安置住房免征契税	《财政部、国家税务总局关于棚户区改造有关税收政策的通知》(财税〔2013〕101 号)	15011721
15	棚户区用改造房屋换取安置住房免征契税	《财政部、国家税务总局关于棚户区改造有关税收政策的通知》(财税〔2013〕101 号)	15011722
16	公共租赁住房经营管理单位购买住房作为公共租赁住房免征契税	《财政部、国家税务总局关于公共租赁住房税收优惠政策的通知》(财税〔2015〕139 号)	15011723
17	个人购买家庭唯一住房 90 平方米及以下减按 1% 征收契税	《财政部、国家税务总局、住房城乡建设部关于调整房地产交易环节契税、营业税优惠政策的通知》(财税〔2016〕23 号)	15011724
18	个人购买家庭唯一住房 90 平方米以上减按 1.5% 征收契税	《财政部、国家税务总局、住房城乡建设部关于调整房地产交易环节契税、营业税优惠政策的通知》(财税〔2016〕23 号)	15011725
19	个人购买家庭第二套改善性住房 90 平方米及以下减按 1% 征收契税	《财政部、国家税务总局、住房城乡建设部关于调整房地产交易环节契税、营业税优惠政策的通知》(财税〔2016〕23 号)	15011726
20	个人购买家庭第二套住房 90 平方米以上减按 2% 征收契税	《财政部、国家税务总局、住房城乡建设部关于调整房地产交易环节契税、营业税优惠政策的通知》(财税〔2016〕23 号)	15011727
21	青藏铁路公司承受土地、房屋权属用于办公及运输主业免征契税	《财政部、国家税务总局关于青藏铁路公司运营期间有关税收等政策问题的通知》(财税〔2007〕11 号)	15033301
22	企业改制契税优惠	《财政部、国家税务总局关于中国邮政储蓄银行改制上市有关税收政策的通知》(财税〔2013〕53 号)	15052401
23	企业改制后公司承受原企业房屋权属免征契税	《财政部、国家税务总局关于进一步支持企业事业单位改制重组有关契税政策的通知》(财税〔2015〕37 号)	15052506
24	事业单位改制企业承受原单位土地、房屋权属免征契税	《财政部、国家税务总局关于进一步支持企业事业单位改制重组有关契税政策的通知》(财税〔2015〕37 号)	15052507
25	公司合并后承受原合并各方土地、房屋权属免征契税	《财政部、国家税务总局关于进一步支持企业事业单位改制重组有关契税政策的通知》(财税〔2015〕37 号)	15052508

续表

序号	减免项目名称	政策名称	减免性质代码
26	公司分立后承受原公司土地、房屋权属免征契税	《财政部、国家税务总局关于进一步支持企业事业单位改制重组有关契税政策的通知》(财税〔2015〕37号)	15052509
27	企业破产承受破产企业抵偿债务的土地、房屋权属免征契税	《财政部、国家税务总局关于进一步支持企业事业单位改制重组有关契税政策的通知》(财税〔2015〕37号)	15052510
28	国有资产划转单位免征契税	《财政部、国家税务总局关于进一步支持企业事业单位改制重组有关契税政策的通知》(财税〔2015〕37号)	15052511
29	同一投资主体内部所属企业之间土地、房屋权属的划转免征契税	《财政部、国家税务总局关于进一步支持企业事业单位改制重组有关契税政策的通知》(财税〔2015〕37号)	15052512
30	债权转股权后新设公司承受原企业的土地、房屋权属免征契税	《财政部、国家税务总局关于进一步支持企业事业单位改制重组有关契税政策的通知》(财税〔2015〕37号)	15052513
31	中国电信收购CDMA免征契税	《财政部、国家税务总局关于中国电信集团公司和中国电信股份有限公司收购CDMA网络资产和业务有关契税政策的通知》(财税〔2009〕42号)	15052514
32	被撤销金融机构接收债务方土地使用权、房屋所有权免征契税	《财政部、国家税务总局关于被撤销金融机构有关税收政策问题的通知》(财税〔2003〕141号)	15081502
33	农村信用社接收农村合作基金会的房屋、土地使用权免征契税	《中国人民银行、农业部、国家发展计划委员会、财政部、国家税务总局关于免缴农村信用社接收农村合作基金会财产产权过户税费的通知》(银发〔2000〕21号)	15083903
34	中国东方资产管理公司处置港澳国际(集团)有限公司过程中规定的免征契税	《财政部、国家税务总局关于中国东方资产管理公司处置港澳国际(集团)有限公司有关资产税收政策问题的通知》(财税〔2003〕212号)	15083904
35	4家金融资产公司接受相关国有银行的不良债权,借款方以土地使用权、房屋所有权抵充贷款本息的免征契税	《财政部、国家税务总局关于中国信达资产管理股份有限公司等4家金融资产管理公司有关税收政策问题的通知》(财税〔2013〕56号)	15083905
36	农村饮水工程承受土地使用权免征契税	《财政部、国家税务总局关于继续实行农村饮水安全工程建设运营税收优惠政策的通知》(财税〔2016〕19号)	15092302

续表

序号	减免项目名称	政策名称	减免性质代码
37	农村集体经济组织股份制改革免征契税	《财政部、税务总局关于支持农村集体产权制度改革有关税收政策的通知》(财税〔2017〕55号)	15092303
38	农村集体经济组织清产核资免征契税	《财政部、税务总局关于支持农村集体产权制度改革有关税收政策的通知》(财税〔2017〕55号)	15092304
39	承受荒山等土地使用权用于农、林、牧、渔业生产免征契税	《中华人民共和国契税暂行条例细则》(财法字〔1997〕52号)	15099901
40	社会力量办学、用于教学承受的土地、房屋免征契税	《财政部、国家税务总局关于社会力量办学契税政策问题的通知》(财税〔2001〕156号)	15101402
41	国家石油储备基地第一期项目免征契税	《财政部、国家税务总局关于国家石油储备基地建设有关税收政策的通知》(财税〔2005〕23号)	15122601
42	国家石油储备基地第二期项目免征契税	《财政部、国家税务总局关于国家石油储备基地有关税收政策的通知》(财税〔2011〕80号)	15122602
43	售后回租期满，承租人回购原房屋、土地权属免征契税	《财政部、国家税务总局关于企业以售后回租方式进行融资等有关契税政策的通知》(财税〔2012〕82号)	15129902
44	国家机关、事业单位、社会团体、军事单位公共单位用于教学、科研承受土地、房屋免征契税	《中华人民共和国契税暂行条例》(中华人民共和国国务院令第224号)	15129903
45	个人购买经济适用住房减半征收契税	《财政部、国家税务总局关于廉租住房经济适用住房和住房租赁有关税收政策的通知》(财税〔2008〕24号)	15129904
46	个人房屋被征收用补偿款新购房屋免征契税	《财政部、国家税务总局关于企业以售后回租方式进行融资等有关契税政策的通知》(财税〔2012〕82号)	15129905
47	个人房屋征收房屋调换免征契税	《财政部、国家税务总局关于企业以售后回租方式进行融资等有关契税政策的通知》(财税〔2012〕82号)	15129906
48	外交部确认的外交人员承受土地、房屋权属免征契税	《中华人民共和国契税暂行条例细则》(财法字〔1997〕52号)	15129999
49	其他	其他	

第六章　房　产　税

第一节　房产税概述

一、房产税的概念

新中国成立后，中央人民政府政务院1951年8月8日颁布了《城市房地产税暂行条例》，对城市中的房屋及占地合并征收房产税和地产税，称为城市房地产税。

1973年简化税制，把对企业征收的城市房地产税并入了工商税。对房地产管理部门和个人的房屋，以及外资企业、中外合资、合作经营企业，仍然征收城市房地产税。

1984年10月，国务院决定在推行第二步利改税和改革工商税制时，对国内企业恢复征收房产税，当时考虑到土地归国家所有，不允许买卖，原房地产税的税名与实际征收对象的性质变化，名实不符，故将城市房地产税分为房产税和城市土地使用税。

1986年9月15日，国务院正式发布了《房产税暂行条例》，从当年10月1日开始施行。各省、自治区、直辖市政府根据条例规定制定了实施细则。至此，房产税在全国范围内全面征收。根据《房产税暂行条例》的规定，房产税是以房屋为征税对象，以房屋的计税余值或租金收入为计税依据，向房屋产权所有人征收的一种财产税。2011年1月8日，根据国务院令第588号《国务院关于废止和修改部分行政法规的决定》对《房产税暂行条例》进行了修订。

2008年12月31国务院令第546号废止《城市房地产税暂行条例》，1951年8月8日政务院公布的《城市房地产税暂行条例》自2009年1月1日起废止。自2009年1月1日起，外商投资企业、外国企业和组织以及外籍个人，依照《房产税暂行条例》缴纳房产税。

2019年8月26日《土地管理法》第三次修订，第63条增加了集体经营性建设用地入市的规定，集体土地一级市场（出让、出租）、二级市场（转让、互换、赠与、抵押），涉及房产税问题，国务院需要尽快修改《房产税暂行条例》，明确集体经营性建设用地入市后的房产税问题。我国实行“房随地走，地随房走”的原则，如出租集体建设用地（包括地上房屋），就涉及房产税的问题。

二、房产税的特点

1. 限于征税范围内的经营性房屋

房产税在城市、县城、建制镇和工矿区征收。农村房屋不征收房产税，主要考虑大部分属于农村居住用房，为了不增加农民负担，对坐落在农村的房屋不纳入征税范围。

公民个人住房免税，故个人住房排除在房产税征收范围之外。

2. 房产属于财产税中的个别财产税

个别财产税也称为“单项财产税”，是对纳税人拥有的土地、房屋、资本和其他财产分别课征的税收，房产税的征税对象只有房屋。

3. 按照房屋经营使用方式的不同规定不同的计税依据

单位或者个人所有的房屋，既可能用于经营自用或出典的房屋，还可能用于出租，对于经营自用或出典的房屋，按照房产计税余值征收，对于出租房屋，按照租金收入计税。

三、个人住房是否开征房产税的问题

最近几年广大人民群众关注的房产税，其实质是个人住房是否停止免收房产税的政策。

2011 年 1 月 27 日，上海、重庆宣布次日开始试点房产税，上海征收对象为本市居民新购房且属于第二套及以上住房和非本市居民新购房，税率暂定 0.6%；重庆征收对象是独栋别墅高档公寓，以及无工作户口无投资人员所购二套房，税率为 0.5% ~1.2% 。

时任财政部长肖捷 2017 年 12 月 20 日在人民日报刊发《加快建立现代财政制度》的文章指出：过去 5 年，财税领域改革多点突破，不断向纵深推进……房地产税立法、个人所得税改革、健全地方税体系改革工作稳步推进。财政体制进一步完善。按照“立法先行、充分授权、分步推进”的原则，推进房地产税立法和实施。适当降低建设、交易环节税费负担，逐步建立对工商业房地产和个人住房按照评估值征收房地产税，建立完善的现代房地产税制度。全面落实税收法定原则。按照党中央审议通过的《贯彻落实税收法定原则的实施意见》的要求，新开征税种，一律由法律进行规范；将现行由国务院行政法规规范的税种上升为由法律规范，同时废止有关税收条例。力争在 2019 年完成全部立法程序，2020 年完成“落实税收法定原则”的改革任务。

第二节　房产税的具体规定

一、房产税纳税人

房产税由产权所有人缴纳。产权属于全民所有的，由经营管理的单位缴纳。产权出典的，由承典人缴纳。产权所有人、承典人不在房产所在地的，或者产权未确定及租典纠纷未解决的，由房产代管人或者使用人缴纳。前款列举的产权所有人、经营管理单位、承典人、房产代管人或者使用人，统称为纳税义务人（以下简称纳税人）。纳税单位和个人无租使用房产管理部门、免税单位及纳税单位的房产应由使用人代为缴纳房产税。

二、房产税的征税范围

房产税在城市、县城、建制镇和工矿区征收。

城市，是指经国务院批准设立的市。

县城，是指县人民政府所在地。

建制镇，是指经省、自治区、直辖市人民政府批准设立的建制镇。建制镇的征税范围为镇

人民政府所在地,不包括所辖的行政村。

工矿区,是指工商业比较发达、人口比较集中,符合建制镇标准,但尚未设立镇建制的大中型工矿企业所在地。开征房产税的工矿区须经省人民政府批准。

三、税率

房产税依照房产原值一次减除10% ~30%后的余值计算缴纳。具体减除幅度,由省、自治区、直辖市人民政府规定。没有房产原值作为依据的,由房产所在地税务机关参考同类房产核定。

房产出租的,以房产租金收入为房产税的计税依据。

房产税税率实行比例税率,依照房产余值计算缴纳的,税率为1.2%;依照房产租金收入计算缴纳的,税率为4%或者12%,具体如表12 -6 -1所示。

表12 -6 -1

情形	税率
从价计征(经营自用)	1.2%
从租计征(出租)	12%
对个人出租住房,不区分用途	按4%税率征收房产税

四、免税规定

1. 国家机关、人民团体、军队自用的房产;但上述免税单位的出租房产以及非自身业务使用的生产、营业用房,不属于免税范围。

2. 由国家财政部门拨付事业经费的单位自用的房产;本身业务范围内使用的房产免征房产税。

3. 宗教寺庙、公园、名胜古迹自用的房产;经营性用房不免征房产税。

4. 个人所有非营业用的房产;对个人拥有的营业用房或者出租的房产,照章纳税。

5. 经财政部批准免税的其他房产。

(1)对非营利性医疗机构、疾病控制机构和妇幼保健机构等卫生机构自用的房产,免征房产税。

(2)对按政府规定价格出租的公有住房和廉租住房,包括企业和自收自支的事业单位向职工出租的单位自有住房,房管部门向居民出租的公有住房,落实私房政策中带户发还产权并以政府规定租金标准向居民出租的私有住房等,暂免征收房产税。

(3)经营公租房的租金收入,免征房产税。公共租赁住房经营管理单位应单独核算公共租赁住房租金收入,未单独核算的,不得享受免征房产税优惠政策。

五、房产税征管规定

房产税按年征收、分期缴纳。纳税期限由省、自治区、直辖市人民政府规定。房产税的征收管理,依照《税收征收管理法》的规定办理。

(一)纳税义务发生时间

表 12-6-2　纳税义务发生时间

房产用途	纳税义务发生时间
纳税人将原有房产用于生产经营	从生产经营之月起缴纳房产税
纳税人自行新建房屋用于生产经营	从建成之次月起缴纳房产税
委托施工企业建设的房屋	从办理验收手续之次月起缴纳房产税
纳税人购置新建商品房	自房屋交付使用之次月起缴纳房产税
购置存量房	自办理房屋权属转移、变更登记手续,房地产权属登记机关签发房屋权属证书之次月起缴纳房产税
纳税人出租、出借房产	自交付出租、出借房产之次月起缴纳房产税
房地产开发企业自用、出租、出借自建商品房	自房屋使用或交付之次月起缴纳房产税
自2009年1月1日起,纳税人因房产的实物或权利状态发生变化而依法终止房产税纳税义务的,其应纳税款的计算应截至房产的实物或权利状态发生变化的当月末	

(二)纳税地点——房产所在地

房产不在同一地方的纳税人,应按房产的坐落地点分别向房产所在地的税务机关纳税。

六、房产税的计算举例

【例题】某企业拥有一栋原值为2000万元的房产,2017年2月10日将其中的40%出售,月底办理完毕产权转移手续。已知当地政府规定房产计税余值的扣除比例为20%,计算2017年该企业应纳房产税。

【解析】应缴纳房产税 = 2000 × 60% ×(1 - 20%)× 1.2% + 2000 × 40% ×(1 - 20%)× 1.2% × 2 ÷ 12 = 12.80(万元)。

第七章　城镇土地使用税

一、城镇土地使用权税的概述

（一）立法背景

1951 年 8 月中央政府政务院颁布了《城市房地产税暂行条例》，规定在城市中征收房产税和地产税，称为城市房地产税。1973 年简化税制时，把对国内企业征收的房产税并入工商税。

国务院 1987 年 4 月 1 日发布了《耕地占用税暂行条例》，用税收手段加强对耕地的保护。

为了遏制城镇非农业用地的浪费现象，节约使用土地，提高土地利用效率，1988 年 11 月 1 日《城镇土地使用税条例》正式实施。2006 年 12 月 31 日国务院对该条例进行第一次修订，并于 2007 年 1 月 1 日施行，主要内容是提高城镇土地使用权的税额标准，将征税范围扩大到外商投企业和外国企业，这对于统一税制、公平税负、拓宽税基和增加地方财政收入起到积极作用。该条例在 2011 年 1 月 8 日进行第二次修订，2013 年 12 月 7 日进行第三次修订。

（二）概念和特点

城镇土地使用税，是以开征范围内的土地为征税对象，以实际占用的土地面积为计税依据，按规定税额对拥有土地使用权的单位和个人征收的种税。

城镇土地使用权税的主要特点有：一是对占用土地的行为征税；二是征税对象是土地；三是征税范围限定在城市、县城、建制镇、工矿区；四是实行差别幅度税额。

城镇土地使用权税的主要作用有：一是促进合理、节约使用土地；二是调节土地级差收入，鼓励公平竞争；三是广集财源，完善地方税体系。

二、征税范围、纳税人、适用税额、计税依据、应纳税额

（一）征税范围

城镇土地使用税的征税范围为：城市、县城、建制镇、工矿区。

（二）纳税人

在城市、县城、建制镇、工矿区范围内使用土地的单位和个人，为城镇土地使用税的纳税人。其中的单位，包括国有企业、集体企业、私营企业、股份制企业、外商投资企业、外国企业以及其他企业和事业单位、社会团体、国家机关、军队以及其他单位；所称的个人，包括个体工商户以及其他个人。

（三）适用税额

根据《城镇土地使用税暂行条例》的规定，土地使用税每平方米年税额如下：

（1）大城市1.5元至30元；

（2）中等城市1.2元至24元；

（3）小城市0.9元至18元；

（4）县城、建制镇、工矿区0.6元至12元。

省、自治区、直辖市人民政府，应当在本条例第4条规定的税额幅度内，根据市政建设状况、经济繁荣程度等条件，确定所辖地区的适用税额幅度。

市、县人民政府应当根据实际情况，将本地区土地划分为若干等级，在省、自治区、直辖市人民政府确定的税额幅度内，制定相应的适用税额标准，报省、自治区、直辖市人民政府批准执行。

经省、自治区、直辖市人民政府批准，经济落后地区土地使用税的适用税额标准可以适当降低，但降低额不得超过本条例第4条规定最低税额的30%。经济发达地区土地使用税的适用税额标准可以适当提高，但须报经财政部批准。

（四）计税依据、应纳税额计算

土地使用税以纳税人实际占用的土地面积为计税依据，依照规定的税额计算征收。土地占用面积的组织测量工作，由省、自治区、直辖市人民政府根据实际情况确定（见表12－7－1）。

1.计税依据——纳税人实际占用的土地面积

表12－7－1　土地使用税纳税依据

类型	计税依据
由省、自治区、直辖市人民政府确定的单位组织测定土地面积的	测定面积
尚未组织测量土地面积，但纳税人持有政府部门核发的土地使用证书的	以证书确认的土地面积
尚未核发土地使用证书的	申报的土地面积，待核发土地使用证以后再作调整
对在城镇土地使用税征税范围内单独建造的地下建筑用地	暂按应征税款的50%征收土地使用税

2.年应纳税额＝计税土地面积（平方米）×适用税额

【例题】某企业2018年度拥有位于市郊的一宗地块，其地上面积为1万平方米，单独建造的地下建筑面积为4000平方米（已取得地下土地使用权证）。该市规定的城镇土地使用税税率为2元/平方米。计算企业2018年度就此地块应缴纳的城镇土地使用税。

【解析】应纳城镇土地使用税＝1×2＋0.4×2×50%＝2.4（万元）。

三、城镇土地使用税减免税优惠

（一）一般规定

（1）国家机关、人民团体、军队自用的土地；

（2）由国家财政部门拨付事业经费的单位自用的土地；

（3）宗教寺庙、公园、名胜古迹自用的土地；

（4）市政街道、广场、绿化地带等公共用地；

（5）直接用于农、林、牧、渔业的生产用地；

（6）经批准开山填海整治的土地和改造的废弃土地，从使用的月份起免缴土地使用税5年至10年；

（7）由财政部另行规定免税的能源、交通、水利设施用地和其他用地。

（二）减免税的特殊规定

1. 房地产开发公司建造商品房用地。房地产开发公司建造商品房用地，除经批准开发建设经济适用房的用地外，对各类房地产开发用地一律不得减免城镇土地使用税。

2. 免税单位无偿使用纳税单位的土地，免征城镇土地使用税；纳税单位无偿使用免税单位的土地，纳税单位应照章缴纳城镇土地使用税。

3. 自2004年7月1日起，企业搬迁后原有场地不使用的、企业范围内荒山等尚未利用的土地，免征城镇土地使用税；暂免征收城镇土地使用税的土地开始使用时，应从使用的次月起自行计算和申报缴纳城镇土地使用税。

4. 厂区以外的公共绿化用地和向社会开放的公园用地，暂免征收城镇土地使用税；对企业厂区（包括生产、办公及生活区）以内的绿化用地，应照章征收城镇土地使用税。

5. 廉租住房、经济适用住房建设用地以及廉租住房经营管理单位按照政府规定价格、向规定保障对象出租的廉租住房用地，免征城镇土地使用税。

6. 非营利性科研机构自用的房产、土地，免征房产税、城镇土地使用税。

7. 非营利性医疗机构自用的房产、土地，免征房产税、城镇土地使用税；对营利性医疗机构自用的房产、土地，自其取得执业登记之日起，3年内对其自用的房产、土地，免征房产税、城镇土地使用税；疾病控制机构和妇幼保健机构等卫生机构自用的房产、土地，免征房产税、城镇土地使用税。

8. 政府部门和企事业单位、社会团体以及个人等社会力量投资兴办的福利性、非营利性的老年服务机构自用的房产、土地，暂免征收房产税、城镇土地使用税。

9. 由主管工会拨付或差额补贴工会经费的全额预算或差额预算单位，可以比照财政部门拨付事业经费的单位办理，即这些单位自用的房产、土地，免征房产税和城镇土地使用税。

10. 少年犯管教所的用地和由国家财政部门拨付事业经费的劳教单位自用的土地，免征城镇土地使用税。

11. 石油天然气生产建设中用于地质勘探、钻井、井下作业、油气田地面工程等施工临时用地暂免征收城镇土地使用税。

12. 其他免征城镇土地使用税的范围：

(1)房产管理部门经租用的居民住房用地；

(2)免税单位职工家属宿舍用地；

(3)民政部门举办的安置残疾人员占生产人员总数35%以上的福利工厂用地；

(4)集体和个人办的学校、医院、托儿所、幼儿园用地；

(5)个人所有的居住房屋及院落用地。

四、征收规定

1. 纳税人缴纳土地使用税确有困难需要定期减免的，由县以上地方税务机关批准。

2. 土地使用税按年计算、分期缴纳。缴纳期限由省、自治区、直辖市人民政府确定。(见表12-7-2)

表12-7-2

土地用途	纳税义务发生时间
纳税人购置新建商品房	自房屋交付使用之次月起
购置存量房	自办理房屋权属转移、变更登记手续，房地产权属登记机关签发房屋权属证书之次月起
纳税人出租、出借房产	自交付出租、出借房产之次月起
以出让或转让方式有偿取得土地使用权的	应由受让方从合同约定交付土地时间的次月起缴纳；合同未约定交付时间的，由受让方从合同签订的次月起缴纳
纳税人新征用的耕地	自批准征用之日起满1年时开始缴纳
纳税人新征用的非耕地	自批准征用次月起缴纳
纳税人因土地的权利发生变化而依法终止城镇土地使用税纳税义务的，其应纳税款的计算应截止到土地权利发生变化的当月末	

3. 新征收的土地，依照下列规定缴纳土地使用税：

(1)征收的耕地，自批准征收之日起满1年时开始缴纳土地使用税；

(2)征收的非耕地，自批准征收次月起缴纳土地使用税。

4. 土地使用税由土地所在地的税务机关征收。土地管理机关应当向土地所在地的税务机关提供

【例题】某市房地产企业2018年1~10月在6000平方米的土地上开发建成一幢建筑面积为6万平方米的商品房，年内未销售；2018年4月有偿受让填海形成的土地2万平方米。当地城镇土地使用税的适用年税额为每平方米3元，计算企业2018年应缴纳城镇土地使用税。

【解析】房地产开发企业的土地使用税规定不同于房产税。应纳土地使用税 $=6000\times3+20,000\times3\times8/12=58,000$(元)。

第十三编　建筑法相关行政处罚

涉及建筑相关的法条大多零散地分布，本编汇总有关的建筑法条，并附上相关行政处罚，节省翻阅时间。

一、建筑施工方面的行政处罚规定

<table>
<tr><th colspan="2">违法行为</th><th>处罚措施</th><th>处罚依据</th></tr>
<tr><td rowspan="12">综合性规定</td><td>违反《建筑法》规定，未取得施工许可证或者开工报告未经批准擅自施工的</td><td>责令改正，对不符合开工条件的责令停止施工，可以处以罚款</td><td>《建筑法》第 64 条</td></tr>
<tr><td>发包单位将工程发包给不具有相应资质条件的承包单位的，或者违反《建筑法》规定将建筑工程肢解发包的</td><td>责令改正，处以罚款</td><td rowspan="4">《建筑法》第 65 条</td></tr>
<tr><td>超越本单位资质等级承揽工程的</td><td>(1)责令停止违法行为，处以罚款，可以责令停业整顿，降低资质等级；
(2)情节严重的，吊销资质证书；
(3)有违法所得的，予以没收</td></tr>
<tr><td>未取得资质证书承揽工程的</td><td>(1)予以取缔，并处罚款；
(2)有违法所得的，予以没收</td></tr>
<tr><td>以欺骗手段取得资质证书的</td><td>吊销资质证书，处以罚款</td></tr>
<tr><td>建筑施工企业转让、出借资质证书或者以其他方式允许他人以本企业的名义承揽工程的</td><td>(1)责令改正，没收违法所得，并处罚款，可以责令停业整顿，降低资质等级；
(2)情节严重的，吊销资质证书</td><td>《建筑法》第 66 条</td></tr>
<tr><td>承包单位将承包的工程转包的，或者违反《建筑法》规定进行分包的</td><td>(1)责令改正，没收违法所得，并处罚款，可以责令停业整顿，降低资质等级；
(2)情节严重的，吊销资质证书</td><td>《建筑法》第 67 条</td></tr>
<tr><td>工程监理单位与建设单位或者建筑施工企业串通，弄虚作假、降低工程质量的</td><td>(1)责令改正，处以罚款，降低资质等级或者吊销资质证书；
(2)有违法所得的，予以没收</td><td rowspan="2">《建筑法》第 69 条</td></tr>
<tr><td>工程监理单位转让监理业务的</td><td>(1)责令改正，没收违法所得，可以责令停业整顿，降低资质等级；
(2)情节严重的，吊销资质证书</td></tr>
<tr><td>违反《建筑法》规定，涉及建筑主体或者承重结构变动的装修工程擅自施工的</td><td>责令改正，处以罚款</td><td>《建筑法》第 70 条</td></tr>
<tr><td>建筑施工企业违反《建筑法》规定，对建筑安全事故隐患不采取措施予以消除的</td><td>责令改正，可以处以罚款；情节严重的，责令停业整顿，降低资质等级或者吊销资质证书</td><td>《建筑法》第 71 条</td></tr>
<tr><td>建设单位违反《建筑法》规定，要求建筑设计单位或者建筑施工企业违反建筑工程质量、安全标准，降低工程质量的</td><td>责令改正，可以处以罚款</td><td>《建筑法》第 72 条</td></tr>
</table>

续表

综合性规定	建筑设计单位不按照建筑工程质量、安全标准进行设计的	责令改正,处以罚款;造成工程质量事故的,责令停业整顿,降低资质等级或者吊销资质证书,没收违法所得,并处罚款	《建筑法》第73条
	建筑施工企业在施工中偷工减料的,使用不合格的建筑材料、建筑构配件和设备的,或者有其他不按照工程设计图纸或者施工技术标准施工的行为的	(1)责令改正,处以罚款; (2)情节严重的,责令停业整顿,降低资质等级或者吊销资质证书	《建筑法》第74条
	建筑施工企业违反《建筑法》规定,不履行保修义务或者拖延履行保修义务的	责令改正,可以处以罚款	《建筑法》第75条

二、从业管理方面的行政处罚规定

建筑施工企业资质问题	申请企业隐瞒有关真实情况或者提供虚假材料申请建筑业企业资质的	(1)资质许可机关不予许可,并给予警告; (2)申请企业在1年内不得再次申请建筑业企业资质	《建筑业企业资质管理规定》第35条
	企业以欺骗、贿赂等不正当手段取得建筑业企业资质的	(1)由原资质许可机关予以撤销; (2)由县级以上地方人民政府住房城乡建设主管部门或者其他有关部门给予警告,并处3万元的罚款;申请企业3年内不得再次申请建筑业企业资质	《建筑业企业资质管理规定》第36条
	超越本企业资质等级或以其他企业的名义承揽工程,或允许其他企业或个人以本企业的名义承揽工程的	企业有《建筑业企业资质管理规定》第23条行为之一,且其他有关法律、法规对处罚机关和处罚方式有规定的,依照法律、法规的规定执行;法律、法规未作规定的,由县级以上地方人民政府住房城乡建设主管部门或者其他有关部门给予警告,责令改正,并处1万元以上3万元以下的罚款	《建筑业企业资质管理规定》第37条
	与建设单位或企业之间相互串通投标,或以行贿等不正当手段谋取中标的		
	未取得施工许可证擅自施工的		
	将承包的工程转包或违法分包的		
	违反国家工程建设强制性标准施工的		
	恶意拖欠分包企业工程款或者劳务人员工资的		
	隐瞒或谎报、拖延报告工程质量安全事故,破坏事故现场、阻碍对事故调查的		

续表

建筑施工企业资质问题	按照国家法律、法规和标准规定需要持证上岗的现场管理人员和技术工程作业人员未取得证书上岗的		
	未依法履行工程质量保修义务或拖延履行保修义务的		
	伪造、变造、倒卖、出租、出借或者以其他形式非法转让建筑业企业资质证书的		
	发生过较大以上质量安全事故或者发生过两起以上一般质量安全事故的		
	企业未按照相关规定及时办理建筑业企业资质证书变更手续的	由县级以上地方人民政府住房城乡建设主管部门责令限期办理；逾期不办理的，可处以1000元以上1万元以下的罚款	《建筑业企业资质管理规定》第38条
	企业在接受监督检查时，不如实提供有关材料，或者拒绝、阻碍监督检查的	由县级以上地方人民政府住房城乡建设主管部门责令限期改正，并可以处3万元以下罚款	《建筑业企业资质管理规定》第39条
	企业未按照相关规定要求提供企业信用档案信息的	由县级以上地方人民政府住房城乡建设主管部门或者其他有关部门给予警告，责令限期改正；逾期未改正的，可处以1000元以上1万元以下的罚款	《建筑业企业资质管理规定》第40条

三、招标投标方面的行政处罚规定

一般规定	违反相关规定，必须进行招标的项目而不招标的，将必须进行招标的项目化整为零或者以其他任何方式规避招标的	(1)责令限期改正，可以处项目合同金额5‰以上10‰以下的罚款； (2)对全部或者部分使用国有资金的项目，可以暂停项目执行或者暂停资金拨付； (3)对单位直接负责的主管人员和其他直接责任人员依法给予处分	《招标投标法》第49条
	依法必须进行招标的项目的招标人不按照规定发布资格预审公告或者招标公告，构成规避招标的		《招标投标法实施条例》第63条
	招标代理机构违反本法规定，泄露应当保密的与招标投标活动有关的情况和资料的，或者与招标人、投标人串通损害国家利益、社会公共利益或者他人合法权益的	(1)处5万元以上25万元以下的罚款； (2)对单位直接负责的主管人员和其他直接责任人员处单位罚款数额5%以上10%以下的罚款； (3)有违法所得的，并处没收违法所得；情节严重的，禁止其一年至二年内代理依法必须进行招标的项目并予以公告，直至由工商行政管理机关吊销营业执照	《招标投标法》第50条
	招标代理机构在所代理的招标项目中投标、代理投标或者向该项目投标人提供咨询的，接受委托编制标底的中介机构参加受托编制标底项目的投标或者为该项目的投标人编制投标文件、提供咨询的		《中华人民共和国招标投标法实施条例》第65条

续表

一般规定	招标人以不合理的条件限制或者排斥潜在投标人的，对潜在投标人实行歧视待遇的，强制要求投标人组成联合体共同投标的，或者限制投标人之间竞争的	责令改正，可以处1万元以上5万元以下的罚款	《中华人民共和国招标投标法》第51条
	依法应当公开招标的项目不按照规定在指定媒介发布资格预审公告或者招标公告		《中华人民共和国招标投标法实施条例》第63条
	在不同媒介发布的同一招标项目的资格预审公告或者招标公告的内容不一致，影响潜在投标人申请资格预审或者投标		
	招标人、光电子招标投标系统运营机构利用技术手段对享有相同权限的市场主体提供有差别的信息		《电子招标投标办法》第54条
	招标人、光电子招标投标系统运营机构拒绝或者限制社会公众、市场主体免费注册并获取依法必须公开的招标投标信息		
	招标人、光电子招标投标系统运营机构违规设置注册登记、投标报名等前置条件		
	招标人、光电子招标投标系统运营机构故意与各类需要分离开发并符合技术规范规定的工具软件不兼容对接		
	招标人、光电子招标投标系统运营机构故意对递交或者解密投标文件设置障碍		
	依法必须进行招标的项目的招标人向他人透露已获取招标文件的潜在投标人的名称、数量或者可能影响公平竞争的有关招标投标的其他情况的，或者泄露标底的	给予警告，可以并处1万元以上10万元以下的罚款；对单位直接负责的主管人员和其他直接责任人员依法给予处分	《招标投标法》第52条
	电子招标投标系统运营机构向他人透露已获取招标文件的潜在投标人的名称、数量、投标文件内容或者对投标文件的评审和比较以及其他可能影响公平竞争的招标投标信息		《电子招标投标办法》第56条

续表

<table>
<tr><td rowspan="9">一般规定</td><td>投标人相互串通投标或者与招标人串通投标的，投标人以向招标人或者评标委员会成员行贿的手段谋取中标的，中标无效</td><td rowspan="4">(1)处中标项目金额5‰以上10‰以下的罚款，对单位直接负责的主管人员和其他直接责任人员处单位罚款数额5%以上10%以下的罚款。
(2)有违法所得的，并处没收违法所得。
(3)情节严重的，取消其1年至2年内参加依法必须进行招标的项目的投标资格并予以公告，直至由工商行政管理机关吊销营业执照</td><td>《招标投标法》第53条</td></tr>
<tr><td>投标人相互串通投标或者与招标人串通投标的，投标人向招标人或者评标委员会成员行贿谋取中标的，中标无效</td><td rowspan="2">《招标投标法实施条例》第67条</td></tr>
<tr><td>以下四种情形可认定为情节严重：
(1)以行贿谋取中标；
(2)3年内2次以上串通投标；
(3)串通投标行为损害招标人、其他投标人或者国家、集体、公民的合法利益，造成直接经济损失30万元以上；
(4)其他串通投标情节严重的行为</td></tr>
<tr><td>招标投标活动当事人和电子招标投标系统运营机构协助招标人、投标人串通投标的</td><td>《电子招标投标办法》第57条</td></tr>
<tr><td>投标人以他人名义投标或者以其他方式弄虚作假，骗取中标的，中标无效，尚未构成犯罪的</td><td rowspan="4">(1)处中标项目金额5‰以上10‰以下的罚款，对单位直接负责的主管人员和其他直接责任人员处单位罚款数额5%以上10%以下的罚款；
(2)有违法所得的，并处没收违法所得；
(3)情节严重的，取消其1年至3年内参加依法必须进行招标的项目的投标资格并予以公告，直至由工商行政管理机关吊销营业执照</td><td>《招标投标法》第54条</td></tr>
<tr><td>投标人以他人名义投标或者以其他方式弄虚作假骗取中标的，中标无效</td><td rowspan="2">《招标投标法实施条例》第68条</td></tr>
<tr><td>以下4种情形可认定为情节严重：
伪造、变造资格、资质证书或者其他许可证件骗取中标；
3年内2次以上使用他人名义投标；
弄虚作假骗取中标给招标人造成直接经济损失30万元以上；
其他弄虚作假骗取中标情节严重的行为</td></tr>
<tr><td>招标投标活动当事人和电子招标投标系统运营机构伪造、篡改、损毁招标投标信息，或者以其他方式弄虚作假的</td><td>《电子招标投标办法》第58条</td></tr>
<tr><td>评标委员会成员收受投标人的财物或者其他好处的，评标委员会成员或者参加评标的有关工作人员向他人透露对投标文件的评审和比较、中标候选人的推荐以及与评标有关的其他情况的</td><td>给予警告，没收收受的财物，可以并处3000元以上5万元以下的罚款，对有所列违法行为的评标委员会成员取消担任评标委员会成员的资格，不得再参加任何依法必须进行招标的项目的评标</td><td>《招标投标法》第56条</td></tr>
</table>

续表

一般规定	招标人在评标委员会依法推荐的中标候选人以外确定中标人的，依法必须进行招标的项目在所有投标被评标委员会否决后自行确定中标人的，中标无效	责令改正，可以处中标项目金额5‰以上10‰以下的罚款；对单位直接负责的主管人员和其他直接责任人员依法给予处分	《招标投标法》第57条
	中标人将中标项目转让给他人的，将中标项目肢解后分别转让给他人的，违反《建筑法》规定将中标项目的部分主体、关键性工作分包给他人的，或者分包人再次分包的	(1)处转让、分包项目金额5‰以上10‰以下的罚款； (2)有违法所得的，并处没收违法所得； (3)可以责令停业整顿；情节严重的，由工商行政管理机关吊销营业执照	《招标投标法》第58条
	招标人与中标人不按照招标文件和中标人的投标文件订立合同的，或者招标人、中标人订立背离合同实质性内容的协议的	(1)责令改正； (2)可以处中标项目金额5‰以上10‰以下的罚款	《招标投标法》第59条
	中标人不按照与招标人订立的合同履行义务，情节严重的	取消其2年至5年内参加依法必须进行招标的项目的投标资格并予以公告，直至由工商行政管理机关吊销营业执照	《招标投标法》第60条

四、承包、分包与发包方面的行政处罚规定

一般规定	工程造价咨询企业在建筑工程计价活动中，出具有虚假记载、误导性陈述的工程造价成果文件的	记入工程造价咨询企业信用档案，由县级以上地方人民政府住房城乡建设主管部门责令改正，处1万元以上3万元以下的罚款，并予以通报	《建设工程施工发包与承包计价管理办法》第23条
	建设单位将工程发包给个人或不具有相应资质的单位的	依据《建筑法》第65条、《建设工程质量管理条例》第54条规定处罚	《建筑工程施工转包违法分包等违法行为认定查处管理办法》第15条
	将建设工程肢解发包的	依据《建筑法》第65条、《建设工程质量管理条例》第55条规定处罚	
	对认定有转包、违法分包违法行为的施工单位	依据《建筑法》第67条、《建设工程质量管理条例》第62条规定处罚	
	对认定有挂靠行为的施工单位或个人	依据《招标投标法》第54条、《建筑法》第65条和《建设工程质量管理条例》第60条规定处罚	
	对认定有转让、出借资质证书或者以其他方式允许他人以本单位的名义承揽工程的施工单位	依据《建筑法》第66条、《建设工程质量管理条例》第61条规定进行处罚	
	对建设单位、施工单位给予单位罚款处罚的	依据《建设工程质量管理条例》第73条、《招标投标法》第49条、《招标投标法实施条例》第64条规定，对单位直接负责的主管人员和其他直接责任人员进行处罚	

五、工程勘察设计方面的行政处罚规定

<table>
<tr><td rowspan="9">综合规定</td><td>建设工程勘察、设计单位超越其资质等级许可的范围或者以其他建设工程勘察、设计单位的名义,承揽建设工程勘察、设计业务;建设工程勘察、设计单位允许其他单位或者个人以单位的名义承揽建设工程勘察、设计业务</td><td rowspan="2">责令停止违法行为,处合同约定的勘察费、设计费1倍以上2倍以下的罚款,有违法所得的,予以没收;可以责令停业整顿,降低资质等级;情节严重的,吊销资质证书</td><td rowspan="3">《建设工程勘察设计管理条例》第35条</td></tr>
<tr><td>未取得资质证书承揽工程的,予以取缔</td></tr>
<tr><td>以欺骗手段取得资质证书承揽工程的</td><td>吊销资质证书,依照前款规定处以罚款</td></tr>
<tr><td>未经注册,擅自以注册建设工程勘察、设计人员的名义从事建设工程勘察、设计活动的</td><td>责令停止违法行为,没收违法所得,处违法所得2倍以上5倍以下罚款</td><td>《建设工程勘察设计管理条例》第36条</td></tr>
<tr><td>建设工程勘察、设计注册执业人员和其他专业技术人员未受聘于一个建设工程勘察、设计单位或者同时受聘于两个以上建设工程勘察、设计单位,从事建设工程勘察、设计活动的</td><td>(1)责令停止违法行为,没收违法所得,处违法所得2倍以上5倍以下的罚款;
(2)情节严重的,可以责令停止执行业务或者吊销资格证书</td><td>《建设工程勘察设计管理条例》第37条</td></tr>
<tr><td>发包方将建设工程勘察、设计业务发包给不具有相应资质等级的建设工程勘察、设计单位的</td><td>责令改正,处50万元以上100万元以下的罚款</td><td>《建设工程勘察设计管理条例》第38条</td></tr>
<tr><td>建设工程勘察、设计单位将所承揽的建设工程勘察、设计转包的</td><td>(1)责令改正,没收违法所得;
(2)处合同约定的勘察费、设计费25%以上50%以下的罚款,可以责令停业整顿,降低资质等级;
(3)情节严重的,吊销资质证书</td><td>《建设工程勘察设计管理条例》第39条</td></tr>
<tr><td>勘察、设计单位未依据项目批准文件,城乡规划及专业规划,国家规定的建设工程勘察、设计深度要求编制建设工程勘察、设计文件的</td><td>(1)责令限期改正;
(2)逾期不改正的,处10万元以上30万元以下的罚款;
(3)造成工程质量事故或者环境污染和生态破坏的,责令停业整顿,降低资质等级;
(4)情节严重的,吊销资质证书</td><td>《建设工程勘察设计管理条例》第40条</td></tr>
<tr><td>工程勘察企业未按照工程建设强制性标准进行勘察、弄虚作假、提供虚假成果资料的</td><td>(1)由工程勘察质量监督部门责令改正,处10万元以上30万元以下的罚款;
(2)造成工程质量事故的,责令停业整顿,降低资质等级;情节严重的,吊销资质证书</td><td>《建设工程勘察质量管理办法》第24条</td></tr>
</table>

续表

综合规定	工程勘察企业勘察文件没有责任人签字或者签字不全的	由工程勘察质量监督部门责令改正,处1万元以上3万元以下的罚款	《建设工程勘察质量管理办法》第25条
	原始记录不按照规定记录或者记录不完整的		
	不参加施工验槽的		
	项目完成后,勘察文件不归档保存的		
	依照相关规定,给予勘察企业罚款处罚的	由工程勘察质量监督部门对企业的法定代表人和其他直接责任人员处以企业罚款数额的5%以上10%以下的罚款	《建设工程勘察质量管理办法》第27条
	审查机构超出范围从事施工图审查的	(1)由县级以上地方人民政府住房城乡建设主管部门责令改正,处3万元罚款,并记入信用档案; (2)情节严重的,省、自治区、直辖市人民政府住房城乡建设主管部门不再将其列入审查机构名录	《房屋建筑和市政基础设施工程施工图设计文件审查管理办法》第24条
	使用不符合条件审查人员的		
	未按规定的内容进行审查的		
	未按规定上报审查过程中发现的违法违规行为的		
	未按规定填写审查意见告知书的		
	未按规定在审查合格书和施工图上签字盖章的		
	已出具审查合格书的施工图,仍有违反法律、法规和工程建设强制性标准的		
	审查机构出具虚假审查合格书的,审查合格书无效	县级以上地方人民政府住房城乡建设主管部门处3万元罚款,省、自治区、直辖市人民政府住房城乡建设主管部门不再将其列入审查机构名录	《房屋建筑和市政基础设施工程施工图设计文件审查管理办法》第25条
	建设单位压缩合理审查周期的	县级以上地方人民政府住房城乡建设主管部门责令改正,处3万元罚款情节严重的,予以通报	《房屋建筑和市政基础设施工程施工图设计文件审查管理办法》第26条
	提供不真实送审资料的		
	对审查机构提出不符合法律、法规和工程建设强制性标准要求的		

续表

勘察设计企业资质	企业隐瞒有关情况或者提供虚假材料申请资质的，资质许可机关不予受理或者不予行政许可	给予警告，该企业在1年内不得再次申请该资质	《建设工程勘察设计资质管理规定》第30条
	企业以欺骗、贿赂等不正当手段取得资质证书的	由县级以上地方人民政府建设主管部门或者有关部门给予警告，并依法处以罚款；该企业在3年内不得再次申请该资质	《建设工程勘察设计资质管理规定》第31条
	企业不及时办理资质证书变更手续的	(1)由资质许可机关责令限期办理； (2)逾期不办理的，可处以1000元以上1万元以下的罚款	《建设工程勘察设计资质管理规定》第32条
	企业未按照规定提供信用档案信息的，	(1)由县级以上地方人民政府建设主管部门给予警告，责令限期改正； (2)逾期未改正的，可处以1000元以上1万元以下的罚款	《建设工程勘察设计资质管理规定》第33条
	涂改、倒卖、出租、出借或者以其他形式非法转让资质证书的	由县级以上地方人民政府建设主管部门或者有关部门给予警告，责令改正，并处以1万元以上3万元以下的罚款	《建设工程勘察设计资质管理规定》第34条

六、工程施工管理方面的行政处罚规定

一般规定	承担安全评价、认证、检测、检验工作的机构，出具虚假证明的	(1)没收违法所得； (2)违法所得在10万元以上的，并处违法所得2倍以上5倍以下的罚款； (3)没有违法所得或者违法所得不足10万元的，单处或者并处10万元以上20万元以下的罚款； (4)对其直接负责的主管人员和其他直接责任人员处2万元以上5万元以下的罚款	《安全生产法》第89条
	生产经营单位的决策机构、主要负责人或者个人经营的投资人不依照《安全生产法》规定保证安全生产所必需的资金投入，致使生产经营单位不具备安全生产条件，导致发生生产安全事故的	对个人经营的投资人处2万元以上20万元以下的罚款	《安全生产法》第90条
	生产经营单位的主要负责人未履行《安全生产法》规定的安全生产管理职责的	(1)责令限期改正； (2)逾期未改正的，处2万元以上5万元以下的罚款，责令生产经营单位停产停业整顿	《安全生产法》第91条

续表

一般规定	生产经营单位的主要负责人未履行《安全生产法》规定的安全生产管理职责,导致发生生产安全事故的	发生一般事故的,处上一年年收入30%的罚款	《安全生产法》第92条
		发生较大事故的,处上一年年收入40%的罚款	
		发生重大事故的,处上一年年收入60%的罚款	
		发生特别重大事故的,处上一年年收入80%的罚款	
	未按照规定设置安全生产管理机构或者配备安全生产管理人员的	(1)责令限期改正,可以处5万元以下的罚款; (2)逾期未改正的,责令停产停业整顿,并处5万元以上10万元以下的罚款; (3)对其直接负责的主管人员和其他直接责任人员处1万元以上2万元以下的罚款	《安全生产法》第94条
	危险物品的生产、经营、储存单位以及矿山、金属冶炼、建筑施工、道路运输单位的主要负责人和安全生产管理人员未按照规定经考核合格的		
	未按照规定对从业人员、被派遣劳动者、实习学生进行安全生产教育和培训,或者未按照规定如实告知有关的安全生产事项的		
	未如实记录安全生产教育和培训情况的		
	未将事故隐患排查治理情况如实记录或者未向从业人员通报的		
	生产经营单位未按照规定制定生产安全事故应急救援预案或者未定期组织演练的		
	特种作业人员未按照规定经专门的安全作业培训并取得相应资格,上岗作业的		
	生产经营单位未按照规定对矿山、金属冶炼建设项目或者用于生产、储存、装卸危险物品的建设项目进行安全评价的	责令生产经营单位停止建设或者停产停业整顿,限期改正;逾期未改正的,处50万元以上100万元以下的罚款,对其直接负责的主管人员和其他直接责任人员处2万元以上5万元以下的罚款	《安全生产法》第95条
	矿山、金属冶炼建设项目或者用于生产、储存、装卸危险物品的建设项目没有安全设施设计或者安全设施设计未按照规定报经有关部门审查同意的		
	矿山、金属冶炼建设项目或者用于生产、储存、装卸危险物品的建设项目的施工单位未按照批准的安全设施设计施工的		

续表

<table>
<tr><td rowspan="12">一般规定</td><td>矿山、金属冶炼建设项目或者用于生产、储存危险物品的建设项目竣工投入生产或者使用前，安全设施未经验收合格的</td><td></td><td></td></tr>
<tr><td>生产经营单位未在有较大危险因素的生产经营场所和有关设施、设备上设置明显的安全警示标志的</td><td rowspan="6">(1)责令限期改正，可以处5万元以下的罚款；
(2)逾期未改正的，处5万元以上20万元以下的罚款，对其直接负责的主管人员和其他直接责任人员处1万元以上2万元以下的罚款；
(3)情节严重的，责令停产停业整顿</td><td rowspan="6">《安全生产法》第96条</td></tr>
<tr><td>生产经营单位安全设备的安装、使用、检测、改造和报废不符合国家标准或者行业标准的</td></tr>
<tr><td>生产经营单位未对安全设备进行经常性维护、保养和定期检测的</td></tr>
<tr><td>生产经营单位未为从业人员提供符合国家标准或者行业标准的劳动防护用品的</td></tr>
<tr><td>生产经营单位危险物品的容器、运输工具，以及涉及人身安全、危险性较大的海洋石油开采特种设备和矿山井下特种设备未经具有专业资质的机构检测、检验合格，取得安全使用证或者安全标志，投入使用的</td></tr>
<tr><td>生产经营单位使用应当淘汰的危及生产安全的工艺、设备的</td></tr>
<tr><td>生产经营单位生产经营单位生产、经营、运输、储存、使用危险物品或者处置废弃危险物品，未建立专门安全管理制度、未采取可靠的安全措施的</td><td rowspan="4">(1)责令限期改正，可以处10万元以下的罚款；
(2)逾期未改正的，责令停产停业整顿，并处10万元以上20万元以下的罚款，对其直接负责的主管人员和其他直接责任人员处2万元以上5万元以下的罚款</td><td rowspan="4">《安全生产法》第98条</td></tr>
<tr><td>生产经营单位对重大危险源未登记建档，或者未进行评估、监控，或者未制定应急预案的</td></tr>
<tr><td>生产经营单位进行爆破、吊装以及国务院安全生产监督管理部门会同国务院有关部门规定的其他危险作业，未安排专门人员进行现场安全管理的</td></tr>
<tr><td>生产经营单位未建立事故隐患排查治理制度的</td></tr>
</table>

续表

一般规定	生产经营单位未采取措施消除事故隐患的	(1)责令立即消除或者限期消除; (2)生产经营单位拒不执行的,责令停产停业整顿,并处10万元以上50万元以下的罚款,对其直接负责的主管人员和其他直接责任人员处2万元以上5万元以下的罚款	《安全生产法》第99条
	生产经营单位将生产经营项目、场所、设备发包或者出租给不具备安全生产条件或者相应资质的单位或者个人的	(1)责令限期改正,没收违法所得; (2)违法所得10万元以上的,并处违法所得2倍以上5倍以下的罚款; (3)没有违法所得或者违法所得不足10万元的,单处或者并处10万元以上20万元以下的罚款; (4)对其直接负责的主管人员和其他直接责任人员处1万元以上2万元以下的罚款	《安全生产法》第100条
	生产经营单位未与承包单位、承租单位签订专门的安全生产管理协议或者未在承包合同、租赁合同中明确各自的安全生产管理职责,或者未对承包单位、承租单位的安全生产统一协调、管理的	(1)责令限期改正,可以处五万元以下的罚款,对其直接负责的主管人员和其他直接责任人员可以处一万元以下的罚款 (2)逾期未改正的,责令停产停业整顿	
	两个以上生产经营单位在同一作业区域内进行可能危及对方安全生产的生产经营活动,未签订安全生产管理协议或者未指定专职安全生产管理人员进行安全检查与协调的	责令限期改正,可以处5万元以下的罚款,对其直接负责的主管人员和其他直接责任人员可以处1万元以下的罚款;逾期未改正的,责令停产停业	《安全生产法》第101条
	生产、经营、储存、使用危险物品的车间、商店、仓库与员工宿舍在同一座建筑内,或者与员工宿舍的距离不符合安全要求的	(1)责令限期改正,可以处5万元以下的罚款,对其直接负责的主管人员和其他直接责任人员可以处1万元以下的罚款; (2)逾期未改正的,责令停产停业整顿	《安全生产法》第102条
	生产经营场所和员工宿舍未设有符合紧急疏散需要、标志明显、保持畅通的出口,或者锁闭、封堵生产经营场所或者员工宿舍出口的		

续表

一般规定	生产经营单位与从业人员订立协议，免除或者减轻其对从业人员因生产安全事故伤亡依法应承担的责任的，该协议无效	对生产经营单位的主要负责人、个人经营的投资人处 2 万元以上 10 万元以下的罚款	《安全生产法》第 103 条
	违反相关规定，生产经营单位拒绝、阻碍负有安全生产监督管理职责的部门依法实施监督检查的	拒不改正的，处 2 万元以上 20 万元以下的罚款；对其直接负责的主管人员和其他直接责任人员处 1 万元以上 2 万元以下的罚款	《安全生产法》第 105 条
	生产经营单位的主要负责人在本单位发生生产安全事故时，不立即组织抢救或者在事故调查处理期间擅离职守或者逃匿的	给予降级、撤职的处分，并由安全生产监督管理部门处上一年年收入 60% ~100% 的罚款	《安全生产法》第 106 条
	生产经营单位不具备《安全生产法》和其他有关法律、行政法规和国家标准或者行业标准规定的安全生产条件，经停产停业整顿仍不具备安全生产条件的	(1)予以关闭； (2)有关部门应当依法吊销其有关证照	《安全生产法》第 108 条
	发生生产安全事故，对负有责任的生产经营单位除要求其依法承担相应的赔偿等责任外，由安全生产监督管理部门依照下列规定处以罚款	发生一般事故的，处 20 万元以上 50 万元以下的罚款	《安全生产法》第 109 条
		发生较大事故的，处 50 万元以上 100 万元以下的罚款	
		发生重大事故的，处 100 万元以上 500 万元以下的罚款	
		(1)发生特别重大事故的，处 500 万元以上 1000 万元以下的罚款 (2)情节特别严重的，处 1000 万元以上 2000 万元以下的罚款	
	违反《建设工程安全生产管理条例》的规定，建设单位未提供建设工程安全生产作业环境及安全施工措施所需费用的	(1)责令限期改正； (2)逾期未改正的，责令该建设工程停止施工	《建设工程安全生产管理条例》第 54 条
	建设单位未将保证安全施工的措施或者拆除工程的有关资料报送有关部门备案的	责令限期改正，给予警告	

续表

一般规定	对勘察、设计、施工、工程监理等单位提出不符合安全生产法律、法规和强制性标准规定的要求的	责令限期改正,处20万元以上50万元以下的罚款	《建设工程安全生产管理条例》第55条
	要求施工单位压缩合同约定的工期的		
	将拆除工程发包给不具有相应资质等级的施工单位的		
	勘察单位、设计单位未按照法律、法规和工程建设强制性标准进行勘察、设计的	责令限期改正,处10万元以上30万元以下的罚款;情节严重的,责令停业整顿,降低资质等级,直至吊销资质证书	《建设工程安全生产管理条例》第56条
	采用新结构、新材料、新工艺的建设工程和特殊结构的建设工程,设计单位未在设计中提出保障施工作业人员安全和预防生产安全事故的措施建议的		
	工程监理单位未对施工组织设计中的安全技术措施或者专项施工方案进行审查的	(1)责令限期改正; (2)逾期未改正的,责令停业整顿,并处10万元以上30万元以下的罚款; (3)情节严重的,降低资质等级,直至吊销资质证书	《建设工程安全生产管理条例》第57条
	发现安全事故隐患未及时要求施工单位整改或者暂时停止施工的		
	施工单位拒不整改或者不停止施工,未及时向有关主管部门报告的		
	未依照法律、法规和工程建设强制性标准实施监理的		
	注册执业人员未执行法律、法规和工程建设强制性标准的	责令停止执业3个月以上1年以下;情节严重的,吊销执业资格证书,5年内不予注册;造成重大安全事故的,终身不予注册	《建设工程安全生产管理条例》第58条
	违反本条例的规定,为建设工程提供机械设备和配件的单位,未按照安全施工的要求配备齐全有效的保险、限位等安全设施和装置的	责令限期改正,处合同价款1倍以上3倍以下的罚款	《建设工程安全生产管理条例》第59条
	违反本条例的规定,出租单位出租未经安全性能检测或者经检测不合格的机械设备和施工机具及配件的	责令停业整顿,并处5万元以上10万元以下的罚款	《建设工程安全生产管理条例》第60条
	施工起重机械和整体提升脚手架、模板等自升式架设设施安装、拆卸单位未编制拆装方案、制定安全施工措施的	(1)责令限期改正,处5万元以上10万元以下的罚款; (2)情节严重的,责令停业整顿,降低资质等级,直至吊销资质证书	《建设工程安全生产管理条例》第61条
	未由专业技术人员现场监督的		
	未出具自检合格证明或者出具虚假证明的		

续表

一般规定	未向施工单位进行安全使用说明，办理移交手续的		
	施工单位挪用列入建设工程概算的安全生产作业环境及安全施工措施所需费用的	责令限期改正，处挪用费用20%以上50%以下的罚款	《建设工程安全生产管理条例》第63条
	施工单位施工前未对有关安全施工的技术要求作出详细说明的	(1)责令限期改正； (2)逾期未改正的，责令停业整顿，并处5万元以上10万元以下的罚款	《建设工程安全生产管理条例》第64条
	未根据不同施工阶段和周围环境及季节、气候的变化，在施工现场采取相应的安全施工措施，或者在城市市区内的建设工程的施工现场未实行封闭围挡的		
	在尚未竣工的建筑物内设置员工集体宿舍的		
	施工现场临时搭建的建筑物不符合安全使用要求的		
	施工单位未对因建设工程施工可能造成损害的毗邻建筑物、构筑物和地下管线等采取专项防护措施的		
	施工单位安全防护用具、机械设备、施工机具及配件在进入施工现场前未经查验或者查验不合格即投入使用的	(1)责令限期改正； (2)逾期未改正的，责令停业整顿，并处10万元以上30万元以下的罚款； (3)情节严重的，降低资质等级，直至吊销资质证书	《建设工程安全生产管理条例》第65条
	使用未经验收或者验收不合格的施工起重机械和整体提升脚手架、模板等自升式架设设施的		
	委托不具有相应资质的单位承担施工现场安装、拆卸施工起重机械和整体提升脚手架、模板等自升式架设设施的		
	在施工组织设计中未编制安全技术措施、施工现场临时用电方案或者专项施工方案的		
	施工单位取得资质证书后，降低安全生产条件的	(1)责令限期改正； (2)经整改仍未达到与其资质等级相适应的安全生产条件的，责令停业整顿，降低其资质等级直至吊销资质证书	《建设工程安全生产管理条例》第67条

续表

一般规定	对于未取得施工许可证或者为规避办理施工许可证将工程项目分解后擅自施工的	(1)由有管辖权的发证机关责令停止施工,限期改正,对建设单位处工程合同价款1%以上2%以下罚款;(2)对施工单位处3万元以下罚款	《建设工程施工许可管理办法》第12条
	建设单位采用欺骗、贿赂等不正当手段取得施工许可证的	由原发证机关撤销施工许可证,责令停止施工,并处1万元以上3万元以下罚款	《建设工程施工许可管理办法》第13条
	建设单位隐瞒有关情况或者提供虚假材料申请施工许可证的	发证机关不予受理或者不予许可,并处1万元以上3万元以下罚款	《建设工程施工许可管理办法》第14条
	建设单位伪造或者涂改施工许可证的	由发证机关责令停止施工,并处1万元以上3万元以下罚款	
	依照《建设工程施工许可管理办法》规定,给予单位罚款处罚的	对单位直接负责的主管人员和其他直接责任人员处单位罚款数额5%以上10%以下罚款	《建设工程施工许可管理办法》第15条
安全生产许可	违反相关规定,未取得安全生产许可证擅自进行生产的	责令停止生产,没收违法所得,并处10万元以上50万元以下的罚款	《安全生产许可证条例》第19条
	安全生产许可证有效期满未办理延期手续,继续进行生产的	责令停止生产,限期补办延期手续,没收违法所得,并处5万元以上10万元以下的罚款;逾期仍不办理延期手续,继续进行生产的,依照上条规定处罚	《安全生产许可证条例》第20条
	转让安全生产许可证的	没收违法所得,处10万元以上50万元以下的罚款,并吊销其安全生产许可证	《安全生产许可证条例》第21条
	取得安全生产许可证的建筑施工企业,发生重大安全事故的	暂扣安全生产许可证并限期整改	《建筑施工企业安全生产许可证管理规定》第22条
	建筑施工企业不再具备安全生产条件的	暂扣安全生产许可证并限期整改 情节严重的,吊销安全生产许可证	《建筑施工企业安全生产许可证管理规定》第23条
	建筑施工企业未取得安全生产许可证擅自从事建筑施工活动的	责令其在建项目停止施工,没收违法所得,并处10万元以上50万元以下的罚款	《建筑施工企业安全生产许可证管理规定》第24条
	安全生产许可证有效期满未办理延期手续,继续从事建筑施工活动的	责令其在建项目停止施工,限期补办延期手续,没收违法所得,并处5万元以上10万元以下的罚款	《建筑施工企业安全生产许可证管理规定》第25条

续表

安全生产许可	逾期仍不办理延期手续，继续从事建筑施工活动的	责令其在建项目停止施工，没收违法所得，并处10万元以上50万元以下的罚款	《建筑施工企业安全生产许可证管理规定》第25条
	违反法律规定，建筑施工企业转让安全生产许可证的	没收违法所得，处10万元以上50万元以下的罚款，并吊销安全生产许可证	《建筑施工企业安全生产许可证管理规定》第26条
	建筑施工企业隐瞒有关情况或者提供虚假材料申请安全生产许可证的	不予受理或者不予颁发安全生产许可证，并给予警告，1年内不得申请安全生产许可证	《建筑施工企业安全生产许可证管理规定》第27条
	建筑施工企业以欺骗、贿赂等不正当手段取得安全生产许可证的	撤销安全生产许可证，3年内不得再次申请安全生产许可证	

七、工程质量方面的行政处罚规定

综合规定	建设单位将建设工程发包给不具有相应资质等级的勘察、设计、施工单位或者委托给不具有相应资质等级的工程监理单位的	责令改正，处50万元以上100万元以下的罚款	《建设工程质量管理条例》第54条
	建设单位将建设工程肢解发包的	责令改正，处工程合同价款0.5%以上1%以下的罚款；对全部或者部分使用国有资金的项目，并可以暂停项目执行或者暂停资金拨付	《建设工程质量管理条例》第55条
	建设单位迫使承包方以低于成本的价格竞标的	责令改正，处20万元以上50万元以下的罚款	《建设工程质量管理条例》第56条
	建设单位任意压缩合理工期的		
	建设单位明示或者暗示设计单位或者施工单位违反工程建设强制性标准，降低工程质量的		
	施工图设计文件未经审查或者审查不合格，建设单位擅自施工的		
	建设项目必须实行工程监理而建设单位未实行工程监理的		
	建设单位未按照国家规定办理工程质量监督手续的		
	建设单位明示或者暗示施工单位使用不合格的建筑材料、建筑构配件和设备的		
	建设单位未按照国家规定将竣工验收报告、有关认可文件或者准许使用文件报送备案的		

续表

综合规定	建设单位未取得施工许可证或者开工报告未经批准，擅自施工的	责令停止施工，限期改正，处工程合同价款1%以上2%以下的罚款	《建设工程质量管理条例》第57条
	建设单位未组织竣工验收，擅自交付使用的	责令改正，处工程合同价款2%以上4%以下的罚款	《建设工程质量管理条例》第58条
	验收不合格，擅自交付使用的		
	对不合格的建设工程按照合格工程验收的		
	建设工程竣工验收后，建设单位未向建设行政主管部门或者其他有关部门移交建设项目档案的	责令改正，处1万元以上10万元以下的罚款	《建设工程质量管理条例》第59条
	勘察、设计、施工、工程监理单位超越本单位资质等级承揽工程的	(1)责令停止违法行为，对勘察、设计单位或者工程监理单位处合同约定的勘察费、设计费或者监理酬金1倍以上2倍以下的罚款； (2)对施工单位处工程合同价款2%以上4%以下的罚款，可以责令停业整顿，降低资质等级； (3)情节严重的，吊销资质证书； (4)有违法所得的，予以没收	《建设工程质量管理条例》第60条
	未取得资质证书承揽工程的	(1)予以取缔； (2)依照前款规定予以处罚； (3)有违法所得的，予以没收	《建设工程质量管理条例》第60条
	以欺骗手段取得资质证书承揽工程的	(1)吊销资质证书； (2)依照前款规定，处以罚款； (3)有违法所得的，处以罚款	《建设工程质量管理条例》第60条
	勘察、设计、施工、工程监理单位允许其他单位或者个人以本单位名义承揽工程的	(1)责令改正，没收违法所得，对勘察、设计单位和工程监理单位处合同约定的勘察费、设计费和监理酬金1倍以上2倍以下的罚款； (2)对施工单位处工程合同价款2%以上4%以下的罚款；可以责令停业整顿，降低资质等级； (3)情节严重的，吊销资质证书	《建设工程质量管理条例》第61条
	承包单位将承包的工程转包或者违法分包的	(1)责令改正，没收违法所得，对勘察、设计单位处合同约定的勘察费、设计费25%以上50%以下的罚款； (2)对施工单位处工程合同价款0.5%以上1%以下的罚款；可以责令停业整顿，降低资质等级； (3)情节严重的，吊销资质证书	《建设工程质量管理条例》第62条

续表

综合规定	工程监理单位转让工程监理业务的	(1)责令改正,没收违法所得,处合同约定的监理酬金25%以上50%以下的罚款; (2)可以责令停业整顿,降低资质等级; (3)情节严重的,吊销资质证书	《建设工程质量管理条例》第62条
	勘察单位未按照工程建设强制性标准进行勘察的	(1)责令改正,处10万元以上30万元以下的罚款; (2)造成工程质量事故的,责令停业整顿,降低资质等级; (3)情节严重的,吊销资质证书	《建设工程质量管理条例》第63条
	设计单位未根据勘察成果文件进行工程设计的		
	设计单位指定建筑材料、建筑构配件的生产厂、供应商的		
	设计单位未按照工程建设强制性标准进行设计的		
	施工单位在施工中偷工减料的,使用不合格的建筑材料、建筑构配件和设备的,或者有不按照工程设计图纸或者施工技术标准施工的其他行为的	责令改正,处工程合同价款2%以上4%以下的罚款	《建设工程质量管理条例》第64条
	施工单位造成建设工程质量不符合规定的质量标准的	情节严重的,责令停业整顿,降低资质等级或者吊销资质证书	
	施工单位未对建筑材料、建筑构配件、设备和商品混凝土进行检验,或者未对涉及结构安全的试块、试件以及有关材料取样检测的	责令改正,处10万元以上20万元以下的罚款;情节严重的,责令停业整顿,降低资质等级或者吊销资质证书	《建设工程质量管理条例》第65条
	施工单位不履行保修义务或者拖延履行保修义务的	责令改正,处10万元以上20万元以下的罚款	《建设工程质量管理条例》第66条
	工程监理单位与建设单位或者施工单位串通,弄虚作假、降低工程质量的	(1)责令改正,处50万元以上100万元以下的罚款,降低资质等级或者吊销资质证书; (2)有违法所得的,予以没收	《建设工程质量管理条例》第67条
	工程监理单位将不合格的建设工程、建筑材料、建筑构配件和设备按照合格签字的		
	工程监理单位与被监理工程的施工承包单位以及建筑材料、建筑构配件和设备供应单位有隶属关系或者其他利害关系承担该项建设工程的监理业务的	责令改正,处5万元以上10万元以下的罚款,降低资质等级或者吊销资质证书	《建设工程质量管理条例》第68条
	涉及建筑主体或者承重结构变动的装修工程,施工单位没有设计方案擅自施工的	责令改正,处50万元以上100万元以下的罚款;房屋建筑使用者在装修过程中擅自变动房屋建筑主体和承重结构的,责令改正,处5万元以上10万元以下的罚款	《建设工程质量管理条例》第69条

续表

综合规定	注册建筑师、注册结构工程师、监理工程师等注册执业人员因过错造成质量事故的	(1)责令停止执业1年;造成重大质量事故的,吊销执业资格证书,5年以内不予注册; (2)情节特别恶劣的,终身不予注册	《建设工程质量管理条例》第72条
	依照本条例规定,给予单位罚款处罚的	对单位直接负责的主管人员和其他直接责任人员处单位罚款数额5%以上10%以下的罚款	《建设工程质量管理条例》第73条
	施工单位在工程竣工验收后,不向建设单位出具质量保修书的	由建设行政主管部门责令改正,并处1万元以上3万元以下的罚款	《房屋建筑工程质量保修办法》第18条
	质量保修的内容、期限违反本办法规定的		
	施工单位不履行保修义务或者拖延履行保修义务的	由建设行政主管部门责令改正,处10万元以上20万元以下的罚款	《房屋建筑工程质量保修办法》第19条
	未取得相应的资质,擅自承担本办法规定的检测业务的,其检测报告无效	由县级以上地方人民政府建设主管部门责令改正,并处1万元以上3万元以下的罚款	《建设工程质量检测管理办法》第26条
	检测机构隐瞒有关情况或者提供虚假材料申请资质的	省、自治区、直辖市人民政府建设主管部门不予受理或者不予行政许可,并给予警告,1年之内不得再次申请资质	《建设工程质量检测管理办法》第27条
	以欺骗、贿赂等不正当手段取得资质证书的	(1)由省、自治区、直辖市人民政府建设主管部门撤销其资质证书,3年内不得再次申请资质证书 (2)并由县级以上地方人民政府建设主管部门处以1万元以上3万元以下的罚款	《建设工程质量检测管理办法》第28条
	检测机构超出资质范围从事检测活动的	由县级以上地方人民政府建设主管部门责令改正,可并处1万元以上3万元以下的罚款	《建设工程质量检测管理办法》第29条
	涂改、倒卖、出租、出借、转让资质证书的		
	使用不符合条件的检测人员的		
	未按规定上报发现的违法违规行为和检测不合格事项的		
	未按规定在检测报告上签字盖章的		
	未按照国家有关工程建设强制性标准进行检测的		

续表

综合规定	档案资料管理混乱,造成检测数据无法追溯的		
	转包检测业务的		
	检测机构伪造检测数据,出具虚假检测报告或者鉴定结论的	县级以上地方人民政府建设主管部门给予警告,并处3万元罚款	《建设工程质量检测管理办法》第30条
	委托未取得相应资质的检测机构进行检测的	由县级以上地方人民政府建设主管部门责令改正,处1万元以上3万元以下的罚款	《建设工程质量检测管理办法》第31条
	委托方明示或暗示检测机构出具虚假检测报告,篡改或伪造检测报告的		
	委托方弄虚作假送检试样的		
	依照本法规定给予检测机构罚款处罚的	对检测机构的法定代表人和其他直接责任人员处罚款数额5%以上10%以下的罚款	《建设工程质量检测管理办法》第32条

八、其他方面的行政处罚规定

一般规定	城乡规划编制单位超越资质等级许可的范围承揽城乡规划编制工作的	(1)由所在地城市、县人民政府城乡规划主管部门责令限期改正,处合同约定的规划编制费1倍以上2倍以下的罚款; (2)情节严重的,责令停业整顿,由原发证机关降低资质等级或者吊销资质证书	《城乡规划法》第62条
	城乡规划编制单位违反国家有关标准编制城乡规划的		
	城乡规划编制单位取得资质证书后,不再符合相应的资质条件的	(1)由原发证机关责令限期改正; (2)逾期不改正的,降低资质等级或者吊销资质证书	《城乡规划法》第63条
	未取得建设工程规划许可证或者未按照建设工程规划许可证的规定进行建设的	(1)由县级以上地方人民政府城乡规划主管部门责令停止建设; (2)尚可采取改正措施消除对规划实施的影响的,限期改正,处建设工程造价5%以上10%以下的罚款; (3)无法采取改正措施消除影响的,限期拆除,不能拆除的,没收实物或者违法收入,可以并处建设工程造价10%以下的罚款	《城乡规划法》第64条
	在乡、村庄规划区内未依法取得乡村建设规划许可证或者未按照乡村建设规划许可证的规定进行建设的	由乡、镇人民政府责令停止建设、限期改正;逾期不改正的,可以拆除	《城乡规划法》第65条

续表

一般规定	建设单位或者个人未经批准进行临时建设的	由所在地城市、县人民政府城乡规划主管部门责令限期拆除，可以并处临时建设工程造价1倍以下的罚款； 逾期不补报的，处1万元以上5万元以下的罚款	《城乡规划法》第66条
	未按照批准内容进行临时建设的		
	临时建筑物、构筑物超过批准期限不拆除的		
	建设单位未在建设工程竣工验收后6个月内向城乡规划主管部门报送有关竣工验收资料的	由所在地城市、县人民政府城乡规划主管部门责令限期补报；逾期不补报的，处1万元以上5万元以下的罚款	《城乡规划法》第67条
	申请人隐瞒有关情况或者提供虚假材料申请工程监理企业资质的	资质许可机关不予受理或者不予行政许可，并给予警告，申请人在1年内不得再次申请工程监理企业资质	《工程监理企业资质管理规定》第27条
	工程监理企业以欺骗、贿赂等不正当手段取得工程监理企业资质证书的	由县级以上地方人民政府住房城乡建设主管部门或者有关部门给予警告，并处1万元以上2万元以下的罚款，申请人3年内不得再次申请工程监理企业资质	《工程监理企业资质管理规定》第28条
	工程监理企业在监理过程中实施商业贿赂	由县级以上地方人民政府住房城乡建设主管部门或者有关部门予以警告，责令其改正，并处1万元以上3万元以下的罚款	《工程监理企业资质管理规定》第29条
	工程监理企业涂改、伪造、出借、转让工程监理企业资质证书		
	工程监理企业不及时办理资质证书变更手续的	(1)由资质许可机关责令限期办理； (2)逾期不办理的，可处以1000元以上1万元以下的罚款	《工程监理企业资质管理规定》第30条
	工程监理企业未按照本规定要求提供工程监理企业信用档案信息的	(1)由县级以上地方人民政府住房城乡建设主管部门予以警告，责令限期改正； (2)逾期未改正的，可处以1000元以上1万元以下的罚款	《工程监理企业资质管理规定》第31条
	试生产建设项目配套建设的环境保护设施未与主体工程同时投入试运行的	责令限期改正；逾期不改正的，责令停止试生产，可以处5万元以下罚款	《建设项目竣工环境保护验收管理办法》第21条
	建设项目投入试生产超过3个月，建设单位未申请建设项目竣工环境保护验收或者延期验收的	(1)责令限期办理环境保护验收手续； (2)逾期未办理的，责令停止试生产，可以处5万元以下罚款	《建设项目竣工环境保护验收管理办法》第22条
	建设项目需要配套建设的环境保护设施未建成，未经建设项目竣工环境保护验收或者验收不合格，主体工程正式投入生产或者使用的	由环境保护行政主管部门，依照《水污染防治法》第71条、《大气污染防治法》第47条、《固体废物污染环境防治法》第69条或者《建设项目环境保护管理条例》第28条	《建设项目竣工环境保护验收管理办法》第23条

续表

一般规定	建设单位在工程竣工验收合格之日起15日内未办理工程竣工验收备案的	备案机关责令限期改正,处20万元以上50万元以下罚款	《房屋建筑和市政基础设施工程竣工验收备案管理办法》第9条
	建设单位将备案机关决定重新组织竣工验收的工程,在重新组织竣工验收前,擅自使用的	备案机关责令停止使用,处工程合同价款2%以上4%以下罚款	《房屋建筑和市政基础设施工程竣工验收备案管理办法》第10条
	建设单位采用虚假证明文件办理工程竣工验收备案的,工程竣工验收无效	备案机关责令停止使用,重新组织竣工验收,处20万元以上50万元以下罚款	《房屋建筑和市政基础设施工程竣工验收备案管理办法》第11条
	建设单位违反相关规定,未移交地下管线工程档案的	由建设主管部门责令改正,处1万元以上10万元以下的罚款;对单位直接负责的主管人员和其他直接责任人员,处单位罚款数额5%以上10%以下的罚款	《城市地下管线工程档案管理办法》第17条
	地下管线专业管理单位违反相关规定,未移交地下管线工程档案的	由建设主管部门责令改正,处1万元以下的罚款	《城市地下管线工程档案管理办法》第18条

第十四编　房地产法相关行政处罚

本编汇总房地产相关法律以及与之对应的行政处罚，使用表格形式清晰明了，为阅读和查阅提供方便。

一、房地产开发用地方面的行政处罚规定

违法方式	表现形式	处罚	法律依据
非法转让土地	买卖或者以其他形式非法转让土地的	由县级以上人民政府自然资源主管部门没收违法所得可以并处罚款(非法所得50%以下)	《土地管理法》第74条 《中华人民共和国土地管理法实施条例》第38条
	违反土地利用总体规划擅自将农用地改为建设用地	(1)限期拆除在非法转让的土地上新建的建筑物和其他设施,恢复土地原状,对符合土地利用总体规划的,没收在非法转让的土地上新建的建筑物和其他设施; (2)可以并处罚款(非法所得50%以下)	
非法占用耕地	违反《土地管理法》规定,占用耕地建窑、建坟或者擅自在耕地上建房、挖砂、采石、采矿、取土等,破坏种植条件的,或者因开发土地造成土地荒漠化、盐渍化	(1)由县级以上人民政府自然资源主管部门、农业农村主管部门等按照职责责令限期改正或者治理; (2)可以并处罚款(耕地开垦费的2倍以下)	《土地管理法》第75条 《土地管理法实施条例》第40条
拒绝复垦土地	违反《土地管理法》和《土地管理法实施条例》的规定,拒不履行土地复垦义务	(1)由县级以上人民政府自然资源主管部门责令限期改正; (2)逾期不改正的,责令缴纳复垦费,专项用于土地复垦,可以处以罚款(土地复垦费的2倍以下)	《土地管理法》第76条 《土地管理法实施条例》第41条
非法占用土地	未经批准或者采取欺骗手段骗取批准,非法占用土地	由县级以上人民政府自然资源主管部门责令退还非法占用的土地可以并处罚款(非法占用土地每平方米30元以下)	《土地管理法》第77条 《土地管理法实施条例》第42条
	违反土地利用总体规划擅自将农用地改为建设用地的	(1)限期拆除在非法占用的土地上新建的建筑物和其他设施,恢复土地原状,对符合土地利用总体规划的,没收在非法占用的土地上新建的建筑物和其他设施; (2)可以并处罚款(非法占用土地每平方米30元以下)	
	违反《土地管理法实施条例》第17条的规定,在土地利用总体规划确定的禁止开垦区内进行开垦的	(1)由县级以上人民政府土地行政主管部门责令限期改正; (2)逾期不改正的,依照《土地管理法》第76条的规定处罚	《土地管理法实施条例》第34条
	土地使用者、所有者凡不按规定如期申请初始土地登记的 不按规定如期申请变更土地登记的	按照非法占地的处理办法处罚 (1)按违法占地处理; (2)视情节轻重报给县级以上人民政府批准,注销土地登记,注销土地证书	《土地登记规则》第69条

续表

违法方式	表现形式	处罚	法律依据
非法建住宅	农村村民未经批准或者采取欺骗手段骗取批准,非法占用土地建住宅 (超过省、自治区、直辖市规定的标准,多占的土地以非法占用土地论处)	由县级以上人民政府农业农村主管部门责令退还非法占用的土地,限期拆除在非法占用的土地上新建的房屋	《土地管理法》第78条
拒还土地	依法收回国有土地使用权当事人拒不交出土地的,临时使用土地期满拒不归还的 不按照批准的用途使用国有土地的	(1)由县级以上人民政府自然资源主管部门责令交还土地; (2)处以罚款(非法占用土地每平方米10元以上30元以下)	《土地管理法》第81条 《中华人民共和国土地管理法实施条例》第43条
擅自转移土地使用权	擅自将农民集体所有的土地通过出让、转让或者出租用于非农业建设的 违反本法规定,将集体经营性建设用地通过出让、出租等方式交由单位或者个人使用的	(1)由县级以上人民政府自然资源主管部门责令限期改正; (2)没收违法所得; (3)并处罚款	《土地管理法》第82条
违规使用临时土地	在临时使用的土地上修建永久性建筑物、构筑物的	由县级以上人民政府土地行政主管部门责令限期拆除	《土地管理法实施条例》第35条
违规重建、扩建	对在土地利用总体规划制定前已建的不符合土地利用总体规划确定的用途的建筑物、构筑物重建、扩建的	由县级以上人民政府土地行政主管部门责令限期拆除	《土地管理法实施条例》第36条
不恢复种植条件	违反《土地管理法实施条例》第28条的规定,逾期不恢复种植条件的	由县级以上人民政府土地行政主管部门责令限期改正,可以处耕地复垦费2倍以下的罚款	《土地管理法实施条例》第44条
阻挠土地征收	违反土地管理法律、法规规定,阻挠国家建设征收土地的	由县级以上人民政府土地行政主管部门责令交出土地	《土地管理法实施条例》第45条
擅自转让土地使用权	对未经批准擅自转让、出租、抵押划拨土地使用权的单位和个人	市、县人民政府土地管理部门应当没收其非法收入,并根据情节处以罚款	《城镇国有土地使用权出让和转让暂行条例》第46条

二、房地产开发方面的行政处罚规定

违法方式	表现形式	处罚	法律依据
无执照	违反《城市房地产开发经营管理条例》的规定，未取得营业执照，擅自从事房地产开发经营的	(1)由县级以上人民政府工商行政管理部门责令停止房地产开发经营活动，没收违法所得； (2)可以并处违法所得5倍以下的罚款	《城市房地产开发经营管理条例》第33条
无资质或超资质	违反《城市房地产开发经营管理条例》的规定，未取得资质等级证书或者超越资质等级从事房地产开发经营的	(1)由县级以上人民政府房地产开发主管部门责令限期改正，处5万元以上10万元以下的罚款； (2)逾期不改正的，无资质企业由工商行政管理部门吊销营业执照，超资质企业由原资质审批部门吊销资质证书，并由工商行政管理部门吊销营业执照	《城市房地产开发经营管理条例》第34条 《房地产开发企业资质管理规定》第19条、第20条
擅自转让房地产开发项目	违反《城市房地产开发经营管理条例》的规定，擅自转让房地产开发项目的	由县级以上人民政府负责土地管理工作的部门责令停止违法行为，没收违法所得，可以并处违法所得5倍以下的罚款	《城市房地产开发经营管理条例》第35条
擅自预售商品房	违反《城市房地产开发经营管理条例》的规定，擅自预售商品房的	由县级以上人民政府房地产开发主管部门责令停止违法行为，没收违法所得，可以并处已收取的预付款1%以下的罚款	《城市房地产开发经营管理条例》第36条
资质证书取得方式不合法	隐瞒真实情况、弄虚作假骗取资质证书的	由原资质审批部门公告资质证书作废，收回证书，并可处以1万元以上3万元以下的罚款	《房地产开发企业资质管理规定》第21条
违法利用资质证书	涂改、出租、出借、转让、出卖资质证书的		
发生质量事故	企业开发建设的项目工程质量低劣，发生重大工程质量事故	(1)由原资质审批部门降低资质等级； (2)情节严重的吊销资质证书，并提请工商行政管理部门吊销营业执照	《房地产开发企业资质管理规定》第22条
不按规定发放《住宅质量保证书》和《住宅使用说明书》	企业在商品住宅销售中不按照规定发放《住宅质量保证书》和《住宅使用说明书》	由原资质审批部门予以警告、责令限期改正、降低资质等级，并可处以1万元以上2万元以下的罚款	《房地产开发企业资质管理规定》第23条
不办理变更登记	企业不按照规定办理变更手续的	由原资质审批部门予以警告、责令限期改正，并可处以5000元以上1万元以下的罚款	《房地产开发企业资质管理规定》第24条

三、房地产建筑方面的行政处罚规定

违法方式	表现形式	处罚	法律依据
擅自施工处罚	违反《建筑法》规定，未取得施工许可证或者开工报告未经批准擅自施工的	责令改正，对不符合开工条件的责令停止施工，可以处以罚款	《建筑法》第64条
非法发包、承揽处罚	发包单位将工程发包给不具有相应资质条件的承包单位的，或者违反本法规定将建筑工程肢解发包的	责令改正，处以罚款	《中华人民共和国建筑法》第65条
	超越本单位资质等级承揽工程的	（1）责令停止违法行为，处以罚款，可以责令停业整顿，降低资质等级； （2）情节严重的，吊销资质证书；有违法所得的，予以没收	
	未取得资质证书承揽工程的	（1）予以取缔，并处罚款； （2）有违法所得的，予以没收	
	以欺骗手段取得资质证书的	吊销资质证书，处以罚款	
非法转让承揽工程	建筑施工企业转让、出借资质证书或者以其他方式允许他人以本企业的名义承揽工程的	（1）责令改正，没收违法所得，并处罚款，可以责令停业整顿，降低资质等级； （2）情节严重的，吊销资质证书	《中华人民共和国建筑法》第66条
转包	承包单位将承包的工程转包的，或者违反本法规定进行分包的	（1）责令改正，没收违法所得，并处罚款，可以责令停业整顿，降低资质等级； （2）情节严重的，吊销资质证书	《中华人民共和国建筑法》第67条
非法监理	工程监理单位与建设单位或者建筑施工企业串通，弄虚作假、降低工程质量的	（1）责令改正，处以罚款，降低资质等级或者吊销资质证书； （2）有违法所得的，予以没收	《建筑法》第69条
	工程监理单位转让监理业务的	（1）责令改正，没收违法所得，可以责令停业整顿，降低资质等级； （2）情节严重的，吊销资质证书	
擅自变动施工	违反本法规定，涉及建筑主体或者承重结构变动的装修工程擅自施工的	责令改正，处以罚款	《建筑法》第70条
安全事故	建筑施工企业违反法律规定，对建筑安全事故隐患不采取措施予以消除的	（1）责令改正，可以处以罚款； （2）情节严重的，责令停业整顿，降低资质等级或者吊销资质证书	《建筑法》第71条
质量降低	建设单位违反本法规定，要求建筑设计单位或者建筑施工企业违反建筑工程质量、安全标准，降低工程质量的	责令改正，可以处以罚款	《建筑法》第72条

续表

违法方式	表现形式	处罚	法律依据
非法设计	建筑设计单位不按照建筑工程质量、安全标准进行设计的	(1)责令改正,处以罚款; (2)造成工程质量事故的,责令停业整顿,降低资质等级或者吊销资质证书,没收违法所得,并处罚款	《建筑法》第73条
非法施工	建筑施工企业在施工中偷工减料的,使用不合格的建筑材料、建筑构配件和设备的,或者有其他不按照工程设计图纸或者施工技术标准施工的行为的	(1)责令改正,处以罚款; (2)情节严重的,责令停业整顿,降低资质等级或者吊销资质证书	《建筑法》第74条
不保修	建筑施工企业违反《建筑法》的规定,不履行保修义务或者拖延履行保修义务的	责令改正,可以处以罚款	《建筑法》第75条
违法发包	违反《建筑工程质量管理条例》的规定,建设单位将建设工程发包给不具有相应资质等级的勘察、设计、施工单位或者委托给不具有相应资质等级的工程监理单位的	责令改正,处50万元以上100万元以下的罚款	《建设工程质量管理条例》第54条
肢解发包	违反《建筑工程质量管理条例》的规定,建设单位将建设工程肢解发包的	(1)责令改正,处工程合同价款0.5%以上1%以下的罚款; (2)对全部或部分使用国有资金的项目,并可以暂停项目执行或暂停资金拨付	《建设工程质量管理条例》第55条
迫使低价竞标	建设单位迫使承包方以低于成本的价格竞标的	责令改正,处20万元以上50万元以下的罚款	《建设工程质量管理条例》第56条
压缩工期	任意压缩合理工期的		
影响工程质量	明示或者暗示设计单位或者施工单位违反工程建设强制性标准,降低工程质量的		
施工设计问题	施工图设计文件未经审查或者审查不合格,擅自施工的		
未实行工程监理	建设项目必须实行工程监理而未实行工程监理的		
未实行工程监理	未按照国家规定办理工程质量监督手续的		
应向施工单位使用材料	明示或者暗示施工单位使用不合格的建筑材料、建筑构配件和设备的		
相关文件未备案	未按照国家规定将竣工验收报告、有关认可文件或者准许使用文件报送备案的		

续表

违法方式	表现形式	处罚	法律依据
违法施工	违反《建设工程质量管理条例》的规定，建设单位未取得施工许可证或者开工报告未经批准，擅自施工的	责令停止施工，限期改正，处工程合同价款1%以上2%以下的罚款	《建设工程质量管理条例》第57条
竣工验收问题	建设单位违反《建设工程质量管理条例》的规定，建设单位未组织竣工验收，擅自交付使用的	责令改正，处工程合同价款2%以上4%以下的罚款	《建设工程质量管理条例》第58条
	《建设工程质量管理条例》的规定，建设单位验收不合格，擅自交付使用的		
	对不合格的建设工程按照合格工程验收的		
未移交项目档案	违反《建设工程质量管理条例》的规定，建设工程竣工验收后，建设单位未向建设行政主管部门或者其他有关部门移交建设项目档案的	责令改正，处1万元以上10万元以下的罚款	《建设工程质量管理条例》第59条
勘察、设计、施工、工程监理单位超资质、无资质、获取资质方式违法	违反《建设工程质量管理条例》的规定，勘察、设计、施工、工程监理单位超越本单位资质等级承揽工程的	(1)责令停止违法行为，对勘察、设计单位或者工程监理单位处合同约定的勘察费、设计费或者监理酬金1倍以上2倍以下的罚款；对施工单位处工程合同价款2%以上4%以下的罚款，可以责令停业整顿，降低资质等级； (2)情节严重的，吊销资质证书；有违法所得的，予以没收	《建设工程质量管理条例》第60条
	未取得资质证书承揽工程的	(1)予以取缔，依照前项规定处以罚款； (2)有违法所得的，予以没收	
	以欺骗手段取得资质证书承揽工程的	(1)吊销资质证书，依照第一项规定处以罚款； (2)有违法所得的，予以没收	
借用他人名义	违反《建设工程质量管理条例》的规定，勘察、设计、施工、工程监理单位允许其他单位或者个人以本单位名义承揽工程的	(1)责令改正，没收违法所得，对勘察、设计单位和工程监理单位处合同约定的勘察费、设计费和监理酬金1倍以上2倍以下的罚款； (2)对施工单位处工程合同价款2%以上4%以下的罚款； (3)可以责令停业整顿，降低资质等级； (4)情节严重的，吊销资质证书	《建设工程质量管理条例》第61条

续表

违法方式	表现形式	处罚	法律依据
违法转包、分包	违反《建设工程质量管理条例》的规定，承包单位将承包的工程转包或者违法分包的	(1)责令改正，没收违法所得，对勘察、设计单位处合同约定的勘察费、设计费25%以上50%以下的罚款； (2)对施工单位处工程合同价款0.5%以上1%以下的罚款； (3)可以责令停业整顿，降低资质等级； (4)情节严重的，吊销资质证书	《建设工程质量管理条例》第62条
转让监理业务	工程监理单位转让工程监理业务的	(1)责令改正，没收违法所得，处合同约定的监理酬金25%以上50%以下的罚款； (2)可以责令停业整顿，降低资质等级；情节严重的，吊销资质证书	
勘察、设计违法	违反《建设工程质量管理条例》的规定，勘察单位未按照工程建设强制性标准进行勘察的	责令改正，处10万元以上30万元以下的罚款； 因前述行为造成工程质量事故的，责令停业整顿，降低资质等级； 情节严重的，吊销资质证书	《建设工程质量管理条例》第63条
	违反《建设工程质量管理条例》的规定，设计单位未根据勘察成果文件进行工程设计的		
	违反《建设工程质量管理条例》的规定，设计单位未按照工程建设强制性标准进行设计的		
	违反《建设工程质量管理条例》的规定，设计单位指定建筑材料、建筑构配件的生产厂、供应商的		
材料选用、检验问题	违反《建设工程质量管理条例》的规定，施工单位在施工中偷工减料的，使用不合格的建筑材料、建筑构配件和设备的，或者有不按照工程设计图纸或者施工技术标准施工的其他行为的	(1)责令改正，处工程合同价款2%以上4%以下的罚款； (2)造成建设工程质量不符合规定的质量标准的，负责返工、修理，并赔偿因此造成的损失； (3)情节严重的，责令停业整顿，降低资质等级或者吊销资质证书	《建设工程质量管理条例》第64条
	违反《建设工程质量管理条例》的规定，施工单位未对建筑材料、建筑构配件、设备和商品混凝土进行检验，或者未对涉及结构安全的试块、试件以及有关材料取样检测的	(1)责令改正，处10万元以上20万元以下的罚款； (2)情节严重的，责令停业整顿，降低资质等级或者吊销资质证书	《建设工程质量管理条例》第65条
保修问题	违反《建设工程质量管理条例》的规定，施工单位不履行保修义务或者拖延履行保修义务的	责令改正，处10万元以上20万元以下的罚款	《建设工程质量管理条例》第66条

续表

违法方式	表现形式	处罚	法律依据
与工程监理单位存在串通行为、有利害关系	工程监理单位与建设单位或者施工单位串通，弄虚作假、降低工程质量的	(1)责令改正，处50万元以上100万元以下的罚款，降低资质等级或者吊销资质证书； (2)有违法所得的，予以没收	《建设工程质量管理条例》第67条
	将不合格的建设工程、建筑材料、建筑构配件和设备按照合格签字的		
	违反《建设工程质量管理条例》的规定，工程监理单位与被监理工程的施工承包单位以及建筑材料、建筑构配件和设备供应单位有隶属关系或者其他利害关系承担该项建设工程的监理业务的	(1)责令改正，处5万元以上10万元以下的罚款，降低资质等级或者吊销资质证书； (2)有违法所得的，予以没收	《建设工程质量管理条例》第68条
装修重大变动	违反《建设工程质量管理条例》的规定，涉及建筑主体或者承重结构变动的装修工程，没有设计方案擅自施工的	(1)责令改正，处50万元以上100万元以下的罚款； (2)房屋建筑使用者在装修过程中擅自变动房屋建筑主体和承重结构的，责令改正，处5万元以上10万元以下的罚款	《建设工程质量管理条例》第69条
职能部门影响	违反《建设工程质量管理条例》的规定，供水、供电、供气、公安消防等部门或者单位明示或者暗示建设单位或者施工单位购买其指定的生产供应单位的建筑材料、建筑构配件和设备的	责令改正	《建设工程质量管理条例》第71条
注册执业人员违法	违反《建设工程质量管理条例》的规定，注册建筑师、注册结构工程师、监理工程师等注册执业人员因过错造成质量事故的	(1)责令停止执业1年；造成重大质量事故的，吊销执业资格证书，5年以内不予注册； (2)情节特别恶劣的，终身不予注册	《建设工程质量管理条例》第72条
安全保障问题	违反《建设工程安全生产管理条例》规定，建设单位未提供建设工程安全生产作业环境及安全施工措施所需费用的	(1)责令限期改正； (2)逾期未改正的，责令该建设工程停止施工	《建设工程安全生产管理条例》第54条
	建设单位未将保证安全施工的措施或者拆除工程的有关资料报送有关部门备案的	(1)责令限期改正； (2)给予警告	

续表

违法方式	表现形式	处罚	法律依据
建设单位不合法要求	违反《建设工程安全生产管理条例》的规定，对勘察、设计、施工、工程监理等单位提出不符合安全生产法律、法规和强制性标准规定的要求	责令限期改正，处20万元以上50万元以下的罚款	《建设工程安全生产管理条例》第55条
	违反《建设工程安全生产管理条例》的规定，要求施工单位压缩合同约定的工期的		
违法发包	违反《建设工程安全生产管理条例》的规定，将拆除工程发包给不具有相应资质等级的施工单位		
违规勘察、设计	勘察、设计单位违反《建设工程安全生产管理条例》的规定，未按照法律、法规和工程建设强制性标准进行勘察、设计的	(1)责令限期改正，处10万元以上30万元以下的罚款； (2)情节严重的，责令停业整顿，降低资质等级，直至吊销资质证书	《建设工程安全生产管理条例》第56条
无安全保障	违反《建设工程安全生产管理条例》的规定，采用新结构、新材料、新工艺的建设工程和特殊结构的建设工程，设计单位未在设计中提出保障施工作业人员安全和预防生产安全事故的措施建议的		
监理单位安全问题	工程监理单位违反《建设工程安全生产管理条例》的规定，未对施工组织设计中的安全技术措施或者专项施工方案进行审查的	(1)责令限期改正； (2)逾期未改正的，责令停业整顿，并处10万元以上30万元以下的罚款；情节严重的，降低资质等级，直至吊销资质证书	《建设工程安全生产管理条例》第57条
	违反《建设工程安全生产管理条例》的规定，发现安全事故隐患未及时要求施工单位整改或者暂时停止施工的		
	违反《建设工程安全生产管理条例》的规定，施工单位拒不整改或者不停止施工，未及时向有关主管部门报告的		
	违反《建设工程安全生产管理条例》的规定，未依照法律、法规和工程建设强制性标准实施监理的		

续表

违法方式	表现形式	处罚	法律依据
机具、设备问题	违反《建设工程安全生产管理条例》的规定，为建设工程提供机械设备和配件的单位，未按照安全施工的要求配备齐全有效的保险、限位等安全设施和装置的	责令限期改正，处合同价款1倍以上3倍以下的罚款	《建设工程安全生产管理条例》第59条
	违反《建设工程安全生产管理条例》的规定，出租单位出租未经安全性能检测或者经检测不合格的机械设备和施工机具及配件的	责令停业整顿，并处5万元以上10万元以下的罚款	《建设工程安全生产管理条例》第60条
施工机械问题	违反《建设工程安全生产管理条例》的规定，施工起重机械和整体提升脚手架、模板等自升式架设设施安装、拆卸单位未编制拆装方案、制定安全施工措施的	(1)责令限期改正，处5万元以上10万元以下的罚款； (2)情节严重的，责令停业整顿，降低资质等级，直至吊销资质证书	《建设工程安全生产管理条例》第61条
	违反《建设工程安全生产管理条例》的规定，施工起重机械和整体提升脚手架、模板等自升式架设设施安装、拆卸单位未由专业技术人员现场监督的		
	违反《建设工程安全生产管理条例》的规定，施工起重机械和整体提升脚手架、模板等自升式架设设施安装、拆卸单位未出具自检合格证明或者出具虚假证明的		
	违反《建设工程安全生产管理条例》的规定，施工起重机械和整体提升脚手架、模板等自升式架设设施安装、拆卸单位未向施工单位进行安全使用说明，办理移交手续的		
施工单位安全责任	施工单位违反《建设工程安全生产管理条例》的规定，未设立安全生产管理机构、配备专职安全生产管理人员或者分部分项工程施工时无专职安全生产管理人员现场监督的	(1)责令限期改正； (2)逾期未改正的，责令停业整顿，依照《安全生产法》的有关规定处以罚款	《建设工程安全生产管理条例》第62条

续表

违法方式	表现形式	处罚	法律依据
施工单位安全责任	违反《建设工程安全生产管理条例》的规定，施工单位的主要负责人、项目负责人、专职安全生产管理人员、作业人员或者特种作业人员，未经安全教育培训或者经考核不合格即从事相关工作的		
	违反《建设工程安全生产管理条例》的规定，未在施工现场的危险部位设置明显的安全警示标志，或者未按照国家有关规定在施工现场设置消防通道、消防水源、配备消防设施和灭火器材的		
	违反《建设工程安全生产管理条例》的规定，未向作业人员提供安全防护用具和安全防护服装的		
	违反《建设工程安全生产管理条例》的规定，未按照规定在施工起重机械和整体提升脚手架、模板等自升式架设设施验收合格后登记的		
	违反《建设工程安全生产管理条例》的规定，使用国家明令淘汰、禁止使用的危及施工安全的工艺、设备、材料的		
	违反《建设工程安全生产管理条例》的规定，施工单位挪用列入建设工程概算的安全生产作业环境及安全施工措施所需费用的	责令限期改正，处挪用费用20%以上50%以下的罚款	《建设工程安全生产管理条例》第63条
	违反《建设工程安全生产管理条例》的规定，施工前未对有关安全施工的技术要求作出详细说明的	责令限期改正；逾期未改正的，责令停业整顿，并处5万元以上10万元以下的罚款	《建设工程安全生产管理条例》第64条
	违反《建设工程安全生产管理条例》的规定，未根据不同施工阶段和周围环境及季节、气候的变化，在施工现场采取相应的安全施工措施，或者在城市市区内的建设工程的施工现场未实行封闭围挡的		
	违反《建设工程安全生产管理条例》的规定，在尚未竣工的建筑物内设置员工集体宿舍的		

续表

<table>
<tr><th>违法方式</th><th>表现形式</th><th>处罚</th><th>法律依据</th></tr>
<tr><td rowspan="9">施工单位安全责任</td><td>违反《建设工程安全生产管理条例》的规定，施工现场临时搭建的建筑物不符合安全使用要求的</td><td rowspan="2"></td><td rowspan="2"></td></tr>
<tr><td>违反《建设工程安全生产管理条例》的规定，未对因建设工程施工可能造成损害的毗邻建筑物、构筑物和地下管线等采取专项防护措施的</td></tr>
<tr><td>施工单位违反《建设工程安全生产管理条例》的规定，安全防护用具、机械设备、施工机具及配件在进入施工现场前未经查验或者查验不合格即投入使用的</td><td rowspan="4">(1)责令限期改正；
(2)逾期未改正的，责令停业整顿，并处10万元以上30万元以下的罚款；
(3)情节严重的，降低资质等级，直至吊销资质证书</td><td rowspan="4">《建设工程安全生产管理条例》第65条</td></tr>
<tr><td>违反《建设工程安全生产管理条例》的规定，使用未经验收或者验收不合格的施工起重机械和整体提升脚手架、模板等自升式架设设施的</td></tr>
<tr><td>违反《建设工程安全生产管理条例》的规定，委托不具有相应资质的单位承担施工现场安装、拆卸施工起重机械和整体提升脚手架、模板等自升式架设设施的</td></tr>
<tr><td>违反《建设工程安全生产管理条例》的规定，在施工组织设计中未编制安全技术措施、施工现场临时用电方案或者专项施工方案的</td></tr>
<tr><td>违反《建设工程安全生产管理条例》的规定，施工单位取得资质证书后，降低安全生产条件的</td><td>(1)责令限期改正；
(2)经整改仍未达到与其资质等级相适应的安全生产条件的，责令停业整顿，降低其资质等级直至吊销资质证书</td><td>《建设工程安全生产管理条例》第67条</td></tr>
<tr><td>违反《建设工程安全生产管理条例》的规定，施工单位的主要负责人、项目负责人未履行安全生产管理职责的</td><td>(1)责令限期改正；
(2)逾期未改正的，责令施工单位停业整顿；
(3)施工单位的主要负责人、项目负责人有前款违法行为，尚不够刑事处罚的，处2万元以上20万元以下的罚款或者按照管理权限给予撤职处分；自刑罚执行完毕或者受处分之日起，5年内不得担任任何施工单位的主要负责人、项目负责人</td><td>《建设工程安全生产管理条例》第66条</td></tr>
</table>

续表

违法方式	表现形式	处罚	法律依据
招投标违反法律规定	招标人以不合理的条件限制或者排斥潜在投标人的，对潜在投标人实行歧视待遇的，强制要求投标人组成联合体共同投标的，或者限制投标人之间竞争的	由县级以上地方人民政府住房城乡建设主管部门责令改正，可以处1万元以上5万元以下的罚款	《建筑工程设计招标投标管理办法》第29条
	招标人澄清、修改招标文件的时限，或者确定的提交投标文件的时限不符合本办法规定的	由县级以上地方人民政府住房城乡建设主管部门责令改正，可以处10万元以下的罚款	《建筑工程设计招标投标管理办法》第30条
	招标人不按照规定组建评标委员会，或者评标委员会成员的确定违反本办法规定的	由县级以上地方人民政府住房城乡建设主管部门责令改正，可以处10万元以下的罚款	《建筑工程设计招标投标管理办法》第31条
	招标人无正当理由未按本办法规定发出中标通知书	由县级以上地方人民政府住房城乡建设主管部门责令改正，可以处中标项目金额10‰以下的罚款	《建筑工程设计招标投标管理办法》第32条
	不按照规定确定中标人		
	中标通知书发出后无正当理由改变中标结果		
	无正当理由未按本办法规定与中标人订立合同		
	在订立合同时向中标人提出附加条件		
	投标人以他人名义投标或者以其他方式弄虚作假，骗取中标的，中标无效	(1)尚未构成犯罪的，由县级以上地方人民政府住房城乡建设主管部门处中标项目金额5‰以上10‰以下的罚款； (2)对单位直接负责的主管人员和其他直接责任人员处单位罚款数额5%以上10%以下的罚款； (3)有违法所得的，并处没收违法所得； (4)情节严重的，取消其1年至3年内参加依法必须进行招标的建筑工程设计招标的投标资格，并予以公告，直至由工商行政管理机关吊销营业执照	《建筑工程设计招标投标管理办法》第33条
	评标委员会成员收受投标人的财物或者其他好处的，评标委员会成员或者参加评标的有关工作人员向他人透露对投标文件的评审和比较、中标候选人的推荐以及与评标有关的其他情况的	由县级以上地方人民政府住房城乡建设主管部门给予警告，没收收受的财物，可以并处3000元以上5万元以下的罚款； 评标委员会成员有前款所列行为的，由有关主管部门通报批评并取消担任评标委员会成员的资格，不得再参加任何依法必须进行招标的建筑工程设计招标投标的评标	《建筑工程设计招标投标管理办法》第34条

续表

违法方式	表现形式	处罚	法律依据
招投标违反法律规定	评标委员会成员违反本办法规定，对应当否决的投标不提出否决意见的	(1)由县级以上地方人民政府住房城乡建设主管部门责令改正； (2)情节严重的，禁止其在一定期限内参加依法必须进行招标的建筑工程设计招标投标的评标； (3)情节特别严重的，由有关主管部门取消其担任评标委员会成员的资格	《建筑工程设计招标投标管理办法》第35条

四、房地产交易方面的行政处罚规定

违法方式	表现形式	处罚	法律依据
房屋销售违法	未取得房地产开发企业资质证书，擅自销售商品房的	责令停止销售活动，处5万元以上10万元以下的罚款	《商品房销售管理办法》第37条
	违反法律、法规规定，擅自预售商品房的	(1)责令停止违法行为，没收违法所得； (2)收取预付款的，可以并处已收取的预付款1%以下的罚款	《商品房销售管理办法》第38条
	在未解除商品房买卖合同前，将作为合同标的物的商品房再行销售给他人的	处以警告，责令限期改正，并处2万元以上3万元以下罚款	《商品房销售管理办法》第39条
	房地产开发企业未按规定将测绘成果或者需要由其提供的办理房屋权属登记的资料报送房地产行政主管部门的	处以警告，责令限期改正，并可处以2万元以上3万元以下罚款	《商品房销售管理办法》第41条
	房地产开发企业未按照规定的现售条件现售商品房的	处以警告，责令限期改正，并可处以1万元以上3万元以下罚款	《商品房销售管理办法》第42条
	未按照规定在商品房现售前将房地产开发项目手册及符合商品房现售条件的有关证明文件报送房地产开发主管部门备案的		
	返本销售或者变相返本销售商品房的		
	采取售后包租或者变相售后包租方式销售未竣工商品房的		
	分割拆零销售商品住宅的		
	不符合商品房销售条件，向买受人收取预订款性质费用的		
	未按照规定向买受人明示《商品房销售管理办法》《商品房买卖合同示范文本》《城市商品房预售管理办法》的		

续表

违法方式	表现形式	处罚	法律依据
房屋销售违法	委托没有资格的机构代理销售商品房的		
	房地产中介服务机构代理销售不符合销售条件的商品房的	处以警告，责令停止销售，并可处以 2 万元以上 3 万元以下罚款	《商品房销售管理办法》第 43 条
预售违法	开发企业不按规定使用商品房预售款项的	由房地产管理部门责令限期纠正，并可处以违法所得 3 倍以下但不超过 3 万元的罚款	《城市商品房预售管理办法》第 14 条
	开发企业隐瞒有关情况、提供虚假材料，或者采用欺骗、贿赂等不正当手段取得商品房预售许可的	由房地产管理部门责令停止预售，撤销商品房预售许可，并处 3 万元罚款	《城市商品房预售管理办法》第 15 条
公积金管理违法	违反《住房公积金管理条例》的规定，单位不办理住房公积金缴存登记或者不为本单位职工办理住房公积金账户设立手续的	由住房公积金管理中心责令限期办理；逾期不办理的，处 1 万元以上 5 万元以下的罚款	《住房公积金管理条例》第 37 条
违规放款	贷款人违反资产负债比例管理有关规定发放贷款	应当依照《商业银行法》第 75 条的规定，由中国人民银行责令改正，处以罚款；有违法所得的，没收违法所得，并且应当依照第 76 条对直接负责的主管人员和其他直接责任人给予处罚	《贷款通则》第 62 条 《中华人民共和国商业银行法》第 75 条
贷款优惠条件违规	贷款人违反规定向关系人发放信用贷款或者发放担保贷款的条件优于其他借款人同类贷款条件	由中国人民银行责令改正，有违法所得的，没收违法所得，并处以违法所得 1 倍以上 5 倍以下的罚款，没有违法所得的，处以 10 万元以上 50 元万元以下罚款；情节特别严重或逾期不改正的，中国人民银行可以责令停业整顿或者吊销其经营许可证，对直接负责的主管人员和其他直接责任人给予纪律处分	《贷款通则》第 63 条 《商业银行法》第 74 条
信息未公开	贷款人没有公布所经营贷款的种类、期限、利率的	(1) 由中国人民银行责令改正； (2) 逾期不改正的，中国人民银行可以处以 5000 元以上 1 万元以下罚款	《贷款通则》第 66 条
	没有公开贷款条件和发放贷款时要审查的内容的		
答复不及时	没有在规定期限内答复借款人贷款申请的		
违规代垫	贷款人违反规定代垫委托贷款资金的	(1) 由中国人民银行责令改正； (2) 有违法所得的，没收违法所得，并处以违法所得 1 倍以上 3 倍以下罚款； (3) 没有违法所得的，处以 5 万元以上 30 万元以下罚款	《贷款通则》第 67 条
违规发放外币贷款	未经中国人民银行批准，对自然人发放外币贷款的		

续表

<table>
<tr><th>违法方式</th><th>表现形式</th><th>处罚</th><th>法律依据</th></tr>
<tr><td>违规收费</td><td>贷款人违反中国人民银行规定，对自营贷款或者特定贷款在计收利息之外收取其他任何费用的，或者对委托贷款在计收手续费之外收取其他任何费用的</td><td></td><td>《贷款通则》第 67 条</td></tr>
<tr><td>无贷款资格</td><td>行政部门、企事业单位、股份合作经济组织、供销合作社、农村合作基金会和其他基金会擅自发放贷款的；
企业之间擅自办理借贷或者变相借贷的</td><td>由中国人民银行对出借方按违规收入处以 1 倍以上至 5 倍以下罚款，并由中国人民银行予以取缔</td><td>《贷款通则》第 73 条</td></tr>
<tr><td>个人承接业务</td><td>房地产经纪人员以个人名义承接房地产经纪业务和收取费用的</td><td rowspan="5">由县级以上地方人民政府建设（房地产）主管部门责令限期改正，记入信用档案；对房地产经纪人员处以 1 万元罚款；对房地产经纪机构处以 1 万元以上 3 万元以下罚款</td><td rowspan="5">《房地产经纪管理办法》第 33 条</td></tr>
<tr><td>违规提供服务</td><td>房地产经纪机构提供代办贷款、代办房地产登记等其他服务，未向委托人说明服务内容、收费标准等情况，并未经委托人同意的</td></tr>
<tr><td>合同签订违规</td><td>房地产经纪服务合同未由从事该业务的一名房地产经纪人或者两名房地产经纪人协理签名的</td></tr>
<tr><td>未履行说明与告知义务</td><td>房地产经纪机构签订房地产经纪服务合同前，不向交易当事人说明和书面告知规定事项的</td></tr>
<tr><td>未履行记录与保存合同义务</td><td>房地产经纪机构未按照规定如实记录业务情况或者保存房地产经纪服务合同的</td></tr>
<tr><td>擅自发布房源信息</td><td>房地产经纪机构擅自对外发布房源信息的</td><td>由县级以上地方人民政府建设（房地产）主管部门责令限期改正，记入信用档案，取消网上签约资格，并处以 1 万元以上 3 万元以下罚款</td><td>《房地产经纪管理办法》第 35 条</td></tr>
<tr><td>擅自划转资金</td><td>房地产经纪机构擅自划转客户交易结算资金的</td><td>由县级以上地方人民政府建设（房地产）主管部门责令限期改正，取消网上签约资格，处以 3 万元罚款</td><td>《房地产经纪管理办法》第 36 条</td></tr>
</table>

续表

违法方式	表现形式	处罚	法律依据
违规操作	以隐瞒、欺诈、胁迫、贿赂等不正当手段招揽业务,诱骗消费者交易或者强制交易	由县级以上地方人民政府建设(房地产)主管部门责令限期改正,记入信用档案;对房地产经纪人员处以1万元罚款; 对房地产经纪机构,取消网上签约资格,处以3万元罚款	《房地产经纪管理办法》第37条
	泄露或者不当使用委托人的个人信息或者商业秘密,谋取不正当利益		
	为交易当事人规避房屋交易税费等非法目的,就同一房屋签订不同交易价款的合同提供便利		
	改变房屋内部结构分割出租		
	侵占、挪用房地产交易资金		
	承购、承租自己提供经纪服务的房屋		
	为不符合交易条件的保障性住房和禁止交易的房屋提供经纪服务		
	法律、法规禁止的其他行为		
违规估价	估价人员不按照估价程序和价格标准,造成严重估价失误的	房产地行政主管部门可以根据情节,给予警告、通报批评直至吊销估价人员资格证书	《建设部城市房地产市场评估管理暂行办法》第17条
	弄虚作假,故意抬高或者压低标的物的价值或价格的		
	利用工作之便牟取私利的		
	因工作失职给国家和人民财产造成重大损失的		
违规发布广告	违反相关规定发布广告	法律法规没有规定的,对负有责任的广告主、广告经营者、广告发布者,处以违法所得3倍以下但不超过3万元的罚款;没有违法所得的,处以1万元以下的罚款	《房地产广告发布规定》第21条
取得资质方式不合法	以欺骗、贿赂等不正当手段取得房地产估价机构资质的	由资质许可机关给予警告,并处1万元以上3万元以下的罚款申请人3年内不得再次申请房地产估价机构资质	《房地产估价机构管理办法》第46条
无资质或者超越资质	未取得房地产估价机构资质从事房地产估价活动或者超越资质等级承揽估价业务的,出具的估价报告无效	由县级以上地方人民政府房地产主管部门给予警告,责令限期改正,并处1万元以上3万元以下的罚款	《房地产估价机构管理办法》第47条
不及时办理变更	违反《房地产评估机构管理办法》第16条的规定,房地产估价机构不及时办理资质证书变更手续的	由资质许可机关责令限期办理,逾期不办理的,可处1万元以下的罚款	《房地产估价机构管理办法》第48条

续表

违法方式	表现形式	处罚	法律依据
违规设立分支机构	违反相关规定设立分支机构的或新设立的分支机构不备案的	由县级以上地方人民政府房地产主管部门给予警告，责令限期改正，并可处1万元以上2万元以下的罚款	《房地产估价机构管理办法》第49条
违规承揽业务	违反相关规定承揽业务的	由县级以上地方人民政府房地产主管部门给予警告，责令限期改正； 逾期未改正的，可处5000元以上2万元以下的罚款	《房地产估价机构管理办法》第50条
违规转让业务	违反相关规定，擅自转让受托的估价业务的		
违规出具估价报告	违反相关规定出具估价报告的		
未依规回避	违反相关规定，房地产估价机构及其估价人员应当回避未回避的	由县级以上地方人民政府房地产主管部门给予警告，责令限期改正，并可处1万元以下的罚款	《房地产估价机构管理办法》第51条
房地产估价机构违规操作	房地产估价机构不得有下列行为： (1)涂改、倒卖、出租、出借或者以其他形式非法转让资质证书； (2)超越资质等级业务范围承接房地产估价业务； (3)以迎合高估或者低估要求、给予回扣、恶意压低收费等方式进行不正当竞争； (4)违反房地产估价规范和标准； (5)出具有虚假记载、误导性陈述或者重大遗漏的估价报告； (6)擅自设立分支机构； (7)未经委托人书面同意，擅自转让受托的估价业务； (8)法律、法规禁止的其他行为	由县级以上地方人民政府房地产主管部门给予警告，责令限期改正，并处1万元以上3万元以下的罚款；给当事人造成损失的，依法承担赔偿责任；构成犯罪的，依法追究刑事责任	《房地产估价机构管理办法》第53条
提供虚假材料	聘用单位为申请人提供虚假注册材料的	由省、自治区、直辖市人民政府建设（房地产）主管部门给予警告，并可处以1万元以上3万元以下的罚款	《注册房地产估价师管理办法》第34条
违法取得注册证书	以欺骗、贿赂等不正当手段取得注册证书的	由国务院建设主管部门撤销其注册，3年内不得再次申请注册，并由县级以上地方人民政府建设（房地产）主管部门处以罚款，其中没有违法所得的，处以1万元以下罚款，有违法所得的，处以违法所得3倍以下且不超过3万元的罚款	《注册房地产估价师管理办法》第35条

续表

违法方式	表现形式	处罚	法律依据
无证执业	违反《注册房地产估价师管理办法》的规定，未经注册，擅自以注册房地产估价师名义从事房地产估价活动的，所签署的估价报告无效	由县级以上地方人民政府建设（房地产）主管部门给予警告，责令停止违法活动，并可处以1万元以上3万元以下的罚款	《注册房地产估价师管理办法》第36条
未变更注册信息	违反《注册房地产估价师管理办法》的规定，未办理变更注册仍执业的	由县级以上地方人民政府建设（房地产）主管部门责令限期改正；逾期不改正的，可处以5000元以下的罚款	《注册房地产估价师管理办法》第37条
未提供估价师档案信息	违反《注册房地产估价师管理办法》的规定，注册房地产估价师或者其聘用单位未按照要求提供房地产估价师信用档案信息的	由县级以上地方人民政府建设（房地产）主管部门责令限期改正；逾期未改正的，可处以1000元以上1万元以下的罚款	《注册房地产估价师管理办法》第39条
违法出租房屋	有下列情形之一的房屋不得出租： （1）属于违法建筑的； （2）不符合安全、防灾等工程建设强制性标准的； （3）违反规定改变房屋使用性质的； （4）法律、法规规定禁止出租的其他情形	由直辖市、市、县人民政府建设（房地产）主管部门责令限期改正，对没有违法所得的，可处以5000元以下罚款； 对有违法所得的，可以处以违法所得1倍以上3倍以下，但不超过3万元的罚款	《商品房屋租赁管理办法》第6条、第21条
	（1）人均租住建筑面积低于当地人民政府规定的最低标准。 （2）将厨房、卫生间、阳台和地下储藏室出租供人员居住	由直辖市、市、县人民政府建设（房地产）主管部门责令限期改正，逾期不改正的，可处以5000元以上3万元以下罚款	《商品房屋租赁管理办法》第8条、第22条
备案登记违法	未办理租赁备案登记 未进行变更、延续或注销登记	由直辖市、市、县人民政府建设（房地产）主管部门责令限期改正；个人逾期不改正的，处以1000元以下罚款；单位逾期不改正的，处以1000元以上1万元以下罚款	《商品房屋租赁管理办法》第14条、第19条、第23条
租赁对象违法	向不符合条件的对象出租公共租赁住房的	由市、县级人民政府住房保障主管部门责令限期改正，并处以3万元以下罚款	《公共租赁住房管理办法》第34条
未履行维护义务	未履行公共租赁住房及其配套设施维修养护义务的		
改变性质用途	改变公共租赁住房的保障性住房性质、用途，以及配套设施的规划用途的		
租赁时欺骗	以欺骗等不正手段，登记为轮候对象或者承租公共租赁住房的	由市、县级人民政府住房保障主管部门处以1000元以下罚款	《公共租赁住房管理办法》第35条

续表

违法方式	表现形式	处罚	法律依据
违规利用公共租赁用房	(1)承租人转借、转租或者擅自调换所承租公共租赁住房的; (2)改变所承租公共租赁住房用途的; (3)破坏或者擅自装修所承租公共租赁住房,拒不恢复原状的; (4)在公共租赁住房内从事违法活动的; (5)无正当理由连续6个月以上闲置公共租赁住房的	由市、县级人民政府住房保障主管部门责令按市场价格补缴从违法行为发生之日起的租金,记入公共租赁住房管理档案,处以1000元以下罚款; 有违法所得的,处以违法所得3倍以下但不超过3万元的罚款	《公共租赁住房管理办法》第36条
提供业务违法	房地产经纪机构及其经纪人员违法提供公共租赁住房出租、转租、出售等经纪业务	(1)由县级以上地方人民政府住房城乡建设(房地产)主管部门责令限期改正,记入房地产经纪信用档案; (2)对房地产经纪人员,处以1万元以下罚款; (3)对房地产经纪机构,取消网上签约资格,处以3万元以下罚款	《公共租赁住房管理办法》第32条、第37条

五、房产管理方面的行政处罚规定

违法方式	表现形式	处罚	法律依据
选聘物业方式违法	违反《物业管理条例》的规定,住宅物业的建设单位未通过招投标的方式选聘物业服务企业或者未经批准,擅自采用协议方式选聘物业服务企业的	由县级以上地方人民政府房地产行政主管部门责令限期改正,给予警告,可以并处10万元以下的罚款	《物业管理条例》第56条
擅自处分共有部分	违反《物业管理条例》的规定,建设单位擅自处分属于业主的物业共用部位、共用设施设备的所有权或者使用权的	由县级以上地方人民政府房地产行政主管部门处5万元以上20万元以下的罚款	《物业管理条例》第57条
不移交材料	违反《物业管理条例》的规定,不移交有关资料的	(1)由县级以上地方人民政府房地产行政主管部门责令限期改正; (2)逾期仍不移交有关资料的,对建设单位、物业服务企业予以通报,处1万元以上10万元以下的罚款	《物业管理条例》第58条
物业服务违法转包	违反《物业管理条例》的规定,物业服务企业将一个物业管理区域内的全部物业管理一并委托给他人的	由县级以上地方人民政府房地产行政主管部门责令限期改正,处委托合同价款30%以上50%以下的罚款	《物业管理条例》第59条

续表

违法方式	表现形式	处罚	法律依据
挪用专项维修资金	违反《物业管理条例》的规定，挪用专项维修资金的	由县级以上地方人民政府房地产行政主管部门追回挪用的专项维修资金，给予警告，没收违法所得，可以并处挪用数额2倍以下的罚款	《物业管理条例》第60条
未配置物业管理用房	违反《物业管理条例》的规定，建设单位在物业管理区域内不按照规定配置必要的物业管理用房的	县级以上地方人民政府房地产行政主管部门责令限期改正，应给予警告，没收违法所得，并处10万元以上50万元以下的罚款	《物业管理条例》第61条
擅自改变物业管理用房用途	违反本条例的规定，未经业主大会同意，物业服务企业擅自改变物业管理用房的用途的	由县级以上地方人民政府房地产行政主管部门责令限期改正，给予警告，并处1万元以上10万元以下的罚款	《物业管理条例》第62条
擅自使用共用部分	擅自改变物业管理区域内按照规划建设的公共建筑和共用设施用途的	(1)由县级以上地方人民政府房地产行政主管部门责令限期改正，给予警告，并按照本条第2款的规定处以罚款； (2)个人有前款规定行为之一的，处1000元以上1万元以下的罚款；单位有前款规定行为之一的，处5万元以上20万元以下的罚款	《物业管理条例》第63条
	擅自占用、挖掘物业管理区域内道路、场地，损害业主共同利益的		
	擅自利用物业共用部位、共用设施设备进行经营的		
违规交付房屋	未按《住宅专项维修资金管理办法》规定交存首期住宅专项维修资金，开发建设单位或者公有住房售房单位将房屋交付购买人	由县级以上地方人民政府建设（房地产）主管部门责令限期改正；逾期不改正的，处以3万元以下的罚款	《住宅专项维修资金管理办法》第36条
未分摊维修和更新、改造费用	住宅共用部位、共用设施设备维修和更新、改造，涉及尚未售出的商品住宅、非住宅或者公有住房的，开发建设单位或者公有住房单位未按照尚未售出商品住宅或者公有住房的建筑面积，分摊维修和更新、改造费用的	由县级以上地方人民政府建设（房地产）主管部门责令限期改正；逾期不改正的，处以1万元以下的罚款	
挪用住宅专项维修资金	违反《住宅专项维修资金管理办法》规定，挪用住宅专项维修资金的	由县级以上地方人民政府建设（房地产）主管部门追回挪用的住宅专项维修资金，没收违法所得，可以并处挪用金额2倍以下的罚款	《住宅专项维修资金管理办法》第37条
	物业服务企业挪用住宅专项维修资金	情节严重的，除按前款规定予以处罚外，还应由颁发资质证书的部门吊销资质证书	
未申报登记	装修人未申报登记进行住宅室内装饰装修活动的	由城市房地产行政主管部门责令改正，处500元以上1000元以下的罚款	《住宅室内装饰装修管理办法》第35条

续表

违法方式	表现形式	处罚	法律依据
委托对象无资质	装修人违反本办法规定,将住宅室内装饰装修工程委托给不具有相应资质等级企业的	由城市房地产行政主管部门责令改正,处500元以上1000元以下的罚款	《住宅室内装饰装修管理办法》第36条
违规装修	将没有防水要求的房间或者阳台改为卫生间、厨房间的,或者拆除连接阳台的砖、混凝土墙体的	对装修人处500元以上1000元以下的罚款,对装饰装修企业处1000元以上1万元以下的罚款	《住宅室内装饰装修管理办法》第38条
	损坏房屋原有节能设施或者降低节能效果的	对装饰装修企业处1000元以上5000元以下的罚款	
	擅自拆改供暖、燃气管道和设施的	对装修人处500元以上1000元以下的罚款	
	未经原设计单位或者具有相应资质等级的设计单位提出设计方案,擅自超过设计标准或者规范增加楼面荷载的	对装修人处500元以上1000元以下的罚款,对装饰装修企业处1000元以上1万元以下的罚款	
违规用明火装修	装饰装修企业违反国家有关安全生产规定和安全生产技术规程,不按照规定采取必要的安全防护和消防措施,擅自动用明火作业和进行焊接作业的,或者对建筑安全事故隐患不采取措施予以消除的	由建设行政主管部门责令改正,并处1000元以上1万元以下的罚款; 情节严重的,责令停业整顿,并处1万元以上3万元以下的罚款; 造成重大安全事故的,降低资质等级或者吊销资质证书	《住宅室内装饰装修管理办法》第41条

第十五编　房地产及建筑行业涉及的一些刑事犯罪

房地产是指房产和地产的总称，包括土地和土地上永久建筑物及其所衍生的权利。房产是指建筑在土地上的各种房屋，包括住宅、厂房、仓库和商业、服务、文化、教育、卫生、体育以及办公用房等。地产是指土地及其上下一定的空间，包括地下的各种基础设施、地面道路等。

围绕房地产产生的纠纷多半为民事纠纷，如合同纠纷、侵权纠纷等，但也会涉及刑事犯罪。为避免当事人在房地产领域的活动触碰到国家底线，本编逐一例举说明房地产犯罪涉及的犯罪要件和处罚措施。

一、工程重大安全事故罪

（一）立法情况

本罪是1997年《刑法》新设的罪名，1979年《刑法》和单行刑法均没规定。

（二）定义及犯罪构成

1. 定义

工程重大安全事故罪，是指建设单位、设计单位、施工单位、工程监理单位违反国家规定，降低工程质量标准，造成重大安全事故的行为。

2. 犯罪构成

（1）本罪侵犯的客体是国家对建筑工程的管理制度。

（2）本罪的客观方面表现为建设单位、设计单位、施工单位、监理单位违反国家规定，降低工程质量标准，造成重大安全事故的行为。

（3）本罪的主体为特殊主体，只有建设单位、设计单位、施工单位和工程监理单位才能构成本罪，其他主体不构成本罪。

（4）本罪的主观方面是由过失构成，即建设单位、设计单位、施工单位、工程监理单位的直接责任人员应当知道违反国家规定，降低工程质量可能带来的严重后果，由于疏忽大意没有预见，或者虽然预见，但轻信能够避免，结果导致重大安全事故的发生。

（三）立案标准

《最高人民检察院、公安部关于公安机关管辖的刑事案件立案追诉标准的规定（一）》（公通字〔2008〕36号）第13条规定，［工程重大安全事故案（《刑法》第137条）］立案追诉标准为：

（1）造成死亡1人以上，或者重伤3人以上；

（2）造成直接经济损失50万元以上的；

（3）其他造成严重后果的情形。

（四）定罪量刑标准

建设单位、设计单位、施工单位、工程监理单位违反国家规定，降低工程质量标准，造成重大安全事故的，对直接责任人员，处5年以下有期徒刑或者拘役，并处罚金；后果特别严重的，处5年以上10年以下有期徒刑，并处罚金。

二、重大责任事故罪

（一）立法情况

《刑法修正案（六）》第1条修改。

第1条规定：将《刑法》第134条修改为："在生产、作业中违反有关安全管理的规定，因而发生重大伤亡事故或者造成其他严重后果的，处三年以下有期徒刑或者拘役；情节特别恶劣的，处三年以上七年以下有期徒刑。”

（二）定义及犯罪构成

1. 定义

重大责任事故罪，是指在生产、作业中违反有关安全管理的规定，因而发生重大伤亡事故或造成其他严重后果的行为。

2. 犯罪构成

（1）本罪侵犯的客体是生产、作业安全。

（2）本罪的客观方面表现为在生产、作业中违反安全管理规定，因而发生重大伤亡事故或者造成其他严重后果的行为。

（3）本罪的主体为一般主体。包括对矿山生产、作业负有组织、指挥或者管理职责的负责人、管理人员、实际控制人、投资人等人员，以及直接从事矿山生产、作业的人员。

（4）本罪的主观方面是过失。这里的过失，是指应当预见到自己的行为可能发生重大伤亡事故或者造成其他严重后果，因为疏忽大意而没有预见或者已经预见而轻信能够避免，以致发生这种结果的主观心理状态。

（三）立案标准

《最高人民检察院、公安部关于公安机关管辖的刑事案件立案追诉标准的规定（一）》（公通字〔2008〕36 号）第 8 条规定：

［重大责任事故案（《刑法》第 134 条第 1 款）］在生产、作业中违反有关安全管理的规定，涉嫌下列情形之一的，应予立案追诉：

（1）造成死亡 1 人以上，或者重伤 3 人以上；

（2）造成直接经济损失 50 万元以上的；

（3）发生矿山生产安全事故，造成直接经济损失 100 万元以上的；

（4）其他造成严重后果的情形。

（四）定罪量刑标准

《最高人民法院、最高人民检察院关于办理危害生产安全刑事案件适用法律若干问题的解释》第 6 条第 1 款规定：

实施刑法第一百三十二条、第一百三十四条第一款、第一百三十五条、第一百三十五条之一、第一百三十六条、第一百三十九条规定的行为，因而发生安全事故，具有下列情形之一的，应当认定为“造成严重后果”或者“发生重大伤亡事故或者造成其他严重后果”，对相关责任人员，处三年以下有期徒刑或者拘役：

（一）造成死亡一人以上，或者重伤三人以上的；

（二）造成直接经济损失一百万元以上的；

（三）其他造成严重后果或者重大安全事故的情形。

第 7 条第 1 款规定：

实施刑法第一百三十二条、第一百三十四条第一款、第一百三十五条、第一百三十五条之一、第一百三十六条、第一百三十九条规定的行为，因而发生安全事故，具有下列情形之一的，对相关责任人员，处三年以上七年以下有期徒刑：

（一）造成死亡三人以上或者重伤十人以上，负事故主要责任的；

（二）造成直接经济损失五百万元以上，负事故主要责任的；

（三）其他造成特别严重后果、情节特别恶劣或者后果特别严重的情形。

第12条规定：

实施刑法第一百三十二条、第一百三十四条至第一百三十九条之一规定的犯罪行为，具有下列情形之一的，从重处罚：

（一）未依法取得安全许可证件或者安全许可证件过期、被暂扣、吊销、注销后从事生产经营活动的；

（二）关闭、破坏必要的安全监控和报警设备的；

（三）已经发现事故隐患，经有关部门或者个人提出后，仍不采取措施的；

（四）一年内曾因危害生产安全违法犯罪活动受过行政处罚或者刑事处罚的；

（五）采取弄虚作假、行贿等手段，故意逃避、阻挠负有安全监督管理职责的部门实施监督检查的；

（六）安全事故发生后转移财产意图逃避承担责任的；

（七）其他从重处罚的情形。

实施前款第五项规定的行为，同时构成刑法第三百八十九条规定的犯罪的，依照数罪并罚的规定处罚。

第13条规定：

实施刑法第一百三十二条、第一百三十四条至第一百三十九条之一规定的犯罪行为，在安全事故发生后积极组织、参与事故抢救，或者积极配合调查、主动赔偿损失的，可以酌情从轻处罚。

三、重大劳动安全事故罪

（一）立法情况

《刑法修正案（六）》第2条对本罪进行了修改。

第2条内容为：将《刑法》第135条修改为：“安全生产设施或者安全生产条件不符合国家规定，因而发生重大伤亡事故或者造成其他严重后果的，对直接负责的主管人员和其他直接责任人员，处三年以下有期徒刑或者拘役；情节特别恶劣的，处三年以上七年以下有期徒刑。”

（二）定义及犯罪构成

1. 定义

重大劳动安全事故罪，是指安全生产设施或者安全条件不符合国家规定，因而发生重大伤亡事故或者造成其他严重后果的行为。

2. 犯罪构成

(1)本罪侵犯的客体是工厂、矿山、林场、建筑企业或者其他企业、事业单位的劳动安全,即劳动者的生命、健康和重大公私财产的安全。

(2)本罪在客观方面表现为厂矿等企业、事业单位的劳动安全设施不符合国家规定,经有关部门或单位职工提出后,仍不采取措施,因而发生重大伤亡事故或者造成其他严重后果的行为。

(3)本罪的主体为一般主体。《刑法》第135条规定的“直接负责的主管人员和其他直接人员”,是指对安全生产设施或者安全生产条件不符合国家规定负有直接责任的生产经营单位负责人、管理人员、实际控制人、投资人,以及其他对安全生产设施或者安全生产条件负有管理、维护职责的人员。

(4)本罪的主观方面表现为过失。这里的过失是指有关直接责任人员在主观意志上并不希望发生事故。对于单位存在事故隐患,有关直接责任人则是明知或者应该知道的,有的甚至是经劳动行政部门或者其他有关部门多次责令改正而未改正。造成这种情况的原因,有的是片面追求经济效益,不肯在劳动安全和劳动卫生方面进行投入;有的是工作不负责任,疏忽怠惰;有的是心存侥幸心理;无论属于哪种情况,都不影响构成本罪,但在具体量刑时可以作为酌定情节予以考虑。

(三)立案标准

《最高人民检察院、公安部关于公安机关管辖的刑事案件立案追诉标准的规定(一)》第10条规定,[重大劳动安全事故案(《刑法》第135条)]立案追诉标准:

(1)造成死亡1人以上,或者重伤3人以上;

(2)造成直接经济损失50万元以上的;

(3)发生矿山生产安全事故,造成直接经济损失100万元以上的;

(4)其他造成严重后果的情形。

(四)定罪量刑标准

《最高人民法院、最高人民检察院关于办理危害生产安全刑事案件适用法律若干问题的解释》第6条第1款规定:

实施刑法第一百三十二条、第一百三十四条第一款、第一百三十五条、第一百三十五条之一、第一百三十六条、第一百三十九条规定的行为,因而发生安全事故,具有下列情形之一的,应当认定为“造成严重后果”或者“发生重大伤亡事故或者造成其他严重后果”,对相关责任人员,处三年以下有期徒刑或者拘役:

(一)造成死亡一人以上,或者重伤三人以上的;

(二)造成直接经济损失一百万元以上的;

(三)其他造成严重后果或者重大安全事故的情形。

第7条第1款规定:

实施刑法第一百三十二条、第一百三十四条第一款、第一百三十五条、第一百三十五条之一、第一百三十六条、第一百三十九条规定的行为,因而发生安全事故,具有下列情形之一的,对相关责任人员，处三年以上七年以下有期徒刑：

（一）造成死亡三人以上或者重伤十人以上，负事故主要责任的；

（二）造成直接经济损失五百万元以上，负事故主要责任的；

（三）其他造成特别严重后果、情节特别恶劣或者后果特别严重的情形。

第 12 条规定：

实施刑法第一百三十二条、第一百三十四条至第一百三十九条之一规定的犯罪行为，具有下列情形之一的，从重处罚：

（一）未依法取得安全许可证件或者安全许可证件过期、被暂扣、吊销、注销后从事生产经营活动的；

（二）关闭、破坏必要的安全监控和报警设备的；

（三）已经发现事故隐患，经有关部门或者个人提出后，仍不采取措施的；

（四）一年内曾因危害生产安全违法犯罪活动受过行政处罚或者刑事处罚的；

（五）采取弄虚作假、行贿等手段，故意逃避、阻挠负有安全监督管理职责的部门实施监督检查的；

（六）安全事故发生后转移财产意图逃避承担责任的；

（七）其他从重处罚的情形。

实施前款第五项规定的行为，同时构成刑法第三百八十九条规定的犯罪的，依照数罪并罚的规定处罚。

第 13 条规定：

实施刑法第一百三十二条、第一百三十四条至第一百三十九条之一规定的犯罪行为，在安全事故发生后积极组织、参与事故抢救，或者积极配合调查、主动赔偿损失的，可以酌情从轻处罚。

四、消防责任事故罪

（一）立法情况

本罪是 1997 年《刑法》新设的罪名，1979 年《刑法》和单行刑法均没规定。

（二）定义及犯罪构成

1. 定义

消防责任事故罪，是指违反消防管理法规，经消防监督机构通知采取改正措施而拒绝执行，造成严重后果的行为。

2. 犯罪构成

（1）本罪侵犯的客体是消防管理制度。

（2）本罪的客观方面表现为违反消防管理法规，经消防监督机构通知采取改正措施而拒绝执行，造成严重后果的行为。

（3）本罪的主体为一般主体。实践中多为机关、团体、企事业单位中对消防工作负有直接责任的人员。

(4)本罪的主观方面表现为过失。

(三)立案标准

《最高人民检察院、公安部关于公安机关管辖的刑事案件立案追诉标准的规定(一)》第15条规定,立案追诉标准为:

(1)造成死亡1人以上,或者重伤3人以上;

(2)造成直接经济损失50万元以上的;

(3)造成森林火灾,过火有林地面积2公顷以上,或者过火疏林地、灌木林地、未成林地、苗圃地面积4公顷以上的;

(4)其他造成严重后果的情形。

(四)定罪量刑标准

《最高人民法院、最高人民检察院关于办理危害生产安全刑事案件适用法律若干问题的解释》**第6条第1款**规定:

实施刑法第一百三十二条、第一百三十四条第一款、第一百三十五条、第一百三十五条之一、第一百三十六条、第一百三十九条规定的行为,因而发生安全事故,具有下列情形之一的,应当认定为“造成严重后果”或者“发生重大伤亡事故或者造成其他严重后果”,对相关责任人员,处三年以下有期徒刑或者拘役:

(一)造成死亡一人以上,或者重伤三人以上的;

(二)造成直接经济损失一百万元以上的;

(三)其他造成严重后果或者重大安全事故的情形。

第7条第1款规定:

实施刑法第一百三十二条、第一百三十四条第一款、第一百三十五条、第一百三十五条之一、第一百三十六条、第一百三十九条规定的行为,因而发生安全事故,具有下列情形之一的,对相关责任人员,处三年以上七年以下有期徒刑:

(一)造成死亡三人以上或者重伤十人以上,负事故主要责任的;

(二)造成直接经济损失五百万元以上,负事故主要责任的;

(三)其他造成特别严重后果、情节特别恶劣或者后果特别严重的情形。

第12条规定:

实施刑法第一百三十二条、第一百三十四条至第一百三十九条之一规定的犯罪行为,具有下列情形之一的,从重处罚:

(一)未依法取得安全许可证件或者安全许可证件过期、被暂扣、吊销、注销后从事生产经营活动的;

(二)关闭、破坏必要的安全监控和报警设备的;

(三)已经发现事故隐患,经有关部门或者个人提出后,仍不采取措施的;

(四)一年内曾因危害生产安全违法犯罪活动受过行政处罚或者刑事处罚的;

(五)采取弄虚作假、行贿等手段,故意逃避、阻挠负有安全监督管理职责的部门实施监督检查的;

（六）安全事故发生后转移财产意图逃避承担责任的；

（七）其他从重处罚的情形。

实施前款第五项规定的行为，同时构成刑法第三百八十九条规定的犯罪的，依照数罪并罚的规定处罚。

第13条规定：

实施刑法第一百三十二条、第一百三十四条至第一百三十九条之一规定的犯罪行为，在安全事故发生后积极组织、参与事故抢救，或者积极配合调查、主动赔偿损失的，可以酌情从轻处罚。

五、不报、谎报安全责任事故罪

（一）立法情况

该罪是《刑法修正案（六）》增加的罪名。

在《刑法》第139条后增加一条，作为第139条之一："在安全事故发生后，负有报告职责的人员不报或者谎报事故情况，贻误事故抢救，情节严重的，处三年以下有期徒刑或者拘役；情节特别严重的，处三年以上七年以下有期徒刑。"

《最高人民法院关于进一步加强危害生产安全刑事案件审判工作的意见》（法发〔2011〕20号）规定："……12.非矿山生产安全事故中，认定'直接负责的主管人员和其他直接责任人员'、'负有报告职责的人员'的主体资格，认定构成'重大伤亡事故或者其他严重后果'、'情节特别恶劣'，不报、谎报事故情况，贻误事故抢救，'情节严重'、'情节特别严重'等，可参照最高人民法院、最高人民检察院《关于办理危害矿山生产安全刑事案件具体应用法律若干问题的解释》的相关规定。"

（二）定义及犯罪构成

1.定义

不报、谎报安全责任事故罪，是指在安全事故发生后，负有报告职责的人员不报或者谎报事故情况，贻误事故抢救，情节严重的行为。

2.犯罪构成

（1）本罪侵犯的客体是安全事故监管制度。

（2）本罪的客观方面表现为在安全事故发生后，负有报告职责的人员不报或者谎报事故情况，贻误事故抢救，情节严重的行为。

（3）本罪的主体为对安全事故"负有报告职责的人员"。

《最高人民法院、最高人民检察院关于办理危害生产安全刑事案件适用法律若干问题的解释》第4条规定：刑法第一百三十九条之一规定的"负有报告职责的人员"，是指负有组织、指挥或者管理职责的负责人、管理人员、实际控制人、投资人，以及其他负有报告职责的人员。

《最高人民法院、最高人民检察院关于办理危害生产安全刑事案件适用法律若干问题的解释》第9条规定：在安全事故发生后，与负有报告职责的人员串通，不报或者谎报事故情况，贻误事故抢救，情节严重的，依照刑法第一百三十九条之一的规定，以共犯论处。

(4)本罪的主观方面为故意。

(三)立案标准

《最高人民检察院、公安部关于公安机关管辖的刑事案件立案追诉标准的规定(一)的补充规定》(公通字〔2017〕12 号)规定:

在《最高人民检察院、公安部关于公安机关管辖的刑事案件立案追诉标准的规定(一)》第 15 条后增加一条,作为第 15 条之一:[不报、谎报安全事故案(《刑法》第 139 条之一)]在安全事故发生后,负有报告职责的人员不报或者谎报事故情况,贻误事故抢救,涉嫌下列情形之一的,应予立案追诉:

(1)导致事故后果扩大,增加死亡 1 人以上,或者增加重伤 3 人以上,或者增加直接经济损失 100 万元以上的;

(2)实施下列行为之一,致使不能及时有效开展事故抢救的:

①决定不报、迟报、谎报事故情况或者指使、串通有关人员不报、迟报、谎报事故情况的;

②在事故抢救期间擅离职守或者逃匿的;

③伪造、破坏事故现场,或者转移、藏匿、毁灭遇难人员尸体,或者转移、藏匿受伤人员的;

④毁灭、伪造、隐匿与事故有关的图纸、记录、计算机数据等资料以及其他证据的;

(3)其他不报、谎报安全事故情节严重的情形。

本条规定的"负有报告职责的人员",是指负有组织、指挥或者管理职责的负责人、管理人员、实际控制人、投资人,以及其他负有报告职责的人员。

(四)定罪量刑标准

最高人民法院、最高人民检察院《关于办理危害生产安全刑事案件适用法律若干问题的解释》**第 8 条**规定:

在安全事故发生后,负有报告职责的人员不报或者谎报事故情况,贻误事故抢救,具有下列情形之一的,应当认定为刑法第一百三十九条之一规定的"情节严重":

(一)导致事故后果扩大,增加死亡一人以上,或者增加重伤三人以上,或者增加直接经济损失一百万元以上的;

(二)实施下列行为之一,致使不能及时有效开展事故抢救的:

1. 决定不报、迟报、谎报事故情况或者指使、串通有关人员不报、迟报、谎报事故情况的;

2. 在事故抢救期间擅离职守或者逃匿的;

3. 伪造、破坏事故现场,或者转移、藏匿、毁灭遇难人员尸体,或者转移、藏匿受伤人员的;

4. 毁灭、伪造、隐匿与事故有关的图纸、记录、计算机数据等资料以及其他证据的;

(三)其他情节严重的情形。

具有下列情形之一的,应当认定为刑法第一百三十九条之一规定的"情节特别严重":

(一)导致事故后果扩大,增加死亡三人以上,或者增加重伤十人以上,或者增加直接经济损失五百万元以上的;

(二)采用暴力、胁迫、命令等方式阻止他人报告事故情况,导致事故后果扩大的;

(三)其他情节特别严重的情形。

第12条规定：

实施刑法第一百三十二条、第一百三十四条至第一百三十九条之一规定的犯罪行为，具有下列情形之一的，从重处罚：

（一）未依法取得安全许可证件或者安全许可证件过期、被暂扣、吊销、注销后从事生产经营活动的；

（二）关闭、破坏必要的安全监控和报警设备的；

（三）已经发现事故隐患，经有关部门或者个人提出后，仍不采取措施的；

（四）一年内曾因危害生产安全违法犯罪活动受过行政处罚或者刑事处罚的；

（五）采取弄虚作假、行贿等手段，故意逃避、阻挠负有安全监督管理职责的部门实施监督检查的；

（六）安全事故发生后转移财产意图逃避承担责任的；

（七）其他从重处罚的情形。

实施前款第五项规定的行为，同时构成刑法第三百八十九条规定的犯罪的，依照数罪并罚的规定处罚。

第13条规定：

实施刑法第一百三十二条、第一百三十四条至第一百三十九条之一规定的犯罪行为，在安全事故发生后积极组织、参与事故抢救，或者积极配合调查、主动赔偿损失的，可以酌情从轻处罚。

六、生产、销售伪劣产品罪

（一）立法情况

1979年《刑法》没有规定生产销售伪劣商品罪，为了惩治生产、销售伪劣商品的犯罪，保障人体健康和人身、财产安全，保护用户、消费者的合法权益，中华人民共和国第八届全国人民代表大会常务委员会第二次会议1993年7月2日通过《全国人民代表大会常务委员会关于惩治生产、销售伪劣商品犯罪的决定》，并自1993年9月1日起施行。

《产品质量法》第2条规定："在中华人民共和国境内从事产品生产、销售活动，必须遵守本法。本法所称产品是指经过加工、制作，用于销售的产品。建设工程不适用本法规定；但是，建设工程使用的建筑材料、建筑构配件和设备，属于前款规定的产品范围的，适用本法规定。"

（二）定义及犯罪构成

1.定义

生产、销售伪劣商品罪，是指生产者、销售者故意在产品中掺杂、掺假，以次充好或者以不合格产品冒充合格产品，销售金额在5万元以上的行为。

"销售金额"，是指生产者、销售者出售伪劣产品后所得和应得的全部违法收入。

伪劣产品尚未销售，货值金额达到《刑法》第140条规定的销售金额3倍以上的，以生产、销售伪劣产品罪（未遂）定罪处罚。

货值金额以违法生产、销售的伪劣产品的标价计算;没有标价的,按照同类合格产品的市场中间价格计算。货值金额难以确定的,按照国家计划委员会、最高人民法院、最高人民检察院、公安部1997年4月22日联合发布的《扣押、追缴、没收物品估价管理办法》的规定,委托指定的估价机构确定。

多次实施生产、销售伪劣产品行为,未经处理的,伪劣产品的销售金额或者货值金额累计计算。

《刑法》第149条规定:"生产、销售本节第一百四十一条至第一百四十八条所列产品,不构成各该条规定的犯罪,但是销售金额在五万元以上的,依照本节第一百四十条的规定定罪处罚。生产、销售本节第一百四十一条至第一百四十八条所列产品,构成各该条规定的犯罪,同时又构成本节第一百四十条规定之罪的,依照处罚较重的规定定罪处罚。"

2. 犯罪构成

(1)本罪侵犯的客体是国家对产品质量的管理制度和消费者的合法权益。

(2)本罪的客观方面表现为生产者、销售者故意在产品中掺杂、掺假,以次充好或者以不合格产品冒充合格产品,销售金额在5万元以上的行为。

"在产品中掺杂、掺假",是指在产品中掺入杂质或者异物,致使产品质量不符合国家法律、法规或者产品明示质量标准规定的质量要求,降低、失去应有使用性能的行为。

"以假充真",是指以不具有某种使用性能的产品冒充具有该种使用性能的产品的行为。

"以次充好",是指以低等级、低档次产品冒充高等级、高档次产品,或者以残次、废旧零配件组合、拼装后冒充正品或者新产品的行为。

"不合格产品",是指不符合《产品质量法》第26条第2款规定的质量要求的产品。

《产品质量法》第26条第2款规定:"产品质量应当符合下列要求:(一)不存在危及人身、财产安全的不合理的危险,有保障人体健康和人身、财产安全的国家标准、行业标准的,应当符合该标准;(二)具备产品应当具备的使用性能,但是,对产品存在使用性能的瑕疵作出说明的除外;(三)符合在产品或者其包装上注明采用的产品标准,符合以产品说明、实物样品等方式表明的质量状况。"

对上述行为难以确定的,应当委托法律、行政法规规定的产品质量检验机构进行鉴定。

(3)本罪的犯罪主体为一般主体。达到刑事责任年龄具备刑事责任能力的自然人均构成本罪,如个体户、专业人员、工人、农民等,单位也可以构成本罪。

《最高人民法院、最高人民检察院关于办理生产、销售伪劣商品刑事案件具体应用法律若干问题的解释》(2001年4月10日起施行)第9条规定:"知道或者应当知道他人实施生产、销售伪劣商品犯罪,而为其提供贷款、资金、账号、发票、证明、许可证件,或者提供生产、经营场所或者运输、仓储、保管、邮寄等便利条件,或者提供制假生产技术的,以生产、销售伪劣商品犯罪的共犯论处。"

(4)本罪的主观方面表现为故意。

(三)立案标准

《最高人民检察院、公安部关于公安机关管辖的刑事案件立案追诉标准的规定》(一)第16条第1款规定:

[生产、销售伪劣产品案(《刑法》第 140 条)]生产者、销售者在产品中掺杂、掺假,以假充真,以次充好或者以不合格产品冒充合格产品,涉嫌下列情形之一的,应予立案追诉:

(1)伪劣产品销售金额 5 万元以上的;

(2)伪劣产品尚未销售,货值金额 15 万元以上的;

(3)伪劣产品销售金额不满 5 万元,但将已销售金额乘以 3 倍后,与尚未销售的伪劣产品货值金额合计 15 万元以上的。

(四)定罪量刑标准

(1)销售金额 5 万元以上不满 20 万元的,处 2 年以下有期徒刑或者拘役,并处或者单处销售金额 50% 以上 2 倍以下罚金;

(2)销售金额 20 万元以上不满 50 万元的,处 2 年以上 7 年以下有期徒刑,并处销售金额 50% 以上 2 倍以下罚金;

(3)销售金额 50 万元以上不满 200 万元的,处 7 年以上有期徒刑,并处销售金额 50% 以上 2 倍以下罚金;

(4)销售金额 200 万元以上的,处 15 年有期徒刑或者无期徒刑,并处销售金额 50% 以上 2 倍以下罚金或者没收财产。

(5)单位犯本节第 140 条至第 148 条规定之罪的,对单位判处罚金,并对其直接负责的主管人员和其他直接责任人员,依照各该条的规定处罚。

七、高利转贷罪

(一)立法情况

1979 年《刑法》和单行刑法对此均没有规定,此罪是 1997 年《刑法》新增加的罪名。

(二)定义及犯罪构成

1. 定义

高利转贷罪,是指以转贷牟利为目的,套取金融机构信贷资金高利转贷他人,违法所得数额较大的行为。

2. 构成要件

(1)本罪侵犯的客体是国家金融信贷资金管理制度。

(2)本罪的客观方面表现为将套取的金融机构的信贷资金以高于银行的利率转贷他人,获取非法利益,违法所得数额较大的行为。

(3)本罪的主体为一般主体,包括自然人和单位。

(4)本罪的主观方面由故意构成,且行为人是以转贷牟利为目的。

(三)立案标准

根据《最高人民检察院、公安部关于公安机关管辖的刑事案件立案追诉标准的规定》(二)(2010 年 5 月 7 日施行)第 26 条的规定,立案追诉标准为:

(1)高利转贷,违法所得数额在10万元以上的;

(2)虽未达到上述数额标准,但两年内因高利转贷受过行政处罚二次以上,又高利转贷的。

(四)定罪量刑标准

根据我国《刑法》第175条的规定,犯高利转贷罪的,处3年以下有期徒刑或者拘役,并处违法所得1倍以上5倍以下罚金;数额巨大的,处3年以上7年以下有期徒刑,并处违法所得1倍以上5倍以下罚金。

单位犯前款罪的,对单位判处罚金,并对其直接负责的主管人员和其他直接责任人员,处3年以下有期徒刑或者拘役。

(五)需要注意的问题

最高人民法院2015年8月6日公布的《关于审理民间借贷案件适用法律若干问题的规定》第11条肯定了企业间民间借贷合同的效力,但是不能因此认为所有的企业间借贷均为合法。符合本罪构成的仍然构成犯罪。①

八、骗取贷款、票据承兑、金融票据罪

(一)立法情况

该罪为《刑法修正案(六)》第10条增加的罪名。

该条规定:在《刑法》第175条后增加一条,作为第175条之一:"以欺骗手段取得银行或者其他金融机构贷款、票据承兑、信用证、保函等,给银行或者其他金融机构造成重大损失或者有其他严重情节的,处三年以下有期徒刑或者拘役,并处或者单处罚金;给银行或者其他金融机构造成特别重大损失或者有其他特别严重情节的,处三年以上七年以下有期徒刑,并处罚金。单位犯前款罪的,对单位判处罚金,并对其直接负责的主管人员和其他直接责任人员,依照前款的规定处罚。"

(二)定义及犯罪构成

1.定义

骗取贷款、票据承兑、金融票证罪,是指以虚构事实或者隐瞒真相的欺骗手段,取得银行或者其他金融机构贷款、票据承兑、信用证、保函等,给银行或者其他金融机构造成重大损失或者有其他严重情节的行为。

2.构成要件

(1)本罪侵犯的客体是金融秩序和金融安全。

(2)本罪的客观方面表现为以欺骗手段,取得银行或者其他金融机构贷款、票据承兑、信

① 最高人民法院《关于审理民间借贷案件适用法律若干问题的规定》第11条规定:法人之间、其他组织之间以及它们相互之间为生产、经营需要订立的民间借贷合同,除存在《合同法》第52条、本规定第14条规定的情形外,当事人主张民间借贷合同有效的,人民法院应予支持。

用证、保函等，给银行或者其他金融机构造成重大损失或者有其他严重情节的行为。

(3)本罪的主体为一般主体，包括自然人和单位。

(4)本罪的主观方面表现为故意。如果自然人犯本罪，则行为人不能证明具有非法占有金融资金的目的，或者说没有充分、确实的证据能够认定或者推定行为人具有上述目的，应视为以贷款诈骗罪、金融诈骗罪论处。如果单位犯本罪的，应当包括以具有非法占有为目的的情形。①

(三)立案标准

根据《最高人民检察院、公安部关于公安机关管辖的刑事案件立案追诉标准的规定》(二)第27条的规定，立案追诉标准为：

(1)以欺骗手段取得贷款、票据承兑、信用证、保函等，数额在100万元以上的；

(2)以欺骗手段取得贷款、票据承兑、信用证、保函等，给银行或者其他金融机构造成直接经济损失数额在20万元以上的；

(3)虽未达到上述数额标准，但多次以欺骗手段取得贷款、票据承兑、信用证、保函等的；

(4)其他给银行或者其他金融机构造成重大损失或者有其他严重情节的情形。

(四)定罪量刑标准

根据我国《刑法》第175条之一的规定，犯骗取贷款、票据承兑、金融票证罪的，处3年以下有期徒刑或者拘役，并处或者单处罚金；给银行或者其他金融机构造成特别重大损失或者有其他特别严重情节的，处3年以上7年以下有期徒刑，并处罚金。

单位犯前款罪的，对单位判处罚金，并对其直接负责的主管人员和其他直接责任人员，依照前款的规定处罚。

九、非法吸收公众存款罪

详见马文龙律师主编的《追债攻略法律实务操作36计》(法律出版社2018版)第339～340页。

十、集资诈骗罪

详见马文龙律师主编的《追债攻略法律实务操作36计》(法律出版社2018年版)第340～341页。

十一、贷款诈骗罪

(一)立法情况

1979年《刑法》没有规定该罪。本罪是从《全国人民代表大会常务委员会关于惩治破坏金融秩序犯罪的决定》第10条规定，吸收为刑法的具体规定。

---

① 参见最高人民法院：《刑事罪名精释》，人民法院出版社2013年第4版，第316页。

(二)定义及犯罪构成

1.定义

贷款诈骗罪,是指借款人以非法占有为目的,用虚构事实或者隐瞒真相的方法,骗取银行或者其他金融机构的贷款,数额较大的行为。

2.构成要件

(1)本罪侵犯的客体是国家对银行贷款的管理制度和社会主义公有财产的所有权。

(2)本罪的客观方面表现为用虚构事实或者隐瞒真相的方法,骗取银行或者其他金融机构的贷款,数额较大的行为。

(3)本罪的主体为一般主体,但单位不能成为本罪的主体。

(4)本罪的主观方面由故意构成。

(三)立案标准

《最高人民检察院、公安部关于公安机关管辖的刑事案件立案追诉标准的规定》(二)第50条规定:

以非法占有为目的,诈骗银行或者其他金融机构的贷款,数额在2万元以上的,应予立案追诉。

(四)定罪量刑标准

犯贷款诈骗罪,数额较大的,处5年以下有期徒刑或者拘役,并处2万元以上20万元以下罚金;数额巨大或者有其他严重情节的,处5年以上10年以下有期徒刑,并处5万元以上50万元以下罚金;数额特别巨大或者有其他特别严重情节的,处10年以上有期徒刑或者无期徒刑,并处5万元以上50万元以下罚金或者没收财产。

(五)需要注意的问题

《全国法院审理金融犯罪案件工作座谈会纪要》(法〔2001〕8号)指出,贷款诈骗犯罪是目前案发较多的金融诈骗犯罪之一。审理贷款诈骗犯罪案件,应当注意以下两个问题:

一是单位不能构成贷款诈骗罪。根据《刑法》第30条和第193条的规定,单位不构成贷款诈骗罪。对于单位实施的贷款诈骗行为,不能以贷款诈骗罪定罪处罚,也不能以贷款诈骗罪追究直接负责的主管人员和其他直接责任人员的刑事责任。但是,在司法实践中,对于单位十分明显地以非法占有为目的,利用签订、履行借款合同诈骗银行或其他金融机构贷款,符合《刑法》第224条规定的合同诈骗罪构成要件的,应当以合同诈骗罪定罪处罚。

二是要严格区分贷款诈骗与贷款纠纷的界限。对于合法取得贷款后,没有按规定的用途使用贷款,到期没有归还贷款的,不能以贷款诈骗罪定罪处罚;对于确有证据证明行为人不具有非法占有的目的,因不具备贷款的条件而采取了欺骗手段获取贷款,案发时有能力履行还贷义务,或者案发时不能归还贷款是因为意志以外的原因,如因经营不善、被骗、市场风险等,不应以贷款诈骗罪定罪处罚。

十二、洗钱罪

(一)立法情况

1979年《刑法》没有规定洗钱罪。《全国人大常委会关于禁毒的决定》第4条规定了掩饰、隐瞒毒品性质、来源罪,1997年《刑法》将本罪犯罪对象扩大,修改为洗钱罪。《刑法修正案(三)》第7条、《刑法修正案(六)》第16条又两次修订本罪,先后将"恐怖活动犯罪"和"贪污贿赂犯罪、破坏金融管理秩序犯罪、金融诈骗犯罪"增加规定为本罪的上游犯罪。

(二)定义及犯罪构成

1. 定义

洗钱罪,是指明知是毒品犯罪、黑社会性质的组织犯罪、恐怖活动犯罪、走私犯罪、贪污贿赂犯罪、破坏金融管理秩序犯罪、金融诈骗犯罪的所得及其产生的收益,为掩饰、隐瞒其来源和性质的行为。

2. 构成要件

(1)本罪侵犯的客体是国家对金融的管理制度和社会治安管理秩序。

(2)本罪的客观方面表现为明知是毒品犯罪、黑社会性质的组织犯罪、恐怖活动犯罪、走私犯罪、贪污贿赂犯罪、破坏金融管理秩序犯罪、金融诈骗犯罪的所得及其产生的收益,为掩饰、隐瞒其来源和性质的行为。

根据《刑法》第191条的规定,洗钱罪的具体表现形式为:

①提供资金账户的;

②协助将财产转换为现金、金融票据、有价证券的;

③通过转账或者其他结算方式协助资金转移的;

④协助将资金汇往境外的;

⑤以其他方法掩饰、隐瞒犯罪所得及其收益的来源和性质的。

根据2009年11月4日发布的《最高人民法院关于审理洗钱等刑事案件具体应用法律若干问题的解释》规定的"以其他方法掩饰、隐瞒犯罪所得及其收益的来源和性质",包括以下行为:

①通过典当、租赁、买卖、投资等方式,协助转移、转换犯罪所得及其收益的;

②通过与商场、饭店、娱乐场所等现金密集型场所的经营收入相混合的方式,协助转移、转换犯罪所得及其收益的;

③通过虚构交易、虚设债权债务、虚假担保、虚报收入等方式,协助将犯罪所得及其收益转换为"合法"财物的;

④通过买卖彩票、奖券等方式,协助转换犯罪所得及其收益的;

⑤通过赌博方式,协助将犯罪所得及其收益转换为赌博收益的;

⑥协助将犯罪所得及其收益携带、运输或者邮寄出入境的;

⑦通过前述规定以外的方式协助转移、转换犯罪所得及其收益的。

(3)本罪的主体为一般主体,包括自然人和单位。

(4)本罪的主观方面为故意。

对于洗钱罪中"明知"认定,《最高人民法院关于审理洗钱等刑事案件具体应用法律若干问题的解释》指出,应当结合被告人的认知能力,接触他人犯罪所得及其收益的情况,犯罪所得及其收益的种类、数额,犯罪所得及其收益的转换、转移方式以及被告人的供述等主、客观因素进行认定。具有下列情形之一的,可以认定被告人明知系犯罪所得及其收益,但有证据证明确实不知道的除外:

①知道他人从事犯罪活动,协助转换或者转移财物的;

②没有正当理由,通过非法途径协助转换或者转移财物的;

③没有正当理由,以明显低于市场的价格收购财物的;

④没有正当理由,协助转换或者转移财物,收取明显高于市场的"手续费"的;

⑤没有正当理由,协助他人将巨额现金散存于多个银行账户或者在不同银行账户之间频繁划转的;

⑥协助近亲属或者其他关系密切的人转换或者转移与其职业或者财产状况明显不符的财物的;

⑦其他可以认定行为人明知的情形。需要强调的是,被告人将某一上游犯罪的犯罪所得及其收益误认为其他上游犯罪范围内的其他犯罪所得及其收益的,不影响"明知"的认定。

(三)立案标准

本罪为行为犯,只要明知是毒品犯罪、黑社会性质的组织犯罪、恐怖活动犯罪、走私犯罪、贪污贿赂犯罪、破坏金融管理秩序犯罪、金融诈骗犯罪的所得及其产生的收益,并实施了《刑法》第 191 条的行为为其掩饰、隐瞒其来源和性质的行为即构成本罪。

(四)定罪量刑标准

根据我国《刑法》第 191 条的规定,犯洗钱罪的,没收实施以上犯罪的所得及其产生的收益,处 5 年以下有期徒刑或者拘役,并处或者单处洗钱数额 5% 以上 20% 以下罚金;情节严重的,处 5 年以上 10 年以下有期徒刑,并处洗钱数额 5% 以上 20% 以下罚金。

单位犯本罪的,对单位判处罚金,对其直接负责的主管人员和其他直接责任人员,处 5 年以下有期徒刑或者拘役;情节严重的,处 5 年以上 10 年以下有期徒刑。

(五)需要注意的问题

1. 洗钱罪的对象只有 7 种犯罪,即毒品犯罪、黑社会性质的组织犯罪、恐怖活动犯罪、走私犯罪、贪污贿赂犯罪、破坏金融管理秩序犯罪、金融诈骗犯罪。

2. 行为人如果事先参与上游犯罪,事后又为其洗钱的,应以其所参与的上游犯罪承担刑事责任,不再构成洗钱罪。

3. 洗钱罪的认定,应当以上游犯罪事实成立为认定前提。上游犯罪尚未依法裁判,但查证属实的,不影响洗钱罪的审判;上游犯罪事实可以确认,因行为人死亡等原因依法不予追究刑事责任的,不影响洗钱罪的认定;上游犯罪事实可以确认,依法以其他罪名定罪处罚的,不影响洗钱罪的认定。

4. 单位犯本罪，个人承担刑事责任的，不能单处或并处罚金。

十三、串通投标罪

（一）立法情况

1979年《刑法》及单行刑法均未规定串通投标罪，此罪是1997年《刑法》新增加的罪名。

（二）定义及犯罪构成

1. 定义

串通投标罪，是指投标人相互串通投标报价，损害招标人或者其他投标人利益或者投标人与招标人串通投标，损害国家、集体、公民的合法利益，情节严重的行为。

2. 构成要件

（1）本罪侵犯的客体是投标市场秩序。

（2）本罪的客观方面表现为投标人相互串通投标报价，损害招标人或者其他投标人利益或者投标人与招标人串通投标，损害国家、集体、公民的合法利益，情节严重的行为。

（3）本罪的主体为特殊主体，即招标人和投标人，包括自然人和单位。

（4）本罪的主观方面为故意。

根据法律规定，串通投标的行为，除需具备以上构成要件外，还必须达到“情节严重”的程度，才构成犯罪。所谓情节严重，在司法实践中，一般是指由于串通投标报价，而使招标人无法达到最佳的竞标结果或者其他投标人无法在公平竞争的条件下，参与竞争投标而受到损害的；造成招标投标工作严重混乱的；使招标人蒙受重大损失的等情形。①

（三）立案标准

根据《最高人民检察院、公安部关于公安机关管辖的刑事案件立案追诉标准的规定（二）》第76条的规定，立案追诉标准为：

（1）损害招标人、投标人或者国家、集体、公民的合法利益，造成直接经济损失数额在50万元以上的；

（2）违法所得数额在10万元以上的；

（3）中标项目金额在200万元以上的；

（4）采取威胁、欺骗或者贿赂等非法手段的；

（5）虽未达到上述数额标准，但两年内因串通投标，受过行政处罚两次以上，又串通投标的；

（6）其他情节严重的情形。

（四）定罪量刑标准

根据我国《刑法》第223条的规定，犯串通投标罪的，处3年以下有期徒刑或者拘役，并处

① 参见最高人民法院：《刑事罪名精释》，人民法院出版社2013年第4版，第475页。

或者单处罚金。

根据《刑法》第231条的规定，单位犯本罪的，对单位判处罚金，并对其直接负责的主管人员和其他直接责任人员，依照《刑法》第223条的规定处罚。

十四、合同诈骗罪

（一）立法情况

1979年《刑法》没有规定此罪名，此后的单行刑法也没有规定。在当时的司法实务中，对于此类犯罪，按照诈骗进行定罪量刑。在改革开放后，经济得到了快速发展，利用合同进行诈骗成为突出的社会问题，合同诈骗与一般的诈骗犯罪也存在相当大的差异，此类犯罪数额大，严重侵害了他人的财产权益，严重扰乱市场经济秩序，具有严重的社会危害性，1997年《刑法》增设了此罪名。

（二）定义及犯罪构成

1. 定义

合同诈骗罪，是指以非法占有为目的，在签订、履行合同过程中，骗取对方当事人财物，数额较大的行为。

2. 合同诈骗罪的构成要件是：

（1）本罪侵犯的客体是经济合同管理秩序和公私财物的所有权。

合同诈骗罪中的"合同"主要是指经济合同。凡是与社会主义市场经济秩序无关的合同，如监护、收养、抚养等有关身份关系的合同或者协议，以及赠与合同、劳务合同等，均不属于合同诈骗罪中的合同。①

（2）本罪的客观方面表现为在签订、履行合同过程中，骗取对方当事人财物，数额较大的行为。

《刑法》规定了5种合同诈骗的行为：

①以虚构的单位或者冒用他人名义签订合同的；

②以伪造、变造、作废的票据或者其他虚假的产权证明作担保的；

③没有实际履行能力，以先履行小额合同或者部分履行合同的方法，诱骗对方当事人继续签订和履行合同的；

④收受对方当事人给付的货物、货款、预付款或者担保财产后逃匿的；

⑤以其他方法骗取对方当事人财物的。

（3）本罪的主体为一般主体，包括自然人和单位。

（4）本罪的主观方面为故意，并且具有非法占有公私财物的目的。

（三）立案标准

根据《最高人民检察院、公安部关于公安机关管辖的刑事案件立案追诉标准的规定

---

① 参见最高人民法院：《刑事罪名精释》，人民法院出版社2013年第4版，第479页。

(二)》第77条的规定，以非法占有为目的，在签订、履行合同过程中，骗取对方当事人财物，数额在2万元以上的，应予立案追诉。

(四)定罪量刑标准

根据我国《刑法》第224条的规定，犯合同诈骗罪的，处3年以下有期徒刑或者拘役，并处或者单处罚金；数额巨大或者有其他严重情节的，处3年以上10年以下有期徒刑，并处罚金；数额特别巨大或者有其他特别严重情节的，处10年以上有期徒刑或者无期徒刑，并处罚金或者没收财产。

根据我国《刑法》第231条的规定，单位犯本罪的，对单位判处罚金，对其直接负责的主管人员和其他直接责任人员，按照第224条的规定处罚。

(五)需要注意的问题

对于"数额巨大或者有其他严重情节的"及"数额特别巨大或者有其他特别严重情节的"如何界定，目前没有明确法律规定，有待最高人民法院出台新的司法解释予以具体规定，在司法实践中，考虑到合同诈骗的情况复杂，在数额标准上要适当高于普通诈骗案件的量刑标准。

十五、非法转让、倒卖土地使用权罪

(一)立法情况

1979年《刑法》及单行刑法均未规定非法转让、倒卖土地使用权罪，此罪是1997年《刑法》新增加的罪名。

(二)定义及犯罪构成

1. 定义

非法转让、倒卖土地使用权罪，是指以牟利为目的，违反土地管理法规，非法转让、倒卖土地使用权，情节严重的行为。

2. 构成要件

(1)本罪侵犯的客体是国家的土地管理秩序和土地使用权。

(2)本罪的客观方面表现为违反土地管理法规，非法转让、倒卖土地使用权的行为。

根据《全国人民代表大会常务委员会关于〈中华人民共和国刑法〉第二百二十八条、第三百四十二条、第四百一十条的解释》，"违反土地管理法规"，是指违反土地管理法、森林法、草原法等法律以及有关行政法规中关于土地管理的规定。

(3)本罪的主体为一般主体，包括自然人和单位。

(4)本罪的主观方面为故意，并且以牟利为目的。

(三)立案标准

根据《最高人民检察院、公安部关于公安机关管辖的刑事案件立案追诉标准的规定(二)》第80条的规定，立案追诉标准为：

(1)非法转让、倒卖基本农田5亩以上的;

(2)非法转让、倒卖基本农田以外的耕地10亩以上的;

(3)非法转让、倒卖其他土地20亩以上的;

(4)违法所得数额在50万元以上的;

(5)虽未达到上述数额标准,但因非法转让、倒卖土地使用权受过行政处罚,又非法转让、倒卖土地的;

(6)其他情节严重的情形。

(四)定罪量刑标准

根据我国《刑法》第228条的规定,犯非法转让、倒卖土地使用权罪的,处3年以下有期徒刑或者拘役,并处或者单处非法转让、倒卖土地使用权价额5%以上20%以下罚金;情节特别严重的,处3年以上7年以下有期徒刑,并处非法转让、倒卖土地使用权价额5%以上20%以下罚金。

根据我国《刑法》第231条的规定,单位犯本罪的,对单位判处罚金,并对其直接负责的主管人员和其他直接责任人员,依照《刑法》第228条的规定处罚。

(五)需要注意的问题

1.“情节特别严重”,是指具有下列情形之一的行为:

(1)非法转让、倒卖基本农田10亩以上的;

(2)非法转让、倒卖基本农田以外的耕地20亩以上的;

(3)非法转让、倒卖其他土地40亩以上的;

(4)非法获利100万元以上的;

(5)非法转让、倒卖土地接近上述数量标准并具有其他恶劣情节,如造成严重后果等。①

2.多次实施非法转让、倒卖土地使用权的行为依法应当追诉的,或者一年内多次实施本解释规定的行为未经处理的,按照累计的数量、数额处罚。

十六、虚假诉讼罪

(一)立法情况

该罪是《刑法修正案(九)》(2015年11月1日起施行)新增加的罪名,作为《刑法》第307条之一:

以捏造的事实提起民事诉讼,妨害司法秩序或者严重侵害他人合法权益的,处3年以下有期徒刑、拘役或者管制,并处或者单处罚金;情节严重的,处3年以上7年以下有期徒刑,并处罚金。

单位犯前款罪的,对单位判处罚金,并对其直接负责的主管人员和其他直接责任人员,依

---

① 《最高人民法院关于审理破坏土地资源刑事案件具体应用法律若干问题的解释》(法释〔2000〕14号)第2条。

照前款的规定处罚。

有第一款行为，非法占有他人财产或者逃避合法债务，又构成其他犯罪的，依照处罚较重的规定定罪从重处罚。

司法工作人员利用职权，与他人共同实施前三款行为的，从重处罚；同时构成其他犯罪的，依照处罚较重的规定定罪从重处罚。

（二）相关规定

《最高人民法院关于〈中华人民共和国刑法修正案（九）〉时间效力问题的解释》（法释〔2015〕19 号）第 7 条规定：

"对于 2015 年 10 月 31 日以前以捏造的事实提起民事诉讼，妨害司法秩序或者严重侵害他人合法权益，根据修正前刑法应当以伪造公司、企业、事业单位、人民团体印章罪或者妨害作证罪等追究刑事责任的，适用修正前刑法的有关规定。但是，根据修正后刑法第三百零七条之一的规定处刑较轻的，适用修正后刑法的有关规定。

实施第一款行为，非法占有他人财产或者逃避合法债务，根据修正前刑法应当以诈骗罪、职务侵占罪或者贪污罪等追究刑事责任的，适用修正前刑法的有关规定。"

（三）定罪量刑标准

《最高人民法院、最高人民检察院关于办理虚假诉讼刑事案件适用法律若干问题的解释》（法释〔2018〕17 号，2018 年 10 月 1 日起施行）

十七、拒不执行判决、裁定罪

（一）立法情况

本罪在 1979 年《刑法》第 157 条作出了规定，2002 年 8 月 29 日第 9 届全国人大常委会第二十九次会议对《刑法》第 313 条作出了解释。

2015 年 8 月 29 日《中华人民共和国刑法修正案（九）》第 39 条对该罪进行修改，即将《刑法》第 313 条修改为："对人民法院的判决、裁定有能力执行而拒不执行，情节严重的，处三年以下有期徒刑、拘役或者罚金；情节特别严重的，处三年以上七年以下有期徒刑，并处罚金。单位犯前款罪的，对单位判处罚金，并对其直接负责的主管人员和其他直接责任人员，依照前款的规定处罚。"

（二）定义及犯罪构成

1. 定义

拒不执行判决、裁定罪，是指对人民法院发生法律效力的判决、裁定有能力执行而拒不执行，情节严重的行为。

2. 构成要件

（1）本罪侵犯的客体是人民法院裁决的权威。犯罪对象是人民法院依法作出的具有执行内容并已经发生法律效力的判决、裁定。

《全国人大常委会关于〈中华人民共和国刑法〉第三百一十三条的解释》指出："'人民法院的判决、裁定'，是指人民法院依法作出的具有执行内容并已经发生法律效力的判决、裁定。人民法院为依法执行支付令、生效的调解书、仲裁裁决、公证债权文书所作的裁定属于本条规定的裁定。"

关于《刑法》第313条规定的拒不执行判决、裁定罪是否包括人民法院制作生效的调解书问题，《最高人民法院研究室关于拒不执行人民法院调解书的行为是否构成拒不执行判决、裁定罪的答复》，明确规定："刑法第三百一十三条规定的'判决、裁定'，不包括人民法院的调解书。对于行为人拒不执行人民法院调解书的行为，不能依照刑法第三百一十三条的规定定罪处罚。"

（2）本罪的客观方面表现为对人民法院的判决、裁定有能力执行而拒不执行，情节严重的行为。

①有能力执行而拒不执行，情节严重的行为

《全国人民代表大会常务委员会关于〈中华人民共和国刑法〉第三百一十三条的解释》规定："下列情形属于刑法第三百一十三条规定的'有能力执行而拒不执行，情节严重'的情形：（一）被执行人隐藏、转移、故意毁损财产或者无偿转让财产、以明显不合理的低价转让财产，致使判决、裁定无法执行的；（二）担保人或者被执行人隐藏、转移、故意毁损或者转让已向人民法院提供担保的财产，致使判决、裁定无法执行的；（三）协助执行义务人接到人民法院协助执行通知书后，拒不协助执行，致使判决、裁定无法执行的；（四）被执行人、担保人、协助执行义务人与国家机关工作人员通谋，利用国家机关工作人员的职权妨害执行，致使判决、裁定无法执行的；（五）其他有能力执行而拒不执行，情节严重的情形。"

②《全国人民代表大会常务委员会关于〈中华人民共和国刑法〉第三百一十三条的解释》中规定的"其他有能力执行而拒不执行，情节严重的情形"。

《最高人民法院关于审理拒不执行判决、裁定刑事案件适用法律若干问题的解释》（法释〔2015〕16号）第2条规定："负有执行义务的人有能力执行而实施下列行为之一的，应当认定为全国人民代表大会常务委员会关于刑法第三百一十三条的解释中规定的'其他有能力执行而拒不执行，情节严重的情形'：（一）具有拒绝报告或者虚假报告财产情况、违反人民法院限制高消费及有关消费令等拒不执行行为，经采取罚款或者拘留等强制措施后仍拒不执行的；（二）伪造、毁灭有关被执行人履行能力的重要证据，以暴力、威胁、贿买方法阻止他人作证或者指使、贿买、胁迫他人作伪证，妨碍人民法院查明被执行人财产情况，致使判决、裁定无法执行的；（三）拒不交付法律文书指定交付的财物、票证或者拒不迁出房屋、退出土地，致使判决、裁定无法执行的；（四）与他人串通，通过虚假诉讼、虚假仲裁、虚假和解等方式妨害执行，致使判决、裁定无法执行的；（五）以暴力、威胁方法阻碍执行人员进入执行现场或者聚众哄闹、冲击执行现场，致使执行工作无法进行的；（六）对执行人员进行侮辱、围攻、扣押、殴打，致使执行工作无法进行的；（七）毁损、抢夺执行案件材料、执行公务车辆和其他执行器械、执行人员服装以及执行公务证件，致使执行工作无法进行的；（八）拒不执行法院判决、裁定，致使债权人遭受重大损失的。"

（3）本罪的犯罪主体为特殊主体。即负有执行人民法院生效判决、裁定的人。

2007年8月30日公布的《最高人民法院、最高人民检察院、公安部关于依法严肃查处拒不执行判决、裁定和暴力抗拒法院执行犯罪行为有关问题的通知》第 3 条规定："负有执行人民法院判决、裁定义务的单位直接负责的主管人员和其他直接责任人员，为了本单位的利益实施本《通知》第一条、第二条所列行为之一的，对该主管人员和其他直接责任人员，依照刑法第三百一十三条和第二百七十七条的规定，分别以拒不执行判决、裁定罪和妨害公务罪论处。"

《全国人民代表大会常务委员会关于〈中华人民共和国刑法〉第三百一十三条的解释》规定："国家机关工作人员有上述第四项行为的，以拒不执行判决、裁定罪的共犯追究刑事责任。国家机关工作人员收受贿赂或者滥用职权，有上述第四项行为的，同时又构成刑法第三百八十五条、第三百九十七条规定之罪的，依照处罚较重的规定定罪处罚。"

（4）本罪的主观方面由故意构成，且为直接故意。

（三）量刑

对人民法院的判决、裁定有能力执行而拒不执行，情节严重的，处 3 年以下有期徒刑、拘役或者罚金；情节特别严重的，处 3 年以上 7 年以下有期徒刑，并处罚金。

（四）需要注意的问题

1. 根据《最高人民法院关于审理拒不执行判决、裁定刑事案件适用法律若干问题的解释》的规定，申请执行人有证据证明同时具有下列情形，人民法院认为符合《刑事诉讼法》第 204 条第 3 项规定的，以自诉案件立案审理：

（1）负有执行义务的人拒不执行判决、裁定，侵犯了申请执行人的人身、财产权利，应当依法追究刑事责任的；

（2）申请执行人曾经提出控告，而公安机关或者人民检察院对负有执行义务的人不予追究刑事责任的。

2. 当事人依据《最高人民法院关于审理拒不执行判决、裁定刑事案件适用法律若干问题的解释》第 3 条提起的自诉案件，依照《刑事诉讼法》第 206 条的规定，自诉人在宣告判决前，可以同被告人自行和解或者撤回自诉。

3. 拒不执行判决、裁定刑事案件，一般由执行法院所在地人民法院管辖。

4. 拒不执行判决、裁定的被告人在一审宣告判决前，履行全部或部分执行义务的，可以酌情从宽处罚。

十八、非法占用农用地罪

（一）立法情况

1979 年《刑法》及单行刑法均没有规定对非法占用农用地罪，该罪是 1997 年《刑法》新增设的罪名。为了惩治毁林开垦和乱占滥用林地的犯罪，切实保护森林资源，2001 年 8 月 31 日第九届全国人民代表大会常务委员会第二十三次会议通过的《刑法修正案（二）》对《刑法》第 342 条进行了修改，将《刑法》第 342 条修改为："违反土地管理法规，非法占用耕地、林地等农用地，改变被占用土地用途，数量较大，造成耕地、林地等农用地大量毁坏的，处五年以下有期徒刑或者拘役,并处或者单处罚金。”

(二)定义及犯罪构成

1. 定义

非法占用农用地罪,是指违反土地管理法规,非法占有耕地、林地、草原等农用地,改变被占用土地用途,数量较大,造成耕地、林地、草原等农用地大量毁坏的行为。

2. 构成要件

(1)本罪侵犯的客体是国家的土地管理制度。犯罪的对象是耕地、林地、草原等农用地。

(2)本罪的客观方面表现为违反土地管理法规,非法占用耕地、林地等农用地,改变被占用土地用途,数量较大,造成耕地、林地等农用地大量毁坏的行为。具体表现为以下几种情形。

①非法占用耕地

违反土地管理法规,非法占用耕地改作他用,数量较大,造成耕地大量毁坏的,依照《刑法》第342条的规定,以非法占用耕地罪定罪处罚:①

一是非法占用耕地“数量较大”,是指非法占用基本农田5亩以上或者非法占用基本农田以外的耕地10亩以上。

二是非法占用耕地“造成耕地大量毁坏”,是指行为人非法占用耕地建窑、建坟、建房、挖沙、采石、采矿、取土、堆放固体废弃物或者进行其他非农业建设,造成基本农田5亩以上或者基本农田以外的耕地10亩以上种植条件严重毁坏或者严重污染。

②非法占用林地

《最高人民法院关于审理破坏林地资源刑事案件具体应用法律若干问题的解释》(法释〔2005〕15号)第1条规定:“违法土地管理法规,非法占用林地,改变被占用林地用途,在非法占用的林地上实施建窑、建坟、建房、挖沙、采石、采矿、取土、种植农作物、堆放或排泄废弃物等行为或者进行其他非林业生产、建设,造成林地的原有植被或林业种植条件严重毁坏或者严重污染,并具有下列情形之一的,属于《中华人民共和国刑法修正案(二)》规定的‘数量较大,造成林地大量毁坏’,应当以非法占用农用地罪判处五年以下有期徒刑或者拘役,并处或者单处罚金:

(一)非法占用并毁坏防护林地、特种用途林地数量分别或者合计达到五亩以上;

(二)非法占用并毁坏其他林地数量达十亩以上;

(三)非法占用并毁坏本条第(一)项、第(二)项规定的林地,数量分别达到相应规定的数量标准的百分之五十以上;

(四)非法占用并毁坏本条第(一)项、第(二)项规定的林地,其中一项数量达到相应规定的数量标准的百分之五十以上,且两项数量合计达到该项规定的数量标准。”

---

① 《最高人民法院关于审理破坏土地资源刑事案件具体应用法律若干问题的解释》实施日期为2002年6月16日,“非法占用农用地罪”的原罪名为“非法占用耕地罪”,2001年8月31日《刑法修正案(二)》修改为“非法占用农用地罪”。

③非法占用草原

《最高人民法院关于审理破坏草原资源刑事案件应用法律若干问题的解释》(法释〔2012〕15号)规定:

"草原",是指天然草原和人工草地,天然草原包括草地、草山和草坡,人工草地包括改良草地和退耕还草地,不包括城镇草地。

违反草原法等土地管理法规,非法占用草原,改变被占用草原用途,数量较大,造成草原大量毁坏的,依照《刑法》第342条的规定,以非法占用农用地罪定罪处罚。

非法占用草原,改变被占用草原用途,数量在20亩以上的,或者曾因非法占用草原受过行政处罚,在三年内又非法占用草原,改变被占用草原用途,数量在10亩以上的,应当认定为《刑法》第342条规定的"数量较大"。

非法占用草原,改变被占用草原用途,数量较大,具有下列情形之一的,应当认定为《刑法》第342条规定的"造成耕地、林地等农用地大量毁坏":

第一,开垦草原种植粮食作物、经济作物、林木的;

第二,在草原上建窑、建房、修路、挖砂、采石、采矿、取土、剥取草皮的;

第三,在草原上堆放或者排放废弃物,造成草原的原有植被严重毁坏或者严重污染的;

第四,违反草原保护、建设、利用规划种植牧草和饲料作物,造成草原沙化或者水土严重流失的;

第五,其他造成草原严重毁坏的情形。

(三)立案标准

《最高人民检察院、公安部关于公安机关管辖的刑事案件立案追诉标准的规定(一)》第67条规定:[非法占用农用地案(《刑法》第342条)]立案标准:

(1)非法占用基本农田5亩以上或者基本农田以外的耕地10亩以上的;

(2)非法占用防护林地或者特种用途林地数量单种或者合计5亩以上的;

(3)非法占用其他林地10亩以上的;

(4)非法占用本款第2项、第3项规定的林地,其中一项数量达到相应规定的数量标准的50%以上,且两项数量合计达到该项规定的数量标准的;

(5)非法占用其他农用地数量较大的情形。

违反土地管理法规,非法占用耕地建窑、建坟、建房、挖沙、采石、采矿、取土、堆放固体废弃物或者进行其他非农业建设,造成耕地种植条件严重毁坏或者严重污染,被毁坏耕地数量达到以上规定的,属于本条规定的"造成耕地大量毁坏"。

违反土地管理法规,非法占用林地,改变被占用林地用途,在非法占用的林地上实施建窑、建坟、建房、挖沙、采石、采矿、取土、种植农作物、堆放或者排泄废弃物等行为或者进行其他非林业生产、建设,造成林地的原有植被或者林业种植条件严重毁坏或者严重污染,被毁坏林地数量达到以上规定的,属于本条规定的"造成林地大量毁坏"。

(四)量刑

违反土地管理法规,非法占用耕地、林地等农用地,改变被占用土地用途,数量较大,造成耕地、林地等农用地大量毁坏的,处5年以下有期徒刑或者拘役,并处或者单处罚金。

根据《刑法》第346条的规定,对单位判处罚金,并对其直接负责的主管人员和其他直接责任人员,按照第342条的规定处罚。

十九、危害税收征管罪

详见马文龙律师主编:《追债攻略——法律实务操作36计》,法律出版社2018年版,第569~585页。

二十、妨害对公司、企业的管理秩序罪

详见马文龙律师主编:《追债攻略——法律实务操作36计》,法律出版社2018年版,第585~593页。

第十六编　公有住房法律实务

公有住房是指由国家以及国有企业、事业单位报资兴建、销售的住宅，在住宅未出售之前，住宅的产权归国家所有。公有住房按照房改政策分为两大类：一类是可售公有住房，另一类是不可售公有住房，上述两类房均为使用权房。

公有住房为计划经济下的产物，关乎民生大计。

本编围绕公有住房相关法律实务展开论述。

第一节　法律要点详解

一、公有住房的概念

（一）概念

公有住房是指国有房屋和集体所有的房屋。国家机关、社会团体、企事业单位及军队管理的国有房屋属于国家财产，由国家授权的单位（以下简称产权人）依法行使经营和管理的权利并承担相应的义务。集体所有的房屋，由集体组织依法行使经营和管理的权利并承担相应的义务。公有房屋产权人同时享有相应的土地使用权。

按照产权人的不同，公有住房又分为三种：

第一种是直管公有住房，指由政府接管，国家出租、收购、新建、扩建的住房，大多数由政府房地产管理部门直接管理、出租、修缮，少部分免租给单位使用的住房。

第二种是单位自管产，指全民所有制和集体所有制等单位所有的住房，俗称企业产。

第三种公产房是行政事业单位作为产权人，分配或出租给单位员工居住使用的房屋。

（二）公有住房承租权的法律性质界定

公有住房是计划经济公有制下平均分配的产物，房屋所有权属于国家或集体所有，具有社会保障功能与消费的双层属性，其承租权与民法领域的普通承租权具有很大的不同。关于公有住房承租的法律属性，理论界和实务界分歧很大，主流观点认为应当定性为用益物权化的债权，是物权化的债权，主要理由如下：

1. 公有住房承租权与普通房屋承租权有很大区别。区别主要包括：一是承租主体不同。公有房屋承租权是特殊主体，是国家机关或者国有、集体企业的职工，并且对工龄、职级等有一定要求；普通房屋承租权的主体没有任何限制。二是承租期限不同。公有房屋承租权属于永久性的，非因特定事由，房屋管理部门不得解除租赁合同；普通房屋承租权最长不得超过20年，超过部分无效。三是租金对价差别巨大。公有房屋租赁价格实行政府指导价，具有福利性，远远低于普通住房承租的市场价。四是征用房屋的补偿不同。公有住房的承租人在遇到征用的情况下，可以获得补偿；普通租赁住房的承租人只能对装修部分要求补偿，一般情况补偿给房屋所有权人。

2. 房屋的承租人具有实际的处分权。一般情况下，承租人经过房屋产权人或者管理部门同意，缴纳一定的费用，就可以转让公有房屋的承租权。

二、住房制度改革

公有房屋是我国计划经济时代的产物，新中国成立后相当长的一段时间，我国城市住房的投资由国家单位统包、建设、分配、维修，实行住房实物分配方式。为贯彻落实《中共中央关于建立社会主义市场经济体制若干问题的决定》,深化城镇住房制度改革,促进住房商品化和住房建设的发展,1994 年 7 月 18 日国务院下发了《国务院关于深化城镇住房制度改革的决定》(国发〔1994〕43 号),其主要内容如下。

(1)城镇住房制度改革作为经济体制改革的重要组成部分,其根本目的是:建立与社会主义市场经济体制相适应的新的城镇住房制度,实现住房商品化、社会化;加快住房建设,改善居住条件,满足城镇居民不断增长的住房需求。城镇住房制度改革的基本内容是:把住房建设投资由国家、单位统包的体制改变为国家、单位、个人三者合理负担的体制;把各单位建设、分配、维修、管理住房的体制改变为社会化、专业化运行的体制;把住房实物福利分配的方式改变为以按劳分配为主的货币工资分配方式;建立以中低收入家庭为对象、具有社会保障性质的经济适用住房供应体系和以高收入家庭为对象的商品房供应体系;建立住房公积金制度;发展住房金融和住房保险,建立政策性和商业性并存的住房信贷体系;建立规范化的房地产交易市场和发展社会化的房屋维修、管理市场,逐步实现住房资金投入产出的良性循环,促进房地产业和相关产业的发展。

(2)稳步出售公有住房。城镇公有住房,除市(县)以上人民政府认为不宜出售的外,均可向城镇职工出售。职工购买公有住房要坚持自愿的原则,新建公有住房和腾空的旧房实行先售后租,并优先出售给住房困难户。

(3)要求出售公有住房明确产权。

职工以市场价购买的住房,产权归个人所有,可以依法进入市场,按规定交纳有关税费后,收入归个人所有。

职工以成本价购买的住房,产权归个人所有,一般住用 5 年后可以依法进入市场,在补交土地使用权出让金或所含土地收益和按规定交纳有关税费后,收入归个人所有。

职工以标准价购买的住房,拥有部分产权,即占有权、使用权、有限的收益权和处分权,可以继承。产权比例按售房当年标准价占成本价的比重确定。职工以标准价购买的住房,一般住用 5 年后方可依法进入市场,在同等条件下,原售房单位有优先购买、租用权,原售房单位已撤销的,当地人民政府房产管理部门有优先购买、租用权。售、租房收入在补交土地使用权出让金或所含土地收益和按规定交纳有关税费后,单位和个人按各自的产权比例进行分配。

三、已售公有住房上市出售的规定

《已购公有住房和经济适用住房上市出售管理暂行办法》(建设部令第 69 号)于 1999 年 5 月 1 日实施。该暂行办法对已售公有住房上市出售作出了具体规定。

(一)基本概念

已购公有住房和经济适用住房,是指城镇职工根据国家和县级以上地方人民政府有关城镇住房制度改革政策规定,按照成本价(或者标准价)购买的公有住房,或者按照地方人民政府指导价购买的经济适用住房。已购公有住房和经济适用住房首次进入市场出售的管理适用上述暂行办法的规定。该办法所称经济适用住房包括安居工程住房和集资合作建设的住房。

(二)已购公有住房上市出售应当具备的条件

经省、自治区、直辖市人民政府批准,具备下列条件的市、县可以开放已购公有住房和经济适用住房上市出售的交易市场:(1)已按照个人申报、单位审核、登记立档的方式对城镇职工家庭住房状况进行了普查,并对申报人在住房制度改革中有违法、违纪行为进行了处理;(2)已制定了已购公有住房和经济适用住房上市出售收益分配管理办法;(3)已制定了已购公有住房和经济适用住房上市出售的具体实施办法;(4)法律、法规规定的其他条件。

(三)已售公有住房不得上市出售的情形

已取得合法产权证书的已购公有住房和经济适用住房可以上市出售,但有下列情形之一的,不得上市出售:(1)以低于房改政策规定的价格购买且没有按照规定补足房价款的;(2)住房面积超过省、自治区、直辖市人民政府规定的控制标准,或者违反规定利用公款超标准装修,且超标部分未按照规定退回或者补足房价款及装修费用的;(3)处于户籍冻结地区并已列入拆迁公告范围内的;(4)产权共有的房屋,其他共有人不同意出售的;(5)已抵押且未经抵押权人书面同意转让的;(6)上市出售后形成新的住房困难的;(7)擅自改变房屋使用性质的;(8)法律、法规以及县级以上人民政府规定其他不宜出售的。

(四)缴纳税费和土地收益

经房地产行政主管部门审核,准予出售的房屋,由买卖当事人向房屋所在地房地产交易管理部门申请办理交易过户手续,如实申报成交价格,并按照规定到有关部门缴纳有关税费和土地收益。

成交价格按照政府宏观指导下的市场准则,由买卖双方协商议定。房地产交易管理部门对所申报的成交价格进行核实,对需要评估的房屋进行现场查勘和评估。

城镇职工以成本价购买、产权归个人所有的已购公有住房和经济适用住房上市出售的,其收入在按照规定缴纳有关税费和土地收益后归职工个人所有。

以标准价购买、职工拥有部分产权的已购公有住房和经济适用住房上市出售的,可以先按照成本价补足房价款及利息,原购住房全部产权归个人所有后,该已购公有住房和经济适用住房上市出售收入按照本条前款的规定处理;也可以直接上市出售,其收入在按照规定缴纳有关税费和土地收益后,由职工与原产权单位按照产权比例分成。原产权单位撤销的,其应当所得部分由房地产交易管理部门代收后,纳入地方住房基金专户管理。

鼓励城镇职工家庭为改善居住条件,将已购公有住房和经济适用住房上市出售换购住房。已购公有住房和经济适用住房上市出售后一年内该户家庭按照市场价购买住房,或者已购公有住房和经济适用住房上市出售前一年内该户家庭已按照市场价购买住房的,可以视同房屋产权交换。

(五)限制性规定及处罚

已购公有住房和经济适用住房上市出售后,该户家庭不得再按照成本价或者标准价购买公有住房,也不得再购买经济适用住房等政府提供优惠政策建设的住房。

违反该办法的规定，将不准上市出售的已购公有住房和经济适用住房上市出售的，没收违法所得，并处以10,000元以上30,000元以下罚款。

违反该办法的规定，已购公有住房和经济适用住房上市出售后，该户家庭又以非法手段按照成本价（或者标准价）购买公有住房或者政府提供优惠政策建设的住房的，由房地产行政主管部门责令退回所购房屋，不予办理产权登记手续，并处以10,000元以上30,000元以下罚款；或者按照商品房市场价格补交房价款，并处以10,000元以上30,000元以下罚款。

四、离婚案件关于公有住房的处理

最高人民法院《婚姻法司法解释（一）》《最高人民法院关于人民法院审理离婚案件处理财产分割问题的若干具体意见》、《最高人民法院关于审理离婚案件中公房使用、承租若干问题的解答》等司法解释中都有相关规定，该解答的主要内容如下。

1.问：在离婚案件中，当事人对公房的使用、承租问题发生争议，人民法院可否予以处理？

答：在离婚案件中，当事人对公房的使用、承租问题发生争议，自行协商不成，或者经当事人双方单位或有关部门调解不成的，人民法院应根据案件的具体情况，依法予以妥善处理。

2.问：夫妻共同居住的公房，在什么情况下，离婚双方均可承租？

答：夫妻共同居住的公房，具有下列情形之一的，离婚后，双方均可承租：(1)婚前由一方承租的公房，婚姻关系存续5年以上的；(2)婚前一方承租的本单位的房屋，离婚时，双方均为本单位职工的；(3)一方婚前借款投资建房取得的公房承租权，婚后夫妻共同偿还借款的；(4)婚后一方或双方申请取得公房承租权的；(5)婚前一方承租的公房，婚后因该承租房屋拆迁而取得房屋承租权的；(6)夫妻双方单位投资联建或联合购置的共有房屋的；(7)一方将其承租的本单位的房屋，交回本单位或交给另一方单位后，另一方单位另给调换房屋的；(8)婚前双方均租有公房，婚后合并调换房屋的；(9)其他应当认定为夫妻双方均可承租的情形。

3.问：对夫妻双方均可承租的公房，应依照什么原则处理？

答：对夫妻双方均可承租的公房，应依照下列原则予以处理：(1)照顾抚养子女的一方；(2)男女双方在同等条件下，照顾女方；(3)照顾残疾或生活困难的一方；(4)照顾无过错一方。

4.问：对夫妻双方均可承租的公房而由一方承租的，承租方对另一方是否给予经济补偿？

答：对夫妻双方均可承租的公房而由一方承租的，承租方对另一方可给予适当的经济补偿。

5.问：夫妻双方均可承租的公房能够隔开分室居住使用的，可否由双方分别租住？

答：夫妻双方均可承租的公房，如其面积较大能够隔开分室居住使用的，可由双方分别租住；对可以另调房屋分别租住或承租方给另一方解决住房的，可予准许。

6.问：离婚时，一方对另一方婚前承租的公房无权承租的，可否暂时居住？

答：离婚时，一方对另一方婚前承租的公房无权承租而解决住房确有困难的，人民法院可调解或判决其暂时居住，暂住期限一般不超过两年。暂住期间，暂住方应交纳与房屋租金等额的使用费及其他必要的费用。

7.问：离婚时，一方对另一方婚前承租的公房无权承租而另行租房经济上确有困难的，如何处理？

答:离婚时,一方对另一方婚前承租的公房无权承租,另行租房经济上确有困难的,如承租公房一方有负担能力,应给予一次性经济帮助。

8. 问:在调整和变更单位自管房屋租赁关系时,是否需征得自管房单位的同意?

答:人民法院在调整和变更单位自管房屋(包括单位委托房地产管理部门代管的房屋)的租赁关系时,一般应征求自管房单位的意见。经调解或判决变更房屋租赁关系的,承租人应依照有关规定办理房屋变更登记手续。

9. 问:对夫妻双方共同出资而取得"部分产权"的房屋,应如何处理?

答:对夫妻共同出资而取得"部分产权"的房屋,人民法院可参照上述有关解答,予以妥善处理。但分得房屋"部分产权"的一方,一般应按所得房屋产权的比例,依照离婚时当地政府有关部门公布的同类住房标准价,给予对方一半价值的补偿。

10. 问:对夫妻双方均争房屋"部分产权"的,可否采取竞价方式解决?

答:对夫妻双方均争房屋"部分产权"的,如双方同意或者双方经济、住房条件基本相同,可采取竞价方式解决。

五、承租人死亡后,公有房屋的继承问题

1. 部分地方承认公有房屋承租可以继承

目前部分地方承认了公产房承租权的可继承性,如天津、沈阳等地法院,其主要理由:一是公有房屋承租权具有物权性,与用益物权相似,承租人有权完整地行使权利并受到法律的保护,转租、转让可以受到法律保护,继承同理也应受到保护;二是随着住房制度改革的推进,公房的财产属性更加明显;三是公有房屋在征用的情况下,可以获得补偿,财产特征明显。

沈阳市中级人民法院的一个判决说理比较充分,法院二审认为:近年来随着住房制度改革的全面施行,全国各地相继颁发了一些关于房屋改革的政策,公有房屋使用权可以有偿转让。公有房屋使用权的有偿转让使其具有了经济价值,这种经济价值具有私有财产的性质,可以像其他财产一样进行继承。因此,被继承人的遗嘱部分有效,可按遗嘱进行继承。二审法院判决,撤销原判,要求给付合法继承人继承其父遗产房屋份额的折价款。

2. 部分地方不承认公有房屋承租权可以继承

该观点的主要理由是公有房屋的所有权属于国家或集体,具有福利性和人身属性,不属于公民死亡时的个人财产,不符合《继承法》所规定的遗产范围。

由于我国当前在国家立法层面上还没有确定公产房承租权的私有属性,所以在公产房承租问题上不可能完全适用继承法。各立法院裁决尺度不同,当事人应当充分了解当地法院的裁判观点,决定诉讼策略。

第二节　权威案例指导

典型案例 1

王某某诉张某、第三人天津市宗教房产公司房屋租赁合同纠纷案

【案件来源】《人民法院案例选》2014 年第 1 辑

【审理法院】天津市第一中级人民法院

【案件案号】(2012)一中民一终第 555 号

【裁判日期】2012 年 8 月 2 日

【裁判要点】1. 公产房承租人在承租期内死亡，其同居一处、共同生活同户籍两年以上的家庭成员，可以申请住房租赁过户。住房租赁过户按其家庭成员中配偶、子女、其他亲属的顺序，并征得家庭成员同意后方可办理；对于申请住房租赁过户达不成协议的，法院可以根据案件具体情况确定某一家庭成员享有承租权，但需给其他家庭成员适当的经济补偿。2. 夫妻双方对公产承租权权属难以确认的，由主张权利的一方负举证责任。当事人举不出有力证据，人民法院又无法查实的，可以参照《最高人民法院关于人民法院审理离婚案件处理财产分割问题的若干具体意见》第 7 条的规定，由夫妻双方共同享有承租权。

【主文摘要】法院生效裁判认为：天津市河北区人民法院再审判决充分考虑了相关因素，对当事人提供的证据及法院调查取得的证据进行了充分分析、论证，对案件主要争议问题进行了认定，即原建国道 45 号平房承租人为张某某，承租权应属于张某某和王某某夫妻二人共同享有。该房被拆迁后，新分配的安置房即讼争房承租权仍应归张某某和王某某共同享有，张某某生前将讼争房承租权让与给张某的行为体现了张某某本人的意志，在张某某已死亡的情况下，应认定王某某与张某共同对讼争房享有权益。应由一方获得独占的承租使用权，并给予另一方适当经济补偿。考虑本案实际情况，从有利于执行的角度出发，本案经天津市河北区人民法院审判委员会决定，判决讼争房由张某继续承租，张某给付王某某适当经济补偿。关于上诉人认为再审判决违背了公产房不属于遗产范围、不可以继承的法律规定，要求自己承租诉争房。诉争房虽系宗教产公房，但该房屋允许上市置换交易，可直接变现为金钱，具有财产价值，对于该公产房屋所体现的财产权益应比照私有财产的规则进行处理。天津市河北区人民法院认定王某某与张某共同对讼争房享有权益是正确的，本院予以支持。天津市河北区人民法院考虑本案实际情况，从有利于执行的角度出发所作的判决是合理可行的。天津市河北区人民法院再审判决认定事实清楚，适用法律正确，本院应予维持。

典型案例 2

陈某超诉黄安某继承纠纷上诉案

【案件来源】《人民法院案例选》2015 年第 2 辑

【审理法院】重庆市南岸区人民法院

【案件案号】(2010)南法民初字第 03056 号

【裁判日期】2012 年 10 月 18 日

【裁判要点】随着住房制度改革的全面实施,公有住房承租权逐步允许转让、转租、上市交易,具有经济价值,这种经济价值会使公有住房承租权具备了独立的私有财产性质,因此公有住房承租权可以如普通财产一般作为遗产继承。

典型案例 3

赵某等诉刘某某物权保护纠纷案

【案件来源】《人民法院案例选》2012 年第 3 辑

【审理法院】湖南省长沙市芙蓉区人民法院

【案件案号】(2011)芙民初字第 751 号

【裁判日期】2011 年 9 月 12 日

【裁判摘要】夫妻一方死亡后,如果其遗产已经继承完毕,健在一方用自己的积蓄购买的公有住房视为个人财产,购买该房时所享受的已死亡配偶的工龄优惠只是属于一种政策性补贴,而非财产或财产权益。

第三节　实务操作指南

一、公有房屋承租权相关案件是否属于民事案件

平等民事主体之间因公有房屋承租使用权的转让、交换、出租、侵权及居住使用权等问题发生的纠纷,属民事争议,应按民事案件处理。公有房屋所有权单位与公有房屋承租使用权人、本单位职工或职工家属之间因公有房屋承租使用权的分配、收回、发证、房改等问题发生的纠纷,不属于平等主体之间的民事争议,不应按民事案件审理。审理公有房屋承租使用权纠纷案件,应当站在维护人民群众基本生活条件的角度,依法保护公有房屋承租使用权人、共同居住人的居住使用权。应当按照诚实信用、等价有偿的民法原则,维护交易、流转

秩序。

但若因确定承租人归属、就承租人资格发生争议的，应当由公产房产权管理单位进行处理，而不属于人民法院民事案件审理范围，对公产房产权管理单位的处理结果有异议的，利害关系人可以提起行政诉讼。

二、公有住房承租权的转让问题

1. 私下转让的问题

公有住房承租人未按照规定向产权单位或经营管理单位办理相应手续，私下将承租公有住房进行转让的，各地法院对于该类转让合同的效力认定不一。

严格从法律角度来看，公有住房产权单位或经营管理单位的程序性规定，并非隶属法律或行政法规的强制性规定范畴，不宜简单认定合同无效。但在确定公有住房承租人时，人民法院应当尊重公有住房管理部门对公有住房承租人的审批管理权。故在确认合同有效的情形下，应当通过协调有关部门，允许当事人在案件审理过程中补办相关手续。若公有住房管理部门明确拒绝按当事人签订的合同办理承租权的变更手续，人民法院可以按照合同有效，但合同履行不能、合同目的无法实现的相关规则进行裁判。

2. 未经配偶、同户籍近亲属及公有住房实际居住人签字的转让合同的效力问题

由于公有住房所解决的往往是整个家庭成员的居住问题，所以，各地公有住房管理政策在允许承租人进行公有住房使用权转让时，需要其配偶、同户籍近亲属以及公有住房实际居住人签字同意，但未经该类人员签字同意已进行转让并办理手续的，人民法院原则上应确认该转让合同无效。但对于受让人已实际入住的，也应本着尊重现状的精神，合理保护善意受让人的交易安全利益。

3. 承租权归属确认应当尊重产权部门或管理部门的意见

承租权归属的确认属于公有住房管理单位的职能范围，不应由人民法院强制裁决。所以，当公有住房原承租人死亡后，确定谁为承租人时，首先应当向公有住房管理单位申请进行变更。若相关利害关系人认为公有住房管理单位的更名、过户等行为存在违法不当、侵害其合法权益的，一般应当提起行政诉讼。

4. 人民法院对于公有住房承租过户应当尊重产权管理单位的意见

公有住房买卖合同履行过程中，人民法院可依据自由裁量权自行把握对合同效力的认定。合同能否继续履行则应考虑能否顺利办理过户手续；对于能否顺利办理过户手续，人民法院应当尊重公有住房产权管理单位的意见。

5. 公有住房产权单位或管理部门可以第三人身份参加诉讼

由于公有住房的产权管理单位对房屋的具体情况和公有住房管理政策比较了解，而且通知公有住房的产权单位或管理部门进入诉讼，有利于保障其作为产权管理者的权益，便于法院查明案件事实，降低诉讼成本，避免裁决结果与公有住房产权管理单位的管理职权发生冲突，在除婚姻家庭和继承案件外，应当尽量通知公有住房的产权管理单位作为第三人参加诉讼。

三、公有住房的征用问题

公有住房遇到征用时，征收拆迁实施单位应分别与公有住房的产权管理单位和承租人签订征收补偿协议书；公有住房承租人所获得的货币补偿款或产权调换房屋应归公有住房承租人及其共同居住人共有。

若原公有住房承租权未经公有住房管理部门审核同意，擅自将公有住房承租权进行转让的，该受让人不能当然取得原公有住房的拆迁安置补偿利益。

在公有住房原承租人死亡之后、尚未确定新的承租人之前，征收拆迁单位与数位享有承租权人其中之一签订拆迁安置补偿协议的，享有承租权的其他成员可以请求分割拆迁补偿款，不得主张签订的拆迁补偿协议无效。

四、公有住房承租权的解除问题

1. 公有住房的承租权应获得法律更严格的保护，不得擅自解除

无论是以实物工资分配方式，还是通过交易流转方式取得公有住房的承租权，都有一定的财产性权利。而且，从公有住房的租赁实质来看，公有住房租赁价格远低于私产房的租赁价格，公有住房租金并不是承租人居住使用公有住房的合理对价。因此，公有住房的租赁关系应当获得法律更为严格的保护。

在司法实践中，产权管理单位不能简单以公有住房承租人拒不缴纳公房租金为由，判决支持解除公有住房租赁合同并要求公有住房承租人腾退房屋，而应当重点审查拖欠租金是否达到规定期限（有的地方规定6个月，有的地方规定12个月），公有住房产权管理单位是否履行发函书面催收义务等。即使前述情形均已具备，人民法院也应当向承租人告知风险，并积极催促承租人履行给付租金的义务，尽量避免由法院强制裁决解除公有住房的租赁关系。

2. 产权单位或公有住房管理部门要求腾退房屋的处理

基于某种法定或特定的原因，公有住房产权管理单位要求承租人腾退房屋的，人民法院应当对腾退的合理性和必要性进行审查。如公有住房被确定为文物后，出于保护文物的需要，人民法院应当支持公有住房产权管理单位的腾退请求。但鉴于公有住房具有一定的财产利益，并基于公平原则，应当要求公有住房产权管理单位提供同等条件可供租住的房屋，并与承租人就新提供房屋建立租赁关系。

3. 抢占公有住房的行为不受法律保护

公有住房租赁关系的确定，属于公有住房产权管理单位的职权范围，无合法依据抢占房屋的居住人，并不因实际的居住行为而享有居住权或承租权。基于租赁、借用、交换使用等合同的公有住房使用期届满后，具有合同义务的相对人或实际使用居住人，均负有返还房屋的义务。

第四节　法律法规整合

一、《最高人民法院关于人民法院审理离婚案件处理财产分割问题的若干具体意见》

全文(略)

二、《最高人民法院关于审理离婚案件中公房使用、承租若干问题的解答》

全文(略)

第十七编　党政机关办公用房实务问答

本编重点讲述党政机关办公用房实务应用。

党政机关办公用房隶属机关财产，受《党政机关办公用房管理办法》、《党政机关厉行节约反对浪费条例》、《机关事务管理条例》和《机关团体建设楼堂馆所管理条例》调整。与党风廉政建设有重大影响，关乎政府绩效考核以及党领导班子和领导干部年度考核结果，是不容忽视的关键性问题。

一、党政机关办公用房管理主要有哪些规范性文件？

党政机关，是指党的机关、人大机关、行政机关、政协机关、监察机关、审判机关、检察机关，以及工会、共青团、妇联等人民团体和参照公务员法管理的事业单位。

办公用房，是指党政机关占有、使用或者可以确认属于机关资产的，为保障党政机关正常运行需要设置的基本工作场所，包括办公室、服务用房、设备用房和附属用房。

党政机关办公用房管理主要的规范性文件包括：《党政机关办公用房管理办法》《党政机关厉行节约反对浪费条例》《机关事务管理条例》《机关团体建设楼堂馆所管理条例》等。

二、党政机关办公用房管理的原则是什么？职责分工是如何规定的？

1. 党政机关办公用房管理应当遵循的原则

(1)依法合规，严格执行法律法规和党内有关制度规定，强化监督管理；(2)科学规划，统筹机关办公和公共服务需求，优化布局和功能；(3)规范配置，科学制定标准，严格审核程序，合理保障需求；(4)有效利用，统筹调剂余缺，及时依规处置，避免闲置浪费；(5)厉行节约，注重庄重朴素、经济适用，节约能源资源。

2. 党政机关办公用房的职责分工

建立健全党政机关办公用房集中统一管理制度，统一规划、统一权属、统一配置、统一处置。县级以上党政机关办公用房有关管理部门根据职责分工，负责本级党政机关办公用房管理工作，指导下级党政机关办公用房管理工作。中央和国家机关办公用房管理，由归口的机关事务管理部门负责规划、权属、调剂、使用监管、处置、维修等，国家发展改革委负责建设项目审批、建设标准制定以及投资安排等，财政部负责预算安排、指导开展资产管理等。中央和国家机关所属垂直管理机构、派出机构和参照公务员法管理的事业单位办公用房的权属、使用、维修等有关管理工作，由归口的机关事务管理部门委托行政主管部门负责。地方各级党政机关办公用房管理的职责分工，由各省、自治区、直辖市参照前款规定，结合本地区实际情况合理确定相关机构承担办公用房管理职责。各级党政机关是办公用房的使用单位，负责本单位占有、使用办公用房的内部管理和日常维护。

三、党政机关办公用房权属管理有哪些具体规定？

1. 权属登记规定

党政机关办公用房的房屋所有权、土地使用权等不动产权利(以下统称办公用房权属)，统一登记至本级机关事务管理部门名下。

中央和国家机关所属垂直管理机构、派出机构和参照公务员法管理的事业单位办公用房权属应当登记在行政主管部门名下。地方各级党政机关所属垂直管理机构、派出机构办公用房权属的登记主体由各省、自治区、直辖市规定。

涉及国家秘密、国家安全等特殊情况的，经机关事务管理部门核准，可以将办公用房权属登记在使用单位名下。

因历史资料缺失、权属不清等问题无法登记的，由机关事务管理部门协调有关部门进行办公用房权属备案,使用单位不得自行处置。

2. 建立健全党政机关办公用房清查盘点制度

使用单位应当建立本单位办公用房资产管理分台账,资产信息发生变更的,及时调整更新。机关事务管理部门应当建立本级党政机关办公用房资产管理总台账,定期组织清查盘点,确保总台账信息与使用单位分台账信息账账相符,与办公用房实际状况账实相符,与权属证书信息账证相符。

3. 建立健全党政机关办公用房管理信息统计报告制度

各级机关事务管理部门应当建立健全本级党政机关办公用房管理信息系统,定期统计汇总办公用房管理情况,报上级机关事务管理部门,并送同级发展改革、财政部门。国家机关事务管理局、中共中央直属机关事务管理局应当会同有关部门,建立全国党政机关办公用房信息数据库,并纳入国家数据共享交换平台,实现与发展改革、财政、国土资源、住房城乡建设等部门共享共用。各省、自治区、直辖市应当统筹推进本地区办公用房管理信息系统建设,实现上下一体、互联互通、动态管理。

4. 建立健全党政机关办公用房档案管理制度

使用单位应当加强本单位办公用房档案管理,及时归集权属、建设、维修等原始档案,并移交产权单位。产权单位应当加强办公用房档案的收集、保存和利用,确保档案完整。

四、党政机关办公用房包括哪些配置方式?配置管理有哪些具体规定?

1. 配置方式

党政机关办公用房配置方式包括调剂、置换、租用和建设。

2. 规划和用地保障

地方各级人民政府编制土地利用总体规划和城乡规划时,应当统筹安排本级党政机关办公用房用地。县级以上党政机关的驻在地人民政府应当有效保障上级党政机关办公用房用地需求。

3. 严格执行建设标准

党政机关办公用房配置应当严格执行相关标准,从严核定面积。国家发展改革委会同住房和城乡建设部、财政部,制定和完善党政机关办公用房建设标准,并实行标准的动态调整。

4. 调剂优先的原则

使用单位需要配置办公用房的,由机关事务管理部门优先整合现有办公用房资源调剂解决。

5. 置换办公用房的具体规定

采取置换方式配置办公用房的,应当严格履行审批程序,执行新建办公用房各项标准,确保符合办公用房各类功能要求,并按规定组织资产评估,置换所得超出面积标准的办公用房由机关事务管理部门统一调剂,置换所得收益按照非税收入有关规定管理。

置换旧房的,由机关事务管理部门会同发展改革、财政部门报同级人民政府审批;置换新房的,应当严格履行建设审批程序。不得以置换名义量身打造办公用房,不得以未使用政府预算建设资金、资产整合等名义规避审批。

6. 租用办公用房的具体规定

无法调剂或者置换解决办公用房的，可以面向市场租用，但应当严格按照规定履行审批程序。需租用办公用房的，由使用单位提出申请，经机关事务管理部门核准后，报财政部门审核安排预算；或者由机关事务管理部门统筹本级党政机关办公用房使用需求，制定租用方案，报财政部门审核安排预算后，统一租赁并统筹安排使用。任何单位不得以变相补偿方式租用由企业等单位提供的办公用房。

各级财政部门会同机关事务管理部门，制定本级党政机关办公用房租金标准，并实行标准的动态调整。

7. 建设办公用房的具体规定

无法调剂、置换、租用办公用房，或者涉及国家秘密、国家安全等特殊情况的，可以采取建设方式解决，但应当按照国家有关政策从严控制，严格履行审批程序。

党政机关办公用房建设包括新建、扩建、改建、购置。中共中央直属机关办公用房建设项目由归口的机关事务管理部门审核同意后统一申报，由国家发展改革委核报国务院审批。

中央国家机关本级办公用房建设项目，由国家发展改革委核报国务院审批，申报前应当由归口的机关事务管理部门出具必要性审查意见。

中央国家机关所属垂直管理机构、派出机构办公用房建设项目，厅（局）级及以上单位的项目由国家发展改革委审批，申报前应当由归口的机关事务管理部门出具必要性审查意见；厅（局）级以下单位的项目由行政主管部门审批，并报国家发展改革委和归口的机关事务管理部门备案。

中央国家机关所属参照公务员法管理的事业单位的办公用房建设项目，由国务院、国家发展改革委和行政主管部门按照中央预算内投资审批权限分别负责审批，其中由国务院、国家发展改革委审批的项目，申报前应当由归口的机关事务管理部门出具必要性审查意见。

省、自治区、直辖市及计划单列市本级党政机关办公用房建设项目，由国家发展改革委核报国务院审批；地方其他党政机关办公用房建设项目，由省级人民政府审批。

县级党政机关直属单位和乡（镇）级党政机关办公用房建设项目，可以由省级人民政府根据实际情况委托市级人民政府审批。

地方各级党政机关所属垂直管理机构、派出机构和参照公务员法管理的事业单位办公用房建设项目的审批程序，由各省、自治区、直辖市规定。

党政机关办公用房配置所需资金，应当通过政府预算安排，不得接受任何形式赞助或者捐款，不得搞任何形式集资或者摊派，不得向其他任何单位借款，不得让施工单位垫资，严禁挪用各类专项资金。

土地收益和资产转让收益按照非税收入有关规定管理，不得直接用于办公用房配置。涉及新增资产的，应当向财政部门申报新增资产配置预算。

新配置办公用房的党政机关，应当在搬入新办公用房后 1 个月内，将超出核定面积的原有办公用房腾退移交同级机关事务管理部门统一调剂使用，不得继续占用或者自行处置，不得自行安排其他单位使用。

五、党政机关办公用房使用管理有哪些具体规定?

1. 办公用房分配使用凭证的规定

机关事务管理部门应当与使用单位签订办公用房使用协议,核发办公用房分配使用凭证。办公用房分配使用凭证可以按照有关规定用于办理使用单位法人登记、集体户籍、大中修项目施工许可等,不得用于出租、出借、经营。

2. 领导干部及使用办公用房的规定

使用单位应当严格按照有关规定在核定面积内合理安排使用办公用房,不得擅自改变办公用房使用功能,不得调整给其他单位使用。办公用房安排使用情况应当按年度通过政务内网、公示栏等平台进行内部公示;领导干部办公用房配备情况应当按年度报机关事务管理部门备案,严禁超标准配备、使用办公用房。

领导干部在不同单位同时任职的,应当在主要任职单位安排 1 处办公用房;主要任职单位与兼职单位相距较远且经常到兼职单位工作的,经严格审批后,可以由兼职单位再安排 1 处小于标准面积的办公用房,并在免去兼任职务后 2 个月内腾退兼职单位安排的办公用房。工作人员调离或者退休的,使用单位应当在办理调离或者退休手续后 1 个月内收回其办公用房。

3. 事业单位办公用房管理的具体规定

项目批复中已经明确和机关一并建设办公用房的事业单位,按照面积标准核定后可以继续无偿使用机关办公用房。公益一类事业单位已经占用的机关办公用房,按照面积标准核定后可以继续无偿使用。公益二类事业单位已经占用的机关办公用房,应当按照规定予以腾退;确有困难的,经机关事务管理部门批准,可以继续有偿使用,租金收益按照非税收入有关规定管理。事业单位已经新建、购置办公用房或者租用其他房屋办公的,应当在 6 个月内将原有办公用房腾退移交机关事务管理部门。生产经营类事业单位、国有企业和行业协会商会等社团组织,原则上不得占用党政机关办公用房。

4. 党政机关机构或者编制调整、转为企业、撤销时,办公用房的处理

党政机关办公用房使用单位机构、编制调整的,机关事务管理部门应当重新核定其办公用房面积。超出面积标准的,使用单位应当在 6 个月内将超出部分的办公用房腾退移交机关事务管理部门。

党政机关转为企业的,应当在办理企业工商注册后 6 个月内将原有办公用房腾退移交机关事务管理部门。转企单位确有困难的,经机关事务管理部门批准,可以继续有偿使用,租金收益按照非税收入有关规定管理;新建、购置或者租用办公用房的,应当在 6 个月内将原有办公用房腾退移交机关事务管理部门。

党政机关撤销的,应当在 6 个月内将原有办公用房腾退移交机关事务管理部门。

六、对于闲置的党政机关办公用房有哪些具体的管理规定?

1. 闲置用房的认定标准

党政机关办公用房有下列情形之一闲置的,可以按照有关规定采取调剂使用、转换用途、置换、出租、拍卖、拆除等方式及时处置利用:(1)同级党政机关办公用房总量满足使用需求,仍有余量的;(2)因地理位置、周边环境、房屋结构等原因,不适合继续作为办公用房使用的;

(3)因城乡规划调整等需要拆迁的;(4)经专业机构鉴定属于危房,且无加固改造价值的;(5)其他原因导致办公用房闲置的。

2.党政机关办公用房的调剂规定

同一区域内闲置办公用房具备条件的,应当加强跨系统、跨层级调剂使用。

中央和国家机关所属垂直管理机构、派出机构之间调剂使用的,由行政主管部门审核提出意见,经归口的机关事务管理部门批准后实施,调剂使用情况报财政部备案。

中央和国家机关所属垂直管理机构、派出机构与地方各级党政机关之间调剂使用的,由行政主管部门会同有关地方人民政府审核提出意见,经归口的机关事务管理部门会同财政部批准后实施。

地方同级或者上下级党政机关之间,以及地方各级党政机关所属垂直管理机构、派出机构之间调剂使用的,参照前两款规定办理。

具备条件的,机关事务管理部门可以将有关部门的闲置办公用房转为便民服务、社区活动等公益场所,或者按照有关规定置换为其他符合国家政策和需要的资产。

机关事务管理部门可以通过公共资源交易平台统一招租,租金收益按照非税收入有关规定管理。党政机关如有需要,应当及时收回出租的办公用房,统筹调剂使用。使用单位不得擅自出租办公用房。

闲置办公用房无法通过调剂使用、转换用途、置换、出租等方式处置利用的,机关事务管理部门报财政部门批准后,可以通过公共资源交易平台依法公开拍卖,拍卖收益按照非税收入有关规定管理。

第十八编　PPP法律实务

发达国家在20世纪70年代开始尝试在公共服务领域推行政府与社会资本合作始，最初的设想是通过引入竞争机制，克服政府单一提供公共服务的弊端，解决政府长期以来因公共服务和基础建设负担过重而引发的财政赤字和债务负担问题，进而影响政府提供公共服务质量和效率等现实问题。PPP（Public Private Partnerships）模式开启了政府和社会资本合作的帷幕，其强大的创新机制和运作模式受到世界各国广泛认可和推崇，被视为公私合作的典范模式。

PPP模式的发源地在英国。英国早在1970年起已开始尝试政府部门与民间合作推动基础设施建设的模式，最初着力于政府将服务业务的运营外包给社会资本，以减轻财政的负担。20世纪80年代，英国政府逐渐扩大政府部门与社会资本的合作范围，从早期的政府服务外包，扩大到基础设施建设、公共服务管理以及政府投资项目开发等领域。

PPP模式因具有融合公私双方在资金、技术、资源管理等方面的功能作用，引起世界各国的效仿。美国、澳大利亚、加拿大、法国等发达国家率先采用，并逐渐形成了非常成熟的合作模式。随后，以中国、菲律宾、南非为主的广大发展中国家也开始学习借鉴，陆续在国内大力推广PPP模式。据世界银行统计，目前已有140余个发展中国家开始采用PPP模式发展本国的基础设施，涉及交通、能源、污水处理、电力等项目。

PPP合作模式因为在基础设施和公共服务领域的制度创新，在全世界产生了深刻影响，其也受到了我国政府的高度重视。自2013年全国财政工作会议正式提出PPP模式以来，我国已在制度建设、机构能力、政策扶持和项目示范等方面开展了一系列工作并推动了新一轮PPP热潮。基础设施作为现代城市化和社会运转的物质基础，是实现经济可持续发展的重要切入口。

第一章　PPP的概念特征与意义

第一节　PPP的概念

一、PPP的国内定义

2014年9月25日，财政部下发《关于推广运用政府和社会资本合作模式有关问题的通知》，要求充分认识推广运用PPP模式的重要意义，积极稳妥做好项目示范工作，切实有效履行财政管理职能，加强组织和能力建设，尽快形成有利于促进PPP发展的制度体系。PPP的通常模式是由社会资本承担设计、建设、运营、维护基础设施的大部分工作，并通过“使用者付费”及必要的“政府付费”获得合理投资回报；政府部门负责基础设施及公共服务价格和质量监管，保证公共利益最大化。因此，财政部的定义主要是强调工作分工和收益机制，并未突出与传统公共工程采购模式的区别。国家发改委在《关于开展政府与社会资本合作的指导意见》（发改投资〔2014〕2724号）中规定，PPP模式是指“政府为增强公共产品和服务供给能力、提高供给效率，通过特许经营、购买服务、股权合作等方式，与社会资本建立的利益共享、风险分担及长期合作关系”。发改委的定义强调了PPP的目的、具体方式和显著特征。之后，国务院办公厅转发《财政部、发改委、人民银行关于在公共服务领域推广政府和社会资本合作模式指导意见的通知》（国办发〔2015〕42号）中指出，PPP模式“是公共服务供给机制的重大创新，即政府采取竞争性方式择优选择具有投资、运营管理能力的社会资本，双方按照平等协商原则订立合同，明确责权利关系，由社会资本提供公共服务，政府依据公共服务绩效评价结果向社会资本支付相应对价，保证社会资本获得合理收益”。该定义强调了PPP对公共管理创新的作用，突出了公私双方的平等关系、社会资本方的投资和运营能力以及与绩效挂钩的激励机制，反映了PPP与传统模式的核心差异。可以看出，我国政府对PPP的认识也在不断完善和发展，强调政府与社会资本的长期合作，期望吸收社会资本融资和运营能力提高公共产品及服务供给效率。

二、PPP的国际定义

经过20多年的应用，PPP模式在全球实践中不断发展。由于各国本土化实践面临的制度差异以及相关专家关注点的不同，还没有形成为国际所认可的统一定义。来自国际组织和政府机构对PPP的定义也不尽相同，以下是主要国际组织和政府机构的定义。

世界PPP知识图书馆：PPP（Public Private Partnerships）是私企和政府实体之间的协议，该协议以提供公共资产和服务为目的。私企根据该协议承担重要的风险和管理责任，并且根据协议执行情况获得报酬。

联合国欧洲经济委员会(UNECE):PPP旨在为公共设施和服务提供融资、设计、实施和运营支持,关键特征在于长期的服务提供、风险转移给私人部门以及公共部门和私营实体之间形成的不同形式的长期合同。

联合国经济和社会理事会:PPP是政府和私人实体之间的协议。根据该协议,私人主体(private sector)代表政府融资、设计、运营公共基础设施、资产和服务,获得产业的酬金(fee)或者款项(payment)。

世界银行(WBG)、亚洲开发银行(ADB)、泛美开发银行(IDB):为了提供某项公共资产和公共服务,在私营部门和政府部门之间达成一项长期合同,由私营部门承担主要风险和管理责任,私营部门根据绩效获得回报。

欧洲投资银行(EIB):PPP必须基于长期合作,根据项目协议或者特许经营合同在公共部门和私人部门之间分配风险,包括设计、建造、运营/资产维护以及作为主要部分的私人融资的打包。

英国财政部:PPP是一种以公共部门和私人部门相互合作为主要特征的安排。从最广义的层面看,它可以包括从公共部门独立运作到私人部门独立运作之间的各种合作执行政策、提供服务和建造基础设施的方式。

美国PPP国家委员会(NCPPP):PPP是公共机构(联邦、州或地方)与私人部门之间的合同安排,通过该协议使双方的能力和资产得以共享并向公众提供公共服务或者设施。除此之外,双方分担该过程中产生的风险并共享潜在的收益。

加拿大PPP国家委员会(CCPPP):政府和私人部门之间为建设道路、医院、学校这样的基础设施或者提供公共服务而形成的合作伙伴关系。不同于传统的采购方式,公共部门将设计、建造、融资、运营和维护集成在一个合同中,并根据采用的PPP模式要求这些供应商组成一个团队。

德国联邦交通、建设及房地产部(BMVBW):PPP专指长期的基于合同管理下的公共部门和私营部门间的合作,以结合各方必要的资源(如专业知识、运营基金、资金、人力资源)和根据各方风险管理能力合理分担项目存在的风险,从而有效满足公共服务需要。

澳大利亚基础设施和地区开发部:PPP作为一种采购方式,是公共部门和私人部门之间通过合同关系提供公共资产和服务中众多方式的一部分。它不同于早期合同介入、联盟、管理承包(MC)、传统采购(DB)和其他采购方式。

菲律宾PPP中心:PPP可以被广泛定义为政府和私人公司(private)之间的合同,约定私人公司融资、设计、实现(implenting)和运营基础设施和服务。并且约定的以上内容原本是由公共主体实现的。

新加坡财政部:PPP是一种最佳采购框架,公共部门可以与私人部门一起提供公共服务(特别是需要开发新的实体资产的服务),并在此过程中建立长期伙伴关系。

南非财政部:PPP实质上是私人部门承担政府机构职能的合同协议,通过使用公共资产获取自身的商业目的。私人部门主要承担财务、技术和运营及相关风险或者使用公共资产的风险,并通过预定绩效标准获得回报(可能全部来自服务收费或使用者付费、公共预算和前两者的混合形式)。

其中,WBG、ADB和IDB 2014版公私合作手册相对于2008版增加了"私人部门根据绩效获得回报",南非财政部也强调PPP的绩效导向,而其他机构的定义中明确了PPP着眼于公共服务。同时,NCPPP、澳大利亚基础设施和地区开发部与新加坡财政部都认为PPP是对传统采购的革新,主要是公、私部门通过合作致力于长期提供公共设施和服务。正因为这样,几乎所有的国际组织和政府机构都认同PPP为长期合同,并且公、私部门建立的是伙伴关系。所以,PPP中具体的契约安排取决于双方承担权利义务的差异以及私营部门对风险的不同承受度和承担的角色变化。不过,UNECE、EIB、CCPPP和南非财政部均强调私人部门对融资和运营角色的承担,WBG、ADB和IDB以及南非财政部均认为私人部门需要承担主要的实施风险并发挥积极作用,而这正是传统采购所不具有的功能。相比于传统采购,PPP不仅是基础设施和公共服务全生命周期过程的集成,更是公、私部门资源和能力的整合。但是以上观点也有共同点:(1)PPP中必然包括公私主体两方;(2)均是由私人主体承担本来应当由公共主体承担的职能、责任和风险;(3)PPP具有互惠的性质,公共主体和私人主体均能从中受益。如果要获得更加精准的法律内涵,首先,要重视以上观点中的共同点;其次,鉴别不同观点中的分歧点,避开冲突,提炼PPP的全面、内部和谐一致的法律内涵。

综上所述,可知:(1)PPP的目标是提供公共产品及服务;(2)PPP的合作主体是公共部门和私人部门;(3)PPP是一种长期的基于契约的合作关系;(4)PPP中私人部门需要承担更多风险并发挥积极作用。国际组织和政府机构给出的定义都是广义解释,并没有确指哪一种实施模式。所以,PPP既不能等同于一种具体的模式也不同于传统采购,可以认为PPP是公共部门和私人部门基于伙伴关系致力于长期而有效地提供公共产品及服务而形成的一系列灵活的契约安排。

三、PPP概念的域内外差异

1. 我国当前的法律性文件中阐释的PPP法律内涵

(1)《PPP项目合同指南(试行)》中PPP的法律内涵。财政部2014年发布的《PPP项目合同指南(试行)》(以下简称《PPP指南》)将PPP视为一个合同体系。该体系由政府和项目公司签订的政府和社会资本合作项目合同,以及一系列附带的其他合同组成。其中,最核心的政府和社会资本合作项目合同被定义为政府方与社会资本方依法就PPP项目合作所订立的合同。

(2)《政府和社会资本合作项目通用合同指南》中PPP的法律内涵。发改委2014年发布的通知附件《政府和社会资本合作项目通用合同指南》(以下简称《通用指南》)中对项目合同主体,即政府主体和社会资本主体进行了列举式定义:将政府主体归于具有相应行政权力的政府或授权的机构,将签订项目合同的社会资本主体归于符合条件的国有企业、民营企业、外商投资企业、混合所有制企业,或其他投资、经营主体。

无论是《PPP指南》还是《通用指南》,均作为通知的附件发布,并且只有参考性质,不具有法律效力。但其对后续的立法却具有借鉴作用,故暂归于法律性文件范畴。

(3)《政府和社会资本合作法(征求意见稿)》中的PPP定义。不得不提的是,2015年12月出台的《政府和社会资本合作法(征求意见稿)》(以下简称《意见稿》)第3条定义了政府和社会资本合作,认为政府和社会资本合作是指政府和社会资本,以合作协议的方式,提供公共产品和服务的行为。通篇并未明确提及 PPP,而是将带有公私合作属性的有关提供公共产品和公共服务的所有协议都纳入了该法的适用范围。这就意味着学理上不被视为 PPP 项目方式的 O& M(委托运营)和 MC(管理合同)也会被纳入该法的适用范围。这可能会导致国内理论界建立与国际 PPP 学说体系不同的另外一套学说体系,不利于我国的 PPP 法律体系和法学理论与国际 PPP 法律体系和 PPP 国际法学的接轨。

2. 国际界定和国内界定之间的差异性

(1)PPP 的主体不一致。按照国际界定,PPP 的主体应为政府实体和私人实体,然而,我国无论是《PPP 指南》《通用指南》,还是《意见稿》,都未采用以上的概念。其中,《PPP 指南》和《通用指南》对政府实体的主体达成了一致意见,即政府和政府授权的机构。至于私人实体,两部指南并未形成一致的意见:《PPP 指南》将私人实体视为社会资本或项目公司,《通用指南》将私人实体视为列举出的多种主体。《意见稿》则直接回避了具体的列举方式,而是直接采用政府和社会资本两个概念。此外,《意见稿》对 PPP 主体的界定是政府和社会资本,这与国际界定也有所区别。

(2)PPP 的职能未予明确。在国际界定中,职能属于 PPP 最根本的范畴。而我国的三部法律性文件均未直接将职能纳入 PPP 概念。

(3)PPP 的对象不同。《意见稿》第 2 条将对象界定为公共产品和服务。但是国际界定中 PPP 的对象为公共设施和服务。公共产品并不等于公共设施。

第二节　PPP 的特征

一、伙伴关系

在 PPP 模式中,政府公共部门和民营部门之间是伙伴关系。它是 PPP 项目的基础所在,强调政府公共部门和民营部门在基础设施及公共服务领域投资中的法律地位平等,是合作伙伴,所有事情都要协商解决。它们的目标是一致的,即在 PPP 项目全生命周期中,要以尽量少的资源消耗,实现尽量多的好的成果供给。它们都是以此目标在实现自身利益最大化的同时,也实现了社会利益的最大化。

二、风险分担

PPP 项目合作期限长、投资规模大、复杂的融资结构和公共性使其面临来自宏观、中观和微观三个层次的风险。一般来说,私营部门应承担融资、建造、运营、技术等风险,政府则应承担政治、法律和政策等风险。在 PPP 项目中,公、私部门合理分担风险是其区别于公共部门与民营部门其他交易形式的显著标志。以往传统采购中政府业主与企业在采购和交付过程中都尽可能规避风险并转嫁给对方,各自追求最小化风险容易导致项目整体目标受损,PPP 项目坚持风险最优化管理原则,风险转移本身并不影响生产效率。相反,由于风险承担者具有的优势和专长从整体上提高了风险管理能力,有助于改善公共产品/服务的供给质量和效率。同时,私营部门对 PPP 项目中设计、建造/更新、融资、维护或运营责任介入的差异实质上反映了政府部门和私企融资及接触项目风险的各种组合。所以,PPP涉及的不同契约安排也是风险分担的表现。

三、利益共享

公、私部门客观上存在目标差异。前者关注公众利益和公共服务能力,后者期望获取商业回报,但任何一方都难以靠自身能力实现各自目标,PPP恰好提供了双方走向合作的天然载体。政府部门放开传统上由其控制的基础设施和公共服务领域,私营部门可开拓新的投资领域并获得商业利益;政府提升了公共管理能力并获得公众支持。不过,因为PPP提供的是公共产品及服务,所以私营部门获得的是合理经济回报而非超额利润。应该看到,企业存在的价值除了营利外还有社会价值目标。私人部门参与基础设施及公共服务,正好可以对两者进行整合;政府部门也可以与私营部门分享经济收益,只不过这不是其关注重点。因此,对双方而言,利益共享实质上包括了经济利益和社会价值,只是有所侧重。当然,企业毕竟具有"经济人"特性,营利仍是企业投资决策的优先目标,而政府提供的具有财务可持续性的项目才能满足私营部门的参与约束。因此,公、私部门间的互补性使得双方能够弥合差异并形成一致目标,从而真正实现风险分担基础上的利益分享。

四、长期合作

PPP中合作关系是持久且关联的。从公共管理角度来看,公共部门致力于发展PPP模式与私营部门一起为社会长期提供优质公共产品/服务。社会资源配置中的"双失问题"决定PPP是政府与市场关系的重构,代表了传统公共行政模式向公共治理的转变。从合作时间来看,我国PPP中特许经营项目合作期限可长达30年(国外的合作期限更长,如英法海底隧道的合作期限为99年)。因此,PPP提供的是具有连续性的合作框架,各方的决策无须每次都从头开始,可以基于最初确立的原则来有效管理相互间的关系。在长期合作中,私营部门会主动考虑资产长期维护与翻新成本,资本面临的长期绩效风险激励私人部门按时按预算完成项目,长期绩效的监管有利于双方采用长远眼光和密切合作。而且,长期合作有助于改变"重短期轻长期""重融资轻管理"的不良倾向,从而促进公、私双方实现良性互动。

五、项目融资

尽管融资只是PPP众多交易环节之一,但是发挥PPP模式的融资功能却很关键。英国19世纪90年代初正是发现其公共基础设施支出显著落后于其他欧洲国家,且在大型公共项目上面临超预算和交付延迟的问题,最初选择使用PFI模式并推动了PPP发展。同时,我国早期开展的BOT实践也主要是吸引外资解决建设资金不足问题。PPP是以项目为主体的融资活动,其贷款的数量、融资成本以及融资结构与项目自身的现金流量和资产价值直接相关。因此,它不会增加政府预算、财政赤字和政府债务,也不会给私营部门带来母公司负债。但是,加拿大在20世纪90年代和21世纪初的两波PPP表明,其表外融资功能不能作为采用PPP发送的合适动机,因为那是商业化交易的特点。事实上,我国财政部限制"政府融资平台公司及其控股的其他国有企业"作为PPP的社会资本方也是防止PPP成为地方政府融资工具而增加政府债务。不过,我国经济新常态下政府财政预算收紧,城镇化建设加速,PPP带来的解决公共资金不足和激化民间资本潜力的作用更加凸显。同时，以项目绩效获得贷款的风险可以强化风险管理并更好地吸引民间资本参与。只是，解决政府资金紧缺和债务风险防控不能作为采用PPP的最优先目标，更重要的是应发挥其通过重塑政府、市场、民众三者的关系推动国家治理体系和治理能力现代化的作用。

六、全寿命周期成本

在PPP合约中，私人部门可以实现前期设计、建造与运营、维护的完全整合，有助于实现项目全寿命周期的成本管理。公共部门将项目实施风险转移给私人部门的同时也让渡了部分控制权，剩余控制权的激励使得私人部门更重视项目前期与后期的依存关系。VFM评估作为项目是否适宜采用PPP的关键，就是将项目全生命周期内政府支出净成本现值和政府传统采购模式的净成本现值进行比较后得出结论。项目融资的核心也在于寻求资金的最佳使用价值，即"满足用户要求的整个寿命期成本和质量的最优组合"。因此，从根本上说，PPP体现了全寿命周期成本管理的思想，避免了传统采购模式中因过程割裂影响项目全寿命周期的增值。同时，PPP的长期合同带来的更公开严谨的长期承诺要求公布项目真实的长期风险和公共服务交付成本，以便保证项目的产出和成效得到关注。此外，公共部门在合同有效期内对公共服务的质量和价格进行持续监管，并将回报机制与绩效评价相结合。因此，在项目内部激励和外部监管下，全寿命周期成本管理就成为PPP模式的应有之义。

七、激励创新

PPP模式代表了基础设施和公共服务领域的制度变革。首先，通过PPP模式提供公共产品和服务，政府由管理者、提供者转变为监督者、合作者，政府职能更多地转向宏观战略、市场监管和社会管理，切实减少对微观事物的管理和干预，从而促使政府做好顶层设计和制度建设。因此，它不是简单的技术层面和融资模式的改变，而是涉及深化财税体制改革、政府职能加快转变、撬动社会资源、消除隐性壁垒的体制、机制的创新和改革。其次，PPP关注政府接受服务的质量而非基础设施的采购，可以为私人部门提供更多的机会和激励措施，使它们提供创新的解决方案以满足对公共产品/服务的各种要求。然后，PPP在公、私部门之间可以有各种灵活的安排和广泛的应用领域，也为各方的创新实践提供了广阔空间。最后，PPP带来的不仅是"再造政府"，也是"再造企业"革新，双方都需要转变视角、寻求创新方法和培养新的技能以应对公共治理的需要。因此，PPP的发展和演变过程实质上也是公、私部门共同创新的过程。

第三节　PPP的意义

随着社会经济的发展，公共需求的日益增长与公共物品稀缺之间的矛盾愈发突出。用于满足公共需要的物就是公有物，即公共物品。对于公共物品而言，又可以分为两类：一类是纯公共物品，另一类是准公共物品。纯公共物品是由政府部门通过财政预算直接或间接提供的，使用者越多，使用成本就越低。纯公共物品的数量是有限的，当纯公共物品无法满足大众需求时,准公共物品就应运而生了。这类物品往往是为了满足公共的发展性、可变性需求而产生的,这种物品从归属上就不一定完全属于公有性质,从提供方式上来看,既可以由政府等公权力主体提供,也可以由私权主体(自然人、法人、其他组织)提供。事实上,准公共物品的供给问题基本上类似于如何解决“私物公用”的问题。PPP 模式的出现,实际上是为私主体参与准公共物品供给提供了一条渠道,它允许私主体通过协议的方式参与公共服务、使私益和公益能够达到平衡,减少由于优势资源、信息等不对称而对私人权利的侵害,降低准公共物品供给效率。实践中,PPP 项目都是根据当地的具体情况,有针对性地采取各类方案,通过公私合作的方式,整合资金和技术力量,在整个项目进行的过程中,双方共担风险,共同出资,优势互补,最终使项目能够有效完成。在经济新常态下,我国面临城市化和经济转型的双重压力,PPP 对解决基础设施面临的资金缺乏、建设低效和供给不足等问题具有重要意义。

一、发展 PPP 模式是化解地方政府债务危机的需要

国家审计署文件表明,2017 年年末,全国各级政府性债务余额已经超过 30 万亿元,其中偿还责任债务接近 20 万亿元,而国家为了保证 2020 年实现全国城镇化率大于 60%,基础设施及公共服务领域投资还需要超过 40 万亿元。如果各级政府仍然采取举借大量的债务来满足基础设施及公共服务领域投资的需求,那么各级政府的债务规模就会不断增大,最终必然会导致债务违约风险。因此,各级政府应寻求新的融资和发展模式以控制债务规模,化解债务风险。如果积极推行 PPP 这种新型的投融资模式,转变以前在基础设施及公共服务领域单一依靠政府投资的传统方式,形成可持续的多元化的投融资机制,就可以减轻甚至化解各级政府的还债压力。

二、发展 PPP 模式是加快政府职能转变的需要

传统的政府职能是:政府是全能型的,通过指令性计划和行政手段进行经济管理和社会管理,政府既扮演生产者的角色,也扮演监督者和控制者的角色,为社会和民众提供公共服务的职能和角色被淡化。社会主义市场经济要求政府把微观主体的经济活动交给市场调节,政府由原来对微观主体的指令性管理转换到为市场主体服务上来,转换到为企业生产经营创造良好发展环境上来。事实表明,把经济决策权归还给市场主体,同时创造各类市场主体自由竞争、公平交易的市场环境,让市场主体自己决策并独立承担经济后果和社会影响,政府专注于市场环境和秩序维护,更有利于市场经济的发展。

PPP 模式要求政府和民营资本在基础设施及公共服务领域的地位平等,信息公开透明,交易公平,按法律办事,这些正好有利于政府简政放权,加快政府职能转变,增强政府管理和服务质量,提高管理效率。

三、发展 PPP 模式是激发市场主体经济活力和发展动力,提高经济增长率的需要

民营资本与政府公共部门合作,参与基础设施及公共服务领域投资,是政府公共部门推行 PPP 模式所积极鼓励的。这种投资模式有利于盘活社会存量资本,打造新的经济增长点,必然会得到民营企业的大力追捧,有利于激发市场主体的活力与发展动力,提高经济增长率。

四、发展 PPP 模式是提高有效投资需求、推动经济结构调整的需要

李克强总理强调指出，在经济发展新常态下，要提高有效投资需求、推动经济结构的调整和新型产业的发展。为了推动基础设施及公共服务领域的投资，PPP 这种新型模式正好有利于提高有效的投资需求、推动经济结构的调整，适应经济发展的新常态。

第二章　PPP 模式参与主体及主要法律关系

第一节　PPP 项目参与主体

根据国家发改委《关于开展政府和社会资本合作的指导意见》(发改投资〔2014〕2724 号)(以下简称“2724 号文”)及其附件《政府和社会资本合作项目通用合同指南》(以下简称“《合同指南》”)内容,“社会资本主体,应是符合条件的国有企业、民营企业、外商投资企业、混合所有制企业,或其他投资、经营主体”。从此后财政部等相关部委的政策文件总体要求来看,PPP 项目鼓励各类社会资本主体参与。从基础设施项目的实际操作来看,社会资本参与主体主要包括国有建筑企业、民营建筑企业、专业工程公司、金融机构等。社会资本各方可独资,也可与多家合作方共同组建 PPP 项目公司。另外,还有由政府投融资平台公司代表政府方出资,与社会资本共同组建 SPV 项目公司。

一、政府

PPP 合作模式由政府和社会资本发起,且以政府发起为主。政府在 PPP 项目中具有主导性地位,支持和引导 PPP 项目及其法律关系良好地运作与维持。关于 PPP 模式中政府一方的实施机构,国务院不同部委规范性文件的规定稍有分歧。有的建议 PPP 项目评估等系列工作由地方各级财政部门会同行业主管部门实施,或建议单独成立政府和社会资本合作中心或其他指定机构,履行规划指导、融资支持、识别评估、宣传培训、绩效评价、专家库和项目库建设等职责;有的则将 PPP 项目实施机构的确定权授予地方政府;甚至有的规定具体实施机构是各地政府的公用事业主管部门。① 由于规定不同,PPP 模式中政府一方的实施机构也各不相同,容易出现部门之间争夺主体资格或者相互推诿的问题。在 PPP 模式中,政府既是与社会资本共事的合作者,同时也是项目系列环节实施的监管者。由于政府在 PPP 项目中的身份具有双重性,因此其权利也具有复合性。第一,作为 PPP 项目合同的一方主体,其享有订立合同、中止履行、请求违约赔偿等法律权利。第二,由于 PPP 项目的公共利益性,政府在项目实施过程中享有监督权和特定情形下对项目的介入权。政府方监督权的内容一般包括项目实施期间的知情权、进场检查和测试权、对承包商和分包商选择监控权以及参股项目公司的权利。在介入权方面,其权利内容包括在项目公司未违约和项目公司违约两种情形下的介入

---

① 参见《财政部关于推广运用政府和社会资本合作模式有关问题的通知》《国家发展改革委关于开展政府和社会资本合作的指导意见》《财政部关于印发政府和社会资本合作模式操作指南(试行)的通知》。

权。政府对 PPP 项目运行进行监管,既是政府方依法享有的权利,同时也是法律法规要求其必须履行的义务。与之相反,介入权是政府方可以选择的权利而非必须履行的义务。

二、政府平台公司

在 PPP 项目实施中,政府平台公司作为政府方授权主体参股 SPV,与社会资本方开展股权合作。政府平台公司一般选择不控股 SPV,按其股比承担资本金出资,但多数不承担债权融资义务。在 SPV 具体经营管理中,政府平台公司一般承担着代表政府方协调项目外围关系等职能,但也有部分平台公司要求更大程度介入项目投融资、建设及运营的日常管理,因此也容易与 SPV 其他社会资本方在权责利划分中发生分歧。

三、国有建筑企业

自 PPP 模式推广以来,国有建筑企业一直是主要的参与主体。其在行业中拥有较高的工程设计、施工资质,拥有较优质的资信和较强的融资能力,有较强的资源整合与项目组织管理能力。在 PPP 项目中,一般由该类企业作为牵头方,组织其他参与主体共同实施。但受国资监管等要求,该类企业对风险管控相对更为严格,不允许投资出现重大的违约风险;对公司资产负债率有指标限制,因此直接融资额度受到一定限制;对项目不追求高额收益,但对盈利指标有最低底线要求。另外,当前多数国有建筑企业在参与 PPP 项目中,更为看重在设计施工等建设环节的营收及利润,而长期运营持有项目的意愿不强。

四、民营建筑企业

在传统设计施工承包业务中,民营建筑企业的角色主要为专业分包、劳务分包商或小型项目的承包人。随着 PPP 项目市场规模的不断扩大及部分民企实力的不断增强,民营建筑企业也积极参与其中,已成为主要的市场主体之一。

民营建筑企业经营形式灵活,在其所在区域、市场领域有独特的优势,但与大型国企相比也存在综合实力尤其是融资能力偏弱,资源调配及履约能力较弱,抗风险能力低等情况。在 PPP 项目实施中,一般对资金需求额度较大,这对社会资本融资能力提出了较高要求。在 PPP 项目庞大的市场需求及国家鼓励混合所有制试点下,国企与民企在 SPV 中开展股权合作将成为未来的一大趋势,但在实际操作中,双方在股权/资产管理、经营理念、履约管理、风险管控等方面存在不小的分歧。如何保障在 PPP 项目如此长的生命周期中保持良好合作,对合作双方都是一个较大的挑战。

五、金融机构

目前,金融机构对 PPP 项目的态度已从前期的观望为主转为积极参与。除为 PPP 项目提供债权融资外,大量金融机构已开始与国有及民营建筑企业等其他主体开展股权合作,试水长期投资。近期,在贵阳地铁等项目中,金融机构作为独立的参与主体成为中标方,表明金融机构对 PPP 项目的态度已发生了重大的转变。但受我国金融监管体系的影响,金融机构主要追求相对稳定的预期收益,其对 PPP 项目建设及运营无风险偏好,因此在 SPV 中,金融机构多数以财务投资人的身份出现,与其他合作方通过约定相对固定的预期收益的方式参与其中,双方在具体的经营管理话语权、利润分红等方面也时常存在一些分歧。

第二节 PPP 模式涉及的主要法律关系

PPP 模式是多方通过合作实现共赢的有效机制,其具有参与主体众多,法律关系复杂的特点。因此,政府、社会资本方、金融机构、咨询机构以及其他参与方在具体项目操作中都需要明确各自的职能分工以及对应法律关系。PPP 模式的法律关系,主要是通过以 PPP 项目合同为核心的合同体系体现的。在 PPP 项目合同体系中,各个合同之间并非完全独立,而是紧密衔接、互相贯通的合同体系。

一、政府与社会资本方之间的法律关系

在项目初期阶段,项目公司尚未成立时,政府方通常会先与社会资本方签订意向书、备忘录或者框架协议,以明确双方的合作意向,详细约定双方有关项目开发的关键权利义务。若是政企双方决定不设项目公司运作的,则双方之间的约定一般以正式签订的 PPP 项目合同为准。若是政企双方决定设立项目公司运作的,则政府方通常会在项目公司设立后再与项目公司签订正式的 PPP 项目合同,并在 PPP 项目合同中明确社会资本方与政府方先予签订的相关协议项下的权利义务是否全部或部分由项目公司承继。通常投资(资本金筹措)等专属社会资本方承担的职责乃由社会资本承担。实践中,也常见政府方要求社会资本方提供完工担保、融资补足等责任,以保障项目的正常运转。

二、社会资本方与项目公司的法律关系

社会资本方是项目公司的股东,两者之间是股东与公司之间的关系。社会资本方通过签订股东协议在股东之间建立长期的、有约束力的合作关系,而订立股东协议的主要目的就在于设立项目公司。项目公司的股东可能会是包括希望参与项目建设、运营的承包商、原料供应商、运营商、融资方等主体。政府方参股项目公司的情况下,政府方股东与其他股东相同,享有作为股东的基本权益,同时也需履行股东的相关义务并按照项目合同约定承担相应的项目风险。

三、政府方与项目公司之间的法律关系

政府方和项目公司之间签订的 PPP 项目合同是 PPP 合同体系的核心,也是其他合同产生的基础,PPP 项目合同的具体条款不仅会直接影响项目公司股东之间的协议内容,而且会影响项目公司与融资方的融资合同以及与保险公司的保险合同等其他合同的内容。

四、PPP 项目融资法律关系

从广义上讲,融资合同可能包括项目公司与融资方签订的项目贷款合同、担保人就项目贷款与融资方签订的担保合同、政府与融资方和项目公司签订的直接介入协议等多个合同。其中,项目贷款合同是最主要的融资合同,其一般包括以下条款:陈述与保证、前提条件、偿还

贷款、担保与保障、抵销、违约、适用法律与争议解决等。同时,出于贷款安全性的考虑,融资方往往要求项目公司以其财产或其他权益作为抵押或质押,或由其母公司提供某种形式的担保,或由政府作出某种承诺,这些融资保障措施通常会在担保合同、直接介入协议以及 PPP 项目合同中予以具体体现。

PPP 项目的融资安排是 PPP 项目实施的关键环节,在具体操作中应鼓励融资方式多元化、引导融资方式创新、落实融资保障措施,这些对于增强投资者信心、维护投资者权益以及保障 PPP 项目的成功实施至关重要。

五、PPP 项目具体实施过程中的法律关系

除了融资职能外,项目公司一般还要负责 PPP 项目的建设、运营和移交(如有)等具体的项目实施工作,实现项目投资者的风险隔离及项目管理、运营的效率。

1. 工程承包合同法律关系

项目公司一般只作为融资主体和项目运营管理者而存在,本身不一定具备自行设计、采购、建设项目的条件。因此,可能会将部分或全部设计、采购、建设工作委托给工程承包商,签订工程承包合同。项目公司可以与单一承包商签订总承包合同,也可以分别与不同承包商签订合同。

由于工程承包合同的履行情况往往直接影响 PPP 项目合同的履行,进而影响项目的贷款偿还和收益情况。因此,为了有效转移项目建设期间的风险,项目公司通常会与承包商签订一份固定价格、固定工期的合同,将工程费用超支、工期延误、工程质量不合格等风险转移给承包商。此外,工程承包合同中通常还会包括履约担保和违约金条款,进一步约束承包商妥善履行合同义务。

2. 运营服务合同

根据 PPP 项目运营内容和项目公司管理能力的不同,项目公司有时会考虑将项目全部或部分的运营和维护事务外包给有经验的专业运营商,并与其签订运营服务合同。特殊情况下,运营维护事务的外包可能需要事先取得政府的同意。当然,PPP 项目合同中约定的项目公司的运营和维护义务并不会因项目公司将全部或部分运营维护事务分包给运营商实施而豁免或解除。

由于 PPP 项目的期限通常较长,在项目的运营维护过程中存在较大的管理风险,可能因项目公司或运营商管理不善而导致项目亏损。因此,项目公司应优先选择资信状况良好、管理经验丰富的运营商,并通过在运营服务合同中预先约定风险分配机制或者投保相关保险来转移风险,确保项目平稳运营并获得稳定收益。另外,还可以通过引进国际知名管理机构带来先进的管理经验,在保障公共服务有效提供的同时提高公共服务的质量。

3. 原料供应合同

有些 PPP 项目在运营阶段对原料的需求量很大、原料成本在整个项目运营成本中占比较大。同时,受价格波动、市场供给不足等影响,又无法保证能够随时在公开市场上以平稳价格获取,继而可能会影响整个项目的持续稳定运营,如燃煤电厂项目中的煤炭。因此,为了防止原料供应风险,项目公司通常会与原料的主要供应商签订长期的原料供应合同,并且约定一个相对稳定的原料价格。原料供应合同一般会包括以下条款:交货地点和供货期限、供货要

求和价格、质量标准和验收、结算和支付、合同双方的权利义务、违约责任、不可抗力、争议解决等。除上述一般性条款外，原料供应合同通常还会包括“照供不误”条款即要求供应商以稳定的价格、稳定的质量品质为项目提供长期、稳定的原料。

4. 产品或服务销售合同

在 PPP 项目中，项目公司的主要投资收益来源于项目提供的产品或服务的销售收入。因此，保证项目产品或服务有稳定的销售对象对于项目公司而言十分重要。根据 PPP 项目付费机制的不同，项目产品或服务的购买者可能是政府，也可能是最终使用者。以政府付费的供电项目为例，政府电力主管部门或国有电力公司通常会事先与项目公司签订电力购买协议，约定双方的购电和供电义务。

六、PPP 项目的其他法律关系

在 PPP 项目中还可能会涉及其他的法律关系，如为确保项目公司的质量、进度和安全，根据相关法律法规项目公司依法聘请监理单位。项目公司与监理单位签订合同，监理单位提供专业服务以获得劳动报酬。与专业中介机构签署的投资、法律、技术、财务、税务等方面的咨询服务合同所形成的服务关系等都属于项目在具体实施过程中可能发生的法律关系范畴。

第三章　PPP 纠纷实务操作指南

第一节　当前 PPP 纠纷的现状

政府与社会资本合作(PPP)模式是政府为增强公共产品和服务供给能力、提高供给效率,通过特许经营、购买服务、股权合作等方式,与社会资本建立的利益共享、风险分担及长期合作关系。通常模式是由社会资本方承担设计、建设、运营、维护基础设施的大部分工作,并通过“使用者付费”及必要的“政府付费”获得合理的投资回报;政府部门负责基础设施及公共服务价格和质量监管,以保证公共利益最大化。PPP 模式系基于生命周期方式这一核心特征,包括规划、建设、融资、运营及资产变现阶段。[①] 当前 PPP 纠纷呈现以下特点。

一、PPP 案件数量不断增多

从既有的 BOT 模式引发的纠纷数量看,自 2013 年以来,案件数量不断上升。以江苏省高级人民法院为例,2013 年至 2016 年分别审结 21 件、115 件、107 件和 183 件,2016 年案件数量上升达 71% 。从 PPP 引发的纠纷看,由于 PPP 推行不久,纠纷的绝对数量不大,但逐年呈上升态势,江苏省高级人民法院 2015 年审结 4 件,2016 年上升至 16 件,同比翻了 4 倍。

二、PPP 案件涉及的领域较为广泛

截至 2017 年第一季度,全国 PPP 项目库共包括能源、交通运输、水利建设、生态建设和环境保护、市政工程、城镇综合开发、农业、林业、科技、保障性安居工程、旅游、医疗卫生、养老、教育、文化、体育、社会保障、政府基础设施和其他 19 个一级行业。PPP 纠纷也主要集中在供热、污水处理、道路工程、车站项目、垃圾收运体系市场化运作项目、学生公寓、体育场、棚户区改造等公共工程。随着片区开发、特色小镇建设过程中 PPP 模式的应用,由此引发的新型城镇化 PPP 纠纷也逐渐增多。

三、PPP 争议的类型和诉求呈现多元化

从 BOT 模式引发的纠纷看,以江苏省高级人民法院为例,案件纠纷涵盖刑事、行政和民事领域,主要集中在民事领域,占全部案件的 85.54% ,刑事和行政分别占 11.76% 和 2.7% 。

---

① 参见[瑞士]芭芭拉·韦伯、[德]汉斯·威廉·阿尔芬:《基础设施投资策略、项目融资与 PPP》,机械工业出版社 2016 年版,第 84 页。

民事案件中，包含因PPP引发的合同纠纷、物权纠纷、侵权纠纷、金融纠纷等，其中合同纠纷占比最大，达78.22%。合同纠纷中占比前5位的是建设工程合同纠纷（占21.61%）、供用热力合同（占13.92%）、借款合同（占13.19%）、租赁合同（占7.69）、买卖合同（占7.33%）。具体包括：因政府特许经营协议的履行、解除、终止、回购等引发纠纷；当事人引进了BOT项目，要求按照招商引资优惠政策给付招商引资奖金引发的纠纷；BOT承包人对外签订材料买卖合同引发的纠纷；BOT承包人将项目转让引发的纠纷；因BOT投标引发的返还投标保证金纠纷和履行投标保函纠纷；因土地使用税引发的争议；BOT项目公司股东的股权转让纠纷；BOT后续的施工合同因缺乏规划许可证导致无效纠纷；因BOT项目引发的贷款纠纷、应收账款质押纠纷等。从PPP引发的纠纷看，行政、刑事、民事案件分别为5件、4件和11件。行政案件包括要求政府公开PPP项目信息、对政府采购投诉处理决定不服、不服行政决定案件。刑事案件包括PPP项目中国家工作人员受贿案件、利用PPP项目进行非法吸收公众存款、冒充PPP项目进行合同诈骗，以及PPP项目设施中非法占用农用地等犯罪。PPP民事案件占比较大，建设工程施工合同是主要案件类型，还包括财产损失赔偿、委托合同、责任保险、服务合同等纠纷。具体包括：投资人与政府因PPP协议引发的违约纠纷；投资人、项目公司与施工人之间的建设工程施工合同纠纷；银行与投资人、政府之间的贷款、担保纠纷；咨询公司与投资人之间的咨询合同纠纷；PPP项目施工人对外买卖、承揽合同纠纷等。

四、PPP纠纷的主体呈现多样化

PPP模式中涉及多重法律关系主体，包括政府、社会投资人、项目公司、融资方、担保公司、保险公司、承包商、运营商、原料购买商、购买方等等，社会资本的成分多样，引发的纠纷也较为多元。从江苏法院受理的BOT案件来看，外资投资公司占一定比例，如澳大利亚第一太平洋资本有限公司在泰兴投资的电厂项目银行担保纠纷、新加坡亚洲环保控股有限公司污水处理厂项目特许经营合同履行纠纷、英属维尔京群岛金迪国际有限公司污水处理厂项目招标投标纠纷等。此外，随着“一带一路”倡议的推行，海外工程PPP项目引发的纠纷也逐渐显现。

五、PPP纠纷的新类型问题层出不穷

由于真正意义上的PPP项目才落地不久，很多问题尚未完全显现，随着项目周期的推进，新问题将不断增多，包括对PPP合同条款的理解问题、情事变更的适用问题、政府回购的条件问题、项目运营质量的评价问题。而且，PPP创新机制不断增多，2016年12月，国家发改委和证监会发布了《关于推进传统基础设施领域政府和社会资本合作（PPP）项目资产证券化相关工作的通知》，开启了PPP资产证券化试水。但由于缺乏专门的SPV立法，无法解决资产独立、破产隔离等关键法律问题，可能引发新的纠纷。为撬动金融资本为PPP项目做好综合金融服务，一些地方政府组建了PPP融资支持基金，但由于缺乏法律规制，基金的出资协议、合作协议、委托管理合同等义务不明确，事后履行可能引发纠纷。

六、PPP争议的办理难度较大

PPP模式对于政府和社会资本方而言是一场长时间的联姻，与传统的政府采购以及私人

之间的合资合作并不相同。长期以来,政府习惯于管理者的角色,运用行政手段处理纠纷,忽视其作为平等民事主体的角色,导致与社会资本的矛盾加剧。社会资本方在纠纷发生时,往往采取非理性、非法律的手段维权,导致矛盾进一步激化,甚至引发群体性事件。由于现阶段PPP立法供给不足,没有专门的PPP法律和行政法规,对于PPP的规范主要系部门规章、地方性法规、政策性文件等,效力层级比较低,缺乏统一的PPP法律体系,导致法院审理PPP纠纷没有明确的法律规则参考,司法的不确定因素加大。而且,PPP是一个系统工程,涉及土地、税收、特许经营、环保、价格、财政、金融等多个领域,对于PPP纠纷的处理需要综合运用法律、经济、社会等多种方法,处理难度较大。

第二节 PPP纠纷争议解决方式及建议

PPP项目的合同是社会资本方与政府或其授权机构就具有社会公益或公共服务职能的项目进行建设、运营和移交的权利义务进行约定的协议。既然涉及权利义务,就必然涉及能否顺利履行,且PPP项目涉及社会公共利益,及时和高效率的解决争议十分重要,下面来探讨一下如何约定PPP争议解决的条款、遇到争议通过什么程序解决的问题。

一、友好协商

友好协商简便易行,随时随地可以进行协商,处理争议的时间短,成本低,通常的协商方式由合同各方当事人在合同中约定,一般有以下几种:

1. 在合同中约定将协商作为采取其他争议方式的前置程序。在合同中明确约定当发生争议的,应该首先采取协商的方式解决,只有在协商不成的情况下,才能采取其他的争议解决方式。这种方式剥夺了当事人进行下一步法律程序的启动权,可能会延误争议的解决,实践中采用的不多,因为在任何法律程序的进行中都可以进行协商,没有必要限制启动下一步的争议解决方式。

2. 采取协商和/或其他争议解决方式由合同当事人选择。当发生争议时,合同当事人既可以选择协商方式,也可以选择诉讼或仲裁等其他程序,并不要求当事人必须首先选择协商方式。

3. 协商小组。在合同中约定当发生争时,由协商小组负责协调争议,协商小组的成员一般由双方分别委派一定数量的人员或经过双方认可的、并征得第三方同意的有一定威望和经验的人员组成。通常还需要在合同中约定由协商小组协调争议的最长时间,在约定的时间协调不成的,则自动进入其他争议解决方式的处理程序。由于PPP项目时间长,协商委员会的成员的工作变动可能会时常出现,确定协商委员会成员的替代规则很有现实意义。由于协商是一种双方积极主动地解决争议的方式,往往解决争议比较彻底,而且双方均会自动履行协商的结果,即使协商不成,协商过程中所做的让步,也不得作为法院判决或仲裁裁决的依据,对方也不得将协商过程中涉及的内容作为证据进行提交,这样协商的双方才愿意妥协和让步,有利于争议的解决,这是在进行协商前双方当事人必须了解的。

二、争议评审

争议评审实际上相当于专家咨询，就是当遇到争议时，将技术性、专业性较强，需要专家判断的争议交由业内有一定专业水准的专家，由他们提供咨询意见，根据专家咨询意见，由双方通过协商解决。这种方式的好处是对争议问题，已经有了专家的意见，双方对将来的结果都有基本的判断，这样有利于争议的解决。在财政部发布的《PPP项目合同指南》中所提的专家裁决，笔者认为这种说法不够准确，因为对PPP项目合同中的争议，专家是没有裁决权的，专家也不会制作裁决书，即使形成了专家裁决也无法执行，所以与其说专家裁决解决争议，不如说专家调解。争议评审主要适用对事实争议不大，但对专业性、技术性的问题争议很大的纠纷，同时也适用于解决纯粹的法律纠纷，不适用于解决那些需要审查大量事实依据的纠纷。

三、仲裁

仲裁机构是民间组织，与在法院的诉讼相比，仲裁的优点是仲裁程序的对抗性弱于诉讼，对双方关系的维护更有利。仲裁案件一裁终局，不需要法院的一审、二审甚至再审；仲裁机构的仲裁员可能是行业的专家，与法官相比较可能有专业优势；仲裁的开庭是不公开的，裁决书也不需要向社会公布；仲裁还必须是双方一致达成仲裁的意思表示，仲裁一般不存在地域管辖问题，对适用的法律也可以约定。

四、诉讼

实践中，诉讼的程序规范，对抗性强，生效判决可申请强制执行。诉讼的特点是程序特别严格，两审终审，往往处理争议的时间较长，当事人在选择诉讼时要认真思考这些因素，慎重决定。

PPP项目合同的争议解决方式能否约定仲裁或民事诉讼，这种约定是否有效，PPP项目合同的性质是能否约定仲裁或民事诉讼的关键，关于PPP项目合同的性质目前尚存在争议，相关的规定之间也有冲突，目前现行的涉及PPP项目合同性质有如下规定。

第一，《最高人民法院关于适用〈中华人民共和国行政诉讼法〉若干问题的解释》第11条规定："行政机关为实现公共利益或者行政管理目标，在法定职责范围内，与公民、法人或者其他组织协商订立的具有行政法上权利义务内容的协议，属于行政诉讼法第十二条第一款第十一项规定的行政协议。公民、法人或者其他组织就下列行政协议提起行政诉讼的，人民法院应当依法受理：(一)政府特许经营协议；(二)土地、房屋等征收征用补偿议；(三)其他行政协议。"

第二，财政部《PPP项目合同指南》第二十节"适用法律争议解决，在PPP项目合同争议解决条款中也可以选择诉讼作为最终的争议解决方式。需要特别注意的是，就PPP项目合同产生的合同争议，应属于平等的民事主体之间的争议，应适用民事诉讼程序，而非行政复议、行政诉讼程序。这一点不应因政府方是PPP项目合同的一方签约主体而有任何改变。"

第三，国家发改委《政府和社会资本合作项目通用合同指南》第73条争议解决方式的条款中规定："合同各方可约定采用仲裁或诉讼方式解决。采用仲裁方式的，应明确仲裁事项、仲裁机构。"从上述规定可以发现，由于PPP项目一般会涉及特许经营的内容，一旦PPP项目合同发生争议,是通过行政诉讼还是仲裁或民事诉讼途径解决争议?如果PPP项目合同的主要内容涉及PPP项目的建设、运营、移交问题,从本质上来讲PPP项目合同是政府购买服务的内容,特许经营只是PPP项目合同中为保障PPP项目的正常运营的一个手段,不能认为整个PPP项目合同是一个行政合同。目前主流司法观点认为,如果PPP项目合同中有一些特许经营的条款,那么这些特许经营的条款具有行政性质,一旦发生争议,要看争议的内容,合同争议方是为建设、运营、移交问题发生争议,还是为特许经营问题发生争议,应从争议的性质来判断是属于民事争议还是行政争议,而不能从争议主体的身份来判断争议的性质。如果为建设、运营、移交问题发生争议,则属于民事争议,可通过民事诉讼或仲裁解决;如果为特许经营问题发生争议,则通过行政诉讼程序解决。在“北京北方电联电力工程有限责任公司诉乌鲁木齐交通局BOT纠纷案”中,一审法院认为,BOT协议中涉及工程回购款的争议属于行政争议,二审法院认为属于民事争议。[①] 我国台湾地区“促进民间参与公共建设法”第12条规定:(1)主办机关与民间机构之权利义务,除本“法”另有规定外,依投资契约之约定;契约无约定者,适用民事法相关之规定。(2)投资契约之订定,应以维护公共利益及公平合理为原则;其履行,应依诚实及信用之方法。台湾地区的此种做法逐渐为实务界所借鉴。当然,为了避免因一份合同中既有民事性质又有行政性质,最好是将PPP项目合同的特许经营内容单独签订一份特许经营协议,并且在PPP项目合同中明确属于平等主体间的民事合同。这样做更有利于吸引社会资本投资,因为现在社会对行政诉讼有所顾忌,且行政诉讼大多只解决程序问题,很难解决实体争议,实体问题属于行政权范畴,司法权不能代替行政权,相对来说,仲裁或民事诉讼比行政诉讼更有利于解决PPP项目中的争议。

五、关于PPP争议解决方式的几点建议

PPP项目履行时间长,项目复杂,难免会发生争议,对于如何在合同中进行约定最有利于快速解决争议,有如下几点建议:

第一,当发生争议时首先协商解决,协商在很多情况下是能最快最彻底解决争议的方式,但协商解决并不是解决争议的必经程序,即使一方提起专家调解、仲裁或诉讼程序,仍可以协商,并且约定协商参与人员。因为PPP项目一般涉及政府和大型企业,在协议中不确定具体参与人员则容易出现互相推诿的现象。因此约定由原合同谈判时的参与人员和现任与原谈判人员相同岗位的人员参与协商可以更加直观的推进协商,提高效率。

第二,约定专家调解时,最好在协议中约定,具体参与调解专家的姓名和联系方式,免得在发生争议后各方对调解专家的选择达不成一致意见而延长解决争议的时间,在协议中约定的专家一般会是双方信任且在该领域有公信力的专家。由于项目时间长,最好在协议中约定当约定的专家不能或不愿参与争议解决时的替代办法,还要约定专家调解的费用承担办法,一般争议各方平均承担比较公平,调解人员和调解费用约定清楚后,有利于在争议发生时能有人尽快调解争议,PPP项目的争议很多是一些专业性问题,由于双方的角度和利益点不同,可能会发生争议,很多争议在专家看来是泾渭分明的,谁的观点正确或错误,在专业领域已经

---

① 参见北京北方电联电力工程有限责任公司诉乌鲁木齐交通局BOT纠纷案,最高人民法院(2014)民二终字第40号民事裁定书。

早有定论，由双方信任的专家阐述自己的观点，分清责任后进行调解，往往比较容易让争议各方达成共识。实际上诉讼或仲裁也是由专业人员分清责任后处理纠纷的，专家调解与诉讼、仲裁相比较，程序简便、方法灵活、效率更高，对双方的关系没有伤害，是很好的解决争议的方法。

第三，当约定仲裁时，一般建议约定争议双方的第三地仲裁机构进行仲裁，相对来说更加客观公正一些，因为我国的仲裁机构虽然说是民间机构，但仲裁机构的秘书长一般是当地政府任命的，在仲裁案件中，当地政府对仲裁机构的影响还是不言而喻的，PPP 项目一方一般是政府或其具体的部门，社会资本方一般会对政府方所在地的仲裁机构不够信任，所以选择第三地的仲裁机构解决争议，会有更好的公正性。

第四，如果争议走到诉讼程序解决，说明争议较大，争议各方的关系已经比较紧张，可能前期已经通过协商、专家调解都无法解决，或者根本协商、调解不起来。一旦诉讼，管辖法院的确定问题也值得研究，能否允许争议各方在合同中约定管辖，还是适用不动产、建设工程方面的专属管辖的规定，有的大型 PPP 项目是跨地区的，甚至是跨省的，如何确定地域管辖，都是问题。首先，PPP 项目是政府和社会资本就基础设施和公用事业合作的项目，如供水、供电、供热、供气、科技、教育、文化、体育、卫生、社会福利等，有不少 PPP 项目涉及不动产和工程建设内容，由于 PPP 项目最终发生争议的内容在合同签订时是不确定的，确定管辖时要看主要争议的性质，而不能笼统地将 PPP 项目争议定性为不动产或建设工程纠纷，如主要争议是为了运营费用的支付，那就是一个合同争议，如主要争议是建设工程质量争议，根据 2015 年颁布的《最高人民法院关于适用〈中华人民共和国民事诉讼法〉的解释》第二十八条的规定建设工程施工合同纠纷按照不动产纠纷确定管辖，那就适用专属管辖。其次，应允许当事人约定管辖，《民事诉讼法》第 34 条规定："合同或者其他财产权益纠纷的当事人可以书面协议选择被告住所地、合同履行地、合同签订地、原告住所地、标的物所在地等与争议有实际联系的地点的人民法院管辖，但不得违反本法对级别管辖和专属管辖的规定。"最后，在发生争议时，根据前述的主要争议性质，最终决定管辖法院，是适用协议管辖的约定还是适用专属管辖的规定，这样更能准确地确定管辖法院。

PPP 项目的性质问题是争议解决方式的基础性的问题，现有的法律规定尚没有对 PPP 项目的性质进行明确的规定，现在 PPP 项目正在如火如荼地进行着，发生争议在所难免，希望全国人大、最高法院能就政府和社会资本合作问题进行立法，并对争议解决问题进行专门规定。

第三节　PPP 纠纷司法观点

一、关于 PPP 协议的效力问题

因 PPP 协议引发的纠纷中，合同效力问题往往成为当事人争议的焦点问题，当事人一般以违反现行法律、行政法规强制性规定主张 PPP 协议无效，实践中主要包括以下问题。

1. 关于社会资本方的资质问题。社会资本方参与 PPP 项目是否必须具备施工企业资质，对此存在不同观点。一种观点认为，社会资本方必须具备施工资质，否则 PPP 协议无效；另一种观点认为，社会资本方无须具备施工资质，PPP 协议并不因此而无效。主流司法观点认为，

对此需要区分情况，如果PPP协议包含工程建设的内容，社会资本方应具备相应的施工资质，或者通过联合体投标，以符合资质规定。如果PPP协议不包含工程建设的内容，则社会资本方无须具备施工资质。

2. 关于招投标问题。国家发改委《传统基础设施领域实施政府和社会资本合作项目工作导则》规定，公开招标、邀请招标、两阶段招标、竞争性谈判等方式确定社会资本方，由此带来的问题是包含工程建设的PPP项目未经招投标，合同效力如何认定？主流司法观点认为，如果合同内容中包含建设工程施工，则该合同属于法定的必须强制招投标的项目，如果PPP协议未经招投标的，则该协议无效。[①] 实践中，对于包含建设工程施工内容的PPP协议，经过招投标确定了社会投资方，施工合同是否还需进行二次招标？主流司法观点认为，国家发改委《传统基础设施领域实施政府和社会资本合作项目工作导则》规定，已通过招标方式选定的特许经营项目投资人依法能够自行建设、生产或者提供的，可以不进行招标。既然社会资本方同时作为施工方，之前已经履行了招投标程序，在施工环节再履行招投标程序已无必要，也不符合PPP协议订立的目的，故在此情形下未经二次招标的，施工合同并不因此而无效。

3. 关于土地问题。PPP协议中对于土地进行捆绑运作，土地使用权未经招拍挂程序的，该协议效力如何认定？实践中对此争议较大，主流司法观点认为，根据国土资源部2016年《产业用地政策实施工作指引》的规定，采用PPP方式实施项目建设时相关用地需要有偿使用的，可将通过竞争方式确定项目投资主体和用地者的环节合并实施，该规定系对PPP项目中土地出让的特殊规定，可以认可该协议的效力。

4. 关于政府承诺的效力问题。在PPP项目中，一些地方政府会作出一定的优惠或奖励承诺，对该承诺的效力如何认定？实践中存在两种观点：一种观点认为，该承诺属于行政允诺，应认可其效力；另一种观点认为，政府的优惠或奖励超越的其职权，该承诺无效。主流司法观点认为，对此需要予以区分，如果政府的优惠或奖励违反了法律、行政法规规定的强制性规范，例如违反税收规定减免税收，或者造成国有资产流失等侵犯社会公共利益，再如在旧城改造中以土地出让金收益作为奖励，[②]该政府承诺无效。如果政府的优惠或奖励并不违反法律的强制性规定和社会公共利益，基于允诺禁反言原则，该承诺应为有效。[③]

二、关于协议的关联性问题

在PPP项目中，政府与社会资本方签订了PPP项目合作协议书，SPV与社会资本方指定的第三人签订了建设工程施工合同，对于PPP项目合作协议书与建设工程施工合同的关系如何，当PPP合作协议书终止时，涉及工程款的结算与垫资款本金及利息的返还是否属于同一法律关系，实践中存在争议。一种观点认为，工程施工合同系履行PPP协议中必须完成的一项工作，故建设工程施工合同依附于双方签订的PPP协议，工程款的支付与垫资款的支付应当一体处理；另一种观点认为，建设工程施工合同与合作协议有事实上的关联但并不存在依

---

① 参见最高人民法院（2015）民申字第2626号民事裁定书。

② 参见上诉人江苏亿佳房地产开发有限公司与被上诉人淮安市清河城市资产经营有限公司、被上诉人淮安市清河区人民政府合资、合作开发房地产合同纠纷，江苏省高级人民法院（2015）苏民终字第00244号民事判决书。

③ 参见上诉人崔龙书与被上诉人丰县人民政府行政允诺案，江苏省高级人民法院（2016）苏行终字第90号行政判决书。

附关系,垫资款的支付与工程款的支付可以分别处理。主流司法观点认为,对此应当看PPP协议中是否对建设工程施工合同予以特别约定,如果没有特别约定,应认定为彼此独立的合同。

三、关于投标保函问题

在PPP项目运作中,政府要求投资人出具见索即付的投标保函,对于政府与投资人之间的争议约定了仲裁条款,对于政府依据保函规定的条款提出索赔要求,是否受仲裁条款的约束?对此存在两种观点:一种观点认为,投标保函属于从合同,需要受主合同的约束,应受仲裁条款约束;另一种观点认为,见索即付保函中担保人的赔偿义务是第一性的,不受主合同的约束。主流司法观点认为,对于投标保函争议,与政府和投资人之间的争议属于同一法律关系,两者是主合同与从合同的关系,应受主合同仲裁条款的约束。

四、关于施工合同发包人的确定问题

政府与社会资本方签订了PPP合同,项目公司与承包人签订了施工合同,此时施工合同的发包人是谁?一种观点认为,政府和社会资本方为施工合同的发包人;另一种观点认为,项目公司为施工合同的发包人。主流司法观点认为,PPP合同与施工合同是相互独立的合同,此时应认定项目公司为施工合同的发包人。

五、关于PPP收益权质押问题

对于特许经营权能否出质的问题,最高人民法院第53号指导性案例"福建海峡银行股份有限公司福州五一支行诉长乐亚新污水处理有限公司、福州市政工程有限公司金融借款合同纠纷案"对此予以明确,特许经营权的收益权可以质押,并可作为应收账款进行出质登记。实践中对于PPP项目中,PPP项目的收益权能否质押,没有明确规定。主流司法观点认为,比照第53号指导性案例的规定,应认可PPP项目收益权质押的效力。该PPP项目收益权质押应当按照《物权法》的规定,在中国人民银行征信中心的应收账款质押登记公示系统进行公示。同时,PPP项目收益权质押的实现不同于一般的权利质押,其权利质押必须在项目建设完成,项目收费经过审批后才能设定。质权人优先受偿无须经过折价、拍卖、变卖等手段,可以直接请求人民法院判决其向债务人收取金钱优先受偿其债权。

六、关于PPP协议争端解决机制问题

PPP协议中当事人约定仲裁或民事诉讼的,如何处理?主流司法观点认为,对此需要根据争议的类型不同区分情况处理。如前所述,如果争议的事项属于行政法律关系,则即使当事人在PPP协议中约定仲裁或民事诉讼,该约定不产生拘束力,当事人应当通过行政复议或行政诉讼途径处理;如果争议的事项属于民事法律关系,当事人约定仲裁或民事诉讼的,可按约定处理。实践中,当事人对PPP协议约定管辖的,如何处理?主流司法观点认为,对此亦应区分情况处理:如果PPP协议内容涉及工程建设的,根据《民事诉讼法司法解释》第28条的规定,由工程所在地法院专属管辖;如果PPP协议内容不涉及工程建设的,则适用合同的一般管辖原则,可以约定管辖。

第四章　PPP 全生命周期法律顾问实务指南

第一节　PPP 项目全生命周期的定义及意义

PPP 模式自 2014 年在我国基础设施和公共服务领域规范推广以来，在优化市场资源配置、促进投融资体制改革、创新公共服务供给机制、激发经济社会要素活力、构建政企新型合作伙伴关系等方面起到了积极作用，取得了令人瞩目的阶段性成果。

财政部关于印发《政府和社会资本合作项目财政管理暂行办法》（财政部财金〔2016〕92 号）从总则、采购管理、预算管理、监督管理等方面强调 PPP 项目的全生命周期管理，江苏、四川、山东等省份已将 PPP 全生命周期管理提升到 PPP 核心理念的高度，从政策制定、操作指南、培训宣传、能力建设等方面建立了覆盖 PPP 全生命周期的制度体系。

一、PPP 项目全生命周期法律顾问的定义①

PPP 项目的全生命周期，是指项目从发起、识别、筛选、准备、设计、融资、建造、运营、维护至终止移交的完整周期。

与传统项目全生命周期相比，PPP 项目的全生命周期增加了两个环节，一是在项目决策完成和项目建设之间，增加了 PPP 项目识别、准备环节，目的是对项目是否适宜采用 PPP 模式、项目是否符合采用 PPP 模式、项目采用 PPP 模式是否优于传统模式、财政是否能够承受支出责任等进行前期论证，对后期项目采购签约落地和规范实施起到纲领性作用。二是在项目合作期满，明确了项目移交和开展整体绩效评价工作，目的是对运营期结束 PPP 项目形成资产的性能、数量、质量和权属等进行明确和有序移交，确保项目由社会资本方和项目公司移交给政府方后，项目能够继续提供公共产品和服务。

所谓 PPP 项目全生命周期法律顾问，是指律师事务所接受财政部门委托，指派专业律师担任财政部门 PPP 管理常年法律顾问，或根据工作需要担任部分 PPP 项目相关业务法律顾问的总称。建立 PPP 项目全生命周期法律顾问制度，法律顾问接受财政部门委托，通过建言献策、审核把关、质询论证、法律咨询、出具法律意见书等方式参与当地 PPP 宏观管理及 PPP 项目全生命周期事前、事中、事后管理的全过程，充分发挥法律顾问在 PPP 相关法律法规和政策制度等方面的经验优势，为 PPP 项目全生命周期管理提供智力支持和专业服务，从而有效防范或化解涉及 PPP 管理的潜在或现时各类风险，大幅提高政府 PPP 管理能力、管理质量和管

---

①　参见杨宝昆、刘芳：《PPP 项目全生命周期管理与咨询研究》，载《建筑经济》2017 年第 12 期，第 6 页。

理效率。

二、PPP 项目全生命周期法律顾问制度的意义

PPP 模式是基础设施和公共服务供给机制的重大创新,是现代财政改革发展的重大成果和发展方向。PPP 项目通常具有投资金额大、合作周期长、法律和政策制度涉及面广、管理环节多、风险防控压力较大等特点。建立 PPP 项目全生命周期法律顾问制度,是全面推进依法治国、加快法治政府建设的要求;是法治财政标准化管理的重要内容;是促进各级政府 PPP 管理依法决策、科学决策的重要手段;是推动各级政府 PPP 项目全生命周期科学管理的重要保障;是维护政府经济活动安全、防范和化解重大风险的重要途径;对确保全省 PPP 项目健康、科学、高质量发展具有十分重要的意义。

第二节 法律顾问受托履职的基本原则

一、依法(规)顾问

法律顾问接受财政部门委托,从事 PPP 管理相关法律工作,应当严格遵循《律师法》、《律师执业行为规范》、行业自律准则及其所属机构的各类管理规范;应当严格按照 PPP 管理相关法律法规和政策制度等有关要求,认真履行相应职责,高质量提供相关法律服务,并通过出具《法律意见书》等形式提出相关意见建议。

二、专业胜任

法律顾问应具备财政预算管理、工程建设、政府采购、投资融资、项目运营、绩效评价等 PPP 管理相关政策知识和实操经验;能够持续保持并不断提高专业水平,满足 PPP 项目法律服务所要求的专业能力,不得存在任何与专业胜任能力相背离的行为。法律顾问应牢固树立风险管理意识,强化执业风险管理,并对发表的 PPP 项目意见建议负责。

三、勤勉尽职

勤勉履职,审慎开展相关工作。法律顾问在法律服务过程中需要作出专业判断或发表建议意见时,应始终保持勤勉、谨慎、尽职,在充分了解有关背景、文件资料,深入研究法律法规和政策制度的基础上,以书面等方式提出判断结果和建议意见。

四、务实高效

秉承对财政部门高度负责的态度,主动发挥专业技术优势和以往 PPP 项目服务实操经验,坚持"政策宣传在前、风险提示在前、审核把关在前"的服务理念,配合财政部门做好项目前期风险防范提示预警;坚持"关键节点防控、关键条款防控、关键程序防控"的服务要求,配合财政部门做好项目中期管理监控;坚持"契约履行规范、争议处理规范、程序操作规范"的服务目标,配合财政部门监督项目全生命周期高质量实施。法律顾问应当在保持工作质量的前

提下不断提高工作效率,为财政部门提供高质量的专业判断或建议意见。

第三节 PPP全生命周期法律顾问职责及要求

一、法律顾问的基本职责

1. 为当地 PPP 项目管理相关的重大改革、重大决策、重大项目、重大资产处置、重大行政行为提供法律服务并出具法律意见书。

2. 参与当地 PPP 项目管理规范性文件和政策制度的起草、论证。

3. 为当地 PPP 项目在项目识别、项目准备、项目采购、项目执行和项目移交等全生命周期各阶段重大事项的合法合规性论证提供法律服务并出具法律意见书。

4. 参与当地 PPP 项目的洽谈,参与当地 PPP 项目物有所值评价、财政承受能力论证、实施方案、政府采购文件、PPP 项目相关合同文件及相关法律文书的审查、论证、修改等。

5. 为当地 PPP 项目涉及的争议事项、涉法涉诉案件、信访案件和重大突发事件提供法律服务并出具法律意见书。

6. 参与处理当地与 PPP 项目有关的行政复议、诉讼、仲裁等法律事务。

7. 参与当地 PPP 项目规范发展相关问题的调研、培训等。

8. 其他 PPP 管理相关事项。

二、法律顾问应对重点事项发表建议和法律意见

1. 项目识别阶段

(1)项目是否已列入年度和中期开发计划。

(2)项目发起方是否按照《政府和社会资本合作模式操作指南》《政府和社会资本合作项目财政管理暂行办法》等要求提交相关前期资料。新建项目和改扩建项目是否提交可行性研究报告、项目产出说明和初步实施方案。存量项目是否提交公共资产的历史资料、项目产出说明和初步实施方案。

(3)项目通过物有所值评价和财政承受能力论证的程序是否合法合规。

(4)项目前期规划、立项、土地预审、环境评价等前期工作是否按规定完成。

(5)其他相关事项。

2. 项目准备阶段

(1)项目实施机构主体是否合规,是否经过县级以上人民政府授权。

(2)实施机构编制的 PPP 项目实施方案的内容是否完整,主要包括:风险分配基本框架、项目运作方式、项目投融资结构、回报机制、相关配套安排是否明确且合法合规;项目合同的权利义务、交易条件、履约保障和调整衔接等边界是否明确且合法合规;对潜在风险、争议的处置安排是否合法合规。

(3)存量项目的实施方案中,对涉及国有资产权益转移的,是否作了合法合规的安排,项目实施机构是否按规定履行了相关国有资产审批、评估等手续。

(4)PPP 项目实施方案中对社会资本方的资格条件要求是否清晰,是否明确要求社会资本方具备投资权限,项目资本金设置是否合法合规,资本金出资及后端融资安排是否具有可行性且合法合规,是否设置不合理门槛、歧视或排斥竞争对手,是否有鼓励支持民营资本参与的表述。

(5)PPP 项目实施方案中的建设运营内容是否清晰,是否设置绩效考核条款,且该条款对项目公司、社会资本方是否能起到足够的激励约束作用,是否按照 PPP 相关管理规定设置建设期和运营期绩效考核指标,绩效考核结果是否与政府付费、可行性缺口补助合理挂钩,绩效考核程序是否明确等。

(6)PPP 项目实施方案中是否对政府方在项目实施过程中事关公共利益的决定权给予了充分保障。

(7)PPP 项目实施方案中对项目公司的股权结构设置、决策机制、股权转让、合同权利义务转让等重大事项等安排的表述是否清晰且合法合规,是否既有利于项目建设运营的推进又兼顾了政府方和社会资本方的利益。

(8)PPP 项目实施方案中项目用地的取得及使用是否合法合规。

(9)PPP 项目实施方案中监管架构是否健全、完整且合法合规。

(10)PPP 项目实施方案中项目采购方案是否按照《政府采购法》等政府采购法律法规和政策制度的规定设计,采购方式选择是否明确且合法合规。

(11)对相关违约事项的处理安排是否合法合规且具有约束力,是否既有利于项目建设运营的推进又兼顾了政府方和社会资本方的利益。

(12)财政部门是否对 PPP 项目实施方案进行了物有所值和财政承受能力验证,通过验证的 PPP 项目实施方案是否报送并通过政府审核。

(13)其他有关事项。

3. 项目采购阶段

(1)PPP 项目是否按照有关规定在相应政府采购平台进行采购。

(2)PPP 项目采购方式是否符合政府采购法律法规及政策制度的规定,相关内容是否与实施方案保持一致。

(3)实施机构编制的资格预审文件是否符合有关法律法规及政策制度的规定,相关内容是否与实施方案保持一致。

(4)采购需求、社会资本方的条件要求等采购要素的设置以及资格预审的程序是否符合有关法律、法规及政策制度的规定。

(5)资格预审文件、采购公告、采购文件等法律文书中相关内容是否构成对项目实施方案、物有所值评价报告、财政承受能力论证报告的实质性变更。

(6)采购文件中对社会资本方应当提供的资格、资信及业绩证明文件、参加采购活动的保证金(保函)、履约保证金(或保函)金额、评审方法、评分标准、PPP 项目合同(草案)及其他法律文本是否违反法律法规和政策制度的规定,相关内容是否与实施方案保持一致。

(7)如因通过资格预审的合格社会资本方不足法定数量,实施机构对 PPP 项目实施方案进行调整的,其调整内容和程序等是否符合有关法律法规和政策制度的规定;重新资格预审后合格社会资本方仍不足法定数量的,需要对 PPP 项目实施方案确定的采购方式进行调整的,调整内容和程序是否符合有关法律法规和政策制度的规定。

(8)PPP 项目合同的资本金出资安排、项目公司组建及股东组成、风险分配、融资责任、建设运营责任、工程质量保障、项目定价与调价机制、付费来源、绩效考核、防暴利机制、股权锁定、政府监管、项目移交、争议解决方式、违约责任、合同解除、再谈判条款等要件是否齐全完备并符合法律法规和政策制度的规定。

(9)PPP 项目合同的签约主体是否合规;合同是否按照要求履行了财政部门、政府法制部门、行业主管部门的审核并报经政府审批的程序,并由项目实施机构与中选社会资本方签署。需要设立项目公司的,是否由项目公司与项目实施机构签署 PPP 项目合同,或签署关于加入 PPP 项目合同的补充合同。正式签署的 PPP 项目合同中相关约定是否构成对实施方案、物有所值评价报告、财政承受能力论证报告和采购文件等文件的实质性变更。

(10)其他相关事项。

4. 项目执行阶段

(1)PPP 项目合同各方是否按照 PPP 项目合同约定履行了相关义务;涉及地方政府换届的,新一届政府领导是否遵守合同约定,有无出现"新官不理旧账"等现象。

(2)实施机构是否根据 PPP 项目合同约定,监督社会资本方和项目公司履行 PPP 项目合同义务,定期监测项目产出绩效目标,是否严格按照绩效考核体系对项目建设和运营进行绩效考核。绩效考核程序及对绩效考核结果的处置是否符合 PPP 项目合同的约定以及有关法律法规和政策制度的规定。

(3)政府对社会资本方和(或)项目公司负有支付义务的,财政部门是否在付费年度足额安排财政支出预算,实施机构是否按照实际绩效直接或通知财政部门向社会资本方和(或)项目公司及时足额支付。项目设置超额收益分享机制的,社会资本方和(或)项目公司是否根据 PPP 项目合同约定向政府方足额支付应由政府方享有的超额收益。

(4)如项目实施机构和社会资本方和(或)项目公司拟对 PPP 项目合同进行变更或签署补充合同等合同文件的,该变更合同或补充合同等合同文件是否符合法律法规和政策制度的规定。

(5)项目公司增减注册资本、政府方或社会资本方转让股权、转让 PPP 项目合同权利义务、引入第三方、项目融资、资产证券化等重大事项是否符合法律法规和政策制度的规定。

(6)由于增减建设内容,导致项目建设地点、建设内容、总投资、政府支出责任、财政承受能力等发生重大变化,是否按照相关法律法规和政策制度重新履行项目立项、调整实施方案、物有所值评价报告及财政承受能力论证报告、政府审批、政府采购、签订补充合同等程序。

(7)由于社会资本方和(或)项目公司违约,危及公共产品和服务持续稳定安全供给,或危及国家安全和重大公共利益而导致项目终止时,政府方和社会资本方就项目终止后的处理约定是否符合法律法规和政策制度的规定。政府方临时接管项目并依法追究社会资本方或项目公司责任、重新招选社会资本方的程序是否符合 PPP 项目合同的约定以及法律法规和政策制度的规定。

(8)出现符合 PPP 项目退库情形的,政府部门是否按照法律法规和政策制度及时、规范、有效进行整改,整改无效的是否及时规范履行项目退库程序。

(9)项目合作期限届满前,社会资本方提前退出项目建设运营的,其有关退出的处理是否符合 PPP 项目合同的约定以及法律法规和政策制度的规定。

(10)其他相关事项。

5. 项目移交阶段

(1)项目移交前,项目实施机构制订的具体移交方案(移交形式、补偿方式、移交内容和移交标准等)是否符合 PPP 项目合同的约定及法律法规和政策制度的规定。项目移交是否按照 PPP 项目合同中约定的移交形式、补偿方式、移交内容和移交标准等执行。

(2)项目移交后,项目公司的处置方案、社会资本方的退出方式、项目公司人员劳动关系的处理等重大事项是否符合 PPP 项目合同的约定及法律法规和政策制度的规定。

(3)项目移交后继续委托社会资本方运营的,是否履行了相应法定程序。

(4)移交过程相关争议纠纷的处理是否符合 PPP 项目合同的约定及法律法规和政策制度的规定。

(5)其他相关事项。

三、法律顾问的注意义务

法律顾问在出具法律意见时,对与法律相关的业务事项应当履行法律专业人士特别的注意义务,对其他业务事项履行普通人一般的注意义务,其制作、出具的法律意见书不得有虚假记载、误导性陈述或者重大遗漏。判断结果、法律意见应有充分的依据支撑,并清晰完整援引法律法规、政策制度和项目涉及资料等相关具体条款。法律意见书应当由两名以上执业律师签名,加盖律师事务所印章,并签署日期。

图书在版编目(CIP)数据

房地产与建设工程法律实务应用全书 / 马文龙主编
. -- 北京 : 法律出版社, 2019
ISBN 978-7-5197-3940-9

Ⅰ. ①房… Ⅱ. ①马… Ⅲ. ①房地产法-基本知识-中国 Ⅳ. ①D922.38

中国版本图书馆CIP数据核字(2019)第216807号

房地产与建设工程法律实务应用全书
FANGDICHAN YU JIANSHE GONGCHENG FALÜ SHIWU YINGYONG QUANSHU

马文龙 主编

策划编辑 杨大康
责任编辑 杨大康 张 颖
装帧设计 李 瞻

出版 法律出版社
总发行 中国法律图书有限公司
经销 新华书店
印刷 固安华明印业有限公司
责任校对 晁明慧
责任印制 吕亚莉
编辑统筹 法律应用出版分社
开本 787毫米×1092毫米 1/16
印张 55
字数 1100千
版本 2020年1月第1版
印次 2020年1月第1次印刷

法律出版社/北京市丰台区莲花池西里7号(100073)
网址/www.lawpress.com.cn
投稿邮箱/info@lawpress.com.cn
举报维权邮箱/jbwq@lawpress.com.cn
销售热线/400-660-8393
咨询电话/010-63939796

中国法律图书有限公司/北京市丰台区莲花池西里7号(100073)
全国各地中法图分、子公司销售电话:
统一销售客服/400-660-8393/6393
第一法律书店/010-83938432/8433 西安分公司/029-85330678 重庆分公司/023-67453036
上海分公司/021-62071010/1636 深圳分公司/0755-83072995

书号:ISBN 978-7-5197-3940-9 **定价**:160.00元